Looschelders | Schuldrecht Allgemeiner Teil

Schuldrecht

Allgemeiner Teil

von
Dr. Dirk Looschelders
Professor an der Heinrich-Heine-Universität Düsseldorf

18., neu bearbeitete Auflage 2020

Verlag Franz Vahlen

Zitiervorschlag: *Looschelders* SchuldR AT § Rn.

www.vahlen.de

ISBN Print 978 3 8006 6307 1
ISBN E-Book 978 3 8006 6383 5

© 2020 Verlag Franz Vahlen GmbH
Wilhelmstraße 9, 80801 München
Druck: Druckerei C. H. Beck, Nördlingen
(Adresse wie Verlag)

Satz: Jung Crossmedia Publishing GmbH
Gewerbestraße 17, 35633 Lahnau
Umschlaggestaltung: Martina Busch, Grafikdesign, Homburg Saar

Gedruckt auf säurefreiem, alterungsbeständigem Papier
(hergestellt aus chlorfrei gebleichtem Zellstoff)

Vorwort zur 18. Auflage

Die Neuauflage bringt das Lehrbuch auf den Stand von Juli 2020. Sie berücksichtigt die Auswirkungen, welche die Corona-Pandemie auf das Allgemeine Schuldrecht hat. Außerdem wird ein kurzer Überblick über die neuen Richtlinien zu Verträgen über digitale Inhalte und Dienstleistungen sowie zum Warenkauf gegeben, die bis zum 1.7.2021 umzusetzen sind. Im Übrigen wurde das gesamte Werk erneut gründlich durchgesehen. Dabei wurde die seit dem Erscheinen der Vorauflage veröffentlichte Rechtsprechung und Literatur zum Allgemeinen Schuldrecht eingearbeitet.

Die Besonderheiten bei Verbraucherverträgen werden seit der 12. Auflage im siebten Teil des Werkes im Zusammenhang dargestellt. Hiermit wird auch der wachsenden Bedeutung des Verbrauchervertragsrechts in Lehre und Praxis Rechnung getragen.

Die Ausweitung der Darlegungen zum Verbrauchervertragsrecht hat nichts daran geändert, dass die allgemeinen Pflichten der Parteien und die Folgen von Pflichtverletzungen und sonstigen Störungen im Schuldverhältnis den Schwerpunkt der Darstellung bilden. Das wichtigste Anliegen des Werkes besteht weiterhin darin, den Studierenden die bei der Schuldrechtsreform von 2002 neu geschaffene Systematik des Leistungsstörungsrechts klar und prägnant zu vermitteln. In Anbetracht der wachsenden Fülle des Stoffes bietet ein systematischer Ansatz die beste Grundlage, um sich in der Klausur oder Hausarbeit auch mit komplizierten Einzelfragen und unbekannten Problemen auseinanderzusetzen.

Den Lesern der Vorauflage habe ich wieder für zahlreiche wertvolle Hinweise und Anregungen zu danken. Zuschriften erreichen mich am besten unter der E-Mail-Adresse LS.Looschelders@hhu.de. Großer Dank gebührt schließlich meinen Mitarbeiterinnen und Mitarbeitern, die durch ihren Einsatz wieder die pünktliche Fertigstellung der Neuauflage ermöglicht haben.

Düsseldorf, im Juli 2020 *Dirk Looschelders*

Aus dem Vorwort zur 1. Auflage (2003)

Das am 1.1.2002 in Kraft getretene Gesetz zur Modernisierung des Schuldrechts (SchuldRModG) vom 26.11.2001 (BGBl. 2001 I 3138) hat die Struktur des deutschen Schuldrechts grundlegend verändert. Das rasche Inkrafttreten des Gesetzes, dessen endgültige Fassung erst Ende September 2001 feststand, hat nicht nur die Praxis, sondern auch die Lehre vor große Herausforderungen gestellt. Dies gilt insbesondere im Hinblick auf die Frage, wie sich das neue Recht didaktisch am besten vermitteln lässt.

Das vorliegende Werk beruht auf der Vorlesung zum Allgemeinen Schuldrecht, die ich im Wintersemester 2001/2002 an der Universität Düsseldorf gehalten habe. Da es sich (auch) an Studierende richtet, die nicht mit dem alten Recht vertraut sind, wurde auf eingehende Vergleiche bewusst verzichtet. Die frühere Rechtslage wird vielmehr nur insoweit behandelt, wie dies für das Verständnis des neuen Rechts unbedingt notwendig ist.

Das Buch enthält zahlreiche Beispiele, die überwiegend der Rechtsprechung entnommen worden sind. Dem Leser soll damit verdeutlicht werden, in welcher Form die erörterten Probleme bei der Fallbearbeitung relevant werden können. Die einschlägigen Entscheidungen sind zwar auf der Grundlage des alten Rechts ergangen. Die Lösungshinweise entsprechen aber selbstverständlich der aktuellen Rechtslage. Im Anhang finden sich außerdem sechs ausführlichere Fälle mit Lösungen. Hier soll vor allem gezeigt werden, dass der Aufbau von Klausuren zum neuen Leistungsstörungsrecht auf ein einheitliches Grundschema zurückgeführt werden kann.

Aufgrund der wachsenden Internationalisierung des Privatrechtsverkehrs wird der deutsche Jurist sich in Zukunft immer stärker mit ausländischem Recht beschäftigen müssen. Dies gilt insbesondere mit Blick auf die anderen EU-Staaten. Um dem Leser einen Eindruck von den damit verbundenen Anforderungen zu vermitteln, wurden an verschiedenen Stellen Hinweise zur Rechtsvergleichung aufgenommen. Diese Hinweise sollen zugleich die »Relativität« mancher Problemlösung verdeutlichen, die uns auf der Grundlage des deutschen Rechts nachgerade selbstverständlich erscheint.

Bei der Konzeption und Abfassung des Werkes haben mich meine Mitarbeiterinnen und Mitarbeiter in vielfältiger Weise unterstützt. Mein besonderer Dank gilt meinen Assistentinnen und Assistenten Frau Assessorin Gabriele Kirchhoff, Frau Assessorin Ioana Kraft, Frau Referendarin Christina Paffenholz und Herrn Assessor Thomas B. Schäfer. Großer Dank gebührt aber auch den wissenschaftlichen und studentischen Hilfskräften Frau Assessorin Meike Mues, Frau Referendarin Elke Benzenberg, Herrn Referendar Tobias Heilmann, Frau stud. iur. Christina Bruns und Frau stud. iur. Astrid Götz. Ganz besonders danken möchte ich schließlich meiner Sekretärin Frau Gabriele Krüger, die das Manuskript in allen Phasen seiner Entstehung umsichtig und zuverlässig betreut hat.

Düsseldorf, im September 2002 *Dirk Looschelders*

Inhaltsübersicht

Vorwort zur 18. Auflage V
Aus dem Vorwort zur 1. Auflage (2003) VII
Inhaltsverzeichnis XI
Abkürzungsverzeichnis XXIX
Schrifttum (Auswahl) XXXV

1. Teil. Grundlagen 1
 § 1 Das Schuldverhältnis 1
 § 2 Die Rechtsquellen des Schuldrechts 15
 § 3 Die Vertragsfreiheit und ihre Grenzen 24
 § 4 Der Grundsatz von Treu und Glauben 29

2. Teil. Die Entstehung von Schuldverhältnissen 41
 § 5 Begründung durch Rechtsgeschäft (insbesondere Vertrag) ... 41
 § 6 Der Grundsatz der Abschlussfreiheit und seine Einschränkungen ... 51
 § 7 Der Grundsatz der Formfreiheit und seine Einschränkungen ... 55
 § 8 Vorvertragliche Schuldverhältnisse 61
 § 9 Einbeziehung Dritter in das Schuldverhältnis 67
 § 10 Gesetzliche Schuldverhältnisse 77

3. Teil. Der Inhalt des Schuldverhältnisses 81
 § 11 Bestimmung des Inhalts von Schuldverhältnissen 81
 § 12 Die Modalitäten der Leistung 88
 § 13 Typische Gegenstände der Leistungspflicht 98
 § 14 Der Inhalt einzelner Leistungspflichten 113
 § 15 Verknüpfung von Leistungspflichten 118
 § 16 Gestaltung rechtsgeschäftlicher Schuldverhältnisse durch AGB ... 126

4. Teil. Das Erlöschen der Leistungspflicht 137
 § 17 Erfüllung 137
 § 18 Die Aufrechnung 149
 § 19 Sonstige Fälle des Erlöschens der Leistungspflicht 155

5. Teil. Störungen im Schuldverhältnis 161
1. Abschnitt. Grundlagen 161
 § 20 Entwicklung und Systematik des Leistungsstörungsrechts ... 161
 § 21 Unmöglichkeit als Ausschlussgrund für die primäre Leistungspflicht ... 168
 § 22 Die Pflichtverletzung 183
 § 23 Die Verantwortlichkeit des Schuldners 190
2. Abschnitt. Der Anspruch auf Schadensersatz 207
 § 24 Systematik, allgemeine Voraussetzungen und Abgrenzungen ... 207
 § 25 Einfacher Schadensersatz wegen Pflichtverletzung 216
 § 26 Ersatz des Verzögerungsschadens 223
 § 27 Schadensersatz statt der Leistung wegen Pflichtverletzung ... 232
 § 28 Schadensersatz statt der Leistung wegen anfänglicher Unmöglichkeit (§ 311a II) ... 250
 § 29 Berechnung des Schadensersatzes statt der Leistung bei gegenseitigen Verträgen ... 256
 § 30 Ersatz vergeblicher Aufwendungen (§ 284) 258
 § 31 Der Anspruch auf Herausgabe des Ersatzes (§ 285) 262
3. Abschnitt. Rücktritt und Wegfall der Gegenleistungspflicht ... 265
 § 32 Allgemeines 265
 § 33 Verzögerung der Leistung und nicht vertragsgemäße Leistung ... 269

| § 34 | Schutzpflichtverletzung | 276 |
| § 35 | Unmöglichkeit | 277 |

4. Abschnitt. Die sonstigen Fälle der Leistungsstörung 286
    § 36 Gläubigerverzug 286
    § 37 Störung der Geschäftsgrundlage 292
    § 38 Vertragsstrafe 302

6. Teil. Auflösung und Rückabwicklung von Schuldverhältnissen ... 309
    § 39 Aufhebungsvertrag und Kündigung von Dauerschuldverhältnissen .. 309
    § 40 Rücktritt vom Vertrag 315

7. Teil. Besonderheiten bei Verbraucherverträgen 327
    § 41 Grundlagen des Verbraucherschutzrechts 327
    § 42 Besondere Vertriebsformen 344

8. Teil. Schadensrecht 365
    § 43 Grundgedanken und Funktion des Schadensrechts 365
    § 44 Begriff und Arten des Schadens 368
    § 45 Verursachung und Zurechnung des Schadens 371
    § 46 Ersatzberechtigte Personen 387
    § 47 Art und Umfang des Schadensersatzes 394
    § 48 Der Ersatz immaterieller Schäden 402
    § 49 Grenzfälle 408
    § 50 Die Mitverantwortlichkeit des Geschädigten 420

9. Teil. Stellung der Beteiligten im Mehrpersonenverhältnis 433
    § 51 Der Vertrag zugunsten Dritter 433
    § 52 Der Austausch des Gläubigers 444
    § 53 Der Austausch des Schuldners 467
    § 54 Mehrheiten von Gläubigern und Schuldnern 474

Anhang I: Das Leistungsstörungsrecht in der Fallbearbeitung 489
    A. Schadensersatz wegen Pflichtverletzung 489
    B. Schadensersatz wegen anfänglicher Unmöglichkeit 494
    C. Leistungs- und Gegenleistungspflicht 496
    D. Rücktritt 498

Anhang II: Rückabwicklung nach Widerruf gem. § 312g I 501

Paragrafenregister 505

Sachverzeichnis 513

Entscheidungsregister 525

Inhaltsverzeichnis

Vorwort zur 18. Auflage V
Aus dem Vorwort zur 1. Auflage (2003) VII
Inhaltsübersicht IX
Abkürzungsverzeichnis XXIX
Schrifttum (Auswahl) XXXV

1. Teil. Grundlagen 1
§ 1 Das Schuldverhältnis 1
  I. Das Schuldverhältnis als Gegenstand des Schuldrechts 1
    1. Der Begriff des Schuldverhältnisses 1
    2. Die Funktion des Schuldrechts 2
  II. Das Schuldverhältnis im engeren und weiteren Sinne 2
  III. Die Pflichten aus dem Schuldverhältnis 4
    1. Leistungspflichten 4
      a) Hauptleistungspflichten und Nebenleistungspflichten 4
      b) Primäre und sekundäre Leistungspflichten 5
      c) Leistungshandlung und Leistungserfolg 6
      d) Möglicher Inhalt der Leistungspflicht 7
    2. Schutzpflichten 7
      a) Gesetzliche Regelung 7
      b) Verhältnis zu den deliktischen Verkehrspflichten 8
      c) Konkurrenzen 9
    3. Bedeutung der Unterscheidung von Leistungs- und Schutzpflichten 9
  IV. Obliegenheiten 11
  V. Unvollkommene Verbindlichkeiten (Naturalobligationen) 12
  VI. Schuldrechtliche Pflichten und dingliche Rechtslage 12
  VII. Die Relativität schuldrechtlicher Rechte und Pflichten 13
    1. Grundsatz 13
    2. Durchbrechungen 13
  VIII. Die Haftung des Schuldners für seine Verbindlichkeit 14
§ 2 Die Rechtsquellen des Schuldrechts 15
  I. Das Zweite Buch des BGB 15
    1. Allgemeiner und Besonderer Teil des Schuldrechts 15
    2. Der Aufbau des Allgemeinen Schuldrechts 16
  II. Schuldrechtliche Regelungen in anderen Büchern des BGB 16
  III. Schuldrechtliche Regelungen in anderen Gesetzen 17
  IV. Der Einfluss des Grundgesetzes auf das Schuldrecht 18
  V. Der Einfluss des EU-Rechts auf das Schuldrecht 18
    1. EU-Richtlinien als Grundlage des deutschen Schuldrechts 18
    2. Die Bedeutung der europäischen Grundfreiheiten 20
  VI. Internationale Vereinheitlichung des Schuldrechts 20
    1. UN-Kaufrecht 20
    2. UNIDROIT Principles und Principles of European Contract Law 21
    3. Entwurf eines Gemeinsamen Referenzrahmens und Vorschlag für ein Gemeinsames Europäisches Kaufrecht 21
    4. Digitale-Inhalte-RL und Warenkauf-RL 22
  VII. Die Reform des deutschen Schuldrechts durch das SchuldRModG 22
§ 3 Die Vertragsfreiheit und ihre Grenzen 24
  I. Grundgedanken und Elemente der Vertragsfreiheit 24
  II. Vertragsfreiheit und Vertragsgerechtigkeit 25
  III. Das Problem der gestörten Verhandlungsparität 26

1. Allgemeines	26
2. Fallgruppen	26
a) Gesetzliche Typisierungen von Ungleichgewichtslagen	26
b) Störung der Verhandlungsparität im Einzelfall	27
IV. Schutz vor Diskriminierungen nach dem AGG	27
§ 4 Der Grundsatz von Treu und Glauben	29
I. Funktion und Bedeutung des § 242	29
II. Allgemeine Grundsätze der Anwendung des § 242	31
1. Anwendungsbereich des § 242	31
2. Die maßgeblichen Interessenwertungskriterien	32
a) Treu und Glauben	32
b) Verkehrssitte	33
III. Abgrenzungen	33
1. Treu und Glauben und Verkehrssitte in § 157	33
2. Gesetzliche Konkretisierungen des § 242	34
3. Sittenwidrigkeit und Schikane	34
IV. Fallgruppen des § 242	34
1. Konkretisierungs- und Ergänzungsfunktion	35
2. Schrankenfunktion	36
a) Fehlendes schutzwürdiges Eigeninteresse	36
b) Unverhältnismäßigkeit	36
c) Unzumutbarkeit aus persönlichen Gründen	37
d) Unredlicher Rechtserwerb und Zugangsvereitelung	37
e) Widersprüchliches Verhalten	38
f) Verwirkung	39
3. Kontroll- und Korrekturfunktion	39
2. Teil. Die Entstehung von Schuldverhältnissen	**41**
§ 5 Begründung durch Rechtsgeschäft (insbesondere Vertrag)	41
I. Allgemeines	41
II. Schuldvertrag und Gefälligkeitsverhältnis	42
1. Abgrenzung	42
2. Rechtspflichten im Rahmen von Gefälligkeitsverhältnissen	43
a) Das Fehlen von Leistungspflichten	43
b) Schutzpflichten	43
c) Haftungsmilderungen im Deliktsrecht	44
III. Rechtliche Folgen der Erbringung unbestellter Leistungen	46
1. Normzweck und systematische Stellung des § 241a	46
2. Voraussetzungen	47
3. Rechtsfolgen	48
a) Ausschluss vertraglicher Ansprüche	48
b) Auswirkungen auf gesetzliche Ansprüche	48
IV. Die Draufgabe	49
1. Funktion	49
2. Abgrenzungen	50
§ 6 Der Grundsatz der Abschlussfreiheit und seine Einschränkungen	51
I. Positive Abschlussfreiheit und Abschlussverbote	51
II. Negative Abschlussfreiheit und Kontrahierungszwang	51
1. Gesetzlicher Kontrahierungszwang	51
2. Allgemeiner Kontrahierungszwang aus § 826	52
a) Grundlagen	52
b) Versorgung mit notwendigen Gütern und Dienstleistungen	53
c) Verstoß gegen Diskriminierungsverbote	54
3. Kontrahierungszwang nach dem AGG	54
§ 7 Der Grundsatz der Formfreiheit und seine Einschränkungen	55
I. Allgemeines	55
II. Verpflichtung zur Übertragung oder zum Erwerb eines Grundstücks	56
1. Schutzzweck	56
2. Anwendungsbereich des § 311b I	56

3. Umfang des Formzwangs und Rechtsfolgen des Formfehlers	57
4. Divergenzfälle	58
a) Irrtümliche Falschbezeichnung	58
b) Bewusste Divergenz von Wille und Erklärung	59
5. Heilung des Formmangels	59
III. Verträge über das gegenwärtige Vermögen	60
IV. Vertrag über den künftigen gesetzlichen Erbteil oder Pflichtteil	60
§ 8 Vorvertragliche Schuldverhältnisse	61
I. Entwicklung der Lehre vom Verschulden bei Vertragsverhandlungen	61
II. Die Kodifikation der culpa in contrahendo durch das SchuldRModG	61
III. Entstehung des vorvertraglichen Schuldverhältnisses	62
1. Aufnahme von Vertragsverhandlungen	62
2. Vertragsanbahnung	62
3. Ähnliche geschäftliche Kontakte	63
IV. Inhalt des vorvertraglichen Schuldverhältnisses	63
1. Schutz der Rechte und Rechtsgüter	64
2. Schutz des Vermögens	64
a) Nichtzustandekommen eines günstigen Vertrages	64
b) Zustandekommen eines ungünstigen Vertrages	65
§ 9 Einbeziehung Dritter in das Schuldverhältnis	67
I. Schuldverhältnis mit Schutzwirkung für Dritte	67
1. Problemstellung	67
2. Dogmatische Einordnung	68
3. Voraussetzungen für die Einbeziehung Dritter in den Schutzbereich	69
a) Bestimmungsgemäße Leistungsnähe des Dritten	69
b) Berechtigtes Interesse des Gläubigers an der Einbeziehung des Dritten	70
c) Erkennbarkeit und Zumutbarkeit	71
d) Schutzbedürftigkeit des Dritten	72
4. Rechtsfolgen	72
II. Haftung Dritter nach vertraglichen Grundsätzen	73
1. Voraussetzungen der Dritthaftung	74
2. Fallgruppen	75
a) Haftung von Vertretern und Verhandlungsgehilfen	75
b) Haftung von Sachverständigen und anderen Experten	75
c) Verhältnis zur Haftung des Verkäufers	76
§ 10 Gesetzliche Schuldverhältnisse	77
I. Allgemeines	77
II. Die einzelnen gesetzlichen Schuldverhältnisse im Überblick	77
1. Besonderes Schuldrecht	77
a) Geschäftsführung ohne Auftrag	77
b) Ungerechtfertigte Bereicherung	78
c) Unerlaubte Handlungen	79
2. Gesetzliche Schuldverhältnisse außerhalb des Schuldrechts	79
3. Teil. Der Inhalt des Schuldverhältnisses	81
§ 11 Bestimmung des Inhalts von Schuldverhältnissen	81
I. Parteivereinbarung	81
1. Die Gestaltungs- und Abänderungsfreiheit der Parteien	81
2. Schranken der privatautonomen Inhaltsbestimmung	81
a) Generelle Grenzen	81
b) Verträge über das künftige Vermögen	82
c) Verträge über den Nachlass eines noch lebenden Dritten	82
d) Sonstige Schranken der Inhaltsfreiheit	83
II. Bestimmung der Leistung durch eine Partei oder einen Dritten	83
1. Leistungsbestimmung durch eine Partei	84
a) Der Maßstab des billigen Ermessens	84
b) Ausübung des Bestimmungsrechts	85
c) Bestimmung der Gegenleistung	85
d) Spezifikationskauf im Handelsrecht	85

2. Leistungsbestimmung durch einen Dritten	86
a) Maßstab und gerichtliche Kontrolle	86
b) Anfechtung der Bestimmung	87
c) Bestimmung durch mehrere Dritte	87
d) Schiedsgutachtenvertrag und Schiedsvereinbarung	87
III. Dispositives Recht	87
§ 12 Die Modalitäten der Leistung	**88**
I. Art und Weise der Leistung	88
1. Teilleistung	88
a) Die Regelung des § 266	89
b) Rechtsfolgen	89
2. Leistung durch Dritte	89
a) Persönliche Leistungspflicht	89
b) Voraussetzungen des § 267	90
c) Rechtsfolgen	91
3. Ablösungsrecht des Dritten	91
II. Leistungsort	92
1. Begriff und Bedeutung	92
2. Arten der Schuld	92
3. Die Bestimmung des Leistungsortes	93
4. Sonderregelung für Geldschulden	94
III. Leistungszeit	95
1. Begriffe	95
2. Die Bestimmung der Leistungszeit	96
3. Vereinbarungen über Zahlungs-, Überprüfungs- und Abnahmefristen	97
§ 13 Typische Gegenstände der Leistungspflicht	**98**
I. Überblick	98
II. Die Gattungsschuld	98
1. Allgemeines	98
2. Das Auswahlrecht des Schuldners	99
3. Die Beschaffungspflicht des Schuldners	100
a) Unbeschränkte (marktbezogene) Gattungsschuld	100
b) Beschränkte Gattungsschuld (Vorratsschuld)	100
4. Konkretisierung	101
a) Voraussetzungen	101
b) Rechtsfolgen	102
c) Bindungswirkung der Konkretisierung	103
III. Wahlschuld und ähnliche Institute	104
1. Wahlschuld	104
a) Praktische Bedeutung	104
b) Das Wahlrecht und seine Ausübung	105
c) Verzögerte Ausübung des Wahlrechts	105
d) Unmöglichkeit	105
2. Ersetzungsbefugnis	106
a) Allgemeines	106
b) Ersetzungsbefugnis im Autohandel	106
c) Bindungswirkung der Ersetzungserklärung	107
3. Elektive Konkurrenz	108
IV. Geldschuld	108
1. Allgemeines	108
2. Erfüllung von Geldschulden	109
3. Besondere Arten der Geldschuld	110
a) Fremdwährungsschuld	110
b) Geldsortenschuld	110
4. Zinsen	111
a) Begriff	111
b) Entstehungsgründe	111
c) Höhe des Zinssatzes	111
d) Verbot des Zinseszinses	112

§ 14 Der Inhalt einzelner Leistungspflichten 113
    I. Aufwendungsersatz 113
        1. Der Begriff der Aufwendung 113
        2. Allgemeine Regeln 114
    II. Wegnahmerecht 115
    III. Auskunfts- und Rechenschaftspflicht 116
        1. Grundsätze der Auskunftspflicht 116
        2. Sonderfälle der Auskunftspflicht 117
            a) Pflicht zur Rechenschaft 117
            b) Pflicht zur Vorlage eines Bestandsverzeichnisses 117
§ 15 Verknüpfung von Leistungspflichten 118
    I. Das allgemeine Zurückbehaltungsrecht (§§ 273, 274) 118
        1. Grundlagen 118
        2. Voraussetzungen des Zurückbehaltungsrechts nach § 273 I 118
            a) Gegenseitige Ansprüche 118
            b) Konnexität der Ansprüche 119
            c) Durchsetzbarkeit und Fälligkeit des Gegenanspruchs 119
            d) Kein Ausschluss des Zurückbehaltungsrechts 119
        3. Sonderfälle 120
            a) Das Zurückbehaltungsrecht nach § 273 II 120
            b) Das kaufmännische Zurückbehaltungsrecht (§§ 369ff. HGB) 121
            c) Das Zurückbehaltungsrecht des Besitzers gegenüber dem Eigentümer 121
            d) Leistungsverweigerungsrecht aufgrund der Corona-Krise 121
    II. Die Einrede des nicht erfüllten Vertrages (§§ 320–322) 122
        1. Grundgedanken 122
        2. Voraussetzungen des Leistungsverweigerungsrechts 123
        3. Rechtsfolgen 125
        4. Unsicherheitseinrede bei Vorleistungspflicht (§ 321) 125
§ 16 Gestaltung rechtsgeschäftlicher Schuldverhältnisse durch AGB 126
    I. Einführung 126
    II. Anwendungsbereich der §§ 305ff. 127
    III. Begriffsbestimmung 128
    IV. Einbeziehungskontrolle 128
        1. Allgemeine Grundsätze 128
        2. Rücksichtnahme auf körperliche Behinderungen 129
        3. Besonderheiten bei Verwendung von AGB gegenüber Unternehmern 129
    V. Überraschende und mehrdeutige Klauseln (§ 305 c) 130
    VI. Rechtsfolgen der Nichteinbeziehung oder Unwirksamkeit 131
    VII. Auslegung und Inhaltskontrolle 131
        1. Überblick 131
        2. Die Inhaltskontrolle nach § 307 I und II 132
            a) Die Generalklausel des § 307 I 1 132
            b) Das Transparenzgebot des § 307 I 2 132
            c) Die Regelbeispiele des § 307 II 132
        3. Die speziellen Klauselverbote (§§ 308, 309) 133
        4. Rechtsfolgen 134

4. Teil. Das Erlöschen der Leistungspflicht 137
§ 17 Erfüllung 137
    I. Begriff 137
    II. Person des Leistenden 137
    III. Empfänger der Leistung 137
    IV. Wirkung der Erfüllung 139
        1. Erlöschen des Schuldverhältnisses 139
        2. Beweislastumkehr 139
        3. Quittung und Schuldschein 139
        4. Tilgungsreihenfolge 140
            a) Tilgungsbestimmung durch den Schuldner 140

	b) Gesetzliche Tilgungsreihenfolge	141
	c) Anrechnung auf Zinsen und Kosten	141
V.	Rechtsnatur der Erfüllung	142
	1. Streitstand	142
	2. Stellungnahme	143
VI.	Leistung an Erfüllungs statt	144
	1. Rechtsnatur	144
	2. Insbesondere: Überweisung und Lastschrift	145
	3. Abgrenzung zur Leistung erfüllungshalber	146
	4. Gewährleistung	147

§ 18 Die Aufrechnung 149
    I. Allgemeines 149
    II. Voraussetzungen 149
       1. Aufrechnungslage 149
          a) Gegenseitigkeit der Forderungen 149
          b) Gleichartigkeit der Forderungen 150
          c) Durchsetzbarkeit der Gegenforderung 150
          d) Wirksamkeit und Erfüllbarkeit der Hauptforderung ... 151
       2. Aufrechnungserklärung 151
       3. Kein Ausschluss der Aufrechnung 152
          a) Vertraglicher Ausschluss der Aufrechnung ... 152
          b) Ausschluss der Aufrechnung durch Gesetz 153
    III. Wirkung der Aufrechnung 154
    IV. Mehrheit von Forderungen 154

§ 19 Sonstige Fälle des Erlöschens der Leistungspflicht 155
    I. Hinterlegung und Selbsthilfeverkauf 155
       1. Voraussetzungen der Hinterlegung 155
          a) Hinterlegungsgründe 155
          b) Hinterlegungsfähigkeit des geschuldeten Gegenstandes . 156
       2. Rücknahmerecht des Schuldners und Wirkung der Hinterlegung . 156
       3. Selbsthilfeverkauf 157
    II. Erlass und negatives Schuldanerkenntnis 157
    III. Novation und Konfusion 158

5. Teil. Störungen im Schuldverhältnis 161
1. Abschnitt. Grundlagen 161
§ 20 Entwicklung und Systematik des Leistungsstörungsrechts 161
    I. Begriff der Leistungsstörung und Ursachen 161
    II. Erscheinungsformen 161
       1. Verletzung von Leistungspflichten 162
          a) Nichtleistung 162
          b) Schlechtleistung 162
       2. Verletzung von Schutzpflichten 163
    III. Das Leistungsstörungsrecht vor der Reform 163
    IV. Das System des geltenden Leistungsstörungsrechts 164
       1. Das Konzept der Pflichtverletzung 164
       2. Die Grenzen des Konzepts 164
          a) Auswirkungen der Unmöglichkeit auf die primäre Leistungspflicht . 164
          b) Das System der Schadensersatzansprüche 165
          c) Das System der Rücktrittsrechte 166
    V. Fazit: Das geltende Leistungsstörungsrecht als »Mischsystem« . 166
§ 21 Unmöglichkeit als Ausschlussgrund für die primäre Leistungspflicht . 168
    I. Überblick 168
    II. Echte Unmöglichkeit 168
       1. Naturgesetzliche (physische) Unmöglichkeit 168
          a) Allgemeines 168
          b) Zweckerreichung und Zweckfortfall 169
          c) Zweckstörung 170
       2. Rechtliche Unmöglichkeit 170

   3. Besonderheiten bei Gattungs- und Geldschulden 170
   4. Objektive und subjektive Unmöglichkeit 171
   5. Anfängliche und nachträgliche Unmöglichkeit 171
   6. Vollständige und teilweise Unmöglichkeit 172
   7. Vorübergehende Unmöglichkeit 172
   8. Irrelevanz des Vertretenmüssens 174
  III. Grobes Missverhältnis von Aufwand und Leistungsinteresse 174
   1. Begriff 174
   2. Konkretisierung des »groben Missverhältnisses« 175
   3. Besonderheiten bei Gattungsschulden 177
   4. Abgrenzung zur Äquivalenzstörung 178
  IV. Persönliche Unzumutbarkeit 179
   1. Voraussetzungen 179
   2. Leistungsverweigerung aus Gewissensgründen 180
  V. Rechtsfolgen 180
§ 22 Die Pflichtverletzung 183
  I. Begriff der Pflichtverletzung 183
  II. Verzögerung der Leistung 183
   1. Wirksamkeit, Fälligkeit und Durchsetzbarkeit des Anspruchs 184
   2. Nicht rechtzeitige Erbringung der Leistung 185
  III. Schlechtleistung 185
   1. Allgemeines 185
   2. Insbesondere: Gewährleistung für Sach- und Rechtsmängel 186
    a) Die mangelhafte Leistung als Fall der Schlechtleistung 186
    b) Sach- und Rechtsmängel im Kaufrecht 186
    c) Die Rechte des Käufers 187
    d) Besonderheiten bei der Verjährung 188
  IV. Schutzpflichtverletzung 188
  V. Unmöglichkeit 189
   1. Der Streit über den Inhalt der Pflichtverletzung 189
   2. Würdigung 189
   3. Irrelevanz der Pflichtverletzung bei § 326 190
§ 23 Die Verantwortlichkeit des Schuldners 190
  I. Haftung für eigenes Verschulden 191
   1. Vorsatz 191
   2. Fahrlässigkeit 192
    a) Allgemeines 192
    b) Der Maßstab der Fahrlässigkeit 192
   3. Verantwortungsfähigkeit 194
  II. Einschränkungen des Sorgfaltsmaßstabs 194
   1. Vertrag 194
   2. Gesetz 196
   3. Haftungsmilderung aus dem sonstigen Inhalt des Schuldverhältnisses 197
  III. Haftung ohne Verschulden 198
   1. Übernahme einer Garantie 198
   2. Übernahme eines Beschaffungsrisikos 200
    a) Anwendungsbereich 200
    b) Reichweite des Beschaffungsrisikos 200
   3. Geldschulden 201
  IV. Die Haftung für Erfüllungsgehilfen und gesetzliche Vertreter 201
   1. Allgemeines 201
    a) Struktur des § 278 201
    b) Begriff des Erfüllungsgehilfen 201
    c) Begriff des gesetzlichen Vertreters 202
   2. Voraussetzungen der Haftung für Dritte nach § 278 203
    a) Schuldverhältnis 203
    b) Handeln in Erfüllung der Verbindlichkeit 203
   3. Rechtsfolgen 204
  V. Exkurs: Die Haftung für Dritte im außervertraglichen Bereich 206

2. Abschnitt. Der Anspruch auf Schadensersatz 207
§ 24 Systematik, allgemeine Voraussetzungen und Abgrenzungen 207
  I. Systematik 207
  II. Voraussetzungen des Schadensersatzanspruchs nach § 280 I 209
     1. Schuldverhältnis 209
     2. Pflichtverletzung 210
     3. Vertretenmüssen 210
        a) Dogmatische Einordnung und Verteilung der Beweislast 210
        b) Abgrenzung zur Pflichtverletzung 211
        c) Bezugspunkt des Vertretenmüssens 212
     4. Schaden 212
  III. Abgrenzung der Arten des Schadensersatzes 213
     1. Ausgangspunkt 213
     2. Konkretisierungen 213
        a) Schadensphänomenologische Betrachtung 213
        b) Zeitabhängige Betrachtung 214
        c) Würdigung 214
     3. Insbesondere: Kosten eines verfrühten Deckungskaufs 215
§ 25 Einfacher Schadensersatz wegen Pflichtverletzung 216
  I. Anwendungsbereich 216
  II. Fallgruppen 217
     1. Verletzung von Schutzpflichten 217
        a) Schutzpflichtverletzungen im Rahmen von Verträgen (§ 311 I) 217
        b) Rechtsgeschäftsähnliche Schuldverhältnisse 218
     2. Schlechtleistung 218
        a) Allgemeines 218
        b) Einzelfälle 219
        c) Einordnung des Nutzungsausfallschadens bis zur Nacherfüllung 221
     3. Nichtleistung trotz Möglichkeit und Unmöglichkeit 222
  III. Rechtsfolgen 222
§ 26 Ersatz des Verzögerungsschadens 223
  I. Schuldnerverzug 223
  II. Allgemeine Voraussetzungen 223
     1. Nichtleistung trotz Fälligkeit und Durchsetzbarkeit des Anspruchs 224
     2. Mahnung 224
     3. Vertretenmüssen 225
  III. Entbehrlichkeit der Mahnung (§ 286 II) 226
     1. Leistungszeit nach dem Kalender 226
     2. Kalendermäßige Berechenbarkeit der Leistungszeit ab einem Ereignis 226
     3. Ernsthafte und endgültige Leistungsverweigerung 227
     4. Sofortiger Verzug aus besonderen Gründen 227
     5. Vertraglicher Ausschluss der Mahnung 228
  IV. Sonderregelung für Entgeltforderungen (§ 286 III, V) 228
  V. Rechtsfolgen des Schuldnerverzugs 229
     1. Ersatz des Verzögerungsschadens 229
     2. Weitere Rechtsfolgen 230
        a) Verschärfung der Verantwortlichkeit des Schuldners 230
        b) Verpflichtung zur Zahlung von Verzugszinsen 231
§ 27 Schadensersatz statt der Leistung wegen Pflichtverletzung 232
  I. Verzögerung der Leistung und Schlechtleistung (§§ 280 I, III, 281) 232
     1. Allgemeines 232
     2. Schuldverhältnis 233
     3. Pflichtverletzung 233
        a) Nichtleistung (Verzögerung) 233
        b) Leistung nicht wie geschuldet (Schlechtleistung) 234
        c) Abgrenzungsprobleme 234
     4. Notwendigkeit der Fristsetzung 235
        a) Inhalt der Fristsetzung 235
        b) Zeitpunkt der Fristsetzung 236

	c) Angemessenheit der Frist	236
5.	Entbehrlichkeit der Fristsetzung	237
	a) Ernsthafte und endgültige Leistungsverweigerung	237
	b) Besondere Gründe	239
	c) Sonderregeln im Kauf- und Werkvertragsrecht	240
6.	Abmahnung statt Fristsetzung	240
7.	Vertretenmüssen	240
8.	Schaden	241
9.	Rechtsfolgen	241
	a) Das Verhältnis von Erfüllungs- und Schadensersatzanspruch	242
	b) Schadensersatz statt der ganzen Leistung bei Teilleistung	242
	c) Schadensersatz statt der ganzen Leistung bei Schlechtleistung	243
	d) Zuwenigleistung im Kaufrecht	244
	e) Rückforderung erbrachter (Teil-)Leistungen	245

II. Schutzpflichtverletzung (§§ 280 I, III, 282) ... 245
   1. Allgemeines ... 245
   2. Grundelemente der Haftung ... 246
   3. Das Kriterium der Unzumutbarkeit ... 246
   4. Verhältnis zum Erfüllungsanspruch ... 247

III. Nachträgliche Unmöglichkeit (§§ 280 I, III, 283) ... 247
   1. Allgemeines ... 247
   2. Grundelemente der Haftung ... 248
   3. Funktion des § 283 S. 1 ... 248
   4. Schadensersatz statt der ganzen Leistung (§ 283 S. 2) ... 249
      a) Teilweise Unmöglichkeit ... 249
      b) Irreparable Schlechtleistung ... 249
      c) Rückforderung des Geleisteten ... 249

§ 28 Schadensersatz statt der Leistung wegen anfänglicher Unmöglichkeit (§ 311a II) ... 250
   I. Allgemeines ... 250
   II. Voraussetzungen ... 251
      1. Wirksamer Vertrag ... 251
      2. Nichtleistung aufgrund anfänglicher Unmöglichkeit ... 252
      3. Vertretenmüssen ... 253
      4. Schaden ... 255
   III. Rechtsfolgen ... 255
      1. Schadensersatz statt der Leistung ... 255
      2. Schadensersatz statt der ganzen Leistung ... 255
      3. Haftung auf das Vertrauensinteresse bei fehlendem Vertretenmüssen ... 255

§ 29 Berechnung des Schadensersatzes statt der Leistung bei gegenseitigen Verträgen ... 256
   I. Differenz- und Surrogationstheorie ... 256
   II. Der praktische Vorrang der Differenztheorie ... 257
   III. Wahlrecht zugunsten der Surrogationstheorie ... 257

§ 30 Ersatz vergeblicher Aufwendungen (§ 284) ... 258
   I. Problemstellung ... 258
      1. Verträge mit wirtschaftlicher Zielsetzung ... 258
      2. Verträge zur Verwirklichung immaterieller Zwecke ... 259
   II. Voraussetzungen des Anspruchs auf Aufwendungsersatz ... 260
      1. Allgemeine Voraussetzungen ... 260
      2. Aufwendungen im Vertrauen auf den Erhalt der Leistung ... 260
      3. Zweckverfehlung infolge der Pflichtverletzung ... 261
   III. Verhältnis zum Anspruch auf Schadensersatz statt der Leistung ... 261

§ 31 Der Anspruch auf Herausgabe des Ersatzes (§ 285) ... 262
   I. Voraussetzungen ... 262
      1. Schuldverhältnis ... 262
      2. Ausschluss der Leistungspflicht nach § 275 ... 263
      3. Erlangung eines Surrogats ... 263
      4. Identität von geschuldetem und ersetztem Gegenstand ... 263
   II. Rechtsfolgen ... 264
   III. Konkurrenzen ... 264

3. Abschnitt. Rücktritt und Wegfall der Gegenleistungspflicht ... 265
§ 32 Allgemeines ... 265
I. Überblick ... 265
II. Parallele Grundstruktur mit Schadensersatz statt der Leistung ... 266
III. Verzicht auf das Vertretenmüssen ... 268
IV. Rücktritt und Schadensersatz ... 268
§ 33 Verzögerung der Leistung und nicht vertragsgemäße Leistung ... 269
I. Anwendungsbereich ... 269
II. Notwendigkeit der Fristsetzung ... 270
III. Entbehrlichkeit der Fristsetzung ... 270
IV. Rücktritt vor Eintritt der Fälligkeit ... 272
V. Rücktritt bei Teilleistung und Schlechtleistung ... 273
VI. Ausschluss des Rücktritts (§ 323 VI) ... 274
1. Verantwortlichkeit des Gläubigers für den Rücktrittsgrund ... 274
2. Annahmeverzug ... 275
VII. Rechtsfolgen ... 275
§ 34 Schutzpflichtverletzung ... 276
I. Voraussetzungen ... 276
II. Mitverantwortlichkeit des Gläubigers ... 276
§ 35 Unmöglichkeit ... 277
I. Anwendungsbereich ... 277
II. Wegfall der Gegenleistungspflicht (§ 326 I) ... 277
1. Grundsatz ... 277
2. Teilweise Unmöglichkeit ... 278
3. Irreparable Schlechtleistung (qualitative Unmöglichkeit) ... 278
4. Abgrenzung ... 278
III. Ausnahmen vom Wegfall der Gegenleistungspflicht (§ 326 II) ... 279
1. Verantwortlichkeit des Gläubigers für die Unmöglichkeit ... 279
   a) Allgemeines ... 279
   b) Verantwortlichkeit des Gläubigers bei anfänglicher Unmöglichkeit ... 279
   c) Von beiden Seiten zu vertretende Unmöglichkeit ... 280
2. Annahmeverzug ... 282
3. Rechtsfolgen ... 282
4. Exkurs: Weitere Ausnahmen vom Wegfall der Gegenleistungspflicht ... 282
IV. Besonderheiten bei Geltendmachung des Ersatzes (§ 326 III) ... 283
V. Rückforderung der schon erbrachten Gegenleistung (§ 326 IV) ... 284
VI. Rücktritt ... 284
1. Irreparable Schlechtleistung ... 284
2. Teilweise Unmöglichkeit ... 284
3. Nicht synallagmatische verknüpfte Leistungspflichten ... 285
4. Bedeutung des Rücktrittsrechts in den sonstigen Fällen ... 285
4. Abschnitt. Die sonstigen Fälle der Leistungsstörung ... 286
§ 36 Gläubigerverzug ... 286
I. Allgemeines ... 286
II. Voraussetzungen des Gläubigerverzugs ... 286
1. Erfüllbarkeit der (möglichen) Leistung ... 286
2. Ordnungsgemäßes Angebot ... 287
   a) Notwendigkeit des Angebots ... 287
   b) Entbehrlichkeit des Angebots ... 287
3. Nichtannahme der Leistung ... 288
III. Rechtsfolgen des Gläubigerverzugs ... 289
1. Fortbestand der Leistungspflicht ... 289
2. Haftungserleichterung für den Schuldner ... 289
3. Übergang der Leistungsgefahr bei Gattungs- und Geldschulden ... 289
4. Übergang der Preisgefahr und Ausschluss des Rücktrittsrechts ... 291
5. Sonstige Rechtsfolgen ... 291
§ 37 Störung der Geschäftsgrundlage ... 292
I. Einführung ... 292
II. Anwendungsbereich ... 293

        1. Vorrang vertraglicher Vereinbarungen 293
        2. Vorrang speziellerer gesetzlicher Regelungen 293
    III. Voraussetzungen 294
        1. Vorliegen einer Geschäftsgrundlage 294
        2. Schwerwiegende Änderung der Umstände oder wesentlicher Irrtum 295
        3. Relevanz des Umstands für den Vertragsschluss 297
        4. Unzumutbarkeit des Festhaltens am unveränderten Vertrag 297
    IV. Rechtsfolgen 298
        1. Primär: »Anpassung des Vertrages« 298
        2. Rücktritts- bzw. Kündigungsrecht 299
    V. Fallgruppen 299
        1. Nachträgliche Änderung der Verhältnisse 299
            a) Äquivalenzstörung 299
            b) Zweckstörung oder Zweckvereitelung 301
        2. Gemeinsame Fehlvorstellungen 301
§ 38 Vertragsstrafe 302
    I. Funktion der Vertragsstrafe und systematische Stellung der Regelung 302
    II. Struktur des unselbstständigen (»echten«) Strafversprechens 303
    III. Abgrenzungen 303
        1. Selbstständiges (»unechtes«) Strafversprechen 303
        2. Pauschalierung von Schadensersatzansprüchen 304
    IV. Voraussetzungen des Anspruchs auf Entrichtung der Vertragsstrafe 304
        1. Wirksames Strafversprechen 304
        2. Verletzung der (bestehenden) gesicherten Hauptpflicht 305
        3. Eigene Vertragstreue des Gläubigers 306
    V. Verhältnis zum Erfüllungsanspruch 306
    VI. Verhältnis zum Schadensersatzanspruch 307
    VII. Höhe der Vertragsstrafe und richterliche Kontrolle 307

6. Teil. Auflösung und Rückabwicklung von Schuldverhältnissen 309
§ 39 Aufhebungsvertrag und Kündigung von Dauerschuldverhältnissen 309
    I. Vertragliche Aufhebung von Schuldverhältnissen 309
    II. Kündigung von Dauerschuldverhältnissen 310
        1. Problemstellung 310
        2. Wichtiger Grund 311
        3. Fristsetzung zur Abhilfe oder Abmahnung 312
        4. Ausübung des Kündigungsrechts und Rechtsfolgen der Kündigung 313
        5. Konkurrenzen 314
§ 40 Rücktritt vom Vertrag 315
    I. Allgemeines 315
        1. Voraussetzungen des Rücktritts 315
        2. Ausübung des Rücktrittsrechts 316
        3. Wirkungen des Rücktritts 316
        4. Sonderregeln 316
        5. Auswirkungen der Schuldrechtsreform 317
    II. Rückgewähr der empfangenen Leistungen und Wertersatzpflicht 317
        1. Rückgewähr in natura 317
        2. Wertersatz 317
            a) Ausschluss der Rückgewähr nach der Natur des Erlangten 317
            b) Verbrauch, Veräußerung, Belastung, Verarbeitung, Umgestaltung 318
            c) Verschlechterung oder Untergang 318
            d) Berechnung des Wertersatzes 319
        3. Ausschluss des Anspruchs auf Wertersatz 320
            a) Entdeckung des Mangels bei der Verarbeitung oder Umgestaltung 320
            b) Verantwortlichkeit des Gläubigers für den Schaden 320
            c) Privilegierung des Berechtigten bei gesetzlichen Rücktrittsrechten 321
    III. Nutzungen und Verwendungen 322
        1. Herausgabe und Ersatz von Nutzungen 322
        2. Ersatz von Verwendungen 323

a) Notwendige Verwendungen	323
b) Andere Aufwendungen	324
IV. Der Anspruch auf Schadensersatz	324
1. Problemstellung	324
2. Untergang oder Verschlechterung nach Rücktrittserklärung	325
3. Untergang oder Verschlechterung vor Rücktrittserklärung	325
a) Vertragliches Rücktrittsrecht	325
b) Gesetzliches Rücktrittsrecht	325

7. Teil. Besonderheiten bei Verbraucherverträgen ... 327

§ 41 Grundlagen des Verbraucherschutzrechts	327
I. Grundgedanken und Systematik	327
II. Der Begriff des Verbrauchervertrags	328
III. Anwendungsbereich der §§ 312 ff.	329
IV. Allgemeine Grundsätze und Pflichten bei Verbraucherverträgen	331
1. Informationspflichten des Unternehmers	331
a) Telefonische Kontaktaufnahme	331
b) Informationspflichten im stationären Handel	331
2. Grenzen der Vereinbarung von Entgelten	332
V. Widerrufsrecht des Verbrauchers	333
1. Überblick	333
2. Gemeinsame Grundsätze des Widerrufs	334
a) Dogmatische Einordnung und Ausübung des Widerrufsrechts	334
b) Widerrufsfrist und Belehrung	335
c) Allgemeine Rechtsfolgen des Widerrufs	337
d) Widerruf nichtiger Verträge	337
e) Rechtsmissbrauch und Verwirkung des Widerrufsrechts	338
VI. Der Schutz des Verbrauchers bei verbundenen Verträgen	339
1. Verbundene Verträge	339
2. Widerrufsdurchgriff	341
a) Allgemeines	341
b) Zusammenhängende Verträge	342
3. Einwendungsdurchgriff	342
§ 42 Besondere Vertriebsformen	344
I. Überblick	344
II. Außerhalb von Geschäftsräumen geschlossene Verträge (§ 312 b)	344
1. Begriff der Geschäftsräume	344
2. Besondere Situation des Vertragsschlusses	345
a) Vertragsschluss außerhalb von Geschäftsräumen	345
b) Vertragsangebot des Verbrauchers außerhalb von Geschäftsräumen	345
c) Persönliches Ansprechen des Verbrauchers außerhalb von Geschäftsräumen	346
d) Vertragsschluss auf einem vom Unternehmer organisierten Ausflug	346
3. Handeln Dritter im Namen oder Auftrag des Unternehmers	346
4. Entgeltliche Leistung und Anwendbarkeit auf die Bürgschaft	347
III. Fernabsatzverträge (§ 312 c)	348
IV. Informationspflichten des Unternehmers (§ 312 d)	349
V. Widerrufsrecht des Verbrauchers	350
1. Ausnahmen vom Widerrufsrecht	350
2. Ausübung des Widerrufsrechts	352
3. Rechtsfolgen des Widerrufs (außer bei Verträgen über Finanzdienstleistungen)	353
a) Frist zur Rückgewähr	353
b) Modalitäten der Rückabwicklung	353
c) Kosten der Rücksendung	354
d) Ersatzpflicht des Verbrauchers für Wertverlust der Waren	355
e) Sonderfälle der Wertersatzpflicht des Verbrauchers	357
4. Rechtsfolgen des Widerrufs bei Verträgen über Finanzdienstleistungen	358
5. Ausschluss weitergehender Ansprüche und abweichender Vereinbarungen	359
VI. Kündigung von Dauerschuldverhältnissen bei Wechsel des Anbieters	359
VII. Pflichten des Unternehmers im elektronischen Geschäftsverkehr	360

    1. Allgemeine Pflichten 360
    2. Besondere Pflichten gegenüber Verbrauchern 360
  VIII. Unzulässigkeit abweichender Vereinbarungen 361

8. Teil. Schadensrecht 365
§ 43 Grundgedanken und Funktion des Schadensrechts 365
  I. Die Funktion des Schadensersatzes 365
  II. Der Grundsatz der Totalreparation 365
  III. Die Bedeutung des kollektiven Schadensausgleichs 366
§ 44 Begriff und Arten des Schadens 368
  I. Begriff 368
  II. Vermögens- und Nichtvermögensschäden 368
  III. Positives und negatives Interesse 370
§ 45 Verursachung und Zurechnung des Schadens 371
  I. Grundlagen 371
    1. Kausalität als Mindestvoraussetzung der Schadenszurechnung 371
    2. Haftungsbegründende und haftungsausfüllende Kausalität 371
  II. Naturwissenschaftlicher Verursachungsbegriff 372
    1. Äquivalenztheorie 372
      a) Grundsatz 372
      b) Schwächen der condicio sine qua non-Formel 373
    2. Lehre von der gesetzmäßigen Bedingung 374
  III. Notwendigkeit einer normativen Einschränkung 374
  IV. Kriterien der objektiven Zurechnung 375
    1. Adäquanz 375
      a) Das Urteil des optimalen Beurteilers 375
      b) Kritik 375
    2. Schutzzweck der Norm 376
  V. Hypothetische Kausalität 378
    1. Problemstellung 378
    2. Schadensanlage 379
    3. Ersatzpflicht eines Dritten 379
    4. Die sonstigen Fälle 380
  VI. Der Einwand des rechtmäßigen Alternativverhaltens 380
  VII. Zurechnungsprobleme bei mittelbarer Kausalität 381
    1. Schockschäden 381
    2. Selbstschädigendes Verhalten (Herausforderungsfälle) 383
    3. Drittvermittelte Kausalität (Herausforderung Dritter) 385
  VIII. Vorteilsausgleichung 385
§ 46 Ersatzberechtigte Personen 387
  I. Grundsatz 387
  II. Ausnahmen 388
    1. Ersatz der Beerdigungskosten (§ 844 I) 388
    2. Ersatz des Unterhaltsschadens (§ 844 II) 388
    3. Schadensersatz wegen entgangener Dienste (§ 845) 388
  III. Abgrenzungen 389
  IV. Drittschadensliquidation 389
    1. Allgemeines 389
    2. Fallgruppen 390
      a) Obligatorische Gefahrentlastung 391
      b) Mittelbare Stellvertretung 392
      c) Treuhandverhältnisse 392
      d) Obhut für fremde Sachen 392
      e) Vertragliche Vereinbarung 393
§ 47 Art und Umfang des Schadensersatzes 394
  I. Der Grundsatz der Naturalrestitution 394
    1. Allgemeines 394
    2. Schadensersatz in Geld statt Naturalrestitution durch den Schädiger 395
    3. Die Dispositionsfreiheit des Geschädigten 396

	a) Sachschäden		396
	b) Körperschäden		397
	II. Der Anspruch auf Entschädigung in Geld (Wertersatz)		397
	1. Unmöglichkeit der Herstellung (§ 251 I Alt. 1)		398
	2. Ungenügende Herstellung (§ 251 I Alt. 2)		398
	3. Herstellung nur mit unverhältnismäßigem Aufwand (§ 251 II)		398
	III. Entgangener Gewinn (§ 252)		402
§ 48	Der Ersatz immaterieller Schäden		402
	I. Historische Entwicklung		402
	II. Voraussetzungen des Schmerzensgeldanspruchs nach § 253 II		403
	1. Verwirklichung eines haftungsbegründenden Tatbestands		403
	2. Rechtsgutsverletzung		403
	III. Bemessung des Schmerzensgelds		405
	1. Die Funktion des Schmerzensgeldanspruchs		405
	2. Schmerzensgeld bei vollständiger Zerstörung der Persönlichkeit		405
	3. Orientierung am Maß der objektiven Lebensbeeinträchtigung		406
	IV. Entschädigung in Geld bei Persönlichkeitsverletzungen		406
	1. Grundlagen		406
	2. Die Präventivfunktion der Entschädigung		407
§ 49	Grenzfälle		408
	I. Verlust von Gebrauchsvorteilen		408
	1. Problemstellung		408
	2. Die Unterscheidung zwischen zentralen und sonstigen Gütern		409
	3. Fühlbarkeit der Nutzungsbeeinträchtigung		411
	4. Höhe des Anspruchs		411
	5. Verlust von Gebrauchsvorteilen bei gewerblich genutzten Sachen		411
	II. Fehlgeschlagene Aufwendungen		412
	III. Ersatzfähigkeit von Vorsorgeaufwendungen		412
	IV. Verlust oder Einschränkung der Arbeitskraft		413
	V. Urlaub und Freizeit		414
	1. Problemstellung		414
	2. Der Kommerzialisierungsgedanke		415
	3. Die Regelung des § 651n II (§ 651f II aF)		415
	4. Nutzlos vertane Freizeit		416
	VI. Kindesunterhalt als Schaden		416
	1. Geburt eines ungewollten Kindes (wrongful birth)		417
	2. Geburt eines behinderten Kindes (wrongful life)		418
	VII. Leidensbehaftetes Weiterleben als Schaden		419
§ 50	Die Mitverantwortlichkeit des Geschädigten		420
	I. Allgemeines		420
	1. Die Grundentscheidungen des § 254		420
	a) Gleichbehandlungsgrundsatz		420
	b) Quotenteilungsprinzip		421
	2. Der Grundgedanke des Mitverschuldens		421
	3. Bezugspunkt des Verschuldens in § 254		422
	4. Anwendungsbereich des § 254		423
	II. Voraussetzungen der Mitverantwortlichkeit		423
	1. Überblick		423
	2. Mitverantwortlichkeit für die Entstehung des Schadens		424
	a) Mitverursachung eines eigenen Schadens		424
	b) Obliegenheitsverletzung		424
	c) Verschulden		425
	d) Gefährdungshaftung des Geschädigten		426
	3. Obliegenheit zur Schadensabwendung oder Schadensminderung		426
	4. Warnung vor ungewöhnlich hohem Schaden		427
	5. Verantwortlichkeit des Geschädigten für Dritte		428
	III. Rechtsfolgen		429
	IV. Handeln auf eigene Gefahr		430
	1. Teilnahme an gefährlichen Fahrten		430

2. Teilnahme an gefährlichen Sportarten	431
3. Handeln auf eigene Gefahr und Gefährdungshaftung	431

9. Teil. Stellung der Beteiligten im Mehrpersonenverhältnis ... 433
§ 51 Der Vertrag zugunsten Dritter ... 433
- I. Zweck ... 433
- II. Abgrenzung zwischen echtem und unechtem Vertrag zugunsten Dritter ... 433
- III. Dogmatische Einordnung ... 434
  - 1. Kein eigener Vertragstyp ... 434
  - 2. Durchbrechung des Vertragsprinzips ... 434
- IV. Die Rechtsbeziehungen der Beteiligten ... 435
  - 1. Verhältnis zwischen Gläubiger und Schuldner (Deckungsverhältnis) ... 436
  - 2. Das Verhältnis zwischen Gläubiger und Drittem (Valutaverhältnis) ... 436
  - 3. Verhältnis zwischen Schuldner und Drittem (Vollzugsverhältnis) ... 437
    - a) Dogmatische Einordnung ... 437
    - b) Die Geltendmachung von Leistungsstörungsrechten ... 437
    - c) Einwendungen des Schuldners aus dem Deckungsverhältnis ... 438
- V. Zeitpunkt des Rechtserwerbs ... 438
- VI. Widerrufsrecht des Gläubigers ... 439
- VII. Form des Vertrags zugunsten Dritter ... 440
- VIII. Abgrenzung von verwandten Rechtsfiguren ... 440
  - 1. Anweisung ... 441
  - 2. Abtretung ... 441
  - 3. Stellvertretung ... 441
  - 4. Vertrag mit Schutzwirkung für Dritte ... 442
- IX. Verfügungen zugunsten Dritter ... 442
  - 1. Dingliche Verfügungen zugunsten Dritter ... 442
  - 2. Schuldrechtliche Verfügungsgeschäfte zugunsten Dritter ... 443

§ 52 Der Austausch des Gläubigers ... 444
- I. Überblick ... 444
  - 1. Problemstellung ... 444
  - 2. Arten des Gläubigerwechsels ... 445
  - 3. Anwendungsbereich der §§ 398 ff. ... 445
- II. Dogmatische Grundlagen der Abtretung ... 445
  - 1. Struktur der Abtretung ... 445
  - 2. Die Abtretung als Verfügungsgeschäft ... 446
  - 3. Abgrenzungen ... 447
    - a) Vertragsübernahme ... 447
    - b) Einziehungsermächtigung ... 447
- III. Voraussetzungen der Abtretung ... 448
  - 1. Vertrag ... 448
  - 2. Existenz der Forderung und Inhaberschaft des Zedenten ... 449
  - 3. Bestimmbarkeit der Forderung ... 450
  - 4. Übertragbarkeit der Forderung ... 451
    - a) Allgemeines ... 451
    - b) Ausschluss der Abtretbarkeit kraft Gesetzes ... 451
    - c) Vertragliches Abtretungsverbot ... 453
- IV. Rechtsfolgen der Abtretung ... 454
  - 1. Übergang der Forderung auf den Neugläubiger ... 454
  - 2. Übergang von Sicherungs- und Vorzugsrechten ... 454
  - 3. Pflichten des Altgläubigers ... 455
- V. Der Schutz des Schuldners ... 455
  - 1. Im Zeitpunkt der Abtretung begründete Einwendungen ... 455
    - a) Der Anwendungsbereich des § 404 ... 456
    - b) Ausschluss von Einwendungen nach § 405 ... 457
  - 2. Einwendungen aus der Abtretung ... 458
  - 3. Aufrechnung gegenüber dem neuen Gläubiger ... 458
    - a) Problemstellung ... 458

	b) Entstehung der Aufrechnungslage vor der Abtretung	459
	c) Entstehung der Aufrechnungslage nach der Abtretung	459
	4. Der Schuldnerschutz nach §§ 407–410	460
	a) Rechtsgeschäfte in Unkenntnis der Abtretung	461
	b) Mehrfache Abtretung	462
	c) Abtretungsanzeige	463
	d) Leistungsverweigerungsrecht des Schuldners	463
	VI. Spezifische Abtretungsmodelle	464
	1. Sicherungszession	464
	2. Inkassozession	465
	VII. Die Legalzession	465
§ 53	Der Austausch des Schuldners	467
	I. Überblick	467
	II. Die privative Schuldübernahme	467
	1. Voraussetzungen	467
	a) Vertrag zwischen Gläubiger und Übernehmer (§ 414)	467
	b) Vertrag zwischen Altschuldner und Übernehmer (§ 415)	468
	c) Ausschluss der Schuldübernahme	469
	2. Rechtsfolgen	469
	a) Wechsel des Schuldners	469
	b) Erlöschen von Sicherungsrechten	469
	c) Einwendungen des Übernehmers	470
	3. Abgrenzung zur Vertragsübernahme	471
	III. Der Schuldbeitritt	472
	1. Zulässigkeit und Voraussetzungen	472
	2. Wirkungen des Schuldbeitritts	472
	3. Abgrenzung zur Bürgschaft	473
§ 54	Mehrheiten von Gläubigern und Schuldnern	474
	I. Gläubigermehrheiten	474
	1. Überblick	474
	2. Teilgläubigerschaft	474
	a) Voraussetzungen	474
	b) Rechtsfolgen	475
	3. Gesamtgläubigerschaft	475
	a) Voraussetzungen	475
	b) Rechtsfolgen	476
	4. Mitgläubigerschaft	476
	II. Schuldnermehrheiten	477
	1. Teilschuld	477
	a) Voraussetzungen	477
	b) Rechtsfolgen	478
	2. Gesamtschuld	478
	a) Voraussetzungen	479
	b) Wirkungen der Gesamtschuld im Außenverhältnis	481
	c) Das Innenverhältnis zwischen den Schuldnern	483
	d) Gestörtes Gesamtschuldverhältnis	485
	3. Gemeinschaftliche Schuldnerschaft	487
Anhang I: Das Leistungsstörungsrecht in der Fallbearbeitung		489
A. Schadensersatz wegen Pflichtverletzung		489
	I. Allgemeines	489
	II. Der Anspruch auf einfachen Schadensersatz	490
	III. Der Anspruch auf Ersatz des Verzögerungsschadens	492
	IV. Schadensersatz statt der Leistung	493
	V. Schadensersatz statt der ganzen Leistung	494
B. Schadensersatz wegen anfänglicher Unmöglichkeit		494
C. Leistungs- und Gegenleistungspflicht		496
D. Rücktritt		498

Anhang II: Rückabwicklung nach Widerruf gem. § 312g I 501

Paragrafenregister 505

Sachverzeichnis 513

Entscheidungsregister 525

Abkürzungsverzeichnis

aA	anderer Ansicht
ABl.	Amtsblatt der EG/EU
abw.	abweichend
AcP	Archiv für die civilistische Praxis
aE	am Ende
AEG	Allgemeines Eisenbahngesetz
AEUV	Vertrag über die Arbeitsweise der Europäischen Union
aF	alte Fassung
AG	Aktiengesellschaft, Amtsgericht
AGB	Allgemeine Geschäftsbedingungen
AGBG	Gesetz zur Regelung des Rechts der Allgemeinen Geschäftsbedingungen (AGB-Gesetz)
AGG	Allgemeines Gleichbehandlungsgesetz
AK	Alternativkommentar zum Bürgerlichen Gesetzbuch
AktG	Aktiengesetz
ALB	Allgemeine Versicherungsbedingungen für die kapitalbildende Lebensversicherung
allg.	allgemein
Alt.	Alternative
Anh.	Anhang
AP	Arbeitsrechtliche Praxis (Entscheidungssammlung)
arg.	argumentum aus
AT	Allgemeiner Teil
AtG	Gesetz über die friedliche Verwendung der Kernenergie und den Schutz gegen ihre Gefahren (Atomgesetz)
Aufl.	Auflage
ausf.	ausführlich
BAG	Bundesarbeitsgericht
BB	Betriebsberater (Zeitschrift)
Bd.	Band
Begr.	Begründung
Beil.	Beilage
betr.	betrifft
BGB	Bürgerliches Gesetzbuch
BGH	Bundesgerichtshof
BGHSt	Entscheidungen des Bundesgerichtshofs in Strafsachen
BGHZ	Entscheidungen des Bundesgerichtshofs in Zivilsachen
BR-Drs.	Drucksache des Deutschen Bundesrates
BT	Besonderer Teil
BT-Drs.	Drucksache des Deutschen Bundestages
BVerfG	Bundesverfassungsgericht
BVerfGE	Entscheidungen des Bundesverfassungsgerichts
c. i. c.	culpa in contrahendo
CISG	Wiener Übereinkommen der Vereinten Nationen über Verträge über den internationalen Warenkauf
DAR	Deutsches Autorecht (Zeitschrift)
DB	Der Betrieb (Zeitschrift)
DCFR	Draft Common Frame of Reference
dh	das heißt
DtZ	Deutsch-Deutsche Rechts-Zeitschrift

XXIX

Abkürzungsverzeichnis

EFZG	Gesetz über die Zahlung des Arbeitsentgelts an Feiertagen und im Krankheitsfall (Entgeltfortzahlungsgesetz)
EDV	Elektronische Datenverarbeitung
EGBGB	Einführungsgesetz zum Bürgerlichen Gesetzbuche
EGV	EG-Vertrag
Einl.	Einleitung
Einf.	Einführung
eing.	eingehend
einschr.	einschränkend
EnWG	Gesetz über die Elektrizitäts- und Gasversorgung (Energiewirtschaftsgesetz)
etc	et cetera (und so weiter)
EU	Europäische Union
EuGH	Gerichtshof der Europäischen Gemeinschaften
EUR	Euro
EuZW	Europäische Zeitschrift für Wirtschaftsrecht
f.	und folgende(r) Seite/Paragraph
ff.	und folgende Seiten/Paragraphen
FernAbsG	Fernabsatzgesetz; aK seit 31.12.2001
Fernabsatz-RL	Richtlinie 97/7/EG des Europäischen Parlaments und des Rates über den Verbraucherschutz bei Vertragsabschlüssen im Fernabsatz; aK seit 12.6.2014
FG	Festgabe; Finanzgericht
Finanzdienstleistungs-Fernabsatz-RL	Richtlinie 2002/65/EG des Europäischen Parlaments und des Rates über den Fernabsatz von Finanzdienstleistungen an Verbraucher und zur Änderung der Richtlinie 90/619/EWG des Rates und der Richtlinien 97/7/EG und 98/27/EG
Fn.	Fußnote
FS	Festschrift
GbR	Gesellschaft bürgerlichen Rechts
GEKR	Vorschlag der Kommission für ein Gemeinsames Europäisches Kaufrecht
gem.	gemäß
GewO	Gewerbeordnung
GG	Grundgesetz für die Bundesrepublik Deutschland
ggf.	gegebenenfalls
GmbH	Gesellschaft mit beschränkter Haftung
GmbHG	Gesetz betreffend die Gesellschaften mit beschränkter Haftung
GrS	Großer Senat
grds.	grundsätzlich
GWB	Gesetz gegen Wettbewerbsbeschränkungen
Haustürgeschäfte-RL	Richtlinie 85/577/EWG des Rates betreffend den Verbraucherschutz im Falle von außerhalb von Geschäftsräumen geschlossenen Verträgen; aK seit 15.6.2014
HaustürWG	Gesetz über den Widerruf von Haustürgeschäften und ähnlichen Geschäften; aK seit 31.12.2001
HGB	Handelsgesetzbuch
HK-BGB	Handkommentar zum Bürgerlichen Gesetzbuch
HKK	Historisch-kritischer Kommentar zum BGB
hL	herrschende Lehre
hM	herrschende Meinung
HPflG	Haftpflichtgesetz
idR	in der Regel
iE	im Einzelnen
iErg	im Ergebnis
ieS	im engeren Sinne

iHv	in Höhe von
insbes.	insbesondere
InsO	Insolvenzordnung
iSd	im Sinne des/der
iSv	im Sinne von
iVm	in Verbindung mit
JA	Juristische Arbeitsblätter
JbJZivRWiss	Jahrbuch Junger Zivilrechtswissenschaftler
JR	Juristische Rundschau (Zeitschrift)
JURA	Juristische Ausbildung (Zeitschrift)
juris-PK	juris Praxiskommentar
JuS	Juristische Schulung
JZ	Juristenzeitung (Zeitschrift)
KAGB	Kapitalanlagegesetzbuch
Kap.	Kapitel
Kfz	Kraftfahrzeug
KG	Kammergericht (mit Ortsangabe)/Kommanditgesellschaft
Klausel-RL	Richtlinie 93/13/EWG des Rates über mißbräuchliche Klauseln in Verbraucherverträgen
KOM	Komission der EU
krit.	kritisch
KSchG	Kündigungsschutzgesetz
lat.	latein(isch)
lit.	Buchstabe (lat. »litera«)
LM	Lindenmaier-Möhring, Nachschlagewerk des BGH
LMK	Lindenmaier-Möhring, Kommentierte BGH-Rechtsprechung
LPartG	Gesetz über die Eingetragene Lebenspartnerschaft (Lebenspartnerschaftsgesetz)
LuftVG	Luftverkehrsgesetz
mAnm	mit Anmerkung
MDR	Monatsschrift für Deutsches Recht (Zeitschrift)
MMR	MultiMedia & Recht (Zeitschrift)
MüKoBGB	Münchener Kommentar zum Bürgerlichen Gesetzbuch
MüKoZPO	Münchener Kommentar zur Zivilprozessordnung
mwN	mit weiteren Nachweisen
nF	neue Fassung
NJW	Neue Juristische Wochenschrift (Zeitschrift)
NJW-RR	Neue Juristische Wochenschrift – Rechtsprechungsreport (Zeitschrift)
NVwZ	Neue Zeitschrift für Verwaltungsrecht
NZA	Neue Zeitschrift für Arbeitsrecht
NZV	Neue Zeitschrift für Verkehrsrecht
OHG	Offene Handelsgesellschaft
OLG	Oberlandesgericht
OLGZ	Entscheidungen der Oberlandesgerichte in Zivilsachen
österr.	österreichische
PatG	Patentgesetz
PBefG	Personenbeförderungsgesetz
PECL	Principles of European Contract Law
PflVG	Gesetz über die Pflichtversicherung für Kraftfahrzeughalter (Pflichtversicherungsgesetz)
PIN	persönliche Identifikationsnummer
Pkw	Personenkraftwagen

Abkürzungsverzeichnis

ProdHaftG	Gesetz über die Haftung für fehlerhafte Produkte (Produkthaftungsgesetz)
pVV	Positive Vertragsverletzung
PWW	Prütting/Wegen/Weinreich, BGB Kommentar
R	Recht
RabelsZ	Rabels Zeitschrift für ausländisches und europäisches Privatrecht
RegE	Regierungsentwurf
RG	Reichsgericht
RGBl.	Reichsgesetzblatt
RGRK	Das Bürgerliche Gesetzbuch mit besonderer Berücksichtigung der Rechtsprechung des Reichsgerichts und des Bundesgerichtshofes, Kommentar (Reichsgerichtsrätekommentar)
RL	Richtlinie
Rn.	Randnummer
RPfleger	Der Deutsche Rechtspfleger (Zeitschrift)
Rom I-VO	Verordnung (EG) Nr. 593/2008 des Europäischen Parlaments und des Rates über das auf vertragliche Schuldverhältnisse anzuwendende Recht
Rom II-VO	Verordnung (EG) Nr. 864/2007 des Europäischen Parlaments und des Rates über das auf außervertragliche Schuldverhältnisse anzuwendende Recht
r+s	Recht und Schaden (Zeitschrift)
RS	Rechtssache
Rspr.	Rechtsprechung
S.	Seite; Satz
s.	siehe
Sec.	Section
2. SchadRÄndG	Zweites Gesetz zur Änderung schadensersatzrechtlicher Vorschriften
ScheckG	Scheckgesetz
SchuldR	Schuldrecht
SchuldR BT	Looschelders, Schuldrecht Besonderer Teil, 15. Aufl. 2020
SchuldRModG	Gesetz zur Modernisierung des Schuldrechts
SchwarbG	Gesetz zur Bekämpfung der Schwarzarbeit
SEPA-VO	VO (EU) Nr. 260/2012 des Europäischen Parlaments und des Rates zur Festlegung der technischen Vorschriften und der Geschäftsanforderungen für Überweisungen und Lastschriften in Euro und zur Änderung der Verordnung (EG) Nr. 924/2009
SGB	Sozialgesetzbuch
Slg.	Sammlung
sog.	sogenannt
StGB	Strafgesetzbuch
stRspr	ständige Rechtsprechung
StVG	Straßenverkehrsgesetz
StVO	Straßenverkehrs-Ordnung
TierSchG	Tierschutzgesetz
TzWrG	Gesetz über die Veräußerung von Teilzeitnutzungsrechten an Wohngebäuden (Teilzeit-Wohnrechtegesetz)
UKlaG	Gesetz über Unterlassungsklagen bei Verbraucherrechts- und anderen Verstößen (Unterlassungsklagengesetz)
UN	United Nations
UNIDROIT	Internationales Institut für die Vereinheitlichung des Privatrechts in Rom
UrhG	Gesetz über Urheberrecht und verwandte Schutzrechte (Urhebergesetz)
Urt.	Urteil
uU	unter Umständen
Verbrauchsgüter-RL	Richtlinie 1999/44/EG des Europäischen Parlaments und des Rates zu bestimmten Aspekten des Verbrauchsgüterkaufs und der Garantien für Verbrauchsgüter

VerbrKrG	Verbraucherkreditgesetz
Verbraucherrechte-RL	Richtlinie 2011/83/EU des Europäischen Parlaments und des Rates über die Rechte der Verbraucher, zur Abänderung der Richtlinie 93/13/EWG des Rates und der Richtlinie 1999/44/EG des Europäischen Parlaments und des Rates sowie zur Aufhebung der Richtlinie 85/577/EWG des Rates und der Richtlinie 97/7/EG des Europäischen Parlaments und des Rates
VersR	Versicherungsrecht (Zeitschrift)
VOB/B	Vergabe- und Vertragsordnung für Bauleistungen (VOB) Teil B: Allgemeine Vertragsbedingungen für die Ausführung von Bauleistungen – Ausgabe 2016
Vorbem.	Vorbemerkung
VuR	Verbraucher und Recht (Zeitschrift)
VVG	Gesetz über den Versicherungsvertrag (Versicherungsvertragsgesetz)
WEG	Gesetz über das Wohnungseigentum und das Dauerwohnrecht (Wohnungseigentumsgesetz)
WG	Wechselgesetz
WM	Wertpapier-Mitteilungen (Zeitschrift)
Zahlungsverzugs-RL (Neufassung)	Richtlinie 2011/7/EU des Europäischen Parlaments und des Rates zur Bekämpfung von Zahlungsverzug im Geschäftsverkehr
Zahlungsverzugs-RL 2000 (erste)	Richtlinie 2000/35/EG des Europäischen Parlaments und des Rates zur Bekämpfung von Zahlungsverzug im Geschäftsverkehr
zB	zum Beispiel
ZEuP	Zeitschrift für Europäisches Privatrecht
ZfS	Zeitschrift für Schadensrecht
ZGB	Schweizerisches Zivilgesetzbuch
ZGS	Zeitschrift für das gesamte Schuldrecht
ZIP	Zeitschrift für Wirtschaftsrecht und Insolvenzpraxis
ZPO	Zivilprozessordnung
ZRP	Zeitschrift für Rechtspolitik
zT	zum Teil
zust.	zustimmend

Paragrafen ohne Gesetzesangaben sind solche des BGB.

Schrifttum (Auswahl)

Im Text werden die aufgeführten Werke in abgekürzter Form zitiert.

I. Lehrbücher, Monographien und Fallsammlungen

1. Schuldrecht (Schwerpunkt: Allgemeiner Teil)

Brox, H./Walker, W. D., Allgemeines Schuldrecht, 44. Aufl. 2020 (zit.: *Brox/Walker* SchuldR AT)
Brox, H./Walker, W. D., Besonderes Schuldrecht, 44. Aufl. 2020 (zit.: *Brox/Walker* SchuldR BT)
Eckert, J., Schuldrecht Allgemeiner Teil, 4. Aufl. 2004 (zit.: *Eckert* SchuldR AT)
Emmerich, V., Das Recht der Leistungsstörungen, 6. Aufl. 2005 (zit.: *Emmerich* LeistungsstörungsR)
Emmerich, V., BGB Schuldrecht, Besonderer Teil, 15. Aufl. 2018 (zit.: *Emmerich* SchuldR BT)
Enneccerus, L./Lehmann, H., Recht der Schuldverhältnisse, 15. Aufl. 1958
Esser, J./Schmidt, E., Schuldrecht, Bd. I, Allgemeiner Teil; Teilband 1, 8. Aufl. 1995; Teilband 2, 8. Aufl. 2000 (zit.: *Esser/Schmidt* SchuldR AT I/II)
Fezer, K.-H./Obergfell, E. I., Klausurenkurs zum Schuldrecht Allgemeiner Teil, 10. Aufl. 2020
Fikentscher, W./Heinemann, A., Schuldrecht, 11. Aufl. 2017 (zit.: *Fikentscher/Heinemann* SchuldR)
Fritzsche, J., Fälle zum Schuldrecht I, 8. Aufl. 2019 (zit.: *Fritzsche* Fälle SchuldR I)
Gernhuber, J., Das Schuldverhältnis, 1989 (zit.: *Gernhuber* Schuldverhältnis)
Harke, J. D., Allgemeines Schuldrecht, 2010 (zit.: *Harke* SchuldR AT)
Heck, P., Grundriss des Schuldrechts, 1929 (zit.: *Heck* SchuldR)
Hirsch, C., Allgemeines Schuldrecht, 11. Aufl. 2018 (zit.: *Hirsch* SchuldR AT)
Huber, U., Leistungsstörungen, Bd. 1, 1999 (zit.: *Huber* Leistungsstörungen I)
Huber, U., Leistungsstörungen, Bd. 2, 1999 (zit.: *Huber* Leistungsstörungen II)
Joussen, J., Schuldrecht I – Allgemeiner Teil, 5. Aufl. 2018 (zit.: *Joussen* SchuldR I)
Lange, H./Schiemann, G., Handbuch des Schuldrechts in Einzeldarstellungen/Schadensersatz, 3. Aufl. 2003 (zit.: *Lange/Schiemann* Schadensersatz)
Larenz, K., Lehrbuch des Schuldrechts, Allgemeiner Teil, 14. Aufl. 1987 (zit.: *Larenz* SchuldR I)
Larenz, K., Lehrbuch des Schuldrechts, Besonderer Teil, Halbband 1, 13. Aufl. 1986 (zit.: *Larenz* SchuldR II 1)
Larenz, K./Canaris, C.-W., Lehrbuch des Schuldrechts, Besonderer Teil, Halbband 2, 13. Aufl. 1994 (zit.: *Larenz/Canaris* SchuldR II 2)
Lorenz, S./Riehm, T., Lehrbuch zum neuen Schuldrecht, 2002 (zit.: *Lorenz/Riehm* Neues SchuldR)
Looschelders, D., Schuldrecht Besonderer Teil, 15. Aufl. 2020 (zit.: SchuldR BT)
Marburger, P./Sutschet, H., 20 Probleme aus dem Schuldrecht Allgemeiner Teil, 8. Aufl. 2014 (zit.: *Marburger/Sutschet* 20 Probleme SchuldR AT)
Medicus, D./Lorenz, S., Schuldrecht Bd. I, Allgemeiner Teil, 21. Aufl. 2015 (zit.: *Medicus/Lorenz* SchuldR AT)
Medicus, D./Lorenz, S., Schuldrecht Bd. II, Besonderer Teil, 18. Aufl. 2018 (zit.: *Medicus/Lorenz* SchuldR BT)
Oetker, H./Maultzsch, F., Vertragliche Schuldverhältnisse, 5. Aufl. 2018 (zit.: *Oetker/Maultzsch* Vertragl. Schuldverhältnisse)
Petersen, J., Examens-Repetitorium Allgemeines Schuldrecht, 9. Aufl. 2019 (zit.: *Petersen* ExamensRep SchuldR AT)
Schellhammer, K., Schuldrecht nach Anspruchsgrundlagen, 10. Aufl. 2018 (zit.: *Schellhammer* SchuldR)
Schlechtriem, P./Schmidt-Kessel, M., Schuldrecht, Allgemeiner Teil, 6. Aufl. 2005 (zit.: *Schlechtriem/Schmidt-Kessel* SchuldR AT)
Schwarze, R., Das Recht der Leistungsstörungen, 2. Aufl. 2017 (zit.: *Schwarze* Leistungsstörungen)
Teichmann, A., Vertragliches Schuldrecht, 4. Aufl. 2008 (zit.: *Teichmann* Vertragl. SchuldR)
Weiler, F., Schuldrecht Allgemeiner Teil, 5. Aufl. 2020 (zit.: *Weiler* SchuldR AT)

Schrifttum (Auswahl)

Westermann, H. P./Bydlinski, P./Arnold, S., BGB-Schuldrecht, Allgemeiner Teil, 9. Aufl. 2020 (zit.: *Westermann/Bydlinski/Arnold* SchuldR AT)

Wörlen, R./Metzler-Müller, K., Schuldrecht AT, 13. Aufl. 2018 (zit.: *Wörlen/Metzler-Müller* SchuldR AT)

2. Sonstige Gebiete

Brand, O., Schadensersatzrecht, 2. Aufl. 2015 (zit.: *Brand* SchadensersatzR)

Brox, H./Walker, W.-D., Allgemeiner Teil des BGB, 43. Aufl. 2019 (zit.: *Brox/Walker* BGB AT)

Bülow, P./Artz, M., Verbraucherprivatrecht, 6. Aufl. 2018 (zit.: *Bülow/Artz* VerbraucherprivatR)

Canaris, C. W., Schuldrechtsmodernisierung 2002 (zit.: *Canaris* Schuldrechtsmodernisierung)

Deutsch, E., Allgemeines Haftungsrecht, 2. Aufl. 1995 (zit.: *Deutsch* Allg. HaftungsR)

Flume, W., Allgemeiner Teil des BGB, Bd. II, Das Rechtsgeschäft, 4. Aufl. 1992 (zit.: *Flume* BGB AT II)

Gernhuber, J., Die Erfüllung und ihre Surrogate, 2. Aufl. 1994 (zit.: *Gernhuber* Erfüllung)

Grunewald, B., Bürgerliches Recht, 9. Aufl. 2014 (zit.: *Grunewald* BürgerlR)

Heiderhoff, B., Europäisches Privatrecht, 5. Aufl. 2020 (zit.: *Heiderhoff* Europäisches PrivatR)

Hübner, U./Constantinesco, V., Einführung in das französische Recht, 4. Aufl. 2001 (zit.: *Hübner/Constantinesco* Einführung)

Köhler, H., Allgemeiner Teil des BGB, 43. Aufl. 2019 (zit.: *Köhler* BGB AT)

Looschelders, D., Die Mitverantwortlichkeit des Geschädigten im Privatrecht, 1999 (zit.: *Looschelders* Mitverantwortlichkeit)

Medicus, D./Petersen, J., Allgemeiner Teil des BGB, 11. Aufl. 2016 (zit.: *Medicus/Petersen* BGB AT)

Medicus, D./Petersen, J., Grundwissen zum Bürgerlichen Recht, 11. Aufl. 2019 (zit.: *Medicus/Petersen* Grundwissen BürgerlR)

Medicus, D./Petersen, J., Bürgerliches Recht, 27. Aufl. 2019 (zit.: *Medicus/Petersen* BürgerlR)

Musielak, H.-J./Hau, W., Grundkurs BGB, 16. Aufl. 2019 (zit.: *Musielak/Hau* GK BGB)

Musielak, H.-J./Mayer, C., Examenskurs BGB, 4. Aufl. 2019 (zit.: *Musielak/Hau* EK BGB)

Neuner, J., Allgemeiner Teil des Bürgerlichen Rechts, 12. Aufl. 2020 (zit.: *Neuner* BGB AT)

Oetker, H., Handelsrecht, 6. Aufl. 2019 (zit.: *Oetker* HandelsR)

Pawlowski, H.-M., Allgemeiner Teil des BGB, 7. Aufl. 2003 (zit.: *Pawlowski* BGB AT)

II. Kommentare

Bamberger, H. G./Roth, H., Beck'scher Online-Kommentar zum BGB, Edition: 54, Stand: 1.5.2020 (zit.: BeckOK BGB/*Bearbeiter*)

beck-online Großkommentar, Stand: 1.6.2020 (zit.: BeckOGK/*Bearbeiter*)

Erman, W., Bürgerliches Gesetzbuch, Handkommentar, 15. Aufl. 2017 (zit.: Erman/*Bearbeiter*)

HK-BGB, BGB-Handkommentar, 10. Aufl. 2019 (zit.: HK-BGB/*Bearbeiter*)

HKK, Historisch-kritischer Kommentar zum BGB, Bd. II: Schuldrecht Allgemeiner Teil, 2007 (zit.: HKK/*Bearbeiter*)

Jacoby, F./v. Hinden, M., Studienkommentar BGB, 16. Aufl. 2018 (zit.: Jacoby/v. Hinden/*Bearbeiter*)

Jauernig, O., Bürgerliches Gesetzbuch, 17. Aufl. 2018 (zit.: Jauernig/*Bearbeiter*)

juris-PK juris Praxiskommentar BGB, 9. Aufl. 2020 (zit.: jurisPK-BGB/*Bearbeiter*)

Münchener Kommentar Bürgerliches Gesetzbuch, Bd. 1, 8. Aufl. 2018, Bd. 2, 3, 4, 8. Aufl. 2019, Bd. 5, 6, 8. Aufl. 2020, Bd. 6, 7. Aufl. 2017 (zit.: MüKoBGB/*Bearbeiter*)

NK-BGB, NomosKommentar BGB, Bd. 1 und 2, 3. Aufl. 2016, Bd. 3–5, 4. Aufl. 2014 ff. (zit.: NK-BGB/*Bearbeiter*)

Palandt, O., Kommentar zum Bürgerlichen Gesetzbuch, 79. Aufl. 2020 (zit.: Palandt/*Bearbeiter*)

Prütting, H./Wegen, G./Weinreich, G., BGB Kommentar, 14. Aufl. 2019 (zit.: PWW/*Bearbeiter*)

Reichsgerichtsrätekommentar Das Bürgerliche Gesetzbuch, Kommentar, 12. Aufl. 1974 ff. (zit.: RGRK/*Bearbeiter*)

Soergel, T., Bürgerliches Gesetzbuch, 13. Aufl. 1999 ff. (zit.: Soergel/*Bearbeiter*)

v. Staudinger, J., Kommentar zum Bürgerlichen Gesetzbuch, Neubearb. 2005 ff. (zit.: Staudinger/*Bearbeiter*)

v. Staudinger, J., Eckpfeiler des Zivilrechts, 8. Aufl. 2018 (zit.: Staudinger/*Bearbeiter* Eckpfeiler)

1. Teil. Grundlagen

§ 1 Das Schuldverhältnis

I. Das Schuldverhältnis als Gegenstand des Schuldrechts

Das Schuldrecht regelt eine Vielzahl von Lebenssachverhalten. In der Überschrift zum Zweiten Buch des BGB spricht der Gesetzgeber präziser vom »Recht der Schuldverhältnisse«. Dies führt zu der Frage, was unter einem **Schuldverhältnis** zu verstehen ist.

1. Der Begriff des Schuldverhältnisses

Das BGB charakterisiert das Schuldverhältnis mithilfe der daraus resultierenden **Rechtsfolgen**. Nach § 241 I ist der Gläubiger kraft des Schuldverhältnisses berechtigt, von dem Schuldner eine **Leistung** zu fordern, wobei die Leistung auch in einem Unterlassen bestehen kann. § 241 II ergänzt, dass das Schuldverhältnis seinem Inhalt nach jeden Teil zur **Rücksicht** auf die Rechte, Rechtsgüter und Interessen des anderen Teils verpflichten kann. Aus § 311 II und III folgt, dass das Schuldverhältnis sich auch auf solche Rücksichts- oder Schutzpflichten beschränken kann. Das Schuldverhältnis ist damit ein rechtlich geordnetes Lebensverhältnis (Rechtsverhältnis), an dem mindestens zwei Personen (Gläubiger und Schuldner) beteiligt sind.[1] Es bildet die **Grundlage** für bestimmte Leistungspflichten des Schuldners und/oder sonstige Verhaltenspflichten der Parteien.[2]

Da die infrage stehenden Rechte und Pflichten allein zwischen den Parteien bestehen, kann das Schuldverhältnis auch als rechtliche **Sonderverbindung** bezeichnet werden.[3] Die darin zum Ausdruck kommende *Relativität* des Rechtsverhältnisses ist der entscheidende Unterschied gegenüber den im Sachenrecht geregelten dinglichen Rechten (zB Eigentum). Dingliche Rechte begründen keine Ansprüche gegen *einzelne* Personen, sondern eine Herrschaftsmacht über Sachen, die von *jedermann* zu beachten ist. Man spricht deshalb auch von *absoluten* Rechten.

Ob sich der Begriff des Schuldverhältnisses von den zugrunde liegenden **Sachverhalten** her konkretisieren und »mit Leben füllen« lässt, ist zweifelhaft.[4] Betrachtet man die im 8. Abschnitt des 2. Buches geregelten »einzelnen Schuldverhältnisse« genauer, so zeigt sich, dass es um sehr heterogene Sachverhalte geht. Schon die Gründe für die Entstehung der Sonderverbindung können auf keinen einheitlichen Nenner gebracht werden. Es gibt vielmehr zwei Grundtatbestände: das Rechtsgeschäft, insbesondere den Vertrag (§ 311 I BGB), und das Gesetz (→ § 10 Rn. 1). Darüber hinaus findet sich in § 311 II, III seit der Schuldrechtsreform die Kategorie der rechtsgeschäftsähnlichen Schuldverhältnisse.[5] Man muss sich also damit abfinden, dass der Gegenstand des Schuldrechts nur mithilfe der abstrakten Kategorie des Schuldverhältnisses umschrieben werden kann.

---

1 Vgl. *Henke* JA 1989, 186; *E. Schmidt,* Das Schuldverhältnis, 2004, Rn. 4.
2 Vgl. Staudinger/*Olzen*, 2019, § 241 Rn. 44; *Larenz* SchuldR I § 2 I.
3 *Medicus/Lorenz* SchuldR AT Rn. 1 ff.
4 Zur Problemstellung *Larenz* SchuldR I § 1.
5 Zu dieser Einteilung Staudinger/*Olzen*, 2019, § 241 Rn. 46 ff.; krit. *Harke* SchuldR AT Rn. 18 f.

2. Die Funktion des Schuldrechts

5 Entsprechend der Vielfalt der geregelten Lebenssachverhalte nimmt das Schuldrecht unterschiedliche Funktionen wahr. Eine zentrale Aufgabe besteht darin, dem Einzelnen rechtliche Mittel zur Verfügung zu stellen, damit er seine Interessen *in eigener Verantwortung* verwirklichen kann. Wichtigstes Gestaltungsmittel ist der **Vertrag**. Schuldrechtliche Verträge sind häufig auf eine Veränderung der dinglichen Güterzuordnung gerichtet (zB Kaufvertrag), wobei die Veränderung als solche dann mit den Mitteln des Sachenrechts (zB §§ 929 ff.) verwirklicht wird. Schuldrechtliche Verträge können aber auch die Überlassung einer Sache auf Zeit (zB Miete, Pacht), die Erbringung einer Dienstleistung (zB Dienstvertrag, Maklervertrag), die Herstellung eines Werkes (Werkvertrag) oder jede andere Veränderung der Vermögenslage des Gläubigers zum Gegenstand haben.[6]

6 Darüber hinaus soll das Schuldrecht die Rechtsgüter und Rechte des Einzelnen vor Eingriffen *schützen* und einen gerechten *Ausgleich* für entstandene Schäden und ungerechtfertigte Vermögensverschiebungen gewährleisten.[7] Die letzteren Aufgaben werden primär durch die **gesetzlichen Schuldverhältnisse** wahrgenommen (→ § 10 Rn. 1 ff.); bei den rechtsgeschäftlichen und den rechtsgeschäftsähnlichen Schuldverhältnissen zielen die Schutzpflichten nach § 241 II aber ebenfalls auf die Wahrung des Integritätsinteresses ab.

> **Zur Vertiefung:** Die vorstehenden Darlegungen zeigen, dass es im Schuldrecht regelmäßig um die Befriedigung von *Vermögensinteressen* geht. Ein Vermögensbezug ist aber nicht generell notwendig. Schuldverträge können vielmehr auch Gegenstände betreffen, die keinen Vermögenswert haben. Beispiele sind der Kauf wertloser Liebhaberobjekte oder der Anspruch auf Herausgabe von Liebesbriefen nach § 812 I 1 Alt. 1 (→ SchuldR BT § 54 Rn. 3).

II. Das Schuldverhältnis im engeren und weiteren Sinne

7 Der Ausdruck »Schuldverhältnis« wird im BGB nicht einheitlich verwendet. Teilweise bezeichnet er die **Gesamtheit** der rechtlichen Beziehungen zwischen Gläubiger und Schuldner (Schuldverhältnis im weiteren Sinne), teilweise aber auch nur die Beziehung zwischen Gläubiger und Schuldner in Ansehung einer einzelnen **Forderung** (Schuldverhältnis im engeren Sinne).[8] Bei den einzelnen Vorschriften muss daher jeweils im Wege der Auslegung geklärt werden, welches Verständnis zugrunde liegt. Die Klärung dieser Frage dürfte im Allgemeinen aber keine Schwierigkeiten bereiten.[9]

> **Beispiele:** (1) Nach § 311 I erfordert die rechtsgeschäftliche Begründung eines Schuldverhältnisses grundsätzlich einen Vertrag. Die Vorschrift betrifft die Frage, auf welche Weise die Sonderverbindung zwischen Schuldner und Gläubiger begründet wird. Der Ausdruck »Schuldverhältnis« ist deshalb in einem weiteren Sinne zu verstehen.[10]

---

6 Vgl. *Larenz* SchuldR I § 1; *E. Schmidt*, Das Schuldverhältnis, 2004, Rn. 12 ff.
7 Vgl. MüKoBGB/*Ernst* Einl. vor § 241 Rn. 9.
8 Zu dieser Unterscheidung Staudinger/*Olzen*, 2019, § 241 Rn. 36 ff.; *Medicus/Lorenz* SchuldR AT Rn. 8; *Schlechtriem/Schmidt-Kessel* SchuldR AT Rn. 3; *Joussen* SchuldR I Rn. 25 ff.; krit. *Harke* SchuldR AT Rn. 16.
9 Vgl. Staudinger/*Olzen*, 2019, § 241 Rn. 38; *Medicus/Lorenz* SchuldR AT Rn. 8.
10 PWW/*Kramme* § 241 Rn. 3; *Westermann/Bydlinski/Arnold* SchuldR AT Rn. 64; *Henke* JA 1989, 186.

(2) Nach § 362 I erlischt das Schuldverhältnis, wenn die geschuldete Leistung erbracht wird. Die Erfüllung bezieht sich nur auf die einzelne Leistungsbeziehung; die rechtliche Sonderverbindung zwischen den Parteien im Ganzen wird durch die Erfüllung nicht berührt. So hat die Übergabe und Übereignung der Kaufsache durch den Verkäufer zwar zur Folge, dass das entsprechende Forderungsrecht des Käufers aus § 433 I 1 erlischt; die sonstigen zwischen den Parteien bestehenden Rechte und Pflichten (zB der Kaufpreisanspruch des Verkäufers aus § 433 II) bleiben aber bestehen. Der Ausdruck »Schuldverhältnis« muss also in einem engeren Sinne verstanden werden.[11]

(3) Welche Bedeutung der Begriff des Schuldverhältnisses in § 241 hat, ist unklar.[12] Die hM geht bei Abs. 1 davon aus, dass das Schuldverhältnis im engeren Sinne gemeint ist.[13] Die Vorschrift hat damit indes kaum Aussagekraft[14] und wirkt geradezu zirkulär. Dies ändert sich, wenn man den Begriff des Schuldverhältnisses im weiteren Sinne versteht. § 241 I macht dann deutlich, dass sich das Recht des Gläubigers auf die Leistung und die entsprechende Leistungspflicht des Schuldners (also das Schuldverhältnis im engeren Sinne) aus dem Schuldverhältnis im weiteren Sinne ergeben (»kraft des Schuldverhältnisses«). Das Schuldverhältnis ist also Grundlage (»Quelle«) der einzelnen Leistungspflichten.[15] Parallel dazu sieht § 241 II vor, dass das Schuldverhältnis – auch hier verstanden im weiteren Sinne – Grundlage für Rücksichtnahme- und Schutzpflichten sein kann.[16] In gleichem Sinne spricht § 280 I davon, dass der Schuldner eine »Pflicht aus dem Schuldverhältnis« verletzt. Das Schuldverhältnis ist also auch bei § 280 I in einem weiteren Sinne zu verstehen.

Das **Schuldverhältnis im engeren Sinne** weist eine enge Verwandtschaft mit dem *Anspruch* iSd § 194 I auf. Genauer gesagt ist das Recht des Gläubigers, vom Schuldner eine Leistung zu fordern (§ 241 I), ein Sonderfall des Anspruchs. Wenn das Gesetz das Wort »*Forderung*« verwendet (vgl. etwa §§ 387, 398), so meint es also nichts anderes als einen schuldrechtlichen Anspruch.[17] Da Ansprüche sich nicht nur aus Schuldverhältnissen, sondern auch aus dinglichen Rechten sowie familien- und erbrechtlichen Rechtsverhältnissen ergeben können, handelt es sich beim Anspruch um den allgemeineren Begriff. Dies entspricht dem systematischen Standort des § 194 I im Ersten Buch des BGB. 8

Mit der Forderung des Gläubigers korrespondiert die Verpflichtung des Schuldners, die Forderung zu erfüllen. Dieses Verpflichtetsein wird als »**Schuld**« bezeichnet.[18] Schuld bedeutet dabei nicht persönliche Verantwortlichkeit (Verschulden), sondern schlicht »Leistensollen«.[19] Die Begriffe »Forderung«, »Schuld« und »Schuldverhältnis im engeren Sinne« sind damit nicht vollständig synonym. Denn sie umschreiben denselben Sachverhalt aus *unterschiedlichen Perspektiven*: der Sicht des Gläubigers (Forderung), der Sicht des Schuldners (Schuld) und der Sicht eines Dritten (Schuldverhältnis im engeren Sinne).[20] 9

---

11 BGHZ 10, 391 (395); BGH NJW 2007, 3488 (3489); MüKoBGB/*Fetzer* vor § 362 Rn. 1.
12 Zur Problemstellung PWW/*Kramme* § 241 Rn. 6.
13 So Jauernig/*Mansel* § 241 Rn. 2; HK-BGB/*Schulze* § 241 Rn. 2; *Westermann/Bydlinski/Arnold* SchuldR AT Rn. 61.
14 Vgl. MüKoBGB/*Bachmann* § 241 Rn. 1.
15 Vgl. Palandt/*Grüneberg* Einl. v. § 241 Rn. 3; BeckOK BGB/*Sutschet*, 54. Ed. 1.5.2020, § 241 Rn. 4.
16 So auch iE PWW/*Kramme* § 241 Rn. 6; Staudinger/*Olzen*, 2019, § 241 Rn. 44.
17 Vgl. *Medicus/Lorenz* SchuldR AT Rn. 6; *Gernhuber* Schuldverhältnis § 3 I 5.
18 *Brox/Walker* SchuldR AT § 2 Rn. 19.
19 Vgl. *Medicus/Lorenz* SchuldR AT Rn. 7.
20 *Gernhuber* Schuldverhältnis § 2 I 1 b.

III. Die Pflichten aus dem Schuldverhältnis

10 Die schuldrechtlichen Pflichten lassen sich nach der Systematik des § 241 in zwei Kategorien einteilen: **Leistungs-** und **Schutzpflichten.** Während die Leistungspflichten auf eine *Veränderung* der Güterlage gerichtet sind, sollen die Schutzpflichten die *gegenwärtige* Güterlage der Beteiligten vor Beeinträchtigungen bewahren, also ihr Integritätsinteresse schützen.[21] Das BGB hatte in § 241 ursprünglich nur die Leistungspflichten angesprochen; die Schutzpflichten sind erst durch das SchuldRModG in § 241 II geregelt worden.

1. Leistungspflichten

a) Hauptleistungspflichten und Nebenleistungspflichten

11 Die Leistungspflichten werden nach ihrer Bedeutung im Rahmen des Schuldverhältnisses in Hauptleistungs- und Nebenleistungspflichten unterteilt.[22] Die **Hauptleistungspflichten** charakterisieren die Eigenart und den Typus des jeweiligen Schuldverhältnisses. Sie bilden die essentiellen Bestandteile eines Vertrages *(essentialia negotii)* und müssen daher im Allgemeinen von den Parteien bei Vertragsschluss festgelegt werden, weil der Vertrag sonst nicht wirksam zustande kommt.[23] Bei gegenseitigen Verträgen stehen die Hauptleistungspflichten in einem Austauschverhältnis (→ § 15 Rn. 14). Jede Partei kann daher nach § 320 die Leistung verweigern, bis die andere Partei die Gegenleistung bewirkt hat.

12 Die **Nebenleistungspflichten** sind auf die Hauptleistungspflichten bezogen und sollen deren Erfüllung unterstützen und fördern; sie verfolgen also keinen eigenständigen Zweck, sondern haben »dienende Funktion«.[24] Einige Nebenleistungspflichten sind im Gesetz ausdrücklich geregelt (vgl. etwa § 402). Weitergehende Nebenleistungspflichten können sich im Einzelfall aus dem Schuldverhältnis ergeben, wobei zur Konkretisierung auf die Vereinbarungen der Parteien, die Regeln der ergänzenden Vertragsauslegung (§ 157) sowie den Grundsatz von Treu und Glauben (§ 242) abzustellen ist.[25]

> **Beispiel:** Beim Kaufvertrag sind die Pflicht des Verkäufers zur Übergabe und Übereignung der Kaufsache (§ 433 I 1) und die Pflicht des Käufers zur Zahlung des Kaufpreises (§ 433 II) Hauptleistungspflichten. Diese beiden Pflichten legen die Eigenart des Kaufvertrags fest und stehen in einem Austauschverhältnis. Die Pflicht des Käufers zur Abnahme der Kaufsache ist dagegen im Allgemeinen als Nebenleistungspflicht anzusehen; sie ist für den Typus Kaufvertrag nicht wesentlich und hat gegenüber der Hauptleistungspflicht des Verkäufers eine dienende (nämlich den Verkäufer entlastende) Funktion.[26] Weitere Nebenleistungspflichten können vertraglich vereinbart werden (zB Versendung und Versicherung der Kaufsache durch den Verkäufer) oder folgen nach Treu und Glauben aus dem Schuldverhältnis (zB Pflicht des Verkäufers zur Verpackung der Kaufsache).

---

21 Vgl. BT-Drs. 14/6040, 125; *Medicus/Lorenz* SchuldR AT Rn. 5.
22 Zur Abgrenzung vgl. Staudinger/*Olzen*, 2019, § 241 Rn. 144 ff.
23 Vgl. *Brox/Walker* BGB AT § 11 Rn. 12. Zu den Ausnahmen der §§ 315–317 → § 11 Rn. 11 ff. Weitere Ausnahmen finden sich für bestimmte Vertragstypen in den §§ 612 I, 632 I (→ SchuldR BT § 29 Rn. 27, § 32 Rn. 3).
24 *Gernhuber* Schuldverhältnis § 2 III 4; *Brox/Walker* SchuldR AT § 2 Rn. 8 ff.
25 Jauernig/*Mansel* § 241 Rn. 9.
26 Staudinger/*Beckmann*, 2013, § 433 Rn. 213; *Larenz* SchuldR II 1 § 42 Ib. Hat der Verkäufer ein besonderes Interesse an der Abnahme der Kaufsache (zB Räumungsverkauf), so kann die Abnahme aber ausnahmsweise als Hauptleistungspflicht zu qualifizieren sein (→ SchuldR BT § 2 Rn. 5).

In prozessualer Hinsicht ist zu beachten, dass Erfüllungsansprüche im Wege der **Leistungs-** oder **Unterlassungsklage** durchgesetzt werden können. 13

> **Zur Rechtsvergleichung:** Aus internationaler Sicht ist die Klagbarkeit von Erfüllungsansprüchen nicht selbstverständlich. So geht das *Common Law* traditionell davon aus, dass der Gläubiger gegen den Schuldner keinen rechtlich erzwingbaren Anspruch auf *Erfüllung* des Vertrages *in natura* hat. Wird die geschuldete Leistung nicht erbracht, so muss sich der Gläubiger mit einem Schadensersatzanspruch zufrieden geben. Diese strikte Sichtweise ist mittlerweile zwar überwunden. Die gerichtliche Durchsetzung eines Erfüllungsanspruchs ist aber auch heute noch nur ausnahmsweise möglich (»specific performance«). Voraussetzung ist, dass der Gläubiger ein besonderes Interesse an der Erfüllung hat, dem durch den Schadensersatzanspruch nicht angemessen Rechnung getragen werden kann.[27]

Klagbar sind nicht nur Hauptleistungspflichten, sondern auch Nebenleistungspflichten.[28] Bei vielen Nebenleistungspflichten kommt eine selbstständige Geltendmachung des Erfüllungsanspruchs im Regelfall aber aus praktischen Gründen nicht in Betracht. 14

> **Beispiele:** (1) Der neue Gläubiger kann den bisherigen Gläubiger durch Leistungsklage auf Erfüllung seiner Auskunftspflicht aus § 402 in Anspruch nehmen.
> (2) Bei Barkäufen des täglichen Lebens wird der Käufer den Verkäufer kaum einmal auf ordnungsgemäße Verpackung der Kaufsache verklagen.[29] Praktisch relevant ist allein der Fall, dass die Kaufsache infolge unsachgemäßer Verpackung beschädigt wird. Hier wird der Käufer einen Schadensersatzanspruch geltend machen. Hat der Verkäufer im Rahmen eines Raten- oder Sukzessivlieferungsvertrags schon einmal schlecht verpackte Ware geliefert, so kann dem Käufer aber nicht verwehrt sein, den Verkäufer für künftige Lieferungen im Wege der Leistungsklage auf bessere Verpackung in Anspruch zu nehmen.

Nach geltendem Recht ist die **praktische Bedeutung** der Unterscheidung von Haupt- und Nebenleistungspflichten **gering**.[30] Zu beachten ist insbesondere, dass es für den Anspruch auf Schadensersatz statt der Leistung und den Rücktritt bei Nicht- oder Schlechterfüllung einer Leistungspflicht nicht darauf ankommt, ob es sich um eine Haupt- oder Nebenleistungspflicht handelt. In beiden Fällen sind vielmehr die §§ 280 I, III, 281 bzw. § 323 maßgeblich. Die Bedeutung der Pflicht im Schuldverhältnis kann zwar bei der Frage relevant werden, ob Schadensersatz statt der ganzen Leistung und Rücktritt wegen Unerheblichkeit der Pflichtverletzung ausgeschlossen sind (§§ 281 I 3, 323 V 2). Auch in diesem Zusammenhang ist aber keine »Kategorisierung« erforderlich. 14a

b) Primäre und sekundäre Leistungspflichten

Bei **vertraglichen Schuldverhältnissen** lassen sich nach dem Zeitpunkt der Entstehung primäre und sekundäre Leistungspflichten unterscheiden.[31] Das eigentliche (anfängliche) Ziel des Schuldverhältnisses ist die Erfüllung der **primären** Leistungspflichten. Verletzt der Schuldner eine primäre Leistungspflicht, so können **sekundäre** Leistungspflichten entstehen. Diese treten dann entweder neben die primäre Leistungspflicht (zB »einfacher« Schadensersatz nach § 280 I) oder an deren Stelle (zB 15

---

27 Vgl. *Zweigert/Kötz*, Einführung in die Rechtsvergleichung, 3. Aufl. 1996, § 35 IV.
28 Jauernig/*Mansel* § 241 Rn. 9; *Medicus/Petersen* BürgerlR Rn. 207; diff. MüKoBGB/*Bachmann* § 241 Rn. 30, 62 ff.
29 *Gernhuber* Schuldverhältnis § 2 III 4.
30 So auch *Korch* ZfPW 2020, 189 (190 f.).
31 Vgl. *Brox/Walker* SchuldR AT § 2 Rn. 5 ff., 15; krit. PWW/*Kramme* § 241 Rn. 20.

Schadensersatz statt der Leistung nach §§ 280 I, III iVm §§ 281–283) und setzen ein **Vertretenmüssen** voraus (§ 280 I 2). Maßgeblich ist also das Prinzip der *Zurechnung kraft Verantwortlichkeit*.[32] Für primäre Leistungspflichten ist das Kriterium des Vertretenmüssens irrelevant. Hier kommt es allein auf das Vorliegen einer entsprechenden (wirksamen) **Parteivereinbarung** an. Dahinter steht das Prinzip der *Vertragsfreiheit* (→ § 3 Rn. 2).

Primäre und sekundäre Leistungspflichten sind somit auf **verschiedenartige Geltungsgründe** zurückzuführen.[33] In der **Klausur** muss zunächst der primäre Erfüllungsanspruch geprüft werden, bevor auf den sekundären Schadensersatzanspruch eingegangen wird.[34]

> **Beispiel:** V verkauft für 5.000 EUR einen gebrauchten Pkw (Wert: 4.000 EUR) an K. Vor der Übergabe und Übereignung des Pkw wird dieser bei einem von V verschuldeten Unfall zerstört. Welche Ansprüche hat K gegen V?
> (1) Zu prüfen ist zunächst der (primäre) Anspruch des K gegen V auf Übergabe und Übereignung des Pkw aus § 433 I. Voraussetzung ist der wirksame Abschluss eines Kaufvertrags. Diese Voraussetzung liegt vor. Aufgrund der Zerstörung des Fahrzeugs ist der Anspruch jedoch nach § 275 I erloschen.
> (2) In einem zweiten Schritt muss auf den (sekundären) Schadensersatzanspruch des K gegen V aus §§ 280 I, III, 283 eingegangen werden. Der Anspruch setzt unter anderem voraus, dass V die Pflichtverletzung – hier: Nichterfüllung der primären Leistungspflicht – zu vertreten hat (§ 280 I 2).

c) Leistungshandlung und Leistungserfolg

16 Der Begriff »Leistung« kann auf ein bestimmtes Verhalten (**Leistungshandlung**) oder einen bestimmten Erfolg (**Leistungserfolg**) bezogen sein. Bei tätigkeitsbezogenen Schuldverhältnissen (zB Dienstvertrag) spielt diese Unterscheidung keine Rolle. Hier fallen Leistungshandlung und Leistungserfolg zusammen; die vertragsgemäße Ausführung der Handlung ist der Erfolg. Bei erfolgsbezogenen Schuldverhältnissen (zB Kaufvertrag, Werkvertrag) kann der Erfolg dagegen auch bei vertragsgemäßer Leistungshandlung ausbleiben. Hier muss durch Auslegung der jeweiligen Vorschrift festgestellt werden, ob der Begriff »Leistung« die Leistungshandlung oder den Leistungserfolg bezeichnen soll.[35]

> **Beispiele:** (1) Nach § 362 erlischt das Schuldverhältnis (im engeren Sinne), wenn die geschuldete Leistung an den Gläubiger bewirkt wird. Bei einem Kaufvertrag ist die geschuldete Leistung (Übereignung der Kaufsache; Zahlung des Kaufpreises) erst mit dem Eintritt des Leistungserfolgs bewirkt.[36] Der Schuldner muss die Leistungshandlung daher grundsätzlich erneut vornehmen, wenn sie nicht zum Erfolg geführt hat.
> (2) Nach § 242 muss der Schuldner die Leistung so bewirken, wie Treu und Glauben mit Rücksicht auf die Verkehrssitte es erfordern. Die Vorschrift regelt unter anderem die Art und Weise, in der die Leistung erbracht werden muss. Der Begriff »Leistung« bezieht sich also auf die Leistungshandlung.

---

32 *Medicus/Petersen* BürgerlR Rn. 237. Allg. zur Zurechnung unter dem Aspekt der Verantwortlichkeit *Pawlowski* BGB AT Rn. 349, 353.
33 Vgl. *Harke* SchuldR AT Rn. 24 ff., der das für die (primären) Leistungspflichten maßgebliche Vertragsprinzip und das für die Schadensersatzpflichten geltende Verschuldensprinzip gegenüberstellt.
34 *Medicus/Petersen* BürgerlR Rn. 205.
35 HK-BGB/*Schulze* § 241 Rn. 9; MüKoBGB/*Bachmann* § 241 Rn. 18.
36 BGHZ 87, 156 (162).

d) Möglicher Inhalt der Leistungspflicht

Der mögliche Inhalt der Leistungspflicht wird in § 241 I nicht näher konkretisiert. Er ist den jeweiligen Parteivereinbarungen oder dem Gesetz zu entnehmen. In der Literatur wird teilweise die Auffassung vertreten, dass nur die bewusste, zweckgerichtete Mehrung fremden **Vermögens** als Leistung angesehen werden könne.[37] Der historische BGB-Gesetzgeber hat jedoch bewusst darauf verzichtet, den Begriff der Leistung auf die Zuwendung *vermögenswerter* Vorteile zu beschränken. Diese Entscheidung ist sachgemäß. Es besteht kein Anlass, das Schuldrecht auf den Austausch bzw. den Schutz von materiellen Gütern zu reduzieren (→ § 1 Rn. 6).[38]

17

§ 241 I 2 stellt klar, dass die Leistung auch in einem **Unterlassen** bestehen kann. Dies hat zur Folge, dass eine Abgrenzung zwischen positivem Tun und Unterlassen regelmäßig entbehrlich ist. Unterlassungspflichten ergeben sich teilweise aus dem Gesetz (zB Wettbewerbsverbot für die Dauer des Dienstverhältnisses nach § 60 HGB). Mitunter werden sie auch als *Hauptleistungspflichten* von den Parteien vereinbart (zB Wettbewerbsverbot für die Zeit nach Beendigung des Dienstverhältnisses gem. § 74 HGB). Im Übrigen folgt aus dem vertraglichen Leistungsversprechen unter Berücksichtigung von Treu und Glauben (§ 242) <u>die allgemeine *Nebenleistungspflicht,* alle Handlungen zu unterlassen, welche die ordnungsgemäße Durchführung des Schuldverhältnisses beeinträchtigen.</u>[39]

18

2. Schutzpflichten

a) Gesetzliche Regelung

Das Schuldverhältnis erschöpft sich nicht in Leistungspflichten, sondern beinhaltet für beide Parteien auch Pflichten zur *Rücksichtnahme* auf die Rechtsgüter und Interessen des anderen Teils (§ 241 II). Diese Pflichten sollen das Integritätsinteresse des Vertragspartners schützen und werden deshalb auch als **Schutzpflichten** bezeichnet.[40] Inhalt und Umfang der Schutzpflichten richten sich nach dem Inhalt des jeweiligen Schuldverhältnisses (§ 241 II) und den sonstigen Umständen des Einzelfalls.[41] Zur weiteren Konkretisierung kann dabei auf die Regeln der ergänzenden Vertragsauslegung (§§ 133, 157) und den Grundsatz von Treu und Glauben (§ 242) zurückgegriffen werden (→ § 4 Rn. 18).

19

> **Beispiel:** B hat den Malermeister U damit beauftragt, sein Wohnzimmer anzustreichen. U muss nicht nur die Malerarbeiten ordnungsgemäß durchführen. Zu seinen vertraglichen Pflichten gehört auch, Sorge zu tragen, dass die Einrichtungsgegenstände des B weder beschädigt noch verunreinigt werden.

Dass die Parteien bei der Durchführung des Schuldverhältnisses gehalten sind, Schädigungen des anderen Teils zu vermeiden, ist seit langem anerkannt.[42] Die Annahme solcher Schutzpflichten rechtfertigt sich daraus, dass die Parteien einander im Rahmen von schuldrechtlichen Sonderverbindungen erhöhte Möglichkeiten gewähren, auf

20

---

37 *Gernhuber* Schuldverhältnis § 1 I 4.
38 Vgl. Staudinger/*Olzen*, 2019, § 241 Rn. 14 ff.
39 Vgl. HK-BGB/*Schulze* § 241 Rn. 11; Staudinger/*Olzen*, 2019, § 241 Rn. 272.
40 Vgl. etwa MüKoBGB/*Bachmann* § 241 Rn. 50 ff.; *Schlechtriem/Schmidt-Kessel* SchuldR AT Rn. 163 ff.; *Medicus/Lorenz* SchuldR AT Rn. 517 ff.; *Medicus* FS Canaris I, 2007, 835.
41 Staudinger/*Olzen*, 2019, § 241 Rn. 418; MüKoBGB/*Bachmann* § 241 Rn. 55.
42 Vgl. etwa BGH NJW-RR 1995, 1241 (1242); MüKoBGB/*Bachmann* § 241 Rn. 47.

ihre Rechte, Rechtsgüter und Interessen einzuwirken (vgl. § 311 II Nr. 2).[43] Sie müssen daher darauf vertrauen können, dass der andere Teil hierauf die gebotene Rücksicht nimmt. Die etwas vage Formulierung des § 241 II (»kann ... verpflichten«) macht deutlich, dass die Existenz einer **bestimmten Schutzpflicht** nicht einfach unterstellt werden kann, sondern im jeweiligen Einzelfall sorgfältig zu begründen ist.[44] Schuldverhältnisse gehen zwar regelmäßig mit Schutzpflichten einher; ihr Inhalt und ihre Intensität hängen aber von der **Art des jeweiligen Schuldverhältnisses** und den **Umständen des Einzelfalles** ab (→ § 1 Rn. 19).

21 Die **dogmatische Einordnung** der Pflichten nach § 241 II ist umstritten. Im Vordergrund steht die Frage, ob die Schutzpflichten bei Vorliegen eines Vertrages auf dem zwischen den Parteien bestehenden **vertraglichen Schuldverhältnis** beruhen oder auf ein eigenständiges **gesetzliches Schuldverhältnis** zurückzuführen sind, das neben den Vertrag tritt.[45] Für die praktische Rechtsanwendung bleibt dies allerdings meist ohne Bedeutung. Entscheidend ist, dass die Entstehung von Schutzpflichten nach dem Wortlaut des § 241 II das Vorliegen eines **Schuldverhältnisses** voraussetzt.[46] Ein **wirksamer Vertrag** reicht hierfür jedenfalls aus. § 311 II stellt weiter klar, dass ein Schuldverhältnis mit Pflichten aus § 241 II nicht auf die Parteien eines wirksamen Vertrages beschränkt ist, sondern auch im **vorvertraglichen Bereich** zwischen den Parteien des in Aussicht genommenen Vertrages bestehen kann (→ § 8 Rn. 1 ff.). Bei **nichtigen Verträgen** kommt ein Rückgriff auf § 311 II Nr. 3 in Betracht (→ § 5 Rn. 9). Nach § 311 III kann ein Schuldverhältnis mit Pflichten nach § 241 II auch zu **Dritten** entstehen, die selbst nicht Vertragspartei werden sollen (→ § 9 Rn. 1 ff.). In den letzteren Fällen entstehen zwischen den Beteiligten *keine primären Leistungspflichten*. Das Schuldverhältnis begründet ausschließlich *Schutzpflichten*, bei deren Verletzung ein Schadensersatzanspruch aus § 280 I in Betracht kommt.

> **Beispiel:** Der Inhaber eines Lebensmittelgeschäfts muss Sorge tragen, dass seine Kunden nicht auf herumliegenden Gemüseblättern ausrutschen. Diese Pflicht besteht unabhängig davon, ob es letztlich zum Abschluss eines Kaufvertrags kommt. Sie besteht auch gegenüber Familienangehörigen, zB Kindern, die den (potentiellen) Kunden begleiten. Den geschädigten Familienangehörigen steht bei schuldhafter Pflichtverletzung ein Schadensersatzanspruch aus §§ 280 I, 311 II, III 1 zu (→ § 9 Rn. 1 ff.).

Als Gegenstand der Schutzpflichten nennt § 241 II außer den Rechten und Rechtsgütern auch die **Interessen** des anderen Teils. Damit soll verdeutlicht werden, »dass auch Vermögensinteressen sowie andere Interessen wie zum Beispiel die Entscheidungsfreiheit zu schützen sein können«.[47]

b) Verhältnis zu den deliktischen Verkehrspflichten

22 Schutz vor Rechtsgutsverletzungen und schädlichen Vermögensdispositionen besteht nicht nur bei schuldrechtlichen Sonderverbindungen. Hier liegt vielmehr auch eine zentrale Funktion des **Deliktsrechts**. Die schuldrechtlichen Schutzpflichten iSd

---

43 MüKoBGB/*Bachmann* § 241 Rn. 117.
44 NK-BGB/*Krebs* § 241 Rn. 21; Staudinger/*Olzen*, 2019, § 241 Rn. 419.
45 Zur Problemstellung *Medicus* FS Canaris I, 2007, 835 (838 f.). Für Annahme eines eigenständigen gesetzlichen Schuldverhältnisses etwa *Medicus/Petersen* BürgerlR Rn. 203; *Harke* SchuldR AT Rn. 17; ausf. zum Meinungsstreit Staudinger/*Olzen*, 2019, § 241 Rn. 393 ff.
46 Staudinger/*Olzen*, 2019, § 241 Rn. 399.
47 BT-Drs. 14/6040, 126; vgl. dazu *Canaris* JZ 2001, 499 (519).

§ 241 II können in Reichweite und Intensität jedoch wesentlich über die deliktsrechtlich sanktionierten Verhaltenspflichten im allgemeinen Verkehr *(Verkehrspflichten)* hinausgehen.

> **Beispiele:** (1) Das Deliktsrecht gewährt in § 823 I für bestimmte Rechtsgüter (Leben, Körper, Gesundheit, Freiheit) und Rechte (Eigentum und sonstige absolute Rechte) umfassenden Schutz. Das *Vermögen* als solches wird grundsätzlich nur vor vorsätzlichen sittenwidrigen Schädigungen geschützt (§ 826). Die Schutzpflichten iSd § 241 II beziehen sich dagegen auch auf das Vermögen als solches.
> (2) Im deliktischen Bereich muss der Geschäftsherr nach § 831 nur dann für das Verhalten seiner *Hilfspersonen* einstehen, wenn ihn bei der Auswahl, Überwachung oder Anleitung oder bei der Beschaffung der Arbeitsmittel ein *eigenes Verschulden* trifft. Das Verschulden des Geschäftsherrn wird zwar vermutet; es steht ihm jedoch nach § 831 I 2 offen, diese Vermutung zu widerlegen (Exkulpation). Im Rahmen von Schuldverhältnissen trifft den Schuldner dagegen nach § 278 (→ § 23 Rn. 34ff.) eine *uneingeschränkte Einstandspflicht* für das Verschulden seiner Erfüllungsgehilfen.

c) Konkurrenzen

Verletzt eine Partei eine Schutzpflicht, so kann die andere Partei vertragliche *Schadensersatzansprüche* geltend machen. Liegen die Voraussetzungen der vertraglichen und deliktischen Haftung vor, so bestehen beide Ansprüche nebeneinander (**Anspruchskonkurrenz**). In der Klausur müssen deshalb auch beide Kategorien geprüft werden. Dabei ist jeder Anspruch grundsätzlich nach den Regeln des jeweiligen Rechtsgebiets zu behandeln. 23

Es ist jedoch denkbar, dass die deliktische Haftung durch das Vertragsrecht **modifiziert** wird. Dies kommt immer dann in Betracht, wenn das Vertragsrecht eine Sonderregel enthält, die bei uneingeschränkter Anwendung des allgemeinen Deliktsrechts obsolet wäre. So gelten die für bestimmte Schuldverhältnisse gesetzlich vorgesehenen Haftungsmilderungen (zB §§ 521, 599, 690, 708) grundsätzlich auch für konkurrierende deliktische Ansprüche. Desgleichen schlagen vertraglich vereinbarte Haftungsmilderungen ihrem Sinn und Zweck nach im Zweifel auf das Deliktsrecht durch. Wegen dieser möglichen Einflüsse des Vertrags- auf das Deliktsrecht ist es bei der Klausurbearbeitung geboten, vertragliche Ansprüche vor deliktischen zu prüfen.[48]

> **Zur Rechtsvergleichung:** Die Konkurrenz von vertraglichen und deliktischen Ansprüchen ist nicht in jeder Rechtsordnung gegeben. So geht das französische Recht vom Grundsatz des *non cumul* aus. Bei Vorliegen von vertraglichen Beziehungen sind deliktische Ansprüche danach grundsätzlich ausgeschlossen.[49] Dies beruht auf der Überlegung, dass die differenzierte vertragliche Risikoverteilung nicht durch das Deliktsrecht unterlaufen werden soll – ein Problem, das in Deutschland durch die eben dargestellte Modifikation der deliktischen Haftung gelöst wird.

3. Bedeutung der Unterscheidung von Leistungs- und Schutzpflichten

Die Unterscheidung von Leistungs- und Schutzpflichten hat Bedeutung, wenn der Gläubiger wegen einer Pflichtverletzung **Schadensersatz statt der Leistung** verlangt oder vom Vertrag **zurücktreten** will. Geht es um eine Leistungspflicht, so sind die 24

---

48 Vgl. *Medicus/Petersen* BürgerlR Rn. 8.
49 Vgl. *Zweigert/Kötz*, Einführung in die Rechtsvergleichung, 3. Aufl. 1996, 621; *Hübner/Constantinesco* Einführung § 22 unter 4a.

§§ 280 I, III, 281 bzw. § 323 einschlägig; wird eine Schutzpflicht verletzt, so gelten die §§ 280 I, III, 282 bzw. § 324. Allein auf Leistungspflichten beziehen sich die Vorschriften über die Unmöglichkeit (§§ 275, 280 I, III, 283, 311a, 326).

Bei der praktischen Rechtsanwendung ist zu beachten, dass zahlreiche Pflichten eine »Doppelnatur« haben, dh sowohl das Leistungsinteresse des Gläubigers als auch dessen Integritätsinteresse schützen sollen.

> **Beispiel:** Die Pflicht des Verkäufers zur Überlassung einer Bedienungsanleitung für eine Motorsäge hat in erster Linie den Zweck, das ordnungsgemäße Funktionieren der Säge zu gewährleisten (Leistungsinteresse). Daneben sollen aber auch Verletzungen des Benutzers vermieden werden (Integritätsinteresse).[50]

Davon abgesehen ist es den Parteien unbenommen, den **Schutz** des anderen Teils zum **Gegenstand einer Leistungspflicht** zu machen. Die Rechtsfolgen einer Pflichtverletzung richten sich in einem solchen Fall nach den für Leistungspflichten maßgeblichen Regeln.[51] Nach dem jeweiligen Inhalt des Schuldverhältnisses (§ 241 II) können sich aber auch hier weitere Rücksichtspflichten ergeben, welche über die als Leistungspflicht übernommene Schutzpflicht hinausgehen. Insoweit sind dann bei Pflichtverletzungen die für Schutzpflichten geltenden Regeln anwendbar.

> **Beispiel:** Bodyguard B hat sich vertraglich verpflichtet, die Sängerin S vor aufdringlichen Fans zu schützen. Der Schutz der S ist damit Gegenstand einer Leistungspflicht des B. Darüber hinaus ist B nach § 241 II zur Rücksichtnahme auf die sonstigen Rechtsgüter, Rechte und Interessen der S verpflichtet und darf daher zB keine Einzelheiten aus ihrem Privatleben weitergeben. Verletzt B diese Pflicht, stehen der S nicht nur deliktische Schadensersatzansprüche aus § 823 I (Verletzung des allgemeinen Persönlichkeitsrechts) zu, sondern auch vertragliche Schadensersatzansprüche aus §§ 280 I, 241 II.

25 Während die grundsätzliche **Klagbarkeit** von Leistungspflichten – einschließlich der Nebenleistungspflichten – außer Frage steht (→ § 1 Rn. 14), ist die Klagbarkeit von Schutzpflichten umstritten. Weitgehend anerkannt ist allerdings, dass bestimmte gesetzlich geregelte Schutzpflichten – etwa die Schutzpflicht des Arbeitgebers nach § 618 (→ SchuldR BT § 29 Rn. 32) – nach ihrem Sinn und Zweck eigenständig eingeklagt werden können.[52] Bei den meisten anderen Schutzpflichten wird eine eigenständige Leistungsklage im Regelfall schon aus praktischen Gründen ausscheiden. Besonders prägnant ist in diesem Zusammenhang das Beispiel der **Warnpflicht.** Eine Warnung wird nur erforderlich, wenn der andere Teil das Risiko nicht kennt; in diesem Fall kann er aber auch keine Leistungsklage auf Warnung vor dem betreffenden Risiko erheben.[53] Lässt sich das Schutzbedürfnis im Einzelfall doch schon vor Eintritt des schädigenden Ereignisses konkretisieren, kommt eine Klage auf Beachtung der Schutzpflicht aber durchaus in Betracht.[54] Die Einordnung als Nebenleistungs- oder Schutzpflicht entscheidet damit nicht über die Klagbarkeit.

---

50 Vgl. zu diesem Beispiel BT-Drs. 14/6040, 125.
51 Vgl. *Grigoleit* FS Canaris I, 2007, 275 (297 ff.). Zur Behandlung von »doppelrelevanten« Pflichten im Leistungsstörungsrecht → § 27 Rn. 9.
52 Vgl. MüKoBGB/*Bachmann* § 241 Rn. 120; *Schlechtriem/Schmidt-Kessel* SchuldR AT Rn. 164.
53 Dazu *Medicus* FS Canaris I, 2007, 835 (839).
54 So auch MüKoBGB/*Bachmann* § 241 Rn. 120; *Medicus* FS Canaris I, 2007, 835 (839); aA *Korch* ZfPW 2020, 189 (198 ff.): Klagbarkeit als Abgrenzungskriterium zwischen Leistungs- und Schutzpflichten.

IV. Obliegenheiten

Von den Pflichten sind die **Obliegenheiten** zu unterscheiden. Diese haben zwar in vielen Punkten die gleiche Struktur wie Pflichten. Der entscheidende Unterschied liegt aber darin, dass die Rechtsordnung dem Adressaten freistellt, ob er der Obliegenheit nachkommt oder nicht. Dem anderen Teil steht deshalb **kein Anspruch** auf **Erfüllung** zu. Wird die Obliegenheit nicht beachtet, so muss der Adressat zwar bestimmte Rechtsnachteile (zB Verlust oder Kürzung eines Anspruchs) hinnehmen, er handelt aber nicht rechtswidrig und ist daher auch **nicht schadensersatzpflichtig**.[55] Obliegenheiten sind damit Verhaltensanforderungen von geringerer Intensität, die der Adressat nur dann einhalten muss, wenn er den Eintritt des angedrohten Rechtsnachteils vermeiden will.

26

> **Beispiele:** (1) Bei einem beiderseitigen Handelskauf ist der Käufer nach § 377 HGB gehalten, die Ware unverzüglich zu untersuchen und etwaige Mängel unverzüglich anzuzeigen. Kommt der Käufer diesen Verhaltensanforderungen nicht nach, so kann der Verkäufer weder Erfüllungs- noch Schadensersatzansprüche geltend machen. Dies ist aber auch nicht erforderlich. Denn seine Interessen werden vollständig dadurch gewahrt, dass der Käufer seine Gewährleistungsansprüche verliert.
> (2) Bei einer ordentlichen Kündigung des Mietverhältnisses muss der Vermieter nach § 573 III die Kündigungsgründe angeben. Nach Ansicht des BGH handelt es sich um eine bloße Obliegenheit. Bei Nichtangabe der Gründe steht dem Mieter daher kein Schadensersatzanspruch aus § 280 I zu.[56]

Manche Obliegenheiten ergeben sich aus dem **Gesetz.** Zu nennen ist neben § 377 HGB vor allem § 254 (→ § 50 Rn. 1 ff.). Obliegenheiten können auch **vertraglich** vereinbart werden. Besondere Bedeutung hat dies im *Versicherungsvertragsrecht*.[57] Die Allgemeinen Versicherungsbedingungen enthalten zahlreiche Verhaltensanforderungen, die der Versicherungsnehmer einhalten muss, um den Anspruch auf die Versicherungsleistung nicht zu verlieren.

> **Beispiel:** Nach den gängigen Allgemeinen Bedingungen für die Hausratversicherungen hat der Versicherungsnehmer Türen und Fenster geschlossen zu halten, solange sich niemand in der Wohnung aufhält. Ob der Versicherungsnehmer dieser Verhaltensanforderung nachkommt, ist seine Sache. Der Versicherer hat keinen Erfüllungsanspruch. Kommt es zu einem Einbruch, weil der Versicherungsnehmer die Fenster während seiner Abwesenheit offen gelassen hat, so droht dem Versicherungsnehmer aber der Verlust oder die Kürzung des Anspruchs auf die Versicherungsleistung (vgl. § 28 III VVG).

Schließlich können Obliegenheiten ebenso wie echte Rechtspflichten im Einzelfall aus dem jeweiligen **Inhalt des Schuldverhältnisses** mithilfe der ergänzenden Vertragsauslegung (§§ 133, 157) und des Grundsatzes von Treu und Glauben (§ 242) abgeleitet werden.

---

55 Zur Struktur von Obliegenheiten vgl. MüKoBGB/*Ernst* Einl. vor § 241 Rn. 14 ff.; *Looschelders* Mitverantwortlichkeit 194 ff.
56 BGH NJW 2011, 914 = JA 2011, 306 *(Looschelders)*.
57 Eingehend dazu *Armbrüster*, Privatversicherungsrecht, 2. Aufl. 2019, Rn. 1643 ff.

V. Unvollkommene Verbindlichkeiten (Naturalobligationen)

27 Eine besondere Rechtsnatur haben die sog. unvollkommenen Verbindlichkeiten oder **Naturalobligationen.** Beispiele sind Spiel und Wette (§ 762) und das Versprechen eines Lohnes für Ehevermittlung (§ 656). In diesen Fällen begründet das Schuldverhältnis keine Verbindlichkeit. Der Gläubiger hat also *keinen durchsetzbaren Anspruch* auf Erfüllung oder Schadensersatz statt der Leistung. Hat der Schuldner aufgrund des Schuldverhältnisses geleistet, so kann die Leistung aber nicht nach § 812 mit der Begründung zurückgefordert werden, eine Verbindlichkeit habe nicht bestanden. Die Naturalobligationen bilden damit – ebenso wie »vollkommene« Verbindlichkeiten – einen *rechtlichen Grund* für das Behalten der Leistung.[58]

> **Zur Vertiefung:** Da die Vertragsfreiheit durch Art. 2 I GG abgesichert wird (→ § 3 Rn. 2), ist der Ausschluss der Verbindlichkeit legitimierungsbedürftig. Bei Spiel und Wette steht der Schutz des Schuldners vor den Gefahren solcher Verträge im Vordergrund.[59] § 656 wird damit gerechtfertigt, dass die Intimsphäre der Ehepartner nicht Gegenstand eines Prozesses über vertragliche Ansprüche Dritter sein soll.[60] Im Einzelnen ist vieles umstritten. So sollen Spiel und Wette schon gar keine Schuld im Rechtssinne begründen. Bei § 656 wird dagegen angenommen, dass die Forderung des Maklers lediglich unklagbar sei.[61]

VI. Schuldrechtliche Pflichten und dingliche Rechtslage

28 Schuldrechtliche Pflichten sind häufig auf eine Änderung der dinglichen Rechtslage gerichtet. So ist der Verkäufer nach § 433 I 1 verpflichtet, dem Käufer das Eigentum an der Sache zu verschaffen. Der Kaufvertrag als solcher lässt die dingliche Rechtslage aber unberührt; er begründet nur eine entsprechende Pflicht des Verkäufers (Verpflichtungsgeschäft). Die dingliche Rechtslage ändert sich erst, wenn diese Verpflichtung durch Übereignung der Kaufsache nach §§ 929 ff. erfüllt worden ist. Die Erfüllung des Kaufvertrags erfordert damit ein weiteres Rechtsgeschäft (Verfügungsgeschäft), das strikt von dem zugrunde liegenden Schuldvertrag zu trennen ist **(Trennungsprinzip).** Nach dem **Abstraktionsprinzip** schlagen Mängel des Verpflichtungsgeschäfts nicht auf das Verfügungsgeschäft durch.[62] Das Verpflichtungsgeschäft bildet allerdings den *Rechtsgrund* für das Verfügungsgeschäft. Ist das Verpflichtungsgeschäft unwirksam, so können die Parteien die erbrachten Leistungen daher mit der *Leistungskondiktion* nach § 812 I 1 Alt. 1 herausverlangen (→ § 10 Rn. 5).

> **Zur Rechtsvergleichung:** Die strikte Trennung von Verpflichtungs- und Verfügungsgeschäft ist eine Besonderheit des deutschen Rechts. Die meisten ausländischen Rechtsordnungen lassen das Eigentum mit dem Abschluss des Kausalgeschäfts (zB Kaufvertrag) auf den Gläubiger übergehen (Konsensprinzip).[63]

---

58 Vgl. *Medicus/Lorenz* SchuldR AT Rn. 23 und 24.
59 Vgl. MüKoBGB/*Habersack* § 762 Rn. 1.
60 BVerfGE 20, 31 (33 f.); BGHZ 106, 341 (347).
61 Vgl. MüKoBGB/*Habersack* § 762 Rn. 3; MüKoBGB/*Roth* § 656 Rn. 1.
62 Zum Trennungs- und Abstraktionsprinzip vgl. *Brox/Walker* BGB AT § 5 Rn. 15 ff.
63 Vgl. zum französischen Recht *Hübner/Constantinesco* Einführung § 23 unter 1 a.

VII. Die Relativität schuldrechtlicher Rechte und Pflichten

1. Grundsatz

Das Schuldverhältnis ist als Sonderverbindung zwischen mindestens zwei Personen – dem Gläubiger und dem Schuldner – ein **relatives Rechtsverhältnis**.[64] Die aus dem Schuldverhältnis folgenden *Rechte* stehen daher grundsätzlich nur dem Gläubiger zu. Dritte können aus dem Schuldverhältnis regelmäßig keine Rechte ableiten. Umgekehrt treffen auch die aus dem Schuldverhältnis folgenden *Pflichten* grundsätzlich nur den Schuldner. Dritte werden regelmäßig nicht verpflichtet. Sie müssen auf das Forderungsrecht des Gläubigers im Allgemeinen auch keine Rücksicht nehmen. Da eine generelle Pflicht zur Rücksichtnahme auf schuldrechtliche Forderungen die wirtschaftliche Betätigungsfreiheit allzu stark einschränken würde, beschränkt sich der deliktsrechtliche Schutz gegenüber Dritten auf vorsätzliche sittenwidrige Schädigungen (§ 826). Dies ist ein grundlegender Unterschied zu dinglichen (absoluten) Rechten (zB Eigentum), die nach § 823 I gegenüber jedermann umfassend geschützt sind.

29

> **Beispiel:** Der K hat beim Antiquitätenhändler V eine antike Vase gekauft. Da K nicht genügend Geld bei sich hat, vereinbaren die Parteien, dass K die Vase am nächsten Tag abholen und bezahlen soll. Kurz darauf stößt der Kunde D die Vase im Geschäft des V infolge von Unachtsamkeit um. Als K am nächsten Morgen bei V erscheint, kann dieser ihm nur noch Scherben anbieten. V und K verlangen von D Schadensersatz. Zu Recht?
> Durch den Abschluss des Kaufvertrags mit K hat V sein Eigentum an der Vase nicht verloren. Mit der Zerstörung der Vase hat D daher das Eigentum des V rechtswidrig und schuldhaft verletzt. V hat also gegen D einen Schadensersatzanspruch aus § 823 I. K hat dagegen keinen Anspruch gegen D aus § 823 I. Denn sein Forderungsrecht kann nicht als sonstiges Recht iSd § 823 I qualifiziert werden. Da D keine vorsätzliche sittenwidrige Schädigung zur Last fällt, kommt auch kein Anspruch des K aus § 826 in Betracht. K muss sich also an seinen Vertragspartner V halten. In Betracht kommt insbesondere ein Anspruch auf Abtretung der Ersatzansprüche des V gegen D aus § 285 (→ § 31 Rn. 2 ff.).

2. Durchbrechungen

Die »Relativität« des Schuldverhältnisses gilt nicht uneingeschränkt, sondern wird an verschiedenen Stellen **durchbrochen**.[65] Aus dem allgemeinen Schuldrecht sind folgende Fälle zu nennen:

30

Die §§ 328 ff. regeln den **Vertrag zugunsten Dritter** (→ § 51 Rn. 1 ff.). Die Parteien können danach vereinbaren, dass ein Dritter unmittelbar das Recht auf die *Leistung* erwirbt. Da der Dritte an der Vereinbarung nicht beteiligt ist, kann er das Recht aber nach § 333 zurückweisen.

Nach § 311 III 1 kann ein Schuldverhältnis mit *Schutzpflichten* nach § 241 II auch zu Personen entstehen, die nicht selbst Vertragspartei werden sollen. Dies kann sich auf der einen Seite dahingehend äußern, dass ein Dritter in den Schutzbereich des Vertrages einbezogen wird, sodass er bei einer Schutzpflichtverletzung als *Geschädigter* eigene Schadensersatzansprüche nach vertraglichen Grundsätzen geltend machen kann (**Schuldverhältnis** bzw. **Vertrag mit Schutzwirkung für Dritte**, → § 9 Rn. 1 ff.,

---

[64] Zur Relativität des Schuldverhältnisses vgl. *Medicus/Lorenz* SchuldR AT Rn. 30 ff.; *Looschelders/Makowsky* JA 2012, 721 ff.
[65] Näher dazu *Looschelders/Makowsky* JA 2012, 721 (724 ff.).

4). Auf der anderen Seite ist denkbar, dass ein Dritter als *Schädiger* nach vertraglichen Grundsätzen Schadensersatz leisten muss, weil er besonderes Vertrauen für sich in Anspruch genommen und dadurch die Vertragsverhandlungen oder den Vertragsschluss erheblich beeinflusst hat (sog. **Sachwalterhaftung,** § 311 III 2, → § 9 Rn. 23 ff.).

In bestimmten Fallkonstellationen ist es dem Gläubiger erlaubt, den Schaden eines Dritten geltend zu machen (**Drittschadensliquidation,** → § 46 Rn. 8 ff.). Da der Dritte den Schaden nicht selbst geltend machen kann, handelt es sich aber – anders als beim Vertrag mit Schutzwirkung für Dritte – um keine wirkliche Durchbrechung des Relativitätsgrundsatzes.

> **Zur Rechtsvergleichung:** Die Relativität des Schuldverhältnisses entspricht einem allgemeinen Strukturprinzip, das nicht auf den deutschen Rechtskreis beschränkt ist. In Frankreich hatte Art. 1165 Code Civil aF in diesem Sinne sehr klar bestimmt: »Les conventions n'ont effet qu'entre les parties contractantes.«[66] Die Neuregelung des Vertragsrechts durch die Verordnung (Ordonannce) Nr. 2016-131 v. 10.2.2016 (Art. 1199) enthält in Abs. 1 eine ähnliche Regel, weist in Abs. 2 aber deutlich auf mögliche Ausnahmen hin. Dazu gehört insbesondere der Vertrag zugunsten Dritter. Dieses Institut ist heute in fast allen europäischen Rechtsordnungen einschließlich dem englischen Recht anerkannt (→ § 51 Rn. 5). Demgegenüber handelt es sich beim *Vertrag mit Schutzwirkung für Dritte* um eine Besonderheit des deutschen und österreichischen Rechts, die nicht zuletzt auf dem Bemühen beruht, die Defizite dieser beiden Rechtsordnungen bei der deliktischen Haftung für Gehilfen auszugleichen (→ § 9 Rn. 2).[67]

VIII. Die Haftung des Schuldners für seine Verbindlichkeit

31 Erfüllt der Schuldner die Verbindlichkeit nicht freiwillig, so kann der Gläubiger seinen Anspruch vor Gericht **einklagen** und – bei einem obsiegenden Urteil – im Wege der **Zwangsvollstreckung** durchsetzen. Der Schuldner haftet in der Zwangsvollstreckung grundsätzlich mit seinem gesamten (pfändbaren) Vermögen *(Grundsatz der unbeschränkten Vermögenshaftung).* In Ausnahmefällen kann er die Haftung jedoch auf eine bestimmte Vermögensmasse beschränken *(beschränkte Vermögenshaftung).*[68]

> **Beispiel:** Nach §§ 1922, 1967 haftet der Erbe für Nachlassverbindlichkeiten grundsätzlich unbeschränkt mit seinem ganzen Vermögen. Ist Nachlassverwaltung angeordnet (§ 1981) oder das Nachlassinsolvenzverfahren (§§ 315 ff. InsO) eröffnet, so beschränkt sich seine Haftung jedoch nach § 1975 auf den Nachlass (sog. »beschränkte Erbenhaftung«).[69]

Der Begriff der **Haftung** bezeichnet in diesem Zusammenhang den *staatlichen Rechtszwang,* dem das Vermögen des Schuldners bei Nichterfüllung der Verbindlichkeit ausgesetzt ist. Davon zu unterscheiden ist die Haftung im Sinne einer Einstandspflicht für die nachteiligen Folgen der Nichterfüllung einer primären Rechtspflicht, namentlich die Verantwortlichkeit für entstandene Schäden. In letzterem Sinne ist der Begriff etwa zu verstehen, wenn von der Verschuldens- oder Gefährdungshaftung gesprochen wird.[70]

---

66 Vgl. *Hübner/Constantinesco* Einführung § 22 unter 5c: »relativité des contracts«.
67 Vgl. *Kötz,* Europäisches Vertragsrecht, 2. Aufl. 2015, § 17 C II; zum österr. Recht *Welser/Zöchling-Jud,* Bürgerliches Recht, Bd. II, 14. Aufl. 2015, Rn. 647.
68 Vgl. *Brox/Walker* SchuldR AT § 2 Rn. 22.; *Larenz* SchuldR I § 2 IV.
69 Näher dazu *Olzen/Looschelders,* Erbrecht, 5. Aufl. 2017, Rn. 896 ff.
70 Zur Terminologie vgl. *Gernhuber* Schuldverhältnis § 4 I 2; *Larenz* SchuldR I § 2 IV.

Zur Vertiefung: Die Haftung des Schuldners für seine Verbindlichkeit ist kein notwendiges Gegenstück zum Forderungsrecht des Gläubigers.[71] Besonders deutlich wird dies im Fall der *Verjährung*. Beruft sich der Schuldner auf Verjährung, so bleibt die Forderung bestehen, kann vor Gericht aber nicht mehr erfolgreich geltend gemacht werden (vgl. § 214 I). Der Anspruch ist also gegeben, was fehlt, ist die *Durchsetzbarkeit*.[72] Hat der Schuldner die Forderung erfüllt, so kann er das Geleistete aber nicht zurückfordern (§ 214 II). Das gleiche gilt für die *Naturalobligationen* (→ § 1 Rn. 27), sofern hier nicht schon das Forderungsrecht des Gläubigers fehlt.[73]

Literatur: *Coester-Waltjen,* Der Dritte und das Schuldverhältnis, JURA 1999, 656; *Coester-Waltjen,* Schuldverhältnis – Rechtsgeschäft – Vertrag, JURA 2003, 819; *Gernhuber,* Das Schuldverhältnis, 1989; *Grigoleit,* Leistungspflichten und Schutzpflichten, FS Canaris I, 2007, 275; *Hähnchen,* Obliegenheiten und Nebenpflichten, 2010; *Henke,* Der Begriff »Schuldverhältnis«, JA 1989, 186; *Lieder,* Die Anwendung schuldrechtlicher Regeln im Sachenrecht, JuS 2011, 874; *Korch,* Leistungs- und Schutzpflichten, ZfPW 2020, 189; *Looschelders/Makowsky,* Relativität des Schuldverhältnisses und Rechtsstellung Dritter, JA 2012, 721; *Madaus,* Die Abgrenzung der leistungsbezogenen von den nicht leistungsbezogenen Pflichten im neuen Schuldrecht, JURA 2004, 289; *Medicus,* Zur Anwendbarkeit des Allgemeinen Schuldrechts auf Schutzpflichten, FS Canaris I, 2007, 835; *E. Schmidt,* Das Schuldverhältnis, 2004; *G. Schulze,* Die Naturalobligation, 2008.

§ 2 Die Rechtsquellen des Schuldrechts

I. Das Zweite Buch des BGB

1. Allgemeiner und Besonderer Teil des Schuldrechts

Wichtigste Rechtsquelle des Schuldrechts ist das Zweite Buch des BGB (§§ 241–853). In diesem Buch hat der Gesetzgeber – dem generellen Aufbau des BGB entsprechend – eine Einteilung gewählt, die an der Allgemeinheit der Vorschriften orientiert ist. Im Ersten bis Siebenten Abschnitt (§§ 241–432) finden sich Regeln, die für *alle* oder doch wenigstens *mehrere* Typen von Schuldverhältnissen relevant sind. Man spricht deshalb vom Allgemeinen Teil des Schuldrechts oder **Allgemeinen Schuldrecht.** 1

Die Vorschriften des Allgemeinen Schuldrechts dürfen im Rahmen der einzelnen Schuldverhältnisse nicht unbesehen angewendet werden. Vielmehr muss sorgfältig geprüft werden, ob es für das jeweilige Schuldverhältnis **Sonderregeln** gibt, die den allgemeinen Regeln vorgehen.

Beispiel: Die §§ 249–255 regeln den Inhalt der Schadensersatzpflicht. Schadensersatzansprüche können bei allen vertraglichen Schuldverhältnissen als Folge von Pflichtverletzungen entstehen (vgl. §§ 280 ff.). Sie sind aber auch häufig Gegenstand gesetzlicher Schuldverhältnisse. Repräsentativ ist das Deliktsrecht (§§ 823 ff.). Dort finden sich in den §§ 842–851 aber Sonderregeln, die den §§ 249 ff. vorgehen. Das allgemeine Schadensrecht des BGB ist auch dann heranzuziehen, wenn ein außerhalb des BGB geregelter Tatbestand (zB § 7 StVG) dem Geschädigten einen Anspruch auf Schadensersatz gibt. Auch hier muss jedoch geprüft werden, ob das infrage stehende Gesetz Sonderregeln enthält (vgl. etwa §§ 9–13 StVG).

---

71 Vgl. *Gernhuber* Schuldverhältnis § 4 I 5 c.
72 Vgl. *Medicus/Lorenz* SchuldR AT Rn. 26.
73 Dazu *Brox/Walker* SchuldR AT § 2 Rn. 24 ff.; *Larenz* SchuldR I § 2 III.

2 Im Achten Abschnitt hat der Gesetzgeber einzelne Typen von Schuldverhältnissen geregelt, die aus seiner Sicht besonders wichtig sind (Besonderer Teil des Schuldrechts oder **Besonderes Schuldrecht**). Die Aufzählung ist nicht abschließend. Das Schuldrecht kennt nämlich (anders als das Sachenrecht) *keinen Typenzwang*.[74] Im Rahmen der Privatautonomie ist es den Parteien deshalb unbenommen, die gesetzlichen Typen abzuwandeln, miteinander zu verbinden oder zu vermischen oder dem Gesetz völlig unbekannte Typen zu kreieren (→ SchuldR BT Vor § 1 Rn. 11 ff.).[75] Auf diese Weise hat sich in der Praxis eine Anzahl neuer (moderner) Vertragstypen entwickelt (zB Leasing, Factoring, Franchising), denen im Wirtschaftsleben große Bedeutung zukommt.

Liegt ein **nicht typisiertes** Schuldverhältnis vor, so muss geprüft werden, ob und inwieweit die für ein typisiertes Schuldverhältnis geltenden Regeln entsprechend anwendbar sind. Im Übrigen gelten jedenfalls die Regeln des Allgemeinen Schuldrechts.[76]

2. Der Aufbau des Allgemeinen Schuldrechts

3 Gegenstand des vorliegenden Lehrbuchs ist das **Allgemeine Schuldrecht.** Auch in diesem Regelungsbereich hat der Gesetzgeber sich an der Allgemeinheit der jeweiligen Regeln orientiert.

Im Ersten Abschnitt (§§ 241–304) finden sich Vorschriften, die (zumindest überwiegend) für **sämtliche Schuldverhältnisse** gelten. Im Zweiten Abschnitt (§§ 305–310) wird – systematisch nicht sehr glücklich – das Recht der *Allgemeinen Geschäftsbedingungen* (AGB) geregelt. Da die damit verbundenen Fragen sich nicht nur im Schuldrecht stellen können, wäre dieser Komplex besser in den Allgemeinen Teil des BGB eingestellt worden (→ § 16 Rn. 5). Der Dritte Abschnitt (§§ 311–361) betrifft allein Schuldverhältnisse aus **Verträgen,** wobei der Zweite Titel besondere Regeln für **gegenseitige Verträge** (§§ 320–327) enthält. Die weiteren Abschnitte behandeln mit dem Erlöschen der Schuldverhältnisse (Abschnitt 4: §§ 362–397), der Übertragung von Forderungen (Abschnitt 5: §§ 398–413), der Schuldübernahme (Abschnitt 6: §§ 414–419) und der Mehrheit von Schuldnern und Gläubigern (Abschnitt 7: §§ 420–432) wieder Fragen, die sich bei **allen Schuldverhältnissen** stellen können.

II. Schuldrechtliche Regelungen in anderen Büchern des BGB

4 Schuldrechtliche Regelungen finden sich nicht nur im Zweiten Buch des BGB, sondern auch in sämtlichen **anderen Büchern.** Zu nennen sind etwa die Haftung des Vertreters ohne Vertretungsmacht (§ 179), das Verhältnis zwischen dem Eigentümer und dem Besitzer (§§ 987 ff.) oder dem Eigentümer und dem Finder (§§ 965 ff.), die Unterhaltsansprüche von Ehegatten und Verwandten (§§ 1360 ff., 1569 ff., 1601 ff.) sowie der Anspruch des Vermächtnisnehmers gegen den Erben (§ 2147).

> **Zur Vertiefung:** Keinen schuldrechtlichen Charakter hat der Herausgabeanspruch des Eigentümers gegen den Besitzer aus § 985. Da dieser Anspruch der unmittelbaren Durchsetzung des Eigentums dient, ist er dinglicher Natur.[77] Eine gewisse *Verwandtschaft mit schuldrechtlichen Forderungen* be-

---

74 Vgl. *Larenz/Canaris* SchuldR II 2 § 63 I 1 a; *Kaulbach* JuS 2011, 397 ff.
75 Vgl. *Westermann/Bydlinski/Arnold* SchuldR AT Rn. 61 ff.
76 Ausführlicher dazu → SchuldR BT Vor § 1 Rn. 11 ff.
77 Vgl. *Gernhuber* Schuldverhältnis § 1 I 4.

steht aber insofern, als der Anspruch gegen eine bestimmte Person gerichtet ist. Soweit die Interessenlage gleich ist und keine Sonderregeln bestehen, können einzelne Vorschriften des Allgemeinen Schuldrechts daher entsprechend herangezogen werden.[78] So sind die Vorschriften über den Schuldnerverzug (§§ 286 ff.) nach der ausdrücklichen Anordnung des § 990 II auf den unredlichen Besitzer anwendbar. Hat der Besitzer die Sache weiterveräußert, muss er den Erlös aber nicht nach § 285 herausgeben, weil § 816 I 1 hierzu eine abschließende Regelung trifft.[79]

III. Schuldrechtliche Regelungen in anderen Gesetzen

Außer dem BGB enthalten noch zahlreiche andere Gesetze schuldrechtliche Regelungen. Von besonderer Bedeutung ist das HGB, in dem das **Handelsrecht** als Sonderprivatrecht der Kaufleute geregelt ist. Im Vierten Buch des HGB (§§ 343–475 h HGB) finden sich zahlreiche Vorschriften, welche die Regeln des BGB-Schuldrechts für Handelsgeschäfte modifizieren. Entsprechend der Systematik des deutschen Privatrechts gibt es auch hier allgemeine Vorschriften, die für sämtliche Handelsgeschäfte gelten (§§ 343–372 HGB), sowie besondere Vorschriften für einzelne Handelsgeschäfte, zB den Handelskauf (§§ 373 ff. HGB). Sonderregelungen über Handelsgesellschaften sowie die stille Gesellschaft finden sich im Zweiten Buch (§§ 105–236 HGB). Sie bauen auf den Vorschriften über die BGB-Gesellschaft (§§ 705 ff.) auf. Ein besonderer Typ des Schuldvertrags ist der im VVG eigenständig geregelte *Versicherungsvertrag*. 5

Wichtige Sonderregelungen außerhalb des BGB existieren seit langem im **Haftungsrecht** (→ SchuldR BT § 73 Rn. 1 ff.). Schon vor Inkrafttreten des BGB gab es das ReichshaftpflichtG von 1871, welches unter anderem die Haftung für Schädigungen aus dem Betrieb von Eisenbahnen regelte;[80] dieses Gesetz ist 1978 unter der Bezeichnung Haftpflichtgesetz neu bekannt gemacht worden. Zentrale Bedeutung haben das StVG und das ProdHaftG. Gemeinsamer Grundgedanke all dieser Gesetze ist, für besonders gefährliche Bereiche eine verschuldensunabhängige Haftung *(Gefährdungshaftung)* anzuordnen, welche dem Deliktsrecht des BGB im Allgemeinen (Ausnahme: § 833 S. 1) fremd ist. 6

Bis Ende 2001 war eine Anzahl weiterer Gesetze mit schuldrechtlichem Inhalt außerhalb des BGB geregelt. Im Einzelnen handelte es sich um das AGBG, das HaustürWG, das VerbrKrG, das TzWrG und das FernAbsG. Diese Gesetze beruhten auf **EG-Richtlinien** zum **Schutz des Verbrauchers** oder sind hierdurch (wie das AGBG) zumindest maßgeblich beeinflusst worden. Bei der Reform des Schuldrechts von 2001 wurden die betreffenden Vorschriften in das Zweite Buch des BGB eingefügt. Der Gedanke des **Verbraucherschutzes** ist damit kein Sonderphänomen mehr, sondern hat sich zu einem **wesentlichen Prinzip** des allgemeinen Privatrechts entwickelt.[81] Diese Entwicklung ist durch die Umsetzung der Verbraucherrechte-RL (RL 2011/83/EU) in das deutsche Recht (→ § 41 Rn. 5) weiter verstärkt worden. 7

---

78 Vgl. MüKoBGB/*Ernst* Einl. vor § 241 Rn. 5.
79 MüKoBGB/*Baldus* § 985 Rn. 173; vgl. auch *Medicus/Petersen* BürgerlR Rn. 599.
80 Vgl. *Medicus/Lorenz* SchuldR AT Rn. 39.
81 Vgl. Palandt/*Grüneberg* Einl. Rn. 1; Palandt/*Ellenberger* Einf. v. § 145 Rn. 14.

IV. Der Einfluss des Grundgesetzes auf das Schuldrecht

8 Nach Inkrafttreten des Grundgesetzes im Jahre 1949 haben die dort gewährleisteten **Grundrechte** für das Schuldrecht wachsende Bedeutung erlangt. Nach der Rechtsprechung des BVerfG gelten die Grundrechte im Privatrecht zwar nicht unmittelbar; da die Grundrechte eine objektive *Wertordnung* konstituieren, enthalten sie aber Wertmaßstäbe, die auch im Privatrecht zu beachten sind (sog. *mittelbare Drittwirkung*).[82] Rechtstechnisches Mittel zur Durchsetzung der Grundrechte sind vor allem die Generalklauseln des BGB (§§ 138, 242, 826 etc), doch müssen die Grundrechte bei der Auslegung und Anwendung jeder Rechtsnorm beachtet werden *(verfassungskonforme Auslegung)*.[83]

> **Zur Vertiefung:** Die Geltung der Grundrechte im Privatrecht lässt sich nicht mit der Erwägung infrage stellen, dass die Grundrechte nur das Verhalten der staatlichen Organe gegenüber dem Bürger regeln, nicht aber das Verhalten der Bürger untereinander. Richtig ist zwar, dass die *Privatrechtssubjekte* nicht an die Grundrechte gebunden sein können, weil eine solche Bindung die Freiheit des Einzelnen nicht stärken, sondern einschränken würde.[84] Die entscheidende Frage ist aber, ob die *Zivilgerichte* bei einem Rechtsstreit eine privatrechtliche Verpflichtung als *Rechts*pflicht anerkennen dürfen, die mit den Grundrechten des Schuldners unvereinbar ist. Da die Zivilgerichte als Träger staatlicher Gewalt nach Art. 1 III GG uneingeschränkt an die Grundrechte gebunden sind, muss diese Frage verneint werden.[85] Im Übrigen kann kein Zweifel bestehen, dass der *Gesetzgeber* auf dem Gebiet des Privatrechts ebenfalls in vollem Umfang an die Grundrechte gebunden ist. Da die Grundrechte nur eine »Rahmenordnung« konstituieren,[86] kommt dem Privatrechtsgesetzgeber aber ein großer Gestaltungsspielraum zu.

V. Der Einfluss des EU-Rechts auf das Schuldrecht

1. EU-Richtlinien als Grundlage des deutschen Schuldrechts

9 In den letzten Jahrzehnten hat das Recht der EU immer größeren Einfluss auf das deutsche Schuldrecht gewonnen. Im Bereich des Schuldrechts gibt es zahlreiche **EU-Richtlinien,** die insbesondere auf den Schutz des *Verbrauchers* abzielen. Solche Richtlinien entfalten im Verhältnis zwischen den Privatrechtssubjektiven zwar keine unmittelbare Wirkung, sondern müssen durch den Gesetzgeber des jeweiligen Mitgliedstaates in nationales Recht umgesetzt werden (vgl. Art. 288 III AEUV). Beruht eine nationale Vorschrift auf einer Richtlinie, darf der Rechtsanwender den unionsrechtlichen Hintergrund aber nicht außer Acht lassen. Er muss sich vielmehr bemühen, die Vorschrift im Einklang mit der Richtlinie auszulegen. Bei einer solchen **richtlinienkonformen Auslegung** hat der Richter den ihm nach seinem nationalen Recht zustehenden »Beurteilungsspielraum« voll auszuschöpfen. Er bleibt aber an die nach seinem innerstaatlichen Recht maßgeblichen verfassungsrechtlichen und methodischen Grenzen gebunden.[87]

---

82 Grdl. BVerfGE 7, 198 (205); vgl. auch BVerfGE 84, 192 (194); 89, 214 (229). Ausf. dazu *Guckelberger* JuS 2003, 1151 ff.
83 Zur verfassungskonformen Auslegung Palandt/*Grüneberg* Einl. Rn. 42; *Larenz/Canaris,* Methodenlehre der Rechtswissenschaft, 3. Aufl. 1995, 160; *Looschelders/Roth,* Juristische Methodik im Prozess der Rechtsanwendung, 1996, 177 ff.; *Lüdemann* JuS 2004, 27 ff.
84 Vgl. *Neuner* BGB AT § 5 Rn. 11 ff.; *Looschelders/Roth* JZ 1995, 1034 (1037).
85 Vgl. *Canaris* JuS 1989, 161 ff.; krit. *Diederichsen* JURA 1997, 57 ff.
86 Zum »Rahmencharakter« der Verfassung *Böckenförde* NJW 1976, 2089 ff.
87 Vgl. EuGH NJW 2004, 3547 – Pfeiffer; 2006, 2465 – Adeneler; 2008, 1433 = JA 2008, 646 *(Looschelders)* – Quelle. Allg. zur richtlinienkonformen Auslegung Palandt/*Grüneberg* Einl. Rn. 43; NK-BGB/*Looschelders* Anh. zu § 133 Rn. 30 ff.

Für das deutsche Recht hat der BGH klargestellt, dass das Gebot der richtlinienkonformen »Auslegung« eine **richtlinienkonforme Rechtsfortbildung** rechtfertigen kann, die über den Wortlaut des Gesetzes hinausgeht oder diesem sogar widerspricht.[88] Nach den für die Analogie und die teleologische Reduktion maßgeblichen Grundsätzen ist aber eine **planwidrige Regelungslücke** erforderlich. Die Planwidrigkeit kann sich aus einem Irrtum des Gesetzgebers über die Richtlinienkonformität der Regelung ergeben. Nach der neueren Rechtsprechung des BGH setzt die Annahme eines solchen Irrtums nicht mehr notwendig voraus, dass der Gesetzgeber seine Absicht zur Schaffung einer richtlinienkonformen Regelung in der Gesetzesbegründung explizit zum Ausdruck gebracht hat.[89] Es soll vielmehr ausreichen, dass der Gesetzgeber die Richtlinienkonformität der Regelung stillschweigend vorausgesetzt hat.[90]

Verstößt eine innerstaatliche Vorschrift gegen eine EU-Richtlinie, so ist sie nicht per se nichtig. Der betroffene Bürger kann aber uU einen **Schadensersatzanspruch** gegen den Staat wegen fehlerhafter Umsetzung der Richtlinie geltend machen (sog. unionsrechtlicher Staatshaftungsanspruch).[91] Eine Sonderstellung haben nach der Rechtsprechung des EuGH Richtlinien, die der Konkretisierung eines unmittelbar geltenden **allgemeinen Grundsatzes des Unionsrechts** – wie etwa des Verbots der Altersdiskriminierung (Art. 21 I Grundrechte-Charta) – dienen. Hier soll das zuständige nationale Gericht befugt sein, entgegenstehende innerstaatliche Vorschriften unangewendet zu lassen.[92] Diese Normverwerfungskompetenz der nationalen Gerichte steht freilich in einem Spannungsverhältnis zur Art. 100 GG, wonach die Verwerfung nachkonstitutioneller Gesetze dem BVerfG vorbehalten ist.[93]

Kommt es für die Entscheidung auf die Auslegung des Unionsrechts an, so kann der Richter die Frage nach Art. 267 I AEUV (vormals Art. 234 I EGV) dem EuGH zur **Vorabentscheidung** vorlegen. Vorlageberechtigt sind alle Gerichte (Art. 267 II AEUV); letztinstanzlich entscheidende Gerichte trifft sogar eine Vorlagepflicht (Art. 267 III AEUV).

> **Hinweis:** Die meisten europarechtlich fundierten Regelungen des deutschen Schuldrechts waren bis Ende 2001 außerhalb des BGB zu finden. Zu nennen sind das AGBG, das HaustürWG, das VerbrKrG, das TzWrG, das FernAbsG und das ProdHaftG. Bei der **Reform des Schuldrechts** sind diese Gesetze jedoch (mit Ausnahme des ProdHaftG) in das BGB *integriert* worden (→ § 2 Rn. 7). Gleichzeitig wurden drei weitere EG-Richtlinien umgesetzt. Besondere Bedeutung hat dabei die **Verbrauchsgüter-RL** (RL 1999/44/EG), deren Umsetzung zu einer grundlegenden Neugestaltung der gesamten kaufrechtlichen Gewährleistung im BGB geführt hat (→ SchuldR BT § 1 Rn. 2ff.). In neuerer Zeit wurden die Bestimmungen über den Verbraucherschutz (insbesondere §§ 312ff., 355ff.) im Zuge der Umsetzung der **Verbraucherrechte-RL** v. 25.10.2011 (RL 2011/83/EU) mit Wirkung v. 13.6.2014 in weiten Bereichen neu gefasst (→ § 41 Rn. 1ff.). Im Ergebnis ist damit festzuhalten, dass wesentliche Teile des BGB-Schuldrechts heute auf Vorgaben des EU-Rechts beruhen.

---

88 BGHZ 179, 27 (34f.) = JA 2009, 462 *(Looschelders)* – Quelle.
89 Hierauf abstellend noch BGHZ 179, 27 (35ff.) = JA 2009, 462.
90 BGH NJW 2012, 1073 (1077); dazu *Looschelders* JA 2012, 386 (387); *Faust* JuS 2012, 456 (459).
91 Vgl. EuGH Urt. v. 19.11.1991 – C-6/90, C-9/90, Slg. 1991, I-5357 = NJW 1992, 165 – Francovich; BGH VersR 2013, 324 Rn. 6; NJW-RR 2019, 22ff.; *Pfeiffer* NJW 2009, 412 (413).
92 EuGH NJW 2010, 427 = JA 2010, 384 *(Schwarze)* – Kücükdeveci (zu § 622 II 2).
93 Krit. *Link* NJW 2010, 430 (431); *Schwarze* JA 2010, 384 (386).

2. Die Bedeutung der europäischen Grundfreiheiten

10 Weist ein Sachverhalt eine Verbindung zu einem anderen Mitgliedsstaat der EU auf, so stellt sich die Frage, inwieweit die Vorschriften des deutschen Schuldrechts an den europäischen **Grundfreiheiten** zu messen sind. Von Interesse sind in diesem Zusammenhang vor allem die Warenverkehrsfreiheit (Art. 34 AEUV), die Freizügigkeit der Arbeitnehmer (Art. 45 AEUV), die Niederlassungsfreiheit (Art. 49 AEUV) und die Dienstleistungsfreiheit (Art. 56 AEUV). Grundsätzlich ist davon auszugehen, dass das Schuldrecht der Mitgliedsstaaten den Grundfreiheiten genügen muss. Der EuGH handhabt die Kontrolle in diesem Bereich aber sehr zurückhaltend.[94]

> **Zur Vertiefung:** Inwieweit die europäischen Grundfreiheiten im Privatrechtsverkehr *Drittwirkung* entfalten, ist sehr umstritten.[95] Der EuGH hat ausdrücklich festgestellt, dass das in Art. 39 EGV (jetzt: Art. 45 AEUV) geregelte Verbot der Diskriminierung von Arbeitnehmern aus anderen Mitgliedsstaaten auch gegenüber Privatpersonen *unmittelbare* Geltung beansprucht.[96] Ob diese Entscheidung auf andere Bereiche übertragen werden kann, ist zweifelhaft. Überwiegend wird angenommen, dass das Problem der Drittwirkung sich nicht für alle Grundfreiheiten einheitlich beurteilen lässt.[97] Würden die Grundfreiheiten generell unmittelbare Wirkung gegenüber Privatpersonen beanspruchen, so wäre damit jedenfalls eine beträchtliche Einschränkung der Vertragsfreiheit verbunden.[98]

VI. Internationale Vereinheitlichung des Schuldrechts

11 Auf internationaler Ebene gibt es vielfältige Bemühungen zu einer Vereinheitlichung des Schuldrechts. Folgende Ansätze sind hervorzuheben.

1. UN-Kaufrecht

Auf dem Gebiet des Schuldrechts existieren mehrere für Deutschland verbindliche staatsvertragliche Übereinkommen, die das materielle Recht der Vertragsstaaten vereinheitlichen. Besondere Bedeutung hat das **UN-Kaufrecht** von 1980, das in Deutschland am 1.1.1991 in Kraft getreten ist (vgl. SchuldR BT § 15 Rn. 4f.).[99] Das UN-Kaufrecht gilt für Kauf- und Werklieferungsverträge über Waren, die nicht für den persönlichen Gebrauch bestimmt sind. Es erfasst also **keine Verbraucherverträge**. Räumliche Voraussetzung ist, dass die Parteien ihre Niederlassung in verschiedenen Vertragsstaaten haben oder dass die Regeln des Internationalen Privatrechts auf das Recht eines Vertragsstaats verweisen. Den Parteien steht es aber frei, die Anwendbarkeit des UN-Kaufrechts auszuschließen, was in der Praxis nicht selten erfolgt.

> **Zur Vertiefung:** Das UN-Kaufrecht enthält Vorschriften über den Abschluss des Vertrages, die Gefahrtragung sowie die Folgen von Vertragsverletzungen. Aus Sicht des deutschen Rechts ist der letztere Bereich von besonderem Interesse. Denn der Gesetzgeber hat sich bei der Reform des Leistungs-

---

94 Vgl. EuGH Urt. v. 24.11.1993 – C-267/91, Slg. 1993, I-6097 = JZ 1994, 358 mit Aufsatz *Remien* JZ 1994, 349ff. – Keck/Mithouard; krit. *v. Wilmowsky* JZ 1996, 590 (594).
95 Ausf. dazu *Riesenhuber*, EU-Vertragsrecht, 2013, § 2 Rn. 37ff.; *Müller-Graff* EuR 2014, 3ff.
96 EuGH EuZW 2000, 468 = JuS 2000, 1111 *(Streinz)* – Roman Angonese/Cassa di Risparmio di Bolzano SpA; dazu *Streinz/Leible* EuZW 2000, 459ff.
97 *Martiny* ZEuP 2001, 563 (572).
98 Vgl. *Hailbronner* in Dauses/Ludwigs, Handbuch des EU-Wirtschaftsrechts, Stand: EL 44 Februar 2018, D. I. Rn. 126; *Streinz/Leible* EuZW 2000, 459 (467).
99 Eing. dazu *Daun* JuS 1997, 811ff. (998ff.).

störungsrechts von 2001 maßgeblich am UN-Kaufrecht orientiert. Wichtigster Ausdruck davon ist die Schaffung eines einheitlichen Tatbestands der *Pflichtverletzung* in § 280 I (→ § 20 Rn. 12).

2. UNIDROIT Principles und Principles of European Contract Law

Kein geltendes Recht sind die vom Römischen Institut für die Vereinheitlichung des Privatrechts (**UNIDROIT**) herausgearbeiteten »Principles of International Commercial Contracts«[100] und die von der **Europäischen Vertragsrechtskommission** (»Lando-Kommission«) in den Jahren 1995, 1999 und 2002 vorgelegten »Principles of European Contract Law«.[101] Beide Regelwerke sind auf breiter rechtsvergleichender Basis erarbeitet worden und liefern damit wichtige Grundlagen für eine mögliche Harmonisierung oder Vereinheitlichung des Vertragsrechts.

12

3. Entwurf eines Gemeinsamen Referenzrahmens und Vorschlag für ein Gemeinsames Europäisches Kaufrecht

Die Kommission hat im Jahre 2003 einen »Aktionsplan für ein kohärentes europäisches Vertragsrecht« entwickelt. Ziel ist die Erarbeitung eines Gemeinsamen Referenzrahmens (Common Frame of Reference) auf der Grundlage des **bestehenden EU-Rechts** (sog. Acquis communautaire) und der **gemeinsamen Rechtsprinzipien** der Mitgliedstaaten. Die Study Group on a European Civil Code und die Research Group on EC Private Law (Acquis Group) haben hierzu den Entwurf eines Gemeinsamen Referenzrahmens (Draft Common Frame of Reference – DCFR) vorgelegt, der sich in weiten Teilen an den Principles of European Contract Law orientiert und eine wichtige Grundlage für die weitere Diskussion bildet.[102] Die Outline-Edition des DCFR wurde Anfang 2009 veröffentlicht; die vollständige, sechsbändige Ausgabe mit Kommentaren und rechtsvergleichenden Hinweisen ist Ende 2009 erschienen.

13

Auf der Grundlage dieser Vorarbeiten hat die Kommission am 1.10.2011 den Vorschlag für eine Verordnung des Europäischen Parlaments und des Rates über ein **Gemeinsames Europäisches Kaufrecht** (GEKR)[103] vorgelegt. Der Vorschlag beschränkte sich nicht auf die Regelung spezifisch kaufrechtlicher Fragen wie etwa der Gewährleistung, sondern erfasste auch zahlreiche Bereiche, welche dem **allgemeinen Vertragsrecht** zuzuordnen sind.[104] Gedacht war an ein **optionales Instrument,** das nur bei einer entsprechenden Vereinbarung der Parteien anwendbar sein sollte. Das Projekt ist jedoch am Widerstand der Mitgliedstaaten gescheitert, die darin einen Vorläufer für ein politisch unerwünschtes Europäisches Zivilgesetzbuch sahen.[105]

14

---

100 Die UNIDROIT Principles sind 1994 veröffentlicht und 2004 sowie 2010 jeweils neu gefasst worden (deutsche Übersetzung der Fassung 2004 in ZEuP 2005, 470 ff.; dazu *Zimmermann* ZEuP 2005, 264 ff.).
101 Zur Bedeutung der Lando-Principles *Zimmermann* JURA 2005, 289 ff. (441 ff.); zu einem Vergleich mit dem deutschen Recht *Lando* RabelsZ 67 (2003) 231 ff.; *Leible/Lehmann,* European Contract Law and German Law, 2014.
102 Vgl. Palandt/*Grüneberg* Einl. Rn. 33; *Ernst* AcP 208 (2008), 248 ff.; *Leible* NJW 2008, 2558 ff.
103 Kom(2011) 635 endg.; dazu *Staudenmayer* NJW 2011, 3491 ff.; sehr krit. *Eidenmüller/Jansen/Kieninger/Wagner/Zimmermann* JZ 2012, 269 ff.
104 Ausf. dazu *Looschelders* AcP 212 (2012), 581 ff.
105 Vgl. *Ostendorf* ZRP 2016, 69.

4. Digitale-Inhalte-RL und Warenkauf-RL

14a Um den Handel im Binnenmarkt gleichwohl zu fördern, hat der europäische Gesetzgeber am 20.5.2019 die Richtlinie (EU) 2019/770 über bestimmte vertragsrechtliche Aspekte der Bereitstellung digitaler Inhalte und digitaler Dienstleistungen **(Digitale-Inhalte-RL)** und die Richtlinie (EU) 2019/771 über bestimmte vertragsrechtliche Aspekte des Warenkaufs **(Warenkauf-RL)** verabschiedet. Die Mitgliedstaaten haben die Richtlinien bis zum 1.7.2021 umzusetzen und die entsprechenden Vorschriften ab dem 1.1.2022 anzuwenden. Die Richtlinien zielen auf eine weitere Verbesserung des **Verbraucherschutzes** ab. Im Vordergrund stehen Regelungen über die Vertragsmäßigkeit der Waren und die Haftung des Unternehmers bei Vertragswidrigkeit.[106] Da die Verbrauchsgüter-RL (→ § 2 Rn. 9) durch die Warenkauf-RL aufgehoben wird, sind erhebliche Änderungen bei der **kaufrechtlichen Gewährleistung** (§§ 434 ff.) zu erwarten (→ SchuldR BT § 1 Rn. 6a).

14b Die **Digitale-Inhalte-RL** gilt nach ihrem Art. 3 I UAbs. 1 für alle Verträge, auf deren Grundlage ein Unternehmer einem Verbraucher digitale Inhalte oder digitale Dienstleistungen bereitstellt oder deren Bereitstellung zusagt und der Verbraucher einen Preis zahlt oder dessen Zahlung zusagt.[107] Dabei wird ausdrücklich offengelassen, ob ein solcher Vertrag als Kauf-, Dienstleistungs- oder Mietvertrag oder als ein Vertrag sui generis anzusehen ist (→ SchuldR BT § 12 Rn. 20a ff.).[108] Vor diesem Hintergrund ist umstritten, an welcher Stelle die Digitale-Inhalte-RL in das deutsche Recht umzusetzen ist.[109] Teilweise wird dafür plädiert, die Vorschriften zur Umsetzung der Richtlinie im **allgemeinen Schuldrecht** anzusiedeln.[110] Andere Autoren schlagen vor, die einschlägigen Regelungen in das **besondere Schuldrecht** zu integrieren.[111] Die Entscheidung des Gesetzgebers steht aus.

VII. Die Reform des deutschen Schuldrechts durch das SchuldRModG

15 Im Unterschied zu anderen Büchern des BGB, namentlich dem Familienrecht, ist das »Recht der Schuldverhältnisse« nach dem Inkrafttreten des BGB über mehr als 100 Jahre im Kern unverändert geblieben. Das heißt nicht, dass es keine nennenswerten Entwicklungen gab. Diese Entwicklungen beruhen aber entweder auf **richterlicher Rechtsfortbildung** oder auf der Schaffung **ergänzender Gesetze** außerhalb des BGB, zB des AGBG und der Verbraucherschutzgesetze (→ § 2 Rn. 7). Aus dem Wortlaut der §§ 241 ff. konnte das geltende Recht daher in weiten Bereichen kaum noch erschlossen werden.

> **Zur Vertiefung:** Vor Inkrafttreten des SchuldRModG waren im Allgemeinen Schuldrecht zahlreiche wichtige Institute wie die positive Vertragsverletzung (pVV), die culpa in contrahendo, der Wegfall der Geschäftsgrundlage und das Kündigungsrecht aus wichtigem Grund bei Dauerschuldverhältnissen ungeregelt, weil sie erst nach Inkrafttreten des BGB von Rechtsprechung und Literatur herausgearbei-

---

106 Näher dazu *Staudenmayer* ZEuP 2019, 663 (685 ff.).
107 Zum persönlichen und sachlichen Anwendungsbereich vgl. *Schulze* ZEuP 2019, 695 (700 ff.).
108 Erwägungsgrund 12 Digitale-Inhalte-RL.
109 Zu den verschiedenen Optionen *Wendland* ZVglRWiss 118 (2019), 191 (218 ff.).
110 So etwa *Heinemann* GPR 2019, 259.
111 So *Looschelders* GPR 2019, 259 (260); *Maultzsch* GPR 2019, 260 (261); tendenziell auch *Metzger* JZ 2019, 577 (586).

tet worden waren. Bei Kauf- und Werkverträgen verursachte die mangelnde Abstimmung der besonderen Gewährleistungsregeln mit dem allgemeinen Leistungsstörungsrecht erhebliche Abgrenzungsprobleme, die durch das eklatante Auseinanderklaffen der Verjährungsfristen in beiden Bereichen (sechs Monate bzw. 30 Jahre) verschärft wurden.

Schon 1984 hatte das Bundesjustizministerium eine Kommission für die **Überarbeitung des Schuldrechts** eingesetzt, die 1991 einen Abschlussbericht vorlegte.[112] Die hier erarbeiteten Lösungen wurden zunächst nicht weiter verfolgt. Dies änderte sich, als der deutsche Gesetzgeber vor der Notwendigkeit stand, die Verbrauchsgüter-RL (→ § 2 Rn. 9) sowie zwei weitere EG-Richtlinien[113] in das deutsche Recht umzusetzen. Wegen der vielfältigen Verknüpfungen zwischen den von den Richtlinien erfassten Fragen und den übrigen Bereichen des Schuldrechts hat der deutsche Gesetzgeber sich nicht auf die Umsetzung der Richtlinien beschränkt (»kleine« Lösung), sondern die Gelegenheit zu einer umfassenden »Modernisierung« des Schuldrechts genutzt (»große« Lösung).[114] Nach intensiver rechtspolitischer Diskussion wurde das **Gesetz zur Modernisierung des Schuldrechts** (SchuldRModG) am 29.11.2001 im Bundesgesetzblatt (BGBl. 2001 I 3138) verkündet und trat am 1.1.2002 in Kraft.

16

Literatur: *Böckenförde,* Die Methoden der Verfassungsinterpretation – Bestandsaufnahme und Kritik, NJW 1976, 2089; *Canaris,* Grundrechtswirkungen und Verhältnismäßigkeitsprinzip in der richterlichen Anwendung und Fortbildung des Privatrechts, JuS 1989, 161; *v. Danwitz,* Rechtswirkungen von Richtlinien in der neueren Rechtsprechung des EuGH, JZ 2007, 697; *Daun,* Grundzüge des UN-Kaufrechts, JuS 1997, 811 (998); *Diederichsen,* Die Selbstbehauptung des Privatrechts gegenüber dem Grundgesetz, JURA 1997, 57; *Diederichsen,* Das Bundesverfassungsgericht als oberstes Zivilgericht – ein Lehrstück juristischer Methodenlehre, AcP 198 (1998), 171; *Eidenmüller/Jansen/Kieninger/Wagner/Zimmermann,* Der Vorschlag für eine Verordnung über ein Gemeinsames Europäisches Kaufrecht, JZ 2012, 269; *Ernst,* Der ›Common Frame of Reference‹ aus juristischer Sicht, AcP 208 (2008), 248; *Guckelberger,* Die Drittwirkung der Grundrechte, JuS 2003, 1151; *Herresthal,* Die richtlinienkonforme und verfassungskonforme Auslegung im Privatrecht, JuS 2014, 289; *Herrmann/Michl,* Wirkungen von EU-Richtlinien, JuS 2009, 1065; *Höpfner/Rüthers,* Grundlagen einer europäischen Methodenlehre, AcP 209 (2009), 1; *Lando,* Das neue Schuldrecht des Bürgerlichen Gesetzbuchs und die Grundregeln des Europäischen Vertragsrechts, RabelsZ 67 (2003), 231; *Leible,* Europäisches Privatrecht am Scheideweg, NJW 2008, 2558; *Looschelders,* Das allgemeine Vertragsrecht des CESL, AcP 212 (2012), 581 ff.; *Lüdemann,* Die verfassungskonforme Auslegung von Gesetzen, JuS 2004, 27; *Metzger,* Verträge über digitale Inhalte und digitale Dienstleistungen: Neuer BGB-Vertragstyp oder punktuelle Reform?, JZ 2019, 577; *Müller-Graff,* Die horizontale Direktwirkung der Grundfreiheiten, EuR 2014, 3; *Ostendorf,* Geplanter neuer Rechtsrahmen für Online-Warenhandel und Bereitstellung digitaler Inhalte im Europäischen Binnenmarkt, ZRP 2016, 69; *Remien,* Grenzen der gerichtlichen Privatrechtsangleichung mittels der Grundfreiheiten des EG-Vertrages, JZ 1994, 349; *Schulze,* Die Digitale-Inhalte-Richtlinie: Innovation und Kontinuität im europäischen Vertragsrecht, ZEuP 2019, 695; *Staudenmayer,* Der Kommissionsvorschlag für eine Verordnung zum Gemeinsamen Europäischen Kaufrecht, NJW 2011, 3491; *Staudenmayer,* Die Richtlinien zu den digitalen Verträgen, ZEuP 2019, 663; *Streinz/Leible,* Die unmittelbare Drittwirkung der Grundfreiheiten, EuZW 2000, 459; *Wendland,* Sonderprivatrecht für Digitale

---

112 Dazu Staudinger/*Olzen,* 2019, Einl. zum SchuldR Rn. 186 ff.
113 RL 2000/35/EG des Europäischen Parlaments und des Rates zur Bekämpfung von Zahlungsverzug im Geschäftsverkehr v. 29.6.2000; aK seit 15.3.2016 und RL 2000/31/EG 2000/31/EG des Europäischen Parlaments und des Rates über bestimmte rechtliche Aspekte der Dienste der Informationsgesellschaft, insbesondere des elektronischen Geschäftsverkehrs, im Binnenmarkt (»Richtlinie über den elektronischen Geschäftsverkehr«) v. 8.6.2000.
114 Zu den dafür maßgeblichen Erwägungen vgl. *Däubler-Gmelin* NJW 2001, 2281 ff.

Güter, ZVglRWiss 118 (2019), 191; *Zimmermann*, Die Principles of European Contract Law als Ausdruck und Gegenstand europäischer Rechtswissenschaft, Teil 1, JURA 2005, 289, Teil 2, JURA 2005, 441. **Zur Schuldrechtsreform:** *Artz/Gsell/S. Lorenz*, Zehn Jahre Schuldrechtsreform, 2014; *Canaris*, Die Reform des Rechts der Leistungsstörungen, JZ 2001, 499; *Däubler-Gmelin*, Die Entscheidung für die so genannte Große Lösung bei der Schuldrechtsreform, NJW 2001, 2281; *Ehmann/Sutschet*, Modernisiertes Schuldrecht, 2002; *Ernst/Zimmermann*, Zivilrechtswissenschaft und Schuldrechtsreform, 2001; *P. Huber/Faust*, Schuldrechtsmodernisierung, 2002; *Lorenz/Riehm*, Lehrbuch zum neuen Schuldrecht, 2002; *Olzen/Wank*, Die Schuldrechtsreform, 2002; *Schmidt-Räntsch*, Das neue Schuldrecht, 2002.

§ 3 Die Vertragsfreiheit und ihre Grenzen

I. Grundgedanken und Elemente der Vertragsfreiheit

1 Das Schuldrecht des BGB wird traditionell vom Grundsatz der **Privatautonomie** beherrscht, der im liberalen Rechtsdenken des 19. Jahrhunderts wurzelt.[115] Nach diesem Grundsatz besteht die wichtigste Aufgabe des Privatrechts darin, dem einzelnen die Möglichkeit zu geben, seine Rechtsverhältnisse in **eigener Verantwortung** selbst zu gestalten.[116]

2 Wichtigster Ausdruck der Privatautonomie ist die **Vertragsfreiheit,** die von § 311 I vorausgesetzt wird. Die Vorschrift bestimmt, dass zur rechtsgeschäftlichen Begründung oder Änderung eines Schuldverhältnisses ein Vertrag zwischen den Parteien erforderlich ist, soweit das Gesetz nicht ausnahmsweise ein einseitiges Rechtsgeschäft genügen lässt (→ § 5 Rn. 3). Der Wille des *Einzelnen* ist also grundsätzlich allein nicht ausschlaggebend. Entscheidend ist der Konsens mit dem Vertragspartner. Ein solcher Konsens ist notwendig, weil die Freiheit des einen nicht auf Kosten des anderen verwirklicht werden soll. Die Vertragsfreiheit gibt dem einzelnen also die Möglichkeit, seine Rechtsverhältnisse *im Zusammenwirken mit anderen Privatrechtssubjekten* selbst zu bestimmen.[117] Mit dieser Präzisierung lässt sich sagen, dass die Vertragsfreiheit auf dem Prinzip der **Selbstbestimmung** des Menschen beruht und damit einen Grundwert unserer Rechtsordnung verwirklicht.[118] Verfassungsrechtlich wird die Vertragsfreiheit als Bestandteil der allgemeinen Handlungsfreiheit durch Art. 2 I GG geschützt.[119]

3 Die Vertragsfreiheit enthält **drei wesentliche Elemente:** die Abschlussfreiheit, die Gestaltungsfreiheit und die Formfreiheit. Die **Abschlussfreiheit** erlaubt dem Einzelnen, selbst darüber zu entscheiden, ob und mit wem er einen Vertrag *schließen* oder *nicht schließen* will.[120] Sie wird in einigen Bereichen durch Abschlussverbote und Abschlussgebote eingeschränkt (→ § 6 Rn. 1 ff.). Nach dem Grundsatz der **Gestaltungsfreiheit** können die Parteien den Inhalt des Vertrages in den Grenzen des zwingenden Rechts (→ § 11 Rn. 9 ff.) frei miteinander vereinbaren. Nach dem Grundsatz der **Form-**

---

[115] *Neuner* BGB AT § 10 Rn. 42.
[116] Vgl. *Flume* BGB AT II § 1.
[117] Vgl. *Larenz* SchuldR I § 4.
[118] Vgl. BVerfGE 81, 242 (254 f.) = NJW 1990, 1469; *Canaris* AcP 200 (2000), 273 (278).
[119] Vgl. BVerfGE 12, 341 (347) = NJW 1961, 1395; BVerfGE 89, 214 (231) = NJW 1994, 36; *Neuner* BGB AT § 10 Rn. 33.
[120] Vgl. *Brox/Walker* SchuldR AT § 4 Rn. 6 ff.; *Neuner* BGB AT § 10 Rn. 34.

freiheit können Verträge ohne Einhaltung einer bestimmten Form geschlossen werden, soweit das *Gesetz* keinen Formzwang (→ § 7 Rn. 1) vorsieht.

In Fällen mit Auslandsberührung wird die Vertragsfreiheit durch die **Rechtswahlfreiheit** flankiert.[121] Die Parteien haben danach grundsätzlich die Möglichkeit, die für den Vertrag maßgebliche Rechtsordnung frei zu wählen (Art. 3 Rom I-VO). Sie können den Vertrag also dem inländischen oder einem ausländischen Recht unterstellen, ohne dass eine objektive Verbindung mit dem gewählten Recht vorliegen muss. Einschränkungen bestehen insbesondere für Verträge ohne Auslandsberührung (Art. 3 III Rom I-VO) sowie für Verbraucher- und Arbeitsverträge (Art. 6, 8 Rom I-VO).

II. Vertragsfreiheit und Vertragsgerechtigkeit

In welchem Verhältnis die Vertragsfreiheit zur **Vertragsgerechtigkeit** steht, ist Gegenstand einer über die Jahrhunderte ausgetragenen Kontroverse.[122] Nach dem Leitbild des Vertragsrechts stehen sich beim Vertragsschluss zwei gleichberechtigte Partner gegenüber, die in einem Prozess des wechselseitigen Gebens und Nehmens eine für beide Seiten akzeptable Lösung vereinbaren. Soweit die Rahmenbedingungen stimmen, bietet die Vertragsfreiheit die beste Gewähr dafür, dass der Vertragsinhalt den Anforderungen der ausgleichenden Gerechtigkeit zumindest nicht krass widerspricht.[123]

4

Das heißt nicht, dass der Verhandlungsprozess wirklich in jedem Fall zu einem Ergebnis führen muss, das in einem **positiven** Sinne als »gerecht« bezeichnet werden kann.[124] Dies ist aber auch nicht notwendig. Denn zum einen gibt es keinen allgemein gültigen Maßstab, um die Angemessenheit des Vertragsinhalts positiv festzustellen. Zum anderen kann es in unserer freiheitlichen Gesellschafts- und Wirtschaftsordnung nicht Sache des Staates sein, den Parteien vorzuschreiben, welcher Vertragsinhalt angemessen ist.[125] Kehrseite der Medaille ist, dass der Einzelne sich im Allgemeinen nicht über den Inhalt eines Vertrages beklagen kann, den er in freier Selbstbestimmung abgeschlossen hat.[126]

> **Beispiel:** Auf einer Auktion werden Kleidungsstücke versteigert, die der Pop-Star Madonna bei Konzerten getragen hat. Der Madonna-Fan A ersteigert für 5.000 EUR einen Gürtel, dessen Materialwert 500 EUR beträgt. Bei objektiver Betrachtung erscheint das Preis-/Leistungsverhältnis höchst unausgewogen. Es ist aber nicht Sache der Rechtsordnung, dem einzelnen die Vereinbarung von »Liebhaberpreisen« zu verwehren. Wenn A das Geschäft reut, kann er sich daher nicht darauf berufen, dass der Vertragsinhalt »ungerecht« sei. Da A sein Gebot in freier Selbstbestimmung abgegeben hat, muss er sich an dem Vertrag festhalten lassen.

---

121 Näher dazu *Hoffmann/Stegemann* JuS 2013, 207.
122 Dazu MüKoBGB/*Busche* vor § 145 Rn. 5; Staudinger/*Looschelders/Olzen*, 2019, § 242 Rn. 458.
123 Vgl. *Neuner* BGB AT § 10 Rn. 30; *Canaris* FS Lerche, 1993, 873 (884).
124 So aber *Larenz* SchuldR I § 6 I; *Schmidt-Rimpler* AcP 147 (1941), 130ff.; *Schmidt-Rimpler* FS Raiser, 1974, 3ff.; dagegen *Neuner* BGB AT § 10 Rn. 30; *Oechsler*, Gerechtigkeit im modernen Austauschvertrag, 1997, 125ff.; vgl. auch Staudinger/*Looschelders/Olzen*, 2019, § 242 Rn. 458.
125 Vgl. *Canaris* FS Lerche, 1993, 873 (884).
126 Vgl. *Canaris* AcP 200 (2000), 273 (284): »Volenti non fit iniuria«.

III. Das Problem der gestörten Verhandlungsparität

1. Allgemeines

5 Der Grundsatz der Vertragsfreiheit kann nur bei einem ausgewogenen Kräfteverhältnis der Parteien gewährleisten, dass unangemessene Ergebnisse vermieden werden.[127] Ist die **Verhandlungsparität gestört,** so verliert der Vertrag diese »Richtigkeitsgewähr« und kann sich für die schwächere Partei als »Fremdbestimmung« darstellen.[128] In dieser Situation gehört es zu den wesentlichen Aufgaben des Zivilrechts, kontrollierend einzugreifen und – falls notwendig – einen sachgemäßen Ausgleich zu schaffen.[129] Dies gilt vor allem im Hinblick auf solche Vereinbarungen, welche die schwächere Partei ungewöhnlich stark belasten. Die Belastung kann hier nicht damit gerechtfertigt werden, dass der Betroffene sie aus freien Stücken auf sich genommen hat. Denn bei materieller Betrachtung fehlt die notwendige »Freiwilligkeit«. Der Zivilrichter ist deshalb mit Rücksicht auf das **Selbstbestimmungsrecht** des schwächeren Teils (Art. 2 I GG) und das **Sozialstaatsprinzip** (Art. 20 I, 28 I GG) gehindert, den Vereinbarungen der Parteien rechtliche Verbindlichkeit beizumessen.[130]

6 Bei der inhaltlichen Kontrolle von Verträgen ist freilich *Zurückhaltung* geboten. Nicht jedes »Machtgefälle« kann Anlass sein, die Wirksamkeit der Parteivereinbarungen infrage zu stellen. In einer marktwirtschaftlichen Ordnung muss der Ausgleich von wirtschaftlichen Ungleichgewichten primär dem **Wettbewerb** überlassen bleiben.[131] Die Fremdbestimmung des schwächeren Teils ist zwar eine ernstliche Gefahr. Diese Gefahr darf aber nicht dadurch bekämpft werden, dass man dem Einzelnen die Möglichkeit nimmt, seine Rechtsverhältnisse in eigener Verantwortung zu gestalten.

2. Fallgruppen

7 Die *relevanten* **Fälle der gestörten Verhandlungsparität** lassen sich schwer systematisieren. Folgende Aspekte sind aber zu unterscheiden:

a) Gesetzliche Typisierungen von Ungleichgewichtslagen

Die Verhandlungsparität ist typischerweise infrage gestellt, wenn eine Partei auf den Vertragsschluss angewiesen ist, weil sie den Vertragsgegenstand für die Befriedigung ihrer essentiellen Bedürfnisse benötigt.[132] Diese Situation besteht vor allem im **Mietrecht** und im **Arbeitsrecht**.[133] Hier existiert daher seit langem eine Vielzahl *zwingender* Vorschriften, die den Mieter bzw. Arbeitnehmer als die strukturell schwächere Partei schützen.

8 Die Verhandlungsparität ist darüber hinaus bei allen Verträgen infrage gestellt, bei denen eine Partei die andere mit **vorformulierten Vertragsbedingungen** (AGB) konfrontiert. Das Problem besteht darin, dass der Vertragspartner die Tragweite der vor-

---

127 MüKoBGB/*Busche* vor § 145 Rn. 6.
128 Vgl. BVerfGE 81, 242 (255) = NJW 1990, 1469 (1470); BVerfG NJW 2006, 596 (598); Staudinger/ Looschelders/Olzen, 2019, § 242 Rn. 459; *Flume* BGB AT II § 1 (7).
129 Vgl. BVerfGE 89, 214 (233); *Canaris* AcP 200 (2000), 273 (277 ff.); *Limbach* JuS 1985, 10 (12); *Looschelders/Roth* JZ 1995, 1034 (1041).
130 BVerfGE 89, 214 (234); MüKoBGB/*Busche* vor § 145 Rn. 6; *Canaris* AcP 200 (2000), 273 (300).
131 Vgl. *Canaris* AcP 200 (2000), 273 (293); *Rittner* AcP 188 (1988), 101 (126 ff.).
132 Vgl. *Schmidt-Rimpler* FS Raiser, 1974, 3 (6).
133 Vgl. MüKoBGB/*Busche* Vor § 145 Rn. 7; *Larenz* SchuldR I § 4 vor I.

gesehenen Belastungen nicht zutreffend einschätzt. Selbst wenn er die Nachteile erkennt, wird es ihm selten gelingen, den Verwender zu einer abweichenden Individualvereinbarung zu bewegen.[134] Die §§ 307ff. enthalten deshalb Vorschriften, die eine *inhaltliche Kontrolle* missbräuchlicher AGB ermöglichen (→ § 16 Rn. 18 ff.).

Erhebliche Einschränkungen der Vertragsfreiheit finden sich bei Verträgen zwischen **Verbrauchern** (§ 13) und **Unternehmern** (§ 14). Dahinter steht die Erwägung, dass der Verbraucher gegenüber dem geschäftserfahrenen Unternehmer typischerweise die **schwächere Verhandlungsposition** hat. Die meisten einschlägigen Regelungen beruhen auf europäischen Richtlinien (→ § 2 Rn. 9). Hierdurch soll ein **einheitlicher Standard** des Verbraucherschutzes in der EU geschaffen werden, um die Bereitschaft des Verbrauchers zum grenzüberschreitenden Vertragsschluss zu fördern (→ § 41 Rn. 3).

9

b) Störung der Verhandlungsparität im Einzelfall

Neben diesen gesetzlich typisierten Fallgruppen gibt es weite Bereiche, in denen sich die Störung der Verhandlungsparität nur durch eine Interessenabwägung im **Einzelfall** feststellen lässt. Repräsentativ ist der Fall, dass eine geschäftlich unerfahrene, einkommens- und vermögenslose Person sich gegenüber einer Bank für die Verbindlichkeiten eines Familienangehörigen **verbürgt**, wobei die Höhe der Schuld die Leistungsfähigkeit des Bürgen weit übersteigt. Hier kommen verschiedene Faktoren zusammen, welche die Verhandlungsparität infrage stellen: die emotionale Drucksituation aufgrund der engen Verbundenheit mit dem Hauptschuldner, das krasse Missverhältnis zwischen dem Umfang der Haftung und der wirtschaftlichen Leistungsfähigkeit des Bürgen, dessen geschäftliche Unerfahrenheit, die Kenntnis des Gläubigers von allem. Das BVerfG hat daher zu Recht betont, dass die Zivilgerichte von Verfassungs wegen gehalten sind, den Bürgschaftsvertrag in solchen Fällen einer inhaltlichen Kontrolle zu unterziehen (→ SchuldR BT § 50 Rn. 27 ff.).[135] Rechtstechnisches Mittel der Kontrolle sind die Generalklauseln des BGB, namentlich die §§ 138 und 242.[136]

10

IV. Schutz vor Diskriminierungen nach dem AGG

Erhebliche Einschränkungen der Privatautonomie ergeben sich aus dem **Allgemeinen Gleichbehandlungsgesetz** (AGG) vom 14.8.2006, mit dem der deutsche Gesetzgeber vier EG-Richtlinien zur Verwirklichung des Gleichbehandlungsgrundsatzes im allgemeinen Zivilrecht und im Arbeitsrecht umgesetzt hat.[137] Das Gesetz hat das Ziel, »Benachteiligungen aus Gründen der Rasse oder wegen der ethnischen Herkunft, des Geschlechts, der Religion oder Weltanschauung, einer Behinderung oder der sexuellen Identität zu verhindern oder zu beseitigen« (§ 1 AGG). Dabei geht es zum einen um den Schutz der **Beschäftigten** (Arbeitnehmer, Auszubildenden etc) vor Benachteiligung (§§ 6–18 AGG). Das Gesetz sieht zum anderen aber auch ein allgemeines **zivilrechtliches Benachteiligungsverbot** vor (§§ 19–21 AGG). Dieses gilt grundsätzlich nur für *Massengeschäfte,* bei denen die Person des Vertragspartners typischerweise keine oder nur eine untergeordnete Bedeutung hat, sowie für *Versicherungsverträge*

11

---
134 Vgl. *Schlechtriem/Schmidt-Kessel* SchuldR AT Rn. 85; *Medicus* JuS 1996, 761 (764).
135 BVerfGE 89, 214; BGHZ 125, 206; 136, 347; BGH NJW 2000, 1182; *Canaris* AcP 200 (2000), 273 (296ff.); MüKoBGB/*Busche* vor § 145 Rn. 25.
136 Vgl. Staudinger/*Looschelders/Olzen*, 2019, § 242 Rn. 460ff.
137 Zu den europarechtlichen Vorgaben Palandt/*Ellenberger* Einl. AGG Rn. 1; *Heiderhoff*, Europäisches Privatrecht, 5. Aufl. 2020, Rn. 266ff.; vgl. auch *Basedow* ZEuP 2008, 230ff.

(§ 19 I AGG).[138] Die Anknüpfung an die betreffenden Merkmale ist nicht per se verboten. Bei den meisten Merkmalen kommt vielmehr eine **Rechtfertigung** in Betracht (vgl. § 20 AGG). Eine Benachteiligung wegen der Rasse oder der ethnischen Herkunft ist im Anwendungsbereich des zivilrechtlichen Benachteiligungsverbots aber generell unzulässig. Bei Versicherungsverträgen, die ab dem 21.12.2012 neu geschlossen werden, muss auch eine Ungleichbehandlung wegen des Geschlechts ausscheiden.[139]

Bei einem Verstoß gegen das zivilrechtliche Benachteiligungsverbot kann der Betroffene **Beseitigung** der Beeinträchtigung und **Unterlassung** verlangen (§ 21 I AGG). Außerdem steht ihm ein Anspruch auf Ersatz des materiellen und immateriellen **Schadens** zu, sofern der Benachteiligende nicht nachweisen kann, dass er die Pflichtverletzung nicht zu vertreten hat (§ 21 II AGG).[140] Besteht die Benachteiligung in der unzulässigen Ablehnung eines Vertragsschlusses, kommt auch ein **Kontrahierungszwang** in Betracht (→ § 6 Rn. 12).

> **Zur Vertiefung:** Die *Diskriminierungsverbote* des AGG stehen in einem Spannungsverhältnis zum Grundsatz der *Vertragsfreiheit*. Aus Sicht des deutschen Verfassungsrechts entspricht der Schutz vor Diskriminierungen allerdings dem Grundsatz der Menschenwürde (Art. 1 GG), dem allgemeinen Gleichheitssatz (Art. 3 I GG) sowie den speziellen Benachteiligungsverboten des Art. 3 III GG; der Eingriff in die Vertragsfreiheit lässt sich daher rechtfertigen. Davon abgesehen haben die Diskriminierungsverbote die Funktion, die materiellen Voraussetzungen der Vertragsfreiheit abzusichern.[141] Denn der Benachteiligte wird durch die Diskriminierung an der eigenen Ausübung der Vertragsfreiheit gehindert. Das AGG dient darüber hinaus freilich auch der Verwirklichung *gesellschaftspolitischer Anliegen*, namentlich der Gleichstellung von Männern und Frauen. Auch dies ist indes keineswegs prinzipiell unzulässig; allerdings muss die Verhältnismäßigkeit des damit verbundenen Eingriffs in die Vertragsfreiheit besonders sorgfältig geprüft werden.[142] Nach einer in der Literatur verbreiteten Auffassung geht der mit dem AGG verbundene Eingriff in die Vertragsfreiheit zu weit.[143] Kritisiert wird insbesondere, dass das Gesetz über die Vorgaben der Richtlinien hinausgeht.[144] Problematisch erscheint außerdem, dass der Betroffene im Streitfall nur Indizien nachweisen muss, die eine unzulässige Benachteiligung vermuten lassen; die andere Partei trägt dann die Beweislast, dass kein Verstoß gegen das AGG vorliegt (§ 22 AGG).[145] Die damit verbundenen Missbrauchsrisiken haben sich bislang aber nicht realisiert.[146] Andere Autoren gehen davon aus, dass der Gleichbehandlungsgrundsatz sich unter dem Eindruck des AGG zu einem allgemeinen Prinzip des Schuldrechts entwickelt hat.[147] Richtig ist hieran, dass die Bekämpfung von Diskriminierungen nicht nur den Zweck hat, die materiellen Voraussetzungen der Vertragsfreiheit zu gewährleisten, sondern darüber hinaus einen *eigenständigen Gerechtigkeitsgehalt* aufweist.[148] Hieraus darf aber nicht der Schluss gezogen werden, dass Ungleichbehandlun-

---

138 Speziell zum Verbot geschlechtsspezifischer Differenzierungen im Versicherungsrecht EuGH VersR 2011, 377; *Looschelders* VersR 2011, 421 (423 ff.); *Looschelders* VersR 2013, 653 (658 f.).
139 Speziell zum Verbot geschlechtsspezifischer Differenzierungen im Versicherungsrecht EuGH VersR 2011, 377; *Looschelders* VersR 2011, 421 (423 ff.); 2013, 653 (658 f.).
140 Vgl. OLG Stuttgart NJW 2012, 1085.
141 *Looschelders* JZ 2012, 105 (106).
142 *Looschelders* JZ 2012, 105 (113 f.).
143 So etwa *Medicus/Lorenz* SchuldR AT Rn. 69; *Adomeit* NJW 2006, 2169 ff.
144 Vgl. *Maier-Reimer* NJW 2006, 2577 (2578).
145 Krit. hierzu *Medicus/Lorenz* SchuldR AT Rn. 69.
146 Näher dazu *Looschelders* JZ 2012, 105 (111 f.).
147 So *Westermann/Bydlinski/Arnold* SchuldR AT Rn. 16; *Grünberger,* Personale Gleichheit, 2013, 769 ff., 940 und öfter: »»materiales‹ Prinzip personaler Gleichheit«.
148 Vgl. *Coester* FS Canaris I, 2007, 115 (123); speziell mit Blick auf die Gleichstellung von Frauen *Coester-Waltjen* JZ 2010, 852 (853).

gen im Vertragsrecht auch über die im AGG geregelten Tatbestände hinaus *generell* einer Rechtfertigung bedürfen.[149]

Literatur: *Basedow,* Der Grundsatz der Nichtdiskriminierung, ZEuP 2008, 230; *Becker,* Vertragsfreiheit, Vertragsgerechtigkeit und Inhaltskontrolle, WM 1999, 709; *Canaris,* Verfassungs- und europarechtliche Aspekte der Vertragsfreiheit in der Privatrechtsgesellschaft, FS Lerche, 1993, 873; *Canaris,* Wandlungen des Schuldvertragsrechts – Tendenzen zu seiner »Materialisierung«, AcP 200 (2000), 273; *Coester,* Diskriminierungsschutz im Privatrechtssystem, FS Canaris I, 2007, 115; *Coester-Waltjen,* Die Inhaltskontrolle von Verträgen außerhalb des AGBG, AcP 190 (1990), 1; *Coester-Waltjen,* Geschlecht – kein Thema mehr für das Recht?, JZ 2010, 852; *Grünberger,* Personale Gleichheit, 2013; *Heinrich,* Formale Freiheit und materiale Gerechtigkeit, 2000; *Hoffmann/Stegemann,* Die Parteiautonomie im internationalen Schuldvertragsrecht, JuS 2013, 207; *Lehner,* Diskriminierungen im allgemeinen Privatrecht als Grundrechtsproblem, JuS 2013, 410; *Leible/Schlachter,* Diskriminierungsschutz durch Privatrecht, 2006; *Limbach,* Das Rechtsverständnis in der Vertragslehre, JuS 1985, 12; *Looschelders,* Aktuelle Auswirkungen des EU-Rechts auf das deutsche Versicherungsvertragsrecht unter besonderer Berücksichtigung der geschlechtsspezifischen Tarifierung, VersR 2011, 421; *Looschelders,* Diskriminierung und Schutz vor Diskriminierung im Privatrecht, JZ 2012, 105; *Looschelders/Roth,* Grundrechte und Vertragsrecht: Die verfassungskonforme Reduktion des § 565 Abs. 2 Satz 2 BGB, JZ 1995, 1034; *S. Lorenz,* Der Schutz vor dem unerwünschten Vertrag, 1997; *Maier-Reimer,* Das Allgemeine Gleichbehandlungsgesetz im Zivilrechtsverkehr, NJW 2006, 2577; *Medicus,* Schutzbedürfnisse (insbesondere der Verbraucherschutz) und das Privatrecht, JuS 1996, 761; *Oechsler,* Gerechtigkeit im modernen Austauschvertrag, 1997; *Riesenhuber/Franck,* Verbot der Geschlechterdiskriminierung im Europäischen Vertragsrecht, JZ 2004, 529; *Ring,* Das zivilrechtliche Benachteiligungsverbot im allgemeinen Gleichbehandlungsgesetz, ZGS 2006, 371; *Ritgen,* Vertragsparität und Vertragsfreiheit, JZ 2002, 114; *Rittner,* Über das Verhältnis von Vertrag und Wettbewerb, AcP 188 (1988), 101; *Schmidt-Rimpler,* Grundfragen der Erneuerung des Vertragsrechts, AcP 147 (1941), 130; *Schmidt-Rimpler,* Zum Vertragsproblem, FS Raiser, 1974, 3; *Scholz,* Politische Betätigung als Ausschlussgrund im Privatrechtsverkehr – die neuere Rechtsprechung zur mittelbaren Drittwirkung der Grundrechte, JR 2013, 137; *Schreier,* Das AGG in der zivilrechtlichen Fallbearbeitung, JuS 2007, 308; *Wagner/Potsch,* Haftung für Diskriminierungsschäden nach dem Allgemeinen Gleichbehandlungsgesetz, JZ 2006, 1085.

§ 4 Der Grundsatz von Treu und Glauben

I. Funktion und Bedeutung des § 242

Nach § 242 ist der Schuldner verpflichtet, die Leistung so zu erbringen, wie **Treu und Glauben** mit Rücksicht auf die Verkehrssitte es erfordern. Nimmt man den *Wortlaut* der Vorschrift ernst, so bestimmt § 242 also nur, *wie* der *Schuldner* die Leistung erbringen muss. Die Vorschrift würde sich damit nur auf die Modalitäten der Erfüllung beziehen. 1

Beispiele: Der Schuldner verstößt gegen Treu und Glauben, wenn er die Leistung zur Unzeit (zB nachts) erbringt oder auf dem vereinbarten Leistungsort besteht, obwohl der Gläubiger die Leistung dort nicht oder nicht in zumutbarer Weise entgegennehmen kann (zB aufgrund von Krieg, Naturkatastrophen).

---

149 So aber *Grünberger,* Personale Gleichheit, 2013, 769 ff. und öfter; einschränkend auch *Westermann/Bydlinski/Arnold* SchuldR AT Rn. 22.

2 Ein so enger Anwendungsbereich entspricht auch den Vorstellungen des *historischen Gesetzgebers*.[150] Rechtsprechung und Literatur haben dem § 242 jedoch einen **allgemeinen Gedanken** entnommen, der nicht nur für den Schuldner, sondern auch für den Gläubiger gilt und alle Schuldverhältnisse beherrscht: nämlich dass jeder bei der Ausübung seiner Rechte und der Erfüllung seiner Pflichten nach Treu und Glauben zu handeln hat, was insbesondere bedeutet, dass auf die berechtigten Interessen des anderen Teils *Rücksicht* zu nehmen ist.[151] Dieser Gedanke gilt nicht nur für Schuldverhältnisse, sondern kann auch in anderen Teilen des BGB (Sachenrecht, Familienrecht, Erbrecht) sowie in anderen Bereichen der Rechtsordnung (zB im Öffentlichen Recht) herangezogen werden.[152] Die Vorschrift ermöglicht es damit, den notwendigen Einfluss von *sozialethischen Wertungen* und *Billigkeitserwägungen* auf die Rechtsanwendung sicherzustellen.[153]

> **Zur Vertiefung:** Der Rückgriff auf sozialethische Wertungen und Billigkeitserwägungen birgt die Gefahr, dass die Entscheidungen des Gesetzgebers durch eine *Billigkeitsrechtsprechung* ausgehebelt werden, was der *Gesetzesbindung* des Richters (Art. 20 III, 97 I GG) widerspräche und die *Rechtssicherheit* erheblich beeinträchtigen würde.[154] Dieser Gefahr kann nur durch eine restriktive Anwendung des § 242 entgegengewirkt werden. Ausgangspunkt der Überlegungen müssen daher in jedem Fall die einschlägigen konkreten Rechtsnormen sein, die nach allgemeinen methodischen Grundsätzen auszulegen sind. Das so gefundene Ergebnis darf nur in Ausnahmefällen mithilfe des § 242 korrigiert werden, wobei eine eingehende Rechtfertigung jeweils unverzichtbar ist.

3 § 242 dient darüber hinaus traditionell als Einfallstor für **Rechtsfortbildung**.[155] Nach dem Inkrafttreten des Grundgesetzes kann die Zulässigkeit der Rechtsfortbildung zwar nicht mehr unmittelbar auf § 242 gestützt werden. Maßgeblich ist vielmehr Art. 20 III GG.[156] Das heißt jedoch nicht, dass § 242 in diesem Zusammenhang funktionslos geworden wäre.[157] Rechtsfortbildung setzt vielmehr voraus, dass der Gesetzgeber den Interessenkonflikt nicht selbst geregelt hat. Generalklauseln wie § 242 lassen Raum für Rechtsfortbildung, indem sie verdeutlichen, dass der Gesetzgeber für den betreffenden Interessenkonflikt (noch) **keine abschließende Entscheidung** getroffen hat.[158] Den Gerichten wird damit die Möglichkeit eröffnet, Lösungen für Interessenkonflikte zu entwickeln, die der Gesetzgeber nicht vorhergesehen hat und oft auch nicht vorhersehen konnte, weil sie durch einen Wandel der tatsächlichen Verhältnisse oder der sozialethischen Auffassungen verursacht oder verschärft worden sind. § 242 eröffnet der Rechtsprechung damit die notwendige Flexibilität, um das Recht an veränderte Lebensverhältnisse oder Wertmaßstäbe in der Gesellschaft anzupassen. Wichtige Beispiele für solche Rechtsfortbildungen sind die Kontrolle von AGB, das Kündigungsrecht aus wichtigem Grund bei Dauerschuldverhältnissen und die Lehre von der

---

150 Vgl. MüKoBGB/*Schubert* § 242 Rn. 20.
151 *Brox/Walker* SchuldR AT § 7 Rn. 1; HK-BGB/*Schulze* § 242 Rn. 1. Zur Entwicklung seit 1900 Staudinger/*Looschelders/Olzen*, 2019, § 242 Rn. 38 ff.
152 Vgl. BGHZ 85, 39 (48); Staudinger/*Looschelders/Olzen*, 2019, § 242 Rn. 1141 ff.
153 Vgl. *Zweigert/Kötz*, Einführung in die Rechtsvergleichung, 3. Aufl. 1996, § 11 III: »Ethisierung« vertraglicher Beziehungen.
154 Vgl. *Brox/Walker* SchuldR AT § 7 Rn. 2; Palandt/*Grüneberg* § 242 Rn. 2.
155 MüKoBGB/*Schubert* § 242 Rn. 22 ff.; einschr. *Brox/Walker* SchuldR AT § 7 Rn. 3.
156 Vgl. BVerfGE 34, 269 (287); 88, 145 (166 f.); *Wiedemann* NJW 2014, 2407 (2408).
157 So aber Staudinger/*J. Schmidt*, 1995, § 242 Rn. 134.
158 Näher dazu BVerfGE 138, 377 = NJW 2015, 1506 Rn. 39.

Störung der Geschäftsgrundlage – alles Institute, die inzwischen eigenständig geregelt sind (→ § 4 Rn. 13).

> **Zur Rechtsvergleichung:** Der Grundsatz von Treu und Glauben wird auch in den meisten ausländischen Rechtsordnungen herangezogen, um unbillige Ergebnisse im Einzelfall zu vermeiden.[159] Eine so überragende Bedeutung wie im deutschen Recht kommt ihm aber allenfalls noch im schweizerischen Recht (Art. 2 ZGB) sowie im neuen niederländischen Recht zu. Demgegenüber hat sich das französische Recht gegenüber dem Einfluss der »bonne foi« traditionell wesentlich zurückhaltender verhalten. Für Verträge, die ab dem 1.10.2016 geschlossen werden, sieht der bei der Reform des französischen Vertragsrechts durch die Verordnung (Ordonnance) Nr. 2016-131 v. 10.2.2016 neugefasste Art. 1104 Code Civil aber eine erhebliche Ausweitung des Grundsatzes von Treu und Glauben vor. Dieser gilt insbesondere mit Blick auf das Stadium der Vertragsverhandlungen.[160] Das italienische und das österreichische Recht handhaben den Grundsatz von Treu und Glauben traditionell ebenfalls eher zurückhaltend. Dem englischen Common Law erscheint das Konzept des »good faith« grundsätzlich bedenklich, weil es dem Richter zu große Macht verschafft und die Rechtssicherheit gefährdet. Im Recht der EU ist der Grundsatz von Treu und Glauben dagegen weitgehend anerkannt.[161] Auch der vom Europäischen Gesetzgeber nicht verwirklichte Vorschlag der Kommission für ein Gemeinsames Europäisches Kaufrecht von 2011 (→ § 2 Rn. 13) hatte dem Grundsatz von Treu und Glauben große Bedeutung beigemessen (vgl. Art. 2 GEKR).

II. Allgemeine Grundsätze der Anwendung des § 242

Nach allgemeinen methodischen Grundsätzen ist der **Wortlaut** einer Norm Ausgangspunkt und primäres Mittel der Auslegung. Bei Generalklauseln besteht aber das Problem, dass der Wortlaut nur wenig Aussagekraft hat. Bei § 242 kommt hinzu, dass sich die Auslegung seit 1900 immer mehr vom Wortlaut gelöst hat (→ § 4 Rn. 2). Gleichwohl lassen sich dem Wortlaut einige wichtige Anhaltspunkte für das Verständnis des § 242 entnehmen.[162]

1. Anwendungsbereich des § 242

Aus dem Wort »Schuldner« lässt sich ableiten, dass zwischen den Beteiligten ein **Schuldverhältnis** vorliegen muss. Ein großer Teil der Literatur begnügt sich demgegenüber mit einer **rechtlichen Sonderverbindung**.[163] Dies führt im Allgemeinen jedoch zu keinen abweichenden Ergebnissen. Denn der Begriff des Schuldverhältnisses erfasst nicht nur Verträge, sondern auch rechtsgeschäftsähnliche Schuldverhältnisse nach § 311 II, III sowie gesetzliche Schuldverhältnisse; zu Letzteren gehört auch das Verhältnis zwischen Nachbarn (sog. nachbarschaftliches Gemeinschaftsverhältnis), in dem der Grundsatz von Treu und Glauben traditionell große Bedeutung hat (→ § 4 Rn. 21).[164] Eine wirkliche Ausweitung des Anwendungsbereichs von § 242 ergibt sich nur, wenn man für die rechtliche Sonderverbindung einen »irgendwie qualifizierten

---

159 Ausf. dazu Staudinger/*Looschelders/Olzen,* 2019, § 242 Rn. 1160 ff.; *Zimmermann/Whittaker,* Good Faith in European Contract Law, 2000.
160 Näher dazu *Chantepie/Latina,* Le nouveau droit des obligations, 2. Aufl. 2018, Rn. 102 ff.
161 Vgl. etwa BGH NJW 2005, 1045 (1046) = JR 2005, 284 mAnm *Looschelders; Heiderhoff,* Europäisches Privatrecht, 5. Aufl. 2020, Rn. 299 ff.
162 Vgl. Staudinger/*Looschelders/Olzen,* 2019, § 242 Rn. 124 ff.
163 Vgl. MüKoBGB/*Schubert* § 242 Rn. 88 ff.; Soergel/*Teichmann* § 242 Rn. 30 ff.; Palandt/*Grüneberg* § 242 Rn. 5; *Larenz* SchuldR I § 10 II vor a).
164 Näher dazu Staudinger/*Olzen,* 2019, § 241 Rn. 409 ff.

sozialen Kontakt« ausreichen lässt.¹⁶⁵ Dass *soziale* Kontakte eine *rechtliche* Sonderverbindung begründen sollen, ist jedoch nicht einleuchtend. Davon abgesehen lässt sich der Streit um die Bedeutung sozialer Kontakte auch auf der Grundlage des gesetzlichen Merkmals »Schuldverhältnis« führen (→ § 5 Rn. 9f.). Es handelt sich letztlich also nur um eine terminologische Frage. In inhaltlicher Hinsicht beruht das Erfordernis eines Schuldverhältnisses bzw. einer rechtlichen Sonderverbindung auf der Erwägung, dass die Gebote von Treu und Glauben **gesteigerte sozialethische Anforderungen** umschreiben; im Verkehr zwischen »Jedermann« müssen nur die niedrigeren Standards der guten Sitten (§ 826) eingehalten werden.¹⁶⁶

6 Nach einer in der Literatur verbreiteten Gegenauffassung ist die Beschränkung des § 242 auf Schuldverhältnisse bzw. rechtliche Sonderverbindungen nicht sachgemäß.¹⁶⁷ Zur Begründung wird darauf verwiesen, dass der Grundsatz von Treu und Glauben nach dem modernen Verständnis ein **allgemeines Rechtsprinzip** darstellt. Bei genauerer Betrachtung lassen sich beide Ansätze aber zusammenführen. Der *unmittelbare Anwendungsbereich* des § 242 ist zwar auf Schuldverhältnisse begrenzt; die Vorschrift *beruht* aber auf einem allgemeinen Rechtsprinzip, das für die gesamte Rechtsordnung gilt (→ § 4 Rn. 2). Diese Unterscheidung macht deutlich, dass § 242 bei Fehlen eines Schuldverhältnisses jedenfalls *nicht ohne Weiteres* maßgeblich ist. Da eine Ausweitung der Vorschrift über ihren regulären Anwendungsbereich hinaus infrage steht, muss jeweils genau geprüft werden, ob und inwieweit ihr Grundgedanke auf das betreffende Lebensverhältnis zutrifft. Bei einer solchen Betrachtung mögen die Grenzen zwischen Treu und Glauben (§ 242) und den guten Sitten (§ 826) zwar verschwimmen.¹⁶⁸ Letztlich geht es in beiden Bereichen aber um die gleichen übergeordneten Gerechtigkeitskriterien. Im Übrigen ist das Fehlen klarer Grenzen einer einzelfallbezogenen Interessenabwägung immanent.

2. Die maßgeblichen Interessenwertungskriterien

7 Die Funktion des § 242 schließt jede starre Anwendung der Vorschrift aus. Die Konkretisierung muss daher aufgrund einer umfassenden **Interessenabwägung** im Einzelfall erfolgen.¹⁶⁹ Maßgebliche Wertungskriterien sind Treu und Glauben und die Verkehrssitte.

a) Treu und Glauben

8 Vorrangiger Maßstab für die Bewertung der divergierenden Interessen sind die Gebote von Treu und Glauben. Der Gesetzgeber hat hier eine sog. Paarformel verwendet, bei der beide Begriffe (weitgehend) synonym sind.¹⁷⁰ Die Formel gibt nur eine gewisse *Zielrichtung* vor: die Gewährleistung eines **gerechten Interessenausgleichs**. Der Sache nach geht es um die Rücksichtnahme auf die Interessen anderer, den Schutz be-

---

165 MüKoBGB/*Schubert* § 242 Rn. 90.
166 *Fikentscher/Heinemann* SchuldR Rn. 199.
167 So Staudinger/*Schmidt*, 1995, § 242 Rn. 161; *Medicus/Lorenz* SchuldR AT Rn. 144.
168 Krit. *Medicus/Lorenz* SchuldR AT Rn. 134.
169 Vgl. MüKoBGB/*Schubert* § 242 Rn. 46ff.
170 Vgl. Soergel/*Teichmann* § 242 Rn. 36; Staudinger/*Looschelders/Olzen*, 2019, § 242 Rn. 15. Solche Paarformeln finden sich auch in der Umgangssprache (zB »Haut und Haar«, »Mann und Maus«, »Kind und Kegel«, »Hab und Gut«).

rechtigten Vertrauens sowie die Wahrung der allgemeinen Redlichkeit im Geschäftsverkehr.

Für eine weitere Konkretisierung muss man auf die sozialethischen Prinzipien zurückgreifen, welche von § 242 in Bezug genommen werden.[171] Die Bezugnahme auf diese Prinzipien bedeutet nicht, dass die im Verkehr *tatsächlich* herrschenden Anschauungen zugrunde zu legen sind. Was Treu und Glauben gebieten, ist eine *normative* Frage, die auf der Grundlage der in der **gesamten Rechtsordnung** verankerten sozialethischen Wertungen beantwortet werden muss. Dabei kommt den Prinzipien der Verfassung, namentlich den *Grundrechten,* maßgebliche Bedeutung zu.[172]

b) Verkehrssitte

Als zweites Interessenwertungskriterium nennt § 242 die **Verkehrssitte.** Hier geht es um kein normatives Kriterium. Der Begriff bezeichnet vielmehr die in der Gesellschaft oder in bestimmten Verkehrskreisen *tatsächlich* beachteten (und damit empirisch feststellbaren) Verhaltensregeln.[173] Für den Verkehr unter Kaufleuten bilden die *Handelsbräuche* (§ 346 HGB) einen wichtigen Sonderfall der Verkehrssitte.

Zwischen den Geboten von Treu und Glauben und der Verkehrssitte besteht eine **Wechselwirkung.** Was Treu und Glauben entspricht, kann häufig nur unter Beachtung der Verkehrssitte beurteilt werden. Denn die Verkehrssitte begründet berechtigte Verhaltenserwartungen, die der Einzelne nach Treu und Glauben erfüllen muss. Umgekehrt sind die Regeln der Verkehrssitte aber am normativen Maßstab von Treu und Glauben zu messen. Widerspricht eine Verkehrssitte grundlegenden sozialethischen Anforderungen, so ist sie im Rahmen des § 242 unbeachtlich.

III. Abgrenzungen

1. Treu und Glauben und Verkehrssitte in § 157

§ 242 weist eine enge Verwandtschaft mit § 157 auf. Hier wie dort geht es um Treu und Glauben und die Verkehrssitte. Im Ausgangspunkt haben diese Kriterien bei beiden Vorschriften jedoch nicht die gleiche Relevanz.

§ 157 regelt die **Auslegung** von Willenserklärungen im Rahmen von Verträgen und sonstigen Rechtsgeschäften.[174] Ziel ist die Ermittlung des Parteiwillens. Treu und Glauben und die Verkehrssitte haben hier nur *mittelbare* Bedeutung – nämlich über die Annahme, dass der Wille einer redlichen Partei auf eine Lösung gerichtet ist, die Treu und Glauben mit Rücksicht auf die Verkehrssitte entspricht.[175] Im Rahmen des § 242 sind Treu und Glauben und die Verkehrssitte dagegen der *unmittelbare* Maßstab.

Theoretisch besteht ein **Vorrang der Auslegung** nach §§ 133, 157 gegenüber der objektiven Beurteilung nach § 242. Denn die Frage nach dem rechtlichen Sollen (§ 242) stellt sich erst, wenn aus dem rechtlichen Wollen der Parteien (§§ 133, 157) keine ausreichenden Anhaltspunkte für die Entscheidung gewonnen werden können.[176] Soweit

---

171 MüKoBGB/*Schubert* § 242 Rn. 10; Staudinger/*Looschelders/Olzen,* 2019, § 242 Rn. 146 ff.
172 Soergel/*Teichmann* § 242 Rn. 43 ff.
173 MüKoBGB/*Schubert* § 242 Rn. 11.
174 Zum Anwendungsbereich des § 157 vgl. HK-BGB/*Dörner* § 157 Rn. 2.
175 Vgl. Soergel/*Wolf* § 157 Rn. 26; Staudinger/*Looschelders/Olzen,* 2019, § 242 Rn. 358 ff.
176 BGHZ 16, 4 (8).

man sich bei der *ergänzenden* Vertragsauslegung nach § 157 vom tatsächlichen Parteiwillen lösen und zur Bestimmung des mutmaßlichen Parteiwillens auf *objektive* Kriterien abstellen muss, können die Grenzen zu § 242 zwar verschwimmen.[177] Dies darf aber nicht dazu führen, dass der tatsächliche Wille der Parteien durch objektive Erwägungen überspielt wird.

2. Gesetzliche Konkretisierungen des § 242

13 Da der Grundsatz von Treu und Glauben das gesamte Rechtsleben beherrscht, finden sich im BGB zahlreiche Vorschriften, die als **Konkretisierungen** des § 242 verstanden werden können. Besonders deutlich ist dies bei solchen Rechtsinstituten, die von der Rechtsprechung auf der Grundlage des § 242 entwickelt und später dann kodifiziert worden sind. Zu nennen sind die Inhaltskontrolle von AGB nach §§ 307 ff. (→ § 16 Rn. 18 ff.), die Regeln über die Störung der Geschäftsgrundlage nach § 313 (→ § 37 Rn. 1 ff.) und das Kündigungsrecht bei Dauerschuldverhältnissen nach § 314 (→ § 39 Rn. 3 ff.). Bei der Anwendung dieser Institute kann man sich nach wie vor auf Kriterien stützen, die auf der Grundlage des § 242 entwickelt worden sind.[178]

3. Sittenwidrigkeit und Schikane

14 Neben § 242 enthält **§ 138 I** die zweite wichtige Generalklausel des BGB. Da diese Vorschrift nach Funktion und systematischer Stellung keine Sonderverbindung voraussetzt, sind die Maßstäbe hier weniger streng als bei § 242. Ein Rechtsgeschäft ist nur dann nach § 138 I nichtig, wenn es gegen die **Mindeststandards** verstößt, die im Verkehr zwischen »Jedermann« zu beachten sind.[179] Ist das Rechtsgeschäft hiernach wirksam, so muss in einem zweiten Schritt geprüft werden, ob die Ausübung der daraus folgenden Rechte im Einzelfall gegen Treu und Glauben verstößt (→ § 4 Rn. 20 ff.).[180]

Die gleichen (milderen) Maßstäbe wie bei § 138 I gelten für das Schikaneverbot nach **§ 226** und das Verbot sittenwidriger Schädigung nach **§ 826**. So soll § 826 bloß gewährleisten, dass im allgemeinen Rechtsverkehr das **sozialethische Minimum** eingehalten wird.[181]

IV. Fallgruppen des § 242

15 Bei der praktischen Anwendung von Generalklauseln muss man sich primär an den **Fallgruppen** orientieren, die von Rechtsprechung und Literatur herausgearbeitet worden sind. Dies gilt in besonderem Maße für § 242. Auch hier verbietet sich jedoch jede schematische Vorgehensweise. Man kann sich daher meist nicht mit dem knappen Hinweis begnügen, eine bestimmte Konstellation werde von einer Fallgruppe erfasst. Erforderlich ist vielmehr eine eingehende Begründung, bei der auch die Besonderheiten des jeweiligen Falles berücksichtigt werden müssen.

---

177 Vgl. *Medicus/Lorenz* SchuldR AT Rn. 132; *Flume* BGB AT II § 16 (3 a).
178 Vgl. HK-BGB/*Schulze* § 242 Rn. 9 (zu §§ 307 ff.).
179 Ähnlich *Schapp/Schur*, Einführung in das Bürgerliche Recht, 4. Aufl. 2007, Rn. 487.
180 Zum Zusammenspiel von Wirksamkeits- (§ 138 I) und Ausübungskontrolle (§ 242) vgl. Staudinger/*Looschelders/Olzen*, 2019, § 242 Rn. 366 ff.
181 Vgl. Erman/*Wilhelmi* § 826 Rn. 3; *Larenz/Canaris* Schuldrecht II 2 § 78 II 1 b.

Nach welchen Kriterien die Anwendungsfälle des § 242 zu systematisieren sind, ist umstritten. Die hM orientiert sich an den verschiedenen **Funktionskreisen** (Wirkungsweisen) der Vorschrift und unterscheidet dann weiter nach Fallgruppen.[182] Man gelangt so zu folgender Einteilung:

1. Konkretisierungs- und Ergänzungsfunktion

In seinem originären Anwendungsbereich hat § 242 die Funktion, die Art und Weise der Leistung über die in den §§ 243 ff. geregelten Fragen hinaus zu **konkretisieren** (→ § 4 Rn. 1). Die Konkretisierungsfunktion kann dabei zunächst die **Hauptleistungspflicht** betreffen. Wichtige Beispiele sind die Konkretisierung der Leistungszeit und des Leistungsortes.

16

Größere praktische Bedeutung hat § 242 bei der Konkretisierung der **leistungsbezogenen Nebenpflichten** des Schuldners (→ § 1 Rn. 12). Denn Treu und Glauben gebieten, dass jemand, der eine Leistung verspricht, alles zu tun hat, um den Leistungserfolg zu verwirklichen; andererseits muss er alles unterlassen, was den Erfolg gefährden würde. Da die betreffenden Nebenpflichten weder im Gesetz noch im Vertrag *ausdrücklich* vorgesehen sind, wird insoweit auch von einer **Ergänzungsfunktion** des § 242 gesprochen.[183] Dies darf jedoch nicht darüber hinwegtäuschen, dass das Schuldverhältnis (und nicht etwa Treu und Glauben) Grundlage der leistungsbezogenen Nebenpflichten ist.

17

> **Beispiele:** Nach Abschluss des Vertrages treffen den Schuldner *Obhuts-* und *Erhaltungspflichten* in Bezug auf den Leistungsgegenstand. Der Verkäufer muss die Kaufsache ordentlich verpacken, damit der Käufer sie unbeschädigt nach Hause bringen kann. Bei komplizierten Geräten kann eine *Bedienungsanleitung* oder eine individuelle Einweisung erforderlich sein. Auch sonst müssen dem Gläubiger die notwendigen *Auskünfte* über den Leistungsgegenstand gegeben werden. Den Gläubiger können vielfältige *Mitwirkungspflichten* treffen. So muss der Besteller eines Maßanzugs die vereinbarten Anprobetermine wahrnehmen. Der Klempner ist in die Wohnung zu lassen, damit er die geschuldeten Installationen durchführen kann.

Die nicht leistungsbezogenen Nebenpflichten (**Rücksichts-** oder **Schutzpflichten**) der Parteien sind früher häufig ebenfalls aus Treu und Glauben abgeleitet worden. Bei der Schuldrechtsreform hat der Gesetzgeber diese Pflichten aber dem § 241 II zugeordnet. Die Schutzpflichten beruhen also nicht unmittelbar auf Treu und Glauben, sondern ergeben sich aus dem Schuldverhältnis.[184] Neben der ergänzenden Vertragsauslegung (§§ 133, 157) ist § 242 aber weiter eine wichtige Grundlage für ihre Konkretisierung (→ § 1 Rn. 19 ff.).

18

Erst recht kann § 242 nicht zur **Begründung von Hauptleistungspflichten** herangezogen werden. Dies gilt insbesondere bei fehlendem Vertragsschluss.[185] Eine sog. »Erwirkung« kommt hier also nicht in Betracht.[186] Denkbar ist allerdings, dass der Schuldner sich nach § 242 nicht auf die Unwirksamkeit eines Vertrages berufen kann (→ § 7 Rn. 11).

19

---

182 Vgl. Erman/*Böttcher* § 242 Rn. 61 ff.; Soergel/*Teichmann* § 242 Rn. 58 ff.
183 Vgl. etwa Jauernig/*Mansel* § 242 Rn. 6; Palandt/*Grüneberg* § 242 Rn. 15.
184 Eing. Staudinger/*Looschelders*/*Olzen*, 2019, § 242 Rn. 186 ff.
185 Vgl. BGHZ 95, 393 (399).
186 Staudinger/*Looschelders*/*Olzen*, 2019, § 242 Rn. 191 ff.; aA *Larenz* SchuldR I § 10 IIg.

2. Schrankenfunktion

20 Besonders große Bedeutung hat die Schrankenfunktion des § 242. Während der Einzelne im allgemeinen Rechtsverkehr nur bei Schikane (§ 226) oder Sittenwidrigkeit (§ 826) an der Ausübung eines Rechts gehindert ist, wird die Rechtsausübung im Rahmen von Schuldverhältnissen durch den strengeren Maßstab von Treu und Glauben begrenzt. **Unzulässige Rechtsausübung** liegt vor, wenn der Gläubiger bei der Geltendmachung eines Rechts nicht die gebotene Rücksicht auf die Interessen des Schuldners wahrt. Die Inanspruchnahme des Gläubigers steht zwar in einem gewissen Spannungsverhältnis mit dem Gesetzeswortlaut, der nur vom Schuldner spricht. Das Spannungsverhältnis ist aber dadurch auflösbar, dass die Einschränkung der Rechte des Gläubigers mit einer entsprechenden Modifikation der Pflichten des Schuldners einhergeht. Dieser muss die Leistung *nur so* bewirken, wie Treu und Glauben mit Rücksicht auf die Verkehrssitte es erfordern.[187] Zudem wird das Gebot der Rücksichtnahme in § 241 II betont.[188] Folgende Fallgruppen können in diesem Zusammenhang besonders relevant werden:

a) Fehlendes schutzwürdiges Eigeninteresse

21 § 242 hindert den Gläubiger an der Ausnutzung einer formalen Rechtsposition, wenn damit kein schutzwürdiges Eigeninteresse verfolgt wird. Hierher gehören zunächst die Fälle, in denen die Ausübung des Rechts dem Gläubiger keinen nennenswerten Nutzen bringt, den Schuldner aber erheblich belastet. So ist es dem Gläubiger nach Treu und Glauben verwehrt, eine Leistung zu fordern, die er dem Schuldner aus einem anderen Grund sofort zurückerstatten müsste (»**dolo agit** qui petit quod statim redditurus est«).[189]

> **Beispiel** (BGH DB 1976, 1957): Der A verlangt von seinem Grundstücksnachbarn B nach § 1004 den Abbruch eines Holzhauses, das B unter Nichteinhaltung des vorgeschriebenen Grenzabstands errichtet hat. B macht geltend, er habe einen Anspruch gegen A auf Einwilligung in die Unterschreitung des Grenzabstands. Solange B diesen Anspruch nicht gerichtlich durchgesetzt hat, liegen die formalen Voraussetzungen des § 1004 vor. Da A der Neuerrichtung des Holzhauses zustimmen müsste, handelt er jedoch rechtsmissbräuchlich, wenn er auf dem Abbruch besteht.

b) Unverhältnismäßigkeit

22 Auch wenn dem Berechtigten das Eigeninteresse nicht völlig abgesprochen werden kann, ist er nach Treu und Glauben doch gehalten, dieses Interesse nur mit verhältnismäßigen Mitteln zu verfolgen. Die **Unverhältnismäßigkeit** kann daraus resultieren, dass der für den Gläubiger mit der Rechtsausübung verbundene Nutzen in keiner sinnvollen Relation zu den beim Schuldner eintretenden Nachteilen steht oder dass dem Gläubiger mildere Mittel zur Verfügung stehen, um seine berechtigten Interessen zu wahren.[190]

> **Beispiel** (BGH LM § 242 [Cd] Nr. 118): Die E hat ihre Nichte N durch Erbvertrag (§§ 1941, 2274 ff.) zur Alleinerbin eingesetzt. In dem Vertrag verpflichtete N sich, die E »bis zu deren Lebensende in vollem Umfang zu pflegen und aufzuwarten«. Für den Fall, dass N dieser Ver-

---

187 Vgl. Staudinger/*Looschelders*/*Olzen*, 2019, § 242 Rn. 199.
188 Für generelle Zuordnung der Schrankenfunktion zu § 241 II daher *Harke* SchuldR AT Rn. 134.
189 MüKoBGB/*Schubert* § 242 Rn. 462 ff.; *Wacke* JA 1982, 477 ff.
190 Vgl. MüKoBGB/*Schubert* § 242 Rn. 473 ff.

> pflichtung länger als einen Monat nicht oder nicht ordnungsgemäß nachkäme, behielt die E sich den Rücktritt vom Erbvertrag vor. Etwa ein Jahr später erklärte die E mit notarieller Urkunde den Rücktritt. Sie machte geltend, die N habe sie nicht ordnungsgemäß gepflegt und ihr durchwegs ungenießbares Essen vorgesetzt.
> Der BGH hat die Wirksamkeit des Rücktritts mit der Erwägung verneint, die E hätte nach Treu und Glauben zunächst versuchen müssen, ihre berechtigten Interessen durch eine Abmahnung zu wahren.

Der Gedanke der Unverhältnismäßigkeit kann auch dazu führen, dass der Gläubiger nicht auf dem vereinbarten **Leistungsort** oder der vereinbarten **Leistungszeit** bestehen kann. Hieran ist etwa zu denken, wenn die vereinbarten Modalitäten den Schuldner unzumutbar belasten, während die Verlegung dem Gläubiger ohne Schwierigkeiten möglich ist.

c) Unzumutbarkeit aus persönlichen Gründen

Unzulässige Rechtsausübung liegt auch dann vor, wenn der Gläubiger vom Schuldner eine Leistung verlangt, die diesem **aus persönlichen Gründen** – insbesondere im Hinblick auf seine *Gewissens- oder Glaubensfreiheit* (Art. 4 GG) – **nicht zumutbar** ist.[191] So hat das BAG in mehreren Entscheidungen die Auffassung vertreten, der Arbeitgeber dürfe dem Arbeitnehmer keine Arbeit zuweisen, die den Arbeitnehmer in einen vermeidbaren Gewissenskonflikt bringt.[192] Deutlich wird wieder der Einfluss der Grundrechte.

23

Für **persönliche Leistungspflichten** enthält § 275 III eine Sonderregelung. Der Schuldner kann hiernach die Leistung verweigern, wenn sie ihm unter Abwägung der entgegenstehenden Hindernisse mit dem Leistungsinteresse des Gläubigers nicht zugemutet werden kann. Man spricht hier auch von persönlicher Unmöglichkeit (näher → § 21 Rn. 28).

d) Unredlicher Rechtserwerb und Zugangsvereitelung

Die Ausübung eines Rechts verstößt auch dann gegen Treu und Glauben, wenn der Berechtigte es auf **unredliche Weise** erworben hat.[193] Hierher gehört nach der Rechtsprechung etwa der *evidente Missbrauch der Vertretungsmacht*.

24

> **Beispiel** (nach BGH NJW 1999, 2883): Die 70-jährige Witwe W hat ihrem Hausarzt Dr. D Vollmacht zur Wahrnehmung ihrer gesamten finanziellen Angelegenheiten erteilt. D nimmt bei der Hausbank der W (B) in deren Namen einen Kredit iHv 100.000 EUR auf und verbraucht das Geld zu eigenen Zwecken. B verlangt von W Rückzahlung des Geldes.
> B könnte gegen W einen Anspruch auf Erstattung der 100.000 EUR aus § 488 I 2 haben. Dann müsste zwischen B und W ein wirksamer Darlehensvertrag zustande gekommen sein. Fraglich ist, ob W von D nach § 164 wirksam vertreten worden ist. Mit der Aufnahme des Kredits hat D im Rahmen seiner Vertretungsmacht gehandelt. Da D davon in ersichtlich verdächtiger Weise Gebrauch gemacht hat, verstößt B jedoch gegen Treu und Glauben, wenn sie die Rechte aus dem Vertrag geltend macht.

---

191 Vgl. *Larenz* SchuldR I § 10 IIc; Soergel/*Teichmann* § 242 Rn. 49 ff.; einschr. *Muckel* NJW 2000, 698.
192 BAG NJW 1986, 85; JZ 1990, 139.
193 Vgl. *Neuner* BGB AT § 20 Rn. 84 f.; MüKoBGB/*Schubert* § 242 Rn. 256 ff.

25 Die gleichen Überlegungen gelten für den Fall, dass der Erwerb eines Rechts auf unredliche Weise **vereitelt** wird, etwa indem der Empfänger den (rechtzeitigen) Zugang einer Willenserklärung treuwidrig verhindert.[194]

> **Beispiel** (nach BGHZ 137, 205): V will seinen VW-Campingbus verkaufen. Er erhält ein Angebot des K, das Fahrzeug für 7.000 EUR zu kaufen. Im Angebot heißt es, der K sei an die Bestellung zehn Tage gebunden. Der Vertrag sei abgeschlossen, wenn V die Annahme der Bestellung innerhalb dieser Frist schriftlich bestätige. V erklärt zwei Tage später mit Einschreiben die Annahme des Angebots. Da die Postbotin den K zu Hause nicht antrifft, hinterlässt sie in dessen Briefkasten eine Benachrichtigung und legt das Schreiben bei der Post nieder. K holt die Sendung nicht ab. Nach elf Tagen erhält V den Brief zurück mit dem Vermerk »Empfänger benachrichtigt, da nicht abgefordert nach Ablauf der Lagerfrist zurück«.
> Unternimmt V hierauf einen zweiten (erfolgreichen) Zustellungsversuch, so kann K sich nach Treu und Glauben nicht auf den Fristablauf berufen.

e) Widersprüchliches Verhalten

26 Eine praktisch sehr wichtige Ausprägung der Schrankenfunktion ist das Verbot widersprüchlichen Verhaltens. Der Berechtigte ist danach unter dem Aspekt von Treu und Glauben an der Geltendmachung seines Rechts gehindert, wenn er sich dadurch in Widerspruch zu seinem früheren Verhalten setzen würde (sog. **venire contra factum proprium**). Dies gilt jedenfalls dann, wenn der Berechtigte durch sein früheres Verhalten einen *Vertrauenstatbestand* geschaffen hat, auf den sich der andere Teil verlassen durfte.[195]

27 Das treuwidrige Verhalten kann auch in der Einnahme eines **Rechtsstandpunkts** liegen, der mit dem eigenen früheren Verhalten in unlösbarem Widerspruch steht. Hier soll es ausnahmsweise nicht darauf ankommen, ob durch das frühere Verhalten ein schutzwürdiges Vertrauen der anderen Seite begründet worden ist.[196] Nach dem Grundgedanken des venire contra factum proprium ist der Verzicht auf das Vertrauenserfordernis nicht unbedenklich.[197] Er lässt sich aber rechtfertigen, wenn die Position der Gegenpartei im Einzelfall aufgrund anderer schwerwiegender Umstände besonders schutzwürdig erscheint.[198]

> **Beispiel** (BAG NJW 1998, 1659): Der aufgebrachte Arbeitnehmer A erklärt seinem Arbeitgeber B mündlich, dass er das Arbeitsverhältnis fristlos kündige. Auf Vorhaltung des B, A müsse auch an seine Familie denken, bestätigt A wiederum mündlich, dass seine Entscheidung feststehe. Später macht A geltend, die Kündigung sei unwirksam, weil die vereinbarte Schriftform nicht eingehalten sei.
> Nach Ansicht des BAG hat A durch sein Verhalten den Eindruck erweckt, dass er auf die Schriftform verzichte. Hierzu setze er sich in Widerspruch, wenn er sich im Nachhinein auf das Formerfordernis berufe. Ob diese Argumentation mit dem Schutzweck der Schriftform (Übereilungsschutz) vereinbar ist, erscheint allerdings zweifelhaft. In Bezug auf das später eingeführte gesetzliche Schriftformerfordernis für die Kündigung von Arbeitsverhältnissen (§ 623) hat das BAG daher zu Recht betont, dass die Berufung auf die Formunwirksamkeit nur ausnahmsweise gegen Treu und Glauben verstoßen kann.[199] Eine einmalige spontane

---

194 Eing. dazu *Franzen* JuS 1999, 429 ff.; *Looschelders,* Versicherungsrecht, 1998, 1198 ff.
195 Vgl. BGHZ 32, 273 (279); BGH NJW 1992, 834; Erman/*Böttcher* § 242 Rn. 106.
196 BGHZ 130, 371 (375); MüKoBGB/*Schubert* § 242 Rn. 353 ff.
197 Krit. *Martinek* JZ 1996, 470 ff.; *Singer* NZA 1998, 1309 (1311 f.).
198 Staudinger/*Looschelders/Olzen,* 2019, § 242 Rn. 296 ff.
199 So etwa BAG NJW 2005, 844; vgl. auch Staudinger/*Oetker,* 2011, § 623 Rn. 117.

mündliche Erklärung kann jedenfalls dann nicht ausreichen, wenn sie im Zuge eines emotional geführten Streits erfolgt. Im vorliegenden Fall lässt sich der Rückgriff auf § 242 daher allenfalls damit rechtfertigen, dass A die Kündigung auf Vorhaltung des B eindeutig bestätigt hat.

f) Verwirkung

Ein Sonderfall der Beschränkung von Rechten wegen widersprüchlichen Verhaltens ist die **Verwirkung**.[200] Voraussetzung ist, dass der Berechtigte sein Recht für längere Zeit nicht ausgeübt hat (Zeitmoment) und dass besondere Umstände vorliegen, welche die Geltendmachung nach so langer Zeit treuwidrig erscheinen lassen (Umstandsmoment). Auch hier geht es um den Schutz berechtigten *Vertrauens*. Die Geltendmachung des Rechts verstößt gegen Treu und Glauben, wenn der andere Teil darauf vertraut hat und vertrauen durfte, dass das Recht nicht mehr geltend gemacht wird.[201]

28

> **Beispiel:** Mieter M hat den Vermieter V im Streit so schwer beleidigt, dass eine sofortige fristlose Kündigung nach § 543 I, III Nr. 2 gerechtfertigt wäre. V entschließt sich jedoch erst sechs Monate später dazu, die Kündigung auszusprechen.
> Der Gesetzgeber hat in § 543 bewusst auf eine Regelung verzichtet, wonach die Kündigung innerhalb einer bestimmten Zeit ab Kenntnis des Kündigungsgrundes erfolgen muss.[202] Bleibt der Vermieter in Kenntnis des Kündigungsgrundes mehrere Monate lang untätig, so ist das Kündigungsrecht aber nach § 242 verwirkt.[203] Gesetzliche Ausprägungen dieses Gedankens finden sich in § 314 III (→ § 39 Rn. 14) und § 626 II.

Das Institut der Verwirkung ist **restriktiv** anzuwenden. Dies gilt insbesondere bei verjährbaren Ansprüchen (§ 194 I). Denn grundsätzlich muss es dem Berechtigten freistehen, die *Verjährungsfrist* voll auszuschöpfen.

29

3. Kontroll- und Korrekturfunktion

Eine weitere wichtige Funktion des § 242 besteht traditionell darin, dem Richter eine inhaltliche **Kontrolle** oder **Korrektur** von Verträgen zu ermöglichen.[204] Die einschlägigen Fallgruppen sind aber inzwischen weitgehend durch *besondere Vorschriften* geregelt. Dies gilt für die inhaltliche Kontrolle von AGB nach den §§ 307 ff. (→ § 16 Rn. 1 ff.), die Anpassung oder Kündigung von Verträgen bei Störung der Geschäftsgrundlage nach § 313 (→ § 37 Rn. 1 ff.) sowie das Kündigungsrecht bei Dauerschuldverhältnissen nach § 314 (→ § 39 Rn. 3 ff.).

30

> **Literatur:** *Auer,* Materialisierung, Flexibilisierung, Richterfreiheit: Generalklauseln im Spiegel der Antinomien des Privatrechtsdenkens, 2005; *Dette,* Venire contra factum proprium nulli conceditur, 1985; *Franzen,* Zugang und Zugangshindernisse bei eingeschriebenen Briefen, JuS 1999, 429; *Gernhuber,* § 242 BGB – Funktionen und Tatbestände, JuS 1983, 764 ff.; *Kamanabrou,* Die Interpretation zivilrechtlicher Generalklauseln, AcP 202 (2002), 662; *Looschelders,* Das Wirksamwerden empfangsbedürftiger Willenserklärungen bei Übermittlung per Einschreiben, VersR 1998, 1198; *Muckel,* Die Grenzen der Gewissensfreiheit, NJW 2000, 689; *Ohly,* Generalklausel und Richterrecht, AcP 201 (2001), 1; *Pawlowski,* Verfassungsrechtliche Vorgaben für die Auslegung des § 242 BGB?, JZ 2002, 627; *Singer,* Das Verbot widersprüchlichen Verhaltens, 1993; *Singer,* Wann ist widersprüchliches Ver-

---

200 *Brox/Walker* SchuldR AT § 7 Rn. 17; MüKoBGB/*Schubert* § 242 Rn. 369 ff.
201 *Brox/Walker* BGB AT § 32 Rn. 9.
202 NK-BGB/*Klein-Blenkers* § 543 Rn. 87.
203 *Brox/Walker* SchuldR AT § 7 Rn. 17; Palandt/*Weidenkaff* § 543 Rn. 45.
204 Vgl. Palandt/*Grüneberg* § 242 Rn. 16.

halten verboten?, NZA 1998, 1309; *Teubner,* An den Grenzen des Rechts: Die Paradoxie des Rechtsmissbrauchs, JZ 2020, 373; *Teichmann,* Nebenpflichten aus Treu und Glauben, JA 1984, 545 (709); *Teichmann,* Venire contra factum proprium – Ein Teilaspekt widersprüchlichen Handelns, JA 1985, 497; *Wacke,* Dolo facit, qui petit quod (statim) redditurus est, JA 1982, 477; *Weber,* Entwicklung und Ausdehnung des § 242 BGB zum »königlichen Paragraphen«, JuS 1992, 631; *Weber,* Einige Gedanken zur Konkretisierung von Generalklauseln durch Fallgruppen, AcP 192 (1992), 516; *Wieacker,* Zur rechtstheoretischen Präzisierung des § 242 BGB, 1956; *Wiedemann,* Richterliche Rechtsfortbildung, NJW 2014, 2407; *Wieling,* Venire contra factum proprium und Verschulden gegen sich selbst, AcP 176 (1976), 334; *Zimmermann/Whittaker,* Good Faith in European Contract Law, Cambridge 2000.

2. Teil. Die Entstehung von Schuldverhältnissen

Nach der Konzeption des historischen BGB-Gesetzgebers sind zwei Entstehungsgründe von Schuldverhältnissen zu unterscheiden: das **Rechtsgeschäft**, namentlich der Vertrag, und das **Gesetz**. In neuerer Zeit hat zudem eine »Zwischenkategorie« immer größere Bedeutung erlangt: das Schuldverhältnis aus **Vertragsverhandlungen** oder sonstigem geschäftlichen Kontakt. Nach hM handelt es sich um ein *gesetzliches* Schuldverhältnis.[1] Die Haftung unterliegt aber nicht deliktsrechtlichen Grundsätzen, sondern den Regeln über Pflichtverletzungen im Rahmen von Sonderverbindungen. Eine gewisse Nähe zu den rechtsgeschäftlichen Schuldverhältnissen ergibt sich außerdem daraus, dass die Aufnahme der Vertragsverhandlungen bzw. des geschäftlichen Kontakts auf privatautonomen Entscheidungen der Beteiligten beruht.[2] Die amtliche Überschrift des § 311 spricht daher von *rechtsgeschäftsähnlichen* Schuldverhältnissen.

§ 5 Begründung durch Rechtsgeschäft (insbesondere Vertrag)

I. Allgemeines

Nach § 311 I ist zur rechtsgeschäftlichen Begründung von Schuldverhältnissen grundsätzlich ein **Vertrag** erforderlich. Da ein Schuldverhältnis eine rechtliche Sonderverbindung zwischen (mindestens) zwei Personen darstellt (→ § 1 Rn. 2), muss eine einseitige Begründung mit Rücksicht auf die Vertragsfreiheit des anderen Teils regelmäßig ausscheiden. Ausnahmen können zwar vom Gesetz vorgesehen werden, sind aber selten.

Wichtigstes Beispiel für die Begründung eines Schuldverhältnisses durch **einseitiges Rechtsgeschäft** ist die in § 657 geregelte Auslobung (→ SchuldR BT § 38 Rn. 1ff.). Hier genügt das öffentlich bekannt gemachte Versprechen, für die Vornahme einer Handlung eine Belohnung zu entrichten, um eine Verpflichtung des Auslobenden zu begründen. Der Anspruch auf die Belohnung entsteht durch die bloße Vornahme der Handlung.[3] Da eine (konkludente) Annahme des Versprechens nicht erforderlich ist, kommt es nicht darauf an, ob der Handelnde die Auslobung zur Kenntnis genommen hat. Um den Handelnden vor »aufgedrängten« Vorteilen zu schützen, muss ihm freilich ein Zurückweisungsrecht nach § 333 analog zugebilligt werden.[4]

> **Beispiel:** In einer Zeitungsanzeige hat A eine Belohnung von 500 EUR für die Wiederbeschaffung des Papageien »Hansi« versprochen, der seiner vierjährigen Tochter T entflogen ist. Der fünfjährige Nachbarssohn S findet das Tier. Er weiß zwar nichts von der Anzeige, erkennt aber »Hansi« und bringt ihn der T zurück. S steht damit ein Anspruch auf Zahlung der 500 EUR aus § 657 zu. A kann dem weder die Minderjährigkeit des S noch dessen fehlende Kenntnis der Auslobung entgegenhalten. Sind die Eltern des S der Ansicht, solche »nachbarschaftlichen Gefälligkeiten« dürfe man sich nicht in Geld vergüten lassen, so können sie den Anspruch aber nach § 333 analog zurückweisen.

---

1 Vgl. *Larenz* SchuldR I § 9; *Medicus/Lorenz* SchuldR AT Rn. 527.
2 Vgl. *Pawlowski* BGB AT Rn. 468.
3 MüKoBGB/*Schäfer* § 657 Rn. 32.
4 *Medicus/Lorenz* SchuldR AT Rn. 56.

4 Für das Zustandekommen von Schuldverträgen gelten die **allgemeinen Regeln** über den Vertragsschluss (§§ 145 ff.). Erforderlich sind also zwei korrespondierende Willenserklärungen: Angebot und Annahme.

Nachfolgend werden nur die Fragen behandelt, die bei **Schuldverträgen** besondere Bedeutung haben. Im Übrigen muss auf die Lehrbücher zum Allgemeinen Teil des BGB verwiesen werden.

II. Schuldvertrag und Gefälligkeitsverhältnis

1. Abgrenzung

5 Von den Schuldverträgen zu unterscheiden sind Abmachungen, die sich auf der rein gesellschaftlichen Ebene bewegen. Durch solche Abmachungen entstehen keine Schuldverhältnisse, sondern nur **Gefälligkeitsverhältnisse**.

> **Beispiele:** Keine Schuldverhältnisse begründen *Abmachungen im gesellschaftlichen Verkehr* (zB Einladung zum Abendessen oder zur Grillparty) und die *Gefälligkeiten des täglichen Lebens* (zB Pflege von Blumen des Nachbarn während des Urlaubs). Bilden mehrere Arbeitskollegen für den Weg zur Arbeitsstätte eine Fahrgemeinschaft mit Kostenteilung, so ist von einem Schuldverhältnis (BGB-Gesellschaft nach §§ 705 ff.) auszugehen.[5] Bringt ein Arbeitnehmer seinen erkrankten Kollegen in einer Arbeitspause nach Hause, so liegt dagegen eine bloße Gefälligkeit vor.[6] Werden minderjährige Mitglieder eines Amateursportvereins von ihren Familienangehörigen oder Angehörigen anderer Vereinsmitglieder zu Sportveranstaltungen gefahren, so handelt es sich grundsätzlich ebenfalls um eine reine Gefälligkeit im außerrechtlichen Bereich. Dies gilt auch im Verhältnis zu dem Sportverein. Den Fahrern steht daher in solchen Fällen kein Anspruch gegen den Verein auf Aufwendungsersatz (§ 670) unter dem Aspekt des Auftrags (§ 662) oder der Geschäftsführung ohne Auftrag (§§ 677, 683 S. 1) zu.[7]

6 Die Abgrenzung von Gefälligkeits- und Schuldverhältnissen kann im Einzelfall Schwierigkeiten bereiten. Es muss dann durch Auslegung festgestellt werden, ob die Parteien mit **Rechtsbindungswillen** gehandelt haben.[8] Fehlt der Rechtsbindungswille, so liegen keine Willenserklärungen vor.[9] Ein Vertrag kommt damit nicht in Betracht.

7 Bei der Auslegung ist in erster Linie auf den **tatsächlichen Willen** der Parteien abzustellen. Dieser ist jedoch häufig nicht (sicher) feststellbar. Es bleibt dann nichts anderes übrig, als nach *objektiven* Kriterien unter Berücksichtigung der jeweiligen Interessenlage auf den **mutmaßlichen Willen** der Parteien zu schließen.[10] Besondere Bedeutung haben dabei die Art des Geschäfts, seine wirtschaftliche und rechtliche Bedeutung sowie die Risiken, die mit der Übernahme einer rechtsgeschäftlichen Bindung verbunden sind. Die Unentgeltlichkeit als solche ermöglicht dagegen noch keinen Schluss auf das Fehlen des Rechtsbindungswillens. Denn es gibt einige gesetzlich geregelte Schuldverhältnisse (zB Schenkung, Leihe, Auftrag), die durch die Unentgeltlichkeit des Handelns gekennzeichnet sind.[11]

---

5 Vgl. *Hirte/Hebe* JuS 2002, 241 (244).
6 Vgl. BGH MDR 1992, 555; *Brox/Walker* SchuldR AT § 2 Rn. 28.
7 BGH NJW 2015, 2880 mAnm *Singbartl/Zintl* = JuS 2016, 70 *(Mäsch)*. Bei dem Aufwendungsersatz geht es nicht nur um die reinen Fahrtkosten, sondern auch um mögliche Unfallschäden (Beschädigung des Pkw, Körperschaden des Angehörigen), die ebenfalls nach § 670 ersatzfähig wären (→ § 14 Rn. 2).
8 BGH NJW 1992, 498; 2015, 2880.
9 Zur Bedeutung des Rechtsbindungswillens *Medicus/Petersen* BGB AT Rn. 191.
10 Vgl. BGHZ 21, 102 (107); BGH NJW 1974, 1705.
11 *Brox/Walker* SchuldR AT § 2 Rn. 29.

Beispiel (BGH NJW 1974, 1705): Die Arbeitskollegen A, B, C und D haben eine Lotto-Spielgemeinschaft verabredet. Dabei soll A wöchentlich von jedem Teilnehmer 5 EUR einziehen und das Geld auf eine bestimmte Zahlenkombination setzen. Vor einer Ausspielung versäumt A es, den Lottozettel mit der verabredeten Zahlenkombination auszufüllen. Dadurch entgeht der Lotto-Gemeinschaft ein Gewinn iHv 5.275 EUR. B, C und D verlangen von A Schadensersatz. Zu Recht?

In Betracht kommt ein Schadensersatzanspruch aus § 280 I. Voraussetzung ist das Vorliegen eines Schuldverhältnisses. Der BGH hat dies mit der Erwägung verneint, es sei davon auszugehen, dass A in Anbetracht des hohen Haftungsrisikos keine rechtsgeschäftliche Verpflichtung eingehen wollte.

2. Rechtspflichten im Rahmen von Gefälligkeitsverhältnissen

a) Das Fehlen von Leistungspflichten

Gefälligkeitsverhältnisse sind keine Schuldverhältnisse mit **Leistungspflichten** nach § 241 I; den Beteiligten können daher auch keine Schadensersatzansprüche wegen Verletzung einer Leistungspflicht zustehen.

8

Beispiel: A hat seinen Arbeitskollegen B zum Abendessen eingeladen. Als B zum vereinbarten Zeitpunkt an der Haustür des A klingelt, ist dieser nicht anwesend, weil er den Termin vergessen hat. Da B nicht eingekauft hat, muss er in einem Restaurant zu Abend essen.
Durch die Einladung ist kein Schuldverhältnis mit Leistungspflichten des A begründet worden. B kann die Kosten für das Abendessen daher nicht als Schadensersatz statt der Leistung (§§ 280 I, III, 283) geltend machen.

b) Schutzpflichten

In der Literatur wird die Auffassung vertreten, dass es »Gefälligkeitsverhältnisse mit rechtsgeschäftlichem Charakter« gebe, die zwischen reinen Gefälligkeitsverhältnissen und echten Rechtsgeschäften stehen und keine Leistungspflichten, wohl aber **Schutzpflichten** (§ 241 II) begründen.[12] Aus dogmatischer Sicht ist zu beachten, dass die Kategorie der »Gefälligkeiten mit Schutzpflichten«[13] nicht losgelöst von der gesetzlichen Regelung betrachtet werden darf. Nach § 280 I iVm § 241 II setzt ein Schadensersatzanspruch wegen Schutzpflichtverletzung das Bestehen eines **Schuldverhältnisses** zwischen den Beteiligten voraus. Gemäß § 311 II muss für Schuldverhältnisse mit Pflichten nach § 241 II zwar nicht notwendig ein Vertrag vorliegen; erforderlich ist aber zumindest ein (rechts-)*geschäftlicher* Kontakt (§ 311 II Nr. 3).[14] Musterbeispiel ist die unentgeltliche Erteilung einer Bankauskunft an einen Nichtkunden (→ § 8 Rn. 7). Vor der Schuldrechtsreform wurde eine Haftung nach vertraglichen Grundsätzen teilweise schon in Fällen eines gesteigerten »*sozialen Kontaktes*« für denkbar erachtet.[15] Mit dem geltenden Recht ist diese Auffassung indes nicht vereinbar. Rein soziale Kontakte können daher keine Haftung nach vertragsrechtlichen Grundsätzen begründen. Soweit die Voraussetzungen des § 311 II, III nicht vorliegen, richtet sich die Haftung bei Gefälligkeitsverhältnissen damit allein nach den Vorschriften des Deliktsrechts (§§ 823 ff.).[16]

9

---

[12] So *Fikentscher/Heinemann* SchuldR Rn. 29; *Medicus/Petersen* BürgerlR Rn. 368; *Canaris* JZ 2001, 499 (520).
[13] Vgl. *Spallino*, Haftungsmaßstab bei Gefälligkeit, 2016, 10.
[14] Vgl. Staudinger/*Feldmann*, 2018, § 311 Rn. 114; BeckOK BGB/*Sutschet*, 54. Ed. 1.5.2020, § 241 Rn. 23; Jauernig/*Mansel* § 241 Rn. 25 f.; *Fikentscher/Heinemann* SchuldR Rn. 87.
[15] So etwa *Esser/Schmidt* SchuldR AT 1 § 10 I 2.
[16] So auch Staudinger/*Feldmann*, 2018, § 311 Rn. 117; *Neuner* BGB AT § 28 Rn. 21.

Beispiel: Im Einladungs-Fall (→ § 5 Rn. 8) möchte B wenigstens Ersatz der Kosten, die ihm durch die nutzlose Fahrt zu A entstanden sind. Zu prüfen ist zunächst ein Schadensersatzanspruch aus §§ 280 I, 311 II, 241 II. Dafür müsste ein Schuldverhältnis zwischen A und B vorliegen. In Betracht kommt allenfalls ein Schuldverhältnis iSd § 311 II Nr. 3. Ein Schuldverhältnis mit Pflichten nach § 241 II entsteht danach auch durch ähnliche *geschäftliche* Kontakte. Die Einladung eines Kollegen zu einem Abendessen betrifft indes allein die gesellschaftliche Sphäre. Rein soziale Kontakte reichen nach dem klaren Wortlaut des § 311 II Nr. 3 nicht aus. B könnte daher nur unter den Voraussetzungen des § 826 den Ersatz der Kosten für die nutzlose Fahrt verlangen. Da A bloß fahrlässig gehandelt hat, liegt eine vorsätzliche sittenwidrige Schädigung indes ebenfalls nicht vor. Daher scheidet auch ein Schadensersatzanspruch aus § 826 aus.

10 Das vorstehende Beispiel zeigt, dass **Vermögensschäden** im Rahmen von Gefälligkeitsverhältnissen nur unter strengen Voraussetzungen ersatzfähig sind. Dies dürfte im Regelfall auch den Erwartungen der Beteiligten entsprechen. Bei einer Verletzung von **Rechtsgütern** und **absoluten Rechten** gewährleistet § 823 I dagegen einen wesentlich besseren Schutz. Die damit verbundene Differenzierung erscheint bei Gefälligkeitsverhältnissen grundsätzlich sachgerecht.

c) Haftungsmilderungen im Deliktsrecht

11 Ein Teil der Literatur geht allerdings davon aus, dass die **deliktische Haftung** nach § 823 I im Rahmen von Gefälligkeitsverhältnissen nach dem Rechtsgedanken der §§ 521, 599, 690 zu **mildern** sei. Zur Begründung wird geltend gemacht, die in § 823 I vorgesehene Haftung für **jede** (also auch leichte) **Fahrlässigkeit** passe nicht für Gefälligkeiten des täglichen Lebens.[17] Die Rechtsprechung wendet die §§ 521, 599 und 690 bei Vorliegen eines entsprechenden Schuldverhältnisses (Schenkung, Leihe, Verwahrung) auch auf den deliktsrechtlichen Anspruch an.[18] Die entsprechende Anwendung der Privilegierungen auf deliktische Ansprüche im Rahmen bloßer Gefälligkeitsverhältnisse wird aber abgelehnt. Dabei wird darauf verwiesen, dass auch beim **Auftrag** trotz Unentgeltlichkeit keine generelle Haftungserleichterung gelte. In Betracht komme allenfalls die Annahme eines stillschweigend vereinbarten Ausschlusses der Haftung für leichte Fahrlässigkeit im Wege ergänzender Vertragsauslegung.[19]

12 Gegen die Rechtsprechung wird in der Literatur zu Recht eingewandt, die Annahme einer stillschweigend vereinbarten Haftungsmilderung beruhe meistens auf einer bloßen **Fiktion**.[20] Der BGH räumt selbst ein, dass es sich um »eine künstliche Rechtskonstruktion aufgrund einer Willensfiktion« handelt. Er zieht hieraus aber lediglich den Schluss, dass eine Haftungsbeschränkung nur ausnahmsweise aufgrund besonderer Umstände angenommen werden kann.[21] Für den Ansatz der Rechtsprechung spricht, dass eine am mutmaßlichen Willen und an den Interessen der Beteiligten orientierte Auslegung flexiblere Lösungen ermöglicht als die Übertragung der §§ 521, 599, 690 auf alle Gefälligkeitsverhältnisse. So wäre die generelle Annahme einer Haftungserleichterung für viele Fälle nicht interessengerecht. Besonders deutlich wird dies bei

---

17 So etwa Erman/*Wilhelmi* Vor § 823 Rn. 28; *Medicus/Petersen* BürgerlR Rn. 369; ausf. zum Meinungsstand *Spallino*, Haftungsmaßstab bei Gefälligkeit, 2016, 32 ff.
18 Vgl. BGHZ 93, 23 (27 ff.); BGH NJW 1992, 2474 (2475). Näher dazu → SchuldR BT § 18 Rn. 12 und § 26 Rn. 3.
19 Vgl. BGHZ 21, 102 (110); BGH NJW 1979, 414; VersR 1980, 384; NJW-RR 2017, 272 (273 f.).
20 *Medicus/Petersen* BürgerlR Rn. 369.
21 BGH NJW-RR 2017, 272 (273).

Gefälligkeitsfahrten im Straßenverkehr, bei denen das Vorliegen oder Fehlen von Versicherungsschutz berücksichtigt werden kann.

> **Beispiel:** Der H hat den Anhalter A aus Gefälligkeit in seinem Pkw mitgenommen. Infolge leichter Fahrlässigkeit verursacht H einen Unfall, bei dem A erheblich verletzt wird. A verlangt von H Schadensersatz und Schmerzensgeld (§ 823 I, II iVm § 229 StGB, §§ 7, 18 StVG, § 253 II).
> Bejaht man die Haftung des H, so muss letztlich allein dessen Kfz-Haftpflichtversicherung für die Schäden des A aufkommen. Vor diesem Hintergrund liegt die Annahme einer stillschweigenden Haftungsbeschränkung fern. Denn es entspricht im Regelfall nicht dem mutmaßlichen Willen der Beteiligten, den Haftpflichtversicherer des Schädigers zu entlasten.[22] Eine andere Interessenlage besteht, wenn ausnahmsweise kein Versicherungsschutz eingreift, was etwa bei Verkehrsunfällen im Ausland relevant werden kann (vgl. die Beispiele → § 23 Rn. 16). Hier kommt daher eine stillschweigende Haftungsbeschränkung in Betracht.

Auch außerhalb des Straßenverkehrs ist es nicht angemessen, die Haftung des »Gefälligen« generell auf Vorsatz und grobe Fahrlässigkeit zu beschränken. Soweit es um die durch § 823 I geschützten Rechtsgüter und Rechte geht, muss der andere Teil bei Fehlen abweichender Vereinbarungen im Regelfall darauf **vertrauen** können, dass der »Gefällige« die im Verkehr erforderliche Sorgfalt einhält. Dies gilt jedenfalls dann, wenn das Schuldverhältnis bei Annahme eines Rechtsbindungswillens als Auftrag zu qualifzieren wäre. Die **persönliche Verbundenheit** zwischen den Beteiligten rechtfertigt für sich genommen ebenfalls keine Einschränkung der Haftung.[23] Gesetzliche Privilegierungen bestehen insoweit nur im Verhältnis zwischen Gesellschaftern (§ 708) und Ehegatten (§ 1359) sowie bei der Haftung der Eltern gegenüber ihren Kindern (§ 1664). Der BGH orientiert sich an drei Kriterien. Erforderlich ist, dass (1.) der Schädiger **keinen Haftpflichtversicherungsschutz** genießt, (2.) für ihn ein **nicht hinzunehmendes Haftungsrisiko** bestünde und (3.) darüber hinaus **besondere Umstände** vorliegen, die im konkreten Fall einen Haftungsverzicht besonders naheliegend erscheinen lassen.[24]

13

> **Beispiel** (BGH NJW-RR 2017, 272): Während eines Kurzurlaubs des Hauseigentümers E übernimmt dessen Nachbar N aus Gefälligkeit, das Haus zu versorgen und den Garten zu bewässern. Nachdem N den Garten des E mit einem an der Außenzapfstelle des Hauses montierten Wasserschlauch bewässert hatte, drehte er die am Schlauch befindliche Spritze zu, vergaß aber infolge von Fahrlässigkeit, die Wasserzufuhr zum Schlauch abzustellen. In der folgenden Nacht löste sich der weiter unter Wasserdruck stehende Schlauch aus der Spritze. Das austretende Leitungswasser lief in das Gebäude des E und beschädigte das Untergeschoss. Muss N den Schaden iHv 12.000 EUR ersetzen?
> Zu prüfen ist zunächst ein Schadensersatzanspruch des E gegen N aus § 280 I. Da ein reines Gefälligkeitsverhältnis unter Nachbarn vorliegt, fehlt es jedoch schon an einem Schuldverhältnis. E könnte gegen N aber einen Anspruch auf Schadensersatz aus § 823 I haben. N hat durch sein verkehrspflichtwidriges Verhalten – Nichtabstellen der Wasserzufuhr – das Eigentum des E an dem Gebäude verletzt. Problematisch ist aber das Verschulden. Falls N nur einfache Fahrlässigkeit zur Last fällt, könnte eine Haftungsmilderung eingreifen. Eine gesetzliche Haftungsprivilegierung besteht im Verhältnis von N und E allerdings nicht. Eine analoge Anwen-

---

22 Vgl. BGH NJW 1966, 41; 1993, 3067 (3068); NJW-RR 2017, 272 (273f.); *Hirte/Heber* JuS 2002, 241 (244).
23 Vgl. BGH NJW 2009, 1482 (1483); NJW-RR 2017, 272 (274); *Spallino*, Haftungsmaßstab bei Gefälligkeit, 2016, 317ff.
24 BGH NJW 2009, 1482 (1483); NJW-RR 2017, 272 (274).

dung der §§ 521, 599, 690 kommt nach der Interessenlage ebenfalls nicht in Betracht. Zu prüfen bleibt aber, ob N und E die Haftung nach den Umständen des Einzelfalls konkludent auf Vorsatz und grobe Fahrlässigkeit beschränkt haben. Der BGH hat darauf abgestellt, dass N für Schäden bei Gefälligkeitshandlungen privat haftpflichtversichert war. Im Regelfall entspreche es nicht den Interessen der Parteien, die Haftpflichtversicherung des Schädigers durch die Vereinbarung einer Haftungsbeschränkung zu entlasten. Außerdem sei N keinem unzumutbarem Haftungsrisiko ausgesetzt. Der BGH hat daher die Haftung des N nach § 823 I bejaht.

14 Auf der anderen Seite gibt es allerdings Gefälligkeitsverhältnisse, die der Schenkung, der Leihe oder der unentgeltlichen Verwahrung wertungsmäßig so nahe stehen, dass eine **analoge Anwendung** von § 521, § 599 oder § 690 auf den deliktischen Anspruch gerechtfertigt erscheint. Das Problem lässt sich am Beispiel der unentgeltlichen Überlassung eines Reitpferds verdeutlichen. Wirft das Pferd den Reiter ab, so hängt die Haftung des Tierhalters aus § 833 S. 1 nach der Rechtsprechung davon ab, ob eine Leihe oder eine bloße Gefälligkeit vorliegt.[25] Denn bei Annahme einer Leihe haftet der Halter des Pferdes gem. § 599 auch im Rahmen des § 833 S. 1 nur für Vorsatz und grobe Fahrlässigkeit.[26] Diese Differenzierung kann jedoch nicht überzeugen.[27] § 599 soll denjenigen privilegieren, der einem anderen **unentgeltlich** eine Sache überlässt. Die am **Rechtsbindungswillen** orientierte Unterscheidung von Leihe und Gefälligkeitsverhältnis ist daher nach der Ratio der Vorschrift unerheblich.[28]

III. Rechtliche Folgen der Erbringung unbestellter Leistungen

1. Normzweck und systematische Stellung des § 241a

15 In den Zusammenhang mit dem Vertragsschluss gehört auch die Regelung des § 241a I, wonach durch die Lieferung beweglicher Sachen (Waren) oder die Erbringung sonstiger Leistungen durch einen Unternehmer (§ 14) an einen Verbraucher (§ 13) kein Anspruch gegen den Verbraucher begründet wird, wenn dieser die Waren oder sonstigen Leistungen **nicht bestellt** hat. Die Vorschrift wurde bei der Umsetzung der Fernabsatz-RL in das BGB eingefügt und bei der Umsetzung der Verbraucherrechte-RL mit Wirkung v. 13.6.2014 neu gefasst. Das Ziel der Vorschrift besteht darin, den Verbraucher davor zu schützen, dass der Unternehmer ihn durch die Erbringung unbestellter Leistungen unter Druck setzt, diese zu bezahlen.[29] Nach den einschlägigen Richtlinien ist der Verbraucher bei der Lieferung unbestellter Waren und der Erbringung sonstiger unbestellter Leistungen von der Pflicht zur **Gegenleistung** befreit; das Ausbleiben einer Antwort kann in diesen Fällen nicht als Annahme gewertet werden (vgl. Art. 27 Verbraucherrechte-RL). Der deutsche Gesetzgeber ist über diese Vorgabe insofern hinausgegangen, als der Verbraucher in den fraglichen Fällen von *sämtlichen Ansprüchen* des Unternehmers freigestellt wird. Dahinter steht die Erwägung, den Unternehmer von aufdringlichen Vertriebsformen abzuschrecken.[30] Entsprechend dem

---

25 So BGH NJW 1992, 2474 (2475f.); vgl. auch BGH NJW 2010, 3087 Rn. 14.
26 BGH NJW 1992, 2474 (2475).
27 Krit. auch *Spallino*, Haftungsmaßstab bei Gefälligkeit, 2016, 42.
28 So auch *Neuner* BGB AT § 28 Rn. 26. Die Gleichbehandlung von Leihe und Gebrauchsüberlassung aus Gefälligkeit lässt sich freilich auch dadurch verwirklichen, dass man die Privilegierung nach § 599 auch bei der Leihe nicht auf den deliktischen Anspruch durchschlagen lässt (so zB Jauernig/*Mansel* § 599 Rn. 2).
29 Zum Normzweck des § 241a MüKoBGB/*Finkenauer* § 241a Rn. 3; *Köhler* JuS 2014, 865.
30 Vgl. MüKoBGB/*Finkenauer* § 241a Rn. 3.

Schutzzweck kann § 241a nicht zum Nachteil des Verbrauchers abbedungen werden (vgl. § 241a III).

> **Zur Vertiefung:** Die amtliche Anmerkung zu § 241a weist darauf hin, dass die Vorschrift der Umsetzung von Art. 9 Fernabsatz-RL dient. Das ist jedoch für die Neufassung nicht mehr zutreffend. Maßgeblich sind nunmehr Art. 25 und 27 Verbraucherrechte-RL, was bei der richtlinienkonformen Auslegung des § 241a relevant werden kann.[31]

Die **systematische Einordnung** des § 241a zwischen den zentralen Vorschriften des § 241 und des § 242 wird in der Literatur heftig kritisiert.[32] Sie erklärt sich aber daraus, dass der Gesetzgeber auch *außervertragliche* Ansprüche (insbesondere aus §§ 812, 823) ausschließen wollte.

16

2. Voraussetzungen

§ 241a gilt nur im Verhältnis zwischen Verbrauchern (§ 13) und Unternehmern (§ 14). Voraussetzung ist eine **unbestellte** Lieferung oder Leistung an den Verbraucher. Gegenstand der Lieferung sind Waren. Nach der **Legaldefinition** des § 241a I handelt es sich dabei um **bewegliche Sachen,** die nicht aufgrund von Zwangsvollstreckungsmaßnahmen oder anderen gerichtlichen Maßnahmen verkauft werden. Die Einschränkung für Zwangsvollstreckungsmaßnahmen und andere gerichtliche Maßnahmen beruht auf der Definition der »Waren« in Art. 2 Nr. 3 Verbraucherrechte-RL. Die Aufnahme dieser Einschränkung in die Legaldefinition des § 241a I ist aber nicht glücklich, da der Begriff der Waren als solcher nicht davon abhängen kann, in welchem Kontext der Verkauf erfolgt.[33] Bei Art. 2 Nr. 3 Verbraucherrechte-RL geht es auch nur darum, die betreffenden Maßnahmen vom Anwendungsbereich der Richtlinie auszunehmen.

17

Nach Art. 2 Nr. 3 Verbraucherrechte-RL umfasst der Begriff der Waren auch **Wasser, Gas** und **Strom,** wenn sie in einem begrenzten Volumen oder in einer bestimmten Menge zum Verkauf angeboten werden. Nach dem Verständnis des deutschen Rechts wird Strom dagegen nicht vom Begriff der Sache nach § 90 erfasst, weil es sich dabei um keinen körperlichen Gegenstand handelt (→ SchuldR BT § 1 Rn. 7). Bei § 241a I ist insoweit daher eine richtlinienkonforme weite Auslegung des Sachbegriffs geboten.[34]

In der bis zum 12.6.2014 geltenden Fassung hatte § 241a III aF vorgesehen, dass keine unbestellte Leistung vorliegt, wenn dem Verbraucher statt der bestellten eine andere *gleichwertige* Leistung mit dem Hinweis angeboten wird, dass er zur Abnahme nicht verpflichtet sei und die Kosten der Rücksendung nicht tragen müsse. Diese Einschränkung war jedoch nicht mit Art. 27 Verbraucherrechte-RL vereinbar und musste daher bei der Umsetzung der Verbraucherrechte-RL gestrichen werden. Seit dem 13.6.2014 ist § 241a somit grundsätzlich auch auf diese Fälle anwendbar.[35]

§ 241a erfasst darüber hinaus auch die Lieferung einer anderen als der bestellten Sache im Kaufrecht (sog. **Falschlieferung**). Dies gilt allerdings nur für die bewusste Falsch-

---

31 Ausf. zu dieser Problematik *Köhler* JuS 2014, 865 (866).
32 Vgl. Jauernig/*Mansel* § 241a Rn. 1; *Flume* ZIP 2000, 1427 (1428): »wahrhaft ungeheuerlich«.
33 Krit. daher zu Recht *Wendehorst* NJW 2014, 577 (578).
34 Vgl. BT-Drs. 17/12637, 44; für Einordnung bei der sonstigen Leistung PWW/*Kramme* § 241a Rn. 8.
35 Vgl. BT-Drs. 17/12637, 45; Palandt/*Grüneberg* § 241a Rn. 5; *Brox/Walker* SchuldR AT § 3 Rn. 8; aA *Köhler* JuS 2014, 865 (870f.).

lieferung; bei irrtümlicher Falschlieferung ist allein § 434 III anwendbar (→ SchuldR BT § 3 Rn. 43).

3. Rechtsfolgen

a) Ausschluss vertraglicher Ansprüche

18 Aus § 241a I folgt zunächst unmittelbar, dass dem Unternehmer bei unbestellter Lieferung oder Leistung kein **vertraglicher Zahlungsanspruch** gegen den Verbraucher zusteht. Nach allgemeinen Grundsätzen wäre daran zu denken, die Ingebrauchnahme oder den Verbrauch der unbestellten Sache durch den Verbraucher als **konkludente Annahme** des Angebots auf Abschluss eines Kaufvertrags zu deuten, wobei auf den Zugang der Annahmeerklärung nach § 151 verzichtet werden könnte. § 241a I stellt demgegenüber klar, dass die Annahme in solchen Fällen ein über die Ingebrauchnahme oder den Verbrauch der Sache hinausgehendes Erklärungsverhalten bzw. eine ausdrückliche Erklärung voraussetzt.[36]

> **Beispiel:** Unternehmer U übersendet dem Verbraucher V ohne Vorliegen einer Bestellung 50 Kunstpostkarten zum Preis von 2,50 EUR pro Karte. Nachdem V bereits zehn Karten an Freunde versendet hat, nimmt U ihn auf Zahlung von 125 EUR in Anspruch. Hilfsweise verlangt U von V Herausgabe der noch vorhandenen Karten sowie Wert- bzw. Schadensersatz für die schon versendeten Karten.
> Zu prüfen ist zunächst ein Anspruch auf Kaufpreiszahlung aus § 433 II. Voraussetzung ist das Vorliegen eines Kaufvertrags. Die Übersendung der Karten an V lässt sich als konkludentes Angebot auf Abschluss eines Kaufvertrags deuten. Indem V zehn Karten an Freunde versandt hat, könnte er das Angebot konkludent angenommen haben. Ein Zugang der Annahmeerklärung wäre nach § 151 verzichtbar. Einer solchen Lösung steht jedoch § 241a entgegen. U hat daher keinen Anspruch gegen V aus § 433 II.

b) Auswirkungen auf gesetzliche Ansprüche

19 Nach Wortlaut (arg. Abs. 2) und systematischer Stellung schließt § 241a nicht nur vertragliche, sondern auch **gesetzliche Ansprüche** wegen Erbringung der unbestellten Leistung aus. Eine **Ausnahme** gilt nur für den Fall, dass die Leistung nicht für den Empfänger bestimmt war (Irrläufer) oder in der irrigen Vorstellung einer Bestellung erfolgt ist; hier ist der Verbraucher nicht schutzwürdig, wenn er dies erkannt hat oder bei Anwendung der im Verkehr erforderlichen Sorgfalt hätte erkennen können (§ 241a II).

Der Ausschluss gesetzlicher Ansprüche bezieht sich jedenfalls auf Ansprüche aus Geschäftsführung ohne Auftrag (§§ 677ff.), ungerechtfertigter Bereicherung (§§ 812ff.) und Delikt (§§ 823ff.).[37] Fraglich ist jedoch, ob auch der dingliche **Herausgabeanspruch** des Eigentümers gegen den Besitzer nach § 985 ausgeschlossen ist. Dies wird von der hM bejaht. Nach § 241a werde der Verbraucher zwar nicht Eigentümer der Sachen, er dürfe sie aber behalten und nach Belieben nutzen.[38] Die Gegenauffassung lässt den Herausgabeanspruch aus § 985 zu, wenn der Verbraucher die Sache

---

36 Palandt/*Grüneberg* § 241a Rn. 6; Staudinger/*Olzen*, 2019, § 241a Rn. 31; HK-BGB/*Schulze* § 241a Rn. 10.
37 MüKoBGB/*Finkenauer* § 241a Rn. 27ff.; einschr. zu §§ 812ff. Erman/*Saenger* § 241a Rn. 31.
38 MüKoBGB/*Finkenauer* § 241a Rn. 35f.; Palandt/*Grüneberg* § 241a Rn. 7; Staudinger/*Olzen*, 2019, § 241a Rn. 44; Jauernig/*Mansel* § 241a Rn. 5; *Brox/Walker* SchuldR AT § 3 Rn. 9; *Berger* JuS 2001, 649 (652); *S. Lorenz* JuS 2000, 833 (841). Zu den Auswirkungen auf das Strafrecht vgl. *Lamberz* JA 2008, 425ff.

ohne Beeinträchtigung seiner schutzwürdigen Interessen herausgeben kann und der Unternehmer sie auf eigene Kosten abholt.[39] Diese Einschränkung lässt sich jedoch nicht mit dem Willen des Gesetzgebers vereinbaren, den Verbraucher von sämtlichen Ansprüchen freizustellen und das wettbewerbswidrige Verhalten des Unternehmers aus Gründen der Abschreckung mit einer effektiven Sanktion zu belegen.[40]

> **Beispiel:** Im Postkarten-Fall (→ § 5 Rn. 18) muss V für die verbrauchten Karten weder Wertersatz (§§ 812 I 1 Alt. 1, 818 II) noch Schadensersatz (§ 823 I) leisten. Er muss die vorhandenen Karten auch nicht nach § 812 I 1 Alt. 1 oder § 985 herausgeben.

Eine teleologische Reduktion des § 241a ist aber geboten, wenn die unbestellte Lieferung **nicht wettbewerbswidrig** ist. In diesem Fall trifft der Schutzzweck des § 241a nicht zu.[41] Davon abgesehen ist es hier auch verfassungsrechtlich nicht zu legitimieren, das Eigentumsrecht des Unternehmers (Art. 14 GG) durch Ausschluss des Anspruchs aus § 985 zu beschneiden.[42] Da Art. 27 Verbraucherrechte-RL an die Unlautere Geschäftspraktiken-RL (RL 2005/29/EG)[43] anknüpft, ist diese Lösung auch nicht richtlinienwidrig. § 241a II geht insoweit vielmehr über die Richtlinie hinaus. Man kann sich sogar fragen, ob der Ausschluss gesetzlicher Ansprüche nicht generell richtlinienwidrig ist.[44] Zu beachten ist nämlich, dass die Verbraucherrechte-RL – anders als die Fernabsatz-RL – eine **Vollharmonisierung** vorsieht (Art. 4 Verbraucherrechte-RL), womit auch eine Verbesserung des Verbraucherschutzes prinzipiell unzulässig ist.[45] Für die Richtlinienkonformität lässt sich indes anführen, dass der Verbraucher nach Sinn und Zweck des Art. 27 Verbraucherrechte-RL auch von Ersatzansprüchen wegen der Beschädigung, Zerstörung, Nutzung oder Veräußerung der Ware befreit ist; hiermit ist eine gesetzliche Pflicht zur Herausgabe der Ware nicht zu vereinbaren.[46] Geht man von einem engeren Verständnis des Art. 27 Verbraucherrechte-RL aus, so beschränkt sich die Vorschrift zwar auf den Ausschluss *vertraglicher* Ansprüche. Da gesetzliche Ansprüche nicht in den Anwendungsbereich der Richtlinie fallen, steht der Grundsatz der Vollharmonisierung dem Ausschluss solcher Ansprüche durch den nationalen Gesetzgeber aber nicht entgegen.[47]

IV. Die Draufgabe

1. Funktion

Im Zusammenhang mit dem Abschluss schuldrechtlicher Verträge ist auf das Institut der **Draufgabe** hinzuweisen, das in den §§ 336–338 geregelt ist. Das Institut hat heute

---

39 So HK-BGB/*Schulze* § 241a Rn. 7; Erman/*Saenger* § 241a Rn. 27.
40 Vgl. PWW/*Kramme* § 241a Rn. 14; MüKoBGB/*Finkenauer* § 241a Rn. 29; *Berger* JuS 2001, 649 (650).
41 PWW/*Kramme* § 241a Rn. 9.
42 So auch *Berger* JuS 2001, 649 (653); Palandt/*Grüneberg* § 241a Rn. 7.
43 RL 2005/29/EG des Europäischen Parlaments und des Rates über unlautere Geschäftspraktiken von Unternehmen gegenüber Verbrauchern im Binnenmarkt und zur Änderung der Richtlinie 84/450/EWG des Rates, der Richtlinien 97/7/EG, 98/27/EG und 2002/65/EG des Europäischen Parlaments und des Rates sowie der Verordnung (EG) Nr. 2006/2004 des Europäischen Parlaments und des Rates (Richtlinie über unlautere Geschäftspraktiken) v. 11.5.2005, ABl. 2005 L 149, 22.
44 Für Richtlinienwidrigkeit *Köhler* JuS 2014, 865 (868f.).
45 Vgl. Staudinger/*Olzen*, 2019, § 241a Rn. 12.
46 Staudinger/*Olzen*, 2019, § 241a Rn. 49; PWW/*Kramme* § 241a Rn. 14.
47 So auch BeckOK BGB/*Sutschet*, 54. Ed. 1.5.2020, § 241a Rn. 9.

kaum noch praktische Bedeutung.[48] In früherer Zeit war es dagegen vor allem bei der Anstellung von Arbeitern im landwirtschaftlichen Bereich (Gesindeverträge) sowie beim Viehkauf üblich, bei Vertragsschluss eine (meist nur geringe) Geldsumme oder auch einen anderen Gegenstand als Draufgabe (Angeld, Handgeld) zu leisten.[49] Nach germanischer und griechischer Rechtstradition hatte diese Zahlung für den Vertragsschluss *konstitutive* Bedeutung. § 336 stellt demgegenüber klar, dass die Draufgabe entsprechend der römischen Rechtstradition lediglich ein **Beweiszeichen** für den Vertragsschluss ist.[50]

2. Abgrenzungen

22 Das Wort »Draufgabe« erweckt den Eindruck, es handele sich um eine Leistung, die (im Sinne einer **Zugabe**) zu der vertraglich geschuldeten Leistung hinzutritt. Dies ist indes nicht der Fall. § 337 I Alt. 1 ordnet vielmehr an, dass die Draufgabe im Zweifel auf die geschuldete Leistung **anzurechnen** ist. Ist eine Anrechnung nicht möglich, so ist die Draufgabe bei der Erfüllung des Vertrags zurückzugeben (§ 337 I Alt. 2). Nach hM handelt es sich dabei um keinen bereicherungsrechtlichen, sondern um einen vertraglichen Anspruch.[51] Eine vertragliche Rückgabepflicht besteht auch für den Fall, dass der Vertrag wieder aufgehoben wird (§ 337 II). Bei Nichtigkeit des Vertrages folgt die Rückgabepflicht aus §§ 812 ff.[52] Nach § 338 besteht keine Rückgabepflicht, wenn der Geber die Unmöglichkeit der von ihm geschuldeten Leistung oder die Wiederaufhebung des Vertrages zu vertreten hat. Die Draufgabe hat insofern die gleichen Wirkungen wie eine **Vertragsstrafe** (dazu → § 38 Rn. 1 ff.).[53]

Nach § 336 II ist die Draufgabe im Zweifel auch kein **Reuegeld**. Der Geber hat also im Allgemeinen nicht das Recht, unter Verzicht auf die Rückzahlung der Draufgabe vom Vertrag zurückzutreten.

Von der Draufgabe zu unterscheiden ist die **Anzahlung**. Diese ist kein Zeichen des Vertragsschlusses, sondern teilweise Erfüllung. Die §§ 336 ff. sind daher nicht anwendbar.[54] Im Einzelfall kann eine Anzahlung zwar auch den Zweck haben, den Bindungswillen des Zahlenden zu dokumentieren.[55] Dies ändert jedoch nichts daran, dass die Anzahlung in erster Linie der Erfüllung dient. Der Anspruch des Empfängers erlischt daher insoweit auch hier nach § 362 I und nicht durch Anrechnung nach § 337 I.

Literatur: *Berger*, Der Ausschluss gesetzlicher Rückgewähransprüche bei der Erbringung unbestellter Leistungen nach § 241a, JuS 2001, 649; *Czeguhn/Dickmann*, Die Fortwirkung des § 241a BGB nach Zusendung unbestellter, mangelhafter Ware, JA 2005, 587; *Daßbach*, Gefälligkeitsverhältnisse in der Fallbearbeitung, JA 2018, 575; *Flume*, Vom Beruf unserer Zeit für Gesetzgebung, ZIP 2000, 1427; *Hirte/Heber*, Haftung bei Gefälligkeitsfahrten im Straßenverkehr, JuS 2002, 241; *Köhler*, Unbestellte Leistungen – Die richtlinienkonforme Auslegung am Beispiel des neugefassten § 241a BGB, JuS 2014, 865; *Lamberz*, § 241a BGB – Der Weg zur Straflosigkeit für den Empfänger unbestellt zugesandter

---

48 Vgl. HKK-BGB/*Hermann* §§ 336–345 Rn. 9 f.
49 Vgl. MüKoBGB/*Gottwald* § 336 Rn. 5.
50 Vgl. MüKoBGB/*Gottwald* § 336 Rn. 2; *Harke* SchuldR AT Rn. 161.
51 Vgl. MüKoBGB/*Gottwald* § 337 Rn. 4.
52 MüKoBGB/*Gottwald* § 337 Rn. 5.
53 Vgl. *Harke* SchuldR AT Rn. 161.
54 Vgl. MüKoBGB/*Gottwald* § 336 Rn. 6; *Medicus/Lorenz* SchuldR AT Rn. 574 f.
55 Krit. zum Verständnis der hM daher *Harke* SchuldR AT Rn. 162.

> Leistungen, JA 2008, 425; *Löhnig,* Zusendung unbestellter Waren und verwandte Probleme nach Inkrafttreten des § 241a BGB, JA 2001, 33; *S. Lorenz,* § 241a BGB und das Bereicherungsrecht – zum Begriff der »Bestellung« im Schuldrecht, FS W. Lorenz, 2001, 193; *Schreiber,* Haftung für Gefälligkeiten, JURA 2001, 810; *Schwarz/Pohlmann,* Der Umfang des Anspruchsausschlusses bei unbestellter Warenlieferung gem. § 241a I BGB: Die Umsetzung der EG-Fernabsatzrichtlinie als methodisches Problem, JURA 2001, 361; *Spallino,* Haftungsmaßstab bei Gefälligkeit, 2016; *Spallino,* Voraussetzungen für einen stillschweigenden Haftungsverzicht bei einem Gefälligkeitsverhältnis, VersR 2016, 1224; *Wendehorst,* Das neue Gesetz zur Umsetzung der Verbraucherrechterichtlinie, NJW 2014, 577; *Witschen,* Haftung und Versicherung bei Gefälligkeiten, AcP 219 (2019), 300.

§ 6 Der Grundsatz der Abschlussfreiheit und seine Einschränkungen

Nach dem Grundsatz der Abschlussfreiheit (→ § 3 Rn. 3) kann der Einzelne selbst entscheiden, *ob* und *mit wem* er einen Vertrag **schließen** oder **nicht schließen** will. Die Abschlussfreiheit hat also eine positive und eine negative Komponente. Beide unterliegen Einschränkungen. 1

I. Positive Abschlussfreiheit und Abschlussverbote

Die positive Komponente der Abschlussfreiheit wird in verschiedenen Bereichen durch gesetzliche **Abschlussverbote** eingeschränkt, die meist dem Schutz von übergeordneten öffentlichen Interessen dienen. So ist es dem Inhaber eines Geschäfts nach den landesrechtlichen Ladenöffnungs- bzw. Ladenschlussgesetzen verboten, außerhalb der zulässigen Öffnungszeiten (zB an Sonntagen) Waren zu verkaufen. Der Abschluss von Verträgen über die Erbringung von Werkleistungen in »Schwarzarbeit« wird durch das SchwarbG verboten. Der Verstoß gegen solche Abschlussverbote zieht regelmäßig öffentlich-rechtliche Sanktionen (Geldbußen, Strafen) nach sich. Ob darüber hinaus der geschlossene Vertrag nach § 134 nichtig ist, hängt vom Schutzzweck der verletzten Verbotsnorm ab.[56] 2

> **Beispiele:** Werden Waren außerhalb der zulässigen Öffnungszeiten verkauft, so ist der Kaufvertrag nicht nach § 134 unwirksam. Denn die Verbote der Ladenöffnungs- bzw. Ladenschlussgesetze richten sich nicht gegen den Vertrag als solchen, sondern nur gegen die äußeren Umstände des Zustandekommens.[57] Nach dem Schutzzweck des SchwarbG ist ein auf Schwarzarbeit gerichteter Vertrag dagegen grundsätzlich gem. § 134 im Ganzen unwirksam.[58] Nach der neuen Rechtsprechung des BGH ist der Unternehmer im Regelfall auch nicht nach Treu und Glauben (§ 242) gehindert, sich gegenüber den Gewährleistungsansprüchen des Bestellers auf die Nichtigkeit des Vertrages zu berufen.[59]

II. Negative Abschlussfreiheit und Kontrahierungszwang

1. Gesetzlicher Kontrahierungszwang

Was die negative Komponente der Abschlussfreiheit betrifft, so finden sich in unserer Rechtsordnung verschiedene Vorschriften, die Privatrechtssubjekte verpflichten, mit 3

---

56 *Schlechtriem/Schmidt-Kessel* SchuldR AT Rn. 58.
57 *Neuner* BGB AT § 45 Rn. 16f.
58 BGHZ 198, 141 (143ff.) = NJW 2013, 3167; BGH NJW 2014, 1805.
59 BGHZ 198, 141 (148ff.); anders zum früheren Gesetz zur Bekämpfung der Schwarzarbeit BGH NJW-RR 2008, 1050 (1051); näher dazu → SchuldR BT § 33 Rn. 2.

Anderen über bestimmte Gegenstände zu angemessenen Bedingungen Verträge zu schließen. Da ein solcher **Kontrahierungszwang** einen schwerwiegenden Eingriff in die Vertragsfreiheit (Art. 2 I GG) darstellt, muss er durch besondere Zwecke legitimiert werden.

4 Mit der Statuierung eines Kontrahierungszwangs verfolgt der Gesetzgeber häufig das Ziel, die Versorgung der Bevölkerung mit essentiellen Gütern und Dienstleistungen zu gewährleisten (**Daseinsvorsorge**), und zwar in solchen Bereichen, in denen einzelne Anbieter eine rechtliche oder faktische **Monopolstellung** haben. Zu nennen sind namentlich die Bereiche Energie (§§ 18, 36 EnWG), Transport und Verkehr (§ 22 PBefG, § 10 AEG etc.).[60]

Nach § 20 I GWB unterliegen **marktbeherrschende Unternehmen** einem Kontrahierungszwang, wenn die Verweigerung des Vertragsschlusses sich als unbillige Behinderung oder Diskriminierung eines *anderen Unternehmens* darstellen würde. Das gleiche gilt nach § 20 II GWB für *marktstarke* Unternehmen, wenn kleine oder mittlere Unternehmen nicht in zumutbarer Weise auf andere Vertragspartner ausweichen können.[61]

5 Kontrahierungszwang kann auch unabhängig von einer marktbeherrschenden Stellung angeordnet werden, um bestimmte übergeordnete Ziele zu verwirklichen. Besondere Bedeutung hat dies für das Versicherungsvertragsrecht. So unterstellt der Gesetzgeber die Kfz-Haftpflichtversicherer in § 5 II PflVG einem Kontrahierungszwang, um die Verpflichtung der **Kfz-Halter** zum Abschluss einer Haftpflichtversicherung (§ 1 PflVG) zu flankieren. Auch bei der **privaten Krankenversicherung** wird die Versicherungspflicht des Einzelnen (§ 193 III VVG) durch einen Annahmezwang (§ 193 V VVG) ergänzt.

2. Allgemeiner Kontrahierungszwang aus § 826

a) Grundlagen

6 Wenn keine spezielle Regelung eingreift, kann ein Kontrahierungszwang im Einzelfall auf § 826 gestützt werden (sog. allgemeiner Kontrahierungszwang).[62] Dies setzt voraus, dass die Ablehnung des Vertragsschlusses eine **vorsätzliche sittenwidrige Schädigung** darstellt.

> **Zur Vertiefung:** Die genaue Herleitung des Kontrahierungszwangs aus § 826 ist umstritten. Nach hM folgt die Pflicht zum Vertragsschluss aus dem in § 249 I geregelten Grundsatz der Naturalrestitution.[63] Durch den Abschluss des Vertrages werde der Zustand hergestellt, der ohne das schädigende Ereignis – die sittenwidrige Verweigerung des Vertragsschlusses – bestehen würde. In der neueren Literatur wird dagegen zunehmend die Auffassung vertreten, es handele sich (wie bei § 1004) um einen *verschuldensunabhängigen* Unterlassungs- bzw. Beseitigungsanspruch.[64] Für diese Einordnung spricht, dass es nicht um den Ausgleich eingetretener Schäden geht, sondern um den Schutz vor künftigen Beeinträchtigungen.[65]

---

60 Vgl. *Medicus/Lorenz* SchuldR AT Rn. 76; *Schlechtriem/Schmidt-Kessel* SchuldR AT Rn. 54; *Westermann/Bydlinski/Arnold* SchuldR AT Rn. 136; MüKoBGB/*Busche* vor § 145 Rn. 15.
61 Vgl. *Medicus/Lorenz* SchuldR AT Rn. 77; Palandt/*Ellenberger* Einf. vor § 145 Rn. 9.
62 Staudinger/*Bork*, 2015, vor §§ 145 ff. Rn. 21; *Harke* SchuldR AT Rn. 44 ff.
63 RGZ 48, 114 (127 ff.); 148, 326 (334); *Schlechtriem/Schmidt-Kessel* SchuldR AT Rn. 56.
64 IdS Erman/*Armbrüster* vor § 145 Rn. 29; MüKoBGB/*Busche* vor § 145 Rn. 21; Staudinger/*Bork*, 2015, vor §§ 145 ff. Rn. 20; *Bydlinski* AcP 180 (1980), 1 (11 ff.).
65 *Bezzenberger* AcP 196 (1996), 395 (428 f.).

Die entscheidende Frage ist, wann die Verweigerung des Vertragsschlusses **sittenwidrig** ist. Auch wenn der Begriff der »guten Sitten« auf außerrechtliche Maßstäbe Bezug nimmt, handelt es sich doch um eine *normative* Wertungsfrage, die durch eine Interessenabwägung auf der Grundlage der in der Rechtsordnung verankerten sittlichen Wertungen beantwortet werden muss. Dabei kommt der durch das Grundgesetz konstituierten Wertordnung, namentlich den Grundrechten, besondere Bedeutung zu.[66]

7

> **Beispiel:** Weist ein Theater einen Kritiker wegen früherer missliebiger Werturteile über die Leistungen der Schauspieler zurück, so kommt es nicht darauf an, ob das Theater in der Stadt eine Monopolstellung hat.[67] Mit Rücksicht auf die Meinungs- und Pressefreiheit (Art. 5 I GG) sowie die Berufsfreiheit des Kritikers (Art. 12 GG) ist die Zurückweisung sittenwidrig, sofern der Betroffene nicht durch Schmähkritik oder ungebührliches Verhalten einen berechtigten Grund dafür gesetzt hat.[68]

b) Versorgung mit notwendigen Gütern und Dienstleistungen

Mit Blick auf **lebenswichtige Güter und Dienstleistungen** ist die Auffassung verbreitet, dass über die gesetzlich geregelten Fälle (→ § 6 Rn. 3 ff.) und die allgemeinen Grundsätze des § 826 hinaus ein Kontrahierungszwang besteht, wenn der Kunde aufgrund der Monopolstellung oder Marktstärke des Unternehmens keine zumutbaren Ausweichmöglichkeiten hat und die Ablehnung des Vertragsschlusses durch keine sachlichen Gründe gerechtfertigt wird.[69] Dahinter steht das Bemühen, den Schutz des **Verbrauchers** zu verstärken, weil § 20 GWB nur dem Schutz anderer Unternehmen dient.[70] Zur Begründung wird auf das **Sozialstaatsprinzip** (Art. 20 I, 28 I GG) sowie eine **Gesamtanalogie** zu den im Bereich der Daseinsvorsorge geltenden Einzelvorschriften verwiesen.[71] Diese Rechtsgrundlagen erscheinen jedoch zu vage und unbestimmt, um den Grundsatz der Vertragsfreiheit einschränken zu können.[72] Gegen eine Gesamtanalogie spricht außerdem, dass die ungerechtfertigte Verweigerung lebenswichtiger Güter und Dienstleistungen bei Fehlen einer zumutbaren Ausweichmöglichkeit eine vorsätzliche sittenwidrige Schädigung darstellt. Da § 826 eingreift, fehlt die für die Analogie erforderliche Regelungslücke.

8

> **Beispiele:** Krankenhäuser unterliegen im Hinblick auf die medizinisch notwendige Versorgung einem Kontrahierungszwang.[73] Für Lebensmittelgeschäfte und Banken besteht dagegen regelmäßig kein Kontrahierungszwang, weil es meist hinreichende Ausweichmöglichkeiten gibt.[74] Der BGH hat in einer aktuellen Entscheidung betont, dass eine private Bank trotz der mittelbaren Drittwirkung der Grundrechte (insbesondere Art. 3 I, III GG) auch nicht gehindert ist, ein Bankkonto mit Rücksicht auf die politische oder weltanschauliche Ausrichtung

---

66 Vgl. *Looschelders/Roth*, Juristische Methodik im Prozess der Rechtsanwendung, 1996, 200 ff.
67 So aber *Eidenmüller* NJW 1991, 1439 (1441).
68 IdS auch *Larenz* SchuldR I § 4 Ia; *Medicus/Lorenz* SchuldR AT Rn. 79; die abw. Auffassung des RG (RGZ 133, 388) ist überholt.
69 Vgl. Palandt/*Ellenberger* Einf. vor § 145 Rn. 10; MüKoBGB/*Busche* vor § 145 Rn. 20 ff.; Staudinger/ *Bork*, 2015, vor §§ 145 ff. Rn. 21 f.
70 Palandt/*Ellenberger* Einf. vor § 145 Rn. 10; PWW/*Brinkmann* vor §§ 145 ff. Rn. 20.
71 So Palandt/*Ellenberger* Einf. vor § 145 Rn. 10; *Larenz* SchuldR I § 4 Ia.
72 Erman/*Armbrüster* vor § 145 Rn. 29; Jauernig/*Mansel* vor § 145 Rn. 10; *Harke* SchuldR AT Rn. 44 Fn. 44.
73 BGH NJW 1990, 761 (763); Palandt/*Ellenberger* Einf. vor § 145 Rn. 10.
74 OLG Celle OLGZ 1972, 281; LG Stuttgart NJW 1996, 3347; Palandt/*Ellenberger* Einf. vor § 145 Rn. 10.

des Kunden ordentlich zu kündigen.[75] Die Bank kann sich hierfür auf ihre Privatautonomie berufen. Eine andere Beurteilung ergibt sich bei Sparkassen und anderen staatlich beherrschten Kreditinstituten, die unmittelbar an die Grundrechte gebunden sind.[76]

9 In der Literatur wird teilweise vorgeschlagen, den allgemeinen Kontrahierungszwang auf alle Leistungen zu erstrecken, die ein durchschnittlicher Mensch zu einer **normalen Lebensführung** benötigt.[77] Bei der Würdigung dieses Ansatzes ist zu beachten, dass die Verweigerung einer für die normale Lebensführung notwendigen Leistung nicht per se einen Kontrahierungszwang auslösen kann, weil der Grundsatz der Vertragsfreiheit sonst allzu weit eingeschränkt würde. Es muss daher im Einzelfall geprüft werden, ob die Ablehnung des Vertragsschlusses als vorsätzliche sittenwidrige Schädigung zu bewerten ist. Hieran ist insbesondere dann zu denken, wenn der andere Teil keine zumutbaren Ausweichmöglichkeiten hat und der Vertragsschluss aus **Willkür** abgelehnt wird.[78]

c) Verstoß gegen Diskriminierungsverbote

10 Ob § 826 einen Kontrahierungszwang begründet, wenn der Vertragsschluss unter Verstoß gegen ein Diskriminierungsverbot verweigert wird, ist streitig. Praktisch stellt sich das Problem vor allem bei der Diskriminierung aus **rassischen** oder **ethnischen** Gründen.

> **Beispiel** (OLG Stuttgart NJW 2012, 1085): Der 17-jährige A möchte mit seinen Freunden gegen 22.00 Uhr die Diskothek des D besuchen. Er wird jedoch vom Türsteher T mit der Begründung abgewiesen, dass Farbige keinen Zutritt hätten. A möchte wissen, ob er den Einlass gerichtlich durchsetzen und von D eine immaterielle Entschädigung verlangen kann?

11 Bei der Beurteilung solcher Fälle ist zu beachten, dass eine Diskriminierung wegen der Hautfarbe im allgemeinen geschäftlichen Verkehr nach der **Wertordnung des Grundgesetzes** (Art. 3 I, III GG) und den **Wertungen des AGG** sittenwidrig ist. Gleichwohl wird in der Literatur die Auffassung vertreten, dies könne keinen Kontrahierungszwang nach § 826 auslösen, weil die Interessen der Betroffenen durch Ansprüche auf Schmerzensgeld und strafrechtliche Sanktionen effektiver geschützt würden als durch »zähneknirschenden Scheingehorsam«.[79] Dem ist jedoch entgegenzuhalten, dass die Rechtsordnung den Betroffenen nicht ansinnen kann, sich einer sittenwidrigen Diskriminierung zu beugen.[80] Es ist allein ihre Sache, ob sie sich mit dem Schmerzensgeldanspruch begnügen oder zusätzlich einen Anspruch auf Vertragsschluss geltend machen wollen. Bei einer Diskriminierung aus rassischen oder ethnischen Gründen besteht also ein Kontrahierungszwang aus § 826.

3. Kontrahierungszwang nach dem AGG

12 Im Anwendungsbereich des AGG (→ § 3 Rn. 11) stellt sich die Frage, ob ein Verstoß gegen die dort statuierten Benachteiligungsverbote einen eigenständigen Anspruch auf Vertragsschluss begründen kann. Für das **allgemeine Zivilrecht** ist die Problematik

---

75 BGH NJW 2013, 1519 mAnm *Omlor* = JZ 2013, 567 mAnm *Looschelders*.
76 Vgl. BGHZ 154, 146 – Sparkasse; BGH NJW 2004, 1031 – Postbank vor Privatisierung.
77 Vgl. *Medicus/Lorenz* SchuldR AT Rn. 79; *Bydlinski* AcP 180 (1980), 1 (37).
78 Vgl. Jauernig/*Mansel* vor § 145 Rn. 11; enger Staudinger/*Oechsler*, 2018, § 826 Rn. 429.
79 So *Bydlinski* AcP 180 (1980), 1 (44f.); *Medicus/Lorenz* SchuldR AT Rn. 79.
80 *Bezzenberger* AcP 196 (1996), 395 (427ff.); vgl. auch Staudinger/*Bork*, 2015, Vor §§ 145ff. Rn. 21.

nicht ausdrücklich geregelt. Die hM geht davon aus, dass sich aus dem Beseitigungsanspruch nach § 21 I 1 AGG oder dem Schadensersatzanspruch nach § 21 II 1 AGG in Verbindung mit dem Grundsatz der Naturalrestitution (§ 249 I) ein Kontrahierungszwang ableiten lässt.[81] Daneben wird teilweise auch ein Anspruch auf Vertragsschluss aus §§ 280 I, 311 II, 241 II und § 826 iVm § 249 I befürwortet.[82] Bei Wiederholungsgefahr wird dem Betroffenen ein Unterlassungsanspruch aus § 21 I 2 AGG zugebilligt. Der Anspruch auf immaterielle Entschädigung folgt in solchen Fällen aus § 21 II 3 AGG.

> **Beispiel:** Im Diskothekenfall (→ § 6 Rn. 10) hat das OLG Stuttgart die Voraussetzungen des § 19 I Nr. 1 AGG bejaht. Da eine Benachteiligung wegen der Rasse und der ethnischen Herkunft vorliegt, wären im Übrigen jedenfalls die Voraussetzungen des § 19 II iVm § 2 Nr. 8 AGG erfüllt. Das Gericht hat dem D daher nach § 21 I 2 AGG untersagt, dem A künftig den Zutritt zu der Diskothek zu versagen, sofern keine Gründe vorliegen, die nicht im Zusammenhang mit der Hautfarbe stehen. Außerdem hat das Gericht dem A eine immaterielle Entschädigung iHv 900 EUR aus § 21 II 3 AGG zugebilligt.

Für das **Arbeitsrecht** schließt § 15 VI AGG den Anspruch auf Begründung eines Beschäftigungs- oder Ausbildungsverhältnisses eindeutig aus (→ SchuldR BT § 28 Rn. 12). Der Betroffene ist also auf Schadensersatzansprüche verwiesen.

13

> **Literatur:** *Armbrüster*, Kontrahierungszwang im AGG?, NJW 2007, 1494; *Bezzenberger*, Ethnische Diskriminierung, Gleichheit und Sittenordnung im bürgerlichen Recht, AcP 196 (1996), 395; *Busche*, Privatautonomie und Kontrahierungszwang, 1999; *F. Bydlinski*, Zu den dogmatischen Grundlagen des Kontrahierungszwanges, AcP 180 (1980), 1; *F. Bydlinski*, Kontrahierungszwang und Anwendung allgemeinen Zivilrechts, JZ 1980, 378; *Canaris*, Das Recht auf Meinungsfreiheit gem. Art. 5 Abs. 1 GG als Grundlage eines arbeitsrechtlichen Kontrahierungszwangs, FS Leisner, 1999, 413; *Kilian*, Kontrahierungszwang und Zivilrechtssystem, AcP 180 (1980), 47; *Martiny*, Ausländerdiskriminierung und Vertragsschluss, ZEuP 2001, 563; *Neuner*, Diskriminierungsschutz durch Privatrecht, JZ 2003, 57; *Picker*, Antidiskriminierung als Zivilrechtsprogramm?, JZ 2003, 540; *Thüsing/v. Hoff*, Vertragsschluss als Folgenbeseitigung: Kontrahierungszwang im zivilrechtlichen Teil des Allgemeinen Gleichbehandlungsgesetzes, NJW 2007, 21; *Vykydal*, Privatautonomie und Kontrahierungszwang, JuS 1996, L 33. Vgl. auch die Nachweise zu § 3.

§ 7 Der Grundsatz der Formfreiheit und seine Einschränkungen

I. Allgemeines

Nach dem Grundsatz der Formfreiheit können Schuldverträge formfrei geschlossen werden, soweit das *Gesetz* keinen **Formzwang** vorsieht. Den Parteien steht es darüber hinaus frei, die Notwendigkeit einer bestimmten Form *vertraglich* zu vereinbaren (gewillkürter Formzwang).

1

Der mit dem **gesetzlichen** Formzwang verbundene Eingriff in die Vertragsfreiheit kann durch verschiedene Zwecke gerechtfertigt werden. Besondere Bedeutung haben der Schutz der Parteien vor Übereilung (Warnfunktion), die Gewährleistung der Klarheit und Beweisbarkeit des Vertragsinhalts (Klarstellungs- und Beweisfunktion) sowie

---

81 So MüKoBGB/*Thüsing* AGG § 21 Rn. 17 ff.; *Westermann/Bydlinski/Arnold* Rn. 142; *Maier-Reimer* NJW 2006, 2577 (2582); *Schreier* JuS 2007, 308; *Thüsing/v. Hoff* NJW 2007, 21 ff.
82 Vgl. Palandt/*Grüneberg* AGG § 21 Rn. 7.

die Belehrung und Beratung der Beteiligten, namentlich durch den Notar (Belehrungsfunktion).[83]

2 Wird eine gesetzlich vorgeschriebene Form nicht eingehalten, so ist der Vertrag nach § 125 S. 1 grundsätzlich **nichtig**. Einzelne Formvorschriften sehen aber *Heilungsmöglichkeiten* vor (vgl. §§ 311 b I 2, 518 II, 766 S. 3). Die Nichteinhaltung einer gewillkürten Form führt nur im Zweifel zur Unwirksamkeit des Vertrages (§ 125 S. 2). Es muss also geprüft werden, ob die Auslegung der Formvereinbarung einen abweichenden Parteiwillen ergibt.

Gesetzlicher Formzwang wird von diversen Vorschriften begründet. Manche Formerfordernisse gelten nur für einzelne Vertragstypen (zB §§ 518, 766) und sind daher im *Besonderen Schuldrecht* geregelt. Andere Formerfordernisse sind bei **allen Schuldverträgen** zu beachten. Der Gesetzgeber hat sie deshalb im *Allgemeinen Schuldrecht* platziert, und zwar im Anschluss an das Vertragsprinzip (§ 311 I) in § 311 b.

II. Verpflichtung zur Übertragung oder zum Erwerb eines Grundstücks

3 Die wichtigste Formvorschrift im Allgemeinen Schuldrecht ist § 311 b I. Danach bedarf ein Vertrag, der zur Veräußerung oder zum Erwerb eines **Grundstücks** verpflichtet, der notariellen Beurkundung.

1. Schutzzweck

4 Die Regelung des § 311 b I trägt der besonderen Bedeutung von Grundstücksgeschäften Rechnung. Dabei geht es zum einen um den Schutz vor **Übereilung** und die Gewährleistung einer ordnungsgemäßen **Belehrung** durch den Notar; zum anderen sollen der Inhalt der Vereinbarung festgehalten und die **Beweisbarkeit** sichergestellt werden.[84]

2. Anwendungsbereich des § 311 b I

5 § 311 b I gilt nur für das **Verpflichtungsgeschäft**. Erfasst werden alle schuldrechtlichen Verträge, die auf die Veräußerung eines Grundstücks gerichtet sind, also nicht nur die typischen schuldrechtlichen Veräußerungsgeschäfte (Kauf, Tausch und Schenkung), sondern zB auch Gesellschaftsverträge, die eine entsprechende Verpflichtung beinhalten.[85] Das Erfüllungs- bzw. *Verfügungsgeschäft* richtet sich nach §§ 873, 925. Erforderlich sind eine (dingliche) Einigung zwischen Berechtigtem und Erwerber über den Eigentumsübergang und dessen Eintragung im Grundbuch. In formeller Hinsicht ist zu beachten, dass die zur Übertragung des Eigentums an einem Grundstück erforderliche Einigung (Auflassung) nach § 925 bei gleichzeitiger Anwesenheit beider Teile vor dem Notar erklärt werden muss.

6 Der Formzwang betrifft nur Verträge, die eine Verpflichtung zur Übertragung oder zum Erwerb des **Eigentums** an einem Grundstück beinhalten. Nicht erfasst werden Verträge über die zeitweilige Überlassung eines Grundstücks (Miete, Pacht etc) oder dessen *Belastung* mit einem beschränkten dinglichen Recht (Hypothek, Grundschuld,

---

83 Vgl. etwa Jauernig/*Mansel* § 125 Rn. 3.
84 Zu den Zwecken des § 311 b I vgl. Palandt/*Grüneberg* § 311 b Rn. 2.
85 *Medicus/Lorenz* SchuldR AT Rn. 93.

Grunddienstbarkeit etc). Auf die Verpflichtung zur Einräumung, zum Erwerb oder zur Aufhebung von *Wohnungseigentum* ist § 311b I entsprechend anwendbar (§ 4 III WEG). Das gleiche gilt für die Verpflichtung zur Bestellung oder zum Erwerb von *Erbbaurechten* (§ 11 II ErbbauG).

Wenn die Notwendigkeit der notariellen Beurkundung die Parteien wirksam vor Übereilung schützen soll, so muss sie sich auch auf solche Verträge beziehen, die zwar keine *unmittelbare* Verpflichtung zur Veräußerung oder zum Erwerb eines Grundstücks beinhalten, wohl aber **mittelbaren Zwang** zur Durchführung eines solchen Geschäfts ausüben.[86] § 311b I erfasst daher alle Verträge, in denen der Nichtabschluss eines Grundstücksgeschäfts mit erheblichen wirtschaftlichen Nachteilen verknüpft wird, welche einen vernünftigen Menschen zum Abschluss des Geschäfts bestimmen können. Musterbeispiel ist die Vereinbarung einer *Vertragsstrafe* (§§ 339 ff.), die bei Verweigerung des Vertragsschlusses zu zahlen ist. 7

Der Formzwang kann unter dem Aspekt des mittelbaren Zwangs auch für **Verträge mit Dritten** gelten. So fallen *Maklerverträge* auch dann unter § 311b I, wenn der potenzielle Veräußerer dem Makler ein nicht unerhebliches »Bemühungsentgelt« verspricht, falls das Geschäft nicht zustande kommt.[87] Das gleiche gilt für entgeltliche Reservierungsvereinbarungen zwischen Makler und Kaufinteressenten, die einen unangemessenen Druck zum Erwerb des reservierten Grundstücks ausüben.[88] Der wirtschaftliche Nachteil muss aber geeignet sein, einen vernünftigen Menschen zum Vertragsschluss zu bestimmen. Dies ist im Allgemeinen zu verneinen, wenn das Bemühungs- oder Reservierungsentgelt weniger als 10 % der bei Zustandekommen des Geschäfts anfallenden Maklerprovision beträgt.[89] 8

Die Erteilung einer **Vollmacht** zum Verkauf oder Kauf eines Grundstücks unterliegt nach § 167 II *nicht* dem § 311b I. Die Ausnahmevorschrift des § 167 II ist allerdings restriktiv auszulegen. Ist die Vollmacht unwiderruflich oder tritt nach der Vorstellung des Vollmachtgebers eine tatsächliche Bindungswirkung ein, so gebietet der Schutzzweck des § 311b I die Ausweitung des Formzwangs auf die Vollmachtserteilung.[90] 9

3. Umfang des Formzwangs und Rechtsfolgen des Formfehlers

Die Notwendigkeit der notariellen Beurkundung beschränkt sich nicht auf die Vertragsteile, welche sich unmittelbar auf die Veräußerung oder den Erwerb des Grundstücks beziehen, sondern gilt für den **gesamten Vertragsinhalt**.[91] Erfasst werden alle Vereinbarungen, aus denen sich das Verpflichtungsgeschäft nach dem Willen der Vertragspartner zusammensetzt.[92] Eine Unterscheidung zwischen wesentlichen und unwesentlichen Fragen findet nicht statt.[93] Sind einzelne Abreden nicht beurkundet worden, so sind sie nach §§ 311b I 1, 125 nichtig. Nach der Auslegungsregel des § 139 ist damit im Zweifel der ganze Vertrag nichtig. 10

---

86 *Medicus/Lorenz* SchuldR AT Rn. 95; MüKoBGB/*Ruhwinkel* § 311b Rn. 34f.
87 BGH NJW 1987, 54; BGHZ 99, 374 (383).
88 BGHZ 103, 235 (239).
89 Vgl. Palandt/*Grüneberg* § 311b Rn. 13.
90 BGHZ 132, 119 (124f.).
91 *Medicus/Lorenz* SchuldR AT Rn. 96.
92 BGHZ 89, 41 (43); 116, 251 (254).
93 MüKoBGB/*Ruhwinkel* § 311b Rn. 55.

11 In extremen Ausnahmefällen kann der durch die Nichtigkeit begünstigte Teil nach **Treu und Glauben** (→ § 4 Rn. 1 ff.) gehindert sein, sich auf die Nichtigkeit des Vertrags zu berufen. Dies gilt insbesondere dann, wenn ihm ein grob treuwidriges Verhalten zur Last fällt oder wenn die Nichtigkeit die wirtschaftliche Existenz des anderen Teils infrage stellt.[94] Liegen diese Voraussetzungen nicht vor, so kommt allenfalls ein Schadensersatzanspruch wegen *Verschuldens bei Vertragsverhandlungen* (§§ 280 I, 311 II, 241 II) in Betracht (→ § 8 Rn. 1 ff.).

> **Beispiel** (BGHZ 48, 396): Der angesehene Kaufmann V hat dem geschäftlich unerfahrenen K in einem privatschriftlichen Vertrag ein Grundstück verkauft. Bei den Vertragsverhandlungen hatte K Zweifel geäußert, ob man nicht einen Notar hinzuziehen müsse. V hatte diese Zweifel jedoch mit dem Hinweis zerstreut, dass der Vertrag ja seine Unterschrift trage und er einen privatschriftlichen Vertrag wie einen notariellen zu behandeln pflege. Als K später Übereignung des Grundstücks verlangt, beruft V sich auf die Formnichtigkeit des Vertrages.
> Der BGH hat den V zur Auflassung des Grundstücks verurteilt. Dabei hat er darauf abgestellt, der V habe dem K die Erfüllung des formnichtigen Vertrages in so nachdrücklicher Weise in Aussicht gestellt, dass er sich ohne Verstoß gegen Treu und Glauben nicht vom Vertrag lossagen konnte. Maßgeblich ist also das Verbot widersprüchlichen Verhaltens (→ § 4 Rn. 26 f.). In der Literatur ist dagegen die Auffassung verbreitet, dass Rechtsgeschäfte bei *bewusster* Außerachtlassung der gesetzlich bestimmten Form durch *beide* Parteien generell nichtig seien. Eine Einschränkung der Nichtigkeitsfolge sei nur bei *arglistiger Täuschung* über die Formbedürftigkeit gerechtfertigt.[95]

4. Divergenzfälle

12 Besondere Probleme entstehen, wenn der Inhalt des beurkundeten Vertrages nicht in allen Punkten mit dem Willen der Parteien übereinstimmt. Zwei Fälle sind hier zu unterscheiden:

a) Irrtümliche Falschbezeichnung

13 Unterläuft den Parteien bei der Beurkundung eine **irrtümliche Falschbezeichnung**, so fragt sich, ob man den übereinstimmenden Parteiwillen nach dem falsa demonstratio non nocet-Grundsatz gegenüber dem objektiven Wortlaut des Vertrages zur Geltung bringen kann oder ob das von den Parteien Gewollte wegen Formmangels nach §§ 311 b I 1, 125 unwirksam ist. Die Schutzzwecke des § 311 b I (→ § 7 Rn. 4) weisen hier in verschiedene Richtungen. Im Hinblick auf die Warn- und Belehrungsfunktion ist die Falschbezeichnung unerheblich, im Hinblick auf die Klarstellungs- und Beweisfunktion ist sie relevant. Indessen steht die Warn- und Belehrungsfunktion bei § 311 b I klar im Vordergrund; die Klarstellungs- und Beweisfunktion ist dagegen für sich genommen nicht geeignet, den Formzwang zu legitimieren. Außerdem erscheint das Vertrauen der Parteien auf die Wirksamkeit des Vertrages schutzwürdig.[96] Es ist daher zu Recht anerkannt, dass irrtümliche Falschbezeichnungen auch im Anwendungsbereich des § 311 b I unschädlich sind.[97]

---

94 Vgl. BGHZ 92, 164 (171 ff.); *Larenz* SchuldR I § 10 III; *Medicus/Petersen* BürgerlR Rn. 180 ff.; Staudinger/*Looschelders*/Olzen, 2019, § 242 Rn. 485 ff.
95 Vgl. *Flume* BGB AT II, § 15 III 4c; *Medicus/Petersen* BürgerlR Rn. 182; wie der BGH aber *Larenz* SchuldR I § 10 III; *Neuner* BGB AT § 44 Rn. 66 ff.
96 Vgl. zu diesem Aspekt MüKoBGB/*Ruhwinkel* § 311b Rn. 74, 4.
97 BGHZ 87, 150 (153 f.); BGH NJW 2008, 1658 (1659); *Brox/Walker* BGB AT § 6 Rn. 11.

b) Bewusste Divergenz von Wille und Erklärung

Bei **bewusster Divergenz** zwischen dem Wortlaut des beurkundeten Vertrags und dem wirklichen Willen der Parteien (zB zu niedrige Angabe des Kaufpreises aus Gründen der Steuerersparnis) ist das Geschäft mit dem beurkundeten Inhalt nach § 117 I als **Scheingeschäft** nichtig. Obwohl die Warn- und Belehrungsfunktion verwirklicht sein mag, kann hier auch nicht auf das von den Parteien Gewollte abgestellt werden. Insoweit ist der Vertrag vielmehr nach §§ 117 II, 311b I 1, 125 formnichtig. Die abweichende Beurteilung gegenüber dem Irrtumsfall erklärt sich daraus, dass ein etwaiges Vertrauen der Parteien in die Wirksamkeit des Vertrages bei bewusster Falschbeurkundung nicht schutzwürdig ist. Die Heilung des Formmangels nach § 311b I 2 ist aber nicht ausgeschlossen.[98]

5. Heilung des Formmangels

Nach § 311b I 2 ist ein unter Verletzung des Formzwangs geschlossenes Verpflichtungsgeschäft über die Veräußerung oder den Erwerb eines Grundstücks dem ganzen Inhalt nach wirksam, wenn der Vertrag durch Auflassung und Grundbucheintragung erfüllt worden ist. Eine Rückabwicklung des dinglichen Geschäfts nach § 812 I 1 Alt. 1 ist damit ausgeschlossen. Die **Heilungsmöglichkeit** beruht auf der Erwägung, dass die wesentlichen Formzwecke durch die gleichermaßen formbedürftige *Auflassung* gewahrt werden;[99] außerdem sollen sachenrechtlich abgeschlossene Tatbestände im Interesse der Rechtssicherheit möglichst aufrechterhalten bleiben.[100] Die Heilung betrifft ausschließlich Formmängel; sonstige Unwirksamkeitsgründe (Minderjährigkeit, Willensmängel etc) bleiben unberührt.

Die Heilung tritt mit der Vollendung aller Tatsachen ein, die zum Erwerb des Grundstücks erforderlich sind. Voraussetzungen sind also eine wirksame Auflassung und die Eintragung des Eigentumsübergangs im Grundbuch. Der bloße Antrag auf Eintragung genügt nicht. Die Heilung wirkt **ex nunc**, hat also keine Rückwirkung.[101] Nach dem Rechtsgedanken des § 141 II ist im Zweifel aber davon auszugehen, dass die Parteien einander so stellen wollen, als wäre der Vertrag von Anfang an wirksam.[102]

> **Zur Vertiefung:** Bei der praktischen Rechtsanwendung ist zu beachten, dass der Notar die Erklärung der Auflassung nach § 925a nur entgegennehmen soll, wenn eine notarielle Urkunde über das schuldrechtliche Grundgeschäft vorgelegt oder gleichzeitig errichtet wird. Ist in Bezug auf das Verpflichtungsgeschäft überhaupt keine notarielle Urkunde errichtet worden, so wird es daher kaum zu einer wirksamen Übereignung des Grundstücks kommen. Die Heilungsmöglichkeit ist also vor allem für solche Fälle bedeutsam, in denen der Inhalt des Vertrages unvollständig oder bewusst unrichtig beurkundet worden ist.

---

98 BGHZ 54, 56 (63); *Medicus/Lorenz* SchuldR AT Rn. 97.
99 BGHZ 32, 11 (13); *Brox/Walker* SchuldR AT § 4 Rn. 23.
100 BGHZ 73, 391 (397); 127, 129 (137); Jauernig/*Stadler* § 311b Rn. 36.
101 MüKoBGB/*Ruhwinkel* § 311b Rn. 99; aA *Larenz* SchuldR I § 5. Zu den Auswirkungen auf den Eintritt des Verzugs vgl. BGH MDR 1979, 297 (298).
102 BGHZ 32, 11 (13); *Schlechtriem/Schmidt-Kessel* SchuldR AT Rn. 74; aA MüKoBGB/*Ruhwinkel* § 311b Rn. 99.

III. Verträge über das gegenwärtige Vermögen

17 Nach § 311b III bedarf ein Vertrag, durch den sich jemand verpflichtet, sein **gegenwärtiges Vermögen** oder einen Bruchteil desselben zu übertragen oder einem anderen daran ein umfassendes Nutzungsrecht (Nießbrauch, §§ 1030ff.) einzuräumen, der notariellen Beurkundung. Der Formzwang beruht darauf, dass solche Verträge wegen der Unüberschaubarkeit der eingegangenen Verpflichtungen besonders gefährlich sind. Im Vordergrund steht also die Warnfunktion.[103] Außerdem soll eine Umgehung der Formvorschriften für Verfügungen von Todes wegen verhindert werden.[104] Die Vorschrift knüpft inhaltlich an § 311b II an, wonach entsprechende Verträge über das *künftige* Vermögen prinzipiell nichtig sind (→ § 11 Rn. 5f.). Hat der Schuldner sich in einem nicht notariell beurkundeten Schenkungsvertrag zur Übertragung seines gesamten gegenwärtigen Vermögens verpflichtet, so wird der Formmangel aus § 311b III **nicht durch den Vollzug der Schenkung** nach § 518 II **geheilt**.[105]

Fraglich ist, ob § 311b III Verträge über **einzelne Gegenstände** erfasst, die (nahezu) das ganze gegenwärtige Vermögen des Schuldners ausmachen. Der Formzwang soll den Schuldner vor Verträgen schützen, bei denen er keine sichere Vorstellung über den Umfang seiner Verpflichtung hat. Auf Verträge über einzelne Gegenstände trifft dieser Schutzzweck auch dann nicht zu, wenn die Gegenstände (nahezu) sein ganzes Vermögen darstellen.[106] § 311b III ist somit nicht anwendbar.

> **Beispiel:** O schenkt seinem vermögenslosen Neffen N ein Gemälde von Picasso im Wert von 500.000 EUR. N verkauft das Gemälde für 400.000 EUR mit schriftlichem Vertrag an den Kunstsammler K. Später reut N das Geschäft. K besteht auf Erfüllung. Mit Recht?
> Anspruchsgrundlage ist § 433 I. Voraussetzung ist ein wirksamer Kaufvertrag. Da keine notarielle Beurkundung erfolgt ist, könnte der Vertrag nach §§ 311b III, 125 unwirksam sein. Der Schutzzweck des § 311b III trifft jedoch nicht auf Verträge über *einzelne* Gegenstände zu, auch wenn diese Gegenstände (nahezu) das ganze gegenwärtige Vermögen des Schuldners ausmachen. Der Vertrag ist also wirksam.

IV. Vertrag über den künftigen gesetzlichen Erbteil oder Pflichtteil

18 Nach § 311b V 2 bedarf ein Vertrag, der unter *künftigen gesetzlichen Erben* über den **gesetzlichen Erbteil** oder den **Pflichtteil** einer Partei geschlossen wird, der notariellen Beurkundung. Aus Abs. 5 S. 1 folgt, dass es sich um eine Ausnahme von der generellen Unwirksamkeit von Verträgen über den Nachlass lebender Dritter nach § 311b IV handelt. Der Formzwang soll daher im Zusammenhang mit dieser Vorschrift (→ § 11 Rn. 8) behandelt werden.

> **Literatur:** *Backhaus,* Schwierige Grenzziehung beim Formgebot des § 313 S. 1 BGB – BGH, NJW 1984, 973 (974), JuS 1985, 512; *Becker,* Haftung des Verkäufers für Sachmängel beim Immobilienkauf und Beurkundungserfordernis (§ 311b I BGB), MDR 2018, 773; *Behr,* Grundfragen der Vermögensveräußerung, JA 1986, 517; *Keim,* Keine Bindungswirkung des nicht vollzogenen Schwarzkaufs – BGH, NJW

---

103 Staudinger/*Schumacher,* 2018, § 311b III Rn. 1.
104 BGH NJW 2017, 885.
105 BGH NJW 2017, 885.
106 Vgl. BGHZ 25, 1 (5); *Medicus/Lorenz* SchuldR AT Rn. 90; aA *Behr* JA 1986, 517 (521 f.). Zur parallelen Problematik bei § 1365 vgl. BGHZ 35, 135; 43, 174. Hier ergibt sich aus dem Schutzzweck, dass das Merkmal »Vermögen im Ganzen« auch durch einzelne Gegenstände verwirklicht werden kann, welche (nahezu) das ganze Vermögen ausmachen.

1999, 2892, JuS 2001, 636; *Krüger,* Falsa demonstratio bei der Veräußerung von Grundstücken, ZNotP 2009, 2; *Mertens,* Die Reichweite gesetzlicher Formvorschriften im BGB, JZ 2004, 431; *Wagner,* Zum Schutzzweck des Beurkundungszwanges gemäß § 313 BGB, AcP 172 (1972), 452.

§ 8 Vorvertragliche Schuldverhältnisse

I. Entwicklung der Lehre vom Verschulden bei Vertragsverhandlungen

Vor Inkrafttreten des SchuldRModG hatten Rechtsprechung und Literatur den Grundsatz entwickelt, dass schon der Eintritt in Vertragsverhandlungen gewisse (vorvertragliche) *Schutzpflichten* begründet, bei deren Verletzung eine Haftung nach vertraglichen Grundsätzen eingreift. Diese Haftung wegen **Verschuldens bei Vertragsverhandlungen** (culpa in contrahendo) wurde mit einer Gesamtanalogie zu den §§ 122, 179, 307 aF begründet und war *gewohnheitsrechtlich* anerkannt.[107]

Die Entwicklung der Haftung aus culpa in contrahendo beruht in erster Linie auf der Erwägung, dass die **deliktische Haftung** im vorvertraglichen Bereich nicht in allen Fällen geeignet ist, einen angemessenen Schutz des in Aussicht genommenen Vertragspartners zu gewährleisten. Lücken bestehen vor allem im Hinblick auf die *Exkulpationsmöglichkeit* für Verrichtungsgehilfen nach § 831 sowie die engen Grenzen des deliktsrechtlichen Schutzes bei *reinen Vermögensschäden* (→ § 1 Rn. 22).

> **Beispiel** (nach RGZ 78, 239): K begibt sich in den Baumarkt des V, um Heimwerkerbedarf zu kaufen. Kurz nach dem Betreten des Ladens wird er von einer Linoleumrolle verletzt, die ein sonst immer sehr sorgfältiger Angestellter des V (A) infolge von Unachtsamkeit umgestoßen hat.
> Da K und V noch keinen Vertrag geschlossen haben, scheiden vertragliche Schadensersatzansprüche aus. Der deliktische Anspruch des K gegen V aus § 831 scheitert, wenn V nachweisen kann, er habe den A sorgfältig ausgesucht und überwacht. Dem K blieben danach lediglich deliktische Ansprüche gegen den (vielleicht wenig solventen) A. Diese Lücke ist durch das Institut des Verschuldens bei Vertragsverhandlungen geschlossen worden. Dem K steht danach ein Schadensersatzanspruch aus culpa in contrahendo iVm § 278 zu.

Innerer Grund für die Anerkennung *vorvertraglicher* Schutzpflichten ist das **Vertrauensprinzip**.[108] Die Aufnahme von Vertragsverhandlungen oder geschäftlichen Kontakten begründet die Erwartung, dass jeder auf die Rechte, Rechtsgüter und Interessen des anderen Teils Rücksicht nehmen wird. In dieser Erwartung gewähren die Beteiligten einander die Möglichkeit einer gesteigerten Einwirkung auf die eigene Sphäre. Wird die Erwartung enttäuscht, so ist eine Haftung nach vertraglichen Grundsätzen gerechtfertigt.

II. Die Kodifikation der culpa in contrahendo durch das SchuldRModG

Wegen der großen praktischen Bedeutung der culpa in contrahendo hat der Gesetzgeber sich bei der Schuldrechtsreform entschieden, die *Voraussetzungen* für die Entstehung des Schuldverhältnisses in § 311 II gesetzlich zu regeln. Der *Inhalt* der vorver-

---

107 Vgl. *Brox/Walker* SchuldR AT § 5 Rn. 1; *Larenz* SchuldR I § 9 I.
108 Grdl. *Ballerstedt* AcP 151 (1951), 501 ff.; *Canaris,* Vertrauenshaftung, 538 f.; vgl. auch BGHZ 60, 221 (226); zu abw. Deutungen vgl. etwa *Harke* SchuldR AT Rn. 282.

traglichen Pflichten wird durch die Verweisung auf § 241 II festgelegt; die *Haftung* für Pflichtverletzungen ergibt sich aus dem allgemeinen Tatbestand des § 280 I (→ § 24 Rn. 1 ff.); dieser bildet also die **Anspruchsgrundlage**.[109] Der Schadensersatzanspruch setzt damit auch voraus, dass der Schädiger die *Pflichtverletzung* gem. §§ 276 ff. zu *vertreten* hat, wobei zugunsten des Geschädigten aber die Beweislastumkehr nach § 280 I 2 gilt.

Die einschlägigen Regelungen sind nicht sehr detailliert. Dies gilt insbesondere im Hinblick auf die Frage, welche konkreten Pflichten die Beteiligten im vorvertraglichen Bereich haben. Die pauschale Verweisung auf § 241 II hilft insoweit kaum weiter. Wegen der Einzelheiten muss man sich daher an den **Fallgruppen** orientieren, die von Rechtsprechung und Literatur herausgearbeitet worden sind.[110]

III. Entstehung des vorvertraglichen Schuldverhältnisses

1. Aufnahme von Vertragsverhandlungen

5 Die Voraussetzungen für die Entstehung des vorvertraglichen Schuldverhältnisses werden in § 311 II umschrieben. § 311 II Nr. 1 nennt zunächst den »klassischen« Fall der Aufnahme von **Vertragsverhandlungen.** Das vorvertragliche Schuldverhältnis entsteht danach mit dem Beginn der Vertragsverhandlungen und endet mit der Beendigung der Verhandlungen oder dem Vertragsschluss.[111] Im letzteren Fall gehen die vorvertraglichen Schutzpflichten in dem durch den Vertrag begründeten Pflichtenprogramm auf.

2. Vertragsanbahnung

6 § 311 II Nr. 2 verlegt die Entstehung des vorvertraglichen Schuldverhältnisses auf die **Vertragsanbahnung** vor. Entsprechend dem Grundgedanken der culpa in contrahendo (→ § 8 Rn. 3) ist erforderlich, dass der Geschädigte dem anderen Teil im Hinblick auf die in Aussicht genommene geschäftliche Beziehung die Einwirkung auf seine Rechte, Rechtsgüter und Interessen ermöglicht hat. Erfasst wird vor allem der Fall, dass ein potentieller Kunde die Verkaufsräume des anderen Teils betritt.[112] Eine feste Kaufabsicht muss nicht vorliegen; es genügt, wenn der Kunde sich informieren will. Das Betreten der Verkaufsräume zu geschäftsfremden Zwecken (Schutz vor Regen, Diebstahl von Waren etc) kann dagegen grundsätzlich nicht ausreichen.[113]

> **Beispiel:** Der G wird von einem Gewitterregen überrascht. Da er nicht durchnässt werden will, begibt er sich in das Kaufhaus der K-AG. Um sich die Zeit bis zum Ende des Gewitters zu vertreiben, stöbert G in der Bücherabteilung herum. Als er gerade in dem neuen Bestseller von Bernhard Schlink blättert, löst sich eine Neonlampe, die der Angestellte A unsachgemäß an der Decke befestigt hat. G wird durch Glassplitter am Auge verletzt.
> G könnte gegen die K-AG einen Schadensersatzanspruch aus § 280 I iVm § 278 haben. Voraussetzung ist das Vorliegen eines Schuldverhältnisses. In Betracht kommt ein vorvertragliches Schuldverhältnis nach § 311 II. Vertragsverhandlungen iSd § 311 II Nr. 1 wurden nicht geführt. Fraglich ist, ob von einer Vertragsanbahnung (§ 311 II Nr. 2) gesprochen werden kann. G hat

---

109 Vgl. *Joussen* SchuldR I Rn. 94; Petersen ExamensRep SchuldR AT Rn. 72.
110 Vgl. Palandt/*Grüneberg* § 311 Rn. 11, 29 ff.; *Westermann/Bydlinski/Arnold* SchuldR AT Rn. 975.
111 Vgl. BT-Drs. 14/6040, 163; Palandt/*Grüneberg* § 311 Rn. 22, 25.
112 Vgl. Palandt/*Grüneberg* § 311 Rn. 23.
113 Vgl. HK-BGB/*Schulze* § 311 Rn. 16; *Westermann/Bydlinski/Arnold* SchuldR AT Rn. 988.

das Kaufhaus zu geschäftsfremden Zwecken betreten. Er hat sich dann jedoch über das Bücherangebot informiert. Auch wenn dies nur zum Zeitvertreib erfolgt ist, war der Kauf eines Buches doch nicht ausgeschlossen. Die Voraussetzungen des § 311 II Nr. 2 liegen damit vor. Durch die unsachgemäße Befestigung der Lampe hat der A fahrlässig eine Schutzpflicht (§ 241 II) der K-AG gegenüber G verletzt. Dies muss die K-AG sich nach § 278 zurechnen lassen. Der Anspruch ist damit gegeben.

3. Ähnliche geschäftliche Kontakte

Nach § 311 II Nr. 3 kann ein vorvertragliches Schuldverhältnis auch durch **ähnliche geschäftliche Kontakte** begründet werden. Es handelt sich um einen *Auffangtatbestand*, dessen genaue Reichweite unklar ist. Dem Wortlaut ist zu entnehmen, dass die Kontakte zum *geschäftlichen* Verkehr gehören müssen. Soziale oder gesellschaftliche Kontakte genügen daher nicht. Der Sache nach geht es um geschäftliche Kontakte, die so weit im **Vorfeld des Vertragsschlusses** liegen, dass man noch nicht von einer Vertragsanbahnung sprechen kann.[114] Darüber hinaus kann § 311 II Nr. 3 auch auf einen **nichtigen Vertrag** angewendet werden.[115] Die Nichtigkeit ändert nichts daran, dass die Beteiligten in einen geschäftlichen Kontakt getreten sind, der Schutzpflichten nach § 241 II begründet. Erfasst werden schließlich geschäftliche Kontakte, die überhaupt nicht auf einen Vertragsschluss abzielen.[116] Zu denken ist etwa an die Erteilung von **Bankauskünften an Nichtkunden.**[117]

7

> **Beispiel** (BGH NJW-RR 1998, 1343): Im Zusammenhang mit der Durchführung eines Bauvorhabens fragt Bauunternehmer (U) bei der Hausbank (B) des Auftraggebers (A) an, ob die Finanzierung des Projekts gesichert sei. Nachdem der zuständige Kreditsachbearbeiter der B (S) dies bestätigt hat, nimmt U die Arbeiten auf. Da B dem A später doch die notwendigen Kredite verweigert, ist dieser kurz darauf zahlungsunfähig. U erleidet einen Schaden von 100.000 EUR.
> U könnte gegen B einen Anspruch auf Schadensersatz aus § 280 I haben. Dies setzt ein Schuldverhältnis voraus. Der BGH hat im vorliegenden Fall einen stillschweigend geschlossenen Auskunftsvertrag bejaht. Die Annahme eines konkludenten Vertragsschlusses dürfte jedoch dem Willen von U und B widersprechen. Außerdem besteht das Problem, dass S als Kreditsachbearbeiter nicht die erforderliche Vollmacht hatte. Der BGH hat sich daher letztlich auf den Aspekt der Vertrauenshaftung gestützt. Nach geltendem Recht kommt ein vorvertragliches Schuldverhältnis nach § 311 II in Betracht. Zwischen U und B ist ein geschäftlicher Kontakt zustande gekommen, der nicht auf den Abschluss eines Vertrages gerichtet war. Es handelt sich damit um einen sonstigen geschäftlichen Kontakt iSd § 311 II Nr. 3. Mit der falschen Auskunft hat die B eine Schutzpflicht (§ 241 II) im Hinblick auf das Vermögen des U verletzt. Sie muss sich das Verschulden des S nach § 278 zurechnen lassen. Da die Pflichtverletzung auch für den Schaden des U kausal ist, steht U ein Anspruch auf Ersatz des Schadens aus § 280 I zu.

IV. Inhalt des vorvertraglichen Schuldverhältnisses

Vorvertragliche Schuldverhältnisse begründen nach dem eindeutigen Wortlaut des § 311 II lediglich **Schutzpflichten** (§ 241 II). Leistungspflichten (§ 241 I) entstehen dagegen erst durch den Vertragsschluss.

8

---

114 Vgl. BT-Drs. 14/6040, 163.
115 Staudinger/*Olzen*, 2019, § 241 Rn. 408; *Reischl* JuS 2003, 40 (43).
116 Palandt/*Grüneberg* § 311 Rn. 24.
117 Vgl. *Canaris* JZ 2001, 499 (520).

1. Schutz der Rechte und Rechtsgüter

9   Die vorvertraglichen Schutzpflichten lassen sich nach dem geschützten Interesse systematisieren. Zum einen geht es darum, die sonstigen **Rechte** und **Rechtsgüter** (Leben, Körper, Gesundheit, Freiheit, Eigentum) des anderen Teils vor Schäden zu bewahren. Die einschlägigen Schutzpflichten weisen eine enge Verwandtschaft mit den deliktischen Verkehrspflichten im Rahmen des § 823 I auf (→ § 1 Rn. 22). Praktisch relevant sind in erster Linie die Fälle, in denen der andere Teil beim Betreten des Geschäftslokals verletzt wird. Da diese Fallgruppe bereits mehrfach angesprochen worden ist (→ Rn. § 8 Rn. 6), muss darauf nicht weiter eingegangen werden.

2. Schutz des Vermögens

10 Die Schutzpflichten nach § 241 II beziehen auch im vorvertraglichen Stadium das **Vermögen als solches** mit ein. Der Sache nach geht es vor allem um die Verletzung von Aufklärungs- und Beratungspflichten. Zwei Fallgruppen lassen sich unterscheiden.

a) Nichtzustandekommen eines günstigen Vertrages

11 Die Verletzung vorvertraglicher Pflichten kann dazu führen, dass ein für den anderen Teil günstiger Vertrag nicht zustande kommt. Grundsätzlich steht den Parteien zwar bis zuletzt frei, von dem in Aussicht genommenen Vertrag Abstand zu nehmen. Da dies allen Beteiligten bekannt sein muss, kann keiner berechtigterweise auf das Zustandekommen des Vertrages vertrauen. Der **Abbruch der Vertragsverhandlungen** kann daher im Allgemeinen keine Haftung begründen.[118] Eine Ausnahme gilt jedoch, wenn der eine Teil im Hinblick auf das Zustandekommen des Vertrages einen besonderen Vertrauenstatbestand schafft und dadurch den anderen zu vermögensschädigenden Dispositionen veranlasst; scheitert der Vertrag dann aus Gründen, die in der Sphäre des Ersteren liegen, so kann eine Haftung wegen Verschuldens bei Vertragsverhandlungen gerechtfertigt sein.

> **Beispiel** (nach BAG JZ 1964, 324): Der als Tonmeister beim Radiosender R beschäftigte T möchte sich beruflich verändern. Er verhandelt deshalb mit dem Intendanten des Opernhauses der Stadt S (I) wegen einer Anstellung. Bei den Verhandlungen weist I den T darauf hin, dass er seinen Vertrag mit R umgehend kündigen müsse, um dem Opernhaus in der kommenden Spielzeit zur Verfügung zu stehen. Da der Haushalt der Oper noch nicht genehmigt sei, könne man zwar zurzeit keinen Vertrag abschließen. Dies sei jedoch bloße »Formsache«. Wenige Wochen nach der Kündigung des Vertrages mit R teilt I dem T mit, dass der Posten nicht im Etat bewilligt worden ist. Muss S dem T Schadensersatz leisten?
> In Betracht kommt ein Schadensersatzanspruch aus § 280 I. Durch die Aufnahme der Vertragsverhandlungen ist zwischen S und T ein vorvertragliches Schuldverhältnis nach § 311 II Nr. 1 zustande gekommen. Im Rahmen dieses Schuldverhältnisses war S verpflichtet, auf die Rechtsgüter und Interessen des T Rücksicht zu nehmen (§ 241 II). Bei den Verhandlungen hätte daher nicht der Eindruck erweckt werden dürfen, der Vertragsschluss sei nur noch Formsache. Vielmehr hatte der T über die haushaltstechnischen Risiken aufgeklärt werden müssen. Diese Schutzpflicht der S hat I schuldhaft verletzt. Die S muss sich das Verschulden des I nach §§ 89, 31 oder § 278 zurechnen lassen.[119] Der Schaden des T besteht in dem Wegfall seines Gehalts bei R. Der Anspruch ist damit gegeben.

---

118 Vgl. *Schlechtriem/Schmidt-Kessel* SchuldR AT Rn. 34.
119 Der I ist als Intendant der städtischen Oper als Organ der S iSd §§ 31, 89 anzusehen. Nach hM wird § 278 durch diese Vorschriften verdrängt (→ § 23 Rn. 37).

Liegen die Voraussetzungen der §§ 280 I, 311 II, 241 II vor, so hat der Schädiger den 12
Geschädigten nach § 249 I so zu stellen, wie dieser ohne das pflichtwidrige Verhalten
stünde. Da die Pflichtwidrigkeit nicht im Abbruch der Vertragsverhandlungen, sondern in der Schaffung des Vertrauenstatbestands besteht, sind nur die Schäden ersatzfähig, die auf den nachteiligen Dispositionen des Geschädigten beruhen. Der Anspruch
richtet sich also auf das **Vertrauensinteresse**. Etwas anderes gilt jedoch, wenn feststeht,
dass der Vertrag bei pflichtgemäßem Verhalten zustande gekommen wäre.[120] In diesem
Fall muss der Schädiger dem Geschädigten ausnahmsweise das **Erfüllungsinteresse** ersetzen. Ein Anspruch auf Abschluss des Vertrages besteht aber auch hier nicht.[121]

> **Beispiel:** Im Tonmeister-Fall (→ Rn. § 8 Rn. 11) wäre der Vertrag mit S auch bei pflichtgemäßer
> Aufklärung des T nicht zustande gekommen. Ein Anspruch auf Ersatz des Erfüllungsinteresses scheidet damit aus.

Parallele Probleme ergeben sich, wenn eine Partei im Einzelfall für die **Unwirksamkeit** 13
des Vertrages verantwortlich ist oder es schuldhaft versäumt hat, den anderen Teil auf
die drohende Unwirksamkeit des Vertrages **hinzuweisen**.[122] Auch hier steht der anderen Partei ein Schadensersatzanspruch aus §§ 280 I, 311 II, 241 II zu, der auf das **Vertrauensinteresse** gerichtet ist.

b) Zustandekommen eines ungünstigen Vertrages

Die zweite Fallgruppe ist dadurch gekennzeichnet, dass ein **nachteiliger Vertrag** zu- 14
stande kommt, den der Geschädigte bei ordnungsgemäßer Aufklärung oder Beratung
nicht oder zu anderen Konditionen geschlossen hätte. Hierher gehört insbesondere
der Fall, dass der Verkäufer den Käufer fahrlässig über die Rentabilität des Geschäfts
täuscht.

> **Beispiel** (BGH NJW 1998, 302): K hat von V mit notariellem Vertrag für 150.000 EUR eine
> Eigentumswohnung gekauft und zur Finanzierung des Kaufpreises bei der B-Bank ein Darlehen aufgenommen. Bei den Verhandlungen hat V dem K zugesichert, dass die Kreditkosten
> durch Mieteinnahmen und Steuervorteile gedeckt würden. Tatsächlich betragen die jährlichen
> Unkosten mindestens 2.000 EUR. Die Differenz beruht darauf, dass V die Mieteinnahmen
> und Steuervorteile infolge von Fahrlässigkeit falsch berechnet hat. Welche Ansprüche hat K
> gegen V?

In solchen Fällen ist anerkannt, dass der Käufer unter dem Gesichtspunkt des Ver- 15
schuldens bei Vertragsverhandlungen (§§ 280 I, 311 II, 241 II) Ersatz der Schäden verlangen kann, die bei der Durchführung des nachteiligen Vertrages entstanden sind.
Sehr umstritten ist jedoch, ob der Schadensersatzanspruch nach § 249 I auch auf **Rückgängigmachung** des Vertrages gerichtet werden kann.[123] Nach allgemeinen Grundsätzen muss der Geschädigte so gestellt werden, als ob die Pflichtverletzung nicht begangen worden wäre. Hätte der Geschädigte bei ordnungsgemäßer Aufklärung oder
Beratung den Vertrag nicht geschlossen, so läuft dies auf die Rückgängigmachung des
Vertrages hinaus. Fraglich ist jedoch, ob die §§ 123, 124 nicht als abschließende Sonderregelung zu betrachten sind.

---

120 Vgl. BGHZ 120, 281 (284); BGH NJW 1998, 2900; Palandt/*Grüneberg* § 311 Rn. 56.
121 Vgl. *Harke* SchuldR AT Rn. 45.
122 Zu dieser Fallgruppe vgl. BGHZ 99, 101 (106ff.); MüKoBGB/*Emmerich* § 311 Rn. 183.
123 Eing. dazu *Canaris* AcP 200 (2000), 273 (304ff.).

16 § 123 lässt die Anfechtung des Vertrages nur bei **arglistiger** Täuschung zu. Nach § 124 muss bei der Anfechtung eine **kurze Frist** gewahrt werden. Damit erscheint es schwer vereinbar, für die Rückgängigmachung des Vertrages wegen Verschuldens bei Vertragsverhandlungen jede »fahrlässige Täuschung« ausreichen zu lassen und in diesem weniger gravierenden Fall auch noch auf eine Ausschlussfrist zu verzichten.[124] Nach Ansicht des BGH kommt die Rückgängigmachung des Vertrages unter dem Aspekt der culpa in contrahendo gleichwohl in Betracht. Erforderlich sei aber, dass dem Getäuschten aufgrund des Vertragsschlusses ein **Vermögensschaden** entstanden ist.[125] Dahinter steht die Erwägung, die culpa in contrahendo schütze (anders als die Anfechtung nach § 123) nicht die Selbstbestimmung über den Abschluss des Vertrages, sondern allein das Vermögen. Dem ist jedoch entgegenzuhalten, dass die rechtsgeschäftliche **Entscheidungsfreiheit** zu den Interessen gehört, auf die nach §§ 311 II, 241 II Rücksicht zu nehmen ist (→ § 1 Rn. 21). Bei vorvertraglichen Schutzpflichtverletzungen hängt der Anspruch auf Rückgängigmachung des Vertrages also nicht vom Eintritt eines Vermögensschadens ab.[126] Die hier befürwortete Konzeption führt zwar zu Spannungen mit den Wertungen der §§ 119ff. Diese Spannungen beruhen jedoch darauf, dass die §§ 280 I, 311 II, 241 II bei der Schuldrechtsreform nicht auf die Regelungen über die Anfechtung abgestimmt wurden.

17 Bezieht sich die Aufklärungspflichtverletzung auf die Beschaffenheit der Kaufsache, so muss das Verhältnis der Haftung wegen Verschuldens bei Vertragsschluss zur **kaufrechtlichen Gewährleistung** (§§ 434ff.) geprüft werden. Die hM geht zu Recht vom grundsätzlichen Vorrang des Gewährleistungsrechts aus (→ SchuldR BT § 8 Rn. 8). Denn die besonderen Regeln der §§ 434ff. dürfen nicht durch den Rückgriff auf die allgemeinen Regeln der culpa in contrahendo unterlaufen werden.[127] Eine Ausnahme gilt nach der Rechtsprechung allerdings für den Fall, dass der Verkäufer vorsätzlich oder arglistig gehandelt hat. Da der Verkäufer bei Vorsatz oder Arglist nicht schutzwürdig ist, bestehen die Ansprüche aus Verschulden bei Vertragsschluss und kaufrechtlicher Gewährleistung nebeneinander.[128]

18 Ob der Geschädigte wegen einer vorvertraglichen Aufklärungspflichtverletzung analog § 324 vom Vertrag **zurücktreten** kann, ist umstritten. Für die Anwendung des § 324 spricht, dass es nicht einsichtig wäre, wenn der Geschädigte nur bei nachvertraglichen Schutzpflichtverletzungen ein **verschuldensunabhängiges** Recht zur Rückgängigmachung des Vertrages hätte.[129] Ein Rücktritt nach § 324 analog setzt allerdings voraus, dass dem Geschädigten ein Festhalten am Vertrag **nicht zumutbar** ist (→ § 34 Rn. 2).[130]

---

124 Für Vorrang der Anfechtung deshalb *Grigoleit* NJW 1999, 900 (902f.).
125 BGH NJW 1998, 302 (303ff.); WM 2007, 1182; NZM 2008, 379; krit. *Fleischer* AcP 200 (2000), 91 (118); *S. Lorenz* ZIP 1998, 1053 (1055).
126 So auch Palandt/*Grüneberg* § 311 Rn. 13; Medicus/*Lorenz* SchuldR AT Rn. 538; *Harke* SchuldR AT Rn. 288; *Kersting* JZ 2008, 714ff.; *Grunewald* FS Wiedemann, 2002, 75 (80ff.).
127 Vgl. statt vieler *Harke* SchuldR AT Rn. 288; *Dassbach* JA 2016, 325 (331).
128 So grdl. BGHZ 180, 205 (210ff.).
129 BeckOK BGB/*Schmidt*, 54. Ed. 1.5.2020, § 324 Rn. 7; Soergel/*Gsell* § 324 Rn. 6; *Brox/Walker* SchuldR AT § 25 Rn. 20; *Harke* SchuldR AT Rn. 291; *Grunewald* FS Wiedemann, 2002, 75 (76ff.); *Dassbach* JA 2016, 325 (331); aA Jauernig/*Stadler* § 324 Rn. 4; Staudinger/*Schwarze*, 2020, § 324 Rn. 15f.; *Mankowski* ZGS 2003, 91ff.
130 Dazu *Grunewald* FS Wiedemann, 2002, 75 (79f.).

Literatur: *Ballerstedt*, Zur Haftung für culpa in contrahendo bei Geschäftsabschluss durch Stellvertreter, AcP 151 (1951), 501; *Canaris*, Die Vertrauenshaftung im Deutschen Privatrecht, 1971; *Canaris*, Wandlungen des Schuldvertragsrechts – Tendenzen zu seiner »Materialisierung«, AcP 200 (2000), 273; *Canaris*, Die Vertrauenshaftung im Lichte der Rechtsprechung des Bundesgerichtshofs, in 50 Jahre Bundesgerichtshof, FG aus der Wissenschaft, Bd. I, 2000, 129; *Canaris*, Die Reform des Rechts der Leistungsstörungen, JZ 2001, 499; *Dassbach*, Vorvertragliche Informationspflichten, JA 2016, 325; *Fleischer*, Konkurrenzprobleme um die culpa in contrahendo: Fahrlässige Irreführung versus arglistige Täuschung, AcP 200 (2000), 91; *Grigoleit*, Neuere Tendenzen zur schadensrechtlichen Vertragsaufhebung, NJW 1999, 900; *Grunewald*, Die Loslösung vom nicht erwartungsgerechten Vertrag, FS Wiedemann, 2002, 75; *Heinrichs*, Bemerkungen zur culpa in contrahendo nach der Reform – Die Tatbestände des § 311 Abs. 2 BGB, FS Canaris I, 2007, 421; *Katzenstein*, Die Bedeutung der vertraglichen Bindung für die culpa-Haftung des Vertragsschuldners auf Schadensersatz, JURA 2004, 800 (Teil 1), JURA 2005, 73 (Teil 2); *Kersting*, Die Rechtsfolge vorvertraglicher Informationspflichtverletzung – Vertragsaufhebung oder »Minderung« aus c. i. c.?, JZ 2008, 714; *Lieb*, Culpa in contrahendo und rechtsgeschäftliche Entscheidungsfreiheit, FS Medicus, 1999, 337; *S. Lorenz*, Vertragsaufhebung wegen culpa in contrahendo: Schutz der Entscheidungsfreiheit oder des Vermögens?, ZIP 1998, 1053; *S. Lorenz*, Grundwissen – Zivilrecht: Culpa in contrahendo (§ 311 II, III BGB), JuS 2015, 398; *Mankowski*, § 324 ist keine Lösung für die fahrlässige Täuschung, ZGS 2003, 91; *Schwab*, Grundfälle zu culpa in contrahendo, Sachwalterhaftung und Vertrag mit Schutzwirkung für Dritte nach neuem Schuldrecht, JuS 2002, 773 und 872; *M. Weber*, Haftung für in Aussicht gestellten Vertragsabschluss, AcP 192 (1992), 390; *Weiler*, Culpa in Contrahendo, Anfechtung und Kaufrecht – alte Konkurrenzfragen in neuem Licht, ZGS 2002, 249.

§ 9 Einbeziehung Dritter in das Schuldverhältnis

Das vorvertragliche Schuldverhältnis nach § 311 II entsteht grundsätzlich nur zwischen den **Parteien** des in Aussicht genommenen Vertrages. In Rechtsprechung und Literatur ist jedoch seit langem anerkannt, dass **Dritte** auch über die Fälle des Vertrages zugunsten Dritter (§§ 328 ff.) hinaus sowohl als Berechtigte als auch als Verpflichtete in das Schuldverhältnis einbezogen sein können. Diesen Gedanken hat der Gesetzgeber in § 311 III aufgenommen. § 311 III 1 stellt klar, dass ein Schuldverhältnis mit Pflichten nach § 241 II auch zu Personen entstehen kann, die selbst nicht Vertragspartei werden sollen.

I. Schuldverhältnis mit Schutzwirkung für Dritte

1. Problemstellung

In manchen Fällen besteht das Bedürfnis, die aus dem Schuldverhältnis resultierenden Schutzpflichten auch Dritten zugutekommen zu lassen, die in einem gewissen **Näheverhältnis** zu einer Vertragspartei stehen. Dahinter steht der Befund, dass ein Schuldverhältnis auch größere Einwirkungsmöglichkeiten auf die Rechtsgüter und Interessen eines Dritten schaffen kann, der mit dem Vertragspartner verbunden ist. Wegen der Exkulpationsmöglichkeit des § 831 und des sehr lückenhaften Vermögensschutzes wird der Dritte durch das Deliktsrecht nicht immer ausreichend geschützt.[131] Die Problematik kann sich sowohl bei *vertraglichen* als auch bei *vorvertraglichen* Schuldverhältnissen stellen.

---

131 BGH MDR 2017, 73 Rn. 15; Staudinger/*Klumpp*, 2015, § 328 Rn. 91.

Beispiele: (1) Die achtjährige Tochter (T) begleitet ihre Mutter M zum Einkaufen in das Lebensmittelgeschäft des V. Dort rutscht T auf einem Gemüseblatt aus, das der bislang immer sorgfältige Angestellte (A) des V infolge von Fahrlässigkeit nicht entfernt hat. Bei dem Sturz wird T verletzt und muss ärztlich behandelt werden.[132]
(2) Vermieter V lässt das Treppengeländer des vermieteten Hauses vom Hausmeister H reparieren. Der sonst sehr zuverlässige H arbeitet unsachgemäß. Die sechsjährige Tochter (T) des Mieters M stürzt deshalb die Treppe hinunter und verletzt sich erheblich.
In beiden Fällen ist T nicht Vertragspartei und sollte dies auch nicht werden. Deliktische Ansprüche aus § 831 scheitern an der Exkulpationsmöglichkeit des V. Bei wertender Betrachtung ist T indes ebenso schutzwürdig wie M. Es besteht daher ein Bedürfnis, die T in das Schuldverhältnis zwischen V und M einzubeziehen. Der T steht dann ein eigener vertraglicher Schadensersatzanspruch aus § 280 I iVm §§ 311 II, 241 II (Beispiel 1) bzw. § 536a I Alt. 2 (Beispiel 2) zu, wobei V für das Verschulden seines Erfüllungsgehilfen unbedingt einstehen muss (§ 278).

3   Bei der Erörterung des vertraglichen Schutzes von Dritten steht der Ersatz von **Körperschäden** traditionell im Vordergrund. In neuerer Zeit gewinnt der Ersatz von **Vermögensschäden** aber immer größere Bedeutung.[133] Diese Entwicklung wird durch die §§ 311 III 1, 241 II bestätigt. Möglicher Gegenstand des Drittschutzes sind danach alle Rechte, Rechtsgüter und Interessen, auf die sich eine Schutzpflicht nach § 241 II beziehen kann.

2. Dogmatische Einordnung

4   Unter welchen Voraussetzungen Dritte als potentielle Berechtigte in den Schutzbereich eines Schuldverhältnisses einbezogen werden, beurteilt sich nach den Grundsätzen über den **Vertrag** (bzw. das Schuldverhältnis) **mit Schutzwirkung für Dritte.** Rechtsprechung und Literatur haben diese Rechtsfigur aus einer Analogie zu den Vorschriften über den *Vertrag zugunsten Dritter* (§ 328) entwickelt. In neuerer Zeit stellt die Rechtsprechung aber auf die Regeln der ergänzenden Vertragsauslegung (§§ 133, 157) ab.[134]

5   Beide Ansätze können nicht überzeugen. Gegen den Rückgriff auf § 328 spricht, dass es beim Vertrag mit Schutzwirkung für Dritte nicht darum geht, dem Dritten einen eigenen *Leistungsanspruch* zu verschaffen. Das Schuldverhältnis gegenüber dem Dritten erschöpft sich vielmehr in **Schutzpflichten** nach § 241 II.[135] Es handelt sich auch nicht um ein Problem, das sich durch ergänzende Vertragsauslegung lösen lässt. Denn zum einen werden die Parteien beim Vertragsschluss im Allgemeinen nicht daran gedacht haben, ob und in welchem Umfang Dritte geschützt werden sollen.[136] Zum anderen ist anerkannt, dass die Grundsätze über den Vertrag mit Schutzwirkung für Dritte auch auf *vorvertragliche Schuldverhältnisse* anwendbar sind.[137] Hier gibt es aber noch keinen Vertrag, durch dessen Auslegung der Schutzbereich des Schuldverhältnisses bestimmt werden könnte.

---

132 Vgl. BGHZ 66, 51.
133 Vgl. Palandt/*Grüneberg* § 328 Rn. 15.
134 Vgl. BGHZ 56, 269 (273); BGH NJW 2004, 3035 (3036); MDR 2017, 73 Rn. 15; Palandt/*Grüneberg* § 328 Rn. 14.
135 Vgl. Staudinger/*Klumpp*, 2015, § 328 Rn. 97.
136 Vgl. *Larenz* SchuldR I § 17 II.
137 Vgl. den Gemüseblatt-Fall BGHZ 66, 51 (→ § 9 Rn. 2, Beispiel 1).

Aus den vorstehenden Überlegungen folgt, dass es sich bei der Einbeziehung Dritter in **6** den Schutzbereich eines Vertrages oder eines vorvertraglichen Schuldverhältnisses um ein **rechtsgeschäftsähnliches** Schuldverhältnis mit Schutzpflichten nach § 241 II handelt, das kraft Gesetzes zustande kommt. Es erscheint daher angebracht, das Institut von der herkömmlichen Verknüpfung mit § 328 zu lösen. Teilweise wird von einer **richterlichen Rechtsfortbildung** auf der Grundlage von Treu und Glauben (§ 242) ausgegangen.[138] Bei systematischer Betrachtung liegt es aber näher, den Vertrag mit Schutzwirkung für Dritte als Ausprägung der Grundregel des § 311 III 1 zu verstehen.[139] Dass § 311 III 2 nur die *Haftung* von Dritten regelt, steht dem nicht entgegen. Denn aus der Formulierung der Vorschrift (»insbesondere«) ergibt sich, dass damit keine abschließende Regelung getroffen werden soll.[140]

Für die praktische Rechtsanwendung ist der Streit über die dogmatische Einordnung **7** ohne Bedeutung. Denn die **Voraussetzungen** für die Einbeziehung Dritter in den Schutzbereich eines Schuldverhältnisses können weder den §§ 328 ff. noch dem § 311 III 1 entnommen werden. Außerdem besteht über die konkreten Kriterien großer Konsens.

3. Voraussetzungen für die Einbeziehung Dritter in den Schutzbereich

In Rechtsprechung und Literatur ist anerkannt, dass der Schutzbereich eines Schuld- **8** verhältnisses nur unter **strengen Voraussetzungen** auf Dritte erstreckt werden darf.[141] Die restriktive Haltung beruht darauf, dass die Einbeziehung Dritter die *Relativität* schuldrechtlicher Pflichten durchbricht (→ § 1 Rn. 29 f.) und das *Haftungsrisiko* des Schädigers erweitert.[142] Es kann daher nicht angehen, dass jeder Dritte, der aufgrund einer Schutzpflichtverletzung einen Schaden erlitten hat, aus dem Schuldverhältnis einen eigenen Schadensersatzanspruch ableiten kann. Folgende Kriterien sind vielmehr zu beachten:

a) Bestimmungsgemäße Leistungsnähe des Dritten

Erforderlich ist erstens, dass der Dritte bestimmungsgemäß mit der Leistung des **9** Schuldners in Berührung kommt und deshalb den damit verbundenen Risiken in gleichem Maße wie der Gläubiger ausgesetzt ist (**Leistungsnähe**). Diese Voraussetzung trifft zB auf Arbeitnehmer zu, die eine vom Arbeitgeber gekaufte Maschine bedienen sollen.[143]

> **Beispiel:** Der Sägewerksbesitzer K hat bei dem Maschinenhersteller V eine elektrische Sägemaschine gekauft. Bei der Bedienung der Motorsäge wird ein Arbeiter des K (A) am Arm verletzt. Es stellt sich heraus, dass die Verletzung auf einen Sicherheitsmangel der Säge zurückzuführen ist.

---

138 So Staudinger/*Klumpp*, 2015, § 328 Rn. 103; *Fikentscher/Heinemann* SchuldR Rn. 305.
139 MüKoBGB/*Ernst* Einl. SchuldR Rn. 49; *Brox/Walker* SchuldR AT § 5 Rn. 13; *Harke* SchuldR AT Rn. 433; *Lorenz/Riehm* Rn. 376; *Schlechtriem/Schmidt-Kessel* SchuldR AT Rn. 44; *Canaris* JZ 2001, 499 (520); *Schwab* JuS 2002, 872 (873); aA Jauernig/*Stadler* § 311 Rn. 49; Palandt/*Grüneberg* § 311 Rn. 60; Staudinger/*Klumpp*, 2015, § 328 Rn. 99 ff.; BeckOGK/*Herresthal*, 1.6.2019, BGB § 311 Rn. 309.
140 Vgl. NK-BGB/*Becker* § 311 Rn. 111.
141 Vgl. etwa BGH NJW 2008, 2245 (2247).
142 Vgl. BGHZ 51, 91 (96); 138, 257 (262); BGH MDR 2017, 73 Rn. 15; *Medicus/Petersen* BürgerlR Rn. 844.
143 Vgl. *Medicus/Petersen* BürgerlR Rn. 844.

A steht ein eigener Schadensersatzanspruch gegen V aus §§ 434, 437 Nr. 3, 280 I in Verbindung mit den Grundsätzen über den Vertrag mit Schutzwirkung für Dritte zu.

Bestimmungsgemäße Leistungsnähe besteht auch bei **Angehörigen des Mieters,** die mit diesem in häuslicher Gemeinschaft leben (vgl. Treppengeländer-Fall → § 9 Rn. 2).[144] Besucher und Gäste des Mieters werden dagegen nicht vom Schutzbereich des Mietvertrags erfasst.[145] Bei der Miete von Geschäftsräumen sind die Arbeitnehmer des Mieters in den Schutzbereich des Mietvertrags einbezogen.[146] Im **vorvertraglichen Stadium** kann die potentielle Nähe des Dritten zur Leistung des Vertragspartners nicht den Ausschlag geben. So ist es im Gemüseblatt-Fall (→ § 9 Rn. 2) irrelevant, ob die einzukaufenden Lebensmittel von T mitverzehrt werden sollen. Entscheidend ist, dass T den Gefahren von Schutzpflichtverletzungen durch V in gleicher Weise ausgesetzt ist wie die potentielle Vertragspartnerin M.[147] Anknüpfungspunkt ist also der bestimmungsgemäße Kontakt mit dem Gefahrenbereich des Schuldverhältnisses. Man kann auch von einer besonderen »**Einwirkungsnähe**« des Dritten sprechen.[148]

b) Berechtigtes Interesse des Gläubigers an der Einbeziehung des Dritten

10 Der Gläubiger muss zweitens ein berechtigtes Interesse an der Einbeziehung des Dritten in den Schutzbereich des Schuldverhältnisses haben **(Gläubigerinteresse).** Für *Körper- und Sachschäden* hat die Rechtsprechung die sog. »**Wohl- und Wehe-Formel**« entwickelt. Das notwendige Schutzinteresse soll danach gegeben sein, »wenn der Gläubiger sozusagen für das Wohl und Wehe des Dritten mitverantwortlich ist, weil dessen Schädigung auch ihn trifft, indem er ihm gegenüber zu Schutz und Fürsorge verpflichtet ist«.[149] Erfasst werden damit insbesondere personenrechtliche Fürsorgeverhältnisse, wie sie zwischen Eltern und Kindern, unter Ehegatten sowie zwischen Arbeitgeber und Arbeitnehmer bestehen.[150]

11 Die Wohl- und Wehe-Formel passt nur, wenn Gläubiger und Dritter dieselben Interessen haben. Bei reinen *Vermögensschäden* geht der BGH indes davon aus, dass die Voraussetzungen des Vertrages mit Schutzwirkung für Dritte auch vorliegen können, wenn die Interessen von Gläubiger und Drittem **gegenläufig** sind. Das berechtigte Interesse des Gläubigers am Schutz des Dritten muss dann auf andere Umstände gestützt werden.[151] Geschützt werden hiernach insbesondere solche Personen, in deren Interesse die Leistung des Schuldners nach der ausdrücklichen oder stillschweigenden Parteivereinbarung zumindest auch erbracht werden soll.[152] Praktische Bedeutung hat dies vor allem in Bezug auf die **Expertenhaftung für Gutachten,** die zur Vorlage an einen Dritten bestimmt sind.

---

144 BGHZ 49, 350 (353); 77, 116 (124); *Harke* SchuldR AT Rn. 435.
145 Vgl. BGHZ 2, 94 (97); HK-BGB/*Schulze* § 328 Rn. 20.
146 BGH NJW 2010, 3152 = JA 2011, 146 *(Looschelders).*
147 Vgl. BGH MDR 2017, 73 Rn. 17; Palandt/*Grüneberg* § 328 Rn. 17.
148 So *Medicus/Petersen* BürgerlR Rn. 844.
149 BGHZ 51, 91 (96).
150 BGH NJW 2010, 3152; MDR 2017, 73 Rn. 16; Palandt/*Grüneberg* § 328 Rn. 17a.
151 So ausdrücklich BGHZ 127, 378 = JZ 1995, 306 mAnm *Medicus;* BGHZ 138, 257 (261); vgl. auch *Canaris* JZ 1995, 441 ff.; *Medicus/Petersen* BürgerlR Rn. 846a. Für Verzicht auf das Kriterium des Gläubigerinteresses in solchen Fällen *Harke* SchuldR AT Rn. 436.
152 BGH MDR 2017, 73 Rn. 16.

Beispiel (BGHZ 127, 378): V hat die Absicht, sein Hausgrundstück zu verkaufen. Zur Vorbereitung des Geschäfts beauftragt er den Bausachverständigen B mit der Anfertigung eines Wertgutachtens. Bei der Erstellung des Gutachtens übersieht B aufgrund von Fahrlässigkeit, dass der Dachstuhl erhebliche Feuchtigkeitsschäden aufweist, die eine vollständige Ersetzung erforderlich machen. Er gelangt daher zu dem Schluss, dass »nennenswerte Reparaturen« zurzeit nicht erforderlich seien. Dem V sind die Schäden bekannt. Gleichwohl verkauft er das Grundstück unter Vorlage des Gutachtens an den ahnungslosen K. Im Vertrag wird die Haftung des V »für sichtbare oder unsichtbare Sachmängel« ausgeschlossen. Bei Renovierungsarbeiten auf dem Dachboden stellt K wenig später die Feuchtigkeitsschäden fest.
Der BGH hat einen vertraglichen Schadensersatzanspruch des K gegen B mit der Begründung bejaht, dass K in den Schutzbereich des Gutachtervertrags zwischen V und B einbezogen worden sei. V habe ein berechtigtes Interesse gehabt, dass B für die Richtigkeit des Gutachtens gegenüber K einsteht. Denn ohne eine solche Einstandspflicht wäre nicht gewährleistet, dass K sich auf das Gutachten verlässt und einen entsprechenden Kaufpreis zahlt. Dass V in Wirklichkeit nicht an einem richtigen Gutachten interessiert war, müsse als verborgener innerer Wille außer Betracht bleiben.

Nach der Rechtsprechung des BGH sind die zur Einschränkung des Kreises der geschützten Dritten entwickelten Kriterien – namentlich das besondere Interesse des Gläubigers am Schutz des Dritten – entbehrlich, wenn der Vertrag mit Schutzwirkung für Dritte im Einzelfall **keine Ausweitung des Haftungsrisikos** nach sich zieht.[153] Der Sache nach geht es um Verträge über die Erstellung von Gutachten, die zur Verwendung gegenüber Kreditgebern oder Kapitalanlegern bestimmt sind. Die Besonderheit dieser Fälle besteht darin, dass der Schaden von vornherein nur bei einem Dritten – dem Kreditgeber oder Anleger – und nicht beim Gläubiger selbst eintreten kann. Ob dies eine Aufweichung der allgemeinen Voraussetzungen des Vertrages mit Schutzwirkung für Dritte rechtfertigt, ist jedoch zweifelhaft. Da es sich um bloße Schadensverlagerungen handelt, wird in der Literatur zum Teil für einen Rückgriff auf die **Drittschadensliquidation** (→ § 46 Rn. 8 ff.) plädiert.[154] Maßgeblicher Haftungsgrund ist jedoch die Inanspruchnahme besonderen persönlichen Vertrauens durch den Gutachter. Von daher ist eine Lösung über die Grundsätze der **Sachwalterhaftung** (§ 311 III 2) vorzugswürdig (→ § 9 Rn. 24).

12

c) Erkennbarkeit und Zumutbarkeit

Leistungsnähe und *Gläubigerinteresse* müssen drittens für den Schuldner **erkennbar** gewesen sein.[155] Die Erkennbarkeit setzt nicht voraus, dass der Schuldner die Namen oder die Zahl der betroffenen Dritten kennt. Da das Haftungsrisiko kalkulierbar bleiben muss, kann aber nur eine überschaubare und klar abgegrenzte Personengruppe erfasst werden.[156] Im Bausachverständigen-Fall hat der BGH es allerdings ausreichen lassen, dass B gewusst hat, sein Gutachten werde für einen (potentiellen) Käufer relevant werden. Schließlich muss die Einbeziehung des Dritten im Hinblick auf die damit verbundene Ausweitung des Haftungsrisikos für den Schuldner auch **zumutbar** sein.[157]

13

---

153 So BGH NJW 2004, 3035 (3038).
154 So *Oechsler* LMK 2004, 178 (179); vgl. auch *Medicus/Petersen* BürgerlR Rn. 846a.
155 BGH MDR 2017, 73 Rn. 17.
156 HK-BGB/*Schulze* § 328 Rn. 17; MüKoBGB/*Gottwald* § 328 Rn. 187.
157 BGH MDR 2017, 73 Rn. 17.

d) Schutzbedürftigkeit des Dritten

14 Auch wenn die sonstigen Voraussetzungen vorliegen, kann die Einbeziehung des Dritten an dessen fehlender **Schutzbedürftigkeit** scheitern. Der BGH spricht auch davon, dass für die Ausdehnung des Vertragsschutzes nach Treu und Glauben ein Bedürfnis bestehen muss, weil der Dritte anderenfalls nicht ausreichend geschützt wäre.[158] Die Schutzbedürftigkeit ist regelmäßig zu verneinen, wenn dem Geschädigten wegen des schädigenden Ereignisses ein eigener *vertraglicher* Anspruch zusteht, der denselben oder zumindest einen gleichwertigen Inhalt hat wie der Anspruch, den der Dritte über die Einbeziehung in den Schutzbereich eines zwischen anderen geschlossenen Vertrages durchsetzen will.[159] Der **Untermieter** ist daher nicht in den Schutzbereich des Vertrages zwischen Vermieter und Hauptmieter einbezogen. Da der Untermieter bei schädigenden Ereignissen einen eigenen Schadensersatzanspruch aus § 536a I gegen seinen Vertragspartner – den Hauptmieter – hat, besteht kein Anlass, ihm unter dem Aspekt des Vertrages mit Schutzwirkung für Dritte auch noch einen Schadensersatzanspruch gegen den Vermieter aus § 536a I zuzubilligen.[160] Der BGH hat auch einen Schadensersatzanspruch gegen eine Kommune aus einem öffentlich-rechtlichen Verwahrungsverhältnis als gleichwertig anerkannt.[161] Ein *deliktischer* Schadensersatzanspruch lässt das Schutzbedürfnis des Dritten dagegen nicht entfallen, da Deliktsansprüche nicht gleichwertig sind.

4. Rechtsfolgen

15 Liegen die Voraussetzungen des Vertrages mit Schutzwirkung für Dritte vor, so treffen den Schuldner gegenüber dem Dritten die gleichen **Schutzpflichten** (§ 241 II) wie gegenüber dem Gläubiger. Verletzt der Schuldner diese Pflichten, so steht dem Dritten ein eigener vertraglicher oder vorvertraglicher Schadensersatzanspruch aus § 280 I (gegebenenfalls iVm § 278) zu. Der Dritte muss sich nach hM jedoch ein etwaiges **Mitverschulden des Gläubigers** anrechnen lassen.[162] Zur Begründung wird meist auf den Rechtsgedanken des § 334 verwiesen, wonach der in den Schutzbereich des Vertrages einbezogene Dritte gegenüber dem Schuldner keine weitergehenden Ansprüche als der Gläubiger geltend machen kann. Etwaige deliktische Ansprüche des Dritten sollen aber unberührt bleiben.

16 Gegen die hM spricht, dass § 334 sich in seinem unmittelbaren Anwendungsbereich – dem Vertrag zugunsten Dritter – auf den *Leistungsanspruch* des Dritten bezieht. Da der Leistungsanspruch sich aus dem Vertrag zwischen Gläubiger und Schuldner ergibt, müssen dem Schuldner insoweit die Einwendungen gegenüber dem Gläubiger erhalten bleiben. Diese Überlegung trifft auf Schutzpflichtverletzungen nicht zu. Hier muss es bei dem Grundsatz bleiben, dass der Geschädigte sich das Mitverschulden eines Drit-

---

158 BGHZ 200, 188 = NJW 2014, 2577 Rn. 11; BGH MDR 2017, 73 Rn. 17.
159 BGHZ 200, 188 = NJW 2014, 2577 Rn. 11.
160 Vgl. BGHZ 70, 327 (330); krit. *Grunewald* BürgerlR § 18 Rn. 13; *Harke* SchuldR AT Rn. 437; *Schwarze* AcP 203 (2003), 348 ff.
161 BGHZ 200, 188 Rn. 12 ff.: Keine Einbeziehung des Eigentümers eines verbotswidrig geparkten Kfz in den Schutzbereich des Vertrages zwischen Verwaltungsträger und privatem Abschleppunternehmer.
162 BGHZ 33, 247 (250); BGH NJW 1995, 392 (393); HK-BGB/*Schulze* § 328 Rn. 19; Palandt/*Grüneberg* § 254 Rn. 56; RGRK/*Ballhaus* § 328 Rn. 8; MüKoBGB/*Gottwald* § 328 Rn. 202.

ten **nur** anrechnen lassen muss, wenn dieser als sein **Erfüllungsgehilfe** oder **gesetzlicher Vertreter** anzusehen ist (§§ 254 II 2, 278).[163]

> **Beispiel:** Beruht der Unfall im Motorsägen-Fall (→ § 9 Rn. 9) auch darauf, dass K den A nicht ordnungsgemäß in die Bedienung der Säge eingewiesen hat, so muss der Schadensersatzanspruch des A gegen V aus § 280 I nach hM entsprechend § 334 um den Verschuldensanteil des K gekürzt werden. Nach der hier vertretenen Ansicht ist dies abzulehnen, weil K kein Erfüllungsgehilfe des A (§§ 254 II 2, 278) ist.

Nach verbreiteter Auffassung können die Grundsätze über den Vertrag mit Schutzwirkung für Dritte auch bei Verletzung von **Leistungspflichten** einen Schadensersatzanspruch des Dritten rechtfertigen.[164] Dies scheint dem Gedanken zu widersprechen, dass das Schuldverhältnis gegenüber dem Dritten nach § 311 III 1 auf Schutzpflichten (§ 241 II) beschränkt ist. 17

> **Beispiel** (nach BGH JZ 1966, 141): Der E möchte seine Tochter T als Alleinerbin einsetzen. Zur Beratung wird Rechtsanwalt A hinzugezogen. Nachdem E seine Absichten mit A besprochen hat, erklärt dieser sich bereit, zur Beurkundung des Testaments einen Notar beizuziehen und mit diesem alsbald wiederzukehren. In der Folgezeit fordert T den A mehrfach auf, doch bald mit dem Notar bei E zu erscheinen. A kommt diesen Aufforderungen jedoch nicht nach. Als E schließlich überraschend stirbt, erhält T aufgrund gesetzlicher Erbfolge lediglich die Hälfte des Nachlasses.
> Der T könnte ein Schadensersatzanspruch gegen A für die entgangene Nachlasshälfte aus § 280 I zustehen. Voraussetzung ist das Vorliegen eines Schuldverhältnisses zwischen T und A. Die T war zwar nicht Vertragspartner des A und hatte auch keinen eigenen Erfüllungsanspruch nach § 328. Der BGH hat aber die Auffassung vertreten, dass T in den Schutzbereich des Anwaltsvertrags zwischen E und A einbezogen worden sei. Dass A keine Schutz-, sondern eine Leistungspflicht verletzt habe, stehe dem Anspruch nach Treu und Glauben nicht entgegen.

Die Ausweitung des Vertrages mit Schutzwirkung für Dritte auf Leistungspflichtverletzungen ist bedenklich. Hat der Dritte keinen eigenen Erfüllungsanspruch, so können ihm auch keine Schadensersatzansprüche wegen Nichterfüllung zustehen. In den hier relevanten Fällen bestätigt sich jedoch, dass zahlreiche Pflichten eine »**Doppelnatur**« aufweisen, dh Leistungs- *und* Schutzpflichten sind (→ § 1 Rn. 11 ff.). Es ist daher möglich, dass die Nichtbringung der Leistung gegenüber dem Gläubiger im Verhältnis zu einem Dritten als Schutzpflichtverletzung anzusehen ist. So ist im Testaments-Fall die Beibringung des Notars im Verhältnis von A und E eine Leistungspflicht. Im Verhältnis von A und T handelt es sich dagegen um eine Schutzpflicht. A war bekannt, dass T als Alleinerbin eingesetzt werden sollte. Wenn er es gleichwohl versäumt hat, den Notar rechtzeitig beizuziehen, so hat er die gebotene Rücksicht auf die Interessen der T verletzt. 18

II. Haftung Dritter nach vertraglichen Grundsätzen

Unter welchen Voraussetzungen Dritte als Schädiger ausnahmsweise einer vertraglichen Haftung unterworfen sind, ist in § 311 III 2 geregelt. Erforderlich ist danach, dass der Dritte in besonderem Maße persönliches Vertrauen für sich in Anspruch ge- 19

---

163 So auch *Bayer* JuS 1996, 473 (477); *Berg* JuS 1977, 363 (367); *Denck* JuS 1976, 429 (430); eing. *Looschelders* Mitverantwortlichkeit 526 ff.
164 *Medicus/Petersen* BürgerlR Rn. 847; Palandt/*Grüneberg* § 328 Rn. 15.

nommen und dadurch die Vertragsverhandlungen oder den Vertragsschluss erheblich beeinflusst hat. Die Vorschrift kodifiziert damit im Wesentlichen die frühere Rechtsprechung zur vertraglichen Dritthaftung (sog. **Sachwalterhaftung**[165]). Sie ist aber nicht abschließend.[166] Rechtsprechung und Literatur können damit auf der Grundlage des § 311 III 1 weitere Fallgruppen entwickeln, bei denen eine vertragliche Dritthaftung gerechtfertigt erscheint.[167]

1. Voraussetzungen der Dritthaftung

20 Entscheidendes Kriterium ist die Inanspruchnahme **persönlichen Vertrauens** (»Vertrauen für sich«). Das Vertrauen muss in *besonderem* Maße in Anspruch genommen werden, dh über das normale Verhandlungsvertrauen hinausgehen. Der bloße Hinweis auf die eigene Sachkunde genügt nicht.[168]

Durch die Inanspruchnahme des persönlichen Vertrauens muss der Dritte die Vertragsverhandlungen oder den Vertragsschluss erheblich **beeinflusst** haben. Erforderlich ist also ein kausaler Zusammenhang zwischen der Inanspruchnahme des Vertrauens und dem Abschluss oder Inhalt des Vertrages. Nimmt jemand bei den Vertragsverhandlungen besonderes Vertrauen für sich in Anspruch, so ist zu vermuten, dass dies einen Einfluss auf das Ergebnis gehabt hat. Der Dritte müsste also darlegen und beweisen, dass ein solcher Einfluss ausnahmsweise nicht eingetreten ist.[169]

21 Neben der Inanspruchnahme persönlichen Vertrauens ist das **wirtschaftliche Eigeninteresse** des Dritten am Vertragsschluss von der Rechtsprechung wiederholt in den Vordergrund gestellt worden.[170] In neuerer Zeit wird hierauf aber nur noch zurückgegriffen, wenn der Dritte bei wirtschaftlicher Betrachtung gleichsam in eigener Sache tätig geworden ist und nur aus formalen Gründen nicht selbst Vertragspartei werden sollte.[171] Diese Voraussetzung kann etwa vorliegen, wenn ein Gebrauchtwagenhändler aus steuerlichen Gründen einen in Zahlung genommenen Pkw nicht im eigenen Namen, sondern im Namen des Kunden verkauft.[172] Das allgemeine Interesse des Geschäftsführers oder Gesellschafters einer GmbH am wirtschaftlichen Erfolg des Unternehmens soll dagegen nicht ausreichen.[173] Die Entwicklung der Rechtsprechung ist in diesem Bereich noch so stark im Fluss, dass der Gesetzgeber darauf verzichtet hat, das wirtschaftliche Eigeninteresse des Dritten in § 311 III 2 als selbstständiges Kriterium zu verankern.[174] Es kann damit nur im Rahmen des § 311 III 1 berücksichtigt werden.

---

165 Zum Begriff des Sachwalters vgl. BGH NJW 1989, 293 (294).
166 Palandt/*Grüneberg* § 311 Rn. 60.
167 Vgl. BT-Drs. 14/6040, 163.
168 Vgl. BGHZ 126, 181 (189); *Medicus/Petersen* BürgerlR Rn. 200b.
169 NK-BGB/*Becker* § 311 Rn. 118.
170 Vgl. BGHZ 14, 313 (318); 79, 281 (286).
171 Vgl. Palandt/*Grüneberg* § 311 Rn. 61; *Medicus/Petersen* BürgerlR Rn. 200a.
172 BGHZ 79, 281 (286).
173 Vgl. BGHZ 126, 181 (183ff.); Palandt/*Grüneberg* § 311 Rn. 65.
174 Vgl. *Canaris* JZ 2001, 499 (520).

2. Fallgruppen

a) Haftung von Vertretern und Verhandlungsgehilfen

Die Dritthaftung nach § 311 III 2 gilt zunächst für den Fall, dass der **Vertreter** oder **22**
Verhandlungsgehilfe einer Partei bei den Vertragsverhandlungen besonderes Vertrauen für sich in Anspruch genommen hat. Repräsentativ ist der Gebrauchtwagenhändler, der einen in Zahlung genommenen Pkw im Namen des Kunden verkauft. Solche Gestaltungen hatten früher vor allem steuerliche Gründe. Nach geltendem Recht bietet sich der Verkauf im Namen des Kunden an, wenn der Autohändler verhindern will, dass der Käufer durch die Vorschriften über den Verbrauchsgüterkauf (§§ 474 ff.) geschützt wird. Hier kommt aber die Annahme eines Umgehungsgeschäfts (§ 476 I 2) in Betracht (→ SchuldR BT § 14 Rn. 15 ff.).[175]

> **Beispiel** (nach BGHZ 63, 382; 79, 281): Gebrauchtwagenhändler G verkauft den in Zahlung genommenen Pkw des Verbrauchers E in dessen Namen für 12.000 EUR an K. Der Kaufvertrag enthält die Klausel »Gekauft wie besichtigt, unter Ausschluss aller Gewährleistung«. G weiß, dass der Pkw aufgrund von Unfallschäden nicht verkehrssicher ist, verschweigt dies aber. K verlangt von G Ersatz der Kosten, die ihm im Zusammenhang mit dem Abschluss des Kaufvertrags und der Finanzierung des Kaufpreises entstanden sind.
> Anspruchsgrundlage ist § 280 I iVm § 311 III 2. G ist zwar nicht Partei des Kaufvertrags über den Pkw. Er hat bei den Verhandlungen aber besonderes Vertrauen für sich in Anspruch genommen. Hinzu kommt ein eigenes wirtschaftliches Interesse des G am Vertragsschluss (→ § 9 Rn. 21).

b) Haftung von Sachverständigen und anderen Experten

Eine weitere mögliche Fallgruppe des § 311 III 2 betrifft Dritte, die aufgrund besonderer beruflicher Sachkunde oder besonderer persönlicher Zuverlässigkeit maßgeblichen **23**
Einfluss auf die Vertragsverhandlungen haben.[176] Hier geht es etwa um die Haftung von Sachverständigen, Gutachtern, Rechtsanwälten, Steuerberatern und Wirtschaftsprüfern.[177] Nach einer in der Literatur verbreiteten Auffassung setzt § 311 III 2 allerdings voraus, dass der Sachverständige oder Gutachter *konkreten* Einfluss auf die Vertragsverhandlungen genommen hat.[178] Dafür wird ein der Aufnahme von Vertragsverhandlungen oder der Vertragsanbahnung ähnlicher (persönlicher) Kontakt mit dem Geschädigten gefordert. Ein schriftliches Gutachten für den anderen Teil soll nicht ausreichen.[179]

Die Rechtsprechung stützt die Haftung von Sachverständigen und anderen Experten **24**
nach wie vor meist auf die Figur des **Vertrages mit Schutzwirkung für Dritte** (→ § 9 Rn. 11 f.).[180] Die Annahme eines berechtigten Interesses des Gläubigers am Schutz des Dritten ist hier jedoch oft zweifelhaft; der Verzicht auf dieses Kriterium verwischt die Konturen des Vertrages mit Schutzwirkung für Dritte. Die Inanspruchnahme beson-

---

175 Vgl. Palandt/*Grüneberg* § 311 Rn. 66.
176 Vgl. Begr. RegE, BT-Drs. 14/6040, 163; MüKoBGB/*Emmerich* § 311 Rn. 197 ff.; *Medicus/Lorenz* SchuldR AT Rn. 874; *Koch* AcP 204 (2004), 59 ff.; *Kersting*, Die Dritthaftung für Informationen im Bürgerlichen Recht, 112 ff.
177 Vgl. NK-BGB/*Becker* § 311 Rn. 122.
178 Vgl. Staudinger/*Klumpp*, 2015, § 328 Rn. 100; gegen Rückgriff auf § 311 III 2 in diesen Fällen auch Palandt/*Grüneberg* § 311 Rn. 60.
179 *Leyens* JuS 2018, 217 (219 f.).
180 Vgl. BGH NJW-RR 2007, 1329 (1332); 2008, 286 (287); ebenso Palandt/*Grüneberg* § 328 Rn. 34.

deren persönlichen Vertrauens ist deshalb der treffendere Ansatz zur Begründung der Haftung.[181]

> **Beispiel:** Im Bausachverständigen-Fall (→ § 9 Rn. 11) hat B aufgrund seiner fachlichen Qualifikation bei K besonderes Vertrauen für sich in Anspruch genommen und dadurch den Vertragsschluss maßgeblich beeinflusst. Da B an den Vertragsverhandlungen nicht persönlich beteiligt war, würde es nach der einschränkenden Literaturansicht allerdings an einem *konkreten* Einfluss des B auf die Vertragsverhandlungen fehlen. Lehnt man einen Anspruch des K gegen B nach §§ 280 I, 311 III 2, 241 II aus diesem Grund ab, bleibt auch nach geltendem Recht nur der Rückgriff auf den Vertrag mit Schutzwirkung für Dritte. Dies hat den Nachteil, dass ein besonderes Interesse des V am Schutz des K nicht leicht zu begründen ist. In der Klausur sind beide Ansprüche zu prüfen. Je nach vertretener Ansicht ist Anspruchskonkurrenz denkbar.

c) Verhältnis zur Haftung des Verkäufers

25 Bei der Anwendung des § 311 III 2 auf Vertreter, Verhandlungsgehilfen und andere Sachwalter des Verkäufers ist zu beachten, dass die Haftung des Dritten grundsätzlich nicht weiter geht als diejenige des Verkäufers.[182] Bei einem Sachmangel ist die Schadensersatzpflicht des Dritten gegenüber dem Käufer daher ausgeschlossen, wenn der Verkäufer wegen des Mangels nicht schadensersatzpflichtig ist, zB weil die **Haftung wirksam ausgeschlossen** wurde. Nach der Wertung des § 444 kann der Dritte sich aber nicht auf den Gewährleistungsausschluss berufen, wenn er den Mangel **arglistig** verschwiegen hat.[183] Bei behebbaren Mängeln kann der Käufer nach § 437 Nr. 3 iVm §§ 280 I, III, 281 vom Verkäufer grundsätzlich erst dann Schadensersatz statt der Leistung verlangen, wenn er erfolglos eine angemessene **Frist zur Nacherfüllung** gesetzt hat (→ § 22 Rn. 16). Liegt diese Voraussetzung nicht vor, so ist auch die Schadensersatzpflicht des Dritten ausgeschlossen, weil die Anforderungen des Gewährleistungsrechts nicht durch die Inanspruchnahme des Dritten unterlaufen werden dürfen.[184] Nach allgemeinen Regeln entfällt der Vorrang des Gewährleistungsrechts aber, wenn der Dritte **arglistig** gehandelt hat (→ § 8 Rn. 17).

> **Beispiel:** Im Gebrauchtwagenhändler-Fall (→ § 9 Rn. 22) muss E sich die Arglist des G nach § 166 I zurechnen lassen.[185] Der vereinbarte Gewährleistungsausschluss ist daher nach § 444 unwirksam. Dem K stehen somit die Gewährleistungsansprüche aus §§ 434 ff. gegen E zu. Da eine Fristsetzung bei Arglist gem. § 281 II Alt. 2 entbehrlich ist, kann K von E nach §§ 280 I, III, 281 Schadensersatz statt der Leistung verlangen. Daneben steht dem K auch ein Schadensersatzanspruch gegen G aus §§ 280 I, 241 II, 311 III 2 zu.[186] Da G den Mangel arglistig verschwiegen hat, greift der Vorrang des Gewährleistungsrechts hier nicht ein.

Literatur: *Assmann*, Grundfälle zum Vertrag mit Schutzwirkung für Dritte, JuS 1986, 885; *Bayer*, Vertraglicher Drittschutz, JuS 1996, 473; *Brockmann/Künnen*, Vertrag mit Schutzwirkung für Dritte und Drittschadensliquidation, JA 2019, 729; *Brors*, Vertrauen oder Vertrag – gibt es eine Haftung für Wertgutachten nach § 311 Abs. 3 BGB?, ZGS 2005, 142; *Canaris*, Schutzwirkungen zugunsten Dritter bei

---

181 Vgl. *Canaris* JZ 1995, 441 ff.; *Canaris* JZ 2001, 499 (520); dagegen Palandt/*Grüneberg* § 311 Rn. 60; *Harke* SchuldR AT Rn. 434; *Brors* ZGS 2005, 142 ff.
182 BGH NJW-RR 2011, 462 (464) mAnm *Faust* JuS 2011, 457 ff.; Staudinger/*Feldmann*, 2018, § 311 Rn. 185.
183 Palandt/*Grüneberg* § 311 Rn. 66.
184 BGH NJW-RR 2011, 462 (464).
185 Zur Arglistzurechnung nach § 166 Staudinger/*Matusche-Beckmann*, 2014, § 442 Rn. 8.
186 Zum Nebeneinander beider Ansprüche in solchen Fällen BGH NJW 2010, 858 = JA 2010, 380 (*Looschelders*).

> »Gegenläufigkeit« der Interessen, JZ 1995, 441; *Canaris*, Die Haftung des Sachverständigen zwischen Schutzwirkungen für Dritte und Dritthaftung aus culpa in contrahendo, JZ 1998, 603; *Coester-Waltjen*, Der Dritte und das Schuldverhältnis, JURA 1999, 656; *Finn*, Die Haftung des Wirtschaftsprüfers für fehlerhafte Wertgutachten gegenüber Dritten, NJW 2004, 3752; *Höhne/Kühne*, Der Vertrag mit Schutzwirkung zu Gunsten Dritter – Anspruchsgrundlage und Anspruchsumfang, JuS 2012, 1063; *Kersting*, Die Dritthaftung für Informationen im Bürgerlichen Recht, 2007; *Koch*, § 311 Abs. 3 als Grundlage einer vertrauensrechtlichen Auskunftshaftung, AcP 204 (2004), 59; *Leyens*, Expertenhaftung: Ersatz von Vermögensschäden im Dreipersonenverhältnis nach Bürgerlichem Recht, JuS 2018, 217; *Looschelders/Makowsky*, Relativität des Schuldverhältnisses und Rechtsstellung Dritter, JA 2012, 721; *Neuner*, Der Schutz und die Haftung Dritter nach vertraglichen Grundsätzen, JZ 1999, 126; *Pinger/Behme*, Der Vertrag mit Schutzwirkung für Dritte als Rechtsgrundlage der Gutachterhaftung gegenüber Dritten, JuS 2008, 675; *Schwarze*, Subsidiarität des vertraglichen Drittschutzes, AcP 203 (2003), 348; *Zenner*, Der Vertrag mit Schutzwirkung zugunsten Dritter, NJW 2009, 1030. Vgl. außerdem die Nachweise zu § 8.

§ 10 Gesetzliche Schuldverhältnisse

I. Allgemeines

Die Verpflichtung zu einer **Leistung** iSd § 241 I kann dem Schuldner auch durch Gesetz auferlegt werden. Die gesetzlichen Schuldverhältnisse sind keine homogene Gruppe. Dies zeigt sich daran, dass der Allgemeine Teil des BGB und das Allgemeine Schuldrecht keine gemeinsamen Regeln über die Entstehung von gesetzlichen Schuldverhältnissen enthalten.

1

Generell lassen sich die gesetzlichen Schuldverhältnisse auf den Gedanken der **ausgleichenden Gerechtigkeit** zurückführen.[187] Es handelt sich um Interessenkonflikte, bei denen der Gesetzgeber einen vermögensmäßigen Ausgleich für so dringlich hält, dass dessen Verwirklichung nicht (allein) der privatautonomen Entscheidung der Beteiligten überlassen bleiben soll.

II. Die einzelnen gesetzlichen Schuldverhältnisse im Überblick

1. Besonderes Schuldrecht

Die meisten gesetzlichen Schuldverhältnisse sind im **Besonderen Schuldrecht** geregelt. Besonders wichtig sind die Geschäftsführung ohne Auftrag (§§ 677 ff.), die ungerechtfertigte Bereicherung (§§ 812 ff.) und das Recht der unerlaubten Handlungen (§§ 823 ff.). Hinzu kommen Vorschriften über die Haftung des Gastwirts (§§ 701 ff.), die Bruchteilsgemeinschaft (§§ 741 ff.) und die Pflicht zur Vorlegung von Sachen (§§ 809 ff.).[188]

2

a) Geschäftsführung ohne Auftrag

Das gesetzliche Schuldverhältnis der Geschäftsführung ohne Auftrag entsteht nach § 677 dadurch, dass jemand für einen anderen ein **Geschäft** besorgt, ohne dass zwischen den Beteiligten ein vertragliches (zB Auftrag) oder sonstiges Rechtsverhältnis besteht. Der Begriff des Geschäfts ist in einem weiten Sinne zu verstehen. Erfasst wird

3

---
187 Vgl. *Larenz/Canaris* SchuldR II 2 § 67 I 1 d.
188 Vgl. *Medicus/Lorenz* SchuldR AT Rn. 52.

jede Tätigkeit, unabhängig davon, ob sie rechtsgeschäftlicher oder tatsächlicher Natur ist.[189]

4   In den Fällen der Geschäftsführung ohne Auftrag ist die Interessenlage ambivalent. Einerseits ist uneigennütziges Handeln für einen anderen wünschenswert und soll daher privilegiert werden; andererseits muss der Geschäftsherr davor geschützt werden, dass andere sich in unerwünschter Weise in seine Angelegenheiten einmischen. Nach §§ 683, 670 steht dem Geschäftsführer daher nur dann ein Ausgleichsanspruch für seine **Aufwendungen** (→ § 14 Rn. 2) zu, wenn die Geschäftsführung dem Interesse und dem wirklichen oder dem mutmaßlichen Willen des Geschäftsherrn entspricht.

> **Beispiel:** G sieht, dass die vor dem Haus seines Nachbarn N stehende Mülltonne in Brand geraten ist. Der Brand droht, auf das Haus des N überzugreifen. G holt deshalb kurz entschlossen seinen Feuerlöscher aus der Garage und löscht den Brand. – Das Löschen des Brandes entspricht dem Interesse und dem mutmaßlichen Willen des N. G hat deshalb gegen N nach §§ 683, 670 einen Anspruch auf Ersatz der Kosten, die für das Wiederaufladen des Feuerlöschers erforderlich sind.

b) Ungerechtfertigte Bereicherung

5   Die Regeln über die ungerechtfertigte Bereicherung (§§ 812 ff.) haben den Zweck, ungerechtfertigte **Vermögensverschiebungen** auszugleichen. Dabei geht es zum einen um die Rückabwicklung nichtiger Verträge oder sonst fehlgeschlagener Leistungen *(Leistungskondiktion)*. Das Bereicherungsrecht stellt insoweit ein notwendiges Korrektiv zum Abstraktionsprinzip (→ § 1 Rn. 28) dar.

> **Beispiel:** K hat von V für 10.000 EUR einen gebrauchten Pkw gekauft. Nachdem die gegenseitigen Leistungen ausgetauscht worden sind, ficht K den Kaufvertrag nach § 123 wegen arglistiger Täuschung an.
> Nach dem Abstraktionsprinzip lässt die Anfechtung des Kaufvertrags die Wirksamkeit der dinglichen Verträge unberührt.[190] K hat aber einen Anspruch auf Rückzahlung der 10.000 EUR aus § 812 I 1 Alt. 1. V kann seinerseits Rückübereignung des Pkw aus § 812 I 1 Alt. 1 verlangen.

6   Das Bereicherungsrecht dient zum anderen aber auch der Rückgängigmachung von Vermögensverschiebungen, die nicht auf einer Leistung des Gläubigers beruhen *(Nichtleistungskondiktion)*. Bereicherungsansprüche können danach insbesondere dadurch ausgelöst werden, dass ein anderer in die Rechte und Rechtsgüter des Gläubigers eingreift *(Eingriffskondiktion)*.

> **Beispiel:** G hat dem S sein Fahrrad geliehen. S veräußert das Fahrrad für 150 EUR an den gutgläubigen D.
> Mit der Veräußerung des Fahrrads hat S in das Eigentum des G eingegriffen. G hat sein Eigentum nach §§ 929, 932 an D verloren. Als Ausgleich hat G gegen S einen Anspruch auf Herausgabe der 150 EUR aus § 816 I.

---

189 Vgl. MüKoBGB/*Schäfer* § 677 Rn. 34. Näher dazu → SchuldR BT § 43 Rn. 2.
190 In den Fällen der arglistigen Täuschung kann häufig auch das Verfügungsgeschäft angefochten werden (sog. »Fehleridentität«). Dies ist jedoch nicht zwingend (vgl. *Medicus/Petersen* BGB AT Rn. 234; *Neuner* BGB AT § 29 Rn. 69 ff.). Die mit der Fehleridentität verbundenen Fragen müssen hier daher nicht vertieft werden.

c) Unerlaubte Handlungen

Im Unterschied zum Bereicherungsrecht geht es im Recht der unerlaubten Handlungen nicht um die Abschöpfung von ungerechtfertigten Vermögensvorteilen, sondern um den **Ausgleich von Schäden**. Daneben kommt dem Gedanken der *Verhaltenssteuerung* eine gewisse Bedeutung zu.

Nach dem Grundsatz »casum sentit dominus« fällt ein Schaden grundsätzlich dem zur Last, der ihn erlitten hat. Die Überwälzung des Schadens auf andere bedarf daher einer besonderen Legitimation. Das deutsche Deliktsrecht folgt dabei traditionell dem **Verschuldensprinzip**. Der Schädiger ist danach nur dann haftbar, wenn der Schaden durch sein *rechtswidriges* und *schuldhaftes* Verhalten verursacht worden ist (vgl. §§ 823 I, II, 826). Im Hinblick auf das Verschulden wird dem Geschädigten in einigen Fällen allerdings durch eine Beweislastumkehr geholfen (vgl. etwa § 831).

In der modernen Welt gibt es zahlreiche Risiken, die sich auch bei Einhaltung der höchstmöglichen Sorgfalt nicht sicher beherrschen lassen. Wichtige Beispiele sind der Straßen- und der Eisenbahnverkehr, aber auch die Herstellung von Produkten oder das Betreiben von Atomkraftwerken. Bei solchen Risiken entspricht es ausgleichender Gerechtigkeit, dass der Schaden ohne Rücksicht auf das Verschulden von dem getragen wird, der die Gefahr geschaffen hat und die damit verbundenen Vorteile genießt. Rechtstechnisches Mittel zur Verwirklichung dieses Ziels ist die **Gefährdungshaftung**, die fast ausschließlich in schuldrechtlichen Sondergesetzen (zB StVG, HPflG, ProdHaftG, AtG) geregelt ist (→ SchuldR BT § 74 Rn. 1 ff.). Im BGB findet sich hierzu aus historischen Gründen nur die Tierhalterhaftung nach § 833 S. 1 (→ SchuldR BT § 68 Rn. 1 ff.).

2. Gesetzliche Schuldverhältnisse außerhalb des Schuldrechts

Gesetzliche Schuldverhältnisse sind auch **außerhalb** des Schuldrechts geregelt. Beispiele sind das Verhältnis zwischen *Eigentümer* und *Besitzer* (§§ 987 ff.) sowie zwischen *Eigentümer* und *Finder* (§§ 965 ff.). Ob das *nachbarliche Gemeinschaftsverhältnis* (§§ 906 ff.) als gesetzliches Schuldverhältnis qualifiziert werden kann, ist streitig. Dafür spricht, dass es gerade in diesem Bereich zahlreiche besondere Rücksichtspflichten gibt.[191] Auf der anderen Seite ist allerdings weitgehend anerkannt, dass das nachbarliche Gemeinschaftsverhältnis keine Schadenersatzpflicht aus §§ 280 ff. (mit Einstandspflicht für Erfüllungsgehilfen nach § 278) auslösen kann.[192]

Literatur: *Jansen*, Gesetzliche Schuldverhältnisse – eine historische Strukturanalyse, AcP 216 (2016), 112. Die gesetzlichen Schuldverhältnisse werden in den meisten Lehrbüchern zum Besonderen Schuldrecht mitbehandelt (zB *Looschelders*, Schuldrecht Besonderer Teil, 15. Aufl. 2020, §§ 42–45, §§ 53–74). Es gibt hierzu jedoch auch **spezielle Lehrbücher**: *Althammer*, Schuldrecht III – Besonderer Teil 2: Gesetzliche Schuldverhältnisse, 2015; *Medicus*, Gesetzliche Schuldverhältnisse, 5. Aufl. 2007; *Peifer*, Schuldrecht – Gesetzliche Schuldverhältnisse, 6. Aufl. 2019; *Staake*, Gesetzliche Schuldverhältnisse, 2014; *Wandt*, Gesetzliche Schuldverhältnisse, 8. Aufl. 2017.

---

191 Vgl. HK-BGB/*Staudinger* vor §§ 906–924 Rn. 2; Staudinger/*Olzen*, 2019, § 241 Rn. 409 ff.; gegen Annahme eines gesetzlichen Schuldverhältnisses zB Palandt/*Herrler* § 903 Rn. 13.
192 BeckOGK/*Riehm*, 1.2.2020, BGB § 280 Rn. 82; BeckOK BGB/*Lorenz*, 54. Ed. 1.5.2020, § 280 Rn. 7.

3. Teil. Der Inhalt des Schuldverhältnisses

§ 11 Bestimmung des Inhalts von Schuldverhältnissen

Damit ein wirksames Schuldverhältnis vorliegt, muss der Inhalt der Leistungspflichten bestimmt oder zumindest bestimmbar sein. Soweit einzelne Inhalte **nicht** schon durch **zwingendes Recht** vorgegeben sind, bestehen zur Inhaltsbestimmung drei Ansatzpunkte. 1

I. Parteivereinbarung

1. Die Gestaltungs- und Abänderungsfreiheit der Parteien

Der Inhalt des Schuldverhältnisses ergibt sich bei *Verträgen* in erster Linie aus den Vereinbarungen der Parteien. Diese können nach dem Grundsatz der **Gestaltungsfreiheit** bei Vertragsschluss selbst entscheiden, welchen Inhalt die einzelnen Leistungspflichten haben sollen; sie können den Vertrag aber auch jederzeit abändern (**Abänderungsfreiheit**). 2

Bei *gesetzlichen Schuldverhältnissen* folgt der ursprüngliche Inhalt aus dem Gesetz. Wie sich aus dem Wortlaut des § 311 I ergibt, gilt aber auch hier der Grundsatz der **Abänderungsfreiheit**. Die einschlägigen Bestimmungen stehen insofern also zur Disposition der Parteien.

> **Beispiel:** Hat S fahrlässig ein Gemälde des E zerstört, so ist er diesem gegenüber nach § 823 I zum Schadensersatz verpflichtet. Der Inhalt des Anspruchs folgt aus den §§ 249 ff., 842 ff. Da Naturalrestitution (§ 249 I) bei vollständiger Zerstörung einer unvertretbaren Sache nicht möglich ist, muss S nach § 251 I Wertersatz leisten. Die Parteien können aber vereinbaren, dass S dem E stattdessen ein anderes Gemälde desselben Künstlers besorgt.

Die Parteien müssen den Inhalt des Vertrages nicht ausdrücklich festlegen. Es genügt, dass sich der Inhalt durch **Auslegung** ermitteln lässt. Regelungslücken können durch ergänzende Vertragsauslegung (§§ 133, 157) gefüllt werden. Maßgeblich ist danach, was die Parteien bei angemessener Abwägung ihrer Interessen nach Treu und Glauben redlicher Weise vereinbart hätten, wenn der Fall von ihnen bedacht worden wäre (sog. hypothetischer Parteiwille).[1] Soweit das dispositive Recht passende Regelungen enthält, gehen diese der ergänzenden Vertragsauslegung aber grundsätzlich vor.[2] 3

2. Schranken der privatautonomen Inhaltsbestimmung

Ebenso wie die Abschluss- und Formfreiheit (→ § 6 Rn. 1 ff.; → § 7 Rn. 1 ff.) unterliegt auch die Gestaltungs- und Abänderungsfreiheit diversen Einschränkungen. 4

a) Generelle Grenzen

Die Gestaltungsfreiheit der Parteien findet generelle Grenzen in **gesetzlichen Verboten** (§ 134) und den **guten Sitten** (§ 138 I). Darüber hinaus steht der Inhalt von Verträ-

---

1 BGHZ 84, 1 (7); Palandt/*Ellenberger* § 157 Rn. 7.
2 Vgl. Palandt/*Ellenberger* § 157 Rn. 4 ff.

gen nach § 242 unter dem Vorbehalt von *Treu und Glauben*. § 138 wurde von der Rechtsprechung lange Zeit restriktiv gehandhabt.[3] In neuerer Zeit hat die Vorschrift aber unter dem Einfluss der Grundrechte eine zentrale Bedeutung bei der inhaltlichen Kontrolle von Verträgen in »Ungleichgewichtslagen« gewonnen (→ § 3 Rn. 5 ff.).

b) Verträge über das künftige Vermögen

5   Ein Sonderfall des sittenwidrigen Vertragsinhalts ist in § 311 b II geregelt. Danach ist ein Vertrag nichtig, durch den sich jemand verpflichtet, sein **künftiges Vermögen** oder einen Bruchteil davon zu übertragen oder mit einem Nießbrauch (§§ 1030 ff.) zu belasten. Der Schuldner soll damit vor Verpflichtungen geschützt werden, durch die er jede Motivation für künftige Erwerbstätigkeit verliert.[4] Bei Verträgen über einen *Bruchteil* des künftigen Vermögens trifft dieser Zweck nicht immer zu. Die Missbilligung beruht hier aber auf der Unbestimmtheit des Vertragsgegenstands.[5]

6   Verpflichtungen zur Übertragung bzw. Belastung des **gegenwärtigen** Vermögens oder eines Bruchteils desselben werden nicht prinzipiell missbilligt. Hier bleibt dem Betroffenen wenigstens die Aussicht, seine wirtschaftliche Situation durch künftigen Erwerb zu verbessern. Wegen der mit solchen Verträgen verbundenen Gefahren bedürfen sie nach § 311 b III aber der notariellen Beurkundung (→ § 7 Rn. 17 ff.). Der Formzwang stellt insoweit ein milderes Schutzinstrument als die inhaltliche Unwirksamkeit dar.

c) Verträge über den Nachlass eines noch lebenden Dritten

7   Nach § 311 b IV 1 ist auch ein Vertrag über den **Nachlass** eines noch **lebenden Dritten** nichtig. Das gleiche gilt nach Satz 2 von einem Vertrag über den Pflichtteil oder ein Vermächtnis aus dem Nachlass eines noch lebenden Dritten. Die Regelung beruht auf der Erwägung, dass wirtschaftliche Spekulationen mit dem Tod eines Dritten *sittlich verwerflich* sind. Außerdem verführten solche Verträge »zu leichtsinniger Vermögensverschleuderung und zur Ausbeutung solchen Leichtsinns«.[6] Der zweite Zweck – Schutz der potentiellen Erben – steht heute im Vordergrund. Die Vorschrift ist deshalb auch dann anwendbar, wenn der Dritte dem Vertrag zugestimmt hat.[7] Nach der systematischen Stellung bezieht sich § 311 b IV nur auf Verpflichtungsverträge. Der Schutzzweck der Vorschrift gebietet es aber, sie auf die entsprechenden Verfügungsgeschäfte auszudehnen.[8]

8   Da § 311 b IV vom Nachlass eines **Dritten** spricht, steht die Vorschrift dem wirksamen Abschluss von Erb- oder Erbverzichtsverträgen mit dem *Erblasser* (§§ 1941, 2274 ff., 2346 ff.) nicht entgegen. Nach § 311 b V 1 gilt die Nichtigkeitsfolge auch nicht für Verträge zwischen künftigen gesetzlichen Erben über ihren Erb- oder Pflichtteil; den Betreffenden soll eine vorweggenommene Erbauseinandersetzung nicht verwehrt sein.[9] Zum Schutz vor Übereilung schreibt § 311 b V 2 aber die **notarielle Beurkundung**

---

3   Vgl. MüKoBGB/*Busche* vor § 145 Rn. 25.
4   *Larenz* SchuldR I § 4 IIb; Palandt/*Grüneberg* § 311 b Rn. 57.
5   Vgl. *Medicus/Lorenz* SchuldR AT Rn. 119.
6   BGHZ 37, 319 (323); 104, 279 (281).
7   BGHZ 37, 319 (324).
8   BGHZ 37, 319 (325); Palandt/*Grüneberg* § 311 b Rn. 72.
9   *Medicus/Lorenz* SchuldR AT Rn. 120; vgl. auch Palandt/*Grüneberg* § 311 b Rn. 73, wonach der Vertrag auch bei einer anderen Zwecksetzung der Parteien wirksam ist.

des Vertrages vor (→ § 7 Rn. 18). Diese Form muss auch dann eingehalten werden, wenn der Erblasser dem Vertrag zugestimmt hat.[10]

> **Beispiel** (BGHZ 26, 320 m. Aufsatz *Meincke* JuS 1976, 501): Die Eheleute M und F leben in Scheidung. Im Rahmen einer notariell beurkundeten Vereinbarung zur gütlichen Regelung der Scheidungsfolgen verspricht M, der F beim Tod seines Vaters (V) 10% des ihm zufallenden Nachlasses zu zahlen; im Gegenzug verzichtet F auf nacheheliche Unterhalt. Als V stirbt, erhält M einen Pflichtteil von 1 Millionen EUR. F verlangt von M Zahlung von 100.000 EUR. Der Anspruch setzt voraus, dass die Scheidungsvereinbarung wirksam ist. Bedenken bestehen im Hinblick auf § 311b IV. Der Vertrag bezieht sich nicht auf den Nachlass oder Pflichtteil im Ganzen, sondern nur auf einen *Bruchteil* davon. Der Wortlaut des § 311b IV trifft also nicht zu. Nach Sinn und Zweck ist die Vorschrift aber auch auf Verträge über einen Bruchteil des Nachlasses oder Pflichtteils anwendbar. Da F nicht zu den gesetzlichen Erben des V zählt, greift § 311b V nicht ein. In Betracht kommt aber eine teleologische Reduktion. Man könnte sich dabei auf die Erwägung stützen, § 311b IV sei als besondere Ausprägung des § 138 I nur anwendbar, wenn die Vereinbarung keinen legitimen Zwecken diene. Bei diesem Verständnis wäre § 311b IV aber neben § 138 I überflüssig. F steht damit kein Anspruch auf Zahlung der 100.000 EUR zu.

d) Sonstige Schranken der Inhaltsfreiheit

9 Neben den generellen Grenzen der Inhaltsfreiheit enthält das BGB für *einzelne* Bereiche **zwingende** Vorschriften, die abweichende Vertragsgestaltungen auch durch Individualabrede ausschließen. Solche Vorschriften können für beide Seiten unabdingbar sein (zB § 276 III). Soweit es um den Schutz einer strukturell schwächeren Partei (zB Verbraucher) geht, werden aber zumeist nur Abweichungen *zum Nachteil* der geschützten Partei für unwirksam erklärt (vgl. etwa § 476 I). Man spricht hier von **halbzwingenden** Normen. Besonders große Bedeutung haben (halb-)zwingende Vorschriften traditionell im Arbeits- und Mietrecht (→ § 3 Rn. 7). In neuerer Zeit ist die Zahl solcher Vorschriften im Recht des Verbraucherschutzes sprunghaft gestiegen (→ § 3 Rn. 9). So sind beim Verbrauchsgüterkauf nach § 476 fast alle Gewährleistungsrechte des Verbrauchers zwingend. Der Grundsatz der Gestaltungsfreiheit wird hierdurch erheblich relativiert.

10 Außerhalb des Anwendungsbereichs zwingender Normen hat die Kontrolle vorformulierter Vertragsbedingungen **(AGB)** nach den §§ 307 ff. große Relevanz. Wichtigste Maßstäbe sind das Leitbild des dispositiven Rechts sowie der Zweck des Vertrages (→ § 16 Rn. 18 ff.). Nach dem Transparenzgebot des § 307 I 2 können selbst Vereinbarungen über das Preis-/Leistungsverhältnis auf Klarheit und Verständlichkeit kontrolliert werden (→ § 16 Rn. 21).

II. Bestimmung der Leistung durch eine Partei oder einen Dritten

11 Bei vertraglichen Schuldverhältnissen müssen die Parteien die Leistungspflichten nicht notwendig selbst festlegen. Sie können auch *einer Partei* oder einem *Dritten* durch Vereinbarung das Recht einräumen, den Inhalt der Leistung **nachträglich** zu **bestimmen** mit der Folge, dass der Vertrag nicht wegen Fehlens einer Einigung über die essentialia negotii oder wegen Dissens (§§ 154, 155) unwirksam ist.[11] Diese Möglichkeit ist in den §§ 315 ff. geregelt.

---

10 BGH NJW 1995, 448.
11 Staudinger/*Rieble*, 2020, § 315 Rn. 4 ff.

Die Anwendung der §§ 315 ff. setzt voraus, dass der Inhalt der Leistung nicht durch *ergänzende Vertragsauslegung* (§§ 133, 157) ermittelt werden kann. Die *gesetzlichen Auslegungsregeln* über die Höhe der Vergütung (§§ 612 II, 632 II, 653 II) gehen den §§ 315 ff. vor.[12]

Besondere Bedeutung hat in der Praxis das **Leistungsbestimmungsrecht des Arbeitgebers** gegenüber seinen Arbeitnehmern. Dieses Recht ist seit dem 1.1.2003 aber in § 106 GewO spezialgesetzlich geregelt (→ SchuldR BT § 29 Rn. 3).

1. Leistungsbestimmung durch eine Partei

a) Der Maßstab des billigen Ermessens

12 Die Vereinbarung, dass eine Partei berechtigt sein soll, den Gegenstand der Leistung oder der Gegenleistung zu bestimmen, kann ausdrücklich oder konkludent getroffen werden. Fraglich ist dann, nach welchen Grundsätzen die Leistungsbestimmung zu erfolgen hat.

> **Beispiel:** Die Parteien schließen einen Kaufvertrag über einen Pkw aus einer Modellreihe, die noch entwickelt werden soll. Der Vertrag enthält die Klausel »Preis freibleibend«. Es wird festgelegt, dass der Preis vom Verkäufer bei Liefermöglichkeit nach billigem Ermessen unter Würdigung der Marktlage festgelegt werden soll.

13 Bei der Ausübung des Bestimmungsrechts hat der Berechtigte sich in dem durch die Vereinbarungen der Parteien vorgegebenen Rahmen zu halten. Soweit die Parteivereinbarungen keine Vorgaben treffen, muss das Bestimmungsrecht gem. § 315 I im Zweifel nach **billigem Ermessen** ausgeübt werden. Bei gegenseitigen Verträgen ist billiges Ermessen gewahrt, wenn die festgelegte Leistung unter Berücksichtigung des Werts der anderen Leistung und der beiderseitigen Interessen angemessen erscheint.[13] Wird das Bestimmungsrecht durch AGB festgelegt, so muss die Entscheidung nach § 307 stets (also nicht nur im Zweifel) nach billigem Ermessen getroffen werden.[14]

14 Entspricht die Bestimmung nicht der Billigkeit, so ist sie nach § 315 III 1 **unverbindlich**. Nach hM muss die andere Partei die Unverbindlichkeit prozessual geltend machen. Die Geltendmachung kann durch Klage oder durch Einrede auf die Klage des Berechtigten erfolgen.[15] In Rechtsprechung und Literatur war früher die Auffassung verbreitet, dass eine unbillige Bestimmung bis zur Entscheidung des Gerichts vorläufig verbindlich sei.[16] Diese Auffassung erscheint indes bedenklich, weil sie die Rechtsstellung der nicht bestimmungsberechtigten Partei allzu sehr einschränkt. Außerdem lässt sich eine »vorläufige Verbindlichkeit« mit dem Wortlaut des § 315 III schwer vereinbaren. Vorzugswürdig erscheint daher die Auffassung, dass eine unbillige Leistungsbestimmung für den anderen Teil kraft Gesetzes ohne Weiteres unbeachtlich ist. Die Nichtbeachtung der unbilligen Leistungsbestimmung kann für den anderen Teil daher keine nachteiligen Rechtsfolgen (zB Kündigung, Verzug) auslösen.[17]

---

12 HK-BGB/*Schulze* § 315 Rn. 3.
13 So BGHZ 41, 271 (279); Palandt/*Grüneberg* § 315 Rn. 10.
14 HK-BGB/*Schulze* § 315 Rn. 6.
15 Palandt/*Grüneberg* § 315 Rn. 16 f.
16 BAGE 141, 34 = NZA 2012, 858; OLG Frankfurt a. M. NJW-RR 1999, 379.
17 BAG NZA 2017, 1452 Rn. 63 ff. = JA 2018, 305 *(Schwarze)*; MüKoBGB/*Würdinger* § 315 Rn. 45; Palandt/*Grüneberg* § 315 Rn. 16; Staudinger/*Rieble*, 2020, § 315 Rn. 529 ff.

Wird die getroffene Bestimmung für unverbindlich erklärt, so legt das **Gericht** den Inhalt der Leistung nach § 315 III 2 Hs. 1 selbst fest. Das gleiche gilt nach Hs. 2 bei einer *Verzögerung* der Bestimmung. Die Voraussetzungen des Verzugs (§ 286) müssen in diesem Fall nicht vorliegen.[18]

b) Ausübung des Bestimmungsrechts

Das Bestimmungsrecht wird durch empfangsbedürftige **Willenserklärung** gegenüber der anderen Partei ausgeübt (§ 315 II). Durch die Ausübung des Bestimmungsrechts wird der Inhalt des Rechtsverhältnisses mit rechtsgestaltender Wirkung festgelegt. Die Bestimmung ist für den Berechtigten *bindend*. Sie kann also weder abgeändert noch widerrufen werden.

15

> **Beispiel** (LG Frankfurt a. M. NJW 1985, 143): Das Ehepaar M und F hat beim Reiseveranstalter R eine »Fortuna-Reise« gebucht. Bei solchen Verträgen steht dem Reiseunternehmen das Recht zu, den genauen Zielort und das Hotel auszusuchen.[19] M und F werden zunächst in ein Fünf-Sterne-Hotel eingewiesen. Nach vier Tagen quartiert R sie in ein Ein-Sterne-Hotel um. Er beruft sich darauf, dass bei einem Reisepreis von 998 EUR pro Person nicht mit einem Fünf-Sterne-Hotel gerechnet werden kann. Nach Ansicht des Gerichts ist die nachträgliche Änderung der Unterkunft unzulässig, weil der Veranstalter sich mit der ersten Bestimmung festgelegt hat.

c) Bestimmung der Gegenleistung

Bei entgeltlichen Verträgen kann sich die Frage stellen, welche Partei den Umfang der **Gegenleistung** bestimmen soll. Soweit die Parteien dazu keine Vereinbarung getroffen haben, steht das Bestimmungsrecht nach § 316 im Zweifel dem Gläubiger des Gegenleistungsanspruchs zu. Für Inhalt und Ausübung des Bestimmungsrechts gelten im Übrigen die Regeln des § 315.

16

d) Spezifikationskauf im Handelsrecht

Unter Kaufleuten ist § 375 HGB zu beachten. Der dort geregelte **Spezifikationskauf** stellt einen Handelskauf über bewegliche Sachen oder Wertpapiere (§ 381 I HGB) dar, wobei dem Käufer die nähere Bestimmung über Form, Maß und ähnliche Verhältnisse vorbehalten bleibt. Aus systematischer Sicht handelt es sich um eine **vorrangige Sonderregelung** zu den §§ 315 ff.[20] Aus Sinn und Zweck des § 375 HGB ergibt sich, dass der Käufer die Wahl nach freiem Belieben vornehmen kann. Die Grundsätze über die Billigkeitskontrolle (§ 315 III) können daher auch nicht ergänzend herangezogen werden.[21]

17

> **Beispiel:** Dachdeckermeister D bestellt bei der Ziegelei Z 100 Paletten Dachziegel. Dabei behält sich D vor, im Nachhinein zu bestimmen, ob die Ziegel rot oder braun sein sollen. Die Farbe der Ziegel gehört zu den »ähnlichen Verhältnissen« iSd § 375 I HGB. D kann insoweit also frei wählen.

Die besondere Bedeutung des § 375 I HGB liegt darin, dass das Bestimmungs*recht* des Käufers zu einer **Pflicht** verstärkt wird.[22] Kommt der Käufer mit der Spezifikation in

---

18 BGH NJW 1998, 1390.
19 Vgl. MüKoBGB/*Würdinger* § 315 Rn. 21.
20 Vgl. *Harke* SchuldR AT Rn. 139; *Rieble/Gutfried* JZ 2008, 593 ff.
21 Vgl. *Rieble/Gutfried* JZ 2008, 593 (596).
22 Vgl. *Canaris*, Handelsrecht, 24. Aufl. 2006, § 29 Rn. 17 ff.

Verzug (§ 286), so kann der Verkäufer nach § 375 II HGB die Bestimmung selbst vornehmen. Er kann stattdessen aber auch nach § 375 II HGB iVm §§ 280 I, III, 281 Schadensersatz statt der Leistung verlangen (→ § 27 Rn. 2ff., 20) oder nach § 323 (→ § 32 Rn. 1 ff.) vom Vertrag zurücktreten. In all diesen Fällen muss der Verkäufer dem Käufer zuvor eine angemessene Frist zur Vornahme der Bestimmung setzen. Für die Ersatzspezifikation folgt dies aus § 375 II 2 HGB, für den Schadensersatz statt der Leistung und den Rücktritt aus § 281 I bzw. § 323 I.[23]

> **Zur Vertiefung:** Die Anknüpfung des Schadensersatzes statt der Leistung und des Rücktritts an das Erfordernis des Verzugs ist systemwidrig, weil der Gesetzgeber im regulären Anwendungsbereich der §§ 280 I, III, 281 und des § 323 auf diese Voraussetzung gerade verzichtet hat (→ § 27 Rn. 7). Insbesondere kann es für den Rücktritt nicht auf das beim Verzug erforderliche Vertretenmüssen (§ 286 IV) ankommen. Es handelt sich um ein gesetzgeberisches Versehen, das dadurch zu korrigieren ist, dass man statt des Verzugs die Verzögerung der Leistung ausreichen lässt.[24]

2. Leistungsbestimmung durch einen Dritten

a) Maßstab und gerichtliche Kontrolle

18 Die Leistungsbestimmung durch einen **Dritten** erfolgt meist vor dem Hintergrund, dass die Parteien eine besonders *vertrauenswürdige und sachkundige Person* über den Leistungsinhalt entscheiden lassen wollen. Auch hier stellt das Gesetz für den Fall, dass zwischen den Parteien kein Maßstab für die Leistungsbestimmung getroffen wurde, eine Zweifelsregelung in § 317 auf, wonach die Bestimmung nach *billigem Ermessen* zu treffen ist.

> **Beispiel:** V und K schließen einen Kaufvertrag über einen Kunstgegenstand. Beide sind sich über den tatsächlichen Wert des Objektes uneins. Daher soll der Kunstsachverständige S den Preis nach billigem Ermessen iSd § 317 I festlegen.

19 Nach § 319 I ist die von einem Dritten nach billigem Ermessen zu treffende Bestimmung nur dann **unverbindlich,** wenn sie *offenbar* unbillig ist. Offenbare Unbilligkeit liegt vor, wenn die Bestimmung in grober Weise gegen Treu und Glauben verstößt und dies sich einem sachkundigen und unbefangenen Beurteiler sofort aufdrängt.[25]

20 Soll der Dritte die Bestimmung nach **freiem Belieben** treffen, ist eine Ersetzung der Entscheidung durch die staatlichen Gerichte wegen Fehlens eines objektiven Maßstabs nicht möglich. Für den Fall, dass der Dritte die Bestimmung nicht vornimmt oder verzögert, ordnet § 319 II daher die Unwirksamkeit des Vertrags an. Die Parteien können aber eine Ausfallregelung vereinbaren, zB mit dem Inhalt, dass die Bestimmung hilfsweise durch ein Gericht nach billigem Ermessen getroffen werden soll. Hat der Dritte eine Entscheidung getroffen, so ist diese für die Parteien in den Grenzen der §§ 134, 138 auch bei offenbarer Unbilligkeit verbindlich.[26]

---

[23] Zu den Einzelheiten *Rieble/Gutfried* JZ 2008, 593 (599).
[24] Vgl. Baumbach/Hopt/*Hopt* HGB § 375 Rn. 10; *Canaris,* Handelsrecht, 24. Aufl. 2006, § 29 Rn. 30; *Rieble/Gutfried* JZ 2008, 593 (560).
[25] So BGH NJW 1991, 2761; *Larenz* SchuldR I § 6 IIb.
[26] HK-BGB/*Schulze* § 319 Rn. 6; Palandt/*Grüneberg* § 319 Rn. 9.

b) Anfechtung der Bestimmung

Die Bestimmung des Leistungsinhalts erfolgt nach § 318 I durch eine unwiderrufliche Willenserklärung des Dritten gegenüber einem der Vertragsschließenden. Willensmängel (Irrtum, Drohung, arglistige Täuschung) des Dritten berechtigen nur die **Vertragsparteien** zur Anfechtung (§ 318 II), nicht jedoch den Dritten selbst. Für die Anfechtung gelten im Übrigen die allgemeinen Vorschriften (§§ 119 ff.). Bei arglistiger Täuschung durch Dritte wird die Anfechtbarkeit jedoch nicht durch § 123 II beschränkt.[27]

21

c) Bestimmung durch mehrere Dritte

Ist die Bestimmung durch **mehrere Dritte** zu treffen, so ist nach § 317 II im Zweifel *Einstimmigkeit* erforderlich. Kommt eine Einigung nicht zustande, so kann die Bestimmung durch ein Urteil ersetzt werden (§ 319 I 2). In der Praxis gilt freilich ganz überwiegend das *Mehrheitsprinzip*, wobei der überstimmte Dritte die Parteien auf eine offensichtliche Unbilligkeit hinzuweisen hat.[28] Soll eine Geldsumme durch mehrere Dritte bestimmt werden, so ist nach § 317 II Hs. 2 das *Durchschnittsprinzip* maßgebend.

22

d) Schiedsgutachtenvertrag und Schiedsvereinbarung

Die Vereinbarung der Leistungsbestimmung durch einen Dritten nach §§ 317 ff. wird auch als **Schiedsgutachtenvertrag** bezeichnet. Der *eigentliche* Schiedsgutachtenvertrag ist jedoch darauf gerichtet, dass ein sachverständiger Dritter die bindende Feststellung von *Tatsachen* oder *Tatbestandsmerkmalen* übernimmt.[29] Hier gibt es theoretisch nur eine »richtige« Entscheidung; praktisch besteht aber oft ein Beurteilungsspielraum. Wegen der vergleichbaren Interessenlage sind die §§ 317 ff. analog anwendbar.[30]

23

Beispiel: Im Kunstsachverständigen-Fall (→ § 11 Rn. 18) vereinbaren die Parteien als Kaufpreis den Schätzwert des Kunstwerks. S soll den Schätzwert bestimmen.

Vom Schiedsgutachtenvertrag ist die **Schiedsvereinbarung** nach § 1029 ZPO zu unterscheiden. Bei der Schiedsvereinbarung trifft der Schiedsrichter eine abschließende Entscheidung über das Rechtsverhältnis. Der Schiedsrichter tritt dabei an die Stelle eines ordentlichen Gerichts. Eine gerichtliche Überprüfung nach §§ 317 ff. ist daher nicht möglich.

24

III. Dispositives Recht

Haben die Parteien den Inhalt der Leistung weder selbst festgelegt noch der Bestimmung durch eine Partei oder einen Dritten überlassen, so gilt **dispositives** Gesetzesrecht. Das Schuldrecht enthält zahlreiche Vorschriften, welche die vertraglichen Vereinbarungen der Parteien *ergänzen* sollen. Einige Vorschriften gelten nur für bestimmte Vertragstypen, andere für sämtliche Schuldverträge oder doch mehrere Vertragstypen. Schließlich gibt es Vorschriften, die den Inhalt von Schuldverhältnissen allgemein regeln.

25

---

27 Vgl. Palandt/*Grüneberg* § 318 Rn. 2; aA MüKoBGB/*Würdinger* § 318 Rn. 7.
28 Vgl. hierzu BGHZ 22, 343 (346).
29 Zur Terminologie vgl. Palandt/*Grüneberg* § 317 Rn. 3.
30 Vgl. *Brox/Walker* SchuldR AT § 6 Rn. 11; *Schlechtriem/Schmidt-Kessel* SchuldR AT Rn. 106.

Beispiele: (1) Bei *Dienst- und Arbeitsverträgen* kann das Problem entstehen, dass die Parteien keine Vereinbarung über das »Ob« und die Höhe der Vergütung getroffen haben. Für diesen Fall trifft § 612 ergänzende Regelungen.
(2) Bei allen *Schuldverträgen,* die auf die Veräußerung oder Belastung einer Sache gerichtet sind (zB Kauf, Schenkung, Tausch), kann sich die Frage stellen, ob das Zubehör der Sache (§§ 97, 98) mitveräußert bzw. mitbelastet werden soll.[31] § 311c enthält hierzu die widerlegliche Auslegungsregel, dass das Zubehör im Zweifel von der Verpflichtung umfasst ist.
(3) Bei sämtlichen *Schuldverhältnissen* kann sich die Frage stellen, an welchem Ort und zu welcher Zeit der Schuldner seine Leistung zu erbringen hat. Haben die Parteien hierzu keine Vereinbarung getroffen, so ist der Leistungsort nach §§ 269, 270, die Leistungszeit nach § 271 zu bestimmen.

26 Die **allgemeinen** Vorschriften über den Inhalt von Schuldverhältnissen finden sich in den §§ 241–274. Sieht man von den schon erörterten §§ 241, 242 ab, so lassen sich **drei Themenkreise** unterscheiden: (1) der Gegenstand und Inhalt von Leistungspflichten (§§ 243–265), (2) die Modalitäten der Leistungserbringung (§§ 266–272) sowie (3) die Verknüpfung von Leistungspflichten durch das allgemeine Zurückbehaltungsrecht (§§ 273, 274) bzw. bei gegenseitigen Verträgen die Einrede des nichterfüllten Vertrages (§ 320–322). Diese Themenkreise sind nachfolgend zu behandeln.

Literatur: *Jesgarzewski,* Die Grenzen formularmäßiger Vereinbarung einseitiger Leistungsbestimmungen, 2005; *Joussen,* Gestaltungsrecht des Dritten nach § 317 BGB, AcP 203 (2003), 429; *Kornblum,* Die Rechtsnatur der Bestimmung der Leistung in den §§ 315–319 BGB, AcP 168 (1968), 450; *Kronke,* Zu Funktion und Dogmatik der Leistungsbestimmung nach § 315 BGB, AcP 183 (1983), 113; *Meincke,* Der problematische Scheidungsvergleich – BGHZ 26, 320, JuS 1976, 501; *Rieble/Gutfried,* Spezifikationskauf und BGB-Schuldrecht, JZ 2008, 593.

§ 12 Die Modalitäten der Leistung

1 Die §§ 266–272 umschreiben die **Modalitäten** der Leistung. Sie regeln also die Frage, wo, wann und auf welche Weise (wie) die Leistung zu erbringen ist.

I. Art und Weise der Leistung

1. Teilleistung

2 § 266 behandelt die Frage, ob der Schuldner berechtigt ist, die geschuldete Leistung in Teilen zu erbringen. Ein solches Recht kommt nur in Betracht, wenn die Leistung tatsächlich **teilbar** ist, dh ohne Wertminderung und ohne Beeinträchtigung des Leistungszwecks zerlegt werden kann.[32] Eine solche Teilbarkeit besteht etwa bei Zahlung von Geldschulden oder Lieferung mehrerer Sachen, nicht aber bei Lieferung einzelner Sachen, die durch die Zerlegung zerstört werden (zB Übergabe der verkauften Briefmarke an den Käufer in mehreren Stücken).

---

31 Auf *Gebrauchsüberlassungsverträge* (Miete, Pacht, Leihe) kann diese Regel entsprechend angewendet werden (vgl. MüKoBGB/*Ruhwinkel* § 311c Rn. 2; *Harke* SchuldR AT Rn. 135).
32 HK-BGB/*Schulze* § 266 Rn. 4.

a) Die Regelung des § 266

Auch wenn eine Leistung teilbar ist, ist der Schuldner nach § 266 doch nicht zu **Teilleistungen** berechtigt. Die Regelung hat den Zweck, unzumutbare Belästigungen des Gläubigers zu verhindern. Dem Gläubiger wird deshalb das Recht eingeräumt, eine Teilleistung **zurückzuweisen**. Unter Teilleistung versteht man alle Leistungen, die im Vergleich mit der Verpflichtung des Schuldners unvollständig sind.[33] Hierher gehört auch eine mangelhafte Leistung (»qualitative Teilleistung«).[34] Haben die Parteien *Ratenzahlung* vereinbart, so stellt die Zahlung einer Rate jeweils die vollständige Erfüllung eines selbstständigen Teilanspruchs dar. § 266 ist daher nicht anwendbar.[35]

Da § 266 dispositives Recht ist, können die Parteien die **Zulässigkeit von Teilleistungen** vereinbaren. In *Allgemeinen Geschäftsbedingungen* sind Teillieferungsklauseln aber nur wirksam, wenn sie einschränkende Zumutbarkeitskriterien enthalten (vgl. §§ 307 I, 308 Nr. 4).[36] Für Verbraucherdarlehen schreibt § 497 III 2 ausdrücklich vor, dass der Darlehensgeber Teilzahlungen nicht zurückweisen darf. Bei Wechseln und Schecks sind Teilleistungen nach Art. 39 II WG bzw. § 34 II ScheckG zulässig. Im Übrigen kann es dem Gläubiger nach *Treu und Glauben* (§ 242) verwehrt sein, eine Teilleistung zurückzuweisen.[37] Entscheidend ist dabei, ob dem Gläubiger die Annahme der Teilleistung bei verständiger Würdigung der beiderseitigen schutzwürdigen Interessen zumutbar ist.[38] Hieran ist insbesondere zu denken, wenn der fehlende Betrag nur geringfügig ist.[39]

b) Rechtsfolgen

Soweit § 266 eingreift, hat die Teilleistung die gleichen Folgen wie die **Nichtleistung**. Der Gläubiger gerät folglich *nicht* in *Annahmeverzug* (→ § 33 Rn. 13 ff.), wenn er die Teilleistung nach § 266 ablehnt. Da der Schuldner seine Leistungspflicht nicht erfüllt hat, stehen dem Gläubiger gegebenenfalls die Rechte wegen *Verzögerung* der ganzen Leistung (→ § 27 Rn. 2 ff. und Rn. 3 ff.) oder *Schuldnerverzugs* (→ § 26 Rn. 1 ff.) zu. Dem Gläubiger ist es jedoch unbenommen, die Teilleistung anzunehmen.

2. Leistung durch Dritte

a) Persönliche Leistungspflicht

Nach § 267 kann die Leistung grundsätzlich auch von einem Dritten erbracht werden. Dies gilt allerdings nicht, wenn der Schuldner **in Person** leisten muss. Eine persönliche Leistungspflicht kann sich zunächst aus ausdrücklichen oder stillschweigenden *Parteivereinbarungen* ergeben. Bei der Auslegung solcher Vereinbarungen ist die Frage maßgebend, ob der Gläubiger ersichtlich von einer persönlichen Leistungserbringung ausging und hierauf gerade Wert legte. Persönliche Leistungspflichten können auch aus dem *Gesetz* folgen. Entsprechende Regelungen finden sich zB für den Beauftragten

---

33 MüKoBGB/*Krüger* § 266 Rn. 3.
34 MüKoBGB/*Krüger* § 266 Rn. 4; BeckOK BGB/*Lorenz*, 54. Ed. 1.5.2020, § 266 Rn. 4.
35 Erman/*Artz* § 266 Rn. 4; HK-BGB/*Schulze* § 266 Rn. 5.
36 OLG Stuttgart NJW-RR 1995, 116 (zu §§ 9, 10 Nr. 4 AGBG).
37 BGHZ 61, 240 (246); BGH VersR 1954, 297 (298); Staudinger/*Looschelders*/*Olzen*, 2019, § 242 Rn. 609 ff.
38 Vgl. BGHZ 61, 240 (245) = NJW 1973, 2202; OLG Karlsruhe FamRZ 1985, 955 (956); MüKoBGB/*Krüger* § 266 Rn. 13; Staudinger/*Looschelders*/*Olzen*, 2019, § 242 Rn. 610.
39 Vgl. Jauernig/*Stadler* § 266 Rn. 10; *Brox*/*Walker* SchuldR AT § 12 Rn. 9.

(§ 664), den Verwahrer (§ 691) und den geschäftsführenden Gesellschafter (§ 713). Als weiteres Beispiel kann § 613 angeführt werden, der für Dienstverträge im Zweifel eine Leistung in Person vorschreibt.

> **Beispiel:** Arbeitnehmer A möchte Urlaub machen. Da sein Urlaubsanspruch schon ausgeschöpft ist, bittet er seinen Bruder B, für die nächsten zwei Wochen seine Tätigkeit auszuführen. Arbeitgeber G ist damit nicht einverstanden.
> A steht in einem Dienstverhältnis mit G. Es ist somit die Zweifelsregelung des § 613 anzuwenden. Danach ist eine Leistungserbringung in Person vorgeschrieben. G kann verlangen, dass A die Tätigkeit persönlich verrichtet.

6   Eine Pflicht zur Leistung in Person kann sich schließlich aus der **Natur des Schuldverhältnisses** ergeben. Zu erwähnen sind etwa Unterlassungspflichten oder die Verpflichtung zur Zahlung einer Geldstrafe.[40] Ein weiteres Beispiel sind wissenschaftliche oder künstlerische Leistungen, bei denen es maßgeblich auf die besonderen Fähigkeiten des Leistenden ankommt.[41]

> **Beispiel:** A beauftragt den berühmten Maler el Paro (P), ein Portrait seiner Ehefrau E zu fertigen. Nach Abschluss des Vertrages entschließt P sich, das Gemälde von seinem Schüler S ausführen zu lassen. Kann A verlangen, dass das Bild von P persönlich erstellt wird?
> Bei der Erstellung von Kunstwerken kommt es entscheidend auf die Person des Künstlers an. Nach der Natur des Vertrages ist somit ein persönliches Handeln des beauftragten Künstlers erforderlich (→ SchuldR BT § 33 Rn. 6).

b) Voraussetzungen des § 267

7   Soweit keine persönliche Leistungspflicht besteht, kann die Leistung nach § 267 I 1 auch durch einen **Dritten** erbracht werden. Als Dritte gelten jedoch nur solche Personen, die eine *eigene* Leistung erbringen. Nicht erfasst werden Personen, deren der Schuldner sich zur Erfüllung seiner Verbindlichkeit bedient (§ 278). Die Einschaltung eines Erfüllungsgehilfen ändert also nichts daran, dass es sich um eine Leistung des Schuldners handelt.

Erforderlich ist weiter, dass der Dritte auf eine **fremde** Schuld leistet. Diese Voraussetzung trifft nicht zu auf Gesamtschuldner (§ 421) oder Bürgen (§ 765); sie leisten nämlich auf eine eigene Schuld.

8   Der Dritte muss mit **Fremdtilgungswillen** handeln und dies durch eine entsprechende **Tilgungsbestimmung** zum Ausdruck bringen (→ § 17 Rn. 19f.). Will der Dritte eine vermeintlich eigene Schuld tilgen, so wird der eigentliche Schuldner nicht von seiner Leistungspflicht befreit. Der Dritte kann die Leistung vom Gläubiger nach § 812 I 1 Alt. 1 herausverlangen.[42]

> **Zur Vertiefung:** Die hM räumt dem Dritten grundsätzlich das Recht ein, die Tilgungsbestimmung nachträglich zu ändern.[43] In diesem Fall erlischt die Leistungspflicht des eigentlichen Schuldners gegenüber dem Gläubiger; der Dritte hat einen Bereicherungsanspruch aus § 812 I 1 Alt. 2 gegen den Schuldner (sog. Rückgriffskondiktion).[44] Ausführlicher → SchuldR BT § 52 Rn. 4f.

---

40 BGHZ 23, 222 (224).
41 MüKoBGB/*Krüger* § 267 Rn. 7.
42 Vgl. etwa BGHZ 137, 89 (96).
43 BGH NJW 1986, 2700; Palandt/*Grüneberg* § 267 Rn. 3; von BGHZ 137, 89 (95) offen gelassen.
44 Zu den Einzelheiten *Medicus/Petersen* BürgerlR Rn. 950f.

§ 267 I 1 setzt voraus, dass der Dritte die Leistung **effektiv** bewirkt.[45] Der Gläubiger muss sich also nicht mit *Erfüllungssurrogaten* zufrieden geben, wie etwa einer Aufrechnung, einer Hinterlegung oder einer Leistung an Erfüllungs statt (§ 364).[46] Dass der Gläubiger weder Aufrechnung noch Hinterlegung akzeptieren muss, lässt sich im Übrigen auch auf einen Umkehrschluss aus § 268 II stützen.

Da die Erfüllung einer Verbindlichkeit die Interessen des Schuldners nicht nachteilig berührt, ist dessen **Einwilligung** nach § 267 I 2 entbehrlich. Auch der Gläubiger hat grundsätzlich kein Recht, die Leistung des Dritten *abzulehnen*. Verweigert er dennoch die Annahme, so gerät er in Gläubigerverzug (§§ 293 ff.). Eine Ausnahme gilt nur in dem Fall, dass der Schuldner der Drittleistung widerspricht. Hier ist der Gläubiger nach § 267 II berechtigt, die Leistung des Dritten abzulehnen.

> **Beispiel:** Student S hat seit sieben Monaten keine Miete gezahlt. Als sein Vater V davon erfährt, will er den ausstehenden Betrag an Vermieter G zahlen. S ist jedoch stolz darauf, dass er sein Studium selbst finanziert. Er möchte daher wissen, ob er die Leistung des V verhindern kann. S kann nach § 267 II der Mietzinszahlung durch V widersprechen. Dies hat jedoch nur zur Folge, dass G das Recht hat, die Leistung durch V abzulehnen. Ob G hiervon Gebrauch macht, ist seine Sache.

c) Rechtsfolgen

Hat ein Dritter nach § 267 I eine fremde Schuld beglichen, so **erlischt** die Forderung des Gläubigers gegen den Schuldner nach § 362 durch Erfüllung. Ein gesetzlicher Forderungsübergang findet nicht statt. Ob dem Dritten gegenüber dem Schuldner ein *Rückgriffsrecht* zusteht, beurteilt sich nach allgemeinen Grundsätzen. Soweit keine vertraglichen Abreden bestehen, kommen gesetzliche Ansprüche insbesondere aus Geschäftsführung ohne Auftrag (§§ 677 ff.) in Betracht.

3. Ablösungsrecht des Dritten

Hat der Dritte ein besonderes Interesse an der Befriedigung des Gläubigers, so steht ihm nach § 268 ein **Ablösungsrecht** zu, das seine Stellung gegenüber dem »normalen« Dritten wesentlich verbessert. Ein besonderes Interesse liegt nach § 268 I 1 vor, wenn ein Gläubiger wegen einer Geldforderung die Zwangsvollstreckung in einen Gegenstand betreibt, der dem Schuldner gehört, und der Dritte hierdurch Gefahr läuft, ein Recht an diesem Gegenstand zu verlieren. Die Vorschrift betrifft nur *dingliche Rechte*, wie zB Pfandrechte. Erfasst wird aber auch die *Auflassungsvormerkung*, obwohl sie im strengen Sinne kein dingliches Recht ist.[47] Nach Abs. 1 S. 2 wird auch der *Besitz* geschützt; in diesem Rahmen können auch der Mieter oder der Pächter ein Ablösungsrecht haben.

Die Gefahr des Rechts- oder Besitzverlusts ergibt sich aus dem **Zwangsvollstreckungsrecht.** Zu nennen ist etwa § 57a ZVG, der dem Ersteher eines versteigerten Grundstücks das Recht gibt, bestehende Miet- oder Pachtverhältnisse zu kündigen. Nicht erforderlich ist, dass schon Vollstreckungsmaßnahmen ergriffen worden sind.[48] Vielmehr reicht ein Vollstreckungsantrag des Gläubigers aus. Der Dritte muss auch

---

45 BGHZ 46, 319 (325); 75, 299 (303).
46 Vgl. MüKoBGB/*Krüger* § 267 Rn. 14; Palandt/*Grüneberg* § 267 Rn. 4.
47 BGH NJW 1994, 1475.
48 Palandt/*Grüneberg* § 268 Rn. 2.

nicht mit dem Willen handeln, die Zwangsvollstreckung abzuwehren.[49] Denn die innere Willensrichtung des Dritten muss aus Gründen der Rechtssicherheit außer Betracht bleiben. Das Ablösungsrecht besteht damit auch dann, wenn der Dritte die Zwangsvollstreckung selbst weiterbetreiben will.[50]

13 Liegen die Voraussetzungen des § 268 vor, so wird die **Rechtsstellung** des Dritten gegenüber § 267 **verstärkt.** Nach § 268 II kann der Dritte den Gläubiger auch durch *Hinterlegung* oder *Aufrechnung* befriedigen. Da § 267 II nicht anwendbar ist, kann der Gläubiger die Leistung auch bei *Widerspruch* des Schuldners nicht ablehnen. Schließlich sieht § 268 III 1 einen *gesetzlichen Forderungsübergang* (§ 412) vor, der dem Dritten einen selbstständigen Regressanspruch verschafft. Soweit der Gläubiger befriedigt wird, geht dessen Forderung gegen den Schuldner damit unter Einschluss aller Neben- und Vorzugsrechte (§ 401) auf den Dritten über.

> **Zur Vertiefung:** Nach § 268 III 2 kann der Forderungsübergang nicht zum Nachteil des Gläubigers geltend gemacht werden. Hat der Dritte den Gläubiger nur teilweise befriedigt, so ist seine Berechtigung an den nach § 401 mit übergegangenen Sicherungsrechten (zB Pfandrechte, Hypotheken) also gegenüber den entsprechenden Rechten des Gläubigers wegen des verbliebenen Anspruchs nachrangig.[51]

II. Leistungsort

1. Begriff und Bedeutung

14 Der **Leistungsort** ist in § 269 geregelt. Es geht dabei um den Ort, an dem der Schuldner seine *Leistungshandlung* vornehmen muss. Davon zu unterscheiden ist der Ort, an dem der Leistungserfolg eintritt (Erfolgsort).

> **Zur Terminologie:** Das Gesetz bezeichnet den Leistungsort bisweilen auch als *Erfüllungsort* (vgl. §§ 447, 644 II). Da unter »Erfüllung« die Herbeiführung des Leistungserfolgs zu verstehen ist (→ § 17 Rn. 16), ist dies jedoch missverständlich.[52]

Der Leistungsort hat nicht nur im materiellen Recht, sondern auch im **Prozessrecht** große Bedeutung. Denn nach § 29 ZPO ist für Streitigkeiten aus einem Vertragsverhältnis das Gericht *örtlich zuständig,* an dem die streitige Verpflichtung zu erfüllen ist. Der Erfüllungsort (Leistungsort) richtet sich auch hier nach den Bestimmungen des materiellen Rechts.[53]

2. Arten der Schuld

15 Leistungs- und Erfolgsort liegen im Allgemeinen am Wohnsitz des Schuldners oder des Gläubigers. Aufgrund der verschiedenen möglichen Konstellationen lassen sich drei **Arten der Schuld** unterschieden.

Zu nennen ist zunächst der Fall, dass der Gläubiger den Leistungsgegenstand beim Schuldner abholen muss. Bei einer solchen **Holschuld** ist der Schuldner lediglich ge-

---

49 BGH NJW 1994, 1475.
50 Staudinger/*Bittner/Kolbe,* 2019, § 268 Rn. 11; MüKoBGB/*Krüger* § 268 Rn. 10.
51 MüKoBGB/*Krüger* § 268 Rn. 15.
52 Vgl. Palandt/*Grüneberg* § 269 Rn. 1.
53 Thomas/Putzo/*Hüßtege,* ZPO, 41. Aufl. 2020, § 29 Rn. 5.

halten, den Leistungsgegenstand zur Abholung *bereit* zu *stellen* und den Gläubiger hiervon (falls notwendig) zu *benachrichtigen*. Alles Weitere hängt von der Mitwirkung des Gläubigers ab. Leistungs- und Erfolgsort liegen damit einheitlich am Wohnsitz des Schuldners. Dort wird die Leistungshandlung vorgenommen; dort tritt der Leistungserfolg ein.

Davon zu unterscheiden ist der Fall, dass der Schuldner die Leistungshandlung beim Gläubiger vornehmen, zB die Kaufsache beim Gläubiger abliefern muss (**Bringschuld**). Auch in dieser Konstellation fallen Leistungs- und Erfolgsort zusammen, und zwar am Wohnsitz des Gläubigers. Dort findet die Leistungshandlung statt; dort tritt der Leistungserfolg ein.

Schließlich gibt es Fälle, in denen der Schuldner den Leistungsgegenstand zum Gläubiger auf den Weg bringen muss (**Schickschuld**).[54] Hier besteht die Leistungshandlung im Absenden der geschuldeten Sache. Leistungsort ist damit der Wohn- bzw. Niederlassungsort des Schuldners. Der Leistungserfolg (zB Besitz- und Eigentumserwerb an der Kaufsache) tritt dagegen erst beim Gläubiger ein. Leistungs- und Erfolgsort fallen also auseinander.

3. Die Bestimmung des Leistungsortes

Primär bestimmt sich der Leistungsort nach dem **Willen der Vertragsparteien.** Haben die Parteien hierzu keine Vereinbarung getroffen, so ist ihr mutmaßlicher Wille maßgeblich. Dieser ist durch ergänzende Vertragsauslegung zu ermitteln. § 269 I stellt klar, dass die **Natur des Schuldverhältnisses** insoweit große Bedeutung hat. Bei der Auslegung muss danach insbesondere auf die Verkehrssitte, auf Handelsbräuche und örtliche Gepflogenheiten sowie auf die Art der Leistung Rücksicht genommen werden.[55]

16

> **Beispiel:** Maurer M soll im Vorgarten des B eine Trennwand errichten. Diese Tätigkeit kann von der Art der Leistung her nur auf dem Grundstück des B erbracht werden. Der Leistungsort ist damit beim Gläubiger.

Hilft auch die ergänzende Vertragsauslegung nicht weiter, so ist nach § 269 I der Wohnsitz des Schuldners bei Entstehung des Schuldverhältnisses als Leistungsort anzusehen. Im Zweifel liegt somit eine **Holschuld** vor.[56] Ein späterer Wechsel des Wohnorts ändert den Leistungsort nicht.[57] Den Parteien steht jedoch frei, nachträglich einen anderen Leistungsort zu vereinbaren.[58] Bei gewerblichen Verpflichtungen tritt an die Stelle des Wohnsitzes der Sitz der gewerblichen Niederlassung des Schuldners (§ 269 II).

17

Eine **Bringschuld** ist nur bei Vorliegen einer entsprechenden (ausdrücklichen oder stillschweigenden) Vereinbarung zwischen den Parteien anzunehmen. § 269 III stellt klar, dass eine Versendung des Leistungsgegenstands unter Übernahme der Versendungskosten allein nicht genügt, um die Annahme einer Bringschuld zu rechtfertigen. In einem solchen Fall bleibt der Leistungsort am Wohnsitz des Schuldners. Da der Erfolgsort am Wohnsitz des Gläubigers liegt, handelt es sich um eine **Schickschuld.** Die Vermutung des § 269 III gilt auch im *Versandhandel.* Sie kann aber auch hier durch be-

18

---

54 Vgl. *Larenz* SchuldR I § 14 IVa.
55 Vgl. MüKoBGB/*Krüger* § 269 Rn. 18.
56 *Medicus/Lorenz* SchuldR AT Rn. 158.
57 BGHZ 36, 11 (15f.).
58 RGZ 106, 210 (211).

sondere Umstände entkräftet werden. Hat der Verkäufer sich zB zur Montage der bestellten Möbel in der Wohnung des Käufers verpflichtet, so ergibt sich aus der Natur des Vertrages, dass dort auch der Leistungsort ist. Es handelt sich damit um eine Bringschuld.[59]

> **Hinweis:** Große Bedeutung hat die Bestimmung des Leistungsortes bei *Gattungsschulden*. Hier hängt es von der Art der Schuld ab, welche Partei das Risiko eines zufälligen Untergangs auf dem Transport trägt (→ § 13 Rn. 16).

4. Sonderregelung für Geldschulden

19 Für **Geldschulden** (→ § 13 Rn. 32) enthält § 270 eine Sonderregelung. Abs. 1 sieht vor, dass der Schuldner dem Gläubiger das Geld im Zweifel auf seine Gefahr und seine Kosten übermitteln muss. Da die allgemeinen Regeln über den Leistungsort nach § 270 IV unberührt bleiben, beschränkt sich die Bedeutung dieser Vorschrift nach der traditionellen Auffassung auf die Verteilung der Gefahr und der Kosten. Leistungsort bleibt nach § 269 I der Wohnsitz des Schuldners. Die Geldschuld hat damit die Qualität einer **Schickschuld.**[60]

Gefahr iSd § 270 bedeutet zunächst **Leistungsgefahr.** Das heißt, dass der Schuldner nochmals leisten muss, wenn das Geld nicht beim Gläubiger ankommt, zB auf dem Postweg abhandenkommt. Nach allgemeinen Grundsätzen wäre die Leistungspflicht des Schuldners in einem solchen Fall nach § 275 I ausgeschlossen – und zwar wegen § 243 II auch bei der Gattungsschuld (→ § 13 Rn. 14). Aufgrund dieser Besonderheit wird die Geldschuld traditionell als **qualifizierte Schickschuld** bezeichnet.[61]

20 Auf das **Verspätungsrisiko** ist § 270 I nach der bislang hM nicht anwendbar.[62] Dieses Risiko trägt der Gläubiger. Für den Schuldner kommt es danach allein auf die rechtzeitige Vornahme der *Leistungshandlung* – also die Erteilung des Zahlungsauftrags (§ 675f III 2) bei der Überweisung – an. Fraglich erscheint jedoch, wann die Erteilung des Zahlungsauftrags rechtzeitig ist. Nach allgemeinen Grundsätzen würde es ausreichen, wenn der Schuldner den Zahlungsauftrag so rechtzeitig erteilt, dass bei üblichem Verlauf der Dinge mit der rechtzeitigen Gutschrift auf dem Konto des Gläubigers gerechnet werden kann.[63] Ein solches Verständnis scheint aber nicht den beiden **Zahlungsverzugs-RL** 2000/35/EG und 2011/7/EU (→ § 26 Rn. 2) zu entsprechen. Denn Art. 3 I lit. c Zahlungsverzugs-RL 2000 stellt darauf ab, ob der Gläubiger »den fälligen Betrag ... rechtzeitig erhalten hat«. Der EuGH hat deshalb entschieden, dass der geschuldete Betrag dem Konto des Gläubigers **rechtzeitig gutgeschrieben** sein muss, um das Entstehen von Verzugszinsen zu vermeiden oder zu beenden.[64] Der Gerichtshof weist allerdings auch darauf hin, dass der Schuldner nicht für Verzögerungen verantwortlich ist, die ihm **nicht zugerechnet** werden können. Keine Verzugszinsen würden daher anfallen, wenn der Schuldner den üblichen Fristen für die Durchführung

---

59 BGH NJW 2014, 454.
60 MüKoBGB/*Krüger* § 270 Rn. 1; Schlechtriem/Schmidt-Kessel SchuldR AT Rn. 208.
61 MüKoBGB/*Krüger* § 270 Rn. 1; Erman/*Artz* § 270 Rn. 1; *Medicus*/*Lorenz* SchuldR AT Rn. 159, 163, 470.
62 MüKoBGB/*Krüger* § 270 Rn. 16 ff.; Erman/*Artz* § 270 Rn. 9; *Medicus*/*Lorenz* SchuldR AT Rn. 163.
63 Vgl. BGH NJW 1964, 499; MüKoBGB/*Krüger* § 270 Rn. 18; Erman/*Artz* § 270 Rn. 7 und 9.
64 EuGH EuZW 2008, 277 = NJW 2008, 1935 – Telekom.

einer Überweisung sorgfältig Rechnung getragen habe. Nach deutschem Recht kommt der Schuldner dementsprechend auch bei Geldschulden gem. § 286 IV nicht in Verzug, wenn er die Verzögerung nicht zu vertreten hat (näher → § 26 Rn. 8). Nach der Rechtsprechung des EuGH kommt es somit für die Rechtzeitigkeit der Zahlung auch im Anwendungsbereich der Zahlungsverzugs-RL lediglich darauf an, ob der Schuldner die Überweisung so frühzeitig eingeleitet hat, dass er mit einer rechtzeitigen Gutschrift des Betrages auf dem Konto des Gläubigers rechnen durfte (→ § 26 Rn. 4).[65] Auch aus unionsrechtlicher Sicht kann also an der Einordnung der Geldschuld als **qualifizierter Schickschuld** festgehalten werden.[66]

Ein großer Teil der neueren Literatur spricht sich indes dafür aus, das Verspätungsrisiko *generell* auf den Schuldner zu verlagern.[67] Dabei soll es nicht darauf ankommen, ob der Schuldner ein Unternehmer oder ein Verbraucher ist.[68] Die Geldschuld stellt sich danach nicht mehr als qualifizierte Schickschuld, sondern als **(modifizierte) Bringschuld** dar. Gegen diese Auffassung spricht jedoch, dass sie den Schuldner über die Vorgaben der Zahlungsverzugs-RL hinaus belastet, weil er entgegen der Rechtsprechung des EuGH zur Zahlungsverzugs-RL auch für außergewöhnliche Verzögerungen einstehen muss, die ihm nicht zurechenbar sind.[69] Das erscheint jedenfalls im Hinblick auf Verbraucher zu weitgehend,[70] zumal die Zahlungsverzugs-RL selbst nur für den Rechtsverkehr zwischen Unternehmern gilt (→ § 26 Rn. 2).[71]

III. Leistungszeit

1. Begriffe

§ 271 behandelt die Frage, wann eine Schuld zu erfüllen ist. Es geht also um die **Leistungszeit**. Hier muss zwischen zwei Zeitpunkten unterschieden werden: der Fälligkeit und der Erfüllbarkeit. 21

Als **Fälligkeit** bezeichnet man den Zeitpunkt, ab dem der Gläubiger die Leistung vom Schuldner verlangen kann. Bedeutung hat dies vor allem für den Eintritt des *Schuldnerverzugs* (→ § 26 Rn. 3 ff.). In besonderen Fällen kann die Nichtleistung bei Fälligkeit aber sogar *Unmöglichkeit* (§ 275 I) begründen. Man spricht dann von einer absoluten Fixschuld (→ § 21 Rn. 17).

---

65 Vgl. PWW/*Zöchling-Jud* § 270 Rn. 7; MüKoBGB/*Krüger* § 270 Rn. 17.
66 So auch BGH NZM 2017, 120 Rn. 30 = LMK 2017, 386966 *(Beurskens)* = JA 2017, 467 *(Looschelders)*; Erman/*Artz* § 270 Rn. 9; MüKoBGB/*Krüger* § 270 Rn. 17; *S. Lorenz* WuM 2013, 202 (205).
67 So etwa Palandt/*Grüneberg* § 270 Rn. 1; Staudinger/*Bittner/Kolbe*, 2019, § 270 Rn. 29 ff., 36 ff.; Soergel/*Forster* § 270 Rn. 1; *Brox/Walker* SchuldR AT § 12 Rn. 17; *Harke* SchuldR AT Rn. 149; *Herresthal* ZGS 2008, 259 ff.
68 Vgl. *Harke* SchuldR AT Rn. 149; *Herresthal* ZGS 2008, 259 (265).
69 Für eine solche weite Einstandspflicht des Schuldners aber Staudinger/*Bittner/Kolbe*, 2019, § 270 Rn. 37; PWW/*Zöchling-Jud* § 270 Rn. 7; dagegen auch BGH NJW 2017, 1596 Rn. 30 mAnm *Bruns* = JA 2017, 467 *(Looschelders)*; MüKoBGB/*Krüger* § 270 Rn. 17.
70 So zum Versicherungsrecht schon *Looschelders/Paffenholz*, Versicherungsvertragsrecht, 2. Aufl. 2019, Rn. 213; aA Staudinger/*Bittner/Kolbe*, 2019, § 270 Rn. 37 f.; PWW/*Zöchling-Jud* § 270 Rn. 7, jeweils unter Hinweis auf die Regressmöglichkeit des Schuldners bei dem von ihm eingeschalteten Kreditinstitut.
71 Hierauf abstellend auch BGH NJW 2017, 1596 Rn. 31 ff. = JA 2017, 467 *(Looschelders)*; MüKoBGB/*Krüger* § 270 Rn. 17.

Bei der **Erfüllbarkeit** geht es um den Zeitpunkt, ab dem die Leistung erbracht werden kann, der Gläubiger sie also nicht zurückweisen darf. Dies kann im Zusammenhang mit der Frage relevant werden, ob der Gläubiger in *Annahmeverzug* (→ § 36 Rn. 1 ff.) gerät. Mit Eintritt der Fälligkeit liegt regelmäßig zugleich Erfüllbarkeit vor. Eine Ausnahme gilt bei den sog. **verhaltenen Ansprüchen**, die erst auf Verlangen des Gläubigers erfüllt werden dürfen.[72] Gesetzliche Beispiele finden sich in §§ 259 II, 260 II, 285, 368, 416 III 1. Die Parteien können aber auch vereinbaren, dass der Schuldner seine Leistung erst bewirken darf, nachdem der Gläubiger sie von ihm gefordert hat.[73] Im Übrigen ist der Schuldner nach § 271 II im Zweifel berechtigt, die Leistung schon vor der Fälligkeit zu erbringen.

2. Die Bestimmung der Leistungszeit

22 Zur näheren Bestimmung der Leistungszeit sind primär die jeweiligen **Parteivereinbarungen** heranzuziehen. Diese sind wiederum nach Treu und Glauben mit Rücksicht auf die Umstände des Einzelfalls auszulegen.

Für einige Schuldverhältnisse enthält das **Gesetz** dispositive Vorschriften über die Leistungszeit. Zu nennen ist etwa die Regelung über die Fälligkeit der Miete in § 556b I. Bei Forderungen wegen der Beendigung von Dauerschuldverhältnissen ist die Fälligkeit häufig von einer Kündigung abhängig. Beispiele sind die §§ 546 (Rückgabe der Mietsache), 488 III (Rückzahlung des Gelddarlehens) und 608 I (Rückerstattung des Sachdarlehens).

Lässt sich die Leistungszeit weder der Parteivereinbarung noch dem Gesetz entnehmen, so schreibt § 271 I vor, dass Fälligkeit und Erfüllbarkeit im Zweifel **sofort** eintreten. Ist ein Zeitpunkt für die Leistung bestimmt, so kann sie der Gläubiger nach § 271 II im Zweifel nicht früher verlangen (Schutzinteresse des Schuldners). Der Schuldner kann die Leistung dagegen im Zweifel schon vorher bewirken (kein Schutzinteresse des Gläubigers). Bei vorzeitiger Erfüllung einer unverzinslichen Schuld ist es dem Schuldner nach § 272 aber nicht erlaubt, *Zwischenzinsen* abzuziehen.

> **Zur Vertiefung:** § 272 gilt entgegen seinem Wortlaut auch für verzinsliche Schulden.[74] Da mit der Rückzahlung die Pflicht zur Zinszahlung endet, ist bei **verzinslichen Darlehen** aber im Zweifel nicht anzunehmen, dass der Schuldner zu sofortiger Rückzahlung berechtigt ist.[75] Dies lässt sich mit einem Umkehrschluss aus § 488 III 3 begründen, wonach der Darlehensnehmer das Darlehen (nur) dann ohne Kündigung vorzeitig zurückzahlen darf, wenn keine Zinsen geschuldet sind.[76]

23 Besonderheiten gelten für die Fälligkeit der Primärpflichten aus **Kaufverträgen** zwischen **Verbrauchern** (§ 13) und **Unternehmern** (§ 14) über **bewegliche Sachen**. Hier schreibt der zur Umsetzung der Verbraucherrechte-RL eingefügte § 475 I (§ 474 III 1 aF) vor, dass die Leistungen aus § 433 mangels einer anderen Bestimmung abweichend von § 271 nur »**unverzüglich**« verlangt werden können. Nach der Legaldefinition des § 121 I 1 heißt unverzüglich »ohne schuldhaftes Zögern«. Dies ist flexibler als die strikte Regelung des § 271 I. Unvorhersehbare zeitliche Verzögerungen fallen dem Un-

---

72 MüKoBGB/*Krüger* § 271 Rn. 4; BeckOK BGB/*Lorenz*, 54. Ed. 1.5.2020, § 271 Rn. 2.
73 Formulierungsbeispiel bei BeckOGK/*Krafka*, 1.4.2020, BGB § 271 Rn. 12.
74 MüKoBGB/*Krüger* § 272 Rn. 3.
75 Palandt/*Grüneberg* § 271 Rn. 11.
76 NK-BGB/*Krämer* § 488 Rn. 22.

ternehmer damit nicht zur Last. Der Unternehmer muss die Kaufsache gem. § 475 I 2 allerdings *spätestens* 30 Tage nach Vertragsschluss übergeben. Für den Verbraucher ist die Regelung des § 475 I gleichwohl etwas ungünstiger als § 271 I.[77] Die Verbraucherrechte-RL sieht jedoch eine Vollharmonisierung vor und lässt daher insoweit keine Beibehaltung des § 271 I zu. Da die Zahlungspflicht des Verbrauchers aus Gründen der Gleichbehandlung nicht strenger als die primäre Leistungspflicht des Unternehmers beurteilt werden kann, hat der Gesetzgeber den Maßstab der »Unverzüglichkeit« auf alle nach § 433 zu erbringenden Leistungen erstreckt. Der Verbraucher muss den Kaufpreis also ebenfalls nicht »sofort«, sondern nur »unverzüglich« zahlen (→ SchuldR BT § 14 Rn. 8).

3. Vereinbarungen über Zahlungs-, Überprüfungs- und Abnahmefristen

§ 271a beschränkt die Zulässigkeit von Vereinbarungen über Zahlungs-, Überprüfungs- und Abnahmefristen. Die Vorschrift beruht auf der neuen Zahlungsverzugs-RL (RL 2011/7/EU) und soll verhindern, dass der Grundsatz der sofortigen bzw. unverzüglichen Zahlung durch die Vereinbarung von langen Fristen unterlaufen wird.[78] Dabei geht es vor allem um den Schutz des Gläubigers im unternehmerischen Verkehr. § 271a I sieht zunächst vor, dass eine Vereinbarung, nach der der Gläubiger die Erfüllung einer Entgeltforderung erst nach mehr als 60 Tagen nach Empfang der Gegenleistung verlangen kann, nur wirksam ist, wenn sie **ausdrücklich** getroffen wurde und im Hinblick auf die Belange des Gläubigers **nicht grob unbillig** ist. Handelt es sich bei dem Schuldner um einen öffentlichen Auftraggeber, so beträgt die Obergrenze nach § 271a II grundsätzlich 30 Tage; eine Verlängerung ist nur bis zu 60 Tagen möglich. Bei vertraglich vereinbarten Überprüfungs- und Abnahmefristen beträgt die Obergrenze nach § 271a III grundsätzlich 30 Tage. Der Vorrang der Parteivereinbarung wird insoweit also eingeschränkt.

24

§ 271a gilt nur für **Entgeltforderungen,** also Ansprüche auf Zahlung einer Gegenleistung (→ § 26 Rn. 15). Nicht erfasst wird die Vereinbarung von Abschlagszahlungen und sonstigen Ratenzahlungen (Abs. 5 Nr. 1). Die Höchstfristen gelten auch nicht für Schuldverhältnisse, aus denen ein **Verbraucher** die Erfüllung der Entgeltforderung schuldet (Abs. 5 Nr. 2). Bei Verträgen zwischen Verbrauchern und Unternehmern kann dem Verbraucher also eine längere Zahlungsfrist eingeräumt werden, ohne dass die Voraussetzungen des § 271a eingehalten werden müssen.[79] Bei einer Überschreitung der Höchstgrenzen ist nur die betreffende Vereinbarung unwirksam; im Übrigen bleibt der Vertrag nach § 271a IV wirksam.

25

> **Hinweis:** Bei der Diskussion über die Umsetzung der Zahlungsverzugs-RL ist die Befürchtung geäußert worden, die in § 271a I vorgesehene Frist von 60 Tagen könne sich zum Leitbild bei der AGB-Kontrolle entwickeln und damit zu einer ungewollten Verlängerung formularmäßiger Zahlungsfristen führen.[80] Dem trägt der neue § 308 Nr. 1a Rechnung.[81] Nach § 308 Nr. 1a Hs. 1 ist eine Klausel unwirksam, in der sich der Verwender eine unangemessen lange Frist für die Erfüllung einer Entgeltforderung des Vertragspartners vorbehält. Ist der Verwender kein Verbraucher, so ist eine Frist von mehr als 30 Tagen

---

77 Krit. *Kohler* NJW 2014, 2817 (2819).
78 Näher dazu *Spitzer* MDR 2014, 933 ff.
79 Vgl. *Brox/Walker* SchuldR AT § 12 Rn. 26.
80 So *Graf v. Westphalen* BB 2013, 515 ff.; aA *Pfeiffer* BB 2013, 323 ff.
81 Vgl. BT-Drs. 18/1309, 20.

nach Empfang der Gegenleistung bzw. nach Zugang der Rechnung oder Zahlungsaufforderung gem. Hs. 2 im Zweifel als unangemessen lang anzusehen. Der neue § 308 Nr. 1b erklärt auch die formularmäßige Vereinbarung unangemessen langer Überprüfungs- und Abnahmefristen für unwirksam. Im Vergleich mit § 271a gelten nach § 308 Nr. 1a und Nr. 1b die strengeren Maßstäbe. Die praktische Bedeutung des § 271a beschränkt sich damit auf den eher seltenen Fall, dass die Zahlungs-, Überprüfungs- oder Abnahmefrist individuell vereinbart wird.[82]

Literatur: *Bernhard,* Holschuld, Schickschuld, Bringschuld – Auswirkungen auf Gerichtsstand, Konkretisierung und Gefahrübergang, JuS 2011, 9; *Christiansen,* Forderungsrecht und Leistungszeit, 1998; *Herresthal,* Die Rechtzeitigkeit der Leistungshandlung bei der Erfüllung von Geldschulden, ZGS 2007, 48; *Herresthal,* Das Ende der Geldschuld als sog. qualifizierte Schickschuld, ZGS 2008, 259; *Kohler,* Fälligkeit beim Verbrauchsgüterkauf, NJW 2014, 2817; *S. Lorenz,* Zahlungsverzug und Verschulden, WuM 2013, 202; *Pfeiffer,* Formularmäßige Zahlungsfristen nach künftigem Recht, BB 2013, 323; *Rother,* Zur Zulässigkeit von Teilleistungen, NJW 1965, 1749; *Spitzer,* Das Gesetz zur Bekämpfung von Zahlungsverzug im Geschäftsverkehr, MDR 2014, 933; *Weller,* Persönliche Leistungen, 2012; *Graf v. Westphalen,* Misslungene Umsetzung der Zahlungsverzugs-Richtlinie – § 271a BGB-E, BB 2013, 515.

§ 13 Typische Gegenstände der Leistungspflicht

I. Überblick

1 Die Leistungspflicht des Schuldners kann sich auf die Vornahme oder Unterlassung einer **Handlung** beschränken (zB Dienstvertrag). Sie ist häufig aber auf einen bestimmten **Gegenstand** bezogen. Nach § 90 kann man in diesen Fällen zwischen körperlichen Gegenständen (Sachen) und unkörperlichen Gegenständen (Forderungen, Rechten etc) unterscheiden.

> **Beispiel:** Paradefall eines gegenstandsbezogenen Vertrages ist der Kaufvertrag. Die §§ 433 ff. regeln unmittelbar nur den Kauf einer *Sache.* Auf den Kauf von *Rechten* und *sonstigen Gegenständen* (zB Elektrizität, Unternehmen) sind die §§ 433 ff. aber nach § 453 I entsprechend anwendbar.

2 Bei den gegenstandsbezogenen Verträgen kann danach unterschieden werden, ob der Gegenstand bei Vertragsschluss individuell festgelegt **(Stückschuld)** oder nur nach allgemeinen Kriterien bestimmt ist und daher noch konkretisiert werden muss **(Gattungsschuld** iSd § 243). Denkbar ist auch, dass der Schuldner oder der Gläubiger das Recht hat, zwischen verschiedenen Gegenständen zu wählen **(Wahlschuld** iSd §§ 263 ff.) oder statt des geschuldeten Gegenstandes einen anderen zu leisten bzw. zu verlangen **(Ersetzungsbefugnis).** Besondere Regeln sind zu beachten, wenn die Leistungspflicht des Schuldners auf Geld bezogen ist **(Geldschuld).**

II. Die Gattungsschuld

1. Allgemeines

3 Die Gattungsschuld hat im Wirtschaftsleben große Bedeutung. Das BGB geht dagegen von der Stückschuld (Speziesschuld) aus. Die Gattungsschuld erscheint daher als **Sonderfall,** der gesondert geregelt werden muss. Für Schuldverhältnisse finden sich die

---

82 Vgl. *Brox/Walker* SchuldR AT § 12 Rn. 26.

wichtigsten Sonderregeln in den §§ 243, 300 II und § 524 II. Für Handelsgeschäfte kommt § 360 HGB hinzu. Vor der Schuldrechtsreform waren auch die Verantwortlichkeit des Schuldners (§ 279 aF) sowie die kaufrechtliche Gewährleistung bei Gattungsschulden (§ 480 aF) als Sonderfälle ausgestaltet. Hier ist es dem Gesetzgeber jedoch gelungen, die Sonderstellung der Gattungsschuld zu beseitigen.

Eine **Gattungsschuld** liegt nach § 243 I vor, wenn die geschuldete Sache bei Vertragsschluss nur der Gattung nach bestimmt ist. Das Wort »Gattung« meint eine Gruppe von Gegenständen, die durch gemeinschaftliche Merkmale (Modell, Marke, Typ, Sorte, Serie etc) gekennzeichnet und von anderen Gegenständen abgrenzbar ist.[83] Da die Gattung im Allgemeinen eine Vielzahl von Gegenständen erfasst, muss zusätzlich angegeben werden, welche Menge daraus geschuldet sein soll.[84]   4

> **Beispiele:** Ein Neuwagen eines bestimmten Typs; 10 Zentner Kartoffeln einer bestimmten Sorte; 12 Flaschen Champagner einer bestimmten Marke; 100 Eichenholzbretter einer bestimmten Länge, Breite und Stärke. Der Verkauf einer bestimmten Anzahl gestempelter Briefmarken aus einem bestimmten Sammlergebiet (zB »Deutsches Reich«) über eBay stellt im Allgemeinen ebenfalls einen Gattungskauf dar; etwas anderes gilt aber, wenn die Briefmarken durch Bilder genau individualisiert sind.[85]

Die Gattungsschuld bezieht sich im Allgemeinen auf **vertretbare Sachen** iSd § 91. Es handelt sich also meist um bewegliche Sachen, die nach der *Verkehrsauffassung* nicht durch individuelle Merkmale geprägt und daher ohne Weiteres austauschbar sind. Während die Vertretbarkeit einer Sache nach objektiven Kriterien zu bestimmen ist, richtet sich die Umschreibung der Gattung aber in erster Linie nach dem *Willen der Parteien*. Den Parteien steht damit frei, unvertretbare Sachen zu einer Gattung zusammenzufassen.   5

> **Beispiele:** (1) Gemälde sind aufgrund ihrer individuellen Merkmale unvertretbare Sachen. Gleichwohl kann ein Gattungskauf vereinbart werden, der »ein Gemälde des Malers X« zum Gegenstand hat.[86]
> (2) Grundstücke sind keine vertretbaren Sachen. Die Parteien können jedoch nach § 243 I vereinbaren, dass der Schuldner dem Gläubiger ein Grundstück einer bestimmten Größe und Lage beschaffen soll.[87]

Dem Wortlaut nach betrifft § 243 I nur Verträge, die auf die **Leistung** einer **Sache** gerichtet sind. Wichtigstes Beispiel ist der Gattungskauf. Auf Verträge über die Leistung von *Rechten* (§ 453) oder *Diensten* (§§ 611 ff.), die *Herstellung von Werken* (§§ 631 ff.) sowie die *Überlassung* von Sachen (§§ 535 ff., Leasing) ist die Vorschrift aber entsprechend anwendbar.[88]   6

2. Das Auswahlrecht des Schuldners

Nach § 243 I hat der Schuldner das Recht, den Leistungsgegenstand aus der Gattung auszuwählen. Er ist dabei jedoch nicht frei, sondern muss Sachen **mittlerer Art und**   7

---

83 HK-BGB/*Schulze* § 243 Rn. 3; Palandt/*Grüneberg* § 243 Rn. 2.
84 Vgl. *Larenz* SchuldR I § 11 I.
85 OLG Karlsruhe NJW-RR 2007, 1210 (1211).
86 Vgl. *Larenz* SchuldR I § 11 I.
87 Jauernig/*Berger* § 243 Rn. 3.
88 HK-BGB/*Schulze* § 243 Rn. 2; Jauernig/*Berger* § 243 Rn. 2.

Güte leisten. Bei Handelsgeschäften ist Handelsgut mittlerer Art und Güte geschuldet (§ 360 HGB). Welcher Standard konkret beachtet werden muss, richtet sich in erster Linie nach den Vereinbarungen der Parteien. Nur wenn sich daraus keine besonderen Anhaltspunkte ergeben, ist auf die durchschnittliche Beschaffenheit solcher Sachen abzustellen.

> **Beispiel:** Ergibt sich aus dem Inhalt des Vertrages (zB vertraglich vorausgesetzte Verwendung der Sache, Höhe des Kaufpreises), dass Spitzenqualität geschuldet ist, so ist die Lieferung von Durchschnittsware nicht ausreichend.

8 Weist die vom Schuldner ausgewählte Sache nicht den geschuldeten Standard auf, so kann der Gläubiger sie **zurückweisen** und auf vertragsgemäße Erfüllung bestehen. Stellt sich die Abweichung von der durchschnittlichen Qualität erst nach Übergabe bzw. Abnahme der Sache heraus, stehen dem Gläubiger die für den jeweiligen Vertragstyp maßgeblichen **Gewährleistungsrechte** (zB §§ 434, 437, §§ 536, 536a, §§ 633, 634) zu.

3. Die Beschaffungspflicht des Schuldners

a) Unbeschränkte (marktbezogene) Gattungsschuld

9 Da das Schuldverhältnis nicht auf eine konkrete Sache bezogen ist, hat der Untergang der vom Schuldner für die Leistung vorgesehenen Sache nicht zur Folge, dass die Leistungspflicht nach § 275 I wegen *Unmöglichkeit* (→ § 21 Rn. 3) entfällt. Unmöglichkeit tritt nur in dem seltenen Fall ein, dass die gesamte Gattung vernichtet wird. Ansonsten ist der Schuldner verpflichtet, eine andere Sache aus der Gattung **am Markt** zu beschaffen. Ein Leistungsverweigerungsrecht nach § 275 II steht dem Schuldner allein in dem (ebenfalls seltenen) Fall zu, dass die Ware nur mit völlig unverhältnismäßigem Aufwand beschafft werden kann (→ § 21 Rn. 20).

> **Beispiel:** Radiohändler K hat bei dem Großhändler V zehn Fernsehgeräte der Marke TX 5 bestellt. Kurz nach Abschluss des Kaufvertrags brennt das gesamte Warenlager des V infolge eines Blitzschlags ab. K besteht auf der Erfüllung des Vertrages. V will nicht leisten, weil sich der Einkaufspreis für solche Geräte deutlich erhöht hat.
> K hat einen Anspruch gegen V auf Lieferung von zehn Fernsehgeräten der Marke TX 5 aus § 433 I 1. Da nicht die gesamte Gattung untergegangen ist, wird die Leistungspflicht des V nicht durch § 275 I ausgeschlossen. Die Erhöhung des Einkaufspreises hat auch nicht zur Folge, dass der für die Beschaffung erforderliche Aufwand in einem groben Missverhältnis zum Leistungsinteresse des Gläubigers steht (§ 275 II).

10 Erfüllt der Schuldner seine Beschaffungspflicht nicht oder nicht rechtzeitig, so ist er dem Gläubiger nach §§ 280ff. zum **Schadensersatz** verpflichtet. Da der Schuldner im Fall des § 243 I grundsätzlich das *Beschaffungsrisiko* trägt, hat er die Pflichtverletzung nach § 276 auch dann zu vertreten, wenn ihm insoweit weder Vorsatz noch Fahrlässigkeit zur Last fällt (→ § 23 Rn. 23).

b) Beschränkte Gattungsschuld (Vorratsschuld)

11 Aus der Parteivereinbarung oder dem Inhalt des Vertrages kann sich ergeben, dass die Leistung nur aus einem bestimmten Vorrat erbracht werden muss. Man spricht dann von einer beschränkten Gattungs- oder **Vorratsschuld**. Ein solcher Fall ist insbesondere anzunehmen, wenn der Schuldner Sachen verkauft, die er selbst anbaut oder herstellt; hier beschränkt sich die Gattung im Zweifel auf die Erzeugnisse des eigenen Be-

triebs.[89] Gehen diese Erzeugnisse unter, so ist die Leistungspflicht nach § 275 I ausgeschlossen.

> **Beispiel:** Gemüsehändler H hat beim Bauern B 100 Zentner Kartoffeln der Sorte »Hansa« bestellt. Kurz nach Abschluss des Kaufvertrags brennt die Scheune des B ab. Dabei wird die gesamte Kartoffelernte vernichtet.
> Der H könnte einen Anspruch gegen B auf Lieferung von 100 Zentnern Kartoffeln aus § 433 I 1 haben. Ein wirksamer Kaufvertrag über die Kartoffeln liegt vor. Der Anspruch des H ist jedoch nach § 275 I entfallen. Zwar sind Kartoffeln der Sorte »Hansa« am Markt zu beschaffen. Aus dem Inhalt des Vertrages ergibt sich jedoch, dass die Beschaffungspflicht des B auf die eigene Ernte beschränkt ist.

4. Konkretisierung

a) Voraussetzungen

Da der Untergang einzelner Sachen den Leistungsanspruch des Gläubigers bei der Gattungsschuld unberührt lässt, ist der Schuldner häufig daran interessiert, seine Leistungspflicht auf die für die Erfüllung vorgesehenen Sachen zu beschränken. Eine solche **Konkretisierung** tritt nach § 243 II ein, sobald der Schuldner alles getan hat, was seinerseits zur Leistung erforderlich ist. Ab diesem Zeitpunkt hängt der Eintritt des Leistungserfolgs nicht mehr vom Schuldner ab. Es ist daher gerechtfertigt, die Leistungsgefahr auf den Gläubiger übergehen zu lassen. Mindestvoraussetzung der Konkretisierung ist die **Auswahl** und **Aussonderung** von Sachen, die den Standards des § 243 I bzw. des § 360 HGB genügen.[90] Die weiteren Voraussetzungen richten sich danach, welche *Art von Schuld* (→ § 12 Rn. 15) im Einzelfall vorliegt. 12

Bei der **Holschuld** hängt der Eintritt des Leistungserfolgs maßgeblich davon ab, dass der Gläubiger die Sache abholt. Der Schuldner hat deshalb schon dann alles getan, was zur Leistung seinerseits erforderlich ist, wenn er den Gläubiger von der **Aussonderung** der Sache **benachrichtigt** und **zur Abholung aufgefordert** hat. Die Aufforderung zur Abholung ist nach der Wertung des § 296 entbehrlich, wenn die Parteien im Vorhinein einen **Termin** für die Abholung vereinbart haben.[91] Haben die Parteien eine **Abholungsfrist** vereinbart, so tritt die Konkretisierung grundsätzlich erst mit Fristablauf ein.[92] Fehlt eine solche Vereinbarung, so ist dem Gläubiger nach Treu und Glauben (§ 242) eine **angemessene Frist** für die Abholung zuzubilligen.[93] 13

Bei der **Schickschuld** hat der Schuldner die ausgewählte Sache an die Transportperson zu übergeben. Mit der Übergabe an die Transportperson tritt nach § 243 II Konkretisierung ein. Geht die Sache beim Transport unter, so entfällt daher nach § 275 I die Leistungspflicht des Schuldners. 14

Bei der **Bringschuld** liegt der Erfüllungsort beim Gläubiger. Der Schuldner ist daher grundsätzlich verpflichtet, dem Gläubiger die ausgewählte Sache an dessen Wohnsitz tatsächlich anzubieten (vgl. § 294). Nimmt der Gläubiger die Sache an, so erlischt seine 15

---

89 Vgl. RGZ 84, 125 (126); 88, 287 (288); Palandt/*Grüneberg* § 243 Rn. 3.
90 HK-BGB/*Schulze* § 243 Rn. 7; Palandt/*Grüneberg* § 243 Rn. 5.
91 Soergel/*Arnold* § 243 Rn. 13.
92 MüKoBGB/*Emmerich* § 243 Rn. 29; Soergel/*Arnold* § 243 Rn. 13; Erman/*Westermann* § 243 Rn. 15; Staudinger/*Schiemann*, 2019, § 243 Rn. 37.
93 So MüKoBGB/*Emmerich* § 243 Rn. 29; Palandt/*Grüneberg* § 243 Rn. 5; *Canaris* JuS 2007, 793 (794 f.).

Forderung nach § 362 durch Erfüllung. Die Konkretisierung hat damit keine selbstständige Bedeutung. Denkbar ist aber auch, dass der Gläubiger zum vereinbarten Liefertermin nicht angetroffen wird oder die ordnungsgemäß angebotene Leistung zu Unrecht (zB unter Berufung auf angebliche Mängel) zurückweist. In diesem Fall tritt nach § 243 II Konkretisierung ein; gleichzeitig kommt der Gläubiger nach §§ 293 ff. in Annahmeverzug (→ § 36 Rn. 1 ff.).

Hat der Gläubiger dem Schuldner gegenüber erklärt, er werde die Leistung nicht annehmen, so sollte es für die Konkretisierung ausreichen, dass der Schuldner den Gläubiger über die Auswahl und Aussonderung **informiert** und ihm die **Lieferung anbietet**.[94] Da ein tatsächliches Angebot am Wohnsitz des Gläubigers sinnlos wäre, hat der Schuldner damit auch bei der Bringschuld das zur Leistung seinerseits Erforderliche getan. Ein großer Teil der Literatur lehnt eine solche Ausweitung der Konkretisierung jedoch ab; da der Gläubiger durch das wörtliche Angebot in Annahmeverzug kommt (§ 295), geht die Leistungsgefahr nach dieser Auffassung aber gem. § 300 II auf ihn über (→ § 36 Rn. 16 f.).[95]

> **Zur Vertiefung:** Da die Konkretisierung für den Gläubiger rechtlich nachteilig ist, kann sie nach der Wertung des § 107 gegenüber einem minderjährigen Gläubiger nicht ohne Einwilligung seines gesetzlichen Vertreters eintreten. Dogmatisch lässt sich dies damit begründen, dass der Schuldner das zur Leistung seinerseits Erforderliche gegenüber dem empfangszuständigen Gläubiger vornehmen muss. Einem Minderjährigen fehlt nach hM aber die Empfangszuständigkeit für die Leistung (→ § 17 Rn. 4).[96] Bei der Holschuld kann man zusätzlich darauf abstellen, dass die Benachrichtigung des Gläubigers bzw. die Aufforderung zur Abholung als geschäftsähnliche Handlung gegenüber einem beschränkt Geschäftsfähigen entsprechend § 131 II unwirksam ist.[97]

b) Rechtsfolgen

16 Die Konkretisierung hat zur Folge, dass die **Leistungsgefahr** vom Schuldner auf den Gläubiger übergeht. Geht die ausgewählte Sache unter, so wird der Schuldner daher aufgrund von Unmöglichkeit nach § 275 I von seiner primären Leistungspflicht frei.[98]

> **Zur Vertiefung:** Der Ausschluss der primären Leistungspflicht im Fall der Konkretisierung steht in einem gewissen Gegensatz zu der hM, wonach die Nacherfüllung bei Mängeln der Kaufsache auch im Fall eines Stückkaufs durch Lieferung einer mangelfreien Ersatzsache gem. §§ 437 Nr. 1, 439 I Alt. 2 möglich sein soll, sofern die Kaufsache nach den Vorstellungen der Parteien durch eine gleichartige und gleichwertige andere Sache ersetzt werden kann (→ SchuldR BT § 4 Rn. 4). Vor diesem Hintergrund wird teilweise die Auffassung vertreten, dass der Schuldner bis zum Übergang der Gegenleistungsgefahr (→ 13 Rn. 17) auch bei Untergang einer konkretisierten Gattungssache in den Grenzen des § 275 II eine andere Sache leisten müsse, wenn die untergegangene Sache nach dem Inhalt der Parteivereinbarung durch eine andere Sache ersetzt werden könne.[99] Gegen diesen Ansatz spricht jedoch, dass die Unterscheidung zwischen Stück- und Gattungsschulden bei der primären Leistungspflicht –

---

94 MüKoBGB/*Emmerich* § 243 Rn. 26; Staudinger/*Schiemann*, 2019, § 243 Rn. 31.
95 So etwa Palandt/*Grüneberg* § 300 Rn. 6; Staudinger/*Feldmann*, 2019, § 300 Rn. 17.
96 Vgl. BeckOGK/*Beurskens*, 15.12.2019, § 243 Rn. 74; Staudinger/*Olzen*, 2016, § 362 Rn. 41; *Blum* JuS 2018, 838 ff.
97 Ausführlich dazu *Blum* JuS 2018, 838 (840).
98 BGH NJW 2003, 3341 (3342); BeckOGK/*Beurskens*, 15.12.2019, BGB § 243 Rn. 97; *S. Lorenz* ZGS 2003, 421.
99 So Erman/*Westermann* § 243 Rn. 5 f.; *Bitter* ZIP 2007, 1881 (1884 ff.).

anders als bei der Gewährleistung für Mängel im Kaufrecht – nach wie vor eine zentrale Bedeutung hat. Nach der Systematik des geltenden Rechts müssen der Übergang der Leistungsgefahr und der Gegenleistungsgefahr bei der Gattungsschuld getrennt voneinander beurteilt werden. Das Institut der Konkretisierung wäre sonst weitgehend funktionslos, weil die untergegangene Sache bei Gattungsschulden (fast) immer austauschbar ist.[100]

Bei gegenseitigen Verträgen stellt sich die weitere Frage, ob der Gläubiger trotz der Unmöglichkeit die Gegenleistung erbringen muss (sog. **Gegenleistungs-** oder **Preisgefahr**). Diese Frage wird von § 326 I 1 Hs. 1 grundsätzlich in dem Sinne beantwortet, dass die Gegenleistungspflicht des Gläubigers entfällt, wenn die Leistungspflicht des Schuldners nach § 275 I–III ausgeschlossen ist. Beim Annahmeverzug sowie beim Versendungskauf wird diese Regel jedoch durch § 326 II 1 Alt. 2 bzw. § 446 S. 3 und § 447 I durchbrochen (→ § 35 Rn. 16ff.). Bei einem Verbrauchsgüterkauf ist § 447 I nach § 475 II allerdings nur eingeschränkt anwendbar. 17

Beispiel (OLG Köln NJW 1995, 3128): Computerhändler K hat beim Großhändler V 100 Festplatten gekauft. Die Festplatten sollen auf Bitte des K an dessen Wohnsitz geliefert werden. V lässt die bestellte Zahl an Festplatten aus seinem Lager holen. Nachdem die Ware an die Transportfirma D übergeben worden ist, kommt sie aus ungeklärten Gründen abhanden. K verlangt von V Lieferung anderer Festplatten. V meint dagegen, dass K ihm erst den Preis für die abhanden gekommenen Festplatten zahlen müsse.
K hatte zunächst einen Anspruch gegen V auf Lieferung von 100 Festplatten aus § 433 I. Der Anspruch könnte jedoch nach § 275 I untergegangen sein. V und K haben eine Gattungsschuld vereinbart. Die Lieferung von Festplatten der bestellten Art ist noch möglich. Es handelt sich aber um eine Schickschuld. Mit der Übergabe der Festplatten an D hat V alles getan, was seinerseits zur Leistung erforderlich war. Die Leistungspflicht des V hat sich damit auf die ausgewählten Festplatten konkretisiert. Da diese Festplatten abhandengekommen sind, ist die Leistungspflicht des V nach § 275 I erloschen. Nach § 326 I 1 wäre damit grundsätzlich auch der Kaufpreisanspruch des V aus § 433 II erloschen. Für den Fall des Versendungskaufs ordnet § 447 I jedoch an, dass die Preisgefahr mit der Übergabe der Sache an die Transportperson auf den Käufer übergeht. Da es sich um keinen Verbrauchsgüterkauf handelt, wird § 447 I nicht durch § 475 II eingeschränkt. V kann von K somit Zahlung des Kaufpreises für die abhanden gekommenen Festplatten verlangen.
Zur Haftung der Transportperson in solchen Fällen → § 46 Rn. 12 f.

c) Bindungswirkung der Konkretisierung

Ob der Schuldner an die Konkretisierung gebunden ist oder die ausgewählte Sache durch eine andere **auswechseln** darf, ist umstritten. In der Literatur wird die Auffassung vertreten, § 243 II sei eine Schutzvorschrift für den Schuldner. Diesem müsse daher frei stehen, die Konkretisierung rückgängig zu machen und dem Gläubiger eine andere Sache zu liefern, wenn auch um den Preis, dass der Schuldner nach Rückgängigmachung der Konkretisierung wieder die volle Leistungsgefahr trage.[101] Die hM bejaht die grundsätzliche Bindungswirkung der Konkretisierung. Im Einzelfall könne der Gläubiger aber nach Treu und Glauben (§ 242) gehindert sein, eine gleichwertige Ersatzsache zurückzuweisen.[102] 18

---

100 Ablehnend auch BeckOGK/*Beurskens*, 15.12.2019, BGB § 243 Rn. 98; *Oetker/Maultzsch* Vertragl. Schuldverhältnisse § 2 Rn. 229; *Faust* ZGS 2004, 252 (256); *Gruber* JZ 2005, 707 (711 f.).
101 So etwa *Fikentscher/Heinemann* SchuldR Rn. 249; *Medicus/Petersen* BürgerlR Rn. 262; *Faust* ZGS 2004, 252 (257).
102 So BGH NJW 1982, 873; OLG Köln NJW 1995, 3128 (3129); *Brox/Walker* SchuldR AT § 8 Rn. 7.

> **Beispiel:** K hat bei V einen Computer bestellt. Beide vereinbaren, dass V das Gerät in die Wohnung des K bringen und dort installieren soll. Als V zum vereinbarten Liefertermin mit dem für K ausgewählten Computer zu dessen Wohnung kommt, trifft er diesen nicht an. V entschließt sich deshalb, den Computer an einen anderen Kunden (D) auszuliefern, der »auf dem Weg« wohnt und das gleiche Modell bestellt hat.
> Nach hM verstößt K in einem solchen Fall gegen Treu und Glauben, wenn er die Annahme eines anderen, gleichwertigen Computers verweigert. Nach der Gegenauffassung hat V die Konkretisierung durch Auslieferung des Computers an D rückgängig gemacht. V kann daher ohne Weiteres mit einem anderen Gerät erfüllen.

19 Für die hM sprechen der **Wortlaut** des § 243 II und der **Wille des Gesetzgebers**. Der Gesetzgeber wollte die Konkretisierung mit Bindungswirkung ausstatten, um dem Gläubiger schon vor der Erfüllung des Vertrages Dispositionen über die Ware zu ermöglichen und den Schuldner daran zu hindern, auf Kosten des Gläubigers zu spekulieren.[103] Da diese Überlegungen auch heute noch relevant sind, muss hieran festgehalten werden.

III. Wahlschuld und ähnliche Institute

1. Wahlschuld

20 Von der Gattungsschuld ist die **Wahlschuld** (§§ 262–265) zu unterscheiden. Hier werden mehrere *verschiedene* (dh nicht einer Gattung zugehörige) Leistungen in der Weise geschuldet, dass nur die eine oder die andere erbracht werden muss (§ 262).[104] Die gewählte Leistung gilt als die von Anfang an allein geschuldete (§ 263 II). Trotz der Verschiedenheit der bis dahin geschuldeten Leistungen handelt es sich somit nicht um mehrere Ansprüche, sondern um einen **einheitlichen Anspruch** mit zunächst relativ unbestimmtem Inhalt.[105]

a) Praktische Bedeutung

21 In der *Vertragspraxis* hat die Wahlschuld nur geringe Bedeutung. Dies beruht vor allem darauf, dass die Vereinbarung einer Ersetzungsbefugnis (→ § 13 Rn. 27 ff.) im Allgemeinen interessengerechter ist.[106] Es finden sich aber doch einige Anwendungsfälle.

> **Beispiele:** (1) Der G zieht auf dem Jahrmarkt ein Los. Darauf steht: »Freie Auswahl«.
> (2) Gast G hat ein Hotel mit Vollpension gebucht. Das Hotelrestaurant bietet mittags drei Menüs zur Wahl an.

Etwas häufiger ist die Wahlschuld allenfalls bei *Vermächtnissen* (§ 2154).[107]

> **Beispiel:** Erblasser O hat seinem Neffen N ein Vermächtnis ausgesetzt, wonach N nach seiner Wahl das Gemälde »Sonnenuntergang« des Malers X oder das Gemälde »Flusslandschaft« des Malers Y haben soll. Es handelt sich um ein *Wahlvermächtnis* (§ 2154), auf das die §§ 262 ff. anwendbar sind.

---

103 Vgl. MüKoBGB/*Emmerich* § 243 Rn. 33.
104 Palandt/*Grüneberg* § 262 Rn. 1.
105 Vgl. MüKoBGB/*Krüger* § 262 Rn. 2; *Larenz* SchuldR I § 11 II.
106 Vgl. *Harke* SchuldR AT Rn. 138.
107 Vgl. *Larenz* SchuldR I § 11 II.

b) Das Wahlrecht und seine Ausübung

Im Fall der Wahlschuld stellt sich zunächst die Frage, wem das Wahlrecht zusteht. Nach § 262 ist dies im Zweifel der **Schuldner**. Die Regelung gilt aber nur, wenn die Parteivereinbarungen und der Sinn und Zweck des Vertrages keine andere Lösung nahelegen. Nach der Interessenlage ist es im Allgemeinen geboten, dem Gläubiger das Wahlrecht zuzubilligen. Das zeigen auch die Beispiele (→ § 13 Rn. 20). § 262 ist also insofern verfehlt.[108]

22

Das Wahlrecht ist ein Gestaltungsrecht, das nach § 263 I durch einseitige empfangsbedürftige **Willenserklärung** ausgeübt wird. Bei der Auswahl ist der Berechtigte frei. Er muss sich also nicht etwa für eine Sache »mittlerer Art und Güte« (243 I) entscheiden.[109] Hat der Berechtigte das Wahlrecht ausgeübt, so beschränkt sich die Leistungspflicht des Schuldners nach § 263 II *rückwirkend* auf die gewählte Leistung (→ § 13 Rn. 19).

23

c) Verzögerte Ausübung des Wahlrechts

Der Berechtigte ist nach hM nicht zur Ausübung des Wahlrechts verpflichtet.[110] Er kann hierzu deshalb auch nicht gerichtlich angehalten werden. Dies führt zu Problemen, wenn der Berechtigte die Ausübung des Wahlrechts verzögert. § 264 löst dieses Problem auf eine sehr umständliche Weise:[111] Kommt der **Gläubiger** wegen Nichtausübung des Wahlrechts in Annahmeverzug (§§ 293 ff.), so kann der Schuldner ihm nach § 264 II eine angemessene Frist setzen; mit Ablauf der Frist geht das Wahlrecht auf den Schuldner über.

24

Aufseiten des **Schuldners** führt die Untätigkeit in keinem Fall zum Verlust des Wahlrechts. Der Gläubiger muss den Schuldner daher zunächst alternativ darauf verklagen, dass er eine der geschuldeten Leistungen erbringt. Übt der Schuldner das Wahlrecht dann auch nicht vor Beginn der Zwangsvollstreckung aus, so kann der Gläubiger diese zwar nach seiner Wahl auf die eine oder die andere Leistung richten; der Schuldner kann sich aber weiter durch eine der anderen Leistungen von der Verbindlichkeit befreien (§ 264 I).

25

d) Unmöglichkeit

Besondere Probleme bereitet bei der Wahlschuld die **Unmöglichkeit**. Hier ist zu unterscheiden: Sind *sämtliche* Leistungen unmöglich, ist die Leistungspflicht des Schuldners nach § 275 I ausgeschlossen. Betrifft die Unmöglichkeit nur *eine* der Leistungen, so konzentriert sich die Leistungspflicht nach § 265 S. 1 grundsätzlich auf die andere. Hat der nicht wahlberechtigte Teil die Unmöglichkeit nach §§ 276 ff. zu *vertreten*, so kann der andere Teil aber nach § 265 S. 2 entscheiden, ob er die noch mögliche Leistung verlangt oder wegen der unmöglichen Leistung Schadensersatz statt der Leistung (§§ 280, 283, 311a II), Aufwendungsersatz (§ 284) oder Herausgabe des Ersatzes (§ 285) geltend macht.

26

---

108 Vgl. Soergel/*Forster* § 262 Rn. 26.
109 Palandt/*Grüneberg* § 262 Rn. 4.
110 Vgl. MüKoBGB/*Krüger* § 264 Rn. 1; Palandt/*Grüneberg* § 264 Rn. 1; für das Wahlrecht des Gläubigers auch BeckOK BGB/*Lorenz*, 54. Ed. 1.5.2020, § 264 Rn. 2; krit. *Rieble/Gutfried* JZ 2008, 593 (597).
111 Zur Kritik MüKoBGB/*Krüger* § 264 Rn. 1.

> **Beispiel:** Wird das Gemälde »Sonnenuntergang« im Vermächtnis-Fall (→ § 13 Rn. 21) nach dem Tod des O durch Zufall zerstört, so beschränkt sich der Anspruch des N gegen den Erben (E) aus § 2174 auf das Gemälde »Flusslandschaft« (§ 265 S. 1). Wenn E den Untergang des Gemäldes schuldhaft verursacht hat, kann N dagegen nach seiner Wahl entweder das Gemälde »Flusslandschaft« oder Schadensersatz statt des Gemäldes »Sonnenuntergang« (§§ 280 I, III, 283) verlangen (§ 265 S. 2).

Die grundsätzliche Beschränkung der Leistungspflicht auf die noch mögliche Leistung nach § 265 S. 1 kann für die Parteien **interessenwidrig** sein. So mag es dem Gläubiger primär auf die Auswahlmöglichkeit oder die untergegangene Sache angekommen sein. Umgekehrt kann der Schuldner übermäßig belastet sein, wenn er ohne Verschulden beide Sachen verliert bzw. übereignen muss.[112] Im Einzelfall muss daher genau geprüft werden, ob die Parteien konkludent eine abweichende Vereinbarung getroffen haben.[113]

2. Ersetzungsbefugnis

27 Größere praktische Bedeutung als die Wahlschuld hat die gesetzlich nicht geregelte **Ersetzungsbefugnis.** Hier ist die Pflicht des Schuldners von Anfang an auf *eine* Leistung beschränkt; der Schuldner kann aber eine andere Leistung erbringen oder der Gläubiger eine andere Leistung fordern. Gegenüber der Wahlschuld hat diese Gestaltung den Vorteil, dass die Leistungspflicht des Schuldners von vornherein festgelegt ist, womit das Problem der verzögerten Ausübung des Wahlrechts (→ § 13 Rn. 24f.) entfällt; außerdem muss der Berechtigte seine Entscheidung erst bei der Leistung treffen.[114] Wegen der abweichenden Interessenlage sind die Vorschriften über die Wahlschuld (§§ 262ff.) nicht anwendbar.

a) Allgemeines

28 Die Ersetzungsbefugnis kann dem Schuldner oder dem Gläubiger zustehen. Im ersten Fall ist der **Schuldner** berechtigt, die andere Leistung nach § 364 I an Erfüllungs statt zu erbringen. Die Ersetzungsbefugnis des **Gläubigers** gibt diesem das Recht, statt der geschuldeten Leistung eine andere zu fordern. Ein gesetzlicher Anwendungsfall hierfür ist das Recht des Geschädigten, bei Personen- und Sachschäden statt der Herstellung durch den Schuldner den erforderlichen Geldbetrag zu verlangen (§ 249 II).

Ist die *geschuldete* Leistung **unmöglich,** so gilt nicht § 265; vielmehr entfällt die Leistungspflicht des Schuldners nach § 275 I. Dies gilt auch dann, wenn die andere Leistung noch möglich ist.[115] Kann die *andere* Leistung nicht erbracht werden, so entfällt lediglich die Ersetzungsbefugnis. Es muss damit die geschuldete Leistung erbracht werden.[116]

b) Ersetzungsbefugnis im Autohandel

29 Wichtigster Anwendungsfall der Ersetzungsbefugnis ist die beim Neuwagenkauf übliche Vereinbarung, dass der Käufer seinen alten Pkw »**in Zahlung geben**« kann, um

---

112 Krit. MüKoBGB/*Krüger* § 265 Rn. 1; *Harke* SchuldR AT Rn. 138.
113 Vgl. MüKoBGB/*Krüger* § 265 Rn. 3; Staudinger/*Bittner/Kolbe*, 2019, § 265 Rn. 4.
114 Vgl. *Harke* SchuldR AT Rn. 138.
115 Palandt/*Grüneberg* § 262 Rn. 7.
116 MüKoBGB/*Krüger* § 265 Rn. 15.

einen Teil des Kaufpreises zu begleichen.¹¹⁷ Bei einer solchen Vereinbarung schuldet der Käufer an sich den vollen Kaufpreis für den Neuwagen; er kann dem Verkäufer jedoch seinen Altwagen unter Anrechnung auf den Kaufpreis an Erfüllungs statt (§ 364 I) überlassen.

> **Beispiel:** K kauft bei Autohändler V für 20.000 EUR einen Neuwagen. V erklärt sich bereit, den Gebrauchtwagen des K für 4.000 EUR in Zahlung zu nehmen.
> K muss an sich die vollen 20.000 EUR zahlen. Er kann jedoch auch dem V seinen Altwagen überlassen. In diesem Fall muss er nur noch 16.000 EUR zahlen.

Kann der Käufer die Ersetzungsbefugnis nicht wahrnehmen, zB weil das Fahrzeug zwischenzeitig **zerstört** worden oder **abhandengekommen** ist, muss er den vollen Kaufpreis zahlen.¹¹⁸ Diese Risikoverteilung ist in der Literatur auf Bedenken gestoßen.¹¹⁹ Sie kann aber damit gerechtfertigt werden, dass die Störung aus der Sphäre des Käufers stammt.¹²⁰

c) Bindungswirkung der Ersetzungserklärung

Ob der Berechtigte an die Ersetzungserklärung **gebunden** ist oder sie wieder rückgängig machen kann, ist umstritten. Die hM bejaht die Bindungswirkung mit der Erwägung, dass **Gestaltungserklärungen** prinzipiell unwiderruflich seien.¹²¹ Die Gegenauffassung unterscheidet danach, wem die Ersetzungsbefugnis zusteht. Während die Ersetzungsbefugnis des **Gläubigers** als – prinzipiell unwiderrufliche – Gestaltungserklärung verstanden wird, soll die Konzentration bei der Ersetzungsbefugnis des **Schuldners** erst mit der Erbringung der Leistung eintreten; da die Erklärung des Schuldners keine gestaltende Wirkung habe, könne sie in den Grenzen des § 242 widerrufen werden.¹²² Für eine grundsätzliche Bindungswirkung spricht der Gedanke der Rechtssicherheit. Hat der Berechtigte verbindlich erklärt, er werde von der Ersetzungsbefugnis Gebrauch machen, so muss sich der andere Teil hierauf einstellen können. Dies gilt unabhängig davon, ob die Ersetzungsbefugnis dem Gläubiger oder dem Schuldner zusteht. Im Einzelfall kann die **Auslegung** der vertraglichen oder gesetzlichen Regelung, auf der die Ersetzungsbefugnis beruht, aber eine abweichende Lösung rechtfertigen.¹²³ Solange der andere Teil noch keine entsprechenden Dispositionen getätigt hat, wird er im Übrigen regelmäßig gegen **Treu und Glauben** (§ 242) verstoßen, wenn er den Berechtigten gleichwohl an dessen Entscheidung festhalten will.

30

> **Beispiel:** Hat K im Autohandel-Fall (→ § 13 Rn. 29) verbindlich erklärt, er werde von der Ersetzungsbefugnis Gebrauch machen, so hat V ein schutzwürdiges Interesse daran, den Gebrauchtwagen schon vor Abwicklung des Vertrages an einen Dritten zu verkaufen oder sich

---

117 BGHZ 46, 338 (340); BGH NJW 2008, 2028 (2029); OLG Hamm NJW-RR 2009, 1505 (1506); *Brox/Walker* SchuldR AT § 8 Rn. 15; MüKoBGB/*Krüger* § 262 Rn. 9; aA OLG Oldenburg NJW-RR 1995, 689; *Larenz* SchuldR II 1 § 41 I; *Faust* NJW 2009, 3696 (3697), wonach kein einheitlicher Kaufvertrag mit Ersetzungsbefugnis, sondern ein typengemischter Vertrag aus Kauf und Tausch vorliegt.
118 BGHZ 89, 126 (129).
119 Vgl. *Larenz* SchuldR II 1 § 41 I; *Faust* NJW 2009, 3696 (3697).
120 BGHZ 89, 126 (129).
121 Palandt/*Grüneberg* § 263 Rn. 1; Soergel/*Forster* § 263 Rn. 9; *Schlechtriem/Schmidt-Kessel* SchuldR AT Rn. 230; zur Qualifikation der Ersetzungsbefugnis als Gestaltungsrecht BGH NJW 1970, 992.
122 MüKoBGB/*Krüger* § 263 Rn. 10; *Larenz* SchuldR I § 11 IIIa.
123 Vgl. OLG Brandenburg VIZ 1997, 697 (701); Palandt/*Grüneberg* § 262 Rn. 6.

zumindest um einen Käufer zu bemühen. K kann die Ersetzungserklärung daher grundsätzlich nicht widerrufen. Solange V noch keine entsprechenden Dispositionen getroffen hat, verstößt er aber gegen Treu und Glauben (§ 242), wenn er gleichwohl auf der Leistung des Altwagens besteht.

3. Elektive Konkurrenz

31 Von der Wahlschuld zu unterscheiden ist schließlich die elektive Konkurrenz. Bei diesem Rechtsinstitut geht es nicht um die »Konkretisierung« eines einheitlichen Anspruchs mit relativ unbestimmtem Inhalt. Der Gläubiger kann sich vielmehr zwischen **mehreren Ansprüchen oder Gestaltungsrechten** entscheiden, die einander inhaltlich ausschließen.[124] Ein solches Verhältnis besteht etwa bei der kaufrechtlichen Gewährleistung zwischen dem Rücktritt und der Minderung (§ 437 Nr. 2).[125] Der Käufer kann nicht gleichzeitig vom Vertrag zurücktreten und den Kaufpreis mindern (vgl. § 441 I »statt zurückzutreten«). Das Gleiche gilt nach einem aktuellen Urteil des BGH für das Verhältnis von Minderung und Rückgängigmachung des Kaufvertrages über den »großen« Schadensersatz nach §§ 437 Nr. 3, 280, 281 (→ SchuldR BT § 4 Rn. 64).[126] Das »Wahlrecht« des Käufers zwischen Nachbesserung und Ersatzlieferung nach §§ 437 Nr. 1, 439 I (→ SchuldR BT § 4 Rn. 4) stellt nach hM ebenfalls einen Fall der elektiven Konkurrenz dar. Die Vorschriften über die Wahlschuld sind hier daher nicht anwendbar.[127] Die Entscheidung des Berechtigten für ein bestimmtes Recht löst daher auch nicht die Rechtsfolge des § 263 II aus.

IV. Geldschuld

1. Allgemeines

32 **Geld** ist ein praktisch besonders wichtiger Leistungsgegenstand. Bei fast allen *gegenseitigen Verträgen* (Kauf-, Miet-, Werkvertrag etc) bildet es die Gegenleistung, und auch bei *unerlaubten Handlungen* richtet sich der Schadensersatzanspruch im Allgemeinen auf Geld (vgl. §§ 249 II, 250, 251).

Ob die Geldschuld als Sonderfall der **Gattungsschuld** anzusehen ist, ist umstritten. Gegen ein solches Verständnis spricht, dass die meisten Regelungen über die Gattungsschuld auf Geldschulden nicht passen.[128] Besonders deutlich ist dies bei § 243 I. Bei Geld stellt sich überhaupt kein *Auswahlproblem*. Der Schuldner ist daher nicht gehalten, Geldscheine oder Münzen mittlerer Art und Güte zu leisten; er muss schlicht eine bestimmte *Geldsumme* zahlen. Auch die *Gefahrtragung* ist unterschiedlich geregelt. Bei Geld trägt der Schuldner nach § 270 I das Übermittlungsrisiko (→ § 12 Rn. 19); wird eine Gattungssache versendet, so geht die Leistungsgefahr nach § 243 II mit Übergabe der Sache an die Transportperson auf den Gläubiger über (→ § 13 Rn. 14). Im Annahmeverzug findet allerdings auch bei Geldschulden ein Gefahrübergang nach § 300 II statt (→ § 36 Rn. 16).

---

124 Vgl. MüKoBGB/*Krüger* § 262 Rn. 11; Palandt/*Grüneberg* § 262 Rn. 5.
125 Vgl. BeckOK BGB/*Faust,* 54. Ed. 1.5.2020, § 437 Rn. 179; Staudinger/*Bittner/Kolbe,* 2019, § 262 Rn. 9a; *Bachmann* 234.
126 BGH NJW 2018, 2863 Rn. 26 ff. = JA 2018, 784 *(Looschelders).*
127 Vgl. BGH NJW 2019, 292 Rn. 44 ff. = JA 2019, 149 *(Looschelders)* = JuS 2019, 487 *(Arnold);* MüKoBGB/*Krüger* § 262 Rn. 11.
128 So auch die hM, vgl. Palandt/*Grüneberg* § 245 Rn. 12; *Larenz* SchuldR I § 12 III; aA BGHZ 83, 293 (300).

Ebenso wie bei der Gattungsschuld kann sich der Schuldner bei der Geldschuld grundsätzlich nicht auf **Unmöglichkeit** (§ 275) berufen. Für seine finanzielle Leistungsfähigkeit muss der Schuldner ohne Verschulden einstehen. Man kann dies zwar wie bei der Gattungsschuld als Fall des Beschaffungsrisikos deuten (→ § 23 Rn. 33). Letztlich ergibt sich die unbedingte Einstandspflicht für Geldschulden aber aus der Existenz der **Insolvenzordnung.** Sie wird daher in den §§ 275, 276 nicht ausdrücklich festgeschrieben. 33

2. Erfüllung von Geldschulden

Der historische Gesetzgeber ist davon ausgegangen, dass Geldschulden grundsätzlich durch Übereignung von **Bargeld** nach §§ 929ff. zu erfüllen sind (Barzahlung). Im modernen Geschäftsverkehr hat sich jedoch die bargeldlose Zahlung mit **Buchgeld** durchgesetzt. Buchgeld ist keine körperliche Sache; es handelt sich um Geldforderungen gegen Kreditinstitute. Bei bargeldloser Zahlung vermittelt der Schuldner dem Gläubiger durch Überweisung, Kreditkarteneinsatz oder auf andere Weise einen Anspruch gegen ein Kreditinstitut; dieses kann seine Aufwendungen (gegebenenfalls unter Einschaltung weiterer Kreditinstitute) beim Schuldner liquidieren.[129] 34

Die hM hält daran fest, dass Geldschulden grundsätzlich durch Barzahlung zu erfüllen sind. Buchgeld müsse nur bei Vorliegen einer entsprechenden **Vereinbarung** angenommen werden. Überweisung und Lastschrift werden daher überwiegend nicht als Erfüllung (§ 362 I), sondern als Leistung an Erfüllung statt (§ 364 I) qualifiziert (→ § 17 Rn. 23a). Die Angabe der Kontoverbindung wird dabei aber im Regelfall als konkludentes Einverständnis mit bargeldloser Zahlung gedeutet.[130]

Virtuelles Geld (zB Bitcoins) erfüllt nach überwiegender Ansicht nicht den Geldbegriff des BGB, weil es sich (noch) nicht um ein allgemein anerkanntes Zahlungsmittel handelt.[131] Die Parteien können aber vereinbaren, dass die Leistung in Bitcoins erfolgen soll. Haben die Parteien zunächst eine Geldschuld vereinbart, so stellt die Zahlung mit Bitcoins eine Leistung an Erfüllungs statt (§ 364 I) dar; es bedarf daher einer entsprechenden Vereinbarung der Parteien (→ § 17 Rn. 22).[132]

> **Zur Vertiefung:** Nach dem durch Gesetz v. 17.7.2017[133] mit Wirkung v. 13.1.2018 eingefügten § 270a sind Vereinbarungen über Entgelte für die Nutzung der wichtigsten bargeldlosen Zahlungsmittel (sog. **Surcharging**) unwirksam. Konkret handelt es sich um die Nutzung einer SEPA-Basislastschrift, einer SEPA-Firmenlastschrift (→ § 17 Rn. 23a), einer SEPA-Überweisung oder einer Zahlungskarte. Der Begriff der Zahlungskarte umfasst dabei die meisten (aber nicht alle) Kreditkarten (zB Mastercard, VISA, American Express).[134] Die Vorschrift bezweckt in erster Linie den Schutz von **Verbrauchern** (§ 13). Dies gilt insbesondere im Hinblick auf Entgelte für die Nutzung von Zahlungskarten (vgl.

---

129 Zum Begriff des Buchgelds vgl. MüKoBGB/*Grundmann* § 245 Rn. 6ff.
130 BGHZ 98, 24 (30); MüKoBGB/*Grundmann* § 245 Rn. 111; Palandt/*Grüneberg* § 362 Rn. 9. Zur Erfüllungswirkung der Überweisung vgl. § 17 Rn. 23a.
131 KG NJW 2018, 3734 Rn. 11f.; Palandt/*Grüneberg* §§ 244, 245 Rn. 6; MüKoBGB/*Grothe* § 244 Rn. 2; *Omlor* JuS 2019, 289 (290); aA BeckOGK/*Freitag*, 1.4.2020, BGB § 244 Rn. 28; *Beck* NJW 2015, 580ff.
132 Näher dazu *Spiegel* JuS 2019, 307.
133 BGBl. 2017 I 2446.
134 Näher dazu Palandt/*Grüneberg* § 270a Rn. 2; BeckOGK/*Förster*, 1.5.2020, BGB § 270a Rn. 63ff.; speziell zu American Express EuGH BeckRS 2018, 825 = JuS 2018, 903 *(Omlor).*

§ 270a S. 2). Ein weitergehender Schutz des Verbrauchers kann sich aus § 312a IV ergeben (→ § 41 Rn. 19). In Bezug auf die Nutzung einer SEPA-Basislastschrift, einer SEPA-Firmenlastschrift oder einer SEPA-Überweisung ist eine Vereinbarung über Entgelte auch im unternehmerischen Geschäftsverkehr unwirksam.[135] Diese Regelung umfasst alle auf Euro lautenden Überweisungen und Lastschriften in der EU, sofern die beteiligten Zahlungsdienstleister in der EU ansässig sind (vgl. Art. 1 I SEPA-VO[136]).[137]

3. Besondere Arten der Geldschuld

a) Fremdwährungsschuld

35 Seit dem 1.1.2002 ist der **Euro** in Deutschland und den meisten anderen EU-Staaten das gesetzliche Zahlungsmittel. Geldschulden können aber auch auf eine *andere Währung* lauten. Ist das Geld im Inland zu zahlen, so gewährt § 244 I dem Schuldner die Möglichkeit, die Zahlung gleichwohl in Euro vorzunehmen. Die Umrechnung erfolgt gem. § 244 II nach dem Kurswert, der zur Zeit der Zahlung für den Zahlungsort maßgebend ist.

§ 244 gilt nur für die einfache (unechte) Fremdwährungsschuld. Haben die Parteien ausdrücklich vereinbart, dass die Zahlung in einer anderen Währung erfolgen muss, so liegt eine **effektive** (echte) **Fremdwährungsschuld** vor, bei der keine Umrechnungsbefugnis besteht (§ 244 I Hs. 2).

b) Geldsortenschuld

36 § 245 regelt den Fall, dass die Geldschuld nach der Vereinbarung der Parteien in einer bestimmten (in- oder ausländischen) Münzsorte beglichen werden soll **(Geldsortenschuld)**, welche im Zeitpunkt der Zahlung nicht mehr im Umlauf ist. Da die Erfüllung nicht an diesem Hindernis scheitern soll, wandelt sich die Geldsortenschuld hier in eine normale Geldschuld um.

Die Anwendung des § 245 setzt voraus, dass die infrage stehende Münzsorte gesetzliches Zahlungsmittel ist. Die Vorschrift gilt also nicht für die Pflicht zur Leistung von **Sammlermünzen**. Hier handelt es sich um keine Geldschuld, sondern um eine reine Sachschuld. Auch bei gesetzlichen Zahlungsmitteln können die Parteien den § 245 durch Vereinbarung ausschließen. Man spricht dann von einer **echten** oder **eigentlichen Geldsortenschuld,** die nach den Regeln über die Gattungsschuld zu behandeln ist.[138]

Die Regelung des § 245 beruht auf der Vorstellung, die Parteien würden bestimmte Münzsorten wegen ihres **Materialgehalts** (Gold, Silber etc) bevorzugen.[139] Sie hat heute daher keine praktische Bedeutung mehr.

---

135 BeckOK BGB/*Schmalenbach*, 54. Ed. 1.5.2020, § 270a Rn. 1.
136 VO (EU) Nr. 260/2012 des Europäischen Parlaments und des Rates vom 14. März 2012 zur Festlegung der technischen Vorschriften und der Geschäftsanforderungen für Überweisungen und Lastschriften in Euro und zur Änderung der Verordnung (EG) Nr. 924/2009 (ABl. 2012 L 94, 22).
137 MüKoBGB/*Krüger* § 270a Rn. 8.
138 *Medicus/Lorenz* SchuldR AT Rn. 179.
139 MüKoBGB/*Grundmann* § 245 Rn. 100.

4. Zinsen

In der Praxis sind Geldschulden häufig kraft vertraglicher Vereinbarung oder gesetzlicher Anordnung zu verzinsen. Die §§ 246–248 enthalten hierfür einige allgemeine Vorschriften.

a) Begriff

Was genau unter »**Zinsen**« zu verstehen ist, wird vom Gesetz nicht geregelt. Die hM definiert Zinsen als *Vergütung*, die der Schuldner für die Überlassung eines in Geld (oder anderen vertretbaren Sachen) bestehenden Kapitals zahlen muss. Die Höhe der Vergütung muss nach der Dauer (Laufzeit) der Überlassung zu berechnen sein und wird meistens (wenn auch nicht notwendig) in einem Prozentsatz des Kapitals (sog. Zinssatz) ausgedrückt. Sie darf nicht von einem etwaigen Gewinn oder Umsatz abhängig sein.[140]

Die Zinsschuld setzt damit eine Kapitalschuld (meist Geldschuld) voraus; sie ist von deren Entstehung und Höhe abhängig (**Akzessorietät** der Zinsschuld).[141] Das Erlöschen dieser Hauptschuld lässt die Zinspflicht entfallen.[142]

b) Entstehungsgründe

Der Anspruch auf Zahlung von Zinsen kann durch Rechtsgeschäft oder Gesetz begründet werden (vgl. § 246). Typisches Beispiel für die **rechtsgeschäftliche** Begründung ist der Darlehensvertrag. Der Darlehensnehmer ist nach § 488 I 2 zur Zahlung des geschuldeten Zinses verpflichtet, sofern nicht ein unentgeltliches Darlehen vereinbart worden ist.

Was das **Gesetz** als Entstehungstatbestand betrifft, so kennt das BGB keinen allgemeinen Zinsanspruch. Es gibt jedoch eine Vielzahl von Einzelregelungen, welche aus unterschiedlichen Gründen für Geldschulden eine Verzinsungspflicht vorsehen. Besonders wichtig sind der Zinsanspruch des Gläubigers bei *Verzug* nach § 288 (→ § 26 Rn. 21 ff.) sowie die Verpflichtung des Schuldners zur Zahlung von *Prozesszinsen* ab Rechtshängigkeit der Klage nach § 291. Für beiderseitige Handelsgeschäfte besteht nach § 353 HGB die Pflicht zur Zahlung eines *Fälligkeitszinses* von 5%.

c) Höhe des Zinssatzes

Der **gesetzliche** Zinssatz beträgt nach § 246 4%, bei beiderseitigen Handelsgeschäften nach § 352 HGB 5%. Dieser Zinssatz ist beim *Verzug* zu niedrig. Denn der Schuldner würde bei den tatsächlichen Kreditkosten verleitet, lieber den Verzugszins zu zahlen als einen Kredit aufzunehmen, um seine Schuld zu erfüllen. § 288 sieht deshalb für den **Verzugszins** eine Sonderregelung vor, wonach der Zinssatz 5 bzw. 9 Prozentpunkte über dem Basiszinssatz beträgt. Das gleiche gilt für *Prozesszinsen* (§ 291 S. 2 iVm § 288 I 2, II, III).

> **Zur Vertiefung:** Die verbreitete Formulierung, der Verzugszins betrage 5% bzw. 9% über dem Basiszinssatz, ist aus mathematischer Sicht unpräzise. Es geht nämlich gerade nicht darum, dass lediglich Zinsen in Höhe von 105% bzw. 109% des Basiszinssatzes zu zahlen sind.[143] Nach der Rechtsprechung

---

140 Vgl. BGH NJW 1979, 540 (541); Palandt/*Grüneberg* § 246 Rn. 2; *Canaris* NJW 1978, 1891 ff.
141 MüKoBGB/*Grundmann* § 246 Rn. 10.
142 Vgl. Palandt/*Grüneberg* § 246 Rn. 7.
143 Vgl. *Führ* JuS 2005, 1095 ff.

kann eine entsprechende Formulierung (zB in einem Urteil) aber im zutreffenden Sinne ausgelegt werden.[144]

40 Der **Basiszinssatz** stellt nach § 247 einen *variablen Zinsfuß* dar, der halbjährlich an den Zinssatz für die jüngste Hauptrefinanzierungsoperation der Europäischen Zentralbank (sog. Bezugsgröße) angepasst wird. Gemäß § 247 I 1 beträgt der Ausgangswert bei Inkrafttreten des SchuldRModG am 1.1.2002 3,62%. Der aktuelle Basiszinssatz wird von der Bundesbank nach dem jeweiligen Stichtag (1.1. und 1.7.) im Bundesanzeiger bekannt gemacht (§ 247 II). Er beläuft sich zurzeit (Stichtag 1.7.2020) auf – 0,88%.[145]

> **Zur Vertiefung:** Der Basiszinssatz hat nicht nur für den Verzugszins Bedeutung; er wird auch von *anderen Vorschriften* in Bezug genommen. Zu nennen sind der Verzugszins bei Immobiliar-Verbraucherdarlehensverträgen (§ 497 IV 1) und die Verzinsung der festgesetzten Verfahrenskosten nach § 104 I ZPO. Außerdem können die Parteien die Höhe eines Zinsanspruchs *vertraglich* durch Bezugnahme auf den Basiszinssatz regeln. Der allgemeine Zinssatz nach § 246 hat daher in der Praxis keine große Bedeutung.[146]

d) Verbot des Zinseszinses

41 Nach § 248 I ist eine *im Voraus* getroffene Vereinbarung über die Verzinsung von Zinsen nichtig. Das Verbot des Zinseszinses beruht auf der Erwägung, dass Zinseszinsen für den Schuldner kaum kalkulierbar sind. Der **Schuldner** soll daher vor unübersehbaren Belastungen **geschützt** werden.[147]

§ 289 S. 1 erweitert das Zinseszinsverbot auf **Verzugs-** und **Prozesszinsen** (§ 291 S. 2). Der Anspruch auf Schadensersatz wegen Verzugs mit der Zinszahlung (§§ 280 I, II, 286) wird dadurch aber nicht ausgeschlossen (§ 289 S. 2). Weitere Ausnahmen vom Zinseszinsverbot finden sich in § 248 II sowie für das handelsrechtliche Kontokorrent in § 355 HGB.

> **Literatur:** *Bachmann,* Die elektive Konkurrenz, 2010; *Bartels/Sajnovits,* Die Rolle der Beschaffung beim Gattungskauf, JZ 2014, 322; *Beck,* Bitcoins als Geld im Rechtssinne, NJW 2015, 580; *Bitter,* Der Nachlieferungsanspruch beim Stück-, Vorrats- und Gattungskauf in Sachmängelfällen sowie beim Untergang der Sache, ZIP 2007, 1881; *Blum,* Konkretisierung der Gattungsschuld beim minderjährigen Gläubiger, JuS 2018, 838; *Canaris,* Der Zinsbegriff und seine rechtliche Bedeutung, NJW 1978, 1891; *Canaris,* Die Bedeutung des Übergangs der Gegenleistungsgefahr im Rahmen von § 243 II BGB und § 275 II BGB, JuS 2007, 793; *Coen,* Der negative Basiszinssatz nach § 247 BGB, NJW 2012, 3329; *Faust,* Grenzen des Anspruchs auf Ersatzlieferung bei der Gattungsschuld, ZGS 2004, 252; *Faust,* Rückabwicklung eines Neuwagenkaufs unter Inzahlungnahme eines Gebrauchtwagens, NJW 2009, 3696; *Freitag,* Die Geldschuld im europäischen Privatrecht, AcP 213 (2013), 128; *Führ,* Aus der Praxis: Prozent oder Prozentpunkte – Ein gar nicht so kleiner und feiner Unterschied?!, JuS 2005, 1095; *Grothe,* Fremdwährungsverbindlichkeiten, 1999; *Gruber,* Das drohende Ende der Stückschuld, JZ 2005, 707; *Huber,* Zur Konzentration beim Gattungskauf, FS Ballerstedt, 1975, 327; *Kähler,* Zur Entmythisierung der Geldschuld, AcP 206 (2006), 805; *Kindler,* Gesetzliche Zinsansprüche im Zivil- und Handelsrecht

---

144 BGH NJW-RR 2013, 511.
145 Zur Problematik des negativen Basiszinssatzes vgl. *Coen* NJW 2012, 3329.
146 Vgl. *Harke* SchuldR AT Rn. 137.
147 Vgl. MüKoBGB/*Grundmann* § 248 Rn. 1.

(1996); *S. Lorenz*, Gattungskauf, Konkretisierung und Gefahrtragung beim Verbrauchsgüterkauf nach neuem Schuldrecht, ZGS 2003, 421; *S. Lorenz*, Leistungsgefahr, Gegenleistungsgefahr und Erfüllungsort beim Verbrauchsgüterkauf – BGH, NJW 2003, 3341, JuS 2004, 105; *Martens*, Grundfälle zu Geld und Geldschulden, JuS 2014, 105 und 200; *Medicus*, Die konkretisierte Gattungsschuld, JuS 1966, 297; *Medicus*, Ansprüche auf Geld, JuS 1983, 897; *P. Meier*, Der Leistungs- und Erfüllungsort der Geldschuld, JuS 2018, 940; *Omlor*, Digitaler Zahlungsverkehr, JuS 2019, 289; *Samhat*, Die Gefahrtragung nach erfolgter Konkretisierung im modernisierten Schuldrecht, JURA 2013, 1003; *Spiegel*, Grundfälle zum virtuellen Geld, JuS 2019, 307; *Ziegler*, Die Wertlosigkeit der allgemeinen Regeln des BGB über die sog. Wahlschuld (§§ 262–265 BGB), AcP 171 (1971), 193.

§ 14 Der Inhalt einzelner Leistungspflichten

In den §§ 249–261 finden sich allgemeine Vorschriften, die einige an ganz unterschiedlichen Stellen geregelte, jeweils auf die gleiche Rechtsfolge gerichtete **Ansprüche** inhaltlich ausgestalten. So enthalten die §§ 249–255 Regelungen über den *Schadensersatz*, während die §§ 256–257 den *Aufwendungsersatz* zum Gegenstand haben. § 258 betrifft Ansprüche im Zusammenhang mit der *Wegnahme einer Einrichtung* von einer Sache, die an einen anderen herauszugeben ist. In den §§ 259–261 finden sich Vorschriften über *Auskunfts-* und *Rechenschaftspflichten*. Die genannten Vorschriften regeln *nicht* die *Voraussetzungen* des jeweiligen Anspruchs, sondern setzen voraus, dass dieser durch Rechtsgeschäft oder Gesetz entstanden ist. 1

> **Hinweis:** Die größte praktische Bedeutung haben die Vorschriften über den *Schadensersatz* (§§ 249–255). Diese sollen in einem gesonderten Teil (→ § 43 Rn. 1 ff.) eingehender behandelt werden.

I. Aufwendungsersatz

Das Gesetz räumt den Parteien an verschiedenen Stellen **Aufwendungsersatzansprüche** ein. Zu nennen sind insbesondere der Anspruch des Schuldners auf Ersatz von Mehraufwendungen nach § 304 (→ § 36 Rn. 22), der Anspruch des Mieters nach § 536a II und der Anspruch des Beauftragten (Geschäftsführers) nach § 670 bzw. §§ 683, 670 (dazu → § 10 Rn. 4). Für den Inhalt dieser Ansprüche enthalten die §§ 256, 257 einige ergänzende Regelungen. 2

1. Der Begriff der Aufwendung

Das Gesetz regelt den **Begriff** der Aufwendung nicht. Nach überwiegender Ansicht sind Aufwendungen alle *freiwilligen* Vermögensopfer, welche dem *Interesse eines Anderen* dienen.[148] Kommen die Vermögensopfer einer Sache zugute (vgl. §§ 347 II 1, 850, 994 ff.), so spricht man von *Verwendungen*. Es handelt sich dabei um Aufwendungen, die zum Zwecke der Erhaltung, Verbesserung oder Wiederherstellung einer Sache getätigt werden. Besonderheiten gelten für den Anspruch auf Ersatz vergeblicher Aufwendungen nach § 284 (→ § 30 Rn. 1 ff.). Denn hier geht es um den Ersatz von Aufwendungen, die typischerweise *im eigenen Interesse* getätigt werden.[149] Da die Fremdnützigkeit der Aufwendung nach der Interessenwertung der §§ 256, 257 ein entschei-

---
148 Vgl. BGHZ 59, 328 (329); HK-BGB/*Schulze* §§ 256, 257 Rn. 2.
149 Vgl. Staudinger/*Schwarze*, 2019, § 284 Rn. 28.

dendes Kriterium ist, sind die Vorschriften auf Ansprüche aus § 284 nicht anwendbar.[150] Aufgrund des engen systematischen Zusammenhangs mit dem Schadensersatz kommt bei § 284 aber eine analoge Anwendung der §§ 249 ff. in Betracht.[151] So kann der Anspruch aus § 284 gegebenenfalls wegen Mitverschuldens nach § 254 gekürzt werden.[152]

> **Zur Vertiefung:** Aufwendungsersatzansprüche sind im Allgemeinen auf *Geld* gerichtet. Hat der Ersatzberechtigte andere Vermögenswerte (zB Sachen) aufgewendet, so kommt aber auch ein Anspruch auf *Ersatz in Natur* in Betracht. Zwar wird aus dem Wortlaut des § 256 abgeleitet, dass der Anspruch in diesem Fall grundsätzlich auf Wertersatz in Geld beschränkt ist.[153] § 256 regelt aber nur die Verzinsungspflicht bei Vorliegen einer Geldschuld. Die Vorschrift schließt also nicht aus, dem Berechtigten in Ausnahmefällen einen Anspruch auf Ersatz in Natur zuzubilligen.[154] Hieran ist insbesondere zu denken, wenn ihm durch Geld kein hinreichender Ausgleich verschafft werden kann.[155] Ein wichtiger Sonderfall der Naturalrestitution ist die Befreiung von einer Verbindlichkeit nach § 257 (→ § 14 Rn. 4).

Das Merkmal der Freiwilligkeit ermöglicht die **Abgrenzung** der Aufwendungen **von Schäden**. Kennzeichnend für den Begriff des Schadens ist, dass der Betroffene die Einbuße *ohne* oder *gegen seinen Willen* erleidet. Im Recht des Auftrags (§§ 662 ff.) ist allerdings anerkannt, dass auch *unfreiwillige Vermögensopfer* sowie *Körper- und Sachschäden* als Aufwendungen iSd § 670 qualifiziert werden können, sofern sie auf den typischen Risiken des besorgten Geschäfts beruhen (→ SchuldR BT § 39 Rn. 13).[156] In der Einbuße darf sich also nicht lediglich das allgemeine Lebensrisiko oder ein Betriebsrisiko des Beauftragten verwirklicht haben. Die gleichen Grundsätze gelten bei der Geschäftsführung ohne Auftrag (§ 677). Dies ergibt sich aus der Verweisung des § 683 auf § 670.

> **Beispiel** (nach BGHZ 33, 251): Der A hört nachts Hilferufe aus einer Ruine. Er betritt das Gebäude und begegnet einem Geisteskranken (G), der mit einem Hammer auf eine Frau (F) einschlägt. Bei der Rettung der F wird A von G verletzt. Muss F dem A die Behandlungskosten erstatten?
> A könnte gegen F einen Anspruch auf Aufwendungsersatz aus §§ 677, 683, 670 haben. Die Voraussetzungen einer berechtigten GoA liegen vor. Fraglich ist, ob die erlittenen Körperschäden (und die daraus folgenden Behandlungskosten) Aufwendungen iSd § 670 darstellen. A hat die Körperschäden nicht freiwillig auf sich genommen. Es handelt sich jedoch um Einbußen, die untrennbar mit der Rettung der F verbunden sind und auf den spezifischen Risiken dieses Geschäfts beruhen. § 670 ist daher analog anwendbar.

2. Allgemeine Regeln

3   Nach § 256 S. 1 steht dem Ersatzberechtigten ein vom Verzug (§§ 286, 288) unabhängiger Anspruch auf **Verzinsung** des aufgewendeten Betrages zu. Die Höhe der Zinsen bemisst sich nach dem gesetzlichen Zinssatz des § 246, beträgt also 4 %. Bei beiderseitigen Handelsgeschäften erhöht sich der Zinssatz nach § 352 HGB auf 5 %.

---

150 Vgl. BeckOK BGB/*Lorenz*, 54. Ed. 1.5.2020, § 284 Rn. 20; MüKoBGB/*Ernst* § 284 Rn. 9; aA OLG Düsseldorf NJW-RR 2008, 1199 (1202); Palandt/*Grüneberg* § 256 Rn. 1.
151 Vgl. MüKoBGB/*Ernst* § 284 Rn. 9.
152 Staudinger/*Schwarze*, 2019, § 284 Rn. 58; *Harke* SchuldR AT Rn. 318.
153 Vgl. BGHZ 5, 197 (199); Palandt/*Grüneberg* § 256 Rn. 2.
154 Vgl. MüKoBGB/*Krüger* § 256 Rn. 8; *Larenz* SchuldR I § 13 I.
155 Vgl. Erman/*Artz* § 256 Rn. 6.
156 BGH NJW 1997, 2234 (2235); HK-BGB/*Wiese* § 670 Rn. 8 ff.

> **Zur Vertiefung:** § 256 S. 2 enthält eine Sonderregelung für Aufwendungen auf einen Gegenstand, den der Ersatzberechtigte dem Ersatzpflichtigen herausgeben muss. Hier entfällt die Verzinsungspflicht für den Zeitraum, in welchem dem Ersatzberechtigten die *Früchte* (§ 99) oder *Nutzungen* (§ 100) des Gegenstandes unentgeltlich verbleiben. Muss der Berechtigte die Früchte oder Nutzungen vergüten, so bleibt die Verzinsungspflicht unberührt. Dahinter steht die Erwägung, dass jemand, der in den unentgeltlichen Genuss der Früchte oder Nutzungen kommt, nicht auch noch Zinsen für den aufgewendeten Betrag geltend machen kann.

§ 257 regelt den Fall, dass die Aufwendung in der Eingehung **einer Verbindlichkeit** besteht. Zu denken ist etwa daran, dass der Beauftragte ein Darlehen aufnimmt, um sich die für die Ausführung des Geschäfts erforderlichen Mittel zu verschaffen.[157] § 257 enthält keine eigenständige Anspruchsgrundlage. Die Vorschrift setzt vielmehr einen vertraglichen oder gesetzlichen Aufwendungsersatzanspruch voraus und gestaltet diesen für den gegebenen Fall als Befreiungsanspruch aus.[158]

4

> **Zur Vertiefung:** In den Fällen des § 257 kann der Berechtigte lediglich verlangen, dass der Verpflichtete ihn von der Verbindlichkeit gegenüber dem Dritten *befreit*. Ein Anspruch auf *Zahlung* des erforderlichen Betrages an sich selbst steht ihm nur dann zu, wenn er bereits an den Dritten gezahlt hat oder wenn seine Inanspruchnahme durch den Dritten unmittelbar droht.[159] Im Übrigen hat der Ersatzpflichtige die *Wahl*, ob er die Befreiung durch Zahlung an den Dritten (§ 267), durch Vereinbarung einer befreienden Schuldübernahme (§ 414) oder durch Abschluss eines Erlassvertrags mit dem Dritten (§ 397) bewirkt.[160] Ist die Verbindlichkeit noch nicht fällig, so kann der Verpflichtete den Befreiungsanspruch im Allgemeinen noch nicht erfüllen. § 257 S. 2 räumt ihm deshalb das Recht ein, stattdessen Sicherheit zu leisten.

II. Wegnahmerecht

Hat jemand mit einer Sache, die er herausgeben muss, eine **Einrichtung** verbunden, so steht ihm aufgrund des Gesetzes (zB §§ 539 II, 552, 581 II, 601 II 2, 997 I, 2125 II) oder aus vertraglichen Vereinbarungen häufig ein Recht zur Wegnahme der Einrichtung zu. Als Einrichtung wird dabei jede Sache bezeichnet, die dem wirtschaftlichen Zweck einer anderen Sache (Hauptsache) dient und mit dieser körperlich verbunden ist. Ob die Verbindung zu einem vorübergehenden Zweck (vgl. § 95 II) erfolgt oder auf Dauer angelegt ist, ist unerheblich. Es kommt auch nicht darauf an, ob die Einrichtung durch die Verbindung wesentlicher Bestandteil der Hauptsache geworden ist.[161]

5

> **Beispiele:** Als Einrichtungen anzusehen sind Badewannen, Beleuchtungsanlagen, Einbauschränke und Öfen.[162] Keine Einrichtungen sind Zwischendecken und eingezogene Wände, wenn diese nach der Verkehrsauffassung keine selbstständige (dh von der Hauptsache trennbare) wirtschaftliche Bedeutung haben.[163]

Die Ausübung des Wegnahmerechts ist in § 258 geregelt. Danach steht dem Berechtigten, solange er im Besitz der Hauptsache ist, ein **Trennungsrecht** zu. Hat der Berech-

6

---

157 Vgl. RGZ 151, 93 (99).
158 Vgl. dazu MüKoBGB/*Krüger* § 257 Rn. 2.
159 BGHZ 57, 78 (81); Soergel/*Forster* § 257 Rn. 7; MüKoBGB/*Krüger* § 257 Rn. 5.
160 BGHZ 91, 73 (77); Soergel/*Forster* § 257 Rn. 5.
161 Vgl. MüKoBGB/*Krüger* § 258 Rn. 3.
162 Vgl. Palandt/*Grüneberg* § 258 Rn. 1.
163 Soergel/*Forster* § 258 Rn. 7.

tigte durch die Verbindung das Eigentum an der Einrichtung verloren (zB nach §§ 946, 947 II), so beinhaltet die Wegnahme die *(Wieder-)Aneignung* (→ SchuldR BT § 22 Rn. 20).[164] Der Berechtigte erwirbt mit der Trennung nach § 954 analog das Eigentum an der Sache.[165] Hat der Berechtigte die Hauptsache bereits herausgegeben, so gewährt § 258 S. 2 Hs. 1 ihm einen Anspruch gegen den Besitzer auf **Gestattung der Wegnahme** der Einrichtung.

Nach § 258 S. 1 ist der Berechtigte im Fall der Wegnahme zur **Wiederinstandsetzung** der Hauptsache verpflichtet. Diese muss in den Zustand versetzt werden, der vor der Verbindung bestand (Naturalherstellung).

> **Beispiel:** Mieter M hat aus dem Badezimmer der Mietwohnung die Badewanne entfernt, um einen Whirl-Pool zu installieren. Der Whirl-Pool geht nach § 946 in das Eigentum des Vermieters über. Der Mieter hat aber nach § 539 II ein Wegnahmerecht (→ SchuldR BT § 22 Rn. 20). Übt er dieses Recht aus, so muss er die Wohnung auf seine Kosten wieder in den vorherigen Zustand bringen, dh die Badewanne wieder einbauen.

7 Ist die Wiederherstellung nicht oder nur mit unverhältnismäßigen Aufwendungen möglich, so muss der Berechtigte nach § 251 analog **Schadensersatz in Geld** leisten. Lässt sich die Unversehrtheit der Hauptsache durch Geld nicht angemessen ausgleichen, so wird der Grundsatz von Treu und Glauben im Allgemeinen den Ausschluss des Wegnahmerechts gebieten.[166]

III. Auskunfts- und Rechenschaftspflicht

1. Grundsätze der Auskunftspflicht

8 Das BGB kennt **keine allgemeine Auskunftspflicht.** In einigen Fällen hat das Gesetz jedoch eine Auskunftspflicht ausdrücklich angeordnet (vgl. etwa §§ 402, 666, 675, 1605, 2057).[167] Darüber hinaus kann sich eine Auskunftspflicht aus vertraglicher Vereinbarung ergeben. Nach der Rechtsprechung lassen sich Auskunftspflichten im Einzelfall auch aus **Treu und Glauben** (§ 242) ableiten. Dies setzt voraus, dass sich der Berechtigte die notwendigen Informationen nicht in zumutbarer Weise selbst beschaffen kann und der andere Teil keine unbilligen Belastungen auf sich nehmen muss, um die verlangte Auskunft zu erteilen.[168] Der Umfang von Auskunftspflichten ist im Gesetz nicht geregelt. Hier kommt es in besonderem Maße auf die Umstände des Einzelfalles an.

> **Beispiel:** V hat als Vorsitzender der P-Partei in größerem Umfang Spenden vereinnahmt, deren Herkunft unklar ist. Als die Angelegenheit bekannt wird, muss V zurücktreten. Der neue Vorsitzende (X) verlangt im Namen der P-Partei Auskunft über die Spender. Zu Recht?
> Nach § 27 III iVm § 666 besteht für V als (ehemaligem) Vorsitzenden der P-Partei eine Auskunftspflicht über seine Geschäftsführung. Hierzu zählt im konkreten Fall auch die Aufklärung über die Umstände und Hintergründe der Spenden. V muss daher Auskunft über die Spender geben.

---

164 BGHZ 81, 146 (150); 101, 37 (42); MüKoBGB/*Krüger* § 258 Rn. 5.
165 Soergel/*Forster* § 258 Rn. 9.
166 Vgl. *Larenz* SchuldR I § 13 II; Staudinger/*Bittner/Kolbe*, 2019, § 258 Rn. 5.
167 Weitere Beispiele in Staudinger/*Looschelders/Olzen*, 2019, § 242 Rn. 605.
168 BGHZ 95, 285 (288); 97, 188 (192); BGH NJW-RR 2005, 1408.

2. Sonderfälle der Auskunftspflicht
a) Pflicht zur Rechenschaft

Die **Rechenschaftslegung** stellt eine besonders genaue Art der Auskunft dar. Präziser gesagt geht es um eine übersichtliche schriftliche Zusammenstellung der Vorgänge im Rahmen einer mit Einnahmen und/oder Ausgaben verbundenen Verwaltung. § 259 regelt lediglich die Art und Weise, in der die Rechenschaftspflicht zu erfüllen ist. Es muss demnach bereits anderweitig (aus Vertrag, Gesetz oder Treu und Glauben) ein Anspruch auf Rechenschaftslegung begründet sein.[169]

Nach dem Gesetz treffen Rechenschaftspflichten insbesondere solche Personen, die fremde Geschäfte besorgen oder das Vermögen eines anderen verwalten (vgl. etwa §§ 666, 681, 687, 713, 1214, 1421, 1681, 1840, 1890, 2218 II). Die Rechtsprechung hat daraus auf der Grundlage des § 242 den Grundsatz entwickelt, dass rechenschaftspflichtig ist, wer **fremde Angelegenheiten** besorgt oder solche, die zugleich eigene und fremde sind.[170] Voraussetzung ist allerdings, dass der Berechtigte in entschuldbarer Weise über Bestehen und Umfang seines Rechts im Ungewissen ist, während der Verpflichtete in der Lage ist, die erforderlichen Auskünfte unschwer zu erteilen.

Da der Gläubiger zumeist nicht prüfen kann, ob die vom Schuldner gemachten Angaben vollständig und richtig sind, besteht bei Zweifeln die Möglichkeit, nach § 259 II eine **Versicherung an Eides statt** zu fordern.

b) Pflicht zur Vorlage eines Bestandsverzeichnisses

§ 260 regelt die Pflicht zur Vorlage eines **Bestandsverzeichnisses**. Zwei Fallgruppen sind hier zu unterscheiden: § 260 I Alt. 1 *begründet* eine spezifische Form der Auskunftspflicht für jeden, der einen Inbegriff von Gegenständen herauszugeben hat. Demgegenüber setzt § 260 I Alt. 2 voraus, dass jemand aus anderen Gründen (Vertrag, Gesetz oder Treu und Glauben) verpflichtet ist, über den Bestand eines solchen Inbegriffs Auskunft zu geben. In der zweiten Fallgruppe begründet § 260 also keinen Auskunftsanspruch, sondern regelt nur dessen *Inhalt und Umfang*.[171]

Ein **Inbegriff von Gegenständen** liegt nach hM vor, wenn mehrere Vermögensgegenstände aufgrund eines *einheitlichen Rechtsverhältnisses* herauszugeben sind; außerdem ist erforderlich, dass der Berechtigte ohne die Vorlegung des Verzeichnisses nicht in der Lage ist, die einzelnen Gegenstände zu bezeichnen.[172] Neben Sachgesamtheiten (zB Warenlager, Bibliothek) und Sondervermögen (Nachlass, Gesamtgut) kommt auch ein Komplex von Forderungen oder Verbindlichkeiten in Betracht.[173]

Liegt aufgrund von bestimmten *Tatsachen* der Verdacht nahe, dass das Verzeichnis *nicht* mit der *erforderlichen Sorgfalt* aufgestellt wurde, so kann der Auskunftsberechtigte vom Verpflichteten verlangen, **an Eides statt zu versichern**, dass er den Bestand nach bestem Wissen so vollständig angegeben habe, als er dazu imstande sei (§ 260 II).[174]

---

169 Vgl. Palandt/*Grüneberg* § 259 Rn. 3 ff.; MüKoBGB/*Krüger* § 259 Rn. 6 ff.
170 RGZ 73, 286 (288); BGHZ 10, 386 (386 f.); MüKoBGB/*Krüger* § 259 Rn. 6.
171 Vgl. MüKoBGB/*Krüger* § 260 Rn. 7.
172 RGZ 90, 137 (139); BGHZ 41, 318 (321); *Larenz* SchuldR I § 13 IVb.
173 Vgl. Palandt/*Grüneberg* § 260 Rn. 2; MüKoBGB/*Krüger* § 260 Rn. 5 mwN.
174 Zu den Anspruchsvoraussetzungen vgl. OLG Zweibrücken NJW-RR 1997, 1474 (1475).

> **Literatur:** *Haeffs*, Der Auskunftsanspruch im Zivilrecht, 2010; *S. Lorenz*, Auskunftsansprüche im Bürgerlichen Recht, JuS 1995, 569; *Lüke*, Der Informationsanspruch im Zivilrecht, JuS 1986, 2; *Muthorst*, Der Anspruch auf Befreiung von der Eventualverbindlichkeit, AcP 209 (2009), 212; *Rimmelspacher*, Die Durchsetzung von Befreiungsansprüchen, JR 1976, 89 und 183; *Schilken*, Ansprüche auf Auskunft und Vorlegung von Sachen im materiellen Recht und im Verfahrensrecht, JURA 1988, 525; *Schreiber*, Aufwendungsersatzansprüche, JURA 1997, 442.

§ 15 Verknüpfung von Leistungspflichten

I. Das allgemeine Zurückbehaltungsrecht (§§ 273, 274)

1. Grundlagen

1 Stehen dem Schuldner und dem Gläubiger aus demselben rechtlichen Verhältnis jeweils wechselseitig Forderungen zu, so wäre es mit Treu und Glauben (§ 242) nicht vereinbar, wenn der Gläubiger die Leistung verlangen könnte, ohne seine eigene Leistung erbringen zu müssen.[175] Hat der Schuldner seinerseits einen fälligen Anspruch gegen den Gläubiger, so kann er deshalb nach § 273 I die Leistung verweigern, bis sein eigener Anspruch erfüllt worden ist (**Zurückbehaltungsrecht**).

> **Beispiel:** K und V stehen in ständiger Geschäftsbeziehung. K verlangt von V Lieferung von Waren, die er am 1.7. gekauft hat. V macht geltend, dass K noch eine Warenlieferung vom 2.5. bezahlen muss.
>
> K hat gegen V einen Anspruch auf Lieferung der am 1.7. gekauften Waren aus § 433 I. Dem V steht wegen seines Anspruchs auf Bezahlung der Lieferung vom 2.5. aber ein Zurückbehaltungsrecht aus § 273 I zu.

2 Das Zurückbehaltungsrecht ist als **Einrede** ausgestaltet. Es wird im Prozess also nicht von Amts wegen berücksichtigt, sondern nur dann, wenn es vom Schuldner geltend gemacht wird. Auch in diesem Fall wird die Klage nicht abgewiesen. Der Schuldner wird vielmehr zur Leistung *Zug um Zug* gegen Empfang der ihm gebührenden Leistung verurteilt (§ 274 I). Die Ausübung des Zurückbehaltungsrechts schließt Schadensersatzansprüche wegen Verzögerung der Leistung (§§ 280 I, III, 281) oder Schuldnerverzugs (§§ 280 I, II, 286) aus (→ § 27 Rn. 2 ff. und → § 26 Rn. 1 ff.). Ein Anspruch auf Prozesszinsen (§ 291) scheidet ebenfalls aus. Die Ausübung des Zurückbehaltungsrechts kann aber durch Sicherheitsleistung abgewendet werden (§ 273 III).

2. Voraussetzungen des Zurückbehaltungsrechts nach § 273 I

a) Gegenseitige Ansprüche

3 Die Ansprüche zwischen Schuldner und Gläubiger müssen in einem **Gegenseitigkeitsverhältnis** stehen. Der die Leistung zurückhaltende Schuldner muss somit zugleich Gläubiger der Gegenleistung sein und umgekehrt. Diese Voraussetzung wird jedoch auch dann bejaht, wenn die Gegenforderung dem Schuldner nur gemeinschaftlich mit anderen (zB Miterben) zusteht.[176] Nicht erforderlich ist die *Gleichartigkeit* der Ansprüche. Stehen sich gleichartige Ansprüche (zB Geldforderungen) gegenüber, so ist die Aufrechnung nach §§ 387 ff. (→ § 18 Rn. 1 ff.) grundsätzlich vorrangig.

---

175 Vgl. HK-BGB/*Schulze* § 273 Rn. 1.
176 BGHZ 38, 122 (125); Palandt/*Grüneberg* § 273 Rn. 6.

b) Konnexität der Ansprüche

Die Ansprüche müssen auf **demselben rechtlichen Verhältnis** beruhen. Dieses Merkmal wird von der Rechtsprechung weit ausgelegt, sodass ein innerlich zusammenhängendes *einheitliches Lebensverhältnis* ausreicht.[177] Erfasst werden damit auch Ansprüche aus verschiedenen Rechtsgeschäften, die in einem solchen natürlichen, wirtschaftlichen und inhaltlichen Zusammenhang stehen, dass es gegen Treu und Glauben verstoßen würde, wenn der eine Anspruch ohne Rücksicht auf den Gegenanspruch durchgesetzt werden könnte.[178] § 273 I gilt hiernach insbesondere für gegenseitige Ansprüche im Rahmen einer ständigen Geschäftsbeziehung, aber auch für gegenseitige Ansprüche aus der Auflösung einer Ehe oder einer eheähnlichen Gemeinschaft.[179] Auf das Verhältnis von Leistungs- und Gegenleistungsanspruch im Rahmen eines gegenseitigen Vertrages ist § 273 dagegen nicht anwendbar. Hier greift § 320 (→ § 15 Rn. 14ff.) als lex specialis ein.

c) Durchsetzbarkeit und Fälligkeit des Gegenanspruchs

Da die Ausübung des Zurückbehaltungsrechts ein Geltendmachen des Gegenanspruchs darstellt, muss dieser vollwirksam, durchsetzbar und fällig (→ § 12 Rn. 21) sein. Die **Durchsetzbarkeit** fehlt, wenn dem Anspruch eine Einrede entgegengehalten werden kann. Nach § 215 schließt die *Verjährung* des Gegenanspruchs die Ausübung des Zurückbehaltungsrechts aber nicht aus, wenn die Verjährung bei Entstehung des Leistungsverweigerungsrechts noch nicht eingetreten war. Diese Ausnahme beruht auf der Erwägung, es würde dem Gerechtigkeitsgefühl widersprechen, dem Schuldner die ihm obliegende Leistung zuzumuten, obwohl sein Gegenanspruch dem Anspruch des Gläubigers einmal voll wirksam gegenübergestanden hat.[180]

d) Kein Ausschluss des Zurückbehaltungsrechts

Die Ausübung des Zurückbehaltungsrechts darf nicht ausgeschlossen sein. Ein solcher Ausschluss kann sich zum einen aus einer **Abrede der Parteien** ergeben, wie etwa der Vereinbarung einer Vorleistungspflicht. Bei formularmäßigen Klauseln muss jedoch § 309 Nr. 2b beachtet werden, wonach das Zurückbehaltungsrecht nicht wirksam ausgeschlossen oder eingeschränkt werden kann, soweit der Gegenanspruch auf demselben Vertragsverhältnis wie der Anspruch des Gläubigers beruht.

Ein **gesetzlicher Ausschluss** des Zurückbehaltungsrechts findet sich unter anderem für den Anspruch des Vollmachtgebers auf Rückgabe der Vollmachtsurkunde (§ 175) und den Anspruch des Vermieters von Grundstücken, Wohnraum und sonstigen Räumen auf Rückgabe der Mietsache in § 570. Des Weiteren können auch gesetzliche *Aufrechnungsverbote* zu einem Ausschluss des Zurückbehaltungsrechts führen, soweit sie nach Sinn und Zweck auf das Zurückbehaltungsrecht übertragen werden können. So ist dem Schuldner nach § 393 analog verwehrt, das Zurückbehaltungsrecht gegen Ansprüche aus vorsätzlichen unerlaubten Handlungen geltend zu machen.[181]

Darüber hinaus kommt auch ein Ausschluss des Zurückbehaltungsrechts aufgrund der **Natur des Schuldverhältnisses** in Betracht. Dies kann sich sowohl aus der individuel-

---

177 BGHZ 92, 194 (196); 115, 99 (103); HK-BGB/*Schulze* § 273 Rn. 7.
178 BGHZ 64, 122 (125); 115, 99 (103f.); BGH NJW 2004, 3484 (3485).
179 Vgl. Palandt/*Grüneberg* § 273 Rn. 9f. mwN.
180 BGHZ 48, 116 (117) zu § 390 S. 2 aF.
181 Vgl. MüKoBGB/*Schlüter* § 393 Rn. 1.

len Beschaffenheit oder der Funktion des geschuldeten Gegenstandes (zB verderbliche Sachen, Personalausweis, Führerschein) als auch aus der besonderen Schutzwürdigkeit des Gläubigers (zB unpfändbarer Lohn, gesetzliche Unterhaltsansprüche) ergeben.[182]

9 Schließlich kann sich eine Einschränkung des Zurückbehaltungsrechts aus **Treu und Glauben** (§ 242) ergeben. Dies kommt insbesondere in Betracht, wenn die Geltendmachung des Zurückbehaltungsrechts kein geeignetes, erforderliches und angemessenes Mittel zur Sicherung des eigenen Anspruchs ist. Das Zurückbehaltungsrecht kann daher nicht ausgeübt werden, wenn der Gegenanspruch des Schuldners auf andere Weise ausreichend gesichert ist oder im Verhältnis zum Anspruch des Gläubigers als geringfügig qualifiziert werden muss.[183] Das gleiche gilt, wenn die Erfüllung einer unbestrittenen Forderung wegen Gegenforderungen verweigert wird, deren Klärung so schwierig und zeitraubend ist, dass die Forderung des Gläubigers auf unabsehbare Zeit nicht durchgesetzt werden könnte.[184]

3. Sonderfälle

a) Das Zurückbehaltungsrecht nach § 273 II

10 Ist der Schuldner zur Herausgabe eines Gegenstandes verpflichtet, so steht ihm nach § 273 II ein Zurückbehaltungsrecht zu, wenn er einen fälligen Gegenanspruch wegen *Verwendungen* auf die Sache oder auf Ersatz von *Schäden* hat, die durch den Gegenstand verursacht worden sind. Der Begriff des Gegenstandes ist weit zu verstehen. Erfasst werden nicht nur Sachen, sondern auch Forderungen und sonstige Rechte sowie Rechtspositionen, die zu Unrecht im Grundbuch eingetragen sind (sog. Buchrechte).[185] Anders als bei § 273 I muss die Konnexität in den Fällen des Abs. 2 nicht geprüft werden; sie wird vielmehr kraft Gesetzes vorausgesetzt.

> **Beispiel:** A hat den entlaufenen Schäferhund des B gefunden. Er füttert das Tier (Kosten 25 EUR) und wird dabei gebissen (Arztkosten 50 EUR).
> B hat gegen A einen Anspruch auf Herausgabe des Hundes aus § 985. A kann von B seinerseits Ersatz der Fütterungskosten (§ 970) und der Arztkosten (§ 833 S. 1) verlangen. Wegen dieser Ansprüche steht ihm ein Zurückbehaltungsrecht aus § 273 II zu.

11 § 273 II enthält **keine abschließende Sonderregelung.** So kann daneben auch das Zurückbehaltungsrecht des Besitzers gegenüber dem Eigentümer aus § 1000 oder das Zurückbehaltungsrecht des Erbschaftsbesitzers gegenüber dem Erben aus § 2022 geltend gemacht werden. Nach allgemeiner Ansicht ist auch § 273 I neben Abs. 2 anwendbar.[186] Liegt die nach § 273 I erforderliche Konnexität vor, so bestehen beide Rechte nebeneinander.

Der Schuldner kann das Zurückbehaltungsrecht aus § 273 II nach Hs. 2 nicht geltend machen, wenn er den Gegenstand durch eine **vorsätzliche unerlaubte Handlung** erlangt hat. Nach hM kann er sich aber auch in diesem Fall auf § 273 I stützen, wobei der Ausschlussgrund des § 273 II Hs. 2 nicht entsprechend anwendbar sein soll.[187] Die

---

182 Vgl. OLG Köln NJW-RR 1997, 57 (59); HK-BGB/*Schulze* § 273 Rn. 12.
183 Vgl. BGHZ 7, 123 (127); BAG NJW 1997, 274 (276); BGH NJW 2004, 3484 (3485); Jauernig/*Stadler* § 273 Rn. 17; Staudinger/*Bittner/Kolbe*, 2019, § 273 Rn. 100 ff.
184 BGHZ 91, 73 (83).
185 BGHZ 75, 288 (293); HK-BGB/*Schulze* § 273 Rn. 14.
186 Soergel/*Forster* § 273 Rn. 25.
187 Palandt/*Grüneberg* § 273 Rn. 24; MüKoBGB/*Krüger* § 273 Rn. 87.

Nichtanwendung des § 273 II Hs. 2 erscheint auf den ersten Blick unbillig. Zu beachten ist jedoch, dass man in den meisten Fällen durch entsprechende Anwendung des § 393 (→ § 18 Rn. 13) zum gleichen Ergebnis gelangen wird.

> **Beispiel:** Hat A das Tier im Schäferhundfall (→ § 15 Rn. 10) gestohlen, so kann er dem Herausgabeanspruch des B aus § 985 das Zurückbehaltungsrecht aus § 273 II nicht entgegenhalten. Das Zurückbehaltungsrecht aus § 273 I wird dagegen nicht durch Abs. 2 Hs. 2 ausgeschlossen. Dem B steht hier jedoch nicht nur ein Herausgabeanspruch aus § 985 zu, sondern auch ein solcher aus § 823 I iVm § 249 I (Naturalrestitution). Gegenüber diesem Anspruch ist die Geltendmachung des Zurückbehaltungsrechts aus § 273 I nach § 393 analog ausgeschlossen.

b) Das kaufmännische Zurückbehaltungsrecht (§§ 369 ff. HGB)

Stehen zwei Kaufleute in vertraglichen Beziehungen, so muss an die Sonderregelungen für das **kaufmännische Zurückbehaltungsrecht** (§§ 369 ff. HGB) gedacht werden. Dieses Zurückbehaltungsrecht setzt voraus, dass einem Kaufmann eine fällige Forderung gegen einen anderen Kaufmann zusteht, die aus einem beiderseitigen Handelsgeschäft herrührt. Es erstreckt sich nur auf *bewegliche Sachen* (Waren) und *Wertpapiere* des Schuldners, die aufgrund eines beiderseitigen Handelsgeschäfts in den Besitz des Gläubigers gelangt sind. Das Zurückbehaltungsrecht ist ausgeschlossen, wenn seine Ausübung einer vom Schuldner spätestens bei der Übergabe erteilten Anweisung oder einer vom Gläubiger in Bezug auf den Gegenstand übernommenen Verpflichtung widerspräche (§ 369 III HGB).

12

> **Zur Vertiefung:** Das kaufmännische Zurückbehaltungsrecht verbessert die Position des Berechtigten gegenüber der allgemeinen Regelung des § 273 I in einigen wesentlichen Punkten. Bedeutsam ist insbesondere, dass *keine Konnexität* der Ansprüche vorausgesetzt wird. Außerdem gibt das kaufmännische Zurückbehaltungsrecht dem Berechtigten ein pfandrechtsähnliches *Befriedigungsrecht* (§ 371 HGB). Sofern die Befriedigung nicht im Wege der Zwangsvollstreckung stattfindet, muss der Gläubiger für sein Recht auf Befriedigung aber zuvor einen vollstreckbaren Titel gegen den Eigentümer bzw. den Schuldner erlangt haben (§ 371 III HGB).

c) Das Zurückbehaltungsrecht des Besitzers gegenüber dem Eigentümer

Liegt ein Eigentümer-Besitzer-Verhältnis vor, so können sich für den Besitzer Ersatzansprüche wegen Verwendungen (§§ 994 ff.) ergeben. Im Hinblick auf diese Ansprüche sieht § 1000 ein spezielles Zurückbehaltungsrecht vor, das der Besitzer dem Herausgabeanspruch des Eigentümers aus § 985 entgegenhalten kann. Wichtigste Besonderheit gegenüber § 273 II ist, dass der Anspruch des Besitzers auf Verwendungsersatz **nicht fällig** sein muss. Auf das Erfordernis der Fälligkeit wurde bewusst verzichtet, weil der Anspruch aus §§ 994 ff. vor Wiedererlangung der Sache durch den Eigentümer nur fällig wird, wenn dieser die Verwendungen genehmigt (§ 1001). Das Zurückbehaltungsrecht würde daher nach allgemeinen Regeln meist an der Fälligkeit des Ersatzanspruchs scheitern, was unbillig erscheint.

13

d) Leistungsverweigerungsrecht aufgrund der Corona-Krise

Zur Abmilderung der Folgen der Corona-Krise hat der Gesetzgeber für **Verbraucher** (§ 13) und **Kleinstunternehmen** (Unternehmen mit weniger als zehn Beschäftigten und Jahresumsatz von höchstens 2 Mio. EUR)[188] in Art. 240 § 1 EGBGB ein **temporä-**

13a

---

188 BeckOGK/*Krafka*, 1.4.2020, BGB § 273 Rn. 23.1.

res **Leistungsverweigerungsrecht** geschaffen.¹⁸⁹ Die Betroffenen können sich darauf berufen, dass sie ihre vertraglichen Pflichten aus einem **wesentlichen Dauerschuldverhältnis** (→ § 39 Rn. 3 f.) aufgrund der Covid-19-Pandemie nicht oder nicht ohne Gefährdung des eigenen oder des angemessenen Lebensunterhalts ihrer Angehörigen (Verbraucher) bzw. der wirtschaftlichen Grundlagen ihres Erwerbsbetriebs (Kleinstunternehmen) erfüllen können. Die Vorschrift ist am 1.4.2020 in Kraft getreten und galt zunächst bis zum 30.6.2020. Art. 240 § 4 EGBGB ermächtigt die Bundesregierung, das Leistungsverweigerungsrecht durch Rechtsverordnung bis zum 30.9.2020 (1. Stufe) bzw. bis zum 30.9.2022 (2. Stufe) zu verlängern.¹⁹⁰ Die Bundesregierung hat hiervon aber keinen Gebrauch gemacht.

Das Leistungsverweigerungsrecht gilt nur für Verträge, die vor dem 8.3.2020 geschlossen wurden. Inhaltlich ist es auf Pflichten aus **wesentlichen Dauerschuldverhältnissen** beschränkt.¹⁹¹ Bei Verbraucherverträgen betrifft dies solche Dauerschuldverhältnisse, die zur Eindeckung mit Leistungen der angemessenen Daseinsvorsorge erforderlich sind (Art. 240 § 1 I 3 EGBGB). Hierher gehören etwa Verträge über Energielieferung, Telekommunikation oder die private Krankenversicherung. Bei Verträgen mit Kleinstunternehmen werden solche Dauerschuldverhältnisse als wesentlich angesehen, die zur Eindeckung mit Leistungen zur angemessenen Fortsetzung des Erwerbsbetriebs erforderlich sind (Art. 240 § 1 II 3 EGBGB). Das Leistungsverweigerungsrecht ist nach Art. 240 § 1 III EGBGB ausgeschlossen, wenn seine Ausübung für den Gläubiger wegen Gefährdung seines angemessenen Lebensunterhalts oder der wirtschaftlichen Grundlagen seines Erwerbsbetriebs **unzumutbar** ist.¹⁹²

Das Leistungsverweigerungsrecht muss nach allgemeinen Grundsätzen durch **Einrede** geltend gemacht werden. Erhebt der Schuldner die Einrede, so hindert dies auch die Entstehung von Sekundäransprüchen und -rechten des Gläubigers (zB nach §§ 281, 286, 288, 323).¹⁹³ Darüber hinaus ist auch eine Unterbrechung der Gas- oder Stromversorgung des Schuldners ausgeschlossen.¹⁹⁴

13b Auf **Mietverhältnisse** über Grundstücke oder Räume und **Pachtverhältnisse** ist Art. 240 § 1 EGBGB nicht anwendbar. Nach Art. 240 § 2 I, III EGBGB kann der Vermieter bzw. Verpächter das Miet- oder Pachtverhältnis aber nicht allein aus dem Grund **kündigen,** dass der Mieter oder Pächter im Zeitraum vom 1.4.2020 bis 30.6.2020 die fällige Miete oder Pacht nicht gezahlt hat. Im Übrigen bleibt ein Rückgriff auf die Regeln über die Störung der Geschäftsgrundlage (§ 313) möglich (→ § 37 Rn. 12).

II. Die Einrede des nicht erfüllten Vertrages (§§ 320–322)

1. Grundgedanken

14 Bei gegenseitigen Verträgen besteht zwischen den Hauptleistungspflichten der Parteien ein besonders enger Zusammenhang, weil beide Pflichten in einem **Austauschverhältnis** stehen. Die Leistung der einen Partei ist Entgelt für die Leistung der anderen Partei;

---

189 Vgl. BT-Drs. 19/18110, 33 ff.; MüKoBGB/*Gaier* EGBGB Art. 240 § 1 Rn. 44 ff.
190 Näher dazu MüKoBGB/*Gaier* EGBGB Art. 240 § 4 Rn. 3 ff.
191 Näher dazu BeckOGK/*Martens,* 1.5.2020, EGBGB Art. 240 § 1 Rn. 18 ff.
192 Zu den Einzelheiten vgl. BeckOGK/*Krafka,* 1.4.2020, BGB § 273 Rn. 24 f.; Schmidt-Kessel/*Möllnitz* NJW 2020, 1103 ff.; *Rüfner* JZ 2020, 443 ff.
193 BT-Drs. 19/18110, 34; *Wolf/Eckert/Denz/Gerking/Holze/Künnen/Kurth* JA 2020, 401 (405).
194 BT-Drs. 19/18110, 34; MüKoBGB/*Gaier* EGBGB Art. 240 Rn. 48.

beide Leistungspflichten sollen nach dem Willen der Parteien gegenseitig voneinander abhängen. Man spricht auch von einer *synallagmatischen Verknüpfung* der Pflichten.[195]

> **Beispiel:** K kauft für 15.000 EUR einen VW Golf bei V. V ist nach § 433 I verpflichtet, den Pkw zu übergeben und zu übereignen. K muss nach § 433 II den Kaufpreis zahlen. Beide Pflichten stehen in einem Austauschverhältnis.

Die genaue Einordnung des Leistungsverweigerungsrechts nach §§ 320 ff. ist umstritten. Hintergrund ist ein theoretischer Streit über das »Wesen des Synallagma«, der in der Zeit vor Inkrafttreten des BGB seinen Ursprung hat.[196] Nach der **Einredetheorie** beruht das Leistungsverweigerungsrecht bei gegenseitigen Verträgen auf einer echten Einrede und ist deshalb nur zu berücksichtigen, wenn die Einrede im Prozess geltend gemacht wird. Die Einrede des nicht erfüllten Vertrages ist damit nur ein Sonderfall des allgemeinen Zurückbehaltungsrechts aus § 273 I.[197] Nach der **Austauschtheorie** gehört die Verknüpfung von Leistung und Gegenleistung zum Inhalt der Leistungspflichten und besteht deshalb unabhängig davon, ob der Schuldner sich darauf beruft. Hiernach ist jede im Gegenseitigkeitsverhältnis stehende Forderung von vornherein kraft Gesetzes in der Weise beschränkt, dass jeder die ihm gebührende Leistung nur Zug um Zug gegen die ihm obliegende Gegenleistung verlangen kann.[198]

15

Bei der **praktischen Rechtsanwendung** kommen beide Auffassungen regelmäßig zum gleichen Ergebnis. So erkennt auch die Austauschtheorie an, dass das Leistungsverweigerungsrecht im *Prozess* nur zu berücksichtigen ist, wenn der Beklagte sich darauf beruft. Anderenfalls wird er ohne Einschränkung zur Leistung verurteilt. In *materiellrechtlicher* Hinsicht kann das Leistungsverweigerungsrecht dagegen nach beiden Auffassungen auch dann Wirkungen entfalten, wenn der Schuldner die Einrede nicht erhebt.[199] Praktische Bedeutung hat dies im Leistungsstörungsrecht. Liegen die Voraussetzungen des § 320 vor, so muss der Schuldner die Leistung auch dann nicht erbringen, wenn er sein Leistungsverweigerungsrecht zunächst nicht geltend macht. Das bloße Bestehen des Leistungsverweigerungsrechts hat damit zur Folge, dass der Schuldner bei Nichtleistung **nicht** nach § 286 in **Verzug** kommt (→ § 22 Rn. 7). Der Gläubiger kann dementsprechend weder nach §§ 280 I, III, 281 **Schadensersatz statt der Leistung** verlangen noch nach § 323 I vom Vertrag **zurücktreten**.[200]

16

2. Voraussetzungen des Leistungsverweigerungsrechts

Das Leistungsverweigerungsrecht nach §§ 320 ff. setzt voraus, dass zwischen den Parteien ein gegenseitiger Vertrag vorliegt. Darüber hinaus muss die Forderung, auf die der Schuldner das Leistungsverweigerungsrecht stützt, mit der Forderung des Gläubigers im Gegenseitigkeitsverhältnis (Synallagma) stehen. Ein solches Gegenseitigkeitsverhältnis besteht nach der traditionellen Auffassung nur bei **Hauptleistungspflichten** (→ § 15 Rn. 14).[201] In neuerer Zeit wird dagegen häufig darauf abgestellt, welche Bedeu-

17

---

195 Vgl. BGHZ 161, 241 (251); Soergel/*Gsell* vor § 323 Rn. 14 ff.; Staudinger/*Schwarze*, 2020, Vorbem. zu §§ 320–326 Rn. 17 ff.; *Brox/Walker* SchuldR AT § 13 Rn. 14.
196 MüKoBGB/*Emmerich* vor § 320 Rn. 13 ff.
197 Vgl. Erman/*Westermann* § 320 Rn. 2.
198 So zB *Larenz* SchuldR I § 15 I.
199 Vgl. Erman/*Westermann* § 320 Rn. 16; *Medicus/Lorenz* SchuldR AT Rn. 246, 463.
200 Vgl. BGH ZIP 2020, 769 = BeckRS 2020, 4813 Rn. 40.
201 Vgl. BGHZ 161, 241 (251); Staudinger/*Schwarze*, 2020, § 320 Rn. 14 ff.; Jauernig/*Stadler* § 320 Rn. 7; *Medicus/Lorenz* SchuldR AT Rn. 239.

tung die jeweiligen Pflichten nach dem Willen der Parteien im Rahmen des Schuldvertrages haben.[202] Dabei wird zu Recht darauf hingewiesen, dass es den Parteien unbenommen ist, **typische Nebenleistungspflichten** in das Gegenseitigkeitsverhältnis einzubeziehen.

> **Beispiel:** Kauft K bei dem Teppichhändler V einen Perserteppich, so ist V nach § 433 I 1 verpflichtet, den Teppich an K zu übergeben und zu übereignen; K muss seinerseits nach § 433 II den vereinbarten Kaufpreis zahlen. Beides sind Hauptleistungspflichten, die in einem Austauschverhältnis stehen. Nach § 433 II ist K außerdem verpflichtet, den Teppich abzunehmen. Hierbei handelt es sich im Allgemeinen um eine bloße Nebenleistungspflicht, die mit der Pflicht des V aus § 433 I nicht synallagmatisch verknüpft ist.[203] Die Parteien können die Verpflichtung zur Abnahme der Kaufsache aber ausdrücklich oder stillschweigend in das Gegenseitigkeitsverhältnis einbeziehen. Hiervon kann ausgegangen werden, wenn die Abnahme für V besondere Bedeutung hat (zB Räumungsverkauf). Nach der traditionellen Auffassung ist die Anwendbarkeit des § 320 in solchen Fällen damit zu erklären, dass die Parteien die Abnahme im konkreten Fall zu einer Hauptleistungspflicht aufgewertet haben.[204] Insofern handelt es sich also letztlich um eine terminologische Frage. Entscheidend ist, dass die synallagmatische Verknüpfung bei typischen Nebenleistungspflichten besonders begründet werden muss.

18 Der Anspruch auf die Gegenleistung muss *wirksam* und *fällig* sein. Gemäß § 215 schließt die **Verjährung** des Gegenleistungsanspruchs die Einrede aus § 320 aber nicht aus, sofern die Verjährung erst nach Entstehung des Leistungsverweigerungsrechts eingetreten ist. § 215 spricht zwar nur von einem Zurückbehaltungsrecht. Es steht jedoch außer Zweifel, dass damit auch das Leistungsverweigerungsrecht aus § 320 erfasst werden soll.[205]

19 Die Einrede des nicht erfüllten Vertrages (§ 320) setzt weiterhin voraus, dass der Schuldner sich selbst **vertragstreu** verhält. Sie kann daher nicht geltend gemacht werden, wenn der Schuldner die Erbringung der eigenen Leistung grundlos ablehnt oder sich selbst im Schuldnerverzug befindet.[206]

20 Das Leistungsverweigerungsrecht aus § 320 kann nicht mehr ausgeübt werden, sobald die Gegenleistung vollständig erbracht worden ist. Bei einer bloßen **Teilleistung** des Gläubigers kann der Schuldner aber die ganze Leistung verweigern, sofern dies nicht ausnahmsweise treuwidrig ist (§ 320 II). Das Gleiche gilt für den Fall, dass dem Schuldner wegen einer Schlechtleistung **Mängelrechte** gegen den Gläubiger (zB Nacherfüllungsanspruch nach §§ 437 Nr. 1, 439) zustehen.[207] Eine *Vorleistungspflicht* des Schuldners schließt das Leistungsverweigerungsrecht aus (§ 320 I 1 Hs. 2); hier ist § 321 (→ § 15 Rn. 22) anwendbar. § 320 I 3 erklärt § 273 III für unanwendbar. Das Leistungsverweigerungsrecht kann also nicht durch Sicherheitsleistung abgewendet werden.

---

202 Vgl. BeckOK BGB/*Schmidt,* 54. Ed. 1.5.2020, § 320 Rn. 12; HK-BGB/*Schulze* § 320 Rn. 3; MüKo-BGB/*Emmerich* § 320 Rn. 30; Palandt/*Grüneberg* Einf. v. § 320 Rn. 17; *Harke* SchuldR AT Rn. 168; für Anwendung der §§ 320ff. auf alle Leistungspflichten aus dem Vertrag Soergel/*Gsell* § 320 Rn. 14.
203 Vgl. Palandt/*Weidenkaff* § 433 Rn. 44.
204 Vgl. BeckOK BGB/*Schmidt,* 54. Ed. 1.5.2020, § 320 Rn. 12; MüKoBGB/*Emmerich* § 320 Rn. 32.
205 Vgl. NK-BGB/*Mansel/Stürner* § 215 Rn. 5. Zur Rechtslage vor Inkrafttreten des § 215 BGHZ 53, 122 (125); BGH NJW 2006, 2773 = JA 2006, 810 *(Stadler).*
206 BGHZ 50, 175 (177); BGH NJW-RR 1995, 564 (565); NJW 2002, 3541 (3542); HK-BGB/*Schulze* § 320 Rn. 6.
207 BGH ZIP 2020, 769 = BeckRS 2020, 4813 Rn. 41ff.

3. Rechtsfolgen

Macht der Schuldner die Einrede des nicht erfüllten Vertrages geltend, so wird die Klage nicht abgewiesen; der Schuldner wird vielmehr verurteilt, den Anspruch des Gläubigers **Zug um Zug** gegen Erhalt der Gegenleistung zu erfüllen (§ 322). Das Leistungsverweigerungsrecht aus § 320 I hat damit die gleiche *prozessuale* Wirkung wie das Zurückbehaltungsrecht aus § 273. 21

4. Unsicherheitseinrede bei Vorleistungspflicht (§ 321)

Hat ein Vertragspartner im Rahmen eines gegenseitigen Vertrages eine **Vorleistungspflicht** übernommen, so ist § 320 nicht anwendbar (→ § 15 Rn. 20). Indessen kann auch hier das Bedürfnis entstehen, dem Schuldner ein Leistungsverweigerungsrecht zuzubilligen, und zwar dann, wenn nach Abschluss des Vertrages erkennbar wird, dass der Gegenleistungsanspruch des Vorleistenden durch mangelnde Leistungsfähigkeit des anderen Teils gefährdet wird. In diesem Fall muss das mit der Übernahme der Vorleistungspflicht verbundene besondere *Vertrauen* des Schuldners in die Leistungsfähigkeit des Vertragspartners geschützt werden. Nach § 321 I ist der Schuldner deshalb berechtigt, die ihm obliegende Leistung zu verweigern, bis die Gegenleistung bewirkt oder das Risiko der Vorleistung durch Sicherheitsleistung ausgeschlossen wird. 22

Im Unterschied zum alten Recht (§ 321 aF) beschränkt sich der Anwendungsbereich des § 321 nicht auf den Fall, dass der Gegenleistungsanspruch durch eine **Verschlechterung der Vermögensverhältnisse** des anderen Teils gefährdet wird. Erfasst werden auch sonstige drohende Leistungshindernisse, welche die vertragsgemäße Erbringung der Gegenleistung verhindern oder verzögern können.[208] Das Hindernis muss auch nicht mehr **nach Vertragsschluss** entstanden sein; es reicht, dass es erst danach **erkennbar** geworden ist.[209]

Steht dem vorleistungspflichtigen Schuldner ein Leistungsverweigerungsrecht nach § 321 I zu, so stellt sich die Frage, wie er den Schwebezustand beenden und sich vom Vertrag lösen kann, wenn der Gläubiger auf dessen Ausübung nicht reagiert. Dies regelt § 321 II. Danach kann der Schuldner eine angemessene **Frist** setzen, innerhalb welcher der Gläubiger Zug um Zug gegen die Leistung nach seiner Wahl die Gegenleistung bewirken oder Sicherheit leisten muss. Nach erfolglosem Fristablauf kann er entsprechend § 323 vom Vertrag **zurücktreten**.[210] Aus der Verweisung auf § 323 folgt, dass eine Fristsetzung unter den Voraussetzungen des § 323 II entbehrlich ist. Die bei der Umsetzung der Verbraucherrechte-RL vorgenommene Beschränkung des § 323 II Nr. 3 auf den Fall der Schlechtleistung (→ § 33 Rn. 5) muss dabei nach Sinn und Zweck der Verweisung außer Acht bleiben, weil es in den Fällen des § 321 von vornherein nur um eine Nichtleistung gehen kann.[211] Der Rücktritt nach § 321 II ist ausgeschlossen, wenn der Schuldner seine Vorleistung vollständig erbracht hat.[212] 23

---

208 BGH NJW 2010, 1272 (1273); aA in Bezug auf vorübergehende Leistungshindernisse *Kaiser* NJW 2010, 1254 (1255).
209 BGH NJW 2010, 1272 (1273).
210 BGH NJW 2010, 1272 (1274); Soergel/*Gsell* § 321 Rn. 59.
211 So auch *Schmitt* in Brönneke/Tonner, Das neue Schuldrecht, 2014, Kap. 7 Rn. 43.
212 BGHZ 112, 279 (287); Soergel/*Gsell* § 321 Rn. 59; *Kaiser* NJW 2010, 1254 (1256).

Nach Ansicht des BGH hat die bloße Existenz des Leistungsverweigerungsrechts aus § 321 zur Folge, dass der Schuldner **nicht in Verzug** kommt. Ebenso wie bei § 320 (→ § 15 Rn. 16) wird der Verzug also nicht erst durch die Erhebung der Einrede ausgeschlossen. Auf eine Nachfrage oder Leistungsaufforderung des Gläubigers muss der Schuldner aber den Grund für die Leistungsverweigerung nennen, damit der Gläubiger diese durch Sicherheitsleistung oder Bewirken der Gegenleistung abwenden kann.[213]

> **Literatur:** *Derleder/Karabulut*, Schuldnerverzug und Zurückbehaltungsrechte des Allgemeinen Schuldrechts, JuS 2014, 102; *Ernst*, Die Gegenseitigkeit im Vertragsvollzug, AcP 199 (1999), 485; *Ernst*, Die Einrede des nicht erfüllten Vertrages, 2000; *Kaiser*, Unsicherheitseinrede des Vorleistungspflichtigen nach § 321 I BGB, NJW 2010, 1254; *Keller*, Das Zurückbehaltungsrecht nach § 273 BGB, JuS 1982, 665; *Münzberg*, Die Einreden des Zurückbehaltungsrechts und des nichterfüllten Vertrags im Prozess, NJW 1961, 540; *Rüfner*, Das Corona-Moratorium nach Art. 240 EGBGB, JZ 2020, 443; *Schmidt-Kessel/Möllnitz*, Coronavertragsrecht – Sonderregeln für Verbraucher und Kleinstunternehmen, NJW 2020, 1103; *Schur*, Die Verknüpfung wechselseitiger Leistungen, JuS 2006, 673; *Wolf/Eckert/Denz/Gerking/Holze/Künnen/Kurth*, Die zivilrechtlichen Auswirkungen des Covid-19-Gesetzes – ein erster Überblick, JA 2020, 401.

§ 16 Gestaltung rechtsgeschäftlicher Schuldverhältnisse durch AGB

I. Einführung

1 Allgemeine Geschäftsbedingungen (AGB) nehmen im modernen Wirtschaftsleben eine wichtige Stellung ein. Insbesondere im Massengeschäft kann der Verwender sich durch das einseitige Stellen von Vertragsbedingungen **Vorteile** verschaffen. Er kann die Vertragsabwicklung vereinheitlichen und sein Vertragsrisiko beschränken (zB durch Eigentumsvorbehalt). Enthält das Gesetz für den infrage stehenden Vertragstyp keine oder nur rudimentäre Regelungen (zB Franchising, Versicherungs- und Bankverträge), so wird der Vertrag durch die AGB oft sogar umfassend ausgestaltet. Was für den Verwender vorteilhaft ist, kann jedoch für den Vertragspartner **nachteilig** sein. In der Praxis wird es dem Vertragspartner gleichwohl nur selten gelingen, sich der Geltung der AGB vollständig zu entziehen oder wenigstens im Detail Abweichungen durchzusetzen. Es ist daher die Aufgabe von Gesetzgebung und Rechtsprechung, den mit der Verwendung von AGB verbundenen Gefahren entgegenzuwirken.

2 Die Rechtsprechung hat den Vertragspartner zunächst durch eine inhaltliche Kontrolle der AGB auf der Grundlage des § 242 (→ § 4 Rn. 13, 30) geschützt. Das AGBG v. 9.12.1976 hat diesen Schutz gesetzlich verankert. Bei der Schuldrechtsreform hat der Gesetzgeber den *materiellrechtlichen Teil* des AGBG ins BGB (§§ 305 ff.) **integriert** (→ § 2 Rn. 15). Für den *verfahrensrechtlichen Teil* wurde dagegen ein eigenständiges **Unterlassungsklagengesetz** (UKlaG) erlassen.

3 Bei der Auslegung der §§ 305 ff. ist zu beachten, dass die Vorschriften auch der Umsetzung der **EG-Richtlinie** 93/13/EWG über mißbräuchliche Klauseln in Verbraucherverträgen v. 5.4.1993 (Klausel-RL) dienen.[214] Im Zweifel ist daher eine richtlinienkonforme Auslegung geboten.[215]

---

213 BGH NJW 2010, 1272 (1274); krit. *Kaiser* NJW 2010, 1254 (1255).
214 Ausf. dazu *Ranieri*, Europäisches Obligationenrecht, 3. Aufl. 2009, 403 ff.
215 Vgl. Palandt/*Grüneberg* § 310 Rn. 23 ff.

Im Unterschied zur Klausel-RL beschränken sich die §§ 305 ff. nicht auf den Schutz 4
von **Verbrauchern** (§ 13). Einige Vorschriften sind allerdings nicht auf AGB anwendbar, die gegenüber einem Unternehmer (§ 14) verwendet werden (vgl. § 310 I). Außerdem gibt es für **Verbraucherverträge** Sonderregeln (§ 310 III), die auf der Klausel-RL beruhen und daher erst nachträglich in die deutsche Schutzkonzeption aufgenommen worden sind.

II. Anwendungsbereich der §§ 305 ff.

Die Integration der materiellrechtlichen Vorschriften des AGBG in das Allgemeine 5
Schuldrecht darf nicht zu der Annahme verleiten, dass die §§ 305 ff. auf **dingliche Verträge** (zB Vereinbarung eines Eigentumsvorbehalts oder einer Sicherungsübereignung) nicht anwendbar wären. Von der systematischen Stellung im Allgemeinen Schuldrecht lässt sich also nicht auf den Anwendungsbereich schließen.[216] Der Standort verdeutlicht aber, dass der **Schwerpunkt** des AGB-Rechts bei **Schuldverträgen** liegt.

Arbeitsverträge waren nach altem Recht generell von der AGB-Kontrolle ausgenom- 6
men (§ 23 I AGBG). Nach § 310 IV 2 sind sie jetzt grundsätzlich einbezogen, die »im Arbeitsrecht geltenden Besonderheiten« sollen jedoch nach § 310 IV 2 Hs. 1 angemessen berücksichtigt werden.[217] Zu denken ist etwa an die Besonderheiten bei kirchlichen Arbeitgebern.[218] Nach der Rechtsprechung des BAG geht die Bedeutung des § 310 IV 2 jedoch über die Berücksichtigung der Besonderheiten solcher »spezifischer Bereiche« des Arbeitsrechts hinaus. Erfasst werden **alle rechtlichen Besonderheiten** des Arbeitsrechts. So verneint das BAG die Anwendbarkeit des § 309 Nr. 6 mit der Erwägung, im Arbeitsrecht bestehe wegen der fehlenden Vollstreckbarkeit der Arbeitsleitung gem. § 888 III ZPO ein besonderes Bedürfnis für die Vereinbarung von Vertragsstrafen.[219] § 310 IV 2 Hs. 2 schreibt ausdrücklich vor, dass § 305 II und III nicht anzuwenden ist. Eine Einbeziehungskontrolle (→ § 16 Rn. 10 ff.) findet bei Arbeitsverträgen also nicht statt. In Anbetracht der klaren Wertentscheidung des Gesetzgebers scheidet auch eine analoge Anwendung von § 305 II und III aus. Eine andere Beurteilung ergibt sich auch nicht aus den Grundsätzen der richtlinienkonformen Auslegung, da die Klausel-RL nach ihrem Erwägungsgrund 10 auf Arbeitsverträge nicht anwendbar ist.[220] Überraschende oder mehrdeutige Klauseln sind dagegen auch im Arbeitsrecht nach § 305 c unwirksam.[221] Nicht kontrollfähig sind nach wie vor Tarifverträge, Betriebs- und Dienstvereinbarungen (§ 310 IV 1). Außerdem gilt das UKlaG nach § 15 nicht im Bereich des Arbeitsrechts (kein Klagerecht der Gewerkschaften).

---

216 Zur systematischen Einordnung vgl. auch *Brox/Walker* BGB AT § 10 Rn. 7.
217 Zur AGB-Kontrolle bei Arbeitsverträgen BAG NZA 2006, 872 (873); NJW 2006, 2653; MüKo-BGB/*Basedow* § 310 Rn. 129 f.; *Hansen* ZGS 2004, 21 ff.
218 BT-Drs. 14/7052, 189; vgl. auch BAG NZA 2006, 872 (874).
219 Vgl. BAG NZA 2004, 727 (729 ff.); 2009, 370 (374) = JA 2010, 303 *(Krause);* NK-BGB/*Kollmann* § 310 Rn. 60 ff.; *Morgenroth/Leder* NJW 2004, 2797 ff.
220 Näher zum Ganzen BAGE 147, 342 = NZA 2014, 1076 Rn. 56 f.
221 MüKoBGB/*Basedow* § 310 Rn. 134; Staudinger/*Krause*, 2019, Anh. zu § 310 Rn. K 154 ff., 172 ff.; vgl. auch BAGE 147, 342 Rn. 58 ff.

III. Begriffsbestimmung

7 Der **Begriff** der AGB wird in § 305 I 1 definiert. Erfasst werden danach alle für eine Vielzahl von Verträgen vorformulierten Vertragsbedingungen, die der Verwender seinem Vertragspartner bei Abschluss des Vertrages stellt.

8 **Vorformuliert** sind Vertragsbedingungen, wenn sie bereits vor Vertragsschluss inhaltlich feststanden.[222] Die Vertragsbedingungen müssen grundsätzlich für eine **Vielzahl** von Verträgen vorformuliert sein. Der Verwender muss also beabsichtigen, die Bedingungen mehrmals zu verwenden.[223] Eine Ausnahme bilden **Verbraucherverträge,** bei denen sich der Unternehmer eines vorgedruckten Formularvertrags bedient. Hier reicht die **einmalige** Verwendung aus (§ 310 III Nr. 2). Der Verbraucher erscheint hier besonders schutzwürdig, weil er aufgrund der Vorformulierung keinen Einfluss auf den Inhalt nehmen kann.[224]

9 Der Verwender muss die Vertragsbedingungen seinem Vertragspartner bei Abschluss des Vertrages **stellen,** die Einbeziehung also einseitig verlangen. AGB liegen nicht vor, wenn die Vertragsbedingungen von den Parteien ausgehandelt worden sind (§ 305 I 3). An die Individualvereinbarung sind strenge Anforderungen zu stellen, der Vertragspartner muss tatsächlich in der Lage sein, den Vertragsinhalt zu beeinflussen.[225] Bei **Verbraucherverträgen** gelten AGB als **vom Unternehmer gestellt,** sofern dieser nicht nachweist, dass sie durch den Verbraucher in den Vertrag eingeführt worden sind (§ 310 III Nr. 1). Der Unternehmer muss sich damit auch AGB zurechnen lassen, die von einem **Dritten** (zB Notar, Makler) in den Vertrag eingeführt worden sind.[226] Bei einvernehmlicher Verwendung eines von Dritten vorformulierten Vertragstexts unter Privatleuten fehlt es dagegen an einem einseitigen »Stellen«, wenn der andere Teil alternativ eigene Textvorschläge mit der effektiven Möglichkeit ihrer Durchsetzung in die Verhandlungen einbringen konnte.[227]

IV. Einbeziehungskontrolle

1. Allgemeine Grundsätze

10 Bei Vorliegen von AGB stellt sich die Frage, ob diese wirksam in den Vertrag einbezogen worden sind. Die allgemeinen Voraussetzungen für die **Einbeziehung** von AGB sind in § 305 II geregelt. Erforderlich ist danach ein entsprechender Hinweis auf die verwendeten AGB (§ 305 II Nr. 1), die zumutbare Möglichkeit der Kenntnisnahme durch den Vertragspartner (§ 305 II Nr. 2) und sein Einverständnis mit ihrer Geltung (§ 305 II aE).

11 Der **Hinweis** auf die verwendeten AGB muss bei Vertragsschluss erfolgen. Ein späterer Hinweis, zB auf dem Lieferschein oder der Quittung, ist nicht ausreichend. Die **Kenntnisnahme** ist *möglich* und *zumutbar,* wenn der Vertragspartner zu den AGB freien Zugang hat und diese gut lesbar sind.[228] Das zur Einbeziehung der AGB erfor-

---

222 HK-BGB/*Schulte-Nölke* § 305 Rn. 3.
223 BGH NJW 1997, 135; krit. gegenüber dem »Vielzahlkriterium« *Buz* AcP 219 (2019), 1 ff.
224 Vgl. *Leuschner* AcP 207 (2007), 491 (505).
225 BGH NJW 2000, 1110 (1111); 2010, 1131 (1133).
226 Palandt/*Grüneberg* § 310 Rn. 12.
227 BGH NJW 2010, 1131.
228 Zu den Einzelheiten vgl. Palandt/*Grüneberg* § 305 Rn. 32 ff.

derliche **Einverständnis** des Vertragspartners kann ausdrücklich oder konkludent erklärt werden.[229] In der Regel wird das Einverständnis zu bejahen sein, wenn der Vertragspartner des Verwenders nach Hinweis auf die AGB und zumutbarer Möglichkeit der Kenntnisnahme den Vertrag abschließt.

Nach § 305 III können die Parteien für eine bestimmte Art von Rechtsgeschäften auch im Voraus die Geltung bestimmter AGB vereinbaren. Auch solche **Rahmenvereinbarungen** müssen den Erfordernissen des § 305 II genügen.[230] § 305a sieht darüber hinaus vor, dass AGB in **besonderen Fällen** auch ohne Einhaltung der in § 305 II Nr. 1 und 2 bezeichneten Erfordernisse Vertragsinhalt werden können. 12

2. Rücksichtnahme auf körperliche Behinderungen

Bei der Frage, ob zumutbare Kenntnisnahme möglich ist, muss der Verwender eine für ihn erkennbare **körperliche Behinderung** des Kunden (zB Sehbehinderung) angemessen berücksichtigen (§ 305 II Nr. 2). Das Gesetz sieht insoweit also eine Subjektivierung des Maßstabs vor; ansonsten soll aber nach wie vor auf den Durchschnittkunden abgestellt werden.[231] Was »angemessen« heißt, kann im Übrigen zweifelhaft sein. Der Gesetzgeber wollte mit dieser einschränkenden Formulierung verhindern, dass der Verwender unrentablen Aufwand betreiben muss.[232] Keine besondere Rücksicht muss auf *geistige Behinderungen* genommen werden. Dies erklärt sich daraus, dass es bei § 305 II nicht darum geht, dem Kunden das Verständnis der AGB zu ermöglichen.[233] 13

> **Zur Vertiefung:** Fraglich ist, ob deutschsprachige AGB gegenüber *ausländischen* Mitbürgern auch dann wirksam in den Vertrag einbezogen werden, wenn der Verwender erkennen kann, dass sein Vertragspartner der deutschen Sprache nicht hinreichend mächtig ist. In der Literatur wird teilweise vorgeschlagen, den Rechtsgedanken des § 305 II Nr. 2 auf diesen Fall zu erstrecken.[234] Dagegen spricht jedoch, dass die Privilegierung von Körperbehinderten auf einer ganz spezifischen Interessenwertung beruht, die sich auf die besondere Situation von ausländischen Kunden mit Sprachdefiziten nicht übertragen lässt.[235] Aus den gleichen Gründen werden auch Analphabeten von 305 II Nr. 2 nicht besonders geschützt.[236] Haben die Vertragspartner die deutsche Sprache als Verhandlungs- und Vertragssprache gewählt, so muss ein ausländischer Vertragspartner grundsätzlich den gesamten deutschsprachigen Vertragsinhalt einschließlich der AGB gegen sich gelten lassen.[237] Die Verwendung der deutschen Sprache begründet in einem solchen Fall auch keinen Überrumpelungseffekt iSd § 305 c I.[238]

3. Besonderheiten bei Verwendung von AGB gegenüber Unternehmern

Werden AGB gegenüber einem **Unternehmer,** einer juristischen Person des öffentlichen Rechts oder einem öffentlich-rechtlichen Sondervermögen verwendet, so findet § 305 II, III *keine Anwendung* (§ 310 I). Im Verhältnis zu Unternehmern genügt damit 14

---

229 Vgl. *Schmidt* NJW 2011, 1633.
230 Palandt/*Grüneberg* § 305 Rn. 44.
231 BT-Drs. 14/6040, 150.
232 Vgl. Stellungnahme des Bundesrates, BR-Drs. 338/01, 40.
233 Vgl. NK-BGB/*Kollmann* § 305 Rn. 67.
234 *Graf v. Westphalen* NJW 2002, 12 (13 f.).
235 So auch NK-BGB/*Kollmann* § 305 Rn. 78; *Schäfer* JZ 2003, 879 (880 f.).
236 Erman/*Roloff* § 305 Rn. 39; Palandt/*Grüneberg* § 305 Rn. 38.
237 BGH NJW 1983, 1489, Staudinger/*Mäsch*, 2019, § 305 Rn. 146. Ausführlich zu dieser Problematik *Temming* GPR 2016, 38 ff.
238 BAGE 147, 342 = NZA 2014, 1076 Rn. 62.

zur Einbeziehung von AGB jede, auch eine konkludente Willensübereinstimmung unabhängig von den Voraussetzungen des § 305 II und III.[239] Bei Arbeitsverträgen ist § 305 II, III gem. § 310 IV 2 Hs. 2 ebenfalls unanwendbar.

> **Zur Vertiefung:** Bei Verträgen zwischen Unternehmern kann das Problem auftreten, dass beide Parteien ihren Willenserklärungen einander *widersprechende* AGB beifügen.[240] In solchen Fällen stellt die zweite Willenserklärung eine Annahme mit Änderungen dar, die nach § 150 II als neuer Antrag gilt. Erfüllt der andere Teil daraufhin den Vertrag, so könnte darin eine konkludente Annahme des neuen Antrags gesehen werden. Maßgeblich wären damit die AGB des Vertragspartners, der die letzte Willenserklärung abgegeben hat. Interessengerechter ist jedoch die Annahme, dass die einander widersprechenden AGB nicht Vertragsinhalt werden. An sich liegt damit Dissens (§§ 154, 155) vor. Folge wäre die Unwirksamkeit des Vertrages. Nach § 306 I soll der Vertrag indes möglichst aufrechterhalten werden. Die hM geht deshalb von der Wirksamkeit des Vertrages aus. An die Stelle der widersprechenden AGB tritt dann dispositives Gesetzesrecht.

V. Überraschende und mehrdeutige Klauseln (§ 305c)

15 Auch wenn die allgemeinen Einbeziehungsvoraussetzungen vorliegen, so werden doch solche Bestimmungen nicht Vertragsbestandteil, mit denen der Vertragspartner des Verwenders vernünftigerweise nicht zu rechnen brauchte (§ 305c I). Damit der Vertragspartner vor **Überraschungen** geschützt ist, müssen die Bestimmungen sich im Rahmen dessen halten, was bei entsprechenden Verträgen normalerweise zu erwarten ist. Ob eine bestimmte Klausel überraschend ist, ist nach den Erkenntnismöglichkeiten eines durchschnittlichen Vertragspartners zu beurteilen.[241] Es sind aber auch die konkreten Vertragsumstände zu berücksichtigen.[242] Die Klausel muss einen **Überrumpelungseffekt** haben, der sich aus dem inhaltlichen Widerspruch zwischen den Erwartungen des Vertragspartners und dem Inhalt der Klausel ergibt.[243]

16 Ergeben sich bei der Auslegung von AGB **Zweifel,** die auch nach Ausschöpfung aller Auslegungsmethoden nicht ausgeräumt werden können, so geht dies zulasten des Verwenders (§ 305c II). Macht ein *Verbraucherschutzverband* nach § 1 UKlaG die Unwirksamkeit einer Klausel geltend, so ist die kundenfeindlichste Auslegung zugrunde zu legen, weil der Rechtsverkehr auch vor mehrdeutigen Klauseln geschützt werden muss.[244] Wie der BGH in neuerer Zeit mehrfach ausdrücklich klargestellt hat, gilt der Grundsatz der kundenfeindlichsten Auslegung aber auch im *Individualprozess,* sofern diese Auslegung zur Unwirksamkeit der Klausel führt und im Ergebnis für den Vertragspartner des Verwenders günstiger ist. Erweist sich die Klausel nach jeder in Betracht kommenden Auslegung als wirksam, so muss im Individualprozess aber die kundenfreundlichste Auslegung zugrunde gelegt werden.[245]

---

239 Palandt/*Grüneberg* § 310 Rn. 4. Zur Einbeziehung von AGB im unternehmerischen Geschäftsverkehr vgl. auch *Schmidt* NJW 2011, 3329 ff.
240 Zur Problemstellung vgl. BGHZ 61, 282 (288 f.); BGH NJW 1991, 1605 (1606); *Brox/Walker* BGB AT § 10 Rn. 12; Palandt/*Grüneberg* § 305 Rn. 54.
241 BGH NJW 1985, 850 (851); 1995, 2635 (2638).
242 BGH NJW 2000, 3299 (3300).
243 Vgl. BAGE 147, 342 = NZA 2014, 1076 Rn. 62; MüKoBGB/*Basedow* § 305c Rn. 12.
244 BGHZ 100, 157 (178); 119, 152 (172).
245 BGH NJW 2008, 2172 (2173); vgl. auch Palandt/*Grüneberg* § 305c Rn. 18.

VI. Rechtsfolgen der Nichteinbeziehung oder Unwirksamkeit

Sind einzelne Klauseln nicht Vertragsbestandteil geworden oder unwirksam, so bleibt der Rest des Vertrages nach § 306 I **wirksam**. An die Stelle der nicht einbezogenen oder unwirksamen Klauseln tritt grundsätzlich *dispositives Gesetzesrecht* (§ 306 II). Soweit keine gesetzlichen Regelungen vorhanden sind, muss die Lücke durch *ergänzende Vertragsauslegung* gefüllt werden. Hierbei ist darauf abzustellen, was die Parteien vernünftigerweise bei Abwägung der beiderseitigen Interessen vereinbart hätten.[246]

17

Auch wenn die unwirksame Klausel durch dispositives Gesetzesrecht ersetzt wird, kann doch der Fall eintreten, dass das Festhalten an dem Vertrag für eine Partei eine unzumutbare Härte darstellen würde. Nach § 306 III ist der Vertrag dann ausnahmsweise im Ganzen **unwirksam**.

VII. Auslegung und Inhaltskontrolle

1. Überblick

Die §§ 305 ff. sollen den Vertragspartner des Verwenders vor einseitigen Benachteiligungen durch AGB schützen. Dazu muss eine **Inhaltskontrolle** durchgeführt werden. Vorschriften hierzu finden sich in den §§ 307–309. Vor der Inhaltskontrolle ist aber stets eine **Auslegung** der AGB erforderlich, da sonst nicht beurteilt werden kann, ob eine unangemessene Benachteiligung des Vertragspartners vorliegt.[247]

18

Für die **Auslegung** von AGB hat die Rechtsprechung besondere Grundsätze entwickelt. Da AGB an eine Vielzahl von Adressaten gerichtet sind, kommt es bei der Auslegung nach dem Empfängerhorizont auf die Verständnismöglichkeiten eines rechtlich nicht vorgebildeten **Durchschnittskunden** an.[248] Entscheidend sind der objektive Inhalt und typische Sinn der betreffenden Klausel, so wie sie von verständigen und redlichen Vertragspartnern unter Abwägung der Interessen der regelmäßig beteiligten Verkehrskreise verstanden wird.[249] Die individuellen Vorstellungen und Absichten der Parteien bleiben grundsätzlich außer Betracht.[250] Haben die Parteien der Klausel übereinstimmend einen abweichenden Inhalt beigemessen, so ist im Individualverfahren aber dieser Inhalt maßgeblich.[251] Zweifel bei der Auslegung gehen nach § 305 c II zulasten des Verwenders (→ § 16 Rn. 16).

Die **Inhaltskontrolle** bezieht sich nach § 307 III 1 grundsätzlich nur auf solche AGB, durch die von Rechtsvorschriften abweichende oder diese ergänzende Regelungen vereinbart werden. Die Vorschrift hat den Zweck, Bestimmungen über den Gegenstand der **Leistung** und die Höhe der **Gegenleistung** der Inhaltskontrolle zu entziehen, weil diese Fragen allein durch die Parteien zu regeln sind. Außerdem soll verhindert werden, dass **gesetzliche Bestimmungen** über die Kontrolle gleichlautender AGB modifiziert werden.[252] Eine Gegenausnahme gilt für das **Transparenzgebot** (→ § 16

---

[246] Palandt/*Grüneberg* § 306 Rn. 13.
[247] Zum Vorrang der Auslegung vgl. *Neuner* BGB AT § 47 Rn. 45.
[248] Vgl. BGH NJW 2015, 1440 Rn. 12; NK-BGB/*Looschelders* § 133 Rn. 87; MüKoBGB/*Busche* § 133 Rn. 25.
[249] BGH NJW 2015, 1440 Rn. 12.
[250] BGH VersR 2009, 341 (342); Soergel/*Hefermehl* § 133 Rn. 31; krit. *Neuner* BGB AT § 47 Rn. 46.
[251] BGHZ 113, 251 (259); BGH WM 2008, 1350 (1352); NK-BGB/*Looschelders* § 133 Rn. 87.
[252] Vgl. Palandt/*Grüneberg* § 307 Rn. 41; *Looschelders* JR 2001, 397 ff.

Rn. 21), das auch bei leistungsbeschreibenden oder deklaratorischen Klauseln zu beachten ist (§ 307 III 2).

19 Bei der Inhaltskontrolle ist zwischen der **Generalklausel** des § 307 I und II und den **speziellen Klauselverboten** der §§ 308, 309 zu unterscheiden. Bei der *Fallbearbeitung* sind nach der Auslegung in einem ersten Schritt die speziellen Klauselverbote der §§ 308, 309 zu prüfen, wobei § 309 als Vorschrift ohne Wertungsmöglichkeit Vorrang hat. In einem zweiten Schritt ist auf die Generalklausel des § 307 I, II einzugehen.[253] Die nachfolgende Darstellung folgt demgegenüber der *Systematik des Gesetzes*. Dahinter steht die Erwägung, dass die Grundgedanken und Wertungen des § 307 auch bei der Auslegung und Anwendung der §§ 308, 309 zu beachten sind.

2. Die Inhaltskontrolle nach § 307 I und II

a) Die Generalklausel des § 307 I 1

20 Nach der Generalklausel des § 307 I 1 sind AGB-Klauseln unwirksam, wenn sie den Vertragspartner des Verwenders entgegen den Geboten von Treu und Glauben **unangemessen benachteiligen.** Diese Voraussetzung liegt vor, wenn der Verwender durch einseitige Vertragsgestaltung missbräuchlich versucht, seine eigenen Interessen durchzusetzen, ohne die gebotene Rücksicht auf die Belange der anderen Vertragspartei zu nehmen.[254]

b) Das Transparenzgebot des § 307 I 2

21 Eine unangemessene Benachteiligung kann sich nach § 307 I 2 auch daraus ergeben, dass eine Klausel nicht klar und verständlich ist. Nach hM führt ein Verstoß gegen das **Transparenzgebot** für sich genommen nicht zur Unwirksamkeit der betreffenden Bedingung. Erforderlich ist vielmehr, dass die Intransparenz mit einer *inhaltlichen Benachteiligung* des anderen Teils einhergeht.[255] In der Praxis hat diese Einschränkung indes keine große Bedeutung. Die Intransparenz einer Vertragsklausel begründet nämlich grundsätzlich die Gefahr einer inhaltlichen Benachteiligung, sei es, dass der andere Teil die mit dem Vertrag verbundenen Belastungen nicht erkennt, sei es, dass er die ihm zustehenden Rechte nicht geltend machen kann.[256] Bei der Prüfung der Transparenz ist wieder auf den Horizont eines rechtlich nicht vorgebildeten Durchschnittskunden abzustellen. Der Inhalt der Klausel und die damit verbundenen Folgen müssen einem solchen Kunden klar und verständlich vor Augen geführt werden.[257]

c) Die Regelbeispiele des § 307 II

22 Die Generalklausel des § 307 I 1 wird durch die Regelbeispiele des § 307 II konkretisiert. Nach § 307 II Nr. 1 ist eine unangemessene Benachteiligung im Zweifel anzunehmen, wenn eine Bestimmung mit wesentlichen Grundgedanken der abbedungenen **gesetzlichen Regelung** nicht zu vereinbaren ist. Kontrollmaßstab ist also das dispositive

---

253 Zur Prüfungsreihenfolge NK-BGB/*Kollmann* Vor §§ 307 ff. Rn. 7 ff.; *Brox/Walker* BGB AT § 10 Rn. 18.
254 Vgl. BGHZ 90, 280 (284); Palandt/*Grüneberg* § 307 Rn. 12. Zu einzelnen Beispielen *Brox/Walker* BGB AT § 10 Rn. 22 mwN.
255 BT-Drs. 14/7052, 188; Staudinger/*Wendland*, 2019, § 307 Rn. 174; MüKoBGB/*Wurmnest* § 307 Rn. 58; aA Palandt/*Grüneberg* § 307 Rn. 24; HK-BGB/*Schulte-Nölke* § 307 Rn. 22.
256 Vgl. Palandt/*Grüneberg* § 307 Rn. 24.
257 Vgl. *Neuner* BGB AT § 47 Rn. 58.

Gesetzesrecht. Der Begriff der gesetzlichen Regelung umfasst dabei auch **subjektive Rechte** des Vertragsgegners einschließlich der Grundrechte.[258] Das **allgemeine Persönlichkeitsrecht** des Vertragsgegners verpflichtet den Verwender aber nicht dazu, sich in den AGB einer **geschlechtergerechten Sprache** zu bedienen. Das »generische Maskulinum« bleibt daher auch in AGB und Formularen weiter zulässig.[259]

Nach § 307 II Nr. 2 liegt eine unangemessene Benachteiligung im Zweifel auch dann vor, wenn wesentliche Rechte und Pflichten, die sich aus der **Natur des Vertrages** ergeben, so eingeschränkt werden, dass die Erreichung des Vertragszwecks gefährdet ist. Zum einen handelt es sich um einen Auffangtatbestand für den Fall, dass kein dispositives Gesetzesrecht als Kontrollmaßstab vorhanden ist. Zum anderen hat § 307 II Nr. 2 aber auch die Funktion, die formularmäßige Aushöhlung der zentralen Vertragspflichten (sog. **Kardinalpflichten**) zu verhindern.[260] In diesem Zusammenhang wird die Vorschrift vor allem bei der Beurteilung von *Freizeichnungsklauseln* relevant. Nach der Rechtsprechung kann der Verwender bei einer Verletzung von Kardinalpflichten die Haftung für Fahrlässigkeit grundsätzlich nicht durch AGB ausschließen.[261] Im nichtunternehmerischen Verkehr ist außerdem das Klauselverbot des § 309 Nr. 7 zu beachten.

> **Beispiel** (BGHZ 89, 363): Der Fleischgroßhändler G hat eine größere Menge gefrorenen Schweinefleisches im Kühlhaus des S eingelagert. Aufgrund grober Fahrlässigkeit von Mitarbeitern des S wird die für ein sachgerechtes Einfrieren notwendige Temperatur nicht erreicht. Das Fleisch verdirbt daher. G verlangt von S Schadensersatz. S beruft sich darauf, seine Haftung für vorsätzliches und grob fahrlässiges Verhalten von Mitarbeitern sei formularmäßig auf einen Höchstbetrag von 3.000 EUR begrenzt.
>
> Da G Unternehmer (§ 14) ist, kann er sich nicht auf das Klauselverbot des § 309 Nr. 7b (→ § 23 Rn. 15) berufen. Die Haftungsbeschränkung ist aber nach § 307 I, II Nr. 2 unwirksam, weil der sorgfältige Umgang mit den einzufrierenden Lebensmitteln zu den Kardinalpflichten eines Kühlhausbetreibers gehört.

3. Die speziellen Klauselverbote (§§ 308, 309)

Die Generalklausel des § 307 wird für Verträge mit **Nichtunternehmern** durch die speziellen Klauselverbote der §§ 308, 309 konkretisiert. Dabei ist wie folgt zu unterscheiden: Die in § 309 geregelten Klauseln sind in jedem Fall besonders belastend. Sie werden daher generell – dh **ohne Wertungsmöglichkeit** – für unwirksam erklärt. Soweit im Einzelfall Auslegungsprobleme auftreten, hat der Rechtsanwender sich an den Grundgedanken des § 307 zu orientieren.[262]

23

Die in § 308 geregelten Klauselverbote enthalten **unbestimmte Rechtsbegriffe** (zB »unangemessen«, »nicht hinreichend bestimmt«, »ohne sachlich gerechtfertigten Grund«, »zumutbar«).[263] Die Unwirksamkeit einer Klausel muss daher in jedem Fall aufgrund einer umfassenden Interessenabwägung festgestellt werden. Dabei ist der allgemeine Maßstab der Generalklausel unter Berücksichtigung der spezifischen Ziel-

---

258 Erman/*Roloff* § 307 Rn. 24.
259 BGH NJW 2018, 1671; *Bachmann* NJW 2018, 1648.
260 BGHZ 103, 316 (322); MüKoBGB/*Wurmnest* § 307 Rn. 72; zum Begriff der »Kardinalpflichten« vgl. auch BGH NJW-RR 2005, 1496 (1505).
261 Vgl. nur BGH NJW 1989, 367; 1993, 335.
262 MüKoBGB/*Wurmnest* vor § 307 Rn. 5.
263 Vgl. *Neuner* BGB AT § 47 Rn. 62.

richtung des jeweiligen Klauselverbotes zugrunde zu legen.[264] Man spricht daher von Klauselverboten **mit Wertungsmöglichkeit.**

24 Werden AGB gegenüber einem **Unternehmer,** einer juristischen Person des öffentlichen Rechts oder einem öffentlich-rechtlichen Sondervermögen verwendet, so sind die §§ 308, 309 – mit Ausnahme des neuen § 308 Nr. 1a und Nr. 1b (→ § 12 Rn. 25) – nicht anwendbar (§ 310 I 1). Die Inhaltskontrolle richtet sich also allein nach § 307. Die Anwendung der Generalklausel kann aber durchaus dazu führen, dass eine der in §§ 308, 309 genannten Klauseln unwirksam ist (§ 310 I 2). Der Richter ist dabei nicht gehindert, die Wertungen der §§ 308, 309 zu berücksichtigen.

> **Hinweis:** Die §§ 308, 309 betreffen sehr unterschiedliche Rechtsgebiete und Rechtsfragen. Eine eingehende Erörterung der Verbotskataloge ist deshalb an dieser Stelle nicht sinnvoll. Soweit einzelne Klauselverbote im Rahmen des Allgemeinen Schuldrechts relevant sind, sollen sie vielmehr im jeweiligen Zusammenhang erörtert werden. Zu den Besonderheiten bei der Kontrolle von Bauverträgen nach der VOB/B (§ 310 I 3) → SchuldR BT § 32 Rn. 8ff.

4. Rechtsfolgen

25 Hält eine Klausel der Inhaltskontrolle nicht stand, so ist sie unwirksam. Eine **geltungserhaltende Reduktion** auf das gerade noch erlaubte Maß ist grundsätzlich unzulässig, weil der Verwender sonst die Möglichkeit hätte, die Grenzen des Zulässigen ohne eigenes Risiko auszutesten.[265] In der Praxis führt die an den Verständnismöglichkeiten und Interessen eines durchschnittlichen Kunden orientierte Auslegung (→ § 16 Rn. 18) freilich nicht selten dazu, dass die Klausel der Inhaltskontrolle standhält.[266] Kann die Klausel in einen wirksamen und einen unwirksamen Teil geteilt werden, so soll der wirksame Teil aber erhalten bleiben, auch wenn er die gleiche Sachmaterie behandelt.[267] Unabhängig vom Schicksal der einzelnen Klausel bleibt der Vertrag im Ganzen nach § 306 I (→ § 16 Rn. 17) wirksam.

26 Die Unwirksamkeit von AGB nach §§ 307–309 hat nicht nur für Individualprozesse zwischen dem Verwender und seinem Vertragspartner Bedeutung. Nach den §§ 1ff. UKlaG kann der Verwender vielmehr auch von bestimmten **Einrichtungen** und **Verbänden** (zB Industrie- und Handelskammern, Verbraucherschutzverbänden) auf Unterlassung in Anspruch genommen werden. Handelt der Verwender einem danach ergangenen Unterlassungsgebot zuwider, so kann sich der einzelne Vertragspartner nach § 11 UKlaG grundsätzlich auf die Wirkung des Unterlassungsurteils berufen.

> **Literatur:** *Bachmann,* Kein Anspruch auf geschlechtergerechte Sprache in AGB und Formularen, NJW 2018, 1648; *Becker,* Die Reichweite der AGB-Inhaltskontrolle im unternemerischen Geschäftsverkehr aus teleologischer Sicht, JZ 2010, 1098; *Berger/Kleine,* AGB-Gestaltung und Transparenzgebot, NJW 2007, 3526; *Buz,* Immer noch »allgemeine« Geschäftsbedingungen?, AcP 219 (2019), 1; *Derlin,* Vertragsstrafe und AGB-rechtliche Inhaltskontrolle, MDR 2009, 241; *Grünberger,* Der Anwendungsbereich der AGB-Kontrolle, JURA 2009, 249; *Hager,* Der lange Abschied vom Verbot der geltungserhaltenden Reduktion, JZ 1996, 175; *Hansen,* Die Anwendung der §§ 305ff. BGB auf vorformulierte Arbeitsver-

---

264 *Freitag/Leible* JA 2001, 978 (981).
265 Vgl. etwa BGHZ 114, 338 (342); 120, 108 (122); dazu *Hager* JZ 1996, 175ff.
266 Zur prinzpiellen Legitimität dieses Vorgehens Staudinger/*Wendland,* 2019, § 307 Rn. 28.
267 BGHZ 108, 1 (12); BGH NJW 1998, 2284; 1999, 1108.

träge, ZGS 2004, 21; *Klocke,* Die systematische Interpretation von Allgemeinen Geschäftsbedingungen im Lichte unwirksamer Vertragsklauseln, JURA 2015, 227; *Lange,* Auslegung, Unklarheitenregel und Transparenzklausel, ZGS 2004, 208; *Leuschner,* Gebotenheit und Grenzen der AGB-Kontrolle, AcP 207 (2007), 491; *Löhnig/Gietl,* Grundfälle zum Recht der Allgemeinen Geschäftsbedingungen, JuS 2012, 393 und 494; *S. Lorenz/Gärtner,* Grundwissen – Zivilrecht: Allgemeine Geschäftsbedingungen, JuS 2013, 199; *Morgenroth/Leder,* Die Besonderheiten des Arbeitsrechts im allgemeinen Zivilrecht, NJW 2004, 2797; *Neideck,* Die Einbeziehung von AGB in der Fallbearbeitung, JA 2011, 492; *Schäfer,* Vertragsschluss unter Einbeziehung von Allgemeinen Geschäftsbedingungen gegenüber Fremdmuttersprachlern, JZ 2003, 879; *Schmidt,* Einbeziehung von AGB im Verbraucherverkehr, NJW 2011, 1633; *Schmidt,* Einbeziehung von AGB im unternehmerischen Geschäftsverkehr, NJW 2011, 3329; *Schubel,* Schuldrechtsreform: Perspektivenwechsel im Bürgerlichen Recht und AGB-Kontrolle für den Handelskauf, JZ 2001, 1113; *Stoffel,* AGB-Recht, 3. Aufl. 2015; *Temming,* Verstehen Sie Deutsch? Sprachenunkenntnis beim Vertragsschluss und bei der AGB-Kontrolle, GPR 2016, 38; *Tettinger,* Zu den Freizeichnungsmöglichkeiten des Verkäufers einer mangelhaften Sache, AcP 205 (2005), 1; *Ulmer/Brandner/Hensen,* AGB-Recht, 12. Aufl. 2016; *Wackerbarth,* Unternehmer, Verbraucher und die Rechtfertigung der Inhaltskontrolle vorformulierter Verträge, AcP 200 (2000), 45; *Graf v. Westphalen,* AGB-Recht ins BGB – Eine erste Bestandsaufnahme, NJW 2002, 12; *Graf v. Westphalen/Thüsing,* Vertragsrecht und AGB-Klauselwerke, Stand: 40. Lfg. 2017; *Wolf/Lindacher/Pfeiffer,* AGB-Recht, 6. Aufl. 2013.

4. Teil. Das Erlöschen der Leistungspflicht

§ 17 Erfüllung

Bei **regulärem** Verlauf des Schuldverhältnisses erlöschen die Leistungspflichten im 1 Allgemeinen durch Erfüllung (§ 362 I). Im Vergleich zu anderen Gründen, die zum Erlöschen der Leistungspflicht führen können (zB Unmöglichkeit nach § 275), zeichnet sich die Erfüllung dadurch aus, dass das ursprüngliche Leistungsinteresse des Gläubigers befriedigt wird.

I. Begriff

Unter **Erfüllung** ist das **Bewirken der geschuldeten Leistung** an den Gläubiger oder 2 einen Dritten (§ 362 II) zu verstehen. Anders als der Wortlaut des § 362 I dies nahe zu legen scheint, ist die Leistung nicht schon mit der Vornahme der *Leistungshandlung* »bewirkt«. Soweit der Eintritt eines Erfolges geschuldet wird, ist vielmehr der Eintritt des *Leistungserfolgs* maßgeblich (→ § 1 Rn. 16). Erfüllung liegt damit auch dann nicht vor, wenn der Schuldner alle seinerseits erforderlichen Leistungshandlungen vorgenommen hat, der Leistungserfolg aber ausbleibt. Ist der Leistungsgegenstand untergegangen, so muss der Schuldner in diesem Fall zwar nicht neuerlich leisten. Dies folgt aber nicht aus § 362 I, sondern aus § 275 I.

Die Erfüllung setzt weiter voraus, dass der Leistungserfolg auf dem Handeln des Schuldners oder eines leistungsberechtigten Dritten (§§ 267, 268) beruht. Andernfalls liegt kein Bewirken *durch* den Schuldner vor.

> **Beispiele:** Der liegen gebliebene Pkw springt vor Eintreffen der Pannenhilfe wieder an, der zu fällende Baum wird durch einen Sturm entwurzelt, das freizuschleppende Schiff kommt mit der Flut frei. In solchen Fällen erlischt die Leistungspflicht des Schuldners nicht nach § 362. In Betracht kommt aber ein Ausschluss der Leistungspflicht nach § 275 wegen Zweckerreichung oder Zweckfortfalls (→ § 21 Rn. 4 f.).

II. Person des Leistenden

Zur Erbringung der Leistung ist primär der **Schuldner** berufen. Soweit die Leistung 3 *höchstpersönlich* erbracht werden muss, kommt eine Erfüllung durch Dritte nicht in Betracht. Im Übrigen kann die Leistung nach § 267 aber auch durch einen **Dritten** bewirkt werden (→ § 12 Rn. 5 ff.). Erforderlich ist dabei allerdings, dass der Dritte die Leistung mit **Fremdtilgungswillen** erbringt (→ § 12 Rn. 8).

III. Empfänger der Leistung

Nach § 362 I führt die Leistung an den **Gläubiger** zum Erlöschen der Forderung. Et- 4 was anderes gilt nur, wenn dem Gläubiger die **Empfangszuständigkeit** fehlt.[1] Aus den Wertungen der §§ 362 II, 1812, 1813 ergibt sich, dass die Empfangszuständigkeit mit der **Verfügungsmacht** über die Forderung einhergeht.[2] So lässt sich dem Verweis des

---
[1] Vgl. *Neuner* BGB AT § 19 Rn. 21.
[2] Vgl. MüKoBGB/*Fetzer* § 362 Rn. 15; *Larenz* SchuldR I § 18 I; *Looschelders/Erm* JA 2014, 161 (163).

§ 362 II auf die Vorschriften über die Verfügung eines Nichtberechtigten (§ 185) entnehmen, dass die Entgegennahme der Leistung als Erfüllung *wie* eine Verfügung zu behandeln ist. Eine echte Verfügung liegt nach heute ganz hM allerdings nicht vor.[3]

Das Fehlen der Empfangszuständigkeit kann darauf beruhen, dass der Gläubiger in der **Verfügungsmacht beschränkt** ist. Beispiele sind die Insolvenz des Gläubigers (§ 80 I InsO), die Pfändung der Forderung (§ 829 ZPO) und die Testamentsvollstreckung (§ 2211 I). Aus den Wertungen der §§ 104 ff. folgt, dass **geschäftsunfähige** und **beschränkt geschäftsfähige** Personen grundsätzlich ebenfalls nicht empfangszuständig sind.[4] Dahinter steht die Erwägung, dass der Gläubiger durch die Annahme der Leistung als Erfüllung einen rechtlichen Nachteil hat, weil seine Forderung erlischt. Die Leistung muss daher grundsätzlich an den gesetzlichen Vertreter erfolgen. Liegt eine Einwilligung des gesetzlichen Vertreters vor, so tritt durch die Leistung an den minderjährigen Gläubiger jedoch Erfüllung ein (→ § 17 Rn. 20).

5 § 362 II stellt klar, dass auch die Leistung an eine **dritte Person** zur Erfüllung führen kann. Voraussetzung ist aber, dass der Dritte nach § 185 zur Entgegennahme der Leistung mit Wirkung für den Gläubiger *ermächtigt* ist. Eine solche sog. **Empfangsermächtigung**[5] kann rechtsgeschäftlich – gem. § 185 II 1 Alt. 1 auch nachträglich – erteilt werden oder sich aus dem Gesetz (zB §§ 1074, 1282) ergeben. Nach § 362 II iVm § 185 II 1 Alt. 2 und 3 führt die Leistung an einen Dritten auch dann zur Erfüllung, wenn der zunächst nicht empfangsberechtigte Dritte die Forderung **im Nachhinein** (zB durch Abtretung oder Erbfolge) **erwirbt** oder vom Gläubiger **beerbt wird**; im letzteren Fall ist zudem erforderlich, dass der Gläubiger für die Nachlassverbindlichkeiten unbeschränkt haftet.

6 § 370 stellt die Leistung an den **Überbringer einer Quittung** (§ 368) der Leistung an einen empfangsermächtigten Dritten gleich. Die Vorschrift beruht auf dem Gedanken, dass der Gläubiger nicht schutzwürdig ist, wenn er ohne Empfang der Leistung eine Quittung ausstellt und aus der Hand gibt.[6] Geht der Schuldner gutgläubig von einer Empfangsermächtigung des Dritten aus, so kommt ihm der von der Quittung ausgehende Rechtsschein zugute. Er wird daher durch Leistung an einen Nichtberechtigten von der Leistungspflicht frei. Auf *gefälschte* Quittungen trifft die Wertung des § 370 nicht zu. Die Vorschrift ist deshalb nicht anwendbar.[7]

7 Weitere Fälle, in denen der gutgläubige Schuldner durch **Leistung an einen Nichtberechtigten** von seiner Pflicht befreit wird, finden sich in den §§ 407 ff. (→ § 52 Rn. 52 ff.), 566 c, 567 b, 793 I 2, 807, 808.[8]

---

3 MüKoBGB/*Fetzer* § 362 Rn. 11. Die §§ 1812, 1813 deuten zwar darauf hin, dass der historische Gesetzgeber in der Annahme der Leistung als Erfüllung eine Verfügung gesehen hat. Der Gesetzgeber wollte damit jedoch keinesfalls eine verbindliche Entscheidung über die Rechtsnatur der Erfüllung treffen.
4 BGHZ 205, 90 = NJW 2015, 2497 Rn. 15; Staudinger/*Olzen*, 2016, § 362 Rn. 40; Palandt/*Grüneberg* § 362 Rn. 4; MüKoBGB/*Fetzer* § 362 Rn. 15; *S. Lorenz* JuS 2009, 109 (110); aA Soergel/*Schreiber* vor § 362 Rn. 7; *Schreiber* JURA 1993, 666.
5 Zum Begriff der Empfangsermächtigung vgl. *Larenz* SchuldR I § 18 II 1.
6 *Larenz* SchuldR I § 18 III.
7 Vgl. Palandt/*Grüneberg* § 370 Rn. 2.
8 Näher dazu *Medicus/Petersen* BürgerlR Rn. 751 ff.

IV. Wirkung der Erfüllung

1. Erlöschen des Schuldverhältnisses

Durch die Erfüllung erlischt nach § 362 die **Leistungspflicht** des Schuldners. Der Begriff des Schuldverhältnisses ist hier also im engeren Sinne zu verstehen (→ § 1 Rn. 7). Der Bestand des Schuldverhältnisses im Ganzen wird vom Erlöschen einzelner Forderungen grundsätzlich nicht berührt. Das Schuldverhältnis im weiteren Sinne erlischt erst, wenn sämtliche Pflichten, aus denen es sich zusammensetzt, erloschen sind. Dabei ist zu beachten, dass Nebenleistungs- und Schutzpflichten auch lange nach Abwicklung der Hauptleistungspflichten noch relevant werden können (→ § 22 Rn. 20).

Zusammen mit der Forderung erlöschen auch die an deren Bestand gebundenen *(akzessorischen)* **Sicherungsrechte**, zB Bürgschaft (§§ 765 ff.) oder Hypothek (§§ 1113 ff.).

2. Beweislastumkehr

Hat der Gläubiger die Leistung als Erfüllung angenommen, so tritt gem. § 363 eine **Beweislastumkehr** ein. Der Schuldner muss im Prozess nicht mehr beweisen, dass er die Leistung wie geschuldet erbracht hat. Vielmehr obliegt dem Gläubiger der Nachweis, dass die Leistung nicht vertragsgemäß oder nur unvollständig erbracht worden ist. Dagegen führt die Annahme der Leistung grundsätzlich nicht zu einem Verlust *materieller* Rechte. Der Gläubiger bleibt also berechtigt, Ansprüche wegen der Unvollständigkeit oder Fehlerhaftigkeit der Leistung geltend zu machen.

> **Zur Vertiefung:** Im Werkvertragsrecht kann die vorbehaltlose Abnahme in Kenntnis des Mangels nach § 640 III zum Verlust von Gewährleistungsrechten führen (→ SchuldR BT § 34 Rn. 33 f.). Die entsprechende kaufrechtliche Regelung (§ 464 aF) ist bei der Schuldrechtsreform aufgehoben worden. Die vorbehaltlose Annahme kann aber als abändernde Vereinbarung über die Beschaffenheit der Kaufsache zu deuten sein.[9]

3. Quittung und Schuldschein

Mit der Erfüllung der Leistungspflicht erwirbt der Schuldner gegen den Gläubiger einen Anspruch auf Erteilung einer **Quittung** (§ 368). Der Anspruch weist insofern eine Besonderheit auf, als er erst auf ein ausdrückliches Verlangen des Schuldners und nicht unaufgefordert zu erfüllen ist (sog. verhaltener Anspruch).[10] Kommt der Gläubiger dem Verlangen des Schuldners nach Erteilung der Quittung nicht nach, so steht dem Schuldner wegen seiner eigenen Leistung ein *Zurückbehaltungsrecht* nach § 273 (→ § 15 Rn. 1 ff.) zu.[11] Da die Quittung dem Schuldner den Nachweis der Leistungserbringung erleichtert, muss er grundsätzlich die *Kosten* tragen und gegebenenfalls vorstrecken (§ 369).

> **Zur Vertiefung:** Die Quittung ist eine *Wissenserklärung* ohne rechtsgeschäftlichen Charakter. Der Gläubiger bekundet lediglich die Tatsache, dass er die geschuldete Leistung empfangen hat. Die §§ 104 ff. sind daher nicht anwendbar. Hat ein *Minderjähriger* die Quittung ausgestellt, so greift § 370

---

9 HK-BGB/*Saenger* § 442 Rn. 4. Hat der Käufer den Mangel schon bei Vertragsschluss gekannt, so sind Gewährleistungsansprüche nach § 442 ausgeschlossen.
10 MüKoBGB/*Fetzer* § 368 Rn. 13.
11 HK-BGB/*Schulze* § 368 Rn. 4; *Larenz* SchuldR I § 18 III.

(→ § 17 Rn. 6) aber nicht ein. Der Minderjährigenschutz muss hier dem Schutz des gutgläubigen Schuldners vorgehen.[12]

Hat der Schuldner die Leistung bewirkt, so kann er außerdem die Rückgabe eines über die Forderung ausgestellten **Schuldscheines** verlangen (§ 371).

4. Tilgungsreihenfolge

11 Die Zuordnung einer Leistung kann Probleme bereiten, wenn der Schuldner gegenüber dem Gläubiger aus **mehreren** Schuldverhältnissen zu gleichartigen Leistungen verpflichtet ist und die Leistung nicht zur Tilgung sämtlicher Forderungen ausreicht. In einem solchen Fall muss geklärt werden, auf welche Forderung die Leistung anzurechnen ist.

a) Tilgungsbestimmung durch den Schuldner

12 Nach § 366 I ist für die Zuordnung primär der erklärte **Wille des Leistenden** maßgebend. Dieser kann durch einseitige empfangsbedürftige Erklärung die Reihenfolge bestimmen, in der die Forderungen getilgt werden sollen. Die Tilgungsbestimmung braucht nicht ausdrücklich getroffen zu werden, sondern kann sich auch stillschweigend aus den Umständen des Einzelfalls, insbesondere aus der Interessenlage ergeben.[13] Sie muss grundsätzlich spätestens im Zeitpunkt der Leistung vorliegen. Die Parteien können jedoch vereinbaren, dass der Schuldner eine nachträgliche Tilgungsbestimmung treffen darf.[14]

Die hM sieht die Tilgungsbestimmung als **Willenserklärung** an.[15] Nach der Gegenauffassung ist sie eine geschäftsähnliche Handlung.[16] Die praktische Bedeutung der Frage ist gering, weil die §§ 104 ff. nach beiden Auffassungen – direkt oder entsprechend – anwendbar sind. Die Bestimmung kann somit gem. § 119 wegen Irrtums **angefochten** werden.[17] Nach wirksamer Anfechtung ist der Schuldner berechtigt, die gewollte Bestimmung mit *Ex-nunc-Wirkung* nachzuholen.[18]

Zur Vertiefung: Die Rechtsprechung billigt dem Schuldner ein nachträgliches Tilgungsbestimmungsrecht zu, wenn er dieses Recht bei der Leistung nicht ausüben konnte, weil er nicht wusste, dass dem Gläubiger aufgrund einer nicht offen gelegten Abtretung eine zweite Forderung gegen ihn zusteht. Nach dem Rechtsgedanken des § 121 muss der Schuldner das Bestimmungsrecht unverzüglich ausüben, sobald er von der Abtretung erfährt. Dahinter steht der Gedanke, dass der Schuldner in dieser Konstellation nicht besser als bei einer Anfechtung stehen darf.[19]

---

12 Vgl. MüKoBGB/*Fetzer* § 370 Rn. 3.
13 BGH NJW-RR 1991, 562 (565); 1995, 1257 (1258).
14 BGHZ 51, 157 (160f.); BGH NJW 1991, 1604 (1605).
15 Vgl. HK-BGB/*Schulze* § 366 Rn. 3; Palandt/*Grüneberg* § 366 Rn. 7.
16 Vgl. MüKoBGB/*Fetzer* § 366 Rn. 11; *Schulz-Merkel/Meier* JA 2016, 333 (334).
17 BGHZ 106, 163 (166); 167, 337 (344); *Schulz-Merkel/Meier* JA 2016, 323 (336).
18 MüKoBGB/*Fetzer* § 366 Rn. 11; *Ehricke* JZ 1999, 1075 (1078f.); für Ex-tunc-Wirkung Staudinger/*Olzen*, 2016, § 366 Rn. 34; anders Palandt/*Grüneberg* § 366 Rn. 7, wonach bei Anfechtung die gesetzliche Reihenfolge gilt.
19 BGHZ 167, 337 (342ff.).

b) Gesetzliche Tilgungsreihenfolge

Hat der Schuldner keine ausdrückliche oder konkludente Tilgungsbestimmung getroffen, so greift die gesetzliche Reihenfolge des § 366 II ein. Die Regelung orientiert sich an den Interessen und dem mutmaßlichen Willen der **Parteien**.[20] Sie ist daher nicht maßgeblich, wenn die vorgesehene Reihenfolge im Einzelfall mit den Parteiinteressen unvereinbar ist.[21]

13

§ 366 II geht davon aus, dass der **Schuldner** vorrangig *fällige* Forderungen erfüllen will. Sind mehrere Forderungen fällig, so kommt es im Interesse des **Gläubigers** auf die Sicherheit (im Sinne von Realisierbarkeit) an. Getilgt wird die *unsicherste* Forderung. Der Grad der Sicherheit ist nach einem wirtschaftlichen Maßstab zu ermitteln. Mögliche Faktoren sind unter anderem der Verjährungszeitpunkt der Forderung, die Mithaftung Dritter und das Bestehen von Personal- oder dinglichen Sicherheiten.

Versagt das Kriterium der geringeren Sicherheit, dann entscheidet die aus Sicht des **Schuldners** größere *Lästigkeit*. Dabei kann etwa auf die Höhe der Zinspflicht, eine drohende Vertragsstrafe oder eine bereits eingetretene Rechtshängigkeit der Forderung abgestellt werden. Bei gleicher Lästigkeit ist auf das *Alter der Forderungen* abzustellen. Getilgt wird die jeweils älteste Forderung, wobei sich das Alter nach dem Entstehungszeitpunkt und nicht nach dem Zeitpunkt der Fälligkeit bestimmt.[22] Soweit sich auch hiermit keine Reihenfolge festlegen lässt, bleibt letztendlich nur noch eine *verhältnismäßige Tilgung* der Forderungen entsprechend ihrem Umfang.

c) Anrechnung auf Zinsen und Kosten

Eine Spezialvorschrift zu § 366 enthält § 367. Die Vorschrift regelt die Tilgungsreihenfolge in Fällen, in denen außer der Hauptforderung auch **Nebenforderungen** zu tilgen sind. Danach sind Leistungen des Schuldners, sofern sie nicht zur vollständigen Tilgung ausreichen, zunächst auf entstandene *Kosten* und dann auf die *Zinsen* anzurechnen. Kosten sind alle Aufwendungen, welche zur Durchsetzung des Anspruchs gemacht worden sind (zB Prozess- und Vollstreckungskosten). Die Hauptforderung wird erst nach vollständiger Erfüllung der Kosten- und Zinsforderungen getilgt.

14

Die Parteien können eine andere Reihenfolge vereinbaren. Bestimmt der Schuldner allein eine andere Anrechnung, so kann der Gläubiger die Annahme der Leistung dagegen nach § 367 II ablehnen. Anders als im Fall des § 366 hat der Schuldner also **nicht** die Möglichkeit, **einseitig** eine von der gesetzlichen Tilgungsreihenfolge abweichende Bestimmung zu treffen.

Für das **Verhältnis** von § 366 zu § 367 gilt Folgendes: Stehen mehrere Hauptforderungen im Raume, so muss zunächst deren Reihenfolge bestimmt werden. Maßgeblich ist dabei § 366. Soweit neben der jeweiligen Hauptforderung Kosten und Zinsen entstanden sind, ist in einem zweiten Schritt auf § 367 zurückzugreifen. Zahlungen des Schuldners können damit erst dann auf die Kosten und Zinsen wegen einer nachrangi-

15

---

20 Vgl. HK-BGB/*Schulze* § 366 Rn. 5.
21 BGH NJW 1969, 1846 (1847); *Brox/Walker* SchuldR AT § 14 Rn. 11; Erman/*Buck-Heeb* § 366 Rn. 4; krit. Staudinger/*Olzen*, 2016, § 366 Rn. 44.
22 BGH NJW 1991, 2629 (2630).

gen Hauptforderung angerechnet werden, wenn die bevorrechtigte Hauptforderung (samt den dazu gehörigen Nebenforderungen) vollständig getilgt worden ist.[23]

V. Rechtsnatur der Erfüllung

16 Die Rechtsnatur der Erfüllung ist seit langem umstritten.[24] Im Kern geht es um die Frage, ob für den Eintritt der Erfüllungswirkung die **tatsächliche Leistungsvornahme** ausreicht oder ob der Erfüllungstatbestand darüber hinaus ein **subjektives Element** enthält. Von Bedeutung ist der Meinungsstreit hauptsächlich im Verhältnis zu beschränkt geschäftsfähigen Personen.

> **Beispiel:** Frau A stellt die 14-jährige M mit Einwilligung der Eltern als Babysitterin ein. Es wird vereinbart, dass M einen Stundenlohn von 8 EUR erhalten soll. Nachdem M das Kind fünf Stunden beaufsichtigt hat, verweigert A die Bezahlung mit der Begründung, dass Minderjährige keine Verträge erfüllen könnten.
> *Abwandlung:* Frau A bezahlt den vereinbarten Betrag an M. M verliert das Geld jedoch. Ihre Eltern verlangen von A die erneute Zahlung der 40 EUR. Sie berufen sich darauf, dass die Zahlung an Minderjährige keine Erfüllungswirkung habe.

1. Streitstand

17 Nach der in früherer Zeit sehr verbreiteten, heute aber nur noch mit Einschränkungen vertretenen **Vertragstheorie** hat die *tatsächliche* Vornahme der geschuldeten Leistung allein nicht zur Folge, dass die Verpflichtung des Schuldners nach § 362 erlischt; hinzutreten muss vielmehr eine *rechtsgeschäftliche* Einigung darüber, dass die erbrachte Leistung die Erfüllung bewirken soll.[25] Die Einigung über die Erfüllungswirkung tritt neben die schuldrechtliche und eine etwa erforderliche dingliche Einigung und muss davon strikt unterschieden werden. Nach der Vertragstheorie können Minderjährige einen Vertrag nur mit Zustimmung des gesetzlichen Vertreters erfüllen. Da die Entgegennahme einer Leistung als Erfüllung zu einem rechtlichen Nachteil – dem Erlöschen der Forderung – führt, ist auch insoweit nach § 107 die Zustimmung des gesetzlichen Vertreters erforderlich.

18 Nach der Theorie der **finalen Leistungsbewirkung** muss die Leistungsvornahme zwar nicht mit einer rechtsgeschäftlichen Einigung der Parteien verbunden werden, um zum Erlöschen der Forderung zu führen. Erforderlich ist aber eine Tilgungsbestimmung, mit welcher der Leistende die zu erfüllende Forderung bezeichnet.[26]

19 Vollständig auf subjektive Elemente verzichtet dem Grundsatz nach die heute herrschende Theorie der **realen Leistungsbewirkung.** Sie lässt die tatsächliche Herbeiführung des Leistungserfolgs im Regelfall zum Eintritt der Erfüllungswirkung genügen.[27] Eine **Ausnahme** wird nur für den Fall gemacht, dass die Leistung nicht schon allein aufgrund der objektiven Gegebenheiten einem bestimmten Schuldverhältnis zugeord-

---

23 Vgl. Palandt/*Grüneberg* § 367 Rn. 3.
24 Zum Streitstand vgl. MüKoBGB/*Fetzer* § 362 Rn. 9 ff.; *Muscheler/Bloch* JuS 2000, 729 (732 ff.); *Gernhuber* Erfüllung § 5 II; *Larenz* SchuldR I § 18 I; *Looschelders/Erm* JA 2014, 161 (162).
25 So etwa *Fikentscher/Heinemann* SchuldR Rn. 313 ff., die bei rein tatsächlichen Erfüllungshandlungen (zB Dienstleistungen) aber auf das rechtsgeschäftliche Element verzichten.
26 So *Gernhuber* Erfüllung § 5 II 8; *Harke* SchuldR AT Rn. 355.
27 BGH NJW 1991, 1294 (1295); 2007, 3488 (3489); 2010, 3510 (3513); MüKoBGB/*Fetzer* § 362 Rn. 10 ff.; Staudinger/*Olzen*, 2016, vor §§ 362 ff. Rn. 10; *Larenz* SchuldR I § 18 I.

net werden kann.²⁸ Hieran ist insbesondere zu denken, wenn der Schuldner **dieselbe Leistung** gegenüber **mehreren Gläubigern** zu erbringen hat.²⁹ Bei **Leistungen Dritter** (§ 267) soll eine Tilgungsbestimmung ebenfalls regelmäßig erforderlich sein (→ § 12 Rn. 8).³⁰ Im Übrigen erkennen auch die Vertreter der Theorie der realen Leistungsbewirkung an, dass es dem Schuldner unbenommen ist, eine von der objektiven Zuordnung abweichende Tilgungsbestimmung einseitig vorzunehmen oder hierüber eine abweichende Vereinbarung mit dem Gläubiger zu treffen.³¹ Die Tilgungsbestimmung bzw. Parteivereinbarung geht dann der objektiven Zuordnung vor.

2. Stellungnahme

Gegen die **Vertragstheorie** spricht der Wortlaut des § 362 I. Die Vorschrift spricht vom »Bewirken« der Leistung, also von einer rein tatsächlichen Handlung. Im Übrigen wäre es gerade bei Geschäften des täglichen Lebens weltfremd und unpraktikabel, das Erlöschen der Leistungspflicht vom Vorliegen einer Einigung über die Erfüllungswirkung abhängig zu machen. 20

Dass die von der Theorie der **finalen Leistungsbewirkung** geforderte Zweckbestimmung nicht notwendig vorliegen muss, zeigt § 366 II. Die Vorschrift greift nämlich gerade dann ein, wenn der Schuldner keine Tilgungsbestimmung vorgenommen hat. Daraus folgt, dass Erfüllung auch ohne eine Tilgungsbestimmung des Leistenden eintreten kann. § 366 I räumt dem Schuldner zwar das Recht ein, eine einseitige Tilgungsbestimmung zu treffen. Die Vorrangigkeit einer solchen Tilgungsbestimmung wird jedoch auch von den Vertretern der hM nicht infrage gestellt.

Vorzugswürdig ist damit die **Theorie der realen Leistungsbewirkung.** Der Minderjährigenschutz kann hier durch die Annahme verwirklicht werden, dass dem beschränkt geschäftsfähigen Gläubiger die Empfangszuständigkeit (→ § 17 Rn. 4) fehlt. § 362 I setzt zwar voraus, dass die Leistung sich einem bestimmten Schuldverhältnis zuordnen lässt. Hierfür bedarf es jedoch in den meisten Fällen keiner Tilgungsbestimmung des Schuldners, weil sich die **Zuordnung** bereits aus den **objektiven Umständen** ergibt. Dies gilt insbesondere dann, wenn die bewirkte Leistung die allein geschuldete ist und daneben keine andere, gleichartige Schuld besteht, auf welche die Leistung erbracht worden sein könnte.³² In Ausnahmefällen kann zwar doch eine Tilgungsbestimmung erforderlich sein, weil die Zuordnung nicht schon aus den objektiven Umständen eindeutig ersichtlich ist (→ § 17 Rn. 19). Dies rechtfertigt es aber nicht, für alle Fälle ein solches subjektives Element zu fordern, weil damit die Ausnahme zur Regel erhoben wird.³³ Bei der **Fallbearbeitung** kann eine Entscheidung des Meinungsstreits meist offen bleiben, weil alle vertretenen Theorien, wenn auch mit unterschiedlicher Argumentation, zum gleichen Ergebnis führen.

---

28 Vgl. MüKoBGB/*Fetzer* § 362 Rn. 13.
29 Vgl. BGH NJW 2010, 1282 mAnm *Looschelders* LMK 2010, 300543: Nachunternehmer erbringt seine dem Hauptunternehmer geschuldete Leistung aufgrund eines gesonderten Vertrags direkt für dessen Auftraggeber.
30 Vgl. BGH NJW 2012, 523 (525); WM 2008, 1703 (1706); MüKoBGB/*Fetzer* § 362 Rn. 13.
31 Vgl. MüKoBGB/*Fetzer* § 362 Rn. 13; Erman/*Buck-Heeb* § 362 Rn. 3; Palandt/*Grüneberg* § 362 Rn. 1.
32 BGH NJW 2007, 3488 (3489); 1991, 1294 (1295).
33 Vgl. Palandt/*Grüneberg* § 362 Rn. 1; Staudinger/*Olzen*, 2016, vor §§ 362ff. Rn. 14; *Larenz* SchuldR I § 18 I.

Beispiel: Im Babysitter-Fall (→ § 17 Rn. 16) hat die hM keine Probleme, die Erfüllung der Dienstpflicht durch M zu bejahen. Die Vertragstheorie kommt zum gleichen Ergebnis, indem sie auf die Einwilligung der Eltern abstellt. In der *Abwandlung* kommt es nach der Theorie der realen Leistungsbewirkung darauf an, ob M empfangszuständig war. Grundsätzlich ist der gesetzliche Vertreter empfangszuständig; hier umfasst die Einwilligung der Eltern in den Vertragsschluss aber auch die Annahme des Geldes. In gleicher Weise ist nach der Vertragstheorie mit Blick auf die nach § 107 erforderliche Einwilligung des gesetzlichen Vertreters zu argumentieren.

VI. Leistung an Erfüllungs statt

21 Das Erlöschen der Leistungspflicht erfordert nach § 362 I grundsätzlich das Bewirken der **geschuldeten Leistung.** Nach § 364 I erlischt die Leistungspflicht ausnahmsweise aber auch dann, wenn der Gläubiger eine andere als die geschuldete Leistung als Erfüllung, dh **an Erfüllungs statt,** annimmt. Ein solcher Fall liegt etwa vor, wenn der Käufer eines Neuwagens seinen alten Pkw unter Anrechnung auf den Kaufpreis in Zahlung gibt (→ § 13 Rn. 29).

1. Rechtsnatur

22 Anders als im Fall der Erfüllung kann man sich bei der Leistung an Erfüllungs statt nicht mit dem realen »Bewirken« der Leistung begnügen. Erforderlich ist vielmehr eine **vertragliche Vereinbarung** darüber, dass die »andere Leistung« an Erfüllungs statt gegeben und angenommen wird.[34] Für die Wirksamkeit des Vertrages gelten die allgemeinen Regeln der §§ 104 ff. Danach müssen beide Parteien geschäftsfähig sein.[35]

Zur Vertiefung: Die dogmatische Einordnung der Vereinbarung ist umstritten. Nach einer älteren Auffassung handelt es sich um einen rechtlich selbstständigen *entgeltlichen Austauschvertrag,* der auf den Erlass der ursprünglichen Forderung gegen Hingabe der Ersatzleistung gerichtet ist.[36] Andere gehen davon aus, dass die Parteien sich auf eine Änderung des ursprünglichen Leistungsgegenstands einigen *(Änderungsvertrag).*[37] Nach heute wohl hM beschränkt sich die Vereinbarung darauf, dass die Leistung als Erfüllung der Schuld gelten solle *(Erfüllungsvertrag).*[38]
Die beiden letzteren Auffassungen führen im Allgemeinen zu gleichen Ergebnissen. Sie stimmen insbesondere darin überein, dass das ursprüngliche Schuldverhältnis Rechtsgrund der Leistung bleibt. War dieses Schuldverhältnis unwirksam, so kann der Schuldner vom Gläubiger nach § 812 I 1 Alt. 1 Herausgabe des an Erfüllungs statt Geleisteten verlangen. Zu den Auswirkungen auf die Mängelgewährleistung → § 17 Rn. 27 f.

23 Die Vereinbarung über die Erfüllungswirkung der »anderen Leistung« muss nicht mit deren Erbringung zusammenfallen, sondern kann auch *im Voraus* getroffen werden.[39] Ein solcher Fall liegt vor, wenn dem Schuldner bei Vertragsschluss eine **Ersetzungs-**

---

34 *Larenz* SchuldR I § 18 IV; *Joussen* SchuldR I Rn. 805; Soergel/*Schreiber* § 364 Rn. 1; *Looschelders/Erm* JA 2014, 161 (164).
35 *Esser/Schmidt* SchuldR I 1 § 18 I 2; *Larenz* SchuldR I § 18 IV.
36 So BGHZ 46, 338 (342); RGRK/*Weber* § 365 Rn. 1; dagegen BGHZ 89, 126 (133).
37 IdS *Esser/Schmidt* SchuldR I 1 § 18 I 2; *Gernhuber* Erfüllung § 10 (3); Soergel/*Schreiber* § 364 Rn. 1; grds. auch Staudinger/*Olzen*, 2016, § 364 Rn. 10: »besonderer Schuldänderungsvertrag«.
38 BGHZ 89, 126 (133); Palandt/*Grüneberg* § 364 Rn. 2; *Larenz* SchuldR I § 18 IV; *Looschelders/Erm* JA 2014, 161 (164).
39 MüKoBGB/*Fetzer* § 364 Rn. 2; Palandt/*Grüneberg* § 364 Rn. 1.

befugnis eingeräumt wird, zB durch Inzahlungnahme des alten Pkw beim Kauf eines Neuwagens (→ § 13 Rn. 29f.).

2. Insbesondere: Überweisung und Lastschrift

Ein wichtiger Fall der Leistung an Erfüllungs statt ist nach traditioneller Auffassung die Zahlung durch **Überweisung** im Giroverkehr.[40] Nach einer in der neueren Literatur verbreiteten Auffassung handelt es sich dagegen um einen Fall der Erfüllung.[41] Einigkeit besteht aber darüber, dass Erfüllung erst eintritt, wenn der geschuldete Betrag auf dem Konto des Gläubigers gutgeschrieben wird, sodass dieser darüber verfügen kann.[42] Da für die Zahlung durch Überweisung zudem in jedem Fall das **Einverständnis** des Gläubigers vorliegen muss (→ § 13 Rn. 34), hat der Streit keine praktische Bedeutung.[43] Der BGH hat die Entscheidung daher wiederholt offen gelassen.[44]

23a

Die Zahlung per **Lastschrift** weist eine parallele Struktur zur Überweisung auf. Der Unterschied besteht darin, dass die Initiative bei der Lastschrift vom Gläubiger ausgeht, der den geschuldeten Betrag aufgrund einer vom Schuldner erteilten Einzugsermächtigung abbucht.[45] Man spricht daher auch von einer »umgekehrten« Überweisung.[46] Mit der Erteilung der Einzugsermächtigung an den Gläubiger geht die nach § 675j I 1 erforderliche **Autorisierung** der Bank des Schuldners zur Einlösung der Lastschrift einher (→ SchuldR BT § 40 Rn. 8).[47] Nach hM handelt es sich auch hier um eine **Leistung an Erfüllungs** statt (§ 364 I),[48] wobei die Forderung des Gläubigers mit der vorbehaltlosen Gutschrift des Betrags auf dessen Konto erlischt. Das seit dem 1.2.2014 im Verkehr mit Verbrauchern maßgebliche SEPA-Basis-Lastschriftverfahren sieht zwar vor, dass der Schuldner (Zahler) innerhalb von acht Wochen von seiner Bank Erstattung des Zahlbetrags verlangen kann (vgl. § 675x I, II, IV). Dies steht der Erfüllungswirkung der Gutschrift aber nicht entgegen, sondern hat nur zur Folge, dass die Erfüllung unter der **auflösenden Bedingung** (§ 158 II) einer solchen Rückbuchung steht.[49] Die Rückbelastung des Gläubigerkontos hat damit zur Folge, dass die Erfüllungswirkung gem. § 159 rückwirkend entfällt.[50] Bei dem im Verkehr von Unternehmern maßgeblichen SEPA-Firmen-Lastschriftverfahren ist eine Rückbuchung im Einklang mit § 675e IV ausgeschlossen. Daher steht die Erfüllung hier auch nicht unter einer auflösenden Bedingung.[51]

---

40 BGH NJW 1953, 897; Fikentscher/*Heinemann* SchuldR Rn. 261; Soergel/*Schreiber* § 362 Rn. 4. Ausführlich zum Ganzen BeckOGK/*Looschelders*, 1.6.2020, BGB § 362 Rn. 143 ff.
41 Palandt/*Grüneberg* § 362 Rn. 9; MüKoBGB/*Fetzer* § 362 Rn. 23.
42 BGH NJW 1999, 210; 2017, 1596 Rn. 23 = JA 2017, 467 (*Looschelders*); Palandt/*Grüneberg* § 362 Rn. 10; MüKoBGB/*Fetzer* § 362 Rn. 24; Looschelders/*Erm* JA 2014, 161 (165).
43 Vgl. MüKoBGB/*Fetzer* § 362 Rn. 23; Looschelders/*Erm* JA 2014, 161 (165).
44 BGHZ 87, 156 (163); 98, 24 (30); BGH NJW 1999, 210.
45 BeckOGK/*Looschelders*, 1.6.2020, BGB § 362 Rn. 162; Staudinger/*Olzen* vor § 362 ff. Rn. 58.
46 Looschelders/*Erm* JA 2014, 161 (165).
47 BGHZ 186, 269 = NJW 2010, 3510 Rn. 15 ff.; Looschelders/*Erm* JA 2014, 161 (166).
48 Jauernig/*Stürner* §§ 364, 365 Rn. 4; PWW/*Pfeiffer* § 364 Rn. 13; BeckOGK/*Looschelders*, 1.6.2020, BGB § 362 Rn. 165.
49 BGHZ 186, 269 = NJW 2010, 3510 Rn. 23 ff.; BeckOGK/*Looschelders*, 1.6.2020, BGB § 362 Rn. 179.
50 Vgl. Looschelders/*Erm* JA 2014, 161 (166).
51 BeckOGK/*Looschelders*, 1.6.2020, BGB § 362 Rn. 180; MüKoBGB/*Caspers* § 675f Rn. 108.

3. Abgrenzung zur Leistung erfüllungshalber

24 Von der Leistung an Erfüllungs statt ist die gesetzlich nicht eigenständig geregelte **Leistung erfüllungshalber** abzugrenzen. Wesentlicher Unterschied zur Leistung an Erfüllungs statt ist, dass die ursprüngliche Leistungspflicht des Schuldners nicht direkt mit der Annahme der anderen Leistung erlischt, sondern zunächst mit allen Sicherheiten bestehen bleibt. Der Gläubiger erhält neben dem ursprünglichen Anspruch eine zusätzliche Befriedigungsmöglichkeit, verbunden mit der Verpflichtung, sich mit der im Verkehr erforderlichen Sorgfalt vorrangig um die Verwertung des erfüllungshalber überlassenen Gegenstands zu bemühen.[52] Solange dem Gläubiger ein Verwertungsversuch möglich und zumutbar ist, ist ihm die Inanspruchnahme des Schuldners aus der ursprünglichen Forderung verwehrt.

> **Zur Vertiefung:** Aus welchem Grund die ursprüngliche Forderung nicht geltend gemacht werden kann, ist umstritten. Die hM geht davon aus, dass die Leistung erfüllungshalber regelmäßig mit einer *Stundungsabrede* hinsichtlich der ursprünglichen Forderung einhergeht.[53] Dies hat zur Folge, dass zunächst auch kein Schuldnerverzug (→ § 26 Rn. 3 ff.) eintreten kann. Letztlich handelt es sich aber um eine Frage der Auslegung der konkreten Vereinbarung (§§ 133, 157). Ist der Schuldner bereits in Verzug, so wird man im Regelfall nicht davon ausgehen können, dass der Verzug nach dem Willen der Parteien schon mit der Hingabe des Schecks oder Wechsels beendet sein soll. Interessengerecht erscheint vielmehr die Annahme, dass die Parteien in diesem Fall nur die *Klagbarkeit* der ursprünglichen Forderung *ausschließen* wollen.[54] Der Verzug endet damit erst mit der Einlösung des Wechsels oder Schecks.

25 Gelingt dem Gläubiger die Befriedigung durch die Verwertung des erfüllungshalber geleisteten Gegenstands (zB durch Einlösung des Wechsels oder Schecks), so **erlischt** die ursprüngliche Forderung nach § 362.[55] Einen den Forderungsbetrag übersteigenden Verwertungserlös muss der Gläubiger an den Schuldner entsprechend § 667 herausgeben.[56] Scheitert der Verwertungsversuch oder führt er zu keiner vollständigen Befriedigung, so kann der Gläubiger wieder aus der ursprünglichen Forderung vorgehen.

26 Ob im Einzelfall von einer Leistung an Erfüllungs statt auszugehen ist oder lediglich eine Leistung erfüllungshalber vorliegt, muss nach §§ 133, 157 durch **Auslegung** der Parteivereinbarung unter Berücksichtigung der Interessenlage ermittelt werden. Entscheidende Frage ist, wer das *Verwertungsrisiko* tragen soll. Haben die Parteien dem Gläubiger das Verwertungsrisiko auferlegt, so ist von einer Leistung an Erfüllungs statt auszugehen. Soll das Verwertungsrisiko dagegen dem Schuldner zufallen, dann muss von einer Leistung erfüllungshalber ausgegangen werden. Eine gesetzliche *Auslegungsregel* enthält **§ 364 II**. Danach ist im Zweifel von einer Leistung erfüllungshalber auszugehen, wenn der Schuldner zur Befriedigung des Gläubigers diesem gegenüber eine neue Verbindlichkeit übernimmt.

---

[52] BGHZ 96, 182 (193); Erman/*Buck-Heeb* § 364 Rn. 10 ff.
[53] BGHZ 96, 182 (193); 116, 278 (282); NJW 2007, 1357 (1358); Soergel/*Schreiber* § 364 Rn. 6; Looschelders/*Erm* JA 2014, 161 (165).
[54] Staudinger/*Olzen*, 2016, § 364 Rn. 26 ff.; Palandt/*Grüneberg* § 364 Rn. 8.
[55] Vgl. *Gernhuber* Erfüllung § 9 II 7.
[56] Staudinger/*Olzen*, 2016, § 364 Rn. 25; vgl. auch Erman/*Buck-Heeb* § 364 Rn. 12.

> **Beispiele:** Traditionelles Musterbeispiel für die Leistung erfüllungshalber ist die Hingabe eines *Wechsels* oder *Schecks*.[57] Die heute wesentlich stärker verbreitete Zahlung unter Verwendung einer *Kreditkarte* oder einer *EC-Karte* mit persönlicher Identifikationsnummer (PIN) ist nach dem Rechtsgedanken des § 364 II im Zweifel ebenfalls als Leistung erfüllungshalber anzusehen.[58] Der Gläubiger erlangt in diesen Fällen eine neue Forderung gegen den Kartenherausgeber, die neben die Grundforderung (zB aus § 433 II) tritt. Rechtsgrundlage für die neue Forderung ist ein abstraktes Schuldversprechen (§ 780) des Kartenherausgebers gegenüber seinen Vertragsunternehmen (potentiellen Gläubigern), die sich ihrerseits gegenüber dem Kartenherausgeber verpflichten, Zahlungen mittels Karte erfüllungshalber zu akzeptieren. Die Vertragsunternehmen sind verpflichtet, sich vorrangig aus dem Schuldversprechen zu befriedigen. Die Grundforderung gegen den Schuldner erlischt nach § 362 I iVm § 267 mit der Gutschrift der Zahlung des Kartenherausgebers auf dem Konto des Gläubigers.

Die vereinbarte Tilgung einer Geldschuld über **PayPal** stellt nach der Interessenlage ebenfalls eine Leistung erfüllungshalber dar.[59] Den AGB von PayPal ist allerdings zu entnehmen, dass die Kaufpreisforderung nicht erst mit der Gutschrift des Betrags auf dem **Bankkonto** des Gläubigers (Verkäufers),[60] sondern schon mit der vorbehaltslosen Gutschrift des Betrags auf dem **PayPal-Konto** des Verkäufers durch Erfüllung erlischt.[61] Anders als bei der SEPA-Basis-Lastschrift (→ § 17 Rn. 23a) entfällt die Erfüllungswirkung auch nicht rückwirkend, wenn dieses Konto von PayPal nach erfolgreichem **Käuferschutzverfahren** rückbelastet wird.[62] Die von beiden Parteien zugrunde gelegten AGB von PayPal sehen allerdings vor, dass die gesetzlichen und vertraglichen Rechte zwischen den Parteien unberührt bleiben. <u>Es ist daher im Wege der ergänzenden Auslegung (§§ 133, 157) davon auszugehen, dass die Kaufpreisforderung bei einer Rückbelastung nach dem mutmaßlichen Parteiwillen als solche **wieder begründet** werden soll.</u>[63] Hierfür spricht auch der Gedanke, dass die Rückbelastung auf keiner inhaltlichen Prüfung beruht.

26a

4. Gewährleistung

Besondere Probleme können auftreten, wenn der an Erfüllungs statt geleistete Gegenstand **Rechts-** oder **Sachmängel** aufweist. § 365 ordnet für diesen Fall die Geltung der kaufrechtlichen Gewährleistungsvorschriften an. Das hat beispielsweise zur Folge,

27

---

57 Vgl. Staudinger/*Olzen*, 2016, Vorbem. vor §§ 362 ff. Rn. 33 ff.
58 MüKoBGB/*Fetzer* § 362 Rn. 21; Soergel/*Schreiber* § 362 Rn. 8; *Looschelders/Erm* JA 2014, 161 (166).
59 Palandt/*Grüneberg* § 362 Rn. 10; BeckOGK/*Looschelders*, 1.6.2020, BGB § 362 Rn. 181; Erman/*Buck-Heeb* § 364 Rn. 10; PWW/*Pfeiffer* § 364 Rn. 19; aA Staudinger/*Omlor*, 2016, Vor §§ 244–248 Rn. B100 (Erfüllung); *Knops/Wahlers* BKR 2013, 240 (243) (Leistung an Erfüllungs statt); offen gelassen von BGH NJW 2018, 537 = WM 2018, 32 Rn. 18; WM 2018, 37 Rn. 17; *Brox/Walker* SchuldR AT § 14 Rn. 9a.
60 So aber PWW/*Pfeiffer* § 364 Rn. 19.
61 BGH NJW 2018, 537 = WM 2018, 32 Rn. 19; WM 2018, 37 Rn. 18; Palandt/*Grüneberg* § 362 Rn. 12; Staudinger/*Omlor*, 2016, Vor §§ 244–248 Rn. B100; BeckOGK/*Looschelders*, 1.6.2020, BGB § 362 Rn. 181; *Brox/Walker* SchuldR AT § 14 Rn. 9a.
62 BGH NJW 2018, 537 = WM 2018, 32 Rn. 23; WM 2018, 37 Rn. 22; Palandt/*Grüneberg* § 362 Rn. 12; MüKoBGB/*Fetzer* § 362 Rn. 34; BeckOGK/*Looschelders*, 1.6.2020, BGB § 362 Rn. 181.
63 BGH NJW 2018, 537 = WM 2018, 32 Rn. 28 ff.; WM 2018, 37 Rn. 27 ff.; MüKoBGB/*Fetzer* § 362 Rn. 34; BeckOGK/*Looschelders*, 1.6.2020, BGB § 362 Rn. 182; *Brox/Walker* SchuldR AT § 14 Rn. 10; *Jerger* GWR 2018, 169 ff.; krit. gegenüber dem dogmatischen Ansatz des BGH *Pfeiffer* LMK 2018, 403030; *Ulrici* JZ 2018, 785 (786); *Horn* WM 2018, 1341 (1344); *Omlor* JuS 2018, 379 (380).

dass der *Käufer* eines Neuwagens gegenüber dem Autohändler für Mängel seines in Zahlung gegebenen Gebrauchtwagens *wie ein Verkäufer* nach §§ 434ff. einstehen muss.[64] Nach seinem Wortlaut erfasst § 365 *alle* Leistungen an Erfüllungs statt. Die Anwendung der kaufrechtlichen Gewährleistungsbestimmungen erscheint jedoch unbillig, wenn der Schuldner für die ursprüngliche Forderung nur eingeschränkt einstehen musste. Das Problem stellt sich insbesondere in *Schenkungsfällen.* Nach §§ 523, 524 haftet der Schenker für Sach- und Rechtsmängel nur bei Arglist. Die Anwendung der kaufrechtlichen Gewährleistungsvorschriften auf die Leistung an Erfüllungs statt wäre daher mit einer erheblichen Haftungsverschärfung verbunden.

28 Einige Autoren wollen den Anwendungsbereich des § 365 durch **teleologische Reduktion** einschränken. Die kaufrechtlichen Vorschriften sollen lediglich bei *entgeltlichen* Verträgen zur Anwendung gelangen, während es bei unentgeltlichen Verträgen bei dem eingeschränkten Haftungsmaßstab bleibt.[65] Diese Lösung harmoniert mit dem Gedanken, dass das ursprüngliche Schuldverhältnis durch die Annahme einer Leistung an Erfüllungs statt gerade nicht in einen entgeltlichen Austauschvertrag umgewandelt wird (→ § 17 Rn. 22). Die Vertreter der Gegenauffassung halten unter Hinweis auf den klaren Wortlaut und die Gesetzesmaterialien an einer uneingeschränkten Anwendung des § 365 fest. Die Parteien werden auf die Möglichkeit verwiesen, die Vorschrift vertraglich auszuschließen und eine mildere Haftung zu vereinbaren.[66] Von einer solchen (stillschweigend getroffenen) Vereinbarung dürfte in den meisten Schenkungsfällen auszugehen sein, sodass dem Streit keine große praktische Bedeutung beizumessen ist.[67]

29 Auf die Leistung **erfüllungshalber** ist § 365 unanwendbar.[68] Für eine Analogie fehlt die erforderliche Regelungslücke. Da der Gläubiger die mangelhafte Sache zurückgeben und aus der ursprünglichen Forderung vorgehen kann, müssen ihm keine Gewährleistungsrechte zugebilligt werden.[69]

Literatur: *Avenarius*, Die Anrechnung von Teilleistungen auf mehrere Forderungen bei Fehlen einer Tilgungsbestimmung, AcP 203 (2003), 511; *Beck*, Die Zuordnungsbestimmung im Rahmen der Leistung, 2008; *Beckhaus*, Die Rechtsnatur der Erfüllung, 2013; *Bülow*, Grundfragen der Erfüllung und ihrer Surrogate, JuS 1991, 529; *Ehmann*, Die Funktion der Zweckvereinbarung bei der Erfüllung, JZ 1968, 549; *Ehricke*, Die Anfechtung einer Tilgungsbestimmung gem. § 366 Abs. 1 BGB wegen Irrtums, JZ 1999, 1075; *Fabienke*, Erfüllung im bargeldlosen Zahlungsverkehr, JR 1999, 47; *Gernhuber*, Die Erfüllung und ihre Surrogate, 2. Aufl. 1994; *Grigoleit*, Die Leistungszweckbestimmung zwischen Erfüllung und Bereicherungsausgleich, FS Medicus, 2009, 125; *Horn*, Die Auswirkungen zahlungsdienstlicher Käuferschutzverfahren im Valutaverhältnis, WM 2018, 1341; *Jerger*, Der Anspruch des Verkäufers auf Kaufpreiszahlung nach erfolgreichem PayPal-Käuferschutzantrag des Käufers, GWR 2018, 169; *Knops/ Wahlers*, Evolution des Zahlungsverkehrs durch Mobilepayment – am Beispiel von M-Pesa, BKR 2013, 240; *Köhler*, Die Leistung erfüllungshalber, WM 1977, 242; *Looschelders/Erm*, Die Erfüllung – dogmatische Grundlagen und aktuelle Probleme, JA 2014, 161; *S. Lorenz*, Grundwissen Zivilrecht: Erfül-

---

64 Vgl. BGH NJW 2013, 1733 = JA 2013, 546 *(Looschelders)*.
65 *Gernhuber* Erfüllung § 10 (8); *Larenz* SchuldR I § 18 IV; *Medicus/Lorenz* SchuldR AT Rn. 280; MüKoBGB/*Fetzer* § 365 Rn. 1; Palandt/*Grüneberg* § 365 Rn. 1.
66 *Brox/Walker* SchuldR AT § 14 Rn. 6; *Joussen* SchuldR I Rn. 807: *Looschelders/Erm* JA 2014, 161 (165).
67 Staudinger/*Olzen*, 2016, § 365 Rn. 13; Erman/*Buck-Heeb* § 365 Rn. 1.
68 Erman/*Buck-Heeb* § 365 Rn. 1.
69 RGZ 65, 79 (81); Erman/*Buck-Heeb* § 364 Rn. 12.

lung (§ 362 BGB), JuS 2009, 109; *Muscheler/Bloch,* Erfüllung und Erfüllungssurrogate, JuS 2000, 729; *Peters,* § 366 BGB bei einer Mehrheit von Gläubigern, JR 2007, 397; *Schreiber,* Leistungen an Erfüllungs Statt und erfüllungshalber, JURA 1996, 328; *Schreiber,* Erfüllung durch Leistung an Minderjährige, JURA 1993, 666; *Schulz-Merkel/Meier,* Spielarten der Tilgungsbestimmung, JA 2016, 333; *Thomale,* Leistung als Freiheit, 2012; *Taupitz,* Vertragserfüllung durch Leistung an den »Vertreter« des Gläubigers, JuS 1992, 449.

§ 18 Die Aufrechnung

I. Allgemeines

Schulden zwei Personen einander gleichartige Leistungen (insbesondere die Zahlung von Geld), so wäre das wechselseitige Bewirken der Leistungen nach § 362 unpraktikabel. In dieser Situation ermöglicht die Aufrechnung (§§ 387ff.) eine **vereinfachte Abwicklung.** Die Aufrechnung erfolgt nach § 388 durch Erklärung gegenüber dem anderen Teil. Liegen die Voraussetzungen der Aufrechnung vor, so erlöschen *beide* Forderungen, soweit sie sich decken, mit Rückwirkung auf die Entstehung der Aufrechnungslage (§ 389). Die Aufrechnungserklärung hat damit *rechtsgestaltende* Wirkung. 1

> **Beispiel:** G hat gegen S eine Forderung von 5.000 EUR. S hat seinerseits eine Forderung gegen G von 4.000 EUR. Erklärt S die Aufrechnung, so erlöschen beide Forderungen iHv 4.000 EUR. S muss also nur noch 1.000 EUR an G zahlen.

Die Aufrechnung hat eine **Doppelfunktion:** Zum einen gibt sie dem Erklärenden die Möglichkeit, die gegen ihn gerichtete Forderung zu erfüllen und damit seine Verbindlichkeit zu tilgen *(Tilgungsfunktion).* Die Aufrechnung ist insofern das wichtigste Erfüllungssurrogat. Zum anderen kann der Erklärende mithilfe der Aufrechnung aber auch seine eigene Forderung durchsetzen *(Befriedigungs-* bzw. *Vollstreckungsfunktion).*[70] Dies ist besonders wichtig, wenn die Leistungsfähigkeit des Aufrechnungsgegners in Zweifel steht oder die eigene Forderung des Erklärenden inzwischen verjährt ist (vgl. § 215). Nach § 94 InsO bleibt die Aufrechnung selbst dann zulässig, wenn nach Entstehung der Aufrechnungslage über das Vermögen des Aufrechnungsgegners das Insolvenzverfahren eröffnet wird.[71] 2

II. Voraussetzungen

1. Aufrechnungslage

Die Aufrechnung setzt das Vorliegen einer **Aufrechnungslage** voraus. Die einzelnen Elemente sind in § 387 geregelt. 3

a) Gegenseitigkeit der Forderungen

Erforderlich ist zunächst, dass die infrage stehenden Forderungen zwischen denselben Parteien bestehen (Gegenseitigkeit der Forderungen). Dem Aufrechnungsgegner muss also einerseits eine Forderung gerade gegen den Erklärenden zustehen (**Haupt-** oder 4

---

70 Sog. Kombinationstheorie, vgl. *Gernhuber* Erfüllung § 12 I 3a; *Harke* SchuldR AT Rn. 384 ff.
71 Vgl. dazu (krit.) *Harke* SchuldR AT Rn. 394.

Passivforderung). Andererseits muss der Erklärende aber auch eine Forderung gerade gegen den Aufrechnungsgegner haben (**Gegen-** oder **Aktivforderung**).

Die Aktivforderung muss dem Erklärenden **selbst** zustehen. Mit der Forderung eines *Dritten* kann nicht aufgerechnet werden. Dies gilt auch bei Einwilligung des Dritten. Denn nach § 267 müsste es der Aufrechnungsgegner auch nicht hinnehmen, dass der Dritte selbst die Hauptforderung durch Aufrechnung erfüllt (→ § 12 Rn. 9).

> **Zur Vertiefung:** Im Rahmen der Vertragsfreiheit können die Parteien das Gegenseitigkeitserfordernis ausschließen und die Aufrechnung mit Forderungen Dritter zulassen. Praktisch relevant sind in diesem Zusammenhang *Konzernverrechnungsklauseln,* welche der begünstigten Partei die Aufrechnung mit Forderungen anderer konzernangehöriger Unternehmen erlauben.[72]

Das Gegenseitigkeitserfordernis wird an einigen Stellen **durchbrochen** (vgl. §§ 406, 409, 566d). Zu nennen ist insbesondere § 406. Wurde die Hauptforderung an einen Dritten **abgetreten,** so kann die Aufrechnung unter den dort geregelten Voraussetzungen gegenüber dem neuen Gläubiger erfolgen (→ § 52 Rn. 45ff.). Dahinter steht der aus der Vollstreckungsfunktion der Aufrechnung folgende Gedanke, dass eine einmal bestehende Aufrechnungslage möglichst erhalten bleiben soll. Weitere Ausnahmen können sich im Einzelfall aus Treu und Glauben (§ 242) ergeben.[73]

Eine **Verschärfung** des Gegenseitigkeitserfordernisses wird aus verwaltungstechnischen Gründen von § 395 statuiert. Gegen die Forderung einer öffentlich-rechtlichen Körperschaft kann danach nur aufgerechnet werden, wenn Haupt- und Gegenforderung auf dieselbe *Kasse* bezogen sind.

b) Gleichartigkeit der Forderungen

5 Die gegenseitig geschuldeten Leistungen müssen ihrem Gegenstand nach **gleichartig** sein. Eine Aufrechnung kommt daher nur bei Geld- und Gattungsschulden über vertretbare Sachen (§ 91) in Betracht. Praktisch geht es fast immer um *Geldschulden*. Bei fehlender Gleichartigkeit ist nur die Geltendmachung eines Zurückbehaltungsrechts (§§ 273f.) möglich.

Die Gleichartigkeit wird nicht durch eine unterschiedliche *Höhe* der Forderungen infrage gestellt.[74] Dies ergibt sich aus der Formulierung »soweit« in § 389. Nicht erforderlich ist außerdem die Gleichartigkeit der *Rechtsnatur* oder des *Rechtsgrundes.* So können auch öffentlich-rechtliche und privatrechtliche Forderungen gegeneinander aufgerechnet werden.[75] Die Verschiedenheit der *Leistungs-* oder *Ablieferungsorte* (§ 391) sowie anderer *Leistungsmodalitäten* schließt die Gleichartigkeit ebenfalls nicht aus.

c) Durchsetzbarkeit der Gegenforderung

6 Nach § 387 setzt die Aufrechnung weiter voraus, dass der Erklärende die ihm gebührende Leistung verlangen kann. Die **Gegenforderung** muss also durchsetzbar, dh *vollwirksam* und *fällig* (§ 271) sein.[76]

---

72 Vgl. BGHZ 94, 132 (135); Palandt/*Grüneberg* § 387 Rn. 22.
73 Vgl. Staudinger/*Looschelders/Olzen,* 2019, § 242 Rn. 688ff.
74 Vgl. *Brox/Walker* SchuldR AT § 16 Rn. 6.
75 BGHZ 16, 124 (127); PWW/*Pfeiffer* § 387 Rn. 3.
76 HK-BGB/*Schulze* § 387 Rn. 9; Jauernig/*Stürner* § 387 Rn. 7.

Nicht vollwirksam sind **einredebehaftete** Forderungen. Mit ihnen kann daher nicht aufgerechnet werden (§ 390). Nach hM genügt, dass die Einrede besteht; sie muss also nicht geltend gemacht worden sein.[77] Wichtige Beispiele sind in diesem Zusammenhang das Zurückbehaltungsrecht nach § 273 und die Einrede des nicht erfüllten Vertrages nach § 320.[78]

Eine Ausnahme gilt für die **Verjährung**. Nach § 215 bleibt die Aufrechnung möglich, wenn die Gegenforderung bei Eintritt der Aufrechnungslage noch nicht verjährt war. Die einmal entstandene Aufrechnungsmöglichkeit kann also auch nicht durch Verjährung verloren gehen.

> **Beispiel** (BGHZ 101, 244): Mieter M hat den Mietvertrag mit Vermieter V wirksam zum 31.3. gekündigt und die Wohnung pünktlich zurückgegeben. Am 15.10. verlangt M von V Rückzahlung der Mietkaution (§ 551) iHv 1.000 EUR, die er bei Abschluss des Mietvertrags gezahlt hatte. V zahlt lediglich 125 EUR. Im Übrigen rechnet er mit einem Schadensersatzanspruch iHv 875 EUR wegen Beschädigung des in der Wohnung verlegten Teppichbodens auf.
> Dem M stand zunächst ein Rückzahlungsanspruch von 1.000 EUR zu. Dieser ist iHv 125 EUR nach § 362 I durch Erfüllung erloschen. Der Anspruch könnte in Höhe der restlichen 875 EUR nach § 389 durch Aufrechnung erloschen sein. Im Zeitpunkt der Aufrechnung war der Schadensersatzanspruch des V nach § 548 verjährt. Die Aufrechnung könnte daher nach § 390 ausgeschlossen sein. Gemäß § 215 bleibt die Aufrechnung jedoch möglich, wenn die Gegenforderung bei Eintritt der Aufrechnungslage noch nicht verjährt war. Die Aufrechnungslage ist mit Beendigung des Mietverhältnisses und Rückgabe der Wohnung entstanden. Zu diesem Zeitpunkt war der Schadensersatzanspruch des V noch nicht verjährt. Die Aufrechnung wird auch nicht dadurch ausgeschlossen, dass V die Kaution nicht innerhalb von sechs Monaten seit Beendigung des Mietverhältnisses abgerechnet hat.[79] Der Rückzahlungsanspruch des M ist somit iHv 875 EUR nach § 389 erloschen.

d) Wirksamkeit und Erfüllbarkeit der Hauptforderung

Die Aufrechnung ist erst möglich, wenn der Erklärende die ihm obliegende Leistung bewirken kann. Die **Hauptforderung** muss also *wirksam* und *erfüllbar* (§ 271) sein. Einredefreiheit ist nicht erforderlich. Denn ein Schuldner ist auch sonst nicht gehindert, eine einredebehaftete Forderung zu erfüllen. Die Aufrechnung kann damit auch gegen eine Forderung erklärt werden, die schon vor Eintritt der Aufrechnungslage verjährt war.

2. Aufrechnungserklärung

Der Eintritt der Aufrechnungslage führt nicht automatisch zum Erlöschen der Forderungen. Erforderlich ist vielmehr, dass eine Partei die Aufrechnung erklärt (§ 388). Es handelt sich um eine empfangsbedürftige **Willenserklärung,** auf welche die allgemeinen Regeln der §§ 104 ff. anwendbar sind.[80] Da die Aufrechnung ein einseitiges Gestaltungsgeschäft ist (→ § 18 Rn. 1), hat der Aufrechnungsgegner ein besonderes Interesse an Rechtssicherheit. Die Aufrechnung kann daher weder unter einer *Bedingung* (§ 158) noch unter einer *Zeitbestimmung* (Befristung) erklärt werden (§ 388 S. 2).

---

77 Vgl. BGH NJW 2001, 287 (288); Palandt/*Grüneberg* § 390 Rn. 1.
78 HK-BGB/*Schulze* § 390 Rn. 2; Jauernig/*Stürner* § 390 Rn. 1.
79 Vgl. dazu auch BVerfG NJW 1995, 581 (582).
80 Vgl. *Brox/Walker* SchuldR AT § 16 Rn. 10.

9 In Rechtsprechung und Literatur ist anerkannt, dass die Regelung des § 388 S. 2 der **Eventualaufrechnung** im Prozess nicht entgegensteht.

> **Beispiel:** A wird von B auf Rückzahlung eines Darlehens iHv 10.000 EUR verklagt. A behauptet, er habe das Darlehen bereits zurückbezahlt. Hilfsweise rechnet er mit einer eigenen Kaufpreisforderung gegen B in gleicher Höhe auf.

Mit der Eventualaufrechnung will der Beklagte primär erreichen, dass die Klage aus anderen Gründen abgewiesen wird. Die Aufrechnung soll nur berücksichtigt werden, wenn die vom Kläger geltend gemachte Forderung nach Ansicht des Gerichts besteht. Da das Bestehen der Klageforderung kein künftiges ungewisses Ereignis ist, handelt es sich um keine Bedingung iSd § 158, sondern um eine (verfahrensrechtlich zulässige) **Rechtsbedingung**.[81] Die Zulässigkeit der Hilfsaufrechnung im Prozess ist somit keine echte Durchbrechung des § 388 S. 2.

> **Zur Vertiefung:** Ist der Bestand der zur Aufrechnung gestellten Forderung streitig, so kann die Prozessaufrechnung die Entscheidung über die Klageforderung erheblich verzögern. Sofern die Forderung des Beklagten in keinem rechtlichen Zusammenhang mit der Klageforderung steht, kann das Gericht daher nach § 145 III ZPO anordnen, dass über die Klage und die Aufrechnung getrennt verhandelt wird. Die Entscheidung über die Klageforderung ergeht dann gegebenenfalls in einem Vorbehaltsurteil (§ 302 ZPO).

3. Kein Ausschluss der Aufrechnung

10 Die Aufrechnung darf nicht durch Vertrag oder Gesetz ausgeschlossen sein.

a) Vertraglicher Ausschluss der Aufrechnung

Aufgrund der Privatautonomie steht es den Parteien grundsätzlich frei, die Aufrechnung durch **Vertrag** auszuschließen. Nach der *Auslegungsregel* des § 391 II ist eine solche Vereinbarung im Zweifel anzunehmen, wenn Leistungszeit und Leistungsort der Hauptforderung vertraglich festgelegt sind und die Gegenforderung an einem anderen Ort zu erfüllen ist. In diesem Fall hätte die Aufrechnung nämlich zur Folge, dass der Gläubiger die Leistung nicht zu der vereinbarten Zeit am vereinbarten Ort erhält.

> **Beispiel:** Wenn einem Reisenden eine Geldsumme zu einer bestimmten Zeit an einem bestimmten Ort ausgezahlt werden soll, um die weitere Reise zu finanzieren, so kann es dem Schuldner nach dem Zweck der Vereinbarung nicht erlaubt sein, die Forderung des Reisenden durch Aufrechnung zu erfüllen.[82]

11 Der Ausschluss der Aufrechnung kann auch in AGB vereinbart werden. Im nichtunternehmerischen Geschäftsverkehr sind **formularmäßige** Aufrechnungsverbote aber nach § 309 Nr. 3 unwirksam, wenn sie (auch) unbestrittene oder rechtskräftig festgestellte Forderungen erfassen. Da § 309 Nr. 3 eine konkretisierte Ausgestaltung des Benachteiligungsverbots aus § 307 darstellt, müssen entsprechende Klauseln im unternehmerischen Verkehr gleichfalls für unwirksam erachtet werden.[83]

---

81 Vgl. Palandt/*Grüneberg* § 388 Rn. 3; *Brox/Walker* SchuldR AT § 16 Rn. 11; aA *Harke* SchuldR AT Rn. 386: teleologische Reduktion des § 388 S. 2.
82 Vgl. Staudinger/*Gursky*, 2016, § 391 Rn. 12.
83 Vgl. BGHZ 92, 312 (316); Palandt/*Grüneberg* § 309 Rn. 21.

Der Aufrechnungsgegner kann im Übrigen nach **Treu und Glauben** (§ 242) gehindert sein, sich auf ein wirksames Aufrechnungsverbot zu berufen. Dies gilt insbesondere, wenn seine Vermögensverhältnisse sich im Nachhinein so verschlechtert haben, dass der andere Teil Gefahr läuft, die Forderung endgültig nicht durchsetzen zu können.[84]

b) Ausschluss der Aufrechnung durch Gesetz

Gesetzliche Aufrechnungsverbote finden sich in den §§ 392–394. § 392 regelt den Fall, dass die Hauptforderung **beschlagnahmt** worden ist (zB Pfändung nach §§ 829ff. ZPO). Nach allgemeinen Grundsätzen hat dies zur Folge, dass der Schuldner die Forderung nicht mehr gegenüber dem Gläubiger erfüllen darf (vgl. § 829 I 1 ZPO). Dieses Erfüllungsverbot gilt an sich auch für die Aufrechnung. Da dem Schuldner hierdurch keine begründete Aufrechnungsaussicht genommen werden darf, gilt das Aufrechnungsverbot aber nur, wenn der Schuldner seine Forderung nach der Beschlagnahme erworben hat oder wenn seine Forderung erst nach der Beschlagnahme und später als die in Beschlag genommene Forderung fällig geworden ist. In beiden Fällen konnte der Schuldner nicht darauf vertrauen, seine Forderung im Wege der Aufrechnung durchsetzen zu können. Er ist daher nicht schutzwürdig.

12

Nach § 393 kann gegen eine Forderung aus einer vorsätzlich begangenen **unerlaubten Handlung** nicht aufgerechnet werden. Die Vorschrift soll verhindern, dass der vorsätzlich handelnde Schädiger die Vorteile der Aufrechnung in Anspruch nehmen kann. Damit soll auch der Gefahr einer »sanktionslosen Privatrache« begegnet werden.[85] So könnte der Gläubiger einer uneinbringlichen Forderung ohne § 393 versucht sein, den Schuldner zu verprügeln, um dann gegen dessen Schadensersatzanspruch mit seiner ohnehin uneinbringlichen Forderung aufrechnen zu können.

13

Das Aufrechnungsverbot des § 393 gilt auch dann, wenn **beide Forderungen** auf **vorsätzlichen unerlaubten Handlungen** beruhen. In der Literatur wird zwar dafür plädiert, den § 393 auf gegenseitige vorsätzliche Schädigungen im Rahmen eines **einheitlichen Lebensvorgangs** (zB Prügelei) nicht anzuwenden, weil der Grundgedanke der Vorschrift in diesen Fällen nicht zutreffe.[86] Der BGH hat dem jedoch zu Recht widersprochen.[87] Gegen eine solche Auslegung der Vorschrift spricht schon der eindeutige Gesetzeswortlaut. Eine **teleologische Reduktion** scheitert am Fehlen einer planwidrigen Regelungslücke. Davon abgesehen würde die Notwendigkeit der Prüfung, ob die Delikte im Rahmen eines einheitlichen Lebensvorgangs erfolgt sind, die Rechtssicherheit erheblich beeinträchtigen.[88]

Nach § 394 kann nicht gegen **unpfändbare Forderungen** (§§ 850ff. ZPO) aufgerechnet werden. Die Vorschrift soll den Gläubiger einer unpfändbaren Forderung davor schützen, dass der Vollstreckungsschutz vom Schuldner im Wege der Aufrechnung entwertet werden kann.

14

---

84 Staudinger/*Looschelders*/Olzen, 2019, § 242 Rn. 707ff.
85 MüKoBGB/*Schlüter* § 393 Rn. 1.
86 So etwa Soergel/*Schreiber* § 393 Rn. 5; BeckOK BGB/*Dennhardt*, 54. Ed. 1.5.2020, § 393 Rn. 7; Deutsch NJW 1981, 735.
87 BGH NJW 2009, 3508 = JA 2010, 146 *(Stadler)*; vgl. auch MüKoBGB/*Schlüter* § 393 Rn. 5; Palandt/*Grüneberg* § 393 Rn. 4; PWW/*Pfeiffer* § 393 Rn. 5.
88 BGH NJW 2009, 3508.

> **Beispiel:** Arbeitnehmer A hat im Betrieb seines Arbeitgebers B infolge grober Fahrlässigkeit einen hohen Schaden verursacht. Rechnet B mit seinem Schadensersatzanspruch gegen den Lohnanspruch des A auf, so muss er dem A doch den pfändungsfreien Teil seines Lohnes zahlen (§ 394 iVm §§ 850ff. ZPO).

III. Wirkung der Aufrechnung

15 Die Aufrechnung hat zur Folge, dass beide Forderungen, soweit sie sich decken, nach § 389 mit **rückwirkender** Kraft (ex tunc) erlöschen. Die Rückwirkung bezieht sich auf den Eintritt der Aufrechnungslage. Mit der Erklärung der Aufrechnung entfallen auch Ansprüche wegen Verzögerung der Leistung bzw. Verzugs (§§ 280, 281, 286, 288 etc) rückwirkend.

> **Zur Vertiefung:** Die Rückwirkung der Aufrechnung ist rechtspolitisch umstritten.[89] Aus dogmatischer Sicht wird zu Recht darauf hingewiesen, dass sich die Ex-tunc-Wirkung keineswegs zwingend aus dem »Wesen der Aufrechnung« ergibt.[90] Die Principles of European Contract Law und der Draft Common Frame of Reference (→ § 2 Rn. 12) messen der Aufrechnungserklärung daher nur Ex-nunc-Wirkung bei (Art. 13:106 PECL, Art. III.–6:107 DCFR).[91]

IV. Mehrheit von Forderungen

16 Hat einer der Beteiligten **mehrere** zur Aufrechnung geeignete **Forderungen,** so muss geklärt werden, welche von der Aufrechnung betroffen sind. Nach § 396 I hat der Aufrechnende ein **Bestimmungsrecht.** Da es nicht darauf ankommen soll, wer die Aufrechnung zuerst erklärt, kann der andere Teil der Bestimmung aber unverzüglich **widersprechen.**[92] In diesem Fall ist die gesetzliche Reihenfolge nach § 366 II (→ § 17 Rn. 13) entsprechend heranzuziehen.[93] Das Gleiche gilt, wenn der Aufrechnende keine Bestimmung trifft. Schuldet der Aufrechnende auch Zinsen und Kosten, so wird seine Forderung zuerst darauf angerechnet (§ 396 II iVm § 367; → § 17 Rn. 14f.).

> **Zur Vertiefung:** Das Widerspruchsrecht nach § 396 I 2 Alt. 2 ist für den Aufrechnungsgegner besonders wichtig, wenn eine seiner Forderungen *verjährt* ist. In diesem Fall wird der Aufrechnende sein Wahlrecht im Allgemeinen so ausüben, dass die Aufrechnung nicht gerade die verjährte Forderung des anderen Teils betrifft. Demgegenüber hätte der andere Teil selbst nach § 215 mit eben dieser Forderung aufrechnen können. Die gesetzliche Reihenfolge nach § 396 I 2 iVm § 366 II löst das Problem, indem auch verjährte Forderungen berücksichtigt werden.[94]

> **Literatur:** *Billing,* Aufrechnung und Erledigung in der Hauptsache – BGH, NJW 2003, 3134, JuS 2004, 186; *Buß,* Prozessaufrechnung und materielles Recht, JuS 1994, 147; *P. Bydlinski,* Die Aufrechnung mit verjährten Forderungen: Wirklich kein Änderungsbedarf?, AcP 196 (1996), 276; *Coester-Waltjen,* Die Aufrechnung im Prozess, JURA 1990, 27; *Coester-Waltjen,* Die Aufrechnung, JURA 2003, 246; *Coester-Waltjen,* Aufrechnung bei Abtretung, JURA 2004, 391; *Deutsch,* Einschränkung des Aufrechnungs-

---

89 Vgl. *Harke* SchuldR AT Rn. 393; *Bydlinski* AcP 196 (1996), 276 (281 ff.); *Zimmermann* FS Medicus, 1999, 721 ff.
90 HKK/*Zimmermann* §§ 387–396 Rn. 5 ff.; *Zimmermann* JURA 2005, 441 (443).
91 Vgl. *Looschelders/Makowsky* in Leible/Lehmann, European Contract Law and German Law, 2014, 685 (709 ff.).
92 Zum Zweck des Widerspruchsrechts *Medicus/Lorenz* SchuldR AT Rn. 308.
93 Zu den Einzelheiten Staudinger/*Gursky,* 2016, § 396 Rn. 6 ff.
94 Zur Problemstellung Staudinger/*Gursky,* 2016, § 396 Rn. 9 und 12.

verbots bei vorsätzlich begangener unerlaubter Handlung, NJW 1981, 735; *v. Feldmann,* Die Aufrechnung – ein Überblick, JuS 1983, 357; *Fenge,* Zulässigkeit und Grenzen des Ausschlusses der Aufrechnung durch Rechtsgeschäft, JZ 1971, 118; *Grunsky,* Die Rückwirkung der Aufrechnung – BGHZ 27, 123, JuS 1963, 102; *Haase,* Zum Verbot der Aufrechnung gem. § 393 BGB, JR 1972, 137; *Habermeier,* Grundfragen der Aufrechnung, JuS 1997, 1057; *Heller,* Der Ausschluss der Aufrechnung, AcP 207 (2007), 456; *Lieder/Illhardt,* Grenzen der Aufrechnung, JA 2010, 769; *S. Lorenz,* Grundwissen – Zivilrecht: Aufrechnung (§§ 387 ff. BGB), JuS 2008, 951; *Musielak,* Die Aufrechnung des Beklagten im Zivilprozess, JuS 1994, 817; *Mylich,* Die Aufrechnungsbefugnis des Schuldners bei der Vorausabtretung einer künftigen Forderung, 2008; *Schreiber,* Grundprobleme der Prozessaufrechnung, JA 1980, 344; *Schwarz,* Zum Schuldnerschutz bei der Aufrechnung abgetretener Forderungen, AcP 203 (2003), 241; *Trupp,* Zum Problem der Aufrechnung mit einer verjährten Forderung, JR 1991, 497; *R. Weber,* Die Aufrechnung, JuS 1999, L 65; *Zimmermann,* Die Aufrechnung – Eine rechtsvergleichende Skizze zum Europäischen Vertragsrecht, FS Medicus, 1999, 707. Vgl. außerdem die Nachweise zu § 17.

§ 19 Sonstige Fälle des Erlöschens der Leistungspflicht

I. Hinterlegung und Selbsthilfeverkauf

Kann die Leistungspflicht aus Gründen, die im Risikobereich des Gläubigers liegen, nicht nach § 362 erfüllt werden, so muss der Schuldner eine anderweitige Möglichkeit haben, sich von der Leistungspflicht zu befreien. Das Gesetz sieht hierfür die Hinterlegung und den Selbsthilfeverkauf vor.

1. Voraussetzungen der Hinterlegung

a) Hinterlegungsgründe

Die Hinterlegung stellt ein **öffentlich-rechtliches Verwahrungsverhältnis** dar.[95] Nähere Regelungen hierzu finden sich in den Hinterlegungsgesetzen der Bundesländer, die nach der Aufhebung der Hinterlegungsordnung von 1937 (HintO) mit Wirkung v. 1.12.2010 an deren Stelle getreten sind.[96] Das Recht zur Hinterlegung steht dem Schuldner nach § 372 S. 1 zum einen beim **Annahmeverzug** des Gläubigers (§§ 293 ff.) zu. Zum anderen können in der Person des Gläubigers liegende **Unsicherheiten** nach § 372 S. 2 einen Hinterlegungsgrund darstellen. Beispiele sind Verschollenheit, Geschäftsunfähigkeit oder beschränkte Geschäftsfähigkeit des Gläubigers bei Fehlen eines gesetzlichen Vertreters.[97] Schließlich kann auch eine auf tatsächlichen oder rechtlichen Gründen beruhende **Ungewissheit über die Person des Gläubigers** dieses Recht begründen.[98] Solche Unsicherheiten können etwa bei Mehrfachabtretungen oder unsicherer Erbfolge entstehen.[99]

Der Schuldner darf die Ungewissheit **nicht verschuldet** haben. Erforderlich ist daher, dass eine mit der erforderlichen Sorgfalt durchgeführte Prüfung zu begründeten Zweifeln über die Person des Gläubigers geführt hat, deren Behebung auf eigene Gefahr dem Schuldner nicht zumutbar ist.[100]

---

95 MüKoBGB/*Fetzer* § 372 Rn. 27 ff.
96 Vgl. *Brox/Walker* SchuldR AT § 15 Rn. 4.
97 *Larenz* SchuldR I § 18 V.
98 Zur Bedeutung dieser Alternative *Harke* SchuldR AT Rn. 377.
99 Zu weiteren möglichen Ursachen *Regenfus* JA 2017, 81 f.
100 BGH NJW 1997, 1501 (1502).

b) Hinterlegungsfähigkeit des geschuldeten Gegenstandes

Hinterlegungsfähig sind nur Geld, Wertpapiere, sonstige Urkunden und Kostbarkeiten (§ 372). *Kostbarkeiten* sind kleine, unverderbliche Sachen, deren Wert im Verhältnis zu Gewicht und Größe besonders hoch ist (zB Edelsteine).[101] Die Einschränkung der Hinterlegungsfähigkeit beruht darauf, dass die Hinterlegung bei den **Amtsgerichten** erfolgt,[102] wo weder sehr unhandliche noch leicht verderbliche Sachen verwahrt werden können. Bei nicht hinterlegungsfähigen Sachen kommt ein Selbsthilfeverkauf mit anschließender Hinterlegung des Erlöses (§§ 383 ff.) in Betracht.

Im Verhältnis zwischen **Kaufleuten** sind *Waren aller Art* hinterlegungsfähig (§ 373 HGB). Die Hinterlegung erfolgt in diesem Fall aber auch in einem öffentlichen Lagerhaus oder in sonst sicherer Weise.

2. Rücknahmerecht des Schuldners und Wirkung der Hinterlegung

Nach § 376 I ist der Schuldner grundsätzlich berechtigt, die hinterlegte Sache *zurückzunehmen*. Es gibt aber einige Fälle, in denen das Rücknahmerecht nach § 376 II ausgeschlossen ist. Ein solcher Fall liegt insbesondere dann vor, wenn der Schuldner gegenüber der Hinterlegungsstelle auf das Recht zur Rücknahme verzichtet (Nr. 1) oder der Gläubiger der Hinterlegungsstelle die Annahme erklärt (Nr. 2).[103] Bei **Ausschluss des Rücknahmerechts** erlischt durch die Hinterlegung die Leistungspflicht des Schuldners (§ 378). Die Hinterlegung stellt insofern ein *Erfüllungssurrogat* dar.[104] Der Gläubiger erlangt anstelle seines Erfüllungsanspruchs einen unwiderruflichen Herausgabeanspruch gegen die Hinterlegungsstelle.[105] Da die Hinterlegung nach § 372 »für den Gläubiger« zu erfolgen hat, setzt die Erfüllungswirkung im Übrigen noch voraus, dass der Schuldner in dem Hinterlegungsantrag den richtigen Gläubiger als Empfangsberechtigten benannt hat.[106] Bei Ungewissheit über die Person des Gläubigers reicht es allerdings aus, wenn der richtige Gläubiger zu den Personen gehört, die vom Schuldner als Empfangsberechtigte benannt worden sind.[107]

Besteht ein *Rücknahmerecht*, so ist die Hinterlegung nicht endgültig. Der Schuldner kann den Gläubiger daher nur auf die hinterlegte Sache verweisen (§ 379 I). Er hat also ein **Leistungsverweigerungsrecht**, das im Prozess als Einrede geltend gemacht werden muss.[108] Während der Hinterlegung trägt der Gläubiger die Gegenleistungsgefahr (§ 379 II). Der Schuldner ist von Zinszahlungen und der Ersatzpflicht für nicht gezogene Nutzungen befreit.[109]

---

101 HK-BGB/*Schulze* § 372 Rn. 2; MüKoBGB/*Fetzer* § 372 Rn. 3.
102 Vgl. Jauernig/*Stürner* Vor § 372 Rn. 3. Die Zuständigkeit der Amtsgerichte ist in den einzelnen Hinterlegungsgesetzen festgelegt (zB § 1 II HintG Bad.-Württ., § 1 II HintG NRW, Art. 2 II BayHintG).
103 Vgl. *Brechtel* JuS 2017, 495 (497); *Fest* JA 2009, 258 (261).
104 BGH NJW 2003, 1809 (1810); BeckOK BGB/*Dennhardt*, 54. Ed. 1.5.2020, § 378 Rn. 4; *Brox/Walker* SchuldR AT § 15 Rn. 10.
105 MüKoBGB/*Fetzer* § 378 Rn. 7; BeckOGK/*Ulrici*, 1.4.2020, BGB § 378 Rn. 44.
106 *Fest* JA 2009, 258 (261).
107 BGH NJW-RR 2008, 1075 Rn. 14; *Regenfus* JA 2017, 81 (85).
108 Vgl. Jauernig/*Stürner* §§ 378, 379 Rn. 3.
109 Jauernig/*Stürner* §§ 378, 379 Rn. 2; *Larenz* SchuldR I § 18 Vc; *Regenfus* JA 2017, 81 (85).

3. Selbsthilfeverkauf

Ist die geschuldete bewegliche Sache nicht hinterlegungsfähig, so ist der Schuldner im 5
Falle des *Annahmeverzuges* nach §§ 383–386 zum **Selbsthilfeverkauf** berechtigt. Bei *anderen Hinterlegungsgründen* ist ein Selbsthilfeverkauf nur zulässig, wenn der Verderb der Sache droht oder die Aufbewahrung mit unverhältnismäßig hohen Kosten verbunden ist. Der Selbsthilfeverkauf erfolgt grundsätzlich im Wege der öffentlichen Versteigerung (§ 383 III). Bei Sachen mit einem Börsen- oder Marktwert kommt auch ein »freihändiger« Verkauf durch eine öffentlich ermächtigte Person in Betracht (§ 385). Dabei muss aber mindestens der »laufende Preis« (= Durchschnittspreis am Tag und Ort des Verkaufs) erzielt werden.[110]

Mit der Versteigerung oder dem »freihändigen« Verkauf wandelt sich der Sachleistungsanspruch des Gläubigers analog § 1247 in einen Geldleistungsanspruch auf Auszahlung des **Verkaufserlöses** um.[111] Diesen Anspruch kann der Schuldner durch Hinterlegung des Erlöses erfüllen (§§ 383 I 1, 378). Er kann den Erlös aber auch an den Gläubiger auszahlen oder gegen dessen Auszahlungsanspruch mit eigenen Gegenansprüchen aufrechnen.[112]

Beim **Handelskauf** ist das Recht des Selbsthilfeverkaufs nach § 373 I, II HGB auf den 6
Annahmeverzug beschränkt. Es erstreckt sich aber auf *alle* Waren (auch hinterlegungsfähige). Bei Waren mit Börsen- oder Marktpreis ist keine Versteigerung erforderlich. Vielmehr ist auch ein freihändiger Verkauf zulässig (§ 373 II 1 Hs. 2 HGB), wobei wie nach § 385 mindestens der laufende Preis erzielt werden muss. Der Selbsthilfeverkauf erfolgt nach § 373 III HGB für Rechnung des Käufers. Das heißt einerseits, dass der Leistungsanspruch des Käufers erfüllt wird. Andererseits hat der Käufer einen Anspruch auf Auszahlung des Erlöses (§ 667). Der Verkäufer kann gegen diesen Anspruch aber mit seiner Kaufpreisforderung aufrechnen.[113]

Auch beim Handelskauf ist der Verkäufer nicht darauf verwiesen, den Selbsthilfeverkauf nach § 373 HGB vorzunehmen. Er kann sich insoweit vielmehr auch auf die *allgemeinen Vorschriften* der §§ 383 ff. stützen.[114]

II. Erlass und negatives Schuldanerkenntnis

Das Erlöschen der Leistungspflicht durch **Erlass** ist in § 397 I geregelt. Der Erlass setzt 7
einen *Vertrag* zwischen Gläubiger und Schuldner über die Aufhebung der Forderung voraus. Ein einseitiger Verzicht ist bei Forderungen – anders als etwa bei Einreden – nicht möglich.[115] Der Vertrag kann formfrei geschlossen werden. Das gilt auch dann, wenn dem Erlass eine Schenkung zugrunde liegt. § 518 I ist hier nicht anwendbar, weil der Erlass das Verfügungsgeschäft ist.[116] Der Erlass kann ausdrücklich oder stillschweigend vereinbart werden. Er kann auch eine künftige Forderung zum Gegen-

---

110 Vgl. MüKoBGB/*Fetzer* § 385 Rn. 2.
111 Staudinger/*Olzen*, 2016, § 383 Rn. 16; *Larenz* SchuldR I § 18 Va; *Medicus/Lorenz* SchuldR AT Rn. 291.
112 RGZ 64, 366 (373); MüKoBGB/*Fetzer* § 383 Rn. 8.
113 Vgl. *Canaris*, Handelsrecht, 24. Aufl. 2006, § 29 Rn. 11.
114 Vgl. *Oetker* HandelsR § 8 Rn. 5.
115 Vgl. HK-BGB/*Schulze* § 397 Rn. 2; *Larenz* SchuldR I § 19 Ia; krit. gegenüber dieser Konstruktion *Harke* SchuldR AT Rn. 381.
116 MüKoBGB/*Schlüter* § 397 Rn. 2.

stand haben.¹¹⁷ In jedem Fall muss der Gläubiger befugt sein, auf die Forderung zu verzichten. Bei unverzichtbaren Ansprüchen ist der Erlass unwirksam.¹¹⁸

Der Erlass ist ein **Verfügungsvertrag,** der von dem zugrunde liegenden Kausalgeschäft (zB Schenkung) unabhängig (abstrakt) ist.¹¹⁹ Bei Wirksamkeit des Erlasses erlischt die infrage stehende *Forderung* (Schuldverhältnis ieS). Das Schuldverhältnis im Ganzen kann grundsätzlich nur durch einen Aufhebungsvertrag (→ § 39 Rn. 1 ff.) zum Erlöschen gebracht werden.¹²⁰

8 Auch das Anerkenntnis des Gläubigers, dass eine bestimmte Forderung nicht besteht (sog. **negatives Schuldanerkenntnis**), bedarf eines Vertrages zwischen Gläubiger und Schuldner (§ 397 II). Der Abschluss dieses Vertrages ist ebenfalls formfrei möglich. Rechtsfolge des negativen Schuldanerkenntnisses ist das *Erlöschen* der Forderung.

III. Novation und Konfusion

9 Die Parteien können aufgrund der Vertragsfreiheit vereinbaren, dass das bisherige Schuldverhältnis durch ein neues Schuldverhältnis ersetzt werden soll. Eine solche Schuldersetzung **(Novation)** stellt einen einheitlichen Vertrag dar, durch den das bisherige Schuldverhältnis aufgehoben und das neue Schuldverhältnis begründet wird.¹²¹ Die hM sieht die Novation in Bezug auf das ursprüngliche Schuldverhältnis als **Leistung an Erfüllungs statt** (§ 364 I) an.¹²² Dahinter steht die Erwägung, dass die Begründung des neuen Schuldverhältnisses zur Befriedigung des Gläubigers in Bezug auf das bisherige Schuldverhältnis führt.¹²³ Bei dieser Betrachtung ist zu beachten, dass die Übernahme einer neuen Verbindlichkeit nach § 364 II im Zweifel nicht als Leistung an Erfüllungs statt anzusehen ist (→ § 17 Rn. 26). Die neue Verbindlichkeit soll die bisherige Verbindlichkeit also nicht ersetzen, sondern nur neben diese treten. Die Übernahme einer neuen Verbindlichkeit stellt damit im Regelfall keine Novation dar.¹²⁴

10 Nach hM kann eine Forderung auch dadurch erlöschen, dass Forderung und Schuld sich in derselben Person vereinigen, weil (zB aufgrund eines Erbfalls) die Forderung auf den Schuldner oder die Schuld auf den Gläubiger übergeht (sog. **Konfusion**).¹²⁵ Die Rechtsprechung betont jedoch, dass das Erlöschen der Forderung in diesen Fällen kein zwingendes Gebot der Logik ist. In Ausnahmefällen kann daher vom Fortbestehen der Forderung ausgegangen werden, wenn dies nach der Interessenlage – insbesondere mit Rücksicht auf **Rechte Dritter** an der Forderung – geboten erscheint.¹²⁶ Hat ein Dritter zB den Nießbrauch (§§ 1068 ff.) oder ein Pfandrecht (§§ 1273 ff.) an der Forderung, so muss er davor geschützt werden, dass er sein Recht durch das Erlöschen der Forderung verliert.¹²⁷

---

117 BGHZ 40, 326 (330); *Larenz* SchuldR I § 19 Ia.
118 HK-BGB/*Schulze* § 397 Rn. 2; Jauernig/*Stürner* § 397 Rn. 3.
119 *Medicus/Lorenz* SchuldR AT Rn. 312; Palandt/*Grüneberg* § 397 Rn. 2.
120 MüKoBGB/*Schlüter* § 397 Rn. 7.
121 Vgl. *Larenz* SchuldR I § 7 III; *Medicus/Lorenz* SchuldR AT Rn. 319.
122 Erman/*Buck-Heeb* § 364 Rn. 7; Palandt/*Grüneberg* § 364 Rn. 3; aA MüKoBGB/*Fetzer* § 364 Rn. 1.
123 Staudinger/*Olzen*, 2016, § 364 Rn. 44.
124 So auch Staudinger/*Olzen*, 2016, Einl. zu §§ 362 ff. Rn. 37.
125 MüKoBGB/*Fetzer* vor § 362 Rn. 4; *Brox/Walker* SchuldR AT § 17 Rn. 7; *Medicus/Lorenz* SchuldR AT Rn. 321; nach *Wacke* FS Medicus, 1999, 543 ff. entfällt nur die Klagbarkeit der Forderung.
126 BGH NJW 1995, 2287 (2288).
127 MüKoBGB/*Fetzer* vor § 362 Rn. 4.

Literatur: *Brechtel,* Die Hinterlegung wegen Gläubigerunsicherheit (§ 372 S. 2 BGB), JuS 2017, 495; *Fest,* Die Hinterlegung zum Zweck der Sicherheitsleistung und der Erfüllung, JA 2009, 258; *Kleinschmidt,* Der Verzicht im Schuldrecht, 2004; *Kollhosser/Jansen,* Konfusion, JA 1988, 305; *Regenfus,* Der Schutz des Schuldners gegen Ungewissheit hinsichtlich der Person des Gläubigers, JA 2017, 81 und 161; *Rückheim,* Aufhebung der Hinterlegungsordnung, RPfleger 2010, 1; *Wacke,* Die Konfusion: Schuldtilgungsgrund oder bloßer Wegfall der Klagbarkeit?, FS Medicus, 2009, 543. Vgl. außerdem die Nachweise zu § 17.

5. Teil. Störungen im Schuldverhältnis

1. Abschnitt. Grundlagen

§ 20 Entwicklung und Systematik des Leistungsstörungsrechts

I. Begriff der Leistungsstörung und Ursachen

Bei den bisherigen Überlegungen wurde von einem **regulären** Verlauf des Schuldverhältnisses ausgegangen. Das Schuldverhältnis kann sich aber auch regelwidrig entwickeln; dh es kann eine Störung des Schuldverhältnisses (sog. »Leistungsstörung«) eintreten.[1]

Leistungsstörungen beruhen meist darauf, dass der Schuldner eine Pflicht aus dem Schuldverhältnis verletzt. Die »Störung« kann jedoch auch andere Ursachen haben. Die nachfolgenden Ausführungen beschäftigen sich mit Leistungsstörungen wegen **Pflichtverletzung** (wobei sich die Unmöglichkeit freilich teilweise gegen die Einordnung in das Pflichtverletzungskonzept »sperrt«) bzw. **Nichterfüllung des Leistungsversprechens** (bei § 311a II). Es handelt sich um eine recht homogene Gruppe von Fällen, in denen das Schuldverhältnis nicht wie »gesollt« bzw. nicht wie »versprochen« durchgeführt wird.[2] Die einschlägigen Regelungen (§§ 275–292, § 311a II, §§ 323–326) folgen einer durchgängigen Systematik und weisen auch inhaltlich weitreichende Parallelen auf. Die **sonstigen Arten** der Leistungsstörung (Gläubigerverzug, Störung der Geschäftsgrundlage) lassen sich nicht auf einen gemeinsamen Nenner bringen. Sie werden daher im vierten Abschnitt zusammen mit der Vertragsstrafe gesondert dargestellt.

In terminologischer Hinsicht ist zu beachten, dass die Verletzung von Schutzpflichten nur schwer unter den Begriff der Leistungsstörung gefasst werden kann. Das Problem beruht darauf, dass der Begriff der Leistungsstörung zu einer Zeit entwickelt wurde, als Schutzpflichten noch nicht anerkannt waren.[3] Der Begriff der Leistungsstörung muss daher heute in einem weiteren Sinne verstanden werden.[4] Alternativ kann von einer **Störung im Schuldverhältnis** gesprochen werden.[5]

II. Erscheinungsformen

Da das Leistungsstörungsrecht eine Vielzahl unterschiedlicher Fälle regelt, in denen es bei der Abwicklung des Schuldverhältnisses zu Komplikationen kommt, sind die gesetzlichen Vorschriften sehr *abstrakt*. Es ist daher hilfreich, zunächst einmal darüber nachzudenken, welche Arten von Leistungsstörungen bzw. Störungen im Schuldver-

---

1 Zum Begriff der Leistungsstörung vgl. *U. Huber* Leistungsstörungen I § 1 I.
2 Für Beschränkung des Begriffs der Leistungsstörung auf diese Fälle NK-BGB/*Dauner-Lieb* § 280 Rn. 14 ff.; wie hier *Schwarze* Leistungsstörungen § 1 Rn. 1.
3 Grdl. *Heinrich Stoll*, Die Lehre von den Leistungsstörungen, 1936.
4 Vgl. *Schwarze* Leistungsstörungen § 1 Rn. 2.
5 Vgl. *Brox/Walker* SchuldR AT § 21 Rn. 1 ff.; *Schur*, Leistung und Sorgfalt, 2001, 42 ff.; *Unberath*, Die Vertragsverletzung, 2007, 182 Fn. 6.

hältnis überhaupt in Betracht kommen. Soweit es um **Pflichtverletzungen** geht, kann dabei an die Unterscheidung von Leistungs- und Schutzpflichten angeknüpft werden, die in § 241 I und II (→ § 1 Rn. 11 ff.) angelegt ist.

1. Verletzung von Leistungspflichten

a) Nichtleistung

3   Denkbar ist, dass der Schuldner die geschuldete Leistung nicht erbringt. Dies kann darauf beruhen, dass die Leistung aus tatsächlichen oder rechtlichen Gründen von niemandem oder zumindest nicht vom Schuldner erbracht werden kann. Man spricht dann von **Unmöglichkeit.** Die Unmöglichkeit kann schon bei Vertragsschluss vorliegen (anfängliche Unmöglichkeit); sie kann aber auch später eintreten (nachträgliche Unmöglichkeit).

> **Beispiele:** (1) V verkauft dem K am 10.1. ein Gemälde. Später stellt sich heraus, dass das Gemälde schon am Abend des 9.1. bei einem Brand völlig zerstört worden ist. Dem V war die Erfüllung damit von Anfang an nicht möglich.
> (2) V verkauft dem K am 10.4. einen Pkw. Das Fahrzeug soll K am 12.4. übergeben werden. Am 11.4. wird der Pkw bei V von Unbekannten entwendet. Dem V ist die Erfüllung damit nachträglich unmöglich geworden.

4   In den meisten Fällen beruht die Nichtleistung nicht auf Unmöglichkeit; es kommt vielmehr schlicht zu einer **Verzögerung** der Leistung, zB weil der Schuldner sich nicht rechtzeitig mit den zur Erfüllung erforderlichen Gegenständen eingedeckt oder sein Vorlieferant nicht rechtzeitig geliefert hat.

> **Beispiel:** K bestellt am 3.8. beim Vertragshändler V einen Neuwagen des Herstellers H. Vereinbarter Liefertermin ist der 1.10. Aufgrund eines Versehens leitet V die Bestellung erst am 7.9. an H weiter. Da die Lieferzeit bei H sechs Wochen beträgt, sieht V sich am 1.10. außerstande, dem K das Fahrzeug zu übereignen.

5   Die **Interessenlage** ist in beiden Konstellationen unterschiedlich. Im Fall der **Unmöglichkeit** steht fest, dass die Leistung nicht mehr erbracht werden kann. Es stellt sich damit nur noch die Frage, welche sekundären Ansprüche (insbesondere auf Schadensersatz) dem Gläubiger zustehen. Bei gegenseitigen Verträgen muss außerdem noch das Schicksal des Gegenleistungsanspruchs geprüft werden. Bei einer bloßen **Verzögerung** der Leistung sind beide Parteien regelmäßig daran interessiert, dass die geschuldete Leistung nachgeholt wird. Denkbar ist aber auch, dass der Gläubiger sich vom Vertrag lösen und sekundäre Ansprüche geltend machen will. Unabhängig davon fragt sich, unter welchen Voraussetzungen der Schuldner dem Gläubiger den durch die Verzögerung entstandenen Schaden ersetzen muss.

b) Schlechtleistung

6   Der Schuldner mag die Leistung pünktlich, aber nicht wie geschuldet erbracht haben. Man spricht dann von einer **Schlechtleistung.**

> **Beispiele:** (1) K hat für 7.500 EUR von V einen Gebrauchtwagen gekauft. Im Nachhinein stellt sich heraus, dass es sich um einen Unfallwagen handelt.
> (2) Malermeister M soll das Wohnzimmer des A tapezieren. M führt die Arbeiten pünktlich durch. Wenige Wochen später lösen sich aber die Tapeten wieder von der Wand.

Auch hier wird der Gläubiger häufig daran interessiert sein, dass der Schuldner die Leistung noch *ordnungsgemäß* erbringt, zB das Wohnzimmer fachgerecht neu tapeziert. Er mag aber auch das Vertrauen in den Schuldner verloren haben und deshalb *sekundäre Ansprüche* geltend machen wollen. Es besteht insoweit die gleiche Interessenlage wie in den Verzögerungsfällen. Besonderheiten bestehen, wenn die ordnungsgemäße Leistung nicht oder nicht mehr erbracht werden kann, zB weil man einen Unfallwagen nun einmal nicht zu einem unfallfreien Fahrzeug machen kann. In diesen Fällen besteht die gleiche Interessenlage wie bei der *Unmöglichkeit* (→ § 22 Rn. 17).

2. Verletzung von Schutzpflichten

Die reguläre Abwicklung des Schuldverhältnisses kann auch durch **Schutzpflichtverletzungen** infrage gestellt werden. Hier stellt sich in erster Linie die Frage, ob der Gläubiger Ersatz der Schäden verlangen kann, die aufgrund der Schutzpflichtverletzung an seinen sonstigen Rechten, Rechtsgütern und Interessen entstanden sind. Denkbar ist aber auch, dass der Gläubiger sich wegen der Schutzpflichtverletzung vom Vertrag lösen will. In diesem Fall wird er häufig daran interessiert sein, Ersatz der durch die Nichtdurchführung des Vertrages entstandenen Schäden zu erlangen. Da diese Rechtsfolge für den Schuldner besonders belastend ist, wird man vom Gläubiger im Allgemeinen erwarten müssen, dass er am Vertrag festhält.

7

> **Beispiel:** Bei der Ausführung von Tapezierarbeiten beschädigt Malermeister M infolge von Fahrlässigkeit die Möbel seines Auftraggebers A. Hier können keine Zweifel bestehen, dass M Schadensersatz wegen der Möbel leisten muss. Fraglich ist aber, ob A einen anderen Maler mit den Arbeiten betrauen und M auf Ersatz der Mehrkosten in Anspruch nehmen kann (→ § 27 Rn. 34 ff.).

Schutzpflichten können sich auch aus **rechtsgeschäftsähnlichen** Schuldverhältnissen ergeben, namentlich im Zusammenhang mit der Aufnahme von Vertragsverhandlungen oder der Anbahnung von Verträgen (vgl. § 311 II). Hier stellt sich ebenso wie bei bestehenden Verträgen die Frage, ob der Geschädigte Ersatz der Schäden verlangen kann, die an seinen Rechten, Rechtsgütern und Interessen entstanden sind. Soweit es im Nachhinein noch zu einem Vertragsschluss gekommen ist, kann der Geschädigte außerdem daran interessiert sein, sich wieder von dem Vertrag zu lösen (→ § 8 Rn. 14 ff.).

8

III. Das Leistungsstörungsrecht vor der Reform

Das Leistungsstörungsrecht war vor der Reform *unübersichtlich* und *unvollständig* geregelt. Regelungen über Leistungsstörungen fanden sich nicht nur im Allgemeinen Schuldrecht; vielmehr gab es für einzelne Vertragstypen (Kauf, Werkvertrag) besondere Vorschriften über die Gewährleistung bei Sachmängeln (§§ 459 ff.; 633 ff. aF). Bei anderen Vertragstypen (zB Dienstvertrag) fehlten solche Vorschriften, sodass auf die allgemeinen Regeln über die Schlechtleistung zurückgegriffen werden musste. Die praktische Rechtsanwendung wurde durch diese »**Zweispurigkeit**« erheblich erschwert. Denn es kam immer wieder zu Widersprüchen und Lücken, die auch durch Rechtsfortbildung nicht restlos bereinigt werden konnten.

9

Auch das allgemeine Leistungsstörungsrecht war nicht einheitlich geregelt, sondern bestand aus mehreren unterschiedlichen Tatbeständen. Ausdrücklich geregelt waren

10

nur die beiden Formen der Nichterfüllung von Leistungspflichten, nämlich die **Unmöglichkeit** und die Verzögerung der Leistung **(Verzug)**.

11 Für die **Schlechtleistung** und die **Schutzpflichtverletzung** enthielt das Allgemeine Schuldrecht keine ausdrücklichen Regelungen. Da die Gewährleistungsvorschriften des Besonderen Schuldrechts nur für bestimmte Fälle der Schlechterfüllung bei einzelnen Vertragstypen galten, erschien das Gesetz lückenhaft. Im Rahmen bestehender Schuldverhältnisse wurde die Lücke mit dem gewohnheitsrechtlichen Institut der *positiven Vertragsverletzung* (pVV) gefüllt. Für Schutzpflichtverletzungen im vorvertraglichen Bereich galt das gewohnheitsrechtliche Institut des *Verschuldens bei Vertragsverhandlungen* (culpa in contrahendo). In welchem Verhältnis diese ungeschriebenen Rechtsfiguren zu den geschriebenen Regeln des Leistungsstörungsrechts standen, war in vielen Punkten umstritten und bis zuletzt ungeklärt.

IV. Das System des geltenden Leistungsstörungsrechts

1. Das Konzept der Pflichtverletzung

12 Bei der Reform des Leistungsstörungsrechts hat der Gesetzgeber sich von der Erwägung leiten lassen, dass sämtliche Rechte des Gläubigers an einen *einheitlichen Tatbestand* anknüpfen sollen – und zwar an die **Pflichtverletzung** (vgl. § 280 I). Das Vorliegen einer Pflichtverletzung wird als gemeinsames Merkmal aller Leistungsstörungstatbestände verstanden.

Das Konzept der Pflichtverletzung bezieht sich auf **sämtliche Pflichten** aus dem Schuldverhältnis. Es gilt also nicht nur für vertragliche *Leistungspflichten,* sondern auch für *Schutzpflichten*. Erfasst werden auch die *vorvertraglichen Pflichten* nach §§ 311 II, 241 II (→ § 8 Rn. 8 ff.). Schließlich ist auch die Haftung für Sach- und Rechtsmängel im *Kauf- und Werkvertragsrecht* in das Pflichtverletzungskonzept integriert worden. So stellt § 433 I 2 ausdrücklich klar, dass der Verkäufer dem Käufer die Sache frei von Sach- und Rechtsmängeln zu verschaffen hat. Die Lieferung einer mangelhaften Kaufsache stellt damit eine Pflichtverletzung dar (→ SchuldR BT § 2 Rn. 2). Entsprechendes gilt nach § 633 I bei Werkverträgen (→ SchuldR BT § 34 Rn. 1). Dies hat zur Folge, dass die §§ 437, 634 für den Anspruch auf Schadensersatz und das Schicksal der Gegenleistungspflicht auf die §§ 280 ff., 311 a, 323 ff. verweisen können. Das Besondere Schuldrecht enthält allerdings einige wichtige Modifikationen oder Ergänzungen der allgemeinen Regeln. Demgegenüber ist die *Haftung des Vermieters* gegenüber dem Mieter wegen Sach- und Rechtsmängeln in den §§ 536 ff. selbstständig geregelt (→ SchuldR BT § 22 Rn. 21). Der Schadensersatzanspruch des Mieters wegen eines Mangels richtet sich daher allein nach § 536 a I.

2. Die Grenzen des Konzepts

a) Auswirkungen der Unmöglichkeit auf die primäre Leistungspflicht

13 Bei der rechtspolitischen Debatte im Zuge der Schuldrechtsreform 2002 (→ § 2 Rn. 16) hat sich herausgestellt, dass die Vorstellung eines einheitlichen Grundtatbestands nicht vollständig durchgehalten werden kann. Dies gilt vor allem für die **Unmöglichkeit.** Der Gesetzgeber hatte ursprünglich das Ziel, die Unmöglichkeit als selbstständige Kategorie zu beseitigen. Es gibt indessen einen Bereich, in dem die selbstständige Bedeutung der Unmöglichkeit bei allen dogmatischen Bemühungen nicht in Zweifel ge-

zogen werden kann – und zwar die Frage nach dem Schicksal der primären Leistungspflicht.

Verletzt der Schuldner eine Pflicht aus dem Schuldverhältnis oder kommt es zu einer sonstigen Leistungsstörung, so hat dies im Allgemeinen keine unmittelbaren Auswirkungen auf den Bestand der **primären Leistungspflicht**. Etwas anderes gilt aber bei der Unmöglichkeit. Kann die Leistung vom Schuldner nicht erbracht werden, so macht die Aufrechterhaltung der primären Leistungspflicht keinen Sinn. Dies gilt unabhängig davon, ob die Unmöglichkeit auf einer Pflichtverletzung des Schuldners beruht oder nicht. In Bezug auf das Schicksal der primären Leistungspflicht hat der Gesetzgeber sich deshalb in § 275 dafür entschieden, die *eigenständige Funktion* der Unmöglichkeit aufrecht zu erhalten (→ § 21 Rn. 1 ff.); in Bezug auf den Schadensersatzanspruch hat er sich dagegen in den §§ 280 I, III, 283 bemüht, die Nichtleistung aufgrund von Unmöglichkeit oder ähnlicher Leistungshindernisse als Sonderfall der Pflichtverletzung auszugestalten (→ § 22 Rn. 21 ff.).[6] 14

b) Das System der Schadensersatzansprüche

Auch bei den Schadensersatzansprüchen konnte die Einheitlichkeit der Konzeption nicht vollständig verwirklicht werden. Zwar knüpfen sämtliche Schadensersatzansprüche wegen Pflichtverletzung an den **Grundtatbestand** des § 280 I an. Zentrale Voraussetzungen des Schadensersatzanspruchs sind danach (1) das Vorliegen eines Schuldverhältnisses, (2) die Pflichtverletzung des Schuldners, (3) die Verantwortlichkeit des Schuldners für die Pflichtverletzung sowie (4) der Eintritt eines Schadens. Für bestimmte Schadenskategorien – nämlich den Verzögerungsschaden und den Schadensersatz statt der Leistung – sind die allgemeinen Merkmale des § 280 I indes nicht ausreichend. Nach § 280 II und III müssen hier **zusätzliche Voraussetzungen** gegeben sein, um den Schadensersatzanspruch zu begründen. 15

> **Zur Vertiefung:** Die Notwendigkeit zusätzlicher Voraussetzungen beruht auf unterschiedlichen Erwägungen. Was den Verzögerungsschaden betrifft, so entspricht es der deutschen Rechtstradition, dass Ersatz nur unter den Voraussetzungen des *Verzugs* (§ 286) verlangt werden kann (→ § 26 Rn. 1 ff.). Beim Schadensersatz statt der Leistung geht es darum, den *Vorrang des primären Leistungsanspruchs* zu wahren.[7] Der Gläubiger soll dem Schuldner deshalb grundsätzlich eine angemessene Frist zur (Nach-)Erfüllung setzen müssen, bevor er anstelle des (Nach-)Erfüllungsanspruchs Schadensersatz geltend machen kann. Das Fristsetzungserfordernis passt allerdings nicht auf alle Erscheinungsformen der Pflichtverletzung. Der Gesetzgeber hat sich deshalb dafür entschieden, die zusätzlichen Voraussetzungen des Schadensersatzanspruchs in den §§ 281–283 nach der jeweiligen Art der Pflichtverletzung unterschiedlich auszugestalten.

Außerhalb dieses Systems steht der Schadensersatzanspruch wegen **anfänglicher Unmöglichkeit** (→ § 28 Rn. 1 ff.). Hier soll die Anknüpfung an das Merkmal der Pflichtverletzung nicht passen. Da der Schuldner nach § 275 zu keinem Zeitpunkt zur Leistung verpflichtet sei, könne die Nichtleistung keine Pflichtverletzung sein.[8] Für diese Fälle sieht § 311a II daher eine **eigenständige Anspruchsgrundlage** vor, die nicht auf § 280 I aufbaut. 16

---

6 Zur unterschiedlichen Bedeutung der Unmöglichkeit für das Schicksal der Leistungspflicht und die Haftung des Schuldners *Harke* JbJZivRWiss 2001, 29 (48 ff.).
7 Vgl. Beschlussempfehlung des Rechtsausschusses, BT-Drs. 14/7052, 174.
8 BT-Drs. 14/6040, 165.

> **Zur Vertiefung:** Die Ausgrenzung der anfänglichen Unmöglichkeit aus dem Begriff der Pflichtverletzung ist keineswegs zwingend. So kann man durchaus die Auffassung vertreten, dass die Pflichtverletzung in der objektiven Nichterfüllung der übernommenen Leistungspflicht liegt.[9] Andere Autoren verweisen darauf, dass § 275 I nur den Erfüllungsanspruch des Gläubigers ausschließt, nicht aber die Leistungspflicht als »ideales Sollen«.[10] Diese Überlegungen ändern zwar nichts daran, dass der Anspruch auf Schadensersatz statt der Leistung aus § 311a II nach der Konzeption des Gesetzgebers gerade nicht an eine Pflichtverletzung anknüpft. Die differenzierte Ausgestaltung der §§ 280ff., 311a II darf aber nicht darüber hinwegtäuschen, dass sämtliche Schadensersatzansprüche wegen Leistungsstörung letztlich die gleiche Struktur aufweisen. Bei der *Fallbearbeitung* kann deshalb ein *einheitliches Aufbauschema* verwendet werden (→ Anhang Rn. 1 ff.).

c) Das System der Rücktrittsrechte

17 Beim Rücktrittsrecht des Gläubigers hat der Gesetzgeber darauf verzichtet, an einen einheitlichen Grundtatbestand der Pflichtverletzung anzuknüpfen.[11] Die §§ 323, 324 und 326 V gehen stattdessen *unmittelbar* von den einzelnen **Fallgruppen der Leistungsstörung** aus. Dies ändert zwar nichts daran, dass die einzelnen Rücktrittstatbestände im Allgemeinen eine *Pflichtverletzung* voraussetzen. Der Verzicht auf den Grundtatbestand der Pflichtverletzung ermöglicht es aber, die anfängliche Unmöglichkeit in das allgemeine System der Rücktrittsrechte (§ 326 V) zu integrieren.

18 Sieht man von dieser Besonderheit ab, so weisen die Rücktrittstatbestände (§§ 323, 324, 326 V) die gleiche **Struktur** wie die Regelungen über den *Schadensersatz statt der Leistung* (§§ 281, 282 und 283) auf. So müssen neben der Pflichtverletzung dieselben zusätzlichen Voraussetzungen vorliegen. Dies erklärt sich daraus, dass der Vorrang des Erfüllungsanspruchs gegenüber dem Rücktritt in gleicher Weise sichergestellt werden muss wie gegenüber dem Schadensersatz statt der Leistung. Ein wesentlicher Unterschied besteht allerdings darin, dass es bei sämtlichen Rücktrittstatbeständen nicht darauf ankommt, ob der Schuldner die Leistungsstörung zu *vertreten* hat (→ § 32 Rn. 8).

V. Fazit: Das geltende Leistungsstörungsrecht als »Mischsystem«

19 Die Entstehungsgeschichte der Schuldrechtsreform hat dazu geführt, dass sich im geltenden Leistungsstörungsrecht zwei gegenläufige **Strukturprinzipien** überschneiden. Nach der ursprünglichen Konzeption wollte der Gesetzgeber sich vollständig von den überkommenen Fallgruppen lösen und einen rein *rechtsfolgenorientierten* Ansatz verfolgen. Er hat deshalb zwei Regelungskomplexe geschaffen, die sich mit den Rechtsfolgen der Pflichtverletzung beschäftigen: die Vorschriften über den Schadensersatz (§§ 280–286) und über den Rücktritt bzw. den Wegfall der Gegenleistungspflicht (§§ 323–326). Der Gesetzgeber hat letztlich aber erkannt, dass man in Bezug auf den Schadensersatz statt der Leistung sowie das Schicksal der Gegenleistungspflicht nicht umhin kann, zwischen den verschiedenen Arten der Pflichtverletzung zu unterscheiden. Insoweit lebt das *tatbestandsorientierte* System des alten Rechts im Rahmen des rechtsfolgenorientierten Ansatzes fort. Das geltende Leistungsstörungsrecht stellt in-

---

9 So *Gieseler* JR 2004, 133 (136).
10 So BeckOGK/*Riehm*, 1.2.2020, BGB § 275 Rn. 24 f. Dieser Ansatz ist freilich dem Einwand ausgesetzt, dass die amtliche Überschrift zu § 275 vom »Ausschluss der Leistungspflicht« spricht.
11 Vgl. BT-Drs. 14/6040, 183.

sofern ein »**Mischsystem**« dar.[12] Außerhalb dieses Systems steht der Ausschluss der Leistungspflicht nach § 275. Hier hat die Unmöglichkeit entsprechend der Konzeption des alten BGB ihre Alleinstellung behalten.

Auch wenn der Gesetzgeber doch wieder auf die traditionellen Fallgruppen der Leistungsstörungen zurückgekommen ist, so heißt dies nicht, dass die Systematik des Leistungsstörungsrechts gleich geblieben ist.[13] Während die einzelnen Fallgruppen nach altem Recht mehr oder weniger unverbunden nebeneinander standen, lassen sie sich seit der Schuldrechtsreform – trotz mancher Brüche – als **Ausprägungen eines einheitlichen Grundprinzips** verstehen. Für die Studierenden hat dies den Vorteil, dass der Aufbau von Klausuren zum Leistungsstörungsrecht auf ein weitgehend einheitliches Grundschema zurückgeführt werden kann (→ Anhang Rn. 1 ff.).[14]   20

Das System des geltenden Leistungsstörungsrechts enthält mehrere **Grundelemente**. Im Einzelnen handelt es sich um die *Unmöglichkeit* als Ausschlussgrund für die primäre Leistungspflicht, die *Pflichtverletzung* als zentrales Element der Schadensersatz- und Rücktrittsregelungen sowie die *Verantwortlichkeit* des Schuldners. Diese Grundelemente sollen im Folgenden genauer betrachtet werden. Im zweiten und dritten Abschnitt werden dann – dem rechtsfolgenorientierten Aufbau des Gesetzes folgend – der **Schadensersatzanspruch** und das **Schicksal der Gegenleistungspflicht** behandelt.   21

Literatur: *Altmeppen,* Schadensersatz wegen Pflichtverletzung – Ein Beispiel für die Überhastung der Schuldrechtsreform, DB 2001, 1131; *Altmeppen,* Untaugliche Regeln zum Vertrauensschaden und Erfüllungsinteresse im Schuldrechtsmodernisierungsgesetz, DB 2001, 1399; *Artz/Gsell/Lorenz,* Zehn Jahre Schuldrechtsreform, 2014; *Canaris,* Die Reform des Rechts der Leistungsstörungen, JZ 2001, 499; *Canaris,* Schadensersatz wegen Pflichtverletzung, anfängliche Unmöglichkeit und Aufwendungsersatz im Entwurf des Schuldrechtsmodernisierungsgesetzes, DB 2001, 1815; *Canaris,* Die Neuregelung des Leistungsstörungs- und des Kaufrechts – Grundstrukturen und Problemschwerpunkte –, in E. Lorenz, Karlsruher Forum 2002: Schuldrechtsmodernisierung, 2003; *Gieseler,* Die Struktur des Leistungsstörungsrechts beim Schadensersatz und beim Rücktritt, JR 2004, 133; *Grundmann,* Der Schadensersatzanspruch aus Vertrag, AcP 204 (2004), 569; *Harke,* Unmöglichkeit und Pflichtverletzung: Römisches Recht, BGB und Schuldrechtsmodernisierung, Jb. J.ZivRWiss. 2001, 29; *U. Huber,* Die Unmöglichkeit der Leistung im Diskussionsentwurf eines Schuldrechtsmodernisierungsgesetzes, ZIP 2000, 2137; *U. Huber,* Die Pflichtverletzung als Grundtatbestand der Leistungsstörung im Diskussionsentwurf eines Schuldrechtsmodernisierungsgesetzes, ZIP 2000, 2273; *Looschelders,* Der Bezugspunkt des Vertretenmüssens bei Schadensersatzansprüchen wegen Mangelhaftigkeit der Kaufsache, FS Canaris I, 2007, 737; *S. Lorenz,* Schadensersatz wegen Pflichtverletzung – ein Beispiel für die Überhastung der Kritik an der Schuldrechtsreform, JZ 2001, 742; *S. Lorenz,* Schuldrechtsreform 2002: Problemschwerpunkte drei Jahre danach, NJW 2005, 1889; *Medicus,* Die Leistungsstörungen im neuen Schuldrecht, JuS 2003, 521; *Schulze/Ebers,* Streitfragen im neuen Schuldrecht, JuS 2004, 265 (366, 462); *Schur,* Leistung und Sorgfalt, 2001; *Unberath,* Die Vertragsverletzung, 2007; *v. Wilmowsky,* Pflichtverletzungen im Schuldverhältnis, Beil. zu JuS 1/2002, 1.

---

12 Vgl. NK-BGB/*Dauner-Lieb* § 280 Rn. 19; *Canaris* in E. Lorenz, Karlsruher Forum 2002: Schuldrechtsmodernisierung, 181.
13 So aber grds. *Medicus* in Dauner-Lieb/Konzen/K. Schmidt, Das neue Schuldrecht in der Praxis, 61 (62); krit. gegenüber dem Festhalten an der traditionellen Systematik auch *Grundmann* AcP 204 (2004), 569 (594).
14 Allg. zur Bedeutung der Schuldrechtsreform in der universitären Lehre *Dauner-Lieb* in Artz/Gsell/ S. Lorenz, Zehn Jahre Schuldrechtsmodernisierung, 2014, 267 ff.

§ 21 Unmöglichkeit als Ausschlussgrund für die primäre Leistungspflicht

I. Überblick

1 § 275 regelt die Frage, unter welchen Voraussetzungen der Anspruch des Gläubigers auf die primäre Leistung ausgeschlossen oder jedenfalls nicht durchsetzbar ist. Die Vorschrift knüpft – der deutschen Rechtstradition folgend – an den Tatbestand der Unmöglichkeit an. Im Vordergrund steht dabei der Fall, dass die Leistung vom Schuldner aus tatsächlichen oder rechtlichen Gründen nicht erbracht werden kann (sog. **echte Unmöglichkeit** nach § 275 I). In den folgenden Absätzen geht es darum, dass die Erbringung der Leistung im Vergleich zum Leistungsinteresse einen völlig unverhältnismäßigen Aufwand erfordert (**grobe Unverhältnismäßigkeit** des Leistungsaufwands nach § 275 II) oder dem Schuldner im Fall einer persönlichen Leistungspflicht aus persönlichen Gründen unzumutbar ist (**persönliche Unzumutbarkeit** nach § 275 III).

II. Echte Unmöglichkeit

2 § 275 I erfasst nur die »echte« Unmöglichkeit. Es muss sich also um ein Leistungshindernis handeln, das wirklich unüberwindbar ist. Kann der Schuldner die Leistung bei allen denkbaren Anstrengungen nicht erbringen, so macht die Aufrechterhaltung der primären Leistungspflicht keinen Sinn. Die Leistungspflicht entfällt deshalb nach § 275 I kraft Gesetzes. Es ist also nicht erforderlich, dass der Schuldner sich auf das Leistungshindernis beruft.

1. Naturgesetzliche (physische) Unmöglichkeit

a) Allgemeines

3 Die echte Unmöglichkeit beruht häufig darauf, dass der Schuldner aus **naturgesetzlichen** Gründen außerstande ist, die Leistung zu erbringen. Man spricht auch von physischer Unmöglichkeit.[15] Im Vordergrund steht der Fall, dass der geschuldete Gegenstand von vornherein nicht existiert oder nach Vertragsschluss zerstört wird. Erfasst werden aber auch Verträge, die auf eine Leistung gerichtet sind, welche aus naturgesetzlichen Gründen nicht erbracht werden kann, namentlich **abergläubische Verträge**, die mithilfe übersinnlicher oder magischer Fähigkeiten erfüllt werden sollen.[16] Nach altem Recht waren solche Verträge gem. § 306 aF grundsätzlich unwirksam.[17] § 311a I stellt demgegenüber klar, dass ein Vertrag nicht allein deshalb unwirksam ist, weil die Erbringung der Leistung schon bei Vertragsschluss objektiv unmöglich ist (→ § 28 Rn. 5ff.). Sofern nicht im Einzelfall andere Gründe (zB Sittenwidrigkeit nach § 138 I) zur Nichtigkeit führen, liegt also ein wirksamer Vertrag vor. Die Leistungspflicht des Schuldners ist aber nach § 275 I ausgeschlossen. Damit entfällt grundsätzlich auch die Gegenleistungspflicht des »Kunden« (vgl. § 326 I 1). Der BGH hat in einer neueren Entscheidung indes klargestellt, dass es den Parteien aufgrund der Privatautonomie frei steht, den Ausschluss der Gegenleistungspflicht durch Individualvereinbarung (auch konkludent) abzubedingen.[18] Hiervon ist im Zweifel auszugehen,

---

15 *Medicus/Lorenz* SchuldR AT Rn. 404; *Fikentscher/Heinemann* SchuldR Rn. 392.
16 Zur Problematik vgl. *Canaris* JZ 2001, 499 (505f.); *Windel* ZGS 2003, 466 (467).
17 Vgl. BGHZ 115, 69; OLG Düsseldorf NJW 1953, 1553; LG Kassel NJW 1985, 1642.
18 BGH NJW 2011, 756 = JA 2011, 385 *(Looschelders)*.

wenn beide Parteien in dem Bewusstsein handeln, dass der Gegenstand des Vertrages den Bereich der gesicherten wissenschaftlichen Erkenntnis verlässt.

> **Beispiel** (BGH NJW 2011, 756): Die A bietet im Internet Lebensberatung (»Life Coaching«) durch Kartenlegen an. Einer ihrer Kunden ist B, der sich in einer durch Beziehungsprobleme ausgelösten Lebenskrise an A gewandt hat. In der Folgezeit legt A dem B in vielen Fällen zu unterschiedlichen Lebensfragen die Karten. Hierfür zahlt B an sie mehr als 35.000 EUR. Als A für seine Leistungen weitere 6.700 EUR verlangt, verweigert B die Zahlung. Zu Recht?
> Der A könnte ein Anspruch gegen B auf Zahlung der 6.700 EUR aus § 611 I zustehen. Dies setzt voraus, dass der Vertrag wirksam zustande gekommen ist. In Anbetracht der Höhe des Entgelts und der schwierigen Lebenssituation des B könnte der Vertrag nach § 138 I nichtig sein. Verneint man im konkreten Fall die Voraussetzungen der Sittenwidrigkeit, so ist der Vertrag wirksam (vgl. § 311a I); die Leistungspflicht der A ist aber nach § 275 I ausgeschlossen. Nach § 326 I 1 entfällt damit grundsätzlich auch die Gegenleistungspflicht des B. Da beide Parteien den Vertrag in dem Bewusstsein geschlossen haben, den Boden wissenschaftlich gesicherter Erfahrung zu verlassen, dürfte der Vertrag aber dahingehend auszulegen sein, dass die Leistungspflicht des B nicht an dem Widerspruch zu den Naturgesetzen scheitern soll. Der A stünde damit ein Anspruch gegen B auf Zahlung der 6.700 EUR aus § 611 I zu.

b) Zweckerreichung und Zweckfortfall

Besondere Probleme bereitet die physische Unmöglichkeit in den Fällen der Zweckerreichung und des Zweckfortfalls.[19] **Zweckerreichung** liegt vor, wenn der mit dem Vertrag bezweckte *Erfolg* ohne eine Leistung des Schuldners gegenüber dem Gläubiger eintritt und daher durch eine solche Leistung nicht mehr herbeigeführt werden kann.[20] In den meisten Fällen der Zweckerreichung tritt der Erfolg ohne ein Zutun des Schuldners ein. Denkbar ist aber auch, dass der Zweck durch die Leistung des Schuldners an einen Dritten herbeigeführt wird.[21] Von **Zweckfortfall** wird gesprochen, wenn der geschuldete Erfolg wegen Wegfalls des vom Gläubiger zu stellenden Leistungssubstrats oder aus einem in der Person des Gläubigers liegenden Grund nicht mehr durch eine Leistung des Schuldners zu verwirklichen ist. Beispiele finden sich vor allem bei Dienst- und Werkverträgen.

4

> **Beispiele:** (1) Der Arzt Dr. A will mit dem Pkw zu einem kranken Patienten fahren. Da die Garagenausfahrt von einem parkenden Pkw blockiert wird, beauftragt er den Abschleppunternehmer U, das Fahrzeug zu entfernen. Als U eintrifft, hat der Fahrer des Pkw die Ausfahrt bereits geräumt. Der mit dem Vertrag bezweckte Erfolg ist damit unabhängig von einer Leistungshandlung des U eingetreten.
> (2) Subunternehmer S hat sich gegenüber dem Hauptunternehmer H verpflichtet, kontaminiertes Baggergut zu entsorgen. Nachdem es zwischen S und H zu Streitigkeiten gekommen ist, entsorgt S das Baggergut aufgrund eines gesonderten Vertrages mit dem Bauherrn B. Der von S gegenüber H geschuldete Erfolg ist durch eine Leistung des S an B eingetreten.
> (3) A hat den Malermeister M damit beauftragt, die Fassade seines Hauses zu streichen. Bevor M die Arbeiten aufnimmt, brennt das Haus ab. Der mit dem Vertrag verfolgte Zweck kann damit wegen Wegfalls des Leistungssubstrats nicht mehr herbeigeführt werden.
> (4) Die M hat mit dem Diakonischen Werk (D) einen Heimpflegevertrag geschlossen. Sie stirbt, bevor sie im Heim aufgenommen wird. Auch hier kann der vertraglich bezweckte Erfolg vom Schuldner nicht mehr herbeigeführt werden.[22]

---

19 MüKoBGB/*Ernst* § 275 Rn. 158 ff.; Staudinger/*Feldmann*, 2019, vor §§ 293–304 Rn. 5 ff.
20 *Nauen*, Leistungserschwerung und Zweckvereitelung im Schuldverhältnis, 2019, 45 ff.
21 Vgl. BGH NJW 2010, 1282; LMK 2010, 300543 mAnm *Looschelders*.
22 Vgl. zu diesem Fall LG Düsseldorf NJW-RR 1991, 184.

5 In der Literatur ist weitgehend anerkannt, dass die Fälle der Zweckerreichung und des Zweckfortfalls nach den Regeln über die Unmöglichkeit zu behandeln sind.[23] Das bedeutet, dass die **Leistungspflicht** des Schuldners nach § 275 I erlischt. Problematischer als der Ausschluss der Leistungspflicht ist die Frage, ob dem anderen Teil ein Vergütungs- oder Entschädigungsanspruch zusteht. Hierauf wird im Zusammenhang mit dem Schicksal der *Gegenleistungspflicht* einzugehen sein (→ § 35 Rn. 9).

c) Zweckstörung

6 Von der Zweckerreichung und dem Zweckfortfall zu unterscheiden ist der Fall, dass der Gläubiger das Interesse an der Leistung verloren hat, weil er diese nicht mehr in der beabsichtigten Weise einsetzen kann.[24]

> **Beispiel:** A hat den Schneider S damit beauftragt, für seine bevorstehende Hochzeit einen Anzug zu fertigen. Kurz darauf zerstreitet A sich mit seiner Verlobten. Die Hochzeit wird daraufhin abgesagt. A verweigert die Abnahme und Bezahlung des Hochzeitsanzugs mit der Begründung, er habe dafür keine Verwendung mehr.

7 Solche **Zweckstörungen** begründen jedenfalls keine Unmöglichkeit. Auch sonst ist die Zweckstörung grundsätzlich unbeachtlich, weil die Verwendbarkeit der Leistung regelmäßig im alleinigen Risikobereich des Gläubigers liegt.[25] In Ausnahmefällen können aber die Regeln über die *Störung der Geschäftsgrundlage* (§ 313) anwendbar sein (→ § 37 Rn. 25).

2. Rechtliche Unmöglichkeit

8 Die echte Unmöglichkeit kann auch auf **rechtliche** Gegebenheiten zurückführbar sein. Repräsentativ ist der Fall, dass ein Werkunternehmer sich zur Errichtung eines Bauwerks verpflichtet, das nach baurechtlichen Vorschriften nicht genehmigungsfähig ist.[26] Rechtliche Unmöglichkeit liegt aber auch vor, wenn der Verkäufer sich die geschuldete Ware unter Verletzung eines Einfuhrverbots verschaffen müsste.[27] Ist der Vertrag nach §§ 134, 138 unwirksam, so besteht für die Anwendung des § 275 I allerdings kein Raum.[28] Die behördliche Untersagung einer Veranstaltung aus Gründen des Infektionsschutzes (Corona) nach § 28 IfSG[29] führt ebenfalls zu rechtlicher Unmöglichkeit.[30] Nach § 326 I 1 Hs. 1 entfällt damit in diesen Fällen auch die Gegenleistungspflicht des Gläubigers.[31]

3. Besonderheiten bei Gattungs- und Geldschulden

9 § 275 I ist auch auf **Gattungsschulden** anwendbar. Echte Unmöglichkeit kann vor der Konkretisierung (§ 243 II) aber nur eintreten, wenn die gesamte Gattung untergeht oder von einem unüberwindbaren rechtlichen Leistungshindernis betroffen ist. Wird die Beschaffung wesentlich erschwert, so kommt ein Ausschluss der Leistungspflicht

---

23 BGH NJW 2010, 1282 (1283); MüKoBGB/*Ernst* § 275 Rn. 159; *Larenz* SchuldR I § 21 Ic.
24 Vgl. *Medicus/Lorenz* SchuldR AT Rn. 565; Staudinger/*Caspers*, 2019, § 275 Rn. 32f.
25 Palandt/*Grüneberg* § 275 Rn. 20.
26 Vgl. OLG Köln VersR 1997, 850.
27 BGH NJW 1983, 2873; Palandt/*Grüneberg* § 275 Rn. 16.
28 Vgl. *Windel* ZGS 2003, 466 (471).
29 Infektionsschutzgesetz.
30 Vgl. *Weller/Lieberknecht/Habrich* NJW 2020, 1017.
31 Vgl. *Wolf/Eckert/Denz/Gerking/Holze/Künnen/Kurth* JA 2020, 401 (405).

nach § 275 II in Betracht (→ § 21 Rn. 24). Nach der Konkretisierung ist die Leistungsgefahr nach den gleichen Grundsätzen wie bei der Stückschuld zu beurteilen.

Auf **Geldschulden** ist § 275 I nicht anwendbar.[32] Wie sich aus der Existenz der InsO ergibt, führt die Zahlungsunfähigkeit nicht zum Ausschluss der Leistungspflicht wegen subjektiver Unmöglichkeit. Den Schuldner trifft vielmehr eine uneingeschränkte Einstandspflicht. Kann der Schuldner seine vertraglichen Pflichten aufgrund von Geldmangel nicht erfüllen, so hat er die Pflichtverletzung nach § 276 auch dann zu vertreten, wenn er die Zahlungsunfähigkeit nicht verschuldet hat (→ § 23 Rn. 33). 10

4. Objektive und subjektive Unmöglichkeit

Nach § 275 I ist der Anspruch auf die Leistung nicht nur dann ausgeschlossen, wenn die Leistung aus physischen oder rechtlichen Gründen für **jedermann** unmöglich ist (objektive Unmöglichkeit). Es genügt vielmehr, dass gerade der **Schuldner** außerstande ist, die (einem Dritten mögliche) Leistung zu erbringen (subjektive Unmöglichkeit oder Unvermögen). 11

Subjektive Unmöglichkeit kann insbesondere vorliegen, wenn die verkaufte Sache im Eigentum eines Dritten steht oder von einem Unbekannten entwendet worden ist. Voraussetzung für die Anwendung des § 275 I ist in diesen Fällen allerdings, dass der Leistungsgegenstand »um keinen Preis« vom Eigentümer bzw. Dieb (zurück-)erlangt werden kann.[33] Kommt eine (Wieder-)Beschaffung ernsthaft in Betracht, so kann die Leistungspflicht aber nach § 275 II ausgeschlossen sein, wenn hierzu ein unverhältnismäßiger Aufwand erforderlich wäre (→ § 21 Rn. 23). 12

5. Anfängliche und nachträgliche Unmöglichkeit

Nach § 275 I kommt es für den Ausschluss der Leistungspflicht nicht darauf an, ob die Unmöglichkeit schon bei Vertragsschluss vorlag oder erst nach Abschluss des Vertrages eingetreten ist. Die Vorschrift erfasst also sowohl die **anfängliche** als auch die **nachträgliche** Unmöglichkeit. Dies ergibt sich aus der Formulierung »unmöglich *ist*«. Es besteht insoweit ein wesentlicher Unterschied gegenüber § 275 aF, der nur auf die nachträgliche Unmöglichkeit anzuwenden war (»unmöglich *wird*«). 13

> **Zur Vertiefung:** Die Ausweitung des Anwendungsbereichs von § 275 I hängt damit zusammen, dass die Sonderstellung der *anfänglichen objektiven Unmöglichkeit* entfallen ist. Nach § 306 aF war der Vertrag bei anfänglicher objektiver Unmöglichkeit nichtig. Dies wurde allgemein als verfehlt betrachtet.[34] § 311a I stellt jetzt klar, dass die anfängliche Unmöglichkeit die Wirksamkeit des Vertrages nicht berührt (→ § 28 Rn. 4). Da die Leistung aber auch hier nicht erbracht werden kann, musste der Ausschluss der Leistungspflicht nach § 275 I auf diesen Fall erstreckt werden.

---

32 Vgl. BGHZ 28, 123 (128); NK-BGB/*Dauner-Lieb* § 275 Rn. 67; HK-BGB/*Schulze* § 275 Rn. 8; Staudinger/*Omlor*, 2016, Vor §§ 244–248 Rn. B 57 ff.; aA *Westermann/Bydlinski/Arnold* SchuldR AT Rn. 202.
33 BGH BeckRS 2011, 22879 Rn. 21; NK-BGB/*Dauner-Lieb* § 275 Rn. 34; Palandt/*Grüneberg* § 275 Rn. 23; *Looschelders* JuS 2010, 849 (850).
34 Zu den historischen Hintergründen *Harke* SchuldR AT Rn. 208.

6. Vollständige und teilweise Unmöglichkeit

14 § 275 I betrifft sowohl die vollständige als auch die **teilweise Unmöglichkeit**. Bei teilweiser Unmöglichkeit entfällt die Leistungspflicht nur *insoweit*, wie die Leistung vom Schuldner nicht erbracht werden kann; im Übrigen bleibt sie bestehen. Hat der Gläubiger an der Teilleistung kein Interesse, so kann er nach §§ 280 I, III, 283 S. 2 bzw. § 311a II 3 iVm § 281 I 2 Schadensersatz statt der *ganzen* Leistung verlangen (→ § 27 Rn. 47, → § 28 Rn. 17) oder nach § 326 V iVm § 323 V 1 vom *ganzen* Vertrag zurücktreten (→ § 28 Rn. 17).

15 Teilweise Unmöglichkeit kann nur eintreten, wenn der Leistungsgegenstand **teilbar** ist.[35] Bei unteilbaren Gegenständen steht die teilweise Unmöglichkeit im Allgemeinen der vollständigen Unmöglichkeit gleich.[36] So liegt vollständige Unmöglichkeit vor, wenn der verkaufte Pkw vor der Übergabe von einem Dritten entwendet wird. Hier kann der Verkäufer dem Käufer zwar noch das Eigentum an dem Pkw verschaffen (vgl. § 931), nicht aber mehr den Besitz.[37]

7. Vorübergehende Unmöglichkeit

16 Die Rechtslage bei zeitweiligen Leistungshindernissen ist in § 275 I nicht speziell geregelt. Nach hM ist die Leistungspflicht des Schuldners in diesen Fällen entsprechend § 275 I grundsätzlich nur für die Zeit ausgeschlossen, in der das Hindernis besteht (sog. **vorübergehende Unmöglichkeit**).[38] Hat der Schuldner das Hindernis zu vertreten, so steht dem Gläubiger ein Anspruch auf Ersatz des Verzögerungsschadens aus §§ 280 I, II, 286 zu.[39] In Ausnahmefällen kann auch bei zeitweiligen Leistungshindernissen ein endgültiger Wegfall der Leistungspflicht nach § 275 I gerechtfertigt sein. Dies setzt aber voraus, dass die vorübergehende Unmöglichkeit die Verwirklichung des Vertragszwecks infrage stellt und dem Gläubiger oder dem Schuldner ein Festhalten am Vertrag deshalb nicht mehr zumutbar ist.[40] Im Übrigen ist der Gläubiger darauf verwiesen, dem Schuldner eine angemessene Frist zur Erfüllung zu setzen; leistet der Schuldner nicht fristgemäß, so kann der Gläubiger nach § 323 analog zurücktreten und – sofern der Schuldner das Leistungshindernis zu vertreten hat – nach §§ 280 I, III, 281 analog Schadensersatz statt der Leistung verlangen.[41] Die Analogie beruht darauf, dass der Gläubiger bei vorübergehender Unmöglichkeit nicht schlechter als bei »einfacher« Leistungsverzögerung stehen soll.

> **Hinweis:** Die dargelegten Grundsätze gelten auch für den Fall, dass die Corona-Pandemie zu einem zeitweiligen Leistungshindernis führt. Da der Schuldner die Nichtleistung nicht zu vertreten hat, scheidet ein Anspruch des Gläubigers auf Ersatz des Verzögerungsschadens gem. §§ 280 I, II, 286 aus.[42] Aus

---

35 BGHZ 116, 334 (337); Palandt/*Grüneberg* § 275 Rn. 7. Zum Sonderfall der qualitativen Unmöglichkeit bei irreparablen Schlechtleistungen → § 22 Rn. 17.
36 Vgl. MüKoBGB/*Ernst* § 275 Rn. 128.
37 Vgl. HK-BGB/*Schulze* § 275 Rn. 16.
38 RGZ 117, 127 (130); Staudinger/*Caspers*, 2019, § 275 Rn. 48.
39 Palandt/*Grüneberg* § 275 Rn. 10; Jauernig/*Stadler* § 286 Rn. 7.
40 Vgl. BGHZ 83, 197 (200); BGH NJW 2007, 3777 (3779); Staudinger/*Caspers*, 2019, § 275 Rn. 53 ff.; *Medicus* FS Heldrich, 2005, 347 (351 ff.); für Anwendung von § 313 *Arnold* JZ 2002, 866 (871); *Däubler* FS Heldrich, 2005, 55 (63).
41 MüKoBGB/*Ernst* § 275 Rn. 152 und 155.
42 *Weller/Lieberknecht/Habrich* NJW 2020, 1017 (1020).

> dem gleichen Grund steht dem Gläubiger auch kein Anspruch auf Schadensersatz statt der Leistung entsprechend §§ 280 I, III, 281 zu. Ein Rücktritt entsprechend § 323 ist aber möglich.[43]

Besonderheiten gelten für den Fall, dass die geschuldete Leistung ihrer Natur oder dem Inhalt des Schuldverhältnisses nach nur zu einer bestimmten Zeit erbracht werden kann (sog. **absolutes Fixgeschäft**). Wird eine solche Leistung nicht rechtzeitig erbracht, so kommt eine Nachholung nicht in Betracht. Die Vorschriften über die Unmöglichkeit sind daher unmittelbar anwendbar.[44]   17

> **Beispiel** (OLG Saarbrücken NJW 1998, 2912): Herr M und Frau F haben für ihre Hochzeitsfeier in der Gaststätte des G das Kaminzimmer reserviert. Als die Hochzeitsgesellschaft nach der Trauung zur Feier eintrifft, ist das Zimmer aufgrund eines Versehens des G von anderen Gästen belegt. Da keine zumutbare Ausweichmöglichkeit besteht, fällt die Hochzeitsfeier aus. Die Belegung des Kaminzimmers begründet zwar nur ein vorübergehendes Leistungshindernis. Da die Hochzeitsfeier nicht an einem anderen Tag nachgeholt werden kann, handelt es sich aber um einen Fall der Unmöglichkeit. Zu möglichen Ansprüchen von M und F gegen G auf Aufwendungsersatz (§ 284; → § 30 Rn. 3 ff.).

Weitere **Beispiele** für absolute Fixgeschäfte sind die Verpflichtung eines Künstlers zur Mitwirkung an einem Konzert[45] sowie die Verpflichtung des Konzertveranstalters, dem Inhaber einer Eintrittskarte den vereinbarten Platz fristgerecht zuzuweisen.[46] Bei **Dauerverpflichtungen** liegt regelmäßig ebenfalls ein absolutes Fixgeschäft vor.[47] Der Arbeitnehmer muss die geschuldete Tätigkeit also nicht nachholen, wenn sie in seiner Arbeitszeit nicht ausgeführt werden konnte (→ SchuldR BT § 29 Rn. 35 ff.). Beim Kauf eines Weihnachtsbaums tritt Unmöglichkeit ein, wenn der Baum nicht bis Weihnachten geliefert wird.[48] Die **Beförderung durch ein Flugzeug** stellt dagegen kein absolutes Fixgeschäft dar, weil das Interesse des Fluggastes an einer möglichst raschen Beförderung zum Zielort durch eine Verspätung im Allgemeinen nicht obsolet wird.[49]

Kein Fall der Unmöglichkeit ist die Verzögerung der Leistung beim **relativen Fixgeschäft**. Es geht hier um Fälle, in denen die Leistung zwar prinzipiell nachgeholt werden kann, dem Schuldner aber schon beim Vertragsschluss bewusst ist, dass dem Gläubiger die Einhaltung einer bestimmten Leistungszeit oder -frist besonders wichtig ist. Diese Problematik ist in § 323 II Nr. 2 geregelt. Die Vorschrift sieht vor, dass der Gläubiger bei Nichteinhaltung der Leistungszeit **ohne Fristsetzung** vom Vertrag **zurücktreten** kann, wenn die termin- oder fristgerechte Leistung nach einer vor Vertragsschluss erfolgten Mitteilung des Gläubigers an den Schuldner oder aufgrund anderer den Vertragsschluss begleitenden Umstände für den Gläubiger wesentlich ist (→ § 33 Rn. 4). Für den *Handelskauf* findet sich eine Sonderregelung des relativen Fixgeschäfts in § 376 HGB, die ebenfalls die Entbehrlichkeit der Fristsetzung vorsieht.   18

---

43 *Riehm* in Effer-Uhe/Mohnert, Vertragsrecht in der Coronakrise, 2020, 11 (29).
44 Vgl. BGHZ 60, 14 (16); BGH NJW 2009, 2743 (2744); *Harke* SchuldR AT Rn. 214.
45 Vgl. *Larenz* SchuldR I § 21 Ia.
46 Vgl. AG Herne-Wanne NJW 1998, 3651 (3652).
47 Vgl. Palandt/*Grüneberg* § 271 Rn. 17; Staudinger/*Feldmann*, 2019, vor §§ 286 ff. Rn. 18 ff.
48 Vgl. *Medicus/Lorenz* SchuldR AT Rn. 411; *Schwarze* AcP 207 (2007), 437 (440); aA in Ebenroth/Boujong/Joost/Strohn/*Müller* HGB, 3. Aufl. 2015, HGB § 376 Rn. 4: nur »relative Fixschuld«.
49 Vgl. BGH NJW 2009, 2743 (2744).

> **Zur Vertiefung:** Genau genommen ist es auch bei absoluten Fixgeschäften nicht immer aus tatsächlichen Gründen ausgeschlossen, die Leistung nachträglich zu erbringen. So kann ein Weihnachtsbaum auch nach Weihnachten geliefert werden, was im Regelfall allerdings völlig sinnlos wäre. Im Einzelfall kann aber auch hier eine abweichende Beurteilung in Betracht kommen, zB wenn der Käufer des Baumes erst nach Weihnachten aus dem Urlaub zurückkehrt. Das Beispiel zeigt, dass die Grenzen zwischen relativem und absolutem Fixgeschäft bisweilen fließend sind, weil es letztlich immer darum geht, ob das Leistungsinteresse des Gläubigers aufgrund der Verspätung entfällt.[50]

8. Irrelevanz des Vertretenmüssens

19 Bei echter Unmöglichkeit ist die primäre Leistungspflicht generell ausgeschlossen. § 275 I folgt damit dem römisch-rechtlichen Grundsatz, dass Unmögliches nicht geschuldet ist (impossibilium nulla obligatio est). Ob der Schuldner das Leistungshindernis zu **vertreten** hat, ist deshalb **irrelevant**.[51]

III. Grobes Missverhältnis von Aufwand und Leistungsinteresse

1. Begriff

20 § 275 II regelt ein Leistungsverweigerungsrecht des Schuldners wegen **grober Unverhältnismäßigkeit** von Aufwand und Leistungsinteresse. Hier geht es zunächst einmal um Fälle, in denen das Leistungshindernis nur mit einem völlig unsinnigen Aufwand überwunden werden kann (sog. **praktische Unmöglichkeit**). Lehrbuchbeispiel ist der verkaufte Ring, der bei der Übergabe ins Meer fällt und auf den Grund sinkt.[52] Technisch mag es zwar möglich sein, den Ring zu orten und zu heben. Der erforderliche Aufwand steht jedoch in keinem vernünftigen Verhältnis zum Wert des Ringes. Etwas praxisnäher dürfte der Fall sein, dass die verkaufte Segelyacht vor der Übergabe bei einem Sturm versinkt und nur mit einem Aufwand gehoben werden kann, welcher den Wert der Yacht um das 40-fache übersteigt.[53]

Der Anwendungsbereich des § 275 II ist jedoch nicht auf die praktische Unmöglichkeit beschränkt.[54] Dies ergibt sich schon daraus, dass § 275 II eine differenzierte **Interessenabwägung** »unter Beachtung des Inhalts des Schuldverhältnisses und der Gebote von Treu und Glauben« sowie des Vertretenmüssens erfordert; dass der Schuldner keinen völlig unsinnigen Aufwand zu leisten hat, muss aber nicht erst durch eine Interessenabwägung festgestellt werden, sondern versteht sich von selbst. Richtig ist aber, dass § 275 II nach Wortlaut (»grobes Missverhältnis«) und Normzweck auf **Ausnahmefälle** begrenzt bleiben muss.[55]

---

50 Vgl. *Schwarze* AcP 207 (2007), 437 (440).
51 Staudinger/*Caspers*, 2019, § 275 Rn. 3; *Looschelders* JuS 2010, 849; *Musielak* JA 2011, 801 (802).
52 Vgl. BT-Drs. 14/6040, 129f. im Anschluss an *Heck* SchuldR § 28; *Brox/Walker* SchuldR AT § 22 Rn. 20; für Einordnung der praktischen Unmöglichkeit bei § 275 I Staudinger/*Caspers*, 2019, § 275 Rn. 27.
53 Beispiel nach *Lando/Beale*, Principles of European Contract Law, 2000, 396.
54 Vgl. BGH NJW 2013, 1074 (1076f.); *Canaris* JZ 2001, 499 (501); *Looschelders* JuS 2010, 849 (851); aA MüKoBGB/*Ernst* § 275 Rn. 73ff.; *Brox/Walker* SchuldR AT § 22 Rn. 19f.
55 Vgl. BGH NJW 2009, 1660 (1662); Palandt/*Grüneberg* § 275 Rn. 27f.; MüKoBGB/*Ernst* § 275 Rn. 94ff.; *Canaris* JZ 2004, 214ff.; krit. zu der von § 275 II vorausgesetzten Mehrleistungspflicht *Picker* JZ 2003, 1035 (1036ff.); *Canaris* in Artz/Gsell/Lorenz, Zehn Jahre Schuldrechtsmodernisierung, 2014, 1ff.

> **Beispiel** (nach *Picker* JZ 2003, 1035): V hat seinen Pkw (Wert: 10.000 EUR) für 10.000 EUR an K verkauft. Der Pkw wird vor dem Übergabetermin ohne Verschulden des V entwendet und einige Wochen später in Murmansk wieder aufgefunden. K verlangt von V Erfüllung des Kaufvertrags, weil er den Pkw mit einem Gewinn von 10.000 EUR weiterverkaufen könnte. V wendet ein, dass die Kosten für die Rückholung des Fahrzeugs aus Murmansk 10.000 EUR betragen.
> Bei der Lösung des Falles ist zu beachten, dass der für die Leistung erforderliche Aufwand des V sich auf 20.000 EUR (10.000 EUR Wert des Pkw und 10.000 EUR Kosten der Rückholung) verdoppelt hat. Das Leistungsinteresse des K beträgt gleichfalls 20.000 EUR (10.000 EUR Wert des Pkw und 10.000 EUR Gewinn aus Weiterverkauf). Ein grobes Missverhältnis kann somit nicht konstatiert werden.[56] Bei wirtschaftlicher Betrachtung erleidet der V zwar einen Verlust von 10.000 EUR. Dieser Verlust beruht aber allein auf dem Diebstahl und wäre auch dann eingetreten, wenn das Fahrzeug nicht wieder aufgefunden worden wäre. Dann läge zwar ein Fall der echten Unmöglichkeit vor. Der V wäre also nach § 275 I leistungsfrei; sein Kaufpreisanspruch wäre aber gem. § 326 I ausgeschlossen.[57]

Von der »echten« Unmöglichkeit nach § 275 I unterscheiden sich die Fälle des groben Missverhältnisses von Aufwand und Leistungsinteresse nach § 275 II dadurch, dass der Ausschluss der Leistungspflicht sich hier nicht schon aus der »Natur der Sache« ergibt; der Ausschluss der Leistungspflicht nach § 275 II bedarf daher in jedem Fall einer besonderen **normativen** Rechtfertigung.[58]

Die Leistungspflicht entfällt in den Fällen des § 275 II nicht wie bei Abs. 1 kraft Gesetzes, sondern nur, wenn der Schuldner sich auf sein Leistungsverweigerungsrecht beruft.[59] Es handelt sich also um eine **Einrede**. Dem Schuldner soll damit freigestellt werden, die Leistung unter überobligatorischem Aufwand doch zu erbringen.[60]

> **Zur Vertiefung:** Die dogmatische Einordnung des § 275 II ist umstritten. Nach überwiegender Ansicht ist die *Durchsetzung* des primären Leistungsanspruchs bei Geltendmachung der Einrede aus § 275 II *dauerhaft gehemmt*.[61] Nach der Gegenauffassung gibt § 275 II dem Schuldner ein Gestaltungsrecht, dessen Ausübung zum *Erlöschen* des Anspruchs führt.[62] Für die hM lässt sich anführen, dass § 275 II – anders als § 275 I – gerade nicht vom Ausschluss des Anspruchs auf die Leistung spricht. Einigkeit besteht jedenfalls darüber, dass § 275 II nur eingreift, wenn sich der Schuldner darauf beruft. In der Klausur ist § 275 I daher nach beiden Auffassungen vorrangig zu prüfen. Folgt man der hM, so muss § 275 II dann in der Rubrik »Durchsetzbarkeit des Anspruchs« erörtert werden.[63]

2. Konkretisierung des »groben Missverhältnisses«

§ 275 II setzt voraus, dass der für die Leistung erforderliche Aufwand in einem **groben Missverhältnis** zum Leistungsinteresse des Gläubigers steht. Die Feststellung des Missverhältnisses erfordert also einen Vergleich zwischen dem Aufwand, den der Schuldner für die Erfüllung seiner Leistungspflicht erbringen müsste, und dem Nut-

---

56 So auch *Canaris* JZ 2004, 214 ff.; zu einem ähnlichen Beispiel vgl. *Looschelders* JuS 2010, 849 (853 f.).
57 Vgl. MüKoBGB/*Ernst* § 275 Rn. 31.
58 Vgl. *Medicus/Lorenz* SchuldR AT Rn. 414; *Looschelders* JuS 2010, 849 (850 ff.); *Looschelders* in Artz/Gsell/Lorenz, Zehn Jahre Schuldrechtsmodernisierung, 2014, 213 (222).
59 BGH NJW 2013, 1077 Rn. 28; BeckOGK/*Riehm*, 1.2.2020, BGB § 275 Rn. 229.
60 Vgl. Palandt/*Grüneberg* § 275 Rn. 32; *Joussen* SchuldR I Rn. 390.
61 MüKoBGB/*Ernst* § 275 Rn. 101; Staudinger/*Caspers*, 2019, § 275 Rn. 116; BeckOGK/*Riehm*, 1.2.2020, BGB § 275 Rn. 229; *Zwirlein* JA 2016, 252 (254).
62 So *Freitag* NJW 2014, 113 (114); vgl. auch *Thomale* AcP 212 (2012), 920 (934 f.).
63 Vgl. *Zwirlein* JA 2016, 252 (254).

zen, den die Leistung für den Gläubiger hätte.[64] Bei der Bemessung des Nutzens für den **Gläubiger** stehen materielle Interessen im Vordergrund; im Einzelfall können aber auch immaterielle Interessen (zB Liebhaberwert der Kaufsache) berücksichtigt werden.[65] Aufseiten des **Schuldners** geht es vor allem um die für die Leistung erforderlichen Kosten. Der Einsatz der eigenen Arbeitskraft sowie sonstige persönliche Anstrengungen sind ebenfalls in Ansatz zu bringen.[66] Immaterielle Belastungen müssen dagegen grundsätzlich außer Betracht bleiben, weil die persönliche Unzumutbarkeit in § 275 III selbstständig geregelt ist.[67]

Der Aufwand des Schuldners ist allein am **Leistungsinteresse des Gläubigers** zu messen. In welchem Verhältnis die mit der Erfüllung verbundenen Nachteile zu den sonstigen Interessen des *Schuldners* (zB am Erhalt einer angemessenen Gegenleistung) stehen, ist irrelevant.[68] Insoweit kommt nur ein Rückgriff auf die Regeln über die Störung der Geschäftsgrundlage (§ 313) in Betracht (→ § 37 Rn. 21 ff.).

Welcher Aufwand dem Schuldner im Verhältnis zum Leistungsinteresse des Gläubigers zumutbar ist, lässt sich **nicht** abstrakt durch **feste Prozentsätze** bestimmen. Notwendig ist eine **Interessenabwägung** im Einzelfall.[69] Der Maßstab ergibt sich aus dem *Inhalt des Schuldverhältnisses* und den Geboten von *Treu und Glauben*.[70] Als Leitlinie gilt, dass der Ausschluss der Leistungspflicht nur in Ausnahmefällen gerechtfertigt sein kann (→ § 21 Rn. 20).

22 Nach § 275 II 2 muss der Schuldner größere Anstrengungen unternehmen, wenn er das Leistungshindernis zu **vertreten** hat.[71] Hat der Verkäufer die Kaufsache schuldhaft an einen Dritten veräußert, kann er sich der Verpflichtung zum Rückerwerb also nicht mit der Begründung entziehen, der vom Dritten verlangte Preis übersteige den Marktpreis erheblich.[72]

> **Beispiel:** Briefmarkenhändler V hat dem Sammler K zum Marktwert von 2.500 EUR eine Briefmarke verkauft. Bevor die Marke an K übereignet wird, betritt D das Geschäft des V. D bietet dem V an, die Briefmarke für 3.000 EUR zu kaufen. Da V sich den Gewinn nicht entgehen lassen will, veräußert er die Marke gegen Zahlung der 3.000 EUR an D. Als K davon erfährt, besteht er gegenüber V auf Erfüllung des Vertrages. Ist D bereit, die Briefmarke für 4.000 EUR wieder an V zu verkaufen, so entfällt dessen Leistungspflicht nicht nach § 275 I. Auch § 275 II ist nicht anwendbar, weil man die Zahlung von 4.000 EUR in Anbetracht des Verschuldens von V nicht als unverhältnismäßig ansehen kann.

Aus der Abwägungsrelevanz des Vertretenmüssens folgt nicht, dass der Schuldner überhaupt keine Anstrengungen unternehmen muss, um sich den Leistungsgegenstand zu verschaffen, wenn er das Leistungshindernis **nicht zu vertreten** hat.[73] Dies gilt insbesondere, wenn das Leistungshindernis auf einem Umstand beruht, der aus der

---
64 Vgl. BGH NJW 2010, 2341 (2342); *v. Wilmowsky* Beil. JuS 1/2002, 1 (8).
65 NK-BGB/*Dauner-Lieb* § 275 Rn. 44; Jauernig/*Stadler* § 275 Rn. 25.
66 MüKoBGB/*Ernst* § 275 Rn. 87; Jauernig/*Stadler* § 275 Rn. 25.
67 PWW/*Schmidt-Kessel/Kramme* § 275 Rn. 22; *Schwarze* Leistungsstörungen § 5 Rn. 8.
68 BT-Drs. 14/6040, 130.
69 Vgl. Staudinger/*Caspers*, 2019, § 275 Rn. 98 ff.
70 Vgl. BGH NJW-RR 2010, 315 (316).
71 Vgl. BGH NJW 2008, 3122 (3123); 2010, 2341 (2342); Palandt/*Grüneberg* § 275 Rn. 28.
72 Begr. RegE, BT-Drs. 14/6040, 131.
73 BT-Drs. 14/6040, 131; PWW/*Schmidt-Kessel/Kramme* § 275 Rn. 25; *Canaris* JZ 2001, 499 (503); *Looschelders* JuS 2010, 849 (853); einschr. *Picker* JZ 2003, 1035 (1044 ff.).

Sphäre des Schuldners stammt (zB anderweitiger Verkauf der Sache aufgrund schuldlosen Rechtsirrtums). Meist wird es aber doch gerechtfertigt sein, die Anforderungen an die gebotenen Anstrengungen des Schuldners bei fehlendem Vertretenmüssen deutlich herabzusenken.

Fraglich ist, welche Anstrengungen der Schuldner entfalten muss, wenn der Leistungsgegenstand ohne sein Verschulden von Dritten **entwendet** worden ist.[74] Das Problem dürfte sich indessen dadurch entschärfen lassen, dass man § 275 II nur anwendet, wenn eine *realistische* Möglichkeit besteht, die Sache zurückzuerlangen. Ansonsten liegt echte Unmöglichkeit iSv § 275 I vor. Der Schuldner muss also nicht »ins Blaue hinein« Detektive damit beauftragen, den Verbleib der gestohlenen Sache zu klären. Auch hiernach ist § 275 II aber anwendbar, wenn der Dieb oder Hehler dem Schuldner anbietet, die Sache gegen Zahlung von Lösegeld zurückzugeben.[75] Ob der Schuldner gegenüber dem Gläubiger verpflichtet ist, sich einer Erpressung zu beugen, erscheint allerdings zweifelhaft.

Trotz der Sonderregelung für die Nacherfüllung in § 439 IV kann § 275 II auch für den **Nacherfüllungsanspruch** im Kaufrecht aus §§ 437 Nr. 1, 439 (→ SchuldR BT § 4 Rn. 3 ff.) Bedeutung gewinnen. Weist die Kaufsache lediglich einen geringfügigen Mangel auf, der sich selbst mit einem sehr hohen Aufwand nur partiell beseitigen lässt, so ist der Anspruch auf Nachbesserung im Regelfall schon nach § 275 II ausgeschlossen.[76] Dies gilt jedenfalls dann, wenn der Verkäufer den Mangel nicht zu vertreten hat und den Interessen des Käufers durch die anderen Gewährleistungsrechte (Rücktritt, Minderung) ausreichend Rechnung getragen werden kann.[77] Die Berücksichtigung von Schadensersatzansprüchen erscheint in diesem Zusammenhang allerdings problematisch, weil der Schuldner sich bei einem Vertretenmüssen sonst entgegen § 275 II 2 leichter auf den Ausschluss der primären Leistungspflicht berufen könnte als in dem Fall, dass er den Eintritt des Leistungshindernisses nicht zu vertreten hätte.[78]

3. Besonderheiten bei Gattungsschulden

Bei Gattungsschulden ist § 275 II besonders zurückhaltend anzuwenden.[79] Im Rahmen der Abwägung muss hier gem. § 275 II 2 berücksichtigt werden, dass der Schuldner das **Beschaffungsrisiko** übernommen und etwaige Leistungshindernisse deshalb nach § 276 ohne Verschulden zu *vertreten* hat (→ § 23 Rn. 29 ff.). Da das Beschaffungsrisiko nicht grenzenlos ist, kann die Einrede der groben Unverhältnismäßigkeit des Leistungsaufwands aber auch bei Gattungsschulden relevant werden.[80]

> **Beispiel** (RGZ 57, 116): Der K kauft von V 1.000 Zentner Baumwollsaatmehl der Marke »Eichenlaub«. Das Mehl wird nach einem geheimen technischen Verfahren mit eigens dazu konstruierten Maschinen in der Mühle des X hergestellt. Kurz nach Abschluss des Kaufvertrags brennt die Mühle des X ab. Alle dort gelagerten Vorräte des Mehls Marke »Eichenlaub«

---

74 Vgl. NK-BGB/*Dauner-Lieb* § 275 Rn. 48; *Canaris* JZ 2001, 499 (502).
75 Die Problematik kann insbesondere beim Diebstahl von Kunstgegenständen auftreten, da solche Gegenstände für die Täter schlecht anderweitig zu verkaufen sind; vgl. dazu (aus strafrechtlicher Sicht) BGHSt 26, 346 mit Aufsatz *Trunk* JuS 1985, 944 ff.
76 Vgl. BGHZ 163, 234 (245 ff.): Korrektur des äußeren Erscheinungsbilds eines O-beinigen Dackels.
77 Zur Bedeutung dieser Aspekte BeckOK BGB/*Lorenz*, 54. Ed. 1.5.2020, § 275 Rn. 61.
78 Vgl. MüKoBGB/*Ernst* § 275 Rn. 86; *Harke* SchuldR AT Rn. 216.
79 So auch *Harke* SchuldR AT Rn. 216; aA *Schlechtriem/Schmidt-Kessel* SchuldR AT Rn. 483.
80 Vgl. *Joussen* SchuldR I Rn. 395; *Canaris* JZ 2001, 499 (502f.).

werden vernichtet. Kurz vor dem Brand sind aber noch 2.000 Zentner des Mehls an verschiedene andere Käufer ausgeliefert worden. K verlangt von V Lieferung des Mehls. Zu Recht? Da nicht die gesamte Gattung untergegangen ist, liegt keine echte Unmöglichkeit nach § 275 I vor. Der Leistungsanspruch des K ist aber nach § 275 II erloschen. Der V hat nur das Risiko übernommen, das Mehl von X zu beschaffen. Es ist ihm nicht zumutbar, sich um den Erwerb des Mehls von anderen Käufern zu bemühen.

4. Abgrenzung zur Äquivalenzstörung

25 Die Einrede nach § 275 II weist eine gewisse Nähe zu dem Fall auf, dass die Leistung dem Schuldner aufgrund einer Verschiebung des Wertverhältnisses von Leistung und Gegenleistung nicht zumutbar ist. Da das RG solche Äquivalenzstörungen zunächst unter dem Aspekt der Unmöglichkeit behandelt hatte,[81] wird auch heute noch häufig von »wirtschaftlicher Unmöglichkeit« gesprochen.[82] Der Sache nach ist aber anerkannt, dass diese Fälle nicht nach § 275 II, sondern nach den Regeln über die **Störung der Geschäftsgrundlage** (§ 313) zu behandeln sind (→ § 37 Rn. 21 ff.). Der Unterschied zwischen beiden Instituten besteht darin, dass sich die Verhältnismäßigkeitsprüfung bei § 275 II allein auf das Interesse des Gläubigers am Erhalt der Leistung in Natur bezieht. Grobe Unverhältnismäßigkeit iSd § 275 II liegt vor, wenn der für die Erbringung der Leistung in Natur erforderliche Aufwand in einem krassen Missverhältnis zum *Interesse des Gläubigers am Erhalt dieser Leistung* steht.[83] Da die Unverhältnismäßigkeit nur den Erfüllungsanspruch betrifft, bleibt ein etwaiger Schadensersatzanspruch des Gläubigers unberührt (vgl. § 275 IV). Bei § 313 stehen dagegen die Interessen des Schuldners im Vordergrund. Zu prüfen ist, ob der für die Leistung notwendige Aufwand in einem *Missverhältnis zum Gegenleistungsanspruch* steht.[84] Bei einem solchen Missverhältnis ist die vertragliche Risikoverteilung im Ganzen gestört; daher kommt auch kein Schadensersatzanspruch des Gläubigers in Betracht.

Beispiel: Nach Abschluss des Kaufvertrags erhöht sich der Weltmarktpreis für den geschuldeten Gegenstand (zB Rohöl) drastisch. Der Verkäufer muss deshalb erheblich mehr Geld aufwenden, um den Gegenstand am Markt zu beschaffen. Das Leistungsinteresse des Käufers bezieht sich auf den Erhalt des geschuldeten Gegenstands. Wenn dessen Preis sich erhöht, steigt auch der Wert des Leistungsinteresses. Das Verhältnis von Aufwand und Leistungsinteresse bleibt damit ausgewogen. Dies ist der entscheidende Unterschied zu den Fällen des § 275 II, in denen das Missverhältnis dadurch entsteht, dass sich der für den Schuldner erforderliche *Aufwand* deutlich erhöht, während das *Leistungsinteresse* des Gläubigers konstant bleibt.[85] So wird das Leistungsinteresse des Gläubigers im »Ring-Fall« nicht dadurch verstärkt, dass der Ring auf den Meeresboden gesunken ist. Im »Rohöl-Fall« tritt dagegen ein Missverhältnis von Aufwand und Gegenleistung ein. Auf ein solches Missverhältnis kann jedoch allenfalls dadurch reagiert werden, dass man den Gegenleistungsanspruch nach § 313 dem höheren Marktpreis anpasst.

---

81 Vgl. Soergel/*Teichmann* § 242 Rn. 206.
82 Vgl. MüKoBGB/*Ernst* § 275 Rn. 100; *Medicus/Lorenz* SchuldR AT Rn. 415.
83 HK-BGB/*Schulze* § 313 Rn. 8; *Eidenmüller* JURA 2001, 824 (832).
84 Zur Abgrenzung vgl. Palandt/*Grüneberg* § 275 Rn. 29; *Canaris* JZ 2001, 499 (505); *v. Wilmowsky* Beil. JuS 1/2002, 1 (8); krit. *Harke* SchuldR AT Rn. 216; *Picker* JZ 2003, 1035 (1046).
85 Vgl. *Unberath*, Die Vertragsverletzung, 2007, 282; *Looschelders* JuS 2010, 849 (854).

IV. Persönliche Unzumutbarkeit

§ 275 III regelt die Leistungsbefreiung aufgrund **persönlicher Unzumutbarkeit**. Es handelt sich um eine Sondervorschrift für Schuldverhältnisse, in denen der Schuldner die **Leistung persönlich zu erbringen** hat (zB Arbeitsverträge, sonstige Dienstverträge; → § 12 Rn. 5f.). Hier hält es der Gesetzgeber für angebracht, zugunsten des Schuldners auch solche Leistungshindernisse zu berücksichtigen, die in seinen persönlichen Verhältnissen wurzeln.[86] Die Ausweitung des Leistungsverweigerungsrechts lässt sich damit rechtfertigen, dass die Durchsetzung persönlicher Leistungspflichten mit einem besonders schweren Eingriff in die allgemeine Handlungsfreiheit des Schuldners verbunden ist.[87] Erhebt der Schuldner die *Einrede* nach § 275 III, so kann er die Leistung verweigern, wenn sie ihm aufgrund seiner besonderen persönlichen Situation unzumutbar ist.[88]

26

Soweit die Leistung **nicht persönlich** erbracht werden muss (zB bei Kaufverträgen), wird teilweise eine analoge Anwendung des § 275 III in Betracht gezogen.[89] Hiergegen spricht jedoch, dass der Gesetzgeber den Anwendungsbereich des § 275 III bewusst auf persönliche Leistungspflichten beschränkt hat. In den übrigen Fällen kann die Unzumutbarkeit der Leistung für den Schuldner aus Gewissensgründen oder anderen ideellen Gründen daher nur im Rahmen des § 242 (→ § 4 Rn. 23) oder des § 313 berücksichtigt werden.[90]

1. Voraussetzungen

§ 275 III setzt zunächst eine **persönliche Leistungspflicht** voraus. Erforderlich ist weiter, dass die Erbringung der Leistung dem Schuldner aus persönlichen Gründen **nicht zumutbar** ist. Die Unzumutbarkeit ist durch Abwägung zwischen dem Gewicht des Leistungshindernisses und dem Leistungsinteresse des Gläubigers zu bestimmen. Ebenso wie bei § 275 II wird das Leistungshindernis nur als *Einrede* berücksichtigt. Dem Schuldner soll auch hier unbenommen sein, die Leistung gleichwohl zu erbringen.

27

Auch persönliche Leistungshindernisse können nur in **Ausnahmefällen** den Ausschluss der Leistungspflicht rechtfertigen.[91] Die Gesetzesbegründung nennt einige prägnante Beispiele. So soll die Sängerin den Auftritt verweigern können, um für ihr lebensgefährlich erkranktes Kind zu sorgen. Ein Arbeitnehmer darf seiner Arbeit fernbleiben, wenn er in seinem Heimatstaat zum Wehrdienst einberufen ist und bei Missachtung der Einberufung mit der Todesstrafe rechnen muss.[92] Auf der anderen Seite enthält die Gesetzesbegründung aber auch so alltägliche Beispiele wie den notwendigen Arztbesuch des Arbeitnehmers während der Arbeitszeit, die Versorgung schwer erkrankter Angehöriger und die Ladung zu Behörden und Gerichtsterminen. Es er-

---

86 Begr. RegE, BT-Drs. 14/6040, 130.
87 Vgl. *Harke* SchuldR AT Rn. 219; *Looschelders* JuS 2010, 849 (854).
88 Vgl. BAG NJW 2016, 1754 Rn. 26.
89 So MüKoBGB/*Ernst* § 275 Rn. 114; Soergel/*Ekkenga/Kuntz* § 275 Rn. 181.
90 So auch BeckOGK/*Riehm*, 1.2.2020, BGB § 275 Rn. 267; HK-BGB/*Schulze* § 313 Rn. 9.
91 So auch NK-BGB/*Dauner-Lieb* § 275 Rn. 58; *Brox/Walker* SchuldR AT § 22 Rn. 22ff.; *Looschelders* JuS 2010, 849 (854).
92 BT-Drs. 14/6040, 130; *Medicus/Lorenz* SchuldR AT Rn. 417.

scheint daher sachgerecht, sich auch bei der Anwendung des § 275 III von der Beschränkung auf existentielle Extremfälle zu lösen.[93]

2. Leistungsverweigerung aus Gewissensgründen

28 Besondere Probleme bereitet die Einordnung der Leistungsverweigerung aus Gewissensgründen. Repräsentativ sind der Briefträger, der es nicht mit seinem Gewissen vereinbaren kann, Postwurfsendungen einer rechtsextremen Partei oder einer religiösen Sekte auszutragen,[94] sowie der in der pharmakologischen Forschung tätige Arzt, der nicht an der Erforschung von Medikamenten mitwirken will, mit denen im Kriegsfall Soldaten wieder einsatzfähig gemacht werden können.[95] In solchen Fällen kann es geboten sein, der **Gewissensfreiheit** (Art. 4 I GG) den Vorrang einzuräumen (→ § 4 Rn. 23). Dies gilt jedenfalls dann, wenn der Konflikt bei Vertragsschluss *nicht vorhersehbar* war.[96] Soweit es um persönliche Leistungspflichten geht, ist § 275 III anwendbar.[97] Im Übrigen muss auf § 242 oder § 313 zurückgegriffen werden.

> **Zur Vertiefung:** In der Literatur wird teilweise die Auffassung vertreten, dass die *Leistungsverweigerung aus Gewissensgründen* auch bei persönlichen Leistungspflichten im Rahmen des § 242 oder des § 313 zu lösen sei.[98] Dabei wird unter anderem auf die Gesetzesbegründung verwiesen.[99] Die einschlägige Passage der Gesetzesbegründung bezieht sich indes nicht auf § 275 III, sondern auf § 275 II.[100] Bei § 275 II spielen persönliche Umstände in der Tat keine Rolle. Mit Blick auf § 275 III stellt die Gesetzesbegründung dagegen klar, dass persönliche Umstände des Schuldners schon unter dem Aspekt des Ausschlusses der Leistungspflicht zu berücksichtigen sind. Diese Erwägung trifft auch auf Gewissensgründe zu. § 275 III ist daher auch hier anwendbar.

V. Rechtsfolgen

29 Liegen die Voraussetzungen des § 275 I vor oder verweigert der Schuldner nach § 275 II, III die Leistung, so ist der **Anspruch** des Gläubigers **auf die primäre Leistung** ausgeschlossen. Es stellt sich damit die Frage, welche Ansprüche und Rechte dem Gläubiger stattdessen zustehen. § 275 trifft hierzu keine unmittelbare Regelung, sondern verweist in Abs. 4 auf die §§ 280, 283–285, 311a und 326. Damit wird klargestellt, dass der Ausschluss der Primärleistungspflicht nicht die einzige Rechtsfolge der Unmöglichkeit ist.[101] Da die Ansprüche und Rechte des Gläubigers bei Unmöglichkeit im Wesentlichen in die Pflichtverletzungskonzeption des neuen Leistungsstörungsrechts integriert worden sind, sollen sie im zweiten und dritten Abschnitt (→ § 27 Rn. 42 ff. und → § 35 Rn. 1 ff.) im Zusammenhang mit den entsprechenden An-

---

93 Vgl. *Looschelders* JuS 2010, 849 (854); aA MüKoBGB/*Ernst* § 275 Rn. 121; *Brox/Walker* SchuldR AT § 22 Rn. 22.
94 Vgl. BVerwG NJW 2000, 88 – Scientology.
95 Vgl. BAG JZ 1990, 139 (140).
96 Vgl. *Muckel* NJW 2000, 689 (690).
97 So auch HK-BGB/*Schulze* § 313 Rn. 9; MüKoBGB/*Ernst* § 275 Rn. 117; Staudinger/*Caspers*, 2019, § 275 Rn. 108; *Brox/Walker* SchuldR AT § 22 Rn. 22; *Weiler* SchuldR AT § 19 Rn. 23.
98 Vgl. Jauernig/*Stadler* § 275 Rn. 30.
99 BT-Drs. 14/6040, 130: »Auch Fälle der Leistungsverweigerung aus Gewissensgründen lassen sich nicht über § 275 Absatz 2 Satz 1 RE, sondern nur über § 313 oder über die Anwendung von Treu und Glauben lösen«.
100 Staudinger/*Looschelders/Olzen*, 2019, § 242 Rn. 272.
101 Vgl. BT-Drs. 14/6040, 131.

sprüchen und Rechten des Gläubigers bei anderen Leistungsstörungen dargestellt werden.

Literatur: *Arnold,* Die vorübergehende Unmöglichkeit nach der Schuldrechtsreform, JZ 2002, 866; *Bernhard,* Das grobe Missverhältnis in § 275 Abs. 2 BGB, JURA 2006, 801; *Beuthien,* Zweckerreichung und Zweckstörung im Schuldverhältnis, 1969; *Canaris,* Die Behandlung nicht zu vertretender Leistungshindernisse nach § 275 Abs. 2 beim Stückkauf, JZ 2004, 214; *Canaris,* Die Bedeutung des Übergangs der Gegenleistungsgefahr im Rahmen von § 243 II BGB und § 275 II BGB, JuS 2007, 793; *Däubler,* Die vorübergehende Unmöglichkeit der Leistung, FS Heldrich, 2005, 55; *Dubovitskaya,* Absolute Fixgeschäfte, AcP 215 (2015), 581; *Freitag,* Rechtsfolgen der Unmöglichkeit und Unzumutbarkeit der Leistung, NJW 2014, 113; *Grunewald,* Vorschläge für eine Neuregelung der anfänglichen Unmöglichkeit und des anfänglichen Unvermögens, JZ 2001, 433; *Kohler,* Bestrittene Leistungsunmöglichkeit und ihr Zuvertretenhaben bei § 275 BGB – Prozesslage und materielles Recht, AcP 205 (2005), 93; *Lobinger,* Die Grenzen rechtsgeschäftlicher Leistungspflichten, 2004; *Löhnig,* Die Voraussetzungen des Leistungsverweigerungsrechts nach § 275 Abs. 2 BGB, ZGS 2005, 459; *Looschelders,* Unmöglichkeit – ein Störenfried in der Dogmatik des deutschen Leistungsstörungsrechts?, in Remien, Schuldrechtsmodernisierung und Europäisches Vertragsrecht, 2008, 63; *Looschelders,* Unmöglichkeit und Schadensersatz statt der Leistung, JuS 2010, 849; *Looschelders,* Unmöglichkeit als Leistungsstörungskategorie, in Artz/Gsell/Lorenz, Zehn Jahre Schuldrechtsmodernisierung, 2014, 213; *Medicus,* Bemerkungen zur »vorübergehenden Unmöglichkeit«, FS Heldrich, 2005, 347; *Musielak,* Der Ausschluss der Leistungspflicht nach § 275 BGB, JA 2011, 801; *Nauen,* Leistungserschwerung und Zweckvereitelung im Schuldverhältnis, 2019; *Picker,* Schuldrechtsreform und Privatautonomie – Zur Neuregelung der Schuldnerpflichten bei zufallsbedingter Leistungsstörung nach § 275 Abs. 2 und § 313 BGB, JZ 2003, 1035; *Picker,* Befreiung von der Primärleistungspflicht bei Leistungserschwerung, in Artz/Gsell/Lorenz, Zehn Jahre Schuldrechtsmodernisierung, 2014, 1; *Riehm,* Corona und das Allgemeine Leistungsstörungsrecht, in Effer-Uhe/Mohnert, Vertragsrecht in der Coronakrise, 2020, 11; *P. Schmidt,* Die Unmöglichkeit der Erfüllung in Ansehung der Zeit, 2007; *Scholl,* Die Unzumutbarkeit der Arbeitsleistung nach § 275 Abs. 3 BGB, JURA 2006, 283; *Schwarze,* Unmöglichkeit, Unvermögen und ähnliche Leistungshindernisse im neuen Leistungsstörungsrecht, JURA 2002, 73; *Schwarze,* »Steht und fällt« – Das Rätsel der relativen Fixschuld, AcP 207 (2007), 437; *Stürner,* »Faktische Unmöglichkeit« (§ 275 II BGB) und Störung der Geschäftsgrundlage (§ 313 BGB) – unmöglich abzugrenzen?, JURA 2010, 721; *Thomale,* Die Einrede als materielles Gestaltungsrecht, AcP 212 (2012), 920; *Weller/Lieberknecht/Habrich,* Virulente Leistungsstörungen – Auswirkungen der Corona-Krise auf die Vertragsdurchführung, NJW 2020, 1017; *Windel,* »Unsinnige«, rechtlich unmögliche und verbotswidrige Leistungsversprechen, ZGS 2003, 466; *Zwirlein,* Das Leistungsverweigerungsrecht aus § 275 II 1 BGB, JA 2016, 252. Vgl. außerdem die Nachweise zu § 20.

5. Teil. Störungen im Schuldverhältnis

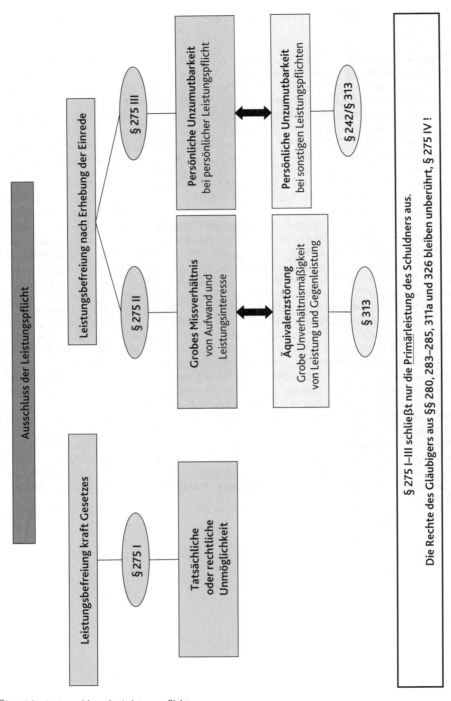

Übersicht 1: Ausschluss der Leistungspflicht

§ 22 Die Pflichtverletzung

I. Begriff der Pflichtverletzung

Für den Schadensersatzanspruch (§§ 280 ff.) und das Rücktrittsrecht des Gläubigers (§§ 323 ff.) stellt die Pflichtverletzung des Schuldners das zentrale Element dar (→ § 20 Rn. 12 ff.). Der Begriff der **Pflichtverletzung** wird sehr weit verstanden. Erfasst wird jedes *objektiv* nicht dem Pflichtenkreis und damit nicht dem Schuldverhältnis entsprechende Verhalten des Schuldners.[102] Die Art der verletzten Pflicht ist zunächst einmal irrelevant. Bei der Feststellung der Pflichtverletzung kommt es auch nicht darauf an, ob der Schuldner das infrage stehende Verhalten zu vertreten hat.[103] Soweit es auf ein **Vertretenmüssen** ankommt (§ 280 I 2), handelt es sich um eine zusätzliche Voraussetzung, die nach §§ 276, 278 gesondert zu prüfen ist.

1

> **Zur Vertiefung:** Der Begriff der Pflichtverletzung ist in der Literatur als missverständlich kritisiert worden, weil er Assoziationen zum Verschuldenserfordernis wecke. Stattdessen ist vorgeschlagen worden, den Begriff der *Nichterfüllung* als Grundelement des Leistungsstörungsrechts zu verwenden.[104] Der Gesetzgeber ist dem jedoch nicht gefolgt. Maßgeblich war unter anderem die Erwägung, dass die Verletzung nicht leistungsbezogener Nebenpflichten (Schutzpflichten) schlecht unter den Begriff der Nichterfüllung gefasst werden könne.[105] Dieser Einwand ist zwar zutreffend; er zeigt aber auch das Dilemma, einen aussagekräftigen und doch für sämtliche Fallgruppen passenden Oberbegriff zu finden. In der Literatur wird daher teilweise dafür plädiert, den Tatbestand des § 280 I um die Kategorie der Nichterfüllung zu ergänzen.[106]

Da der Begriff der Pflichtverletzung (nahezu) alle Erscheinungsformen der Leistungsstörung abdecken soll, ist er sehr abstrakt und damit wenig aussagekräftig. Bei der notwendigen Konkretisierung kann man sich an den **Fallgruppen** orientieren, die der Gesetzgeber in den §§ 281–283 und §§ 323, 324, 326 herausgestellt hat. Nach der Systematik des Gesetzes *muss* diese Unterscheidung zwar nur beim Schadensersatz statt der Leistung sowie beim Rücktritt bzw. Wegfall der Gegenleistungspflicht zugrunde gelegt werden. Bei den übrigen Schadenskategorien (einfacher Schadensersatz, Verzögerungsschaden) ist sie jedoch *hilfreich*, um dem Rechtsanwender die Voraussetzungen des jeweiligen Anspruchs zu verdeutlichen.

2

II. Verzögerung der Leistung

Ein praktisch sehr wichtiger Fall der Leistungsstörung besteht darin, dass »der Schuldner die fällige Leistung nicht (rechtzeitig) erbringt« (§§ 281 I 1 Alt. 1, 323 I Alt. 1). Mit § 280 II kann auch von einer »Verzögerung der Leistung« gesprochen werden (wobei es aber nicht darauf ankommt, ob die Leistung letztlich doch erbracht wird). Die **Verzögerung der Leistung** als Form der Pflichtverletzung ist nicht mit dem *Verzug* des Schuldners identisch. Der Verzug hat vielmehr nach § 286 zusätzliche Voraussetzungen, die nach § 280 II nur vorliegen müssen, wenn der Gläubiger den Ersatz des *Ver-*

3

---

102 Vgl. BT-Drs. 14/6040, 135; NK-BGB/*Dauner-Lieb* § 280 Rn. 27.
103 Vgl. BT-Drs. 14/6040, 135.
104 Vgl. *Huber* Leistungsstörungen I § 1 I 2; *Huber* ZIP 2000, 2273 (2276).
105 BT-Drs. 14/6040, 134. Zur Terminologie vgl. auch Palandt/*Grüneberg* § 280 Rn. 3; *Medicus* JuS 2003, 521 (527); *Looschelders* RabelsZ 68 (2004), 774 f.
106 So etwa *Harke* SchuldR AT Rn. 225.

zögerungsschadens verlangt (→ § 26 Rn. 1 ff.). Zu beachten ist allerdings, dass nicht jede Verzögerung bzw. Nichtleistung vorschnell als Pflichtverletzung qualifiziert werden darf. Folgende Punkte sind vielmehr zu prüfen.

1. Wirksamkeit, Fälligkeit und Durchsetzbarkeit des Anspruchs

4 Die Nichtleistung ist nur **pflichtwidrig**, wenn dem Gläubiger ein wirksamer, fälliger und durchsetzbarer Anspruch auf die Leistung zusteht. Vor der Schuldrechtsreform wurden diese Voraussetzungen allein unter dem Aspekt des *Verzugs* geprüft. Nach geltendem Recht sind sie jedoch auch für den Schadensersatz statt der Leistung nach §§ 280 I, III, 281 I 1 Alt. 1 und den Rücktritt nach § 323 I 1 Alt. 1 relevant.[107]

Der Anspruch des Gläubigers muss **wirksam** entstanden sein und nach wie vor bestehen. Ist die Leistungspflicht des Schuldners nach § 275 ausgeschlossen, so gelten allein die Regeln über die *Unmöglichkeit*.

Der Anspruch muss **fällig** sein. Die Fälligkeit beurteilt sich nach § 271. Haben die Parteien keine besondere Vereinbarung getroffen, so ist der Anspruch grundsätzlich *sofort* fällig.

5 Welche Auswirkungen das **Bestehen einer Einrede** auf die Pflichtwidrigkeit der Nichtleistung hat, kann nicht einheitlich beurteilt werden. Ausgangspunkt der Überlegungen muss die Feststellung sein, dass das bloße Bestehen einer Einrede den Gläubiger hindert, seinen Anspruch **durchzusetzen.** Vor Gericht wird die Einrede zwar nur berücksichtigt, wenn der Schuldner sich spätestens im Prozess darauf beruft. Dies ändert jedoch nichts daran, dass die Durchsetzbarkeit des Anspruchs schon bei Entstehung der Einrede aufgehoben war. Die Nichtleistung war dann aber von vornherein nicht pflichtwidrig. Die Erhebung der Einrede wirkt damit auf den Zeitpunkt zurück, zu welchem die Einrede entstanden ist.[108]

6 Besondere Regeln gelten für das Zurückbehaltungsrecht nach § 273 (→ § 15 Rn. 1 ff.) und die Einrede des nichterfüllten Vertrages nach § 320 (→ § 15 Rn. 14 ff.). Beim **Zurückbehaltungsrecht** stehen sich die gegenseitigen Ansprüche zunächst unverbunden gegenüber. Die Verknüpfung von Anspruch und Gegenanspruch wird erst durch Geltendmachung der Einrede hergestellt. Erst damit wird der Anspruch des Gläubigers im Hinblick auf seine Durchsetzbarkeit beschränkt. Die Ausübung des Zurückbehaltungsrechts wirkt damit nicht auf die Entstehung des Gegenanspruchs zurück, sondern schließt die Pflichtwidrigkeit nur für die Zukunft aus. Sonst wäre auch das Recht des Gläubigers entwertet, die Einrede nach § 273 III durch Sicherheitsleistung abzuwenden.[109]

7 Bei der **Einrede des nichterfüllten Vertrages** kann der Gläubiger das Leistungsverweigerungsrecht des Schuldners nicht durch Sicherheitsleistung ausschließen (vgl. § 320 I 3). Die Verknüpfung von Anspruch und Gegenanspruch ist hier so eng, dass der Schuldner die Leistung nur dann erbringen muss, wenn der Gläubiger die geschuldete Gegenleistung tatsächlich anbietet (→ § 15 Rn. 16);[110] dass der Gläubiger zur Leis-

---

107 Vgl. BGH NJW 2013, 1431 Rn. 20; Palandt/*Grüneberg* § 281 Rn. 8 und § 323 Rn. 11; *v. Wilmowsky* Beil. JuS 1/2001, 1 (6).
108 Vgl. *Larenz* SchuldR I § 23 Ic; *Medicus/Petersen* BürgerlR Rn. 219a.
109 *Larenz* SchuldR I § 23 Ic; *Brox/Walker* SchuldR AT § 13 Rn. 20.
110 BGH NJW 1996, 923 (924); MüKoBGB/*Ernst* § 286 Rn. 25.

tung bereit und imstande war, genügt nicht.[111] Das Angebot der Gegenleistung durch den Gläubiger ist eine materielle Voraussetzung für die Leistungspflicht des Schuldners. Liegt diese Voraussetzung nicht vor, so ist die Nichtleistung nicht pflichtwidrig. Dies gilt unabhängig davon, ob der Schuldner sich auf die Einrede beruft.[112] Im *Prozess* wird das Leistungsverweigerungsrecht allerdings nur berücksichtigt, sofern es vom Schuldner geltend gemacht wird.[113]

2. Nicht rechtzeitige Erbringung der Leistung

Erforderlich ist, dass der Schuldner die geschuldete Leistung **nicht rechtzeitig** erbracht hat. Für die Rechtzeitigkeit der Leistung kommt es nach hM im Allgemeinen auf den Zeitpunkt an, zu welchem der Schuldner das seinerseits Erforderliche getan hat, um die Leistung zu bewirken. Entscheidend ist also die Vornahme der **Leistungshandlung, nicht der Eintritt des Leistungserfolges**.[114] Welche Handlung erforderlich ist, hängt von der Art der Schuld ab. Bei einer *Schickschuld*, zB einem Versendungskauf (→ § 13 Rn. 17) genügt die rechtzeitige Übergabe der Kaufsache an den Spediteur.[115] Bei einer *Bringschuld* muss die Sache rechtzeitig am Wohnsitz des Gläubigers angeboten werden. Problematisch erscheint der Fall, dass der Leistungserfolg nicht eintritt, obwohl der Schuldner die Leistungshandlung rechtzeitig vorgenommen hat. In diesem Fall scheidet ein Schadensersatzanspruch des Gläubigers aus §§ 280 I, II, 286 bzw. §§ 280 I, III, 281 mangels Vertretenmüssens aus; ein Rücktritt nach § 323 bleibt aber möglich.[116] Im Einzelfall muss allerdings genau geprüft werden, welche Partei das Risiko des Nichteintritts des Erfolgs trägt. Kann der Erfolg endgültig nicht mehr eintreten, so sind die Vorschriften über die Unmöglichkeit anzuwenden.

Bei Zahlung von **Geldschulden** durch *Banküberweisung* hat der Schuldner die Überweisung so rechtzeitig auf den Weg zu bringen, dass er mit einer fristgerechten Gutschrift des Betrages auf dem Konto des Gläubigers rechnen darf.[117] Wird der Betrag dem Gläubiger gleichwohl nicht rechtzeitig gutgeschrieben, muss der Schuldner dafür nur einstehen, wenn ihm die Gründe für die Verzögerung zurechenbar sind (zB fehlende Deckung des eigenen Kontos oder Angabe falscher Kontodaten). Außergewöhnliche Verzögerungen gehen dagegen nicht zulasten des Schuldners. Hier fehlt es zumindest an dem für den Verzug nach § 286 IV erforderlichen **Vertretenmüssen** (→ § 12 Rn. 20).[118]

III. Schlechtleistung

1. Allgemeines

Die zweite wichtige Erscheinungsform der Pflichtverletzung ist die **Schlechtleistung**. § 281 I 1 Alt. 2 beschreibt diese Fallgruppe dahingehend, dass der Schuldner die fällige

8

9

---

111 Palandt/*Grüneberg* § 320 Rn. 12; *Medicus/Lorenz* SchuldR AT Rn. 463.
112 *Huber* Leistungsstörungen I § 12 III 1c; *Medicus/Lorenz* SchuldR AT Rn. 463.
113 Brox/Walker SchuldR AT § 13 Rn. 18; HK-BGB/*Schulze* § 286 Rn. 5.
114 Vgl. Jauernig/*Stadler* § 286 Rn. 38; *Medicus/Lorenz* SchuldR AT Rn. 470; *Joussen* SchuldR I Rn. 520.
115 Soergel/*Huber* § 433 Rn. 113; Staudinger/*Bittner/Kolbe*, 2019, § 271 Rn. 29; vgl. auch BGHZ 12, 267.
116 Staudinger/*Schwarze*, 2019, § 281 Rn. B12.
117 Vgl. MüKoBGB/*Krüger* § 270 Rn. 25; PWW/*Zöchling-Jud* § 270 Rn. 7.
118 Vgl. *Medicus/Lorenz* SchuldR AT Rn. 470.

Leistung *nicht wie geschuldet* erbringt. Demgegenüber spricht § 323 I Alt. 2 davon, dass der Schuldner die fällige Leistung *nicht vertragsgemäß* erbringt. Der Gesetzgeber konnte hier anschaulicher formulieren, weil § 323 I nur für gegenseitige Verträge gilt.[119]

Die Kategorie der Schlechtleistung erfasst alle Fälle, in denen die Leistungsstörung auf der Schlechterfüllung einer **Hauptleistungspflicht** beruht.

> **Beispiele:** (1) Rechtsanwalt R führt den Prozess für den Mandanten M unsachgemäß. Daraufhin wird die (bei ordnungsgemäßer Prozessführung erfolgreiche) Klage des M abgewiesen. (2) Chirurg Dr. C unterläuft ein Fehler bei der Operation. Der Krankenhausaufenthalt des Patienten P verlängert sich infolgedessen um 2 Wochen.

Darüber hinaus geht es bei der Schlechtleistung auch um Fälle, in denen der Schuldner eine **Nebenleistungspflicht** nicht oder schlecht erfüllt.

> **Beispiele:** (1) Verkäufer V verpackt den verkauften Videorekorder nicht oder nicht sachgemäß. Dies hat zur Folge, dass das Gerät beim Transport beschädigt wird. (2) Der verkaufte Videorekorder wird ohne die dazu gehörende Gebrauchsanweisung geliefert. Käufer K ist deshalb nicht in der Lage, das Gerät in Betrieb zu nehmen.

2. Insbesondere: Gewährleistung für Sach- und Rechtsmängel

a) Die mangelhafte Leistung als Fall der Schlechtleistung

10 Ein wichtiger Fall der Schlechtleistung ist die **mangelhafte Leistung** im Kauf- und Werkvertragsrecht. Die Pflichtverletzung liegt hier darin, dass der Schuldner dem Gläubiger die Kaufsache bzw. das Werk entgegen den §§ 433 I 2, 633 I nicht frei von Sach- und Rechtsmängeln verschafft.

11 Die Gewährleistung im Kauf- und Werkvertragsrecht kann in diesem Buch nicht im Einzelnen behandelt werden. Insoweit muss auf die Darstellungen zum **Besonderen Schuldrecht** (→ SchuldR BT § 3 Rn. 1 ff. und § 34 Rn. 1 ff.) verwiesen werden. Da einige Regelungen in den §§ 280 ff., 323 ff. nur im Zusammenhang mit der Gewährleistung verständlich sind, soll aber ein kurzer Überblick über die einschlägigen kaufrechtlichen Vorschriften gegeben werden. Darlegungen zur Gewährleistung beim Werkvertrag sind nicht erforderlich, weil die dort maßgeblichen Vorschriften denen des Kaufrechts in den für das allgemeine Leistungsstörungsrecht entscheidenden Punkten entsprechen.

b) Sach- und Rechtsmängel im Kaufrecht

12 Was im *Kaufrecht* unter einem **Sachmangel** zu verstehen ist, wird in § 434 geregelt. Das Gesetz stellt dabei primär auf die Vereinbarungen und Zwecksetzungen der Parteien ab und folgt damit einem **subjektiven Fehler- bzw. Mangelbegriff**.[120] Danach kommt es in erster Linie darauf an, ob die Kaufsache bei Gefahrübergang (§§ 446, 447) die *vereinbarte* Beschaffenheit hat. Liegt keine Beschaffenheitsvereinbarung vor, so muss geprüft werden, ob sich die Sache für die *nach dem Vertrag vorausgesetzte Verwendung* bzw. die *gewöhnliche Verwendung* eignet und eine Beschaffenheit aufweist, die bei Sachen der gleichen Art *üblich* ist und die der Käufer nach der Art der

---

119 MüKoBGB/*Ernst* § 281 Rn. 13.
120 Vgl. NK-BGB/*Büdenbender* § 434 Rn. 6; HK-BGB/*Saenger* § 434 Rn. 1; *Medicus/Lorenz* SchuldR BT § 6 Rn. 6.

Sache erwarten kann. Die Lieferung einer anderen Sache (aliud) oder einer zu geringen Menge steht nach § 434 III dem Sachmangel gleich.

Nach § 435 liegt ein **Rechtsmangel** vor, wenn Dritte in Bezug auf die Sache Rechte gegen den Käufer geltend machen können, die im Vertrag nicht vorgesehen sind. Wichtigstes Beispiel ist die Belastung der Kaufsache mit beschränkten dinglichen Rechten Dritter (zB Pfandrecht). Demgegenüber begründet die **Nichtverschaffung des Eigentums** an der Kaufsache keinen Rechtsmangel.[121] Musterbeispiel ist der Verkauf einer fremden Sache, die dem Eigentümer abhandengekommen ist. Da ein gutgläubiger Erwerb des Eigentums nach § 935 I ausgeschlossen ist, sieht der Käufer sich zwar dem Herausgabeanspruch des Eigentümers aus § 985 ausgesetzt. Es handelt sich jedoch um einen Fall der Nichterfüllung, auf den das allgemeine Leistungsstörungsrecht (§§ 311a II, 326) *unmittelbar* anwendbar ist (→ SchuldR BT § 3 Rn. 47). 13

c) Die Rechte des Käufers

Die **Rechte des Käufers** bei Sach- und Rechtsmängeln sind in § 437 geregelt. Die Vorschrift ist keine eigenständige Anspruchsgrundlage, sondern beinhaltet eine **Rechtsgrundverweisung** auf die allgemeinen Ansprüche und Rechte des Gläubigers bei Pflichtverletzungen sowie die besonderen kaufrechtlichen Behelfe der Nacherfüllung (§ 439) und der Minderung (§ 441). 14

Ist die Kaufsache mit einem Sach- oder Rechtsmangel behaftet, so hat der Käufer primär einen Anspruch auf **Nacherfüllung** (§ 437 Nr. 1 iVm § 439). Als Nacherfüllung kann der Käufer gem. § 439 I nach seiner Wahl Beseitigung des Mangels (Nachbesserung) oder Lieferung einer mangelfreien Sache (Nach- oder Ersatzlieferung) verlangen. 15

Vom Vertrag **zurücktreten** kann der Käufer nach §§ 437 Nr. 2, 323 grundsätzlich erst, wenn eine von ihm gesetzte *Frist* zur Nacherfüllung fruchtlos abgelaufen ist. Das gleiche gilt für die Herabsetzung des Kaufpreises **(Minderung)** nach §§ 437 Nr. 2, 441, da dieses Recht nur unter den Voraussetzungen des Rücktritts geltend gemacht werden kann (»statt zurückzutreten«), sowie für den Fall, dass der Käufer **Schadensersatz statt der Leistung** verlangt (§§ 280 I, III, 281). Für Rücktritt und Schadensersatz statt der Leistung gelten damit im Prinzip die Regeln über die *Schlechtleistung*. Dies gilt insbesondere im Hinblick auf die Notwendigkeit und die etwaige Entbehrlichkeit einer Fristsetzung. 16

Die vorstehende Konzeption passt nur auf den Fall, dass der Mangel durch Nacherfüllung *behoben* werden kann. Trifft diese Voraussetzung nicht zu, so entfällt die Verpflichtung zur Nacherfüllung wegen Unmöglichkeit nach § 275 I. Das gleiche gilt, wenn der Verkäufer sich nach § 275 II, III darauf beruft, dass die Nacherfüllung einen unverhältnismäßigen Aufwand erfordert oder ihm aus persönlichen Gründen nicht zumutbar ist.[122] Da die mangelfreie Leistung nicht erbracht werden muss, passen die Regeln über die Schlechtleistung nicht. Insbesondere ist eine Fristsetzung zur Nacherfüllung von vornherein sinnlos. Für *irreparable Schlechtleistungen* gelten daher die Vorschriften über die Unmöglichkeit **(qualitative Unmöglichkeit)**.[123] Rechtstech- 17

---

121 BGH NJW 2007, 3777 (3779); Palandt/*Weidenkaff* § 435 Rn. 8; aA Jaurnig/*Berger* § 435 Rn. 5.
122 Vgl. Jauernig/*Berger* § 439 Rn. 21 ff.; *v. Wilmowsky* Beil. JuS 1/2002, 1 (9).
123 Vgl. *Medicus/Lorenz* SchuldR AT Rn. 335, 409, 434; *S. Lorenz* JZ 2001, 742 (743).

nisch wird dies dadurch verwirklicht, dass § 437 Nr. 2 und 3 für den Rücktritt und den Schadensersatz statt der Leistung (auch) auf die Vorschriften über die Unmöglichkeit (§§ 283, 311 a, 326 V) verweisen.

> **Beispiel** (RGZ 135, 339): Der Kunstsammler K sieht anlässlich eines Besuches in der Galerie des V das Gemälde »Eichen am Wasser«. V und K gehen davon aus, dass es sich um ein Werk des berühmten Meisters Jakob Isaaksohn van Ruisdael handelt. K kauft das Bild für 15.000 EUR. Später stellt sich heraus, dass das Bild nicht von Jakob Isaaksohn van Ruisdael stammt, sondern von dessen weit weniger berühmtem Vetter Jakob Samuelssohn van Ruysdael. Kann K vom Vertrag zurücktreten?
> Nach dem in § 434 verankerten subjektiven Fehlerbegriff (→ SchuldR BT § 3 Rn. 2ff.) besteht kein Zweifel, dass das Gemälde einen Sachmangel aufweist.[124] Dieser Mangel kann aber nicht durch Nacherfüllung behoben werden. Die Nachbesserung scheitert daran, dass niemand aus einem Gemälde von Jakob Samuelssohn van Ruysdael ein Gemälde von Jakob Isaaksohn van Ruisdael machen kann. Nachlieferung kommt nicht in Betracht, weil ein entsprechendes Gemälde von Jakob Isaaksohn nicht existiert. Es liegt also ein Fall von qualitativer Unmöglichkeit vor. Das Rücktrittsrecht des K beurteilt sich damit nach §§ 437 Nr. 2, 326 V.

d) Besonderheiten bei der Verjährung

18 Die Integration der kaufrechtlichen Gewährleistung in das allgemeine Leistungsstörungsrecht hat nicht zu einer vollständigen Angleichung beider Materien geführt. So unterliegen die Mängelansprüche des Käufers nicht den allgemeinen Verjährungsregeln der §§ 195ff., sondern der kürzeren Verjährung nach § 438. Die Verjährungsfrist beträgt danach in den meisten Fällen **zwei Jahre** (§ 438 I Nr. 3) und beginnt mit der **Ablieferung der Sache,** auch wenn der Käufer den Mangel wesentlich später entdeckt (→ SchuldR BT § 6 Rn. 1ff.). Demgegenüber beträgt die regelmäßige Verjährung nach §§ 195, 199 drei Jahre ab Ende des Jahres, in dem der Anspruch entstanden ist und der Gläubiger von den anspruchsbegründenden Umständen und der Person des Schuldners Kenntnis erlangt oder ohne grobe Fahrlässigkeit erlangen müsste, höchstens aber zehn bzw. 30 Jahre.

IV. Schutzpflichtverletzung

19 Die dritte Erscheinungsform der Pflichtverletzung besteht in der Verletzung einer **Schutzpflicht** nach § 241 II (vgl. §§ 282, 324). Es geht hier um Fälle, in denen die sonstigen Rechte, Rechtsgüter oder Interessen des Gläubigers verletzt werden (→ § 1 Rn. 21 f.). Der Eintritt einer solchen Verletzung spricht für sich genommen aber noch nicht dafür, dass der Schuldner eine entsprechende Schutzpflicht verletzt hat. Im Einzelfall muss vielmehr sorgfältig eruiert werden, worin genau die Pflichtverletzung besteht.[125]

20 Schutzpflichtverletzungen können bei der Durchführung eines bestehenden **Vertrages** eintreten. Repräsentativ ist der Maler, der bei der Ausführung der Arbeiten die Einrichtung des Auftraggebers verunreinigt oder beschädigt (→ § 20 Rn. 7). Große praktische Bedeutung hat die Verletzung von Schutzpflichten aber auch im Rahmen von **vorvertraglichen** Schuldverhältnissen. Denkbar ist schließlich, dass eine Schutzpflicht

---

124 Ob in solchen Fällen ein Sachmangel vorliegt, war auf der Grundlage des alten Rechts (§ 459 I aF) streitig (vgl. *Larenz* SchuldR II 1 § 41 Ia). Das RG hat das Vorliegen eines Sachmangels bejaht.
125 Vgl. MüKoBGB/*Ernst* § 280 Rn. 93ff.; *Canaris* JZ 2001, 499 (512).

verletzt wird, **nachdem** die Leistungspflichten aus dem Vertrag bereits vollständig erfüllt sind. Man spricht hier von *culpa post contractum finitum*.[126]

> **Beispiel:** Unternehmensberater U hat bei seiner Tätigkeit für die A-AG Kenntnisse von geheimen geschäftlichen Verhältnissen gewonnen. Nachdem der Vertrag mit der A-AG aufgelöst worden ist, verrät U die Geheimnisse an einen Konkurrenten.

V. Unmöglichkeit

Die letzte Form der Pflichtverletzung ist die Nichtleistung aufgrund von **Unmöglichkeit** (§§ 283, 326). Der Gesetzgeber hat diese Fallgruppe an das Ende der jeweiligen Normengruppe gestellt, um ihre vergleichsweise geringe praktische Bedeutung zu betonen.

1. Der Streit über den Inhalt der Pflichtverletzung

Nach der Konzeption des Gesetzes stellt nur die Nichtleistung aufgrund *nachträglicher* Unmöglichkeit (§ 283) eine **Pflichtverletzung** dar. Die Nichtleistung aufgrund *anfänglicher* Unmöglichkeit (§ 311a) wird nicht als Pflichtverletzung angesehen, weil hier von vornherein keine Leistungspflicht entstehe, die der Schuldner verletzen könnte (→ § 20 Rn. 16).

Worin bei nachträglicher Unmöglichkeit die Pflichtverletzung besteht, ist umstritten. Der Gesetzgeber sieht die Pflichtverletzung allein darin, dass die geschuldete **Leistung** aufgrund der Unmöglichkeit **nicht erbracht** wird; demgegenüber ist die Herbeiführung der Unmöglichkeit (zB durch unsorgfältigen Umgang mit der Kaufsache) eine Frage des Vertretenmüssens.[127] Dem wird in der Literatur entgegengehalten, die Nichtleistung könne auch bei nachträglicher Unmöglichkeit nicht pflichtwidrig sein, weil die Leistungspflicht nach § 275 ausgeschlossen sei. Die Pflichtverletzung könne deshalb nur darin liegen, dass der Schuldner das Leistungshindernis herbeiführt oder dessen Eintritt nicht abwendet.[128]

2. Würdigung

Der Meinungsstreit hat nicht nur dogmatische Bedeutung. Bei der praktischen Rechtsanwendung ist zu beachten, dass der Gläubiger die Pflichtverletzung beweisen muss. Die **Beweislast** für das (fehlende) Verschulden trifft dagegen nach § 280 I 2 den Schuldner (→ § 24 Rn. 9). Betrachtet man die Herbeiführung des Leistungshindernisses als Pflichtverletzung, so wäre die Beweislastumkehr des § 280 I 2 im Bereich der nachträglichen Unmöglichkeit beträchtlich entwertet.[129] Neben dem Willen des Gesetzgebers spricht also auch die Systematik des Gesetzes dafür, dass die Pflichtverletzung in der Nichtleistung aufgrund nachträglicher Unmöglichkeit liegt. Konstruktiv lässt sich

---

126 Vgl. *Medicus/Lorenz* SchuldR AT Rn. 5; *Bodewig* JURA 2005, 505 ff.; *Binder* AcP 211 (2011), 587 ff.
127 BT-Drs. 14/6040, 135 f.; ebenso NK-BGB/*Dauner-Lieb* § 283 Rn. 3 ff.; MüKoBGB/*Ernst* § 283 Rn. 4; Staudinger/*Schwarze*, 2019, § 283 Rn. 13; *Canaris* JZ 2001, 499 (512); *Looschelders* Unmöglichkeit 68 ff.
128 *Schapp/Schur*, Einführung in das Bürgerliche Recht, 4. Aufl. 2007, Rn. 276; *Harke* ZGS 2006, 9 (10); *Schwab* JuS 2002, 1 (3); *v. Wilmowsky* Beil. JuS 1/2002, 1 (14); vgl. auch *Harke* SchuldR AT Rn. 223 ff.
129 Vgl. NK-BGB/*Dauner-Lieb* § 283 Rn. 4; *Looschelders* FS Canaris I, 2007, 737 (738 ff.).

diese Sichtweise durch die Annahme rechtfertigen, dass § 283 S. 1 die Pflichtverletzung *fingiert*.[130] Die Vorschrift hat damit entgegen einer verbreiteten Auffassung[131] nicht nur klarstellende Bedeutung.[132]

3. Irrelevanz der Pflichtverletzung bei § 326

24 Bei der Regelung über das **Schicksal der Gegenleistungspflicht** im Fall der Unmöglichkeit (§ 326) fehlt eine Rückbindung an den Begriff der Pflichtverletzung (→ § 20 Rn. 16). Die Vorschrift erfasst deshalb sowohl die *anfängliche* als auch die *nachträgliche* Unmöglichkeit. Deutlich wird damit, dass eine einheitliche Erfassung der Unmöglichkeit durchführbar ist, sobald man sich von der Pflichtverletzung als Oberbegriff löst.

> **Literatur:** *Binder,* Nachsorgende Vertragspflichten?, AcP 211 (2011), 587; *Bodewig,* Vertragliche Pflichten »post contractum finitum«, JURA 2005, 505; *Gieseler,* Die Strukturen der Schlechterfüllung im Leistungsstörungsrecht, ZGS 2003, 408; *Harke,* Schadensersatz und Nacherfüllung, ZGS 2006, 9; *S. Lorenz,* Grundwissen Zivilrecht: Was ist eine Pflichtverletzung (§ 280 I BGB)?, JuS 2007, 213; *Wilhelm,* Die Pflichtverletzung nach dem neuen Schuldrecht, JZ 2004, 1055. Vgl. außerdem die Nachweise zu § 20 und § 21.

§ 23 Die Verantwortlichkeit des Schuldners

1 Für die Begründung von Schadensersatzansprüchen genügt nicht, dass der Schuldner eine Leistungs- oder Schutzpflicht verletzt hat; erforderlich ist vielmehr darüber hinaus, dass er für die Pflichtverletzung **verantwortlich** ist. Nach der deutschen Rechtstradition hängt die Verantwortlichkeit auch im Bereich der vertraglichen Haftung grundsätzlich vom *Verschulden* ab,[133] wobei das Verschuldensprinzip durch die Beweislastumkehr (§§ 280 I 2, 311a II 2) freilich deutlich eingeschränkt wird. Da es im Übrigen Fälle gibt, in denen der Schuldner ohne (eigenes) Verschulden haftet (zB § 278), spricht das Gesetz neutraler von »*Vertretenmüssen*« (vgl. § 280 I 2).

2 Die **Grundregel** für das Vertretenmüssen ist in § 276 geregelt. Ausgangspunkt ist die Haftung für *eigenes Verschulden.* Das Gesetz weist aber ausdrücklich auf die Möglichkeit einer *milderen* oder *strengeren* Haftung hin. Damit wird zum Ausdruck gebracht, dass es hier nicht nur um seltene Ausnahmefälle geht.[134] Die Einstandspflicht für *gesetzliche Vertreter* und *Erfüllungsgehilfen* ist in § 278 gesondert geregelt.

> **Hinweis:** Bei der Fallbearbeitung ist zu beachten, dass die §§ 276, 278 *keine eigenständigen Anspruchsgrundlagen* sind, sondern nur das Merkmal des Vertretenmüssens im Rahmen der einschlägigen Anspruchsnormen (zB § 280 I) ausfüllen.

---

130 Vgl. Begr. RegE, BT-Drs. 14/6040, 143, wonach § 283 S. 1 durch die Verweisung auf § 280 I klarstellt, dass die Annahme einer Pflichtverletzung nicht an § 275 scheitert.
131 Vgl. Jauernig/*Stadler* § 283 Rn. 1; PWW/*Schmidt-Kessel/Kramme* § 283 Rn. 1.
132 *Looschelders* JuS 2010, 849 (855).
133 Ausf. Staudinger/*Caspers,* 2019, § 276 Rn. 1 ff.
134 Vgl. MüKoBGB/*Grundmann* § 276 Rn. 171.

I. Haftung für eigenes Verschulden

Nach § 276 I 1 hat der Schuldner regelmäßig Vorsatz und Fahrlässigkeit zu vertreten. Das Gesetz folgt damit dem **Verschuldensprinzip**.

> **Zur Rechtsvergleichung:** Rechtsvergleichend betrachtet stehen sich bei der vertraglichen Haftung zwei Systeme gegenüber. Während die kontinentaleuropäischen Rechte (Deutschland, Frankreich etc) vom Verschuldensprinzip ausgehen, wird der Vertrag im anglo-amerikanischen Rechtskreis (England, USA etc) als Garantieversprechen verstanden; für die Haftung des Schuldners ist daher grundsätzlich kein Verschulden erforderlich.[135] Zu beachten ist jedoch, dass das Verschulden im deutschen und französischen Privatrecht objektiviert ist. Im französischen Recht kann der Schuldner sich bei bestimmten Verbindlichkeiten (»obligations de résultat«) sogar nur damit entlasten, dass die Leistungsstörung auf einem äußeren Ereignis oder höherer Gewalt beruht.[136] Umgekehrt gibt es auch im anglo-amerikanischen Recht (objektivierte) Umstände, welche die Haftung ausschließen. Das gleiche gilt für das UN-Kaufrecht (vgl. Art. 79), das grundsätzlich ebenfalls von einer Garantiehaftung ausgeht.[137] Bei der praktischen Rechtsanwendung gelangt man in beiden Systemen daher häufig zu gleichen Ergebnissen.

1. Vorsatz

Unter **Vorsatz** wird allgemein das *Wissen* und *Wollen* der Verwirklichung des objektiven Tatbestands verstanden.

Das Merkmal des **Wissens** setzt nicht voraus, dass der Schuldner sichere Kenntnis von den relevanten Tatsachen hat, es genügt, dass er die Verwirklichung des objektiven Tatbestands für *möglich* hält.[138]

> **Zur Vertiefung:** In der Literatur ist umstritten, ob der Vorsatz ein *aktuelles Unrechtsbewusstsein* voraussetzt, der Schuldner also wissen muss, dass er eine Pflicht aus dem Schuldverhältnis verletzt. Die hM bejaht die Notwendigkeit eines solchen Unrechtsbewusstseins. Ein Verbotsirrtum schließt danach den Vorsatz aus, auch wenn er vermeidbar ist *(Vorsatztheorie)*. Demgegenüber lässt der Verbotsirrtum im Strafrecht nach § 17 StGB den Vorsatz unberührt; der unvermeidbare Verbotsirrtum schließt allerdings die Schuld aus *(Schuldtheorie)*. In der Literatur wird teilweise gefordert, die strafrechtliche Konzeption auf das Zivilrecht zu übertragen. Inwieweit dem gefolgt werden kann, hängt von Sinn und Zweck der jeweiligen Norm ab.[139] Im Leistungsstörungsrecht ist schon deshalb an der Vorsatztheorie festzuhalten, weil die Existenz der verletzten Pflicht nach § 280 I 1 Teil des haftungsbegründenden Tatbestandes ist, auf den sich der Vorsatz beziehen muss.[140]

Das Merkmal des **Wollens** kann in verschiedenen Ausprägungen vorliegen. Denkbar ist, dass der Schuldner gerade die *Absicht* hat, den haftungsbegründenden Tatbestand zu verwirklichen. Häufiger ist, dass der Schuldner die reale Möglichkeit des Erfolgseintritts sieht und trotzdem handelt, die Verwirklichung des haftungsbegründenden Tatbestands also in Kauf nimmt. Man spricht dann von bedingtem Vorsatz *(dolus eventualis)*.[141]

---

135 Eing. dazu *Zweigert/Kötz*, Einführung in die Rechtsvergleichung, 3. Aufl. 1996, 481 ff.; *Unberath*, Die Vertragsverletzung, 2007, 331 ff.; vgl. auch BT-Drs. 14/6040, 131; Staudinger/*Caspers*, 2019, § 276 Rn. 4.
136 Vgl. *Hübner/Constantinesco* Einführung § 22 III.
137 Vgl. Staudinger/*Caspers*, 2019, § 276 Rn. 4; *Unberath*, Die Vertragsverletzung, 2007, 336.
138 MüKoBGB/*Grundmann* § 276 Rn. 156.
139 Staudinger/*Caspers*, 2019, § 276 Rn. 25 ff.
140 Vgl. *Huber* Leistungsstörungen I § 27 II 2a.
141 MüKoBGB/*Grundmann* § 276 Rn. 161.

> **Hinweis:** Eine genaue *Abgrenzung* der Vorsatzformen ist im Zivilrecht nicht erforderlich. Soweit Vorsatz überhaupt vorliegen muss (zB § 276 III), genügt dolus eventualis. Dies gilt selbst für die vorsätzliche sittenwidrige Schädigung (§ 826).

2. Fahrlässigkeit

a) Allgemeines

6 Wichtigste Form des Verschuldens ist im Zivilrecht die **Fahrlässigkeit**. Nach der Legaldefinition des § 276 II liegt Fahrlässigkeit vor, wenn der Schuldner die *im Verkehr erforderliche Sorgfalt* außer Acht lässt. Bezugspunkt der Fahrlässigkeit ist der haftungsbegründende Tatbestand. Bei der Haftung auf Schadensersatz nach § 280 I geht es also um die Frage, ob der Schuldner die Sorgfalt eingehalten hat, die im Verkehr für erforderlich anzusehen ist, um Pflichtverletzungen zu vermeiden.

7 Die Fahrlässigkeit hat ebenso wie der Vorsatz ein Wissens- und ein – wenn auch abgeschwächtes – Willenselement: Die (drohende) Verwirklichung des haftungsbegründenden Tatbestands muss für den Schuldner **erkennbar** und **vermeidbar** gewesen sein.[142] Beide Elemente hängen eng miteinander zusammen. Die Erkennbarkeit der Gefahr ist Voraussetzung dafür, dass der Schuldner geeignete Vorkehrungen treffen kann, um ihre Verwirklichung zu vermeiden.

8 Die Kriterien der Erkennbarkeit und der Vermeidbarkeit beziehen sich nicht nur auf das *tatsächliche* Erkennen- und Vermeiden-Können, sondern setzen darüber hinaus die **normative** Feststellung voraus, dass der Schuldner verpflichtet war, die für die Kenntniserlangung und Vermeidung notwendigen Maßnahmen zu treffen,[143] was nach der Definition des § 276 II nur dann der Fall ist, wenn die Vornahme der betreffenden Maßnahmen sich als Ausfluss der im Verkehr erforderlichen Sorgfalt darstellt. Entscheidend ist also, was der im Verkehr erforderlichen Sorgfalt entspricht. Es stellt sich damit die Frage nach dem zivilrechtlichen *Fahrlässigkeitsmaßstab*.

b) Der Maßstab der Fahrlässigkeit

9 Nach hM gilt im Zivilrecht ein **objektivierter** Fahrlässigkeitsmaßstab.[144] Das Maß der erforderlichen Sorgfalt orientiert sich also nicht an den individuellen Fähigkeiten des konkreten Schuldners; maßgeblich sind vielmehr die Fähigkeiten eines durchschnittlichen Angehörigen des betreffenden Verkehrskreises. Etwaige individuelle Defizite des konkreten Schuldners bleiben also außer Betracht. Dies ist ein entscheidender Unterschied gegenüber dem Strafrecht. Dort kommt es bei der Fahrlässigkeit allein auf die individuellen Fähigkeiten des betreffenden Täters an.

> **Zur Vertiefung:** In der Literatur wird teilweise dafür plädiert, im Zivilrecht ebenfalls einen *subjektiven* Fahrlässigkeitsmaßstab zugrunde zu legen.[145] Dem ist jedoch entgegenzuhalten, dass die Objektivierung der Fahrlässigkeit im Zivilrecht aus Verkehrsschutzgründen unverzichtbar ist. Der Verkehr muss

---

142 BGH NJW-RR 1996, 981; MüKoBGB/*Grundmann* § 276 Rn. 53; Soergel/*Pfeiffer* § 276 Rn. 77.
143 Vgl. MüKoBGB/*Grundmann* § 276 Rn. 68 ff., 78.
144 Vgl. BGHZ 24, 21 (27); BGH NJW 1994, 2232 (2233); *Medicus/Lorenz* SchuldR AT Rn. 359; MüKoBGB/*Grundmann* § 276 Rn. 55; Staudinger/*Caspers*, 2019, § 276 Rn. 29 ff.
145 So insbes. *Enneccerus/Nipperdey*, BGB AT II, 15. Aufl. 1960, § 213 III 2; desgleichen in neuerer Zeit zur Delikthaftung *Koziol* AcP 196 (1996), 593 (602 ff.).

sich darauf verlassen können, dass der Schuldner über die zur Erfüllung seiner Pflichten erforderlichen Kenntnisse und Fähigkeiten verfügt. Eine Subjektivierung der Fahrlässigkeit würde dem Ziel einer gerechten Risiko- und Schadensverteilung nicht gerecht.[146] Besonders deutlich ist dies im *vertraglichen* Bereich. Hier muss der Schuldner in jedem Fall dafür einstehen, dass er die anerkannten Regeln seines Fachs beherrscht.[147] So darf sich ein Handwerker nicht damit entlasten können, ihn treffe kein Verschulden, weil er nicht über die durchschnittlichen Fähigkeiten eines ordentlichen Handwerkers verfüge. Das gleiche gilt aber auch für die *außervertragliche* Haftung. Denn die Teilnahme am allgemeinen Verkehr wäre wesentlich erschwert, wenn man von den anderen Verkehrsteilnehmern nicht die Einhaltung bestimmter Standards (Sorgfalt eines ordentlichen Kraftfahrers, Radfahrers, Fußgängers etc) erwarten dürfte. In vielen Fällen könnte man zwar auch darauf abstellen, dass der Schädiger die betreffende Tätigkeit nicht hätte übernehmen oder ausüben dürfen (sog. *Übernahmeverschulden*); hierin liegt dann die subjektive Vorwerfbarkeit. Diese Lösung scheitert jedoch, wenn der Schuldner über so geringe Fähigkeiten verfügt, dass er sein Unvermögen zur Ausführung der fraglichen Tätigkeit nicht erkennen konnte.[148]

Bei der Konkretisierung der im Verkehr erforderlichen Sorgfalt ist allerdings kein einheitlicher objektivierter Maßstab zugrunde zu legen; vielmehr muss zwischen verschiedenen **Verkehrskreisen** und **Altersgruppen** unterschieden werden. Dies rechtfertigt sich dadurch, dass die im Verkehr bestehenden Verhaltenserwartungen nicht einheitlich sind, sondern nach den verschiedenen Verkehrskreisen und Altersgruppen differieren. 10

Beispiele: Für den Facharzt gelten höhere Sorgfaltsstandards als für den jungen Assistenzarzt; vom Handwerksmeister wird mehr erwartet als von seinem Gesellen.

Geringere Anforderungen gelten für Kinder und Jugendliche sowie alte Menschen und Behinderte. Bei solchen Personen muss sich der Verkehr darauf einstellen, dass sie nur in eingeschränktem Maße in der Lage sind, drohende Gefahren zu erkennen und deren Verwirklichung zu vermeiden.

Beispiel (BGH VersR 1997, 834): Der siebenjährige Schüler S schälte gerade mit dem Obstmesser eine Apfelsine, als er durch Zurufe anderer Kinder darauf aufmerksam gemacht wurde, dass eine Wespe sich nähere. S machte daraufhin mit der Hand, die das Messer hielt, eine Abwehrbewegung. Dabei verletzte er das rechte Auge des sechsjährigen K, der neben ihm stand. K verlangt von S Schadensersatz.
Anspruchsgrundlage ist § 823 I. S hat den Körper und die Gesundheit des K widerrechtlich verletzt. Fraglich ist, ob S fahrlässig gehandelt hat. Der BGH hat dies mit der Begründung verneint, dass Kinder dieses Alters und dieser Entwicklungsstufe nicht in der Lage sind, trotz ihrer Angst vor dem herannahenden Insekt die mit der Abwehrbewegung verbundene Gefahr für eine daneben stehende Person zu erkennen und sich dieser Einsicht gemäß zu verhalten.

Allerdings ist auch bei solchen privilegierten Personen ein **Übernahmeverschulden** denkbar. So kann sich ein Chirurg nicht darauf berufen, er habe die Operation aufgrund seines hohen Alters nicht mit der gebotenen Sorgfalt durchführen können. Das Verschulden liegt hier nämlich darin, dass der Betreffende die Operation übernommen hat, obwohl er wusste oder wissen musste, dass er der Aufgabe nicht mehr gewachsen war. 11

---

146 Vgl. etwa *Larenz* SchuldR I § 20 III.
147 Vgl. OLG Köln VersR 1997, 850.
148 Vgl. *Medicus/Lorenz* SchuldR AT Rn. 359.

3. Verantwortungsfähigkeit

12 Verschulden setzt auch Verantwortungsfähigkeit voraus. § 276 I 2 verweist hierfür auf die §§ 827, 828. Von besonderer Bedeutung sind die Vorschriften über die **Haftung von Minderjährigen**. Nach § 828 I sind Kinder bis zur Vollendung des siebenten Lebensjahres für die von ihnen verursachten Schäden nicht verantwortlich. Im Straßenverkehr wurde die Altersgrenze im Jahre 2002 auf zehn Jahre angehoben (§ 828 II). Bei älteren Kindern ist die Haftung nach § 828 III nur ausgeschlossen, wenn sie nicht die zur Erkenntnis der Verantwortlichkeit erforderliche *Einsicht* hatten. In der Praxis ist diese Einschränkung nicht sehr wirksam, weil die erforderliche Einsichtfähigkeit ab sieben Jahren im Allgemeinen gegeben ist. Das eigentliche Problem liegt darin, dass Kinder nur beschränkt fähig sind, diese abstrakte Einsicht auf konkrete Situationen zu übertragen.[149] Dies aber ist eine Schwierigkeit, die nur bei der Fahrlässigkeitsprüfung nach § 276 berücksichtigt werden kann.

> **Beispiel:** Im Apfelsinen-Fall (→ § 23 Rn. 10) dürfte dem S die abstrakte Gefährlichkeit seines Verhaltens durchaus erkennbar gewesen sein. Seine Verantwortungsfähigkeit war damit nicht nach § 828 III ausgeschlossen. Die Haftung konnte deshalb nur wegen fehlender Fahrlässigkeit verneint werden.

13 Die strikte Haftung von Kindern ab sieben bzw. zehn Jahren ist **verfassungsrechtlich** bedenklich, weil eine übermäßige Belastung mit Schadensersatzpflichten das allgemeine Persönlichkeitsrecht (Art. 1, 2 I GG) verletzen kann.[150] In Extremfällen ist deshalb daran zu denken, die Haftung von Kindern aus Billigkeitsgründen einzuschränken (→ § 43 Rn. 4).

14 Ist der Schuldner nicht schuldfähig, kann sich die umgekehrte Frage stellen, ob die Haftung aus **Billigkeitsgründen** nach § 829 gleichwohl zu bejahen ist. Im Gegensatz zu den §§ 827, 828 wird § 829 von § 276 I 2 indes nicht in Bezug genommen. Da dies auf einer bewussten Entscheidung des Gesetzgebers beruht, kommt eine Billigkeitshaftung im vertraglichen Bereich nicht in Betracht.[151] Die Differenzierung zwischen vertraglicher und deliktischer Haftung ist keineswegs willkürlich. Da man sich seinen Vertragspartner selbst aussuchen kann, ist man im vertraglichen Bereich gegenüber Schädigungen durch schuldunfähige Personen nämlich wesentlich weniger schutzwürdig als im Deliktsrecht.[152]

II. Einschränkungen des Sorgfaltsmaßstabs

1. Vertrag

15 Die Parteien können den Sorgfaltsmaßstab durch **Vertrag** einschränken. Generelle Grenze ist § 276 III. Danach kann dem Schuldner die Haftung wegen *Vorsatzes* im Voraus nicht erlassen werden. Für das Verschulden von Erfüllungsgehilfen (→ § 23 Rn. 34 ff.) gilt dies nicht (§ 278 S. 2); hier kann die Haftung also auch für vorsätzliche

---

149 Vgl. *Kuhlen* JZ 1990, 273 ff.; *Looschelders* VersR 1999, 141 ff.
150 Vgl. *Goecke* NJW 1999, 2305 ff.; *Looschelders* VersR 1999, 141 ff. Das BVerfG (NJW 1998, 3557) hat die Frage nicht entschieden, weil es sich bei § 828 aF um vorkonstitutionelles Recht handelte.
151 So auch PWW/*Schmidt-Kessel/Kramme* § 276 Rn. 16; Staudinger/*Oechsler*, 2018, § 829 Rn. 18, 23; Medicus/*Lorenz* SchuldR AT Rn. 355; aA Palandt/*Grüneberg* § 276 Rn. 6; MüKoBGB/*Grundmann* § 276 Rn. 166; Staudinger/*Caspers*, 2019, § 276 Rn. 109.
152 Vgl. Staudinger/*Oechsler*, 2018, § 829 Rn. 18, 23.

Schädigungen ausgeschlossen werden. In AGB wird die Zulässigkeit von Haftungsbeschränkungen durch § 309 Nr. 7 enger begrenzt. Formularmäßig kann die Haftung für *grobes Verschulden* (Vorsatz und grobe Fahrlässigkeit) weder für den Schuldner noch für seinen Erfüllungsgehilfen ausgeschlossen oder begrenzt werden. Bei Schäden aus der Verletzung des Lebens, des Körpers oder der Gesundheit ist auch ein Haftungsausschluss für *leicht fahrlässige* Pflichtverletzungen des Verwenders oder seines Erfüllungsgehilfen unzulässig.

Die Haftungsmilderung muss nicht ausdrücklich vereinbart werden. Sie kann sich auch aus einer **stillschweigenden Vereinbarung** (→ § 5 Rn. 11 ff.) oder aus den Grundsätzen der **ergänzenden Vertragsauslegung** (§§ 133, 157, 242) ergeben.[153] Die Rechtsprechung ist dabei freilich zurückhaltend. Dies gilt insbesondere für den Fall, dass jemand einen Fahrgast unentgeltlich in seinem Pkw mitnimmt. Maßgeblich ist die Erwägung, dass der Haftungsausschluss in solchen Fällen im Allgemeinen nicht dem Schädiger selbst, sondern dessen Haftpflichtversicherer zugutekommt (vgl. schon → § 5 Rn. 12).[154] Es gibt jedoch Fälle, in denen die Annahme einer Haftungseinschränkung trotz Fehlens einer ausdrücklichen Vereinbarung gerechtfertigt erscheint. 16

Beispiel 1 (BGH NJW 2009, 1482): Die in Deutschland ansässigen Medizinstudentinnen A und B fassten gemeinsam den Entschluss, drei Monate des für ihre Ausbildung als Ärztin erforderlichen »praktischen Jahres« an einer Klinik in Südafrika zu verbringen. In Kapstadt angekommen, mieteten sie einen Pkw, der ihnen während der Dauer ihres Aufenthalts gemeinsam zur Verfügung stehen sollte. Dabei gingen sie davon aus, dass bei einem Unfall im Straßenverkehr eine vergleichbare Absicherung wie in Deutschland bestehe. Bei einem gemeinsamen Wochenendausflug verursachte die A aufgrund einfacher Fahrlässigkeit einen Unfall, bei dem die mitfahrende B schwer verletzt wurde. Bei der Abwicklung des Unfalls mussten A und B feststellen, dass das Haftungsrisiko der A völlig unzureichend abgesichert war, weil es in Südafrika keine Pflicht zum Abschluss einer Haftpflichtversicherung gibt.
Der BGH hat zunächst die Anwendbarkeit deutschen Rechts zutreffend bejaht.[155] Danach kommen vertragliche Ansprüche aus § 280 I (Vertrag über eine Innengesellschaft bürgerlichen Rechts) und deliktische Ansprüche aus § 823 I in Betracht.[156] Problematisch ist allein das Verschulden der A. Laut Sachverhalt hat A einfach fahrlässig gehandelt. Der Senat hat aufgrund der Interessenlage eine stillschweigende Haftungsbeschränkung auf Vorsatz und grobe Fahrlässigkeit angenommen und die Haftung der A daher verneint. Ein wesentliches Argument war der gemeinsame Irrtum über das Bestehen einer ausreichenden Haftpflichtversicherung.

Beispiel 2 (OLG Hamm NJW-RR 2000, 62): K hatte bei Reiseveranstalter V eine Jeep-Safari über die Insel Teneriffa gebucht. Vereinbart war, dass K in einem von einem einheimischen Fahrer gesteuerten Jeep mitfahren sollte. Da V am Tag der Safari nicht für jeden Jeep einen Fahrer stellen konnte, wurde K aber einem Jeep zugeteilt, der von dem Miturlauber B gesteuert wurde. Während der Safari kam es infolge einfacher Fahrlässigkeit des B zu einem Unfall, bei dem K verletzt wurde.
Das OLG Hamm hat aus der Interessenlage einen konkludenten Haftungsverzicht für einfache Fahrlässigkeit abgeleitet. Der Haftungsverzicht sei dem K zumutbar gewesen, da er Ansprüche gegen den Reiseveranstalter, den Halter des Fahrzeugs und dessen Versicherer geltend machen konnte. Hätte K sich dennoch auf einen solchen Haftungsverzicht nicht einlassen

---

153 Vgl. BGH NJW 2009, 1482 mAnm *Spickhoff* LMK 2009, 280900.
154 Vgl. BGH NJW 1993, 3067 (3068).
155 Zu den kollisionsrechtlichen Problemen des Falles *Spickhoff* LMK 2009, 280900. Der Sachverhalt wäre auch nach dem Inkrafttreten der Rom I-VO und der Rom II-VO nach deutschem Recht zu beurteilen.
156 Vgl. *Hager* JA 2009, 646 (647).

wollen, so hätte er auf die Mitfahrt bei B verzichten und auf Beförderung durch einen autorisierten Fahrer bestehen müssen.

2. Gesetz

17 Bei einigen **unentgeltlichen Geschäften** schränkt das Gesetz den Sorgfaltsmaßstab selbst ein. Bei *Schenkung* und *Leihe* ist die Haftung auf Vorsatz und grobe Fahrlässigkeit begrenzt (§§ 521, 599). Bei *unentgeltlicher Verwahrung* haftet der Verwahrer nur für die Sorgfalt, die er in eigenen Angelegenheiten anzuwenden pflegt (§ 690). Die hM wendet diese Privilegierungen auch auf Schadensersatzansprüche wegen Schutzpflichtverletzung (§§ 280 I, 241 II) und konkurrierende deliktische Schadensersatzansprüche (zB § 823 I) an, sofern ein Zusammenhang mit der Privilegierung gegeben ist.[157] Keine Haftungsmilderung besteht dagegen beim *Auftrag* (§ 662). Obwohl der Geschäftsführer unentgeltlich handelt, sind die §§ 521, 599, 690 hier nicht entsprechend anwendbar.[158]

Der Maßstab der eigenüblichen Sorgfalt gilt auch im Verhältnis zwischen Gesellschaftern (§ 708), Ehegatten (§ 1359) sowie für die Haftung der Eltern gegenüber ihren Kindern (§ 1664). In diesen Fällen besteht zwischen den Beteiligten eine **enge persönliche Beziehung,** in deren Rahmen nicht erwartet werden kann, dass eine größere Sorgfalt als in eigenen Angelegenheiten aufgewendet wird. Bei **gesetzlichen Rücktrittsrechten** wird die Wertersatzpflicht des Rücktrittsberechtigten durch § 346 III 1 Nr. 3 auf die Verletzung der eigenüblichen Sorgfalt beschränkt (→ § 40 Rn. 24 ff.).

18 Der Begriff der **eigenüblichen Sorgfalt** (diligentia quam in suis) wird in § 277 konkretisiert. Der Fahrlässigkeitsmaßstab richtet sich hier grundsätzlich nach den individuellen Eigenarten und Fähigkeiten des konkreten Schuldners. Dabei kommt es nicht auf das Verhalten des Schädigers in dem konkreten Schädigungsfall, sondern auf sein generelles Verhalten in dem betreffenden Pflichtenkreis an.[159] Der Schuldner muss also nachweisen, dass er den Standard des § 276 II in diesem Pflichtenkreis generell nicht einhält. Die Rechtsprechung stellt hieran strenge Anforderungen. Dass der Schuldner sich durch sein Verhalten (auch) selbst geschädigt hat, genügt daher nicht.

Grenze der Haftungsmilderung ist die **grobe Fahrlässigkeit.** Was darunter zu verstehen ist, wird vom Gesetz nicht definiert. Die hM bejaht grobe Fahrlässigkeit, wenn der Schuldner außer Acht lässt, was im gegebenen Fall jedem hätte einleuchten müssen.[160] Erforderlich ist also ein Verhalten, das die erforderliche Sorgfalt in ungewöhnlich hohem Maß verletzt. Kennzeichnend dafür ist ein besonders hohes Maß an objektiver Erkennbarkeit und objektiver Vermeidbarkeit des Sorgfaltsverstoßes. Bei der Konkretisierung der groben Fahrlässigkeit darf aber nicht von einem rein objektiven, an den Verhaltensanforderungen des Verkehrs orientierten Maßstab ausgegangen werden; vielmehr müssen auch *subjektive,* in der Individualität des Handelnden begründete Umstände berücksichtigt werden.[161] Die Rechtsprechung fordert insofern »eine auch

---

157 Vgl. *Medicus/Lorenz* SchuldR AT Rn. 400; zur Schenkung BGHZ 93, 23; zur Leihe OLG Celle VersR 1995, 547. Näher dazu → SchuldR BT § 18 Rn. 11 und § 26 Rn. 3.
158 Palandt/*Sprau* § 662 Rn. 11; Erman/*Berger* § 662 Rn. 24.
159 BGH NJW 2013, 3572 (3573f.) = JA 2014, 150 *(Weber).*
160 Vgl. BGHZ 10, 14 (16); Erman/*Westermann* § 276 Rn. 16.
161 BGHZ 119, 147 (149); MüKoBGB/*Grundmann* § 276 Rn. 95.

subjektiv schlechthin unentschuldbare Pflichtverletzung ..., die das in § 276 II BGB bestimmte Maß erheblich überschreitet«.[162]

Nach der Rechtsprechung des BGH sind die §§ 708, 1359 und 1664 bei Teilnahme am **allgemeinen Straßenverkehr** nicht anwendbar.[163] Diese Einschränkung rechtfertigt sich daraus, dass Schäden aus Verkehrsunfällen im Regelfall durch die Haftpflichtversicherung des Kfz-Halters abgedeckt sind; die Haftungsprivilegierungen haben aber nicht den Zweck, den Haftpflichtversicherer des Schädigers zu entlasten.[164] 19

3. Haftungsmilderung aus dem sonstigen Inhalt des Schuldverhältnisses

Eine mildere Haftung kann sich auch aus dem sonstigen Inhalt des Schuldverhältnisses ergeben. Der Gesetzgeber hat hier insbesondere an die Milderungen gedacht, die das BAG für die Haftung des Arbeitnehmers gegenüber dem Arbeitgeber bei **betrieblich veranlasster Tätigkeit** entwickelt hat.[165] 20

Ausgangspunkt dieser Rechtsprechung ist die Erwägung, dass es auch einem noch so sorgfältigen Arbeitnehmer nicht möglich ist, in jedem Augenblick die Sorgfalt aufzubringen, die zur Vermeidung von Schäden erforderlich ist.[166] Auf der anderen Seite ist zu beachten, dass die durch die Tätigkeit des Arbeitnehmers erzielten Erfolge in erster Linie dem Arbeitgeber zugutekommen.[167] Vor diesem Hintergrund wäre es unangemessen, dem Arbeitnehmer das alleinige Haftungsrisiko aufzubürden. Aus verfassungsrechtlichen Gründen ist vielmehr geboten, das **Betriebsrisiko** des Arbeitgebers zugunsten des Arbeitnehmers haftungsmildernd zu berücksichtigen.[168]

Die Höhe der Haftung wird auf der Grundlage einer **schematisierten Abwägung** bestimmt: Während der Schaden bei **leichtester Fahrlässigkeit** des Arbeitnehmers allein dem Arbeitgeber zur Last fällt, muss der Arbeitnehmer bei **vorsätzlicher** Verursachung des Schadens voll haften. Das Gleiche soll im Regelfall auch bei **grober Fahrlässigkeit** des Arbeitnehmers gelten. In Ausnahmefällen kann eine Interessenabwägung aber auch bei grober oder sogar gröbster Fahrlässigkeit eine Haftungserleichterung rechtfertigen.[169] Hieran ist etwa zu denken, wenn das monatliche Einkommen des Arbeitnehmers in einem deutlichen Missverhältnis zu dem durch die betrieblich veranlasste Tätigkeit verursachten Schaden steht.[170] Bei normaler (einfacher oder mittlerer) Fahrlässigkeit wird der Schaden nach dem Rechtsgedanken des § 254 quotenmäßig zwischen Arbeitgeber und Arbeitnehmer verteilt (→SchuldR BT § 29 Rn. 12 ff.).[171] 21

---

162 Vgl. aus neuerer Zeit BGH NJW 2009, 1482 (1485); stRspr.
163 BGHZ 46, 313; 53, 352.
164 Ausf. dazu *Medicus* FS Deutsch, 2009, 883 ff.
165 Vgl. Stellungnahme der Bundesregierung, BT-Drs. 14/6857, 48 zu Nr. 21.
166 Vgl. BAG (GrS) AP Nr. 4 zu §§ 898, 899 RVO.
167 Vgl. BAG (GrS) NJW 1993, 1732 (1733).
168 Vgl. BAG (GrS) NJW 1995, 210.
169 Vgl. BAG VersR 2003, 736 (737); zur »gröbsten« Fahrlässigkeit BAG NZA 2011, 345 Rn. 23.
170 BAG NZA 1990, 97 (99); 1999, 263 (264); BeckOGK/*Feuerborn*, 1.3.2020, BGB § 619a Rn. 70.
171 Vgl. BAG NJW 1995, 210 (213); BGH NJW 1996, 1532; *Walker* JuS 2002, 736 ff.

III. Haftung ohne Verschulden

22 Nach § 276 I 1 kommt auch eine strengere (verschuldensunabhängige) Haftung in Betracht. Diese kann sich ebenfalls aus einer vertraglichen Vereinbarung, dem Gesetz oder dem sonstigen Inhalt des Schuldverhältnisses ergeben. **Individualvertragliche** Haftungsverschärfungen sind in den Grenzen der §§ 138, 242 vom Grundsatz der Vertragsfreiheit gedeckt.[172] Die **formularmäßige** Begründung einer verschuldensunabhängigen Haftung ist dagegen grundsätzlich nach § 307 II Nr. 1 unwirksam.[173] **Gesetzliche** Haftungsverschärfungen finden sich zB für den Schuldner im Fall des Verzugs (§ 287) sowie für den Schädiger, der aufgrund einer unerlaubten Handlung zur Rückgabe einer Sache verpflichtet ist (§ 848). Im **Mietrecht** sieht § 536a I für **anfängliche Mängel** der Mietsache eine Garantiehaftung vor (→ SchuldR BT § 22 Rn. 35).

23 Für Haftungsverschärfungen aus dem sonstigen **Inhalt des Schuldverhältnisses** nennt § 276 I 1 zwei Beispiele: die Übernahme einer *Garantie* und die Übernahme eines *Beschaffungsrisikos*. In beiden Fällen beruht die Durchbrechung des Verschuldensprinzips letztlich auf einer privatautonomen Entscheidung des Schuldners (»Übernahme«). Dem Richter steht deshalb nicht frei, aus dem sonstigen Inhalt des Schuldverhältnisses weitere, vom Willen der Parteien nicht gedeckte Garantiehaftungen abzuleiten.[174]

1. Übernahme einer Garantie

24 Das erste Beispiel einer verschuldensunabhängigen Haftung aus dem sonstigen Inhalt des Schuldverhältnisses ist die Übernahme einer **Garantie.** Der Gesetzgeber wollte damit neben dem selbstständigen Garantievertrag vor allem den Fall erfassen, dass der Verkäufer oder Werkunternehmer das Vorhandensein einer Eigenschaft bzw. Beschaffenheit des Vertragsgegenstandes zusichert und damit eine uneingeschränkte Einstandspflicht für alle Schäden übernimmt, die aus dem Fehlen der geschuldeten Beschaffenheit folgen.[175]

25 Die Garantiehaftung für das Fehlen **zugesicherter Eigenschaften** war früher für jedes einzelne Schuldverhältnis gesondert im Besonderen Teil des Schuldrechts geregelt (vgl. insbesondere § 463 aF). Der Gesetzgeber hat erkannt, dass dem ein allgemeiner Gedanke zugrunde liegt, der auch auf andere Schuldverhältnisse zutrifft. Er hat deshalb die einschlägigen Vorschriften im Kauf- und Werkvertragsrecht aufgehoben und die Garantiehaftung in der allgemeinen Regelung des § 276 verankert. Eigenständige Bedeutung hat die Kategorie der zugesicherten Eigenschaft aber im Mietrecht (§ 536 II) behalten (→ SchuldR BT § 22 Rn. 28f.).

26 Die Garantie muss nicht ausdrücklich übernommen werden; auch **stillschweigende** Garantien sind möglich.[176] Hierfür müssen aber konkrete Anhaltspunkte vorliegen.[177] Letztlich handelt es sich um ein *Auslegungsproblem*. Entscheidend ist, wie der Gläubi-

---

172 BGHZ 115, 38 (43); 119, 152 (168); HK-BGB/*Schulze* § 276 Rn. 22.
173 Palandt/*Grüneberg* § 307 Rn. 96.
174 So auch NK-BGB/*Dauner-Lieb* § 276 Rn. 22.
175 BT-Drs. 14/6040, 132; vgl. auch BGHZ 170, 86 (91f.) = NJW 2007, 1346.
176 BGH NJW 2007, 3777 (3780); Palandt/*Grüneberg* § 276 Rn. 29.
177 BGHZ 170, 86 (92); BGH NJW 2007, 3777 (3780).

ger den Schuldner nach Treu und Glauben und der Verkehrssitte (§ 157) verstehen durfte.[178]

Da eine verschuldensunabhängige Haftung den Schuldner mit schwerwiegenden Risiken belastet, werden an die Annahme einer stillschweigenden Garantie **strenge Anforderungen** gerichtet. Der Schuldner muss zu erkennen gegeben haben, dass er für das Vorhandensein der vereinbarten Beschaffenheit unbedingt einstehen will; er muss außerdem die Bereitschaft deutlich gemacht haben, für die Folgen eines Fehlens der Beschaffenheit unabhängig von einem Verschulden zu haften.[179] Im Kaufrecht ist eine solche **Beschaffenheitsgarantie** von der bloßen Beschaffenheitsvereinbarung nach § 434 I 1 abzugrenzen, die nur zu einer verschuldensabhängigen Haftung führt (→ SchuldR BT § 4 Rn. 70ff.). 27

> **Beispiel** (BGHZ 50, 200): K hatte es gewerblich übernommen, Zwischendecken in zu hohe Räume einzuziehen. Er verwendete dazu bestimmte Deckenplatten, die mittels eines von V bezogenen Klebstoffes unter der alten Decke befestigt wurden. Beim Abschluss des Kaufvertrags hatte V dem K erklärt, dass der Klebstoff zum Anbringen der betreffenden Deckenplatten geeignet sei. Die mit dem Klebemittel angebrachten Deckenplatten lösten sich jedoch nach kurzer Zeit ab und fielen zu Boden. K musste bei seinen Kunden Nachbesserungsarbeiten durchführen, wodurch ihm Kosten von 2.600 EUR entstanden.
> Zu prüfen ist ein Schadensersatzanspruch aus §§ 437 Nr. 3, 280 I. Der Klebstoff war für die vertraglich vorausgesetzte Verwendung nicht geeignet und damit mangelhaft (§ 434 I 2 Nr. 1). V hat also seine Pflicht verletzt, dem K die Sache frei von Sachmängeln zu verschaffen (vgl. § 433 I 2). Diese Pflichtverletzung hat V nach § 276 I 1 zu vertreten. Dabei kommt es nicht darauf an, ob V die fehlende Eignung des Klebstoffes kennen musste. Denn K durfte den V nach Treu und Glauben so verstehen, dass er eine Garantie für die Eignung des Klebstoffes zu dem vertraglich vorausgesetzten Verwendungszweck übernehmen wollte. Die Reichweite der Garantie erfasst auch die Folgeschäden, die mit der Notwendigkeit von Nachbesserungsarbeiten verbunden sind.

Bei den Anforderungen an die stillschweigende Garantie unterscheidet die Rechtsprechung nach der **Art des Geschäfts.** Im *Kunsthandel* wird darauf abgestellt, dass die Urheberschaft eines Gemäldes oft Zweifeln unterliegt; im Regelfall sei daher nicht davon auszugehen, dass der Verkäufer das Risiko einer Fälschung übernehmen will.[180] Im *Gebrauchtwagenhandel* sind die Anforderungen wegen der besonderen Schutzbedürftigkeit des Käufers traditionell geringer.[181] Nachdem der Schutz des Käufers – namentlich des Verbrauchers – durch die Schuldrechtsreform wesentlich verbessert worden ist, hat der BGH aber offen gelassen, ob daran festzuhalten ist (→ SchuldR BT § 4 Rn. 72). Zum Schutz des Verbrauchers ist die Annahme einer Garantie jedenfalls auch hier nicht mehr erforderlich, da ein Gewährleistungsausschluss beim Verbrauchsgüterkauf nach § 476 ohnehin unwirksam ist.[182] Beim Gebrauchtwagenkauf von Privaten kommt eine stillschweigende Garantie kaum einmal in Betracht.[183] 28

---

178 Erman/*Grunewald* § 437 Rn. 28.
179 Vgl. BGHZ 170, 86 (92); *Looschelders* JA 2007, 673 (677).
180 Vgl. BGH NJW 1993, 2103; 1995, 1673; *Hattenhauer* JuS 1998, 684: »Burra«.
181 Vgl. Erman/*Grunewald* § 437 Rn. 32.
182 Vgl. *Reinking/Eggert*, Der Autokauf, 14. Aufl. 2020, Rn. 2590.
183 BGHZ 170, 86 (95); PWW/*Schmidt-Kessel/Kramme* § 276 Rn. 31.

2. Übernahme eines Beschaffungsrisikos

a) Anwendungsbereich

29 Das zweite in § 276 I 1 genannte Beispiel einer verschuldensunabhängigen Haftung ist die Übernahme eines Beschaffungsrisikos. Wichtigster Anwendungsfall ist die **marktbezogene Gattungsschuld.** Hier trägt der Schuldner im Allgemeinen das Risiko, sich einen geeigneten Leistungsgegenstand zu beschaffen (→ § 13 Rn. 9). Bei der **Vorratsschuld** (→ § 13 Rn. 11) trifft den Schuldner dagegen kein solches Beschaffungsrisiko.

30 Die Vorläufernorm des § 279 aF hatte sich noch auf den Bereich der Gattungsschuld beschränkt. Der Gesetzgeber hat jedoch erkannt, dass der Schuldner auch in anderen Fällen ein Beschaffungsrisiko übernehmen kann, zB wenn er sich zur Beschaffung einer **Speziessache** verpflichtet. Bei der Reform wurde die Übernahme des Beschaffungsrisikos deshalb ebenfalls in die allgemeine Vorschrift des § 276 I 1 integriert. Bei Speziesschulden wird man allerdings nur dann von der Übernahme eines Beschaffungsrisikos ausgehen können, wenn die Parteien eine entsprechende Vereinbarung getroffen haben.[184]

b) Reichweite des Beschaffungsrisikos

31 Die Reichweite des Beschaffungsrisikos lässt sich nicht abstrakt festlegen, sondern muss im Einzelfall aus dem Inhalt des Schuldverhältnisses, insbesondere den Vereinbarungen der Parteien abgeleitet werden.[185] Auch bei marktbezogenen Gattungsschulden will der Schuldner im Allgemeinen **keine uneingeschränkte Beschaffungspflicht** übernehmen.

> **Beispiel** (RGZ 99, 1): Kurz vor Ausbruch des Ersten Weltkrieges hatte sich S zur Lieferung ostgalizischer Eier verpflichtet. Nach Kriegsausbruch marschierten russische Truppen in Ostgalizien ein. S sah sich deshalb außerstande, die Eier zu besorgen.
> Hier hatte S zwar ein Beschaffungsrisiko übernommen. Dieses umfasst aber nicht die Beschaffungshindernisse, die durch den Ausbruch des Krieges verursacht worden sind. Das RG hat die Einstandspflicht des S daher nach § 242 eingeschränkt. Nach geltendem Recht wäre die Leistungspflicht des S gem. § 275 II ausgeschlossen; dem Schadensersatzanspruch stünde entgegen, dass S die Nichtleistung trotz der Beschaffungspflicht nicht zu vertreten hat.

32 Die Reichweite des Beschaffungsrisikos wird nicht nur durch **außergewöhnliche Ereignisse** wie den Ausbruch von Kriegen oder den Eintritt von Naturkatastrophen begrenzt. Auch sonstige unvorhersehbare **Störungen bei der Selbstbelieferung** können im Einzelfall Bedeutung gewinnen. Hier muss aber genau geprüft werden, inwieweit der Schuldner nach der vertraglichen Risikoverteilung gehalten ist, das Hindernis zu überwinden.[186]

> **Beispiel** (BGH NJW 1994, 515): Der P-Vertragshändler V hat von der P-AG erfahren, dass ein mit einer Vielzahl technischer Neuerungen ausgestattetes Sportwagenmodell entwickelt und in begrenzter Stückzahl auf den Markt gebracht werden soll. V unterrichtet hiervon den K, der zu ihm seit längerem Geschäftsbeziehungen unterhält. K bestellt daraufhin bei V ein entsprechendes Fahrzeug. Als die P-AG mit dem Vertrieb des Modells beginnt, kann V dem K das bestellte Fahrzeug nicht liefern, weil die P-AG sich nach Abschluss des Kaufvertrags entschieden hat, das Modell nicht über ihr Händlernetz, sondern direkt ab Werk zu verkaufen. K

---

184 Vgl. Palandt/*Grüneberg* § 276 Rn. 30 f.
185 Vgl. BT-Drs. 14/6040, 132.
186 Vgl. Staudinger/*Caspers*, 2019, § 276 Rn. 157.

verlangt von V Schadensersatz. Er macht geltend, dass er das Fahrzeug mit einem Gewinn von mindestens 180.000 EUR hätte weiterverkaufen können.
Nach geltendem Recht könnte K einen Schadensersatzanspruch aus §§ 280 I, III, 281 haben. Das Vertretenmüssen könnte dabei mit der Übernahme eines Beschaffungsrisikos begründet werden. Fraglich ist allerdings, ob V unter dem Aspekt des Beschaffungsrisikos gehalten war, das eingetretene Hindernis zu überwinden. Der BGH hat dies mit der Erwägung bejaht, der V hätte im Rahmen des Händlervertrags auf die P-AG einwirken müssen, um diese zu veranlassen, das Fahrzeug an ihn auszuliefern.[187]

3. Geldschulden

Eine **verschuldensunabhängige Einstandspflicht** besteht auch bei Geldschulden. Das gleiche gilt für den Fall, dass der Schuldner eine sonstige Verbindlichkeit aufgrund mangelnder finanzieller Leistungsfähigkeit nicht erfüllen kann. Die Durchbrechung des Verschuldensprinzips lässt sich damit begründen, dass jemand, der eine Leistung verspricht, damit auch das Risiko übernimmt, sich die für die Erbringung der Leistung erforderlichen **Geldmittel zu beschaffen**.[188] Man kann sich aber auch auf den **sonstigen Inhalt des Schuldverhältnisses** stützen oder aus den **Vorschriften der InsO** eine anderweitige gesetzliche Bestimmung ableiten.[189] Der Schuldner kann sich im Ergebnis also nicht damit entlasten, er habe seine mangelnde finanzielle Leistungsfähigkeit nicht zu vertreten.

33

IV. Die Haftung für Erfüllungsgehilfen und gesetzliche Vertreter

1. Allgemeines

a) Struktur des § 278

Nach § 278 muss der Schuldner im Rahmen bestehender Schuldverhältnisse nicht nur für das eigene Verschulden einstehen, sondern auch für das Verschulden seiner **Erfüllungsgehilfen** und **gesetzlichen Vertreter**. Eine Exkulpation ist nicht möglich. Für den Schuldner handelt es sich also um eine **Garantiehaftung**.[190] Zugerechnet wird nicht nur das Verschulden, sondern das gesamte *Verhalten* des Erfüllungsgehilfen bzw. gesetzlichen Vertreters. Das bedeutet, dass auch die *Pflichtverletzung* des Schuldners mit dem Verhalten des Erfüllungsgehilfen oder gesetzlichen Vertreters begründet werden kann, obwohl Letzteren selbst keine Pflichten gegenüber dem Gläubiger treffen.[191]

34

b) Begriff des Erfüllungsgehilfen

Erfüllungsgehilfe ist, wer nach den tatsächlichen Gegebenheiten mit Willen des Schuldners als dessen Hilfsperson bei der Erfüllung der Pflichten des Schuldners tätig wird.[192] Erfasst werden nicht nur unselbstständige Hilfspersonen, sondern auch *selbstständige* Unternehmer, die vom Schuldner bei der Vertragserfüllung eingesetzt wer-

35

---

187 BGH NJW 1994, 515 (516).
188 Beschlussempfehlung des Rechtsausschusses, BT-Drs. 14/7052, 184.
189 Vgl. *Medicus/Lorenz* SchuldR AT Rn. 394; Palandt/*Grüneberg* § 276 Rn. 28.
190 Vgl. MüKoBGB/*Grundmann* § 278 Rn. 3; *Bachmann* in Drygala/Wächter, Verschuldenshaftung, Aufklärungspflichten, Wissens- und Verhaltenszurechnung bei M&A-Transaktionen, 2020, 125 (126f.).
191 Vgl. *Larenz* SchuldR I § 20 VIII; *Medicus/Lorenz* SchuldR AT Rn. 383.
192 BGHZ 13, 111 (113); Palandt/*Grüneberg* § 278 Rn. 7; *Bachmann* in Drygala/Wächter, Verschuldenshaftung, Aufklärungspflichten, Wissens- und Verhaltenszurechnung bei M&A-Transaktionen, 2020, 125 (129).

den. Erforderlich ist jedoch, dass der Dritte im *Pflichtenkreis des Schuldners* tätig wird. So sind der Hersteller und der Zulieferer der Sache beim Kaufvertrag nicht als Erfüllungsgehilfen des Verkäufers anzusehen.[193] Hieran hat auch die Ausweitung der Pflichten des Verkäufers in § 433 I 2 nichts geändert. Seit Inkrafttreten der Schuldrechtsreform ist der Verkäufer zwar auch verpflichtet, dem Käufer die Sache frei von Sach- und Rechtsmängeln zu verschaffen. Der Gesetzgeber hat damit aber nicht das Ziel verfolgt, die Einstandspflicht des Verkäufers auf Hersteller oder Zulieferer auszuweiten.[194] Desgleichen haftet der Werkunternehmer nach § 278 nicht für das Verschulden seiner Zulieferer.[195]

> **Beispiel** (BGH NJW 1978, 1157): Bauherr B hat den U mit der Installation der Heizungsanlage beauftragt. Nach Abnahme der Anlage kommt es im Haus des B infolge undichter Heizungsventile zu Wasserschäden. Die Schäden beruhen auf dem Einbau von schadhaften Ventilen der Firma K. Diese hat die Fehler an den Ventilen infolge von Fahrlässigkeit übersehen. B verlangt von U Schadensersatz.
> Dem B könnte ein Schadensersatzanspruch gegen U aus §§ 634 Nr. 4, 280 I zustehen. Mit dem Einbau der fehlerhaften Ventile hat U die Pflicht verletzt, das Werk frei von Sachmängeln herzustellen (§ 633 I). Fraglich ist, ob er die Pflichtverletzung zu vertreten hat. Ein eigenes Verschulden (§ 276) fällt dem U nicht zur Last. Nach Ansicht des BGH muss U sich auch nicht das Verschulden der K nach § 278 zurechnen lassen, weil die Lieferung der Ventile »nicht in den werkvertraglichen Pflichtenkreis des Unternehmers gegenüber dem Besteller eingeschlossen« ist.

Die strenge Einstandspflicht für Erfüllungsgehilfen wird mit der **Verantwortlichkeit** des Schuldners für den eigenen Geschäfts- und Gefahrenkreis gerechtfertigt.[196] Außerdem wird darauf hingewiesen, dass der Schuldner sich durch deren Einsatz die **Vorteile der Arbeitsteilung** zunutze macht.[197] Im Rahmen von Schuldverhältnissen wäre es mit den besonderen Beziehungen zwischen den Parteien nicht vereinbar, wenn der Schuldner sich dann auch noch damit entlasten könnte, dass er seine Pflichten nicht selbst erfüllt hat.[198] Da dieser letztere Gedanke im deliktischen Bereich nicht zutrifft, haftet der Geschäftsherr hier nur für eigenes Verschulden (→ § 23 Rn. 43).

c) Begriff des gesetzlichen Vertreters

36 **Gesetzliche Vertreter** iSd § 278 sind alle Personen, die aufgrund gesetzlicher Vorschriften mit Wirkung für andere rechtsgeschäftlich handeln können.[199] Dabei geht es zum einen um Vertreter von natürlichen Personen, die aufgrund fehlender oder beschränkter Geschäftsfähigkeit selbst keine wirksamen Verträge schließen können. Zu

---

193 BGHZ 48, 118 (120); Soergel/*Pfeiffer* § 278 Rn. 34; Staudinger/*Caspers*, 2019, § 278 Rn. 37; aA MüKoBGB/*Grundmann* § 278 Rn. 31; *Weller* NJW 2012, 2312 (2315).
194 So überzeugend BGH NJW 2014, 2183 Rn. 31 ff. = JA 2015, 68 *(Looschelders)* im Anschluss an Begr. RegE, BT-Drs. 14/6040, 209 f.; vgl. auch *S. Lorenz* ZGS 2004, 408 (410); krit. *Witt* NJW 2014, 2156 (2158); *Köndgen* FS W.-H. Roth, 2015, 311 (339 ff.).
195 BGH NJW 2014, 2183 Rn. 37; Palandt/*Grüneberg* § 278 Rn. 14; Staudinger/*Caspers*, 2019, § 278 Rn. 39; aA MüKoBGB/*Grundmann* § 278 Rn. 34.
196 BGHZ 131, 200 (204); Palandt/*Grüneberg* § 278 Rn. 1; *Bachmann* in Drygala/Wächter, Verschuldenshaftung, Aufklärungspflichten, Wissens- und Verhaltenszurechnung bei M&A-Transaktionen, 2020, 125 (133 ff.).
197 BGH NJW 1996, 451; Palandt/*Grüneberg* § 278 Rn. 1; MüKoBGB/*Grundmann* § 278 Rn. 3; Soergel/*Pfeiffer* § 278 Rn. 1; krit. *Prölss* FS Canaris I, 2007, 1037 (1040 f.); *Köndgen* FS W.-H. Roth, 2015, 311 (329 ff.).
198 Vgl. *E. Lorenz* FG BGH I, 2000, 329 (332 ff.).
199 Vgl. HK-BGB/*Schulze* § 278 Rn. 4.

nennen sind die Eltern (§§ 1626 ff.), der Vormund (§§ 1793 ff.), der Betreuer (§ 1902) und der Pfleger (§ 1915). Erfasst werden zum anderen aber auch Personen, die kraft ihres Amtes rechtsgeschäftlich für einen anderen handeln können, wie dies bei Testamentsvollstreckern und Insolvenzverwaltern der Fall ist.

Ob **Organe** juristischer Personen als gesetzliche Vertreter iSd § 278 anzusehen sind, ist umstritten. Für eine Subsumtion unter § 278 scheint zu sprechen, dass Organe nach § 26 I 2 Hs. 2 »die Stellung eines gesetzlichen Vertreters« haben.[200] Dem ist jedoch entgegenzuhalten, dass die Haftung für Organe in § 31 eine speziellere Regelung gefunden hat. Die hM geht daher zu Recht davon aus, dass § 278 insoweit durch § 31 verdrängt wird.[201] Die Einstandspflicht einer OHG, KG oder einer Außen-GbR für ihre Organe beurteilt sich nach § 31 analog.[202] Praktische Konsequenz ist, dass die Haftung wegen Vorsatzes bei Organen nicht nach § 278 S. 2 iVm § 276 III ausgeschlossen werden kann. 37

2. Voraussetzungen der Haftung für Dritte nach § 278

a) Schuldverhältnis

Die Haftung des Schuldners für das Verschulden der gesetzlichen Vertreter und Erfüllungsgehilfen setzt zunächst das Vorliegen eines **Schuldverhältnisses** voraus. Dies wird von § 278 mit den Worten »Schuldner« und »Verbindlichkeit« zum Ausdruck gebracht. Auf welchem Entstehungsgrund das Schuldverhältnis beruht, ist unerheblich. § 278 ist damit sowohl bei *vertraglichen* als auch bei *gesetzlichen* Schuldverhältnissen anwendbar. Erforderlich ist aber, dass das Schuldverhältnis im Zeitpunkt des haftungsbegründenden Ereignisses bestanden hat. Im deliktischen Bereich ist § 278 daher erst nach Eintritt des schädigenden Ereignisses anwendbar. Besondere Bedeutung hat § 278 bei der Verletzung *vorvertraglicher* Schutzpflichten (§§ 311 II, 241 II). Die Ausweitung dieser Schutzpflichten durch Rechtsprechung und Literatur hat nicht zuletzt den Zweck, den Anwendungsbereich des § 278 auf Fälle zu erweitern, in denen die Möglichkeit einer Exkulpation des Geschäftsherrn nach § 831 unangemessen erscheint (→ § 8 Rn. 2). 38

b) Handeln in Erfüllung der Verbindlichkeit

§ 278 ist nur dann anwendbar, wenn der gesetzliche Vertreter bzw. der Erfüllungsgehilfe **in Erfüllung** einer Verbindlichkeit des Schuldners gehandelt hat. Das Handeln in Erfüllung der Verbindlichkeit wird vom Handeln *bei Gelegenheit* der Erfüllung abgegrenzt. Hat die Schädigung keinen spezifischen Zusammenhang mit den Aufgaben, für die der gesetzliche Vertreter bzw. der Erfüllungsgehilfe im Rahmen des Schuldverhältnisses zuständig ist, wird die Einstandspflicht des Schuldners nach § 278 daher traditionell verneint.[203] 39

> **Beispiel:** Der Malergeselle G wird von seinem Meister M beauftragt, die Wohnung des B zu tapezieren. Bei der Ausführung der Arbeiten nutzt G einen unbeobachteten Moment, um aus dem Schreibtisch des B Geld zu entwenden. Da G den Diebstahl nur bei Gelegenheit der Erfüllung einer Verbindlichkeit des M begangen hat, liegen die Voraussetzungen des § 278 nach

---

[200] Vgl. *Brox/Walker* SchuldR AT § 20 Rn. 27; Staudinger/*Caspers*, 2019, § 278 Rn. 124.
[201] BGHZ 90, 86 (95); 109, 327 (330); MüKoBGB/*Grundmann* § 278 Rn. 10; Palandt/*Grüneberg* § 278 Rn. 6; Soergel/*Pfeiffer* § 278 Rn. 20; *Bachmann* in Drygala/Wächter, Verschuldenshaftung, Aufklärungspflichten, Wissens- und Verhaltenszurechnung bei M&A-Transaktionen, 2020, 125 (128).
[202] Soergel/*Pfeiffer* § 278 Rn. 21.
[203] BGHZ 23, 319 (323); 31, 358 (366); *Larenz* SchuldR I § 20 VIII.

hM nicht vor. B hat also keinen Schadensersatzanspruch gegen M aus § 280 I iVm § 278. Er muss sich vielmehr an G halten.

In der neueren Literatur ist die Auffassung verbreitet, § 278 sei schon dann anwendbar, wenn dem Gehilfen die Ausführung des Delikts durch die Übertragung der Tätigkeit erheblich **erleichtert** worden ist.[204] Bei Diebstahl muss danach genügen, dass der Gehilfe durch die Tätigkeit Zugang zu den entwendeten Sachen erlangt hat. Dies wäre im Beispielsfall zu bejahen.

Gegen die traditionelle Auffassung spricht, dass sie die *Leistungspflicht* des Schuldners zu stark in den Vordergrund stellt. Wie § 241 II klarstellt, verpflichtet das Schuldverhältnis auch zur Rücksichtnahme auf die Rechtsgüter und Interessen des Gläubigers. Wenn der Schuldner einen Gehilfen mit der Ausführung der Leistung betraut, entspricht es dem Zweck des Schuldverhältnisses, ihn auch für die Verletzung von **Schutzpflichten** durch den Gehilfen einstehen zu lassen. Ob diese Schutzpflichtverletzungen in einem inneren Zusammenhang mit der Leistungspflicht stehen, ist unerheblich. Entscheidend ist, dass der Gläubiger dem Gehilfen im Hinblick auf seine rechtsgeschäftliche Beziehung mit dem Schuldner eine **gesteigerte Möglichkeit zur Einwirkung** auf seine Rechtsgüter und Interessen gewährt hat (vgl. § 311 II Nr. 2).

3. Rechtsfolgen

40 Nach § 278 hat der Schuldner das Verschulden des gesetzlichen Vertreters oder des Erfüllungsgehilfen in gleichem Umfang **wie eigenes Verschulden** zu vertreten. Das bedeutet, dass die für den Schuldner maßgeblichen *Modifikationen des Sorgfaltsstandards* (§ 276 I 1) auch im Rahmen des § 278 zu beachten sind. Haben die Parteien etwa vereinbart, dass der Schuldner nur für grobe Fahrlässigkeit haften soll, so muss der Schuldner für die einfache Fahrlässigkeit seines Erfüllungsgehilfen nicht einstehen.[205] Soweit es auf die eigenübliche Sorgfalt (§ 277) ankommt, ist darauf abzustellen, welche Sorgfalt der *Schuldner* in eigenen Angelegenheiten anzuwenden pflegt.[206]

41 Probleme ergeben sich bei der Bestimmung des **Fahrlässigkeitsmaßstabs.** Kommt es hier auf die Merkmale des Schuldners oder die Merkmale des Erfüllungsgehilfen an? Mit anderen Worten: Ist die Sorgfalt eines durchschnittlichen Handwerksmeisters oder eines durchschnittlichen Gesellen geschuldet? Die hM stellt auf den für den Schuldner maßgeblichen Standard ab. Dies wird damit begründet, dass der Schuldner das Verschulden des Gehilfen »wie eigenes Verschulden« zu vertreten habe.[207]

Diese Auffassung ist jedoch nicht überzeugend. Jedem Auftraggeber ist klar, dass der Schuldner nicht alle Tätigkeiten selbst ausführen wird. Außerdem ist denkbar, dass der Gehilfe als Fachmann größere Fähigkeiten als der Schuldner hat. Hier ist unstreitig, dass solche größeren Fähigkeiten berücksichtigt werden müssen.[208] Bei arbeitsteili-

---

204 Vgl. HK-BGB/*Schulze* § 278 Rn. 11; Palandt/*Grüneberg* § 278 Rn. 22; *Brox/Walker* SchuldR AT § 20 Rn. 32; *Medicus/Lorenz* SchuldR AT Rn. 382; *Joussen* SchuldR I Rn. 336; einschränkend *Bachmann* in Drygala/Wächter, Verschuldenshaftung, Aufklärungspflichten, Wissens- und Verhaltenszurechnung bei M&A-Transaktionen, 2020, 125 (136f.).
205 Vgl. *Brox/Walker* SchuldR AT § 20 Rn. 35; *Larenz* SchuldR I § 20 VIII.
206 Staudinger/*Caspers*, 2019, § 278 Rn. 63; *Brox/Walker* SchuldR AT § 20 Rn. 35.
207 BGHZ 31, 358 (367); *Medicus/Lorenz* SchuldR AT Rn. 383.
208 Vgl. BGHZ 114, 263 (272); *Bachmann* in Drygala/Wächter, Verschuldenshaftung, Aufklärungspflichten, Wissens- und Verhaltenszurechnung bei M&A-Transaktionen, 2020, 125 (127).

gem Vorgehen sollte daher der Standard zugrunde gelegt werden, der für die fachmännische Durchführung der jeweiligen Tätigkeit **erforderlich** ist.²⁰⁹ Der Meister kann danach ohne Bedenken einen Gesellen einsetzen, wenn der Standard eines ordentlichen Gesellen zur Erfüllung der betreffenden Tätigkeit ausreichend ist.

> **Beispiel** (BGHZ 31, 358): In einem Stall des Bauern B sind im Winter die Wasserleitungen eingefroren. B beauftragt den Elektromeister U, eine neue Wasserpumpe mit Elektromotor einzubauen. U lässt die Arbeit durch den 17-jährigen Auszubildenden A durchführen, der »zwar fleißig, aber geistig sehr schwerfällig« ist. Nachdem A die Pumpe installiert hatte, macht er sich aus eigenem Antrieb daran, die eingefrorenen Leitungen mit einer Lötlampe aufzutauen. Beim Arbeiten mit der Lötlampe entzündet sich Spinngewebe. Das Stallgebäude brennt völlig aus. B verlangt von U Schadensersatz. Mit Erfolg?
> B könnte einen Schadensersatzanspruch gegen U aus § 280 I haben. Da U den A als Erfüllungsgehilfen eingesetzt hat, muss er sich dessen Verschulden nach § 278 zurechnen lassen. Fraglich ist, ob A schuldhaft gehandelt hat. Der BGH hat dies damit begründet, dass der A nicht die Sorgfalt eines ordentlichen Meisters eingehalten hat. Der Einbau der Wasserpumpe ist jedoch eine Aufgabe, die nicht mit der Sorgfalt eines Meisters erfüllt werden muss. Hier hätte auch die Sorgfalt eines durchschnittlichen Gesellen genügt. Die Fähigkeiten eines »geistig schwerfälligen« Auszubildenden sind aber sicher nicht ausreichend. Im Ergebnis hat der BGH das Verschulden des A daher zu Recht bejaht.

Ob der Schuldner auch für einen **nicht schuldfähigen Erfüllungsgehilfen** nach § 278 einstehen muss, ist umstritten. Die hM verneint dies mit der Erwägung, dass es in einem solchen Fall an einem Verschulden des Erfüllungsgehilfen fehle, welches dem Schuldner zugerechnet werden könne.²¹⁰ Dem wird teilweise entgegengehalten, der Schuldner könnte versucht sein, unzurechnungsfähige Gehilfen einzusetzen, um seiner Haftung zu entgehen.²¹¹ Es handelt sich hier jedoch um kein ernsthaftes Problem. Denn in der bewussten Auswahl eines unzurechnungsfähigen Erfüllungsgehilfen wird regelmäßig ein eigenes Verschulden des Schuldners zu sehen sein.²¹² 42

> **Zur Vertiefung:** Ob § 278 auf Maschinen (zB Roboter) oder automatisierte Systeme angewendet werden kann, ist umstritten.²¹³ Eine direkte Anwendung scheitert daran, dass § 278 auf das »Verschulden« des Erfüllungsgehilfen abstellt. Ein Verschulden kann aber nur Menschen zur Last fallen, nicht aber Robotern oder Maschinen. Für eine Analogie lässt sich anführen, dass Roboter zunehmend an die Stelle von menschlichen Erfüllungsgehilfen treten. Da ein Roboter nicht schuldfähig sein kann, besteht aber eine Parallele zu nicht schuldfähigen menschlichen Erfüllungsgehilfen, für welche der Schuldner gerade nicht nach § 278 einstehen muss. Die Analogie hilft daher nicht weiter.²¹⁴ In Betracht kommt somit nur ein eigenes Verschulden des Betreibers (§ 276). Die Pflichtverletzung des Betreibers kann dabei zB in dem Einsatz einer für die konkrete Aufgabe ungeeigneten Maschine, in einem Bedienungsfehler oder in der Verletzung von Überwachungspflichten bestehen.

---

209 So *E. Lorenz* FG BGH I, 2000, 329 (376).
210 OLG Düsseldorf NJW-RR 1995, 1165 (1166); Palandt/*Grüneberg* § 278 Rn. 27; aA *Larenz* SchuldR I § 20 VIII; MüKoBGB/*Grundmann* § 278 Rn. 50.
211 So *Fikentscher/Heinemann* SchuldR Rn. 659.
212 Vgl. *Medicus/Lorenz* SchuldR AT Rn. 383; *E. Lorenz* FG BGH I, 2000, 329 (378).
213 Für Anwendbarkeit des § 278 auf Roboter schon *M. Wolf* JuS 1989, 899 (901f.); in neuerer Zeit Soergel/*Pfeiffer* § 278 Rn. 25; *Teubner* AcP 218 (2018), 155 (185ff.); *Schirmer* JZ 2016, 660 (664f.).
214 Gegen eine Analogie auch MüKoBGB/*Grundmann* § 278 Rn. 46; *Medicus/Lorenz* SchuldR AT Rn. 386; *Klingbeil* JZ 2019, 718 (719ff.).

V. Exkurs: Die Haftung für Dritte im außervertraglichen Bereich

43 Die Einstandspflicht des Schuldners nach § 278 unterscheidet sich grundlegend von der **deliktischen** Haftung des Geschäftsherrn für Verrichtungsgehilfen nach § 831 (→ SchuldR BT § 67 Rn. 2 ff.). Zu beachten ist zunächst, dass es sich bei § 831 – anders als bei § 278 (→ § 23 Rn. 2) – um eine **eigenständige Anspruchsgrundlage** handelt. Im Unterschied zu § 278 begründet § 831 keine Einstandspflicht für fremdes Verschulden; der Geschäftsherr haftet vielmehr für **eigenes Verschulden** bei der Auswahl und Überwachung des Verrichtungsgehilfen. Eine Besonderheit besteht allerdings darin, dass das Verschulden vermutet wird. Der Geschäftsherr kann sich aber nach § 831 I 2 durch den Nachweis entlasten, er habe den Gehilfen sorgfältig ausgewählt und überwacht (sog. Exkulpation).

Aus den vorstehenden Überlegungen folgt, dass der Geschäftsherr im außervertraglichen Bereich nicht für jede Hilfsperson einstehen muss. Wenn der Geschäftsherr sich darauf berufen kann, er habe den **Verrichtungsgehilfen** sorgfältig überwacht, so setzt dies voraus, dass der Gehilfe gegenüber dem Geschäftsherrn *weisungsabhängig* ist. Selbstständige Unternehmer können daher zwar Erfüllungsgehilfen sein, nicht aber Verrichtungsgehilfen.

44 **Gesetzliche Vertreter** werden von § 831 überhaupt nicht erfasst. Im vertraglichen Bereich stellt die Einstandspflicht für den gesetzlichen Vertreter die Kehrseite der Vorteile dar, die dem Schuldner daraus erwachsen, dass er mithilfe des gesetzlichen Vertreters am Rechtsverkehr teilnehmen kann.[215] Da die Teilnahme am allgemeinen Verkehr nicht von der Geschäftsfähigkeit abhängig ist, können nicht (voll) geschäftsfähige Personen aus dem Handeln ihrer gesetzlichen Vertreter im außervertraglichen Bereich keine Vorteile ziehen. Es ist daher auch nicht gerechtfertigt, ihnen die daraus folgenden Nachteile anzulasten.

Literatur: *Bachmann,* Die Dogmatik des § 278 BGB, in Drygala/Wächter, Verschuldenshaftung, Aufklärungspflichten, Wissens- und Verhaltenszurechnung bei M&A-Transaktionen, 2020, 125; *v. Caemmerer,* Verschulden von Erfüllungsgehilfen, FS Hauß, 1978, 33; *Deutsch,* Der Begriff der Fahrlässigkeit im Zivilrecht, JURA 1987, 505; *Deutsch,* Die Fahrlässigkeit als Außerachtlassung der äußeren und inneren Sorgfalt, JZ 1988, 993; *Deutsch,* Fahrlässigkeit und erforderliche Sorgfalt, 2. Aufl. 1995; *Deutsch,* Die Fahrlässigkeit im neuen Schuldrecht, AcP 202 (2002), 889; *Ehmann,* Garantie- oder Verschuldenshaftung bei Nichterfüllung und Schlechtleistung, FS Canaris I, 2007, 165; *Goecke,* Unbegrenzte Haftung Minderjähriger?, NJW 1999, 2305; *Klingbeil,* Schuldnerhaftung für Roboterversagen, JZ 2019, 718; *Köndgen,* § 278 BGB – (k)ein universales Haftungsmodell für arbeitsteilige Vertragserfüllung?, FS W.-H. Roth, 2015, 311; *Koziol,* Objektivierung des Fahrlässigkeitsmaßstabs im Schadensrecht, AcP 196 (1996), 593; *Kuhlen,* Strafrechtliche Grenzen der zivilrechtlichen Deliktshaftung Minderjähriger, JZ 1990, 273; *Kupisch,* Die Haftung für Erfüllungsgehilfen (§ 278), JuS 1983, 817; *Looschelders,* Verfassungsrechtliche Grenzen der Haftung Minderjähriger – Grundsatz der Totalreparation und Übermaßverbot, VersR 1999, 141; *E. Lorenz,* Die Haftung für Erfüllungsgehilfen, in 50 Jahre Bundesgerichtshof, FG aus der Wissenschaft, Bd. I, 2000, 329; *S. Lorenz,* Haftung für Erfüllungsgehilfen (§ 278 BGB), JuS 2007, 983; *Medicus,* Die eigenübliche Sorgfalt und der Straßenverkehr, FS Deutsch, 2009, 883; *Prölss,* Haftung für fremdes Verhalten ohne eigene Tatbestandsverwirklichung, FS Canaris I, 2007, 1037; *H. Roth,* Zur Reichweite des Beschaffungsrisikos bei der Gattungsschuld, FS Medicus, 2009, 371; *Schirmer,* Rechtsfähige Roboter?, JZ 2016, 660; *Schreiber,* Die Haftung für Hilfspersonen, JURA 1987, 647; *Teubner,* Digitale Rechtssubjekte, AcP 218 (2018), 155; *Walker,* Die eingeschränkte Haftung des

---

215 Vgl. Staudinger/*Caspers,* 2019, § 278 Rn. 3.

> Arbeitnehmers unter Berücksichtigung der Schuldrechtsmodernisierung, JuS 2002, 736; *Weimar*, Haftet der Schuldner für Gelegenheitshandlungen seines Erfüllungsgehilfen?, JR 1982, 95; *M. Wolf*, Schuldnerhaftung bei Automatenversagen, JuS 1989, 899. Vgl. außerdem die Nachweise zu § 20.

2. Abschnitt. Der Anspruch auf Schadensersatz

§ 24 Systematik, allgemeine Voraussetzungen und Abgrenzungen

I. Systematik

Fällt dem Schuldner eine **Pflichtverletzung** zur Last, so stellt sich bei allen Schuldverhältnissen die Frage, ob der Gläubiger Ersatz des daraus resultierenden Schadens verlangen kann. Diese Problematik wird vom Gesetz in einem **einheitlichen Komplex** (§§ 280–288) geregelt. Hier werden sämtliche Pflichtverletzungen lückenlos erfasst. Außerhalb des Systems steht nur der Anspruch auf Schadensersatz statt der Leistung bei **anfänglicher Unmöglichkeit** (§ 311a II). 1

Einzige **Anspruchsgrundlage** für Schadensersatzansprüche wegen der Verletzung von Pflichten aus Schuldverhältnissen ist § 280 I.[216] Die Vorschrift hat eine *Doppelfunktion:* Soweit es um die Haftung auf **einfachen Schadensersatz** geht, ist sie allein anwendbar; in Bezug auf den **Verzögerungsschaden** (§ 280 II) und den **Schadensersatz statt der Leistung** (§ 280 III) handelt es sich um die Grundnorm, welche durch zusätzliche Voraussetzungen nach §§ 281–286 ergänzt wird.[217] Dieses System hat den Vorteil, dass die allgemeinen Voraussetzungen des Schadensanspruchs nach § 280 I in allen Fällen gleich sind. Unterschiedlich sind nur die etwaigen Zusatzvoraussetzungen nach § 280 II oder III. Die Fallbearbeitung wird dadurch beträchtlich erleichtert (→ Anhang Rn. 1). 2

---

216 Vgl. PWW/*Schmidt-Kessel*/*Kramme* § 280 Rn. 1; Jauernig/*Stadler* § 280 Rn. 1.
217 BT-Drs. 14/6040, 135; NK-BGB/*Dauner-Lieb* § 280 Rn. 41; Palandt/*Grüneberg* § 280 Rn. 4.

5. Teil. Störungen im Schuldverhältnis

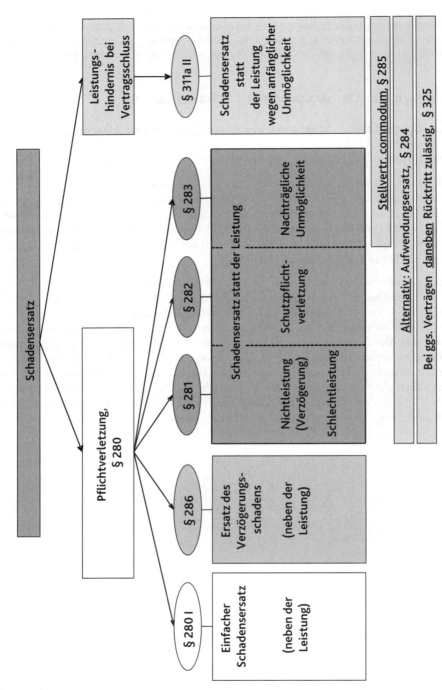

Übersicht 2: Systematik des Schadensersatzes

II. Voraussetzungen des Schadensersatzanspruchs nach § 280 I

Bei den allgemeinen Voraussetzungen des Schadensersatzanspruchs hat der Gesetzgeber sich an den Merkmalen orientiert, die von Rechtsprechung und Literatur für die Haftung aus positiver Vertragsverletzung (→ § 20 Rn. 11) entwickelt worden waren. Folgende Merkmale müssen danach vorliegen.

1. Schuldverhältnis

Erste Grundvoraussetzung für jeden Schadensersatzanspruch wegen Pflichtverletzung ist das Vorliegen eines **Schuldverhältnisses.** Erfasst werden *alle Arten* von Schuldverhältnissen. Die größte praktische Bedeutung haben dabei die *vertraglichen* Schuldverhältnisse (→ § 5 Rn. 2 ff.). § 280 I gilt aber auch im Rahmen von *vorvertraglichen* (→ § 8 Rn. 1 ff.) und *gesetzlichen* Schuldverhältnissen (→ § 10 Rn. 1 ff.). Bei Nichtigkeit eines Vertrages kann auf das durch den geschäftlichen Kontakt entstandene Schuldverhältnis nach § 311 II Nr. 3 abgestellt werden (→ § 5 Rn. 9).

> **Zur Vertiefung:** Zu den gesetzlichen Schuldverhältnissen gehört auch das *Eigentümer-Besitzer-Verhältnis* (→ § 10 Rn. 10). In diesem Bereich ist aber darauf zu achten, dass die differenzierten Sonderregelungen der §§ 987 ff. nicht durch den Rückgriff auf die §§ 280 ff. unterlaufen werden dürfen. So kommen Schadensersatzansprüche des Eigentümers gegen den Besitzer nach § 993 Abs. 1 Hs. 2 nur in Betracht, wenn der Besitzer nach Maßgabe der §§ 989, 990 verschärft haftet. Der vorrangige Schadensersatzanspruch aus §§ 987, 990 betrifft selbst allerdings lediglich Fälle, in denen der Schaden darauf beruht, dass die Sache infolge eines Verschuldens des Besitzers verschlechtert wird, untergeht oder aus einem anderen Grunde von ihm nicht herausgegeben werden kann. Im Übrigen kann daher grundsätzlich auf die §§ 280 ff. zurückgegriffen werden. So kann dem Eigentümer ein Anspruch auf Schadensersatz statt der Leistung aus §§ 280 I, III, 281 zustehen, wenn der bösgläubige oder verklagte Besitzer die mögliche Herausgabe der Sache unberechtigter Weise verweigert.[218]

Das Schuldverhältnis muss **im Zeitpunkt des schädigenden Ereignisses** schon bestehen, weil die verletzten Pflichten sonst nicht »aus dem Schuldverhältnis« resultieren können. Entsteht ein gesetzliches Schuldverhältnis erst durch das schädigende Ereignis, so ist § 280 I daher in Bezug auf dieses Ereignis nicht anwendbar. Dies gilt namentlich im deliktischen Bereich (§§ 823 ff.). Ein Anspruch aus §§ 280 ff. kommt hier nur nach Eintritt des schädigenden Ereignisses in Betracht, zB wenn der Schädiger mit der Zahlung des Schadensersatzes in Verzug kommt (§§ 280 I, II, 286). Bei der Geschäftsführung ohne Auftrag (§§ 677 ff.) entsteht das gesetzliche Schuldverhältnis dagegen bereits durch die Geschäftsbesorgung (→ § 10 Rn. 3), sodass Schadensersatzansprüche aus § 280 I häufiger relevant werden.

> **Beispiel:** Im Rahmen einer berechtigten Geschäftsführung ohne Auftrag muss der Geschäftsführer das Geschäft nach § 677 so führen, wie das Interesse des Geschäftsherrn mit Rücksicht auf dessen Willen es erfordert. Erleidet der Geschäftsherr einen Schaden, weil der Geschäftsführer diese Pflicht schuldhaft verletzt hat, so kann der Geschäftsherr nach § 280 I Schadensersatz verlangen (→ SchuldR BT § 43 Rn. 26).

---

218 BGH NJW 2016, 3235 Rn. 11 ff.; Palandt/*Herrler* § 985 Rn. 14; *Brox/Walker* SchuldR AT § 23 Rn. 36; aA MüKoBGB/*Baldus* § 985 Rn. 158 f.

> **Hinweis:** In der Klausur muss an dieser Stelle geprüft werden, ob zwischen den Beteiligten im Zeitpunkt des schädigenden Ereignisses ein Vertrag (§ 311 I), ein rechtsgeschäftsähnliches (§ 311 II, III) oder ein gesetzliches Schuldverhältnis vorgelegen hat.

2. Pflichtverletzung

6 Der Schuldner muss eine Pflicht aus dem Schuldverhältnis verletzt haben. Der Begriff der Pflichtverletzung ist in einem weiten Sinne zu verstehen. Er bezieht sich auf sämtliche Pflichten, die in einem Schuldverhältnis bestehen. Nach der Konzeption des Gesetzgebers ist die Unterscheidung zwischen den verschiedenen **Arten der Pflichten** und ihrer **Verletzung** für § 280 I noch irrelevant.[219] Bei der praktischen Rechtsanwendung empfiehlt es sich dennoch, die konkrete Art der Pflichtverletzung schon hier herauszuarbeiten. Dies ergibt sich daraus, dass der abstrakte Begriff der Pflichtverletzung kaum subsumtionsfähig ist (→ § 22 Rn. 2). Außerdem kann man nur so vermeiden, dass das Merkmal der Pflichtverletzung in den Fällen des § 280 II und III doppelt geprüft wird: einmal abstrakt bei § 280 I und einmal in der konkret gegebenen Form bei §§ 281–283 bzw. § 286.[220]

7 Die Pflichtverletzung muss **rechtswidrig** sein. Da Rechtfertigungsgründe (zB §§ 227 ff., 904) im *vertraglichen Bereich* nur selten eingreifen, ist diese Voraussetzung im Allgemeinen unproblematisch.[221] Größere praktische Bedeutung haben Rechtfertigungsgründe im *Deliktsrecht* (→ SchuldR BT § 59 Rn. 14 ff.). Soweit deliktische Ansprüche mit Ansprüchen aus §§ 280 I, 241 II wegen Schutzpflichtverletzung konkurrieren, greifen die Rechtfertigungsgründe aber auch bei der vertraglichen Haftung durch. In der Klausur sollte diese Problematik nur thematisiert werden, wenn Rechtfertigungsgründe ernsthaft in Betracht kommen.

8 Die **Beweislast** für die Pflichtverletzung folgt den allgemeinen Regeln. Es handelt sich um eine anspruchsbegründende Tatsache, die vom Anspruchsteller (also vom Gläubiger) zu beweisen ist. Soweit die Ursache für die Pflichtverletzung in der Sphäre des Schuldners liegt, kommen aber Beweiserleichterungen zugunsten des Gläubigers in Betracht.[222]

3. Vertretenmüssen

a) Dogmatische Einordnung und Verteilung der Beweislast

9 Ob der Schuldner die Pflichtverletzung zu **vertreten** hat, ist nach den §§ 276, 278 (→ § 23 Rn. 1 ff.) zu beurteilen. Da das Vertretenmüssen nach der Konzeption des Gesetzes eine **anspruchsbegründende Tatsache** darstellt,[223] müsste es an sich vom Gläubiger bewiesen werden. Aus der negativen Formulierung des § 280 I 2 (»das gilt nicht«) folgt aber, dass die Verantwortlichkeit des Schuldners **vermutet** wird. Steht das Vorlie-

---

[219] BT-Drs. 14/6040, 93; MüKoBGB/*Ernst* Einl. vor § 241 Rn. 48.
[220] Zu den Konsequenzen für den Klausuraufbau s. Anhang Rn. 2.
[221] Vgl. Jauernig/*Stadler* § 276 Rn. 13. Zu möglichen Ausnahmen *Riehm* FS Canaris, 2007, 1079 (1101).
[222] NK-BGB/*Dauner-Lieb* § 280 Rn. 40; Palandt/*Grüneberg* § 280 Rn. 34 ff.
[223] BT-Drs. 14/6040, 136; NK-BGB/*Dauner-Lieb* § 280 Rn. 410; MüKoBGB/*Ernst* § 280 Rn. 21 ff.; Jauernig/*Stadler* § 280 Rn. 20; *Medicus/Lorenz* SchuldR AT Rn. 330; *Joussen* SchuldR I Rn. 301; krit. Staudinger/*Schwarze*, 2019, § 280 Rn. D 4; *Kohler* ZZP 118 (2005), 25 (26), wonach das Vertretenmüssen keine Haftungsvoraussetzung ist, sondern das fehlende Vertretenmüssen einen materiellen Haftungsausschlussgrund darstellt.

gen einer Pflichtverletzung fest, so muss der Schuldner also nachweisen, dass er die Pflichtverletzung nicht zu vertreten hat. Dahinter steht die Erwägung, dass der Schuldner eher als der Gläubiger in der Lage ist, die Ursachen für die Pflichtverletzung aufzuklären. Bei der Fallbearbeitung kann somit von einem Vertretenmüssen ausgegangen werden, sofern nicht der Sachverhalt Angaben enthält, welche den Schuldner entlasten könnten.

Im **Arbeitsrecht** kann die Regelung des § 280 I 2 zu einer unbilligen Belastung des Arbeitnehmers führen. Dies gilt insbesondere für die **Mankohaftung** des Arbeitnehmers bei Fehlbeständen in Kasse oder Warenlager. Die Pflichtverletzung könnte hier bereits darin liegen, dass der Arbeitnehmer den Fehlbestand nicht vermieden hat. Nach der allgemeinen Regel des § 280 I 2 müsste der Arbeitnehmer dann nachweisen, dass er die Entstehung des Fehlbestands nicht zu vertreten hat. Da Fehlbestände meist unaufklärbar bleiben, wird dieser Nachweis nur selten gelingen. § 619a schreibt deshalb vor, dass die Beweislastumkehr zulasten des Arbeitnehmers nicht gilt. Der Arbeitgeber muss also nachweisen, dass der Arbeitnehmer die Pflichtverletzung zu vertreten hat (→ SchuldR BT § 29 Rn. 11).[224]

b) Abgrenzung zur Pflichtverletzung

In Anbetracht der unterschiedlichen Beweislastverteilung hat die **Abgrenzung** von Pflichtverletzung und Vertretenmüssen erhebliche Bedeutung. Unsicherheiten können sich ergeben, wenn dem Schuldner Fahrlässigkeit zur Last fällt. Denn mit der Außerachtlassung der im Verkehr erforderlichen Sorgfalt (§ 276 II) geht es auch bei der Fahrlässigkeit um eine Form der Pflichtverletzung: nämlich um die Verletzung von Sorgfaltspflichten.

Nach den Vorstellungen des Gesetzgebers ist zwischen der Verletzung von leistungsbezogenen Pflichten (Unmöglichkeit, Verzögerung, Schlechtleistung) und der Verletzung von Schutzpflichten zu unterscheiden. Bei **leistungsbezogenen Pflichten** bestehe die Pflichtverletzung allein darin, dass der Schuldner die Leistung nicht oder nicht wie geschuldet erbringt. Der Begriff der Pflichtverletzung sei hier also *erfolgsbezogen* zu verstehen. Im Rahmen der Fahrlässigkeit müsse geprüft werden, ob der Schuldner die Umstände zu vertreten hat, aufgrund derer die Leistung nicht oder nicht wie geschuldet erbracht worden ist. Denkbar sei etwa, dass der Schuldner die Sache nicht sorgfältig behandelt, zu spät abgeschickt oder nicht auf Mängel untersucht hat.

Bei der Verletzung von **Schutzpflichten** soll dagegen ein *handlungsbezogener* Begriff der Pflichtverletzung zugrunde gelegt werden. Man müsse daher zunächst positiv feststellen, worin die Schutzpflichtverletzung besteht. Auf der Ebene des Verschuldens sei dann zu prüfen, ob der Schuldner die Pflichtverletzung hätte vorhersehen und vermeiden können.[225]

Dieser Konzeption kann nicht vollständig gefolgt werden. Richtig ist, dass bei den **Schutzpflichten** ein handlungsbezogener Begriff der Pflichtverletzung zugrunde gelegt werden muss.[226] Demgegenüber lässt sich die Pflichtverletzung aber nicht bei allen **Leistungspflichten** erfolgsbezogen bestimmen. Denn es gibt zahlreiche Schuldver-

---

224 So schon zu §§ 280, 282 aF BAG NJW 1998, 101; 1999, 1049.
225 Vgl. BT-Drs. 14/6040, 135f.; MüKoBGB/*Ernst* § 280 Rn. 14.
226 Staudinger/*Schwarze*, 2019, § 280 Rn. F 38; *Canaris* JZ 2001, 499 (512); krit. *Kohler* ZZP 118 (2005), 25 (32).

hältnisse, bei denen kein bestimmter Erfolg, sondern nur eine (sorgfältige) Tätigkeit geschuldet ist. Zu nennen sind etwa Arbeitsverträge und sonstige Dienstverträge (zB Verträge mit Ärzten und Rechtsanwälten). Auch hier muss von einem handlungsbezogenen Begriff der Pflichtwidrigkeit ausgegangen werden. Dies entspricht der im französischen Recht entwickelten Unterscheidung zwischen »obligations de moyens« und »obligations de résultat«.[227]

> **Zur Vertiefung:** Die Abgrenzung zwischen erfolgs- und handlungsbezogenen Leistungspflichten kann auch bei Kaufverträgen Schwierigkeiten bereiten. So ist die Pflicht des Verkäufers aus § 433 I 1 zur Eigentumsverschaffung im Allgemeinen *erfolgsbezogen*. Bei Grundstücken ist aber zu beachten, dass die Eigentumsverschaffung nach §§ 873, 925 die Umschreibung des Eigentums im Grundbuch voraussetzt. Da der Verkäufer die Umschreibung nicht selbst herbeiführen kann, trifft ihn nach der Rechtsprechung insoweit auch keine erfolgsbezogene Pflicht. Er muss daher nur die *Handlungen* vornehmen, die für die Umschreibung des Eigentums erforderlich sind. Beim Grundstückskauf stellt die Nichtverschaffung des Eigentums somit nicht notwendig eine Pflichtverletzung iSd § 280 I dar.[228]

c) Bezugspunkt des Vertretenmüssens

15 Nach dem klaren Wortlaut des § 280 I 2 ist das Vertretenmüssen allein auf die jeweilige **Pflichtverletzung** zu beziehen. Bei der Verschuldenshaftung muss der Eintritt des Schadens daher nicht vom Vorsatz oder von der Fahrlässigkeit des Schuldners erfasst sein.[229]

4. Schaden

16 Letzte allgemeine Voraussetzung aller Schadensersatzansprüche ist der Eintritt eines **Schadens,** welcher in *objektiv zurechenbarer* Weise durch das pflichtwidrige Verhalten *verursacht* worden ist. Für die Zurechnung und die Schadensberechnung gelten die allgemeinen Grundsätze (→ § 45 Rn. 1 ff.). Der Gläubiger muss also grundsätzlich so gestellt werden, wie er bei pflichtgemäßem Verhalten des Schuldners stünde (vgl. § 249 I).[230]

Verlangt der Gläubiger einfachen Schadensersatz, kann es nach § 280 I mit den allgemeinen Voraussetzungen bewenden. Soweit es um den Ersatz des Verzögerungsschadens oder um Schadensersatz statt der Leistung geht, müssen auch die nach § 280 II und III jeweils erforderlichen **zusätzlichen Voraussetzungen** behandelt werden.

> **Hinweis:** Wegen des engen Zusammenhangs mit der Pflichtverletzung sind die zusätzlichen Voraussetzungen in der Klausur regelmäßig vor dem Vertretenmüssen zu prüfen (→ § 26 Rn. 8; → § 27 Rn. 22); eine Ausnahme gilt für den Schadensersatz nach §§ 280 I, III, 282, weil die Zumutbarkeit durch das Maß des Verschuldens beeinflusst wird (→ § 27 Rn. 37). Allgemein zum Klausuraufbau → Anhang Rn. 1.

---

227 Vgl. MüKoBGB/*Ernst* § 280 Rn. 143. Zur Kategorie der »obligations de résultat« → § 23 Rn. 3.
228 BGH NJW 2007, 3777 (3779).
229 Zum Bezugspunkt des Vertretenmüssens Staudinger/*Schwarze*, 2019, § 280 Rn. D 8.
230 Zur Berechnung des Schadensersatzes statt der Leistung → § 29 Rn. 1 ff.

III. Abgrenzung der Arten des Schadensersatzes

1. Ausgangspunkt

Ob und gegebenenfalls welche Voraussetzungen zusätzlich erforderlich sind, hängt von der Art des geltend gemachten Schadensersatzes ab. Im Ausgangspunkt ist danach zu unterscheiden, ob der Schadensersatz **statt der Leistung** oder **neben der Leistung** verlangt wird. Kennzeichnend für den **Schadensersatz statt der Leistung** ist, dass der Ersatzanspruch *an die Stelle* des Anspruchs auf die Primärleistung tritt und daher *nicht neben der Vertragserfüllung* geltend gemacht werden kann.[231] Bei der Abgrenzung kann man sich daran orientieren, ob der Schaden durch eine **gedachte Nachholung** der Leistung bzw. durch **Nacherfüllung** (deren Möglichkeit unterstellt) vermieden bzw. *beseitigt* werden könnte.[232] **Neben der Leistung** stehen damit Schäden, die aufgrund der Pflichtverletzung *endgültig* eingetreten sind und daher durch eine Nachholung der Leistung bzw. durch Nacherfüllung nicht mehr vermieden oder beseitigt werden können. Denn für solche Schäden bleibt die in § 281 I prinzipiell geforderte Fristsetzung funktionslos.[233] Die Abgrenzung setzt daher eine genaue Bestimmung der vertraglich **geschuldeten Leistung** bzw. des **Inhalts der Nacherfüllung** voraus.[234]

17

Neben der Leistung kann auch der **Verzögerungsschaden** nach §§ 280 I, II, 286 geltend gemacht werden. Hierbei geht es um Schäden, die auf der Verzögerung der Leistung beruhen und durch die Nachholung der Leistung nicht mehr behoben werden können.[235] Der Anspruch aus §§ 280 I, II, 286 geht aus Gründen der Spezialität dem Anspruch auf einfachen Schadensersatz nach § 280 I vor.

18

2. Konkretisierungen

Die vorstehenden Überlegungen geben allerdings nur eine grobe gedankliche Richtung vor. Während die Rechtsprechung vor diesem Hintergrund auf die **Umstände des Einzelfalls** abstellt, gibt es in der Literatur verschiedene Ansätze, die Maßstäbe für die Abgrenzung weiter zu **konkretisieren**.

19

a) Schadensphänomenologische Betrachtung

Ein Teil der Literatur stellt auf die jeweilige **Art des Schadens** ab (sog. schadensphänomenologische Betrachtung).[236] Dabei wird davon ausgegangen, dass jede Schadensposition einer bestimmten Schadenskategorie zugeordnet werden kann.[237] Beim Schadensersatz statt der Leistung geht es hiernach um den Ersatz des Interesses am Erhalt einer ordnungsgemäßen Leistung (sog. **Äquivalenz-** oder **Erfüllungsinteresse**). Der Schadensersatz neben der Leistung dient dagegen dem Interesse des Gläubigers an der

20

---

231 Vgl. BGH NJW 2013, 2959 (2960) mAnm *Hilbig-Lugani* = JA 2013, 865 *(Looschelders)*; NK-BGB/*Dauner-Lieb* § 280 Rn. 43 ff.; *Medicus/Petersen* BürgerlR Rn. 237.
232 Vgl. Palandt/*Grüneberg* § 281 Rn. 2; MüKoBGB/*Ernst* § 280 Rn. 70; Jauernig/*Stadler* § 280 Rn. 4; *Ostendorf* NJW 2010, 2833 (2838); krit. PWW/*Schmidt-Kessel/Kramme* § 280 Rn. 41.
233 Vgl. BGH NJW 2019, 1867 Rn. 20. Das Urteil bezieht sich zwar auf das Werkvertragsrecht; die Kriterien des BGH lassen sich jedoch auf das Kaufrecht übertragen (so auch *Buhlmann* LMK 2019, 417861).
234 BGH NJW 2019, 1867 Rn. 21; *Grigoleit/Bender* ZfPW 2019, 1 (5).
235 Vgl. Jauernig/*Stadler* § 280 Rn. 4; *Westermann/Bydlinski/Arnold* SchuldR AT Rn. 414.
236 BeckOGK/*Riehm*, 1.2.2020, BGB § 280 Rn. 211 ff.; *Grigoleit/Riehm* AcP 203 (2003), 727 ff.; *Grigoleit/Bender* ZfPW 2019, 1 ff.
237 BeckOGK/*Riehm*, 1.2.2020, BGB § 280 Rn. 211.

Unversehrtheit seiner sonstigen Rechte, Rechtsgüter und Interessen des Gläubigers (sog. **Integritätsinteresse**).[238] Es geht dabei nicht nur um Schutzpflichtverletzungen iSd § 241 II. Schadensersatz neben der Leistung kommt auch in Betracht, wenn die sonstigen Rechte, Rechtsgüter und Interessen des Gläubigers durch eine Schlechtleistung verletzt werden (→ § 25 Rn. 8 ff.).[239] Im Übrigen ist auch der **Verzögerungsschaden** als Schadensersatz neben der Leistung zu qualifizieren.

b) Zeitabhängige Betrachtung

21 Nach einer in der Literatur vertretenen Gegenauffassung hängt die Zuordnung einer Schadensposition zu einer Schadenskategorie davon ab, ob der Schaden verhindert worden oder entfallen wäre, wenn der Schuldner die Leistung **im letztmöglichen Zeitpunkt** noch erbracht hätte (sog. »**Zauberformel**«).[240] Dieser Ansatz hat zur Folge, dass eine Schadensposition nicht immer notwendig derselben Kategorie zuzuordnen ist.[241] Über die Definition des letztmöglichen Zeitpunkts besteht keine Einigkeit. Die meisten Autoren stellen auf den Zeitpunkt ab, zu dem der (Nach-)Erfüllungsanspruch durch Rücktritt oder Geltendmachung des Schadensersatzanspruchs statt der Leistung (§ 281 IV) erloschen ist.[242] Nach einer anderen Auffassung kommt es auf den Ablauf der Frist zur Nachholung der Leistung bzw. Nacherfüllung an.[243] Für die letztere Ansicht spricht, dass der Schuldner sein Recht zur »zweiten Andienung« bereits mit dem Fristablauf verliert. Der Anspruch auf die primäre Leistung bleibt zwar erfüllbar, der Gläubiger kann die Leistung aber zurückweisen (→ § 27 Rn. 24)[244]

c) Würdigung

22 Bei der Würdigung des Meinungsstreits ist zu beachten, dass beide Ansätze Schwächen aufweisen. So führt die von der schadensphänomenologischen Betrachtung in den Vordergrund gestellte Abgrenzung von Äquivalenz- und Integritätsinteresse nicht immer zu eindeutigen Ergebnissen.[245] Auf der anderen Seite lässt sich der »Zauberformel« entgegenhalten, dass die Einordnung einer Schadensposition nach der ratio der §§ 280 ff. nicht allein von dem eher zufälligen Zeitpunkt abhängen kann, zu dem der Gläubiger den Anspruch auf Schadensersatz statt der Leistung geltend macht.[246] Es handelt sich daher um eine bloße **Kontrollüberlegung**, die eine **wertende Betrachtung** der jeweiligen Schadensposition nach der Systematik des § 280 und dem Zweck des § 280 III nicht ersetzen kann. Entscheidend bleibt, ob der Schadensersatzanspruch **an die Stelle**

---

238 BeckOGK/*Riehm*, 1.2.2020, BGB § 280 Rn. 213 ff.; *Grigoleit/Bender* ZfPW 2019, 1 (10 ff.); vgl. auch *Westermann/Bydlinski/Arnold* SchuldR AT Rn. 412.
239 *Grigoleit/Bender* ZfPW 2019, 1 (4 f.).
240 So BeckOK BGB/*Lorenz*, 1.2.2020, § 280 Rn. 27 ff.; MüKoBGB/*Ernst* § 280 Rn. 70 ff.; *Medicus/Lorenz* SchuldR AT Rn. 341 ff.; *S. Lorenz* FS Leenen, 2012, 147 ff.; *Gsell* FS Canaris II, 2017, 451 ff.
241 MüKoBGB/*Ernst* § 280 Rn. 71.
242 So MüKoBGB/*Ernst* § 280 Rn. 72 f.; *Medicus/Petersen* BürgerlR Rn. 237; *Medicus/Lorenz* SchuldR AT Rn. 342; *Westermann/Bydlinski/Arnold* SchuldR AT Rn. 415; *S. Lorenz* FS Leenen, 2012, 147 (151 ff.); *Faust* FS U. Huber, 2006, 239 (253 ff.); *Klöhn* JZ 2010, 46 ff.; *Gsell* FS Canaris II, 2017, 451 ff.
243 So Jauernig/*Stadler* § 281 Rn. 16; Erman/*Grunewald* § 437 Rn. 13; *Ostendorf* NJW 2010, 2833 (2837).
244 Zu diesem Argument *Medicus/Petersen* BürgerlR Rn. 239.
245 *Westermann/Bydlinski/Arnold* SchuldR AT Rn. 412.
246 So aber konsequent *Medicus/Lorenz* SchuldR AT Rn. 344; krit. dazu BeckOGK/*Riehm*, 1.2.2020, BGB § 280 Rn. 207 ff.

des Erfüllungs- bzw. Nacherfüllungsanspruchs tritt oder **daneben** geltend gemacht werden kann. Soweit es um das **Erfüllungsinteresse** geht, tritt der Schadensersatz an die Stelle des Erfüllungs- bzw. Nacherfüllungsanspruchs. Ein Nebeneinander von Schadensersatz und (Nach-)Erfüllung würde dementsprechend zu einer doppelten Befriedigung desselben Interesses führen. Ansprüche auf Ersatz des **Integritätsinteresses** können dagegen neben dem Erfüllungs- bzw. Nacherfüllungsanspruch geltend gemacht werden, ohne dass eine Doppel- oder Überkompensation eintritt.

Bei der praktischen Rechtsanwendung führen beide Ansätze im Regelfall zu den gleichen Ergebnissen. Es empfiehlt sich daher, beide Ansätze miteinander zu **kombinieren,** indem man zunächst von der schadensphänomenologischen Betrachtung ausgeht und das danach gefundene Ergebnis mithilfe der »Zauberformel« einer Kontrolle unterzieht. Gelangt man nach beiden Ansätzen zu unterschiedlichen Ergebnissen, so muss die Entscheidung durch eine **wertende Betrachtung** getroffen werden. 23

3. Insbesondere: Kosten eines verfrühten Deckungskaufs

Ein wichtiges Beispiel für die Notwendigkeit einer wertenden Betrachtung ist der Fall des **verfrühten Deckungsgeschäfts.** Konkret geht es darum, dass der Gläubiger nach Fristablauf einen Deckungskauf tätigt und erst *danach* Schadensersatz für die daraus folgenden Mehrkosten verlangt. Nach der schadensphänomenologischen Betrachtung stellen die Kosten eines Deckungskaufs unabhängig vom Zeitpunkt einen Fall des Schadensersatzes statt der Leistung dar.[247] Maßgeblich ist die Erwägung, dass es um das **Leistungsinteresse** des Gläubigers geht. Bei **zeitabhängiger Betrachtung** kommt es demgegenüber darauf an, ob auf den Fristablauf oder die Geltendmachung des Schadensersatzanspruchs abgestellt wird. Während das Abstellen auf den **Fristablauf** ebenfalls zur Annahme von Schadensersatz statt der Leistung führt,[248] handelt es sich bei Anknüpfung an die **Geltendmachung** des Schadensersatzanspruchs um Schadensersatz neben der Leistung. Wenn die Kosten des Deckungskaufes eine gewisse Zeit vor der Geltendmachung des Schadensersatzanspruchs entstanden sind, können sie durch eine Leistung des Schuldners zum letztmöglichen Zeitpunkt (unmittelbar vor Geltendmachung des Schadensersatzanspruchs) nicht mehr vermieden werden. Da die Kosten des Deckungskaufs adäquat kausal auf der *Verzögerung* beruhen, wären die §§ 280 I, II, 286 einschlägig.[249] Man kann den Schadensersatzanspruch dann allerdings mit der Begründung ablehnen, dass der Käufer sich **nicht** zu dem verfrühten Deckungskauf **herausgefordert** fühlen durfte.[250] 24

Nach Ansicht des BGH handelt es sich um einen Fall des **Schadensersatzes statt der Leistung.**[251] Für diese Lösung spricht, dass der Deckungskauf und die geschuldete Leistung auf den *gleichen (Leistungs-)Erfolg* gerichtet sind, sodass der Schadensersatz nicht neben dem Erfüllungsanspruch geltend gemacht werden kann.[252] Im Ergebnis ist 25

---

247 BeckOGK/*Riehm*, 1.2.2020, BGB § 280 Rn. 235 ff.; PWW/*Schmidt-Kessel/Kramme* § 280 Rn. 41.
248 Vgl. Erman/*Grunewald* § 437 Rn. 13; *Ostendorf* NJW 2010, 2833 (2838).
249 So *Medicus/Lorenz* SchuldR AT Rn. 512; *S. Lorenz* FS Leenen, 2012, 147 ff.; *Faust* FS U. Huber, 2006, 239 (253 ff.); *Klöhn* JZ 2010, 46 ff.
250 So *Westermann/Bydlinski/Arnold* SchuldR AT Rn. 421; *S. Lorenz* FS Leenen, 2012, 147 (159 ff.); krit. *Gsell* FS Canaris II, 2017, 451 (465).
251 So BGH NJW 2013, 2959 (2960).
252 Vgl. *Looschelders* JA 2013, 865 (866).

also festzuhalten, dass die Mehrkosten eines Deckungskaufs als Schadensersatz statt der Leistung zu qualifizieren sind.

> **Beispiel** (BGH NJW 2013, 2959): Spediteur K hat mit V einen Vertrag über die Lieferung von 2.000.000 Liter Biodiesel zum Preis von 66 EUR/100 Liter geschlossen. Als V wegen der Insolvenz seiner eigenen Lieferantin die weitere Belieferung des K zwischenzeitig verweigert, deckt dieser sich bei anderen Lieferanten zu einem höheren Preis mit Biodiesel ein. Nachdem K den V in einem Vorprozess bereits mit Erfolg auf Lieferung des noch ausstehenden Teils der vertraglich vereinbarten Dieselmenge in Anspruch genommen hat, verlangt er von V Schadensersatz wegen der Mehrkosten des Deckungskaufs. Er macht dabei geltend, dass die Mehrkosten auf der Verzögerung der Leistung beruhen und daher nach §§ 280 I, II, 286 neben der Leistung beansprucht werden können. Der BGH hat die Klage mit dem Argument abgewiesen, dass die Mehrkosten eines eigenen Deckungskaufs einen an die Stelle der Leistung tretenden Schaden darstellen und deshalb nicht neben der Vertragserfüllung verlangt werden können. Der Senat verweist dabei zu Recht darauf, dass K sonst auf Kosten des V so gestellt würde, als wenn ihm die bestellte Dieselmenge zu dem mit V vereinbarten günstigen Kaufpreis doppelt zustünde. Die Befürworter der Gegenauffassung suchen eine solche »Doppelkompensation« dadurch zu vermeiden, dass sie die Zurechenbarkeit des Schadens mangels »Herausforderung« verneinen[253] oder eine Vorteilsausgleichung (→ § 45 Rn. 41 ff.) vornehmen.[254]

Literatur: *Bredemeyer,* Der Regelungsbereich von § 280 BGB, ZGS 2010, 10; *Bredemeyer,* Zur Abgrenzung des Schadensersatzes bei § 280 BGB, ZGS 2010, 71; *Faust,* Die Rechtslage nach Ablauf der Nachfrist, FS U. Huber, 2006, 239; *Grigoleit/Bender,* Der Diskurs über die Kategorien des Schadensersatzes im Leistungsstörungsrecht – Teleologische Dogmatisierung auf dem Prüfstand, ZfPW 2019, 1; *Grigoleit/Riehm,* Die Kategorien des Schadensersatzes im Leistungsstörungsrecht, AcP 203 (2003), 727; *Gsell,* Die schadensrechtliche Einordnung der Mehrkosten eines vorzeitigen Deckungskaufs nach der »Zauberformel« als Beispiel für die Leistungsfähigkeit der Dogmatik, FS Canaris II, 2017, 451; *Hirsch,* Schadensersatz statt und neben der Leistung – Aktuelle Fragen der Abgrenzung, JuS 2014, 97; *Katzenstein,* Die Systematik des Schadenshaftungsrechts in der Sonderverbindung nach modernisiertem Schuldrecht, JURA 2004, 584; *Kohler,* Pflichtverletzung und Vertretenmüssen – die beweisrechtlichen Konsequenzen des neuen § 280 Abs. 1 BGB, ZZP 118 (2005), 25; *S. Lorenz,* Das Deckungsgeschäft im System der Schadensarten oder: Was taugt die »Zauberformel«?, FS Leenen, 2012, 147; *Ostendorf,* Die Abgrenzung zwischen Schadensersatz statt und neben der Leistung – Versuch einer Neubetrachtung, NJW 2010, 2833; *Riehm,* Pflichtverletzung und Vertretenmüssen – Zur Dogmatik der §§ 280 ff. BGB, FS Canaris I, 2007, 1079; *Zieglmeier,* Die neuen Spielregeln des § 280 I 2 BGB, JuS 2007, 701. Vgl. außerdem die Nachweise zu § 20.

§ 25 Einfacher Schadensersatz wegen Pflichtverletzung

I. Anwendungsbereich

1 Was unter **einfachem Schadensersatz** zu verstehen ist, wird im Gesetz nicht näher beschrieben. Negativ lässt sich formulieren, dass § 280 I in seinem selbstständigen Anwendungsbereich alle Schäden umfasst, für welche die beiden folgenden Absätze keine zusätzlichen Voraussetzungen aufstellen.[255] Es muss sich also um Fälle handeln, bei denen der Schadensersatzanspruch nicht an die Stelle des Anspruchs auf die primäre Leistung tritt, sondern *neben* dem Leistungsanspruch geltend gemacht werden kann

---

253 So *Westermann/Bydlinski/Arnold* SchuldR AT Rn. 421.
254 Vgl. *Medicus/Petersen* BürgerlR Rn. 239.
255 *v. Wilmowsky* Beil. JuS 1/2002, 1 (5).

(→ § 24 Rn. 16). Denn sonst handelt es sich um *Schadensersatz statt der Leistung* (§ 280 III). Außerdem darf es sich *nicht* um einen *Verzögerungsschaden* iSd §§ 280 II, 286 handeln.

Der Anwendungsbereich des § 280 I kann auch nicht nach den verschiedenen Formen der Pflichtverletzung begrenzt werden.[256] Immerhin lassen sich einige **Fallgruppen** herausarbeiten, in denen der Anspruch auf einfachen Schadensersatz besonders oft relevant wird. Dabei zeigt sich, dass die praktische Relevanz dieses Anspruchs bei den einzelnen Formen der Pflichtverletzung unterschiedlich ist.

II. Fallgruppen

1. Verletzung von Schutzpflichten

Die meisten Anwendungsfälle für den Anspruch auf einfachen Schadensersatz nach § 280 I beruhen auf der Verletzung von **Schutzpflichten** (§ 241 II). Dabei kann zwischen Schutzpflichtverletzungen im *vertraglichen* und im *vorvertraglichen* Bereich unterschieden werden.

2

a) Schutzpflichtverletzungen im Rahmen von Verträgen (§ 311 I)

Schutzpflichtverletzungen können im Rahmen von **bestehenden Verträgen** eintreten. Zu denken ist wieder an den Maler, der bei der Ausführung der Arbeiten die Einrichtung des Auftraggebers beschädigt (→ § 20 Rn. 6). Verlangt der Auftraggeber Ersatz für die beschädigten Gegenstände, so handelt es sich um einen Anspruch auf einfachen Schadensersatz, der (allein) nach § 280 I zu beurteilen ist.[257] Der Leistungsanspruch bleibt daneben bestehen. *Schadensersatz statt der Leistung* kann in einem solchen Fall nach § 280 III nur unter den zusätzlichen Voraussetzungen des § 282 verlangt werden. Hieran ist insbesondere zu denken, wenn der Auftraggeber wegen der Pflichtverletzungen einen anderen, teureren Maler mit den Arbeiten beauftragt und die Preisdifferenz als Schaden geltend macht (→ § 27 Rn. 33 ff.).

3

Im Anwendungsbereich des § 280 I geht es nicht nur um den Ersatz von **Sachschäden**; vielmehr kommen auch **Personen-** bzw. **Körperschäden** in Betracht.[258]

4

> **Beispiel:** Der B lässt seinen Pkw in der Werkstatt des U reparieren. Beim Abholen des Fahrzeugs stürzt er in eine Grube, die U infolge von Fahrlässigkeit mit einem zu dünnen Brett abgedeckt hat, und verletzt sich.
> Mit der unzureichenden Abdeckung der Grube hat U eine vertragliche Schutzpflicht nach § 241 II schuldhaft verletzt. B hat gegen U daher einen Anspruch auf Ersatz seiner Heilungskosten aus § 280 I.

Schließlich kann der Anspruch aus § 280 I iVm § 241 II auch auf den Ersatz von **reinen Vermögensschäden** gerichtet sein.

> **Beispiel:** Der beim Automobilhersteller H beschäftigte Ingenieur A verrät Details über eine geplante neue Modellreihe an den Konkurrenten K. H erleidet hierdurch Umsatzeinbußen. Aufgrund des Arbeitsvertrags ist A nach § 241 II verpflichtet, Rücksicht auf die Vermögensinteressen des H zu nehmen. Diese Pflicht hat er durch den Verrat der Geschäftsgeheimnisse

---

256 Vgl. PWW/*Schmidt-Kessel/Kramme* § 280 Rn. 10.
257 Vgl. *Medicus/Petersen* BürgerlR Rn. 238.
258 Vgl. PWW/*Schmidt-Kessel/Kramme* § 280 Rn. 16.

schuldhaft verletzt. Nach § 280 I kann H von A daher Ersatz der dadurch entstandenen Umsatzeinbußen verlangen.

b) Rechtsgeschäftsähnliche Schuldverhältnisse

5   Ein wichtiger Anwendungsbereich des § 280 I ist die Verletzung **vorvertraglicher Schutzpflichten** (§§ 311 II, 241 II). Auch hier kann es sowohl um die Verletzung von Rechtsgütern und absoluten Rechten (Leben, Körper, Gesundheit, Eigentum etc) als auch um die Verursachung reiner Vermögensschäden gehen (→ § 8 Rn. 8 ff.). Abgrenzungsprobleme zum Schadensersatz statt der Leistung können in diesen Fällen nicht auftreten, weil vor dem Vertragsschluss noch keine Leistungspflicht besteht.

6   Entsprechende Schäden können eintreten, wenn der Schuldner eine **nachvertragliche Schutzpflicht** verletzt (→ § 22 Rn. 20). Der Schadensersatzanspruch richtet sich dann ebenfalls nach § 280 I.[259] Da die vertraglichen Leistungspflichten schon nach § 362 I erloschen sind, treten auch hier im Allgemeinen keine Abgrenzungsprobleme zum Schadensersatz statt der Leistung auf.

7   Nach § 280 I beurteilen sich auch die Ansprüche **Dritter,** die in den *Schutzbereich* eines Schuldverhältnisses einbezogen sind (→ § 9 Rn. 1 ff.). Des Weiteren gilt § 280 I für Schadensersatzansprüche gegen Dritte (zB *Vertreter* oder *Sachwalter*), die bei den Vertragsverhandlungen besonderes Vertrauen für sich in Anspruch genommen und dadurch die Verhandlungen oder den Vertragsschluss erheblich beeinflusst haben (→ § 9 Rn. 4 ff.).

2. Schlechtleistung

a) Allgemeines

8   Ein Anspruch aus § 280 I kommt auch in Betracht, wenn die sonstigen Rechte, Rechtsgüter oder Interessen des Gläubigers durch eine **Schlechtleistung** beeinträchtigt werden.

> **Beispiel:** Gläubiger G hat Rechtsanwalt R damit beauftragt, eine Forderung gegen den Schuldner S iHv 10.000 EUR gerichtlich geltend zu machen. R übersieht, dass die Verjährung der Forderung unmittelbar bevorsteht. Als er die Klage endlich erhebt, beruft sich S auf Verjährung. Die Klage wird abgewiesen.
> R hat den Anwaltsvertrag schlecht erfüllt. Infolge dessen hat sein Mandant G einen Schaden an seinem (sonstigen) Vermögen iHv 10.000 EUR erlitten. Es handelt sich um eine Einbuße, deren Ersatz nicht an die Stelle des Anspruchs auf die primäre Leistung tritt, sondern daneben denkbar ist. Anspruchsgrundlage ist damit § 280 I. Um Schadensersatz statt der Leistung ginge es dagegen, wenn G von R Zahlung der Honorarkosten für einen anderen Rechtsanwalt verlangen würde, den er zur Vermeidung weiterer Schäden mit der Wahrnehmung seiner Interessen beauftragt hätte.

9   Einen wichtigen Anwendungsbereich hat § 280 I bei mangelhaften Leistungen im Kauf- und Werkvertragsrecht, die zu Einbußen an den sonstigen Rechten, Rechtsgütern und Interessen des Gläubigers führen. Man spricht hier traditionell von **Mangelfolgeschäden;**[260] in neuerer Zeit wird oft der Begriff des Begleit- oder **Integritätsschadens** verwendet.[261] Große Probleme bereitet in diesen Fällen die Abgrenzung zum

---

259 Vgl. Erman/*Westermann* § 280 Rn. 5; Staudinger/*Schwarze*, 2019, § 280 Rn. B 11 f.
260 Vgl. MüKoBGB/*Westermann* § 437 Rn. 32 f.
261 Vgl. Jauernig/*Stadler* § 280 Rn. 4; *Oetker/Maultzsch* Vertragl. Schuldverhältnisse § 2 Rn. 311 ff.

Schadensersatz statt der Leistung, der auf das *Erfüllungsinteresse* des Gläubigers am Erhalt einer mangelfreien Leistung (sog. Äquivalenzinteresse) bezogen ist.[262]

Bei der Abgrenzung zwischen beiden Schadenskategorien kann man sich nicht an der zum **alten Recht** entwickelten Abgrenzung von Mangelschäden und Mangelfolgeschäden orientieren.[263] Nach der Systematik der §§ 280ff. kommt es vielmehr darauf an, ob der Schadensersatz an die Stelle der geschuldeten Leistung – hier also der Nacherfüllung – tritt oder daneben geltend gemacht wird. Hilfreich ist wieder die Überlegung, ob der Schaden durch Nacherfüllung zu beheben gewesen wäre (→ § 24 Rn. 17). 10

b) Einzelfälle

Die Abgrenzung zwischen den nach § 280 I zu ersetzenden Begleit- oder Integritätsschäden und dem Schadensersatz statt der Leistung ist nicht immer unzweifelhaft. Folgende Fälle sind zu unterscheiden: 11

Werden die sonstigen **Rechtsgüter des Käufers** (Leben, Körper, Gesundheit, Eigentum) durch eine mangelhafte Sache verletzt, so kann der Schadensersatzanspruch grundsätzlich neben dem Anspruch auf Nacherfüllung geltend gemacht werden. Anspruchsgrundlage für den Ersatz solcher **Mangelfolge-** oder **Integritätsschäden** ist allein § 280 I (iVm § 437 Nr. 3).[264]

> **Beispiel** (RGZ 66, 289): K kauft bei V Pferdefutter. Das gelieferte Futter enthält giftige Rizinuskörner, weshalb die Pferde des K eingehen. K hat aufgrund der mangelhaften Leistung des V einen Schaden an seinen sonstigen Rechten (Eigentum an den Pferden) erlitten. Er kann daher von V nach § 437 Nr. 3 iVm § 280 I Schadensersatz wegen des Tods seiner Pferde verlangen. Dieser Anspruch umfasst allerdings nicht die Kosten für das Futter. Insoweit handelt es sich um eine Schadensposition, die an die Stelle der an sich geschuldeten Nacherfüllung (Ersatzlieferung neuen Futters) tritt und daher nur unter den Voraussetzungen der §§ 280 I, III, 281 (iVm §§ 434, 437 Nr. 3) ersatzfähig ist. Dieses Ergebnis wird durch die Kontrollüberlegung bestätigt, dass der in den Kosten für das Futter liegende Schaden durch eine ordnungsgemäße Ersatzlieferung behoben werden kann. Der aus dem Tod der Pferde resultierende Schaden bleibt dagegen von einer gedachten Ersatzlieferung neuen Futters unberührt.

Die Abgrenzung zwischen einfachem Schadensersatz und Schadensersatz statt der Leistung bereitet indes große Schwierigkeiten, wenn der zunächst auf einen einzelnen Teil der Kaufsache begrenzte Mangel nach Gefahrübergang auf die gesamte Kaufsache übergreift und diese beschädigt oder zerstört (sog. **»weiterfressender Mangel«**). Repräsentativ ist der Fall, dass die Reifen oder die Bremsen des gekauften Pkw defekt sind (→ SchuldR BT § 8 Rn. 10ff.).[265] Kommt es aufgrund eines solchen Mangels zu einem Unfall, bei dem der gekaufte Pkw beschädigt wird, so wird dadurch das Integritätsinteresse des Käufers (Unversehrtheit des Eigentums am Pkw) verletzt. Die Schäden am Pkw wären danach gem. § 437 Nr. 3 iVm § 280 I zu ersetzen.[266] Zu beachten 12

---

262 Zu dieser Unterscheidung BT-Drs. 14/6040, 225; *Medicus/Lorenz* SchuldR AT Rn. 342; *Oetker/Maultzsch* Vertragl. Schuldverhältnisse § 2 Rn. 313; *Brox/Walker* SchuldR BT § 4 Rn. 108.
263 Vgl. Jauernig/*Stadler* § 280 Rn. 12; anders noch Gesetzesbegründung, BT-Drs. 14/6040, 224.
264 Vgl. Staudinger/*Schwarze*, 2019, § 281 Rn. C 9; *Schwarze* Leistungsstörungen § 25 Rn. 14.
265 Vgl. BGH NJW 1978, 2241.
266 So Staudinger/*Schwarze*, 2019, § 281 Rn. C10; *Schwarze* Leistungsstörungen § 20 Rn. 19 und § 25 Rn. 15; ein Schadensersatzanspruch aus §§ 437 Nr. 3, 280 I, III, 281 kommt hiernach nur in Betracht, wenn der Schaden mit dem ursprünglichen Mangel *stoffgleich* ist.

ist allerdings, dass der **Nacherfüllungsanspruch** des Käufers (§ 437 Nr. 1 iVm § 439 I) jedenfalls im Bereich des Verbrauchsgüterkaufs (§ 474) aufgrund der Vorgaben der Verbrauchsgüter-RL sehr weit reicht. Geht man davon aus, dass der Verkäufer unter dem Aspekt der Nacherfüllung auch verpflichtet wäre, die Unfallschäden an dem Pkw zu reparieren, so tritt der Schadensersatzanspruch an die Stelle der geschuldeten Leistung und kann damit nur unter den zusätzlichen Voraussetzungen des § 281 geltend gemacht werden.[267] Erforderlich wäre hiernach insbesondere eine Fristsetzung zur Nacherfüllung.

13 Erhebliche Abgrenzungsprobleme können sich auch bei **Vermögensschäden** stellen, die infolge der Mangelhaftigkeit der Kaufsache entstehen, wie etwa der **entgangene Gewinn** (§ 252). Ein Teil der Literatur ordnet den entgangenen Gewinn dem Schadensersatz statt der Leistung zu. Zur Begründung wird darauf verwiesen, dass es um das Erfüllungsinteresse des Käufers geht.[268] Nach der Systematik der §§ 280 ff. ist indessen danach zu unterscheiden, ob der Ersatz des entgangenen Gewinns statt oder neben der Leistung (bzw. der Nacherfüllung) begehrt wird. Der Ersatz des entgangenen Gewinns aus einer nicht nachholbaren **Weiterveräußerung** tritt an die Stelle des Anspruchs auf Nacherfüllung. Es geht hier um das Erfüllungsinteresse und nicht um eine Einbuße am sonstigen Vermögen des Gläubigers. Der Anspruch auf Schadensersatz richtet sich daher nach §§ 437 Nr. 3, 280 I, III, 281.[269] Die Einordnung als Schadensersatz neben der Leistung würde dagegen nicht selten zu einer Überkompensation führen, weil der Gläubiger dann neben dem Ersatz des entgangenen Gewinns auch noch im Wege der Nacherfüllung eine mangelfreie Sache verlangen könnte.[270] Eine andere Beurteilung ist allerdings für den Fall geboten, dass eine gekaufte **Maschine** aufgrund eines Mangels für die vertraglich vorausgesetzte Produktion bestimmter Waren ungeeignet ist.[271] Der Entgang des Gewinns, den der Käufer durch die Veräußerung der nicht produzierten Waren erzielt hätte, stellt einen Schaden dar, der neben der Nacherfüllung geltend gemacht werden kann. Da der entgangene Gewinn sich auf die Zeit bis zum Erhalt einer mangelfreien Maschine beschränkt, tritt durch das Nebeneinander von Nacherfüllung und Schadensersatz keine Überkompensation ein. Es handelt sich also um einen Folgeschaden am sonstigen Vermögen des Käufers, der wie die übrigen **Nutzungsausfallschäden** bis zur Nacherfüllung (→ § 25 Rn. 15) nach §§ 437 Nr. 3, 280 I zu ersetzen ist.[272]

> **Hinweis:** Die behandelten Abgrenzungsprobleme betreffen nur den Fall, dass der Entgang des Gewinns auf einem Mangel der Kaufsache beruht. Damit wird nicht in Abrede gestellt, dass entgangener Gewinn auch bei *Schutzpflichtverletzungen* ersatzfähig sein kann. Zu denken ist etwa an den Fall, dass Sachen, die nicht Vertragsgegenstand sind, vom Schuldner aufgrund einer Schutzpflichtverletzung be-

---

267 So etwa *Oetker/Maultzsch* Vertragl. Schuldverhältnisse § 2 Rn. 313.
268 So *Brox/Walker* SchuldR BT § 4 Rn. 111; *Oetker/Maultzsch* Vertragl. Schuldverhältnisse § 2 Rn. 304.
269 So auch BeckOGK/*Riehm*, 1.2.2020, BGB § 280 Rn. 258 ff.; *Brox/Walker* SchuldR BT § 4 Rn. 111; *Schwarze* Leistungsstörungen § 25 Rn. 14; aA NK-BGB/*Büdenbender* § 437 Rn. 72; MüKoBGB/*Westermann* § 437 Rn. 35; Soergel/*Benicke/Nalbantis* § 286 Rn. 211; *Medicus/Lorenz* SchuldR AT Rn. 342 ff.
270 Zum Problem der Überkompensation vgl. BeckOGK/*Riehm*, 1.2.2020, BGB § 280 Rn. 259; Soergel/*Benicke/Hellwig* § 280 Rn. 311.
271 Vgl. BGH NJW 2016, 2495 mAnm *Witt* = JA 2016, 628 *(Looschelders)*.
272 So auch MüKoBGB/*Westermann* § 437 Rn. 35; Erman/*Grunewald* § 437 Rn. 19.

schädigt werden und daher vom Gläubiger nicht wie beabsichtigt mit Gewinn weiterverkauft werden können.[273] Da das Integritätsinteresse des Gläubigers betroffen ist, richtet sich der Ersatz des entgangenen Gewinns in diesen Fällen nach §§ 280 I, 241 II. Daneben kommt auch ein Schadensersatzanspruch aus § 823 I in Betracht.

Der Anspruch auf Ersatz eines nicht behebbaren **Minderwerts** der Sache tritt an die Stelle des (insoweit nach § 275 ausgeschlossenen) Leistungsanspruchs. Es geht also um Schadensersatz *statt* der Leistung.[274] Das Gleiche gilt für die Kosten eines **Deckungskaufs** (→ § 24 Rn. 24f.).

14

c) Einordnung des Nutzungsausfallschadens bis zur Nacherfüllung

Besondere Probleme bereitet schließlich die Einordnung des Schadens, der darauf beruht, dass der Käufer die mangelhafte Sache **bis zur erfolgreichen Nacherfüllung** nicht nutzen kann (sog. Nutzungsausfallschaden). Da der Ersatz dieses Schadens neben der Nacherfüllung verlangt werden kann, handelt es sich jedenfalls nicht um Schadensersatz statt der Leistung. Die hM geht im Anschluss an die Gesetzesbegründung von einem Anspruch auf **einfachen Schadensersatz** aus, der allein nach § 280 I zu beurteilen ist.[275] Die Gegenauffassung stellt darauf ab, dass die *mangelfreie* Sache *zu spät* geleistet wird; der Nutzungsausfall führe daher zu einem **Verzögerungsschaden**, der nach § 280 II nur unter den zusätzlichen Voraussetzungen des § 286 ersatzfähig sei.[276] Nach dieser Auffassung würde der Anspruch auf Ersatz des Nutzungsausfallschadens grundsätzlich eine Mahnung erfordern; einige Autoren halten sie aber unter Verweis auf § 286 II Nr. 4 regelmäßig für entbehrlich.[277] Für die hM spricht die Parallele zur Einordnung der anderen Fälle, in denen dem Käufer wegen des Mangels der Kaufsache ein Gewinn entgeht, der durch die Verwendung der Kaufsache erzielt werden sollte (→ § 25 Rn. 13). Außerdem ist der Käufer bei Lieferung einer mangelhaften Sache schutzwürdiger als im Fall einer schlichten Nichtleistung.[278] Anders als die Schlechtleistung wird die Nichtleistung nämlich meist umgehend bemerkt, sodass eine Mahnung erfolgen kann (→ SchuldR BT § 4 Rn. 69).

15

> **Beispiel:** Gastwirt G hat bei V eine neue Zapfanlage gekauft. Die Anlage wird am Samstagnachmittag geliefert. Als G die Anlage am Abend in Betrieb nehmen will, erweist sie sich als nicht funktionsfähig. Dem G entsteht dadurch ein Verlust von 6.000 EUR. Am Montagmorgen reklamiert G den Mangel. V, der den Mangel infolge von Fahrlässigkeit übersehen hatte, tauscht die Anlage umgehend gegen eine andere, funktionsfähige aus.
> Die Voraussetzungen der §§ 437 Nr. 3, 280 I liegen vor. Nach hM handelt es sich um keinen Verzögerungsschaden. Die zusätzlichen Voraussetzungen des § 286 müssen daher nicht geprüft werden. Geht man dagegen mit der Mindermeinung in der Literatur von einem Verzögerungsschaden aus, so dürfte die grundsätzlich erforderliche Mahnung nach § 286 II Nr. 4 entbehrlich sein, weil G ein besonderes Interesse daran hatte, die Anlage am Wochenende einsetzen zu können.

---

273 Vgl. *Westermann/Bydlinski/Weber* SchuldR AT, 8. Aufl. 2013, Rn. 9/23 m. Fn. 22.
274 So auch Palandt/*Grüneberg* § 280 Rn. 18.
275 BT-Drs. 14/6040, 225; BGH NJW 2009, 2674; Palandt/*Grüneberg* § 280 Rn. 18, 20; BeckOK BGB/*Faust*, 54. Ed. 1.5.2020, § 437 Rn. 81f.; *S. Lorenz* NJW 2005, 1889 (1891).
276 Vgl. NK-BGB/*Dauner-Lieb* § 280 Rn. 61; *Oetker/Maultzsch* Vertragl. Schuldverhältnisse § 2 Rn. 295ff.; *Grigoleit/Bender* ZfPW 2019, 1 (50ff.).
277 *Grigoleit/Riehm* JuS 2004, 745 (747ff.); *Grigoleit/Bender* ZfPW 2019, 1 (52).
278 Vgl. BGH NJW 2009, 2674 (2676).

16 **Tritt der Käufer** aufgrund des Mangels nach §§ 437 Nr. 2, 440, 323, 326 V wirksam vom Vertrag **zurück**, so wird der nach dem Rücktritt eintretende **Nutzungsausfallschaden** (zB Kosten für die Anmietung eines Ersatzfahrzeugs nach Rückgabe des gekauften mangelhaften Gebrauchtwagens) als Schadensersatz **statt der Leistung** angesehen.[279] Dies rechtfertigt sich daraus, dass der Schaden durch eine ordnungsgemäße Nacherfüllung – deren Möglichkeit unterstellt – verhindert worden wäre.

3. Nichtleistung trotz Möglichkeit und Unmöglichkeit

17 Bei einer **Nichtleistung** trotz Möglichkeit ist der Anspruch auf Ersatz des *Verspätungsschadens* (§§ 280 I, II, 286) die speziellere Form des Schadensersatzes neben der Leistung (oben § 24 Rn. 13). Unter den Voraussetzungen des § 281 kann Schadensersatz *statt der Leistung* verlangt werden.[280] Demgegenüber hat der einfache Schadensersatz nach § 280 I in diesen Fällen keine praktische Bedeutung.

18 In den Fällen der **Unmöglichkeit** ist der Anspruch auf die primäre Leistung nach § 275 ausgeschlossen. Der Gläubiger ist daher idR vor allem daran interessiert, Schadensersatz *statt der Leistung* (§§ 280 I, III, 283 bzw. § 311a II) zu erhalten. Bei *Folge- oder Begleitschäden* an anderen Rechtsgütern oder Interessen des Gläubigers kommt aber ein Anspruch auf einfachen Schadensersatz nach § 280 I in Betracht.[281] Hieran ist insbesondere zu denken, wenn der Käufer aufgrund eines unbehebbaren Mangels einen Schaden an seinen sonstigen Rechtsgütern erleidet. Teilweise wird zwar dafür plädiert, den Anspruch auf Schadensersatz statt der Leistung auf Folgeschäden zu erstrecken.[282] Dies kann aus systematischen Gründen aber nicht überzeugen.[283] Ersatz des *Verzögerungsschadens* (§§ 280 I, II, 286) kann nur für die Zeit bis zum Eintritt der Unmöglichkeit verlangt werden (→ § 26 Rn. 4).

III. Rechtsfolgen

19 Liegen die Voraussetzungen des § 280 I vor, so richten sich die **Rechtsfolgen** nach den §§ 249 ff. Der Geschädigte muss also so gestellt werden, wie er ohne das schädigende Ereignis stünde (→ § 47 Rn. 1). Für den Fall einer Verletzung von Körper, Gesundheit, Freiheit oder sexueller Selbstbestimmung sieht § 253 II vor, dass auch die Zahlung eines angemessenen *Schmerzensgelds* verlangt werden kann (→ § 48 Rn. 1 ff.). Ein etwaiges Mitverschulden ist nach § 254 zu berücksichtigen.

Literatur: *Grigoleit/Riehm*, Der mangelbedingte Betriebsausfallschaden im System des Leistungsstörungsrechts, JuS 2004, 745; *Grunewald*, Schadensersatz für Mangel- und Mangelfolgeschäden, in Dauner-Lieb/Konzen/K. Schmidt, Das neue Schuldrecht in der Praxis, 2003, 313; *S. Lorenz*, Grundwissen Zivilrecht: Schadensarten bei der Pflichtverletzung (§ 280 II, III BGB), JuS 2008, 203; *Mankowski*, Die Anspruchsgrundlage für den Ersatz von »Mangelfolgeschäden« (Integritätsschäden), JuS 2006, 481. Vgl. außerdem die Nachweise zu § 20 und § 24.

---

279 BGHZ 174, 290 = NJW 2008, 911; *Gsell* JuS 2006, 203 (205 m. Fn. 22).
280 Vgl. Jauernig/*Stadler* § 280 Rn. 9.
281 Vgl. Palandt/*Grüneberg* § 283 Rn. 6; Staudinger/*Schwarze*, 2019, § 283 Rn. 59.
282 So etwa Erman/*Westermann* § 280 Rn. 3; MüKoBGB/*Ernst* § 283 Rn. 9 und § 311a Rn. 65; zu § 311a auch BGH NJW 2014, 3365 (3367) = JA 2014, 942 (943) *(Looschelders)*; Palandt/*Grüneberg* § 311a Rn. 7.
283 Gegen Einbeziehung anderer Schadenskategorien in den Schadensersatz statt der Leistung auch BeckOK BGB/*Lorenz*, 54. Ed. 1.5.2020, § 281 Rn. 40.

§ 26 Ersatz des Verzögerungsschadens

I. Schuldnerverzug

Wird die fällige Leistung nicht rechtzeitig erbracht, so können beim Gläubiger erhebliche Schäden eintreten. Nach der deutschen Rechtstradition hat jedoch nicht jede pflichtwidrige und schuldhafte Leistungsverzögerung zur Folge, dass der Schuldner den daraus resultierenden Schaden ersetzen muss. Verspätungsschäden sind vielmehr nur bei **Schuldnerverzug** zu ersetzen. Diese Tradition wird von § 280 II bestätigt.[284] Danach genügen die allgemeinen Merkmale des § 280 I für den Ersatz des Verzögerungsschadens nicht; es müssen vielmehr die zusätzlichen Voraussetzungen des § 286 vorliegen. Anspruchsgrundlage ist damit § 280 I, II iVm § 286. Der Anspruch auf Ersatz des Verzögerungsschadens tritt neben den Leistungsanspruch. Die Leistung kann also weiter verlangt werden. 1

Die Vorschriften über den Schuldnerverzug sind bei der Reform des Schuldrechts völlig neu strukturiert worden. Dies zeigt sich schon daran, dass der Anspruch auf Ersatz des Verzugsschadens in das System des Schadensersatzes wegen Pflichtverletzung integriert worden ist. Bei der Auslegung ist zu beachten, dass der Gesetzgeber mit der Neuregelung des Verzugsrechts auch den Zweck verfolgt hat, die Zahlungsverzugs-RL 2000/35/EG[285] umzusetzen, die zum 1.8.2014 durch die neugefasste Zahlungsverzugs-RL 2011/7/EU v. 16.2.2011 ersetzt worden ist (→ § 12 Rn. 24). Die Richtlinien gelten allerdings nur im Geschäftsverkehr, also zB nicht gegenüber Verbrauchern. Im Anwendungsbereich der Richtlinie ist eine **richtlinienkonforme Auslegung** geboten.[286] 2

> **Zur Vertiefung:** Ob auch über den Anwendungsbereich der Zahlungsverzugs-Richtlinien hinaus eine richtlinienkonforme Auslegung in Betracht kommt, ist umstritten. Soweit die Richtlinien in Deutschland überschießend umgesetzt wurden, dürfte eine einheitliche richtlinienkonforme Auslegung regelmäßig dem Willen des Gesetzgebers entsprechen.[287] Im Übrigen ist aber zu bedenken, dass die Richtlinien nur den Geschäftsverkehr zwischen Unternehmern regeln sollen. Es muss daher jeweils genau geprüft werden, ob die Wertungen der Richtlinie auf Verbraucherverträge anwendbar sind. Der BGH hat in einer aktuellen Entscheidung festgestellt, dass ein Wille des nationalen Gesetzgebers, die Richtlinien zulasten von Verbrauchern umzusetzen, nicht erkennbar geworden sei, sodass die Voraussetzungen einer richtlinienkonformen Auslegung insoweit nicht vorlägen.[288]

II. Allgemeine Voraussetzungen

Der Schuldnerverzug lässt sich als die vom Schuldner zu vertretende Nichtleistung trotz Fälligkeit und Mahnung definieren.[289] Es handelt sich dabei allerdings um eine **Kurzformel**, welche die wesentlichen Kriterien anspricht, im Einzelnen aber präzisiert und ergänzt werden muss. 3

---

284 Krit. PWW/*Schmidt-Kessel/Kramme* § 286 Rn. 2: »systematisches Fossil«.
285 RL 2000/35/EG zur Bekämpfung des Zahlungsverzugs im Geschäftsverkehr v. 29.6.2000.
286 Vgl. Palandt/*Grüneberg* § 270 Rn. 5.
287 Vgl. NK-BGB/*Schulte-Nölke* § 286 Rn. 7; *Schmidt-Kessel* in Gebauer/Wiedmann, Zivilrecht unter europäischem Einfluss, 2. Aufl. 2010, Kap. 10 Rn. 17.
288 Einschr. auch BGH NJW 2017, 1596 Rn. 32 = LMK 2017, 38966 *(Beurskens)* = JA 2017, 467 *(Looschelders)*.
289 *Larenz* SchuldR I § 23 Ia; vgl. auch *Medicus/Lorenz* SchuldR AT Rn. 462.

1. Nichtleistung trotz Fälligkeit und Durchsetzbarkeit des Anspruchs

4 Nach § 286 I 1 setzt der Schuldnerverzug voraus, dass die geschuldete Leistung *nicht (rechtzeitig) erbracht* wird. Erforderlich ist des Weiteren, dass dem Gläubiger ein *wirksamer, fälliger* und *durchsetzbarer Anspruch* gegen den Schuldner zusteht. Es handelt sich hier um die gleichen Kriterien, die schon im Zusammenhang mit der **Pflichtwidrigkeit** der Verzögerung geprüft werden müssen. Für die Einzelheiten kann daher auf die dortigen Ausführungen (→ § 22 Rn. 4 ff.) verwiesen werden. Dies gilt insbesondere für die Auswirkungen von Einreden.[290] Zu beachten ist insbesondere, dass es für die **Rechtzeitigkeit einer Geldleistung** durch Banküberweisung darauf ankommt, ob der Schuldner die Überweisung so frühzeitig auf den Weg gebracht hat, dass er mit einem fristgerechten Eingang des Geldes auf dem Konto des Gläubigers rechnen durfte. Der Schuldner kann sich also nicht darauf berufen, dass er den Zahlungsvorgang am Fälligkeitstag eingeleitet hat (→ § 12 Rn. 20 und → § 22 Rn. 8). Ist die Leistungspflicht des Schuldners nach § 275 wegen **Unmöglichkeit** ausgeschlossen, so fehlt es an einem wirksamen Anspruch. Schuldnerverzug kommt daher nicht in Betracht.

2. Mahnung

5 Für den Schuldnerverzug genügt grundsätzlich nicht, dass der Schuldner den fälligen und durchsetzbaren Anspruch des Gläubigers nicht erfüllt. Der Gläubiger muss dem Schuldner vielmehr deutlich machen, dass die Verzögerung für ihn nachteilige Folgen haben wird. Diesem Zweck dient das Erfordernis der **Mahnung**.

Mahnung ist die einseitige, empfangsbedürftige **Aufforderung** des Gläubigers an den Schuldner, die Leistung zu erbringen. Der Gläubiger muss eindeutig und bestimmt zum Ausdruck bringen, dass er die geschuldete Leistung verlangt.[291] Auf die Folgen einer weiteren Verzögerung muss nicht ausdrücklich hingewiesen werden.[292] Macht der Gläubiger einen zu hohen Betrag geltend, so kommt der Schuldner dennoch in Verzug, wenn er die Mahnung als Aufforderung zur Bewirkung der tatsächlich geschuldeten Leistung verstehen muss und der Gläubiger zur Annahme der geringeren Leistung bereit ist.[293]

6 Nach dem Wortlaut des § 286 I 1 muss die Mahnung **nach Eintritt der Fälligkeit** erfolgen. Eine vorherige Mahnung ist unwirksam und wird durch den späteren Eintritt der Fälligkeit auch nicht geheilt.[294] Die Mahnung kann aber mit der die Fälligkeit begründenden Handlung (zB Rechnungserteilung, Abruf der Ware) verbunden werden.[295] Die Wendung »nach dem Eintritt der Fälligkeit« soll lediglich klarstellen, dass eine *vor* Fälligkeit ausgesprochene Mahnung unwirksam ist.[296] Nach der neueren Rechtsprechung ist die **erstmalige Zusendung einer Rechnung** im Regelfall allerdings **nicht** als **Mahnung** zu qualifizieren.[297] Der BGH verweist dabei zu Recht auf den systemati-

---

290 Vgl. *Derleder/Karabulut* JuS 2014, 102 ff.
291 BGH NJW 1998, 2132 (2133); MüKoBGB/*Ernst* § 286 Rn. 49.
292 Staudinger/*Feldmann*, 2019, § 286 Rn. 29.
293 BGH NJW 1999, 3115 (3116); 2006, 3271 = JA 2006, 812 *(Looschelders)*; *Medicus/Lorenz* SchuldR AT Rn. 464.
294 Vgl. BGH NJW 1992, 1956; MüKoBGB/*Ernst* § 286 Rn. 55.
295 Vgl. Erman/*Hager* § 286 Rn. 34; Palandt/*Grüneberg* § 286 Rn. 16.
296 *Huber* Leistungsstörungen Bd. I § 17 III 3 (zu § 284 aF).
297 BGH NJW 2008, 50 = JA 2008, 228 *(Looschelders)*.

schen Zusammenhang mit § 286 III 1. Die dort vorgesehene Sonderregelung für Entgeltforderungen (→ § 26 Rn. 15 ff.) zeigt, dass der Gesetzgeber die Zusendung einer Rechnung im Allgemeinen gerade nicht als Mahnung ansieht, zumal sonst das Belehrungserfordernis gegenüber Verbrauchern (§ 286 III 1 Hs. 2) entwertet wäre.

> **Zur Vertiefung:** Da die Rechtsfolgen des Verzugs unabhängig vom Willen des Gläubigers kraft Gesetzes eintreten, ist die Mahnung keine Willenserklärung. Wegen der vergleichbaren Interessenlage sind die §§ 104 ff. aber entsprechend anwendbar.[298] Die Mahnung verschafft dem Gläubiger lediglich einen rechtlichen Vorteil. Nach § 107 ist sie deshalb auch wirksam, wenn der Gläubiger in der Geschäftsfähigkeit beschränkt ist.[299]

§ 286 I 2 stellt die Erhebung der **Klage** auf die Leistung (§§ 253, 254 ZPO) sowie die Zustellung eines **Mahnbescheids** im Mahnverfahren (§§ 688 ff. ZPO) der Mahnung gleich. Die Gleichstellung wird dadurch gerechtfertigt, dass der Gläubiger auf diese Weise sein Leistungsverlangen besonders klar und entschieden zum Ausdruck bringt.[300] Beide prozessualen Mittel sollten aber nicht vorschnell eingesetzt werden. Hat der Schuldner keinen Anlass zur Klage gegeben, so muss der Gläubiger nämlich die Prozesskosten tragen, wenn der Schuldner den Anspruch sofort anerkennt (vgl. § 93 ZPO). 7

3. Vertretenmüssen

Nach § 286 IV kommt der Schuldner nicht in Verzug, solange die Leistung infolge eines Umstands unterbleibt, den der Schuldner nicht zu vertreten hat. Aus der negativen Formulierung folgt, dass das Vertretenmüssen (§§ 276 ff.) auch hier **vermutet** wird. Bei Ansprüchen auf Ersatz des Verzögerungsschadens wäre das Vertretenmüssen als solches zwar auch schon nach § 280 I 2 zu prüfen. § 286 IV stellt aber klar, dass es für den Entlastungsbeweis nicht auf den Zeitpunkt der ursprünglichen Pflichtverletzung (nämlich die Fälligkeit), sondern auf den **Zeitpunkt des möglichen Verzugseintritts** (zB nach Mahnung) ankommt.[301] Mit Blick auf die anderen Verzugsfolgen (→ § 26 Rn. 19 ff.) hat § 286 IV dagegen auch für das Vertretenmüssen als solches konstitutive Bedeutung. 8

Der Schuldner kann sich im Rahmen des § 286 IV auf alle **Leistungshindernisse** berufen, für die er nicht nach § 276 oder § 278 einzustehen hat. Beispiele sind die eigene Erkrankung, der Streik von Mitarbeitern, Einwirkungen durch Naturgewalten oder Dritte sowie unvorhersehbare Beschaffungsschwierigkeiten.[302] Bei Letzteren muss aber genau geprüft werden, ob und inwieweit der Schuldner ein **Beschaffungsrisiko** übernommen hat.

> **Hinweis:** Bei der Klausurbearbeitung ist zu beachten, dass die Pflichtverletzung iSd § 280 I 1 beim Verzug in der Nichtleistung trotz Fälligkeit und Durchsetzbarkeit des Anspruchs und insoweit mit den objektiven Voraussetzungen des § 286 I (→ § 26 Rn. 4) identisch ist. Echte zusätzliche Voraussetzung ist

---

298 BGHZ 47, 352 (357); BGH NJW 2006, 687 (688).
299 Erman/*Hager* § 286 Rn. 30; Palandt/*Grüneberg* § 286 Rn. 16; PWW/*Schmidt-Kessel/Kramme* § 286 Rn. 12; aA Staudinger/*Feldmann*, 2019, § 286 Rn. 68.
300 Staudinger/*Löwisch/Feldmann*, 2014, § 286 Rn. 64; *Larenz* SchuldR I § 23 Ia.
301 Vgl. *Brox/Walker* SchuldR AT § 23 Rn. 29; Palandt/*Grüneberg* § 286 Rn. 32; *Kohler* JZ 2004, 961 ff.
302 Staudinger/*Feldmann*, 2019, § 286 Rn. 143 ff.

also nur die Mahnung (→ § 26 Rn. 5 ff.). Das subjektive Merkmal des Vertretenmüssens wird aus den vorstehend dargelegten Gründen in § 280 I 2 und § 286 IV ebenfalls doppelt angesprochen. Da das Vertretenmüssen bei Eintritt des Verzugs vorliegen muss, empfiehlt es sich, dieses Merkmal erst nach der Mahnung (bzw. deren Entbehrlichkeit) zu prüfen. Zu einem Beispiel → Anhang Rn. 3.

III. Entbehrlichkeit der Mahnung (§ 286 II)

9   Schuldnerverzug kann ausnahmsweise auch ohne Mahnung eintreten.

1. Leistungszeit nach dem Kalender

Nach § 286 II Nr. 1 ist keine Mahnung erforderlich, wenn für die Leistung eine **Zeit nach dem Kalender** bestimmt ist (»dies interpellat pro homine«[303]). In diesem Fall weiß der Schuldner genau, wann er die Leistung zu erbringen hat. Außerdem muss er davon ausgehen, dass die Einhaltung der Leistungszeit dem Gläubiger besonders wichtig ist. Eine gesonderte Aufforderung zur Leistung ist deshalb entbehrlich.

Als **Leistungszeit** kann *unmittelbar* ein Kalendertag (»Lieferung am 25.2.2008«) oder ein Kalenderabschnitt (»Fertigstellung im Februar 2008«) festgelegt werden. Es genügt aber auch, dass sich die Leistungszeit *mittelbar* aus dem Kalender ergibt (»drei Wochen nach Ostern«).[304] Mit Ablauf des betreffenden Tages oder Zeitraums tritt automatisch Verzug ein.

Die Leistungszeit kann durch *vertragliche* Vereinbarung, Gesetz oder Urteil bestimmt werden. Eine **einseitige Bestimmung** durch den Gläubiger ist grundsätzlich **nicht ausreichend**.[305] Eine Ausnahme gilt nur für den Fall, dass dem Gläubiger mit Blick auf die Leistungszeit ein einseitiges Bestimmungsrecht nach § 315 zusteht.[306]

> **Beispiel** (BGH NJW 2008, 50): Die S hat als Privatpatientin bei der Physiotherapeutin G Leistungen in Anspruch genommen. Nach Abschluss der Behandlung übersendet die G der S am 14.9.2004 eine Rechnung über 543 EUR. Darin heißt es: »Den Rechnungsbetrag überweisen Sie bitte bis zum 5.10.2004«. Kommt S hierdurch in Verzug?
> Da die erstmalige Übersendung einer Rechnung grundsätzlich keine Mahnung darstellt (→ § 26 Rn. 5), tritt der Verzug nicht nach § 286 I ein. Die Mahnung könnte aber nach § 286 II Nr. 1 entbehrlich sein. In der Rechnung hat G für die Leistung eine Zeit nach dem Kalender bestimmt. Eine solche *einseitige* Festlegung des Leistungstermins kann indes keinen Verzicht auf die Mahnung rechtfertigen. Zum Verzugseintritt nach § 286 III 1 → § 26 Rn. 16.

2. Kalendermäßige Berechenbarkeit der Leistungszeit ab einem Ereignis

10 Nach § 286 II Nr. 2 ist die Mahnung auch dann entbehrlich, wenn die Leistung eine angemessene Zeit nach Eintritt eines bestimmten Ereignisses zu erfolgen hat und die Leistungszeit sich von dem Ereignis an nach dem Kalender berechnen lässt. Nach altem Recht genügte die **kalendermäßige Berechenbarkeit** der Leistungszeit nur, wenn Ausgangspunkt eine Kündigung war (§ 284 I 2 aF). Das SchuldRModG hat diesen Gedanken auf andere Ereignisse erweitert.

---

303 Es handelt sich um einen hergebrachten Rechtsgrundsatz, der schon vor Inkrafttreten des BGB weitgehend anerkannt war. Wörtlich übersetzt: »Der [nach dem Kalender bestimmte] Tag mahnt für den Menschen [dh den Gläubiger]«.
304 Vgl. MüKoBGB/*Ernst* § 286 Rn. 59.
305 BT-Drs. 14/6040, 145 f.; BGH NJW 2008, 50; *Medicus/Lorenz* SchuldR AT Rn. 466.
306 Vgl. BGH NJW 2005, 1772; 2006, 3271 = JA 2006, 812 (*Looschelders*).

Beispiele: »Zahlung 2 Wochen nach Zugang der Rechnung«; »Zahlbar 3 Wochen nach Erhalt der Leistung«; »Lieferung 14 Arbeitstage nach Abruf«.[307]

Eine *einseitige* Festsetzung der Leistungszeit genügt auch hier im Allgemeinen nicht; erforderlich ist eine Bestimmung durch Gesetz, Urteil oder Vertrag.[308]

Erforderlich ist, dass zwischen dem betreffenden Ereignis und dem Zeitpunkt der Leistung eine **angemessene Frist** liegt. Dem Schuldner muss ausreichend Zeit bleiben, um die Leistung nach Eintritt des Ereignisses zu bewirken. Sieht die Vereinbarung *überhaupt keine Frist* vor (zB »Zahlung sofort nach Lieferung«), so handelt es sich um eine bloße Fälligkeitsbestimmung iSd § 271, welche die Mahnung nicht entbehrlich macht.[309] Ist die gesetzte Frist *unangemessen kurz,* so ist die Vereinbarung nach einer verbreiteten Auffassung nicht unwirksam; der Verzug soll aber erst nach Ablauf einer angemessenen Frist eintreten.[310] Gegen diese Auffassung spricht jedoch, dass der Schuldner die Leistungszeit dann gerade nicht nach dem Kalender berechnen kann.[311] 11

3. Ernsthafte und endgültige Leistungsverweigerung

Nach § 286 II Nr. 3 ist die Mahnung ferner entbehrlich, wenn der Schuldner die Leistung **ernsthaft** und **endgültig verweigert.** Gibt der Schuldner klar zu erkennen, dass er die Leistung nicht erbringen wird, ist eine Leistungsaufforderung zwecklos. Es wäre reiner Formalismus, vom Gläubiger gleichwohl eine Mahnung zu verlangen. Nach altem Recht war die Mahnung deshalb in solchen Fällen nach Treu und Glauben (§ 242) verzichtbar.[312] Die sonstigen Voraussetzungen des Verzugs müssen auch im Fall der Erfüllungsverweigerung vorliegen. Dies gilt insbesondere für die **Fälligkeit** der Leistung.[313] Vor Eintritt der Fälligkeit kommt daher neben dem Rücktritt (→ § 33 Rn. 7) nur ein Anspruch auf Schadensersatz statt der Leistung nach §§ 280, 281 (→ § 27 Rn. 18) in Betracht. 12

4. Sofortiger Verzug aus besonderen Gründen

§ 286 II Nr. 4 enthält einen Auffangtatbestand für Fälle, in denen die Mahnung aus **besonderen Gründen** entbehrlich ist. Wenn das Erfordernis der Mahnung die Regel bleiben soll, muss dieser Tatbestand restriktiv angewendet werden. Erforderlich ist, dass der sofortige Verzugseintritt bei Abwägung der beiderseitigen Interessen nach Treu und Glauben geboten ist. Hierher gehören insbesondere Fälle, in denen die Leistung nach dem Zweck des Vertrages *besonders dringlich* ist. Die Voraussetzungen des § 286 II Nr. 4 liegen aber auch vor, wenn der Schuldner die Leistung selbst angekündigt (sog. *Selbstmahnung*) oder die *Mahnung* treuwidrig vereitelt hat.[314] 13

---

307 Vgl. NK-BGB/*Schulte-Nölke* § 286 Rn. 29.
308 BT-Drs. 14/6040, 145 f.
309 BT-Drs. 14/6040, 146; Palandt/*Grüneberg* § 286 Rn. 23; krit. NK-BGB/*Schulte-Nölke* § 286 Rn. 34; *Harke* SchuldR AT Rn. 194, wonach das Erfordernis einer angemessenen Frist gegen die Zahlungsverzugs-RL verstößt und auch inhaltlich nicht zu rechtfertigen ist.
310 Palandt/*Grüneberg* § 286 Rn. 23.
311 MüKoBGB/*Ernst* § 286 Rn. 64; Staudinger/*Feldmann,* 2019, § 286 Rn. 85.
312 Vgl. BGHZ 65, 372 (377); Staudinger/*Looschelders/Olzen,* 2019, § 242 Rn. 643.
313 Vgl. BGH NJW-RR 2008, 210.
314 Vgl. BT-Drs. 14/6040, 146; Palandt/*Grüneberg* § 286 Rn. 25.

> **Beispiele:** (1) S hat es übernommen, das Motorschiff des G zu reparieren. Da G das Schiff dringend benötigt, wird vereinbart, dass S die Arbeiten mit möglichster Beschleunigung durchführen soll. Die Reparatur verzögert sich jedoch, weil S durch unfachgemäßes Arbeiten viel Zeit verliert. G hat hier ein besonderes Interesse an der umgehenden Erbringung der Leistung. Da S dies weiß, ist eine Mahnung entbehrlich.[315]
> (2) G hat eine fällige Forderung gegen S. S gelingt es durch ständigen Wohnsitzwechsel mit teilweise unbekanntem Aufenthalt, die Mahnung zu verhindern.[316]

5. Vertraglicher Ausschluss der Mahnung

14 Den Parteien steht es schließlich frei, das Erfordernis der Mahnung **vertraglich auszuschließen**. In AGB ist ein entsprechender Ausschluss bei Geschäften mit Verbrauchern aber nach § 309 Nr. 4 unwirksam.

IV. Sonderregelung für Entgeltforderungen (§ 286 III, V)

15 Eine ergänzende Sonderregelung für **Entgeltforderungen** enthält § 286 III 1. Hier kommt der Schuldner *spätestens* in Verzug, wenn er nicht innerhalb von 30 Tagen nach Fälligkeit und Zugang einer Rechnung oder gleichwertigen Zahlungsaufforderung leistet. Für die *Berechnung* der Frist gelten die §§ 187 I, 188 I, 193. Der Tag, an dem die Rechnung oder Zahlungsaufforderung zugegangen ist, wird also nicht mitgerechnet. Die Frist endet mit Ablauf des dreißigsten Tages. Handelt es sich dabei um einen Samstag, Sonntag oder Feiertag, so ist der nächste Werktag maßgeblich.

§ 286 III gilt *nicht* für *alle Geldforderungen,* sondern nur für solche, die sich als Gegenanspruch **(Entgelt)** für eine andere Leistung darstellen (zB Kaufpreisforderung). Nur hier kann sinnvoll auf den Zugang einer Rechnung oder Zahlungsaufforderung abgestellt werden.[317]

Die 30-Tages-Frist gilt nur, wenn der Schuldner nicht schon aus anderen Gründen (Mahnung; Bestimmung einer Leistungszeit nach dem Kalender etc) in Verzug ist (»spätestens«). Im Unterschied zu der völlig verfehlten Vorgängernorm des § 284 III aF trifft § 286 III also **keine abschließende Sonderregelung,** sondern ist neben den Abs. 1 und 2 anwendbar.[318]

> **Beispiel:** K kauft am 3.1. von V einen gebrauchten Pkw für 6.000 EUR. Das Fahrzeug wird sofort übereignet. Da K im Augenblick nicht »flüssig« ist, vereinbart er mit V, dass er den Kaufpreis erst am 1.2. zahlen soll. Als V am 20.2. immer noch keinen Zahlungseingang feststellen kann, fordert er K schriftlich zur Zahlung auf. Nach § 284 III aF wäre K erst 30 Tage nach Zugang der Zahlungsaufforderung in Verzug gekommen. § 286 III nF schließt den Rückgriff auf § 286 I und II dagegen nicht aus. Da die Leistungszeit nach dem Kalender bestimmt ist, ist der Verzug gem. § 286 II Nr. 1 schon am 1.2. eingetreten.

16 Gegenüber einem **Verbraucher** (§ 13) greift die 30-Tages-Regel nur ein, wenn er hierauf in der Rechnung oder Zahlungsaufforderung ausdrücklich hingewiesen worden ist (§ 286 III 1 Hs. 2). Es handelt sich dabei um einen Kompromiss: Einerseits wird das

---

315 Vgl. BGH NJW 1963, 1823.
316 OLG Köln NJW-RR 1999, 4 (5).
317 Vgl. BT-Drs. 14/7052, 186; BGH NJW 2010, 1872; Palandt/*Grüneberg* § 286 Rn. 27. Die Vorgängernorm (§ 284 III aF) hatte noch sämtliche Geldforderungen erfasst.
318 BT-Drs. 14/6040, 146; MüKoBGB/*Ernst* § 286 Rn. 77; Palandt/*Grüneberg* § 286 Rn. 26. Zu § 284 III aF vgl. *Looschelders/Danga* VersR 2000, 1049 ff.

von der Zahlungsverzugs-RL verfolgte Ziel der Beschleunigung fälliger Zahlungen auf den Verbraucher als Schuldner erstreckt. Andererseits wird der Verbraucher davor geschützt, durch den Eintritt der Verzugsfolgen überrascht zu werden.

> **Beispiel:** Im Physiotherapeutinnen-Fall (→ § 26 Rn. 9) hat G die S nicht über die Rechtsfolgen des § 286 III 1 belehrt. Der Verzug tritt somit auch nicht mit Ablauf der 30-Tages-Frist ein.

In der Praxis kann das Problem auftreten, dass der **Zeitpunkt des Zugangs** der Rechnung oder der Zahlungsaufforderung **unsicher** ist. Ist der Schuldner kein Verbraucher, so kommt er in diesem Fall 30 Tage nach Fälligkeit und Empfang der Gegenleistung in Verzug (§ 286 III 2). Es handelt sich um eine gesetzliche Vermutung, dass die Rechnung gleichzeitig mit dem Empfang der Gegenleistung zugegangen ist.[319] Die Berechtigung dieser Vermutung ist zweifelhaft, wenn feststeht, dass die Rechnung jedenfalls *nach* dem Empfang der Gegenleistung zugegangen ist. Nach Sinn und Zweck der Regelung ist in diesem Fall der frühest mögliche Zugangszeitpunkt nach Empfang der Gegenleistung zugrunde zu legen.[320]

17

> **Beispiel:** Kaufmann K hat am 12.3. beim Lebensmittelgroßhändler V 120 Dosen Hundefutter bestellt. Das Hundefutter wird am 20.3. geliefert. K zahlt erst am 20.6. V und K streiten darüber, ob K in Verzug geraten ist. K behauptet, die Rechnung erst am 1.6. erhalten zu haben. V macht demgegenüber geltend, die Rechnung müsse dem K spätestens am 25.3. zugegangen sein.
> Bei wortlautkonformer Anwendung des § 286 III 2 müsste vom Zugang der Rechnung mit Lieferung der Ware am 20.3. ausgegangen werden. Dies entspräche aber offensichtlich nicht den Tatsachen. Bei sachgemäßer Anwendung des § 286 III 2 ist deshalb zu vermuten, dass die Rechnung dem K am 25.3. zugegangen ist. K ist daher mit Ablauf des 24.4. in Verzug gekommen.

Nach den Vorstellungen des Gesetzgebers soll § 286 III 2 auch den Fall erfassen, dass streitig ist, **ob** eine Rechnung überhaupt **zugegangen** ist.[321] Dies widerspricht jedoch dem Wortlaut der Vorschrift und geht auch über deren Sinn und Zweck hinaus.[322]

Vereinbarungen, die den Eintritt des Verzugs bei Entgeltforderungen **abweichend** von § 286 I–III **regeln**, können dem Ziel der Bekämpfung von Zahlungsverzug im Geschäftsverkehr und dem vom Gesetzgeber intendierten Schutz des Gläubigers widersprechen. § 286 V sieht daher vor, dass solche Vereinbarungen an den Höchstfristen des § 271a (→ § 12 Rn. 24f.) zu messen sind.[323]

V. Rechtsfolgen des Schuldnerverzugs

1. Ersatz des Verzögerungsschadens

Liegen die Voraussetzungen der §§ 280 I und II, 286 vor, so kann der Gläubiger Ersatz des **Verzögerungsschadens** verlangen. Der Anspruch auf die *Leistung* bleibt unberührt.

18

---

319 NK-BGB/*Schulte-Nölke* § 286 Rn. 72.
320 NK-BGB/*Schulte-Nölke* § 286 Rn. 73; *Gsell* ZIP 2000, 1861 (1865).
321 Vgl. BT-Drs. 14/7052, 187.
322 MüKoBGB/*Ernst* § 286 Rn. 96; Staudinger/*Feldmann*, 2019, § 286 Rn. 115.
323 Vgl. BT-Drs. 18/1309, 18; BeckOK BGB/*Lorenz*, 53. Ed. 1.2.2020, § 286 Rn. 50ff.

Beispiel: Der K hat für seine Druckerei bei V am 12.3. eine Druckmaschine zum Preis von 50.000 EUR bestellt, die am 8.4. geliefert werden soll. Kurz vor diesem Termin muss V dem K mitteilen, dass er die Maschine aufgrund einer Erkrankung mehrerer Mitarbeiter erst am 22.4. liefern könne. K möchte am Kaufvertrag festhalten. Er macht aber geltend, dass ihm durch die Verzögerung ein Verlust iHv 4.000 EUR entsteht.
K könnte gegen V einen Anspruch auf Zahlung der 4.000 EUR aus §§ 280 I, II, 286 haben. V und K haben einen wirksamen Kaufvertrag über die Druckmaschine geschlossen. Aus diesem Vertrag steht K ein wirksamer, fälliger und durchsetzbarer Anspruch auf Übereignung der Maschine zu. Indem V diesen Anspruch zum vereinbarten Termin nicht erfüllt, verletzt er seine vertragliche Leistungspflicht. Da es sich um einen Verzögerungsschaden handelt, müssen gem. § 280 II die zusätzlichen Voraussetzungen des § 286 geprüft werden. Nach § 286 I ist grundsätzlich eine Mahnung erforderlich. Die Parteien hatten für die Leistung jedoch eine Zeit nach dem Kalender bestimmt. Die Mahnung ist daher nach § 286 II Nr. 1 entbehrlich. V müsste schließlich die Nichtleistung am 8.4. zu vertreten haben (§§ 280 I 2, 286 IV). Die Beweislast für das fehlende Vertretenmüssen liegt bei V. Ein möglicher Entlastungsgrund ist die Erkrankung der Mitarbeiter. V muss seinen Betrieb jedoch so organisieren, dass er seine Pflichten auch bei einer Erkrankung von Mitarbeitern pünktlich erfüllen kann. Er kann sich wegen der Verzögerung daher nicht nach §§ 280 I 2, 286 IV entlasten. Aufgrund der Pflichtverletzung hat K einen Schaden von 4.000 EUR erlitten. K hat gegen V also einen Anspruch auf Zahlung der 4.000 EUR. Daneben kann er nach § 433 I weiterhin Lieferung der Maschine verlangen.

2. Weitere Rechtsfolgen

19 Außer der Pflicht zum Ersatz des Verzögerungsschadens knüpft das Gesetz an den Verzug **weitere Rechtsnachteile** für den Schuldner.

a) Verschärfung der Verantwortlichkeit des Schuldners

Nach § 287 trifft den Schuldner während des Verzugs eine verschärfte Haftung. Satz 1 regelt den Fall, dass dem Schuldner eine gesetzliche oder vertraglich vereinbarte **Haftungsmilderung** (→ § 23 Rn. 15 ff.) zugutekommt. Eine solche Haftungsmilderung entfällt im Schuldnerverzug. Hier hat der Schuldner jede Fahrlässigkeit zu vertreten. Die praktische Bedeutung der Vorschrift ist gering. Denn nach § 287 S. 2 haftet der Schuldner in den meisten Fällen darüber hinaus sogar für **Zufall**. Diese Haftungsverschärfung beruht auf der Erwägung, dass der Leistungsgegenstand bei rechtzeitiger Leistung auch den unverschuldeten Gefahren aus der Sphäre des Schuldners nicht mehr ausgesetzt gewesen wäre.[324] Dieser Gedanke passt nicht auf Gefahren, die sich beim Gläubiger in gleicher Weise wie beim Schuldner verwirklicht hätten. Zu denken ist etwa an eine behördliche Beschlagnahme. Die Zufallshaftung ist deshalb ausgeschlossen, wenn der Schaden auch bei rechtzeitiger Leistung eingetreten wäre.

20 § 287 S. 2 gilt nur für die Verletzung von **Leistungspflichten** (»wegen der Leistung«).[325] Besondere Bedeutung hat dabei der Fall, dass der Leistungsgegenstand während des Verzugs untergeht oder sich verschlechtert. Für **Schutzpflichtverletzungen** bleibt es bei der Verschuldenshaftung. Hier liegt deshalb der wichtigste Anwendungsbereich des § 287 S. 1.[326] Nach hM greift § 287 S. 1 aber auch dann ein, wenn die Zu-

---
324 Vgl. BT-Drs. 14/6040, 148.
325 BT-Drs. 14/6040, 148; HK-BGB/*Schulze* § 287 Rn. 3.
326 Vgl. NK-BGB/*Schulte-Nölke* § 287 Rn. 2; Palandt/*Grüneberg* § 287 Rn. 2; gegen Anwendung des § 287 S. 1 auf Schutzpflichtverletzungen Erman/*Hager* § 287 Rn. 2; Staudinger/*Feldmann*, 2019, § 287 Rn. 7; Soergel/*Benicke/Nalbantis* § 287 Rn. 11.

fallshaftung nach Satz 2 ausgeschlossen ist, weil der Schaden auch bei rechtzeitiger Leistung eingetreten wäre.[327]

b) Verpflichtung zur Zahlung von Verzugszinsen

Nach § 288 I 1 ist eine Geldschuld während des Verzugs zu verzinsen. Die Vorschrift beinhaltet eine **eigenständige Anspruchsgrundlage**, die nicht in das System des Schadensersatzes bei Pflichtverletzung integriert ist.[328]

21

Der Anspruch auf Zahlung von Verzugszinsen setzt das Vorliegen einer *Geldschuld* voraus. Die weiteren Voraussetzungen ergeben sich aus § 286. Der **Zinssatz** beträgt gem. § 288 I 2 grundsätzlich fünf Prozentpunkte über dem Basiszinssatz nach § 247 (→ § 13 Rn. 39f.). Bei Immobiliar-Verbraucherdarlehensverträgen ermäßigt sich der Verzugszins auf 2,5 Prozentpunkte über dem Basiszinssatz (§ 497 IV 1). Der Schuldner kann sich grundsätzlich nicht darauf berufen, dass dem Gläubiger ein *geringerer Schaden* entstanden ist.[329] Eine Ausnahme gilt bei Verbraucherdarlehensverträgen. Hier steht dem Schuldner der Nachweis eines niedrigeren Schadens nach § 497 I 2 offen, doch wird ihm ein solcher Nachweis gegenüber einem Kreditinstitut in der Praxis kaum einmal gelingen.[330]

Bei Rechtsgeschäften, an denen **kein Verbraucher** beteiligt ist, erhöht sich der Zinssatz für **Entgeltforderungen** (→ § 26 Rn. 15) auf neun Prozentpunkte über dem Basiszinssatz (§ 288 II). Diese Sonderregelung beruht auf der Zahlungsverzugs-RL, die für Entgeltforderungen im Geschäftsverkehr zwischen Unternehmern einen entsprechenden Zinssatz vorschreibt.

§ 288 III stellt klar, dass der Gläubiger durch die Regelungen über den gesetzlichen Verzugszins nicht gehindert wird, aus einem anderen Rechtsgrund **höhere Zinsen** zu verlangen. Da es keinen höheren gesetzlichen Zinssatz gibt, kommen als anderer Rechtsgrund nur vertragliche Vereinbarungen, insbesondere im Rahmen eines Darlehensvertrags, in Betracht.[331]

22

Nach § 288 IV ist auch die Geltendmachung eines **weiteren Schadens** nicht ausgeschlossen. Ein solcher weiterer Schaden kann sich insbesondere daraus ergeben, dass der Gläubiger infolge des Verzugs einen Kredit mit höherem Zinssatz in Anspruch nehmen musste. Anspruchsgrundlage ist in diesem Fall § 280 I, II iVm § 286. Das *Zinseszinsverbot* (§ 248 I) gilt nach § 289 S. 1 auch für Verzugszinsen (→ § 13 Rn. 41). Zu beachten ist aber, dass der Anspruch auf Ersatz eines tatsächlichen entstandenen weiteren Schadens auch insoweit nicht ausgeschlossen ist (§ 289 S. 2).

23

Sofern der Schuldner kein Verbraucher ist, billigt der zur Umsetzung der neuen Zahlungsverzugs-RL 2011/7/EU (→ § 26 Rn. 2) mit Wirkung v. 29.7.2014 eingefügte § 288 V dem Gläubiger im Fall des Verzugs einen **Pauschalbetrag** von 40 EUR zu, der auf einen Schadensersatzanspruch wegen Kosten der Rechtsverfolgung anzurechnen ist.

24

---

327 Vgl. Staudinger/*Feldmann*, 2019, § 287 Rn. 6.
328 Vgl. NK-BGB/*Schulte-Nölke* § 288 Rn. 3.
329 Palandt/*Grüneberg* § 288 Rn. 4.
330 Vgl. NK-BGB/*Krämer/Müller* § 497 Rn. 6.
331 NK-BGB/*Schulte-Nölke* § 288 Rn. 13; Palandt/*Grüneberg* § 288 Rn. 11.

Abweichende Vereinbarungen, die den Anspruch des Gläubigers einer Entgeltforderung ausschließen, sind nach § 288 VI 1 unwirksam. Eine Beschränkung des Anspruchs auf Verzugszinsen oder auf die Pauschale oder auf Ersatz der Rechtsverfolgungskosten ist nach § 288 VI 2 ebenfalls unwirksam, wenn sie im Hinblick auf die Belange des Gläubigers grob unbillig ist. Bei den beiden letzteren Positionen wird die grobe Unbilligkeit vermutet (§ 288 VI 3).

Auf Ansprüche **gegen Verbraucher** sind die Beschränkungen der Vertragsfreiheit nicht anwendbar (§ 288 VI 4). Günstigere Vereinbarungen für den Verbraucher sind also uneingeschränkt zulässig.

> **Literatur:** *Canaris,* Grundprobleme des Schuldnerverzugs nach dem BGB, FS Koziol, 2010, 45; *Derleder/Karabulut,* Schuldnerverzug und Zurückbehaltungsrechte des Allgemeinen Schuldrechts, JuS 2014, 102; *Gsell,* EG-Verzugsrichtlinie und Reform der Reform des Verzugsrechts in Deutschland, ZIP 2000, 1861; *Harke,* Schuldnerverzug, 2006; *Herresthal,* Der Ersatz des Verzugsschadens beim Rücktritt vom Vertrag, JuS 2007, 983; *Klein,* Ansprüche des Gläubigers bei Zahlungsverzug des Schuldners, JA 2020, 8; *Kohler,* Das Vertretenmüssen beim verzugsrechtlichen Schadensersatz, JZ 2004, 961; *Krause,* Die Leistungsverzögerung im neuen Schuldrecht, JURA 2002, 217 und 299; *Pohlmann,* Vom Verzug zur verspäteten Leistung, in Dauner-Lieb/Konzen/K. Schmidt, Das neue Schuldrecht in der Praxis, 2003, 273. Vgl. außerdem die Nachweise zu § 20.

§ 27 Schadensersatz statt der Leistung wegen Pflichtverletzung

1   Bei Pflichtverletzungen des Schuldners ist dem Gläubiger nicht immer damit gedient, dass er neben der Leistung Schadensersatz verlangen kann. Der Gläubiger kann vielmehr daran interessiert sein, sich vom Vertrag zu lösen und Schadensersatz **statt der Leistung** zu verlangen. Für den Schuldner ist das im Allgemeinen besonders belastend. Denn er wird häufig schon Anstrengungen entfaltet haben, um den Vertrag zu erfüllen. Die berechtigten Interessen des Schuldners gebieten es deshalb im Allgemeinen, den *Vorrang des Erfüllungsanspruchs* zu wahren. Dem wird in § 280 III dadurch Rechnung getragen, dass Schadensersatz statt der Leistung nur unter den zusätzlichen Voraussetzungen der §§ 281–283 verlangt werden kann.

Unter welchen Voraussetzungen dem Gläubiger gestattet werden kann, Schadensersatz statt der Leistung zu verlangen, hängt von der jeweiligen **Art der Pflichtverletzung** ab. Denn die Interessenlage ist bei den einzelnen Arten nicht einheitlich. Dies ist der innere Grund für die differenzierte Regelung der §§ 281–283. Folgende Fallgruppen sind zu unterscheiden.

I. Verzögerung der Leistung und Schlechtleistung (§§ 280 I, III, 281)

1. Allgemeines

2   § 281 behandelt mit der **Verzögerung der Leistung** (→ § 22 Rn. 3 ff.) und der **Schlechtleistung** (→ § 22 Rn. 9 ff.) die beiden praktisch wichtigsten Fallgruppen der Pflichtverletzung. Die Vorschrift hat den Zweck, den Vorrang des primären Leistungsanspruchs gegenüber dem Schadensersatzanspruch sicherzustellen. Wird die geschuldete Leistung nicht rechtzeitig oder nicht vertragsgemäß erbracht, so kann vom Gläubiger im Allgemeinen erwartet werden, dass er dem Schuldner noch einmal Gelegenheit gibt,

die Leistung zu erbringen oder den Mangel zu beheben. Der Gläubiger ist deshalb grundsätzlich gehalten, dem Schuldner eine angemessene **Frist** zur Leistung oder Nacherfüllung zu setzen. Schadensersatz statt der Leistung kann erst nach erfolglosem Fristablauf verlangt werden.

Der Wortlaut des § 281 scheint auch den Fall zu erfassen, dass die Leistung aufgrund von **Unmöglichkeit** nicht erbracht wird. Da die Leistungspflicht des Schuldners in diesem Fall nach § 275 ausgeschlossen ist, kann aber nicht von einer *fälligen* Leistung gesprochen werden.[332] Außerdem folgt aus der Ratio des § 281, dass die Vorschrift nur für behebbare Leistungsstörungen gilt.[333] Bei nicht behebbaren Leistungsstörungen ist eine Fristsetzung sinnlos. Dies wird von § 283 für den Fall der nachträglichen Unmöglichkeit klargestellt. 3

Das Fristsetzungserfordernis passt auch nicht auf **Schutzpflichtverletzungen.** Denn das pflichtgemäße Verhalten kann hier im Allgemeinen nicht »nachgeholt« werden. Das Gesetz enthält daher für diese Fallgruppe eine weitere Sonderregelung (§ 282).

Bei der praktischen Rechtsanwendung ist zu beachten, dass § 281 keine eigenständige Anspruchsgrundlage darstellt, sondern lediglich **zusätzliche** Anspruchsvoraussetzungen regelt. Ausgangspunkt ist wieder der Grundtatbestand des § 280 I.[334] Die dort geregelten *Grundelemente* der Haftung (→ § 24 Rn. 2 ff.) müssen daher auch hier gegeben sein. Darüber hinaus ist der erfolglose Ablauf einer vom Gläubiger gesetzten *Frist* zur Leistung oder Nacherfüllung erforderlich, sofern die Fristsetzung nicht ausnahmsweise entbehrlich ist (§ 281 II). Zu den Konsequenzen für die **Fallbearbeitung** → Anhang Rn. 4. 4

2. Schuldverhältnis

Der Anspruch aus §§ 280 I, III, 281 setzt das Bestehen eines Schuldverhältnisses voraus. Da es um die Verletzung von **leistungsbezogenen** Pflichten geht, muss das infrage stehende Schuldverhältnis Leistungspflichten iSd § 241 I begründen. Das *vorvertragliche Schuldverhältnis* nach § 311 II beschränkt sich auf *Schutzpflichten* iSd § 241 II und kann daher in diesem Zusammenhang nicht herangezogen werden. 5

3. Pflichtverletzung

Der Schuldner muss eine leistungsbezogene Pflicht verletzt haben, und zwar in Form einer Verzögerung der Leistung oder einer Schlechtleistung. 6

a) Nichtleistung (Verzögerung)

Im Fall der Nichtleistung **(Verzögerung)** besteht die Pflichtverletzung darin, dass der Schuldner den wirksamen, fälligen und durchsetzbaren Anspruch des Gläubigers nicht (rechtzeitig) erfüllt. Es gelten damit die gleichen allgemeinen Voraussetzungen wie bei der Geltendmachung des Verzögerungsschadens (→ § 22 Rn. 4 ff.; → § 26 Rn. 4). 7

Der Anspruch aus §§ 280 I, III, 281 setzt **nicht** voraus, dass der Schuldner in **Verzug** ist. Denn der Verzug ist eine zusätzliche Voraussetzung, die nach §§ 280 I, II, 286 nur

---

[332] *Schmidt-Räntsch,* Das neue Schuldrecht, 2002, Rn. 333.
[333] BT-Drs. 14/6040, 138.
[334] Vgl. BT-Drs. 14/6040, 137; NK-BGB/*Dauner-Lieb* § 281 Rn. 3; Palandt/*Grüneberg* § 280 Rn. 4; aA *v. Wilmowsky* Beil. JuS 1/2001, 1 (4).

für den Ersatz des Verzögerungsschadens vorliegen muss. Für den Anspruch aus §§ 280 I, III, 281 ist demnach **keine Mahnung** erforderlich. In systematischer Hinsicht ist allerdings zu beachten, dass die nach § 281 I erforderliche Fristsetzung eine Leistungsaufforderung (→ § 27 Rn. 11) enthält, in der immer auch eine Mahnung iSd § 286 I zu sehen sein wird.[335] Es ist daher ausgeschlossen, dass der Gläubiger Schadensersatz statt der Leistung verlangen kann, ohne dass Schuldnerverzug vorliegt. Umgekehrt sind die Voraussetzungen der §§ 280 I, III, 281 in den Fällen des Schuldnerverzugs nicht notwendig erfüllt. Denn die Mahnung ist nach § 286 II, III in weiterem Umfang entbehrlich als die Fristsetzung nach § 281 II. Der Anspruch auf Schadensersatz statt der Leistung hängt damit von strengeren Voraussetzungen als der Anspruch auf Ersatz des Verzögerungsschadens ab.

b) Leistung nicht wie geschuldet (Schlechtleistung)

8   Die Fallgruppe der nicht wie geschuldet erbrachten Leistung (**Schlechtleistung**) umfasst alle Leistungsstörungen, die auf der Schlechterfüllung einer Hauptleistungspflicht oder der Verletzung einer Nebenleistungspflicht beruhen. Besonders wichtig sind mangelhafte Leistungen im Kauf- und Werkvertragsrecht. Die §§ 437 Nr. 3, 634 Nr. 4 verweisen insoweit auf die §§ 280 I, III, 281. Da die Leistungsstörung behebbar sein muss, gilt § 281 allerdings nicht für *irreparable Schlechtleistungen* (→ § 22 Rn. 17). Hier sind die Vorschriften über den Schadensersatz bei Unmöglichkeit (§§ 280 I, III, 283 bzw. 311a) anzuwenden.

> **Beispiel:** K hat bei Gebrauchtwagenhändler V für 6.000 EUR einen gebrauchten Pkw gekauft. Nach Übergabe des Fahrzeuges stellt sich heraus, dass es sich um einen Unfallwagen handelt. K verlangt von V Schadensersatz statt der Leistung.
> Der V hat seine Pflicht verletzt, dem K einen mangelfreien Pkw zu liefern (vgl. §§ 433 I 2, 434). Da der Mangel durch Nacherfüllung nicht behoben werden kann, liegt eine irreparable Schlechtleistung in Form von anfänglicher Unmöglichkeit vor. Der Schadensersatzanspruch des K richtet sich deshalb nach §§ 437 Nr. 3, 311a II.

Im Fall der mangelhaften Leistung ist zu beachten, dass der Schadensersatz statt der Leistung nur den **Schaden** erfasst, der durch eine gedachte Nacherfüllung zu beheben gewesen wäre (→ § 24 Rn. 16 ff.). Für **Mangelfolgeschäden** ist § 280 I die alleinige Anspruchsgrundlage (→ § 25 Rn. 9 ff.).

c) Abgrenzungsprobleme

9   Da § 281 für **Schutzpflichtverletzungen** nicht gilt, können Abgrenzungsprobleme gegenüber § 282 auftreten. Diese Probleme werden dadurch verschärft, dass die Unterscheidung von Leistungs- und Schutzpflichten nicht überschneidungslos durchführbar ist. Es gibt nämlich Pflichten, die sowohl das Leistungs- als auch das Integritätsinteresse schützen sollen (→ § 1 Rn. 24). Verlangt der Gläubiger wegen der Verletzung einer »doppelrelevanten« Pflicht Schadensersatz statt der Leistung, so stellt sich die Frage, ob § 281 oder § 282 anwendbar ist. Nach der Gesetzesbegründung ist § 281 vorrangig.[336] Dies erscheint sachgemäß. § 282 beruht auf der Erwägung, dass eine Fristsetzung bei Schutzpflichtverletzungen sinnlos ist. Da dies auf doppelrelevante Pflichten

---

[335] BT-Drs. 14/6040, 138; Palandt/*Grüneberg* § 281 Rn. 7; vgl. auch *Pohlmann* in Dauner-Lieb/Konzen/Schmidt, Das neue Schuldrecht in der Praxis, 273 (281).
[336] BT-Drs. 14/6040, 141.

im Allgemeinen nicht zutrifft, besteht kein Anlass für einen Verzicht auf das Fristsetzungserfordernis.[337]

> **Beispiel:** Die Bedienungsanleitung für eine Motorsäge soll einerseits die vertragsgemäße Funktionsweise der Säge sicherstellen. Sie hat andererseits aber auch den Zweck, den Benutzer vor Verletzungen zu schützen. Fehlt die Bedienungsanleitung oder ist sie mangelhaft, so richtet sich der Anspruch auf Schadensersatz statt der Leistung nach §§ 280 I, III, 281. Der Käufer muss dem Verkäufer also zunächst eine Frist zur Lieferung einer (mangelfreien) Bedienungsanleitung setzen.

4. Notwendigkeit der Fristsetzung

Zentrale **zusätzliche** Voraussetzung für den Schadensersatz statt der Leistung nach §§ 280 I, III, 281 I ist die erfolglose Bestimmung einer angemessenen **Frist** zur Leistung oder Nacherfüllung. Der Gesetzgeber will damit den Vorrang des Erfüllungsanspruchs sicherstellen und dem Schuldner (namentlich dem Verkäufer) ein Recht zur »zweiten Andienung« verschaffen (→ SchuldR BT § 4 Rn. 2). 10

a) Inhalt der Fristsetzung

Die Fristsetzung muss ebenso wie die Mahnung (→ § 26 Rn. 5) eine **eindeutige und bestimmte Aufforderung zur Leistung** enthalten.[338] Als zusätzliches Element ist die Festsetzung einer angemessenen **Frist** erforderlich.[339] Ein Teil der Literatur geht davon aus, dass die Länge oder das Ende der Frist zeitlich konkretisiert werden muss.[340] Der BGH vertritt dagegen die Auffassung, dass auch das Verlangen nach einer sofortigen oder umgehenden Leistung den Anforderungen des § 281 I 1 genügt. Mit der Fristsetzung solle dem Schuldner deutlich gemacht werden, dass ihm für die Erfüllung nur ein begrenzter (bestimmbarer) Zeitraum zur Verfügung stehe. Dieser Zweck werde durch das Verlangen nach sofortiger oder umgehender Leistung erfüllt. Die Angabe eines bestimmten Zeitraums oder eines genauen Endtermins sei nicht erforderlich.[341] Die Argumenation des BGH kann indes nicht überzeugen, weil die dem Begriff der Fristsetzung immanente zeitliche Grenze durch Formulierungen wie »sofort«, »umgehend« oder »unverzüglich« für einen durchschnittlichen Vertragspartner nicht klar genug zum Ausdruck kommt.[342] 11

Ebenso wie die Mahnung (→ § 26 Rn. 5) ist auch die Fristsetzung eine **geschäftsähnliche Handlung**.[343] Die Vorschriften über Willenserklärungen sind aber entsprechend anwendbar. Erforderlich ist daher zB, dass die Aufforderung dem Schuldner nach §§ 130 ff. zugeht.

---

337 Ähnlich NK-BGB/*Dauner-Lieb* § 281 Rn. 4, wonach § 281 jedenfalls dann angewendet werden sollte, wenn eine Nacherfüllung in Betracht kommt.
338 Vgl. BeckOK BGB/*Lorenz,* 54. Ed. 1.5.2020, § 281 Rn. 16.
339 Zur Struktur der Fristsetzung vgl. *Mankowski* ZGS 2003, 451 (453).
340 So etwa Staudinger/*Schwarze,* 2019, § 281 Rn. B 43.
341 So BGH NJW 2009, 3153 = JA 2010, 64 *(Looschelders);* BGH NJW 2015, 2564 mAnm *Gutzeit* = JuS 2015, 1121 *(Riehm);* NJW 2016, 3654 Rn. 27; vgl. auch *Ludes/Lube* MDR 2009, 1317 ff.; *Greiner/Hossenfelder* JA 2010, 412 ff.
342 Vgl. Staudinger/*Schwarze,* 2019, § 281 Rn. B 43; *Looschelders* JA 2010, 64 f.
343 Palandt/*Grüneberg* § 281 Rn. 9; Jauernig/*Stadler* § 281 Rn. 6. Zum Begriff der geschäftsähnlichen Handlung s. *Brox/Walker* BGB AT § 4 Rn. 27.

12 Inhaltlich ist die Fristsetzung im Fall der Verzögerung auf Erbringung der geschuldeten **Leistung** gerichtet. Im Fall der Schlechtleistung hat der Gläubiger die Leistung schon – wenn auch nicht wie geschuldet – erhalten. Hier muss der Schuldner deshalb zur **Nacherfüllung** angehalten werden. Im Kaufrecht besteht die Nacherfüllung nach Wahl des Käufers in der Beseitigung des Mangels oder der Lieferung einer mangelfreien Sache (§ 439 I). Genau genommen stellt die Nacherfüllung nur einen Unterfall der Leistung dar (→ SchuldR BT § 4 Rn. 3). Der Gesetzgeber hat sie aber ausdrücklich erwähnt, um deutlich zu machen, dass der Erfüllungsanspruch hier einen etwas anderen Inhalt hat.[344]

b) Zeitpunkt der Fristsetzung

13 Die Frist kann erst **nach Eintritt der Fälligkeit** gesetzt werden.[345] Die Fristsetzung erfüllt sonst nicht die Funktion, dem Schuldner eine letzte Gelegenheit zur Leistung zu geben.[346] Zur parallelen Rechtslage bei § 323 I → § 33 Rn. 2.

> **Beispiel** (nach BGH NJW 1996, 1814): Mit notariellem Vertrag vom 2.1. verkaufte V dem K ein Grundstück zum Preis von 300.000 EUR. Der Kaufpreis sollte drei Wochen nach Mitteilung des Notars vom Eintritt bestimmter vereinbarter Fälligkeitsvoraussetzungen zu zahlen sein. Am 28.5. ging dem K die Notarmitteilung zu. Mit Schreiben vom 12.6., dem K zugegangen am 13.6., setzte V dem K eine »letzte Frist bis Montag, den 17.6.« zur Zahlung des Kaufpreises. Als am 20.6. noch keine Zahlung bei V eingegangen ist, verlangt er von K Schadensersatz statt der Leistung.
> In Betracht kommt ein Anspruch aus §§ 280 I, III, 281. Zwischen K und V liegt ein wirksamer Kaufvertrag vor. Nach den Parteivereinbarungen war die Kaufpreisforderung am 18.6. fällig (vgl. §§ 187 I, 188 II). Da K zu diesem Zeitpunkt nicht gezahlt hat, liegt eine pflichtwidrige Verzögerung der Leistung vor. Zu beachten ist jedoch, dass die Fristsetzung vor Fälligkeit der Leistung erfolgt ist und die Frist bei Eintritt der Fälligkeit sogar schon abgelaufen war. Es fehlt damit an einer ordnungsgemäßen Fristsetzung.

c) Angemessenheit der Frist

14 Die **Angemessenheit** der Frist beurteilt sich nach den Umständen des Einzelfalles. Bei der Konkretisierung kann man sich an der Funktion der Fristsetzung orientieren, dem *Schuldner* eine *letzte Gelegenheit* für die (ordnungsgemäße) Erfüllung der Leistungspflicht zu verschaffen. Auf der anderen Seite dürfen aber auch die Belange des Gläubigers nicht vernachlässigt werden. Die Frist kann daher umso kürzer bemessen sein, je dringlicher das *Interesse des Gläubigers* an einer möglichst pünktlichen Leistung ist.[347] Im Übrigen muss zwischen den Arten der Leistungsstörung unterschieden werden.

15 Im Fall der **Verzögerung der Leistung** muss der Schuldner lediglich in die Lage versetzt werden, die schon im Wesentlichen vorbereitete Leistung vollständig zu erbringen. Er muss also nicht Gelegenheit erhalten, eine noch nicht begonnene Leistung fertig zu stellen.[348] Da der Schuldner bei Fälligkeit pflichtwidrig nicht geleistet hat, sind von ihm größere Anstrengungen als im regulären Geschäftsbetrieb zu erwarten. Der Gläubiger muss sich daher nicht an der normalen Liefer- oder Herstellungsfrist orien-

---

344 BT-Drs. 14/6040, 138.
345 BGH NJW 1996, 1814 (zu § 326 aF); MüKoBGB/*Ernst* § 323 Rn. 46; *Gutzeit* NJW 2012, 3717.
346 So auch NK-BGB/*Dauner-Lieb* § 281 Rn. 22.
347 Vgl. MüKoBGB/*Ernst* § 323 Rn. 72.
348 Vgl. *Medicus/Lorenz* SchuldR AT Rn. 491; Palandt/*Grüneberg* § 281 Rn. 10.

tieren.³⁴⁹ Bei besonderer Eilbedürftigkeit kann eine Frist von wenigen Tagen ausreichend sein. Bei Geldschulden ist zu beachten, dass der Schuldner für seine finanzielle Leistungsfähigkeit unbedingt einzustehen hat. Hier kann die Frist daher sehr kurz sein.

Bei der **Schlechtleistung** muss die Frist so bemessen sein, dass der Schuldner die Nacherfüllung tatsächlich bewirken kann. Die Länge der Frist hängt davon ab, welchen Aufwand die Nacherfüllung erfordert. Dieser Aufwand kann unterschiedlich ausfallen je nachdem, ob Nachbesserung oder Nachlieferung verlangt wird. Im Übrigen sind die Qualität des Leistungsgegenstands, die Art des Mangels und die Vertriebsstruktur des Schuldners von besonderer Bedeutung.³⁵⁰ Schließlich muss auch berücksichtigt werden, wie dringend der Gläubiger den Leistungsgegenstand benötigt. 16

> **Beispiel** (LG Offenburg VersR 1998, 247): Der K hat beim EDV-Händler V für 1.400 EUR einen Computermonitor gekauft. Unmittelbar nach dem ersten Einschalten tritt in der oberen Bildschirmhälfte eine handtellergroße Verdunkelung auf. K setzt dem V eine Frist von einem Monat zur Nachbesserung.
> Das LG Offenburg hat diese Frist für angemessen erachtet. Dabei hat das Gericht einerseits berücksichtigt, dass ein Monitor ein hoch kompliziertes Gerät ist, das dem Hersteller zur Reparatur übergeben werden muss. Andererseits wurde hervorgehoben, dass es sich bei der Kaufsache um kein auf die besonderen Bedürfnisse des Anwenders zugeschnittenes Computersystem handelt, sondern um ein Serienprodukt. Bei einem solchen Produkt dürfe der Käufer erwarten, dass es von einem Fachmann innerhalb eines Monats ordnungsgemäß repariert werden könne.

Hat der Gläubiger dem Schuldner eine **unangemessen kurze Frist** gesetzt, so ist die Fristsetzung grundsätzlich nicht unwirksam; vielmehr wird eine angemessene Frist in Lauf gesetzt.³⁵¹ Dies gilt aber nicht für Fristen, die schon abgelaufen sind, wenn der Schuldner davon Kenntnis erlangt.³⁵² 17

> **Beispiel:** Verkäufer V hat dem Käufer K mit Schreiben vom 12.4. eine »letzte Frist« gesetzt, den Kaufpreis bis Montag, den 15.4. zu zahlen. Das Schreiben geht K erst am 16.4. zu.
> Hier liegt keine wirksame Fristsetzung vor.

5. Entbehrlichkeit der Fristsetzung

a) Ernsthafte und endgültige Leistungsverweigerung

Mit der Fristsetzung soll dem Schuldner eine letzte Gelegenheit gegeben werden, die Leistung doch noch (ordnungsgemäß) zu erbringen. Ein solcher Schutz ist nicht erforderlich, wenn der Schuldner die **Leistung** ernsthaft und endgültig **verweigert** hat. Die Fristsetzung ist daher in diesem Fall nach § 281 II entbehrlich. Dies entspricht der Regelung über die Entbehrlichkeit der Mahnung nach § 286 II Nr. 3. Nach dem Schutzzweck des Fristsetzungserfordernisses sind an die Annahme einer ernsthaften und endgültigen Leistungsverweigerung aber **strenge Anforderungen** zu stellen. Es muss also eindeutig feststehen, dass der Schuldner unter keinen Umständen zur Leistung bereit ist.³⁵³ Verlangt der Käufer vom Verkäufer Nacherfüllung wegen Mängeln der 18

---

349 MüKoBGB/*Ernst* § 323 Rn. 73.
350 Vgl. NK-BGB/*Dauner-Lieb* § 281 Rn. 24.
351 BT-Drs. 14/6040, 138; Palandt/*Grüneberg* § 281 Rn. 10.
352 BGH NJW 1996, 1814.
353 MüKoBGB/*Ernst* § 323 Rn. 101; vgl. auch BGH NJW 2012, 3714 (3716).

Kaufsache, so stellt das Bestreiten der Mängel noch keine ernsthafte und endgültige Verweigerung der Nacherfüllung dar.[354]

Problematisch ist der Fall, dass der Schuldner **vor Fälligkeit** ernsthaft und endgültig erklärt, die Leistung bei Fälligkeit nicht zu erbringen.

> **Beispiel** (nach BGH NJW 1974, 1080): A hat den Bauunternehmer B im Januar 2014 beauftragt, für 500.000 EUR eine Produktionshalle zu errichten. Die Arbeiten sollen im Herbst 2014 durchgeführt werden. Im April 2014 teilt B dem A mit, sein Unternehmen sei so überlastet, dass man erst im Frühjahr 2015 mit dem Bau der Halle beginnen könne; ein früherer Termin sei unter keinen Umständen möglich. A beauftragt daraufhin im Mai 2014 den Bauunternehmer U mit der Errichtung der Halle und verlangt von B Ersatz der Mehrkosten von 50.000 EUR.

In solchen Fällen stellt sich zunächst die Frage, ob die §§ 280 I, III, 281 überhaupt anwendbar sind. Dies erscheint problematisch, weil § 281 eine **fällige** Leistung voraussetzt. Für den Rücktritt stellt § 323 IV klar, dass der Gläubiger schon vor Fälligkeit zurücktreten kann, wenn offensichtlich ist, dass die Voraussetzungen des Rücktritts eintreten werden. In § 281 fehlt eine entsprechende Regelung. Dies erlaubt jedoch nicht den Umkehrschluss, dass Schadensersatz statt der Leistung vor Fälligkeit nicht verlangt werden kann. Da keine sachlichen Gründe für eine unterschiedliche Behandlung vorliegen, erscheint eine analoge Anwendung des § 323 IV geboten.[355] Entscheidend ist damit, ob offensichtlich ist, dass der Schuldner bei Fälligkeit – gegebenenfalls zuzüglich einer angemessenen Nachfrist – nicht leisten wird.[356] Nach der Erklärung des B ist davon auszugehen, dass dieser die Leistung auch innerhalb einer angemessenen Nachfrist nicht erbringen wird. Die Voraussetzungen des § 323 IV liegen also vor. Eine Fristsetzung kommt vor Eintritt der Fälligkeit nicht in Betracht; sie wäre unter den gegebenen Umständen aber auch ohnehin entbehrlich. Ein wesentlicher Unterschied zu § 323 besteht allerdings darin, dass der Schuldner die Gründe für die angekündigte Nichtleistung zu vertreten haben muss (vgl. § 281 I 2).[357] Auch diese Voraussetzung ist hier zu bejahen. B muss sein Unternehmen so organisieren, dass er seine Leistungspflichten einhalten kann. Dem A steht damit ein Schadensersatzanspruch gegen B aus §§ 280 I, III, 281 zu.

> **Zur Vertiefung:** Bei Erfüllungsverweigerung vor Fälligkeit ist fraglich, worin die Pflichtverletzung liegt. Der Rückgriff auf die Verzögerung der Leistung scheidet aus, weil die Nichtleistung vor Fälligkeit nicht als Pflichtverletzung qualifiziert werden kann. Man muss deshalb auf die Erfüllungsverweigerung als Verletzung einer *leistungsbezogenen* Nebenpflicht abstellen.[358] Die Gegenauffassung sieht in der antezipierten Erfüllungsverweigerung eine *Schutzpflichtverletzung* iSd § 241 II.[359] Anspruchsgrundlage sind danach nicht §§ 280 I, III, 281, sondern §§ 280 I, III, 282.
> In den Fällen der antezipierten Erfüllungsverweigerung erscheint überdies problematisch, dass der Gläubiger Schadensersatz statt der Leistung verlangen kann, obwohl die geschuldete Leistung noch

---

354 BGH NJW 2006, 1195 (1197); 2015, 3455 = JA 2016, 385 *(Looschelders)*.
355 NK-BGB/*Dauner-Lieb* § 281 Rn. 39; Palandt/*Grüneberg* § 281 Rn. 8a; *Jaensch* ZGS 2004, 134 ff.; aA MüKoBGB/*Ernst* § 281 Rn. 67; *Medicus/Lorenz* SchuldR AT Rn. 507; *Harke* SchuldR AT Rn. 180.
356 Vgl. Staudinger/*Schwarze*, 2020, § 323 Rn. B 163.
357 Ausf. zu diesem Aspekt MüKoBGB/*Ernst* § 281 Rn. 67.
358 Staudinger/*Schwarze*, 2019, § 281 Rn. B 90.
359 So *Medicus/Lorenz* SchuldR AT Rn. 507; *Gsell* LMK 2007, 247919.

gar nicht fällig ist.³⁶⁰ Stellt man nicht auf die Nichterbringung der fälligen Leistung, sondern auf die Erfüllungsverweigerung als solche ab, so liegt jedoch auch die maßgebliche Pflichtverletzung bereits vor dem Eintritt der Fälligkeit der Leistung. Es ist daher konsequent, dass auch der Anspruch auf Schadensersatz statt der Leistung schon vor der Fälligkeit geltend gemacht werden kann.³⁶¹

b) Besondere Gründe

Die Entbehrlichkeit der Fristsetzung kann sich nach § 281 II auch aus **besonderen Umständen** ergeben, die unter Abwägung der beiderseitigen Interessen die sofortige Geltendmachung von Schadensersatz statt der Leistung rechtfertigen. Der Gesetzgeber hat an »Just-in-time-Verträge« gedacht, bei denen der Gläubiger für die Aufrechterhaltung seiner Produktion auf pünktliche Lieferungen dringend angewiesen ist. Hier müsse der Gläubiger sofort Ersatz beschaffen können, um den Schaden möglichst gering zu halten.³⁶² Darüber hinaus werden besonders schwerwiegende Pflichtverletzungen erfasst, bei denen das Festhalten am Vertrag unzumutbar ist. Wichtigstes Beispiel ist die **arglistige Täuschung** über die Mangelfreiheit der Kaufsache durch den Verkäufer (→ SchuldR BT § 4 Rn. 32).³⁶³ Im Einzelfall kann auch die Verletzung leistungsbezogener Nebenpflichten relevant werden.

19

> **Beispiel** (BGH NJW 1978, 260): Der K hat bei Autohändler V einen neuen Porsche Carrera zum Sonderpreis von 45.000 EUR bestellt. Als K kurz vor dem vereinbarten Liefertermin zufällig in die Werkstatt des V kommt, sind dessen Arbeiter damit beschäftigt, den Bug- und Heckspoiler des vom Hersteller bereits gelieferten Porsche Carrera an einen anderen, älteren Porsche zu montieren und dessen Spoiler an dem neuen Fahrzeug anzubringen. K will den Porsche wegen dieses Vorfalls nicht mehr abnehmen. Er bestellt bei einem anderen Autohändler ein entsprechendes Fahrzeug zum Preis von 49.500 EUR und verlangt von V wegen des höheren Kaufpreises Schadensersatz.
> K könnte einen Anspruch auf Zahlung der 4.500 EUR aus §§ 280 I, III, 281 haben. Zwischen V und K liegt ein wirksamer Kaufvertrag vor. Mit dem Austausch der Teile hat V eine leistungsbezogene Nebenpflicht aus dem Vertrag verletzt. Ob der Austausch auf Anordnung des V erfolgt ist, ist unerheblich. Jedenfalls muss V sich das Verschulden seiner Arbeiter nach § 278 zurechnen lassen. Problematisch ist, dass K dem V keine Frist gesetzt hat, um den Porsche wieder in den vertragsgemäßen Zustand bringen zu lassen. Durch die Pflichtverletzung ist das Vertrauensverhältnis zu V aber so schwer gestört worden, dass eine sofortige Geltendmachung des Schadensersatzanspruchs nach § 281 II gerechtfertigt ist.

Der Gläubiger ist auch bei **Entbehrlichkeit der Fristsetzung** nicht gehindert, dem Schuldner **gleichwohl eine Frist** zur Leistung oder Nacherfüllung zu **setzen.** Wird die geschuldete Leistung innerhalb der Frist erbracht, kann er sich dann aber für den Schadensersatzanspruch nicht mehr darauf berufen, dass es der Fristsetzung an sich nicht bedurft hätte.³⁶⁴

---

360 Krit. unter diesem Aspekt *Harke* SchuldR AT Rn. 180; *Medicus/Lorenz* SchuldR AT Rn. 507.
361 So auch MüKoBGB/*Ernst* § 281 Rn. 67f.
362 Vgl. BT-Drs. 14/6040, 140; Palandt/*Grüneberg* § 281 Rn. 15.
363 BGH NJW 2007, 835 (837); 2008, 1371 (1373) = JA 2008, 301 *(Looschelders);* NJW 2010, 1805 mAnm *Looschelders* LMK 2010, 305065; MüKoBGB/*Ernst* § 281 Rn. 65.
364 Vgl. BGH NJW 2010, 1805; LMK 2010, 305065 mAnm *Looschelders.*

c) Sonderregeln im Kauf- und Werkvertragsrecht

20 Begehrt der **Käufer** wegen eines *Sach-* oder *Rechtsmangels* Schadensersatz statt der Leistung, ist die Fristsetzung nach § 440 S. 1 Alt. 1 auch dann entbehrlich, wenn der Verkäufer sowohl die Nachbesserung als auch die Nachlieferung nach § 439 IV verweigert, weil beide Arten der Nacherfüllung mit unverhältnismäßigen Kosten verbunden wären. Das gleiche gilt, wenn die dem Käufer zustehende Art der Nacherfüllung fehlgeschlagen oder ihm unzumutbar ist. Im **Werkvertragsrecht** enthält § 636 eine entsprechende Regelung.

> **Hinweis:** Im Anwendungsbereich der Verbrauchsgüterkauf-RL ist zu beachten, dass das in § 439 IV 3 Hs. 2 (§ 439 III 3 Hs. 2 aF) vorgesehene Recht, beide Formen der Nacherfüllung wegen Unverhältnismäßigkeit zu verweigern (sog. absolute Unverhältnismäßigkeit), nach der Rechtsprechung des EuGH[365] mit den Vorgaben der Richtlinie nicht vereinbar ist (→ SchuldR BT § 4 Rn. 19 ff.). Der deutsche Gesetzgeber hat daraufhin eine Einschränkung des Leistungsverweigerungsrechts beschlossen, die am 1.1.2018 in Kraft getreten ist.[366] Konkret sieht § 475 IV nF vor, dass der Verkäufer die Nacherfüllung bei einem Verbrauchsgüterkauf wegen absoluter Unverhältnismäßigkeit nicht vollständig verweigern kann. Bei absoluter Unverhältnismäßigkeit kann der Verkäufer den Aufwendungsersatz vielmehr lediglich auf einen angemessenen Betrag beschränken. § 475 V nF stellt klar, dass § 440 S. 1 auch im Fall einer solchen Beschränkung anwendbar ist.

6. Abmahnung statt Fristsetzung

21 Auch im Anwendungsbereich des § 281 gibt es Fälle, in denen eine Fristsetzung nach Art der Pflichtverletzung nicht sinnvoll ist. Zu denken ist etwa an die Verletzung von *Unterlassungspflichten* (zB Wettbewerbsverboten).[367] Nach § 281 III ist in diesen Fällen anstelle der Fristsetzung eine **Abmahnung** erforderlich. Die Abmahnung tritt an die Stelle der Fristsetzung und ist daher unter den gleichen Voraussetzungen wie diese entbehrlich.

7. Vertretenmüssen

22 Das Vertretenmüssen beurteilt sich im Rahmen der §§ 280 I, III, 281 nach allgemeinen Grundsätzen (§§ 276, 278). Hat der Schuldner das **Beschaffungsrisiko** übernommen, so erstreckt sich seine verschuldensunabhängige Einstandspflicht im Zweifel auch auf die Rechtzeitigkeit der Leistung. Die Mangelfreiheit des Leistungsgegenstands fällt dagegen nicht unter das Beschaffungsrisiko.[368] Eine verschuldensunabhängige Haftung ist hier nur gerechtfertigt, wenn der Schuldner eine **Garantie** übernommen hat (→ SchuldR BT § 4 Rn. 62).

Soweit der Schadensersatzanspruch von einer **Fristsetzung** abhängt (→ § 27 Rn. 10 ff.), stellt sich die Frage, ob es für das Vertretenmüssen auf den Zeitpunkt der Fälligkeit oder des Fristablaufs ankommt. Nach der hier vertretenen Konzeption ergibt sich die Lösung daraus, dass das Vertretenmüssen nach § 280 I 2 auf die Pflichtverletzung bezogen ist. In den Fällen des § 281 besteht die Pflichtverletzung zunächst einmal darin, dass der Schuldner die Leistung **bei Fälligkeit** nicht oder nicht wie geschuldet erbringt. Nach

---

365 EuGH EuZW 2011, 631 = JA 2011, 629 *(Looschelders)* – Gebr. Weber und Ingrid Putz.
366 Gesetz v. 28.4.2017 (BGBl. 2017 I 969).
367 Vgl. BT-Drs. 14/7052, 185; Staudinger/*Schwarze*, 2019, § 281 Rn. B 53.
368 Palandt/*Grüneberg* § 276 Rn. 32; Jauernig/*Stadler* § 276 Rn. 48.

Fristsetzung ist der Schuldner verpflichtet, die (ordnungsgemäße) Leistung (gegebenenfalls in Form der Nacherfüllung) innerhalb der gesetzten Frist zu erbringen. Die Nichterbringung der ordnungsgemäßen Leistung **bis Fristablauf** stellt damit eine weitere Pflichtverletzung dar. Für den Anspruch aus §§ 280 I, III, 281 genügt deshalb, dass der Schuldner die Nicht- oder Schlechtleistung bei Fälligkeit *oder* die Nichterbringung der (ordnungsgemäßen) Leistung bis Fristablauf zu vertreten hat (→ SchuldR BT § 4 Rn. 56).[369]

Der »doppelte« Bezugspunkt des Vertretenmüssens verschiebt sich, wenn der Gläubiger dem Schuldner keine Frist setzt, weil die **Fristsetzung** nach § 281 II oder §§ 440, 636 entbehrlich ist (→ § 27 Rn. 20 ff.). Als Bezugspunkt des Vertretenmüssens kommt hier zum einen wieder die Nichtleistung bei Fälligkeit bzw. die »ursprüngliche« Schlechtleistung in Betracht. Zum anderen muss auch geprüft werden, ob der Schuldner die Gründe für die Entbehrlichkeit der Fristsetzung zu vertreten hat (zB bei ernsthafter und endgültiger Verweigerung der Leistung gem. § 281 II Alt. 1).

> **Hinweis:** Aufgrund des möglichen »doppelten« Bezugspunktes des Vertretenmüssens ist es bei der Klausurbearbeitung sinnvoll, die Notwendigkeit der Fristsetzung und die Nichterbringung der (ordnungsgemäßen) Leistung bis Fristablauf (→ § 27 Rn. 10 ff.) vor dem Vertretenmüssen zu prüfen. Näher zum Klausuraufbau → Anhang Rn. 2 Schema A.

8. Schaden

Dem Gläubiger muss ein **Schaden** entstanden sein, dessen Ersatz an die Stelle des Leistungsanspruchs treten würde (→ § 24 Rn. 16 ff.). In der Klausur ist es zweckmäßig, den Schaden erst nach der Notwendigkeit oder Entbehrlichkeit der Fristsetzung sowie dem Vertretenmüssen zu prüfen, um den Zusammenhang zwischen dem Eintritt des Schadens als Tatbestandsmerkmal und der Verpflichtung des Schuldners zur Leistung von Schadensersatz nach §§ 249 ff. als Rechtsfolge nicht zu unterbrechen.[370] Die Einordnung nach dem Vertretenmüssen beruht darauf, dass dieses sich nur auf die Pflichtverletzung und nicht auf den Eintritt des Schadens bezieht (→ § 24 Rn. 14). 23

9. Rechtsfolgen

Die Rechtsfolgen der §§ 280 I, III, 281 treten ein, wenn die Leistung innerhalb der Frist nicht oder nicht wie geschuldet erbracht wird. Für die Rechtzeitigkeit der Erfüllung oder Nacherfüllung kommt es grundsätzlich auf die **Leistungshandlung** an, nicht auf den Leistungserfolg.[371] Zur Geldleistung durch Banküberweisung s. → § 22 Rn. 8 und → § 26 Rn. 4. 24

---

369 So auch Staudinger/*Schwarze*, 2019, § 280 Rn. D 12; BeckOK BGB/*Faust*, 54. Ed. 1.5.2020, § 437 Rn. 86 ff.; allein auf den Zeitpunkt des Fristablaufs abstellend Jauernig/*Stadler* § 281 Rn. 12; Palandt/*Grüneberg* § 281 Rn. 16; *S. Lorenz* NJW 2005, 1889 (1891 f.). Ausf. zum Ganzen *Looschelders* FS Canaris I, 2007, 737 ff.; *Tetenberg* JA 2009, 1 ff.
370 Vgl. *Pöschke* JA 2010, 257 mit dem Hinweis, dass der Eintritt des Schadens zwar noch zum Tatbestand gehört, in der Klausur aber oft erst auf der Rechtsfolgenseite geprüft wird. Der hier vorgeschlagene Aufbau macht die Unterscheidung von Tatbestands- und Rechtsfolgenseite in der Klausur meist entbehrlich.
371 NK-BGB/*Dauner-Lieb* § 281 Rn. 25; Palandt/*Grüneberg* § 281 Rn. 12; MüKoBGB/*Ernst* § 323 Rn. 86.

a) Das Verhältnis von Erfüllungs- und Schadensersatzanspruch

25 Der fruchtlose Ablauf der Frist führte nach altem Recht zu einem automatischen Erlöschen des Erfüllungsanspruchs. Der Gesetzgeber sah hierin eine unangemessene Benachteiligung des Gläubigers, weil dieser nach Ablauf der Frist weiter daran interessiert sein könne, die Leistung zu erhalten.[372] § 281 IV lässt den Erfüllungsanspruch deshalb erst erlöschen, sobald der Gläubiger Schadensersatz statt der Leistung **verlangt**. Bis dahin kann der Gläubiger zwischen Erfüllung und Schadensersatz wählen. Ist der Anspruch des Gläubigers auf die primäre Leistung nach § 281 IV ausgeschlossen, so darf diese Rechtsfolge auch nicht über den schadensrechtlichen Grundsatz der Naturalrestitution (§ 249 I) unterlaufen werden. Der Anspruch auf Schadensersatz statt der Leistung richtet sich daher auf eine **Entschädigung in Geld** (→ § 44 Rn. 9).[373] Bietet der Schuldner dem Gläubiger die Leistung nach Ablauf der Frist an, so verliert der Gläubiger den Anspruch auf Schadensersatz statt der Leistung, sofern er das Angebot nicht unverzüglich zurückweist.[374]

> **Zur Vertiefung:** Wann ein »*Verlangen*« von Schadensersatz vorliegt, kann im Einzelfall zweifelhaft sein. Ausreichend ist sicher die Klageerhebung. Darüber hinaus können aber auch vorprozessuale Erklärungen als »Verlangen« von Schadensersatz ausgelegt werden. Der Gläubiger muss jedoch klar und eindeutig zu erkennen gegeben haben, dass er die geschuldete Leistung nicht mehr haben will.[375] Eine allgemeine Ankündigung, weitere Rechte »bis hin zum Schadensersatz« geltend machen zu wollen, kann daher nicht ausreichen.[376]

26 Hat der Gläubiger nach Fristablauf **zunächst weiter Erfüllung** verlangt, so kann er später gleichwohl noch den Anspruch auf Schadensersatz statt der Leistung geltend machen, ohne dass eine neue Fristsetzung erforderlich wäre.[377] Nach Treu und Glauben (§ 242) wird der Gläubiger im Allgemeinen allerdings eine gewisse Zeit abwarten müssen, ob die Leistung aufgrund seines erneuten Verlangens doch erbracht wird. Nimmt der Gläubiger die Leistung trotz Fristablaufs an, so erlischt sein Anspruch nach § 362 durch Erfüllung. Ein Anspruch auf Schadensersatz statt der Leistung muss damit ausscheiden.[378]

b) Schadensersatz statt der ganzen Leistung bei Teilleistung

27 Besondere Probleme bereitet der Anspruch auf Schadensersatz statt der Leistung in dem Fall, dass der Schuldner einen **Teil der Leistung** bewirkt, während ein anderer Teil auch nach Fristsetzung ausbleibt. Nach allgemeinen Grundsätzen könnte der Gläubiger nur für den ausstehenden Teil der Leistung Schadensersatz verlangen. Dies ergibt sich aus der Formulierung »soweit« in § 281 I 1. Man spricht auch von »kleinem Schadensersatz«.

> **Beispiel:** K hat am 1.2. im Möbelhaus des V eine Wohnzimmereinrichtung, bestehend aus einer Couchgarnitur, einem Couchtisch und einem Wohnzimmerschrank bestellt. Die Gegenstände

---

372 BT-Drs. 14/6040, 140.
373 BGH NJW 2013, 370 (371) = JA 2013, 628 *(Looschelders)*.
374 So auch NK-BGB/*Schmidt-Kessel* §§ 294–296 Rn. 17; *Finn* ZGS 2004, 32 ff.; einschr. MüKoBGB/*Ernst* § 281 Rn. 88.
375 Vgl. NK-BGB/*Dauner-Lieb* § 281 Rn. 50.
376 BT-Drs. 14/6040, 141; HK-BGB/*Schulze* § 281 Rn. 15.
377 Vgl. BGH NJW 2006, 1198 (zu § 323); NK-BGB/*Dauner-Lieb* § 281 Rn. 53.
378 Vgl. *Canaris*, Karlsruher Forum 2002, 5 (49).

sollen am 15.2. in die Wohnung des K gebracht werden. Couchgarnitur und Couchtisch werden pünktlich geliefert. Die Lieferung des Schrankes verzögert sich. Nachdem eine dem V gesetzte Frist fruchtlos verstrichen ist, kauft K in einem anderen Möbelhaus einen gleichwertigen Schrank. Dadurch entstehen Mehrkosten iHv 500 EUR. Diesen Betrag kann K von V nach §§ 280 I, III, 281 I 1 verlangen.

Der Gläubiger kann jedoch daran interessiert sein, dem Schuldner die Teilleistung zurückzugeben und **Schadensersatz statt der ganzen Leistung** (sog. »großen Schadensersatz«) zu verlangen. Dieses Recht steht dem Gläubiger nach § 281 I 2 nur zu, wenn er an der Teilleistung *kein Interesse* hat. 28

Beispiel: Im vorstehenden Fall sind die einzelnen Elemente genau aufeinander abgestimmt. K möchte daher die komplette Einrichtung in einem anderen Möbelhaus kaufen. Muss V die Mehrkosten von 1.500 EUR tragen?
Da K an der Teilleistung kein Interesse hat, kann er nach §§ 280 I, III, 281 I 2 Schadensersatz statt der ganzen Leistung verlangen. V muss die 1.500 EUR daher zahlen.

c) Schadensersatz statt der ganzen Leistung bei Schlechtleistung

Die gleichen Probleme wie bei der Teilleistung stellen sich bei der Schlechtleistung, weil diese ebenfalls nur zu einer »partiellen Störung« führt.[379] Es fragt sich daher, ob der Schadensersatzanspruch auf den Nachteil beschränkt ist, der aus dem Mangel resultiert, oder ob der Gläubiger **Schadensersatz statt der ganzen Leistung** verlangen kann. Die Problematik ist in § 281 I 3 geregelt. Die Vorschrift schließt den Anspruch auf Schadensersatz statt der ganzen Leistung nur dann aus, wenn die Pflichtverletzung **unerheblich** ist. Ansonsten kann der Gläubiger zwischen »kleinem« und »großem« Schadensersatz wählen.[380] 29

Beispiel (BGH NJW 2014, 3229): K hat bei Autohändler V für 30.000 EUR einen Neuwagen gekauft, der über eine Einparkhilfe verfügt. Nach Übergabe des Fahrzeugs stellt sich heraus, dass die Einparkhilfe nicht ordnungsgemäß funktioniert. Mehrere Nachbesserungsversuche des V scheitern. Ein Sachverständiger stellt fest, dass der Defekt mit einem Aufwand von 2.000 EUR behoben werden kann.
Hier besteht kein Zweifel, dass V die Kosten für die Beseitigung des Mangels der Einparkhilfe durch eine andere Autowerkstatt nach §§ 280 I, III, 281 I 1 ersetzen muss. Fraglich ist jedoch, ob K bei einem anderen Autohändler einen entsprechenden *Pkw* kaufen und von V Ersatz der Mehrkosten verlangen kann. Dies setzt nach § 281 I 3 voraus, dass die Pflichtverletzung des V nicht unerheblich ist.

Welche Bedeutung der Begriff der Unerheblichkeit in § 281 I 3 hat, ist umstritten. Ein Teil der Literatur orientiert sich an der Rechtsprechung zu § 459 I 2 aF, wonach eine unerhebliche Minderung des Wertes oder der Tauglichkeit der Kaufsache keinen Fehler darstellte.[381] Die Unerheblichkeit markiert hiernach eine bloße **Bagatellgrenze.** Ob ein solch enges Verständnis mit dem Zweck des § 281 I 3 vereinbar ist, erscheint indes zweifelhaft. Anders als nach altem Recht verliert der Gläubiger bei Unerheblichkeit nicht alle Mängelrechte. Er kann vielmehr »kleinen« Schadensersatz verlangen. Außerdem bleibt die Minderung unberührt (§ 441 I 2). Es spricht daher vieles dafür, die Unerheblichkeit schon dann zu bejahen, wenn es bei Abwägung aller Interessen **unverhältnis-** 30

---

379 Vgl. PWW/*Schmidt-Kessel/Kramme* § 281 Rn. 33.
380 Vgl. Palandt/*Grüneberg* § 281 Rn. 45 ff.
381 So etwa NK-BGB/*Dauner-Lieb* § 281 Rn. 32; *Brox/Walker* SchuldR BT § 4 Rn. 63; vgl. auch BT-Drs. 14/6040, 231; *Höpfner* NJW 2011, 3693 ff.

mäßig wäre, den Vertrag wegen der Pflichtverletzung scheitern zu lassen (→ SchuldR BT § 4 Rn. 38).[382] Der BGH fordert in seiner neueren Rechtsprechung ebenfalls eine Interessenabwägung im Einzelfall;[383] bei **Arglist** des Schuldners sei die Unerheblichkeit grundsätzlich zu verneinen.[384] Bei der Gewährleistung für Sachmängel kommt der **Behebbarkeit des Mangels** große Bedeutung zu.[385] Allerdings können auch nicht behebbare Mängel im Einzelfall als unerheblich anzusehen sein.[386] Mit Blick auf behebbare Mängel hat der BGH im Einparkhilfen-Fall entschieden, dass die Erheblichkeit im Regelfall zu bejahen ist, wenn die Mängelbeseitigungskosten mehr als 5 % des Kaufpreises betragen.[387] Im Beispielsfall (→ § 27 Rn. 28) kann K von V daher Schadensersatz statt der ganzen Leistung verlangen.

31 Die negative Formulierung des § 281 I 3 weist darauf hin, dass die Erheblichkeit des Mangels **vermutet** wird. Der Schuldner muss also die Unerheblichkeit beweisen.[388]

> **Zur Vertiefung:** Bei unerheblichen Mängeln ist nach § 323 V 2 auch der Rücktritt ausgeschlossen. Die Gleichbehandlung beider Rechte ist notwendig, weil man durch Kombination von Rücktritt und »kleinem« Schadensersatz die gleichen Ergebnisse wie beim »großen Schadensersatz« erzielen kann.[389]

d) Zuweniglleistung im Kaufrecht

32 Die Abgrenzung von Teilleistung und Schlechtleistung kann im Kaufrecht Probleme bereiten, weil **§ 434 III** die Zuweniglleistung dem Sachmangel gleichstellt. Fraglich ist damit, ob der Käufer nach §§ 437 Nr. 3, 280 I, III, 281 schon dann Schadensersatz statt der ganzen Leistung verlangen kann, wenn die Differenz *nicht unerheblich* ist (§ 281 I 3), oder ob hierfür erforderlich ist, dass er an der gelieferten Teilmenge *kein Interesse* hat (§ 281 I 2).

> **Beispiel:** Gastwirt G hat bei der Winzergenossenschaft W 100 Flaschen Wein der Marke »Klosterfelder Ochsenfrosch Riesling Kabinett« bestellt. 80 Flaschen werden pünktlich geliefert. Wegen der restlichen 20 Flaschen setzt G der W eine angemessene Frist und verlangt nach deren fruchtlosem Ablauf Schadensersatz statt der ganzen Leistung.
> Zieht man § 434 III heran, so ist § 281 I 3 einschlägig. Der Anspruch ist danach gegeben, weil eine Differenz von 20 % auch nach der hier vertretenen Ansicht (→ § 27 Rn. 29) nicht unerheblich ist. Lässt man § 434 III außer Betracht, so muss G nach § 281 I 2 dartun, dass er an den 80 Flaschen kein Interesse hat.[390]

Bei der Würdigung der Problematik ist zu beachten, dass § 434 III nach Sinn und Zweck jedenfalls nicht auf die **offene Zuweniglleistung** anwendbar ist (→ SchuldR BT § 3 Rn. 44). Hat der Gläubiger die Zuweniglleistung als solche erkannt und angenommen, gilt somit § 281 I 2. Im Beispielsfall müsste G also nachweisen, dass er an den gelieferten Flaschen kein Interesse hat.

---

382 IdS auch MüKoBGB/*Ernst* § 281 Rn. 155; Palandt/*Grüneberg* § 281 Rn. 47.
383 Vgl. BGH NJW 2008, 1517; 2009, 508; BB 2010, 1175 mAnm *Reinking* LMK 2010, 302487.
384 BGH NJW 2006, 1960; krit. *Looschelders* JR 2007, 309 ff.; *S. Lorenz* NJW 2006, 1925 ff.
385 Vgl. Staudinger/*Schwarze*, 2019, § 281 Rn. C 27; *Höpfner* NJW 2011, 3693 (3694).
386 BGH NJW 2008, 1517 (1519).
387 BGH NJW 2014, 3229 = JA 2014, 785 *(Looschelders)*.
388 *Medicus/Lorenz* SchuldR AT Rn. 514, 498; *Gieseler* ZGS 2003, 408 (410).
389 Vgl. BT-Drs. 14/6040, 140.
390 Vgl. BT-Drs. 14/6040, 187; *Canaris* JZ 2001, 499 (513).

Bei der **verdeckten Zuwenigleistung** geht die hM davon aus, dass § 434 III auch im Rahmen des § 281 I zu beachten ist.[391] Der alleinige **Zweck des § 434 III** besteht indes darin, die kaufrechtlichen Sonderregeln über die Gewährleistung auf die Minderleistung zu erstrecken. Eine Modifikation der allgemeinen Regelungen über den Schadensersatz statt der ganzen Leistung ist nicht beabsichtigt. Die Übertragung der Gleichstellung auf diese Problematik ist auch nicht zu rechtfertigen, weil dies zu Wertungswidersprüchen mit allen Verträgen führt, bei denen eine solche Gleichstellung fehlt (vgl. SchuldR BT § 4 Rn. 42).[392]

> **Zur Vertiefung:** Zur parallelen Problematik bei § 323 V geht die Gesetzesbegründung davon aus, die Zuweniglieferung sei wegen § 434 III wie eine Schlechtleistung zu behandeln (BT-Drs. 14/6040, 187). Der Rechtsausschuss des Bundestages hat dagegen die Auffassung vertreten, dass die Anwendung des § 434 III im Rahmen des § 281 nicht zwingend sei. Die Klärung könne der Rechtsprechung überlassen werden (BT-Drs. 14/7052, 185). Eine eindeutige gesetzgeberische Entscheidung fehlt also.

e) Rückforderung erbrachter (Teil-)Leistungen

Verlangt der Gläubiger nach § 281 I 2, 3 Schadensersatz statt der ganzen Leistung, so muss er die Teilleistung bzw. die mangelhafte Leistung zurückgeben. Nach § 281 V ist der Schuldner deshalb berechtigt, das Geleistete nach den Vorschriften über den **Rücktritt** (§§ 346–348) zurückzufordern. 33

II. Schutzpflichtverletzung (§§ 280 I, III, 282)

1. Allgemeines

Verletzt der Schuldner eine Pflicht zum Schutz der **sonstigen Rechtsgüter und Interessen** des Gläubigers (§ 241 II), so wird die Durchführung des Vertrages dadurch im Allgemeinen nicht infrage gestellt. Da die verletzte Pflicht nicht auf die Leistung bezogen ist, bleibt das Leistungsinteresse des Gläubigers grundsätzlich unberührt. Es stellt sich lediglich die Frage, ob der Gläubiger nach § 280 I Ersatz der Schäden verlangen kann, die an seinen sonstigen Rechtsgütern und Interessen eingetreten sind (→ § 25 Rn. 2 ff.). 34

Schutzpflichtverletzungen können die **Vertrauensgrundlage** zwischen den Parteien jedoch so erschüttern, dass dem Gläubiger erlaubt werden muss, auf die weitere Durchführung des Vertrages zu verzichten und stattdessen Schadensersatz statt der Leistung zu verlangen.

> **Beispiel:** A hat Malermeister M damit beauftragt, sein Wohnzimmer zu tapezieren. Während der Arbeiten verunreinigt M wiederholt den Teppichboden des A. Da Abmahnungen nicht fruchten, weist A den M aus seiner Wohnung und beauftragt einen anderen Maler mit der Durchführung der Arbeiten. Muss M dem A die Mehrkosten für den anderen Maler (500 EUR) erstatten?

Da der Vorrang des Erfüllungsanspruchs auch bei Schutzpflichtverletzungen gewahrt werden muss, können die Voraussetzungen des § 280 I auch in dieser Fallgruppe nicht

---

391 So NK-BGB/*Dauner-Lieb* § 281 Rn. 35; Palandt/*Grüneberg* § 281 Rn. 38; Jauernig/*Stadler* § 281 Rn. 26; *Brox/Walker* SchuldR BT § 4 Rn. 96.
392 So auch *Medicus/Lorenz* SchuldR AT Rn. 435; *Medicus/Lorenz* SchuldR BT § 6 Rn. 36; *S. Lorenz* NJW 2003, 3097 (3099); *Heiderhoff/Skamel* JZ 2006, 383 (387 ff.); *Windel* JURA 2003, 793 (796 f.).

ausreichen. Als *zusätzliche Voraussetzung* ist die Fristsetzung aber unpassend, weil das pflichtgemäße Verhalten nicht »nachgeholt« werden kann (→ § 27 Rn. 3). § 282 stellt deshalb darauf ab, ob dem Gläubiger die Leistung durch den Schuldner noch **zumutbar** ist.

35 § 282 stellt ebenso wie § 281 keine eigenständige Anspruchsgrundlage dar. **Anspruchsgrundlage** ist vielmehr § 280 I, III iVm § 282. Aus der »Zirkelverweisung« (→ § 27 Rn. 4) der §§ 280 III, 282 folgt, dass immer auch die allgemeinen Merkmale des § 280 I vorliegen müssen. Zusätzliche Voraussetzung nach § 282 ist die Unzumutbarkeit.

> **Hinweis:** Bei der Klausurbearbeitung empfiehlt sich, die Unzumutbarkeit im Anschluss an das Vertretenmüssen zu prüfen, weil die Schwere des Verschuldens bei der Beurteilung der Zumutbarkeit relevant wird. Näher zum Klausuraufbau → Anhang Rn. 2 Schema B.

2. Grundelemente der Haftung

36 Der Anspruch aus §§ 280 I, III, 282 setzt das Bestehen eines **Schuldverhältnisses** voraus. Da es nicht um die Verletzung von Leistungspflichten geht, stellt sich die Frage, ob ein *vorvertragliches Schuldverhältnis* nach §§ 311 II, 241 II ausreicht. Dies ist dem Grundsatz nach zu verneinen. Verlangt der Gläubiger Schadensersatz statt der Leistung, so muss ihm zunächst einmal ein Leistungsanspruch zustehen, an dessen Stelle der Schadensersatzanspruch treten kann. Das ist bei vorvertraglichen Schuldverhältnissen nicht der Fall.[393] Eine Ausnahme gilt allerdings für den Fall, dass der Gläubiger in Unkenntnis der vorvertraglichen Schutzpflichtverletzung einen wirksamen Vertrag mit dem Schuldner geschlossen hat. Hier kommt ein Anspruch auf Schadensersatz statt der Leistung in Betracht, wenn dem Gläubiger ein Festhalten am Vertrag nicht zumutbar ist.[394]

37 Der Schuldner muss eine **Schutzpflicht** nach § 241 II **verletzt** haben. Erforderlich ist weiter, dass der Schuldner die Pflichtverletzung nach §§ 276–278 zu **vertreten** hat (§ 280 I 2). Schließlich muss der Gläubiger infolge der Pflichtverletzung einen **Schaden** erlitten haben, dessen Ersatz *an die Stelle* des Erfüllungsanspruchs tritt. Im Maler-Fall (→ § 27 Rn. 34) erfasst der Schadensersatzanspruch aus §§ 280 I, III, 282 also nur die Mehrkosten für den anderen Maler; die Kosten für die Reinigung des Teppichbodens sind nach § 280 I zu ersetzen (»einfacher Schadensersatz«).

3. Das Kriterium der Unzumutbarkeit

38 Ob dem Gläubiger die Leistung durch den Schuldner – und damit das Festhalten am Vertrag[395] – zumutbar ist, muss aufgrund einer **Interessenabwägung** festgestellt werden. Dabei sind die Schwere der Pflichtverletzung und des Verschuldens sowie die Wahrscheinlichkeit von Wiederholungen zu berücksichtigen. Erforderlich ist, dass die Pflichtverletzung im Hinblick auf den *Vertragszweck* relevant ist. Dem Gläubiger muss die weitere Durchführung des Vertrages also gerade wegen der Pflichtverletzung unzumutbar sein. Es ist damit ausgeschlossen, dass der Gläubiger sich aus Anlass einer

---

393 BT-Drs. 14/7052, 186; HK-BGB/*Schulze* § 282 Rn. 2.
394 So auch *Brox/Walker* SchuldR AT § 25 Rn. 19.
395 Vgl. HKK/*Schermaier* §§ 280–285 Rn. 110 mit dem Hinweis, dass dem Gläubiger die ordnungsgemäße Leistung immer zumutbar sei; es gehe also um die Zumutbarkeit der Fortsetzung des Vertrags.

Pflichtverletzung von einem Vertrag löst, dessen Durchführung ihm aus anderen Gründen unzumutbar erscheint.

Ein wichtiges Kriterium für die Feststellung der Unzumutbarkeit ist die Frage, ob der Schuldner **abgemahnt** worden ist.[396] Der Gesetzgeber hat indessen zu Recht darauf verzichtet, das flexible Merkmal der Unzumutbarkeit durch das Erfordernis einer Abmahnung zu ersetzen. Schutzpflichtverletzungen können nämlich so geringfügig sein, dass es im Einzelfall unverhältnismäßig wäre, dem Gläubiger schon beim ersten Verstoß gegen eine Abmahnung Schadensersatz statt der Leistung zuzubilligen. 39

> **Beispiel:** Malermeister M führt seine Arbeiten einwandfrei durch. Als Gewohnheitsraucher fällt es ihm aber schwer, bei der Arbeit auf das Rauchen zu verzichten. Hier wäre es unangemessen, wenn Auftraggeber A schon beim ersten Verstoß gegen eine Abmahnung Schadensersatz statt der Leistung verlangen könnte.[397]

Umgekehrt gibt es Schutzpflichtverletzungen, die so gravierend sind, dass auf eine Abmahnung **verzichtet** werden kann. 40

> **Beispiel:** Der G begibt sich in das Restaurant des W, um zu Abend zu essen. Er bestellt bei dem Kellner K eine Putenbrust auf weißen Bohnen sowie ein Glas Rotwein. Beim Servieren des Weins hält K das Tablett aus Unachtsamkeit schief. Der Inhalt des Glases ergießt sich über das weiße Hemd des G. Als G um eine Serviette bittet, weist K ihn barsch darauf hin, dass er sich noch um andere Gäste kümmern müsse. G ist darüber so erzürnt, dass er sich umgehend in ein anderes Restaurant begibt. Dort muss er für die Putenbrust 5 EUR mehr zahlen. G verlangt von W Ersatz dieses Betrages. Zu Recht?
> Anspruchsgrundlage ist § 280 I, III iVm § 282. Zwischen G und W ist ein vertragliches Schuldverhältnis zustande gekommen. Im Rahmen dieses Schuldverhältnisses muss W sich das Verhalten des K nach § 278 zurechnen lassen. Eine schuldhafte Verletzung von Schutzpflichten ist damit zu bejahen. Dem K ist infolgedessen ein Schaden von 5 EUR entstanden. Fraglich ist, ob G die Inanspruchnahme von weiteren Leistungen durch W unzumutbar war. Dies lässt sich aufgrund der Schwere der Pflichtverletzung mit guten Gründen bejahen. Man kann aber auch die Auffassung vertreten, dass G gehalten gewesen wäre, von W selbst Abhilfe zu verlangen.

4. Verhältnis zum Erfüllungsanspruch

Zu welchem Zeitpunkt der Erfüllungsanspruch erlischt, ist in § 282 nicht geregelt. Hier bietet sich eine **Analogie** zu § 281 IV an. Der Anspruch auf die Leistung ist danach ausgeschlossen, sobald der Gläubiger wegen der Schutzpflichtverletzung Schadensersatz statt der Leistung verlangt.[398] 41

III. Nachträgliche Unmöglichkeit (§§ 280 I, III, 283)

1. Allgemeines

Der Vorrang des Erfüllungsanspruchs muss nicht gewahrt werden, wenn der Schuldner nach § 275 nicht zu leisten braucht, namentlich weil er die Leistung aus tatsächlichen oder rechtlichen Gründen nicht erbringen kann (**Unmöglichkeit**). § 283 stellt deshalb klar, dass der Gläubiger ohne Fristsetzung Schadensersatz statt der Leistung verlangen kann. 42

---

396 Vgl. Palandt/*Grüneberg* § 282 Rn. 4.
397 Vgl. BT-Drs. 14/7052, 186; HK-BGB/*Schulze* § 282 Rn. 3.
398 NK-BGB/*Dauner-Lieb* § 282 Rn. 19.

Ebenso wie die §§ 281, 282 ist auch § 283 keine eigenständige Anspruchsgrundlage, sondern knüpft an § 280 I an.[399] Das bedeutet, dass wieder die **allgemeinen Voraussetzungen** der Haftung gegeben sein müssen.

2. Grundelemente der Haftung

43 Erforderlich ist zunächst ein **Schuldverhältnis**. Da Schadensersatz statt der *Leistung* verlangt wird, reicht ein vorvertragliches Schuldverhältnis nach § 311 II mit Schutzpflichten nach § 241 II nicht aus.

44 Des Weiteren muss eine **Pflichtverletzung** vorliegen, und zwar in Form der *Nichtleistung* bei nachträglicher Unmöglichkeit nach § 275 I bzw. nachträglichem Eintritt eines Umstands iSd § 275 II, III (→ § 22 Rn. 22). Es muss also festgestellt werden, dass der Schuldner den primären Anspruch des Gläubigers aufgrund eines **nach Vertragsschluss** eingetretenen Leistungshindernisses nach § 275 I–III nicht zu erfüllen braucht. In den Fällen des § 275 II, III ist dafür erforderlich, dass der Schuldner die Einrede geltend macht. Der Wortlaut des § 283 S. 1 (»braucht der Schuldner nach § 275 I–III nicht zu leisten«) scheint zwar auch den Fall der anfänglichen Unmöglichkeit zu erfassen. Nach der Konzeption des Gesetzgebers fehlt es in diesem Fall jedoch an einer Pflichtverletzung (→ § 20 Rn. 15). Außerdem hat der Schadensersatzanspruch wegen anfänglicher Unmöglichkeit in § 311a II eine Sonderregelung gefunden (→ § 28 Rn. 1ff.). Die §§ 280 I, III, 283 sind demnach nur auf die nachträgliche Unmöglichkeit anwendbar.[400]

45 Der Schuldner muss die Umstände, auf denen das Leistungshindernis beruht, nach §§ 276, 278 zu **vertreten** haben. Die *Beweislast* trifft nach allgemeinen Grundsätzen (§ 280 I 2) den Schuldner. Infolge der Nichtleistung muss ein **Schaden** entstanden sein, dessen Ersatz an die Stelle des nach § 275 ausgeschlossenen Leistungsanspruchs tritt.

3. Funktion des § 283 S. 1

46 Nach § 280 III müssen für den Schadensersatz statt der Leistung bei nachträglicher Unmöglichkeit die »zusätzlichen Voraussetzungen« des § 283 vorliegen. Auffällig ist, dass § 283 S. 1 keine echten zusätzlichen Voraussetzungen nennt. Da der primäre Leistungsanspruch des Gläubigers nach § 275 I–III ausgeschlossen bzw. nicht durchsetzbar ist, wäre die Aufstellung zusätzlicher Voraussetzungen für den Schadensersatz statt der Leistung auch sinnlos. Man kann daher allenfalls den Ausschluss bzw. die Nichtdurchsetzbarkeit des primären Leistungsanspruchs nach § 275 I–III als zusätzliche Voraussetzung ansehen,[401] doch handelt es sich dabei letztlich schon um ein Problem der Pflichtverletzung (→ § 27 Rn. 43).[402] Die Vorschrift stellt somit klar, dass die Nichtleistung aufgrund nachträglicher Unmöglichkeit eine **Pflichtverletzung** iSd § 280 I 1 bildet und dass der Schadensersatz statt der Leistung in diesen Fällen von **keiner Fristsetzung** abhängt. Außerdem macht § 283 deutlich, dass das **Vertretenmüssen** nicht unmittelbar auf die Pflichtverletzung als solche – also auf die Nichtleistung – zu

---

399 Vgl. BT-Drs. 14/6040, 142.
400 Vgl. statt vieler Palandt/*Grüneberg* § 283 Rn. 3; aA aber PWW/*Schmidt-Kessel/Kramme* § 283 Rn. 3.
401 So NK-BGB/*Dauner-Lieb* § 283 Rn. 5.
402 Ähnlich Staudinger/*Schwarze*, 2019, § 283 Rn. 10.

beziehen ist, sondern auf die Gründe, die zu dem Leistungshindernis geführt haben, welches seinerseits für die Nichtleistung kausal ist.[403]

4. Schadensersatz statt der ganzen Leistung (§ 283 S. 2)

Auch im Anwendungsbereich des § 283 kann der Gläubiger bei teilweiser Nichtleistung oder irreparabler Schlechtleistung daran interessiert sein, Schadensersatz statt der **ganzen** Leistung zu erhalten. Für diesen Fall stellt § 283 S. 2 zusätzliche Voraussetzungen auf, indem auf die Vorschriften über die parallele Problematik bei § 281 verwiesen wird. 47

a) Teilweise Unmöglichkeit

Ist der Erfüllungsanspruch aufgrund eines nachträglichen Leistungshindernisses nach § 275 nur **teilweise** ausgeschlossen, so ist der Gläubiger jedenfalls berechtigt, nach §§ 280 I, III, 283 S. 1 Schadensersatz wegen des nicht mehr geschuldeten Teils der Leistung zu verlangen (»kleiner Schadensersatz«). Für den Anspruch auf Schadensersatz statt der ganzen Leistung ist darüber hinaus erforderlich, dass der Gläubiger an der Teilleistung **kein Interesse** hat (§ 283 S. 2 iVm § 281 I 2).[404] 48

> **Beispiel:** Beim Kauf einer Wohnzimmereinrichtung (→ § 27 Rn. 27) werden Couchtisch und Couchgarnitur pünktlich geliefert. Im Hinblick auf den Wohnzimmerschrank ist der Erfüllungsanspruch des Käufers (K) nach § 275 ausgeschlossen, weil die im Lager des Verkäufers (V) befindlichen Schränke bei einem Brand vernichtet worden sind und der Hersteller die Produktion eingestellt hat, sodass andere Schränke allenfalls mit unzumutbarem Aufwand beschafft werden könnten.
> Nach §§ 280 I, III, 283 S. 2, 281 I 2 kann K von V Schadensersatz statt der ganzen Leistung verlangen, wenn er an dem Couchtisch und der Couchgarnitur allein kein Interesse hat (zB weil alle Möbel aufeinander abgestimmt sein sollen).

b) Irreparable Schlechtleistung

Bei **irreparablen Schlechtleistungen** richten sich die Ansprüche des Gläubigers nach den Vorschriften über die Unmöglichkeit (→ § 22 Rn. 17). Ist der irreparable Mangel erst nach Vertragsschluss eingetreten (zB weil der Verkäufer die Kaufsache vor Übergabe beschädigt hat), so stellt sich im Rahmen der §§ 280 I, III, 283 (gegebenenfalls iVm § 437 Nr. 3) die Frage, ob der Gläubiger nur den Ersatz des Minderwerts verlangen kann (»kleiner Schadensersatz«) oder ob ihm auch Schadensersatz statt der *ganzen* Leistung (»großer Schadensersatz«) zusteht. Letzteres setzt nach § 283 S. 2 iVm § 281 I 3 voraus, dass die Pflichtverletzung **nicht unerheblich** ist (→ § 27 Rn. 29). 49

c) Rückforderung des Geleisteten

Verlangt der Gläubiger im Fall der teilweisen Unmöglichkeit oder der Schlechtleistung Schadensersatz statt der ganzen Leistung, so kann der Schuldner das Geleistete gem. §§ 283 S. 2, 281 V nach den Vorschriften über den Rücktritt (§§ 346 ff.) **zurückfordern**. 50

> **Literatur:** *Faust,* Pflichtverletzung und Vertretenmüssen als Voraussetzungen des Anspruchs auf Schadensersatz statt der Leistung, FS Canaris I, 2007, 219; *Finn,* Kann der Gläubiger die (Nach-)Erfüllung zwischen Fristablauf und Schadensersatzverlangen zurückweisen?, ZGS 2004, 32; *Greiner/Hossen-*

---

[403] Vgl. Erman/*Westermann* § 283 Rn. 1; *Looschelders* JuS 2010, 849 (856).
[404] Vgl. *Medicus/Lorenz* SchuldR AT Rn. 449.

felder, Aufforderung zur »unverzüglichen«, »umgehenden« oder »sofortigen« Nacherfüllung als hinreichende Nachfristsetzung iSd § 281 I 1 BGB?, JA 2010, 412; *Grigoleit/Riehm,* Grenzen der Gleichstellung von Zuwenig-Leistung und Sachmangel, ZGS 2002, 115; *Grigoleit/Riehm,* Die Kategorien des Schadensersatzes im Leistungsstörungsrecht, AcP 203 (2003), 727; *Heiderhoff/Skamel,* Teilleistung im Kaufrecht, JZ 2006, 383; *Hirsch,* Schadensersatz statt der Leistung, JURA 2003, 289; *Höpfner,* Der Rücktrittsausschluss wegen »unerheblicher« Pflichtverletzung, NJW 2011, 3693; *Jaensch,* Schadensersatz beim vorweggenommenen Vertragsbruch und relativen Fixgeschäft, ZGS 2004, 134; *Katzenstein,* Der Schadensersatz statt der Leistung nach §§ 280 Abs. 1 und 3, 281 bis 283 BGB, JURA 2005, 217; *Looschelders,* Der Bezugspunkt des Vertretenmüssens bei Schadensersatzansprüchen wegen Mangelhaftigkeit der Kaufsache, FS Canaris I, 2007, 737; *Looschelders,* Unerheblichkeit des Mangels und Arglist des Verkäufers, JR 2007, 309; *S. Lorenz,* Zur Abgrenzung von Teilleistung, teilweiser Unmöglichkeit und teilweiser Schlechtleistung im neuen Schuldrecht, NJW 2003, 3097; *S. Lorenz,* Arglist und Sachmangel – Zum Begriff der Pflichtverletzung in § 323 V 2 BGB, NJW 2006, 1925; *Ludes/Lube,* Vertretenmüssen bei § 281 BGB, ZGS 2009, 259; *Ludes/Lube,* Fristsetzung – Das Verlangen nach »umgehender« Leistung bei §§ 281, 286 und § 323 BGB, MDR 2009, 1317; *Mankowski,* Wie setzt man eine Nachfrist richtig?, ZGS 2003, 451; *S. Meier,* Neues Leistungsstörungsrecht: Nachträgliche Unmöglichkeit und nachträgliches Unvermögen in der Fallbearbeitung, JURA 2002, 118; *J. Münch,* Die »nicht wie geschuldet« erbrachte Leistung und sonstige Pflichtverletzungen, JURA 2002, 361; *Tetenberg,* Der Bezugspunkt des Vertretenmüssens beim Schadensersatz statt der Leistung, JA 2009, 1; *Windel,* Mankoleistungen im modernisierten Schuldrecht, JURA 2003, 793. Vgl. im Übrigen die Nachweise zu § 20.

§ 28 Schadensersatz statt der Leistung wegen anfänglicher Unmöglichkeit (§ 311a II)

I. Allgemeines

1 Für den Schadensersatz statt der Leistung bei anfänglicher Unmöglichkeit sieht das Gesetz in § 311a II eine **eigenständige Anspruchsgrundlage** vor, die nicht an § 280 I anknüpft.[405] Die Auskoppelung dieses Anspruchs beruht auf der Erwägung, dass die Nichtleistung bei anfänglicher Unmöglichkeit keine Pflichtverletzung darstellt, weil der Schuldner nach § 275 von vornherein nicht zur Erbringung der Leistung verpflichtet war (→ § 20 Rn. 15).

Die Eigenständigkeit des § 311a II ändert nichts daran, dass sich die Voraussetzungen des Anspruchs auf Schadensersatz statt der Leistung bei anfänglicher und nachträglicher Unmöglichkeit weitgehend **entsprechen** (vgl. → Anhang Rn. 8). Der Gesetzgeber hat sich darum bemüht, beide Ansprüche möglichst gleich zu behandeln. Maßgeblich war die Erwägung, dass es oft zufällig und daher bei wertender Betrachtung irrelevant ist, ob das Leistungshindernis kurz vor oder kurz nach dem Vertragsschluss eintritt.[406]

> **Hinweis:** In der Literatur wird die Auffassung vertreten, aufgrund der inhaltlichen Parallelen zwischen den Anspruchsgrundlagen könne im Allgemeinen offen bleiben, ob der Anspruch auf §§ 280 I, III, 283 oder § 311a II gestützt wird.[407] Diese Überlegung mag für die Praxis zutreffen; bei der Klausurbearbeitung kann ihr aber nicht gefolgt werden. Die genaue dogmatische Einordnung ist schon deshalb erfor-

---

405 Zur systematischen Einordnung BT-Drs. 14/6040, 165 f.; Palandt/*Grüneberg* § 311a Rn. 6; PWW/ *Stürner* § 311a Rn. 8; *Canaris* FS Heldrich, 2005, 11 ff.; *Looschelders* JuS 2010, 849 (856).
406 Vgl. *Canaris* JZ 2001, 499 (506).
407 So etwa Palandt/*Grüneberg* § 311a Rn. 2; MüKoBGB/*Ernst* § 311a Rn. 19.

derlich, weil der Bezugspunkt für die Prüfung des Vertretenmüssens unterschiedlich ist (→ § 25 Rn. 2). Eine alternative Prüfung erscheint allerdings geboten, wenn der Zeitpunkt des Eintritts des Leistungshindernisses nicht feststellbar ist.

II. Voraussetzungen

Die Voraussetzungen des Schadensersatzanspruchs bei anfänglicher Unmöglichkeit sind in § 311a II nicht vollständig geregelt. Da die Vorschrift an § 311a I anknüpft, ist dessen Inhalt in die Betrachtung einzubeziehen. 2

1. Wirksamer Vertrag

Aus § 311a I folgt, dass ein **Vertrag** vorliegen muss. Die engere Formulierung gegenüber § 280 I (»Schuldverhältnis«) beruht darauf, dass ein vorvertragliches Schuldverhältnis iSd § 311 II keinen Anspruch auf Schadensersatz *statt der Leistung* begründen kann. Auf einseitige Rechtsgeschäfte (zB § 657) ist § 311a entsprechend anwendbar.[408] 3

Der Vertrag darf **nicht unwirksam** sein. § 311a I stellt klar, dass die Wirksamkeit des Vertrages nicht allein daran scheitert, dass der Schuldner aufgrund eines anfänglichen Leistungshindernisses nach § 275 von vornherein nicht zur Leistung verpflichtet war. Eine solche Klarstellung war geboten, da § 306 aF für die anfängliche objektive Unmöglichkeit die Unwirksamkeit des Vertrages angeordnet hatte (→ § 21 Rn. 13).[409] 4

Die Regelung des § 311a I schließt nicht aus, dass der Vertrag aus einem *anderen Grund* (zB §§ 134, 138, 142) nichtig ist.[410] Nach Sinn und Zweck des § 311a ist der Schuldner aber daran gehindert, den Vertrag nach § 119 II mit der Begründung anzufechten, das Leistungshindernis stelle eine verkehrswesentliche Eigenschaft des Vertragsgegenstands dar, die ihm bei Vertragsschluss nicht bekannt war. Der Schuldner hätte es sonst nämlich in der Hand, sich dem Schadensersatzanspruch des Gläubigers zu entziehen.[411]

> **Beispiel:** Erweist sich der verkaufte Pkw als Unfallwagen, so liegt *anfängliche qualitative Unmöglichkeit* vor (→ § 22 Rn. 17). Es kommt daher ein Anspruch des Käufers auf Schadensersatz statt der Leistung aus §§ 437 Nr. 3, 311a II in Betracht. Dass es sich um einen Unfallwagen handelt, ist aber auch eine verkehrswesentliche Eigenschaft der Kaufsache. Gleichwohl kann der Verkäufer sich seiner Haftung aus § 311a II nicht dadurch entziehen, dass er den Kaufvertrag nach § 119 II anficht.

Besondere Probleme bereitet die Behandlung von Verträgen, die auf eine »**unsinnige**« **Leistung** gerichtet sind. Repräsentativ sind Verträge, bei denen die Leistung mithilfe übersinnlicher Fähigkeiten erbracht werden soll. 5

> **Beispiel** (OLG Düsseldorf NJW 1953, 1553): Die Astrologin A hat gegen Zahlung von 5.000 EUR für den Geschäftsmann G nach dessen Geburtshoroskop ein Gutachten erstellt, welche Tage für Geschäftsabschlüsse besonders günstig seien (sog. »dies fausti«). Obwohl G dem Gutachten folgt, erleidet er bei den nächsten Geschäften Verluste von insgesamt 10.000 EUR. G verlangt von A Zahlung der 10.000 EUR. Zu Recht?

---

408 HK-BGB/*Schulze* § 311a Rn. 3.
409 Zur Notwendigkeit der Klarstellung vgl. *Huber* ZIP 2000, 2137 (2149).
410 HK-BGB/*Schulze* § 311a Rn. 5; Palandt/*Grüneberg* § 311a Rn. 5.
411 Vgl. BT-Drs. 14/6040, 165.

Vor Inkrafttreten des SchuldRModG wurde überwiegend die Auffassung vertreten, solche Verträge seien nach § 306 aF **unwirksam**.[412] Dies kann auf der Grundlage des § 311a I nicht aufrechterhalten werden.[413] Nach Ansicht des BGH kommt in solchen Fällen sogar ein Anspruch des Schuldners der abergläubischen Leistung auf Zahlung des vereinbarten Entgelts in Betracht (→ § 21 Rn. 3). Es bleibt aber die Frage, ob der Gläubiger seinerseits berechtigt sein kann, Schadensersatz statt der Leistung zu verlangen, wenn der versprochene Erfolg nicht eintritt.

6 In der Literatur ist der Vorschlag gemacht worden, das Problem durch die Annahme eines **ungeschriebenen Satzes** zu lösen, wonach unsinnige und abergläubische Verpflichtungen als untauglicher Gegenstand rechtlicher Regelung *unwirksam* seien.[414] Dem ist jedoch entgegen zu halten, dass die Parteien selbst darüber entscheiden müssen, ob ein Vertrag sinnvoll ist oder nicht.[415] Auch Verträge über »unsinnige« Leistungen sind daher grundsätzlich wirksam.[416] Ein Anspruch auf Schadensersatz statt der Leistung wird allerdings oft daran scheitern, dass der Schuldner sein Leistungsversprechen – hier: Erstellung eines Gutachtens über die »dies fausti« nach den Regeln der Astrologie – durchaus erfüllt hat.[417] Jedenfalls fehlt es an einer naturwissenschaftlich nachweisbaren Kausalität zwischen der möglichen Nichterfüllung des Leistungsversprechens und dem Schaden. Insofern kommt daher allenfalls ein Anspruch auf Ersatz vergeblicher Aufwendungen (§ 284) in Betracht.[418] Im Hinblick auf diesen Anspruch ist indessen zu beachten, dass der Gläubiger im Allgemeinen selbst erkennen kann und muss, dass die Leistung »unsinnig« ist. Trifft er im Hinblick auf eine solche Leistung eine vermögensschädigende Disposition, so kann daher nicht davon gesprochen werden, dass er die Aufwendungen »im Vertrauen auf den Erhalt der Leistung ... billigerweise machen durfte«. Die Voraussetzungen des § 284 liegen damit nicht vor, sodass auch ein Aufwendungsersatzanspruch ausscheidet.[419]

7 Der Wirksamkeit des Vertrages steht nicht entgegen, dass der Anspruch auf die versprochene Leistung nach § 275 erst gar nicht entsteht. Es kommt ein **Vertrag ohne primäre Leistungspflicht** zustande, der die Grundlage für Ersatzansprüche aus § 311a II sowie den möglichen Anspruch auf Herausgabe des Ersatzes nach § 285 (→ § 31 Rn. 2 ff.) bildet.[420]

2. Nichtleistung aufgrund anfänglicher Unmöglichkeit

8 Erforderlich ist weiter, dass der Schuldner die versprochene Leistung aufgrund anfänglicher Unmöglichkeit **nicht erbracht** hat. Es besteht insoweit eine Parallele zu der Haftung nach § 280 I, III, 283, wo an die Nichtleistung aufgrund nachträglicher Un-

---

412 Vgl. OLG Düsseldorf NJW 1953, 1553; LG Kassel NJW 1986, 1642; LG Mannheim NJW 1993, 1488 (1489).
413 BGH NJW 2011, 756 (758).
414 So *Lobinger*, Grenzen rechtsgeschäftlicher Leistungspflichten, 2004, 277f.; *Canaris* JZ 2001, 499 (505).
415 NK-BGB/*Dauner-Lieb* § 311a Rn. 17; *Grunewald* JZ 2001, 433 (434).
416 So auch BGH NJW 2011, 756 (758); HK-BGB/*Schulze* § 311a Rn. 4; *Windel* ZGS 2003, 466 (467).
417 Vgl. HK-BGB/*Schulze* § 275 Rn. 11.
418 MüKoBGB/*Ernst* § 311a Rn. 31; PWW/*Stürner* § 311a Rn. 11.
419 *Canaris* JZ 2001, 499 (505f.); *Windel* ZGS 2003, 466 (468).
420 BT-Drs. 14/6040, 164f.; *Canaris* JZ 2001, 499 (506).

möglichkeit angeknüpft wird. Ob die Leistung für jedermann oder nur für den Schuldner unmöglich ist, ist hier wie dort irrelevant.

Da die Nichtleistung bei anfänglicher Unmöglichkeit keine Pflichtverletzung darstellen soll, stellt sich die Frage, worin sonst der **Grund für die Haftung** zu sehen ist. In der Literatur wird darauf abgestellt, dass der Schuldner die **vorvertragliche Pflicht** verletzt habe, sich über seine Leistungsfähigkeit zu informieren und den Gläubiger über das Leistungshindernis aufzuklären.[421] Diese Betrachtung hätte jedoch zur Folge, dass die Haftung des Schuldners auf das *negative Interesse* (Vertrauensinteresse) begrenzt werden müsste.[422] Denn der Schuldner hat nach allgemeinen Grundsätzen nur den Schaden zu ersetzen, der auf der Pflichtwidrigkeit beruht. Hätte der Schuldner den Gläubiger über seine fehlende Leistungsfähigkeit aufgeklärt, so wäre der Vertrag aber nicht zustande gekommen. Da § 311a II einen Anspruch auf das Erfüllungsinteresse gewährt, scheidet die Anknüpfung an die Verletzung einer vorvertraglichen Aufklärungspflicht aus. 9

Die hM sieht den Grund für die Haftung – anders als bei §§ 280, 283 – nicht in der Verletzung der nach § 275 ausgeschlossenen Leistungspflicht, sondern allein in der **Nichterfüllung** des nach § 311a I wirksamen **Leistungsversprechens**.[423] Der Haftungsgrund wird dabei in der Übernahme einer beschränkten Garantie gesehen. Das Leistungsversprechen des Schuldners enthalte eine **Garantie** für seine Leistungsfähigkeit; die Garantie beschränke sich aber auf das Fehlen solcher Leistungshindernisse, die er bei Vertragsschluss kenne oder in zurechenbarer Weise (§§ 276–278) nicht kenne.[424] Solche dogmatischen Überlegungen ändern indes nichts daran, dass auf der objektiven Ebene kein wirklicher Unterschied zur Haftung bei nachträglicher Unmöglichkeit besteht.[425] In beiden Fällen liegt ein wirksames Leistungsversprechen vor, das nach § 275 nicht erfüllt werden muss. 10

3. Vertretenmüssen

Nach § 311a II 2 ist die Haftung des Schuldners ausgeschlossen, wenn der Schuldner das Leistungshindernis bei Vertragsschluss nicht kannte und diese Unkenntnis **nicht zu vertreten** hat. Dies entspricht § 280 I 2, ist aber ein gravierender Unterschied gegenüber der Behandlung der anfänglichen subjektiven Unmöglichkeit nach altem Recht, unter dessen Geltung überwiegend eine *Garantiehaftung* für das anfängliche Leistungsvermögen angenommen wurde.[426] 11

---

421 So *Altmeppen* DB 2001, 1399 (1401); vgl. auch *Harke* SchuldR AT Rn. 226; *Medicus/Lorenz* SchuldR AT Rn. 332; *Kohler* JURA 2006, 241 (243 ff.).
422 Vgl. Palandt/*Grüneberg* § 311a Rn. 7; *Harke* SchuldR AT Rn. 226; für eine entsprechende Einschränkung der Haftung nach § 311a II *Lobinger*, Grenzen rechtsgeschäftlicher Leistungspflichten, 2004, 279 ff.
423 BT-Drs. 14/6040, 165; *Canaris* FS Heldrich, 2005, 11 ff.; *Grunewald* JZ 2001, 433 (435); *Looschelders* JuS 2010, 849 (856); HK-BGB/*Schulze* § 311a Rn. 2; Palandt/*Grüneberg* § 311a Rn. 7.
424 Grdl. *Canaris* FS Heldrich, 2005, 11 (25 ff.); für Annahme einer beschränkten Garantiehaftung auch *Harke* SchuldR AT Rn. 226; *Schwarze*, Leistungsstörungen, § 18 Rn. 11; *Ehmann* FS Canaris I, 2007, 165 (174 ff.).
425 Vgl. BeckOGK/*Riehm*, 1.2.2020, BGB § 275 Rn. 25; *Looschelders*, Unmöglichkeit, 71; *Looschelders* JuS 2010, 849 (856).
426 Vgl. BGH NJW 2007, 3777 (3780).

> **Zur Vertiefung:** Die Abkehr von der Garantiehaftung ist in der Reformdiskussion heftig kritisiert worden.[427] Der Gesetzgeber hat gleichwohl daran festgehalten, weil er eine möglichst weitgehende Parallelität von anfänglicher und nachträglicher Unmöglichkeit schaffen wollte. Außerdem wurde darauf hingewiesen, das Verschuldensprinzip weise eine größere rechtsethische Überzeugungskraft als das Garantieprinzip auf.[428] Im Übrigen ist es auch auf der Grundlage des § 311a II möglich, im Einzelfall eine Garantiehaftung zu begründen (→ § 28 Rn. 13).

12 Was der Schuldner zu vertreten hat, richtet sich nach den allgemeinen Regeln der §§ 276–278.[429] Eine Besonderheit besteht aber im Hinblick auf den **Bezugspunkt** des Vertretenmüssens. Dieser liegt nicht wie bei nachträglicher Unmöglichkeit in der *Verursachung* des Leistungshindernisses, sondern in der *Unkenntnis* desselben. Das Gesetz trägt damit dem Umstand Rechnung, dass es sich bei der anfänglichen Unmöglichkeit um eine besondere Ausprägung der Irrtumsproblematik handelt.[430] Hier liegt denn auch der entscheidende Unterschied zur nachträglichen Unmöglichkeit.

> **Beispiel:** Am 10.1. kaufte Kunsthändler K vom Gemäldesammler G in Düsseldorf für 5 Mio. EUR das Gemälde »Sonnenblumenfeld« von Vincent van Gogh. Beim Abschluss des Vertrages wussten beide nicht, dass das Gemälde in der Nacht vom 8.1. auf den 9.1. bei einem Brand in der New Yorker Villa des G zerstört worden war. G war zwar am 9.1. von seinem Hausverwalter H telefonisch über den Brand informiert worden; er war jedoch davon ausgegangen, dass das Bild den Brand unversehrt überstanden habe. K hätte das Bild für 6 Mio. EUR an den Kunstsammler S weiter verkaufen können. Er verlangt deshalb von G Zahlung von 1 Mio. EUR wegen entgangenen Gewinns.
> Anspruchsgrundlage ist § 311a II. K und G haben einen wirksamen Kaufvertrag über das Gemälde geschlossen (§ 311a I). G hat sein Leistungsversprechen nicht erfüllt. Aufgrund der Zerstörung des Bildes war seine Leistungspflicht schon bei Vertragsschluss nach § 275 I ausgeschlossen. Die Nichterfüllung des Leistungsversprechens beruht somit auf anfänglicher Unmöglichkeit. Bei Abschluss des Vertrages war G der Untergang des Gemäldes zwar nicht bekannt. Da er über den Brand informiert worden war, hätte er aber damit rechnen müssen, dass auch das Gemälde betroffen sein könnte. G hat seine Unkenntnis somit zu vertreten. K hat also einen Anspruch gegen G auf Ersatz des entgangenen Gewinns aus § 311a II.

13 Bei der Anwendung des § 311a II ist zu beachten, dass das Merkmal des Vertretenmüssens sich nach § 276 nicht allein auf die schuldhafte Unkenntnis bezieht, sondern auch die verschuldensunabhängige Verantwortlichkeit des Schuldners insbesondere aufgrund einer **Garantie** (→ § 23 Rn. 24 ff.) erfasst.[431] Bei Vorliegen entsprechender Anhaltspunkte kann daher im Einzelfall auch eine konkludente Garantie des Schuldners für seine anfängliche Leistungsfähigkeit bejaht werden.[432] Zu einem praktischen Beispiel → Anhang Rn. 8.

14 Der Schuldner trägt die **Beweislast** dafür, dass er das Leistungshindernis bei Vertragsschluss weder kannte noch kennen musste. Dies folgt aus der negativen Formulierung des § 311a II 2. Insoweit besteht also Übereinstimmung mit § 280 I 2 (→ § 24 Rn. 8).

---

427 Vgl. etwa *Huber* ZIP 2000, 2137 (2150).
428 BT-Drs. 14/6040, 165; *Canaris* JZ 2001, 499 (506).
429 OLG Karlsruhe NJW 2005, 989 (990); Palandt/*Grüneberg* § 311a Rn. 9.
430 Vgl. BT-Drs. 14/6040, 165 f.
431 Palandt/*Grüneberg* § 311a Rn. 9; *Canaris* FS Heldrich, 2005, 11 (33); *Kohler* JURA 2006, 241 (245 ff.); *Looschelders* JuS 2010, 849 (856); krit. *S. Meier* JURA 2002, 187 (189).
432 BGH NJW 2007, 3777 (3780); einschr. *Harke* SchuldR AT Rn. 229 ff.

4. Schaden

Der Anspruch aus § 311a II setzt schließlich voraus, dass der Gläubiger infolge der Nichterfüllung des Leistungsversprechens einen **Schaden** erlitten hat. Insoweit bestehen keine Besonderheiten gegenüber dem Anspruch aus §§ 280 I, III, 283.

III. Rechtsfolgen

1. Schadensersatz statt der Leistung

Liegen die Voraussetzungen des § 311a II vor, so kann der Gläubiger **Schadensersatz statt der Leistung** verlangen. Der Anspruch geht also auf das *positive Interesse* (→ § 28 Rn. 16). Der Gläubiger muss so gestellt werden, als wenn der Schuldner sein Leistungsversprechen erfüllt hätte. Er kann stattdessen aber auch nach § 284 Ersatz seiner **vergeblichen Aufwendungen** verlangen (→ § 30 Rn. 1 ff.). Darüber hinaus kommt ein Anspruch aus § 285 auf Herausgabe des Ersatzes (→ § 31 Rn. 2 ff.) in Betracht.[433] Dass § 311a II nicht auf § 285 verweist, steht der Anwendung der Vorschrift bei anfänglicher Unmöglichkeit nicht entgegen; ein entsprechender Verweis findet sich schon in § 275 IV, der auch für die anfängliche Unmöglichkeit gilt.

2. Schadensersatz statt der ganzen Leistung

Bei **teilweiser Unmöglichkeit** oder **irreparabler Schlechtleistung** stellt sich wiederum die Frage, ob der Gläubiger Schadensersatz statt der **ganzen Leistung** verlangen kann. § 311a II 3 verweist insoweit – ebenso wie § 283 S. 2 – auf die Regelungen des § 281 I 2, 3 und V. Es gelten damit die gleichen Grundsätze wie bei der nachträglichen Unmöglichkeit (→ § 27 Rn. 46 ff.).

> **Beispiel** (BGHZ 132, 55): Der K hat für 26.000 EUR von V einen neuen Pkw gekauft. Beim Betrieb des Fahrzeugs stellt K fest, dass der Kraftstoffverbrauch im sog. Drittelmix um 13 % über den Angaben des Herstellers (H) liegt. Verlangt K von V Schadensersatz statt der ganzen Leistung, so müssen die Voraussetzungen der §§ 434, 437 Nr. 3, 311a II, 281 I 3 geprüft werden. Nach § 434 I 3 liegt ein Sachmangel vor, weil V für die Angaben des H einstehen muss. Unterstellt, dass der Mangel durch Nachbesserung oder Nachlieferung nicht behoben werden kann, handelt es sich um einen Fall von *anfänglicher qualitativer Unmöglichkeit*. Nach § 311a II 3 iVm § 281 I 3 setzt der Anspruch auf Schadensersatz statt der ganzen Leistung voraus, dass der Mangel nicht unerheblich ist. Dies hat der BGH bei einer Abweichung von 13 % gegenüber den Herstellerangaben bejaht.[434] Eine Abweichung von unter 10 % soll dagegen unerheblich sein.[435]

3. Haftung auf das Vertrauensinteresse bei fehlendem Vertretenmüssen

Hat der Schuldner die Unkenntnis vom Leistungshindernis **nicht zu vertreten,** so fragt sich, ob er nicht wenigstens **nach § 122** analog den Schaden ersetzen muss, der darauf beruht, dass der Gläubiger auf die Möglichkeit der Leistung vertraut hat. In der Literatur wird dies teilweise mit der Erwägung bejaht, dass der Irrtum des Schuldners über die eigene Leistungsfähigkeit wie ein Eigenschaftsirrtum nach § 119 II zu be-

---

433 Vgl. Palandt/*Grüneberg* § 311a Rn. 13; Staudinger/*Feldmann,* 2018, § 311a Rn. 24; *Canaris* FS Heldrich, 2005, 11 (38); aA *Hammen* FS Hadding, 2004, 41 (51 ff.).
434 BGHZ 132, 55 (zu § 459 aF).
435 BGHZ 136, 94 (zu § 459 aF); BGH NJW 2007, 2111.

handeln sei.⁴³⁶ Der Gesetzgeber hat die Frage offen gelassen.⁴³⁷ Gegen den Vergleich mit § 119 II spricht, dass Motivirrtümer grundsätzlich unbeachtlich sind. § 119 II stellt insoweit eine Sonderregelung dar, die nicht auf andere Motivirrtümer ausgedehnt werden kann. Davon abgesehen lässt sich eine verschuldensunabhängige Haftung in solchen Fällen schwer mit der grundsätzlichen Entscheidung für das Verschuldensprinzip (→ § 23 Rn. 1) vereinbaren.

> **Literatur:** *Canaris,* Grundlagen und Rechtsfolgen der Haftung für anfängliche Unmöglichkeit, FS Heldrich, 2005, 11; *Ehmann,* Garantie- oder Verschuldenshaftung bei Nichterfüllung oder Schlechtleistung?, FS Canaris I, 2007, 165; *Hammen,* Stellvertretendes commodum bei anfänglicher Unmöglichkeit der Leistung für jedermann?, FS Hadding, 2004, 41; *Katzenstein,* Die Nichterfüllungshaftung nach § 311a Abs. 2 BGB, JR 2003, 447; *Kohler,* Probleme der verschuldensabhängigen Schadensersatzhaftung gem. § 311a Abs. 2 BGB, JURA 2006, 241; *S. Meier,* Neues Leistungsstörungsrecht: Anfängliche Leistungshindernisse, Gattungsschuld und Nichtleistung trotz Möglichkeit, JURA 2002, 187; *Sutschet,* Haftung für anfängliches Unvermögen, NJW 2005, 1404; *Sutschet,* Garantiehaftung und Verschuldenshaftung, 2006. Vgl. außerdem die Nachweise zu § 20 und § 21.

§ 29 Berechnung des Schadensersatzes statt der Leistung bei gegenseitigen Verträgen

1   Besondere Probleme bereitet die Berechnung des Schadensersatzes statt der Leistung bei **gegenseitigen Verträgen.** Hier stellt sich die Frage, in welcher Weise die Gegenleistung in Ansatz zu bringen ist.

I. Differenz- und Surrogationstheorie

2   Für die Berechnung des **Schadensersatzes statt der Leistung** stehen bei gegenseitigen Verträgen zwei unterschiedliche Ansätze zur Verfügung: die Surrogations- und die Differenztheorie.

Nach der **Surrogationstheorie** (Austauschtheorie) bleibt die Gegenleistungspflicht des Gläubigers bestehen. Aufseiten des Schuldners tritt an die Stelle der primären Leistungspflicht – als Surrogat – die Verpflichtung zur Zahlung des Schadensersatzes; dieser macht mindestens den in Geld ausgedrückten Wert der Leistung aus.⁴³⁸ Der Gläubiger kann damit den Schadensersatz nur Zug um Zug gegen Erbringung der Gegenleistung verlangen. Das Austauschverhältnis bleibt also prinzipiell bestehen; es wird lediglich modifiziert. Soweit der Gläubiger eine Geldzahlung zu erbringen hat (zB Zahlung des Kaufpreises), ist *Aufrechnung* nach §§ 387 ff. möglich. Der Schadensersatzanspruch beschränkt sich dann auf die Differenz zwischen dem Wert der primären Leistung (zuzüglich etwaiger Folgeschäden) und dem als Gegenleistung geschuldeten Betrag.

3   Nach der **Differenztheorie** erlischt die Gegenleistungspflicht des Gläubigers. Da das Austauschverhältnis damit endet, ist der Schadensersatzanspruch von vornherein auf

---

436 So *Canaris* JZ 2001, 499 (507 f.); HK-BGB/*Schulze* § 311a Rn. 9.
437 Vgl. BT-Drs. 14/6040, 166.
438 Vgl. MüKoBGB/*Emmerich* vor § 281 Rn. 13. Der Wert der Leistung ist nur der Mindestschaden; im Einzelfall können Folgeschäden (zB entgangener Gewinn) hinzukommen.

die Differenz zwischen dem Wert der primären Leistung (zuzüglich etwaiger Folgeschäden) und dem Wert der Gegenleistung gerichtet.[439]

> **Beispiel:** Der K hat von V für 10.000 EUR einen Pkw (Wert: 12.000 EUR) gekauft. Nach Vertragsschluss wird der Pkw durch Verschulden des V völlig zerstört. Nach der *Surrogationstheorie* bleibt K zur Zahlung des Kaufpreises (10.000 EUR) verpflichtet; an die Stelle der Pflicht des V zur Übergabe und Übereignung des Pkw tritt die Pflicht zum Ersatz des Wertes des Pkw in Geld (12.000 EUR). Erklärt K oder V die Aufrechnung, so steht dem K ein Schadensersatzanspruch iHv 2.000 EUR zu. Nach der Differenztheorie beschränkt sich der Schadensersatzanspruch des K von vornherein auf den Differenzbetrag von 2.000 EUR.

Da der Gegenleistungsanspruch in der Praxis meistens auf Geld gerichtet ist, führen beide Theorien im Allgemeinen zu den gleichen Ergebnissen. Unterschiede ergeben sich aber bei **Tauschverträgen**. 4

> **Beispiel:** A tauscht sein Fahrrad (Wert: 250 EUR) gegen das Moped des B (Wert: 300 EUR). Vor der Abwicklung des Geschäfts wird das Moped bei einem von B verschuldeten Unfall völlig zerstört. Nach der *Surrogationstheorie* bleibt die Pflicht des A zur Übereignung des Fahrrads an B bestehen. An die Stelle des Anspruchs auf Übereignung des Mopeds tritt der Anspruch auf Wertersatz. A kann von B also Zahlung von 300 EUR Zug um Zug gegen Übereignung des Fahrrads verlangen. Nach der *Differenztheorie* kann A das Fahrrad behalten und von B Schadensersatz iHv 50 EUR verlangen.

II. Der praktische Vorrang der Differenztheorie

Bei der praktischen Rechtsanwendung erfolgt die Schadensberechnung im Regelfall nach der **Differenztheorie**.[440] Besteht die Gegenleistung in einer *Geldzahlung*, so ermöglicht dieser Ansatz eine einfachere Abwicklung als die Surrogationstheorie. In den *Tauschfällen* steht die Differenztheorie gleichfalls im Vordergrund. Denn es entspricht regelmäßig dem Interesse des Gläubigers, die eigene Leistung nur dann zu erbringen, wenn der Schuldner seine Leistungspflicht erfüllt. Da Rücktritt und Schadensersatz gem. § 325 miteinander kombiniert werden können, ist die Differenztheorie auch dann anwendbar, wenn der Gläubiger die ihm obliegende Leistung bereits *erbracht* hat.[441] Der Gläubiger kann seine Leistung also nach § 346 zurückverlangen und wegen der Differenz Schadensersatz statt der Leistung geltend machen.[442] 5

III. Wahlrecht zugunsten der Surrogationstheorie

Fraglich ist demgegenüber, unter welchen Voraussetzungen der Gläubiger sich in den Tauschfällen bei der Berechnung des Schadensersatzes für die **Surrogationstheorie** entscheiden kann. Hier empfiehlt es sich, die Unmöglichkeit und die pflichtwidrige Verzögerung der Leistung gesondert zu betrachten. 6

In den Fällen der **Unmöglichkeit** scheint ein Wahlrecht des Gläubigers zugunsten der Surrogationstheorie daran zu scheitern, dass die Gegenleistungspflicht nach § 326 I 1 (→ § 35 Rn. 5) erlischt.[443] § 326 I 1 regelt jedoch nur die Frage, ob der Gläubiger die Ge- 7

---

439 *Larenz* SchuldR I § 22 IIb.
440 Vgl. *Brox/Walker* SchuldR AT § 22 Rn. 58; *Schulze/Ebers* JuS 2004, 366 (369).
441 Vgl. NK-BGB/*Dauner-Lieb* § 281 Rn. 62; *Canaris* ZRP 2001, 329 (333); anders zum alten Recht noch BGHZ 87, 156 (159).
442 Palandt/*Grüneberg* § 281 Rn. 22.
443 So *Wilhelm* JZ 2001, 861 (868).

genleistung erbringen *muss*. Es geht also nicht darum, ob er die Gegenleistung erbringen *darf*. In den *Tauschfällen* kann der Gläubiger ein berechtigtes Interesse haben, die Gegenleistung zu erbringen. Es muss ihm daher weiterhin möglich sein, den Schadensersatzanspruch nach der Surrogationstheorie zu berechnen.[444]

8 Für die pflichtwidrige **Verzögerung der Leistung** schließt § 281 IV den Anspruch des Gläubigers auf die Leistung aus, sobald dieser Schadensersatz statt der Leistung verlangt. Die Vorschrift bezieht sich nach Wortlaut und systematischer Stellung jedoch allein auf die Leistungspflicht des Schuldners und lässt keine Rückschlüsse auf das Schicksal der Gegenleistungspflicht zu.[445] § 281 IV schützt lediglich das Vertrauen des Schuldners, dass er die *Leistung* nicht mehr erbringen muss.[446] Ob der Gläubiger die *Gegenleistung* weiter erbringen darf, ist also offen. Sachliche Gründe für eine abweichende Behandlung gegenüber der Unmöglichkeit sind nicht ersichtlich. Für das Wahlrecht des Gläubigers zwischen Differenz- und Surrogationstheorie sprechen auch die Wertungen des § 325.[447] In den *Tauschfällen* muss es dem Gläubiger daher auch hier frei stehen, den Schadensersatz statt der Leistung nach der Surrogationstheorie zu berechnen, wenn er die Gegenleistung erbringen will.

Literatur: *Betz*, Die Möglichkeit der Schadensberechnung entweder nach der Differenzmethode oder nach der Surrogationsmethode, JA 2006, 60; *Kaiser*, Rückkehr zur strengen Differenzmethode bei Schadensersatz wegen Nichterfüllung?, NJW 2001, 2425; *Schmidt-Recla*, Surrogationstheorie, Schuldnerverschulden und § 326 BGB, ZGS 2007, 181; *Wilhelm*, Schuldrechtsreform 2001, JZ 2001, 861. Vgl. außerdem die Nachweise zu § 20.

§ 30 Ersatz vergeblicher Aufwendungen (§ 284)

I. Problemstellung

1 Der Anspruch auf Schadensersatz statt der Leistung kann daran scheitern, dass der Gläubiger aufgrund der Pflichtverletzung keinen ersatzfähigen materiellen Schaden erlitten hat, weil die entstandenen finanziellen Nachteile bei ordnungsgemäßer Erfüllung der vertraglichen Pflichten ebenfalls eingetreten wären. Diese Problematik kann sich insbesondere stellen, wenn der Gläubiger im Vertrauen auf den Erhalt der Leistung **Aufwendungen** getätigt hat, die wegen der Nichtdurchführung des Vertrages **nutzlos** sind.

1. Verträge mit wirtschaftlicher Zielsetzung

2 Hat der Gläubiger ein *wirtschaftliches* Ziel verfolgt, so kann davon ausgegangen werden, dass er bei Vollzug des Vertrages genügend Einnahmen erzielt hätte, um wenigstens die in Erwartung der Vertragsdurchführung gemachten Aufwendungen abzudecken. Die Rechtsprechung hilft dem Gläubiger daher mit der Vermutung, dass er »seine Aufwendungen durch Vorteile aus der vereinbarten Gegenleistung wieder erwirtschaftet hätte« (**Rentabilitätsvermutung**).[448] Die Vermutung kann aber durch

---

444 So auch NK-BGB/*Dauner-Lieb* § 283 Rn. 15; Palandt/*Grüneberg* § 281 Rn. 21.
445 Vgl. MüKoBGB/*Ernst* § 325 Rn. 8.
446 Vgl. *Medicus/Lorenz* SchuldR AT Rn. 513.
447 Jauernig/*Stadler* § 281 Rn. 18.
448 BGHZ 99, 182 (196f.); 123, 96 (99); *Medicus/Lorenz* SchuldR AT Rn. 450, 629; Palandt/*Grüneberg* § 281 Rn. 23.

den Nachweis widerlegt werden, dass die Aufwendungen durch die bei Durchführung des Vertrages entstandenen Vorteile nicht aufgewogen worden wären.

> **Beispiel:** M mietet bei V ein Ladenlokal, um eine Verkaufsveranstaltung durchzuführen. Für die Veranstaltung wird in den Medien geworben. Hierdurch entstehen dem M Kosten von 5.000 EUR. Kurz vor dem vereinbarten Termin stellt sich heraus, dass das Lokal wegen unzureichenden Brandschutzes für die Veranstaltung nicht genutzt werden darf.
> M hat einen Anspruch gegen V auf Schadensersatz statt der Leistung aus § 311a II. Er kann die frustrierten Werbekosten als Mindestschaden geltend machen, sofern V nicht nachweist, dass diese Aufwendungen durch die Einnahmen aus der Verkaufsveranstaltung nicht aufgewogen worden wären (etwa weil die von M vertriebene Ware praktisch unverkäuflich ist).

2. Verträge zur Verwirklichung immaterieller Zwecke

Die Rentabilitätsvermutung versagt bei Verträgen, mit denen der Gläubiger ein **ideelles** 3
Interesse verfolgt. Denn hier steht von vornherein fest, dass der Gläubiger bei ungestörter Abwicklung des Vertrages keine wirtschaftlichen Vorteile erzielt hätte, mit denen die in Erwartung der Durchführung des Vertrages gemachten Aufwendungen ausgeglichen worden wären.

> **Beispiele:** (1) Die P-Partei hat die Stadthalle der Gemeinde G gemietet, um eine Vortragsveranstaltung mit dem Politikwissenschaftler Prof. Dr. X durchzuführen. Kurz vor der Veranstaltung erklärt G der P, dass die Halle zum vereinbarten Termin versehentlich anderweitig vergeben worden sei. P verlangt von G Ersatz der Kosten für Zeitungsanzeigen und Werbeplakate, mit denen auf die Veranstaltung aufmerksam gemacht worden ist. G beruft sich darauf, der P sei kein Schaden entstanden. Da für die Veranstaltung keine Eintrittsgelder erhoben werden sollten, wären die Kosten bei ordnungsgemäßer Durchführung des Vertrages durch keine materiellen Vorteile ausgeglichen worden.[449]
> (2) Herr M und Frau F haben anlässlich ihrer Hochzeit das Kaminzimmer in der Gaststätte des G reserviert. Infolge eines Versehens des G ist das Zimmer bei Ankunft der Hochzeitsgesellschaft von anderen Gästen belegt. Da keine zumutbare Ausweichmöglichkeit besteht, fällt die Feier aus. M und F verlangen von G Ersatz der Kosten, die ihnen bei der Vorbereitung der Feier (Drucken von Einladungs- und Tischkarten; Kauf von Tischdekoration) entstanden sind. G macht geltend, dass M und F durch die Feier keine materiellen Vorteile erwirtschaftet hätten, durch welche die Aufwendungen ausgeglichen worden wären.[450]

Vor der Schuldrechtsreform wurde überwiegend die Ansicht vertreten, dass dem Gläu- 4
biger in solchen Fällen kein Anspruch auf Ersatz der frustrierten Aufwendungen zustehe, weil er nur einen **immateriellen Nachteil** erlitten habe. Dieser sei aber nach § 253 (→ § 48 Rn. 1) grundsätzlich nicht ersatzfähig.[451] Die damit verbundene Benachteiligung ideeller Zwecksetzungen erscheint unangemessen. Der Gesetzgeber hat dem Gläubiger daher in § 284 das Recht eingeräumt, anstelle von Schadensersatz statt der Leistung **Ersatz der Aufwendungen** zu verlangen, die er im Vertrauen auf den Erhalt der Leistung gemacht hat.

Nach den Vorstellungen des Gesetzgebers soll es nach Einführung des § 284 auch bei Verträgen mit **wirtschaftlicher Zielsetzung** nicht mehr auf die Rechtsprechung zur

---

449 Vgl. BGHZ 99, 182.
450 Vgl. OLG Saarbrücken NJW 1998, 2912.
451 BGHZ 99, 182 (196 ff.); OLG Saarbrücken NJW 1998, 2912 (2913); abw. OLG Köln VersR 1994, 1355.

Rentabilitätsvermutung ankommen.[452] Soweit »frustrierte« Aufwendungen als Schaden zu qualifizieren sind, spricht jedoch nichts dagegen, dass sie auch weiterhin unter dem Aspekt »Schadensersatz statt der Leistung« ersetzt werden können.[453] Auf der anderen Seite ist es dem Gläubiger allerdings auch bei Verträgen mit wirtschaftlicher Zielsetzung nicht verwehrt, sich auf § 284 zu stützen.[454] Ihm steht insoweit also ein Wahlrecht zu.[455]

II. Voraussetzungen des Anspruchs auf Aufwendungsersatz

1. Allgemeine Voraussetzungen

5 Der Anspruch auf Ersatz vergeblicher Aufwendungen hat zunächst die gleichen Voraussetzungen wie der Anspruch auf **Schadensersatz statt der Leistung** wegen **Pflichtverletzung** aus §§ 280 I, III, 281–283. Dies folgt aus dem systematischen Zusammenhang sowie der Formulierung »anstelle« in § 284. Bei der Prüfung der allgemeinen Voraussetzungen des § 280 I ist allerdings zu beachten, dass der Gläubiger keinen ersatzfähigen Schaden erlitten haben muss. Denn § 284 soll gerade in den Fällen Abhilfe schaffen, in denen der Anspruch am Fehlen eines Schadens scheitern würde.

Auf den Anspruch auf Schadensersatz statt der Leistung bei **anfänglicher Unmöglichkeit** (§ 311a II) ist § 284 nach seiner systematischen Stellung nicht *unmittelbar* anwendbar. Der Anspruch auf Aufwendungsersatz folgt hier aber daraus, dass § 311 a II 1 auf § 284 verweist.

2. Aufwendungen im Vertrauen auf den Erhalt der Leistung

6 Der Gläubiger muss **Aufwendungen** getätigt haben. Erforderlich ist also ein *freiwilliges Vermögensopfer*, das bei § 284 aber nicht im Interesse eines anderen, sondern *im eigenen Interesse* erbracht wird (→ § 13 Rn. 2).

> **Beispiel** (BGH NJW 2005, 2848): Beim Kauf eines Kfz erfasst § 284 unter anderem die Kosten für den Erwerb einer (anderweitig nicht verwendbaren) Zusatzausstattung sowie die Überführungs- und Zulassungskosten (ausführlicher dazu SchuldR BT § 4 Rn. 77).

Die Aufwendungen müssen **im Vertrauen** *auf den Erhalt der Leistung* getätigt worden und so beschaffen sein, dass der Gläubiger sie bei wertender Betrachtung *billigerweise machen durfte*. Letzteres ist eine besondere Ausprägung der Schadensminderungspflicht aus § 254 II 1 (→ § 50 Rn. 18). Nicht ersatzfähig sind damit Aufwendungen, die *voreilig* getätigt worden sind, obwohl deutliche Anhaltspunkte für das Scheitern des Vertrages vorlagen.[456]

7 Inwieweit **Luxusaufwendungen** »billigerweise« gemacht werden dürfen, ist zweifelhaft. In der Literatur wird zu Recht darauf hingewiesen, dass die Entscheidungsfreiheit des Gläubigers in eigenen Angelegenheiten grundsätzlich respektiert werden muss. Hat der Käufer eines Gemäldes im Vertrauen auf die ordnungsgemäße Durchführung des Vertrages einen Rahmen herstellen lassen, so wird man ihm daher im Allgemeinen

---

452 Vgl. BT-Drs. 14/6040, 144.
453 So auch LG Bonn ZGS 2003, 477 (480); Staudinger/*Schwarze*, 2019, § 280 Rn. E 128; HK-BGB/*Schulze* § 281 Rn. 21.
454 BGH NJW 2005, 2848 (2850); MüKoBGB/*Ernst* § 284 Rn. 5; Palandt/*Grüneberg* § 284 Rn. 3.
455 Vgl. *S. Lorenz* NJW 2004, 26 (28) mwN.
456 Jauernig/*Stadler* § 284 Rn. 6; *Canaris* JZ 2001, 499 (517).

nicht entgegenhalten können, der Rahmen sei im Verhältnis zum Wert des Gemäldes zu teuer.[457] Nicht jede noch so eigenwillige Entscheidung des Gläubigers kann freilich dem Risikobereich des Schuldners zugeordnet werden. Man denke etwa an den Fall, dass der Käufer eines Gemäldes im Wert von 1.000 EUR für 10.000 EUR einen Rahmen herstellen lässt. Bei derart krasser Unverhältnismäßigkeit ist es dem Gläubiger nach Treu und Glauben verwehrt, die Aufwendungen in vollem Umfang auf den Schuldner abzuwälzen.[458]

3. Zweckverfehlung infolge der Pflichtverletzung

Der **Zweck** der Aufwendungen muss **verfehlt** worden sein. Die Zweckverfehlung muss gerade auf der *Pflichtverletzung* des Schuldners beruhen. Dieser kann sich damit entlasten, dass der Zweck der Aufwendungen auch bei pflichtgemäßem Verhalten nicht erreicht worden wäre (§ 284 Hs. 2). Im Stadthallen-Fall (→ § 30 Rn. 3) könnte G also geltend machen, die Veranstaltung wäre aufgrund einer Erkrankung von Prof. Dr. X ohnehin ausgefallen. Dogmatisch betrachtet geht es um den *Einwand rechtmäßigen Alternativverhaltens* (→ § 45 Rn. 27). Es ist daher folgerichtig, dass die **Beweislast** den Schuldner trifft.[459]

8

III. Verhältnis zum Anspruch auf Schadensersatz statt der Leistung

Die Ansprüche auf Schadensersatz statt der Leistung und Aufwendungsersatz stehen dem Gläubiger nur **alternativ** zu.[460] Der Gläubiger muss sich also entscheiden, welchen Anspruch er geltend machen will. Verlangt er Schadensersatz statt der Leistung, so stellen die getätigten Aufwendungen bei Verträgen mit wirtschaftlicher Zielsetzung nach der Rentabilitätsvermutung den Mindestschaden dar (→ § 30 Rn. 4); der Gläubiger kann jedoch einen höheren Schaden (zB entgangenen Gewinn nach § 252) nachweisen.

9

> **Beispiel:** Im Verkaufsveranstaltungs-Fall (→ § 30 Rn. 2) lässt sich nachweisen, dass M nach dem gewöhnlichen Verlauf der Dinge einen Gewinn von mindestens 3.000 EUR erzielt hätte. Ihm steht daher ein Anspruch auf Schadensersatz statt der Leistung iHv 8.000 EUR zu. Ein Anspruch auf Aufwendungsersatz nach § 284 scheidet daneben aus, weil die Aufwendungen des M iHv 5.000 EUR sonst doppelt in Ansatz gebracht würden.

Literatur: *Dedek,* Entwertung von Aufwendungen durch Schlechterfüllung im Kaufvertrag, ZGS 2005, 409; *Ellers,* Zu Voraussetzungen und Umfang des Aufwendungsersatzanspruchs gem. § 284 BGB, JURA 2006, 201; *Fischinger/Wabnitz,* Aufwendungsersatz nach § 284 BGB, ZGS 2007, 139; *Fleck,* Begriff und Funktion der »Billigkeit« bei § 284 BGB, JZ 2009, 1045; *Grigoleit,* Neuregelung des Ausgleichs »frustrierter« Aufwendungen (§ 284 BGB): Das ausgefallene Musical, ZGS 2002, 122; *Gsell,* Aufwendungsersatz nach § 284 BGB, in Dauner-Lieb/Konzen/K. Schmidt, Das neue Schuldrecht in der Praxis, 2003, 321; *S. Lorenz,* Schadensersatz statt der Leistung, Rentabilitätsvermutung und Aufwendungsersatz im Gewährleistungsrecht, NJW 2004, 26; *Schackel,* Negatives Interesse bei Nichterfüllung von Verträgen, ZEuP 2001, 248; *Schneider,* § 284 BGB – zur Vorgeschichte und Auslegung einer neuen Norm, 2007; *Stoppel,* Der Ersatz frustrierter Aufwendungen nach § 284 BGB, AcP 204 (2004), 81; *Tröger,* Investitionsschutz nach § 284 BGB, ZGS 2005, 462; *Unholtz,* Der Ersatz »frustrierter Aufwen-

---

457 *Canaris* JZ 2001, 499 (517).
458 So auch Palandt/*Grüneberg* § 284 Rn. 6.
459 *Canaris* DB 2001, 1815 (1820); krit. *Altmeppen* DB 2001, 1399 (1405).
460 Staudinger/*Schwarze*, 2019, § 284 Rn. 18.

> dungen« unter besonderer Berücksichtigung des § 284 BGB, 2004; *Weitemeyer*, Rentabilitätsvermutung und Ersatz frustrierter Aufwendungen unter der Geltung von § 284 BGB, AcP 205 (2005), 275. Vgl. auch die Nachweise zu § 20.

§ 31 Der Anspruch auf Herausgabe des Ersatzes (§ 285)

1 Speziell für den Fall der **Unmöglichkeit** und der gleichgestellten Leistungshindernisse (§ 275) räumt § 285 dem Gläubiger einen Anspruch auf Herausgabe des Ersatzes ein, den der Schuldner für den geschuldeten Gegenstand erhalten hat (sog. stellvertretendes commodum). Es handelt sich um eine *eigenständige* Anspruchsgrundlage, die nicht an § 280 I anknüpft. Demzufolge muss keine Pflichtverletzung vorliegen. Es ist auch nicht erforderlich, dass der Schuldner die Unmöglichkeit zu vertreten hat. Der Gläubiger muss nicht einmal darlegen, dass ihm ein Schaden entstanden sei.[461]

Der Anspruch auf Herausgabe des Ersatzes kann **nicht** als **Schadensersatzanspruch** qualifiziert werden. Die systematische Stellung des § 285 rechtfertigt es jedoch, den Anspruch an dieser Stelle zu behandeln.

I. Voraussetzungen

1. Schuldverhältnis

2 § 285 ist auf alle vertraglichen und gesetzlichen **Schuldverhältnisse** anwendbar.[462] Die Vorschrift gilt auch für den Rückgewähranspruch aus § 346 I.[463] Auf den dinglichen Herausgabeanspruch des Eigentümers gegen den Besitzer aus § 985 ist § 285 wegen der vorrangigen Sonderregelungen der §§ 989, 990 unanwendbar.[464] Das Schuldverhältnis muss die Verpflichtung des Schuldners zur **Leistung** eines Gegenstands beinhalten. Ein vorvertragliches Schuldverhältnis (§ 311 II) mit Schutzpflichten nach § 241 II genügt nicht.

3 Der Begriff des **Gegenstands** wird weit ausgelegt und erfasst nicht nur körperliche Gegenstände (Sachen), sondern auch Rechte einschließlich Immaterialgüterrechte.[465] Auf *Gattungsschulden* ist § 285 erst nach der Konkretisierung (§ 243 II) anwendbar. Denn für die Anwendung der Vorschrift muss feststehen, dass gerade die Sachen geschuldet waren, für die der Ersatz erlangt wurde.[466] Auf Dienst- und Werkverträge ist § 285 nach hM grundsätzlich nicht anwendbar.[467] Zur Begründung wird darauf verwiesen, dass Handlungen keine »Gegenstände« seien. Das Wortlautargument erscheint indes nicht zwingend, weil Handlungen durchaus den **Gegenstand einer Leistungspflicht** bilden können.[468] Davon abgesehen nimmt § 285 ausdrücklich auch § 275 III

---

461 Vgl. *Brox/Walker* SchuldR AT § 22 Rn. 26.
462 Vgl. HK-BGB/*Schulze* § 285 Rn. 2; Palandt/*Grüneberg* § 285 Rn. 3.
463 NK-BGB/*Dauner-Lieb* § 285 Rn. 2; PWW/*Schmidt-Kessel/Kramme* § 285 Rn. 2; aA Staudinger/*Caspers*, 2019, § 285 Rn. 13: §§ 346 ff. als abschließende Sonderregelung.
464 Palandt/*Grüneberg* § 285 Rn. 4.
465 MüKoBGB/*Emmerich* § 285 Rn. 4.
466 Erman/*Westermann* § 285 Rn. 3; Staudinger/*Caspers*, 2019, § 285 Rn. 26.
467 So NK-BGB/*Dauner-Lieb* § 285 Rn. 5; Palandt/*Grüneberg* § 285 Rn. 5; MüKoBGB/*Emmerich* § 285 Rn. 5; zu § 281 aF BGHZ 25, 1 (10); OLG Dresden NJW-RR 1998, 373.
468 Vgl. Staudinger/*Caspers*, 2019, § 285 Rn. 24.

in Bezug; die persönliche Unmöglichkeit hat aber nur bei Dienst- und Werkverträgen praktische Bedeutung (→ § 21 Rn. 26). Dies deutet darauf hin, dass § 285 auch für Dienst- und Werkverträge maßgeblich sein soll.[469] Jedenfalls ist es den Parteien möglich, den Anwendungsbereich des § 285 ausdrücklich oder konkludent auf solche Verträge zu erstrecken.

2. Ausschluss der Leistungspflicht nach § 275

Die Pflicht zur Leistung des geschuldeten Gegenstands muss nach § 275 **ausgeschlossen** sein. Ob der Ausschluss der Leistungspflicht auf einem anfänglichen oder nachträglichen Leistungshindernis beruht, ist unerheblich (→ § 28 Rn. 16). 4

§ 285 bezieht sich dem Wortlaut nach auf sämtliche Fälle des § 275. Geht man mit der hM davon aus, dass § 285 auf Dienst- und Werkverträge nicht anwendbar ist, kommt der **persönlichen Unmöglichkeit** nach § 275 III aber keine praktische Bedeutung zu.[470]

3. Erlangung eines Surrogats

Der Schuldner muss für den geschuldeten Gegenstand einen **Ersatz** oder **Ersatzanspruch** erlangt haben. Erfasst wird jeder Vermögensvorteil, der wirtschaftlich an die Stelle des an sich geschuldeten Gegenstands tritt.[471] Erforderlich ist aber, dass der Vermögensvorteil gerade infolge des Umstands eingetreten ist, aufgrund dessen die Leistung nach § 275 nicht erbracht werden muss. Beispiele sind der Leistungsanspruch gegen den *Versicherer* des beschädigten oder zerstörten Gegenstands oder der Schadensanspruch gegen den Dritten, der den Gegenstand beschädigt oder zerstört hat. 5

Ist die Leistungspflicht nach § 275 ausgeschlossen, weil der Schuldner den geschuldeten Gegenstand an einen Dritten veräußert hat, so stellt sich die Frage, ob der Gläubiger nach § 285 **Herausgabe des Veräußerungserlöses** (sog. commodum ex negotiatione) verlangen kann. Problematisch ist hier, dass der Anspruch des Schuldners gegen den Dritten auf Zahlung des Kaufpreises auf dem schuldrechtlichen Geschäft (Kaufvertrag) beruht, während der Ausschluss der Leistungspflicht nach § 275 durch das dingliche Geschäft (Übereignung) verursacht worden ist. Genau genommen hat der Schuldner den Anspruch auf den Veräußerungserlös also *nicht* durch den Umstand erlangt, der zum Ausschluss der Leistungspflicht geführt hat. Bei wertender Betrachtung wäre es jedoch unangemessen, dem Schuldner einen Gewinn zu belassen, den er nur durch ein vertragswidriges Verhalten gegenüber dem Gläubiger erzielen konnte. Der Zweck des § 285 gebietet es daher, die Vorschrift auch auf den Veräußerungserlös anzuwenden.[472] 6

4. Identität von geschuldetem und ersetztem Gegenstand

Das Surrogat muss gerade für den Gegenstand erlangt worden sein, der an sich hätte geleistet werden müssen. Erforderlich ist also **Identität** zwischen geschuldetem und 7

---

469 Vgl. Staudinger/*Caspers*, 2019, § 285 Rn. 24; PWW/*Schmidt-Kessel/Kramme* § 285 Rn. 2; *Löwisch* NJW 2003, 2049 (2052); zweifelnd MüKoBGB/*Emmerich* § 285 Rn. 6.
470 NK-BGB/*Dauner-Lieb* § 285 Rn. 7.
471 HK-BGB/*Schulze* § 285 Rn. 5; PWW/*Schmidt-Kessel/Kramme* § 285 Rn. 4.
472 BGHZ 46, 260 (264); MüKoBGB/*Emmerich* § 285 Rn. 22 f.; *Brox/Walker* SchuldR AT § 22 Rn. 27; krit. *Medicus/Lorenz* SchuldR AT Rn. 424.

ersetztem Gegenstand.[473] Ist die vermietete Sache zerstört worden, so muss der Vermieter dem Mieter daher nicht die wegen der Zerstörung erlangte Versicherungssumme herausgeben. Denn die an sich geschuldete Leistung besteht in der Überlassung des Besitzes an der Sache; die Versicherungssumme bezieht sich dagegen auf das Eigentum.[474]

II. Rechtsfolgen

8 Liegen die Voraussetzungen des § 285 vor, so steht dem Gläubiger ein Anspruch auf **Herausgabe** des empfangenen Ersatzes oder **Abtretung** des Ersatzanspruchs zu. Macht der Gläubiger den Anspruch geltend, so bleibt die Gegenleistungspflicht nach § 326 III bestehen (→ § 35 Rn. 23 f.). Praktische Bedeutung hat der Anspruch aus § 285 daher vor allem, wenn der Ersatz oder Ersatzanspruch den Wert der Gegenleistung übertrifft, zB weil die zerstörte Sache zum Neuwert versichert war oder der Schuldner einen hohen Veräußerungserlös erzielt hat.

> **Beispiel:** K hat von V am 12.3. einen gebrauchten Pkw (Wert: 8.000 EUR) zum Preis von 7.500 EUR gekauft. Am 15.3. verkauft und übereignet V das Fahrzeug gegen Zahlung von 9.000 EUR an D.
> K hat gegen V einen Anspruch auf Herausgabe der 9.000 EUR aus § 285. Bei Geltendmachung dieses Anspruchs muss er nach § 326 III zwar den Kaufpreis entrichten. Nach Aufrechnung bleibt aber eine Differenz von 1.500 EUR.

III. Konkurrenzen

9 Nach § 285 II schließt die Geltendmachung des Anspruchs auf Herausgabe des Ersatzes den Anspruch auf *Schadensersatz statt der Leistung* nicht aus. Der Wert des stellvertretenden commodum ist aber auf den Schadensersatzanspruch **anzurechnen.** Verlangt der Gläubiger nach § 284 Ersatz der vergeblichen *Aufwendungen*, so ist § 285 II entsprechend anzuwenden.[475] Hat der Schuldner dem Gläubiger bereits Schadensersatz statt der Leistung gezahlt, so ist er umgekehrt nicht gehindert, einen weitergehenden Anspruch auf Herausgabe des Ersatzes nach § 285 I geltend zu machen.[476]

> **Literatur:** *Bollenberger,* Das stellvertretende Commodum, 1999; *Ehmann/Rust,* Der Anspruch auf das stellvertretende commodum aufgrund Sachmangels, JURA 1996, 247; *Hartmann,* Der Anspruch auf das stellvertretende commodum, 2007; *Jochem,* Eigentumsherausgabeanspruch und Ersatzherausgabe, MDR 1975, 177; *Knütel,* § 281 BGB beim Rückgewähranspruch, JR 1983, 355; *Lehmann/Zschache,* Das stellvertretende Commodum, JuS 2006, 502; *Linardatos/Russmann,* Der Anspruch auf das stellvertretende commodum bei Rückgewährmöglichkeit, JURA 2013, 861; *Löwisch,* Herausgabe von Ersatzverdienst – Zur Anwendbarkeit von § 285 BGB auf Dienst- und Werkverträge, NJW 2003, 2049; *v. Olshausen,* Voraussetzungen und Verjährung des Anspruchs auf ein stellvertretendes commodum bei Sachmängeln, ZGS 2002, 194; *Sieg,* Die Versicherungsentschädigung als Surrogat für unmöglich gewordene Sachleistung, VersR 1996, 167; *Wackerbarth,* § 285 BGB und die Lehre vom effizienten Vertragsbruch, ZGS 2006, 369. Vgl. außerdem die Nachweise zu § 20.

---

473 BGHZ 25, 1 (8); 46, 260 (264); BGH NJW 2006, 2323 = JA 2007, 226 *(Looschelders).*
474 HK-BGB/*Schulze* § 285 Rn. 7; Staudinger/*Caspers,* 2019, § 285 Rn. 44.
475 Erman/*Westermann* § 285 Rn. 11.
476 Vgl. Palandt/*Grüneberg* § 285 Rn. 10.

3. Abschnitt. Rücktritt und Wegfall der Gegenleistungspflicht

§ 32 Allgemeines

I. Überblick

Fällt dem Schuldner eine Pflichtverletzung zur Last oder tritt eine sonstige Leistungsstörung auf, so stellt sich bei gegenseitigen Verträgen die Frage nach dem Schicksal der **Gegenleistungspflicht.** Diese Frage ist in den §§ 323–326 geregelt. Die Befreiung von der Gegenleistungspflicht setzt grundsätzlich voraus, dass der Gläubiger vom Vertrag *zurücktritt* (§§ 323, 324, 326 V). Der Rücktritt ist ein *Gestaltungsrecht*, das nach § 349 durch eine einseitige empfangsbedürftige Willenserklärung ausgeübt wird. 1

Ist die Leistungspflicht des Schuldners nach § 275 ausgeschlossen, so ist ein Rücktritt im Allgemeinen sinnlos, weil der Gläubiger ohnehin nicht am Vertrag festhalten kann.[477] § 326 I 1 sieht deshalb vor, dass die Gegenleistungspflicht bei **Unmöglichkeit** regelmäßig *kraft Gesetzes* erlischt. 2

Im Unterschied zu den §§ 280 ff. gelten die §§ 323 ff. grundsätzlich nur für **gegenseitige Verträge.** Dies erklärt sich daraus, dass es bei einseitig verpflichtenden Verträgen und vorvertraglichen Schuldverhältnissen keine Gegenleistungspflicht gibt, deren Schicksal zu prüfen wäre. Der Wegfall der Gegenleistungspflicht nach § 326 I 1 beruht auf der **synallagmatischen Verknüpfung** der Hauptleistungspflichten (→ § 15 Rn. 14 ff.).[478] Die Verknüpfung der Hauptleistungspflichten im gegenseitigen Vertrag ist auch ein zentraler Grund für das **Rücktrittsrecht** nach § 323.[479] Ein Teil der Literatur beschränkt daher auch den Anwendungsbereich des § 323 auf die Verletzung der im Austauschverhältnis stehenden Pflichten.[480] Nach einem weiteren Verständnis werden auch Nebenleistungspflichten erfasst, die mit den gegenseitigen Pflichten untrennbar verbunden sind. Der Sache nach geht es um solche Nebenleistungspflichten, die den Leistungsaustausch absichern und unterstützen sollen und nach den Vereinbarungen der Parteien nicht nur ganz untergeordnete Bedeutung hat.[481] Für das weitere Verständnis spricht, dass die Unterscheidung zwischen Haupt- und Nebenleistungspflichten bei § 323 nach der Konzeption des Gesetzgebers nicht den Ausschlag geben soll.[482] Wegen des engen Zusammenhangs von § 323 mit dem Leistungsaustausch wird die analoge Anwendung der Vorschrift auf einseitig verpflichtende Verträge aber zu Recht abgelehnt.[483] Bei § 324 wird auf die Verletzung einer **Schutzpflicht** (§ 241 II) abgestellt, die naturgemäß **nicht im Synallagma** mit der Gegenleistungspflicht steht. Dies hat zur Folge, dass § 324 auf einseitig verpflichtende Verträge und bei vorvertraglichen Schutzpflichtverletzungen entsprechend angewendet werden kann (→ § 34 Rn. 2). 3

---

477 Vgl. *Canaris* JZ 2001, 499 (508).
478 Vgl. BeckOK BGB/*Schmidt*, 54. Ed. 1.5.2020, § 320 Rn. 2 und § 326 Rn. 2.
479 Vgl. *Canaris* FS Kropholler, 2008, 3 (4 ff.).
480 So MüKoBGB/*Ernst* § 323 Rn. 13.
481 Vgl. Staudinger/*Schwarze*, 2014, § 323 Rn. B 5 ff.; Erman/*Westermann* § 323 Rn. 5.
482 Vgl. BT-Drs. 14/6040, 183.
483 Vgl. Palandt/*Grüneberg* § 323 Rn. 3; MüKoBGB/*Ernst* § 323 Rn. 13; für § 323 I auch *Canaris* FS Kropholler, 2008, 3 (5); anders aber für § 323 II *Canaris* FS Kropholler, 2008, 3 (14 f.).

II. Parallele Grundstruktur mit Schadensersatz statt der Leistung

4   Der Gesetzgeber hat die Vorschriften über den Rücktritt und den Wegfall der Gegenleistungspflicht (§§ 323 ff.) *parallel* zu den Vorschriften über den **Schadensersatz statt der Leistung** (§§ 281 ff.) ausgestaltet.

5   Ebenso wie der Schadensersatz statt der Leistung betrifft auch der Rücktritt die Frage, unter welchen Voraussetzungen der Gläubiger von der regulären Durchführung des Vertrags Abstand nehmen kann. Da beide Ansprüche bzw. Rechte damit zu den **gleichen Ergebnissen** führen können, müssen die Voraussetzungen prinzipiell gleich sein, wenn Wertungswidersprüche ausbleiben sollen. Es kann daher nicht überraschen, dass sich die »zusätzlichen Voraussetzungen« der §§ 281–283 in den §§ 323 ff. wieder finden.

6   Auffällig ist allerdings, dass das Gesetz für den Rücktritt und den Wegfall der Gegenleistungspflicht **keinen** einheitlichen **Grundtatbestand** (wie § 280 I) kennt. Bei der Reformdiskussion war zwar erwogen worden, einen einheitlichen Rücktrittstatbestand zu schaffen. Der Gesetzgeber hat hiervon jedoch Abstand genommen, damit der Rechtsanwender die jeweiligen Rücktrittsvoraussetzungen unmittelbar den einzelnen Tatbeständen entnehmen kann.[484] Aus dogmatischer Sicht ist diese Entscheidung zu begrüßen, weil die Rücktrittsrechte auf unterschiedlichen Erwägungen beruhen.[485]

7   Das Fehlen eines einheitlichen Grundtatbestands hat zur Folge, dass das Merkmal der **Pflichtverletzung** keine übergreifende tatbestandliche Voraussetzung der §§ 323, 324, 326 darstellt. Diese Regelungstechnik hat es ermöglicht, die **anfängliche Unmöglichkeit** in § 326 einzubeziehen. Die Vorschrift regelt also auch solche Fälle, die beim Schadensersatz statt der Leistung über § 311 a zu lösen sind.

---

[484] BT-Drs. 14/6040, 183; *Canaris* FS Kropholler, 2008, 3 (21).
[485] Eing. dazu *Canaris* FS Kropholler, 2008, 3 ff.

§ 32 Allgemeines

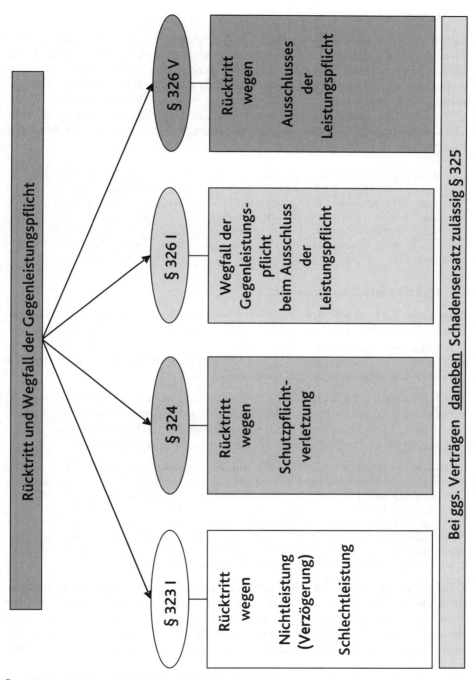

Übersicht 3: Rücktritt und Wegfall der Gegenleistungspflicht

III. Verzicht auf das Vertretenmüssen

8 Ein wesentliches Merkmal der §§ 323 ff. ist der Verzicht auf das Vertretenmüssen der Pflichtverletzung bzw. des Rücktrittsgrunds durch den Schuldner. Die Rechtfertigung für den Rücktritt liegt allein darin, dass der Schuldner die Leistung nicht oder nicht vertragsgemäß erbracht[486] oder eine Schutzpflicht iSd § 241 II verletzt hat. Liegt eine solche **Pflichtverletzung** vor und sind auch die **weiteren Voraussetzungen** (Fristablauf oder Unzumutbarkeit) gegeben, so hat der Gläubiger ein legitimes Interesse, sich vom Vertrag zu lösen. Dies ist auch dann anzuerkennen, wenn der Schuldner den Rücktrittsgrund **nicht zu vertreten** hat.

> **Zur Vertiefung:** Bei Kaufverträgen zwischen einem Verbraucher und einem Unternehmer über bewegliche Sachen besteht die Besonderheit, dass die nach § 433 zu erbringenden Leistungen abweichend von § 271 I nur *unverzüglich* verlangt werden können (§ 475 I; → § 12 Rn. 23). Nach der Legaldefinition des § 121 I heißt unverzüglich »ohne schuldhaftes Zögern«. Tritt eine Partei wegen Verzögerung der Leistung von dem Kaufvertrag zurück, so kommt es daher bei der Prüfung der »Nichtleistung« nach § 323 I ausnahmsweise doch auf das »Verschulden« der anderen Partei an (→ SchuldR BT § 14 Rn. 8).[487]

IV. Rücktritt und Schadensersatz

9 Nach altem Recht musste der Gläubiger sich entscheiden, ob er vom Vertrag zurücktreten oder Schadensersatz wegen Nichterfüllung verlangen wollte. Dies führte zu unbefriedigenden Ergebnissen, wenn der Gläubiger voreilig den Rücktritt erklärt hatte. Zur Lösung der Problematik schreibt § 325 vor, dass der **Schadensersatzanspruch** durch den Rücktritt **nicht ausgeschlossen** wird.

Die Bedeutung des § 325 erschöpft sich freilich nicht darin, den Gläubiger bei einem voreiligen Rücktritt zu schützen. Der Gläubiger erhält vielmehr auch die Möglichkeit, Rücktritt und Schadensersatz miteinander zu **kombinieren.** Dabei muss aber vermieden werden, dass einzelne Positionen doppelt in Ansatz gebracht werden.[488]

> **Beispiel:** Der K hat von V für 12.000 EUR ein Gemälde gekauft. Später stellt sich heraus, dass es sich um eine Fälschung handelt. K tritt nach §§ 434, 437 Nr. 2, 326 V vom Vertrag zurück und verlangt nach §§ 434, 437 Nr. 3, 311a II Schadensersatz statt der Leistung. Er macht geltend, dass er das Bild mit einem Gewinn von 3.000 EUR hätte weiterverkaufen können. Aufgrund des Rücktritts kann K nach § 346 I Rückzahlung des Kaufpreises von 12.000 EUR verlangen. Der Anspruch auf Schadensersatz statt der Leistung beläuft sich bei isolierter Betrachtung auf 15.000 EUR. Darin ist aber der Kaufpreis enthalten. Es versteht sich von selbst, dass K die 12.000 EUR nicht doppelt geltend machen kann.

10 Das Nebeneinander von Rücktritt und Schadensersatz gilt für **alle Arten des Schadens.** Der Gläubiger kann nach dem Rücktritt also nicht nur Schadensersatz statt der Leistung, sondern auch einfachen Schadensersatz und Ersatz des Verzögerungsschadens verlangen.[489] Ist der Käufer aufgrund eines Mangels der Kaufsache – in der Praxis meist ein Kfz – vom Vertrag zurückgetreten, so umfasst der Anspruch auf Schadens-

---

[486] Vgl. BT-Drs. 14/6040, 184; MüKoBGB/*Ernst* vor § 323 Rn. 3.
[487] Vgl. *Medicus/Lorenz* SchuldR AT Rn. 487.
[488] *Canaris* JZ 2001, 499 (514).
[489] Soergel/*Gsell* § 325 Rn. 3; Palandt/*Grüneberg* § 325 Rn. 2 ff.; speziell zum Verzögerungsschaden *Herresthal* JuS 2007, 798 ff.

ersatz statt der Leistung auch den infolge der Rückgabe der mangelhaften Kaufsache entstandenen **Nutzungsausfallschaden** (→ § 25 Rn. 14).[490] Dass der Käufer dem Verkäufer im Fall des Rücktritts seinerseits nach § 346 I, II Nr. 1 den Wert der gezogenen Nutzungen ersetzen muss (→ § 40 Rn. 27), schließt einen solchen Anspruch nicht aus, weil das Rücktrittsfolgenrecht nach den Wertungen des § 325 nicht herangezogen werden kann, um den Schadensersatzanspruch des Käufers zu begrenzen.[491] Der Käufer ist aber aufgrund seiner **Schadensminderungspflicht** aus § 254 II 1 (→ § 50 Rn. 18ff.) gehalten, möglichst rasch ein Ersatzfahrzeug zu beschaffen, um die in der Zwischenzeit anfallenden Mietkosten für ein anderes Fahrzeug gering zu erhalten.[492]

> **Literatur:** *Canaris,* Teleologie und Systematik der Rücktrittsrechte nach dem BGB, FS Kropholler, 2008, 3; *Gsell,* Das Verhältnis von Rücktritt und Schadensersatz, JZ 2004, 643; *Herresthal,* Der Ersatz des Verzugsschadens beim Rücktritt vom Vertrag, JuS 2007, 798. Vgl. außerdem die Nachweise zu § 20.

§ 33 Verzögerung der Leistung und nicht vertragsgemäße Leistung

I. Anwendungsbereich

§ 323 regelt den Fall, dass die geschuldete Leistung nicht oder nicht vertragsgemäß erbracht wird. Die Vorschrift entspricht insoweit dem § 281. Erfasst werden die **Verzögerung der Leistung** und die **Schlechtleistung**. Da § 323 nur auf gegenseitige Verträge anwendbar ist, wird die Schlechtleistung spezifischer als nicht vertragsgemäße Leistung bezeichnet. Die Nichtleistung aufgrund von Unmöglichkeit ist in § 326 gesondert geregelt. Für den Rücktritt wegen Verletzung von Schutzpflichten ist § 324 maßgeblich. Zu beachten ist weiter, dass die verletzte Leistungspflicht bei § 323 im **Gegenseitigkeitsverhältnis** stehen oder wesentliche Bedeutung für die Erfüllung einer in diesem Verhältnis stehenden Pflicht haben muss (→ § 32 Rn. 3).

1

Soweit es in § 323 um die **Nichtleistung** geht, genügt wie bei § 281 die Nichterfüllung eines wirksamen, fälligen und durchsetzbaren Anspruchs des Gläubigers (→ § 22 Rn. 4ff.; → § 27 Rn. 7). Die Voraussetzungen des *Verzugs* (§ 286) müssen also auch hier nicht vorliegen.[493] Es ist damit auch nicht erforderlich, dass der Schuldner die Verzögerung zu vertreten hat (vgl. § 286 IV). Der Verzicht auf das Vertretenmüssen rechtfertigt sich auch aus der engen Verknüpfung von Leistung und Gegenleistung bei gegenseitigen Verträgen (→ § 15 Rn. 14). Wenn der Schuldner eine fällige Leistung auch nach Ablauf einer angemessenen Nachfrist nicht (oder nicht vertragsgemäß) erbringt, muss der Gläubiger sich vom Vertrag lösen können, ohne dass es auf ein Vertretenmüssen ankommt.[494] Der Gläubiger muss den Schuldner auch nicht mahnen, doch wird mit der Fristsetzung im Allgemeinen der gleiche Zweck wie mit der Mahnung erreicht.

Die Fallgruppe der **nicht vertragsgemäßen Leistung** (Schlechtleistung) umfasst auch den Rücktritt wegen *Rechts-* oder *Sachmängeln* im Kauf- und Werkvertragsrecht. Die §§ 437 Nr. 2, 634 Nr. 3 verweisen insoweit auf § 323. Zu beachten ist wiederum, dass *irreparable* Schlechtleistungen (→ § 22 Rn. 17) nach den Regeln über die Unmöglich-

---

490 BGHZ 174, 290 = NJW 2008, 911; BGH NJW 2010, 2426.
491 Soergel/*Gsell* § 325 Rn. 3; MüKoBGB/*Ernst* § 325 Rn. 11.
492 BGH NJW 2010, 2426 (2429).
493 Vgl. BT-Drs. 14/6040, 184; Palandt/*Grüneberg* § 323 Rn. 9.
494 Vgl. *Canaris* FS Kropholler, 2008, 3 (4ff.).

keit zu behandeln sind. Die §§ 437 Nr. 2, 634 Nr. 3 verweisen daher auch auf den Rücktritt nach § 326 V.

II. Notwendigkeit der Fristsetzung

2 Leistungsverzögerung und Schlechtleistung zeichnen sich dadurch aus, dass die ordnungsgemäße Leistung nachholbar ist. Bei dieser Sachlage gebietet es der *Vorrang des Erfüllungsanspruchs,* dem erfüllungsbereiten Schuldner noch einmal Gelegenheit zur Erfüllung seiner vertraglichen Pflichten zu geben. Der Gläubiger ist daher nach § 323 I gehalten, dem Schuldner eine angemessene **Frist** zur Leistung oder Nacherfüllung zu **setzen;** er kann erst nach erfolglosem Ablauf der Frist vom Vertrag zurücktreten. Kommt eine Fristsetzung nach Art der Pflichtverletzung nicht in Betracht, so ist stattdessen wie nach § 281 III eine *Abmahnung* erforderlich (§ 323 III).

Für den *Inhalt* und *Zeitpunkt* der Fristsetzung sowie die *Angemessenheit* der Frist gelten die gleichen Grundsätze wie bei § 281 (→ § 27 Rn. 10ff.). Wie der BGH in neuerer Zeit ausdrücklich klargestellt hat, kann die Frist auch bei § 323 I **nicht vor Eintritt der Fälligkeit** wirksam gesetzt werden.[495] Dies gilt auch dann, wenn schon vor Fälligkeit ernsthafte Zweifel an der Leistungsfähigkeit oder Leistungswilligkeit des Schuldners bestehen. In diesem Fall kommt aber ein Rücktritt nach § 323 IV in Betracht (→ § 33 Rn. 7).

III. Entbehrlichkeit der Fristsetzung

3 Die **Entbehrlichkeit** der Fristsetzung ist in § 323 II geregelt. Die Regelung ist grundsätzlich parallel zu § 281 II (→ § 27 Rn. 18ff.) konzipiert worden. Im Detail finden sich aber auch Unterschiede, die bei der Umsetzung der Verbraucherrechte-RL verstärkt worden sind.

Die Notwendigkeit der Fristsetzung entfällt zunächst dann, wenn der Schuldner die Leistung ernsthaft und endgültig **verweigert** (Nr. 1). Ebenso wie bei § 281 II Alt. 1 darf eine ernsthafte und endgültige Verweigerung der Leistung nur unter strengen Voraussetzungen angenommen werden.

4 Nach § 323 II Nr. 2 ist die Fristsetzung auch dann entbehrlich, wenn der Schuldner die Leistung bis zu einem im Vertrag bestimmten Termin oder innerhalb einer im Vertrag bestimmten Frist nicht bewirkt, obwohl die termin- oder fristgerechte Leistung nach einer Mitteilung des Gläubigers vor Vertragsschluss oder aufgrund anderer den Vertragsschluss begleitenden Umstände für den Gläubiger wesentlich ist. Diese Ausnahme betrifft das sog. **relative Fixgeschäft** (→ § 21 Rn. 18). Die am 13.6.2014 in Kraft getretene Neufassung setzt Art. 18 II UAbs. 2 Verbraucherrechte-RL um. Die Neufassung gilt aber nicht nur für Verbraucherverträge, sondern für *alle Verträge.* Inhaltliche Änderungen gegenüber der alten Fassung des § 323 II Nr. 2 sind vom deutschen Gesetzgeber nicht intendiert.[496] Die farblose Formulierung »**wesentlich**« lässt sich daher mithilfe der bisherigen Kriterien konkretisieren. Die Wesentlichkeit ist hiernach jedenfalls dann gegeben, wenn die Einhaltung des Termins oder der Frist für den Gläubiger so wichtig ist, dass der Vertrag damit »stehen oder fallen« soll.[497]

---

[495] BGH NJW 2012, 3714 mAnm *Gutzeit* = JA 2012, 866 *(Looschelders).*
[496] Vgl. Begr. RegE, BT-Drs. 17/12637, 35.
[497] BGHZ 110, 88 (96); BGH NJW 2001, 2878; Staudinger/*Kaiser* Eckpfeiler 2018 I. Rn. 38; PWW/*Stürner* § 323 Rn. 31; Palandt/*Grüneberg* § 323 Rn. 20; Brox/Walker SchuldR AT § 23 Rn. 63.

Die Neufassung unterscheidet sich von § 323 II Nr. 2 aF vor allem darin, dass die relative Fixschuld nicht mehr »im Vertrag« festgelegt sein muss. Es genügt vielmehr, wenn der Schuldner aufgrund einer **einseitigen Mitteilung** des Gläubigers oder der **Umstände des Vertragsschlusses** erkennen kann, dass die Einhaltung der Leistungszeit für den Gläubiger besonders wichtig (»wesentlich«) ist.[498] Da einseitige Mitteilungen einer Partei und die sonstigen Umstände des Vertragsschlusses bei der Vertragsauslegung zu berücksichtigen sind, ist die praktische Relevanz dieses Unterschieds aber gering. Im Geschäftsverkehr zwischen Unternehmern haben sich bestimmte Formulierungen (zB »fix«, »genau«, »spätestens«, »prompt«) eingebürgert, bei denen ein relatives Fixgeschäft anzunehmen ist.[499] Insofern wird das relative Fixgeschäft meist weiter auf einer vertraglichen Vereinbarung beruhen.

> **Zur Vertiefung:** Ob § 323 II Nr. 2 im Rahmen des § 281 analog angewendet werden kann, ist zweifelhaft. Gegen eine Analogie spricht, dass der Gesetzgeber die Sonderregelung für relative Fixgeschäfte bewusst auf den Rücktritt beschränkt hat.[500] Inhaltlich rechtfertigt sich die Differenzierung damit, dass der Schuldner durch die Schadensersatzpflicht wesentlich stärker als durch den Rücktritt belastet wird.[501] Es ist jedoch nicht ausgeschlossen, den Rechtsgedanken des § 323 II Nr. 2 bei der Interessenabwägung nach § 281 II Alt. 2 zu berücksichtigen.[502]
> Beim *Fixhandelskauf* ergibt sich die Entbehrlichkeit der Fristsetzung aus § 376 HGB. Dies gilt sowohl für den Rücktritt als auch für den Anspruch auf Schadensersatz. Der wichtigste Unterschied zum BGB besteht darin, dass der *Erfüllungsanspruch* beim Fixhandelskauf nur bestehen bleibt, wenn der Gläubiger dem Schuldner sofort nach dem Zeit- oder Fristablauf angezeigt hat, dass er auf Erfüllung bestehe (§ 376 I 2 HGB). Dahinter steht der Gedanke, dass der Käufer beim Fixhandelskauf im Regelfall nicht an der nachträglichen Leistung interessiert ist. Für den Käufer ist diese Regelung freilich deutlich ungünstiger als § 323 II Nr. 2.[503] Das Verhältnis zwischen § 376 HGB und § 323 II Nr. 2 ist umstritten. Teilweise wird den Parteien ein Wahlrecht zugebilligt.[504] Die hM sieht § 376 HGB dagegen als *speziellere Regelung* an, die § 323 II Nr. 2 vorgeht.[505] Problematisch ist allerdings, dass § 376 HGB gemäß § 345 HGB auch bei einseitigen Handelsgeschäften gilt. Bei Kaufverträgen zwischen einem Verbraucher und einem Unternehmer ist die Schlechterstellung des Käufers jedoch nicht mit Art. 18 II UAbs. 2 Verbraucherrechte-RL vereinbar.

Im Fall einer **nicht vertragsgemäß erbrachten Leistung** entfällt die Notwendigkeit 5
einer Fristsetzung auch dann, wenn **besondere Gründe** vorliegen, die unter Abwägung der beiderseitigen Interessen den sofortigen Rücktritt rechtfertigen (Nr. 3). Nach der bis zum 12.6.2014 geltenden Fassung galt die Entbehrlichkeit der Fristsetzung wegen besonderer Gründe auch für den Fall, dass der Schuldner eine fällige Leistung nicht erbringt (Nichtleistung trotz Möglichkeit). Bei der Umsetzung der Verbraucherrechte-RL hat der Gesetzgeber den Anwendungsbereich des § 323 II Nr. 3 aber auf die nicht vertragsgemäße Leistung beschränkt, weil Art. 18 II UAbs. 2 Verbraucherrechte-RL bei Verzögerung der Leistung keine entsprechende Ausnahme

---

498 Zu diesem Unterschied BeckOK BGB/*Schmidt*, 54. Ed. 1.5.2020, § 323 Rn. 28.
499 NK-BGB/*Dauner-Lieb/Dubovitskaya* § 323 Rn. 26b; PWW/*Stürner* § 323 Rn. 31; Palandt/*Grüneberg* § 323 Rn. 20.
500 So auch MüKoBGB/*Ernst* § 281 Rn. 64, § 323 Rn. 122.
501 *Schwarze* AcP 207 (2007), 437 (453).
502 Ähnlich NK-BGB/*Dauner-Lieb* § 281 Rn. 42.
503 Vgl. Ebenroth/Boujong/Joost/Strohn/*Müller*, HGB, 3. Aufl. 2015, § 376 Rn. 10.
504 So *Canaris* HandelsR § 29 Rn. 35; *Canaris* FS Konzen, 2006, 43 (49): »alternative Konkurrenz«.
505 So MüKoHGB/*Grunewald* § 376 Rn. 4; *Roth* in Koller/Kindler/Roth/Drüen, HGB, 9. Aufl. 2019, § 376 Rn. 2; Ebenroth/Boujong/Joost/Strohn/*Müller*, HGB, 3. Aufl. 2015, § 376 Rn. 13.

vom Fristsetzungserfordernis vorsieht. Die Richtlinie gilt freilich nur für Kaufverträge zwischen Verbrauchern und Unternehmern. Außerhalb ihres Anwendungsbereichs bleibt es daher jedenfalls zulässig, die Entbehrlichkeit der Fristsetzung bei Vorliegen besonderer Umstände in den Fällen der Leistungsverzögerung auf den allgemeinen Grundsatz von Treu und Glauben (§ 242) zu stützen.[506]

> **Zur Vertiefung:** Da die Verbraucherrechte-RL nur für Verbraucherverträge gilt, hätte es nahe gelegen, die Einschränkung des § 323 II Nr. 3 hierauf zu beschränken. Der Gesetzgeber hat diese Alternative aber verworfen, weil er vermeiden wollte, dass ein Verbraucher bei der Ausübung seines Rücktrittsrechts schlechter steht als ein Unternehmer.[507] Hier zeigt sich, dass das Konzept der Vollharmonisierung (→ § 5 Rn. 20) nicht immer zu befriedigenden Lösungen führt. Nach geltendem Recht lässt sich eine Schlechterstellung des Verbrauchers nur vermeiden, wenn man die Entbehrlichkeit der Fristsetzung aus besonderen Gründen auch im Anwendungsbereich der Verbraucherrechte-RL auf § 242 stützt. Die Zulässigkeit dieses Vorgehens ergibt sich daraus, dass der Grundsatz von Treu und Glauben auch im Privatrecht der EU anerkannt ist.[508]

6 Will der Gläubiger wegen eines **Mangels** der Kaufsache oder des Werkes nach § 437 Nr. 2 bzw. § 634 Nr. 3 iVm § 323 zurücktreten, so sind die in §§ 440, 636 geregelten Sondertatbestände für die Entbehrlichkeit der Fristsetzung zusätzlich zu beachten. Es gelten wieder die gleichen Grundsätze wie beim Schadensersatz statt der Leistung (→ § 27 Rn. 20).

> **Zur Vertiefung:** Bei Kaufverträgen zwischen Verbrauchern und Unternehmern (§ 474) ist zu beachten, dass die Verbrauchsgüterkauf-RL (Art. 3 V) den Rücktritt wegen eines Mangels der Kaufsache schon dann zulässt, wenn der Verkäufer nicht innerhalb einer angemessenen Frist Abhilfe geschaffen hat; eine Fristsetzung durch den Käufer wird also nach dem Wortlaut der Richtlinie gerade nicht vorausgesetzt. Der überwiegende Teil der Literatur geht davon aus, dass das Fristsetzungserfordernis für diese Fälle richtlinienwidrig ist. Abhilfe sei dadurch zu schaffen, dass man die Fristsetzung gegebenenfalls im Wege der richtlinienkonformen Auslegung nach § 323 II Nr. 3 als entbehrlich ansieht (→ SchuldR BT § 4 Rn. 31).[509] Das LG Hannover hat die Frage dem EuGH zur Vorabentscheidung vorgelegt.[510] Die Vorlage betraf jedoch einen Werkvertrag. Da die Verbrauchsgüter-RL für Werkverträge nicht gilt, hat der EuGH seine Zuständigkeit verneint.[511]

IV. Rücktritt vor Eintritt der Fälligkeit

7 Nach § 323 IV kann der Gläubiger bereits **vor** Eintritt der **Fälligkeit** zurücktreten, wenn offensichtlich ist, dass die Voraussetzungen des Rücktritts eintreten werden. Die Regelung hat insbesondere Bedeutung, wenn ein unbehebbares Leistungshindernis droht oder der Schuldner ernsthaft und endgültig ankündigt, er werde die geschuldete Leistung bei Fälligkeit nicht erbringen.[512] In solchen Fällen ist es dem Gläubiger nicht zumutbar, den Eintritt der Fälligkeit abzuwarten, um sich dann erst vom Vertrag zu

---

506 Vgl. BT-Drs. 17/12637, 59; krit. *Wendehorst* NJW 2014, 577 (583).
507 Vgl. BT-Drs. 17/12637, 59; Staudinger/*Kaiser* Eckpfeiler 2018 I. Rn. 36.
508 Vgl. Staudinger/*Looschelders/Olzen*, 2019, § 242 Rn. 1242 ff.; *Schmitt* in Brönneke/Tonner, Das neue Schuldrecht, 2014, Kap. 7 Rn. 38.
509 Vgl. MüKoBGB/*Ernst* § 323 Rn. 51; BeckOK BGB/*Faust*, 54. Ed. 1.5.2020, § 437 Rn. 20; *Medicus/Lorenz* SchuldR AT Rn. 495; aA Palandt/*Grüneberg* § 323 Rn. 22.
510 LG Hannover BauR 2016, 1522.
511 EuGH NJW 2017, 3215.
512 BT-Drs. 14/6040, 186.

lösen. Nach Ansicht des BGH kann der Rücktritt nach § 323 IV aber nur vor Eintritt der Fälligkeit erklärt werden. Danach soll der Rücktritt nach den allgemeinen Regeln (§ 323 I, II) zu beurteilen sein, womit grundsätzlich wieder eine Fristsetzung erforderlich wird.[513]

> **Beispiel** (BGH NJW 2012, 3714): Der K erwarb von V mit notariellem Vertrag vom 15.1.2008 ein Grundstück zum Preis von 2.850.000 EUR. In dem Vertrag verpflichtete sich V, auf dem Grundstück ein Fachmarktzentrum zu errichten, das bis zum 30.6.2008 bezugsfertig sein sollte. Am 14.5.2008 teilte V dem K mit, dass er den Übergabezeitpunkt für das Fachmarktzentrum im Einvernehmen mit den Mietern auf den 1.9.2008 verschoben habe. K setzte dem V darauf mit Schreiben vom 3.6.2008 eine Frist zur Fertigstellung des Fachmarktzentrums bis zum 31.7.2008 und trat nach fruchtlosem Ablauf der Frist am 1.8.2008 von dem Vertrag zurück.
> Der BGH hat ein Rücktrittsrecht des K nach § 323 IV abgelehnt, weil der Rücktritt nach Eintritt der Fälligkeit erklärt worden war. Ein Rücktrittsrecht nach § 323 I scheiterte daran, dass die Fristsetzung vor Eintritt der Fälligkeit erfolgt war (→ § 33 Rn. 2). Nach Ansicht des BGH war die Fristsetzung auch nicht nach § 323 II Nr. 1 entbehrlich. Die bloße Mitteilung, dass der Übergabezeitpunkt im Einvernehmen mit den Mietern verschoben worden sei, stelle keine ernsthafte und endgültige Verweigerung der Leistung dar. Die Entbehrlichkeit der Nachfristsetzung könnte sich somit nur noch aus § 323 II Nr. 3 ergeben. Da V die Fertigstellung für den 1.9.2008 angekündigt hatte, dürfte jedoch auch diese Voraussetzung zu verneinen sein.

Für den Anspruch auf **Schadensersatz statt der Leistung** nach §§ 280 I, III, 281 fehlt eine entsprechende Regelung. § 323 IV kann hier aber *analog* angewendet werden (→ § 27 Rn. 18).

V. Rücktritt bei Teilleistung und Schlechtleistung

Betrifft die **Verzögerung** nur einen Teil der Leistung, so ist das Rücktrittsrecht grundsätzlich auf den nicht durchgeführten Teil des Vertrages beschränkt *(Teilrücktritt)*.[514] Dem Gläubiger kann aber an einem Rücktritt vom *ganzen* Vertrag gelegen sein. Strukturell entspricht dies dem Fall, dass bei einer Teilleistung Schadensersatz statt der *ganzen* Leistung geltend gemacht wird (→ § 27 Rn. 27). § 323 V 1 löst das Problem deshalb mit dem gleichen Kriterium wie § 281 I 2: Der Rücktritt vom ganzen Vertrag ist danach nur zulässig, wenn der Gläubiger an der Teilleistung **kein Interesse** hat.

8

Die Anwendung des § 323 V 1 setzt voraus, dass die **Leistung des Schuldners** teilbar ist. Denn eine Teilleistung könnte sonst überhaupt nicht erbracht werden. Nicht eindeutig geregelt ist hingegen die Frage, ob auch die **Gegenleistung** des Gläubigers teilbar sein muss. Dies hat der BGH in einer neueren Entscheidung bejaht.[515]

> **Beispiel** (BGH NJW 2010, 146): Der V hat dem K mit notariellem Vertrag eine Eigentumswohnung verkauft. Nach dem Vertrag sollte der Kaufpreis von K zum Teil durch die Erbringung von Werkleistungen an der Fassade und am Dach des Hauses beglichen werden. Der K bezahlte den vereinbarten Geldbetrag und erbrachte einen Teil der Werkleistungen. Wegen der ausstehenden Werkleistungen setzte V dem K eine angemessene Frist und erklärte nach deren Ablauf den Rücktritt vom Vertrag.
> Wendet man auf diesen Fall § 323 V 1 an, so scheidet ein Rücktritt vom ganzen Vertrag aus. Dass der V an der Geldzahlung und den durchgeführten Werkleistungen kein Interesse haben

---

513 BGH NJW 2012, 3714 (3715f.); krit. *Gutzeit* NJW 2012, 3717.
514 Vgl. BT-Drs. 14/6040, 187.
515 BGH NJW 2010, 146 = JA 2010, 220 *(Looschelders)*.

könnte, liegt fern. Problematisch ist jedoch, dass V seine (Gegen-)Leistung – die Übereignung der Wohnung – nur ganz oder gar nicht erbringen kann. Auf diese Konstellation trifft die Interessenwertung des § 323 V 1 nicht zu. Da eine partielle Rückabwicklung nicht möglich ist, kann V vom ganzen Vertrag zurücktreten, ohne dass es auf sein Interesse an den von K erbrachten Teilleistungen ankommt.

9 Eine vergleichbare Problematik wie bei der teilweisen Verzögerung der Leistung besteht bei der **Schlechtleistung.** Denn die *vertragsgemäße* Leistung wird auch hier (nur) teilweise erbracht. Da Schlechtleistungen meist nicht in einen mangelhaften und einen mangelfreien Teil aufgeteilt werden können, scheidet ein Teilrücktritt grundsätzlich aus. Denkbar ist aber, die Rechte des Gläubigers auf Minderung (§§ 437 Nr. 2, 441 bzw. §§ 634 Nr. 3, 638) und (im Fall des Vertretenmüssens) »kleinen Schadensersatz« (→ § 27 Rn. 28) zu beschränken. § 323 V 2 regelt die Frage dahingehend, dass eine solche Beschränkung nur dann Platz greifen soll, wenn die Pflichtverletzung **unerheblich** ist. Für die Konkretisierung der Unerheblichkeit gelten die gleichen Grundsätze wie bei § 281 I 3, sodass auf die dortigen Ausführungen (→ § 27 Rn. 29) verwiesen werden kann.

Im **Kauf-** und **Werkvertragsrecht** ist zu beachten, dass die Zuwenigleistung nach §§ 434 III, 633 II 3 der Lieferung oder Herstellung einer mangelhaften Sache gleichsteht. Ob diese Gleichstellung bei § 323 V beachtet werden muss, ist umstritten.[516] Fest steht, dass die Frage nicht anders als bei § 281 I beurteilt werden kann. Nach der hier vertretenen Auffassung (→ § 27 Rn. 31) stellt sich das Problem nur bei der **verdeckten Zuwenigleistung;** auch in diesem Fall ist die Anwendung des § 323 V 1 aber vorzugswürdig.

VI. Ausschluss des Rücktritts (§ 323 VI)

1. Verantwortlichkeit des Gläubigers für den Rücktrittsgrund

10 Besondere Fragen ergeben sich, wenn der **Gläubiger** für die Verzögerung oder Schlechtleistung allein oder zumindest mit **verantwortlich** ist.

> **Beispiel:** Der B hat den Schneider S mit der Anfertigung eines Maßanzugs beauftragt. Die Fertigstellung verzögert sich, weil B wiederholt die Anproben versäumt.

Im Rahmen des **Schadensersatzanspruchs** nach §§ 280 I, III, 281 muss diese Konstellation nicht gesondert geregelt werden, weil der (Mit-)Verantwortlichkeit des Gläubigers durch Aufteilung des Schadens nach § 254 Rechnung getragen werden kann. Eine solche flexible Lösung ist beim Rücktritt indessen nicht möglich. Hier gilt das *Alles-oder-Nichts-Prinzip:* Das Rücktrittsrecht kann entweder gegeben oder ausgeschlossen sein.[517]

11 Nach § 323 VI Alt. 1 ist der Rücktritt ausgeschlossen, wenn der Gläubiger für den Rücktrittsgrund **allein** oder **weit überwiegend** verantwortlich ist. Der Ausschluss greift also nicht ein, wenn beide Parteien gleichermaßen verantwortlich sind.[518] Ein schlichtes Überwiegen der Verantwortlichkeit des Gläubigers genügt ebenfalls nicht.

---

516 Bejahend BeckOK BGB/*Faust*, 54. Ed. 1.5.2020, § 434 Rn. 114 ff.; HK-BGB/*Schulze* § 323 Rn. 14; aA *Canaris* ZRP 2001, 329 (335); *S. Lorenz* NJW 2003, 3097 (3099); *Heiderhoff/Skamel* JZ 2006, 383 (387 ff.).
517 Vgl. BT-Drs. 14/6040, 187; NK-BGB/*Dauner-Lieb/Dubovitskaya* § 323 Rn. 48.
518 Vgl. BGH BeckRS 2015, 01272 Rn. 10 = JA 2015, 868 *(Looschelders)*.

Die Mitverantwortlichkeit muss vielmehr ein solches Gewicht haben, dass ein etwaiger Schadensersatzanspruch nach § 254 vollständig ausgeschlossen wäre (→ § 50 Rn. 25).[519] Es besteht damit auch hier ein Gleichlauf zwischen Schadensersatz statt der Leistung und Rücktritt.

Welche Umstände der Gläubiger zu verantworten hat, ist in § 323 VI Alt. 1 nicht geregelt. Die §§ 276 ff. passen nicht unmittelbar, weil dort nur die Verantwortlichkeit des *Schuldners* geregelt ist. Da Schuldner und Gläubiger prinzipiell gleich zu behandeln sind, ist aber eine **entsprechende Anwendung der §§ 276 ff.** geboten. Der Gläubiger muss daher grundsätzlich eigenes Verschulden (§ 276) sowie das Verschulden seiner Erfüllungsgehilfen (§ 278) vertreten.

12

2. Annahmeverzug

§ 323 VI Alt. 2 regelt den Fall, dass der Rücktrittsgrund eintritt, während der Gläubiger sich in **Annahmeverzug** (→ § 36 Rn. 1 ff.) befindet. Hier ist der Rücktritt nur dann möglich, wenn der Schuldner den Rücktrittsgrund zu vertreten hat. Die Tragweite dieser Regelung wird dadurch erweitert, dass der Schuldner beim Annahmeverzug nach § 300 I nur Vorsatz und grobe Fahrlässigkeit zu vertreten hat. Im Anwendungsbereich des § 280 I, III, 281 ist eine entsprechende Ausnahmeregelung entbehrlich, weil der Schuldner ohnehin nur haftet, wenn er die Pflichtverletzung zu vertreten hat.[520]

13

VII. Rechtsfolgen

Der fruchtlose Ablauf der Frist führt nicht dazu, dass der Erfüllungsanspruch automatisch ausgeschlossen ist. Der Erfüllungsanspruch **erlischt** vielmehr erst, wenn der Gläubiger nach § 349 den Rücktritt erklärt.[521] Bis dahin hat der Gläubiger die Wahl, ob er weiter Erfüllung verlangt oder das Rücktrittsrecht ausübt.[522] Die Ausübung des Rücktrittsrechts wird nicht dadurch ausgeschlossen, dass der Gläubiger nach Fristablauf zunächst **weiter Erfüllung verlangt** hat. Eine erneute Fristsetzung ist hier also entbehrlich (→ § 27 Rn. 25).[523]

14

Übt der Gläubiger sein Rücktrittsrecht aus, so wandelt sich der Vertrag in ein **Rückgewährschuldverhältnis** nach §§ 346 ff. um. Die Einzelheiten sind im 6. Teil (→ § 40 Rn. 1 ff.) zu behandeln.

> **Literatur:** *Canaris*, Auswirkungen des Gesetzes zur Modernisierung des Schuldrechts auf das Recht des Handelskaufs und der Kommission, FS Konzen, 2006, 43; *Müller/Matthes*, Notwendigkeit einer richtlinienkonformen Bestimmung der Leistung in § 323 V bei Teilschlechtleistung und Teilleistung, AcP 204 (2004), 732; *Schwarze*, »Steht und fällt« – Das Rätsel der relativen Fixschuld, AcP 207 (2007), 437. Vgl. außerdem die Nachweise zu § 32.

---

519 BT-Drs. 14/6040, 187; Palandt/*Grüneberg* § 323 Rn. 29.
520 Vgl. NK-BGB/*Dauner-Lieb* § 281 Rn. 57.
521 NK-BGB/*Dauner-Lieb*/*Dubovitskaya* § 323 Rn. 21; Palandt/*Grüneberg* § 323 Rn. 33.
522 Vgl. Palandt/*Grüneberg* § 323 Rn. 33.
523 Vgl. BGH NJW 2006, 1198 = JA 2006, 562 *(Kellermann)*.

§ 34 Schutzpflichtverletzung

1   Verletzt der Schuldner eine **Schutzpflicht** iSd § 241 II, so ist das Erfordernis der Fristsetzung nicht passend. § 324 stellt daher darauf ab, ob dem Gläubiger die Leistung durch den Schuldner noch **zumutbar** ist.

I. Voraussetzungen

2   Die Regelung des § 324 entspricht **§ 282**. Wegen der Voraussetzungen kann deshalb auf die Darlegungen zu dieser Vorschrift (→ § 27 Rn. 34 ff.) verwiesen werden. Dies gilt insbesondere mit Blick auf die Grundsätze, die bei der Beurteilung der **Unzumutbarkeit** zu beachten sind.

Im Unterschied zum Anspruch auf Schadensersatz statt der Leistung nach §§ 280 I, III, 282 setzt der Rücktritt nach § 324 **nicht** voraus, dass der Schuldner die Pflichtverletzung zu **vertreten** hat. Anders als bei § 323 (→ § 33 Rn. 1) ist das Vertretenmüssen nach der ratio des § 324 allerdings nicht vollständig irrelevant und kann daher bei der Beurteilung der *Zumutbarkeit* berücksichtigt werden.[524] Hat der Schuldner die Pflichtverletzung nicht zu vertreten, so müssen die gegen die Zumutbarkeit streitenden sonstigen Gründe demnach besonders gewichtig sein.

Dem Wortlaut nach setzt § 324 einen wirksamen **gegenseitigen Vertrag** voraus. Die Vorschrift ist aber nach Sinn und Zweck auf einseitig verpflichtende Verträge wie den Maklervertrag (§ 652; → SchuldR BT § 37 Rn. 2) oder den Auftrag (§ 662) entsprechend anwendbar.[525] Darüber hinaus kommt ein Rücktritt nach § 324 auch dann in Betracht, wenn der Gläubiger aufgrund einer **vorvertraglichen** Informations- oder Aufklärungspflichtverletzung einen ungünstigen Vertrag abgeschlossen hat (→ § 8 Rn. 18).

II. Mitverantwortlichkeit des Gläubigers

3   Auch im Anwendungsbereich des § 324 kann der Fall eintreten, dass der **Gläubiger** für die Pflichtverletzung allein oder weit überwiegend **verantwortlich** ist.

> **Beispiel:** Als der Kellner K im Putenbrust-Fall (→ § 27 Rn. 40) den Wein servieren will, stößt der Gast G infolge von Unachtsamkeit mit dem Arm gegen das Tablett. Der Wein ergießt sich darauf über das weiße Hemd des G. Kann G zurücktreten?

Der Regierungsentwurf wollte das Problem durch **Verweisung auf § 323 VI** lösen.[526] Im Rechtsausschuss wurde die Verweisung jedoch mit der Erwägung gestrichen, die in § 323 VI geregelten Ausschlussgründe ließen sich *nicht ohne Weiteres* auf § 324 übertragen. Die (Mit-)Verantwortlichkeit des Gläubigers könne besser im Rahmen der Zumutbarkeit berücksichtigt werden.[527]

Aufgrund der eindeutigen Entscheidung des Gesetzgebers ist eine analoge Anwendung des § 323 VI ausgeschlossen. Dies ist aber kein Nachteil, weil das Kriterium der **Zumutbarkeit** die **flexibleren** Lösungen ermöglicht. So lässt sich bei der Zumutbar-

---

524 Vgl. NK-BGB/*Dauner-Lieb* § 324 Rn. 11.
525 Vgl. Erman/*Westermann* § 324 Rn. 3; Soergel/*Gsell* § 324 Rn. 2; *Canaris* FS Kropholler, 2008, 3 (18).
526 Vgl. § 324 S. 2 RE; dazu BT-Drs. 14/6040, 187.
527 Begr. der Beschlussempfehlung, BT-Drs. 14/7052, 193.

keit auch ein geringeres Maß der Mitverantwortlichkeit berücksichtigen als nach § 323 VI.[528]

Literatur: Vgl. die Nachweise zu § 32.

§ 35 Unmöglichkeit

I. Anwendungsbereich

Für den Fall der Unmöglichkeit ist das Schicksal der Gegenleistungspflicht in § 326 geregelt. Die Vorschrift erfasst alle Sachverhalte, bei denen die **Leistungspflicht** nach § 275 **ausgeschlossen** ist. Sie gilt also nicht nur für die »echte« Unmöglichkeit (§ 275 I), sondern auch für die praktische und die persönliche Unmöglichkeit (§ 275 II, III). In den beiden letzteren Fällen ist allerdings erforderlich, dass der Schuldner sein Leistungsverweigerungsrecht geltend gemacht hat. Denn § 326 I 1 setzt voraus, dass der Schuldner nicht zu leisten *braucht*.[529] Erbringt der Schuldner die Leistung mit überobligatorischen Anstrengungen, so bleibt die Gegenleistungspflicht daher bestehen.

Im Rahmen des § 326 kommt es (ebenso wie bei § 275) nicht darauf an, ob das Leistungshindernis schon bei Vertragsschluss vorlag oder erst nachträglich eingetreten ist. Erfasst wird also sowohl die **anfängliche** als auch die **nachträgliche** Unmöglichkeit. Darüber hinaus ist auch nicht relevant, ob der Schuldner das Leistungshindernis zu vertreten hat.

II. Wegfall der Gegenleistungspflicht (§ 326 I)

1. Grundsatz

Ist die Leistungspflicht des Schuldners aufgrund von Unmöglichkeit ausgeschlossen, so ist eine Fristsetzung sinnlos. Es ist grundsätzlich nicht einmal erforderlich, dass der Gläubiger den Rücktritt erklärt. Denn der Gläubiger kann wegen § 275 ohnehin nicht auf Erfüllung bestehen. § 326 I 1 sieht daher vor, dass der Anspruch auf die Gegenleistung **kraft Gesetzes** entfällt. Diese Rechtsfolge entspricht dem Gedanken der vertragsrechtlichen Austauschgerechtigkeit. Wenn der Schuldner seine Leistung bei einem gegenseitigen Vertrag nicht erbringen muss, so kann er auch nicht die Gegenleistung verlangen.[530] Auf eine Pflichtverletzung oder ein Verschulden kommt es daher auch insoweit grundsätzlich nicht an. Aus der Ratio des § 326 I 1 folgt aber, dass die nach § 275 I–III ausgeschlossene Leistungspflicht des Schuldners im **Austauschverhältnis** (Synallagma) mit der Gegenleistungspflicht stehen muss.[531] Ansonsten bleibt nur ein Rücktritt nach § 326 V (→ § 35 Rn. 29).

---

528 Vgl. Staudinger/*Schwarze*, 2020, § 324 Rn. 57; für entsprechende Anwendung des § 323 VI PWW/*Stürner* § 324 Rn. 7; MüKoBGB/*Ernst* § 324 Rn. 15.
529 Vgl. BGH NJW 2013, 1074 (1077); HK-BGB/*Schulze* § 326 Rn. 3; PWW/*Stürner* § 326 Rn. 4; *Canaris* JZ 2001, 499 (508 f.).
530 Näher zur Ratio des § 326 I 1 *Canaris* FS Kropholler, 2008, 3 (4).
531 So auch Palandt/*Grüneberg* § 326 Rn. 2; MüKoBGB/*Ernst* § 326 Rn. 7.

2. Teilweise Unmöglichkeit

3 Bei **teilweiser** Unmöglichkeit entfällt der Anspruch auf die Gegenleistung anteilig (»soweit«). Für die Berechnung verweist § 326 I 1 Hs. 2 auf die *Minderung* im Kaufrecht (§ 441 III). Die Gegenleistung ist danach in dem Verhältnis herabzusetzen, in welchem zur Zeit des Vertragsschlusses der Wert der vollständigen Leistung zum Wert der noch möglichen Teilleistung gestanden hat. Dies entspricht der Regelung des § 323 I Hs. 2 aF. Die relative Berechnungsmethode hat den Zweck, das vertraglich vereinbarte Verhältnis von Leistung und Gegenleistung aufrechtzuerhalten.

> **Beispiel:** Der Wert der vollständigen Leistung beträgt 100 EUR, der Wert der Teilleistung 50 EUR. Als Gegenleistung war die Zahlung von 80 EUR vereinbart. Nach § 326 I 1 iVm § 441 III mindert sich die Gegenleistungspflicht auf 40 EUR.

4 Die automatische Minderung der Gegenleistung wird den Interessen des Gläubigers nicht gerecht, wenn er an der möglichen Teilleistung *kein Interesse* hat. Nach § 326 V iVm § 323 V 1 kann der Gläubiger in diesem Fall aber – und zwar ohne Fristsetzung – **vom ganzen Vertrag zurücktreten** (→ § 35 Rn. 28).

3. Irreparable Schlechtleistung (qualitative Unmöglichkeit)

5 Nach § 326 I 2 entfällt die Gegenleistungspflicht nicht automatisch, wenn den Schuldner bei nicht vertragsgemäßer Leistung nach § 275 I–III keine Nacherfüllungspflicht trifft. Die Vorschrift betrifft die **irreparable Schlechtleistung** (→ § 22 Rn. 17). Konstruktiv handelt es sich um einen Fall der teilweisen Unmöglichkeit (»qualitative Teilunmöglichkeit«).[532] Eine automatische Minderung würde aber nicht mit den Regeln über die Gewährleistung für Mängel im Kauf- und Werkvertragsrecht harmonieren. Hier kann der Gläubiger wählen, ob er vom Vertrag zurücktritt oder die Gegenleistung mindert (§§ 437 Nr. 2, 634 Nr. 3). Dieses Wahlrecht wird durch § 326 I 2 abgesichert.[533] Die Minderung tritt somit nur bei einer entsprechenden Erklärung des Gläubigers ein (vgl. §§ 441, 638). Will dieser sich stattdessen vom Vertrag lösen, muss er nach § 326 V zurücktreten (→ § 35 Rn. 26).

4. Abgrenzung

6 Bei der *Abgrenzung* zwischen der teilweisen Unmöglichkeit nach § 326 I 1 Hs. 2 und der irreparablen Schlechtleistung nach § 326 I 2 ist zu beachten, dass die **Zuwenigleistung** im Kauf- und Werkvertragsrecht der mangelhaften Leistung gleichgestellt ist (§§ 434 III, 633 II 3). Dies hat zur Folge, dass die besonderen Regeln über die Gewährleistung auf Zuwenigleistungen anzuwenden sind.[534] Damit trifft auf Zuwenigleistungen aber auch die Ratio für den Ausschluss der automatischen Minderung durch § 326 I 2 zu. Zuwenigleistungen sind insofern also wie Schlechtleistungen zu behandeln.

---

532 Vgl. NK-BGB/*Dauner-Lieb* § 326 Rn. 11; krit. *Peukert* AcP 205 (2005), 430 (437).
533 Vgl. BT-Drs. 14/6040, 189; HK-BGB/*Schulze* § 326 Rn. 6.
534 Vgl. Staudinger/*Schwarze*, 2020, § 326 Rn. B 75.

III. Ausnahmen vom Wegfall der Gegenleistungspflicht (§ 326 II)

Nach § 326 II bleibt die Gegenleistungspflicht in **zwei Fällen** bestehen, obwohl der Schuldner die Leistung nach § 275 nicht zu erbringen braucht. Die *Gegenleistungsgefahr* wird damit auf den Gläubiger verlagert. 7

1. Verantwortlichkeit des Gläubigers für die Unmöglichkeit

a) Allgemeines

Der Schuldner behält nach § 326 II 1 Alt. 1 den Anspruch auf die Gegenleistung, wenn der **Gläubiger** für das Leistungshindernis allein oder weit überwiegend **verantwortlich** ist. Ein schlichtes Überwiegen der Verantwortlichkeit genügt also nicht. Für die Bestimmung der Umstände, die der Gläubiger zu vertreten hat, gelten die gleichen Grundsätze wie bei § 323 VI Alt. 1 (→ § 33 Rn. 12). Die §§ 276 ff. sind also entsprechend anzuwenden. 8

> **Beispiel:** Der Alleinunterhalter A hat es übernommen, gegen eine Gage von 1.500 EUR auf dem Betriebsfest der F-AG »für Stimmung zu sorgen«. Am Vortag des Festes stürzt A bei der Probe von der Bühne, weil die Angestellten der F diese unsachgemäß abgesichert haben. Aufgrund seiner Verletzungen ist A am nächsten Tag nicht in der Lage, den Auftritt bei F durchzuführen. Muss F ihm gleichwohl die Gage bezahlen?
> Der A könnte einen Anspruch auf Zahlung der 1.500 EUR aus § 631 haben. Zwischen F und A ist ein Werkvertrag zustande gekommen.[535] Da der Auftritt des A nicht nachgeholt werden kann, ist seine Leistungspflicht nach § 275 I erloschen. Nach § 326 I 1 wäre damit grundsätzlich auch die Gegenleistungspflicht der F entfallen. Der Unfall beruht jedoch darauf, dass die Arbeiter der F die Bühne unsachgemäß aufgebaut haben. Dieses pflichtwidrige und schuldhafte Verhalten muss F sich nach § 278 zurechnen lassen. Die F hat damit das Leistungshindernis allein zu verantworten. Nach § 326 II 1 Alt. 1 behält A deshalb den Anspruch auf Zahlung der Gage.[536]

In der Literatur wird zum Teil dafür plädiert, die Verantwortlichkeit des Gläubigers auf sämtliche Umstände auszuweiten, die seiner **Sphäre** zuzuordnen sind.[537] Eine solche Lösung führt jedoch zu einer unangemessenen Ungleichbehandlung von Gläubiger und Schuldner.[538] In den Fällen der **Zweckerreichung** und des **Zweckfortfalls** (→ § 21 Rn. 4 f.) lässt sich die Anwendbarkeit des § 326 II Alt. 1 daher auch nicht mit der Begründung bejahen, das Vorhandensein und die Eignung des Leistungssubstrats seien Umstände, für die der Gläubiger unbedingt einstehen müsse. Im Einzelfall muss aber genau geprüft werden, ob dem Schuldner ein partieller Vergütungsanspruch nach § 645 (analog) zuzubilligen ist (→ SchuldR BT § 33 Rn. 31).[539] 9

b) Verantwortlichkeit des Gläubigers bei anfänglicher Unmöglichkeit

Die Vorschrift des § 326 II 1 Alt. 1 ist auf die nachträgliche Unmöglichkeit zugeschnitten. Bei **anfänglicher Unmöglichkeit** passt sie zumindest nicht unmittelbar. Denn ebenso wie aufseiten des Schuldners (→ § 28 Rn. 11) kann das Vertretenmüssen bei anfänglicher Unmöglichkeit aufseiten des Gläubigers nicht auf den Umstand bezogen 10

---

535 Zur Qualifikation solcher Verträge MüKoBGB/*Spinner* § 611 Rn. 29.
536 Zu einem ähnlichen Fall Bühnenoberschiedsgericht Hamburg NJW 1995, 903 (904): »Arbeitsunfall« (Sturz) einer Opernsängerin im Rahmen eines Gastspielvertrags.
537 So etwa *Esser/Schmidt* SchuldR I 2 § 23 II 2.
538 *Larenz* SchuldR I § 25 III; gegen die Sphärentheorie auch *Harke* SchuldR AT Rn. 252.
539 Vgl. *Medicus/Lorenz* SchuldR AT Rn. 440; *Larenz* SchuldR I § 21 Ic.

werden, aufgrund dessen die Leistungspflicht des Schuldners nach § 275 schon bei Vertragsschluss ausgeschlossen ist.⁵⁴⁰ Vor dem Vertragsschluss trifft den Gläubiger nämlich keine Obliegenheit gegenüber dem Schuldner, den Eintritt des Leistungshindernisses zu vermeiden.

11 Für das Vertretenmüssen kann aufseiten des Gläubigers auch nicht entsprechend § 311a II 2 auf die **Unkenntnis des Leistungshindernisses** abgestellt werden. Die Haftung nach § 311a II beruht nämlich auf dem Gedanken, dass der Schuldner ein Leistungsversprechen gegeben hat, obwohl er das Leistungshindernis kannte oder kennen musste. Aufseiten des Gläubigers kann ein vergleichbarer Tatbestand nicht vorliegen. Man müsste den Gläubiger daher *allein* wegen der schuldhaften Unkenntnis des Leistungshindernisses an der Gegenleistungspflicht festhalten. Dies lässt sich aber nicht legitimieren. Es ist somit davon auszugehen, dass der Ausschlussgrund des § 326 II 1 Alt. 1 bei anfänglicher Unmöglichkeit **nicht wirksam** werden kann.

> **Beispiel:** Der K hat von V für 50.000 EUR ein Gemälde gekauft, das V einem Museum als »Leihgabe« zur Verfügung gestellt hatte. Das Gemälde war am Vortag von einem Geisteskranken bei einem Säureanschlag völlig zerstört worden. Der V war über den Anschlag nicht informiert worden. Der K hatte dagegen durch Zufall davon erfahren, die Nachricht aber aus Fahrlässigkeit auf ein anderes Bild bezogen. Hier lässt sich die Zahlungspflicht des K nicht mit der Begründung aufrechterhalten, er habe das Leistungshindernis kennen müssen.

c) Von beiden Seiten zu vertretende Unmöglichkeit

12 § 326 II 1 Alt. 1 betrifft nur den Fall, dass der Gläubiger allein oder weit überwiegend für die Unmöglichkeit verantwortlich ist. Die **von beiden Seiten zu vertretende Unmöglichkeit** ist dagegen nicht ausdrücklich geregelt.

> **Beispiel** (OLG Frankfurt a. M. NJW-RR 1995, 435): Der K hat bei V eine Transferpresse zur Herstellung von Steckschlüsseln bestellt. Im Kaufpreis von 500.000 EUR ist die »Erprobung der Einrichtung« im Betrieb des V inbegriffen. Der vereinbarte Liefertermin kann von V nicht eingehalten werden, weil K das für die Erprobung benötigte Material nicht zur Verfügung stellt. V ist hierüber so verärgert, dass er die Maschine kurzerhand an einen Dritten (D) verkauft. Dabei muss er einen Preisnachlass von 70.000 EUR gewähren. K verlangt darauf von V Schadensersatz. Seinen Schaden (Mehrkosten für den Erwerb einer anderen Transferpresse) beziffert er auf 80.000 EUR.
> Durch die Übereignung der Transferpresse an D hat V es sich schuldhaft unmöglich gemacht, seine vertraglichen Verpflichtungen gegenüber K zu erfüllen. K hat zwar seine Mitwirkungspflichten verletzt. Dies gab V jedoch nicht das Recht, sich ohne Fristsetzung vom Vertrag zu lösen. K ist für die Unmöglichkeit aber mitverantwortlich. Indem er dem V nicht das erforderliche Material zur Verfügung stellte, hat er die anderweitige Veräußerung der Presse schuldhaft provoziert. Die Unmöglichkeit ist daher von beiden Parteien zu vertreten.

13 Zur Lösung solcher Fälle ist eine Vielzahl von Vorschlägen entwickelt worden.⁵⁴¹ Weitgehend anerkannt ist heute, dass die Ansprüche der Beteiligten zunächst getrennt zu betrachten sind. Dem Gläubiger steht danach ein **Schadensersatzanspruch aus §§ 280 I, III, 283** zu, der gem. § 254 nach den jeweiligen Verantwortungsanteilen zu

---

540 Auf die Verursachung des Leistungshindernisses abstellend aber Staudinger/*Schwarze*, 2020, § 326 Rn. C 16.
541 Vgl. Staudinger/*Schwarze*, 2020, § 326 Rn. C 105 ff.; *Brade* JA 2013, 413 ff. Der BGH hat die Lösung in einer neueren Entscheidung (BGH BeckRS 2015, 01272 Rn. 16 = JA 2015, 868 *[Looschelders]*) offen gelassen.

kürzen ist. Aufseiten des Schuldners stellt sich die Frage nach dem **Schicksal des Gegenleistungsanspruchs**. Vor der Schuldrechtsreform herrschte die Auffassung vor, der Schuldner habe bei beiderseits zu vertretender Unmöglichkeit einen Gegenleistungsanspruch, der analog § 254 um seinen Verantwortungsanteil zu kürzen sei.[542] In der Literatur wird teilweise dafür plädiert, hieran auf der Grundlage des geltenden Rechts festzuhalten.[543] Dem wird jedoch zu Recht entgegengehalten, dass der Gegenleistungsanspruch im Fall der Unmöglichkeit nach § 326 I Hs. 1 *vollständig* entfällt, sofern der Gläubiger für die Unmöglichkeit nicht *allein* oder *weit überwiegend* verantwortlich ist (§ 326 II 1 Alt. 1).[544] Dieser Ausnahmetatbestand liegt aber gerade nicht vor, wenn beide Parteien gleichermaßen für die Unmöglichkeit verantwortlich sind, sodass es bei der Grundregel des § 326 I Hs. 1 bleiben muss.

Die vorstehenden Überlegungen zwingen indes nicht dazu, den Gegenleistungsanspruch aufseiten des Schuldners völlig außer Betracht zu lassen. Geht man von der Grundregel des § 326 I aus, so erleidet der Schuldner aufgrund der Unmöglichkeit einen Schaden, der im Verlust des Gegenleistungsanspruchs liegt. Da dieser Schaden (auch) auf dem pflichtwidrigen Verhalten des Gläubigers[545] beruht, hat der Schuldner einen **Schadensersatzanspruch aus § 280 I**, der wieder nach § 254 zu kürzen und dann mit dem Anspruch des Gläubigers aus §§ 280 I, III, 283 zu verrechnen ist.[546]

14

> **Beispiel:** Wird die Verantwortlichkeit von K und V im Transferpressen-Fall gleich gewichtet, so gelangt man zu folgendem Ergebnis. Nach §§ 280 I, III, 283 hat K gegen V einen Schadensersatzanspruch iHv 80.000 EUR, der nach § 254 auf 40.000 EUR zu kürzen ist. Der Kaufpreisanspruch des V gegen K ist nach § 326 I entfallen. Wegen der Verletzung der Mitwirkungspflicht steht V jedoch ein Schadensersatzanspruch aus § 280 I zu. Der Schaden des V beträgt 70.000 EUR (Verlust des Kaufpreisanspruchs gemindert um den Veräußerungserlös). Dieser Betrag ist nach § 254 um den Verantwortungsanteil des V auf 35.000 EUR zu kürzen. Verrechnet man beide Ansprüche, so steht K ein Schadensersatzanspruch gegen V iHv 5.000 EUR zu.

Der Gläubiger kann in den Fällen der beiderseits zu vertretenden Unmöglichkeit auch nach § 326 V vom Vertrag **zurücktreten**.[547] Der Rücktritt ist nach § 326 V iVm § 323 VI nur dann ausgeschlossen, wenn der Gläubiger die Unmöglichkeit allein oder weit überwiegend zu vertreten hat.[548] Verlangt der Gläubiger aufgrund des Rücktritts

15

---

542 Vgl. OLG Frankfurt a. M. NJW-RR 1995, 435; *Huber* Leistungsstörungen Bd. II § 57 II; *Faust* JuS 2001, 133 (135 ff.); *Looschelders* JuS 1999, 949 ff. Anspruchsgrundlage war § 324 aF.
543 So *Brox/Walker* SchuldR AT § 22 Rn. 41; *Stoppel* JURA 2003, 224 (226 ff.).
544 So überzeugend *Canaris* FS E. Lorenz, 2004, 147 (158 ff.).
545 Die Einordnung der Pflichtverletzung hängt vom Einzelfall ab. Häufig liegt die Verletzung einer leistungsbezogenen Nebenpflicht (zB Mitwirkungspflicht) vor. Ansonsten muss mit der Pflicht des Gläubigers zur Rücksichtnahme auf die Vermögensinteressen des Schuldners (§ 241 II) argumentiert werden.
546 Jauernig/*Stadler* § 326 Rn. 22; Palandt/*Grüneberg* § 326 Rn. 15; *Medicus/Lorenz* SchuldR AT Rn. 444; *Canaris* FS E. Lorenz, 2004, 147 (158 ff.); krit. Staudinger/*Schwarze*, 2020, § 326 Rn. C 123 ff.
547 Palandt/*Grüneberg* § 326 Rn. 15. Die praktische Bedeutung des Rücktritts ist auch hier freilich gering, da sich der Rückzahlungsanspruch des Gläubigers schon aus § 326 IV iVm § 346 I ergibt.
548 BGH BeckRS 2015, 01272 Rn. 10 = JA 2015, 868 (*Looschelders*); aA Staudinger/*Schwarze*, 2020, § 326 Rn. C 152, wonach das Rücktrittsrecht schon dann ausgeschlossen sein soll, wenn der Gläubiger das Leistungshindernis überwiegend oder zur Hälfte zu vertreten hat.

Rückzahlung eines bereits geleisteten Kaufpreises, so kann der Schuldner aber gegebenenfalls mit einem (nach § 254 gekürzten) Schadensersatzanspruch aufrechnen.[549]

2. Annahmeverzug

16 Nach § 326 II 1 Alt. 2 bleibt der Gegenleistungsanspruch auch dann bestehen, wenn die Unmöglichkeit zu einer Zeit eintritt, zu der der Gläubiger in **Annahmeverzug** ist. Voraussetzung ist allerdings, dass der Schuldner die Unmöglichkeit nicht zu vertreten hat. Hier wirkt sich jedoch wiederum aus, dass der Schuldner im Annahmeverzug des Gläubigers nach § 300 I nur Vorsatz und grobe Fahrlässigkeit zu vertreten hat (→ § 36 Rn. 15).

3. Rechtsfolgen

17 Wenn die Voraussetzungen des § 326 II 1 vorliegen, behält der Schuldner den Anspruch auf die Gegenleistung, ohne die Leistung seinerseits erbringen zu müssen. Er muss sich aber die Vorteile **anrechnen** lassen, die er aufgrund der Befreiung von der Leistung oder durch anderweitige Verwendung seiner Arbeitskraft erworben oder böswillig nicht erworben hat (§ 326 II 2). *Böswilligkeit* setzt keine Schädigungsabsicht voraus. Es genügt, dass der Schuldner bewusst auf die Wahrnehmung einer zumutbaren Erwerbsmöglichkeit verzichtet.[550]

4. Exkurs: Weitere Ausnahmen vom Wegfall der Gegenleistungspflicht

18 § 326 II regelt die Ausnahmen vom Wegfall der Gegenleistungspflicht nicht abschließend. Vielmehr finden sich im **Besonderen Schuldrecht** weitere Vorschriften, nach denen die *Gegenleistungsgefahr* entgegen der Grundregel des § 326 I 1 vom Gläubiger zu tragen ist.

19 Im **Kaufrecht** sind die §§ 446, 447 (→ SchuldR BT § 10 Rn. 2 ff.) zu beachten. Nach § 446 S. 1 geht die Gefahr des zufälligen Untergangs und der zufälligen Verschlechterung mit der *Übergabe* der verkauften Sache auf den Käufer über. Der Übergabe steht nach § 446 S. 3 der *Annahmeverzug* gleich. Für den **Versendungskauf** verlagert § 447 I den Gefahrübergang auf die Auslieferung der Sache an die Transportperson vor. Beim **Verbrauchsgüterkauf** gilt diese Regelung nach § 475 II allerdings nur, wenn die Frachtperson vom Käufer beauftragt wurde und der Verkäufer sie ihm vorher nicht benannt hat (→ SchuldR BT § 14 Rn. 9). Ist die Frachtperson vom Verkäufer ausgewählt worden, tritt der Gefahrübergang erst mit Übergabe der Sache an den Käufer ein.

> **Zur Vertiefung:** Das Verhältnis zwischen § 326 II 1 Alt. 2 und § 446 S. 3 ist umstritten. Beide Vorschriften stellen auf den Annahmeverzug ab. In der Literatur wird die Auffassung vertreten, der § 446 S. 3 gehe dem § 326 II 1 Alt. 2 aus Gründen der Spezialität vor.[551] Hiergegen spricht aber, dass § 446 S. 3 in erster Linie den maßgeblichen Zeitpunkt für den Übergang der Nutzungen und Lasten (§ 446

---

549 Zum Fortbestand des Schadensersatzanspruchs des Gläubigers aus § 280 I iVm § 254 trotz Rücktritts *Canaris* FS E. Lorenz, 2004, 147 (161 f.); zu einem Sonderfall (Schadensersatzanspruch des Gläubigers aus § 823 I iVm § 254) BGH BeckRS 2015, 01272 Rn. 12 ff. = JA 2015, 868 *(Looschelders)*.
550 Palandt/*Grüneberg* § 326 Rn. 13.
551 So insbesondere *Brox/Walker* SchuldR AT § 22 Rn. 45.

> S. 2) und das Vorliegen von Sachmängeln (§ 434) festlegen soll. In Bezug auf den Übergang der Preisgefahr hat § 326 II 1 Alt. 2 dagegen den spezielleren Regelungsgehalt.[552]

Im Rahmen von **Dienstverträgen** kann der Verpflichtete für die infolge von Annahmeverzug nicht geleisteten Dienste nach § 615 S. 2 die vereinbarte Vergütung verlangen, ohne zur Nachleistung verpflichtet zu sein. Er muss sich jedoch anrechnen lassen, was er infolge des Unterbleibens der Dienstleistung erspart oder durch anderweitige Verwendung seiner Dienste erworben oder böswillig nicht erworben hat (§ 615 S. 2). Für das Arbeitsrecht werden diese Regelungen durch § 615 S. 3 auf alle Fälle erweitert, in denen der Arbeitgeber das Risiko des Arbeitsausfalls trägt (→ SchuldR BT § 29 Rn. 40). 20

Im **Werkvertragsrecht** geht die Gefahr grundsätzlich mit der *Abnahme* des Werkes auf den Besteller über (§ 644 I 1). § 644 I 2 verlagert den Übergang der Gefahr auf den Annahmeverzug des Bestellers vor. Bei *Versendung* des Werkes gilt § 447 entsprechend (§ 644 II). 21

Eine weitere Sonderregelung zu § 326 I 1 trifft **§ 645 I** (→ SchuldR BT § 33 Rn. 30). Hiernach kann der Unternehmer einen der geleisteten Arbeit entsprechenden *Teil der Vergütung* und Ersatz der nicht darin enthaltenen Auslagen verlangen, wenn das Werk vor der Abnahme infolge eines Mangels des vom Besteller gelieferten Stoffes oder infolge einer vom Besteller erteilten Anweisung untergegangen, verschlechtert oder unausführbar geworden ist. 22

IV. Besonderheiten bei Geltendmachung des Ersatzes (§ 326 III)

Hat der Schuldner für den geschuldeten Gegenstand einen Ersatz oder einen Ersatzanspruch erlangt, so kann der Gläubiger **wählen,** ob er nach § 285 Herausgabe des Ersatzes bzw. Abtretung des Ersatzanspruchs verlangt (→ § 31 Rn. 8) oder sich nach § 326 I 1 auf den Wegfall der Gegenleistungspflicht beruft.[553] Entscheidet sich der Gläubiger für das stellvertretende commodum, so bleibt er nach § 326 III zur Gegenleistung verpflichtet. 23

Bleibt der Wert des stellvertretenden commodum hinter dem Wert der geschuldeten Leistung zurück, so **mindert** sich der Gegenleistungsanspruch kraft Gesetzes nach Maßgabe des § 441 III. Geht der Wert des stellvertretenden commodum über den Wert der geschuldeten Leistung hinaus (zB Neuwertversicherung), so kann der Gläubiger das volle Surrogat verlangen, ohne dass sich der Gegenleistungsanspruch *erhöht*.[554] Die Entscheidung für das stellvertretende commodum kann daher für den Gläubiger wirtschaftlich sehr interessant sein. 24

> **Beispiel:** K hat von V für 24.000 EUR einen Pkw (Wert: 25.000 EUR) gekauft. Vor der Übereignung wird das Fahrzeug von Unbekannten ohne Verschulden des V entwendet. V hatte das Fahrzeug bei dem Versicherungsunternehmen U zum Neuwert (30.000 EUR) gegen Diebstahl versichert. Zahlt U die Versicherungssumme an V aus, so steht dem K nach § 285 ein Anspruch gegen V auf Zahlung der 30.000 EUR zu. K bleibt nach § 326 III (nur) zur Zahlung des verein-

---

552 So auch HK-BGB/*Saenger* § 446 Rn. 2.
553 Zu diesem Wahlrecht vgl. MüKoBGB/*Ernst* § 326 Rn. 94.
554 Vgl. PWW/*Schmidt-Kessel*/*Kramme* § 285 Rn. 8; Soergel/*Wiedemann* § 323 Rn. 47; MüKoBGB/*Ernst* § 326 Rn. 97, 102; einschr. Staudinger/*Caspers*, 2019, § 285 Rn. 41.

barten Kaufpreises verpflichtet.[555] Nach Aufrechnung steht ihm also ein Anspruch auf Zahlung von 6.000 EUR gegen V zu.

V. Rückforderung der schon erbrachten Gegenleistung (§ 326 IV)

25 Hat der Gläubiger die Gegenleistung schon erbracht, so ist er nicht auf bereicherungsrechtliche Ansprüche (§§ 812 ff.) verwiesen, sondern kann das Geleistete nach den für ihn günstigeren Vorschriften über den **Rücktritt** (§§ 346–348) zurückfordern (§ 326 IV). Dies erscheint sachgemäß, weil der Wegfall der Gegenleistungspflicht bei der Unmöglichkeit die Funktion des Rücktritts hat.[556]

VI. Rücktritt

26 Auf den ersten Blick überraschend ist § 326 V. Nach dieser Vorschrift hat der Gläubiger das Recht, bei Unmöglichkeit *ohne Fristsetzung* vom Vertrag **zurückzutreten**. Man fragt sich, welchen Zweck ein solches Rücktrittsrecht haben kann, wenn der Anspruch auf die Gegenleistung schon kraft Gesetzes erlischt. Bei genauerer Betrachtung lassen sich drei Fallgruppen finden, in denen der automatische Wegfall der Gegenleistungspflicht nicht eingreift oder den Interessen des Gläubigers nicht genügt.

1. Irreparable Schlechtleistung

27 Der automatische Wegfall der Gegenleistungspflicht gilt nach § 326 I 2 nicht für **irreparable Schlechtleistungen** (→ § 35 Rn. 5). Hier muss der Gläubiger zurücktreten, wenn er sich vom Vertrag lösen will. Die Vorschriften über die Gewährleistung im Kauf- und Werkvertragsrecht (§§ 437 Nr. 2, 634 Nr. 3) verweisen für den Rücktritt daher auch auf § 326 V.

Nach § 326 V Hs. 2 ist die Vorschrift des § 323 auf den Rücktritt entsprechend anwendbar. Die hier sinnlose **Fristsetzung** ist aber *entbehrlich*.

Aus der Verweisung auf § 323 folgt, dass der Rücktritt bei **unerheblichen Mängeln** ausgeschlossen ist (§ 323 V 2).[557] In einem solchen Fall bleibt dem Gläubiger aber die Minderung, auf die § 323 V 2 nach § 441 I 2 bzw. § 638 I 2 nicht anwendbar ist (→ SchuldR BT § 4 Rn. 49).

2. Teilweise Unmöglichkeit

28 Bei **teilweiser Unmöglichkeit** entfällt der Gegenleistungsanspruch des Schuldners nach § 326 I 1 nur für den Teil der Leistung, welcher nach § 275 nicht erbracht werden muss (→ § 35 Rn. 3 f.). Will sich der Gläubiger vom *ganzen* Vertrag lösen, so muss er deshalb zurücktreten. Nach § 326 V iVm § 323 V 1 setzt der Rücktritt vom ganzen Vertrag aber voraus, dass der Gläubiger an der Teilleistung *kein Interesse* hat (→ § 27 Rn. 28).

---

555 Vgl. Staudinger/*Schwarze*, 2020, § 326 Rn. D 15.
556 Vgl. *Canaris* JZ 2001, 499 (509).
557 Vgl. NK-BGB/*Dauner-Lieb* § 326 Rn. 30.

3. Nicht synallagmatische verknüpfte Leistungspflichten

Der automatische Ausschluss der Gegenleistungspflicht nach § 326 I 1 gilt nur für synallagmatisch miteinander verknüpfte Leistungspflichten (→ § 35 Rn. 2). Braucht der Schuldner eine **nicht im Gegenseitigkeitsverhältnis** stehende Leistungspflicht nach § 275 I–III nicht zu erfüllen, so kann der Gläubiger sich daher nur durch Rücktritt nach § 326 V vom Vertrag lösen.[558] Der Rücktritt wird auch in diesem Fall über § 326 V nach den Kriterien des § 323 V und VI beschränkt.

29

In der Literatur wird darüber hinaus teilweise auch der umgekehrte Fall genannt, dass der **Gläubiger** sich durch den Rücktritt nach § 326 V seinerseits von einer Nebenleistungspflicht befreien will, die nicht im Austauschverhältnis mit der nach § 275 I–III ausgeschlossenen Leistungspflicht des Schuldners steht.[559] Da die Nebenleistungspflichten des Gläubigers der ordnungsgemäßen Erfüllung der Hauptleistungspflichten dienen sollen, werden sie aus Gründen der Akzessorietät im Allgemeinen aber schon nach § 326 I 1 mit erlöschen. Der Rücktritt dürfte hier daher lediglich klarstellende Bedeutung dahingehend haben, dass der Gläubiger die Nebenleistungspflicht nicht erfüllen muss.[560]

4. Bedeutung des Rücktrittsrechts in den sonstigen Fällen

Der Gesetzgeber hat das Rücktrittsrecht des Gläubigers nach § 326 V nicht auf diese drei Fallgruppen beschränkt. Es besteht damit auch dann, wenn die Gegenleistungspflicht nach § 326 I 1 schon kraft Gesetzes ausgeschlossen ist. Praktische Bedeutung soll dies nach den Gesetzesmaterialien für den Fall haben, dass der Gläubiger den **Grund** für die Nichtleistung **nicht kennt**.[561] Ist sich der Gläubiger nicht gewiss, ob die Voraussetzungen des § 275 vorliegen, so sollte er aber sicherheitshalber nach § 323 vorgehen und erst *nach Fristsetzung* zurücktreten.[562] Der Verzicht auf die Fristsetzung hat nur Bedeutung, wenn sich im Nachhinein herausstellt, dass die Nichtleistung auf Unmöglichkeit beruht. In diesem Fall hat der Rücktritt aber allenfalls klarstellende Funktion.

30

> **Literatur:** *Beuthien*, Zweckerreichung und Zweckstörung im Schuldverhältnis, 1969; *Brade*, Die beiderseits zu vertretende Unmöglichkeit, JA 2013, 413; *Canaris*, Die von beiden Parteien zu vertretende Unmöglichkeit, FS E. Lorenz, 2004, 147; *Coester-Waltjen*, Die Gegenleistungsgefahr, JURA 2007, 110; *Faust*, Von beiden Teilen zu vertretende Unmöglichkeit, JuS 2001, 133; *Gruber*, Schuldrechtsmodernisierung 2001/2002 – Die beiderseits zu vertretende Unmöglichkeit, JuS 2002, 1066; *Looschelders*, Die Verteilung des Schadens bei beiderseits zu vertretender Unmöglichkeit – OLG Frankfurt aM, NJW-RR 1995, 435, JuS 1999, 949; *Peukert*, § 326 I S. 2 BGB und die Minderung als allgemeiner Rechtsbehelf, AcP 205 (2005), 430; *Rauscher*, Die von beiden Seiten zu vertretende Unmöglichkeit im neuen Schuldrecht, ZGS 2002, 333; *Stoppel*, Die beiderseits zu vertretende Unmöglichkeit, JURA 2003, 224; *Teubner*, Gegenseitige Vertragsuntreue, 1975. Vgl. außerdem die Nachweise zu §§ 20, 21 und § 32.

---

558 Vgl. Soergel/*Gsell* § 326 Rn. 120; *Canaris* FS Kropholler, 2008, 3 (20).
559 So etwa MüKoBGB/*Ernst* § 326 Rn. 108; Erman/*Westermann* § 326 Rn. 19.
560 So auch BeckOK BGB/*Schmidt*, 54. Ed. 1.5.2020, § 326 Rn. 36.
561 Vgl. Beschlussempfehlung des Rechtsausschusses, BT-Drs. 14/7052, 193.
562 So auch BGH NJW 2013, 1074 (1077); Palandt/*Grüneberg* § 326 Rn. 18; *Canaris* FS Kropholler, 2008, 3 (19).

4. Abschnitt. Die sonstigen Fälle der Leistungsstörung

1 Es gibt eine Anzahl von Leistungsstörungen, die aus unterschiedlichen Gründen **nicht** in die **Pflichtverletzungskonzeption** integriert worden sind. Diese Tatbestände sind nunmehr zu behandeln.

§ 36 Gläubigerverzug

I. Allgemeines

2 Die reguläre Abwicklung des Schuldverhältnisses kann auch dadurch gestört werden, dass der *Gläubiger* eine Mitwirkungshandlung unterlässt, insbesondere die ordnungsgemäß angebotene Leistung nicht annimmt. Man spricht hier vom **Gläubiger-** oder **Annahmeverzug**. Die einschlägigen Vorschriften (§§ 293–304) wurden durch das SchuldRModG kaum verändert. Zu beachten ist aber, dass zentrale Wirkungen des Gläubigerverzugs in den neuen §§ 323 VI Alt. 2, 326 II 1 Alt. 2 geregelt sind.

> **Zur Vertiefung:** Der Gesetzgeber hat den Gläubigerverzug nicht in die §§ 280ff., 323ff. integriert, weil es hier grundsätzlich nicht um Pflichtverletzungen geht, sondern um den Verstoß gegen bloße *Obliegenheiten* (→ § 1 Rn. 26). So ist der Gläubiger gegenüber dem Schuldner im Allgemeinen nicht verpflichtet, die Leistung anzunehmen. Der Gläubigerverzug als solcher löst deshalb keine Schadensersatzansprüche oder Rücktrittsrechte des Schuldners aus, sondern begründet lediglich Rechtsnachteile in eigenen Angelegenheiten. Bei einigen wichtigen Vertragstypen (Kauf-, Werkvertrag) ist die *Annahme* der ordnungsgemäßen Leistung allerdings als echte *Rechtspflicht* ausgestaltet (vgl. §§ 433 II, 640 I). Darüber hinaus sind zahlreiche Mitwirkungshandlungen Gegenstand von *Nebenleistungspflichten*. In diesen Fällen richten sich die Ansprüche und Rechte des Schuldners wegen der Pflichtverletzung nach den §§ 280ff., 323ff. *Daneben* treffen den Gläubiger aber auch die spezifischen Nachteile des Annahmeverzugs.

II. Voraussetzungen des Gläubigerverzugs

3 Die Voraussetzungen des Gläubigerverzugs lassen sich in Anlehnung an den Schuldnerverzug mit der Kurzformel »Nichtannahme trotz Erfüllbarkeit der (möglichen) Leistung und ordnungsgemäßen Angebots« umschreiben.

1. Erfüllbarkeit der (möglichen) Leistung

4 Der Gläubigerverzug setzt zunächst voraus, dass der Schuldner zur Leistung berechtigt ist. Die Leistung muss also nach § 271 **erfüllbar** sein.[563] Ebenso wie beim Schuldnerverzug ist weiter erforderlich, dass der Schuldner die Leistung **erbringen kann**.[564] Ist der Erfüllungsanspruch des Gläubigers nach § 275 ausgeschlossen, so kommt er nicht in Annahmeverzug. Nach § 297 schließt auch die *vorübergehende* Unmöglichkeit (→ § 21 Rn. 16) den Gläubigerverzug aus, wenn sie im Zeitpunkt des Angebots oder zu der für die Mitwirkungshandlung bestimmten Zeit (§ 296) vorliegt.[565] Das gleiche gilt, wenn der Schuldner im maßgeblichen Zeitpunkt nicht leistungsbereit war.[566]

---

[563] *Brox/Walker* SchuldR AT § 26 Rn. 3; Staudinger/*Feldmann*, 2019, § 293 Rn. 12.
[564] Vgl. MüKoBGB/*Ernst* § 293 Rn. 8.
[565] Vgl. *Larenz* SchuldR I § 25 Ic; MüKoBGB/*Ernst* § 297 Rn. 2.
[566] Palandt/*Grüneberg* § 297 Rn. 2.

War der Schuldner ohnehin nicht bereit oder in der Lage, die Leistung zu erbringen, so soll die Obliegenheitsverletzung dem Gläubiger keine Rechtsnachteile bringen.

> **Beispiel:** Klavierschüler S erscheint nicht zur vereinbarten Unterrichtsstunde in der Wohnung der Klavierlehrerin K. Der Unterricht hätte wegen einer Erkrankung der K ohnehin ausfallen müssen. Nach § 297 ist S nicht in Gläubigerverzug gekommen. K hat daher keinen Anspruch auf Zahlung der Vergütung aus § 615. Da Klavierunterricht grundsätzlich nachgeholt werden kann, ist K zur Nachleistung verpflichtet.[567]

2. Ordnungsgemäßes Angebot

a) Notwendigkeit des Angebots

Die Leistung muss dem Gläubiger *ordnungsgemäß angeboten* worden sein (§ 293). Nach § 294 ist grundsätzlich ein **tatsächliches Angebot** erforderlich. Der Schuldner muss die Leistung so anbieten, wie sie zu bewirken ist, also in der richtigen Weise (zB frei von Sach- und Rechtsmängeln, § 433 I 2)[568], am richtigen Ort und zur richtigen Zeit. **5**

Nach § 295 S. 1 Alt. 1 *genügt* ein **wörtliches Angebot,** wenn der Gläubiger die Annahme eindeutig und bestimmt **verweigert** hat.[569] Eine andere Frage ist, ob ein wörtliches Angebot in diesen Fällen generell *erforderlich* ist. Für die vergleichbare Konstellation beim Schuldnerverzug sieht § 286 II Nr. 3 vor, dass die Mahnung entbehrlich sei. Da eine entsprechende Regelung beim Gläubigerverzug fehlt, wird man im Allgemeinen an der Notwendigkeit eines wörtlichen Angebots festhalten müssen. Wenn keine Zweifel bestehen, dass der Gläubiger an seiner Weigerung festhalten wird, kann aber auch das wörtliche Angebot nach § 242 entbehrlich sein.[570] **6**

Ein wörtliches Angebot genügt nach § 295 S. 1 Alt. 2 ferner, wenn eine **Mitwirkungshandlung** des Gläubigers erforderlich ist. Als Beispiel nennt das Gesetz die Abholung der Sache im Fall der *Holschuld* (→ § 12 Rn. 15). Erfasst werden aber auch alle sonstigen Mitwirkungshandlungen (zB Erscheinen zur Anprobe des Maßanzugs). Nach § 295 S. 2 kann das wörtliche Angebot in diesen Fällen durch die Aufforderung an den Gläubiger ersetzt werden, die Mitwirkungshandlung vorzunehmen. **7**

Anders als das tatsächliche Angebot ist das wörtliche Angebot eine **geschäftsähnliche** Handlung. Die §§ 104ff. gelten daher entsprechend.[571]

b) Entbehrlichkeit des Angebots

Nach § 296 ist das Angebot ausnahmsweise entbehrlich, wenn für die Mitwirkungshandlung des Gläubigers eine **Zeit nach dem Kalender** bestimmt ist, oder wenn der Handlung ein **Ereignis** vorauszugehen hat und eine angemessene Zeit für die Handlung in der Weise bestimmt ist, dass sie sich von dem Ereignis an **nach dem Kalender berechnen** lässt. **8**

---

567 Zu diesem Beispiel *Larenz* SchuldR I § 25 Ic.
568 BGH NJW 2017, 1100 Rn. 38 = JA 2017, 306 *(Looschelders);* Staudinger/*Feldmann*, 2019, § 294 Rn. 7f.
569 Vgl. zu einer solchen Konstellation BGH NJW 1997, 581.
570 Vgl. BGH NJW 2001, 287 (288); Palandt/*Grüneberg* § 295 Rn. 4; Staudinger/*Looschelders/Olzen*, 2019, § 242 Rn. 662; aA Staudinger/*Feldmann*, 2014, § 295 Rn. 2.
571 Palandt/*Grüneberg* § 295 Rn. 1; BeckOK BGB/*Lorenz*, 54. Ed. 1.5.2020, § 295 Rn. 6.

> **Beispiele:** (1) Klavierlehrerin K hat mit dem Schüler S vereinbart, dass dieser am Freitag, den 12.3., um 16.00 Uhr zum Unterricht in ihre Wohnung kommen soll.
> (2) Bauherr B hat es gegenüber dem Bauunternehmer U übernommen, die Baumaterialien zu besorgen. B und U haben vereinbart, dass die Materialien vier Wochen nach Erteilung der Baugenehmigung auf der Baustelle zur Verfügung stehen sollen.

9 § 296 entspricht den Vorschriften über die **Entbehrlichkeit der Mahnung** nach § 286 II Nr. 1 und 2. Für die Einzelheiten kann daher auf die dortigen Ausführungen (→ § 26 Rn. 9 ff.) verwiesen werden.

3. Nichtannahme der Leistung

10 Erforderlich ist schließlich, dass der Gläubiger die Leistung **nicht angenommen** oder die Mitwirkungshandlung nicht vorgenommen hat. Nach § 299 schadet eine **vorübergehende Annahmeverhinderung** aber nicht, wenn die Leistungszeit nicht bestimmt ist oder der Schuldner die Leistung vor der bestimmten Zeit erbringen darf. In diesen Fällen kann der Gläubiger nicht vorhersehen, zu welcher Zeit die Leistung erbracht wird. Er müsste also ständig annahmebereit sein, was nicht zumutbar ist.[572] Will der Schuldner den Annahmeverzug herbeiführen, so muss er dem Gläubiger die Leistung daher eine angemessene Zeit vorher **ankündigen** (§ 299 letzter Hs.).

11 Muss der Schuldner die Leistung nur **Zug um Zug** gegen eine Leistung des Gläubigers erbringen, so kommt Letzterer nach § 298 schon dann in Annahmeverzug, wenn er die Gegenleistung nicht anbietet. Ist der Gläubiger vorleistungspflichtig, so ist diese Vorschrift erst recht anwendbar.[573]

12 Ob der Gläubiger die Nichtannahme der Leistung zu **vertreten** hat, ist für den Gläubigerverzug **unerheblich**. Der Gläubiger kommt daher auch dann in Annahmeverzug, wenn er durch Krankheit oder einen unverschuldeten Verkehrsunfall an der Annahme der Leistung gehindert ist.[574] Dies ist ein wesentlicher Unterschied zum Schuldnerverzug, bei dem das Vertretenmüssen der Verzögerung unverzichtbar ist (§ 286 IV).

> **Zur Vertiefung:** Der Verzicht auf das Vertretenmüssen wird damit legitimiert, dass der Gläubigerverzug keine Pflichtverletzung voraussetze und weder Schadensersatzansprüche noch Rücktrittsrechte begründe, sondern »nur« sonstige rechtliche Nachteile mit sich bringe.[575] Da die sonstigen Nachteile bei wirtschaftlicher Betrachtung belastender sein können als Schadensersatz und Rücktritt, ist diese Rechtfertigung nicht unproblematisch. Abhilfe lässt sich aber nur dadurch schaffen, dass man die Wirkungen des Gläubigerverzugs in Ausnahmefällen (zB plötzliche schwere Erkrankung oder Tod des Gläubigers) nach § 242 einschränkt.[576]

---

572 *Larenz* SchuldR I § 25 Id.
573 Palandt/*Grüneberg* § 298 Rn. 1; Staudinger/*Feldmann*, 2019, § 298 Rn. 3.
574 Staudinger/*Feldmann*, 2019, § 293 Rn. 17; *Larenz* SchuldR I § 25 Id.
575 Vgl. etwa *Medicus/Lorenz* SchuldR AT Rn. 544; MüKoBGB/*Ernst* § 293 Rn. 21.
576 Vgl. Staudinger/*Looschelders/Olzen*, 2019, § 242 Rn. 663; BeckOK BGB/*Lorenz*, 54. Ed. 1.5.2020, § 299 Rn. 6; *Larenz* SchuldR I § 25 Id; *Westermann/Bydlinski/Arnold* SchuldR AT Rn. 820.

III. Rechtsfolgen des Gläubigerverzugs

1. Fortbestand der Leistungspflicht

Der Gläubigerverzug lässt die **Leistungspflicht** des Schuldners grundsätzlich **unberührt**. Er führt also weder zum automatischen Wegfall der Leistungspflicht noch begründet er ein Recht des Schuldners zum Rücktritt vom Vertrag. Will der Schuldner sich von der Schuld befreien, so ist er bei beweglichen Sachen auf die Hinterlegung des Leistungsgegenstands (§ 372) bzw. des Versteigerungserlöses (§ 383) verwiesen (→ § 19 Rn. 1 ff.). Bei unbeweglichen Sachen räumt § 303 ihm ein Recht zur Besitzaufgabe ein.

13

Besonderheiten bestehen bei **Dienst-** und **Arbeitsverträgen.** Hier sieht § 615 S. 1 vor, dass der Verpflichtete bei Annahmeverzug des Berechtigten die vereinbarte Vergütung verlangen kann, ohne zur Nachleistung verpflichtet zu sein. Die Leistungspflicht entfällt also kraft Gesetzes. Die Nachleistung wird als nicht zumutbar bewertet, weil sie mit den sonstigen Pflichten und Interessen des Schuldners kollidieren würde.[577] Hat der Verpflichtete durch anderweitige Verwendung seiner Dienste Vorteile erworben oder hat er eine zumutbare anderweitige Erwerbsmöglichkeit böswillig nicht genutzt, so ist ihm dies jedoch nach § 615 S. 2 anzurechnen.

14

2. Haftungserleichterung für den Schuldner

Während des Gläubigerverzugs haftet der Schuldner nach § 300 I nur für **Vorsatz** und **grobe Fahrlässigkeit.** Diese Privilegierung ist das Gegenstück zu der Haftungsverschärfung im Schuldnerverzug nach § 287 S. 1. § 300 I schafft einen Ausgleich dafür, dass der Schuldner wegen des Gläubigerverzugs länger mit der Leistungsgefahr belastet bleibt.[578] Die Vorschrift gilt daher nur für den Untergang und die Verschlechterung des *Leistungsgegenstands,* nicht aber für die Verletzung von *Schutzpflichten* nach § 241 II.[579]

15

> **Beispiel:** Der K hat beim Antiquitätenhändler V eine antike Vase gekauft. K und V vereinbaren, dass die Vase am nächsten Tag um 10.00 Uhr von einem Angestellten des V (A) in die Wohnung des K geliefert werden soll. Als A die Vase zum vereinbarten Zeitpunkt ausliefern will, trifft er den K nicht an. Auf dem Rückweg verursacht A infolge leichter Fahrlässigkeit einen Verkehrsunfall, bei dem die Vase völlig zerstört wird.
> Die Leistungspflicht des V ist nach § 275 I ausgeschlossen. K könnte aber gegen V einen Anspruch aus § 280 I, III, 283 auf Schadensersatz statt der Leistung haben. V muss sich das Verschulden des A nach § 278 zurechnen lassen. Im Zeitpunkt des Unfalls befand K sich jedoch im Annahmeverzug (§§ 293, 294). Nach § 300 I muss V daher nur für Vorsatz und grobe Fahrlässigkeit einstehen.

3. Übergang der Leistungsgefahr bei Gattungs- und Geldschulden

Bei **Gattungsschulden** (§ 243 I) endet das Beschaffungsrisiko des Schuldners nach § 300 II mit Eintritt des Gläubigerverzugs. Geht der ausgewählte Gegenstand anschließend unter, so entfällt die Leistungspflicht des Schuldners nach § 275 I. § 300 II gilt nur für die Leistungsgefahr; die Auswirkungen des Annahmeverzugs auf die Gegenleistungsgefahr sind in § 326 II 1 Alt. 2 (→ § 35 Rn. 16) geregelt.

16

---

[577] Jauernig/*Mansel* § 615 Rn. 1.
[578] Staudinger/*Feldmann*, 2019, § 300 Rn. 3.
[579] Jauernig/*Stadler* § 300 Rn. 3; Palandt/*Grüneberg* § 300 Rn. 2.

Die praktische Bedeutung des § 300 II ist gering. Liegen die Voraussetzungen des Annahmeverzugs vor, so wird im Allgemeinen schon **Konkretisierung** (§ 243 II) eingetreten sein. Dies gilt jedenfalls dann, wenn der Annahmeverzug auf ein *tatsächliches* Angebot des Schuldners nach § 294 zurückgeht. Denn in diesem Fall hat der Schuldner selbst bei der Bringschuld alles getan, was zur Leistung seinerseits erforderlich ist. Der Übergang der Leistungsgefahr vollzieht sich dann nach der allgemeinen Regel des § 243 II.[580]

17 Nach hM hat § 300 II bei der **Bringschuld** einen eigenständigen Anwendungsbereich, wenn ein *wörtliches Angebot* nach § 295 für den Annahmeverzug ausreicht, weil der Gläubiger die Annahme der Leistung verweigert hat.[581] Nach der hier vertretenen Auffassung (→ § 13 Rn. 15) genügt das wörtliche Angebot in diesem Fall aber auch für die Konkretisierung. Die Konkretisierung setzt darüber hinaus zwar voraus, dass die betreffende Sache ausgesondert worden ist. Solange die Aussonderung fehlt, kann die Leistungsgefahr aber auch nicht nach § 300 II auf den Gläubiger übergehen. Denn hierfür muss ebenfalls feststehen, auf welche konkrete Sache der Übergang der Leistungsgefahr sich bezieht.[582]

> **Beispiel:** K hat bei V eine Kiste Bordeaux-Wein zum Preis von 450 EUR gekauft. Beide haben vereinbart, dass der Wein von einem Angestellten des V in die Wohnung des K gebracht werden soll. V lässt die für die Erfüllung bestimmte Kiste aus seinem Weinkeller holen und transportfertig machen. Kurz darauf ruft K bei ihm an und erklärt, er werde den Wein nicht abnehmen, weil der Preis doch zu hoch sei. Als V einwendet, die Kiste stehe schon zur Auslieferung bereit, legt K auf. V lässt den Wein daraufhin von einem Angestellten (A) in den Weinkeller zurückbringen. A stürzt infolge leichter Fahrlässigkeit die Treppe hinunter, wobei sämtliche Flaschen zerstört werden.
> K und V haben eine Bringschuld vereinbart. Bei der Bringschuld tritt Konkretisierung nach § 243 II grundsätzlich erst ein, wenn der Schuldner die Sache dem Gläubiger an dessen Wohnsitz tatsächlich anbietet. Da K die Annahme verweigert hat, genügt nach der hier vertretenen Auffassung für die Konkretisierung aber, dass V die Kiste ausgesondert und die Lieferung wörtlich angeboten hat. Die hM hält auch in solchen Fällen an den allgemeinen Voraussetzungen der Konkretisierung fest. Durch das wörtliche Angebot ist K jedoch in Annahmeverzug geraten (§ 295), sodass die Leistungsgefahr nach § 300 II auf ihn übergegangen ist.

Bei der **Geldschuld** wird § 243 II durch § 270 I verdrängt,[583] sodass keine Konkretisierung stattfindet (→ § 13 Rn. 32). Da § 300 II auf die Geldschuld entsprechend anwendbar ist, geht die Leistungsgefahr im Annahmeverzug aber auch hier auf den Gläubiger über.[584]

> **Beispiel:** Gläubiger (G) verweigert die Annahme des geschuldeten Geldes, das ihm an seinem Wohnsitz vom Schuldner (S) angeboten wird. Auf dem Rückweg wird S von Unbekannten überfallen und ausgeraubt. Da die Leistungsgefahr nach § 300 II auf G übergegangen ist, erlischt die Leistungspflicht des S nach § 275 I.

---

580 MüKoBGB/*Ernst* § 300 Rn. 4.
581 Palandt/*Grüneberg* § 300 Rn. 6; *Medicus/Petersen* BürgerlR Rn. 261.
582 Staudinger/*Feldmann*, 2019, § 300 Rn. 20; *Larenz* SchuldR I § 25 IIb.
583 Staudinger/*Schiemann*, 2019, § 243 Rn. 17.
584 Jauernig/*Berger* § 245 Rn. 10; Soergel/*Schubel* § 300 Rn. 17; *Medicus/Petersen* BürgerlR Rn. 261; für Anwendung des § 243 II in diesen Fällen MüKoBGB/*Ernst* § 300 Rn. 4.

4. Übergang der Preisgefahr und Ausschluss des Rücktrittsrechts

Geht der Leistungsgegenstand während des Gläubigerverzugs unter, so stellt sich bei gegenseitigen Verträgen die Frage nach dem Schicksal der **Gegenleistungspflicht**. § 326 II 1 Alt. 2 sieht hierzu vor, dass der Anspruch auf die Gegenleistung nur entfällt, wenn der Schuldner die Unmöglichkeit zu vertreten hat. Das *Vertretenmüssen* ist nach §§ 276, 278 zu beurteilen, wobei dem Schuldner aber die Privilegierung des § 300 I zugutekommt. Der Gläubiger muss also gegebenenfalls die Gegenleistung erbringen, obwohl der Anspruch auf die Leistung nach § 275 ausgeschlossen ist und der Schuldner das Leistungshindernis leicht fahrlässig herbeigeführt hat. 18

> **Beispiel:** Im Weinkeller-Fall (→ § 36 Rn. 17) ist die Leistungspflicht des V nach § 275 I iVm § 243 II oder § 300 II ausgeschlossen. Nach § 326 II 1 Alt. 2 bleibt K gleichwohl zur Zahlung des Kaufpreises verpflichtet. V muss sich zwar das Verschulden des A nach § 278 zurechnen lassen. Da A nur leicht fahrlässig gehandelt hat, greift zugunsten des V aber die Privilegierung des § 300 I ein.

Während des Gläubigerverzugs kann auch ein Umstand eintreten, der den Gläubiger nach § 323 zum **Rücktritt** berechtigen würde. In diesem Fall ist der Rücktritt nach § 323 VI Alt. 2 ausgeschlossen, wenn der Schuldner den fraglichen Umstand nicht zu vertreten hat (vgl. → § 33 Rn. 13). Die Privilegierung des § 300 I ist auch hier zu berücksichtigen. 19

5. Sonstige Rechtsfolgen

Die §§ 301–304 regeln weitere Rechtsfolgen des Gläubigerverzugs. So hat der Schuldner nach § 301 von einer verzinslichen Geldschuld keine **Zinsen** zu entrichten. Der Gläubiger soll keinen Vorteil daraus haben, dass er den Schuldner durch Nichtannahme der Leistung gehindert hat, die Zinspflicht durch Erfüllung der Geldschuld zum Erlöschen zu bringen. 20

§ 302 schränkt die Pflicht des Schuldners zur Herausgabe der **Nutzungen** (§ 100) des geschuldeten Gegenstands ein. Die Herausgabepflicht beschränkt sich im Annahmeverzug auf die *tatsächlich* gezogenen Nutzungen. Es entfällt damit die von einigen Vorschriften vorgesehene Pflicht zum Ersatz von Nutzungen, die entgegen den Regeln einer ordnungsmäßigen Wirtschaft nicht gezogen worden sind (vgl. §§ 292, 347 I, 987 II, 990).

Ist der Schuldner zur Herausgabe einer **unbeweglichen** Sache verpflichtet, so ist er im Annahmeverzug nach § 303 berechtigt, nach vorheriger Androhung den *Besitz aufzugeben* (§ 856). Die Androhung ist entbehrlich, wenn sie untunlich ist, zB einen übermäßigen Aufwand erfordert. Die Vorschrift soll den Schuldner vor Kosten und Mühen bewahren, die mit der weiteren Sorge für die Sache verbunden wären.[585] Bei beweglichen Sachen wird das Problem dadurch gelöst, dass der Schuldner den Leistungsgegenstand (§ 373) oder den Versteigerungserlös (§ 383) hinterlegen kann (→ § 19 Rn. 1 ff.). 21

Nach § 304 muss der Gläubiger dem Schuldner die **Mehraufwendungen** ersetzen, die für das erfolglose Angebot und die Aufbewahrung und Erhaltung des geschuldeten Gegenstands gemacht werden mussten. Die Vorschrift enthält eine eigenständige An- 22

---

585 Vgl. Staudinger/*Feldmann*, 2019, § 303 Rn. 1.

spruchsgrundlage.⁵⁸⁶ Die Ersatzpflicht umfasst zB Transport-, Lager- und Heizungskosten sowie Versicherungsprämien,⁵⁸⁷ nicht aber entgangenen Gewinn. Der Schuldner kann sich im Rahmen des § 304 also nicht darauf berufen, er habe die geschuldete Sache in einem Raum lagern müssen, der sonst mit Gewinn hätte vermietet werden können.⁵⁸⁸ Der Ersatz solcher Schäden kann aber nach §§ 280 I, II, 286 verlangt werden, wenn die nicht rechtzeitige Abnahme der Sache zugleich die Voraussetzungen des Schuldnerverzugs erfüllt.

> **Literatur:** *Canaris*, Gläubigerverzug und Unmöglichkeit, FS Prölss, 2009, 21; *Feuerborn,* Der Verzug des Gläubigers – Allgemeine Grundzüge und Besonderheiten im Arbeitsverhältnis, JR 2003, 177; *Grunewald,* Der Umfang der Haftungsmilderung für den Schuldner im Annahmeverzug des Gläubigers, FS Canaris I, 2007, 329; *Hönn,* Zur Dogmatik der Risikotragung im Gläubigerverzug bei Gattungsschulden, AcP 177 (1977), 385; *Hüffer,* Leistungsstörungen durch Gläubigerhandeln, 1976; *Kreuzer/Stehle,* Grundprobleme des Gläubigerverzugs, JA 1984, 69; *Schünemann/Schacke,* Der Annahmeverzug – Eine Einführung, JuS 1992, L 1; *Schwerdtner,* Rechtsprobleme des Annahme-(Gläubiger)verzuges, JURA 1988, 419; *Wertheimer,* Der Gläubigerverzug im System der Leistungsstörungen, JuS 1993, 646.

§ 37 Störung der Geschäftsgrundlage

I. Einführung

1 § 313 regelt die **Störung der Geschäftsgrundlage.** Es geht hier vereinfacht ausgedrückt um Fälle, in denen das Festhalten am Vertrag in seiner ursprünglichen Fassung für eine Vertragspartei *unzumutbar* ist, weil wesentliche Umstände sich nach Vertragsschluss geändert oder schon bei Vertragsschluss nicht wie angenommen vorgelegen haben.

2 Beim Abschluss von Verträgen einigen sich die Parteien im Allgemeinen nicht nur über den Vertragsinhalt, sondern setzen *daneben* auch bestimmte tatsächliche und rechtliche Verhältnisse als gegeben voraus. Probleme ergeben sich, wenn diese Verhältnisse von vornherein nicht vorliegen oder sich zwischen Abschluss und Beendigung des Vertrages ändern. Nach dem Grundsatz **pacta sunt servanda** (→ § 41 Rn. 22) ist die belastete Partei auch in diesem Fall prinzipiell verpflichtet, den Vertrag zu den vereinbarten Konditionen zu erfüllen. Ausnahmsweise kann dieser Grundsatz indes aus Billigkeitsgründen **durchbrochen** werden. Liegen die Voraussetzungen des § 313 vor, so kann die benachteiligte Partei eine *Anpassung* des Vertrages verlangen oder sich vom Vertrag *lösen*.

3 Vor der Einfügung des § 313 durch das SchuldRModG sind die Regeln über die Störung der Geschäftsgrundlage aus dem Grundsatz von **Treu und Glauben** (§ 242) abgeleitet worden (→ § 4 Rn. 13, 30). Die Kodifizierung sollte *keine inhaltlichen Änderungen* bringen, sondern nur die hM festschreiben.⁵⁸⁹

---

586 Vgl. MüKoBGB/*Ernst* § 304 Rn. 2.
587 PWW/*Zöchling-Jud* § 304 Rn. 1 f.
588 *Larenz* SchuldR I § 25 IIe.
589 Vgl. BT-Drs. 14/6040, 175; PWW/*Stürner* § 313 Rn. 1.

> **Zur Vertiefung:** Das Rechtsinstitut der Störung der Geschäftsgrundlage ist *historisch* auf die gemein-
> rechtliche Lehre von der *clausula rebus sic stantibus* zurückzuführen.[590] Danach hing das Schicksal des
> Vertrages vom unveränderten Fortbestand der seinem Abschluss zugrunde liegenden Verhältnisse ab.
> Obwohl diese Lehre in einzelnen Vorschriften des BGB ansatzweise wiederzufinden ist (vgl. zB §§ 321,
> 519, 528, 775 I, 779), wurde sie von den Verfassern des BGB nicht zum allgemeinen Grundsatz erho-
> ben. Vielmehr wurde dem pacta sunt servanda-Prinzip der Vorrang eingeräumt.[591] Dieser rigorose
> Standpunkt ließ sich nach dem Ersten Weltkrieg aufgrund der *Inflation* nicht aufrechterhalten. Durch
> die Geldentwertung kam es zu schweren Äquivalenzstörungen. Die Rechtsprechung löste die gravie-
> rendsten Fälle zunächst über § 275 (wirtschaftliche Unmöglichkeit), später über § 242. In der Vi-
> gogne-Spinnerei-Entscheidung von 1922 (→ § 37 Rn. 22) griff das RG schließlich die von *Oertmann*
> begründete Lehre von der Geschäftsgrundlage auf und stellte darauf ab, ob die »Fortdauer der Äquiva-
> lenz von Leistung und Gegenleistung« zur Geschäftsgrundlage des Vertrages geworden war.[592]

II. Anwendungsbereich

Der Anwendungsbereich des § 313 erstreckt sich auf alle **schuldrechtlichen Ver-** 4
träge,[593] und zwar vom Zeitpunkt des Vertragsschlusses bis zur vollständigen Vertragsabwicklung. Danach kann die Störung der Geschäftsgrundlage in der Regel nicht
mehr berücksichtigt werden.[594]

1. Vorrang vertraglicher Vereinbarungen

Aus dem Grundsatz der Privatautonomie folgt, dass **vertragliche Vereinbarungen** 5
Vorrang vor dem Rechtsinstitut der Störung der Geschäftsgrundlage haben. Vorsorge
für den Fall des anfänglichen Fehlens oder des nachträglichen Wegfalls eines erheblichen Umstandes können die Parteien schon im Vertrag treffen. So ist zunächst festzustellen, ob der Vertrag im Hinblick auf bestimmte Störungen unter einer *auflösenden
Bedingung* (§ 158 II) geschlossen wurde oder die Parteien ein *Rücktrittsrecht* (§ 346)
vereinbart haben. Soweit eine solche Vereinbarung vorliegt, ist § 313 nicht anwendbar.

Geschäftsgrundlage kann nur sein, was die Parteien **nicht** ausdrücklich oder konkludent als **Vertragsinhalt** festgelegt haben.[595] Sonst greifen nämlich mangels einschlägi-
ger vertraglicher Vereinbarungen die gesetzlichen Vorschriften des Leistungsstörungsrechts vorrangig ein.[596]

2. Vorrang speziellerer gesetzlicher Regelungen

§ 313 ist nur anwendbar, soweit das Gesetz keine **spezielleren Regelungen** vorsieht. 6
Vorrangig sind insbesondere *Rücktritts-* und *Kündigungsvorschriften*. Zu nennen ist
etwa § 321 (→ § 15 Rn. 22f.). Im Darlehensrecht enthält § 490 eine Sonderregelung für
wesentliche Vermögensverschlechterungen beim Darlehensnehmer. Große Bedeutung
hat die Störung der Geschäftsgrundlage im Reisevertragsrecht.[597] Hier enthält § 651h

---

590 Zu den historischen Wurzeln Soergel/*Teichmann* § 242 Rn. 203ff.; *Harke* SchuldR AT Rn. 98.
591 Vgl. *Larenz* SchuldR I § 21 II.
592 RGZ 103, 328 (332); dazu *Eidenmüller* JURA 2001, 824ff.
593 HK-BGB/*Schulze* § 313 Rn. 4; Palandt/*Grüneberg* § 313 Rn. 7.
594 BGH NJW 1996, 990 (992); zu Ausnahmen vgl. zB BGHZ 131, 209 (216f.).
595 BGHZ 90, 60 (74); BGH NJW 1983, 2034 (2036).
596 *Brox/Walker* SchuldR AT § 27 Rn. 6.
597 BGH NJW 2013, 1674 mAnm *Tonner*.

III eine vorrangige Bestimmung (→ SchuldR BT § 36 Rn. 24). Weitere Sonderregelungen finden sich zB in §§ 519, 527, 528, 530, 593, 594e, 649, 723, 775 und 779.[598] Die Vorschriften über die **Sachmängelhaftung** (§§ 434ff.) gehen dem § 313 in ihrem Anwendungsbereich ebenfalls vor (→ SchuldR BT § 8 Rn. 7).[599]

7 § 313 wird durch die Vorschriften über die **Unmöglichkeit** (§§ 275, 280, 283, 285, 311a, § 326) verdrängt.[600] Die Unmöglichkeit führt nach § 275 zum vollständigen Ausschluss der Leistungspflicht. Die Frage der Vertragsanpassung kann sich dann nicht mehr stellen. Zur Abgrenzung des § 313 gegenüber der praktischen Unmöglichkeit (§ 275 II) → § 21 Rn. 25.

8 Vor der Schuldrechtsreform hatte die **Anfechtung** wegen Irrtums nach §§ 119ff. als spezialgesetzliche Regelung ebenfalls Vorrang gegenüber den Regeln über die Störung der Geschäftsgrundlage. Nach geltendem Recht ist dagegen zu beachten, dass § 313 II auch **beiderseitige Irrtümer** erfasst und insoweit seinerseits als *lex specialis* angesehen werden könnte. Die Problematik wird allerdings dadurch entschärft, dass § 313 II auch für bloße **Motivirrtümer** gilt, bei denen eine Anfechtung nach §§ 119, 120 von vornherein nicht in Betracht kommt.[601] Die Vorschrift weitet insofern also den Kreis der relevanten Irrtümer aus. Konkurrenzprobleme zu den §§ 119, 120 stellen sich dabei nicht.

Schwierige Konkurrenzprobleme können jedoch auftreten, wenn die Parteien einem **gemeinschaftlichen Irrtum** über eine **verkehrswesentliche Eigenschaft** der Person oder Sache unterliegen, der nach § 119 II zur Anfechtung berechtigen würde. Die hM geht in diesen Fällen von einem Vorrang des § 313 II aus.[602] Zur Begründung wird darauf verwiesen, dass es bei einem beiderseitigen Irrtum vom Zufall abhängt, wer die Anfechtung erklärt. Nach der Gegenauffassung ist § 119 II bei Eigenschaftsirrtümern *lex specialis* zu § 313 II.[603] Eine vermittelnde Meinung plädiert schließlich dafür, beide Institute nebeneinander anzuwenden.[604] Diese Auffassung erscheint vorzugswürdig, weil eine starre Vorranglösung wegen der unterschiedlichen Schutzzwecke von § 119 II und § 313 II unangemessen wäre (→ SchuldR BT § 8 Rn. 7). Die durch den Irrtum benachteiligte Partei kann somit selbst entscheiden, ob sie ihre Willenserklärung unter Inkaufnahme der Schadensersatzpflicht aus § 122 I anficht oder nach § 313 I, II Vertragsanpassung verlangt.

III. Voraussetzungen

1. Vorliegen einer Geschäftsgrundlage

9 Die infrage stehenden Umstände (§ 313 I) oder Vorstellungen (§ 313 II) müssen **Geschäftsgrundlage** geworden sein. Der Begriff der Geschäftsgrundlage wird in § 313 nicht definiert. Nach der Rechtsprechung sind in erster Linie **subjektive** Kriterien maßgeblich (subjektive Geschäftsgrundlage). Abgestellt wird auf die bei Vertrags-

---

598 Vgl. Palandt/*Grüneberg* § 313 Rn. 16.
599 BGHZ 191, 139 = NJW 2012, 373 (374); BGH NJW 2019, 145 Rn. 14ff. = JA 2019, 382 (*Looschelders*).
600 BGH NJW-RR 1995, 853 (854); Palandt/*Grüneberg* § 313 Rn. 13.
601 Vgl. MüKoBGB/*Finkenauer* § 313 Rn. 147; PWW/*Stürner* § 313 Rn. 39ff.
602 Vgl. BGH NJW 2013, 1530 Rn. 18; MüKoBGB/*Armbrüster* § 119 Rn. 122.
603 So PWW/*Stürner* § 313 Rn. 43; *Medicus/Petersen* BürgerlR Rn. 162.
604 MüKoBGB/*Finkenauer* § 313 Rn. 149.

schluss zu Tage getretenen, dem Geschäftsgegner erkennbaren und von ihm nicht beanstandeten *Vorstellungen* des einen Vertragsteils oder die gemeinsamen Vorstellungen beider Vertragspartner, auf welchen der Geschäftswille aufbaut.[605] Im Rahmen des § 313 I kann die Geschäftsgrundlage aber auch nach rein **objektiven** Kriterien bestimmt werden (objektive Geschäftsgrundlage). Objektiv wichtige Umstände können auch dann Geschäftsgrundlage werden, wenn sich die Parteien darüber keine Vorstellungen gemacht haben. Entscheidend ist, ob das Vorhandensein bzw. die Fortdauer bestimmter Umstände erforderlich ist, um den Vertrag nach der Intention der Parteien als sinnvolle Regelung aufrechtzuerhalten.[606] Die Rechtsprechung stellt hier darauf ab, dass die Parteien »bestimmte Umstände als selbstverständlich ansahen, ohne sich dies bewusst zu machen«.[607] Ob eine solche Rückbindung an die Vorstellungen der Parteien notwendig ist, erscheint indes zweifelhaft.

§ 313 II greift ein, wenn die *subjektive* Geschäftsgrundlage **von vornherein** fehlt.[608] **10**
Das anfängliche Fehlen der subjektiven Geschäftsgrundlage umfasst insbesondere die Fälle des *gemeinschaftlichen* Irrtums (→ § 37 Rn. 8). § 313 II gilt jedoch auch für *einseitige* Fehlvorstellungen einer Partei, welche die andere ohne eigene Vorstellungen widerspruchslos hingenommen hat.[609] Nicht ausreichend sind aber einseitige Motive, selbst wenn sie der anderen Partei bekannt sind. So wird die Verwendungsabsicht nicht allein dadurch zur Geschäftsgrundlage, dass der Käufer sie bei den Vertragsverhandlungen erwähnt.[610]

> **Beispiel:** Vater V kauft zur Verlobung seiner Tochter T im Laden des L eine Aussteuer. Bei den Vertragsverhandlungen erwähnt V den Zweck des Kaufes. T löst die Verlobung kurz darauf auf. L verlangt von V die Bezahlung der gelieferten Aussteuergegenstände. Da V an diesen Gegenständen kein Interesse mehr hat, stellt er sie dem L zur Verfügung und verweigert die Zahlung.[611]
> L kann von V Bezahlung der gelieferten Gegenstände aus § 433 II verlangen. Die Verwendung der Gegenstände als Aussteuer ist ein einseitiges Motiv des V. Dass V dem L den Verwendungszweck mitgeteilt hat, kann daran nichts ändern.[612] Die Verwendbarkeit der gekauften Gegenstände liegt im alleinigen Risikobereich des V. Es handelt sich damit um keine Geschäftsgrundlage.

2. Schwerwiegende Änderung der Umstände oder wesentlicher Irrtum

§ 313 I setzt weiter voraus, dass die zur Geschäftsgrundlage gewordenen Umstände **11**
sich nach Vertragsschluss **schwerwiegend verändert** haben. Die Störung der Geschäftsgrundlage beruht meist auf der Änderung oder irrtümlichen Annahme von Umständen, die gerade (und nur) für den jeweiligen Vertrag relevant sind *(kleine Geschäftsgrundlage)*.

---

605 BGHZ 128, 230 (236); 163, 42 (48); BGH NJW-RR 2006, 1037.
606 *Larenz* SchuldR I § 21 II; Palandt/*Grüneberg* § 313 Rn. 4.
607 BGHZ 131, 209 (215).
608 Palandt/*Grüneberg* § 313 Rn. 38.
609 BT-Drs. 14/6040, 177; *Brox/Walker* SchuldR AT § 27 Rn. 9.
610 Palandt/*Grüneberg* § 313 Rn. 37; PWW/*Stürner* § 313 Rn. 40.
611 Zur Problemstellung vgl. bereits *Lenel* AcP 74 (1889), 213 (225f.).
612 Vgl. *Pawlowski* BGB AT Rn. 566.

> **Beispiele:** (1) Die Genehmigung für den Betrieb einer Anlage wird nicht erteilt.
> (2) V und K schließen einen Kaufvertrag über ein Grundstück. Beide gehen davon aus, dass es sich nicht um Bauland handelt und vereinbaren daher einen entsprechend niedrigen Kaufpreis. Im Nachhinein stellt sich heraus, dass das Grundstück doch Bauland ist und sein Wert ganz erheblich über dem vereinbarten Kaufpreis liegt.[613]

12 Störungen der Geschäftsgrundlage können indessen auch aus grundlegenden Veränderungen der politischen, wirtschaftlichen oder sozialen Verhältnisse (Krieg, Inflation, Revolution, Naturkatastrophen, Pandemien[614] etc) resultieren (sog. **große Geschäftsgrundlage**). Die allgemeine Verschlechterung der wirtschaftlichen und sozialen Rahmenbedingungen genügt aber nicht, um eine Vertragsanpassung nach § 313 zu rechtfertigen.[615] Vielmehr muss das infrage stehende Ereignis sich **unmittelbar** auf das Vertragsverhältnis auswirken, zB zu einer Äquivalenzstörung führen oder die Verwendbarkeit des Leistungsgegenstands aufheben.[616] Dies gilt auch mit Blick auf die jüngste **Finanzmarktkrise**[617] oder die Auswirkungen der **Corona-Pandemie.**[618][619]

> **Beispiele:** (1) V und K schließen einen Vertrag über die Lieferung von Rohöl. Aufgrund von kriegerischen Ereignissen im Nahen Osten kommt es zu einer unvorhersehbaren Explosion der Ölpreise. Dadurch steht der vereinbarte Lieferpreis in keinem Verhältnis mehr zu den Mitteln, die V für die Beschaffung des Rohöls aufbringen muss.
> (2) V und K schließen einen Vertrag über die Lieferung von Bier in den Iran. Nach der islamischen Revolution ist das Bier für K im Iran unverkäuflich.[620]
> (3) Ob die behördlich angeordnete Schließung von Ladenlokalen aufgrund der Corona-Krise eine Herabsetzung der Miete für die betroffenen Ladenlokale rechtfertigt, ist unklar. Da die Schließung keinen Mangel der Mietsache begründet, scheidet eine Minderung der Miete nach § 536 aus.[621] Für die prinzipielle Anwendbarkeit des § 313 spricht, dass die Verwendbarkeit des Ladens zur Erzielung von Umsätzen völlig aufgehoben ist und dass der Grund nicht im Risikobereich einer Partei liegt.[622] Art. 240 § 2 I EGBGB sieht zum Schutz von Mietern vor den Auswirkungen der Corona-Krise zwar einen zeitlich begrenzten Ausschluss des Kündigungsrechts des Vermieters wegen Mietrückstands vor (→ 15 Rn. 13b). Es handelt sich aber um keine abschließende Sonderregelung.[623] Die Unzumutbarkeit des Festhaltens am unveränderten Vertrag muss im Einzelfall allerdings genau geprüft werden.[624]

Einer Veränderung der Umstände steht es nach § 313 II gleich, wenn **bei Vertragsschluss** ein **wesentlicher Irrtum** über die zur Vertragsgrundlage gewordenen Umstände vorgelegen hat.

---

613 Vgl. BGH NJW 1972, 152 (153).
614 Speziell zur Corona-Pandemie *Weller/Lieberknecht/Habrich* NJW 2020, 1017 (1021).
615 BeckOGK/*Martens*, 1.4.2020, BGB § 313 Rn. 219, 224.
616 Vgl. Palandt/*Grüneberg* § 313 Rn. 5.
617 Vgl. KG NJW 2013, 478 (479); BeckOGK/*Martens*, 1.4.2020, BGB § 313 Rn. 227 ff.
618 Vgl. BeckOGK/*Martens*, 1.4.2020, BGB § 313 Rn. 221 ff.; *Schall* JZ 2020, 388 (390 ff.); *Weller/Lieberknecht/Habrich* NJW 2020, 1017 (1021 f.).
619 Vgl. Palandt/*Grüneberg* § 313 Rn. 5.
620 Vgl. BGH NJW 1984, 1746.
621 *Wolf/Eckert/Denz/Gerking/Holze/Künnen/Kurth* JA 2020, 401 (404).
622 Näher dazu *Schall* JZ 2020, 388 (393 ff.); für Zuordnung der Nutzungsuntersagung zum alleinigen Risikobereich des Mieters *Wolf/Eckert/Denz/Gerking/Holze/Künnen/Kurth* JA 2020, 401 (404).
623 MüKoBGB/*Häublein* EGBGB Art. 240 § 2 Rn. 6; *Sittner* NJW 2020, 1169 (1172).
624 Vgl. *Sittner* NJW 2020, 1169 (1172).

3. Relevanz des Umstands für den Vertragsschluss

Der fragliche Umstand muss für den Vertragsschluss *relevant* gewesen sein. Es muss also festgestellt werden, dass der Vertrag **nicht** oder mit **anderem Inhalt** geschlossen worden wäre, wenn die Parteien die Sachlage zutreffend eingeschätzt bzw. die Veränderung der Verhältnisse vorausgesehen hätten.[625]

4. Unzumutbarkeit des Festhaltens am unveränderten Vertrag

Die Störung der Geschäftsgrundlage ist nur dann beachtlich, wenn das Festhalten am unveränderten Vertrag einer Partei **nicht zugemutet** werden kann. Diese Voraussetzung ist gegeben, wenn der Fortbestand des unveränderten Vertrages aufgrund der veränderten Situation zu einem Ergebnis führen würde, das mit Recht und Gerechtigkeit nicht zu vereinbaren ist und eine untragbare Härte darstellt.[626] Es handelt sich hier um eine *Wertungsfrage,* die nach § 313 I auf der Grundlage aller Umstände des Einzelfalles unter Abwägung der beiderseitigen Interessen zu beantworten ist.

Bei der Feststellung der Unzumutbarkeit kommt der *vertraglichen* und *gesetzlichen* **Risikoverteilung** besondere Bedeutung zu.[627] Die Unzumutbarkeit ist zu verneinen, wenn der fragliche Umstand in den Risikobereich der benachteiligten Partei fällt.[628] Es ist daher zunächst zu untersuchen, ob eine Partei ausdrücklich oder konkludent das Risiko für das Fehlen oder den Wegfall des Umstandes übernommen hat.[629] Eine konkludente Risikoübernahme liegt zB in der Vereinbarung eines Festpreises, sodass auch erhebliche Kostensteigerungen in der Regel keinen Anspruch auf Vertragsanpassung begründen.[630] Im Übrigen gilt die *gesetzliche* Risikoverteilung: Der Schuldner der Sachleistung trägt danach das Risiko von Leistungserschwerungen. Als Gläubiger der Gegenleistung (Geldleistung) trifft ihn außerdem das Risiko einer Geldentwertung. Der Schuldner der Gegenleistung muss für seine Zahlungsfähigkeit einstehen (→ § 23 Rn. 33); außerdem trägt er als Gläubiger der Sachleistung das Risiko, ob er den Leistungsgegenstand wie beabsichtigt verwenden kann.[631]

> **Beispiele:** (1) Bauunternehmer U hat gegenüber dem Bauherrn B die Errichtung eines Hauses zum Festpreis von 500.000 EUR übernommen. Aufgrund witterungsbedingter Probleme erhöhen sich die Baukosten beträchtlich.
> Die Einhaltung des Festpreises liegt im Risikobereich des Bauunternehmers. U hat deshalb keinen Anspruch auf Anpassung des Vertrages nach § 313 I.
> (2) K hat von V ein Reihenhaus gekauft. Kurz darauf wird K aufgrund nicht vorhersehbarer Umstände arbeitslos. Seine Hausbank verweigert daraufhin die Finanzierung.
> K kann nicht nach § 313 III vom Vertrag zurücktreten. Denn die Zahlungsfähigkeit liegt in seinem Risikobereich.
> (3) K hat von V Bauerwartungsland gekauft. Entgegen den Vorstellungen der Parteien beschließt der zuständige Gemeinderat, für das betreffende Gebiet vorerst keinen Bebauungsplan aufzustellen.

---

625 Sog. »hypothetisches Element«, vgl. *Brox/Walker* SchuldR AT § 27 Rn. 7.
626 BGHZ 128, 230 (238); BGH NJW 2012, 1718 (1720) mAnm *Heinig.*
627 Zur Risikoverteilung *Köhler* FG BGH I, 2000, 295 (301 ff.); Soergel/*Teichmann* § 242 Rn. 229 ff.
628 Vgl. BGH NJW 1992, 2690 f.; 2014, 3439 (3441 f.); *Medicus/Petersen* BürgerlR Rn. 167.
629 BGH NJW 1981, 2405 (2406).
630 BGHZ 123, 236 (253); Palandt/*Grüneberg* § 313 Rn. 20.
631 Vgl. NK-BGB/*Krebs/Jung* § 313 Rn. 72; Jauernig/*Stadler* § 313 Rn. 22.

K hat keinen Anspruch auf Reduzierung des Kaufpreises nach § 313 I. Dass das Grundstück möglicherweise nicht als Bauland genutzt werden kann, war K bei Vertragsschluss bekannt. Es war daher seine Sache, sich gegen dieses Risiko abzusichern.[632]

16 All diese Risikozuweisungen gelten freilich nur in bestimmten **Grenzen.** Werden die Grenzen überschritten, so kommt eine Anpassung oder Auflösung des Vertrages wegen Störung der Geschäftsgrundlage in Betracht.

Beispiel (BGH NJW-RR 1995, 1117): L und E haben einen Vertrag über die Einlagerung von Weizen des E in der Scheune des L geschlossen. Bei einem Unwetter wird das Dach der Scheune so stark beschädigt, dass der Weizen dort nicht weiter gelagert werden kann. Muss E sich an den Kosten für die Anmietung einer anderen Scheune und die Umlagerung des Weizens beteiligen?
Die Leistungserschwerung beruht auf höherer Gewalt. Die Kosten fallen damit nicht in den alleinigen Risikobereich des L. L kann daher nach § 313 I Anpassung des Vertrages verlangen.

IV. Rechtsfolgen

1. Primär: »Anpassung des Vertrages«

17 Liegen die Voraussetzungen des § 313 vor, kann die belastete Partei primär die **Anpassung** des Vertrages verlangen. Dabei ist der Vertrag in seiner ursprünglichen Form weitest möglich aufrecht zu erhalten, um dem bei Vertragsschluss zugrunde gelegten Parteiwillen weiter Rechnung zu tragen.[633] Ziel der Anpassung ist also, auf der Grundlage der veränderten Verhältnisse unter Berücksichtigung des Parteiwillens einen angemessenen Interessenausgleich zu verwirklichen.

18 Nach dem Gesetzeswortlaut hat die belastete Partei einen **Anspruch** auf Vertragsanpassung. Der Gesetzgeber hat damit den alten Streit, ob ein Anspruch auf Vornahme der Anpassung besteht oder die Leistungsanpassung automatisch, also kraft Gesetzes vollzogen wird, im ersteren Sinne entschieden.[634] Nach der Gesetzesbegründung sollen die Parteien zunächst selbst über die Anpassung verhandeln.[635] Aus Gründen der Prozessökonomie kann die belastete Partei aber auch sofort auf die *angepasste Leistung klagen;* es ist also nicht erforderlich, dass sie zunächst Klage auf Zustimmung zu der als angemessen erachteten Anpassung erhebt und dann aus dem geänderten Vertrag klagt.[636] Nach Ansicht des BGH stellt die Mitwirkung an der Vertragsanpassung eine **echte Rechtspflicht** der anderen Partei dar. Bei einer Verletzung dieser Pflicht soll der benachteiligten Partei ein Schadensersatzanspruch aus § 280 I zustehen.[637] Gegen diese Auffassung spricht jedoch, dass die benachteiligte Partei ihren Anspruch auf Vertragsanpassung unmittelbar gerichtlich durchsetzen kann und daher nicht auf die Mitwirkung der anderen Partei angewiesen ist. Vorzugswürdig erscheint daher die Auffassung, dass die Mitwirkung eine bloße **Obliegenheit** darstellt, deren Verletzung keine Schadensersatzpflicht auslöst.[638]

---

632 BGHZ 74, 370 (374); vgl. auch OLG Rostock NJW-RR 1995, 1104. Zu anderen Geschäften mit spekulativem Charakter *Pawlowski* BGB AT Rn. 568.
633 HK-BGB/*Schulze* § 313 Rn. 19.
634 BT-Drs. 14/6040, 176; *Medicus/Petersen* Grundwissen BürgerlR § 13 Rn. 7.
635 BT-Drs. 14/6040, 76; vgl. auch *Eidenmüller* JURA 2001, 831.
636 Vgl. BGH NJW 2012, 373 = JA 2012, 704 *(Looschelders);* NK-BGB/*Krebs/Jung* § 313 Rn. 127; *Wieser* JZ 2004, 654 ff.
637 Vgl. BGH NJW 2012, 373 (376).
638 Vgl. Jauernig/*Stadler* § 313 Rn. 27; *Looschelders* JA 2012, 704 (705); *Teichmann* JZ 2012, 421 (424).

Zur Rechtsvergleichung: Die Möglichkeit einer Anpassung des Vertrags an veränderte Verhältnisse ist auch den meisten anderen europäischen Rechtsordnungen bekannt.[639] Von besonderem Interesse ist die Entwicklung in Frankreich. Hier wurde die Lehre von der Geschäftsgrundlage bei privatrechtlichen Verträgen traditionell abgelehnt.[640] In neuerer Zeit wurde in der französischen Literatur aber vermehrt für die Zulassung einer Vertragsanpassung plädiert.[641] Der französische Gesetzgeber ist diesen Überlegungen bei der Reform des französischen Vertragsrechts durch die Verordnung *(Ordonnance)* Nr. 2016-131 v. 10.2.2016 gefolgt, die für alle ab dem 1.10.2016 geschlossenen Verträge gilt. Der neue Art. 1195 Code Civil sieht vor, dass eine Partei, die durch eine bei Vertragsschluss nicht vorhersehbare Änderung der Verhältnisse extrem belastet wird, einen Anspruch auf Neuverhandlung hat. Hilfsweise kann eine Aufhebung oder Beendigung des Vertrages durch den Richter beantragt werden. Möglichkeiten der Vertragsanpassung bei Störung der Geschäftsgrundlage sehen zB auch die Principles of European Contract Law in Art. 6: 111 *(change of circumstances)* und die UNIDROIT Principles in Art. 6.2.1–6.2.3 *(hardship)* vor. Im UN-Kaufrecht ist umstritten, ob die Entlastungsmöglichkeit des Schuldners nach Art. 79 auch bei »wirtschaftlicher Unmöglichkeit« eingreift.[642] Einigkeit besteht aber darüber, dass eine Anpassung des Vertrags an die veränderten Verhältnisse nach dem UN-Kaufrecht nicht in Betracht kommt.[643]

2. Rücktritts- bzw. Kündigungsrecht

Ist eine Anpassung nicht möglich oder der benachteiligten Partei nicht zumutbar, kann nach § 313 III subsidiär der **Vertrag aufgelöst** werden.[644] Dies bedarf einer Rücktrittserklärung der belasteten Partei. Bei Dauerschuldverhältnissen tritt an die Stelle des Rücktritts die Kündigung. Die Rückabwicklung nach erfolgtem Rücktritt richtet sich nach den §§ 346 ff.

V. Fallgruppen

Für die Störung der Geschäftsgrundlage haben sich verschiedene **Fallgruppen** herausgebildet. Ausgangspunkt ist die Unterscheidung zwischen der *nachträglichen Änderung* der Verhältnisse (§ 313 I) und dem *gemeinsamen Irrtum* der Parteien über bestehende Verhältnisse (§ 313 II). Im Übrigen sind die Fallgruppen nicht abschließend, vielmehr hängt die Feststellung einer relevanten Störung vom Ergebnis einer Einzelfallabwägung ab.

1. Nachträgliche Änderung der Verhältnisse

a) Äquivalenzstörung

Nachträgliche Änderungen der tatsächlichen oder rechtlichen Umstände können dazu führen, dass das Verhältnis von Leistung und Gegenleistung erheblich gestört wird.[645] Dies widerspricht dem allgemeinen Gerechtigkeitsgedanken der **Gleichwertigkeit** von Leistung und Gegenleistung. Die Gewährleistung eines angemessenen Verhältnisses von Leistung und Gegenleistung obliegt jedoch grundsätzlich der privatautonomen

---

639 Vgl. NK-BGB/*Krebs/Jung* § 313 Rn. 9; speziell zum englischen Recht *Zimmermann* AcP 193 (1993), 121 (134 ff.); *Pawlowski* BGB AT Rn. 569 Fn. 467 mwN.
640 Vgl. *Hübner/Constantinesco* Einführung 178 f.
641 Vgl. *Cashin-Ritaine* JbJZivRWiss 2001, 85 ff.
642 Vgl. Staudinger/*Magnus*, 2018, CISG Art. 79 Rn. 24.
643 NK-BGB/*Krebs* § 313 Rn. 18.
644 Zum Vorrang der Vertragsanpassung BGH NJW 2012, 373 (375).
645 Vgl. *Larenz* SchuldR I § 21 II; *Medicus/Petersen* BürgerlR Rn. 161.

Entscheidung der Parteien (→ § 3 Rn. 4). Die Anwendung des § 313 setzt daher eine *erhebliche* und *unvorhersehbare* Störung der Äquivalenz voraus.

22 Historischer Ursprung der Fallgruppe der Äquivalenzstörung ist die **Geldentwertung** in Inflationszeiten. Eine Störung der Geschäftsgrundlage aufgrund von Geldentwertung kann aber nur im Falle eines extrem inflationsbedingten Ungleichverhältnisses von Leistung und Gegenleistung angenommen werden. Der normale Kaufkraftverlust ist nicht ausreichend.

> **Beispiel** (RGZ 103, 328): V und K hatten am 21.5.1919 einen Kaufvertrag über eine Vigogne-Spinnerei zum Preis von 600.000 Reichsmark geschlossen. Die Spinnerei sollte am 1.1.1920 übereignet werden. Der Kaufpreis war in zwei Raten von je 300.000 Reichsmark am 1.1.1920 und am 1.1.1921 zu zahlen. Zwischen dem 21.5.1919 und dem 1.1.1920 führte die Inflation zu einer Senkung der Kaufkraft um 80%. Am 1.1.1920 verlangte K gleichwohl Übereignung gegen Zahlung der ersten Rate. V vertrat demgegenüber die Auffassung, dass sich der Vertrag aufgrund der veränderten Verhältnisse »erledigt« habe.
> Das RG hat in der Entscheidung erstmals anerkannt, dass eine durch die Geldentwertung erfolgte Verschiebung des Wertverhältnisses von Leistung und Gegenleistung den »Einwand der veränderten Umstände« rechtfertigen kann. Es hat aber klargestellt, dass V damit nicht notwendig das Recht hat, sich von dem ganzen Vertrag zu lösen. Vielmehr müsse in erster Linie versucht werden, den Vertrag mit verändertem Inhalt aufrecht zu erhalten.

23 Besondere Bedeutung hat die Fallgruppe der Äquivalenzstörung aufgrund von Geldentwertung bei *langfristigen* Verträgen. Zu nennen sind etwa Verträge mit Versorgungscharakter, zB Unterhaltsverträge.[646]

Das Risiko einer **Entwertung der Sachleistung** trifft grundsätzlich den Gläubiger. Der Anwendungsbereich des § 313 ist aber eröffnet, wenn die Entwertung außerhalb des typischen Vertragsrisikos liegt.

> **Beispiel** (BGH NJW 1960, 91): Apotheker A wollte sich zur Ruhe setzen und verkaufte die Konzession für den Betrieb der Apotheke an seinen Kollegen B. Nach Abschluss des Kaufvertrags wurde die Niederlassungsfreiheit für Apotheker eingeführt. Die Konzession war damit wertlos.

24 Das Risiko der **Leistungserschwerung** trägt grundsätzlich der Schuldner. Eine beachtliche Äquivalenzstörung kann sich aber aufgrund einer erheblichen, unvorhersehbaren Kostensteigerung ergeben, welche die Zumutbarkeitsgrenze überschreitet. Dies kann auf höherer Gewalt beruhen. Es sind jedoch auch andere Fälle denkbar, in denen die Ursachen der Leistungserschwerung nicht im Risikobereich des Schuldners liegen.

> **Beispiele:** (1) Sintflutartige Regenfälle machen die Umlagerung der eingelagerten Waren erforderlich (→ § 37 Rn. 16).
> (2) Beim Bau eines Hauses zum Festpreis erhöhen sich die Baukosten erheblich, weil der Bauherr dem Bauunternehmer unzutreffende Unterlagen über die Bodenbeschaffenheit ausgehändigt hat.[647]
> (3) Großhändler G hat sich in langfristigen Verträgen verpflichtet, Desinfektionsmittel an verschiedene Drogeriemärkte zu liefern. Aufgrund der Corona-Pandemie erhöht sich die Nachfrage nach Desinfektionsmitteln so stark, dass es zu einer exorbitanten Preissteigerung kommt. G muss die Desinfektionsmittel daher zu deutlich höheren Preisen auf dem Markt beschaffen.[648]

---

646 Vgl. BGHZ 128, 320 (329).
647 BGH NJW 1969, 233.
648 Beispiel nach *Weller/Lieberknecht/Habrich* NJW 2020, 1017 (1022).

b) Zweckstörung oder Zweckvereitelung

Ein Fall der **Zweckstörung** oder **Zweckvereitelung** liegt vor, wenn der Leistungserfolg zwar vom Schuldner noch herbeigeführt werden kann, der Gläubiger aber aufgrund veränderter Verhältnisse kein Interesse mehr an der Leistung hat.[649] Anders als in den Fällen der *Zweckerreichung* und des *Zweckfortfalls* (→ § 21 Rn. 4) ist hier der Anwendungsbereich des § 313 eröffnet. Es ist jedoch wiederum zu beachten, dass die Verwendbarkeit der Leistung grundsätzlich dem Risikobereich des Gläubigers zuzuordnen ist. Die Verwendungsmöglichkeit kann nur dann Geschäftsgrundlage sein, wenn die andere Partei den Verwendungszweck kennt oder kennen muss und sich diesen Zweck so zu Eigen macht, dass das Verlangen nach Vertragserfüllung gegen das Verbot widersprüchlichen Verhaltens verstoßen würde.[650]

25

> **Beispiel** (OLG Karlsruhe NJW 1992, 3176): Der Karnevalsverein V wollte im Jahre 1991 Faschingsveranstaltungen durchführen. Er beauftragte daher eine Tanzkapelle damit, an zwei Abenden gegen Entgelt die musikalische Unterhaltung zu übernehmen. Nach Ausbruch des Golfkrieges mussten die Veranstaltungen mit Rücksicht auf die Stimmungslage in der Bevölkerung abgesagt werden.
> Das OLG Karlsruhe hat einen Vergütungsanspruch der Musiker aus §§ 631, 648 S. 2 (§ 649 S. 2 aF) verneint. Dabei hat es darauf abgestellt, dass der Grund für die Absage im Risikobereich beider Parteien lag. Die Musiker hätten sich deshalb nach Treu und Glauben darauf einlassen müssen, dass der Vertrag nur gelten sollte, wenn die öffentliche Meinung die Abhaltung der Veranstaltungen zulässt.

2. Gemeinsame Fehlvorstellungen

Bei einem **gemeinsamen Irrtum** der Parteien über einen für die Willensbildung relevanten Umstand findet § 313 II Anwendung. Der Umstand darf auch hier nicht in den alleinigen Risikobereich einer Partei fallen. Außerdem muss das Festhalten am unveränderten Vertrag einer Partei unzumutbar sein.

26

§ 313 II gilt nur für Irrtümer über solche Umstände, die schon bei Vertragsschluss vorgelegen haben oder vorliegen sollten. Eine Störung der Geschäftsgrundlage kann zwar auch vorliegen, wenn sich die Parteien über den Eintritt bzw. Nichteintritt **zukünftiger Ereignisse** irren. Hier ist jedoch § 313 I anwendbar.[651] Da beide Fälle nach den gleichen Kriterien zu beurteilen sind, kann die genaue Abgrenzung im Allgemeinen offen bleiben.

> **Beispiel** (BGH NJW 1976, 565): Bundesligaclub A schließt mit Bundesligaclub B im Juni einen Vertrag über den Transfer des Lizenzspielers L von A zu B. In dem Vertrag verpflichtet sich B, an A eine Ablösesumme von 400.000 EUR zu zahlen. Anfang August stellt sich heraus, dass L im Mai anlässlich eines Bundesligaspiels des A einen Geldbetrag angenommen hat, um den Sieg der gegnerischen Mannschaft sicherzustellen. L wird daraufhin vom Deutschen Fußballbund (DFB) gesperrt. B verweigert die Zahlung der 400.000 EUR.
> Der BGH hat den Anspruch des A auf Zahlung der Transfersumme wegen Störung der Geschäftsgrundlage verneint. Er hat damit argumentiert, dass L aufgrund der Manipulation schon im Zeitpunkt des Vertragsschlusses objektiv nicht in der Bundesliga eingesetzt werden konnte.

---

649 Zur Zweckstörung oder Zweckvereitelung vgl. MüKoBGB/*Ernst* § 275 Rn. 167; *Medicus/Lorenz* SchuldR AT Rn. 565; *Nauen*, Leistungserschwerung und Zweckvereitelung im Schuldverhältnis, 2019, 44f.
650 Vgl. *Medicus/Lorenz* SchuldR AT Rn. 565; *Larenz* SchuldR I § 21 II.
651 Palandt/*Grüneberg* § 313 Rn. 38.

Bei dieser Betrachtung haben sich die Parteien bei Vertragsschluss über die *gegenwärtigen* Verhältnisse geirrt. Es liegt also ein Fall des § 313 II vor. Stattdessen könnte man aber auch darauf abstellen, dass die Parteien sich über ein *zukünftiges* Ereignis – die Spielberechtigung des L in der kommenden Saison – geirrt haben, sodass § 313 I anwendbar wäre. Nach beiden Ansätzen muss aber geklärt werden, ob die Einsetzbarkeit des L im alleinigen Risikobereich des B liegt.[652] Wird dies mit dem BGH verneint, kann B nach § 313 III 1 vom Vertrag zurücktreten und die Zahlung der 400.000 EUR verweigern.

Literatur: *Cashin-Ritaine*, Imprévision, Hardship und Störung der Geschäftsgrundlage: Pacta sunt servanda und die Wege zur Anpassung des Vertrages im deutsch-französischen Rechtsverkehr, Jb. J.ZivRWiss. 2001, 85; *Dörner*, »Mängelhaftung« bei Sperre des transferierten Fußballspielers? – BGH, NJW 1976, 565, JuS 1977, 225; *Eidenmüller*, Der Spinnerei-Fall: Die Lehre von der Geschäftsgrundlage nach der Rechtsprechung des Reichsgerichts und im Lichte der Schuldrechtsmodernisierung, JURA 2001, 824; *Heinrichs*, Vertragsanpassung bei Störung der Geschäftsgrundlage – eine Skizze der Anspruchslösung des § 313 BGB, FS Heldrich, 2005, 183; *Hirsch*, Der Tatbestand der Geschäftsgrundlage im reformierten Schuldrecht, JURA 2007, 81; *Köhler*, Die Lehre von der Geschäftsgrundlage als Lehre von der Risikobefreiung, in 50 Jahre Bundesgerichtshof, FG der Wissenschaft, 2000, 295; *Lenel*, Lehre von der Voraussetzung im Hinblick auf den Entwurf eines Bürgerlichen Gesetzbuches, AcP 74 (1889), 213; *Loyal*, Vertragsaufhebung wegen Störung der Geschäftsgrundlage, NJW 2013, 417; *Lüttringhaus*, Verhandlungspflichten bei Störung der Geschäftsgrundlage, AcP 213 (2013), 266; *Nauen*, Leistungserschwerung und Zweckvereitelung im Schuldverhältnis, 2019; *Oertmann*, Die Geschäftsgrundlage, 1921; *J. Prütting*, Wegfall der Geschäftsgrundlage als Antwort auf krisenbedingte Vertragsstörungen? – Systemerwägungen zu § 313 BGB und sachgerechter Einsatz in der Praxis, in Effer-Uhe/Mohnert, Vertragsrecht in der Coronakrise, 2020, 47; *Riesenhuber/Domröse*, Der Tatbestand der Geschäftsgrundlagenstörung in § 313 BGB – Dogmatik und Falllösungstechnik, JuS 2006, 208; *Rösler*, Störung der Geschäftsgrundlage nach der Schuldrechtsreform, ZGS 2003, 283; *Rösler*, Grundfälle zur Störung der Geschäftsgrundlage, JuS 2004, 1058; 2005, 27; 2005, 120; *Schall*, Corona-Krise: Unmöglichkeit und Wegfall der Geschäftsgrundlage bei gewerblichen Miet- und Pachtverträgen, JZ 2020, 388; *Sittner*, Mietrechtspraxis unter Covid-19, NJW 2020, 1169; *Weller/Lieberknecht/Habrich*, Virulente Leistungsstörungen – Auswirkungen der Corona-Krise auf die Vertragsdurchführung, NJW 2020, 1017; *Wieling*, Entwicklung und Dogmatik der Lehre von der Geschäftsgrundlage, JURA 1985, 505; *Wieser*, Der Anspruch auf Vertragsanpassung wegen Störung der Geschäftsgrundlage, JZ 2004, 654; *Wolf/Eckert/Denz/Gerking/Holze/Künnen/Kurth*, Die zivilrechtlichen Auswirkungen des Covid-19-Gesetzes – ein erster Überblick, JA 2020, 401.

§ 38 Vertragsstrafe

I. Funktion der Vertragsstrafe und systematische Stellung der Regelung

1 Verletzt der Schuldner eine vertragliche Pflicht, so genügen die gesetzlich vorgesehenen Ansprüche nicht immer den Interessen des Gläubigers. In der Praxis wird daher nicht selten vereinbart, dass der Schuldner dem Gläubiger als Strafe eine Geldsumme zahlen oder eine sonstige Leistung (§ 342) erbringen soll, wenn die Verbindlichkeit nicht oder nicht in gehöriger Weise erfüllt wird. Ein solches Strafversprechen dient in erster Linie als **Druckmittel**, um den Schuldner zu einer ordnungsgemäßen Leistung anzuhalten und künftige Pflichtverletzungen zu verhindern (Präventivfunktion). Daneben gibt sie dem Gläubiger aber auch die Möglichkeit, im Verletzungsfall ohne Nachweis eines konkreten Schadens einen **Mindestersatz** zu erhalten (Schadensersatzfunktion).[653]

---

652 Vgl. *Dörner* JuS 1977, 225 (227 ff.); *Köhler* FG BGH, 2000, 295 (303 f.).
653 BGHZ 105, 24 (27); MüKoBGB/*Gottwald* vor § 339 Rn. 6.

Vertragsstrafen werden häufig eingesetzt, um *wettbewerbsrechtliche Unterlassungspflichten* abzusichern. Sie sind aber auch in der *Bauwirtschaft* verbreitet.[654] Hier handelt es sich um ein Druckmittel, das den Bauunternehmer veranlassen soll, das Bauwerk in der vereinbarten Zeit fertig zu stellen.

Das BGB regelt die Vertragsstrafe in den §§ 339 ff. im unmittelbaren Anschluss an die Regelungen über die **Draufgabe** (→ § 5 Rn. 21 f.). Dies erklärt sich daraus, dass auch die Draufgabe nach §§ 336 ff. ein Mittel zur *Verstärkung des Vertrages* ist, allerdings bezogen auf dessen Abschluss. Die systematische Stellung der §§ 339 ff. darf aber den Blick auf den funktionellen Zusammenhang mit dem Leistungsstörungsrecht nicht verstellen.

2

II. Struktur des unselbstständigen (»echten«) Strafversprechens

Die §§ 339 ff. gelten unmittelbar nur für das **unselbstständige** (»echte«) Strafversprechen. Dieses ist dadurch gekennzeichnet, dass die Verpflichtung zur Zahlung der Vertragsstrafe vom Bestand der zu sichernden Hauptpflicht abhängig ist (sog. *Akzessorietät* der Vertragsstrafe).[655] Ist die Hauptpflicht nicht wirksam entstanden oder später untergegangen, so hat der Gläubiger keinen Anspruch auf die Vertragsstrafe. Nach § 344 gilt dies auch dann, wenn die Parteien die Unwirksamkeit der Hauptpflicht kannten. Die Vertragsstrafe kann damit nicht als Druckmittel eingesetzt werden, um eine vom Gesetz für unwirksam erklärte Verbindlichkeit durchzusetzen.

3

> **Beispiel** (nach BGHZ 97, 372): Herr M und Frau F leben in nichtehelicher Lebensgemeinschaft zusammen. Da aus der Verbindung keine Kinder hervorgehen sollen, verpflichtet sich F gegenüber M, die »Pille« zu nehmen. Für den Fall der Zuwiderhandlung wird vereinbart, dass F dem M eine Vertragsstrafe von 10.000 EUR zahlen soll. Nach einiger Zeit setzt F die »Pille« heimlich ab, um M durch die Geburt eines Kindes an sich zu binden. Tatsächlich ist F wenig später schwanger. M verlangt von F Zahlung der 10.000 EUR. Zu Recht?
> Da der höchstpersönliche Bereich der privatautonomen Gestaltung entzogen ist, können Vereinbarungen über die Einnahme empfängnisverhütender Mittel keine rechtliche Wirksamkeit beanspruchen.[656] Damit ist auch das Strafversprechen unwirksam. Denn der Schutz der Entscheidungsfreiheit in höchstpersönlichen Fragen darf nicht durch die Anerkennung eines mittelbaren Erfüllungszwangs umgangen werden.[657]

Zu möglichen Schadensersatzansprüchen des M gegen F → § 49 Rn. 29.

III. Abgrenzungen

1. Selbstständiges (»unechtes«) Strafversprechen

Vom »echten« Strafversprechen iSd §§ 339 ff. zu unterscheiden ist das **selbstständige** (»unechte«) **Strafversprechen.** Dieses hat nicht die Funktion, eine bestehende Hauptpflicht zu sichern. Es soll vielmehr Druck auf den Schuldner ausüben, eine an sich nicht geschuldete Leistung vorzunehmen oder eine Handlung zu unterlassen, die er an sich vornehmen dürfte.[658]

4

---

654 Vgl. Jauernig/*Stadler* § 339 Rn. 3.
655 *Brox/Walker* SchuldR AT § 11 Rn. 2.
656 Vgl. BGHZ 97, 372 (379); *Looschelders* JURA 2000, 169 (172).
657 *Flume* BGB AT II § 7 (2); MüKoBGB/*Gottwald* § 339 Rn. 17 f.
658 BGHZ 105, 24 (27 f.).

Der Gesetzgeber hat die **Zulässigkeit** eines selbstständigen Strafversprechens in § 343 II vorausgesetzt. Der Regelung ist aber nur zu entnehmen, dass unverhältnismäßig hohe Strafen auch hier nach § 343 I herabgesetzt werden können. Inwieweit die §§ 339 ff. darüber hinaus entsprechend angewendet werden können, hängt davon ab, ob die Ratio der jeweiligen Norm zutrifft. Dies ist bei § 344 zu bejahen. Wenn das Gesetz eine bestimmte Verpflichtung für unwirksam erklärt, darf dies weder durch unselbstständige noch durch selbstständige Strafversprechen umgangen werden.[659]

> **Beispiel:** Im Pillenfall (→ § 38 Rn. 3) hätte M auch dann keinen Anspruch auf Zahlung der 10.000 EUR, wenn es sich um ein selbstständiges Strafversprechen handelte.

2. Pauschalierung von Schadensersatzansprüchen

5 In funktionaler Hinsicht kann sich das unselbstständige Strafversprechen mit der Vereinbarung von **pauschaliertem Schadensersatz** überschneiden. Während die Vertragsstrafe aber in erster Linie ein Druckmittel ist, um die Erfüllung der Hauptpflicht zu sichern, geht es beim pauschalierten Schadensersatz allein um den Verzicht auf einen konkreten Schadensnachweis.[660]

In **AGB** ist eine Pauschalierung von Schadensersatzansprüchen außerhalb des unternehmerischen Rechtsverkehrs (vgl. § 310 I) nur wirksam, wenn die Pauschale den nach dem gewöhnlichen Lauf der Dinge zu erwartenden Schaden nicht übersteigt und dem anderen Vertragsteil ausdrücklich der Nachweis eines niedrigeren Schadens gestattet wird (§ 309 Nr. 5).

IV. Voraussetzungen des Anspruchs auf Entrichtung der Vertragsstrafe

1. Wirksames Strafversprechen

6 Der Anspruch auf Entrichtung der Vertragsstrafe setzt ein wirksames Strafversprechen voraus. Entgegen dem missverständlichen Wortlaut des § 339 handelt es sich nicht um ein einseitiges Versprechen des Schuldners; vielmehr ist eine vertragliche **Vereinbarung** zwischen den Parteien erforderlich. Die Vereinbarung kann auch *stillschweigend* getroffen werden, doch muss man sich dabei vor bloßen Fiktionen hüten.

> **Beispiel** (AG Schöneberg NJW 1974, 1823): Der B entwendete in der Lebensmittelabteilung einer Filiale der K-AG Zigaretten im Gesamtwert von 20 EUR. Nachdem er vom Filialleiter gestellt wurde, verlangt die K-AG von ihm Zahlung einer Vertragsstrafe von 40 EUR. Sie beruft sich darauf, dass sich im Eingangsbereich der Filiale ein Plakat befindet, das folgenden Text aufweist: »Jeder Ladendieb wird zur Anzeige gebracht. Die K-AG erhält den doppelten Wert des Diebesgutes, mindestens aber 15 EUR, als vertraglich vereinbarten Ersatz von Bearbeitungskosten. Jeder erklärt durch das Betreten unserer Einkaufsstätten von vornherein sein Einverständnis mit dieser Regelung«.
> Das AG Schöneberg hat die Vereinbarung einer Vertragsstrafe mit der Begründung bejaht, das Hinweisschild sei »an nicht zu übersehender Stelle angebracht« gewesen. Das bloße Betreten eines Kaufhauses kann jedoch nicht als stillschweigende Annahme eines Angebots auf Vereinbarung einer Vertragsstrafe angesehen werden.[661] Der Anspruch auf Ersatz der Bearbeitungskosten kann daher nur auf §§ 280 I, 311 II, 241 II und §§ 823 I, II iVm § 242 StGB gestützt

---

659 Vgl. MüKoBGB/*Gottwald* § 344 Rn. 10.
660 Vgl. BGHZ 49, 84 (89); *Brox/Walker* SchuldR AT § 11 Rn. 8. Ausf. zur Abgrenzung *Nodoushani* ZGS 2005, 330 ff.
661 *Larenz* SchuldR I § 24 IIc; Staudinger/*Rieble*, 2015, § 339 Rn. 33.

werden. Der BGH lehnt die Ersatzfähigkeit der Bearbeitungskosten jedoch mit der Erwägung ab, dass der Geschädigte grundsätzlich keinen Ersatz für den Aufwand verlangen kann, der mit außergerichtlichen Tätigkeiten zur Geltendmachung von Entschädigungsansprüchen verbunden ist.[662] Dagegen sollen die Kosten für eine vor dem Diebstahl ausgesetzte »Fangprämie« in angemessenem Umfang (jedenfalls bis 25 EUR) ersatzfähig sein.[663]

Vertragsstrafen können auch in **AGB** vereinbart werden. § 309 Nr. 6 erklärt aber Klauseln für unwirksam, durch die der Verwender sich für den Fall der Nichtabnahme oder verspäteten Abnahme der Leistung, des Zahlungsverzugs oder für den Fall, dass der andere Teil sich vom Vertrag löst, Zahlung einer Vertragsstrafe versprechen lässt. Das Gesetz sieht für diese Fälle Schadensersatzansprüche vor; für eine darüber hinausgehende Sanktionierung durch formularmäßige Vertragsstrafevereinbarungen besteht kein schutzwürdiges Interesse.[664] Im Verhältnis zwischen Unternehmern ist § 309 Nr. 6 nicht anwendbar; bei unangemessener Benachteiligung des anderen Teils ist eine formularmäßige Vertragsstrafevereinbarung aber nach § 307 unwirksam. Im **Arbeitsrecht** ist § 309 Nr. 6 nach der Rechtsprechung des BAG mit Rücksicht auf § 310 IV 2 unanwendbar (→ § 16 Rn. 6); die Unwirksamkeit entsprechender Klauseln kann sich aber auch hier aus § 307 ergeben. Dies gilt namentlich für den Fall, dass die vereinbarte Vertragsstrafe **unangemessen hoch** ist.[665]

2. Verletzung der (bestehenden) gesicherten Hauptpflicht

Der Schuldner muss die gesicherte **Hauptpflicht** verletzt haben. Diese muss wegen der Akzessorietät der Vertragsstrafe im Zeitpunkt der Verletzung (noch) bestanden haben. Im Übrigen ist gem. § 339 danach zu unterscheiden, ob es um eine Handlungs- oder eine Unterlassungspflicht geht.

Wird eine **Handlungspflicht** nicht oder nicht in gehöriger Weise erfüllt, so ist die Strafe nach § 339 S. 1 erst verwirkt, wenn der Schuldner in **Verzug** kommt. Da damit auch auf § 286 IV Bezug genommen wird, muss der Schuldner die Pflichtverletzung nach §§ 276, 278 zu **vertreten** haben. Ist die Leistungspflicht des Schuldners nach § 275 ausgeschlossen, so kann kein Verzug eintreten. In diesem Fall ist die Vertragsstrafe aber verwirkt, wenn der Schuldner das Leistungshindernis zu vertreten hat.[666]

Besteht die geschuldete Leistung in einer **Unterlassung**, so ist die Vertragsstrafe nach § 339 S. 2 mit der Zuwiderhandlung verwirkt. Dass der Schuldner die Zuwiderhandlung zu vertreten hat, ist nach dem Gesetzeswortlaut nicht erforderlich. Warum die Verletzung von Unterlassungspflichten strenger behandelt werden sollte als die Verletzung von Handlungspflichten, ist jedoch nicht ersichtlich.[667] Die hM geht daher zu Recht davon aus, dass die Vertragsstrafe auch hier nur verwirkt ist, wenn der Schuldner die Zuwiderhandlung nach §§ 276, 278 zu vertreten hat.[668]

---

662 BGHZ 75, 230 (231 ff.); *Larenz* SchuldR I § 24 IIc; aA *Medicus/Lorenz* SchuldR AT Rn. 719. Eing. dazu *Lipp* NJW 1992, 1913 ff.
663 BGHZ 75, 230 (235 ff.); MüKoBGB/*Oetker* § 249 Rn. 202 f.
664 MüKoBGB/*Wurmnest* § 309 Nr. 6 Rn. 2.
665 BAG NZA 2009, 370 (374 f.) = JA 2010, 303 (*Krause*). Zum Verhältnis zu § 343 → § 38 Rn. 17.
666 Vgl. BGH LM Nr. 2 zu § 339; Jauernig/*Stadler* § 339 Rn. 19.
667 Vgl. *Larenz* SchuldR I § 24 IIa; MüKoBGB/*Gottwald* § 339 Rn. 38.
668 BGH NJW 1985, 191; Palandt/*Grüneberg* § 339 Rn. 15.

11 Das Erfordernis des Verschuldens ist **dispositiv**. Die Parteien können also durch *Individualvertrag* eine verschuldensunabhängige Vertragsstrafe vereinbaren. In *AGB* ist der Verzicht auf das Verschuldenserfordernis im Regelfall nach § 307 II Nr. 1 unwirksam.[669]

> **Zur Vertiefung:** Hat der Schuldner die Leistung vor Fälligkeit ernsthaft und endgültig verweigert, so tritt mangels Fälligkeit kein Verzug ein (→ § 26 Rn. 12). Nach Ansicht des BGH kann der Gläubiger daher auch keine für den Fall des Verzugs vereinbarte Vertragsstrafe geltend machen.[670] Eine Ausnahme soll nur unter den strengen Voraussetzungen des § 162 I in Betracht kommen. Vorzugswürdig erscheint jedoch eine analoge Anwendung des § 323 IV.[671] Der Gläubiger kann danach die Vertragsstrafe schon vor Fälligkeit verlangen, wenn offensichtlich ist, dass die Voraussetzungen eintreten werden.

3. Eigene Vertragstreue des Gläubigers

12 Wenn der Gläubiger sich selbst vertragswidrig verhalten hat, kann die Geltendmachung der Vertragsstrafe nach **Treu und Glauben** (§ 242) ausgeschlossen sein. So handelt der Gläubiger rechtsmissbräuchlich, wenn er die Vertragsstrafe verlangt, nachdem er die Pflichtverletzung des Schuldners durch einen eigenen Vertragsbruch *provoziert* hat.[672]

V. Verhältnis zum Erfüllungsanspruch

13 In welchem Verhältnis die Vertragsstrafe zum **Erfüllungsanspruch** steht, hängt nach §§ 340 I, 341 I davon ab, ob das Strafversprechen sich auf die Nichterfüllung oder die nicht gehörige Erfüllung der Hauptpflicht bezieht.

Betrifft das Strafversprechen den Fall, dass die Hauptpflicht (ganz oder teilweise) **nicht erfüllt** wird, so muss der Gläubiger sich nach § 340 I entscheiden, ob er auf Erfüllung besteht oder die Vertragsstrafe geltend macht. Eine *Kumulation* ist *ausgeschlossen*. Dies folgt aus der Formulierung »statt der Erfüllung« in § 340 I 1. Der Schuldner wird hierdurch vor doppelter Inanspruchnahme geschützt. Verlangt der Gläubiger die Vertragsstrafe, so erlischt der Erfüllungsanspruch nach § 340 I 2. Umgekehrt schließt das Erfüllungsverlangen den Anspruch auf die Vertragsstrafe noch nicht aus.[673]

Soll das Strafversprechen die **ordnungsgemäße** Erfüllung der Hauptpflicht sicherstellen, so kann der Gläubiger den Anspruch auf die Vertragsstrafe nach § 341 I *neben* dem Erfüllungsanspruch geltend machen. Er muss sich bei der Annahme der Erfüllung aber das Recht vorbehalten, die Vertragsstrafe geltend zu machen (§ 341 III).

14 Die **Abgrenzung** zwischen § 340 I und § 341 I kann im Einzelfall zweifelhaft sein. Man muss dann durch *Auslegung* der Parteivereinbarung ermitteln, ob die Vertragsstrafe das Interesse an der Erfüllung als solcher oder an der Ordnungsmäßigkeit der Erfüllung sichern soll.[674] Häufig haben Strafversprechen den Zweck, die **rechtzeitige Erfüllung** der Hauptpflicht sicherzustellen. In diesem Fall berührt die Nichtleistung

---

669 Vgl. BGH NJW 1997, 135; Jauernig/*Stadler* § 339 Rn. 19.
670 Vgl. BGH NJW-RR 2008, 210; zust. MüKoBGB/*Gottwald* § 339 Rn. 32.
671 Jauernig/*Stadler* § 339 Rn. 18; iE auch *Gsell* LMK 2007, 247919.
672 BGH NJW 1971, 1126; 1984, 919 (920); krit. Staudinger/*Rieble*, 2015, § 339 Rn. 410.
673 Jauernig/*Stadler* § 340 Rn. 5.
674 Palandt/*Grüneberg* § 340 Rn. 2; MüKoBGB/*Gottwald* § 340 Rn. 1.

zum geschuldeten Zeitpunkt das Interesse an der Ordnungsmäßigkeit der Erfüllung. Die verwirkte Strafe kann daher nach § 341 I neben der Erfüllung verlangt werden.

> **Beispiel:** Die A-AG hat den Bauunternehmer U mit der Errichtung eines Kaufhauses beauftragt. Im Hinblick auf das lukrative Weihnachtsgeschäft wird vereinbart, dass die Arbeiten bis zum 28.11. abgeschlossen sein sollen. Für jeden Tag der Verzögerung hat U eine Vertragsstrafe von 50.000 EUR zu zahlen. Ist der Bau zum vereinbarten Termin nicht fertig gestellt, so kann die A-AG von U Zahlung der vereinbarten Strafe verlangen. Der Erfüllungsanspruch bleibt daneben bestehen.

VI. Verhältnis zum Schadensersatzanspruch

Das Verhältnis der Vertragsstrafe zum **Schadensersatzanspruch** ist in den §§ 340 II, 341 II für beide Arten des Strafversprechens gleich geregelt. Steht dem Gläubiger ein Schadensersatzanspruch zu, so kann er die verwirkte Strafe als *Mindestbetrag* des Schadens ohne Nachweis verlangen. Die Geltendmachung eines weiteren (nachweisbaren) Schadens wird dadurch nicht ausgeschlossen. Der Gläubiger muss sich die Vertragsstrafe aber auf den Schadensersatz anrechnen lassen, soweit beide Ansprüche auf dasselbe Interesse gerichtet sind.[675] Soll die Vertragsstrafe die rechtzeitige Erfüllung der Hauptpflicht sichern, so mindert sie daher den Anspruch auf Ersatz des Verzögerungsschadens (§§ 280 I, II, 286), nicht aber den Anspruch auf Schadensersatz statt der Leistung (§§ 280 I, III, 281).

15

> **Beispiel:** Im Weihnachtsgeschäfts-Fall (→ § 38 Rn. 14) wird das Kaufhaus am 5.12. fertiggestellt. Die A-AG behauptet, durch die Verzögerung einen Schaden iHv 500.000 EUR erlitten zu haben.
> Nach §§ 339, 341 II kann die A-AG die vereinbarte Vertragsstrafe von insgesamt 350.000 EUR verlangen, ohne einen Schaden nachweisen zu müssen. Nach §§ 280 I, II, 286 könnte der A-AG ein Anspruch auf Zahlung von weiteren 150.000 EUR zustehen. Macht die A-AG diesen Anspruch geltend, so muss sie aber die Höhe des Schadens nachweisen.
> *Abwandlung:* Am 5.12. erklärt U der A-AG, dass sich die Fertigstellung des Kaufhauses auf unabsehbare Zeit verzögert. Verlangt die A-AG daraufhin nach §§ 280 I, III, 281 Schadensersatz statt der Leistung, so muss sie sich die zwischenzeitig verwirkte Vertragsstrafe nicht auf den Anspruch anrechnen lassen.

VII. Höhe der Vertragsstrafe und richterliche Kontrolle

Die Höhe der Strafe richtet sich grundsätzlich nach der Parteivereinbarung. Hat der Schuldner **mehrere Male** gegen die gesicherte Pflicht verstoßen, so ist durch Auslegung der Vereinbarung zu ermitteln, ob die Strafe nur einmal oder für jeden Verstoß zu entrichten ist. Im Allgemeinen ist davon auszugehen, dass die Strafe nur einmal verwirkt ist.[676]

16

Ist die vereinbarte Vertragsstrafe unverhältnismäßig hoch, so kann sie nach § 343 auf Antrag des Schuldners **durch Urteil** auf den angemessenen Betrag **herabgesetzt** werden. Die Zulassung einer solchen richterlichen Billigkeitskontrolle beruht auf der Erwägung, dass der Schuldner im Fall des Strafversprechens besonders schutzwürdig ist, weil er bei Abgabe des Versprechens im Allgemeinen darauf vertrauen wird, seine

17

---

675 Vgl. Staudinger/*Rieble*, 2015, § 340 Rn. 75ff.; einschr. BGH NJW 1963, 1197 (keine Anrechnung der Vertragsstrafe wegen nicht rechtzeitiger Erfüllung auf die Verzugszinsen für die Zeit nach Verwirkung der Vertragsstrafe).
676 BGH NJW 2001, 2622 (2624); Palandt/*Grüneberg* § 339 Rn. 18.

Pflichten ordnungsgemäß erfüllen zu können.⁶⁷⁷ Wegen dieser Schutzfunktion ist § 343 grundsätzlich *nicht abdingbar.*⁶⁷⁸ Hat der Schuldner die Strafe bereits entrichtet, so ist eine Herabsetzung aber nicht mehr möglich (§ 343 I 3).

Die Anwendung des § 343 setzt eine wirksame Vereinbarung der Vertragsstrafe voraus. Die Vorschrift kann also **nicht** herangezogen werden, um ein wegen übermäßiger Höhe nach § 138 I oder § 307 unwirksames Vertragsstrafeversprechen zu »heilen«.⁶⁷⁹ Praktische Bedeutung hat dies vor allem bei der Kontrolle von AGB in Arbeitsverträgen (→ § 38 Rn. 7). Der entscheidende Grund für die Nichtberücksichtigung der Herabsetzungsmöglichkeit im Rahmen des § 307 besteht darin, dass § 343 nur eine nachträgliche, **einzelfallbezogene Korrektur** erlaubt, deren Ergebnis nicht sicher vorhersehbar ist. Der Inhaltskontrolle nach § 307 liegt dagegen eine **generalisierende** Betrachtung zugrunde, die dem anderen Teil und der Rechtspraxis im Allgemeinen die Möglichkeit verschafft, sich im Voraus über den zulässigen Inhalt von Vertragsstrafeklauseln zu informieren. Außerdem soll der Verwender gehindert werden, seine einschlägigen Klauseln risikolos so weit zu formulieren, dass sie sowohl zulässige als auch unzulässige Konstellationen umfassen.⁶⁸⁰

18 Hat ein **Kaufmann** die Vertragsstrafe im Betrieb seines Handelsgewerbes versprochen, so ist eine Herabsetzung auf der Grundlage des § 343 ausgeschlossen (§ 348 HGB). Eine Kontrolle nach §§ 138, 242 ist aber möglich.

> **Literatur:** *Beuthien,* Pauschalierter Schadensersatz und Vertragsstrafe, FS Larenz, 1973, 495; *Derlin,* Vertragsstrafe und AGB-rechtliche Inhaltskontrolle, MDR 2009, 597; *Koenig,* Erstattung der Fangprämie bei Ladendiebstählen – Richterliche Kontrolle analog § 343, MDR 1980, 637; *Köhler,* Vereinbarung und Verwirkung der Vertragsstrafe, FS Gernhuber, 1993, 207; *Nodoushani,* Die »verdeckte« Vertragsstrafe – Zur Abgrenzung von Schadensersatzpauschale und Vertragsstrafe, ZGS 2005, 330; *Reinicke/ Tiedtke,* Der Vorbehalt des Rechts auf die bereits erlangte Vertragsstrafe, DB 1983, 1639; *Rieble,* Das Ende des Fortsetzungszusammenhangs im Recht der Vertragsstrafe, WM 1995, 828; *Schäfer,* Strafe und Prävention im Bürgerlichen Recht, AcP 202 (2002), 397; *Tilp,* Das Recht der Vertragsstrafe, JURA 2001, 441; *K. Schmidt,* Unselbständige und selbständige Vertragsstrafeversprechen, FS Heinrichs, 1998, 529; *Werth,* Zivilrechtliche Probleme des Schwarzfahrens in öffentlichen Verkehrsmitteln, JuS 1998, 795.

---

677 Vgl. Staudinger/*Rieble*, 2015, § 343 Rn. 8.
678 BGHZ 5, 133 (136).
679 BAG NZA 2004, 727 (734).
680 Eing. BAG NZA 2009, 370 (377) = JA 2010, 303 *(Krause)*.

6. Teil. Auflösung und Rückabwicklung von Schuldverhältnissen

§ 39 Aufhebungsvertrag und Kündigung von Dauerschuldverhältnissen

I. Vertragliche Aufhebung von Schuldverhältnissen

Das Schuldrecht kennt verschiedene Tatbestände, die zur rechtsgeschäftlichen Auflösung von Schuldverhältnissen (insbesondere Verträgen) führen können. Hierher gehört zunächst der **Aufhebungsvertrag**.[1] In Rechtsprechung und Literatur ist anerkannt, dass es den Parteien jederzeit freisteht, das Schuldverhältnis durch Vertrag aufzuheben. Im Unterschied zur Abschlussfreiheit enthält das BGB für die **Aufhebungsfreiheit** keinen Anknüpfungspunkt. So regelt § 311 I nur die vertragliche Begründung und Änderung des Schuldverhältnisses, nicht aber dessen Aufhebung. Die Regelung des § 397 über das Erlöschen des Schuldverhältnisses durch *Erlass* oder *negatives Schuldanerkenntnis* (→ § 19 Rn. 7f.) betrifft lediglich *einzelne Forderungen* (Schuldverhältnisse ieS).[2] Die Zulässigkeit von Aufhebungsverträgen ergibt sich aber aus der Erwägung, dass die Aufhebungsfreiheit ein notwendiges Gegenstück zur Vertragsfreiheit ist. Ebenso wie die Abänderungsfreiheit (oben → § 11 Rn. 2) gilt auch die Aufhebungsfreiheit für vertragliche und gesetzliche Schuldverhältnisse. Die Aufhebung eines Schuldverhältnisses ist grundsätzlich **formfrei**, auch wenn die Begründung formbedürftig war.[3] Eine Ausnahme bildet die Vorschrift des § 623 über die Beendigung von **Arbeitsverträgen** durch Kündigung oder Auflösungsvertrag. Hier muss aus Gründen der Rechtssicherheit und zum Schutz des Arbeitnehmers die Schriftform gewahrt werden.[4]

1

Ob der Aufhebungsvertrag das Schuldverhältnis nur für die **Zukunft** auflöst oder **Rückwirkung** hat, muss durch Auslegung der Parteivereinbarung beurteilt werden.[5] Dient der Vertrag der Aufhebung eines **Dauerschuldverhältnisses**, mit dessen Ausführung schon begonnen wurde, so wirkt er im Allgemeinen wie die Kündigung (→ § 39 Rn. 15) nur für die Zukunft. Dahinter steht die Erwägung, dass die Rückabwicklung der schon erbrachten Leistungen in diesen Fällen regelmäßig nicht interessengerecht ist. Ist das Schuldverhältnis auf einen **einmaligen Leistungsaustausch** gerichtet, so liegt dagegen die Annahme einer rückwirkenden Aufhebung nahe.[6] Wegen der Vergleichbarkeit der Interessenlage richtet die Rückabwicklung sich in diesen Fällen nach den §§ 346 ff. (→ § 40 Rn. 1 ff.).[7]

2

---

1 Palandt/*Grüneberg* § 311 Rn. 7; Jauernig/*Stürner* Vor § 362 Rn. 3; *Medicus/Lorenz* SchuldR AT Rn. 589.
2 Palandt/*Grüneberg* § 311 Rn. 7; PWW/*Pfeiffer* § 397 Rn. 5.
3 Palandt/*Ellenberger* § 125 Rn. 10; *Medicus/Lorenz* SchuldR AT Rn. 591. Zu den Besonderheiten bei der Aufhebung vollzogener Kaufverträge über Grundstücke Palandt/*Grüneberg* § 311b Rn. 39.
4 Vgl. MüKoBGB/*Henssler* § 623 Rn. 2; *Harke* SchuldR AT Rn. 108.
5 BGH NJW 1978, 2198; Palandt/*Grüneberg* § 311 Rn. 7; *Medicus/Lorenz* SchuldR AT Rn. 592.
6 Zu dieser Differenzierung BGH NJW 1978, 2198; *Larenz* SchuldR I § 19 IIb; *Harke* SchuldR AT Rn. 108.
7 Vgl. BGH NJW-RR 1996, 336 (337); Palandt/*Grüneberg* § 311 Rn. 7; *Harke* SchuldR AT Rn. 108.

II. Kündigung von Dauerschuldverhältnissen

1. Problemstellung

3 Rechtsstreitigkeiten über die rechtsgeschäftliche Beendigung ergeben sich in der Praxis vor allem im Rahmen von **Dauerschuldverhältnissen**. Dabei handelt es sich um solche Schuldverhältnisse, die nicht auf eine *einmalige Leistung* (zB Schenkung) oder einen *einmaligen Austausch von Leistungen* (zB »normaler« Kaufvertrag) gerichtet sind, sondern über einen längeren Zeitraum bestehen, wobei während dieses Zeitraums ständig neue Leistungs- und Schutzpflichten entstehen.[8] Der Begriff des Dauerschuldverhältnisses ist gesetzlich nicht definiert. Gewisse Anhaltspunkte ergeben sich zwar aus dem Klauselverbot des § 309 Nr. 9; die dort genannten Anwendungsfälle sind jedoch nicht abschließend.[9]

4 Der Inhalt von Dauerschuldverhältnissen kann in einer **dauernden Leistung** oder in **wiederkehrenden einzelnen Leistungen** bestehen. Entscheidend ist, dass der Umfang der Gesamtleistung nicht von vornherein feststeht, sondern von der Länge der Laufzeit abhängt.[10] In die erste Kategorie fallen insbesondere Miete, Leihe, Pacht und Darlehen, aber auch Gesellschafts- und Arbeitsverträge sowie die meisten Versicherungsverträge.[11] Zur zweiten Kategorie gehören Kaufverträge (§§ 433 ff., gegebenenfalls iVm § 650), bei denen die Liefermenge nach dem jeweiligen Bedarf des Abnehmers festgelegt wird (zB Bierlieferungsverträge zwischen Gastwirten und Brauereien, Bezugsverträge mit Versorgungsunternehmen, Zulieferverträge in der Industrie).[12] **Nicht** erfasst werden **Teil- oder Ratenlieferungsverträge**, da die Gesamtleistung hier von vornherein feststeht.[13]

5 Da Dauerschuldverhältnisse auf einen längeren, häufig unbestimmten Zeitraum angelegt sind, kann das Bedürfnis nach **vorzeitiger Auflösung** entstehen. Der Abschluss eines Aufhebungsvertrags (→ § 39 Rn. 1) scheitert in diesen Fällen häufig daran, dass die Parteien im Konfliktfall nicht die dafür erforderliche Einigung erzielen können. Wesentlich wichtiger ist in der Praxis daher die Aufhebung durch einseitiges Rechtsgeschäft, nämlich die **Kündigung**. Spezielle Vorschriften über die Kündigung finden sich insbesondere im Miet-, Dienst- und Werkvertragsrecht (vgl. §§ 542 ff.; 568 ff.; 620 II, 621 ff., 643, 648 ff.). Da der Verzicht auf die Mitwirkung des anderen Teils einen erheblichen Eingriff in dessen Rechtsposition darstellt,[14] wird die Kündigung meist von besonderen Voraussetzungen (Einhaltung von Fristen, Vorliegen eines wichtigen Grundes etc) abhängig gemacht, die für den einvernehmlichen Abschluss eines Aufhebungsvertrags nicht gelten.[15] Im Ausgangspunkt kann dabei zwischen der ordentlichen und der außerordentlichen Kündigung unterschieden werden. Für die **ordentliche Kündigung** (zB §§ 542, 620 II, 621 ff., 648) ist regelmäßig kein besonderer Grund erforderlich.[16] Soweit die andere Partei schutzwürdig ist, wird der Schutz meistens allein durch die Notwendigkeit der Einhaltung von Kündigungsfristen gewährleistet. Ausnahmen bestehen

---

8 Zu den charakteristischen Merkmalen von Dauerschuldverhältnissen BT-Drs. 14/6040, 176 f.; MüKoBGB/*Gaier* § 314 Rn. 5 ff.; Staudinger/*Olzen*, 2019, § 241 Rn. 358 ff.; *Harke* SchuldR AT Rn. 125.
9 Vgl. Staudinger/*Olzen*, 2019, § 241 Rn. 360.
10 MüKoBGB/*Gaier* § 314 Rn. 5; *Larenz* SchuldR I § 2 VI.
11 Vgl. *Harke* SchuldR AT Rn. 125; *Medicus/Lorenz* SchuldR AT Rn. 11.
12 Palandt/*Grüneberg* Überbl. vor § 311 Rn. 28.
13 Vgl. BGH NJW 1981, 679 (680); PWW/*Stürner* § 314 Rn. 5; *Brox/Walker* SchuldR AT § 2 Rn. 4.
14 Vgl. *Medicus/Petersen* BGB AT Rn. 81: »Fremdbestimmung« über den Kündigungsgegner.
15 Zur Problemstellung vgl. MüKoBGB/*Emmerich* § 311 Rn. 19.
16 Vgl. *Medicus/Lorenz* SchuldR AT Rn. 656.

allerdings bei der Wohnungsmiete sowie bei Arbeitsverhältnissen. So muss der Vermieter für die ordentliche Kündigung eines Mietvertrags über Wohnraum nach § 573 ein *berechtigtes Interesse* an der Beendigung des Mietverhältnisses nachweisen (→ SchuldR BT § 23 Rn. 32ff.). Bei Arbeitsverträgen ist eine Kündigung nach § 1 KSchG unwirksam, wenn sie *sozial ungerechtfertigt* ist (→ SchuldR BT § 30 Rn. 5). Der Gesetzgeber trägt damit der besonderen Schutzwürdigkeit von Wohnraummietern und Arbeitnehmern Rechnung (→ § 3 Rn. 7).

Besondere Probleme ergeben sich, wenn eine Partei ein besonderes Interesse an der sofortigen Auflösung eines Dauerschuldverhältnisses hat. So mag die betroffene Partei geltend machen, dass ihr die Fortsetzung des Vertragsverhältnisses nach Treu und Glauben **nicht** mehr **zugemutet** werden kann, zB weil die andere Partei das erforderliche Vertrauensverhältnis durch pflichtwidriges Verhalten zerstört hat.[17] Nach allgemeinen Grundsätzen kommt in solchen Fällen allenfalls ein Rücktrittsrecht in Betracht. Die damit verbundene Rückabwicklung der empfangenen Leistungen wird den Interessen der Beteiligten jedoch nicht gerecht. Das besondere Interesse an der sofortigen Auflösung des Dauerschuldverhältnisses kann zudem auch auf anderen Gründen als auf einer Pflichtverletzung der anderen Partei beruhen, sodass es bereits an einem Rücktrittsrecht fehlen würde. Sachgemäß ist daher eine Auflösung des Dauerschuldverhältnisses **für die Zukunft** durch **außerordentliche Kündigung,** die nicht notwendig das Vorliegen einer Pflichtverletzung erfordert.

Vor der Schuldrechtsreform enthielt das BGB nur für **einzelne** Dauerschuldverhältnisse **spezielle Regelungen** über die Kündigung aus wichtigem Grund. Zu nennen sind insbesondere die §§ 543, 569 für den Mietvertrag, § 626 für den Dienstvertrag und § 723 für den Gesellschaftsvertrag. Die Rechtsprechung hatte aus den Wertungen dieser Vorschriften und dem Grundsatz von Treu und Glauben (§ 242) aber ein **allgemeines Recht** zur Kündigung von Dauerschuldverhältnissen aus wichtigem Grund abgeleitet.[18] Das SchuldRModG hat hierfür dann in § 314 eine ausdrückliche gesetzliche Grundlage geschaffen. Seit dem 1.1.2018 findet sich für den Werkvertrag eine vergleichbare Vorschrift in § 648a. Die genannten Sonderregelungen gehen dem § 314 nach dem **Spezialitätsgrundsatz** vor. Im Hinblick auf das außerordentliche Kündigungsrecht bei Gelddarlehen (§ 490 I, II) sieht § 490 III allerdings ausdrücklich vor, dass die §§ 313, 314 unberührt bleiben.

2. Wichtiger Grund

Voraussetzung für die Ausübung des außerordentlichen Kündigungsrechts nach § 314 ist das Vorliegen eines wichtigen Grundes. Nach § 314 I 2 liegt ein solcher Grund vor, wenn dem kündigenden Teil unter Berücksichtigung aller Umstände des Einzelfalls und unter Abwägung der beiderseitigen Interessen die Fortsetzung des Vertragsverhältnisses **nicht zugemutet** werden kann. Der Nutzen dieser Umschreibung ist begrenzt. Denn letztlich wird ein unbestimmter Rechtsbegriff (wichtiger Grund) durch einen anderen (Unzumutbarkeit der Vertragsfortsetzung) ersetzt. Eine weitere gesetzliche Konkretisierung ist aber nicht möglich, weil die Voraussetzungen bei den einzelnen Vertragstypen recht unterschiedlich sein können.[19] Immerhin wird verdeutlicht,

---

17 Vgl. *Medicus/Lorenz* SchuldR AT Rn. 14.
18 Vgl. BGHZ 9, 157 (161ff.); *Larenz* SchuldR I § 2 VI.
19 Vgl. BT-Drs. 14/6040, 177f.

dass der Kündigungsgrund durch eine umfassende *Interessenabwägung* im Einzelfall festgestellt werden muss.[20]

8 Für die Durchführung der **Interessenabwägung** lassen sich nur schwer allgemeine Grundsätze entwickeln. Zentrale Bedeutung hat die Verletzung vertraglicher Pflichten durch den Vertragspartner. Im Vordergrund steht die Verletzung leistungsbezogener Pflichten nach § 323, doch kann auch die Verletzung von Schutzpflichten iSd §§ 324, 241 II ein Kündigungsrecht nach § 314 begründen. Ein Verschulden des anderen Teils ist nicht erforderlich, kann aber bei der Interessenabwägung berücksichtigt werden.[21]

> **Beispiele:** (1) Gastwirt G hat sich gegenüber der Brauerei B verpflichtet, monatlich eine bestimmte Menge Bier abzunehmen. B liefert mehrfach ungenießbares Bier. Da Abmahnungen fruchtlos bleiben, will G sich vom Vertrag lösen. Nach allgemeinen Grundsätzen könnte G gem. § 323 vom Vertrag zurücktreten. Der Bierlieferungsvertrag ist aber ein Dauerschuldverhältnis. Deshalb tritt an die Stelle des Rücktrittsrechts das Recht zur Kündigung aus wichtigem Grund nach § 314.
> (2) Im Rahmen eines Bierlieferungsvertrags verbreitet Gastwirt G gegenüber Geschäftspartnern wiederholt bewusst unrichtige Tatsachen über die geschäftlichen Verhältnisse der Brauerei B. B erleidet hierdurch beträchtliche Umsatzeinbußen. G hat seine Pflicht zur Rücksichtnahme auf die sonstigen Interessen der B verletzt (§ 241 II). Nach allgemeinen Grundsätzen könnte B daher ein Rücktrittsrecht nach § 324 zustehen. Hier kommt stattdessen ein Kündigungsrecht nach § 314 in Betracht.

9 Im Anwendungsbereich des § 314 geht es allerdings nicht ausschließlich um **Pflichtverletzungen.** Vielmehr können auch **andere Umstände** relevant sein.[22] Zu denken ist etwa daran, dass der Vertragszweck aufgrund äußerer Entwicklungen nicht mehr erreichbar ist. Umstände aus dem eigenen Risikobereich des kündigenden Teils müssen aber grundsätzlich außer Betracht bleiben.[23] Es gelten insoweit die gleichen Erwägungen wie bei der Störung der Geschäftsgrundlage (→ § 37 Rn. 15). So begründet ein beruflich veranlasster Wohnortwechsel bei einem längerfristigen **Fitnessstudiovertrag** weder ein Recht zur außerordentlichen Kündigung noch eine Störung der Geschäftsgrundlage.[24]

10 Welches Gewicht der infrage stehende Umstand haben muss, um eine Kündigung zu rechtfertigen, hängt nicht zuletzt von der Ausgestaltung des jeweiligen Vertragsverhältnisses ab. Je stärker die Parteien danach auf eine enge persönliche Zusammenarbeit angewiesen sind, desto eher wird man einer **Störung des Vertrauensverhältnisses** Rechnung tragen müssen.[25]

3. Fristsetzung zur Abhilfe oder Abmahnung

11 Besteht der wichtige Grund in einer Pflichtverletzung, so muss das Kündigungsrecht nach § 314 mit dem Rücktrittsrecht bei sonstigen Schuldverhältnissen (§§ 323, 324) harmonisiert werden. § 314 II sieht deshalb vor, dass die Kündigung erst nach erfolglosem Ablauf einer angemessenen **Frist** zur Abhilfe oder erfolgloser **Abmahnung** zu-

---

[20] Vgl. Palandt/*Grüneberg* § 314 Rn. 7.
[21] Vgl. BT-Drs. 14/6040, 178; HK-BGB/*Schulze* § 314 Rn. 3.
[22] BT-Drs. 14/6040, 178; *Ramming* ZGS 2003, 113 (116).
[23] Vgl. BGH NJW 1991, 1828 (1829); Palandt/*Grüneberg* § 314 Rn. 9.
[24] BGH NJW 2016, 3718.
[25] Vgl. NK-BGB/*Krebs/Jung* § 314 Rn. 36.

lässig ist. Der Gesetzgeber will damit auch hier den Vorrang der regulären Vertragsabwicklung sicherstellen. Dem anderen Teil sollen die drohenden Konsequenzen seines pflichtwidrigen Verhaltens vor Augen geführt werden. Gleichzeitig soll er eine letzte Chance erhalten, die Kündigung des Vertrages durch pflichtgemäßes Verhalten abzuwenden.[26] Für die **Entbehrlichkeit** der Fristsetzung oder Abmahnung gelten die Vorschriften des § 323 II Nr. 1 und 2 (→ § 33 Rn. 3 ff.) nach § 314 II 2 entsprechend. Darüber hinaus sieht § 314 II 3 (wie § 323 II Nr. 3 aF) vor, dass die Fristsetzung oder Abmahnung auch dann entbehrlich ist, wenn die sofortige Kündigung aufgrund besonderer Umstände unter Abwägung der beiderseitigen Interessen gerechtfertigt ist. Dahinter steht die Erwägung, dass die mit Rücksicht auf die Verbraucherrechte-RL erfolgte Einschränkung des § 323 II Nr. 3 (→ § 33 Rn. 5) auf den Fall der nicht vertragsgemäß erfolgten Leistung bei § 314 nicht erforderlich ist.[27]

> **Beispiel** (BGH NJW-RR 2007, 1520): Die A-GmbH hat den Anstellungsvertrag mit ihrem Geschäftsführer G aufgrund von Pflichtverletzungen außerordentlich gekündigt. Nach Ansicht des BGH bedarf die Kündigung keiner vorherigen Abmahnung, weil der Geschäftsführer als organschaftlicher Vertreter der GmbH Arbeitgeberfunktionen wahrnimmt. Diese Funktionszuweisung wird als besonderer Grund iSd §§ 314 II 3 angesehen.

Nach dem Wortlaut des § 314 gilt die Notwendigkeit einer Fristsetzung oder Abmahnung auch in den Fällen, in denen die Kündigung auf die Verletzung einer **Schutzpflicht** iSd § 241 II gestützt werden soll. Dies steht in einem gewissen Widerspruch zu der Entscheidung des Gesetzgebers, beim *Rücktritt* wegen der Verletzung von Schutzpflichten (§ 324) auf ein solches Erfordernis zu verzichten. Man kann sich daher fragen, ob die Notwendigkeit einer Fristsetzung bzw. Abmahnung für diese Fallgruppe überhaupt gilt oder ob insoweit eine teleologische Reduktion geboten ist. 12

Gegen eine **teleologische Reduktion** spricht, dass Fristsetzung und Abmahnung für Schutzpflichtverletzungen nur dann unpassend sind, wenn deren Fruchtlosigkeit (wie bei § 323) *automatisch* eine nachteilige Rechtsfolge auslöst. Dies ist bei § 314 nicht der Fall, weil die Zumutbarkeit des Festhaltens am Vertrag gesondert geprüft werden muss. Umgekehrt ist zwar auch denkbar, dass die Zumutbarkeit trotz Fehlens der Fristsetzung oder Abmahnung zu verneinen ist. Die Regelung des § 314 II 3 ist aber hinreichend flexibel, um in solchen Fällen eine sofortige Kündigung zu rechtfertigen. 13

4. Ausübung des Kündigungsrechts und Rechtsfolgen der Kündigung

Die Kündigung nach § 314 ist ein **Gestaltungsrecht**, das durch *einseitige empfangsbedürftige Willenserklärung* ausgeübt wird. Nach § 314 III kann die Kündigung nur innerhalb einer *angemessenen* Frist ab Kenntniserlangung vom Kündigungsgrund erklärt werden. Die Regelung soll sicherstellen, dass der andere Teil nicht unnötig lange im Ungewissen bleibt, ob der Berechtigte von dem Kündigungsrecht Gebrauch macht. Auf die Festschreibung einer bestimmten Frist wurde verzichtet, weil nicht für alle Arten von Dauerschuldverhältnissen die gleiche Frist angemessen wäre.[28] 14

Ist die Kündigung wirksam, wird das Dauerschuldverhältnis für die **Zukunft** beendet. Die Kündigung wirkt also ex nunc. Eine Kündigungsfrist ist nicht vorgesehen, doch 15

---

26 Zur Funktion von Fristsetzung und Abmahnung vgl. MüKoBGB/*Gaier* § 314 Rn. 15.
27 Vgl. *Bierekoven/Crone* MMR 2013, 687 (690).
28 BT-Drs. 14/6040, 178; HK-BGB/*Schulze* § 314 Rn. 4.

kann es der Grundsatz von Treu und Glauben im Einzelfall gebieten, dem anderen Teil eine »Auslauffrist« zuzubilligen.[29] Die Kündigung lässt die bislang erbrachten Leistungen unberührt. Eine *Rückabwicklung* nach §§ 346 ff. oder §§ 812 ff. kommt also *nicht* in Betracht.

16 § 314 IV stellt klar, dass die Kündigung die nach anderen Vorschriften gegebenen **Schadensersatzansprüche** nicht ausschließt. Die Vorschrift entspricht der Regelung für das Verhältnis von Rücktritt und Schadensersatz in § 325. In Betracht kommen insbesondere Ansprüche auf Schadensersatz statt der Leistung nach § 280 I, III iVm § 281 oder § 282.

5. Konkurrenzen

17 Neben dem allgemeinen Kündigungsrecht nach § 314 gibt es für einzelne Arten von Dauerschuldverhältnissen nach wie vor **Sonderregeln** über die Kündigung aus wichtigem Grund (→ § 39 Rn. 6). Diese gehen dem § 314 als leges speciales vor.[30] Soweit die besonderen Kündigungsrechte unbestimmte Rechtsbegriffe enthalten, können die Wertungen des § 314 aber zur Konkretisierung herangezogen werden. Dies gilt insbesondere im Hinblick auf die prinzipielle Notwendigkeit einer Fristsetzung oder Abmahnung.[31]

18 Bei in Vollzug gesetzten Dauerschuldverhältnissen geht die hM vom **Vorrang des § 314 gegenüber den §§ 323, 324** aus.[32] Für diese Ansicht spricht, dass der Rücktritt den Interessen der Parteien in solchen Fällen regelmäßig nicht gerecht wird (→ § 39 Rn. 2). Ein genereller Vorrang des § 314 gegenüber den §§ 323, 324 lässt sich dem Gesetz jedoch nicht entnehmen.[33] Auch bei in Vollzug gesetzten Dauerverhältnissen ist es denkbar, dass der Gläubiger ausnahmsweise ein berechtigtes Interesse an der Rückabwicklung schon erbrachter Leistungen hat, auch wenn insoweit ordnungsgemäß erfüllt wurde. Nach der Wertung des § 323 V 1 kommt ein Rücktritt in solchen Fällen aber nur in Betracht, wenn der Gläubiger aufgrund der Pflichtverletzung **kein Interesse** an den erbrachten Leistungen hat.[34] Bei § 324 ist ebenfalls zu beachten, dass die Rückabwicklung bei Dauerschuldverhältnissen im Allgemeinen nicht interessengerecht ist. Eine Einschränkung des Rücktritts könnte sich darauf stützen lassen, dass das Festhalten am Vertrag für den Gläubiger nach § 324 **unzumutbar** sein muss. Diese Unzumutbarkeit dürfte durch die Möglichkeit einer Kündigung nach § 314 nicht selten entfallen. Alternativ kommt eine entsprechende Anwendung von § 323 V 1 im Rahmen des § 324 in Betracht.

Im Fall einer **Störung der Geschäftsgrundlage** wird der Rücktritt bei Dauerschuldverhältnissen nach § 313 III 2 durch die Kündigung aus wichtigem Grund ersetzt.[35] Im Übrigen ist das Verhältnis von § 313 und § 314 umstritten. Sinn und Zweck des

---

29 Vgl. NK-BGB/*Krebs/Jung* § 314 Rn. 55 f.
30 Palandt/*Grüneberg* § 314 Rn. 4; zu § 626 BGH NJW 2008, 360 (364).
31 NK-BGB/*Krebs/Jung* § 314 Rn. 22 f.
32 BT-Drs. 14/6040, 177; HK-BGB/*Schulze* § 314 Rn. 2; MüKoBGB/*Gaier* § 314 Rn. 3; *Medicus/Lorenz* SchuldR AT Rn. 488; aA MüKoBGB/*Ernst* § 323 Rn. 36 und § 324 Rn. 3.
33 So auch Soergel/*Gsell* § 323 Rn. 9; *Mülbert* FS H. P. Westermann, 2008, 491 (512).
34 MüKoBGB/*Ernst* § 323 Rn. 36; *Grigoleit* FS E. Lorenz, 2014, 795 (804 ff.).
35 Vgl. *Grigoleit* FS E. Lorenz, 2014, 795 (807) mit dem Hinweis, dass einer besonderen Interessenlage, die eine rückwirkende Berücksichtigung der Störung der Geschäftsgrundlage nahelegt, bei der vorrangigen Anpassung des Vertrags Rechnung getragen werden kann.

§ 313 III 1 sprechen für einen Vorrang der Regeln über die Störung der Geschäftsgrundlage. Im Überschneidungsbereich zwischen § 313 und § 314 setzt eine Kündigung aus wichtigem Grund daher voraus, dass der Kündigungsgrund sich nicht durch *Vertragsanpassung* ausräumen lässt.[36]

> **Literatur:** *Grigoleit,* Dauerschuldverhältnisse und allgemeines Leistungsstörungsrecht, in FS E. Lorenz, 2014, 795; *Michalski,* Zur Rechtsnatur des Dauerschuldverhältnisses, JA 1979, 401; *Mülbert,* Vertragliche Dauerschuldverhältnisse im Allgemeinen Schuldrecht, FS H. P. Westermann, 2008, 491; *Oetker,* Das Dauerschuldverhältnis und seine Beendigung, 1994; *Ramming,* Wechselwirkungen bei den Voraussetzungen der gesetzlichen Kündigungs- und Rücktrittsrechte nach allgemeinem Schuldrecht (§§ 314, 323, 324), ZGS 2003, 113; *Stürner,* Die Kündigung von Dauerschuldverhältnissen aus wichtigem Grund nach § 314 BGB, JURA 2016, 163; *Wackerbarth,* Außerordentliche Kündigung von Dauerschuldverhältnissen und Abmahnung, in Dauner-Lieb/Konzen/K. Schmidt, Das neue Schuldrecht in der Praxis, 2003, 159.

§ 40 Rücktritt vom Vertrag

I. Allgemeines

1. Voraussetzungen des Rücktritts

Im Zuge der bisherigen Darlegungen hat sich gezeigt, dass das **Gesetz** den Parteien in verschiedenen Vorschriften ein Rücktrittsrecht einräumt. Besonders wichtig sind die Rücktrittsrechte wegen Pflichtverletzungen und anderer Leistungsstörungen nach §§ 313 III, 323, 324, 326 V. Zu nennen ist aber auch das Rücktrittsrecht des Vorleistungspflichtigen nach § 321 II (→ § 15 Rn. 23). Das Recht zum Rücktritt muss sich indes nicht notwendig aus dem Gesetz ergeben; es kann auch von den Parteien vertraglich vereinbart werden. Man spricht dann von einem **Rücktrittsvorbehalt**. 1

Ein **vertragliches** Rücktrittsrecht kann ausdrücklich oder stillschweigend vereinbart werden. Im Geschäftsverkehr üblich sind Klauseln wie »freibleibend« oder »Liefermöglichkeit vorbehalten«.[37] Solche Klauseln begründen aber kein uneingeschränktes Rücktrittsrecht. Der Rücktritt ist vielmehr nur dann zulässig, wenn der Verkäufer nicht in der Lage ist, die Ware unter den nach Treu und Glauben zumutbaren Anstrengungen zu beschaffen.[38] 2

> **Zur Vertiefung:** Nach § 308 Nr. 3 sind *formularmäßige* Rücktrittsklauseln außerhalb von Dauerschuldverhältnissen unwirksam, wenn der Verwender sich danach ohne sachlich gerechtfertigten und im Vertrag angegebenen Grund von der Leistungspflicht lösen kann. Im unternehmerischen Verkehr ist § 308 Nr. 3 nicht anwendbar. Sein Rechtsgedanke kann aber über § 307 II Nr. 1 berücksichtigt werden (vgl. § 310 I 2).[39]

---

36 Vgl. BT-Drs. 14/6040, 177; Palandt/*Grüneberg* § 314 Rn. 9; aA *Eidenmüller* JURA 2001, 824 (832); HK-BGB/*Schulze* § 314 Rn. 2.
37 Vgl. MüKoBGB/*Gaier* § 346 Rn. 6f.; Soergel/*Huber* § 433 Anh. II Rn. 21, 70.
38 Vgl. BGH NJW 1958, 1628 (1629).
39 Vgl. OLG Köln NJW-RR 1998, 926; Palandt/*Grüneberg* § 308 Rn. 23.

2. Ausübung des Rücktrittsrechts

3   Das Rücktrittsrecht ist ein **Gestaltungsrecht,** das nach § 349 durch Abgabe einer einseitigen, empfangsbedürftigen Willenserklärung ausgeübt wird.[40] Für die Ausübung des *vertraglichen* Rücktrittsrechts können die Parteien eine Frist vorsehen. Haben sie keine Frist vereinbart, so hat der Rücktrittsgegner nach § 350 S. 1 die Möglichkeit, dem Berechtigten für die Ausübung eine angemessene Frist zu setzen. In diesem Fall erlischt das Rücktrittsrecht nach § 350 S. 2, wenn nicht der Rücktritt vor Fristablauf erklärt wird.

4   Da § 194 I die Möglichkeit der **Verjährung** auf Ansprüche beschränkt, kann das Rücktrittsrecht als Gestaltungsrecht nicht verjähren. Andererseits muss im Interesse des Rücktrittsgegners gewährleistet sein, dass *gesetzliche* Rücktrittsrechte nicht zeitlich unbegrenzt geltend gemacht werden können. § 218 I löst das Problem dadurch, dass ersatzweise auf die Verjährung des Leistungs- oder Nacherfüllungsanspruchs abgestellt wird. Der Rücktritt wegen Verzögerung der Leistung oder Schlechtleistung nach § 323 (gegebenenfalls iVm § 437 Nr. 2 oder § 634 Nr. 3) ist danach unwirksam, wenn der Anspruch auf die Leistung oder der Nacherfüllungsanspruch verjährt ist und der Schuldner sich darauf beruft. Diese Konstruktion versagt, wenn der Leistungs- oder Nacherfüllungsanspruch nach § 275, § 439 IV oder § 635 III ausgeschlossen ist. Denn ein ausgeschlossener Anspruch kann nicht verjähren. Da auch das Rücktrittsrecht bei Unmöglichkeit nach § 326 V begrenzt werden muss, stellt § 218 I 2 für diese Fälle auf die hypothetische Verjährung des Leistungs- oder Nacherfüllungsanspruchs ab. Näher zum Ganzen → SchuldR BT § 6 Rn. 6.

3. Wirkungen des Rücktritts

5   Der Rücktritt hat zur Folge, dass die primären **Leistungspflichten** erlöschen.[41] Dies ist aus Sicht des Gesetzgebers so selbstverständlich, dass er auf eine ausdrückliche Regelung verzichtet hat.[42] Soweit schon ein Leistungsaustausch stattgefunden hat, muss jede Partei nach § 346 I die empfangenen Leistungen zurückgewähren und die gezogenen Nutzungen herausgeben. Der Vertrag wandelt sich damit in ein **Rückgewährschuldverhältnis** um.[43] Die aus dem Rücktritt folgenden Pflichten sind gem. § 348 S. 1 Zug um Zug zu erfüllen. Nach hM folgt hieraus zwar keine synallagmatische Verknüpfung der beiderseitigen Pflichten (→ § 15 Rn. 14ff.).[44] Nach § 348 S. 2 sind die §§ 320, 322 aber entsprechend anwendbar. Der Einwand ist daher nur auf **Einrede** zu berücksichtigen.[45]

4. Sonderregeln

6   Das BGB enthält für einige Schuldverhältnisse **Sonderregeln über den Rücktritt.** So gilt für die *Wohnraummiete* § 572 und für den *Reisevertrag* § 651h. Das Institut des Rücktritts ist aber nicht nur im Schuldrecht bekannt, sondern auch im **Familien-** und

---

40 Vgl. HK-BGB/*Schulze* § 349 Rn. 1; *Medicus/Petersen* Grundwissen BürgerlR § 8 Rn. 25.
41 *Larenz* SchuldR I § 26a; Soergel/*Gsell* § 323 Rn. 162.
42 Vgl. BT-Drs. 14/6040, 194.
43 Palandt/*Grüneberg* Einf. vor § 346 Rn. 3; Soergel/*Gsell* § 323 Rn. 162; *Medicus/Petersen* Grundwissen BürgerlR § 8 Rn. 11.
44 Vgl. BGH NJW 2002, 506 (507); MüKoBGB/*Gaier* § 348 Rn. 2.
45 BGH NJW 2010, 146 (148) = JA 2010, 220 *(Looschelders).*

Erbrecht. Auch hier bestehen besondere Vorschriften. Der Rücktritt vom *Verlöbnis* richtet sich nach §§ 1298 ff., der Rücktritt vom *Erbvertrag* nach §§ 2293 ff.

5. Auswirkungen der Schuldrechtsreform

Bei der Schuldrechtsreform sind die §§ 346 ff. völlig neu gefasst worden. Das alte Recht war gesetzestechnisch missglückt und hatte »ein für Theorie und Praxis kaum noch zu durchdringendes Dickicht von Streitfragen und Thesen« ausgelöst.[46] Der Gesetzgeber hat sich bei der Reform bemüht, die schwerwiegendsten Defizite zu beseitigen. Folgende **Grundentscheidungen** sind hervorzuheben. 7

Seit der Schuldrechtsreform sind die §§ 346 ff. nicht nur auf das **vertragliche,** sondern auch auf das **gesetzliche** Rücktrittsrecht *unmittelbar* anwendbar. Für das gesetzliche Rücktrittsrecht finden sich aber Sonderregeln, die auf die Privilegierung des Rücktrittsberechtigten abzielen (→ § 40 Rn. 23 ff., 28). 8

Nach altem Recht war der Rücktritt ausgeschlossen, wenn der Berechtigte den Untergang oder eine wesentliche Verschlechterung des empfangenen Gegenstands *verschuldet* hatte (vgl. § 351 aF). Nach geltendem Recht schließen der **Untergang** und die **Verschlechterung des Leistungsgegenstands** den Rücktritt nicht mehr aus.[47] Soweit die Rückgewähr unmöglich ist, muss der Rückgewährschuldner aber nach § 346 II Wertersatz leisten, sofern die Wertersatzpflicht nicht nach § 346 III entfällt. 9

II. Rückgewähr der empfangenen Leistungen und Wertersatzpflicht

1. Rückgewähr in natura

Nach § 346 I ist jede Partei verpflichtet, die empfangenen Leistungen **in natura** zurückzugewähren. Es handelt sich dabei um *schuldrechtliche* Pflichten, deren Inhalt davon abhängt, was der Rückgewährschuldner empfangen hat. Hat er das Eigentum an einer Sache erlangt, so muss er die Sache nach §§ 929 ff. bzw. §§ 873, 925 zurückübereignen. Besteht die empfangene Leistung in der Erlangung von Besitz, so muss dem Rückgewährgläubiger die tatsächliche Sachherrschaft wieder verschafft werden. 10

2. Wertersatz

Kann die empfangene Leistung ganz oder teilweise nicht in natura zurückgewährt werden, so muss der Schuldner nach § 346 II grundsätzlich **Wertersatz** leisten. Die Wertersatzpflicht ist in § 346 II 1 recht kasuistisch geregelt. Gemeinsamer Grundgedanke ist, dass die Wertersatzpflicht eingreifen soll, wenn und soweit der Schuldner zur Rückgewähr in natura aufgrund von *Unmöglichkeit* außerstande ist.[48] 11

a) Ausschluss der Rückgewähr nach der Natur des Erlangten

§ 346 II 1 Nr. 1 nennt zunächst den Fall, dass die Rückgewähr nach der **Natur des Erlangten** ausgeschlossen ist. Hier geht es vor allem um unkörperliche Dienst- und Werkleistungen wie Konzerte, Reisen, Unterricht oder ärztliche Behandlungen.[49] 12

---
46 *v. Caemmerer* FS Larenz, 1973, 621 (625); vgl. auch BT-Drs. 14/6040, 191.
47 *Brox/Walker* SchuldR AT § 18 Rn. 13; *Wagner* FS U. Huber, 2006, 591 (611 ff.). Zu möglichen Ausnahmen bei der kaufrechtlichen Gewährleistung → SchuldR BT § 4 Rn. 44 f.
48 Vgl. *Canaris* Schuldrechtsmodernisierung XXXVII.
49 HK-BGB/*Schulze* § 346 Rn. 14.

Beispiel (AG Passau NJW 1993, 1473): K besucht gegen Zahlung eines Eintrittsgelds von 25 EUR ein von B veranstaltetes Konzert. Auf Plakaten und in der Rundfunkwerbung hat B bekannt gegeben, dass das Konzert von 17–22 Uhr dauern werde. Aufgrund von Problemen beim Bühnenaufbau verzögert sich der Beginn aber erheblich. Um 19.30 Uhr begibt K sich zum Geschäftsführer (G) des B und fordert das Eintrittsgeld zurück. G verweigert jedoch die Rückzahlung. Das Konzert beginnt schließlich um 21.30 Uhr. Um 22.30 Uhr verlässt der stark ermüdete K das Konzert. Er verlangt von B Rückzahlung der 25 EUR.
Aufgrund der Verzögerung hat K ein Rücktrittsrecht aus § 323, das er durch Erklärung gegenüber G ausgeübt hat. Eine Fristsetzung ist nach § 323 II Nr. 3 entbehrlich. B ist also nach § 346 I zur Rückzahlung des Eintrittsgelds verpflichtet.[50] Allerdings hat K 1/5 des Konzerts gehört. Da diese Leistung nicht in natura zurückgewährt werden kann, muss K insoweit nach § 346 II 1 Nr. 1 Wertersatz leisten.

b) Verbrauch, Veräußerung, Belastung, Verarbeitung, Umgestaltung

13 Nach § 346 II 1 Nr. 2 besteht eine Wertersatzpflicht auch dann, wenn der Schuldner den empfangenen Gegenstand **verbraucht, veräußert, belastet, verarbeitet** oder **umgestaltet** hat. Nach dem Wortlaut der Vorschrift besteht die Ersatzpflicht auch dann, wenn der Schuldner in der Lage wäre, die Veräußerung, Umgestaltung oder Belastung rückgängig zu machen. Da der Anspruch auf Rückgewähr in natura hier nicht wegen Unmöglichkeit ausgeschlossen ist, muss § 346 II 1 Nr. 2 teleologisch reduziert werden. Es bleibt damit bei der Pflicht zur Rückgewähr nach § 346 I.[51]

c) Verschlechterung oder Untergang

14 § 346 II 1 Nr. 3 sieht schließlich eine Wertersatzpflicht vor, soweit der empfangene Gegenstand sich **verschlechtert** hat oder **untergegangen** ist. Nach Hs. 2 bleibt die durch die bestimmungsgemäße *Ingebrauchnahme* entstandene Verschlechterung aber außer Betracht. Dem Wort »Ingebrauchnahme« lässt sich entnehmen, dass diese Ausnahme ausschließlich die Wertminderung betrifft, die darauf beruht, dass es sich nicht mehr um eine »neue«, sondern um eine »gebrauchte« Sache handelt.[52] Diese Minderung kann ganz erheblich sein. So ist davon auszugehen, dass Kraftfahrzeuge allein durch die Erstzulassung einen Wertverlust von 20 % erleiden.[53] Der auf dem bestimmungsgemäßen *Gebrauch* beruhende Wertverlust stellt keine Verschlechterung iSd § 346 II 1 Nr. 3 Hs. 1 dar.[54] Der Schuldner ist insoweit aber nach § 346 I, II zum Ersatz der *Nutzungen* verpflichtet.

15 Der Wortlaut des § 346 II 1 Nr. 3 erfasst nicht alle Fälle, in denen die Rückgewähr unmöglich ist. Bei wertender Betrachtung ist jedoch nicht einsichtig, warum das Abhandenkommen (zB Diebstahl) anders behandelt werden sollte als der Untergang der Sache. § 346 II 1 Nr. 3 ist daher auf alle **sonstigen Fälle der Unmöglichkeit** entsprechend anzuwenden.[55]

---

50 Zur Anwendbarkeit des § 346 I bei Geldleistungen vgl. *Arnold* JURA 2002, 154 (156); Palandt/*Grüneberg* § 346 Rn. 5. Geschuldet ist nicht die Rückgabe der konkret empfangenen Geldscheine, sondern die Rückgewähr des *Geldwertes*.
51 BGH NJW 2009, 63 (65) (betr. Belastung der geleisteten Sache); Palandt/*Grüneberg* § 346 Rn. 8a; aA MüKoBGB/*Gaier* § 346 Rn. 48.
52 Vgl. *Canaris* Schuldrechtsmodernisierung XXXVI.
53 Vgl. BT-Drs. 14/6040, 200.
54 BT-Drs. 14/6040, 196; *Kaiser* JZ 2001, 1057 (1061).
55 So auch Palandt/*Grüneberg* § 346 Rn. 9; *Arnold* JURA 2002, 154 (157).

d) Berechnung des Wertersatzes

Nach § 346 II 2 Hs. 1 ist bei der Berechnung des Wertersatzes in erster Linie auf die vereinbarte **Gegenleistung** abzustellen. Dies soll gewährleisten, dass das vereinbarte Verhältnis von Leistung und Gegenleistung aufrechterhalten bleibt.[56] Soweit eine vertragliche Bestimmung der Gegenleistung fehlt, muss der *objektive Wert* der Sache zugrunde gelegt werden.[57]

16

Die Regelung des § 346 II 2 Hs. 1 erscheint problematisch, wenn der Rücktrittsgegner den Rücktrittsgrund verursacht oder sogar **verschuldet** hat und die vereinbarte Gegenleistung deutlich unter dem objektiven Wert der Sache liegt. In der Literatur wird für diesen Fall teilweise eine **teleologische Reduktion** der Vorschrift befürwortet, um zu vermeiden, dass der Rücktritt sich in einem solchen Fall zum Vorteil des Rücktrittsgegners auswirkt.[58] Der BGH ist dem jedoch nicht gefolgt. Zur Begründung hat das Gericht darauf verwiesen, der Verkäufer, der eine Sache unter Wert verkaufe, werde durch die Regelung nicht benachteiligt, weil er mit dem Abschluss des Kaufvertrags gezeigt habe, dass die Sache für ihn keinen höheren Wert als den Kaufpreis habe.[59]

> **Beispiel** (BGH NJW 2009, 1068): Die 17-jährige Schülerin S hat im Mai 2005 – vertreten durch ihre Eltern – mit Fahrschullehrer F einen Vertrag geschlossen. Dabei verpflichtete die S sich, dem F ihr Pferd (Wert: 6.000 EUR) zu übereignen. F sollte im Gegenzug alle Aufwendungen übernehmen, die der S bis zur Erteilung der Fahrerlaubnis entstehen. Das Pferd wurde vereinbarungsgemäß an F übereignet. Nachdem die S bei F Fahrstunden im Wert von 759 EUR in Anspruch genommen hatte, wechselte sie im Einvernehmen mit F zu einer anderen Fahrschule. Diese stellte ihr für ihre Leistungen bis zur erfolgreichen Prüfung 1.531 EUR in Rechnung. Als F den Betrag nicht innerhalb der von S gesetzten Frist bezahlte, trat diese vom Vertrag zurück und verlangte von F für das inzwischen an dessen Tochter übereignete Pferd Wertersatz iHv 6.000 EUR. Der BGH hat nach § 346 II 2 Hs. 1 auf den Wert der Fahrstunden abgestellt und der S daher nur einen Betrag von 2.290 EUR zugesprochen.

Die Anknüpfung an die vereinbarte Gegenleistung steht unter der Prämisse, dass die empfangene Leistung mangelfrei ist.[60] Sie passt daher nicht, wenn der Käufer wegen eines **Sachmangels** vom Vertrag zurücktritt. Hier kann es nicht angehen, dass der Käufer als Wertersatz den vollen Kaufpreis für die mangelhafte Sache zu zahlen hat. Der Anspruch des Verkäufers muss daher nach den Grundsätzen der Minderung (§ 441 III analog) herabgesetzt werden.[61]

17

> **Beispiel:** K hat von V für 10.000 EUR einen Gebrauchtwagen gekauft. Als er feststellt, dass es sich um einen Unfallwagen handelt, tritt er nach §§ 434, 437 Nr. 2, 326 V vom Vertrag zurück. Kurz darauf wird der Pkw bei einem von K verschuldeten Unfall zerstört.
> K hat gegen V einen Anspruch auf Rückzahlung der 10.000 EUR. Bei wortlautkonformer Anwendung des § 346 II 2 müsste K dem V aber seinerseits Wertersatz iHv 10.000 EUR leisten.

---

56 Vgl. *Canaris* Schuldrechtsmodernisierung XXXIX; *Witt* NJW 2009, 1070 (1071); einschr. *Kohler* AcP 213 (2013), 46 ff., der auf den objektiven Wert abstellt und § 346 II 2 Hs. 1 lediglich entnimmt, dass der objektive Wert durch die vereinbarte Gegenleistung indiziert wird.
57 BT-Drs. 14/6040, 196.
58 So NK-BGB/*Hager* § 346 Rn. 47; *Canaris* FS Wiedemann, 2002, 3 (22 f.); aA Staudinger/*Kaiser*, 2012, § 346 Rn. 163 f.
59 BGH NJW 2009, 1068 (1070) mAnm *Witt*; krit. *Gsell* LMK 2009, 276149.
60 *Canaris* Schuldrechtsmodernisierung XXXIX.
61 Vgl. NK-BGB/*Hager* § 346 Rn. 46; *Arnold* JURA 2002, 154 (157).

> Damit bliebe der Sachmangel jedoch unberücksichtigt. Der Anspruch des V muss daher analog § 441 III auf den tatsächlichen Wert des Pkw herabgesetzt werden.[62]

18 Ob der Rückgewährgläubiger anstelle des Wertersatzes nach § 285 Herausgabe eines vom Schuldner erlangten **Surrogats** verlangen kann, ist umstritten.[63] Für einen solchen Anspruch spricht, dass § 346 II 1 Nr. 2 und 3 im Wesentlichen die **Unmöglichkeit der Herausgabe** in natura betrifft; auf Fälle der Unmöglichkeit ist § 285 aber auch sonst anwendbar.[64] Für den Gläubiger ist der Anspruch aus § 285 besonders vorteilhaft, wenn der Schuldner die Sache zu einem höheren Preis weiterveräußert hat.[65]

3. Ausschluss des Anspruchs auf Wertersatz

19 Liegen die Voraussetzungen des § 346 II vor, so muss in einem weiteren Schritt geprüft werden, ob der Anspruch auf Wertersatz nach § 346 III 1 **ausgeschlossen** ist. Soweit dies der Fall ist, muss der Schuldner nach § 346 III 2 nur die verbleibende *Bereicherung* herausgeben.[66] Es handelt sich um eine Rechtsfolgenverweisung auf die §§ 818 ff.[67] Der Schuldner kann sich damit grundsätzlich nach § 818 III auf den Wegfall der Bereicherung berufen.[68]

a) Entdeckung des Mangels bei der Verarbeitung oder Umgestaltung

20 § 346 III 1 Nr. 1 schließt die Wertersatzpflicht aus, wenn der Rücktritt wegen eines Mangels erfolgt, der sich erst während (oder nach) der **Verarbeitung** oder **Umgestaltung** des Gegenstands zeigt. Die Vorschrift knüpft an die Wertersatzpflicht aus § 346 II 1 Nr. 2 an. Wird der Mangel beim bestimmungsgemäßen **Verbrauch** entdeckt, so ist § 346 III 1 Nr. 1 entsprechend anwendbar.[69]

> **Beispiel** (AG Burgwedel NJW 1986, 2647 m. Aufsatz *Jauch* JuS 1990, 706): Der G hat für sich und seine Ehefrau (E) im Restaurant des W Speisen und Getränke zum Preis von 76 EUR bestellt. Während des Essens wird im Salat der E eine Schnecke entdeckt. G und E verlassen darauf ohne Bezahlung das Restaurant. W verlangt von G Zahlung von 43 EUR für die Getränke und Speisen, die G und E vor dem Entdecken der Schnecke verzehrt haben.
> Geht man davon aus, dass G nach §§ 434, 437 Nr. 2, 323 wirksam vom Vertrag zurückgetreten ist, so kommt ein Anspruch des W aus § 433 II nicht in Betracht. Dem W könnte aber ein Anspruch auf Wertersatz aus § 346 II 1 Nr. 2 zustehen. Da sich der Mangel erst während des bestimmungsgemäßen Verbrauchs der Getränke und Speisen gezeigt hat, ist dieser Anspruch jedoch nach § 346 III 1 Nr. 1 analog ausgeschlossen.

b) Verantwortlichkeit des Gläubigers für den Schaden

21 § 346 III 1 Nr. 2 knüpft an die Wertersatzpflicht nach § 346 II 1 Nr. 3 an. Die Vorschrift regelt zunächst den Fall, dass der **Gläubiger** den Untergang oder die Verschlechterung der Sache zu **vertreten** hat. Die Verantwortlichkeit des Gläubigers ist dabei grundsätzlich nach §§ 276, 278 analog zu beurteilen. Eine erweiternde Auslegung des Vertreten-

---

62 *Canaris* Schuldrechtsmodernisierung XXXIX.
63 Bejahend MüKoBGB/*Gaier* § 346 Rn. 56; Palandt/*Grüneberg* § 346 Rn. 20; aA Staudinger/*Caspers*, 2019, § 285 Rn. 13; von BGH NJW 2015, 1748 Rn. 21 offen gelassen.
64 Vgl. *S. Lorenz* NJW 2015, 1725 (1726 f.).
65 Vgl. MüKoBGB/*Gaier* § 346 Rn. 56; *S. Lorenz* NJW 2015, 1725 (1727 f.).
66 HK-BGB/*Schulze* § 346 Rn. 17.
67 BGHZ 174, 290 = NJW 2008, 911 Rn. 16; BGH NJW 2015, 1748 Rn. 16.
68 *Medicus/Petersen* BürgerlR Rn. 661.
69 NK-BGB/*Hager* § 346 Rn. 50; Palandt/*Grüneberg* § 346 Rn. 11.

müssens ist aber für den Fall geboten, dass die Verschlechterung oder der Untergang gerade auf dem zum Rücktritt berechtigenden Mangel beruht. Auch hier wäre eine Wertersatzpflicht unangemessen.[70]

> **Beispiel:** Der K hat von V für 12.000 EUR einen Gebrauchtwagen gekauft. Bei einer Autobahnfahrt versagen die Bremsen. Es kommt zu einem Unfall, bei dem das Fahrzeug völlig zerstört wird. Der Sachverständige stellt fest, dass die Bremsen schon bei der Übergabe des Pkw defekt waren. K tritt darauf nach §§ 434, 437 Nr. 2, 326 V vom Vertrag zurück.
> In einem solchen Fall muss K auch dann nicht nach § 346 III 1 Nr. 2 Wertersatz leisten, wenn V den Mangel nicht nach §§ 276, 278 analog zu vertreten hat. Sofern K die eigenübliche Sorgfalt beachtet hat, greift außerdem der Ausschlussgrund des § 346 III 1 Nr. 3 ein.

§ 346 III 1 Nr. 2 schließt die Wertersatzpflicht auch dann aus, wenn der **Schaden beim Gläubiger gleichfalls eingetreten** wäre. Dies ist zB der Fall, wenn der gekaufte Pkw beim Käufer polizeilich beschlagnahmt wird.[71]

c) Privilegierung des Berechtigten bei gesetzlichen Rücktrittsrechten

Bei gesetzlichen Rücktrittsrechten privilegiert § 346 III 1 Nr. 3 den Berechtigten durch eine weitergehende Einschränkung der Wertersatzpflicht. Ist der Leistungsgegenstand beim Berechtigten untergegangen oder hat er sich dort verschlechtert, so kann dieser sich damit entlasten, dass er die **Sorgfalt** beachtet hat, die er **in eigenen Angelegenheiten** anzuwenden pflegt (vgl. § 277). Der Berechtigte haftet damit nicht für Zufall und muss im Allgemeinen auch nicht für leichte Fahrlässigkeit einstehen. Die Privilegierung gilt auch bei Verkehrsunfällen. Bei der Teilnahme am Straßenverkehr besteht nach Ansicht des BGH zwar grundsätzlich kein Raum für die Anwendung eines individuellen Sorgfaltsmaßstabes.[72] Diese Rechtsprechung wird jedoch dadurch gerechtfertigt, dass der Haftpflichtversicherer des Schädigers nicht entlastet werden soll (→ § 23 Rn. 19); sie kann daher nicht auf das in § 346 III 1 Nr. 3 geregelte Verhältnis zwischen Rückgewährgläubiger und Rückgewährschuldner übertragen werden. Da die Besonderheiten des Straßenverkehrs für die Risikoverteilung in den Fällen des gesetzlichen Rücktritts irrelevant sind, scheidet eine teleologische Reduktion des § 346 III 1 Nr. 3 hier aus.[73]

> **Beispiel:** K hat von dem Autohändler V für 12.000 EUR einen gebrauchten Pkw gekauft. Wenige Tage nach Übergabe des Fahrzeugs erleidet K infolge leichter Fahrlässigkeit einen Unfall, bei dem der Pkw erheblich beschädigt wird. Bei der Untersuchung der an dem Pkw entstandenen Schäden wird festgestellt, dass es sich um einen Unfallwagen handelt. K tritt daraufhin vom Kaufvertrag zurück und stellt V das beschädigte Fahrzeug zur Verfügung.
> K hat gegen V einen Anspruch auf Rückzahlung der 12.000 EUR aus §§ 434, 437 Nr. 2, 326 V, 346 I. V kann von K nach § 346 I Rückübereignung des beschädigten Pkw verlangen. Darüber hinaus könnte dem V wegen der Verschlechterung des Pkw ein Wertersatzanspruch aus § 346 II 1 Nr. 3 zustehen. Da K die eigenübliche Sorgfalt eingehalten haben dürfte, wird dieser Anspruch aber durch § 346 III 1 Nr. 3 ausgeschlossen.

---

[70] Vgl. *Canaris* Schuldrechtsmodernisierung XL; NK-BGB/*Hager* § 346 Rn. 52; Palandt/*Grüneberg* § 346 Rn. 12.
[71] Vgl. BGH NJW 1997, 3164 (3165); NK-BGB/*Hager* § 346 Rn. 54.
[72] BGHZ 46, 313; 53, 352.
[73] So iE auch OLG Karlsruhe NJW 2008, 925 (926f.); Jauernig/*Stadler* § 346 Rn. 8a; *Medicus* FS Deutsch, 2009, 883 (888); aA Palandt/*Grüneberg* § 346 Rn. 13b.

24 Die Legitimität eines solchen »Rückspringens der Gefahr« ist umstritten.[74] Der Gesetzgeber hat darauf abgestellt, dass der Rücktritt auf einer **Pflichtverletzung** des Rücktrittsgegners beruht. Dieser sei daher weniger schutzwürdig als der Berechtigte, der auf die Endgültigkeit des Erwerbs vertrauen durfte.[75] Der Wortlaut des § 346 III 1 Nr. 3 erfasst indes auch das gesetzliche Rücktrittsrecht bei *Störung der Geschäftsgrundlage* (§ 313 III). Da hier keine Pflichtverletzung vorliegt, ist eine teleologische Reduktion erforderlich.[76]

25 Besonders zweifelhaft ist die Legitimität des § 346 III 1 Nr. 3, wenn der Berechtigte im Zeitpunkt des Untergangs oder der Verschlechterung des Leistungsgegenstands den Rücktrittsgrund **kennt** oder sein Rücktrittsrecht schon ausgeübt hat. Hier lässt sich die Reduzierung des Sorgfaltsmaßstabs nicht mehr damit rechtfertigen, dass der Berechtigte auf die Endgültigkeit des Erwerbs vertrauen durfte. Sinn und Zweck des § 346 III 1 Nr. 3 sprechen daher dafür, den Berechtigten im Wege der teleologischen Reduktion für jede Fahrlässigkeit einstehen zu lassen.[77] Die Gefahr des zufälligen Untergangs bleibt dagegen beim Rücktrittsgegner.[78]

> **Beispiel:** Der K ist wegen eines Mangels des gekauften Pkw wirksam vom Vertrag zurückgetreten. Kurz darauf verursacht er infolge leichter Fahrlässigkeit einen Verkehrsunfall, bei dem das Fahrzeug völlig zerstört wird.
> K ist nach § 346 II 1 Nr. 3 verpflichtet, den Wert des Pkw zu ersetzen. Da K sein Rücktrittsrecht schon ausgeübt hatte, ist die Ersatzpflicht nicht nach § 346 III 1 Nr. 3 ausgeschlossen. K könnte sich dagegen auf das Privileg des § 346 III 1 Nr. 3 berufen, wenn der Pkw nach dem Rücktritt ohne sein Verschulden von einem Dritten beschädigt worden wäre.

26 § 346 III 1 Nr. 3 bezieht sich dem Wortlaut nach nur auf den Untergang oder die Verschlechterung des Leistungsgegenstands. Soweit die Rückgewähr aus einem **anderen Grund** (zB Verbrauch, Veräußerung, Belastung, Umgestaltung, Diebstahl) unmöglich wird, ist jedoch eine entsprechende Anwendung der Vorschrift geboten.[79]

III. Nutzungen und Verwendungen

1. Herausgabe und Ersatz von Nutzungen

27 Nach § 346 I ist der Schuldner im Fall des Rücktritts auch verpflichtet, dem Gläubiger die gezogenen **Nutzungen herauszugeben.** Der Begriff der Nutzungen richtet sich nach § 100. Erfasst werden danach die Früchte der Sache oder des Rechts sowie die Gebrauchsvorteile. Letzteres sind die Vorteile, die durch die *tatsächliche* Nutzung der Sache (zB Fahren mit einem Pkw) entstehen. Da solche Vorteile nicht in natura herausgegeben werden können, muss der Schuldner nach § 346 II 1 Nr. 1 **Wertersatz** leisten.

---

74 Vgl. *S. Lorenz* NJW 2015, 1725 ff.; krit. *Gaier* WM 2002, 1 (11); *Kaiser* JZ 2001, 1057 (1062).
75 Vgl. BT-Drs. 14/6040, 196; Palandt/*Grüneberg* § 346 Rn. 13 b.
76 So auch PWW/*Stürner* § 346 Rn. 19; NK-BGB/*Hager* § 346 Rn. 57 f.
77 So auch NK-BGB/*Hager* § 346 Rn. 59; PWW/*Stürner* § 346 Rn. 17; *Arnold* JURA 2002, 154 (158); *Schwab* JuS 2002, 631 (635); *S. Lorenz* NJW 2015, 1725 (1726); aA Palandt/*Grüneberg* § 346 Rn. 13 b; *Schneider* ZGS 2007, 57 ff. Nach MüKoBGB/*Gaier* § 346 Rn. 67 ist eine teleologische Reduktion nicht erforderlich, weil § 346 III 1 Nr. 3 ab Kennenmüssen des Rücktrittsgrundes ohnehin nicht mehr anwendbar ist.
78 *Canaris* Schuldrechtsmodernisierung XLVII f.; *Arnold* ZGS 2003, 427 (434); aA *Schwab* JuS 2002, 631 (636).
79 NK-BGB/*Hager* § 346 Rn. 60; HK-BGB/*Schulze* § 346 Rn. 16.

> **Zur Vertiefung:** Bei der Berechnung des Wertersatzes muss wieder primär auf die vereinbarte Gegenleistung abgestellt werden (§ 346 II 2 Hs. 1). Bei Darlehensverträgen kann dies dazu führen, dass der Darlehensnehmer den vereinbarten Vertragszins zahlen muss, obwohl er vielleicht gar keinen Gebrauchsvorteil hatte. § 346 II 2 Hs. 2 lässt deshalb den Nachweis zu, dass der Wert des Gebrauchsvorteils niedriger war.[80]

Nach § 347 I 1 trifft den Schuldner auch dann eine Wertersatzpflicht, wenn er entgegen den Regeln einer ordnungsgemäßen Wirtschaft **keine Nutzungen** erzielt hat. Verschulden ist nicht erforderlich, doch lässt sich über die *Regeln einer ordnungsgemäßen Wirtschaft* eine entsprechende Haftungseinschränkung vornehmen.[81] Bei gesetzlichen Rücktrittsrechten erscheint auch dies noch zu streng. § 347 I 2 stellt daher darauf ab, ob der Berechtigte die eigenübliche Sorgfalt (§ 277) eingehalten hat. 28

> **Zur Vertiefung:** Im Unterschied zu § 347 S. 3 aF sieht § 347 I keine besondere Pflicht zur *Verzinsung von Geldschulden* vor. Insoweit gelten also die allgemeinen Grundsätze. Hat der Schuldner Zinsen erlangt, so muss er sie nach § 346 I herausgeben. Sonst kommt es nach § 347 I 1 darauf an, welche Verzinsung nach den Regeln einer ordnungsgemäßen Wirtschaft zu erzielen gewesen wäre. Diese flexible Regelung trägt dem Problem Rechnung, dass der Schuldner nicht immer in der Lage ist, eine Verzinsung in Höhe des gesetzlichen Zinssatzes zu erzielen.[82]

2. Ersatz von Verwendungen

a) Notwendige Verwendungen

Gibt der Rückgewährschuldner den Gegenstand zurück, so muss der Gläubiger ihm nach § 347 II 1 die **notwendigen Verwendungen** ersetzen. Das Gleiche gilt, wenn der Schuldner Wertersatz leistet oder wenn seine Wertersatzpflicht nach § 346 III 1 Nr. 1 und 2 ausgeschlossen ist. 29

Der Begriff der **Verwendung** richtet sich nach allgemeinen Grundsätzen (→ § 14 Rn. 2). Erfasst werden also alle Aufwendungen, die der Sache zugutekommen. Das Merkmal der **Notwendigkeit** beschränkt den Ersatzanspruch aber auf solche Aufwendungen, die zur Erhaltung oder ordnungsgemäßen Bewirtschaftung der Sache objektiv erforderlich sind.[83] 30

> **Beispiel:** Der K hat von V einen Gebrauchtwagen gekauft. Als der Motor wegen Abnutzung versagt, lässt K einen Austauschmotor einbauen. Kurz darauf stellt K fest, dass es sich um einen Unfallwagen handelt. Tritt K deshalb nach §§ 434, 437 Nr. 2, 326 V vom Kaufvertrag zurück, so kann er von V nach § 347 II 1 Ersatz der Kosten für den Austauschmotor verlangen. Denn der Einbau des Austauschmotors ist eine Maßnahme, die für den ordnungsgemäßen Betrieb des Pkw erforderlich war.

Der Begriff der notwendigen Verwendungen umfasst auch die **gewöhnlichen Erhaltungskosten** (zB Kosten für die Fütterung eines Tieres oder die regelmäßige Inspektion eines Pkw). Keine Pflicht zum Ersatz der notwendigen Verwendungen besteht im Fall des **§ 346 III 1 Nr. 3**. Hier wird der Schuldner schon durch den Ausschluss der 31

---
80 Vgl. BT-Drs. 14/9266, 20 m. Begr. 45; krit. *Meinhof* NJW 2002, 2273 (2275).
81 MüKoBGB/*Gaier* § 347 Rn. 6.
82 Vgl. BT-Drs. 14/6040, 197.
83 Vgl. BGH NJW 1996, 921 (922) zu § 994; HK-BGB/*Schulze* § 347 Rn. 4.

Wertersatzpflicht *privilegiert;* es wäre daher unbillig, ihm auch noch einen Verwendungsersatzanspruch zuzubilligen.[84]

b) Andere Aufwendungen

32 Nach § 347 II 2 sind **andere Aufwendungen** nur insoweit zu ersetzen, wie der Gläubiger durch sie bereichert ist. Die Vorschrift enthält eine Rechtsfolgenverweisung auf das Bereicherungsrecht (§§ 818 ff.). Bedeutung hat dies vor allem für Verwendungen, welche den Wert der Sache steigern oder ihre Gebrauchstauglichkeit erhöhen (sog. *nützliche Verwendungen*).[85]

> **Beispiel:** Der K hat den gekauften Gebrauchtwagen neu lackieren lassen. Tritt er später wegen eines Mangels vom Kaufvertrag zurück, so hat er gegen V einen Anspruch auf Ersatz der Lackierungskosten aus § 347 II 2.

33 Problematisch erscheint der Fall, dass der Gläubiger durch eine **notwendige Verwendung** bereichert ist, die er aber nicht nach § 347 II 1 ersetzen muss, weil die Ersatzpflicht des Schuldners nach § 346 III 1 Nr. 3 ausgeschlossen ist (→ § 40 Rn. 31). Hier ist eine analoge Anwendung des § 347 II 2 geboten, um eine unbillige Benachteiligung des Schuldners bei notwendigen Verwendungen zu vermeiden.[86]

Auffällig ist, dass § 347 II 2 nicht von Verwendungen spricht, sondern den weiteren Begriff der **Aufwendungen** (→ § 14 Rn. 2) benutzt. Bedeutung kann dies für Maßnahmen haben, durch welche die Sache grundlegend umgestaltet wird. Solche Maßnahmen stellen nach Ansicht des BGH keine Verwendungen dar;[87] sie können aber als Aufwendungen qualifiziert werden.[88]

IV. Der Anspruch auf Schadensersatz

1. Problemstellung

34 Kann der Rückgewährschuldner den Leistungsgegenstand nicht oder nur in verschlechtertem Zustand zurückgeben, so genügt die **Wertersatzpflicht** aus § 346 II nicht immer den Interessen des Gläubigers, weil dadurch weder Folgeschäden noch der entgangene Gewinn (§ 252) abgedeckt werden. Der Gläubiger ist insoweit also auf die Geltendmachung von Schadensersatzansprüchen verwiesen.

Die **Schadensersatzpflicht** des Rückgewährschuldners ist in den §§ 346 ff. nicht gesondert geregelt. § 346 IV verweist vielmehr auf die allgemeinen Regeln der §§ 280–283. Dies führt zu erheblichen Auslegungsproblemen. Unklar ist insbesondere, auf welche *Pflichten* abgestellt werden muss und nach welchen Kriterien das *Verschulden* zu bestimmen ist. Bei der Beantwortung dieser Fragen ist danach zu unterscheiden, ob das schädigende Ereignis vor oder nach der Rücktrittserklärung eintritt.[89]

---

84 Vgl. Palandt/*Grüneberg* § 347 Rn. 3.
85 HK-BGB/*Schulze* § 347 Rn. 4.
86 Erman/*Röthel* § 347 Rn. 9; ausf. zu dieser Problematik *Kohler* JZ 2013, 171 ff.
87 BGHZ 41, 157 (160); aA MüKoBGB/*Raff* § 994 Rn. 20; Palandt/*Herrler* § 994 Rn. 4.
88 Vgl. NK-BGB/*Hager* § 347 Rn. 10.
89 Zur Notwendigkeit einer solchen Unterscheidung vgl. *Canaris* Schuldrechtsmodernisierung XLV ff.; MüKoBGB/*Gaier* § 346 Rn. 70 ff.

2. Untergang oder Verschlechterung nach Rücktrittserklärung

Keine besonderen Probleme bereitet die Anwendung der §§ 280 ff. auf den Fall, dass der Untergang oder die Verschlechterung des Leistungsgegenstands nach der Erklärung des Rücktritts eintritt. Mit der Erklärung des Rücktritts trifft den Rückgewährschuldner eine Pflicht zur Rückgewähr der empfangenen Leistungen. Wird diese Pflicht nicht (rechtzeitig) oder schlecht erfüllt, so handelt es sich um eine »**normale**« **Pflichtverletzung,** die eine Haftung nach §§ 280 ff. auslöst.[90] Das Verschulden beurteilt sich dabei nach den §§ 276, 278. 35

3. Untergang oder Verschlechterung vor Rücktrittserklärung

Vor der Erklärung des Rücktritts ist zu beachten, dass eine Pflicht zur *Rückgewähr* der empfangenen Leistungen noch gar nicht besteht. Die Rückgewährpflicht aus § 346 I kann daher nicht als Anknüpfungspunkt einer Pflichtverletzung nach §§ 280 ff. herangezogen werden. In Betracht kommt aber die Verletzung einer Pflicht zur **Rücksichtnahme** auf die Interessen des anderen Teils nach § 241 II.[91] Hier ist jedoch zwischen vertraglichen und gesetzlichen Rücktrittsrechten zu unterscheiden. 36

a) Vertragliches Rücktrittsrecht

Bei **vertraglichen** Rücktrittsrechten müssen die Parteien jederzeit mit dem Entstehen der Rückgewährpflicht rechnen. Sie sind daher zu einem sorgfältigen Umgang mit dem Leistungsgegenstand verpflichtet. Wird diese Pflicht schuldhaft (§§ 276, 278) verletzt, so steht dem Rückgewährgläubiger im Fall des Rücktritts ein Schadensersatzanspruch aus § 280 I zu.[92] 37

b) Gesetzliches Rücktrittsrecht

Bei **gesetzlichen** Rücktrittsrechten muss der **Rücktrittsberechtigte** privilegiert werden, weil er zunächst einmal von der Endgültigkeit seines Erwerbs ausgehen darf. Eine Rechtspflicht zum sorgfältigen Umgang mit der Sache entsteht für ihn erst, wenn er den Rücktrittsgrund kennt, was spätestens mit der Erklärung des Rücktritts der Fall ist.[93] Vor diesem Zeitpunkt bestehen keine Schutzpflichten iSd § 241 II. Der Rücktrittsberechtigte muss deshalb auch dann keinen Schadensersatz leisten, wenn er den Gegenstand vorsätzlich oder grob fahrlässig zerstört oder beschädigt hat.[94] Sobald der Rücktrittsberechtigte den Rücktrittsgrund **kennt,** treffen ihn die gleichen Pflichten zur Rücksichtnahme auf die Interessen des anderen Teils wie bei vertraglichen Rücktrittsrechten. Werden diese Pflichten schuldhaft (§§ 276, 278) verletzt, so hat der Rücktrittsgegner einen Schadensersatzanspruch aus § 280 I. § 346 III 1 Nr. 3 ist dabei nicht analog anwendbar, weil der Zweck der Privilegierung bei Kenntnis des Rücktrittsgrundes entfällt (→ § 40 Rn. 25). 38

---

90 Vgl. *Medicus/Lorenz* SchuldR AT Rn. 613.
91 Vgl. *Canaris* Schuldrechtsmodernisierung XLVI.
92 Vgl. HK-BGB/*Schulze* § 346 Rn. 18; *Arnold* ZGS 2003, 427 (432).
93 Vgl. Beschlussempfehlung des Rechtsausschusses, BT-Drs. 14/7052, 194. Für generelle Anknüpfung an die Rücktrittserklärung *Rheinländer* ZGS 2004, 178 (181).
94 So auch Palandt/*Grüneberg* § 346 Rn. 18.

> **Zur Vertiefung:** Die hM geht davon aus, dass sich der Rücktrittsberechtigte schon dann schadensersatzpflichtig machen kann, wenn er den Rücktrittsgrund *kennen muss*.[95] Da der Rücktrittsberechtigte zu keinen Nachforschungen über das Vorliegen eines Rücktrittsgrundes verpflichtet ist, kann ein solches Kennenmüssen aber nur ausnahmsweise bejaht werden.[96] Zu denken ist etwa an den Fall, dass sich der Rücktrittsgrund geradezu aufdrängt. Nach der hier vertretenen Ansicht liegt in solchen Fällen die Annahme von Kenntnis nahe. Jedenfalls handelt es sich primär um ein Beweisproblem.

39 Für die Haftung des **Rücktrittsgegners** gelten nach hM strengere Grundsätze. Hier soll es für die Entstehung von Schutzpflichten nach § 241 II weder auf die Kenntnis noch auf das Kennenmüssen des Rücktrittsgrundes ankommen.[97] Eine solche Haftungsverschärfung ist aber nur gerechtfertigt, wenn der Rücktrittsgegner den Rücktrittsgrund zu vertreten hat.[98]

> **Literatur:** *Annus,* Die Folgen des Rücktritts (§§ 346ff. BGB), JA 2006, 184; *Arnold,* Das neue Recht der Rücktrittsfolgen, JURA 2002, 154; *v. Caemmerer,* Mortuus redhibetur, FS Larenz, 1973, 621; *Canaris,* Schuldrechtsmodernisierung, 2002; *Faust,* Haftung bei Störungen im Rückgewährschuldverhältnis, JuS 2009, 481; *Gaier,* Das Rücktritts(folgen)recht nach dem Schuldrechtsmodernisierungsgesetz, WM 2002, 1; *Hager,* Das geplante Recht des Rücktritts und des Widerrufs, in Ernst/Zimmermann, Zivilrechtswissenschaft und Schuldrechtsreform, 2001, 429; *Jaeger,* Die Rechtsfolgen des Rücktritts vom Vertrag nach gesetzlichem Eigentumserwerb, AcP 215 (2015), 533; *Kaiser,* Die Rechtsfolgen des Rücktritts in der Schuldrechtsreform, JZ 2001, 1057; *Kemmeries,* Das Rückgewährschuldverhältnis nach Rücktritt vom Vertrag, 2005; *Kohler,* Rücktrittsausschluss im Gewährleistungsrecht bei nachträglicher Nacherfüllungsunmöglichkeit, AcP 203 (2003), 539; *Kohler,* Rücktrittsrechtliche Ersatzansprüche für notwendige Verwendungen – Haftungsgrenzen und Systemfragen, JZ 2013, 171; *Kohler,* Rücktrittsrechtliche Wertersatzbemessung, AcP 213 (2013), 46; *S. Lorenz,* Grundwissen – Zivilrecht: Rechtsfolgen von Rücktritt und Widerruf, JuS 2011, 871; *S. Lorenz,* Das »Zurückspringen« der Gefahr auf den Verkäufer und seine Folgen, NJW 2015, 1725; *Meyer,* Schadensersatz im Rückgewährschuldverhältnis gemäß § 346 Abs. 4 BGB, JURA 2011, 244; *Perkans,* Die Haftung des Rücktrittsberechtigten im neuen Schuldrecht, JURA 2003, 150; *Reischl,* Grundfälle zum neuen Schuldrecht: Der Rücktritt, JuS 2003, 667; *Schneider,* Keine teleologische Reduktion von § 346 Abs. 3 Satz 1 Nr. 3 BGB, ZGS 2007, 57; *Rheinländer,* Die Haftung des Zurücktretenden bei Kenntnis der Rücktrittsberechtigung, ZGS 2004, 178; *Thier,* Rücktrittsrecht und Bereicherungshaftung: Zur Reichweite des § 346 Abs. 3 S. 1 Nr. 3 BGB und seinen Wirkungen für die bereicherungsrechtliche Rückabwicklung, FS Heldrich, 2005, 439; *Wagner,* Mortuus Redhibetur im neuen Schuldrecht?, FS U. Huber, 2006, 591; *Wiese/Hauser,* Empfangene Leistungen iSd § 346 BGB und Gefahrübergang, JuS 2011, 301.

---

95 So Jauernig/*Stadler* § 346 Rn. 9; Palandt/*Grüneberg* § 346 Rn. 18; *Harke* SchuldR AT Rn. 123.
96 Vgl. *Arnold* ZGS 2003, 427 (434); *Schwab* JuS 2002, 631 (636).
97 Palandt/*Grüneberg* § 346 Rn. 17.
98 So auch *Schwab* JuS 2002, 631 (636).

7. Teil. Besonderheiten bei Verbraucherverträgen

§ 41 Grundlagen des Verbraucherschutzrechts

I. Grundgedanken und Systematik

Wie schon im Zusammenhang mit dem Grundsatz der Vertragsfreiheit (→ § 3 Rn. 9) dargelegt, enthält das deutsche Privatrecht zahlreiche Vorschriften zum Schutz von Verbrauchern, die weitgehend auf **europäischen Richtlinien** beruhen. Ausgangspunkt ist der Gedanke, dass der Verbraucher in *bestimmten Situationen* (zB Vertragsschluss außerhalb von Geschäftsräumen) oder bei *bestimmten Geschäften* (zB Kreditverträgen) besondere Schwierigkeiten hat, die mit dem Vertrag verbundenen Belastungen zu erkennen und eine sachgemäße Entscheidung über den Vertragsschluss zu treffen. Dem Verbraucher werden deshalb **Widerrufsrechte** eingeräumt, die ihm eine angemessene Überlegungs- und Prüfungsfrist verschaffen sollen (→ § 41 Rn. 23).[1]

Außerdem haben die Richtlinien das Ziel, die strukturelle Unterlegenheit des Verbrauchers durch **Informationspflichten** des Unternehmers zu kompensieren.[2] Diese Informationspflichten beschränken sich traditionell ebenfalls auf bestimmte Situationen des Vertragsschlusses oder bestimmte Vertragstypen. Bei der Umsetzung der Verbraucherrechte-RL wurden in § 312a I und II aber auch gewisse Informationspflichten für alle Verbraucherverträge eingeführt. Dem besonderen Schutzbedürfnis des Verbrauchers bei **AGB** wird durch die Sonderregeln des § 310 III Rechnung getragen (dazu → § 16 Rn. 4). Schließlich hat der europäische Gesetzgeber spezifische Gefahren für den Verbraucher bei der Vereinbarung **zusätzlicher Entgelte** identifiziert; die diesbezüglichen Vorschriften des deutschen Rechts finden sich in § 312a III–V (→ § 41 Rn. 18ff.).

Neben der Gewährleistung eines hohen Schutzstandards geht es den neueren europäischen Verbraucherschutzrichtlinien darum, das Vertrauen des Verbrauchers in das Recht der anderen EU-Staaten zu stärken und so seine Bereitschaft zur grenzüberschreitenden Inanspruchnahme von Leistungen zu fördern. Der Verbraucherschutz ist insofern ein wichtiges Mittel zur **Verwirklichung des Binnenmarktes**.[3] Dies erklärt, warum die Verbrauchsgüterkauf-Richtlinie auf (nahezu) *alle Kaufverträge* zwischen einem Verbraucher und einem Unternehmer anwendbar ist. Der Schutz des Verbrauchers wird dabei vor allem durch den **einseitig zwingenden Charakter** der Vorschriften gewährleistet. § 476 schreibt in Umsetzung der Richtlinie vor, dass von den meisten kaufrechtlichen Vorschriften auch durch Individualvereinbarung nicht zum Nachteil des Verbrauchers abgewichen werden kann. Ein generelles Widerrufsrecht steht dem Verbraucher im Kaufrecht nicht zu.

Die unterschiedlichen Ansatzpunkte des Verbraucherschutzes spiegeln sich in der **Systematik** des deutschen Schuldrechts wider. Soweit das Schutzbedürfnis des Verbrauchers auf einzelne **Vertragstypen** beschränkt ist, finden sich die einschlägigen Regelungen im besonderen Schuldrecht. Hierher gehören die Regelungen über den

---
1 Vgl. *Neuner* BGB AT § 43 Rn. 1 ff.; *Bülow/Artz* VerbraucherprivatR Rn. 32.
2 Vgl. *Bülow/Artz* VerbraucherprivatR Rn. 28.
3 Vgl. *Heiderhoff*, Europäisches Privatrecht, 5. Aufl. 2020, Rn. 192 ff.

Verbrauchsgüterkauf (§§ 474ff.; → SchuldR BT § 14 Rn. 1ff.) sowie über Teilzeit-Wohnrechteverträge (§§ 481ff.; → SchuldR BT § 17 Rn. 1ff.), Verbraucherdarlehensverträge (§§ 491ff.), entgeltliche Finanzierungshilfen (§§ 506ff.), Ratenlieferungsverträge (§ 510; → SchuldR BT § 21 Rn. 1ff.) sowie unentgeltliche Darlehensverträge und unentgeltliche Finanzierungshilfen (§§ 514, 515; → SchuldR BT § 21 Rn. 35ff.). Die auf den **Vertragsschluss** außerhalb von Geschäftsräumen oder im Fernabsatz sowie auf Verträge im elektronischen Geschäftsverkehr bezogenen Vorschriften knüpfen dagegen nicht an einen bestimmten Vertragstyp an und sind deshalb im allgemeinen Schuldrecht (§§ 312b ff.) angesiedelt. Zum allgemeinen Schuldrecht gehören schließlich auch die Regelungen über die allgemeinen Pflichten und Grundsätze bei Verbraucherverträgen und die Grenzen der Vereinbarung von Entgelten (§ 312a) sowie die allgemeinen Bestimmungen über das Widerrufsrecht bei Verbraucherverträgen (§ 355ff.).

5 Die Vorschriften des allgemeinen Schuldrechts über Verbraucherverträge (§§ 312ff., 355ff.) sind bei der **Umsetzung der Verbraucherrechte-RL** v. 25.10.2011 (RL 2011/83/EU) durch das Gesetz v. 20.9.2013[4] mit Wirkung v. 13.6.2014 vollständig neu gefasst worden.[5] Dabei haben sich auch in systematischer Hinsicht erhebliche Änderungen ergeben. In der Literatur wird zu Recht vom »stärkste[n] Eingriff in das Schuldrecht des BGB« seit der Schuldrechtsreform gesprochen.[6] Schwerpunkte sind die Verstärkung der Informationspflichten des Unternehmers, die einheitliche Regelung der Verbraucherrechte bei außerhalb von Geschäftsräumen geschlossenen Verträgen und bei Fernabsatzverträgen sowie die Neuordnung der Vorschriften über die Rückabwicklung widerrufener Verträge.[7]

6 Die Neuregelung war notwendig, weil die Verbraucherrechte-RL in wichtigen Punkten von den vorherigen Richtlinien (Haustürgeschäfte-RL und Fernabsatz-RL) abweicht, die durch die Verbraucherrechte-RL aufgehoben worden sind. Die Verbraucherrechte-RL sieht in ihrem Anwendungsbereich eine **Vollharmonisierung** vor (Art. 4 Verbraucherrechte-RL).[8] Anders als nach der bisherigen Rechtslage sind damit auch keine Abweichungen zugunsten des Verbrauchers mehr zulässig (→ § 5 Rn. 20). Dies hat den deutschen Gesetzgeber bei der Umsetzung der Verbraucherrechte-RL vor große Herausforderungen gestellt, weil sich eine einheitliche Regelung mit anderen Bereichen des Verbraucherschutzes auch nicht über die »Meistbegünstigung« des Verbrauchers verwirklichen lässt.

II. Der Begriff des Verbrauchervertrags

7 Der Begriff des Verbrauchervertrags ist in § 310 III definiert. Danach handelt es sich um **Verträge** zwischen einem **Unternehmer** und einem **Verbraucher.** Für den Begriff des **Verbrauchers** enthält § 13 eine Legaldefinition. Verbraucher ist danach jede natürliche Person, die ein Rechtsgeschäft zu Zwecken abschließt, die überwiegend weder ihrer gewerblichen noch ihrer selbstständigen beruflichen Tätigkeit zugerechnet werden

---
4 BGBl. 2013 I 3642.
5 Näher dazu Palandt/*Grüneberg* Vorb. § 312 Rn. 2; *Brox/Walker* SchuldR AT § 19 Rn. 2; *Bülow/Artz* VerbraucherprivatR Rn. 51 f.; *Wendehorst* NJW 2014, 577 ff.; *Tonner* VuR 2013, 443 ff.
6 So *Tonner* VuR 2013, 443; vgl. auch *Tonner* in Brönnecke/Tonner, Das neue Schuldrecht, 2014, Einl. Rn. 1.
7 Vgl. Jauernig/*Stadler* Vor §§ 312–312k Rn. 2.
8 Vgl. Palandt/*Grüneberg* Vorb. § 312 Rn. 3; *Tonner* in Brönneke/Tonner, Das neue Schuldrecht, 2014, Einl. Rn. 5; *Schmidt-Kessel/Sorgenfrei* GPR 2013, 242 (243 ff.).

können. Bei der Bestimmung der Verbrauchereigenschaft stellt die hM auf den **objektiven Zweck** des Rechtsgeschäfts ab (→ SchuldR BT § 14 Rn. 2ff.).[9]

Nach der Rechtsprechung des BGH folgt aus der negativen Formulierung des § 13 ("weder ... noch"), dass rechtsgeschäftliches Handeln einer **natürlichen Person** grundsätzlich als Handeln eines Verbrauchers anzusehen ist; etwa verbleibende Zweifel über die Zuordnung eines bestimmten Geschäfts sollen zugunsten der Eigenschaft als Verbraucher entschieden werden.[10] Bei Verträgen mit **gemischter Zwecksetzung** ("dual use") kommt es darauf an, welche Zwecksetzung überwiegt.[11] Dies ergibt sich jetzt klar aus dem Wort "überwiegend", das bei der Umsetzung der Verbraucherrechte-RL in § 13 eingefügt worden ist.[12] Erwägungsgrund 17 der Richtlinie stellt klar, dass eine Person bereits dann als Verbraucher angesehen werden sollte, wenn "der gewerbliche Zweck im Gesamtzusammenhang des Vertrags nicht überwiegend" ist.[13] Bei einer gleichmäßigen Verteilung der Zwecke (50:50) ist der Betreffende somit Verbraucher.[14] 8

Der Begriff des **Unternehmers** ist in § 14 definiert. Der Unternehmer kann eine natürliche Person, eine juristische Person (zB AG, GmbH) oder eine rechtsfähige Personengesellschaft (zB OHG, KG, gegebenenfalls auch eine GbR) sein. Entscheidend ist, dass er bei Abschluss des Rechtsgeschäfts in Ausübung seiner gewerblichen oder selbstständigen beruflichen Tätigkeit handelt. **Gewinnerzielungsabsicht** ist **nicht erforderlich**.[15] Da § 14 auf die **selbstständige** berufliche Tätigkeit abstellt, sind Arbeitnehmer beim Kauf von beruflich genutzten Sachen (zB Arbeitskleidung) als Verbraucher anzusehen.[16] 9

III. Anwendungsbereich der §§ 312 ff.

Der Anwendungsbereich der §§ 312 ff. wird in § 312 umschrieben. Die Regelung ist unübersichtlich und sehr komplex.[17] Im Einzelfall muss daher genau geprüft werden, inwieweit die §§ 312 ff. auf den infrage stehenden Vertrag anwendbar sind.[18] Zunächst beschränkt § 312 I die Anwendbarkeit der allgemeinen Grundsätze und Regeln bei Verbraucherverträgen (§ 312a) und der Bestimmungen über außerhalb von Geschäftsräumen geschlossene Verträge und Fernabsatzverträge (§§ 312b–312h) auf **Verbraucherverträge** iSd § 310 III, die eine **entgeltliche Leistung** des Unternehmers zum Gegenstand haben. Der Begriff des Entgelts ist nach dem Schutzzweck der Verbraucherrechte-RL weit auszulegen und umfasst daher jede Leistung des Verbrauchers.[19] 10

---

9 Vgl. BGHZ 162, 253; BGH NJW 2008, 435; Jauernig/*Mansel* § 13 Rn. 3; PWW/*Prütting* § 13 Rn. 9; auf den Horizont des Vertragspartners abstellend *Neuner* BGB AT § 15 Rn. 10; *Looschelders* JR 2005, 286 f.; von BGH NJW 2005, 1045 und NJW 2009, 3780 offen gelassen.
10 BGH NJW 2009, 3780 (3781).
11 So schon zur alten Rechtslage Soergel/*Pfeiffer* § 13 Rn. 38; Staudinger/*Thüsing*, 2013, § 312 Rn. 16.
12 Vgl. Palandt/*Ellenberger* § 13 Rn. 1; *Fangerow/Tonner* in Brönneke/Tonner, Das neue Schuldrecht, 2014, Kap. 1 Rn. 1; *Wendehorst* NJW 2014, 577.
13 Näher dazu *Unger* ZEuP 2012, 270 (276 f.).
14 Vgl. *Bülow/Artz* VerbraucherprivatR Rn. 62.
15 BGHZ 167, 40 (45) = JA 2006, 814 (*Looschelders*).
16 Vgl. Palandt/*Ellenberger* § 13 Rn. 3; *Bülow/Artz* VerbraucherprivatR Rn. 67.
17 Vgl. *Bülow/Artz* VerbraucherprivatR Rn. 84; *Fangerow/Tonner* in Brönneke/Tonner, Das neue Schuldrecht, 2014, Kap. 1 Rn. 7; krit. *Wendehorst* NJW 2014, 577 (580 ff.).
18 Vgl. *Tonner* VuR 2013, 443 (445).
19 Vgl. Palandt/*Grüneberg* § 312 Rn. 3; *Wendehorst* NJW 2014, 577 (580).

Arbeitsrechtliche Aufhebungsverträge werden vom Wortlaut des § 312 I zwar jedenfalls dann umfasst, wenn der Arbeitnehmer für die Aufhebung seines Vertrags eine Abfindung erhält.[20] Nach dem Schutzzweck der Verbraucherrechte-RL ist hier aber eine Einschränkung geboten (→ § 42 Rn. 6). Bei den Vorschriften über Verträge im elektronischen Geschäftsverkehr (§ 312i–312k) kommt es schließlich weder auf das Vorliegen eines Verbrauchervertrags noch auf die Entgeltlichkeit an.

11 Für **einzelne Verträge** wird die Anwendbarkeit der §§ 312–312h darüber hinaus in § 312 II auf die Bestimmungen über die allgemeinen Pflichten bei Verbraucherverträgen sowie die Grenzen der Vereinbarung von Entgelten in § 312a beschränkt. Die Absätze 2 und 5 des § 312a sind aber auch auf diese Verträge nicht anwendbar. Die weitgehende Herausnahme der einzelnen Verträge aus dem Anwendungsbereich der §§ 312ff. lässt sich auf keinen einheitlichen Grundgedanken zurückführen. Oft geht es darum, dass der **Schutz des Verbrauchers** schon **durch andere Vorschriften** gewährleistet wird.[21] Dies trifft zB auf Verträge über Teilzeit-Wohnrechte (§ 312 II Nr. 6) zu, die in den §§ 481ff. geregelt sind (→ SchuldR BT § 17 Rn. 1ff.). Bei Behandlungsverträgen (§ 312 II Nr. 7) wird die notwendige Information und Aufklärung des Patienten durch die §§ 630a ff. sichergestellt (→ SchuldR BT § 31 Rn. 1ff.).[22] Weitere Besonderheiten gelten bei **Pauschalreiseverträgen** nach § 651a und § 651c (→ SchuldR BT § 36 Rn. 1ff.). Hier sind gem. § 312 VII nur die §§ 312a III–VI, 312i, 312j II–V und § 312k anwendbar. Diese Vorschriften sind auch dann anzuwenden, wenn der Reisende kein Verbraucher ist. Ist der Reisende ein Verbraucher, so ist auf außerhalb von Geschäftsräumen geschlossene Pauschalreiseverträge § 312g I anzuwenden, sofern die mündlichen Verhandlungen, auf denen der Vertragsschluss beruht, nicht auf vorhergehende Bestellungen des Verbrauchers geführt wurden. Dem Reisenden steht unter diesen Voraussetzungen also ein **Widerrufsrecht** zu.

12 In anderen Fällen wäre die uneingeschränkte Anwendung der §§ 312ff. **unverhältnismäßig** oder **nicht praktikabel.** Dies gilt etwa für Verträge unter Verwendung von Warenautomaten und automatisierten Geschäftsräumen (§ 312 II Nr. 9) sowie für außerhalb von Geschäftsräumen geschlossene Verträge, bei denen der Leistungsaustausch sofort vollzogen wird und das vom Verbraucher zu zahlende Entgelt 40 EUR nicht überschreitet (§ 312 II Nr. 12). Weitere partielle Ausnahmen finden sich für Verträge über soziale Dienstleistungen wie Kinderbetreuung (§ 312 III), Mietverträge über Wohnraum (§ 312 IV) und Verträge über Finanzdienstleistungen (§ 312 V). Auf Versicherungsverträge ist nur § 312a III, IV und VI anzuwenden (§ 312 VI). Im Übrigen erfolgt der Schutz des Versicherungsnehmers durch das VVG. Dieses sieht unter anderem umfangreiche Beratungs- und Informationspflichten des Versicherers (§§ 6, 7 VVG) sowie ein weitreichendes Widerrufsrecht des Versicherungsnehmers (§§ 8, 9 VVG) vor.

---

20 Vgl. *Brox/Walker* SchuldR AT § 19 Rn. 9.
21 Vgl. BT-Drs. 17/12637, 45; *Brox/Walker* SchuldR AT § 19 Rn. 24.
22 Vgl. BT-Drs. 17/12637, 47; Palandt/*Grüneberg* § 312 Rn. 15.

IV. Allgemeine Grundsätze und Pflichten bei Verbraucherverträgen

1. Informationspflichten des Unternehmers

a) Telefonische Kontaktaufnahme

§ 312a I regelt den Fall, dass der Unternehmer oder eine von ihm beauftragte Person den Verbraucher anruft, um mit diesem einen Vertrag zu schließen. Bei einer solchen **telefonischen Kontaktaufnahme** ist der Unternehmer bzw. seine Hilfsperson generell verpflichtet, zu Beginn des Gesprächs seine Identität und gegebenenfalls die Identität seines Geschäftsherrn sowie den geschäftlichen Zweck des Anrufs offenzulegen. Eine entsprechende Verpflichtung war zunächst nur für Fernabsatzverträge vorgesehen (§ 312c II aF). Der deutsche Gesetzgeber hat sie bei der Umsetzung der Verbraucherrechte-RL aber auf alle entgeltlichen Verbraucherverträge erstreckt.[23] In der Praxis werden die Fernabsatzverträge aber weiter den Hauptanwendungsfall bilden.

13

b) Informationspflichten im stationären Handel

Besondere Informationspflichten treffen den Unternehmer traditionell nur, wenn der Verbraucher aufgrund der spezifischen Situation des Vertragsschlusses oder der gesteigerten Komplexität des Vertrages in erhöhtem Maße auf Informationen angewiesen ist. Demgegenüber sieht § 312a II 1 nun auch Informationspflichten des Unternehmers bei Verträgen vor, die weder außerhalb von Geschäftsräumen geschlossen wurden noch als Fernabsatzverträge zu qualifizieren sind (vgl. § 312a II 3). Positiv formuliert geht es damit vor allem um Verträge, die im sog. »**stationären Handel**« geschlossen werden.[24] Die Vorschrift beruht auf Art. 5 Verbraucherrechte-RL. Die Ausnahme für Verträge über Finanzdienstleistungen erklärt sich daraus, dass es für diesen Bereich speziellere Informationspflichten des Unternehmers gibt; außerdem erscheinen die Informationspflichten des Art. 5 Verbraucherrechte-RL bei Finanzdienstleistungen inhaltlich nicht passend.[25]

14

Die **Einzelheiten der Informationspflichten** des Unternehmers sind in Art. 246 EGBGB geregelt, auf den § 312a II verweist. Art. 246 I EGBGB listet die notwendigen Informationen in einem **Katalog** auf. Dazu gehören insbesondere die wesentlichen Eigenschaften der Waren oder Dienstleistungen, der Gesamtpreis einschließlich aller Steuern und Abgaben, die Zahlungs-, Liefer- und Leistungsbedingungen, das Bestehen eines gesetzlichen Mängelhaftungsrechts sowie gegebenenfalls das Bestehen und die Bedingungen von Kundendienstleistungen und Garantien. Die Informationen müssen dem Verbraucher vor Abgabe seiner Vertragserklärung in **klarer** und **verständlicher** Weise zur Verfügung gestellt werden. Eine Ausnahme gilt für Informationen, die sich schon **aus den Umständen** ergeben. Dies betrifft zB äußerlich erkennbare Merkmale von Waren, die im Ladengeschäft ausgestellt sind. Im stationären Handel wird sich auch die nach Art. 246 I Nr. 2 EGBGB anzugebende Identität des Unternehmers aus den Umständen ergeben.[26]

15

---

[23] Vgl. Begr. RegE, BT-Drs. 17/12637, 51; MüKoBGB/*Wendehorst* § 312a Rn. 2; *Bierekoven/Crone* MMR 2013, 687 (690).
[24] Palandt/*Grüneberg* § 312a Rn. 3; MüKoBGB/*Wendehorst* § 312a Rn. 8; *Medicus/Lorenz* SchuldR AT Rn. 624; *Bülow/Artz* VerbraucherprivatR Rn. 96 ff.
[25] Vgl. Begr. RegE, BT-Drs. 17/12637, 51; Palandt/*Grüneberg* § 312a Rn. 3.
[26] Vgl. *Looschelders* in Remien/Herrler/Limmer, Gemeinsames Europäisches Kaufrecht für die EU?, 2012, Rn. 21 (zu Art. 20 I GEKR).

16 Keine Informationspflichten bestehen nach Art. 246 II EGBGB bei **Geschäften des täglichen Lebens**, die **sofort erfüllt** werden. Die hM geht davon aus, dass der Begriff der Geschäfte des täglichen Lebens in gleicher Weise wie bei § 105a auszulegen ist.[27] Dies erscheint wegen des unionsrechtlichen Hintergrunds von Art. 246 II EGBGB und der unterschiedlichen Schutzzwecke der Vorschriften in Randbereichen zweifelhaft.[28] Im Kern besteht aber Übereinstimmung. Zu den Geschäften des täglichen Lebens gehören zB der Kauf von Nahrungs- und Genussmitteln, Schreibwaren, Zeitschriften und Textilien sowie die Inanspruchnahme einfacher Dienstleistungen wie das Haareschneiden beim Friseur.[29]

17 Als **Rechtsfolge eines Verstoßes** gegen die Informationspflichten sieht § 312a II 2 lediglich vor, dass der Unternehmer von dem Verbraucher weder Fracht-, Liefer- oder Versandkosten noch sonstige Kosten verlangen kann, wenn er ihn über diese Kosten nicht nach Art. 246 I Nr. 3 EGBGB informiert hat. Im Übrigen kommt ein **Schadensersatzanspruch** des Verbrauchers aus §§ 280 I, 241 II, 311 II in Betracht.[30]

2. Grenzen der Vereinbarung von Entgelten

18 § 312a III schützt den Verbraucher bei Vereinbarungen über Zahlungspflichten, die über das vereinbarte Entgelt für die Hauptleistung hinausgehen, wie etwa **zusätzliches Entgelt für Nebenleistungen**. Der Gesetzgeber sieht hier das Problem, dass der Verbraucher sein Augenmerk bei Vertragsschluss meist primär auf die Hauptleistung des Unternehmers richtet und daher im Nachhinein nicht selten überrascht davon ist, dass er sich zu zusätzlichen Zahlungen für weitere Nebenleistungen verpflichtet hat.[31] Um solche Überraschungen zu vermeiden, kann die Vereinbarung über das zusätzliche Entgelt nur **ausdrücklich** getroffen werden. Bei Vertragsschlüssen im elektronischen Geschäftsverkehr darf eine solche Vereinbarung auch **nicht durch eine Voreinstellung** herbeigeführt werden, die vom Verbraucher abgelehnt oder geändert werden muss, wenn er die zusätzliche Zahlungspflicht nicht eingehen will.

19 Bei Verbraucherverträgen wird teilweise vereinbart, dass der Verbraucher ein **zusätzliches Entgelt** zahlen muss, wenn er für die Erfüllung seiner vertraglichen Verpflichtung ein **bestimmtes Zahlungsmittel** (zB Kreditkarte) nutzt. Diese früher noch prinzipiell zulässige Praxis (sog. Surcharging) kann den Verbraucher erheblich benachteiligen. Die deutsche Rechtsprechung hat das Problem im Rahmen der Inhaltskontrolle von AGB nach § 307 gelöst.[32] Im Einklang mit dieser Rechtsprechung und den Vorgaben des Art. 19 Verbraucherrechte-RL sieht § 312a IV jetzt vor, dass eine entsprechende Vereinbarung unwirksam ist, wenn dem Verbraucher keine gängige und zumutbare unentgeltliche Zahlungsmöglichkeit zur Verfügung steht (Nr. 1) oder wenn das vereinbarte Entgelt über die Kosten hinausgeht, die dem Unternehmer durch die Nutzung des Zahlungsmittels entstehen (Nr. 2). Der Verbraucher muss sich dabei

---

27 Vgl. Begr. RegE, BT-Drs. 17/12637, 74; Palandt/*Grüneberg* EGBGB Art. 246 Rn. 2.
28 Näher dazu *Looschelders* in Remien/Herrler/Limmer, Gemeinsames Europäisches Kaufrecht für die EU?, 2012, Rn. 20.
29 Vgl. MüKoBGB/*Schmitt* § 105a Rn. 6; *Looschelders* in Remien/Herrler/Limmer, Gemeinsames Europäisches Kaufrecht für die EU?, 2012, Rn. 20.
30 Vgl. Begr. RegE, BT-Drs. 17/12637, 51; Palandt/*Grüneberg* EGBGB Einf. vor Art. 238 Rn. 2; *Brox/Walker* SchuldR AT § 19 Rn. 4.
31 Vgl. Begr. RegE, BT-Drs. 17/12637, 53.
32 Vgl. BGH NJW 2010, 2719 (2721).

nicht auf die unentgeltliche Zahlung mit einer Firmenkundenkarte verweisen lassen, weil es sich dabei nicht um ein *gängiges* Zahlungsmittel handelt.[33] Die sog. Sofortüberweisung ist nach einem aktuellen Urteil des BGH als einzige unentgeltliche Zahlungsmöglichkeit iSd § 312a IV Nr. 1 *unzumutbar*, da sie von einem erheblichen Teil der Kunden ein vertragswidriges Verhalten fordert.[34] Seit Inkrafttreten des § 270a am 13.1.2018 sind Vereinbarungen über die Pflicht des Schuldners zur Zahlung eines Entgelts für die Nutzung der wichtigsten bargeldlosen Zahlungsmittel allerdings ohnehin unwirksam. Dies gilt zumindest im Verkehr mit Verbrauchern (→ § 13 Rn. 34). Die Bedeutung des § 312a IV beschränkt sich seitdem auf Zahlungsmittel, die nicht von § 270a erfasst sind, wie zB Firmenkreditkarten.[35]

§ 312a V richtet sich gegen Vereinbarungen, nach denen der Verbraucher ein Entgelt dafür zahlen muss, dass er den Unternehmer wegen Fragen oder Erklärungen zum Vertrag (zB Auskunft über Vertragsinhalt, Geltendmachung von Mängeln) über eine Rufnummer anruft, die der Unternehmer hierfür bereithält; solche Vereinbarungen sind unwirksam, wenn das vereinbarte Entgelt das Entgelt für die bloße Nutzung des Telekommunikationsdienstes übersteigt. Der Gesetzgeber will damit verhindern, dass der Verbraucher den telefonischen Kontakt mit dem Unternehmer wegen der Kosten vermeidet. Zudem soll sichergestellt werden, dass der Unternehmer mit seiner **Kundendienst-Hotline** keinen Gewinn macht.[36]

20

Wird eine vertragliche Vereinbarung wegen Verstoßes gegen § 312a III–V nicht Vertragsbestandteil oder ist sie danach unwirksam, so bleibt der **Vertrag im Übrigen wirksam** (§ 312a VI). Dahinter steht wie bei § 306 die Erwägung, dass die vollständige Unwirksamkeit des Vertrages nicht interessengerecht wäre.[37] Hat der Verbraucher aufgrund der betreffenden Vereinbarungen bereits Zahlungen geleistet, so sind diese ohne rechtlichen Grund erfolgt und können daher nach § 812 I 1 Alt. 1 zurückverlangt werden.[38]

21

V. Widerrufsrecht des Verbrauchers

1. Überblick

Nach dem Grundsatz »pacta sunt servanda« haben die Parteien nach Abschluss des Vertrages keine Möglichkeit mehr, sich einseitig wieder vom Vertrag zu lösen. Etwas anderes gilt nur bei Vorliegen besonderer Gründe (zB §§ 314, 323 ff.) oder wenn eine Partei sich den Rücktritt im Vertrag vorbehalten hat (→ § 40 Rn. 1). Für Verträge zwischen **Verbrauchern** (§ 13) und **Unternehmern** (§ 14) enthält das BGB aber verschiedene Vorschriften, nach denen der Verbraucher sich durch Widerruf seiner Willenserklärung vom Vertrag lösen kann. Ein solches Widerrufsrecht besteht zum einen im Zusammenhang mit **besonderen Vertriebsformen,** bei denen der Verbraucher in erhöhtem Maße schutzwürdig ist, konkret bei außerhalb von Geschäftsräumen geschlossenen Verträgen und Fernabsatzverträgen (§ 312g). Zum anderen wird an **bestimmte Vertragstypen** angeknüpft, die einen besonderen Schutz des Verbrauchers geboten erscheinen lassen.

22

---

33 Palandt/*Grüneberg* § 312a Rn. 5.
34 BGH NJW 2017, 3289 = JA 2018, 223 *(Förster)* = JuS 2018, 289 *(Mäsch)*.
35 Vgl. BeckOGK/*Busch,* 1.1.2020, BGB § 312a Rn. 26; MüKoBGB/*Wendehorst* § 312a Rn. 76.
36 Zum Schutzzweck vgl. Begr. RegE, BT-Drs. 17/12637, 52; *Wendehorst* NJW 2014, 577 (579).
37 Palandt/*Grüneberg* § 312a Rn. 7; *Brox/Walker* SchuldR AT § 19 Rn. 6.
38 *Wendehorst* NJW 2014, 577 (579).

Im Einzelnen geht es um Verträge über *Teilzeit-Wohnrechte* (§ 485), *Verbraucherdarlehensverträge* und *entgeltliche Finanzierungshilfen* zwischen einem Unternehmer und einem Verbraucher (§§ 495, 506 I), *Ratenlieferungsverträge* (§ 510 II), *unentgeltliche Darlehensverträge* und *unentgeltliche Finanzierungshilfen* (§§ 514 II, 515) sowie *Verbraucherbauverträge* (§ 650l). Steht dem Verbraucher nach einer dieser Vorschriften ein Widerrufsrecht zu, so richten sich die Modalitäten der **Ausübung** sowie die **Rückabwicklung** des Vertrages nach §§ 355 ff. Die Vorschrift des § 355 begründet also kein Widerrufsrecht, sondern setzt ein solches voraus.

23 Die Widerrufsrechte haben im Allgemeinen den Zweck, dem Verbraucher eine **Überlegungsfrist** zu verschaffen, die ihn vor *Überrumpelung* schützt und ihm eine freie und *informierte* Entscheidung über den Vertragsschluss ermöglicht. Sie werden daher durch *besondere Informationspflichten* des Unternehmers flankiert (vgl. §§ 312d, 482, 491a, 492, 506, Art. 246a ff. EGBGB), die über die allgemeinen Informationspflichten nach § 312a II iVm Art. 246 EGBGB hinausgehen. Im Übrigen geht es bei Fernabsatzverträgen auch darum, dem Verbraucher eine vorherige **Prüfung der Ware** zu ermöglichen.[39] Da solche Probleme nicht bei allen Verbraucherverträgen auftreten, ist die Widerruflichkeit **kein generelles Prinzip** des deutschen oder europäischen Verbraucherschutzrechts. Dem Verbraucher steht also nur in den gesetzlich geregelten Fällen ein Widerrufsrecht zu.

2. Gemeinsame Grundsätze des Widerrufs

24 Die zentralen Grundsätze des Widerrufsrechts bei Verbraucherverträgen sind in § 355 geregelt. Die bei der Umsetzung der Verbraucherrechte-RL neu gefasste Vorschrift beschränkt sich auf einige wenige **gemeinsame Grundregeln** für alle Widerrufsrechte. Die weiteren Einzelheiten über die **Ausübung** des Widerrufsrechts sind in §§ 356–356e für jedes Widerrufsrecht **gesondert** geregelt; die Details über die **Rechtsfolgen** des Widerrufs finden sich wiederum getrennt für jedes Widerrufsrecht in §§ 357–357d.[40] Eine weitere Vereinheitlichung der Vorschriften über die Widerrufsrechte war nicht möglich, weil die einschlägigen europäischen Richtlinien jeweils unterschiedliche Anforderungen stellen und der Grundsatz der Vollharmonisierung dem nationalen Gesetzgeber wenig Spielraum lässt. Aus rechtspolitischer Sicht wäre die Vereinheitlichung der Widerrufsrechte auf der europäischen Ebene daher dringend geboten.

a) Dogmatische Einordnung und Ausübung des Widerrufsrechts

25 Der Widerruf ist ein **Gestaltungsrecht,** das durch empfangsbedürftige Willenserklärung ausgeübt wird (vgl. § 355 I 1).[41] Es handelt sich also um ein einseitiges Rechtsgeschäft. Aus der Erklärung muss der Entschluss des Verbrauchers zum Widerruf seiner Willenserklärung **eindeutig** hervorgehen (§ 355 I 3); eine **Begründung** ist nicht erforderlich (§ 355 I 4). Anders als nach § 355 I aF ist auch **keine Textform** mehr vorgeschrieben. Aus Erwägungsgrund 44 Verbraucherrechte-RL ergibt sich, dass auch ein Telefonanruf genügt. Aus Beweisgründen empfiehlt es sich für den Verbraucher aber,

---

39 Vgl. MüKoBGB/*Wendehorst* § 312g Rn. 1; krit. hinsichtlich der Legitimität eines zwingenden Widerrufsrechts im Fernabsatz *Eidenmüller/Jansen/Kieninger/Wagner/Zimmermann* JZ 2012, 269 (277 f.).
40 Zur neuen Systematik der §§ 355 ff. vgl. *Wendehorst* NJW 2014, 577 (583).
41 HK-BGB/*Schulze* § 355 Rn. 5.

den Widerruf in Schrift- oder Textform zu erklären.⁴² Für den Widerruf von Timesharing-Verträgen nach § 485 sieht § 356a I weiter Textform vor (→ SchuldR BT § 17 Rn. 9).

Nach § 355 I 1 aE betrifft der Widerruf an sich nur die **Willenserklärung** des Verbrauchers; da ein Vertrag *zwei* korrespondierende Willenserklärungen voraussetzt, führt der Widerspruch aber dazu, dass beide Parteien nicht mehr an ihre Vertragserklärungen gebunden sind. Dies wird in § 355 I 1 nunmehr ausdrücklich klargestellt.⁴³ Der Widerruf führt damit zur Rückabwicklung des ganzen **Vertrags**. § 355 I 3 spricht insofern etwas ungenau, im Ergebnis aber zutreffend vom »Widerruf des Vertrags«. 26

Vor der Umsetzung der Verbraucherrechte-RL sah das Gesetz in einigen Fällen ausdrücklich vor, dass das Widerrufsrecht durch ein **Rückgaberecht** nach § 356 aF ersetzt werden kann. Diese Möglichkeit widerspricht jedoch der Verbraucherrechte-RL und wurde daher bei der Neuregelung gestrichen. Da der Entschluss des Verbrauchers zum Widerruf nach § 355 I 3 **eindeutig** zum Ausdruck kommen muss, genügt auch die nach § 355 I 2 Hs. 1 aF zulässige **kommentarlose Rücksendung** der Waren nicht mehr.⁴⁴ Erwägungsgrund 44 Verbraucherrechte-RL stellt hierzu klar, dass die Anforderungen an den Widerruf auch »durch die Rücksendung der Waren, begleitet von einer deutlichen Erklärung« erfüllt werden können. 27

b) Widerrufsfrist und Belehrung

Die Widerrufsfrist beträgt nach § 355 II 1 für alle Widerrufsrechte **14 Tage.** Nach der Grundregel des § 355 II 2 **beginnt** die Frist mit Vertragsschluss. Die Grundregel steht allerdings unter dem ausdrücklichen Vorbehalt, dass nichts anderes bestimmt ist. Das Eingreifen einer abweichenden Regelung muss daher jeweils genau geprüft werden. Die §§ 356 ff. enthalten hierfür so viele Sonderregelungen (→ § 42 Rn. 30 ff. zu § 356 II, III 1), dass § 355 II 2 in der Praxis eher den Ausnahmefall darstellt.⁴⁵ Ist der Beginn der Widerrufsfrist streitig, so liegt die Beweislast beim Unternehmer (§ 361 III). 28

Der Beginn der regulären Widerrufsfrist setzt grundsätzlich voraus, dass der Verbraucher ordnungsgemäß über sein Widerrufsrecht **belehrt** worden ist. Dies war in § 355 III 1 aF noch für alle Widerrufsrechte einheitlich geregelt. Entsprechende Vorschriften finden sich jetzt für jedes Widerrufsrecht **gesondert** in §§ 356–356e. Bei außerhalb von Geschäftsräumen geschlossenen Verträgen und Fernabsatzverträgen ist § 356 III 1 einschlägig (→ § 42 Rn. 31), bei Teilzeit-Wohnrechteverträgen gilt § 356a III 1 (→ SchuldR BT § 17 Rn. 9), bei Verbraucherdarlehensverträgen § 356b II (→ SchuldR BT § 21 Rn. 8), bei Ratenlieferungsverträgen § 356c I (→ SchuldR BT § 21 Rn. 35), bei unentgeltlichen Darlehensverträgen und unentgeltlichen Finanzierungshilfen § 356d S. 1 (→ SchuldR BT § 21 Rn. 35) und bei Verbraucherbauverträgen § 356e S. 1 (→ SchuldR BT § 33 Rn. 4). Die jeweiligen Anforderungen an die Widerrufsbelehrung werden dabei unter Verweis auf die einschlägigen Vorschriften des EGBGB geregelt. 29

---

42 Vgl. Begr. RegE, BT-Drs. 17/12637, 60; Palandt/*Grüneberg* § 355 Rn. 6.
43 Vgl. Begr. RegE, BT-Drs. 17/12637, 59f.
44 Vgl. Begr. RegE, BT-Drs. 17/12637, 60; Palandt/*Grüneberg* § 355 Rn. 5; *Brox/Walker* SchuldR AT § 19 Rn. 27; *Looschelders* in Remien/Herrler/Limmer, Gemeinsames Europäisches Kaufrecht für die EU?, 2012, Rn. 55; aA *Hirsch* SchuldR AT Rn. 352.
45 Vgl. Palandt/*Grüneberg* § 355 Rn. 10.

30 Besondere Probleme ergeben sich, wenn die **Belehrung** über das Widerrufsrecht **fehlt** oder **fehlerhaft** ist. § 355 IV 3 Hs. 1 aF sah für diesen Fall vor, dass das Widerrufsrecht überhaupt nicht erlischt. Dem Verbraucher stand damit ein »**ewiges**« Widerrufsrecht zu.[46] Das war aus Gründen der Rechtssicherheit misslich. Hinzu kommt, dass »ewige« Rechte dem deutschen Recht fremd sind. Art. 10 I Verbraucherrechte-RL sieht demgegenüber vor, dass die Widerrufsfrist bei Fehlen einer Belehrung über das Widerrufsrecht spätestens **zwölf Monate nach Ablauf der regulären Widerrufsfrist** endet.[47] Diese Vorgabe wurde für außerhalb von Geschäftsräumen geschlossene Verträge und Fernabsatzverträge in § 356 III 2 umgesetzt. Bei Fehlen einer ordnungsgemäßen Belehrung beträgt die Widerrufsfrist hier somit zwölf Monate und 14 Tage. Die gleiche Höchstfrist galt schon bislang für **Teilzeit-Wohnrechteverträge** (→ SchuldR BT § 17 Rn. 9).

31 Bei außerhalb von Geschäftsräumen geschlossenen Verträgen und Fernabsatzverträgen über **Finanzdienstleistungen** bleibt es im Fall der fehlenden Belehrung nach § 356 III 3 beim ewigen Widerrufsrecht des Verbrauchers (→ § 42 Rn. 32). Dies erklärt sich daraus, dass die Verbraucherrechte-RL für Verträge über Finanzdienstleistungen nicht gilt. Hier ist die Finanzdienstleistungs-Fernabsatz-RL (RL 2002/65/EG) weiter maßgeblich. Die gleiche Rechtslage besteht bei **Allgemein-Verbraucherdarlehensverträgen.** Auch hier sieht § 356b II 1 keine Höchstfrist für die Ausübung des Widerrufsrechts bei Fehlen der nach § 356b I erforderlichen Angaben vor. Bei **Immobiliar-Verbraucherdarlehensverträgen** erlischt das Widerrufsrecht dagegen gem. § 356b II 4 spätestens zwölf Monate und 14 Tage nach dem Vertragsschluss oder nach dem Erhalt der in § 356b I vorgeschriebenen Urkunden, wenn dieser Zeitpunkt nach dem Vertragsschluss liegt.

Unentgeltliche Darlehensverträge zwischen Verbrauchern und Unternehmern (§ 514) werden von der Verbraucherkredit-RL nicht erfasst. Der deutsche Gesetzgeber war daher nicht gehindert, in § 356d S. 2 und § 356e S. 2 zu regeln, dass das Widerrufsrecht des Verbrauchers spätestens zwölf Monate nach Ablauf der regulären Widerrufsfrist erlischt (→ SchuldR BT § 21 Rn. 35 und § 33 Rn. 4). Die unterschiedlichen Lösungen der Problematik sind höchst unbefriedigend und sollten durch eine Abschaffung des »ewigen« Widerrufsrechts in allen einschlägigen Richtlinien vermieden werden.[48]

32 Die Belehrung zielt darauf ab, den Verbraucher über Existenz, Inhalt und Bedeutung des Widerrufsrechts zu informieren, um ihm die Ausübung seiner Rechte zu ermöglichen. Es handelt sich damit um eine »echte« Rechtspflicht, deren Verletzung nach der Rechtsprechung des BGH auch einen **Schadensersatzanspruch** wegen Verschuldens bei Vertragsschluss (§§ 280 I, 311 II, 241 II) nach sich ziehen kann.[49] Dies entspricht der Forderung des EuGH, dass das nationale Recht bei fehlender oder fehlerhafter Belehrung einen effektiven Schutz des Verbrauchers gewährleisten muss.[50]

---

[46] Vgl. EuGH NJW 2002, 281 – Heininger; BGH NJW 2002, 1881; *Staudinger* NJW 2002, 653 (654); einschr. EuGH EuZW 2008, 278 – Hamilton.
[47] Vgl. *Heinig* MDR 2012, 323 (326); *Unger* ZEuP 2012, 270 (279).
[48] Vgl. *Looschelders* VersR 2013, 653 (656f.).
[49] Vgl. BGHZ 169, 109 (120); BGH NJW 2008, 1585 (1586).
[50] Vgl. EuGH NJW 2005, 3551 – Schulte; NJW 2005, 3555 – Crailsheimer Volksbank; dazu *Staudinger* NJW 2005, 3521 ff.

c) Allgemeine Rechtsfolgen des Widerrufs

Solange der Verbraucher sein Widerrufsrecht nicht ausübt, ist der Vertrag auch während der Widerrufsfrist **voll wirksam**.[51] Der Begriff der »schwebenden Wirksamkeit«[52] ist daher missverständlich. Der Widerruf führt zum Erlöschen der primären Leistungspflichten und wandelt den Vertrag ex nunc in ein **Rückabwicklungsverhältnis um**.[53] Dies hat zur Folge, dass die Parteien die empfangenen Leistungen nach § 355 III 1 unverzüglich zurückzugewähren haben. Die Einzelheiten der Rückabwicklung widerrufener Verbraucherverträge ergeben sich aus § 355 III iVm §§ 357–357d. Es handelt sich dabei um **eigenständige Regelungen**. Ein Rückgriff auf die Vorschriften über den gesetzlichen Rücktritt (§§ 346 ff.) ist – anders als vor dem 13.6.2014 – nicht mehr vorgesehen. In der Klausur ist § 355 III 1 somit als **Anspruchsgrundlage** für die Rückgewähr der Leistungen heranzuziehen.

33

> **Zur Vertiefung:** Die in § 357 I 1 aF vorgesehene Rückbindung der Widerrufsfolgen an die Vorschriften über den gesetzlichen Rücktritt war insofern problematisch, als die meisten gesetzlichen Rücktrittsrechte an eine Pflichtverletzung des Schuldners anknüpfen, die bei den Widerrufsrechten gerade fehlt. In den Fällen des Widerrufs ist der Unternehmer daher viel schutzwürdiger als bei einem gesetzlichen Rücktrittsrecht. Dies hatte zur Folge, dass die Vorschriften über den gesetzlichen Rücktritt nach früherem Recht durch zahlreiche Sondervorschriften modifiziert werden mussten. Die Regelung war deshalb sehr komplex und intransparent. Die neue systematische Anordnung ist daher aus Gründen der Rechtsklarheit zu begrüßen.[54] Die systematische Nähe von Rücktritt und Widerruf wird hierdurch jedoch nicht infrage gestellt.[55]

Für den Verbraucher folgt aus der Pflicht zur Rückgewähr der empfangenen Leistungen, dass er die vom Unternehmer gelieferten Waren an den Unternehmer **zurücksenden** muss. Die Einzelheiten sind für die jeweiligen Widerrufsrechte in §§ 357 ff. geregelt. Dies gilt insbesondere für die Belastung des Verbrauchers mit den **Rücksendekosten** (vgl. § 357 VI) sowie für die Frage, inwieweit der Verbraucher für einen Wertverlust der Ware oder für die vom Unternehmer erbrachten unkörperlichen Leistungen **Wertersatz** leisten muss (vgl. § 357 VII, VIII). Der Unternehmer trägt nach § 355 III 4 die **Gefahr der Rücksendung.** Der Unternehmer kann daher von dem Verbraucher keinen Schadensersatz verlangen, wenn die Ware bei der Rücksendung ohne Verschulden des Verbrauchers (zB im Hinblick auf die Verpackung) abhandenkommt bzw. beschädigt oder zerstört wird.[56]

34

d) Widerruf nichtiger Verträge

Das Widerrufsrecht des Verbrauchers wird nicht dadurch ausgeschlossen, dass der zugrunde liegende **Vertrag unwirksam** ist.[57] Praktische Bedeutung hat dies für den Fall,

35

---

51 BeckOK BGB/*Müller-Christmann*, 54. Ed. 1.5.2020, § 355 Rn. 13 f.; Palandt/*Grüneberg* § 355 Rn. 3; MüKoBGB/*Fritsche* § 355 Rn. 43; Staudinger/*Kaiser*, 2012, § 355 Rn. 24.
52 BT-Drs. 14/2658, 47; *Brox/Walker* SchuldR AT § 19 Rn. 21; *Bülow/Artz* VerbraucherprivatR Rn. 117 f.
53 Palandt/*Grüneberg* § 355 Rn. 12; MüKoBGB/*Fritsche* § 355 Rn. 43; *Brox/Walker* SchuldR AT § 19 Rn. 35.
54 Positiv hierzu auch *Schmidt-Kessel/Sorgenfrei* GPR 2013, 242 (251); *Wendehorst* NJW 2014, 577 (583).
55 Dazu MüKoBGB/*Fritsche* § 355 Rn. 59.
56 Vgl. Palandt/*Grüneberg* § 355 Rn. 13; Staudinger/*Gsell* Eckpfeiler 2018 L. Rn. 18.
57 BGH NJW 2010, 610 (611) mAnm *Möller;* HK-BGB/*Schulze* § 355 Rn. 4; MüKoBGB/*Fritsche* § 355 Rn. 40; aA Staudinger/*Thüsing*, 2019, § 312g Rn. 8 f.

dass der Vertrag wegen Gesetz- oder Sittenwidrigkeit nach § 134 bzw. § 138 nichtig ist. Hier ist die Rückabwicklung nach § 355 III iVm §§ 357ff. für den Verbraucher günstiger als die Rückabwicklung nach Bereicherungsrecht, weil § 817 S. 2 (→ SchuldR BT § 54 Rn. 36ff.) den bereicherungsrechtlichen Anspruch auf Rückzahlung des Kaufpreises sperrt.

> **Beispiel** (BGH NJW 2010, 610): Der K hat am 1.7. bei V per Fax einen Pkw-Spiegel mit eingebauter Radarwarnfunktion zum Preis von 1.129,31 EUR bestellt. Die Lieferung des Geräts erfolgt am 9.7. per Nachnahme. Am 19.7. widerruft K den Vertrag und verlangt von V Rückzahlung des Kaufpreises.
> Dem K könnte ein Rückzahlungsanspruch aus § 812 I 1 Alt. 1 und § 817 S. 1 zustehen. Nach der Rechtsprechung sind Verträge über den Kauf von Radarwarngeräten gem. § 138 I nichtig, weil sie auf die Begehung von Ordnungswidrigkeiten gerichtet sind. K hat den Kaufpreis also ohne rechtlichen Grund gezahlt. Da beide Parteien sittenwidrig gehandelt haben, ist der Rückzahlungsanspruch aber nach § 817 S. 2 ausgeschlossen.[58] K könnte indes einen Anspruch gegen V auf Rückzahlung des Kaufpreises aus § 355 III haben. Wegen des Vorliegens eines Fernabsatzvertrags (§ 312c) hat K ein Widerrufsrecht nach § 312g. Der Vertrag wurde am 19.7. fristgerecht widerrufen. Der Widerruf und der daraus folgende Rückzahlungsanspruch aus § 355 III setzen aus Gründen des Verbraucherschutzes keine Wirksamkeit des Vertrages voraus. Der Anspruch ist also gegeben.

e) Rechtsmissbrauch und Verwirkung des Widerrufsrechts

35a Der Verbraucher kann unter dem Aspekt des **Rechtsmissbrauchs** bzw. der **unzulässigen Rechtsausübung** (→ § 4 Rn. 20) gem. § 242 gehindert sein, sein Widerrufsrecht geltend zu machen. Die Ausübung des Widerrufsrechts setzt allerdings kein berechtigtes Interesse des Verbrauchers an der Auflösung des Vertrags (zB Nichtgefallen der Ware) voraus. Es steht vielmehr dem Verbraucher frei, ob und aus welchen Gründen er sein Widerrufsrecht ausübt. Ein Ausschluss des Widerrufsrechts wegen Rechtsmissbrauchs kommt daher nur bei besonderer Schutzbedürftigkeit des Unternehmers – insbesondere bei arglistigem oder schikanösem Verhalten des Verbrauchers – in Betracht.[59]

35b Das Widerrufsrecht des Verbrauchers unterliegt als Gestaltungsrecht nicht der Verjährung; es kann aber nach allgemeinen Grundsätzen gem. § 242 **verwirkt** werden.[60] Praktische Bedeutung hat die Verwirkung vor allem bei solchen Verträgen, bei denen dem Verbraucher mangels Belehrung ein »**ewiges**« **Widerrufsrecht** zusteht. Hierher gehört insbesondere der Allgemein-Verbraucherdarlehensvertrag (→ § 41 Rn. 31). Die Verwirkung setzt nach allgemeinen Grundsätzen ein Zeit- und ein Umstandsmoment voraus (→ § 4 Rn. 28). Nach der Rechtsprechung des BGH läuft die Frist für das **Zeitmoment** mit dem Zustandekommen des Verbraucherdarlehensvertrags an.[61] Die notwendige Dauer bemisst sich nach den Umständen des Einzelfalls. Ein »Mindestzeitmoment« lässt sich mangels gesetzlicher Anhaltspunkte nicht festlegen.[62] Im Hinblick auf das **Umstandsmoment** stellt der BGH primär darauf ab, ob das Vertrauen des Unternehmers auf ein Ausbleiben des Widerrufs schutzwürdig ist. Dass die Widerrufsbelehrung nicht den gesetzlichen Vorgaben entsprach, soll die Schutzwürdigkeit des

---

58 So schon BGH NJW 2005, 1490 (1491).
59 BGH NJW 2016, 1951; *Brox/Walker* SchuldR AT § 19 Rn. 24a.
60 BGH NJW 2018, 1390 Rn. 13; *Brox/Walker* SchuldR AT § 19 Rn. 24a.
61 BGHZ 211, 105 = NJW 2016, 3518 Rn. 40.
62 BGH NJW 2018, 1390 Rn. 13.

Vertrauens des Unternehmers nicht prinzipiell ausschließen.[63] Eine Verwirkung soll schließlich selbst dann in Betracht kommen, wenn der Verbraucher von seinem Widerrufsrecht keine Kenntnis hatte und der Unternehmer hiervon ausging oder ausgehen musste.[64]

VI. Der Schutz des Verbrauchers bei verbundenen Verträgen

In der Praxis werden Verbraucherverträge über die **Lieferung von Waren** oder **die Erbringung von anderen Leistungen** nicht selten mit einem **Darlehensvertrag** (§ 488) verbunden, mit dem das Geschäft **finanziert** wird (→ SchuldR BT § 21 Rn. 14). Dabei handelt es sich häufig um Dreipersonenverhältnisse, bei denen der Verbraucher sich einerseits dem Verkäufer oder Erbringer der sonstigen Leistung und andererseits dem Darlehensgeber (zB einer Bank) gegenübersieht. Traditionelles Musterbeispiel ist der sog. finanzierte Abzahlungskauf.[65] In dieser Konstellation vermittelt das auf den einen Vertrag bezogene *Widerrufsrecht* (zB aus § 312g oder § 495) dem Verbraucher nur dann einen effektiven Schutz, wenn der Widerruf auf den anderen Vertrag »durchschlägt«. Ein ähnliches Problem besteht bei *Einwendungen* aus dem finanzierten Geschäft (zB Mängelrechte nach § 437); diese helfen dem Verbraucher nur dann weiter, wenn er sie auch den Ansprüchen aus dem Darlehensvertrag entgegenhalten kann. Die §§ 358 ff. enthalten daher Vorschriften zum Schutz des Verbrauchers bei verbundenen Verträgen. Der Gesetzgeber will damit verhindern, dass der Verbraucher durch die Aufspaltung der Verträge benachteiligt wird. 36

1. Verbundene Verträge

Die Anwendung der §§ 358, 359 setzt grundsätzlich voraus, dass es sich um **verbundene Verträge** handelt. Nach der Legaldefinition des § 358 III 1 liegt die erforderliche Verbindung vor, wenn das Darlehen ganz oder teilweise der **Finanzierung** des anderen Vertrags dient und beide Verträge eine **wirtschaftliche Einheit** bilden. Die »wirtschaftliche Einheit« wird unwiderleglich vermutet, wenn Unternehmer und Darlehensgeber identisch sind oder der Darlehensgeber sich bei der Vorbereitung oder dem Abschluss des Darlehensvertrags der Mitwirkung des Unternehmers bedient hat (§ 358 III 2).[66] 37

> **Beispiel:** Autohändler V hat dem Verbraucher K für 7.500 EUR einen gebrauchten Pkw verkauft. Zur Finanzierung des Kaufpreises vermittelt V dem K einen Kredit bei der B-Bank, mit der V in ständiger Geschäftsbeziehung steht. Es wird vereinbart, dass die Darlehenssumme unmittelbar an V ausgezahlt werden soll.
> Der Darlehensvertrag zwischen K und B dient der Finanzierung des Kaufvertrags über den Pkw. Bei der Vorbereitung des Darlehensvertrags hat B sich der Mitwirkung des V bedient. Es liegen damit verbundene Verträge iSd § 358 III vor.

Bei dem **Darlehensvertrag** wird es sich idR um einen (Allgemein- oder Immobiliar-) Verbraucherdarlehensvertrag iSd § 491 I handeln. Nach der Definition des § 358 III 1 38

---

63 BGHZ 211, 105 = NJW 2016, 3518 Rn. 41.
64 BGH NJW 2018, 223 Rn. 19; 2018, 225 Rn. 19; 2018, 1390 Rn. 17; aA *Knops* NJW 2018, 425 ff.
65 Näher dazu Staudinger/*Herresthal*, 2017, § 358 Rn. 4 ff.
66 Zur Unwiderleglichkeit der Vermutung BGH NJW 2006, 1788 (1789); Palandt/*Grüneberg* § 358 Rn. 11 f.

ist dies aber nicht notwendig.⁶⁷ Die weite Formulierung des § 358 III 1 (»Darlehensvertrag«) erklärt sich daraus, dass bestimmte Darlehensverträge zwischen einem Unternehmer und einem Verbraucher nach § 491 II 2 und III 2 nicht als Verbraucherdarlehensverträge anzusehen sind. Gleichwohl erscheint es sachgemäß, den **Widerrufsdurchgriff auf den Darlehensvertrag** nach § 358 I bei Vorliegen der sonstigen Voraussetzungen auf solche Verträge zu erstrecken.⁶⁸ Das Gleiche gilt seit Einfügung der §§ 514, 515 zum 21.3.2016 für **unentgeltliche Darlehensverträge** iSd § 514 I (sog. »Null-Prozent-Finanzierung«), die ebenfalls keine Verbraucherdarlehensverträge sind (→ SchuldR BT § 21 Rn. 2).⁶⁹

Umgekehrt setzt der **Widerrufsdurchgriff auf das finanzierte Geschäft** nach § 358 II voraus, dass der Verbraucher seine auf den Abschluss eines Darlehensvertrages gerichtete Willenserklärung nach § 495 I oder § 514 II 1 wirksam widerrufen hat. Die Bezugnahme auf § 514 II 1 macht deutlich, dass auch unentgeltliche Darlehensverträge erfasst werden. Wichtigste Voraussetzung des § 358 II ist, dass dem Verbraucher in Bezug auf den Darlehensvertrag ein **Widerrufsrecht** zusteht. Anders als § 358 I ist § 358 II daher nicht in den Fällen des § 491 II 2, III 2 (und auch nicht des Abs. 3 S. 3) anwendbar, da der Verbraucher hier gerade kein Widerrufsrecht nach § 495 I hat (→ SchuldR BT § 21 Rn. 14).⁷⁰ Nicht anwendbar ist § 358 II auch, wenn das Widerrufsrecht aus § 495 I gem. § 495 II (→ SchuldR BT § 21 Rn. 10) ausgeschlossen ist. Schließlich ist § 358 II in den Fällen des § 358 V (→ § 41 Rn. 45) und des § 491 IV unanwendbar. Auf entgeltliche und unentgeltliche **Finanzierungshilfen** ist § 358 dagegen nach § 506 I bzw. § 515 anwendbar. Dies gilt gleichermaßen für § 358 I und II, da der Verbraucher bei Finanzierungshilfen ein Widerrufsrecht nach §§ 506 I, 495 I bzw. §§ 515, 514 II 1 hat.

Wegen der zahlreichen Ausnahmen ist die Regelung sehr unübersichtlich. Außerdem gelten für § 358 I und II unterschiedliche Voraussetzungen. Im Einzelfall ist daher **für jeden Absatz gesondert** zu prüfen, ob ein Widerrufsdurchgriff in Betracht kommt. Dabei ist § 358 I weiter als § 358 II. Da § 358 I den Widerruf des finanzierten Geschäfts regelt, kommt es nach dieser Vorschrift nämlich nicht darauf an, ob das Widerrufsrecht in Bezug auf den Darlehensvertrag ausgeschlossen ist. Die zahlreichen Einschränkungen des Widerrufsrechts bei Darlehensverträgen sind also nur für § 358 II relevant.

39 Die Vermutung des § 358 III 2 passt nicht auf den finanzierten Erwerb von Immobilien. Denn danach müssten die meisten **Immobiliendarlehensverträge** als verbundene Geschäfte qualifiziert werden, ohne dass dies durch enge Beziehungen zwischen Kreditinstitut und Verkäufer gerechtfertigt wäre.⁷¹ Beim finanzierten Erwerb von Grundstücken und grundstücksgleichen Rechten kann eine wirtschaftliche Einheit deshalb nach § 358 III 3 nur unter besonderen Voraussetzungen angenommen werden.⁷²

---

67 Vgl. *Brox/Walker* SchuldR AT § 19 Rn. 45.
68 Zur Anwendbarkeit des § 358 I auf diese Verträge Staudinger/*Herresthal*, 2017, § 358 Rn. 69.
69 Staudinger/*Herresthal*, 2017, § 358 Rn. 69; *Schürnbrand* WM 2016, 1105 (1107).
70 Vgl. Staudinger/*Herresthal*, 2017, § 358 Rn. 71.
71 BT-Drs. 14/9266, 46; *Meinhof* NJW 2002, 2273 (2274).
72 Vgl. Palandt/*Grüneberg* § 358 Rn. 13 ff.; *Schmidt-Kessel* ZGS 2002, 313 (315 f.).

2. Widerrufsdurchgriff

a) Allgemeines

Bei verbundenen Verträgen muss gewährleistet sein, dass der Verbraucher beim wirksamen Widerruf eines Vertrages nicht an den anderen Vertrag gebunden bleibt. Der Widerruf muss daher auf den anderen Vertrag »durchgreifen«. Dies wird durch § 358 erreicht. Zwei Konstellationen sind zu unterscheiden.

§ 358 I regelt den Fall, dass der Verbraucher die auf den Abschluss des **finanzierten Geschäftes** gerichtete Willenserklärung (zB nach § 312g) wirksam widerruft. Die Vorschrift sieht vor, dass der Verbraucher dann auch nicht mehr an die auf den Abschluss des damit verbundenen Darlehensvertrags gerichtete Willenserklärung gebunden ist.

Hat der Verbraucher umgekehrt die auf den Abschluss des **Darlehensvertrags** gerichtete Willenserklärung nach § 495 I oder § 514 II 1 wirksam widerrufen, so ist er nach § 358 II auch nicht mehr an das finanzierte Geschäft gebunden.

Steht dem Verbraucher für **beide Geschäfte** ein Widerrufsrecht zu, so kann er frei entscheiden, welchen Vertrag er widerruft. Praktische Bedeutung hat dieses **Wahlrecht** für den Fall, dass das Widerrufsrecht in Bezug auf ein Geschäft (zB wegen Ablaufs der Widerrufsfrist) nicht mehr ausgeübt werden kann.[73]

> **Beispiel:** Verbraucher K hat per Internet bei der Drogeriemarktkette V einen Neuwagen gekauft. Zur Finanzierung des Kaufpreises vermittelt V dem K einen Kredit bei der B-Bank. Hier kann K den Kaufvertrag über den Pkw nach § 312g widerrufen. Daneben hat er auch ein Widerrufsrecht in Bezug auf den Darlehensvertrag nach § 495 I. Wenn der Darlehensvertrag später als der Kaufvertrag über den Pkw abgeschlossen wurde, läuft auch die Widerrufsfrist für den Darlehensvertrag später ab. Wird der Darlehensvertrag innerhalb der dafür maßgeblichen Frist von K nach § 495 I wirksam widerrufen, so ist K nach § 358 II auch nicht mehr an den Kaufvertrag gebunden. Das gilt auch dann, wenn die Widerrufsfrist in Bezug auf den Kaufvertrag beim Widerruf des Darlehensvertrags abgelaufen war.

Schlägt der Widerruf eines Verbrauchervertrags auf einen verbundenen Vertrag durch, so gilt für die **Rückabwicklung** beider Verträge die allgemeine Regel des § 355 III (→ § 41 Rn. 33). Die Einzelheiten richten sich dann je nach Art des verbundenen Vertrags nach §§ 357–357b (§ 358 IV 1). Bei verbundenen Ratenlieferungsverträgen ist neben § 355 III auch § 357 anwendbar, wenn der Vertrag außerhalb von Geschäftsräumen oder im Fernabsatz geschlossen worden ist, ansonsten gilt § 357c (§ 358 IV 3).

Widerruft der Verbraucher nach § 358 I die auf den Abschluss des finanzierten Vertrages gerichtete Willenserklärung, so ist er nach § 358 IV 4 keinen Ansprüchen des Darlehensgebers auf Zahlung von **Zinsen und Kosten** aus der Rückabwicklung des Darlehensvertrags ausgesetzt. Hierdurch wird sichergestellt, dass der Verbraucher sich ohne Nachteile von dem verbundenen Geschäft lösen kann.[74]

Wenn das Darlehen dem Unternehmer bereits **zugeflossen** ist, tritt der Darlehensgeber bei der Rückabwicklung mit dem Verbraucher in die Rechte und Pflichten des Unternehmers aus dem finanzierten Geschäft ein (§ 358 IV 5).[75] Der Gesetzgeber will damit eine **bilaterale Rückabwicklung** zwischen Verbraucher und Darlehensgeber ermög-

---

73 Palandt/*Grüneberg* § 358 Rn. 8; *Brox/Walker* SchuldR AT § 19 Rn. 46.
74 Vgl. BGH NJW 2011, 1063 (1064).
75 Vgl. BGH NJW 2009, 3572 (3574); *Brox/Walker* SchuldR AT § 19 Rn. 49.

lichen. Der Verbraucher soll nicht gezwungen sein, dem Darlehensgeber das Darlehen zurückzuzahlen und sich seinerseits an den Unternehmer zu halten.[76]

45 Der Widerrufsdurchgriff gilt nach § 358 V nicht für Darlehensverträge zur Finanzierung des Erwerbs von **Finanzinstrumenten** (Aktien, Devisen, Derivate etc). Der Gesetzgeber will damit verhindern, dass der Verbraucher während der Widerrufsfrist ohne Kursrisiko zulasten des Darlehensgebers spekulieren kann, indem er sich bei einer ungünstigen Entwicklung des Kurses durch Widerruf des Darlehensvertrags auch von dem Vertrag über den Erwerb der Finanzinstrumente löst.[77]

b) Zusammenhängende Verträge

46 Der Mechanismus des Widerrufsdurchgriffs wird durch § 360 auf **zusammenhängende Verträge** erweitert. Auch wenn **kein verbundenes Geschäft** vorliegt, schlägt der wirksame Widerruf eines Verbrauchervertrags nach § 360 I 1 auf einen damit zusammenhängenden Vertrag durch. Für die Rückabwicklung des zusammenhängenden Vertrages gilt § 358 IV 1–3 nach § 360 I 2 entsprechend.

47 Nach der **Legaldefinition** des § 360 II 1 liegt ein zusammenhängender Vertrag vor, wenn er einen Bezug zu dem widerrufenen Vertrag aufweist und eine Leistung betrifft, die von dem Unternehmer des widerrufenen Vertrags oder einem Dritten auf der Grundlage einer Vereinbarung zwischen dem Dritten und dem Unternehmer des widerrufenen Vertrags erbracht wird. Der erforderliche Bezug zum widerrufenen Vertrag kann sich aus einem **tatsächlichen oder wirtschaftlichen Zusammenhang** ergeben.[78] Dieser Zusammenhang liegt jedenfalls dann vor, wenn die nach dem zweiten Vertrag geschuldete Leistung den Nutzen der Hauptleistung verbessert oder absichert.[79] Hierher gehören etwa der Kauf von **Zubehör** und die Vereinbarung von **Zusatzleistungen** (zB Restschuldversicherung).[80]

48 Nach § 360 II 2 ist ein **Verbraucherdarlehensvertrag** auch dann ein zusammenhängender Vertrag, wenn das Darlehen ausschließlich der Finanzierung des widerrufenen Vertrags dient und die Leistung des Unternehmers aus dem widerrufenen Vertrag in dem Verbraucherdarlehensvertrag genau angegeben ist. In dieser Konstellation wird freilich meist schon ein verbundenes Geschäft vorliegen.[81]

3. Einwendungsdurchgriff

49 § 359 I erstreckt den Durchgriffsmechanismus auf den Fall, dass dem Verbraucher **Einwendungen** aus dem finanzierten Geschäft zustehen, die ihn gegenüber dem Unternehmer zur Verweigerung der Leistung berechtigen. Nach allgemeinen Grundsätzen bliebe der Verbraucher in diesem Fall verpflichtet, den Darlehensvertrag zu erfüllen. Für verbundene Verträge stellt § 359 demgegenüber sicher, dass der Verbraucher dem Darlehensgeber die Einwendungen aus dem finanzierten Geschäft entgegenhalten kann. Dies gilt allerdings nicht, wenn der Darlehensvertrag der Finanzierung des Er-

---

76 Vgl. MüKoBGB/*Habersack* § 358 Rn. 89; PWW/*Stürner* § 358 Rn. 19.
77 Vgl. Staudinger/*Herresthal*, 2017, § 358 Rn. 56.
78 Palandt/*Grüneberg* § 358 Rn. 10.
79 Vgl. *Looschelders* in Remien/Herrler/Limmer, Gemeinsames Europäisches Kaufrecht für die EU?, 2012, Rn. 76.
80 Zur Restschuldversicherung vgl. BGHZ 184, 1.
81 Vgl. *Wendehorst* NJW 2014, 577 (583).

werbs von Finanzinstrumenten dient oder wenn das finanzierte Entgelt weniger als 200 EUR beträgt (§ 359 II).

Hat der Verbraucher einen **Nacherfüllungsanspruch** (§§ 439, 635), so kann er die Rückzahlung des Darlehens nach § 359 I 3 erst verweigern, wenn die Nacherfüllung fehlgeschlagen ist. Bei erfolgreicher Nacherfüllung könnte die Leistung nämlich auch gegenüber dem Unternehmer nicht verweigert werden. 50

> **Beispiel:** Im Gebrauchtwagenfall (→ § 41 Rn. 37) stellt K nach wenigen Wochen fest, dass der Pkw schwerwiegende Mängel aufweist. Nachdem zwei Nachbesserungsversuche des V fehlgeschlagen sind, tritt K nach §§ 434, 437 Nr. 2, 440, 323 vom Kaufvertrag zurück. Da K damit gegenüber V die Zahlung des Kaufpreises verweigern könnte, entfällt nach § 359 I 1 seine Pflicht zur Rückzahlung des Darlehens an B.

Kann der Verbraucher die **Rückzahlung des Darlehens** verweigern, so hat der Darlehensgeber sich wegen der Darlehenssumme an den Unternehmer (zB Verkäufer) zu halten, an den er das Geld ja auch gezahlt hat.[82] Soweit der Verbraucher das Darlehen vor Ausübung des Rücktrittsrechts schon getilgt hat, steht ihm **kein Rückforderungsdurchgriff** gegen den Darlehensgeber zu. § 813 S. 1 findet in diesen Fällen keine Anwendung, da die Einrede erst durch den Rücktritt entstanden ist und daher im Zeitpunkt der Rückzahlung des Darlehens noch nicht bestanden hat.[83] Die Rückabwicklung findet daher zwischen dem Verbraucher und dem Unternehmer statt (§§ 346 ff.). Der Verbraucher trägt damit zwar dessen Insolvenzrisiko. Dieses Risiko hätte ihn aber auch ohne die Aufspaltung der Verträge getroffen.[84] 51

> **Literatur:** *Bierekoven/Crone*, Umsetzung der Verbraucherrechterichtlinie. Neuerungen im deutschen Schuldrecht – Ein erster Überblick, MMR 2013, 687; *Brönneke/Tonner*, Das neue Schuldrecht, 2014; *Bülow*, Einwendungsdurchgriff und Rückforderungsdurchgriff, WM 2004, 1257; *Dassbach*, Vorvertragliche Informationspflichten, JA 2016, 325; *Eidenmüller*, Die Rechtfertigung von Widerrufsrechten, AcP 210 (2010), 67; *Förster*, Die Umsetzung der Verbraucherrechterichtlinie in §§ 312 ff. BGB – Eine systematische Darstellung für Studium und Examen, JA 2014, 721 und 801; *Grundmann*, Die EU-Verbraucherrechte-Richtlinie, JZ 2013, 53; *Grunewald*, Vertragsverbindungen, JuS 2010, 93; *Hager*, Grundlagen des Deutschen Verbraucherschutzes, JA 2011, 721; *Heinig*, Verbraucherschutz – Schwerpunkte der EU-Verbraucherrechte-Richtlinie, MDR 2012, 323; *Hilbig-Lugani*, Neuerungen im Außergeschäftsraum- und Fernabsatzwiderrufsrecht, ZJS 2013, 441 (Teil 1) und ZJS 2013, 545 (Teil 2); *Hoffmann*, Verbraucherwiderruf bei Stellvertretung, JZ 2012, 1156; *Knops*, Gläubigerkenntnis und Schuldnervertrauen als Verwirkungsvoraussetzungen, NJW 2018, 425; *Leier*, Die Rückabwicklung des widerrufenen Vertrags – Neuerungen durch das Gesetz zur Umsetzung der Verbraucherrechterichtlinie, VuR 2013, 457; *Looschelders*, Informationspflichten des Unternehmers und Widerrufsrecht des Verbrauchers, in Remien/Herrler/Limmer, Gemeinsames Europäisches Kaufrecht für die EU?, 2012, 107; *Looschelders*, Europäisches Privatrecht und deutsches Versicherungsvertragsrecht, VersR 2013, 653; *Petersen*, Der Widerruf im Bürgerlichen Recht, JURA 2009, 276; *Schmidt-Kessel/Sorgenfrei*, Neue Anforderungen an die Umsetzung verbraucherschützender Richtlinien, GPR 2013, 242; *Schürnbrand/Janal*, Examens-Repetitorium Verbraucherschutzrecht, 3. Aufl. 2018; *Schwab/Giesemann*, Die Verbraucherrechte-Richtlinie: Ein wichtiger Schritt zur Vollharmonisierung im Binnenmarkt, EuZW 2012, 253; *Schwab/Hromek*, Alte Streitstände im neuen Verbraucherprivatrecht, JZ 2015, 271; *Stürner*, Grundstrukturen des Verbrauchervertrags im BGB, JURA 2015, 30; *Tonner*, Das Gesetz zur Umset-

---

82 Vgl. BGH NJW 1996, 3414 (3415).
83 Vgl. BGH NJW-RR 2011, 406 (408); Palandt/*Grüneberg* § 359 Rn. 8; MüKoBGB/*Habersack* § 359 Rn. 76; Staudinger/*Herresthal*, 2017, § 359 Rn. 93; aA *Emmerich* SchuldR BT § 6 Rn. 37.
84 Vgl. Staudinger/*Herresthal*, 2017, § 359 Rn. 79.

> zung der Verbraucherrechte-Richtlinie – unionsrechtlicher Hintergrund und Überblick, VuR 2013, 443; Unger, Die Richtlinie über die Rechte der Verbraucher – Eine systematische Einführung, ZEuP 2012, 270; Wendehorst, Das neue Gesetz zur Umsetzung der Verbraucherrechterichtlinie, NJW 2014, 577; Wendelstein/Zander, Das neue Verbraucherrecht nach der Umsetzung der Verbraucherrechterichtlinie, JURA 2014, 1191.

§ 42 Besondere Vertriebsformen

I. Überblick

1 Die bei der Schuldrechtsreform in das BGB eingefügten Vorschriften über **besondere Vertriebsformen** (§§ 312 ff. aF) sind bei der Umsetzung der Verbraucherrechte-RL in §§ 312b–312j fast vollständig neu gefasst worden. Dabei wurden die Regelungen für **außerhalb von Geschäftsräumen** geschlossene Verträge und **Fernabsatzverträge** weitgehend vereinheitlicht (§§ 312b–312h). Nach der allgemeinen Umschreibung des Anwendungsbereichs in § 312 gelten die §§ 312b–312h nur für **Verbraucherverträge**, die eine **entgeltliche Leistung** des Unternehmers zum Gegenstand haben (→ § 41 Rn. 10). Die Vorschriften beruhen auf der Erwägung, dass der Verbraucher wegen der spezifischen Umstände des Vertragsschlusses besonders schutzbedürftig ist. Diesem Befund wird durch **erweiterte Informationspflichten** (§ 312d) und Einräumung eines **Widerrufsrechts** (§ 312g) Rechnung getragen.

2 Im folgenden Kapitel (§§ 312i–312j) schließen sich Vorschriften über Verträge im **elektronischen Geschäftsverkehr** an. Der Anwendungsbereich dieser Bestimmungen ist zwar nicht nach § 312 I auf Verbraucherverträge beschränkt (→ § 41 Rn. 10). Es finden sich aber auch hier zahlreiche Sonderregeln (§§ 312i II 2, 312j), die den **Schutz des Verbrauchers** verstärken. Abweichende Vereinbarungen zum Nachteil des Verbrauchers bzw. Kunden sind nach § 312k I grundsätzlich unwirksam.

II. Außerhalb von Geschäftsräumen geschlossene Verträge (§ 312b)

1. Begriff der Geschäftsräume

3 Der in § 312b I definierte Begriff der außerhalb von Geschäftsräumen geschlossenen Verträge hat den Begriff der **Haustürgeschäfte** aus § 312 aF ersetzt.[85] Die Neufassung weitet den Verbraucherschutz auf alle Verträge aus, die außerhalb von Geschäftsräumen geschlossen werden. Der Grundgedanke besteht darin, dass der Verbraucher einer gesteigerten **Überrumpelungsgefahr** ausgesetzt ist, wenn der Vertrag außerhalb von Geschäftsräumen geschlossen oder angebahnt wird; außerdem kann die gleichzeitige körperliche Anwesenheit beider Parteien in diesen Fällen eine besondere **Drucksituation** auslösen.

4 Entscheidendes Abgrenzungskriterium ist der Begriff der **Geschäftsräume**. Nach der Legaldefinition des § 312b II umfasst dieser Begriff sowohl **unbewegliche** Gewerberäume, in denen der Unternehmer seine Tätigkeit dauerhaft ausübt, also auch **bewegliche** Gewerberäume, in denen der Unternehmer seine Tätigkeit für gewöhnlich aus-

---

[85] Vgl. Palandt/Grüneberg § 312b Rn. 1.

übt. Im ersten Fall geht es vor allem um das Ladengeschäft des Unternehmers; die zweite Variante erfasst zB Markt- und Messestände sowie Verkaufswagen.[86]

2. Besondere Situation des Vertragsschlusses

Die maßgeblichen Situationen des Vertragsschlusses oder der Vertragsanbahnung sind in § 312b I 1 Nr. 1–4 **abschließend** aufgezählt. Eine umfassende Ausweitung der Vorschrift auf alle Überrumpelungs- und Drucksituationen kommt wegen ihres enumerativen Charakters nicht in Betracht. Das Umgehungsverbot des § 312k I 2 kann aber eine extensive Auslegung einzelner Tatbestände rechtfertigen.[87] 5

a) Vertragsschluss außerhalb von Geschäftsräumen

§ 312b I 1 Nr. 1 betrifft den Fall, dass der Vertrag bei **gleichzeitiger körperlicher Anwesenheit** des Verbrauchers und des Unternehmers an einem Ort geschlossen wird, der **kein Geschäftsraum** des Unternehmers ist. Wie nach § 312 I 1 Nr. 1 aF geht es dabei in erster Linie um Fälle, in denen der Vertrag am Arbeitsplatz des Verbrauchers oder im Bereich einer Privatwohnung geschlossen wird. Hierher gehören auch sog. *Party-Verkäufe* in der Wohnung eines Dritten.[88] Die Qualifikation als Privatwohnung ist letztlich aber nicht mehr entscheidend; es kommt nur darauf an, dass der Vertragsschluss **nicht** in den Geschäftsräumen des Unternehmers erfolgt ist. Daher wird auch der Vertragsschluss auf **Freizeitveranstaltungen** sowie in **Verkehrsmitteln** und auf **öffentlichen Verkehrsflächen** von § 312 I 1 Nr. 1 erfasst. Anders als nach altem Recht (§ 312 III Nr. 1 aF) wird der Verbraucher auch dann geschützt, wenn der Besuch des Unternehmers in der Privatwohnung von dem Verbraucher »bestellt« worden ist.[89] Auf **telefonische** Vertragsschlüsse ist § 312b I 1 Nr. 1 dagegen auch bei überraschendem Anruf in der Privatwohnung oder am Arbeitsplatz des Verbrauchers nicht anwendbar, weil es an der gleichzeitigen körperlichen Anwesenheit fehlt. Hier kann aber ein Fernabsatzvertrag nach § 312c vorliegen. 6

Zur Vertiefung: Auf der Grundlage des § 312 I Nr. 1 aF war umstritten, ob dem Arbeitnehmer ein Widerrufsrecht zusteht, wenn er am Arbeitsplatz mit dem Arbeitgeber einen Vertrag zur Aufhebung des Arbeitsverhältnisses schließt. Das BAG hat in neuerer Zeit klargestellt, dass § 312 I den Anwendungsbereich der §§ 312b, 312g nicht für arbeitsrechtliche Aufhebungsverträge öffnet.[90] Dahinter steht die Erwägung, dass die Verbraucherrechte-RL auf Verträge über die Lieferung von Waren und die Erbringung von Dienstleistungen zugeschnitten ist und die innerstaatlichen Vorschriften über Arbeitsverträge unberührt lassen soll (→ SchuldR BT § 30 Rn. 12).

b) Vertragsangebot des Verbrauchers außerhalb von Geschäftsräumen

Nach § 312b I 1 Nr. 2 reicht es, dass der Verbraucher ein **Angebot** unter den Voraussetzungen der Nr. 1, also bei gleichzeitiger körperlicher Anwesenheit außerhalb eines Geschäftsraums des Unternehmers, abgegeben hat. Dahinter steht die Erwägung, dass 7

---

86 Vgl. Palandt/*Grüneberg* § 312b Rn. 2; *Brox/Walker* SchuldR AT § 19 Rn. 8; *Brönneke/Schmidt* VuR 2014, 3 (4).
87 Vgl. *Brox/Walker* SchuldR AT § 19 Rn. 7ff.; MüKoBGB/*Wendehorst* § 312b Rn. 10.
88 Palandt/*Grüneberg* § 312b Rn. 4; MüKoBGB/*Wendehorst* § 312b Rn. 18.
89 Erwägungsgrund 21 Verbraucherrechte-RL; Palandt/*Grüneberg* § 312b Rn. 4; *Brönneke/Schmidt* VuR 2014, 3 (4).
90 BAG NZA 2019, 688 Rn. 27 ff.; vgl. dazu *Brox/Walker* SchuldR AT § 19 Rn. 9.

es nach dem Schutzzweck des § 312b allein darauf ankommt, in welcher Situation die **Vertragserklärung des Verbrauchers** abgegeben wird.[91]

c) Persönliches Ansprechen des Verbrauchers außerhalb von Geschäftsräumen

8 § 312b I 1 Nr. 3 weitet den Schutz des Verbrauchers auf solche in den Geschäftsräumen des Unternehmers oder durch Fernkommunikationsmittel geschlossene Verträge aus, bei denen der Verbraucher zuvor außerhalb der Geschäftsräume des Unternehmers bei gleichzeitiger körperlicher Anwesenheit des Verbrauchers und des Unternehmers persönlich und individuell **angesprochen** wurde. Die Vorschrift erfasst insbesondere den schon in § 312 I 1 Nr. 3 aF geregelten Fall, dass der Vertrag »im Anschluss an ein überraschendes Ansprechen in Verkehrsmitteln oder im Bereich öffentlich zugänglicher Verkehrsflächen« im Geschäft des Unternehmers geschlossen wird. Sie begegnet damit dem Missstand, dass die Mitarbeiter des Unternehmers den Verbraucher auf der Straße vor dem Ladengeschäft zu Werbezwecken ansprechen und ihn dazu veranlassen, die Geschäftsräume zu betreten, wo dann der Vertragsschluss erfolgt. Die amtliche Begründung verweist zu Recht darauf, dass der Verbraucher auch in diesen Fällen unter **Druck** stehen oder einem **Überraschungsmoment** ausgesetzt sein kann.[92]

d) Vertragsschluss auf einem vom Unternehmer organisierten Ausflug

9 Nach § 312b I 1 Nr. 4 liegt ein außerhalb von Geschäftsräumen geschlossener Vertrag schließlich auch dann vor, wenn der Vertrag auf einem **Ausflug** geschlossen wird, der von dem Unternehmer oder mit seiner Hilfe organisiert wurde, um beim Verbraucher für den Verkauf von Waren oder die Erbringung von Dienstleistungen zu werben und mit ihm entsprechende Verträge abzuschließen. Wichtigste Anwendungsfälle des § 312b I 1 Nr. 4 sind sog. **Kaffee- und Butterfahrten**. § 312b I 1 Nr. 1 hilft in diesen Fällen nicht weiter, wenn der Vertragsschluss in Geschäftsräumen des Unternehmers erfolgt.[93]

3. Handeln Dritter im Namen oder Auftrag des Unternehmers

10 Ist der Unternehmer nicht selbst tätig geworden, so muss er sich die situativen Umstände beim Vertragsschluss oder bei der Vertragsanbahnung durch seinen **Vertreter** oder **Vermittler** zurechnen lassen (§ 312b I 2). Dabei kann er sich nicht auf die Unkenntnis davon berufen, dass die Verhandlungen von seinem Vertreter oder Vermittler in der betreffenden Situation geführt worden sind.[94] Die Zurechnung wird nicht dadurch ausgeschlossen, dass es sich bei dem Vertreter oder Vermittler um einen Nachbarn, Freund oder Angehörigen des Verbrauchers handelt.[95] Erforderlich ist nach § 312b I 2 allerdings ein Handeln **im Namen** oder **im Auftrag** des Unternehmers. Die Situation ist dem Unternehmer daher nicht zuzurechnen, wenn der Vermittler »im Lager« des Verbrauchers steht.[96]

---

91 Begr. RegE, BT-Drs. 17/12637, 49; *Brox/Walker* SchuldR AT § 19 Rn. 10.
92 Begr. RegE, BT-Drs. 17/12637, 49.
93 Begr. RegE, BT-Drs. 17/12637, 49; Palandt/*Grüneberg* § 312b Rn. 7; *Brönneke/Schmidt* VuR 2014, 3 (4).
94 EuGH NJW 2005, 3555 – Crailsheimer Volksbank; BGH NJW 2006, 497 (498); 2008, 3423 (3424); NJW-RR 2009, 836; anders noch BGH NJW 2003, 424 (425): § 123 II analog.
95 MüKoBGB/*Wendehorst* § 312b Rn. 37; Palandt/*Grüneberg* § 312b Rn. 9.
96 Vgl. BGH NJW 2008, 3423 (3425); NJW-RR 2009, 836 (837); Palandt/*Grüneberg* § 312b Rn. 9.

4. Entgeltliche Leistung und Anwendbarkeit auf die Bürgschaft

Aus der allgemeinen Umschreibung des Anwendungsbereichs der §§ 312–312h in § 312 I folgt, dass § 312b nur auf Verbraucherverträge anwendbar ist, die eine **entgeltliche Leistung** des Unternehmers zum Gegenstand haben. Die Vorschrift gilt daher vor allem für *gegenseitig verpflichtende Verträge* (zB Kaufverträge).[97] Der Begriff der entgeltlichen Leistung ist in § 312 I allerdings weit zu verstehen. Es genügt, dass der Verbraucher irgendeine Leistung an den Unternehmer oder einen Dritten erbringt.[98] Die Gegenleistung kann auch in der Leistung einer Sicherheit bestehen.[99] Besondere Probleme bereitet in diesem Zusammenhang allerdings die Übernahme einer **Bürgschaft** (§ 765) durch den Verbraucher. 11

> **Beispiel** (EuGH NJW 1998, 1295; BGHZ 139, 21; 165, 363): Der 19-jährige B hat durch schriftliche Erklärung gegenüber der K-Bank eine Bürgschaft für geschäftliche Schulden seines Vaters (V) übernommen. Die Bürgschaftserklärung war von B im Haus seiner Eltern abgegeben worden, die ein Angestellter der K-Bank nach telefonischer Absprache mit den Eltern aufgesucht hatte. Über ein Widerrufsrecht ist B nicht belehrt worden. Als B von der K-Bank auf Erfüllung der Bürgschaft in Anspruch genommen wird, verweigert er die Zahlung. Er macht geltend, er habe die Bürgschaftserklärung wirksam widerrufen.

Die hM ging vor der Umsetzung der Verbraucherrechte-RL davon aus, dass die Bürgschaft als **entgeltlicher Vertrag** iSd § 312 I aF anzusehen ist.[100] Ob hieran auf der Grundlage des § 312 I nF festgehalten werden kann, ist umstritten. Für die weitere Anwendbarkeit des § 312 I auf die Bürgschaft spricht, dass die Verbraucherrechte-RL keine generelle Beschränkung auf entgeltliche Verträge vorsieht.[101] Die Leistung des Unternehmers (der Bank) besteht danach in der Gewährung oder Belassung des Kredits gegenüber dem Hauptschuldner; das »Entgelt« des Verbrauchers ist die Eingehung der Bürgschaft. 12

Fraglich erscheint allerdings, ob die Anwendbarkeit des § 312b I 1 Nr. 1 im Beispielsfall dadurch ausgeschlossen wird, dass die Bürgschaft der Absicherung einer **geschäftlichen Verbindlichkeit des Hauptschuldners** dient. Der EuGH hat sich mit dieser Problematik auf der Grundlage der Haustürgeschäfte-RL auseinandergesetzt. Nach Ansicht des EuGH besteht das Widerrufsrecht nach der Haustürgeschäfte-RL nur, wenn die von dem Verbraucher in einer Haustürsituation übernommene Bürgschaft die Verbindlichkeit eines Verbrauchers sichert, die dieser im Rahmen eines Haustürgeschäfts eingegangen ist.[102] Zur Begründung wird auf den engen Zusammenhang zwischen Bürgenschuld und Hauptschuld abgestellt (sog. **Akzessorietät**). 13

Die Ansicht des EuGH kann nicht überzeugen. Wenn das Widerrufsrecht dem Schutz dessen dient, der seine Willenserklärung in einer bestimmten Situation abgegeben hat, muss es bei der Bürgschaft ausreichen, dass der **Bürge** Verbraucher ist und die Bürg- 14

---

97 Palandt/*Grüneberg* § 312 Rn. 4.
98 Palandt/*Grüneberg* § 312 Rn. 3; MüKoBGB/*Wendehorst* § 312 Rn. 37.
99 *Brönneke/Schmidt* VuR 2014, 3.
100 Vgl. BGH NJW 1993, 1594 (1595); 1998, 2356 (2357).
101 Für Anwendbarkeit der neuen §§ 312ff. auf die Bürgschaft Palandt/*Grüneberg* § 312 Rn. 5; MüKoBGB/*Wendehorst* § 312 Rn. 34; *Medicus/Lorenz* SchuldR BT § 50 Rn. 6; *Petersen* ExamensRep SchuldR AT Rn. 203; *Schürnbrand* WM 2014, 1157 (1060f.); *Hilbig-Lugani* ZJS 2013, 441 (446); aA *Bülow/Artz* VerbraucherprivatR Rn. 224.
102 Vgl. EuGH NJW 1998, 1295.

schaft aufgrund eines Haustürgeschäfts übernommen hat. Welche Natur die gesicherte Hauptschuld hat, ist irrelevant. Denn der Hauptschuldner wird durch das Widerrufsrecht des Bürgen ohnehin nicht geschützt. Dieser Auslegung hat sich letztlich auch der BGH bei § 312 I aF angeschlossen.[103] Die Ausweitung des Verbraucherschutzes gegenüber der Auffassung des EuGH war nach Ansicht des BGH zulässig, weil die Haustürgeschäfte-RL nur einen **Mindeststandard** sicherstellen soll.[104] Hierauf kommt es genau genommen aber nicht an, weil Bürgschaften zur Absicherung einer geschäftlichen Verbindlichkeit nach Auffassung des EuGH[105] schon gar nicht in den Anwendungsbereich der Haustürgeschäfte-RL fallen.[106]

15 Nach geltendem Recht ist zu beachten, dass die **Verbraucherrechte-RL** eine **Vollharmonisierung** vorsieht und daher auch keine günstigeren Regelungen für den Verbraucher zulässt (→ § 41 Rn. 6).[107] Der Grundsatz der Vollharmonisierung gilt jedoch nur im **Anwendungsbereich der Richtlinie**. Dem deutschen Recht ist daher nicht verwehrt, das Widerrufsrecht nach § 312b iVm § 312g auf Fälle zu erstrecken, in denen aus Sicht des Unionsrechts überhaupt kein Verbrauchervertrag vorliegt. Dies trifft auf Bürgschaften zur Absicherung einer geschäftlichen Verbindlichkeit zu.[108] Die Rechtsprechung des BGH kann daher beibehalten werden. Endgültige Klarheit lässt sich aber nur durch den EuGH schaffen.[109]

III. Fernabsatzverträge (§ 312c)

16 Der Begriff der **Fernabsatzverträge** wird in § 312c I definiert. Erfasst werden alle Verträge, bei denen der Unternehmer oder eine in seinem Namen oder Auftrag handelnde Person und der Verbraucher für die Vertragsverhandlungen und den Vertragsschluss ausschließlich Fernkommunikationsmittel verwenden. Der entscheidende Unterschied zu § 312b besteht darin, dass es an einer gleichzeitigen körperlichen Anwesenheit der Parteien fehlt. Persönliche Kontakte der Parteien bei der Vertragsanbahnung oder den Vertragsverhandlungen schließen die Anwendung des § 312c aus, weil es dann an der **ausschließlichen** Verwendung von Fernkommunikationsmitteln fehlt. Die telefonische Reservierung eines Termins, zB bei einem Friseur, wird daher nicht erfasst.[110] Der Anwendung des § 312c steht es jedoch nicht entgegen, dass der Unternehmer bei der Vertragsanbahnung einen **Boten** einsetzt, der über den Vertragsinhalt und die Beschaffenheit der Vertragsleistung des Unternehmers keine nähere Auskunft geben kann.[111]

17 Nach § 312c Hs. 2 liegt **kein Fernabsatzvertrag** vor, wenn der Vertragsschluss nicht im Rahmen eines für den Fernabsatz organisierten Geschäftssystems erfolgt. Der Gesetzgeber will damit zufällige oder gelegentliche Vertragsschlüsse per Fernkommuni-

---

103 BGHZ 165, 363; BGH NJW 2007, 2106; aA noch BGHZ 139, 21.
104 BGHZ 165, 363 (368f.).
105 EuGH NJW 1998, 1295 (1296).
106 Staudinger/*Gsell* Eckpfeiler 2018 L. Rn. 44.
107 Allg. zur Vollharmonisierung *Heiderhoff*, Europäisches Privatrecht, 5. Aufl. 2020, Rn. 22 ff.
108 So auch Staudinger/*Gsell* Eckpfeiler 2018 L. Rn. 44; *Bülow/Artz* VerbraucherprivatR Rn. 86, 224; *Heiderhoff*, Europäisches Privatrecht, 5. Aufl. 2020, Rn. 338.
109 Für erneute Anrufung des EuGH Palandt/*Grüneberg* § 312 Rn. 5; PWW/*Stürner* § 312 Rn. 7.
110 Vgl. Begr. RegE, BT-Drs. 17/12637, 50.
111 Vgl. BGH NJW 2004, 3699 (3700); *Brox/Walker* SchuldR AT § 19 Rn. 15.

kation (zB Telefon) vom Anwendungsbereich der Vorschrift ausschließen. Die Beweislast für diesen Ausnahmetatbestand trägt der Unternehmer.[112]

Was unter einem **Fernkommunikationsmittel** zu verstehen ist, ergibt sich aus § 312 c II. Erforderlich ist ein Kommunikationsmittel, das die Anbahnung oder den Abschluss eines Vertrages *ohne gleichzeitige körperliche Anwesenheit* der Parteien ermöglicht. Nach der nicht abschließenden Aufzählung des Gesetzes gehören dazu insbesondere Briefe, Kataloge, Telefonanrufe, Telekopien, E-Mails, SMS sowie Rundfunk und Telemedien. Die Nennung der traditionellen Formen wie Briefe und Kataloge zeigt, dass der Anwendungsbereich des § 312 c nicht auf den elektronischen Geschäftsverkehr beschränkt ist. 18

IV. Informationspflichten des Unternehmers (§ 312 d)

§ 312 d enthält eine **einheitliche Regelung** für die Informationspflichten des Unternehmers bei außerhalb von Geschäftsräumen geschlossenen Verträgen und Fernabsatzverträgen. Für Verträge, die **keine Finanzdienstleistungen** betreffen, verweist § 312 d I wegen der Einzelheiten auf Art. 246 a EGBGB. Die Vorschrift regelt in § 1 eine **Vielzahl von Informationspflichten.** Bei außerhalb von Geschäftsräumen geschlossenen Verträgen über *Reparatur- und Instandhaltungsarbeiten* bestehen nach Art. 246 a § 2 EGBGB erleichterte Informationspflichten, sofern die beiderseitigen Leistungen sofort erfüllt werden und die vom Verbraucher zu zahlende Vergütung 200 EUR nicht übersteigt. Bei *Fernabsatzverträgen* sind die Informationspflichten nach Art. 246 a § 3 EGBGB erleichtert, wenn das verwendete Kommunikationsmittel nur begrenzten Raum oder begrenzte Zeit für die Informationen bietet. 19

> **Zur Vertiefung:** Die Sonderregelung des Art. 246 a § 2 EGBGB beruht auf dem Gedanken, dass die Erfüllung sämtlicher Informationspflichten für Handwerker zu unzumutbaren Belastungen führen kann. In der Literatur wird allerdings zu Recht darauf hingewiesen, dass die Erleichterung der Informationspflichten in Anbetracht dieses Regelungszwecks einen »lächerlich schmalen Anwendungsbereich« hat und auch der Sache nach kaum hilfreich ist.[113] Davon abgesehen ist es für einen Verbraucher aus steuerrechtlichen Gründen nicht tunlich, Handwerkerrechnungen sofort in bar zu erfüllen. Denn die steuerliche Absetzbarkeit von Handwerkerleistungen setzt nach § 35a V 3 EStG voraus, dass die Zahlung auf das Konto des Leistungserbringers (also unbar) erfolgt. In Deutschland dürfte die Erleichterung der Informationspflichten damit praktisch leer laufen. Weitere Sonderregeln für Handwerker bestehen im *Ausschluss des Widerrufsrechts* bei dringenden Reparatur- oder Instandhaltungsarbeiten nach § 312g II Nr. 11 (→ § 42 Rn. 27) und in der *Wertersatzpflicht* des Verbrauchers für Dienstleistungen trotz Widerrufs nach § 357 VIII (→ § 42 Rn. 46).

Die in Art. 246 a §§ 1–3 EGBGB aufgeführten Informationen müssen dem Verbraucher nach Art. 246 a § 4 EGBGB **vor Abgabe** seiner Vertragserklärung **in klarer und verständlicher Weise** zur Verfügung gestellt werden. Der Gesetzgeber will damit gewährleisten, dass der Verbraucher seine Entscheidung über den Vertragsschluss in Kenntnis aller relevanten Umstände treffen kann. 20

Die Einzelheiten hinsichtlich der Informationspflichten des Unternehmers bei außerhalb von Geschäftsräumen geschlossenen Verträgen und Fernabsatzverträgen über **Finanzdienstleistungen** ergeben sich aus § 312 d II iVm Art. 246 b EGBGB. Der Gesetz- 21

---
112 Vgl. Palandt/*Grüneberg* § 312 c Rn. 6.
113 So *Wendehorst* NJW 2014, 577 (581).

geber setzt damit die einschlägigen Vorgaben der Finanzdienstleistungs-Fernabsatz-RL (RL 2002/65/EG) um. In formaler Hinsicht gelten die gleichen Anforderungen wie nach Art. 246a § 4 EGBGB.

22 Verletzt der Unternehmer seine in Bezug auf das Widerrufsrecht nach § 312g bestehenden Informationspflichten, so kann dies den **Beginn der Widerrufsfrist** hindern (→ § 42 Rn. 31). § 312e sieht außerdem vor, dass der Unternehmer bei einer Verletzung der diesbezüglichen Informationspflichten nach § 312d I iVm Art. 246a § 1 1 Nr. 4 EGBGB keinen Anspruch auf Zahlung von **Fracht-, Liefer- oder Versandkosten** und **sonstigen Kosten** hat. Für Verbraucherverträge, die nicht unter §§ 312b, 312c fallen, enthält § 312a II 2 eine entsprechende Regelung (→ § 41 Rn. 17). Nach allgemeinen Regeln kommt auch ein **Schadensersatzanspruch** des Verbrauchers aus §§ 280 I, 311 II, 241 II in Betracht.[114]

V. Widerrufsrecht des Verbrauchers

23 § 312g I räumt dem Verbraucher bei außerhalb von Geschäftsräumen geschlossenen Verträgen und Fernabsatzverträgen ein **Widerrufsrecht iSv § 355** ein. In § 312g I werden die bislang für Haustürgeschäfte und Fernabsatzverträge getrennt geregelten Widerrufsrechte (§§ 312, 312d aF) zusammengefasst.[115] Die allgemeinen Modalitäten und Wirkungen des Widerrufs ergeben sich aus § 355 (→ § 41 Rn. 28ff.). Zusätzlich gelten für die Modalitäten § 356 und für die Rechtsfolgen §§ 357, 357a. Zum Prüfungsaufbau in der Fallbearbeitung → Anhang II Rn. 1.

1. Ausnahmen vom Widerrufsrecht

24 § 312g II nennt einige Verträge, bei denen dem Verbraucher aus unterschiedlichen Gründen **kein Widerrufsrecht** zusteht. Dabei geht es unter anderem um Waren, die so auf die *persönlichen Bedürfnisse* des Kunden zugeschnitten sind, dass der Unternehmer sie schwer anderweitig verkaufen kann (Nr. 1).[116] Kein Widerrufsrecht besteht auch bei Verträgen zur Lieferung *versiegelter Waren,* die aus Gründen des *Gesundheitsschutzes* oder der *Hygiene* nicht zur Rückgabe geeignet sind, wenn die Versiegelung nach der Lieferung entfernt wurde (Nr. 3). Der Sache nach geht es vor allem um frei verkäufliche Arzneimittel sowie Kosmetik- und Hygieneartikel.[117] Der Unternehmer steht hier vor dem Problem, dass die Artikel nach der Entfernung der Versiegelung nicht mehr anderweitig verkäuflich sind. Auf der anderen Seite müsste der Verbraucher nach § 357 VII Nr. 1 keinen Wertersatz leisten, wenn die Entfernung der Versiegelung zur Prüfung der Ware erforderlich war.

> **Beispiel** (BGH NJW 2019, 2842): Der K kauft im Fernabsatz bei dem Onlinehändler V zu privaten Zwecken eine Matratze zum Preis von 1.094,52 EUR. Die Matratze war bei der Lieferung mit einer Schutzfolie versehen, die der K entfernte. Kurz darauf erklärte der K gegenüber V nach §§ 312g I, 312c fristgerecht den Widerruf des Vertrags und verlangte Rückzahlung des Kaufpreises. V berief sich darauf, dass der Widerruf nach § 312g II Nr. 3 ausgeschlossen sei. Zu Recht?

---

114 Vgl. Palandt/*Grüneberg* § 312d Rn. 4; HK-BGB/*Schulte-Nölke* § 312d Rn. 9.
115 Vgl. Begr. RegE, BT-Drs. 17/12637, 56.
116 Zum Kauf eines Notebooks im Built-to-order-Verfahren vgl. BGHZ 154, 239ff.
117 Vgl. Palandt/*Grüneberg* § 312g Rn. 6.

Da die Ausnahmevorschrift des § 312g II Nr. 3 auf Art. 16 lit. e Verbraucherrechte-RL beruht, hat der BGH[118] die Frage zunächst dem EuGH zur Vorabentscheidung vorgelegt. Dieser ist zu dem Ergebnis gelangt, dass eine Matratze, deren Schutzfolie vom Verbraucher entfernt wurde, nicht unter die Ausnahme fällt. Maßgeblich war die Erwägung, dass eine Matratze nicht anders als ein Kleidungsstück zu behandeln sei, das bei einer Anprobe mit dem menschlichen Körper in Kontakt kommen könne. Bei beiden Warenkategorien sei es dem Unternehmer möglich, sie nach der Rücksendung durch den Verbraucher mittels Reinigung oder Desinfektion für ein erneutes Inverkehrbringen und eine Wiederverwendung durch einen Dritten geeignet zu machen, ohne die Erfordernisse des Gesundheitsschutzes oder der Hygiene zu verletzen.[119] Dem hat der BGH sich in der Folgeentscheidung angeschlossen und die Anwendbarkeit des § 312g II Nr. 3 verneint.[120]

Weitere Ausnahmefälle sind zB Verträge über Waren (zB Heizöl), die nach der Lieferung aufgrund ihrer Beschaffenheit untrennbar mit anderen Gütern vermischt werden (Nr. 4),[121] spekulative Verträge über die Lieferung *alkoholischer Getränke,* deren aktueller Wert von Schwankungen auf dem Markt abhängt (Nr. 5),[122] Verträge zur Lieferung von *Ton- oder Videoaufnahmen* oder *Computersoftware* in einer versiegelten Packung, die vom Verbraucher *entsiegelt* wurde (Nr. 6), sowie Verträge über die Lieferung von *Zeitungen, Zeitschriften und Illustrierten* (Nr. 7). Im letzteren Fall beruht der Ausschluss des Widerrufsrechts darauf, dass Zeitungen etc besonders schnell »veralten«.[123] Eine Gegenausnahme besteht für **Abonnement-Verträge,** bei denen das Widerrufsrecht nach § 312g I somit auch in Bezug auf Zeitungen, Zeitschriften und Illustrierte erhalten bleibt. Ist ein Abonnement-Vertrag weder im Fernabsatz noch außerhalb von Geschäftsräumen geschlossen worden, so kann dem Verbraucher ein Widerrufsrecht nach den Regeln über Ratenlieferungsverträge (§ 510 II) zustehen. Hier gilt aber eine Bagatellgrenze von 200 EUR (§ 510 III iVm § 491 II Nr. 1). 25

Besonders große Bedeutung hat die in § 312g II Nr. 10 geregelte Ausnahme für öffentlich zugängliche **Versteigerungen.** Der BGH hat zur Vorgängervorschrift des § 312d IV Nr. 5 aF entschieden, dass der Ausschluss des Widerrufsrechts nur für »echte« Versteigerungen gilt, bei denen der Vertrag gem. § 156 durch **Zuschlag des Versteigerers** zustandekommt.[124] § 312g II Nr. 10 stellt ebenfalls darauf ab, dass die Waren oder Dienstleistungen in einem vom Versteigerer durchgeführten, auf konkurrierenden Geboten basierenden Verfahren angeboten werden, bei dem der Bieter, der den **Zuschlag** erhalten hat, zum Erwerb der Waren oder Dienstleistungen verpflichtet ist. Außerdem muss den Verbrauchern die Möglichkeit gewährt werden, **persönlich anwesend** zu sein. Diese Voraussetzungen treffen auf die meisten **Internet-Auktionen** (zB ebay) nicht zu. Die einschlägigen AGB sehen vielmehr regelmäßig vor, dass der Vertragsschluss durch Angebot und Annahme erfolgt.[125] Sofern der Verkäufer als Unternehmer (§ 14) zu qualifizieren ist, steht dem Verbraucher also ein Widerrufsrecht zu.[126] 26

---

118 BGH NJW 2018, 453.
119 EuGH NJW 2019, 1507 Rn. 43 ff. – Slewo/Ledowski.
120 BGH NJW 2019, 2842; näher dazu *Gutzeit* JuS 2019, 1018; *Looschelders* JA 2019, 787.
121 Vgl. Begr. RegE, BT-Drs. 17/12637, 56; *Brox/Walker* SchuldR AT § 19 Rn. 23.
122 Wichtigstes Beispiel ist der Kauf von »vin en primeur« während des Herstellungsprozesses (vgl. Erwägungsgrund 49 Satz 3 Verbraucherrechte-RL; *Looschelders* in Remien/Herrler/Limmer, Gemeinsames Europäisches Kaufrecht für die EU?, 2012, Rn. 49).
123 PWW/*Stürner* § 312g Rn. 12.
124 Vgl. BGH NJW 2005, 53.
125 Vgl. BGHZ 149, 129 (133); MüKoBGB/*Wendehorst* § 312g Rn. 47.
126 Vgl. Begr. RegE, BT-Drs. 17/12637, 57; Palandt/*Grüneberg* § 312g Rn. 13.

27 Nach § 312g II Nr. 11 ist das Widerrufsrecht auch dann ausgeschlossen, wenn der Verbraucher den Unternehmer ausdrücklich aufgefordert hat, ihn aufzusuchen, um **dringende Reparatur- oder Instandhaltungsarbeiten** auszuführen; der Ausschluss des Widerrufsrechts gilt dabei aber nicht für Verträge über zusätzliche Leistungen.[127] Bei **notariell beurkundeten Verträgen** ist das Widerrufsrecht nach § 312g II Nr. 13 dem Grundsatz nach ebenfalls ausgeschlossen, weil der Verbraucher durch die notarielle Beurkundung im Allgemeinen ausreichend geschützt wird. Bei den meisten notariell beurkundeten Verträgen sind die §§ 312b ff. allerdings schon nach § 312 II Nr. 1 nicht anwendbar.[128]

28 Das Widerrufsrecht besteht nach § 312g III auch nicht für Verträge, bei denen dem Verbraucher ein solches Recht nach §§ 495, 506–513 zusteht. Die dortigen Widerrufsrechte haben also Vorrang. Das Gleiche gilt bei außerhalb von Geschäftsräumen geschlossenen Verträgen im Verhältnis zu dem Widerrufsrecht nach § 305 I–VI KAGB.

2. Ausübung des Widerrufsrechts

29 Die Modalitäten für die Ausübung des Widerrufsrechts nach § 312g ergeben sich aus § 355 I, II und § 356. Der Widerruf erfolgt danach grundsätzlich durch **formfreie Erklärung** gegenüber dem Unternehmer (→ § 41 Rn. 25 ff.). Der Unternehmer kann dem Verbraucher nach § 356 I allerdings die Möglichkeit einräumen, das **Widerrufsformular** nach Anlage 2 zu Art. 246a § 1 II 1 Nr. 1 EGBGB oder eine andere eindeutige Widerrufserklärung auf seiner Website auszufüllen und zu übermitteln. Der Unternehmer kann hierdurch die Abwicklung von Widerrufen rationalisieren. Der Verbraucher muss davon zwar keinen Gebrauch machen. Für ihn kann das Ausfüllen eines Formulars aber ebenfalls zu einer Vereinfachung führen. Außerdem ist der Unternehmer verpflichtet, dem Verbraucher bei Nutzung des Formulars den Zugang des Widerrufs unverzüglich auf einem dauerhaften Datenträger zu bestätigen.[129]

30 § 356 II enthält eine Sonderregelung für den **Beginn der 14-tägigen Widerrufsfrist** des § 355 II (→ § 41 Rn. 28). Bei einem Verbrauchsgüterkauf, also einem Vertrag zwischen einem Verbraucher und einem Unternehmer über den Kauf einer beweglichen Sache (§ 474 I), beginnt die Widerrufsfrist nach § 356 II Nr. 1a nicht bei Vertragsschluss, sondern erst zu dem Zeitpunkt, zu dem der Verbraucher oder ein von ihm benannter Dritter die **Waren erhalten** hat. Dahinter steht die Erwägung, dass der Verbraucher vor dem Erhalt der Ware noch keine Prüfungsmöglichkeit hat.[130] Bei getrennter Lieferung mehrerer Waren im Rahmen einer einheitlichen Bestellung wird auf den **Erhalt der letzten Ware** abgestellt (§ 356 II Nr. 1b). Bei einem Vertrag über die Lieferung einer nicht von vornherein bestimmten Menge von **Wasser, Gas, Strom oder Fernwärme** oder über die Lieferung von nicht auf einem körperlichen Datenträger befindlichen **digitalen Inhalten** (§ 312f III) bleibt dagegen der Zeitpunkt des Vertragsschlusses maßgeblich (§ 356 II Nr. 2).

31 Nach § 356 III beginnt die Widerrufsfrist überdies erst, wenn der Unternehmer gegenüber dem Verbraucher bestimmte **Informationspflichten** erfüllt hat. Dabei geht es im

---
[127] Vgl. MüKoBGB/*Wendehorst* § 312g Rn. 51; *Looschelders* in Remien/Herrler/Limmer, Gemeinsames Europäisches Kaufrecht für die EU?, 2012, Rn. 53.
[128] Vgl. *Wendehorst* NJW 2014, 577 (582).
[129] Zu den Vorteilen des Formulars für beide Parteien Begr. RegE, BT-Drs. 17/12637, 60.
[130] Vgl. *Bülow/Artz* VerbraucherprivatR Rn. 290.

Allgemeinen um die Pflicht zur **Belehrung des Verbrauchers** über das **Widerrufsrecht** nach Art. 246a § 1 II 1 Nr. 1 EGBGB. Zur Erfüllung dieser Belehrungspflicht stellt das Gesetz dem Unternehmer in Anlage 1 ein **amtliches Muster** für die Widerrufsbelehrung zur Verfügung, das dem Verbraucher in Textform zu übermitteln ist. Verletzt der Unternehmer seine Belehrungspflicht über das Widerrufsrecht, so erlischt dieses nach § 356 III 2 gleichwohl spätestens zwölf Monate und 14 Tage nach dem regulären Beginn der Widerrufsfrist.

Bei Verträgen über **Finanzdienstleistungen** gilt eine abweichende Rechtslage. Die Widerrufsfrist beginnt danach erst, wenn der Unternehmer **alle Informationspflichten** aus Art. 246b § 2 I EGBGB erfüllt hat. Die Höchstfrist des § 356 III 2 ist in diesem Bereich nicht anwendbar (§ 356 III 3). Dem Verbraucher steht insoweit also ein »ewiges« Widerrufsrecht zu (→ § 41 Rn. 31). 32

3. Rechtsfolgen des Widerrufs (außer bei Verträgen über Finanzdienstleistungen)

Nach der allgemeinen Vorschrift des § 355 III 1 sind die Parteien im Fall eines wirksamen Widerrufs verpflichtet, die empfangenen Leistungen **zurückzugewähren** (→ § 41 Rn. 33 f.). Die weiteren Rechtsfolgen des Widerrufs ergeben sich für außerhalb von Geschäftsräumen geschlossene Verträge und Fernabsatzverträge **mit Ausnahme von Verträgen über Finanzdienstleistungen** aus § 357. 33

a) Frist zur Rückgewähr

Nach der allgemeinen Regel des § 355 III 1 muss die Pflicht zur Rückgewähr **unverzüglich** erfüllt werden. § 357 I sieht darüber hinaus vor, dass die Rückgewähr **spätestens nach 14 Tagen** zu erfolgen hat. Die Frist beginnt nach § 355 III 2 für den Unternehmer mit dem Zugang und für den Verbraucher mit der Abgabe der Widerrufserklärung. § 355 III 3 stellt klar, dass der Verbraucher diese Frist durch die rechtzeitige Absendung der Waren wahrt. Verzögerungen nach Absendung (zB beim Transport) schaden ihm also nicht. Die Nichteinhaltung der Frist zur Rückgewähr hat nicht zur Folge, dass der Verbraucher sein Widerrufsrecht verliert. Bis zur Rückgewähr steht dem Unternehmer aber bezüglich der Rückzahlung des Kaufpreises nach § 357 IV 1 ein **Zurückbehaltungsrecht** zu (→ § 42 Rn. 38). 34

b) Modalitäten der Rückabwicklung

Der **Verbraucher** ist nach § 355 III 1 verpflichtet, die empfangenen Waren zurückzusenden. Diese Pflicht entfällt aber nach § 357 V, wenn der Unternehmer die Abholung der Waren angeboten hat. 35

Der **Unternehmer** muss seinerseits dem Verbraucher nach § 355 III 1 dessen Zahlungen zurückzugewähren. § 357 II 1 stellt klar, dass dazu auch etwaige Zahlungen des Verbrauchers für die Lieferung der Waren gehören. Der EuGH hatte hierzu schon vor dem Inkrafttreten der Verbraucherrechte-RL auf Vorlage des BGH[131] entschieden, dass dem Verbraucher die **Hinsendekosten** nicht auferlegt werden dürfen, weil der Verbraucher sonst davon abgehalten werden könnte, sein Widerrufsrecht auszuüben.[132] Die Rückgewährpflicht des Unternehmers erstreckt sich allerdings nicht auf zusätzliche Kosten, 36

---

131 BGH NJW 2009, 66.
132 EuGH NJW 2010, 1941 = JA 2010, 825 *(Looschelders)* – Heinrich-Heine-GmbH; hieran anknüpfend BGH NJW 2010, 2651.

die darauf beruhen, dass der Verbraucher sich für eine andere Art der Lieferung als die vom Unternehmer angebotene günstigere Standardlieferung (zB Expresslieferung) entschieden hat (§ 357 II 2).

37 Der Unternehmer muss für die Rückzahlung grundsätzlich **dasselbe Zahlungsmittel** verwenden, das der Verbraucher bei der Zahlung verwendet hat (§ 357 III). Hat der Verbraucher die Waren in bar bezahlt, so muss also auch die Rückzahlung durch den Unternehmer in bar erfolgen. Wurde per Überweisung bezahlt, so muss der Unternehmer den Betrag zurücküberweisen.[133] Der Verbraucher muss sich somit grundsätzlich nicht mit einem Gutschein zufriedengeben.[134] Abweichende Vereinbarungen sind nach § 357 III 2 wirksam, wenn sie ausdrücklich getroffen werden und dem Verbraucher dadurch keine Kosten entstehen.

38 Bei einem Verbrauchsgüterkauf steht dem Unternehmer nach § 357 IV 1 ein **Zurückbehaltungsrecht** zu, bis er die Waren zurückerhalten hat oder der Verbraucher den Nachweis erbracht hat, dass er die Waren abgesandt hat. Anders als beim Rücktritt (§ 348) ist der Verbraucher also grundsätzlich **vorleistungspflichtig**.[135] Eine Ausnahme gilt allerdings, wenn der Unternehmer die Abholung der Waren angeboten hat (§ 357 III 2). Welche Rechtsfolge in diesem Fall eintritt, ist nicht ausdrücklich geregelt. Nach allgemeinen Regeln hat die Rückabwicklung dann **Zug-um-Zug** zu erfolgen.[136]

c) Kosten der Rücksendung

39 § 357 VI sieht vor, dass der **Verbraucher** die unmittelbaren Kosten der Rücksendung trägt, sofern der Unternehmer ihn hierüber nach Maßgabe des Art. 246a § 1 II 1 Nr. 2 **informiert** hat. Für den Verbraucher bedeutet dies eine Verschlechterung gegenüber der früheren Rechtslage (§ 357 II 3 aF), wonach die regelmäßigen Kosten der Rücksendung dem Verbraucher nur auferlegt werden durften, wenn der Preis der zurückzusendenden Sache 40 EUR nicht überstieg oder der Verbraucher zur Zeit des Widerrufs die Gegenleistung oder eine Teilzahlung noch nicht erbracht hatte.[137] Da die Verbraucherrechte-RL eine Vollharmonisierung vorsieht, konnte diese Regelung nicht aufrechterhalten bleiben.[138] Eine Ausnahme gilt nach § 357 VI 2 für den Fall, dass der **Unternehmer** sich (zB in den AGB) bereit erklärt hat, die Kosten der Rücksendung zu tragen, was in der Praxis häufig der Fall sein wird.[139]

40 Bei **außerhalb von Geschäftsräumen** geschlossenen Verträgen, bei denen die Waren zum Zeitpunkt des Vertragsschlusses zur Wohnung des Verbrauchers geliefert worden sind, muss der Unternehmer die Waren auf eigene Kosten abholen, wenn sie aufgrund ihrer Beschaffenheit nicht per Post zurückgesandt werden können. Ein Beispiel hierfür ist der Verkauf eines Staubsaugers in der Wohnung des Verbrauchers.

---

133 Näher dazu Begr. RegE, BT-Drs. 17/12637, 63; *Leier* VuR 2013, 457 (459).
134 Vgl. Erwägungsgrund 46 Verbraucherrechte-RL; PWW/*Stürner* § 357 Rn. 9; Brönneke/Tonner/*Leier*, Das neue Schuldrecht, 2014, Kap. 5 Rn. 8.
135 Vgl. Palandt/*Grüneberg* § 357 Rn. 5; MüKoBGB/*Fritsche* § 357 Rn. 15; *Looschelders* in Remien/Herrler/Limmer, Gemeinsames Europäisches Kaufrecht für die EU?, 2012, Rn. 70.
136 So auch Palandt/*Grüneberg* § 357 Rn. 5.
137 Vgl. MüKoBGB/*Fritsche* § 357 Rn. 19.
138 Vgl. *Leier* VUR 2013, 457 (459); *Looschelders* in Remien/Herrler/Limmer, Gemeinsames Europäisches Kaufrecht für die EU?, 2012, Rn. 71.
139 Palandt/*Grüneberg* § 357 Rn. 7; *Bülow/Artz* VerbraucherprivatR Rn. 190; *Leier* in Brönneke/Tonner, Das neue Schuldrecht, 2014, Kap. 5 Rn. 10.

d) Ersatzpflicht des Verbrauchers für Wertverlust der Waren

Bei der Rückabwicklung von Verbraucherverträgen über **Waren** besteht oft das Problem, dass die Sache bereits durch die bloße Ingebrauchnahme einen erheblichen Wertverlust erleidet oder unverkäuflich wird. So ist etwa die **Erstzulassung** eines (zB im Fernabsatz gekauften) Neuwagens mit einem Wertverlust von 20 % verbunden.[140] Ein entsprechender Wertverlust kann sich durch das Tragen von Kleidungstücken oder den Aufbau von Möbeln ergeben. Instruktiv hierzu ist die Wasserbett-Entscheidung des BGH. **41**

> **Beispiel** (BGHZ 187, 268): Der K kauft im Fernabsatz bei dem Unternehmer V für 1.265 EUR ein Wasserbett zur privaten Verwendung. Er baut das angelieferte Bett auf, befüllt die Matratze mit Wasser und benutzt das Bett drei Tage lang. Anschließend übt er sein Widerrufsrecht aus und verlangt Rückzahlung des Kaufpreises. Der V erstattet lediglich 258 EUR. Im Übrigen rechnet er mit einem Wertersatzanspruch auf, weil das Bett aufgrund der Befüllung der Matratze mit Wasser nicht mehr verkäuflich sei.

Bei der Ausübung eines gesetzlichen Rücktrittsrechts müsste der Käufer in solchen Fällen nach § 346 II 1 Nr. 3 Hs. 2 keinen Ersatz für den Wertverlust leisten, weil dieser auf der **bestimmungsgemäßen Ingebrauchnahme** der gelieferten Sache beruht (→ § 40 Rn. 14). Im Fall des Widerrufs wäre ein genereller Ausschluss der Wertersatzpflicht dagegen unbillig, weil der Grund für die Rückabwicklung nicht im Verantwortungsbereich des Unternehmers liegt.[141] Auf der anderen Seite muss der Käufer aber die Möglichkeit haben, die gelieferte Ware zu prüfen, ohne dass sein Widerrufsrecht durch eine hohe Wertersatzpflicht entwertet wird. Der EuGH hat daher mit Urteil vom 3.9.2009 klargestellt, dass die damalige Fernabsatz-RL einer nationalen Regelung entgegensteht, nach welcher der Verbraucher bei fristgerechter Ausübung seines Widerrufsrechts generell Wertersatz für die Nutzung der Ware schuldet. Die Wertersatzpflicht sei jedoch nicht ausgeschlossen, wenn der Verbraucher die Ware »auf eine mit den Grundsätzen des bürgerlichen Rechts wie denen von Treu und Glauben oder der ungerechtfertigten Bereicherung unvereinbare Art und Weise benutzt hat«.[142] **42**

§ 357 VII löst den Interessenkonflikt nunmehr unter Umsetzung von Art. 14 II Verbraucherrechte-RL in der Weise auf, dass der Verbraucher dem Unternehmer grundsätzlich **Wertersatz** für den Wertverlust der Ware zu leisten hat. Es handelt sich für den Unternehmer um eine eigenständige **Anspruchsgrundlage**.[143] Die Wertersatzpflicht setzt danach allerdings voraus, dass der Wertverlust auf einen Umgang mit der Ware zurückzuführen ist, der **zur Prüfung** der Beschaffenheit, der Eigenschaften und der Funktionsweise der Waren **nicht notwendig** war (Nr. 1). Außerdem muss der Verbraucher vom Unternehmer nach Art. 246a § 1 II 1 Nr. 1 EGBGB über die Bedingungen, die Fristen und das Verfahren für die Ausübung des Widerrufsrechts **informiert** worden sein (Nr. 2). Dazu gehört auch ein Hinweis auf die Wertersatzpflicht für einen Wertverlust der Waren.[144] **43**

---

140 Vgl. BT-Drs. 14/6040, 200; PWW/*Stürner* § 357 Rn. 19 mit weiteren Beispielen.
141 Vgl. BT-Drs. 14/6040, 199.
142 EuGH NJW 2009, 3015 – Messner; ausf. dazu *Tillkorn*, Der Nutzungsersatz im Kaufrecht, 2013, 254 ff.
143 Vgl. Staudinger/*Gsell* Eckpfeiler 2018 L. Rn. 18.
144 Vgl. BT-Drs. 17/12637, 63; vgl. auch die Muster-Widerrufsbelehrung in Anlage 1 zu Art. 246a EGBGB.

44 Welche Maßnahmen der Käufer bei der Prüfung der Ware vornehmen darf, ohne die Wertersatzpflicht auszulösen, kann im Einzelfall zweifelhaft sein. Einen gewissen Anhaltspunkt bietet der Vergleich mit den Prüfungsmöglichkeiten des Kunden beim Kauf in einem **Ladengeschäft**;[145] doch gehen die Prüfungsmöglichkeiten nach § 357 VIII Nr. 1 darüber hinaus.[146] So muss der Verbraucher die Kaufsache auspacken, aufbauen und ausprobieren dürfen, auch wenn dies im Ladengeschäft nicht zulässig wäre. Im Ladengeschäft gibt es stattdessen nämlich meist Musterstücke, die der Kunde genauer in Augenschein nehmen kann.[147] Beim Neuwagenkauf geht die hM davon aus, dass die Zulassung des Fahrzeugs nicht mehr vom Prüfungsrecht gedeckt ist. Der Käufer ist daher darauf verwiesen, das Fahrzeug für eine kurze Strecke auf einer nichtöffentlichen Verkehrsfläche zur Probe zu fahren[148] (was praktisch aber kaum in Betracht kommt) oder sich für die Probefahrt ein rotes Nummernschild zu besorgen.[149] Kleidungsstücke darf der Verbraucher auspacken und anprobieren, aber nicht tragen.[150] Der **Aufbau von Möbeln** löst keine Wertersatzpflicht aus, wenn die Beschaffenheit oder Funktionsweise der Ware nicht anders geprüft werden kann. Der **Einbau** eines im Fernabsatz gekauften **Katalysators** in das Kfz des Verbrauchers und eine anschließende kurze Probefahrt gehen dagegen über die Prüfung der Eigenschaften und der Funktionsweise der Kaufsache hinaus.[151] Der Unterschied zum Aufbau von Möbeln besteht darin, dass der Verbraucher im Ladengeschäft idR ein aufgebautes Musterstück besehen und ausprobieren kann. Der Einbau eines Ersatzteils in das eigene Kfz ist dagegen regelmäßig auch im stationären Handel nicht möglich.[152]

> **Beispiel:** In der Wasserbett-Entscheidung hat der BGH auf der Grundlage des § 357 III aF eine Wertersatzpflicht des K verneint. Dabei hat das Gericht darauf abgestellt, dass das Befüllen der Matratze mit Wasser für die Prüfung des Bettes erforderlich war. Da die Wertminderung bereits durch das Befüllen der Matratze vollständig eingetreten war, musste der BGH nicht auf die (wohl zu verneinende) Frage eingehen, ob auch die dreitägige Nutzung des Bettes noch vom Prüfungsrecht des K gedeckt war. Nach geltendem Recht wäre ein Wertersatzanspruch des V gegen K aus § 357 VII aus den gleichen Gründen abzulehnen.[153] Das weite Prüfungsrecht lässt sich damit rechtfertigen, dass es dem Verbraucher beim Kauf eines Wasserbetts im Ladengeschäft idR möglich wäre, sich ein mit Wasser befülltes Musterbett anzusehen und es kurz auszuprobieren. K kann damit Rückzahlung des ganzen Kaufpreises verlangen.

45 Anders als nach früherem Recht kommt es für die Wertersatzpflicht des Verbrauchers allein auf den **Wertverlust** der Sache an. Eine gesonderte Wertersatzpflicht für die vom Verbraucher gezogenen **Nutzungen** (§ 312 e I aF) besteht nicht mehr.[154] Dies erscheint sachgerecht. Da Nutzungen idR mit einem Wertverlust der Sache verbunden sind,

---

145 Vgl. Erwägungsgrund 47 Verbraucherrechte-RL; BGH NJW 2017, 878 Rn. 22; MüKoBGB/*Fritsche* § 357 Rn. 29; Jauernig/*Stadler* § 357 Rn. 10; *Brox/Walker* SchuldR AT § 19 Rn. 41; *Föhlisch* NJW 2011, 30 (31); krit. *Rätze* MMR 2017, 112 f.
146 Vgl. BT-Drs. 17/5097, 15; Palandt/*Grüneberg* § 357 Rn. 9.
147 BGHZ 187, 268 (274 f.); BGH NJW 2017, 878 Rn. 23.
148 Vgl. BT-Drs. 14/6040, 200; krit. Erman/*Koch* § 357 Rn. 15: »wirklichkeitsfremd«.
149 Staudinger/*Kaiser*, 2012, § 357 Rn. 47; krit. *Faust* JuS 2009, 1049 (1052).
150 Begr. RegE, BT-Drs. 17/12637, 63; Erwägungsgrund 47 Verbraucherrechte-RL.
151 BGH NJW 2017, 878 Rn. 24 ff.; zust. *Mörsdorf* LMK 2017, 385441.
152 BGH NJW 2017, 878 Rn. 26.
153 So auch *Bülow/Artz* VerbraucherprivatR Rn. 191.
154 Vgl. Begr. RegE, BT-Drs. 17/12637, 63; *Leier* VuR 2013, 457 (459); *Heinig* MDR 2012, 323 (326).

hätte das Nebeneinander beider Ersatzpflichten oft zur Folge, dass dieselbe Position zulasten des Verbrauchers doppelt in Ansatz gebracht wird.[155]

e) Sonderfälle der Wertersatzpflicht des Verbrauchers

Eine Sonderregelung besteht nach § 357 VIII für den Widerruf von Verträgen über **Dienstleistungen** oder über die Lieferung von **Wasser, Gas, Strom oder Fernwärme**. Da keine körperliche Rückgewähr in Betracht kommt, schuldet der Verbraucher **Wertersatz** für die bis zum Widerruf erbrachte Leistung, sofern der Beginn der Leistung vor Ablauf der Widerrufsfrist auf einem **ausdrücklichen Verlangen des Verbrauchers** beruht. Der Gesetzgeber will damit gewährleisten, dass der Unternehmer für seine Leistung auch bei einem Widerruf ein angemessenes Entgelt erhält.[156] Bei außerhalb von Geschäftsräumen geschlossenen Verträgen ist der Anspruch auf Wertersatz nach § 357 VIII 3 nur gegeben, wenn der Verbraucher das Verlangen auf einem dauerhaften Datenträger (§ 126 b S. 2) übermittelt hat. Ein mündliches Verlangen reicht – anders als bei Fernabsatzverträgen – nicht aus, weil der Gesetzgeber bei Außergeschäftsraumverträgen ein stärkeres Bedürfnis für den Schutz des Verbrauchers vor Überrumpelung sieht.[157] Dies kann in einigen Konstellationen – zB beim Vertragsschluss mit Handwerkern in der Wohnung des Verbrauchers – zu großen Schwierigkeiten führen, da solche Vereinbarungen bislang üblicherweise nur mündlich getroffen wurden. 46

Der Anspruch des Unternehmers auf Wertersatz setzt nach § 357 VIII 2 weiter voraus, dass der Unternehmer den Verbraucher nach Art. 246a § 1 II 1 Nr. 1 und 3 EGBGB über das Widerrufsrecht und die Wertersatzpflicht für die bis zum Widerruf erbrachten Leistungen **informiert** hat. Die Höhe des Anspruchs richtet sich grundsätzlich nicht nach dem Marktwert der Leistung, sondern nach dem **vereinbarten Gesamtpreis**, sofern dieser nicht unverhältnismäßig hoch ist (§ 357 VIII 4, 5).[158]

Bei Verträgen über die Lieferung von **nicht auf einem körperlichen Datenträger** befindlichen **digitalen Inhalten** (zB Download von Computerprogrammen, Apps, Videos oder Spielen[159]) besteht das Problem, dass eine körperliche Rückgewähr der Leistung nicht möglich ist und eine Wertersatzpflicht auf den vollen Wert der digitalen Inhalte gerichtet sein müsste, weil der Verbraucher diese auch nach dem Widerruf weiter nutzen kann. Da das Widerrufsrecht damit praktisch entwertet wäre, sieht § 357 IX vor, dass der Verbraucher bei diesen Verträgen keinen Wertersatz leisten muss. Der Unternehmer wird demgegenüber durch § 356 V geschützt.[160] Bei einem Vertrag über die Lieferung von nicht auf einem körperlichen Datenträger befindlichen digitalen Inhalten **erlischt das Widerrufsrecht** nämlich, wenn der Unternehmer mit der Ausführung des Vertrags begonnen hat, nachdem der Verbraucher dem Beginn der Vertragsausführung vor Ablauf der Widerrufsfrist **ausdrücklich zugestimmt** (Nr. 1) und seine Kenntnis von dem damit verbundenen Verlust des Widerrufsrechts **bestätigt** hat (Nr. 2). Das Widerrufsrecht besteht somit nur, wenn die Zustimmung oder Bestätigung des Verbrauchers fehlt. In diesen Fällen ist ein Ausschluss der Wertersatzpflicht aber 47

---

155 Zu dieser Problematik nach früherem Recht Staudinger/*Kaiser*, 2012, § 357 Rn. 69 ff.
156 Vgl. Erwägungsgrund 50 Verbraucherrechte-RL.
157 Vgl. PWW/*Stürner* § 357 Rn. 27.
158 Näher dazu PWW/*Stürner* § 357 Rn. 29; *Bülow/Artz* VerbraucherprivatR Rn. 194.
159 BT-Drs. 17/12637, 55; *Schmidt/Brönneke* in Brönneke/Tonner, Das neue Schuldrecht, 2014, Kap. 3 Rn. 6.
160 Zu diesem Zusammenhang vgl. *Leier* VuR 2013, 457 (460).

angemessen, weil der Unternehmer auf eigenes Risiko mit der Vertragsausführung begonnen hat.

4. Rechtsfolgen des Widerrufs bei Verträgen über Finanzdienstleistungen

48 Die Rechtsfolgen des Widerrufs von Verträgen über Finanzdienstleistungen sind in § 355 III iVm § 357a geregelt. § 357a I sieht zunächst vor, dass die empfangenen Leistungen spätestens nach 30 Tagen zurückzugewähren sind. Der Beginn der Frist beurteilt sich wieder nach § 355 III 2 (→ § 41 Rn. 28).

49 Bei Fernabsatzverträgen über Finanzdienstleistungen war schon bislang anerkannt, dass der Verbraucher für die vom Unternehmer bis zum Widerruf erbrachten Dienstleistungen nur dann **Wertersatz** leisten muss, wenn er vor Abgabe seiner Vertragserklärung auf diese Rechtsfolge **hingewiesen** wurde und **ausdrücklich zugestimmt** hat, dass der Unternehmer vor Ende der Widerrufsfrist mit der Ausführung der Dienstleistung beginnt (vgl. § 312e II aF). § 357a II 1 übernimmt diese Regelung und weitet sie auf außerhalb von Geschäftsräumen geschlossene Verträge über Finanzdienstleistungen aus.[161]

50 In § 357a II 2–4 finden sich Sonderregelungen zu den Rechtsfolgen des Widerrufs von Verträgen über eine **entgeltliche Finanzierungshilfe** (etwa einen entgeltlichen Zahlungsaufschub oder ein Teilzahlungsgeschäft), die von der **Ausnahme des § 506 IV** erfasst sind. Hierher gehören etwa Finanzierungshilfen für Verträge mit einem Barzahlungspreis von weniger als 200 EUR (§ 506 IV iVm § 491 II Nr. 1; → SchuldR BT § 21 Rn. 26). In diesen Fällen steht dem Verbraucher zwar kein Widerrufsrecht nach § 495 I zu. Das Widerrufsrecht kann sich aber aus anderen Vorschriften, insbesondere aus § 312g ergeben. Eine inhaltliche Besonderheit entgeltlicher Finanzierungshilfen besteht darin, dass eine Rückabwicklung auch in Bezug auf die **finanzierten Leistungen** des Unternehmers erforderlich ist. Hierfür verweist § 357a II 2 auf § 357 V–VIII. Bei entgeltlichen Finanzierungshilfen, die nicht von § 506 IV erfasst sind, steht dem Verbraucher nach § 506 I ein Widerrufsrecht gem. § 495 I zu. Nach § 357a III 4 gilt § 357a II mit leichter Modifikation entsprechend, sodass § 357 V–VIII über § 357a II wieder anwendbar ist.[162]

Für Verträge über eine entgeltliche Finanzierungshilfe, deren Gegenstand die Lieferung von **nicht auf einem körperlichen Datenträger befindlichen digitalen Inhalten** ist (§ 312f III), enthält § 357a II 3 eine Sonderregelung zu § 357 IX. Den Verbraucher trifft danach eine Wertersatzpflicht, wenn er vor Abgabe seiner Vertragserklärung auf diese Rechtsfolge hingewiesen wurde und dem Beginn der Ausführung des Vertrags vor Ablauf der Widerrufsfrist ausdrücklich zugestimmt hat. Dies gilt nach § 357a III 4 wiederum auch für Verträge, die nicht von § 506 IV erfasst sind.

> **Zur Vertiefung:** Die Sonderregelung des § 357a II 3 ist vor dem Hintergrund zu sehen, dass das Widerrufsrecht des Verbrauchers bei Verträgen über die Erbringung von Finanzdienstleistungen nach § 356 IV 2 erst erlischt, wenn der Vertrag auf ausdrücklichen Wunsch des Verbrauchers *vollständig* erfüllt ist. Bei einer entgeltlichen Finanzierungshilfe erlischt das Widerrufsrecht also auch dann nicht

---

[161] Vgl. Begr. RegE, BT-Drs. 17/12637, 64f.; *Bülow/Artz* VerbraucherprivatR Rn. 197; *Leier* VuR 2013, 457 (461).
[162] Vgl. MüKoBGB/*Fritsche* § 357a Rn. 14; Palandt/*Grüneberg* § 357a Rn. 5.

> schon gem. § 356 V mit dem *Beginn der Vertragsausführung,* wenn die Finanzierungshilfe sich auf die Lieferung nicht verkörperter digitaler Inhalte bezieht. Ohne eine Finanzierungshilfe erlischt das Widerrufsrecht bei einem solchen Vertrag dagegen nach § 356 V (→ § 42 Rn. 47), sodass der Gegenleistungsanspruch nach Beginn der Vertragsausführung nicht mehr entfallen kann. Die Wertersatzpflicht des Verbrauchers nach § 357a II 3 soll gewährleisten, dass der Unternehmer auch bei einer entgeltlichen Finanzierungshilfe einen Ausgleich für seine Leistung erhält.[163] Die unterschiedliche Behandlung beider Fälle beruht darauf, dass die Finanzdienstleistungs-Fernabsatz-RL kein vorzeitiges Erlöschen des Widerrufsrechts zulässt.

Zu den in § 357a III geregelten Rechtsfolgen des Widerrufs von **Verbraucherdarlehensverträgen** s. SchuldR BT § 21 Rn. 8. **51**

5. Ausschluss weitergehender Ansprüche und abweichender Vereinbarungen

Die §§ 355 ff. regeln die aus dem Widerruf resultierenden Ansprüche des Unternehmers gegen den Verbraucher **abschließend.** Weitergehende Ansprüche gegen den Verbraucher (zB aus §§ 280 ff., 812 ff.) sind nach § 361 I ausgeschlossen. Der Ausschluss gilt jedoch nur für solche Ansprüche, die »infolge des Widerrufs« entstehen; sonstige Ansprüche des Unternehmers gegen den Verbraucher (zB wegen Schutzpflichtverletzung oder Verzugs bei der Rückgewähr) bleiben unberührt.[164] Das Gleiche gilt für Schadensersatzansprüche des Verbrauchers gegen den Unternehmer (zB aus §§ 280 ff., 823 ff.).[165] § 361 II stellt klar, dass die §§ 355 ff. nicht zum Nachteil des Verbrauchers **abbedungen** werden können. **52**

VI. Kündigung von Dauerschuldverhältnissen bei Wechsel des Anbieters

§ 312h regelt den Fall, dass ein zwischen einem Verbraucher und einem Unternehmer bestehendes Dauerschuldverhältnis aufgrund einer außerhalb von Geschäftsräumen oder im Fernabsatz getroffenen Vereinbarung durch ein gleichartiges Dauerschuldverhältnis (zB über die Lieferung von Energie) mit einem anderen Unternehmer ersetzt wird. Bei einem solchen **Anbieterwechsel** steht der Verbraucher vor dem Problem, dass er beim **Widerruf des neuen Vertrages** an die Kündigung des alten Vertrages gebunden bleibt, sodass er letztlich ohne einen entsprechenden Vertrag dasteht. Der Verbraucher wird hierdurch nicht selten vom Widerruf des neuen Vertrages abgehalten. Die Tragweite der Kündigung ist dem Verbraucher im Vornherein aber nicht immer klar. Problematisch sind vor allem die Fälle, in denen der Verbraucher die Kündigung praktisch dem neuen Anbieter überlässt. Dies erfolgt konkret dadurch, dass der Verbraucher den neuen Anbieter beauftragt, die Kündigung an seinen bisherigen Anbieter zu übermitteln, oder dass er den neuen Anbieter zur Kündigung des bisherigen Vertrages bevollmächtigt. **53**

§ 312h sieht vor, dass die Kündigung des Verbrauchers (Nr. 1) oder die Vollmacht zur Kündigung (Nr. 2) der **Textform** (§ 126a) bedarf. Der Gesetzgeber will damit sicherstellen, dass der Verbraucher das bisherige Vertragsverhältnis nicht unüberlegt auflöst **(Warnfunktion).** Außerdem soll verhindert werden, dass der neue Anbieter den alten **54**

---

163 Beschlussempfehlung und Bericht des Rechtsausschusses, BT-Drs. 17/13951, 66; *Leier* VuR 2013, 457 (461).
164 Vgl. Begr. RegE, BT-Drs. 17/12637, 64.
165 Vgl. Palandt/*Grüneberg* § 361 Rn. 1; *Brox/Walker* SchuldR AT § 19 Rn. 44.

Vertrag de facto ohne den Willen des Verbrauchers auflösen kann, indem er sich auf eine angebliche mündliche Erklärung des Verbrauchers über die Kündigung beruft.[166]

VII. Pflichten des Unternehmers im elektronischen Geschäftsverkehr

1. Allgemeine Pflichten

55 § 312i regelt die allgemeinen Pflichten des Unternehmers im elektronischen Geschäftsverkehr. Der Begriff des elektronischen Geschäftsverkehrs wird in § 312i I dadurch definiert, dass der Unternehmer sich zum Zwecke des Abschlusses eines Vertrags über die Lieferung von Waren oder die Erbringung von Dienstleistungen der **Telemedien** bedient. Wichtigstes Beispiel ist die Bestellung von Waren oder Dienstleistungen per Internet.[167] Die klassischen Formen der Fernkommunikation (zB Brief oder Telefon) werden dagegen nicht erfasst.[168] § 312i hat damit einen viel engeren Anwendungsbereich als § 312c.

56 Für Verträge im elektronischen Geschäftsverkehr werden dem Unternehmer umfangreiche zusätzliche **Pflichten** auferlegt, die dem spezifischen Schutzbedürfnis des Kunden beim Vertragsschluss über Telemedien Rechnung tragen. So müssen dem Kunden nach § 312i I Nr. 1 angemessene, wirksame und zugängliche technische Mittel zur Verfügung gestellt werden, um **Eingabefehler** vor Abgabe der Bestellung erkennen und berichtigen zu können. § 312i I Nr. 2 iVm Art. 246c EGBGB sieht zudem **besondere Informationspflichten** des Unternehmers vor. Dabei geht es insbesondere darum, welche technischen Schritte zum Vertragsschluss führen und wie der Kunde mit den nach § 312i I Nr. 1 zur Verfügung gestellten technischen Mitteln Eingabefehler rechtzeitig erkennen und berichtigen kann.

57 Die Pflichten des Unternehmers aus § 312i I beruhen auf der **E-Commerce-RL**[169] und schützen daher nicht nur Verbraucher, sondern **jeden Kunden.** Sind die Parteien keine Verbraucher, so können nach § 312i II 2 aber teilweise abweichende Vereinbarungen getroffen werden.

2. Besondere Pflichten gegenüber Verbrauchern

58 Für Verträge mit einem **Verbraucher** enthält § 312j weitergehende Pflichten. So muss der Unternehmer dem Verbraucher zusätzlich zu den Angaben nach § 312i I spätestens bei Beginn des Bestellvorgangs klar und deutlich angeben, ob **Lieferbeschränkungen** bestehen und welche **Zahlungsmittel** akzeptiert werden (§ 312j I). Hat ein Verbrauchervertrag im elektronischen Geschäftsverkehr eine **entgeltliche Leistung** des Unternehmers zum Gegenstand, so ist der Unternehmer darüber hinaus nach § 312j II verpflichtet, dem Verbraucher die »Kerninformationen« nach Art. 246a § 1 I 1 Nr. 1, 4, 5, 11 und 12 EGBGB *unmittelbar* vor der Abgabe der Bestellung *klar und verständlich* sowie *in hervorgehobener* Weise zur Verfügung zu stellen. Die betreffenden Informationen müssen damit in räumlicher Nähe zu der Schaltfläche angezeigt werden, über

---

166 Zum Schutzzweck des § 312h vgl. BT-Drs. 16/10734, 12; *Brox/Walker* SchuldR AT § 19 Rn. 57.
167 Vgl. PWW/*Stürner* § 312i Rn. 4; HK-BGB/*Schulte-Nölke* § 312i Rn. 2.
168 Palandt/*Grüneberg* § 312i Rn. 2.
169 RL 2000/31/EG des Europäischen Parlaments und des Rates über bestimmte rechtliche Aspekte der Dienste der Informationsgesellschaft, insbesondere des elektronischen Geschäftsverkehrs, im Binnenmarkt (»Richtlinie über den elektronischen Geschäftsverkehr«) v. 8.6.2000, ABl. 2000 L 178, 1.

welche die Bestellung erfolgt.[170] Für die sonstigen Informationen nach Art. 246a EGBGB (iVm § 312d I) bleibt es bei den allgemeinen Anforderungen nach Art. 246a § 4 EGBGB (→ § 42 Rn. 20). Diese Informationen müssen also zB nicht notwendig *unmittelbar* vor Abgabe der Bestellung erteilt werden.

Im elektronischen Geschäftsverkehr erfolgt der Vertragsschluss oft dadurch, dass der Kunde seine Vertragserklärung durch **Anklicken einer Schaltfläche** abgibt. Da die Schaltflächen nicht immer klar und eindeutig beschriftet sind, wird dem Kunden mitunter nicht deutlich, dass er mit dem Anklicken eine Zahlungsverpflichtung eingeht. Zum Schutz vor »Kostenfallen« im Internet schreibt § 312j III dem Unternehmer für Verträge mit Verbrauchern daher vor, die Bestellsituation so zu gestalten, dass der Verbraucher mit seiner Bestellung **ausdrücklich bestätigt,** eine Zahlungspflicht einzugehen. Erfolgt die Bestellung über eine Schaltfläche, so muss diese gut lesbar mit nichts anderem als den Wörtern »zahlungspflichtig bestellen« oder mit einer entsprechenden eindeutigen Formulierung beschriftet sein (sog. **»Button-Lösung«**).[171]   59

Der Verstoß gegen die Pflicht aus § 312j III hat zur Folge, dass der Vertrag nicht zustande kommt (§ 312j IV). Dies erscheint problematisch, wenn der Verbraucher trotz der nicht eindeutigen Beschriftung der Schaltfläche an der Bestellung festhalten will. Der Schutzweck des § 312j III und IV legt für diesen Fall eine **Einschränkung der Unwirksamkeitsfolge** nahe. Dies gilt umso mehr, als Art. 8 II 3 Verbraucherrechte-RL davon spricht, dass *der Verbraucher* bei Nichteinhaltung der formalen Anforderungen »durch den Vertrag oder die Bestellung nicht gebunden« ist.[172] Eine Bindung des Unternehmers ist nach der Richtlinie also gerade nicht ausgeschlossen. Insofern kommt eine richtlinienkonforme Auslegung in Betracht. Abgesehen davon wird der Unternehmer im Allgemeinen jedenfalls nach Treu und Glauben (§ 242) gehindert sein, sich auf das Nichtzustandekommen des Vertrags zu berufen.[173]   60

§ 312j sieht für Verträge im elektronischen Geschäftsverkehr **kein eigenständiges Widerrufsrecht** des Verbrauchers vor. Bei Verbraucherverträgen über die Lieferung von Waren oder die Erbringung von Dienstleistungen im elektronischen Geschäftsverkehr liegen aber die Voraussetzungen des § 312c vor, sodass ein Widerrufsrecht nach § 312g besteht. Außerdem kann ein Widerrufsrecht nach § 495 I oder §§ 506, 510 II gegeben sein, das dem Widerrufsrecht nach § 312g gem. § 312g III vorgehen würde.   61

VIII. Unzulässigkeit abweichender Vereinbarungen

§ 312k I stellt sicher, dass die Vorschriften des gesamten Untertitels (§§ 312–312j) grundsätzlich **nicht** zum Nachteil des Verbrauchers bzw. Kunden **abbedungen** oder durch anderweitige Gestaltungen **umgangen** werden können. Darüber hinaus schreibt § 312k II vor, dass der Unternehmer gegenüber dem Verbraucher die **Beweislast** für die Erfüllung seiner Informationspflichten trägt.   62

---

170 Palandt/*Grüneberg* § 312j Rn. 7; *Bergt* NJW 2012, 3541.
171 Vgl. PWW/*Stürner* § 312j Rn. 3; *Heinig* MDR 2012, 323 (325); *Weiss* JuS 2013, 590.
172 Vgl. *Unger* ZEuP 2012, 270 (302); *Looschelders* in Remien/Herrler/Limmer, Gemeinsames Europäisches Kaufrecht für die EU?, 2012, Rn. 30; aA Palandt/*Grüneberg* § 312j Rn. 8: kein Wahlrecht des Verbrauchers.
173 PWW/*Stürner* § 312j Rn. 5; *Heinig* MDR 2012, 323 (325).

Literatur: *Alexander,* Neuregelungen zum Schutz der Verbraucher bei unerlaubter Telefonwerbung, JuS 2009, 1070; *Bergt,* Praktische Probleme bei der Umsetzung neuer gesetzlicher Vorgaben im Webshop, NJW 2010, 3541; *Borges,* Gesetz gegen Internet-Kostenfallen – ein Button als Allheilmittel gegen »Abzocke«?, BB 2011, 2369; *Braun,* Fehlentwicklung bei der rechtlichen Behandlung von Internetauktionen, JZ 2008, 330; *Brönneke/Schmidt,* Der Anwendungsbereich der Vorschriften über die besonderen Vertriebsformen nach Umsetzung der Verbraucherrechterichtlinie, VuR 2014, 3; *Dethloff,* Vertragsschluss, Widerrufs- und Rückgaberecht im E-Commerce, JURA 2003, 730; *Dethloff,* Anbieterpflichten im Internet, JURA 2003, 798; *Franz,* Aufhebungs- und Änderungsverträge als Verträge über eine entgeltliche Leistung iSd § 312 BGB, JuS 2007, 14; *Hoeren/Müller,* Widerrufsrecht bei e-Bay-Versteigerungen, NJW 2005, 948; *Kirschbaum,* Die gesetzliche Neuregelung der sog. »Internetfalle« – Zur dogmatischen Einordnung des § 312g Abs. 3 und 4 BGB nF, MMR 2012, 8; *Lettl,* Haustürgeschäfte (§ 312 I 1 BGB) und Fernabsatzvertrag (§ 312d I 1 BGB), JA 2010, 694; *Schärtl,* Der verbraucherschützende Widerruf bei außerhalb von Geschäftsräumen geschlossenen Verträgen und Fernabsatzverträgen, JuS 2014, 577; *Schmidt/Brönneke,* Das Widerrufsrecht bei Fernabsatz- und Haustürgeschäften – Neuerungen durch das Gesetz zur Umsetzung der Verbraucherrechterichtlinie, VuR 2013, 448; *Weiss,* Die Untiefen der »Button«-Lösung, JuS 2013, 590. Vgl. auch die Nachweise zu § 41.

§ 42 Besondere Vertriebsformen

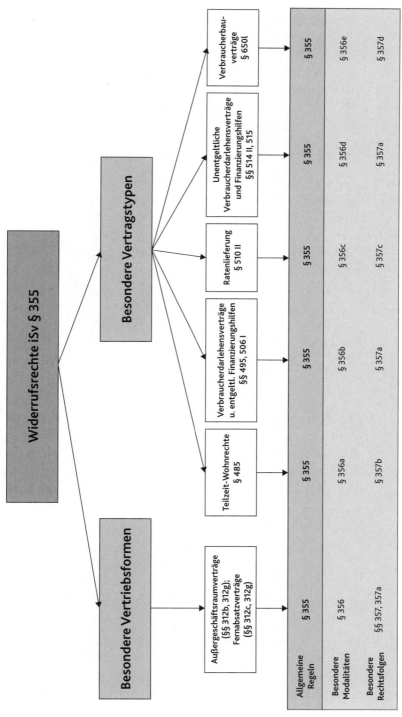

Übersicht 4: Widerrufsrechte

8. Teil. Schadensrecht

§ 43 Grundgedanken und Funktion des Schadensrechts

Das Gesetz regelt in den §§ 249–255 den **Inhalt** von Schadensersatzansprüchen. Die Voraussetzungen für die *Entstehung* solcher Ansprüche sind in anderen Vorschriften normiert. Aus dem Allgemeinen Schuldrecht sind die §§ 280 ff., 311a II hervorzuheben. Die §§ 249 ff. sind dabei allerdings vor allem auf den Ausgleich des **Integritätsinteresses** gerichtet. Nach welchen Grundsätzen der Anspruch auf **Schadensersatz statt der Leistung** zu bemessen ist, richtet sich dagegen in erster Linie nach den diesbezüglichen Vorschriften (zB § 281 I).[1] So kommt die für das allgemeine Schadensrecht zentrale Naturalrestitution (§ 249 I) beim Schadensersatz statt der Leistung nicht in Betracht (→ § 44 Rn. 9). Besondere Bedeutung haben die §§ 249 ff. für die **deliktische Haftung** nach den §§ 823 ff. Hier gelten aber auch die ergänzenden Vorschriften der §§ 842 ff. (→ SchuldR BT § 71 Rn. 1 ff.).

1

I. Die Funktion des Schadensersatzes

Der Schadensersatz hat in erster Linie den Zweck, die erlittene Einbuße auszugleichen **(Ausgleichsfunktion).** Daneben wird ihm von vielen die Funktion beigemessen, potentielle Schädiger so zu beeinflussen, dass schädigende Ereignisse möglichst überhaupt nicht eintreten **(Präventionsfunktion).** Die Präventionsfunktion wird in weiten Bereichen zwar durch das Bestehen von Haftpflichtversicherungen eingeschränkt. Es gibt aber auch hier verschiedene Mechanismen (zB Selbstbeteiligung, Schadensfreiheitsrabatt), die eine gewisse verhaltenssteuernde Wirkung aufrechterhalten. Erhebliche Bedeutung hat der Präventionsgedanke in neuerer Zeit für Entschädigungsansprüche wegen *Persönlichkeitsrechtsverletzungen durch Medien* erlangt. Dies wird damit gerechtfertigt, dass der verfassungsrechtlich gebotene Schutz des allgemeinen Persönlichkeitsrechts (Art. 1 I, 2 I GG) in diesem Bereich nur dann gewährleistet ist, wenn von der Höhe der Geldentschädigung ein echter Hemmungseffekt für die Vermarktung der Persönlichkeit ausgeht.[2]

2

Besondere Grundsätze gelten für den Anspruch auf **Schmerzensgeld** (§ 253 II). Dieser Anspruch soll neben der *Ausgleichsfunktion* auch eine *Genugtuungsfunktion* haben.[3] Nach überwiegender Ansicht steht aber auch hier die Ausgleichsfunktion im Vordergrund (→ § 48 Rn. 7).

3

II. Der Grundsatz der Totalreparation

Die zentrale Bedeutung der Ausgleichsfunktion hat konkrete Auswirkungen auf die Ausgestaltung des Schadensrechts. Hier liegt der innere Grund für das **Prinzip der Totalreparation,** nach dem der Schädiger den ganzen Schaden ersetzen muss, den er in zurechenbarer Weise verursacht hat. Die Höhe des Schadensersatzes orientiert sich

4

---

1 BGH BeckRS 2020, 8615 Rn. 12 ff.; vgl. aber auch BGH NJW 2013, 370 (371) = JA 2013, 628 *(Looschelders).*
2 Vgl. BGHZ 128, 1 (16); BGH NJW 1996, 984 (985); PWW/*Luckey* § 253 Rn. 25 ff.
3 Grdl. BGHZ 18, 149 (155).

damit allein an der vom Geschädigten erlittenen Einbuße und nicht etwa auch am Maß seines Verschuldens.[4] Für den Schadensersatzanspruch kommt es grundsätzlich auch nicht darauf an, ob der Schädiger den Schaden und dessen Höhe vorhersehen konnte (vgl. aber → § 50 Rn. 20).[5]

> **Zur Vertiefung:** Nach einer in der Literatur vertretenen Mindermeinung verstößt die Pflicht zum Ersatz des gesamten Schadens gegen das verfassungsrechtliche Übermaßverbot, wenn der Schädiger mit einer ruinösen Ersatzpflicht belastet wird, während der Geschädigte auf die Ersatzleistung nicht angewiesen ist.[6] Besonders problematisch ist dies bei der deliktischen Haftung Minderjähriger (→ § 23 Rn. 12f.). Hier bietet sich eine »umgekehrte Analogie« zu § 829 an. Ist ein Minderjähriger nach § 828 III für den Schaden verantwortlich, so kann der Ersatzanspruch insoweit herabgesetzt werden, als die Billigkeit nach den Umständen, insbesondere nach den Verhältnissen der Beteiligten, eine Einschränkung der Ersatzpflicht *erfordert*. Diese Lösung muss ausscheiden, wenn der Geschädigte auf den Ersatz angewiesen ist, um seinen angemessenen Unterhalt oder die Erfüllung seiner gesetzlichen Unterhaltspflichten sicherzustellen.[7]

5 Aus der Ausgleichsfunktion folgt des Weiteren, dass der Umfang des Schadensersatzes grundsätzlich auf die vom Geschädigten erlittene Einbuße beschränkt ist (sog. schadensrechtliches **Bereicherungsverbot**).[8] Der Geschädigte soll durch den Schadensersatz nicht besser gestellt werden, als er ohne das schädigende Ereignis stünde. Besondere Bedeutung hat dies bei der Vorteilsausgleichung (→ § 45 Rn. 41 ff.) sowie hinsichtlich der Problematik »neu für alt« (→ § 47 Rn. 2).

> **Zur Vertiefung:** Die zentrale Bedeutung der Ausgleichsfunktion wirkt sich auch in Fällen mit Auslandsberührung aus. So können Ansprüche, die dem Recht eines anderen Staates unterliegen, in Deutschland nicht geltend gemacht werden, soweit sie wesentlich weiter gehen als zur angemessenen Entschädigung des Verletzten erforderlich oder offensichtlich anderen Zwecken als einer angemessenen Entschädigung des Verletzten dienen (Art. 40 III Nr. 1 und 2 EGBGB bzw. Art. 26 Rom II-VO[9]). Nach §§ 328 I Nr. 4, 722 ZPO können ausländische Urteile auf Schadensersatz, der über den Ausgleich der erlittenen materiellen und immateriellen Schäden hinaus pauschal zuerkannt wird, in Deutschland nicht anerkannt und für vollstreckbar erklärt werden. Praktische Relevanz hat dies im Verhältnis zum US-amerikanischen Haftungsrecht, welches *punitive damages* vorsieht, wenn dem Täter ein absichtliches oder besonders rücksichtsloses Fehlverhalten zur Last fällt.[10]

III. Die Bedeutung des kollektiven Schadensausgleichs

6 Das Schadensrecht des BGB wird in der modernen Praxis durch vielfältige Mechanismen der **kollektiven Sicherung** und des **kollektiven Schadensausgleichs** überlagert.[11] Zu nennen sind insbesondere die gesetzliche Kranken- und Unfallversicherung, die

---

4 Vgl. *Harke* SchuldR AT Rn. 301 mit Hinweisen auf abw. Konzeptionen.
5 Vgl. *Brand* SchadensersatzR § 3 Rn. 32ff.
6 IdS *Canaris* JZ 1987, 993 (1001f.); Soergel/*Mertens*, 12. Aufl. 1990, vor § 249 Rn. 40; dagegen Soergel/*Ekkenga/Kuntz* vor § 249 Rn. 38ff.; *Deutsch* Allg. HaftungsR Rn. 633; *Medicus/Lorenz* SchuldR AT Rn. 666.
7 *Looschelders* VersR 1999, 141 (149ff.); für Anwendung des § 242 LG Bremen NJW-RR 1991, 1432 (1434); Palandt/*Sprau* § 828 Rn. 8; *Rolfs* JZ 1999, 233 (237ff.).
8 Vgl. *Stoll*, Haftungsfolgen im Bürgerlichen Recht, 1993, 181 ff.; *Brand* SchadensersatzR § 2 Rn. 37.
9 Zur Behandlung nicht-kompensatorischen Schadensersatzes nach Art. 26 Rom II-VO Palandt/*Thorn* Rom II-VO Art. 26 Rn. 2f.
10 Vgl. BGHZ 118, 312 (334); *Looschelders*, Internationales Privatrecht, 2004, EGBGB Art. 40 Rn. 64ff.
11 Ausführlicher dazu *Medicus/Lorenz* SchuldR AT Rn. 762ff.; *Kötz/Wagner* DeliktsR Rn. 27ff.

private Haftpflichtversicherung und die Kfz-Haftpflichtversicherung sowie die private Kranken- und Sachversicherung. Soweit der Schaden durch eine Versicherung ausgeglichen wird, geht der Anspruch des Geschädigten gegen den Schädiger auf die Versicherung über (§§ 86 VVG, 116 SGB X). Insbesondere bei Verkehrsunfällen hält sich die betreffende Versicherung dann oft primär an den Haftpflichtversicherer des Schädigers.[12] Vor Gericht stehen sich deshalb häufig nicht der Schädiger und der Geschädigte gegenüber, sondern die jeweiligen Versicherungen. Grundlage der geltend gemachten Ansprüche ist aber gleichwohl das zivilrechtliche Haftungs- und Schadensrecht. Diesem kommt daher nach wie vor große praktische Bedeutung zu.

Zur Vertiefung: In der Literatur ist darüber diskutiert worden, ob das geltende Haftungs- und Schadensrecht durch ein staatlich organisiertes Unfallversicherungssystem ersetzt werden sollte.[13] Die entsprechenden Vorschläge haben sich aber zu Recht nicht durchsetzen können.[14] Dass der Einzelne sich für die vorhersehbaren und vermeidbaren Folgen des Verhaltens verantwortlich fühlt, ist auch in der modernen Welt eine Realität menschlichen Lebens,[15] an die das Recht anknüpfen muss, wenn es eine angemessene Risikoverteilung gewährleisten will.

Literatur: *Armbrüster*, Grundfälle zum Schadensrecht, JuS 2007, 411 (508 und 605); *Bartelt*, Beschränkung des Schadensersatzumfangs durch das Übermaßverbot?, 2004; *Brand*, Schadensersatzrecht, 2. Aufl. 2015; *Canaris*, Verstöße gegen das verfassungsrechtliche Übermaßverbot im Recht der Geschäftsfähigkeit und im Schadensrecht, JZ 1987, 993; *Däubler*, Die Reform des Schadensersatzrechts, JuS 2002, 625; *Deutsch*, Allgemeines Haftungsrecht, 2. Aufl. 1996; *Honsell/Harrer*, Schaden und Schadensberechnung, JuS 1991, 441; *Homann*, Typische Probleme des Schadensrechts und ihre systematische Einordnung, JuS 2002, 554; *C. Huber*, Fragen der Schadensberechnung, 1993; *C. Huber*, Das neue Schadensersatzrecht, 2003; *Kötz/Wagner*, Deliktsrecht, 13. Aufl. 2016; *Lange/Schiemann*, Schadensersatz, 3. Aufl. 2003; *Looschelders*, Verfassungsrechtliche Grenzen der deliktischen Haftung Minderjähriger – Grundsatz der Totalreparation und Übermaßverbot, VersR 1999, 141; *Looschelders*, Die Ausstrahlung der Grundrechte auf das Schadensrecht, in Wolter/Riedel/Taupitz, Einwirkungen der Grundrechte auf das Zivilrecht, Öffentliche Recht und Strafrecht, 1999, 93; *Medicus*, Schadensersatz und Billigkeit, VersR 1981, 593; *Medicus*, Allgemeines Schadensrecht – Insbesondere zur Grenzziehung zwischen Vermögens- und Nichtvermögensschäden, in 50 Jahre Bundesgerichtshof, FG aus der Wissenschaft, Bd. I, 2000, 201; *Medicus*, Neue Perspektiven des Schadensersatzrechts – Kommerzialisierung, Strafschadensersatz, Kollektivschaden, JZ 2006, 805; *Mohr*, Grundlagen des Schadensersatzrechts, JURA 2010, 168; *Mohr*, Berechnung des Schadens nach der Differenzhypothese, JURA 2010, 327; *Pöschke*, Art und Umfang des Schadensersatzes – die Systematik der §§ 249ff. BGB, JA 2010, 257; *Rauscher*, Die Schadensrechtsreform, JURA 2002, 577; *Spancken/Schneidenbach*, Die Berechnung des zu ersetzenden Schadens anhand der §§ 249ff. BGB – Ein Leitfaden, JuS 2012, 298; *Stoll*, Haftungsfolgen im bürgerlichen Recht, 1993; *Thüsing*, Wertende Schadensberechnung, 2001; *Wagner*, Das neue Schadensersatzrecht, 2002; *Wagner*, Das Zweite Schadensersatzrechtsänderungsgesetz, NJW 2002, 2049.

---

12 Vgl. § 115 I Nr. 1 VVG.
13 Vgl. *Deutsch* Allg. HaftungsR Rn. 751ff.
14 Näher dazu *Kötz/Wagner* DeliktsR Rn. 51.
15 *Larenz*, Allgemeiner Teil des deutschen bürgerlichen Rechts, 7. Aufl. 1989, § 2 IIc.

§ 44 Begriff und Arten des Schadens

I. Begriff

1 Der Begriff des Schadens ist im BGB nicht definiert. Die hM geht von einem **natürlichen Schadensbegriff** aus. Schaden ist danach jede *unfreiwillige* Einbuße an materiellen oder immateriellen Gütern und Interessen. Davon zu unterscheiden sind Aufwendungen als *freiwillige* Vermögensopfer (→ § 14 Rn. 2). Der Schadensbegriff umfasst allerdings auch Aufwendungen, die der Geschädigte zur Verhinderung eines drohenden Schadens sowie zur Beseitigung oder Geringhaltung eines eingetretenen Schadens tätigt. Solche Aufwendungen beruhen auf dem (drohenden) Schadenseintritt und können daher nicht als freiwillig angesehen werden.[16] Erforderlich ist freilich, dass die betreffenden Aufwendungen aus der Sicht eines verständigen Menschen in der Lage des Geschädigten erforderlich erscheinen.[17]

2 Der natürliche Schadensbegriff ist nur der Ausgangspunkt der Überlegungen; er kann **normativen Korrekturen** unterliegen. So mögen bestimmte Einbußen aus normativen Gründen nicht als ersatzfähiger Schaden anzusehen sein. Sehr umstritten ist in diesem Zusammenhang zB die Frage, ob der *Unterhalt* für ein »unerwünschtes« Kind einen Schaden darstellen kann (→ § 49 Rn. 23 ff.). Umgekehrt mögen bestimmte Vermögensmehrungen, die durch das schädigende Ereignis hervorgerufen werden (zB Erhalt von Versicherungsleistungen), aus normativen Gründen bei der Schadensberechnung außer Betracht zu lassen sein. Hierher gehört namentlich das Problem der *Vorteilsausgleichung* (→ § 45 Rn. 41 ff.). Die etwaige Notwendigkeit solcher Korrekturen zwingt jedoch nicht dazu, den hergebrachten und bewährten natürlichen Schadensbegriff als Ausgangspunkt aufzugeben und zu einem weitgehend konturlosen *normativen Schadensbegriff* überzugehen.[18]

II. Vermögens- und Nichtvermögensschäden

3 Der Begriff des Schadens erfasst nach der (→ § 44 Rn. 1) angeführten Definition sowohl materielle als auch immaterielle Einbußen. Bei den **Vermögensschäden** erfolgt die Feststellung und Berechnung des Schadens im Ausgangspunkt nach der **Differenzhypothese**. Maßgeblich ist ein Vergleich zwischen der bestehenden Güterlage und der Güterlage, die ohne das schädigende Ereignis gegeben wäre.[19] Führt der Vergleich zu einem negativen Saldo, so ist ein Schaden gegeben. Normativer Anhaltspunkt für diese Methode ist § 249 I. Hiernach ist der Schadensersatzanspruch primär darauf gerichtet, den Zustand herzustellen, der ohne das schädigende Ereignis bestehen würde (Grundsatz der **Naturalrestitution**). Dabei muss auch der entgangene Gewinn berücksichtigt werden (§ 252). Bei Zerstörung oder Beschädigung einer Sache kann der ersatzfähige Schaden damit weit über den Wert der Sache hinausgehen. Dies gilt insbesondere, wenn der Geschädigte die Sache gewinnbringend hätte einsetzen können, etwa als »Produktionsmittel« oder durch Verkauf.

---

16 Palandt/*Grüneberg* Vorbem. § 249 Rn. 44.
17 Vgl. BGHZ 66, 182 (192); 111, 168 (175); *Brand* SchadensersatzR § 2 Rn. 4.
18 Vgl. MüKoBGB/*Oetker* § 249 Rn. 23; *Larenz* SchuldR I § 27 IIa.
19 Vgl. Palandt/*Grüneberg* Vorbem. § 249 Rn. 10; *Brand* SchadensersatzR § 2 Rn. 8.

Bei **immateriellen Schäden** hilft die Differenzhypothese nicht weiter. Immaterielle Schäden sind nämlich gerade dadurch gekennzeichnet, dass sich bei einem Vergleich zwischen der tatsächlichen Vermögenslage des Geschädigten mit der Vermögenslage, die ohne das schädigende Ereignis bestünde, keine in Geld messbare Einbuße feststellen lässt. Klassische Beispiele für immaterielle Schäden sind physische Schmerzen aufgrund einer Körperverletzung oder die seelische Kränkung durch eine Beleidigung.[20] Es gibt jedoch zahlreiche Fälle, in denen die Einordnung nicht so unproblematisch ist (→ § 49 Rn. 1ff.)

Soweit es nach § 249 I um die **tatsächliche Herstellung** des Zustands geht, der ohne das schädigende Ereignis bestünde, hat die Unterscheidung zwischen Vermögensschäden und immateriellen Schäden keine Bedeutung. Denn Naturalrestitution muss bei materiellen wie bei immateriellen Schäden gleichermaßen uneingeschränkt geleistet werden.

> **Beispiel:** Beleidigungen führen zwar nur zu einem immateriellen Schaden. Der Schädiger schuldet aber nach § 249 I (iVm § 823 I bzw. §§ 823 II, 185ff. StGB) den Widerruf ehrverletzender Behauptungen.

Wird eine **Entschädigung in Geld** verlangt, so gewinnt die Unterscheidung von Vermögens- und Nichtvermögensschäden zentrale Bedeutung. Nach § 253 I kann eine Geldentschädigung bei Nichtvermögensschäden nur gefordert werden, wenn dies im Gesetz ausdrücklich vorgesehen ist. Vermögensschäden sind dagegen immer in Geld ersatzfähig.

> **Beispiel:** Die durch eine Körperverletzung verursachten Behandlungskosten stellen einen Vermögensschaden dar, der nach § 249 II in Geld zu ersetzen ist. Die mit der Verletzung verbundenen Schmerzen sind dagegen ein immaterieller Schaden, der aber nach § 253 II ausnahmsweise ersatzfähig ist.

Aus § 253 I folgt auch die Nichtersatzfähigkeit des sog. **Affektionsinteresses.** Hier geht es um Fälle, in denen die beschädigte oder zerstörte Sache für den Geschädigten einen besonders hohen immateriellen Wert hat.[21]

> **Beispiele:** Tötung eines Haustieres; Zerstörung von Gegenständen mit hohem Erinnerungswert. Ersatzfähig ist nur der Wert des Haustieres bzw. der Gegenstände. Zur *Verletzung* von Tieren → § 47 Rn. 15.

Die **Abgrenzung** zwischen Vermögensschäden und immateriellen Schäden ist im Einzelnen sehr umstritten. Ausgangspunkt für die Abgrenzung muss die Frage sein, ob die erlittene Einbuße *in Geld messbar* ist (→ § 44 Rn. 6).[22] Soweit für beschädigte Sachen ein Markt vorhanden ist, kann auf den Marktpreis zurückgegriffen werden. Ein Vermögensschaden kann aber auch bei Fehlen eines entsprechenden Marktes gegeben sein. Entscheidend ist dann, ob die Verkehrsauffassung der Sache einen Geldwert beimisst.

> **Beispiel** (BGHZ 92, 85): Der G hatte in mehrjähriger Freizeitarbeit das Torpedoboot »Dachs« im Maßstab von 1:20 nachgebaut. Das Modell war schwimmfähig und mit Elektronik ausgerüstet, welche die Ausübung der verschiedensten Funktionen erlaubte. Bei einem Besuch in

---

20 Vgl. MüKoBGB/*Oetker* § 253 Rn. 9.
21 Vgl. Staudinger/*Schiemann*, 2017, vor §§ 249ff. Rn. 47.
22 Vgl. *Lange/Schiemann* Schadensersatz § 2 I 2.

der Wohnung des G hob S das Boot aus seinem Gestell heraus. Infolge von Fahrlässigkeit fiel es ihm aus der Hand und zerbrach beim Aufschlag auf den Boden.

Anspruchsgrundlage ist § 823 I (Eigentumsverletzung). Da das Boot völlig zerstört worden ist, kommt eine Naturalrestitution (§ 249) nicht in Betracht. Der BGH hat aber einen Anspruch auf Wertersatz in Geld (§ 251 I) bejaht. Er hat dabei darauf hingewiesen, dass der zu ersetzende Vermögenswert nicht nach dem vergeblichen Aufwand für Material und Arbeitszeit geschätzt werden könne. Entscheidend sei vielmehr ein Vergleich mit ähnlichen Objekten, die einen Marktpreis hätten. Das Affektionsinteresse des Geschädigten müsse allerdings außer Betracht bleiben.[23]

III. Positives und negatives Interesse

8 Bei **vertraglichen Schuldverhältnissen** kann sich die Frage stellen, ob der Geschädigte so gestellt werden muss, wie wenn der Vertrag nicht abgeschlossen worden wäre (**negatives Interesse** oder Vertrauensinteresse) oder wie er bei ordnungsgemäßer Durchführung des Vertrages gestanden hätte (**positives Interesse** oder Erfüllungsinteresse).[24]

Beispiel: V verkauft dem K für 50.000 EUR ein Gemälde. Es stellt sich heraus, dass das Gemälde schon vor dem Vertragsschluss bei einem Brand vernichtet worden war. K verlangt Schadensersatz. Er macht geltend, dass er das Bild für 60.000 EUR an einen Dritten hätte verkaufen können. Außerdem müsse V ihm die Vertragskosten (Telefon, Porto etc) von 12 EUR ersetzen.
Das positive Interesse des K beläuft sich auf 10.000 EUR. Sein negatives Interesse beträgt 12 EUR. Nach § 311a II geht der Schadensersatzanspruch des Gläubigers bei anfänglicher Unmöglichkeit auf das positive Interesse (Schadensersatz statt der Leistung). K kann also Zahlung der 10.000 EUR verlangen. Daneben sind die Vertragskosten von 12 EUR nicht ersatzfähig, weil sie auch bei ordnungsgemäßer Durchführung des Vertrages entstanden wären. Der Gläubiger kann zwar anstelle des Schadensersatzes Ersatz der vergeblichen Aufwendungen verlangen (§ 284). Dies ist für K aber nicht sinnvoll, weil sein Anspruch dann auf die 12 EUR beschränkt wäre.

9 Beim **Schadensersatz statt der Leistung** geht es um das *positive Interesse*. Beide Begriffe können aber nicht ohne Weiteres gleichgesetzt werden. Der Schadensersatz statt der Leistung erfasst nämlich nur den Teil des positiven Interesses, der an die Stelle der Leistung tritt. So gehört bei einer mangelhaften Leistung der Nutzungsausfallschaden bis zur Nacherfüllung zum positiven Interesse; es handelt sich aber um eine Position, die neben dem Leistungsanspruch geltend gemacht werden kann und deshalb nicht unter den Schadensersatz statt der Leistung fällt (→ § 24 Rn. 14). Der Anspruch auf Schadensersatz statt der Leistung richtet sich im Übrigen regelmäßig auf eine **Leistung in Geld**.[25] Der Grundsatz der **Naturalrestitution** (§ 249) gilt hier also nicht. Dies erklärt sich daraus, dass der Anspruch auf die primäre Leistung in den Fällen der Unmöglichkeit nach § 275 ausgeschlossen ist; in den anderen Fällen kann der Gläubiger den Anspruch auf die primäre Leistung gem. § 281 IV nicht mehr geltend machen, sobald er Schadensersatz statt der Leistung verlangt hat. Der gesetzliche Ausschluss des Erfüllungsanspruchs darf aber nicht über die Naturalrestitution unterlaufen werden.[25a]

---

23 Vgl. dazu *Larenz* SchuldR I § 29 IIa.
24 Zu dieser Unterscheidung Staudinger/*Schiemann*, 2017, § 249 Rn. 194 ff.
25 Vgl. BGH NJW 2013, 370 (371); Palandt/*Grüneberg* § 281 Rn. 17; *Medicus/Lorenz* SchuldR BT § 37 Rn. 36; *Brand* SchadensersatzR § 2 Rn. 16; *Looschelders* JA 2013, 628 (629).
25a Vgl. BGH BeckRS 2020, 8615 Rn. 15.

Eine ausdrückliche Regelung über die Ersatzfähigkeit des *negativen Interesses* enthält 10
§ 284. Die Vorschrift erfasst allerdings nicht das volle negative Interesse, sondern nur
die **vergeblichen Aufwendungen** (→ § 30 Rn. 8). Der Gläubiger kann also zB nicht
den entgangenen Gewinn aus einem Alternativgeschäft mit einem Dritten liquidieren,
auf dessen Vornahme er im Hinblick auf den Vertrag mit dem Schuldner verzichtet
hat.[26]

Das BGB gewährt in einigen weiteren Fällen einen Ersatzanspruch auf das **negative** 11
Interesse. Zu nennen sind insbesondere die §§ 122, 179 II. Das Problem besteht darin,
dass das negative Interesse wesentlich höher als das positive Interesse sein kann. Um
eine unbillige Begünstigung des Gläubigers zu vermeiden, schreiben die betreffenden
Vorschriften vor, dass das negative Interesse nicht über den Betrag des positiven Interesses hinaus ersatzfähig ist. Bei Verletzung **vorvertraglicher Schutzpflichten** ist der
Schadensersatzanspruch nach §§ 280 I, 311 II, 241 II ebenfalls auf das negative Interesse gerichtet (→ § 8 Rn. 12). Eine Begrenzung auf das positive Interesse ist aber nicht
vorgesehen. Ob der Schadensersatzanspruch auf die Rückabwicklung eines aufgrund
der Pflichtverletzung zustande gekommenen Vertrages gerichtet werden kann, ist
streitig (→ § 8 Rn. 15 ff.).

> **Literatur:** *Busl*, Der Begriff des Vermögensschadens im BGB, JuS 1987, 108; *Medicus*, Normativer
> Schaden, JuS 1979, 233; *Mertens*, Der Begriff des Vermögensschadens im Bürgerlichen Recht, 1967;
> *Schlechtriem*, Schadensersatz und Schadensbegriff, ZEuP 1997, 232. Vgl. außerdem die Nachweise zu
> § 43.

§ 45 Verursachung und Zurechnung des Schadens

I. Grundlagen

1. Kausalität als Mindestvoraussetzung der Schadenszurechnung

Die Verfasser des BGB haben als selbstverständlich vorausgesetzt, dass nur solche 1
Schäden ersatzfähig sind, die in einem **ursächlichen** Zusammenhang mit dem haftungsbegründenden Verhalten des Schädigers stehen. In neuerer Zeit hat sich aber die
Erkenntnis durchgesetzt, dass die Kausalität im Sinne eines *naturwissenschaftlichen*
Zusammenhanges nur die Mindestvoraussetzung für die Zurechnung des Schadens
ist. Es bedarf weiterer *(normativer)* Zurechnungskriterien, um eine uferlose Haftung
des Schädigers zu vermeiden.

2. Haftungsbegründende und haftungsausfüllende Kausalität

Im Rahmen einiger Haftungsnormen muss zwischen zwei Phasen der Kausalität unterschieden werden: der haftungsbegründenden und der haftungsausfüllenden Kausalität.[27] Die **haftungsbegründende** Kausalität betrifft den Zusammenhang zwischen 2
dem Verhalten des Schädigers und einem bestimmten Erfolg, insbesondere dem Eintritt einer Rechtsgutsverletzung. Dem steht die **haftungsausfüllende** Kausalität gegenüber, die eine Verbindung zwischen Erfolg und Schaden voraussetzt. Es ist daher eine
doppelte Kausalitätsprüfung erforderlich.

---

26 Vgl. *Canaris* JZ 2001, 499 (517).
27 Vgl. *Larenz* SchuldR I § 27 IIIa; *Brox/Walker* SchuldR AT § 30 Rn. 4 ff.

3 Repräsentativ ist die Vorschrift des § 823 I (→ SchuldR BT § 59 Rn. 1 ff.). Hier besteht die haftungsbegründende Kausalität zwischen der Handlung und der Rechtsgutsverletzung. Rechtsgutsverletzung und Schaden werden durch die haftungsausfüllende Kausalität miteinander verbunden.

Schema: Kausalität

> **Beispiel:** Aufgrund unsachgemäßer Beladung hat der Lkw des S Ladung verloren. Der nachfolgende Autofahrer G versucht, den heruntergefallenen Gegenständen auszuweichen, und stößt gegen die Leitplanke. Dabei wird sein Pkw beschädigt. Die Reparaturkosten betragen 2.500 EUR.
> Durch das unsachgemäße Beladen des Lkw hat S den Unfall verursacht, bei dem der Pkw des G beschädigt worden ist (haftungsbegründende Kausalität). Diese Eigentumsverletzung hat bei G zu einem Schaden von 2.500 EUR (Reparaturkosten) geführt (haftungsausfüllende Kausalität).

4 Die Unterscheidung von haftungsbegründender und haftungsausfüllender Kausalität muss auch bei der Prüfung des **Verschuldens** beachtet werden. Denn Vorsatz und Fahrlässigkeit müssen sich im Rahmen des § 823 I nur auf die haftungsbegründende Kausalität beziehen.

> **Beispiel:** S hat den G bei einem Verkehrsunfall verletzt. Aufgrund der Bluter-Eigenschaft des G verzögert sich der Heilungsprozess. Dies führt zu höheren Behandlungskosten.
> Da das Verschulden des Schädigers sich nicht auf den haftungsausfüllenden Kausalzusammenhang beziehen muss, kann S sich nicht damit entlasten, er habe die besondere Anfälligkeit des G nicht vorhersehen können. Allerdings kommt eine Einschränkung der Haftung auf der objektiven Ebene in Betracht.

5 Keine Bedeutung hat die Unterscheidung von haftungsbegründender und haftungsausfüllender Kausalität für die Haftung wegen **vorsätzlicher sittenwidriger Schädigung** nach § 826. Da keine Rechtsgutsverletzung vorausgesetzt wird, muss nur der Kausalzusammenhang zwischen dem vorsätzlichen sittenwidrigen *Verhalten* und dem *Schaden* geprüft werden.

II. Naturwissenschaftlicher Verursachungsbegriff

6 Ausgangspunkt aller Zurechnungsüberlegungen ist die Verursachung im **naturwissenschaftlichen** Sinne. Ohne jede normative Wertung soll erst einmal bestimmt werden, welche Umstände ursächlich für den Erfolg sind.

1. Äquivalenztheorie

a) Grundsatz

7 Ob der erforderliche Kausalzusammenhang vorliegt, wird im Zivilrecht ebenso wie im Strafrecht nach der **Äquivalenztheorie** beurteilt.[28] Zur Feststellung der äquivalenten Kausalität wird die *condicio sine qua non-Formel* verwendet. Danach ist jede Hand-

---

28 Vgl. BGHZ 2, 138 (140 f.); 96, 157 (172); *Medicus/Lorenz* SchuldR AT Rn. 679.

lung ursächlich für den Erfolg, die nicht hinweggedacht werden kann, ohne dass der Erfolg entfiele. Bei *Unterlassungen* muss dagegen darauf abgestellt werden, ob die unterlassene Handlung hinzugedacht werden kann, ohne dass der Erfolg entfiele.

> **Beispiel:** A soll die Blumen seiner Nachbarn N und O versorgen, während diese im Urlaub sind. Die Blumen des N vergisst A zu gießen, sodass sie nach einer Woche vertrocknet sind. Um diesen Fehler bei O zu vermeiden, gießt A dessen Blumen so häufig, dass sie aufgrund der zu großen Feuchtigkeit eingehen. Bei N beruht die Eigentumsverletzung auf einem Unterlassen des A (Nichtgießen). Bei O ist dagegen ein positives Tun (das übermäßige Gießen) für die Eigentumsverletzung ursächlich.

b) Schwächen der condicio sine qua non-Formel

Bei der Anwendung der condicio sine qua non-Formel ist zu beachten, dass es sich um eine bloße »**Faustregel**« handelt, die nicht in allen Fällen zu zutreffenden Ergebnissen führt.[29]

8

> **Beispiele:** (1) Die Gemeinde S leitet ungeklärte Abwässer in einen Bach, der die Fischzuchtanlage des G mit Wasser bespeist. Im Fischteich des G setzt ein Fischsterben ein. Bei der Untersuchung wird eine weitere Ursache für den Tod der Fische festgestellt: die Lieferung von ungeeignetem Trockenfutter durch V. Jede der beiden Ursachen hätte ausgereicht, um das Fischsterben auszulösen.[30]
> (2) Werkunternehmer S beschädigt bei Wartungsarbeiten am Lastenaufzug des Transportunternehmers U die Trageseile, sodass der Aufzug nur noch die Hälfte der zulässigen Höchstlast tragen kann. U transportiert mit dem Aufzug eine Maschine des G, deren Gewicht das Doppelte der zulässigen Höchstlast beträgt. Beim Absturz des Aufzugs wird die Maschine zerstört. Wegen der Überschreitung der zulässigen Höchstlast wäre der Aufzug auch dann abgestürzt, wenn die Trageseile intakt gewesen wären.[31]

Im *Fischzucht-Fall* stellt sich das Problem der **konkurrierenden Kausalität** (Doppelkausalität).[32] Es liegen zwei Beiträge für den Eintritt desselben Erfolgs vor, und jeder davon wäre für sich allein ausreichend gewesen. Auf der Grundlage der condicio sine qua non-Formel gelangt man hier zu dem absurden Ergebnis, dass keiner der Beiträge kausal ist, weil jeder für sich genommen hinweggedacht werden kann, ohne dass der Erfolg entfiele. Die hM behilft sich in solchen Fällen mit einer Modifikation der condicio sine qua non-Formel. Wenn mehrere Bedingungen zwar alternativ, nicht aber kumulativ hinweggedacht werden können, ohne dass der Erfolg entfiele, soll jede von ihnen als ursächlich anzusehen sein.[33]

9

Im *Aufzugs-Fall* ist nach der condicio sine qua non-Formel nur das Verhalten des U kausal. Denn während die Beschädigung der Trageseile durch S hinweggedacht werden kann, ohne dass der eingetretene Erfolg entfiele, ist dies beim Beladen des Aufzugs durch U nicht möglich. Bedenken gegen eine solche Lösung ergeben sich jedoch, wenn man den Gedanken des **rechtmäßigen Alternativverhaltens** (→ § 45 Rn. 27) heranzieht: Hätte U die zulässige Höchstlast eingehalten, so wäre der Schaden eben-

10

---

29 Vgl. *Deutsch* Allg. HaftungsR Rn. 121; *Larenz* SchuldR I § 27 IIIa.
30 Vgl. BGH VersR 1983, 731.
31 Beispiel nach *Jakobs*, Strafrecht Allgemeiner Teil, 2. Aufl. 1993, Rn. 7/83a.
32 Zur Problemstellung vgl. *Deutsch* Allg. HaftungsR Rn. 153; *Lange/Schiemann* Schadensersatz § 3 XII 2; *Larenz* SchuldR I § 27 IIIa.
33 Vgl. BGH VersR 1983, 731 (732); NJW-RR 2012, 738 (740); NJW 2013, 2018 (2019); Erman/*Ebert* vor § 249 Rn. 40.

falls eingetreten. Die Überschreitung der zulässigen Höchstlast scheint sich also gar nicht auf den konkreten Schaden ausgewirkt zu haben. Aus diesem Grunde ist die Verantwortlichkeit des U für den Schaden zweifelhaft. Auch hier kann es aber nicht angehen, dass keiner für den Schaden verantwortlich ist.

2. Lehre von der gesetzmäßigen Bedingung

11 Um die erörterten Kausalitätsprobleme zu lösen, stellt die von *Engisch* entwickelte Lehre von der **gesetzmäßigen Bedingung** darauf ab, ob die konkrete Handlung im konkreten Erfolg aufgrund einer gesetzmäßigen Verbindung tatsächlich wirksam geworden ist bzw. ob die unterlassene Handlung den Eintritt des konkreten Erfolges tatsächlich abgewendet hätte.[34] Hiernach lässt sich im *Fischzucht-Fall* leicht feststellen, dass sowohl die Einleitung der Abwässer durch S als auch die Lieferung des ungeeigneten Trockenfutters durch V schadensursächlich waren, weil sie beide Handlungen in naturwissenschaftlich nachweisbarer Weise zum Fischsterben beigetragen haben. Desgleichen sind im *Lastenaufzugs-Fall* die Tatbeiträge beider Beteiligten als gesetzmäßige Bedingungen des Absturzes im schädigenden Ereignis tatsächlich wirksam geworden.

> **Hinweis:** Bei der Bearbeitung praktischer Fälle kann man im Ausgangspunkt an der condicio sine qua non-Formel festhalten. Man muss sich aber bewusst sein, dass diese Formel in einigen besonderen Konstellationen nicht geeignet ist, die naturwissenschaftliche Kausalität zutreffend zu bestimmen. Hier sollte der Bearbeiter entweder die anerkannten Modifikationen der condicio sine qua non-Formel anwenden oder auf die Lehre von der gesetzmäßigen Bedingung zurückgreifen.

III. Notwendigkeit einer normativen Einschränkung

12 Die Lehre von der gesetzmäßigen Bedingung modifiziert zwar die Äquivalenztheorie, doch geht es ihr letztlich ebenfalls um die Feststellung der Kausalität im **naturwissenschaftlichen** Sinne. In Rechtsprechung und Literatur ist jedoch anerkannt, dass man bei einer solchen »wertfreien« Betrachtung nicht stehen bleiben kann, weil danach auch der Erzeuger des Schädigers und der Hersteller des schädigenden Pkw einen kausalen Beitrag zum schädigenden Ereignis (zB Verkehrsunfall) erbracht haben. Die »uferlose Weite« der Äquivalenztheorie muss daher durch **normative Zurechnungskriterien** eingeschränkt werden.

> **Zur Vertiefung:** Die Notwendigkeit einer normativen Einschränkung der objektiven Zurechnung besteht in besonderem Maße im Rahmen der *haftungsausfüllenden* Kausalität. Da das Verschulden sich nicht auf die haftungsausfüllende Kausalität beziehen muss, kann die Haftung des Schädigers in diesem Bereich nämlich nicht mehr auf der subjektiven Ebene eingeschränkt werden. Bei der *haftungsbegründenden* Kausalität bietet das Verschulden dagegen im Allgemeinen ein wirksames Korrektiv. Die objektive Zurechnung liefert aber auch hier oft überzeugendere Kriterien, um die Verantwortlichkeit des Schädigers zu begrenzen.

---

[34] Grdl. *Engisch,* Die Kausalität als Merkmal der strafrechtlichen Tatbestände, 1931, 21 ff. Die Lehre von der gesetzmäßigen Bedingung ist im Strafrecht verbreitet (vgl. *Jakobs,* Strafrecht Allgemeiner Teil, 2. Aufl. 1993, Rn. 7/12; *Roxin,* Strafrecht Allgemeiner Teil, Bd. I, 4. Aufl. 2006, § 11 Rn. 14), wird aber auch im Zivilrecht vertreten (vgl. *Deutsch* Allg. HaftungsR Rn. 115 ff.).

IV. Kriterien der objektiven Zurechnung

1. Adäquanz

Ein wichtiger Ansatz zu einer normativen Einschränkung der objektiven Zurechenbarkeit ist im Zivilrecht nach wie vor die **Adäquanztheorie**. Danach sind alle Ursachen als irrelevant anzusehen, die nur unter höchst ungewöhnlichen, selbst für einen optimalen Betrachter unvorhersehbaren Umständen geeignet sind, den Schaden herbeizuführen.[35] Entgegen einem verbreiteten Missverständnis handelt es sich dabei um keine Kausalitätslehre im eigentlichen Sinne. Es geht vielmehr darum, die Zurechnung von Schadensfolgen aufgrund einer *wertenden* Betrachtung zu begrenzen.[36]

13

a) Das Urteil des optimalen Beurteilers

Bei der Anwendung der Adäquanztheorie ist zu beachten, dass es für die Vorhersehbarkeit bzw. Wahrscheinlichkeit eines bestimmten Kausalverlaufs weder auf die subjektive Prognose des *Schädigers* noch auf das Urteil eines *durchschnittlichen* Angehörigen seines Verkehrskreises ankommt. Dies alles sind Fragen, die auf der Ebene des Verschuldens bei § 276 zu erörtern sind. Demgegenüber macht die Adäquanztheorie die *objektive* Zurechenbarkeit von der Prognose eines **optimalen Beurteilers** abhängig.[37]

14

Eigenständige Bedeutung hat die Adäquanztheorie damit nur für den Bereich der **haftungsausfüllenden** Kausalität. Denn bei der **haftungsbegründenden** Kausalität muss auf der Verschuldensebene ohnehin noch geprüft werden, ob der Erfolg für einen durchschnittlichen Angehörigen des betreffenden Verkehrskreises vorhersehbar war. Hier ist eine »Vorprüfung« anhand des Maßstabs des objektiven Beurteilers sinnlos.[38]

b) Kritik

Davon abgesehen stößt die Adäquanztheorie aber auch auf **grundsätzliche Bedenken**.[39] Das Problem besteht darin, dass sich nur schwer bestimmen lässt, was der optimale Betrachter im Einzelfall vorhergesehen hätte. Dies hängt in den meisten Fällen allein davon ab, welche Eigenschaften und Kenntnisse man dem optimalen Beurteiler zuspricht. Mit der Definition des optimalen Beurteilers hat der Rechtsanwender die Möglichkeit, das Ergebnis fast nach Belieben zu präjudizieren. Außerdem besteht die Gefahr, dass die entscheidenden Wertungen verdeckt werden.

15

> **Beispiel:** Der A hat den B bei einem Verkehrsunfall verletzt. B muss sich deshalb im Krankenhaus einer Operation unterziehen. Im Krankenhaus zieht B sich eine Grippeinfektion zu, wodurch sich sein dortiger Aufenthalt verlängert. Muss A für die daraus folgenden Schäden einstehen?
> *Abwandlung:* Dem B wird im Krankenhaus die Geldbörse gestohlen. Muss A auch für diesen Schaden aufkommen?

Auf der Grundlage der **Adäquanztheorie** könnte die Zurechenbarkeit der aus der Grippeinfektion folgenden Schäden mit der Erwägung bejaht werden, ein optimaler Beurteiler hätte damit gerechnet, dass B sich im Krankenhaus eine Infektion zuziehen

16

---

35 Vgl. RGZ 133, 126 (127); BGH NJW 2002, 2232 (2233).
36 Vgl. BGHZ 18, 286 (288); *Brox/Walker* SchuldR AT § 30 Rn. 7 ff.; *Musielak* JA 2013, 241.
37 Vgl. *Brox/Walker* SchuldR AT § 30 Rn. 9; *Brand* SchadensersatzR § 3 Rn. 21.
38 So etwa *Deutsch* Allg. HaftungsR Rn. 126; aA *Lange/Schiemann* Schadensersatz § 3 VII 1; von BGH NJW 1993, 2234 offen gelassen.
39 Allg. zur Kritik an der Adäquanztheorie HKK/*Jansen* §§ 249–253, 255 Rn. 66.

kann. Dagegen hätte ein optimaler Beurteiler nicht daran gedacht, dass B im Krankenhaus bestohlen werden könnte. In der Abwandlung wäre die Adäquanz daher zu verneinen.[40] Eine solche Argumentation ist jedoch leicht angreifbar. Man könnte nämlich geltend machen, es liege keineswegs außerhalb jeder Lebenserfahrung, dass Patienten im Krankenhaus bestohlen werden. Treffender ist die Überlegung, dass im Krankenhaus – insbesondere für verletzte Personen – eine *erhöhte* Infektionsgefahr besteht. Die Verletzung eines anderen wird daher auch unter diesem Aspekt missbilligt. Demgegenüber ist das Risiko, Opfer eines Diebstahls zu werden, im Krankenhaus nicht signifikant erhöht. Unter diesem Aspekt wird die Verletzung eines anderen daher nicht missbilligt. All dies sind jedoch Erwägungen, die besser im Zusammenhang mit dem **Schutzzweck der Norm** angestellt werden.

17 Gegen die Adäquanztheorie spricht ferner, dass sie keine **normative Rechtfertigung** für den Ausschluss unwahrscheinlicher Schadensfolgen geben kann. Aus normativer Sicht kommt es allein darauf an, vor welchen Schäden die verletzte Norm schützen soll. Richtig ist zwar, dass Normen im Allgemeinen nicht vor Schäden schützen sollen, die nur durch eine Verkettung unwahrscheinlicher Umstände eintreten. Der Grad der erforderlichen Wahrscheinlichkeit hängt aber immer von der jeweiligen Norm ab. Die Adäquanz ist somit letztlich nur ein *unselbstständiges Kriterium* bei der Feststellung des *Schutzzwecks der Norm*.[41] Sie ist deshalb nicht geeignet, Schadensfolgen auszuscheiden, die vom Schutzzweck der Norm erfasst werden. Besondere Bedeutung hat dies im Bereich der **Gefährdungshaftung** (→ § 10 Rn. 9). Da die betreffenden Tatbestände vor allen Schäden schützen sollen, die sich als spezifische Folgen des infrage stehenden Risikos darstellen, kommt es auf die Adäquanz nicht an.[42] Auch bei der **Verschuldenshaftung** kann der Schutzzweck der Norm aber die Einbeziehung von Schäden gebieten, deren Wahrscheinlichkeit bei einer ex ante-Betrachtung gering ist.

> **Beispiel:** S hat den G mit dem Fahrrad angefahren und verletzt. Da G Bluter ist, verzögert sich der Heilungsprozess erheblich.
> Dem G steht ein Anspruch gegen S auf Ersatz der Behandlungskosten aus § 823 I und §§ 823 II, 229 StGB zu. Ob S auch für die höheren Behandlungskosten infolge der Blutereigenschaft des G einstehen muss, hängt allein von der *normativen* Frage ab, inwieweit unser Haftungs- und Schadensrecht konstitutionell anfällige Personen schützen soll (→ § 45 Rn. 20). Gelangt man danach zu dem Ergebnis, dass der Schaden im Schutzbereich der verletzten Norm liegt, so lässt sich die Zurechenbarkeit nicht mit der Erwägung verneinen, der Schaden sei für einen optimalen Betrachter unvorhersehbar gewesen.[43] Im Beispielsfall ist daher davon auszugehen, dass S auch die durch die Blutereigenschaft des G bedingten Mehrkosten ersetzen muss.[44]

2. Schutzzweck der Norm

18 Die wichtigste Eingrenzung der Zurechenbarkeit ermöglicht das Kriterium des **Schutzzwecks der Norm**.[45] Ausgangspunkt ist die Frage, ob die verletzte Pflicht vor Rechtsgutsverletzungen bzw. Schäden der vorliegenden Art schützen soll. Im **vertrag-**

---

40 IdS etwa *Brox/Walker* SchuldR AT § 30 Rn. 11.
41 Vgl. *Deutsch* Allg. HaftungsR Rn. 145; MüKoBGB/*Oetker* § 249 Rn. 118f.
42 BGHZ 79, 259 (262f.); *Brand* SchadensersatzR § 3 Rn. 24.
43 So aber *Brox/Walker* SchuldR AT § 30 Rn. 15.
44 Vgl. OLG Koblenz VersR 1987, 1225; Palandt/*Grüneberg* Vorbem. § 249 Rn. 35.
45 Vgl. *Larenz* SchuldR I § 27 IIIb (2); MüKoBGB/*Oetker* § 249 Rn. 120ff.

lichen Bereich kommt es dabei vor allem auf die Parteivereinbarung an. Zusätzliche Kriterien ergeben sich aus Sinn und Zweck des Vertrages sowie dem Grundsatz von Treu und Glauben (§§ 157, 242).

> **Beispiel** (nach OLG Frankfurt a. M. BeckRS 2011, 14474): E möchte seine Hochzeit in großem Stil feiern und mietet daher bei Gastwirt G einen Hochzeitssaal für 600 Gäste. Zwei Tage vor der Hochzeit teilt G dem E mit, er habe sich über die Größe des Saales geirrt; dieser sei leider nur für 400 Gäste geeignet. Da E in der Kürze der Zeit keinen größeren Saal anmieten kann, muss er 200 Gäste ausladen. Er verlangt von G Schadensersatz wegen entgangenen Gewinns iHv 8.000 EUR. Zur Begründung verweist E darauf, jeder der ausgeladenen Gäste hätte Geschenke mitgebracht, deren Wert durchschnittlich 40 EUR über den Bewirtungskosten gelegen hätte.
> In Betracht kommt ein Schadensersatzanspruch aus § 311a II. Da G schon bei Vertragsschluss keinen Saal für 600 Gäste zur Verfügung hatte, handelt es sich um einen Fall anfänglicher Unmöglichkeit. G hat das Leistungshindernis bei Vertragsschluss nicht gekannt; er hätte es aber kennen müssen. Die von G übernommene Leistungspflicht hatte indes nicht den Zweck, dem E die Erzielung von Gewinnen in Form der Geschenke zu ermöglichen. Das Gericht hat den Anspruch auf Zahlung der 8.000 EUR daher zu Recht abgelehnt. Zu einem weiteren Beispiel → § 48 Rn. 5.

Im **deliktischen Bereich** ist auf Sinn und Zweck der verletzten Verkehrspflicht (§ 823 I) bzw. des verletzten Schutzgesetzes (§ 823 II) abzustellen. Dahinter steht der Gedanke, dass Normen keinen generellen Schutz vor schädigenden Ereignissen bieten können und sollen; es geht vielmehr immer darum, vor *bestimmten* Rechtsgutsverletzungen und Schäden zu schützen.[46] Welche Rechtsgutsverletzungen und Schäden vom Schutzzweck erfasst werden, muss durch Auslegung der jeweiligen Norm ermittelt werden. Im Zweifel ist eine **Abwägung** zwischen dem Schutzinteresse des Geschädigten und dem Interesse des Schädigers an einer sachgemäßen Begrenzung seiner Haftungsrisiken erforderlich. Als Kontrollüberlegung kann die Frage dienen, ob die betreffende Norm ein geeignetes, erforderliches und angemessenes Mittel ist, um vor den eingetretenen Rechtsgutsverletzungen oder Schäden zu schützen. 19

> **Beispiel:** Der G ist bei Dunkelheit mit dem Pkw auf den parkenden Lkw des S aufgefahren, der entgegen einem eingeschränkten Halteverbot abgestellt worden war. G verlangt von S Ersatz der Schäden an seinem Pkw.
> In Betracht kommen Ansprüche aus § 823 I und § 823 II iVm § 41 I, Anl. 2 Nr. 63 (Zeichen 286) StVO. Mit dem Abstellen des Lkw im eingeschränkten Halteverbot hat S die Ursache für den Unfall gesetzt. Fraglich ist aber, ob Rechtsgutsverletzung und Schaden dem S zugerechnet werden können. Dies hängt vom Schutzzweck des Halteverbots ab. Ist das Verbotszeichen an einer unübersichtlichen Stelle angebracht worden, um den fließenden Verkehr vor Unfällen zu schützen, so ist die Zurechenbarkeit zu bejahen. Die Zurechenbarkeit ist dagegen zu verneinen, wenn das Halteverbot vor einer Grundstücksausfahrt den Zweck hat, herausfahrenden Fahrzeugen das Einordnen in den fließenden Verkehr zu ermöglichen. Denn in diesem Fall hat sich in dem Unfall nicht die Gefahr verwirklicht, vor welcher die verletzte Norm schützen soll.

Besondere Probleme bereitet die Frage, inwieweit der Schädiger für Schäden einstehen muss, die aufgrund einer konstitutionell bedingten **Anfälligkeit** des Geschädigten eingetreten sind. Grundsätzlich ist davon auszugehen, dass der Schädiger sich nicht mit 20

---

46 Vgl. BGH NZV 2004, 136 = JuS 2004, 545 *(Emmerich)*.

der besonderen Anfälligkeit des Geschädigten entlasten kann.[47] Denn nach den Wertungen unserer Rechtsordnung hat das Haftungs- und Schadensrecht auch kranke, gebrechliche oder sonst anfällige Menschen zu schützen. Erforderlich ist jedoch, dass der Schädiger ein missbilligtes Risiko gerade im Hinblick auf den konkreten Schaden geschaffen hat. Die schädigende Handlung darf sich also nicht lediglich als mehr oder weniger austauschbarer Auslöser für die Verwirklichung eines *allgemeinen Lebensrisikos* darstellen.[48]

> **Beispiel** (OLG Karlsruhe VersR 1966, 741): S ist dem G in einem Kaufhaus infolge von Unachtsamkeit auf den Fuß getreten. Da G an schweren arteriellen Durchblutungsstörungen leidet, muss ihm infolge des Tritts das rechte Bein amputiert werden.
> Das OLG Karlsruhe hat die Zurechenbarkeit mangels Adäquanz abgelehnt. Präziser ist die Begründung, dass es sich um ein sehr geringfügiges schädigendes Ereignis handelt, das kein spezifisches Risiko für so schwere Folgen wie die Amputation eines Beines geschaffen hat. Da das gleiche Ereignis auch bei anderer Gelegenheit (im Verkehrsgedränge, in öffentlichen Verkehrsmitteln etc) hätte eintreten können, ist der Tritt nur ein zufälliger Auslöser des allgemeinen Lebensrisikos, das mit den Durchblutungsstörungen verbunden ist.

21 Bei der Argumentation mit dem Schutzzweck der Norm muss genau herausgearbeitet werden, worin die Pflichtwidrigkeit besteht. Fallen dem Schädiger **mehrere** Pflichtverletzungen zur Last, so ist jede gesondert daraufhin zu überprüfen, ob der notwendige Schutzzweckzusammenhang gegeben ist.

> **Beispiel** (BGHZ 107, 359): S hat durch Missachtung der Vorfahrt einen Verkehrsunfall verschuldet, bei dem das Fahrzeug des an Bluthochdruck erkrankten G beschädigt worden ist. Bei Eintreffen der Polizei versucht S, den G als Schuldigen darzustellen, indem er ihn zu Unrecht einer Geschwindigkeitsübertretung bezichtigt und behauptet, dass G unter Alkoholeinfluss stehe. G gerät darüber so sehr in Erregung, dass er eine Gehirnblutung erleidet, die zu einem Schlaganfall führt. G ist seitdem arbeitsunfähig. Muss S den Verdienstausfallschaden ersetzen?
> G könnte gegen S einen Anspruch auf Ersatz des Verdienstausfalls aus § 823 I haben. Als Anknüpfungspunkt kommt zunächst die Verursachung des Unfalls in Betracht. Der Unfall ist für die Rechtsgutsverletzung (Gesundheitsbeschädigung) und den Schaden kausal. Die Zurechenbarkeit ist jedoch zu verneinen. Die verletzte Verkehrsvorschrift hat nämlich nicht den Zweck, den Geschädigten vor Gesundheitsschäden zu schützen, die er aus Aufregung über einen Unfall erleidet. Ein weiterer möglicher Anknüpfungspunkt ist die falsche Verdächtigung. Hier ist die Bejahung des Zurechnungszusammenhangs vertretbar.[49] Überzeugender ist jedoch die Auffassung, dass sich in dem Schlaganfall lediglich ein allgemeines Lebensrisiko des G realisiert hat.

V. Hypothetische Kausalität

1. Problemstellung

22 Hat der Schädiger in zurechenbarer Weise einen Schaden verursacht, so stellt sich in einigen Fällen die weitere Frage, ob der Geschädigte sich entgegenhalten lassen muss, dass derselbe Schaden zu einem späteren Zeitpunkt aus einem anderen Grunde ebenfalls eingetreten wäre (sog. **Reserveursache**). Da die andere Ursache tatsächlich nicht

---

[47] RGZ 169, 117 (120); BGHZ 20, 137 (139); 107, 359 (363); BGH NJW 1993, 2234; *Lange/Schiemann* Schadensersatz § 3 X 1.
[48] Vgl. MüKoBGB/*Oetker* § 249 Rn. 194ff.; Staudinger/*Schiemann*, 2017, § 249 Rn. 32.
[49] Vgl. *Lipp* JuS 1991, 809ff.

wirksam geworden ist, geht es hier um die Beachtlichkeit eines *hypothetischen* Kausalverlaufs.

> **Beispiele:** (1) Familienvater G ist bei einem von S verschuldeten Verkehrsunfall getötet worden. Die Ehefrau und die Kinder des G verlangen von S Ersatz des entgangenen Unterhalts. S wendet ein, dass G aufgrund einer schweren Krankheit nur noch wenige Monate gelebt hätte. Ist der Einwand beachtlich?
> (2) Der zwölfjährige S hat beim Fußballspielen fahrlässig eine Fensterscheibe am Haus des G zerstört. Noch bevor die Scheibe ersetzt werden kann, brennt das Haus des G vollständig ab. Der Brand beruht auf einem Defekt der Elektroleitungen, die Elektriker E unsachgemäß verlegt hat. G verlangt von S den Ersatz der Kosten für eine neue Scheibe. S wendet ein, dass die Scheibe bei dem Brand ohnehin zerstört worden wäre.

Die Beachtlichkeit von Reserveursachen ist in Rechtsprechung und Literatur sehr umstritten.[50] Eine pauschale Lösung ist nicht möglich. Es muss vielmehr nach **Sinn und Zweck** der Ersatzpflicht differenziert werden.[51] Dabei kann zwischen folgenden Fallgruppen unterschieden werden.

2. Schadensanlage

In Rechtsprechung und Literatur ist anerkannt, dass Reserveursachen beachtlich sind, wenn sie dem verletzten oder getöteten Menschen bzw. der zerstörten oder beschädigten Sache im Zeitpunkt der Schädigung *innegewohnt* haben (sog. Schadensanlagen) und innerhalb kurzer Zeit denselben Schaden herbeigeführt hätten.[52] Letztlich handelt es sich um eine konsequente Schadensberechnung nach der **Differenzhypothese** (→ § 44 Rn. 3). Besonders deutlich wird dies bei Sachschäden. Denn der Wert der beschädigten oder zerstörten Sache ist bei einer Schadensanlage schon im Zeitpunkt des schädigenden Ereignisses entsprechend gemindert. Bei Personenschäden ist keine abweichende Beurteilung geboten. 23

> **Beispiel:** Im Familienvater-Fall (→ § 45 Rn. 22) haben die Ehefrau und die Kinder des G einen Anspruch gegen S auf Ersatz des Unterhaltsschadens aus § 844 II. Die Ersatzpflicht besteht aber nur insoweit, »als der Getötete während der mutmaßlichen Dauer seines Lebens zur Gewährung des Unterhalts verpflichtet gewesen wäre«. Der Einwand des S ist damit beachtlich.

3. Ersatzpflicht eines Dritten

Einigkeit besteht außerdem darüber, dass die Reserveursache den Schädiger nicht entlasten kann, wenn sie zur **Ersatzpflicht eines Dritten** geführt hätte.[53] Da der Dritte nur für die Schäden haftet, für die er *tatsächlich* verantwortlich ist, ginge der Geschädigte sonst leer aus. Er stünde damit schlechter als ohne das erste schädigende Ereignis. Denn in diesem Fall hätte er einen Schadensersatzanspruch gegen den Dritten geltend machen können. 24

---

50 Zum Streitstand vgl. *Lange/Schiemann* Schadensersatz § 4 I 1.
51 Vgl. Staudinger/*Schiemann*, 2017, § 249 Rn. 94; *Musielak* JA 2013, 241 (246f.).
52 BGHZ 125, 56 (62); BGH NJW-RR 1995, 936; MüKoBGB/*Oetker* § 249 Rn. 209.
53 Vgl. BGH NJW 1958, 705; 1967, 551 (552); *Medicus/Lorenz* SchuldR AT Rn. 687; Staudinger/*Schiemann*, 2017, § 249 Rn. 95.

> **Beispiel:** Im Hausbrand-Fall (→ § 45 Rn. 22) kann sich S nicht auf die unsachgemäße Verlegung der Elektroleitungen durch E berufen. Da E mangels realer Kausalität nicht wegen der Scheibe haftbar gemacht werden kann, stünde G bei Beachtung der Reserveursache schlechter als ohne das schädigende Verhalten des S.

4. Die sonstigen Fälle

25 Die Beurteilung der sonstigen Fälle ist umstritten. In der Literatur wird teilweise die Auffassung vertreten, dass Reserveursachen stets zu beachten seien.[54] Die hM vertritt jedoch eine differenzierende Lösung. Danach ist zwischen **Objektschäden** und **Folgeschäden** zu unterscheiden.[55]

> **Beispiel:** Bei einem von S verschuldeten Verkehrsunfall erleidet der Pkw des G einen Totalschaden. G verlangt von S Schadensersatz wegen der Schäden am Pkw sowie wegen der entgangenen Nutzungen. S macht geltend, dass das Fahrzeug drei Tage später bei einem Garagenbrand ohnehin völlig zerstört worden wäre.

26 Für den Anspruch auf Ersatz des **Objektschadens** (Wert des Pkw) ist die Reserveursache irrelevant. Dies lässt sich damit begründen, dass der Schadensverlauf insoweit abgeschlossen ist. Ist der Schadensersatzanspruch einmal entstanden, so kann er aber nicht durch ein späteres hypothetisches Ereignis wieder zum Erlöschen gebracht werden. Anders verhält es sich in Bezug auf den **Folgeschaden** (Nutzungsausfall).[56] Da der Schadensverlauf insoweit noch nicht abgeschlossen ist, muss die weitere Entwicklung einschließlich etwaiger hypothetischer Ereignisse berücksichtigt werden.

VI. Der Einwand des rechtmäßigen Alternativverhaltens

27 Ein Sonderfall der hypothetischen Kausalität ist der Einwand des **rechtmäßigen Alternativverhaltens**.[57] Hier geht es um die Frage, ob die Zurechenbarkeit ausgeschlossen ist, wenn der Schaden aufgrund eines anderen Geschehensablaufs auch bei Beachtung der verletzten Norm entstanden wäre.

> **Beispiel** (BAG NJW 1981, 2430; 1984, 2846): Arbeitnehmer S kündigt seinen Vertrag mit Arbeitgeber G ohne wichtigen Grund fristlos. G muss darauf per Zeitungsanzeige einen anderen Arbeitnehmer suchen. Er verlangt von S Ersatz der Inseratskosten. S macht geltend, die Kosten wären bei Einhaltung der Kündigungsfrist ebenfalls entstanden.

Die hM geht davon aus, dass der Einwand des rechtmäßigen Alternativverhaltens grundsätzlich beachtlich ist.[58] Diese Auffassung rechtfertigt sich daraus, dass Schäden, die auch bei rechtmäßigem Verhalten entstanden wären, im Allgemeinen nicht vom **Schutzzweck der Norm** erfasst werden. Im Kündigungs-Fall kann S sich somit darauf berufen, dass die Inseratskosten bei vertragsmäßiger Kündigung ebenso entstanden wären.

28 Aus dem Schutzzweck der verletzten Norm kann sich ergeben, dass die Berufung auf *rechtmäßiges Alternativverhalten* ausgeschlossen ist.[59] So soll sich der Arzt nach einer

---

54 So etwa Jauernig/*Teichmann* Vorbem. §§ 249–253 Rn. 44; MüKoBGB/*Oetker* § 249 Rn. 213 ff.
55 Vgl. Palandt/*Grüneberg* Vorbem. § 249 Rn. 60 ff.
56 Vgl. BGHZ 29, 207 (215 f.).
57 MüKoBGB/*Oetker* § 249 Rn. 218 ff.
58 Vgl. BGH NJW 2000, 661 (663); Staudinger/*Schiemann*, 2017, § 249 Rn. 102 ff.
59 Vgl. BGHZ 96, 157 (173); *Medicus/Lorenz* SchuldR AT Rn. 688.

verbreiteten Auffassung im Fall einer **Aufklärungspflichtverletzung** nicht darauf berufen können, der Patient hätte der Operation auch bei pflichtgemäßer Aufklärung zugestimmt. Denn die Aufklärungspflicht diene gerade dem Zweck, dem Patienten eine eigenverantwortliche Entscheidung über die Operation zu ermöglichen.[60] Nach der Rechtsprechung des BGH ist der Einwand des hypothetischen Alternativverhaltens dagegen auch hier nicht ausgeschlossen. Das Aufklärungsrecht des Patienten soll dadurch geschützt werden, dass man an den vom Arzt zu erbringenden Nachweis der hypothetischen Einwilligung des Patienten strenge Anforderungen stellt.[61] Macht der Patient geltend, dass er sich bei ordnungsgemäßer Aufklärung in einem »echten Entscheidungskonflikt« befunden hätte, so trägt der Arzt die volle Beweislast dafür, dass der Patient doch eingewilligt hätte. Der Gesetzgeber ist dieser Rechtsprechung in dem Patientenrechtegesetz vom 20.2.2013 gefolgt.[62] Der neu ins BGB eingefügte § 630h II 2 sieht ausdrücklich vor, dass der Behandelnde sich bei einer unzureichenden Aufklärung darauf berufen kann, der Patient hätte auch im Fall einer ordnungsgemäßen Aufklärung in die Maßnahme eingewilligt (→ SchuldR BT § 31 Rn. 19). Die beweisrechtlichen Anforderungen an den Einwand sind zwar nicht geregelt. Der Gesetzesbegründung lässt sich aber entnehmen, dass insoweit keine Änderungen vorgenommen werden sollten.[63]

VII. Zurechnungsprobleme bei mittelbarer Kausalität

Besondere Probleme bereitet die objektive Zurechnung, wenn die Rechtsgutsverletzung oder der Schaden nicht unmittelbar durch den Schädiger verursacht wird, sondern sich erst aufgrund weiterer, vom Schädiger nicht beherrschbarer Umstände verwirklicht (sog. **mittelbare Kausalität**). Folgende Fallgruppen lassen sich unterscheiden. 29

1. Schockschäden

Die Frage der Zurechenbarkeit von »**Schockschäden**« stellt sich vor allem bei § 823 I. Besonders wichtig ist in diesem Zusammenhang der Fall, dass der Geschädigte den tödlichen Unfall eines nahen Angehörigen mit ansieht oder von einem solchen Ereignis benachrichtigt wird und dadurch einen schweren seelischen Schock erleidet, der zu gesundheitlichen Beeinträchtigungen führt.[64] In Hinblick auf den Getöteten liegt hier eine *unmittelbare* Rechtsgutsverletzung vor; die Gesundheit des »schockgeschädigten« Angehörigen wird dagegen nur *mittelbar* verletzt. Es handelt sich damit um ein Problem, das im Rahmen der *haftungsbegründenden* Kausalität anzusiedeln ist.[65] Da die Gesundheitsverletzung auf einer seelischen Reaktion des Geschädigten beruht, wird auch von »psychischer Kausalität« gesprochen. 30

> **Beispiel** (BGHZ 56, 163): Der Ehemann (E) der G ist bei einem von S verschuldeten Verkehrsunfall getötet worden. Als G davon erfährt, erleidet sie einen schweren seelischen Schock mit Wesensänderungen in Form von Depressionen, Schlaflosigkeit und Weinanfällen. G muss sich

---

60 Vgl. *Lange/Schiemann* Schadensersatz § 4 XII 6.
61 BGHZ 90, 103 (111); *Olzen/Metzmacher* JR 2012, 271 (276f.); vgl. auch MüKoBGB/*Oetker* § 249 Rn. 222.
62 BGBl. 2013 I 277. Das Gesetz ist am 26.2.2013 in Kraft getreten.
63 *Katzenmeier* NJW 2013, 817 (821); vgl. auch *Olzen/Metzmacher* JR 2012, 271 (276f.).
64 Vgl. BGHZ 56, 163; *Deutsch* Allg. HaftungsR Rn. 914.
65 Vgl. *Larenz* SchuldR I § 27 IVa; *Brand* SchadensersatzR § 3 Rn. 37.

deshalb in ärztliche Behandlung begeben. Sie verlangt von S Ersatz der Behandlungskosten und Zahlung von Schmerzensgeld.

31 In solchen Fällen muss zunächst geprüft werden, ob aufgrund des Schocks eine **Gesundheitsverletzung** eingetreten ist. Nach der Rechtsprechung genügt dafür nicht, dass der Schock »medizinisch fassbare Auswirkungen« hat; diese müssen vielmehr über die gesundheitlichen Beeinträchtigungen hinausgehen, die erfahrungsgemäß mit einem Trauerfall verbunden sind.[66] Der Sache nach geht es schon hier um Schutzzweckerwägungen. Die restriktive Auslegung des Merkmals »Gesundheitsverletzung« beruht nämlich auf der Erwägung, dass die mit Trauerfällen regelmäßig verbundenen gesundheitlichen Beeinträchtigungen zum *allgemeinen Lebensrisiko* gehören und daher nicht vom Schutzbereich des § 823 I erfasst werden.[67] Dies schließt allerdings nicht den Anspruch auf **Hinterbliebenengeld** nach § 844 III nF aus (→ § 48 Rn. 6).

32 Liegt eine Gesundheitsverletzung vor, so stellt sich die Frage der **Zurechenbarkeit.** Keine Probleme bereitet die Feststellung der *Kausalität*. Denn die Verletzung des E kann nicht hinweggedacht werden, ohne dass die Gesundheitsverletzung bei G entfiele. Auch die *Adäquanz* kann ohne Weiteres bejaht werden. Dass jemand bei der Nachricht vom Tod eines nahen Angehörigen einen »Schock« erleidet, entspricht nämlich der allgemeinen Lebenserfahrung. Fraglich ist jedoch, ob die Beschädigung der Gesundheit naher Angehöriger vom *Schutzzweck* der verletzten Norm (zB Verkehrsvorschrift) erfasst wird. Die Rechtsprechung ist auch hier sehr restriktiv. Erforderlich ist danach, dass es sich bei dem unmittelbaren Opfer um einen **nahen Angehörigen** des Zweitgeschädigten handelt.[68] Eine Ausnahme wird nur für den Fall anerkannt, dass der Zweitgeschädigte selbst *unmittelbar* an dem Unfall *beteiligt* ist.[69] Das bloße *Miterleben der Unfallfolgen* als Zuschauer oder Hilfeleistender (zB Polizeibeamter) soll dagegen keine Haftung auslösen, weil die daraus resultierenden psychischen Schäden zum allgemeinen Lebensrisiko gehören.[70]

> **Beispiel** (BGH VersR 1986, 240): Der S ist aufgrund leichtsinnigen Verhaltens als Fußgänger vom Lkw des G erfasst und getötet worden. G erleidet aufgrund des Unfallgeschehens einen schweren Schock und ist nicht mehr arbeitsfähig. Er verlangt von den Erben des S Ersatz seiner materiellen und immateriellen Schäden.
> Der BGH hat den Schadensersatzanspruch bejaht, obwohl S kein naher Angehöriger des G war. Maßgeblich war die Erwägung, dass G nicht als unbeteiligter Dritter zufälliger Zeuge des Unfallgeschehens geworden sei, sondern daran unmittelbar mitgewirkt habe. Er müsse daher gegenüber psychisch vermittelten Beeinträchtigungen in gleicher Weise wie gegenüber »äußeren« Einwirkungen geschützt werden.

33 Erforderlich ist schließlich, dass die gesundheitliche Beeinträchtigung des Geschädigten eine **nachvollziehbare Reaktion** auf das schädigende Ereignis darstellt. Diese Voraussetzung ist zu verneinen, wenn die seelische Erschütterung des Geschädigten in einem krassen Missverhältnis zu dem gegebenen Anlass (zB Armbruch eines Ange-

---

66 BGHZ 56, 163 (166); Palandt/*Grüneberg* Vorbem. § 249 Rn. 40; krit. MüKoBGB/*Oetker* § 249 Rn. 151; Staudinger/*Schiemann*, 2017, § 249 Rn. 46.
67 Vgl. BGH VersR 1986, 240.
68 BGHZ 56, 163 (166); Palandt/*Grüneberg* Vorbem. § 249 Rn. 40; krit. MüKoBGB/*Oetker* § 249 Rn. 153; Staudinger/*Schiemann*, 2017, § 249 Rn. 45.
69 Vgl. BGHZ 172, 263 (265ff.); *Dunz* VersR 1986, 448.
70 Vgl. BGHZ 172, 263 (265ff.); zum Ganzen E. *Lorenz* FS G. Müller, 2009, 147ff.

hörigen) steht.⁷¹ Erst recht kann der Eintritt eines Sachschadens keinen Anspruch auf Ersatz des »Schockschadens« nach sich ziehen. Dies gilt auch für den Fall der Tötung eines Haustieres.⁷²

Ist der »Schockschaden« dem Schädiger zurechenbar, so muss der Geschädigte sich das **Mitverschulden** des getöteten oder verletzten Angehörigen entgegenhalten lassen.⁷³ Die hM begründet dies mit einer Analogie zu §§ 254, 242.⁷⁴ Vorzugswürdig ist aber die entsprechende Anwendung des § 846.⁷⁵ **34**

2. Selbstschädigendes Verhalten (Herausforderungsfälle)

Das Problem der mittelbaren Kausalität stellt sich auch bei Verletzungen, die erst aufgrund einer bewussten (vorsätzlichen) Selbstgefährdung oder Selbstschädigung des Geschädigten eintreten konnten. Besonders umstritten sind in diesem Zusammenhang die sog. **Herausforderungsfälle.** Diese Fälle zeichnen sich dadurch aus, dass die Entstehung des Schadens durch einen eigenen Willensentschluss des Geschädigten vermittelt wird, der durch das Verhalten des Schädigers hervorgerufen worden ist.⁷⁶ **35**

> **Beispiel** (nach BGHZ 63, 189; BGH JZ 1996, 1178 mAnm *Teichmann*): Polizeiobermeister P soll den 17-jährigen S festnehmen, der wegen Fahrens ohne Fahrerlaubnis einen Jugendarrest zu verbüßen hat. Zu diesem Zweck erscheint P gegen 7 Uhr morgens in der im Erdgeschoss gelegenen Wohnung der Eltern des S. Nachdem S sich angezogen hat, sucht er mit Erlaubnis des P die Toilette auf. Von dort springt er aus dem Fenster in den Hof, wobei er eine 2 m tiefe Ausschachtung überwinden muss. Als der mit den Örtlichkeiten nicht vertraute P den Fluchtversuch bemerkt, drückt er die Toilettentür auf und springt dem S nach. Dabei zieht er sich einen Fersenbeinbruch zu. S wird kurz darauf von einem anderen Beamten festgenommen. P ist über mehrere Monate dienstunfähig. Außerdem entstehen ihm erhebliche Arzt- und Behandlungskosten, die von seinem Dienstherren (Land NRW) getragen werden. Dieser verlangt von S Schadensersatz. Zu Recht?

Bei der Beurteilung solcher Fälle ist davon auszugehen, dass es im Allgemeinen nicht verboten ist, *frei verantwortlich* handelnde Personen zu einer bewussten Selbstgefährdung oder Selbstschädigung zu veranlassen.⁷⁷ Der Schädiger muss sich die Rechtsgutsverletzung daher nur dann zurechnen lassen, wenn durch sein rechtswidriges Verhalten eine Situation entstanden ist, in welcher die Selbstgefährdung geboten oder zumindest »erwünscht« war.⁷⁸ Genau dies ist gemeint, wenn die Rechtsprechung darauf abstellt, ob der Geschädigte sich zu dem selbstgefährdenden oder selbstschädigenden Verhalten »**herausgefordert**« fühlen durfte. **36**

Ob der Geschädigte sich zur Selbstgefährdung oder Selbstschädigung herausgefordert fühlen *durfte*, ist eine normative Frage, die aufgrund einer Abwägung der Interessen von Schädiger und Geschädigtem beantwortet werden muss. Die Zurechenbarkeit **37**

---

71 Vgl. MüKoBGB/*Oetker* § 249 Rn. 155.
72 BGHZ 193, 34; Palandt/*Grüneberg* Vorbem. § 249 Rn. 40.
73 Vgl. etwa BGHZ 56, 163 (168ff.); *Larenz* SchuldR I § 31 Id; *Lange/Schiemann* Schadensersatz § 10 XI 5 l; aA Jauernig/*Teichmann* § 846 Rn. 1.
74 Vgl. BGHZ 56, 163 (168ff.); OLG Düsseldorf r+s 2012, 562; Palandt/*Grüneberg* § 254 Rn. 56.
75 So noch RGZ 157, 11 (13). Eing. *Looschelders* Mitverantwortlichkeit 538ff.
76 Vgl. *Deutsch* Allg. HaftungsR Rn. 157f.; *Lange/Schiemann* Schadensersatz § 3 X 2; *Larenz* SchuldR I § 27 IIIb (4); *Medicus/Petersen* BürgerlR Rn. 653; Staudinger/*Schiemann*, 2017, § 249 Rn. 48ff.
77 Vgl. BGHZ 101, 215 (220); RGRK/*Steffen* § 823 Rn. 93.
78 Vgl. BGHZ 101, 215 (220).

setzt danach voraus, dass das Verhalten des Geschädigten »**vernünftig**« erscheint, weil das eingegangene Risiko in einem angemessenen Verhältnis zu dem verfolgten Zweck steht.[79] Der BGH hat die Zurechenbarkeit unter dieser Maßgabe sogar in einem Fall bejaht, in dem der Fahrer eines Polizeiwagens **vorsätzlich** eine Kollision seines Fahrzeugs mit dem Kfz des flüchtenden Schädigers herbeigeführt hatte, um Letzteren zum Anhalten zu zwingen.[80] Der Flüchtende war also nach § 823 I und § 7 StVG zum Ersatz des Schadens am Polizeiwagen verpflichtet.

> **Beispiel:** Im Fenstersprung-Fall könnte man unter dem Aspekt der Verhältnismäßigkeit daran denken, die Zurechnung zu verneinen. Da die Personalien des S bekannt waren, wäre die Strafverfolgung auch bei geglückter Flucht nur hinausgeschoben worden. Außerdem war die Verfehlung des S, die zur Verhängung des Jugendarrestes geführt hatte, verhältnismäßig gering. Andererseits muss beachtet werden, dass P die Örtlichkeiten nicht kannte. Das Risiko der Verfolgung war aus seiner Sicht also vergleichsweise gering. Schutzwürdige Interessen des S an der Flucht bestanden nicht. Der BGH hat die Zurechenbarkeit daher bejaht.

38 Wenn der Geschädigte dienstrechtlich zur Eingehung des Risikos verpflichtet war, wird die Zurechenbarkeit zum Verantwortungsbereich des Schädigers teilweise mit der Erwägung verneint, in der Verletzung verwirkliche sich das **Berufsrisiko** des Amtsträgers, das nicht vom Schutzzweck des § 823 I erfasst werde.[81] Das Berufsrisiko entlastet den Schädiger jedoch nur von der Verantwortlichkeit für Rechtsgutsverletzungen, die mit der »normalen« Ausübung des betreffenden Berufs verbunden sind. Es erlaubt dem Schädiger also nicht, *übermäßige* Gefahren für die körperliche Integrität des Amtsträgers zu schaffen. Denn sonst müsste die Ersatzpflicht des Schädigers auch bei unmittelbaren Angriffen auf den Amtsträger verneint werden.[82] Nicht zurechenbar sind damit lediglich Verletzungen, die nicht auf die vom Schädiger geschaffene übermäßige Gefahr zurückzuführen sind.

> **Beispiel** (BGH NJW 1993, 2234): Der S hat aufgrund von Fahrlässigkeit einen Brand verursacht, der von der Feuerwehr gelöscht worden ist. Nach dem Löschen des Brandes knickt Feuerwehrmann F beim Aufrollen der benutzten Feuerwehrschläuche mit dem linken Fuß um und zieht sich dabei eine Verletzung des Sprunggelenks zu.
> Der BGH hat die Zurechenbarkeit verneint, weil der Schaden nicht auf dem von S geschaffenen gesteigerten Verletzungsrisiko beruht. Hier hat sich nur das »normale« Einsatzrisiko bzw. das allgemeine Lebensrisiko des F verwirklicht.

39 Die vorstehenden Grundsätze gelten für alle Fälle, in denen die Rechtsgutsverletzung durch das Verhalten des Geschädigten vermittelt wird. Neben den Verfolgungsfällen haben in diesem Zusammenhang die **Nothilfe-** und **Rettungsfälle** die größte Bedeutung.[83] Hier wird die Verletzung dadurch vermittelt, dass der Geschädigte einem anderen in einer Gefahrenlage beisteht, die vom Schädiger in zurechenbarer Weise geschaffen worden ist.

> **Beispiel** (BGHZ 101, 215): Der Chirurg Dr. C hat nach einem Unfall schuldhaft die einzige Niere der 13-jährigen T entfernt. Die Mutter der T (M) erklärt sich daraufhin zu einer Nierenspende bereit.

---

79 *Medicus/Petersen* BürgerlR Rn. 653; *Larenz* SchuldR I § 27 IIIb (5); *Musielak* JA 2013, 241 (245 f.).
80 BGH NJW 2012, 1951 = JR 2013, 140 mAnm *Looschelders*; krit. *Mäsch* JuS 2012, 1029 ff.
81 So etwa RGRK/*Steffen* § 823 Rn. 94.
82 So auch MüKoBGB/*Oetker* § 249 Rn. 171, Fn. 780; *Brand* SchadensersatzR § 3 Rn. 40.
83 Dazu Staudinger/*Schiemann*, 2017, § 249 Rn. 53 ff.

> Die M hat gegen Dr. C einen Anspruch auf Ersatz der aus der Nierenspende folgenden Schäden aus § 823 I. Denn durch den Kunstfehler bei der Behandlung der T ist M zu der Nierenspende »herausgefordert« worden.

3. Drittvermittelte Kausalität (Herausforderung Dritter)

Vergleichbare Zurechnungsprobleme können sich stellen, wenn die Rechtsgutsverletzung auf dem frei verantwortlichen Willensentschluss eines **Dritten** beruht. Hier hängt die Zurechnung maßgeblich davon ab, ob die vom Schädiger verletzte Norm (auch) den Zweck hat, vor der infrage stehenden Drittschädigung zu schützen. Repräsentativ sind die sog. *Grünstreifenfälle*.[84]

> **Beispiel** (BGHZ 58, 162): Lkw-Fahrer S hat einen Verkehrsunfall verschuldet. Da die Straße wegen des Unfalls für die nachfolgenden Fahrzeuge gesperrt ist, weichen mehrere Kraftfahrer auf den Rad- und Fußweg neben der Straße aus und beschädigen diesen erheblich. Die Eigentümerin des Weges nimmt S auf Schadensersatz in Anspruch.
> Der BGH hat die Zurechenbarkeit mit der Erwägung verneint, die Kraftfahrer seien aus freien Stücken auf den Rad- und Fußweg gefahren. Die Sperrung der Straße bildet nach Ansicht des BGH nur den »äußeren Umstand, der lediglich die Motivation für das eigenmächtige, nicht mehr von Rücksichten auf Verkehrssicherheit bestimmte Verhalten der Kraftfahrer« abgibt.[85]
> Dem ist aber entgegenzuhalten, dass die Eigentümer der angrenzenden Grundstücke in den Schutzbereich der straßenverkehrsrechtlichen Normen einbezogen sind.[86]

VIII. Vorteilsausgleichung

In Zusammenhang mit dem schädigenden Ereignis kann der Geschädigte auch **Vorteile** erlangen. Es fragt sich, inwieweit solche Vorteile bei der Berechnung des Schadens zu berücksichtigen sind.

> **Beispiele:** Der G ist bei einem Verkehrsunfall von S verletzt worden. Gegenüber dem Schadensersatzanspruch des G wendet S ein, dass (a) die Arztkosten von der gesetzlichen Krankenversicherung des G getragen werden; (b) der Arbeitgeber dem G weiter Lohn gezahlt hat; (c) der G Leistungen aus einer privaten Unfallversicherung erhalten habe. Muss G sich diese Vorteile anrechnen lassen?

Geht man von den Grundprinzipien des Schadensrechts aus, so müsste die Anrechenbarkeit von Vorteilen regelmäßig bejaht werden. Denn nach dem schadensrechtlichen **Bereicherungsverbot** (→ § 43 Rn. 5) soll die Vermögenslage des Geschädigten durch das schädigende Ereignis nicht verbessert werden. Die hM geht jedoch zu Recht davon aus, dass es wertungsmäßig nicht überzeugend wäre, dem Geschädigten sämtliche Vorteile anzurechnen, die mit dem schädigenden Ereignis verbunden sind.

Nach welchen Kriterien die **Anrechenbarkeit** zu beurteilen ist, ist umstritten.[87] Die Rechtsprechung behandelt die Frage als *Zurechnungsproblem*. Anrechenbar sind danach nur solche Vorteile, die **kausal** auf das schädigende Ereignis zurückzuführen sind. Der BGH wendet auch hier die Adäquanztheorie an. Das schädigende Ereignis

---

84 Vgl. *Larenz* SchuldR I § 27 IIIb (5); MüKoBGB/*Oetker* § 249 Rn. 160.
85 Zust. MüKoBGB/*Oetker* § 249 Rn. 160; Palandt/*Grüneberg* Vorbem. § 249 Rn. 49; *Brand* SchadensersatzR § 3 Rn. 41.
86 So in der Vorinstanz OLG Bremen VersR 1970, 424.
87 Zum Streitstand vgl. *Lange/Schiemann* Schadensersatz § 9 II 4; zum Schmerzensgeld vgl. *Erm*, Vorteilsanrechnung beim Schmerzensgeld, 2013, 201 ff.

muss also allgemein geeignet sein, den eingetretenen Vorteil mit sich zu bringen.[88] Vorteile, die nur zufällig mit dem schädigenden Ereignis verknüpft sind, bleiben außer Betracht.

43 Die Berücksichtigung des Vorteils muss darüber hinaus dem **Zweck** der Schadensersatzpflicht entsprechen.[89] Der Vorteil muss also außer Betracht bleiben, wenn sich den Wertungen unserer Rechtsordnung entnehmen lässt, dass der Schädiger nicht begünstigt werden soll. Ein wichtiges Indiz gegen die Vorteilsanrechnung ist die Existenz von Vorschriften, die einen *gesetzlichen Übergang* des Schadensersatzanspruchs zugunsten Dritter vorsehen, die dem Geschädigten Ersatz leisten. Denn diesen Vorschriften ist zu entnehmen, dass der Schaden letztlich vom Schädiger getragen werden soll.

> **Beispiele:** Im Ausgangsfall (→ § 45 Rn. 41) soll S nicht dadurch entlastet werden, dass die *gesetzliche Krankenversicherung* für die Arztkosten aufgekommen ist (a). Dies ergibt sich aus dem § 116 SGB X, wonach der Anspruch des G gegen S auf den Versicherungsträger übergeht. Dieser Vorteil ist G also nicht anzurechnen.[90] Auch der Lohn, den G von seinem Arbeitgeber weiterhin bezogen hat (b), ist nicht auf den Schadensersatzanspruch anzurechnen. Der Anspruch des G gegen S geht insoweit vielmehr nach § 6 EFZG auf den Arbeitgeber über. Die *Entgeltfortzahlungsansprüche* des Arbeitnehmers gegen den Arbeitgeber sollen nicht den Schädiger schützen, sondern den Arbeitnehmer. Hat der Geschädigte *Leistungen aus einer privaten Lebens- oder Unfallversicherung* erhalten (c), so ist danach zu differenzieren, wer die Versicherung abgeschlossen hat. Ist der Geschädigte Versicherungsnehmer, so sind die Leistungen der Lebens- oder Unfallversicherung nicht anrechenbar. Denn der Geschädigte hat die Versicherungsprämien nicht gezahlt, weil er einen etwaigen Schädiger von der Ersatzpflicht befreien wollte. Ist der Schädiger Versicherungsnehmer (zB Insassenunfallversicherung), so muss sich der Geschädigte dagegen die von der Versicherung erhaltenen Beiträge anrechnen lassen.

44 Das Opfer einer Körperverletzung behält nach § 843 IV auch dann seinen Schadensersatzanspruch gegen den Schädiger, wenn ein anderer **unterhaltspflichtig** ist. Darin kommt der allgemeine Gedanke zum Ausdruck, dass Leistungen, die ihrer Natur nach nicht dem Schädiger zugutekommen sollen, auf den Ersatzanspruch des Geschädigten nicht anzurechnen sind.[91] Erhält der Geschädigte von einem Dritten **freiwillige Leistungen,** so kommt es darauf an, ob diese nach dem Willen des Dritten dem Geschädigten zugutekommen oder (auch) den Schädiger entlasten sollen (§ 267).

45 Dem Geschädigten können auch aus einer **eigenen Tätigkeit** Vorteile erwachsen. Diese mindern den Schadensersatzanspruch nur, wenn der Geschädigte nach § 254 II 1 gehalten war, den Schaden durch die betreffende Tätigkeit zu mindern (→ § 50 Rn. 18ff.). Gehen die Bemühungen des Geschädigten über das nach § 254 II 1 gebotene Maß hinaus, so muss er sich die daraus resultierenden Vorteile nicht anrechnen lassen. Denn in diesem Fall gibt es keine Grundlage dafür, die Früchte aus einer Tätigkeit des Geschädigten einem anderen – dem Schädiger – zugutekommen zu lassen.[92]

---

[88] Vgl. BGHZ 49, 56 (61f.). Ob der Adäquanz eigenständige Bedeutung zukommt, ist hier freilich ebenso zweifelhaft wie bei der Schadenszurechnung (→ § 45 Rn. 15ff.).
[89] BGHZ 91, 206 (210); Brox/*Walker* SchuldR AT § 31 Rn. 22.
[90] Das Gleiche gilt im Verhältnis zu einer *privaten* Krankenversicherung. Hier geht der Ersatzanspruch des Geschädigten gem. § 86 VVG auf den Versicherer über.
[91] Palandt/*Sprau* § 843 Rn. 20.
[92] Vgl. BGHZ 4, 170 (177); *Larenz* SchuldR I § 30 IIb.

> **Beispiel** (BGHZ 55, 329): Fahrlehrer F kann aufgrund eines von S verschuldeten Unfalls seinen Pkw für neun Arbeitstage nicht nutzen. Obwohl er schon normalerweise zwischen 6.30 und 20.00 Uhr Unterricht gibt, gelingt es ihm, die ausgefallenen Fahrstunden nachzuholen.
> Geht man entgegen dem BGH davon aus, dass die Nachholung der Fahrstunden eine *überobligatorische* Maßnahme ist,[93] muss F sich den damit erwirtschafteten Ertrag nicht anrechnen lassen. Er kann daher für die neun ausgefallenen Arbeitstage von S Ersatz des entgangenen Verdienstes verlangen.[94]

Das Institut der Vorteilsausgleichung ist auch bei Schadensersatzansprüchen wegen vorsätzlicher sittenwidriger Schädigung nach § 826 anwendbar.[95] Macht der Käufer eines mit einer unzulässigen Abschalteinrichtung ausgestatteten Dieselfahrzeugs gegen den Hersteller einen Schadensersatzanspruch aus § 826 geltend, so muss er sich daher die bis zur Rückgabe des Fahrzeugs gezogenen Nutzungen nach den Grundsätzen der Vorteilsausgleichung anrechnen lassen. **46**

> **Literatur:** *Coester-Waltjen*, Die Probleme der Zurechenbarkeit bei Eigenschädigung und Fehlverhalten Dritter, JURA 2001, 412; *Engisch*, Die Kausalität als Merkmal der strafrechtlichen Tatbestände, 1931; *Erm*, Vorteilsanrechnung beim Schmerzensgeld – ein Beitrag zur Fortentwicklung des Schadens(ersatz)-rechts, 2013; *U. Huber*, Normzwecktheorie und Adäquanztheorie, JZ 1969, 677; *Lange*, Die Vorteilsausgleichung, JuS 1978, 649; *Larenz*, Die Prinzipien der Schadenszurechnung, JuS 1965, 373; *Lipp*, Krankheitsbedingte Schadensdisposition und »psychisch« vermittelter Gesundheitsschaden – BGHZ 107, 359, JuS 1991, 809; *E. Lorenz*, Grundsatz und Grenzen der Folgenzurechnung im Schadensersatzrecht, FS Deutsch, 1999, 251; *E. Lorenz*, Einige Bemerkungen zur Struktur des Anspruchs auf Ersatz von Schockschäden, FS G. Müller, 2009, 147; *Medicus*, Die psychisch vermittelte Kausalität im Zivilrecht, JuS 2005, 289; *Michalski*, Haftungsbeschränkung durch den Schutzzweck der Norm, JURA 1996, 393; *Müller-Laube*, Auswirkungen vorteilhafter Geschäfte des Geschädigten auf die Schadensabrechnung mit dem Schädiger, JZ 1991, 162; *Musielak*, Kausalität und Schadenszurechnung im Zivilrecht, JA 2013, 241; *Rönnau/Faust/Fehling*, Durchblick: Kausalität und objektive Zurechnung, JuS 2004, 113; *Schünemann*, Unzulänglichkeit der Adäquanztheorie?, JuS 1979, 19; *Spickhoff*, Folgenzurechnung im Schadensersatzrecht: Gründe und Grenzen, in Karlsruher Forum 2007, 2008, 7–87; *Stoll*, Deliktsrechtliche Verantwortung für bewusste Selbstgefährdung des Verletzten, FS Deutsch, 2009, 943; *Strauch*, Die Haftung des Verfolgten für Schäden des Verfolgers aus § 823 I BGB, VersR 1992, 932; *Weitnauer*, Noch einmal: Unzulänglichkeit der Adäquanztheorie?, JuS 1979, 697. Vgl. außerdem die Nachweise zu § 43.

§ 46 Ersatzberechtigte Personen

I. Grundsatz

Der Anspruch auf Schadensersatz setzt grundsätzlich voraus, dass der Geschädigte in seinen **eigenen** Rechtsgütern oder Rechten verletzt wird. Dritte, die aufgrund der Verletzung des unmittelbar Geschädigten einen Vermögensschaden erleiden, müssen diesen grundsätzlich selbst tragen. **1**

> **Beispiel:** S verletzt bei einem Verkehrsunfall den G, der als Produktionsleiter bei der A-AG beschäftigt ist. G ist für mehrere Wochen arbeitsunfähig. Dies führt zu einem Verdienstausfall von 5.000 EUR. Bei der A kommt es aufgrund der Arbeitsunfähigkeit des G zu einem Produktionsausfall iHv 50.000 EUR. Welche Ansprüche haben G und A gegen S?

---
93 So zutr. *Lieb* JR 1971, 371 (373); *Medicus/Petersen* BürgerlR Rn. 859.
94 Vgl. *Looschelders* Mitverantwortlichkeit 501; aA *Lieb* JR 1971, 371 (373).
95 Zu den Einzelheiten BGH ZIP 2020, 1179 = BeckRS 2020, 10555 Rn. 66ff. (Diesel-Skandal).

G steht als unmittelbar Geschädigtem ein Anspruch auf Ersatz des Verdienstausfalls aus § 823 I zu. Die A kann dagegen als mittelbar Geschädigte keinen Ersatz des Produktionsausfallschadens verlangen. Hat A dem G den Lohn weiter gezahlt, so steht ihr auch insoweit kein eigener Schadensersatzanspruch gegen S zu.[96] Nach § 6 EFZG geht der Schadensersatzanspruch des G gegen S in diesem Fall aber im Wege des gesetzlichen Forderungsübergangs auf A über (→ § 45 Rn. 43).

II. Ausnahmen

2 Der Grundsatz, dass mittelbar Geschädigten keine eigenen Schadensersatzansprüche zustehen, wird im *Deliktsrecht* an einigen Stellen durchbrochen.

1. Ersatz der Beerdigungskosten (§ 844 I)

3 Bei Tötung eines Menschen ist § 844 I zu beachten. Die Vorschrift bestimmt, dass derjenige, der die **Beerdigungskosten** zu tragen hat, wegen dieser Kosten einen eigenen Ersatzanspruch gegen den Schädiger hat. Ersatzberechtigt ist nach § 1968 regelmäßig der Erbe.

2. Ersatz des Unterhaltsschadens (§ 844 II)

4 Ist der Schädiger für den Tod einer unterhaltspflichtigen Person verantwortlich, so hat er nach § 844 II den **Unterhaltsschaden** der Angehörigen zu ersetzen. Unterhaltspflichten bestehen zB gegenüber dem Ehegatten (§ 1360), dem Lebenspartner (§ 5 LPartG) sowie Verwandten in gerader Linie (§§ 1601 ff.), insbesondere den Kindern. Höhe und Dauer des geschuldeten Schadensersatzes richten sich nach dem Umfang der Unterhaltsansprüche, welche die Unterhaltsberechtigten *kraft Gesetzes* gegen den Getöteten während der mutmaßlichen Dauer seines Lebens gehabt hätten.[97] Freiwillige Unterhaltsleistungen sind nicht zu berücksichtigen. Zum Anspruch besonders nahestehender Personen auf **Hinterbliebenengeld** → § 48 Rn. 6.

3. Schadensersatz wegen entgangener Dienste (§ 845)

5 § 845 gewährt einem Dritten, dem gegenüber der Getötete oder Verletzte kraft Gesetzes zur **Leistung von Diensten** in dessen Hauswesen oder Gewerbe verpflichtet war, wegen der entgangenen Dienste einen eigenen Ersatzanspruch.

Hauptbeispiel war früher die **Ehefrau,** die dem Ehemann gegenüber zur Führung des Haushalts verpflichtet war. Der BGH hat jedoch mit Rücksicht auf den Gleichberechtigungsgrundsatz (Art. 3 II GG) die Vorstellung aufgegeben, dass der Ehemann bei Ausfall der Arbeitskraft seiner Frau einen Schaden wegen entgangener Dienste erleidet.[98] Der Ehegatte, der den Haushalt führt oder im Beruf oder Geschäft des anderen Ehegatten tätig ist, erfüllt damit seine Unterhaltspflicht. Wird die Haushaltsführung durch eine Verletzung beeinträchtigt, so steht ihm deshalb ein eigener Schadensersatzanspruch zu (§ 842). Ersatzansprüche des mittelbar geschädigten Ehegatten kommen daher nur im Fall der Tötung in Betracht. Anspruchsgrundlage ist hier aber § 844 II. Unter § 845 fallen damit nur noch hausangehörige **Kinder,** die ihren Eltern nach § 1619

---

96 Vgl. BGHZ 7, 30 (36).
97 Ausf. dazu *Medicus* ZGS 2006, 103 (104 ff.).
98 BGHZ 38, 55 (56 ff.); 51, 109 (110 ff.).

Dienste schulden (→ SchuldR BT § 71 Rn. 13 ff.). Die Norm hat somit nur noch geringe Bedeutung.

III. Abgrenzungen

Die Abgrenzung zwischen unmittelbar und mittelbar Geschädigten hängt allein davon ab, ob der Betreffende in seinen eigenen Rechtsgütern bzw. Rechten verletzt oder geschädigt worden ist. Es kommt also nicht darauf an, ob die Verletzung unmittelbar oder nur mittelbar verursacht worden ist. Bei **Schockschäden** (→ § 45 Rn. 30 ff.) ist der betroffene Angehörige daher unmittelbar Geschädigter. Entscheidend ist, dass ein eigenes Rechtsgut – die Gesundheit – verletzt wird. Dass die Gesundheitsbeschädigung durch die Verletzung oder Tötung eines anderen vermittelt wird, ist irrelevant. 6

Verletzt jemand den **Arbeitnehmer eines Konkurrenten,** um dessen Betrieb zu schädigen, so steht dem Inhaber des Betriebs ein eigener Schadensersatzanspruch aus § 823 I zu. Im Unterschied zum »Normalfall« der Verletzung von Arbeitnehmern (→ § 46 Rn. 7) richtet sich das Verhalten des Schädigers in einem solchen Fall *unmittelbar* gegen den Betrieb des Arbeitgebers. Der Arbeitgeber erleidet deshalb keinen bloßen Vermögensschaden; er wird vielmehr in seinem eigenen Recht am eingerichteten und ausgeübten Gewerbebetrieb verletzt, das als sonstiges Recht iSd § 823 I anerkannt ist.[99] 7

IV. Drittschadensliquidation

1. Allgemeines

Der Grundsatz, dass mittelbar Geschädigte keinen Schadensersatz verlangen können, darf nicht dadurch ausgehöhlt werden, dass man dem Verletzten die Geltendmachung von Schäden erlaubt, die ein Dritter infolge des schädigenden Ereignisses erlitten hat. Es ist daher anerkannt, dass der Verletzte im Allgemeinen nur seinen *eigenen Schaden* geltend machen kann. 8

> **Beispiel:** Im Produktionsleiter-Fall (→ § 46 Rn. 1) kann G nur den eigenen Verdienstausfallschaden geltend machen. Er kann den S dagegen nicht auf Ersatz des Schadens in Anspruch nehmen, den A aufgrund des Produktionsausfalls erlitten hat.

Im Vertragsrecht gibt es einige Konstellationen, in denen ein Schaden, der an sich den Vertragspartner getroffen hätte, aufgrund besonderer, dem Schädiger nicht erkennbarer Umstände auf einen anderen **verlagert** wird. Der Schaden tritt also nicht beim möglichen Gläubiger des Ersatzanspruchs ein, sondern bei einem Dritten, der selbst nicht anspruchsberechtigt ist. Wollte man in solchen Fällen daran festhalten, dass nur der eigene Schaden geltend gemacht werden kann, so würde der Schädiger durch die (aus seiner Sicht) **zufällige** Schadensverlagerung unbillig entlastet. Die hM spricht dem Ersatzberechtigten deshalb das Recht zu, gegenüber dem Schädiger den Schaden des Dritten geltend zu machen (sog. Drittschadensliquidation).[100] 9

---

99 Vgl. etwa HK-BGB/*Staudinger* § 823 Rn. 115 ff.
100 BGHZ 40, 91 (107); 95, 128 (136 f.); BGH NJW 2016, 1089 = JuS 2016, 462 *(Riehm)* = JA 2016, 948 *(Looschelders); Brox/Walker* SchuldR AT § 29 Rn. 14 ff.; *Larenz* SchuldR I § 27 IVb; Soergel/*Ekkenga/Kuntz* Vor § 249 Rn. 330 ff.

> **Zur Vertiefung:** Bei der Drittschadensliquidation wird der Schaden zu dem (insoweit nicht kompletten) Anspruch gezogen. Dies ist ein wesentlicher Unterschied gegenüber dem *Vertrag mit Schutzwirkung für Dritte* (→ § 9 Rn. 2 ff.), bei welchem dem Geschädigten ein eigener (vor-)vertraglicher Schadensersatzanspruch zusteht.[101] Materiell unterscheiden sich beide Rechtsfiguren dadurch, dass es bei der Drittschadensliquidation um die Bewältigung einer bloßen (zufälligen) Schadensverlagerung geht, während der Vertrag mit Schutzwirkung für Dritte den Kreis der anspruchsberechtigten Personen erweitert und damit die Relativität des Schuldverhältnisses durchbricht (→ § 1 Rn. 30). Während der Vertrag mit Schutzwirkung für Dritte das Haftungsrisiko des Schädigers *erhöht*, hat die Drittschadensliquidation also nur den Zweck, eine ungerechtfertigte *Entlastung* des Schädigers zu *vermeiden*.[102]

10   Die Drittschadensliquidation setzt voraus, dass dem Geschädigten **kein eigener Schadensersatzanspruch** gegen den Schädiger zusteht. Bei Annahme eines Vertrages mit Schutzwirkung für Dritte ist ein solcher eigener Anspruch gegeben. Eine Drittschadensliquidation muss daher ausscheiden. Für den Klausuraufbau bedeutet dies, dass Schadensersatzansprüche aus einem Vertrag mit Schutzwirkung für Dritte vorrangig zu prüfen sind.[103]

Da der Gläubiger durch die Drittschadensliquidation nicht bereichert werden soll, hat er die erlangte Ersatzleistung an den Dritten **weiterzuleiten**.[104] In den Fällen der Unmöglichkeit ergibt sich diese Verpflichtung unmittelbar aus § 285 (→ § 31 Rn. 8); im Übrigen ist § 285 analog anwendbar.[105] Die Weiterleitung des Ersatzes an den Dritten ist Sache des Ersatzberechtigten. Der Schädiger kann die Ersatzleistung nur verweigern, wenn feststeht, dass der Dritte die Leistung tatsächlich nicht erhalten wird. Denn in diesem Fall würde die Zubilligung des Anspruchs zu einer unbilligen Bereicherung des Ersatzberechtigten führen. Der Schädiger muss aber darlegen und beweisen, dass keine Weiterleitung des Ersatzes an den Dritten erfolgen wird.[106]

2. Fallgruppen

11   Da die Drittschadensliquidation die allgemeinen Grundsätze des Schadensrechts durchbricht, ist eine restriktive Handhabung geboten. In Rechtsprechung und Literatur haben sich **fünf Hauptfallgruppen** herausgebildet,[107] die freilich **nicht abschließend** sind.[108]

---

101 Zur Abgrenzung vgl. *Medicus/Petersen* BürgerlR Rn. 840 f.; Staudinger/*Schiemann*, 2017, Vor § 249 Rn. 64; *Hübner/Sagan* JA 2013, 741 ff.
102 Vgl. MüKoBGB/*Oetker* § 249 Rn. 292; *Brand* SchadensersatzR § 4 Rn. 11.
103 Zum Vorrang des Vertrages mit Schutzwirkung für Dritte MüKoBGB/*Oetker* § 249 Rn. 293; Palandt/*Grüneberg* Vorbem. § 249 Rn. 109; Staudinger/*Schiemann*, 2017, Vor § 249 Rn. 66.
104 Staudinger/*Schiemann*, 2017, Vor § 249 Rn. 67; MüKoBGB/*Oetker* § 249 Rn. 294.
105 BeckOK BGB/*Flume*, 54. Ed. 1.5.2020, § 249 Rn. 378.
106 BGH NJW 2016, 1089 Rn. 32.
107 Vgl. BGHZ 40, 91 (100 f.); Staudinger/*Schiemann*, 2017, Vor § 249 Rn. 68 ff.; MüKoBGB/*Oetker* § 249 Rn. 296 ff.; *Larenz* SchuldR I § 27 IVb; *Medicus/Lorenz* SchuldR AT Rn. 651 ff.; *Brand* SchadensersatzR § 4 Rn. 14 ff.
108 MüKoBGB/*Oetker* § 249 Rn. 290; *Weiss* NJW 2016, 1091 f. unter Verweis auf BGH NJW 2016, 1089; einschr. Staudinger/*Schiemann*, 2017, Vor § 249 Rn. 76 ff.; *Medicus/Lorenz* SchuldR AT Rn. 656.

a) Obligatorische Gefahrentlastung

Wichtigstes Beispiel der Drittschadensliquidation ist der Fall, dass der Schaden aufgrund einer besonderen **vertraglichen Vereinbarung**[109] oder einer speziellen **gesetzlichen Bestimmung** über die vertragliche Gefahrtragung auf einen Dritten verlagert wird (sog. obligatorische Gefahrentlastung).[110] Besondere Bedeutung hat in diesem Zusammenhang die Regelung der Gefahrtragung beim **Versendungsverkauf** in § 447 (→ SchuldR BT § 10 Rn. 5 ff.).[111]

12

> **Beispiel** (nach OLG Köln NJW-RR 1989, 1457): Der in Düsseldorf wohnhafte Rechtsanwalt R bestellt für seine Kanzleiräume bei dem in Essen ansässigen Kunsthändler V zwei Collagen zum Gesamtpreis von 1.200 EUR. V bittet seinen Schwager S, die Collagen mit dem Pkw in die Kanzlei des R zu bringen. Auf der Fahrt zu R verschuldet S einen Unfall, bei dem die Collagen vernichtet werden. Welche Ansprüche haben V und R gegen S?
> Aufgrund der wirtschaftlichen Bedeutung des Geschäfts ist davon auszugehen, dass zwischen V und S ein Vertrag über die unentgeltliche Durchführung des Transports (Auftrag) zustande gekommen ist. Dem V steht daher an sich ein Schadensersatzanspruch gegen S aus § 280 I zu. Außerdem kommt ein Schadensersatzanspruch wegen Eigentumsverletzung aus § 823 I in Betracht. Beide Ansprüche scheitern jedoch, weil V keinen Schaden erlitten hat. Denn R ist nach § 447 weiterhin verpflichtet, den Kaufpreis zu zahlen. Der Schaden liegt damit bei R. Dieser hat aber weder vertragliche (kein Vertrag) noch deliktische Ansprüche (keine Eigentumsverletzung). Um eine unbillige Entlastung des S zu vermeiden, muss V erlaubt werden, den Schaden des R geltend zu machen. Der R hat dann gegen V einen Anspruch auf Herausgabe des Ersatzes aus § 285.

Für den praktisch wichtigsten Fall, dass die Versendung von einem **gewerbsmäßigen Frachtführer** durchgeführt wird, hat die Figur der Drittschadensliquidation durch die Transportrechtsreform von 1998 ihre Bedeutung verloren. Denn die §§ 421 I 2, 425 I HGB sehen ausdrücklich vor, dass der Empfänger die Ansprüche aus dem Frachtvertrag gegen den Frachtführer im eigenen Namen geltend machen kann. Das Gleiche gilt gem. § 458 I 2 HGB im Verhältnis zu einem **Spediteur,** der den Transport selbst ausführt (sog. Selbsteintritt). Es besteht kein Anlass, daneben auch noch dem Verkäufer im Wege der Drittschadensliquidation einen Schadensersatzanspruch zuzubilligen.[112]

13

> **Zur Vertiefung:** Auch in den verbleibenden Fällen der obligatorischen Gefahrentlastung ist zweifelhaft, ob der Rückgriff auf die Drittschadensliquidation wirklich erforderlich ist. Der Sache nach handelt es sich nämlich um ein ähnliches Problem wie bei der Vorteilsausgleichung (→ § 45 Rn. 41 ff.). Da § 447 den Schädiger nicht entlasten soll, liegt es nahe, die Verpflichtung des Käufers zur Zahlung des Kaufpreises bei der Berechnung des Schadens aufseiten des Verkäufers außer Betracht zu lassen. Der Verkäufer macht dann einen eigenen Schaden geltend.[113]

---

109 Vgl. zu einem aktuellen Beispiel BGH NJW 2016, 1089: Mangelhafte Architektenleistung führt zu Sanierungskosten, die aufgrund einer vertraglichen Vereinbarung nicht vom Auftraggeber, sondern von der Pächterin der betreffenden Halle getragen werden.
110 Vgl. *Larenz* SchuldR I § 27 IVb (1); *Brox/Walker* SchuldR AT § 29 Rn. 18 ff.
111 Ausf. dazu *Wertenbruch* JuS 2003, 625 ff.
112 Vgl. *Brox/Walker* SchuldR AT § 29 Rn. 19; *Homann* JA 1999, 978 ff.; *Oetker* JuS 2001, 833 ff.
113 So etwa *Larenz* SchuldR I § 27 IVb (1); *Büdenbender* NJW 2000, 986 ff.

b) Mittelbare Stellvertretung

14 Eine weitere anerkannte Fallgruppe der Drittschadensliquidation ist die **mittelbare Stellvertretung**. Kennzeichnend für die mittelbare Stellvertretung ist, dass jemand im eigenen Namen für fremde Rechnung einen Vertrag schließt (zB *Kommission*). Verletzt der Vertragspartner den Vertrag, so tritt der Schaden im Allgemeinen nicht bei dem mittelbaren Stellvertreter, sondern bei dem Geschäftsherrn ein. Dem mittelbaren Stellvertreter ist aber erlaubt, den Schaden bei seinem Vertragspartner geltend zu machen.[114] Nach Ansicht des BGH ist die Drittschadensliquidation in dieser Fallgruppe sogar schon *gewohnheitsrechtlich* anerkannt.[115]

> **Beispiel:** Kommissionär K kauft bei dem Kunsthändler H im eigenen Namen für Rechnung des D ein Gemälde zum Preis von 25.000 EUR. Bei den Vertragsverhandlungen sichert H ausdrücklich zu, dass es sich um einen echten »Macke« handelt. Später stellt sich heraus, dass das Bild eine Fälschung ist. K verlangt von H Schadensersatz. Er macht geltend, der D hätte das Gemälde mit einem Gewinn von 5.000 EUR weiterverkaufen können.
>
> Dem K könnte gegen H ein Schadensersatzanspruch aus §§ 434, 437 Nr. 3, 311a II, 276 I 1 (Garantie) zustehen. Problematisch ist allein der Schaden. In Rechtsprechung und Literatur ist anerkannt, dass der Kommissionär den Schaden seines Geschäftsherrn geltend machen kann. Fraglich ist aber, ob dies auch für den entgangenen Gewinn (§ 252) gilt. In der Literatur wird teilweise die Auffassung vertreten, dass solche individuellen Schadensposten des Geschäftsherrn nicht ersatzfähig seien, weil der Schädiger sie nicht voraussehen könne.[116] Dem ist jedoch entgegenzuhalten, dass es für die Zurechnung eines Schadens auch sonst nicht auf die Erkennbarkeit der Schadenshöhe ankommt.[117]

c) Treuhandverhältnisse

15 Eng mit der Fallgruppe der mittelbaren Stellvertretung verwandt ist die Drittschadensliquidation bei **Treuhandverhältnissen**. Hier geht es um Fälle, in denen der Treugeber dem Treuhänder ein Recht überträgt, das dieser im Interesse des Treugebers auszuüben hat. Verletzt ein Dritter das übertragene Recht, so kann es wiederum zu einer »zufälligen« Schadensverlagerung kommen, dergestalt dass der Schaden beim Treugeber eintritt, ein Anspruch aber nur dem Treuhänder zusteht. Der Treuhänder kann in diesem Fall über das Institut der Drittschadensliquidation den Schaden des Treugebers geltend machen. Voraussetzung ist aber, dass der Treugeber keinen eigenen Schadensersatzanspruch gegen den Schädiger (zB aus § 823 I wegen Verletzung des unmittelbaren Besitzes an der nach § 930 sicherungsübereigneten Sache oder des Anwartschaftsrechts auf Rückübereignung der Sache) hat.[118]

d) Obhut für fremde Sachen

16 Die hM erkennt die Drittschadensliquidation auch für den Fall an, dass der an sich ersatzberechtigte Vertragspartner die **Obhut** über eine **fremde Sache** ausübt. Wird diese Sache von dem anderen Vertragspartner beschädigt oder zerstört, so soll der Ersatz-

---

114 Vgl. BGHZ 25, 250 (258); 40, 91 (100f.); *Brand* SchadensersatzR § 4 Rn. 18; *Brox/Walker* SchuldR AT § 29 Rn. 22.
115 BGHZ 133, 36 (41).
116 So etwa Soergel/*Ekkenga/Kuntz* Vor § 249 Rn. 349.
117 *Larenz* SchuldR I § 27 IVb (3); MüKoBGB/*Oetker* § 249 Rn. 298.
118 MüKoBGB/*Oetker* § 249 Rn. 306; Staudinger/*Schiemann*, 2017, Vor § 249 Rn. 71; *Brand* SchadensersatzR § 4 Rn. 20.

berechtigte den Schaden des Eigentümers geltend machen können.[119] Nach der Gegenauffassung ist die Drittschadensliquidation in solchen Fällen regelmäßig entbehrlich, weil der Eigentümer der beschädigten oder zerstörten Sache in den Schutzbereich des Vertrages zwischen dem Besitzer der Sache und dem Schädiger einbezogen sei.[120] Unabhängig davon steht dem Eigentümer jedenfalls ein deliktischer Schadensersatzanspruch wegen Eigentumsverletzung aus § 823 I bzw. § 831 I zu.[121] Dieser Anspruch ist freilich nicht gleichwertig.

> **Beispiel:** Der B hat den Malermeister M damit beauftragt, seine Garage neu anzustreichen. Bei der Durchführung der Arbeiten fällt dem Gesellen G, der im Betrieb des M seit zehn Jahren ohne Beanstandungen arbeitet, ein Eimer mit Wandfarbe herunter. Der Eimer fällt auf ein Harley-Davidson-Motorrad, das B während des Winters für den Eigentümer E zusammen mit seinem eigenen Motorrad unentgeltlich in der Garage verwahrt. Die Farbe sickert in den Motor der Maschine und beschädigt diesen.
>
> Verlangt E von M Ersatz der Reparaturkosten, so scheiden unmittelbare vertragliche Ansprüche wegen Fehlens eines Vertrages zwischen E und M aus. Der deliktische Anspruch aus § 831 I scheitert an der Exkulpationsmöglichkeit des M. B hätte dagegen an sich einen Schadensersatzanspruch gegen M aus §§ 280 I, 278. Fraglich ist jedoch, ob B einen Schaden erlitten hat. Ein solcher Schaden wäre gegeben, wenn B seinerseits dem E nach § 280 I ersatzpflichtig wäre (zB weil er das Motorrad während der Arbeiten in der Garage belassen hat). Wenn B sein eigenes Motorrad während der Malerarbeiten ebenfalls in der Garage belassen hat, dürfte jedoch die Privilegierung des § 690 eingreifen. Der B hätte dann keinen eigenen Schaden. Nach hM könnte er aber den Schaden des E nach §§ 280 I, 278 liquidieren. Nach der Gegenauffassung steht dem E ein eigener Schadensersatzanspruch gegen M aus §§ 280 I, 278 in Verbindung mit den Grundsätzen über den Vertrag mit Schutzwirkung für Dritte zu.

e) Vertragliche Vereinbarung

Die Zulässigkeit einer Drittschadensliquidation kann sich schließlich aus einer (auch konkludenten) Parteivereinbarung ergeben, wonach der eine Vertragspartner berechtigt sein soll, den von dem anderen Vertragspartner verursachten Schaden eines Dritten geltend zu machen.[122] Wenn die Parteien keine ausdrückliche Vereinbarung getroffen haben, wird die Interessenlage in solchen Fällen aber meist dafür sprechen, dass der Dritte in den **Schutzbereich des Vertrags** einbezogen werden sollte. Dem Dritten steht dann bei einer Schädigung ein eigener vertraglicher Schadensersatzanspruch gegen den Schädiger zu, sodass eine Drittschadensliquidation durch die andere Partei ausgeschlossen ist.[123]

17

Literatur: *Bredemeyer*, Das Prinzip »Drittschadensliquidation«, JA 2012, 102; *Brockmann/Künnen*, Vertrag mit Schutzwirkung für Dritte und Drittschadensliquidation, JA 2019, 729; *Büdenbender*, Vorteilsausgleichung und Drittschadensliquidation bei obligatorischer Gefahrentlastung, 1995; *Büden-*

---

119 BGHZ 15, 224 (228); 135, 152 (156); Palandt/*Grüneberg* Vorbem. § 249 Rn. 109; *Brand* SchadensersatzR § 4 Rn. 28.
120 Vgl. MüKoBGB/*Oetker* § 249 Rn. 305; BeckOK BGB/*Flume*, 54. Ed. 1.5.2020, § 249 Rn. 380.
121 Vgl. *Brox/Walker* SchuldR AT § 29 Rn. 24.
122 Vgl. MüKoBGB/*Oetker* § 249 Rn. 307; Staudinger/*Schiemann*, 2017, Vor § 249 Rn. 68; Soergel/*Ekkenga/Kuntz* Vor § 249 Rn. 335; *Brand* SchadensersatzR § 4 Rn. 17.
123 Staudinger/*Schiemann*, 2017, Vor § 249 Rn. 68; *Brand* SchadensersatzR § 4 Rn. 17. Die Fallgruppe der vertraglichen Vereinbarung hatte in der älteren Rspr. größere Bedeutung, da der Vertrag mit Schutzwirkung für Dritte danach in jedem Fall über die »Wohl- und Wehe-Formel« (→ § 9 Rn. 10) begrenzt wurde.

bender, Drittschadensliquidation bei obligatorischer Gefahrentlastung – eine notwendige oder überflüssige Rechtsfigur?, NJW 2000, 986; *Gomille*, Die Drittschadensliquidation im System des Haftungsrechts, JURA 2017, 619; *Homann*, Die Drittschadensliquidation beim Versendungskauf und das neue Transportrecht, JA 1999, 978; *Hübner/Sagan*, Die Abgrenzung von Vertrag mit Schutzwirkung zugunsten Dritter und Drittschadensliquidation, JA 2013, 741; *Luther*, Kompensationsschadensersatz statt Drittschadensliquidation, AcP 213 (2013), 572; *Medicus*, Der Tod als Schaden, ZGS 2006, 103; *Oetker*, Versendungskauf, Frachtrecht und Drittschadensliquidation, JuS 2001, 833; *Pfeifer*, Schadensfall Tod: Zur Ersatzfähigkeit entgangenen Gewinns bei Tötungsdelikten, AcP 205 (2005), 795; *Scheffen*, Erwerbsausfallschaden bei verletzten und getöteten Personen (§§ 842–844 BGB), VersR 1990, 926; *von Schroeter*, Die Haftung für Drittschäden, JURA 1997, 343; *Stamm*, Die Auflösung der Drittschadensliquidation im Wege der Gesamtschuld, AcP 217 (2017), 165; *Steding*, Die Drittschadensliquidation, JuS 1983, 29; *Verweyen*, Gegenläufige Entwicklungstendenzen bei der Drittschadensliquidation?, JURA 2006, 571; *Weiss*, Die Drittschadensliquidation – alte und neue Herausforderungen, JuS 2015, 8; *Wertenbruch*, Gefahrtragung beim Versendungskauf nach neuem Schuldrecht, JuS 2003, 625. Vgl. außerdem die Nachweise zu § 43.

§ 47 Art und Umfang des Schadensersatzes

I. Der Grundsatz der Naturalrestitution

1. Allgemeines

1 Nach der Grundregel des § 249 I hat der Schuldner den Zustand herzustellen, der bestehen würde, wenn das schädigende Ereignis nicht eingetreten wäre. Die Vorschrift statuiert neben dem Grundsatz der Totalreparation (→ § 43 Rn. 4 ff.) auch den Grundsatz der **Naturalrestitution** (Herstellungsprinzip). Sie bezweckt den Schutz des *Erhaltungs- oder Integritätsinteresses* des Geschädigten. Das Erhaltungsinteresse kann das *Wertinteresse* übersteigen. Dies ist der Fall, wenn der für die Herstellung erforderliche Aufwand über den Wert der beschädigten Sache hinausgeht. Der Geschädigte muss sich hier nicht mit dem Ersatz des Wertinteresses begnügen; etwas anderes gilt allerdings dann, wenn die Herstellung nur unter unverhältnismäßigen Aufwendungen möglich ist (§ 251 II; → § 47 Rn. 13).

2 Soweit die Naturalrestitution *nicht ausreichend* ist, hat der Geschädigte nach § 251 I Alt. 2 einen Anspruch auf Entschädigung in Geld. Umgekehrt muss der Geschädigte sich aufgrund des schadensrechtlichen Bereicherungsverbots einen **Abzug »neu für alt«** gefallen lassen, wenn der Wert der beschädigten Sache durch die Naturalrestitution erhöht wird.[124]

> **Beispiel:** Kfz-Mechaniker M hat den Ölwechsel am Pkw des G so unsachgemäß durchgeführt, dass es zu einem »Kolbenfresser« kommt, bei dem der Motor völlig zerstört wird. Wird der Schaden durch Einbau eines neuwertigen Austauschmotors behoben, so ist ein Abzug »neu für alt« vorzunehmen.

---

[124] Vgl. HK-BGB/*Schulze* § 249 Rn. 9; MüKoBGB/*Oetker* § 249 Rn. 348 ff.; *Brand* SchadensersatzR § 5 Rn. 29 ff.; *Kötz/Wagner* DeliktsR Rn. 676.

2. Schadensersatz in Geld statt Naturalrestitution durch den Schädiger

In den praktisch wichtigen Fällen der *Verletzung einer Person* oder der *Beschädigung einer Sache* muss der Gläubiger den Schuldner nicht selbst den Zustand herstellen lassen, der bestehen würde, wenn das schädigende Ereignis nicht eingetreten wäre. Er kann vielmehr nach § 249 II den dafür erforderlichen **Geldbetrag** verlangen. Obwohl der Schadenersatz durch eine Geldzahlung geleistet wird, geht es aber auch hier um die Wahrung des Erhaltungs- und nicht nur des Wertinteresses. Dies zeigt sich daran, dass es bei der Berechnung des Anspruchs nicht auf den Wert der *Sache* ankommt, sondern darauf, was für die Herstellung erforderlich ist. Bei *Personenschäden* geht es vor allem um den Ersatz der Behandlungskosten sowie des Verdienstausfalls (→ SchuldR BT § 71 Rn. 2 ff.).

3

In allen anderen Fällen kann der Geschädigte den für die Herstellung erforderlichen Betrag[125] nach § 250 nur verlangen, wenn er dem Schädiger für die Herstellung eine angemessene **Frist** mit Ablehnungsandrohung gesetzt hat und diese Frist ohne Erfolg abgelaufen ist. Die Vorschrift hat keine große Bedeutung. Sie greift nur ein, wenn weder eine Personenverletzung noch eine Sachbeschädigung vorliegt (zB bei Befreiungsansprüchen[126]). Ansonsten gilt § 249 II.

4

Der Anspruch auf Zahlung des für die Herstellung erforderlichen Geldbetrages setzt voraus, dass Naturalrestitution **möglich** ist; ansonsten kommt nur ein Anspruch auf Wertersatz in Betracht (§ 251 I Alt. 1). Wichtigstes Beispiel für die Unmöglichkeit der Herstellung ist die vollständige Zerstörung einer Sache. Wird eine *vertretbare* Sache zerstört, so kann die Naturalrestitution aber auch durch Beschaffung eines gleichwertigen Ersatzgegenstands vorgenommen werden.[127] Die hM sieht auch die Ersatzbeschaffung für einen *gebrauchten* Pkw als Form der Naturalrestitution an.[128] Gebrauchtwagen stellen zwar regelmäßig weder eine vertretbare Sache noch eine Gattungssache dar; die hM entspricht aber dem Ziel der Naturalrestitution, den Geschädigten (möglichst) so zu stellen, wie er ohne das schädigende Ereignis stünde. Sieht man von dem bei Kfz seltenen Fall des Unikats (zB Oldtimer) ab, so ist die Naturalrestitution in diesem Bereich also stets zumindest in Form der Ersatzbeschaffung möglich. Der Anwendungsbereich des § 251 I Alt. 1 wird damit erheblich zurückgedrängt.

5

Die Konzeption der hM hat zur Folge, dass die Unverhältnismäßigkeitsgrenze des § 251 II 1 im Verhältnis zwischen den beiden Formen der Naturalrestitution (Reparatur oder Ersatzbeschaffung) zumindest nicht unmittelbar anwendbar ist. Die hM begrenzt das Wahlrecht des Geschädigten stattdessen dadurch, dass sie dem Merkmal der Erforderlichkeit in § 249 II 1 ein sog. **Wirtschaftlichkeitsgebot** entnimmt.[129] Ist die Reparatur unwirtschaftlich, so ist der Geschädigte auf die Ersatzbeschaffung verwiesen. Bei einem Kfz wird die Unwirtschaftlichkeit der Reparatur im Allgemeinen

---

125 Zur Orientierung des Geldersatzes nach § 250 an den Herstellungskosten vgl. BGHZ 11, 156 (163); *Medicus/Lorenz* SchuldR AT Rn. 676; Palandt/*Grüneberg* § 250 Rn. 3; aA Jauernig/*Teichmann* § 250 Rn. 1; *Larenz* SchuldR I § 28 I (Wertersatz).
126 Vgl. BGH NJW 1999, 1542 (1544); Staudinger/*Schiemann*, 2017, § 250 Rn. 1.
127 Vgl. BGHZ 154, 395 (397); HK-BGB/*Schulze* § 249 Rn. 10.
128 BGHZ 115, 364; 143, 189 (193); 163, 180 (184); BGH NJW 2004, 1943 (1944); 2009, 3713; VersR 2013, 471 (472); Palandt/*Grüneberg* § 249 Rn. 21 f.; Staudinger/*Schiemann*, 2017, § 249 Rn. 184 f.; krit. MüKoBGB/*Oetker* § 251 Rn. 11; *Roth* JZ 1994, 1091 (1092).
129 Vgl. BGHZ 154, 395 (397f.); 162, 161 (164f.); BGH NJW 2009, 3713; VersR 2013, 471 (472); aus der Literatur *Brand* SchadensersatzR § 5 Rn. 19; *Wellner* NJW 2012, 7.

bejaht, wenn die Kosten um mehr als 30 % über dem Wiederbeschaffungswert liegen (→ § 47 Rn. 14). Dieser sog. **Integritätszuschlag** lässt sich der Sache nach damit rechtfertigen, dass die Reparatur dem mit der Naturalrestitution angestrebten Zustand näher steht als die Ersatzbeschaffung.[130] Aus dogmatischer Sicht wäre eine entsprechende Anwendung des § 251 II 1 aber vorzugswürdig, weil das Merkmal der Erforderlichkeit in § 249 II 1 zumindest nach dem Willen des historischen Gesetzgebers nicht den Zweck hat, den Ersatzanspruch des Geschädigten für tatsächlich entstandene Herstellungskosten zu begrenzen.[131]

Dass die Ausweitung der Naturalrestitution auf den Fall der **Zerstörung** einer Sache nicht der Konzeption des historischen Gesetzgebers entspricht, zeigt sich auch daran, dass § 249 II 1 dem Wortlaut nach nur auf die Beschädigung einer Sache anwendbar ist. Die Ersatzbeschaffung müsste daher an sich gem. § 249 I durch den Schädiger erfolgen, was jedoch wenig sinnvoll wäre. Das Problem lässt sich jedoch durch die entsprechende Anwendung des § 249 II 1 auf die Zerstörung einer Sache lösen.[132]

3. Die Dispositionsfreiheit des Geschädigten

6 Fraglich erscheint, ob der Geschädigte den erhaltenen Geldbetrag tatsächlich zur Herstellung (zB Reparatur oder Ersatzbeschaffung) verwenden muss. Nach hM ist zwischen Körper- und Sachschäden zu differenzieren:

a) Sachschäden

7 Bei Sachschäden kann der Geschädigte nach ständiger Rechtsprechung frei darüber entscheiden, ob er die Herstellung vornimmt oder nicht.[133] Besonders große praktische Bedeutung hat die **Dispositionsfreiheit** des Geschädigten bei Kfz-Schäden. Der für eine fachgemäße Werkstattreparatur erforderliche Betrag ist grundsätzlich auch dann geschuldet, wenn der Geschädigte den Schaden behelfsmäßig selbst beseitigt oder das Fahrzeug unrepariert weiter benutzt. Die Abrechnung erfolgt dann auf der Basis der **fiktiven Reparaturkosten.** Dies lässt sich damit rechtfertigen, dass das Vermögen des Gläubigers allein schon durch den an dem Kfz entstandenen Schaden gemindert wird.[134] Diese Einbuße ist dem Gläubiger vom Schädiger aufgezwungen worden. Es erscheint daher angemessen, den Gläubiger wenigstens darüber entscheiden zu lassen, in welcher Weise er den Ersatzbetrag verwendet.[135]

8 Die Rechtsprechung ist unter dem Aspekt des *Bereicherungsverbots* kritisiert worden. Denn der Geschädigte kann danach Schadenspositionen geltend machen, die tatsächlich nicht angefallen sind.[136] Allerdings hat sich die Abrechnung auf fiktiver Reparaturkostenbasis gerade bei Kfz-Schäden als sehr praktikabel erwiesen. Der durch das 2. SchadRÄndG v. 17.7.2002 eingefügte § 249 II 2 löst das Problem deshalb im Sinne eines Kompromisses: Einerseits bleibt die Möglichkeit einer Abrechnung auf fiktiver

---

130 Ähnlich *Harke* SchuldR AT Rn. 295; sehr krit. Staudinger/*Schiemann*, 2017, § 249 Rn. 234.
131 Näher dazu *Looschelders* Mitverantwortlichkeit 490 ff.
132 Vgl. Staudinger/*Schiemann*, 2017, § 249 Rn. 184; *Harke* SchuldR AT Rn. 297.
133 BGHZ 61, 56 (58); 66, 239 (241); 76, 216 (221); 81, 385 (391); MüKoBGB/*Oetker* § 249 Rn. 377; *Wellner* NJW 2012, 7; krit. *Larenz* SchuldR I § 28 I. Zu den Grenzen der Dispositionsfreiheit bei wirtschaftlichem Totalschaden → § 47 Rn. 14.
134 *Weiler* SchuldR AT Rn. 46 Rn. 5; *Brand* SchadensersatzR § 5 Rn. 9.
135 Ähnlich HKK-BGB/*Jansen* §§ 249–253, 255 Rn. 99.
136 Zur Problemstellung NK-BGB/*Magnus* § 249 Rn. 17.

Reparaturkostenbasis grundsätzlich bestehen. Andererseits ist die **Umsatzsteuer** aber nur noch insoweit ersatzfähig, als sie tatsächlich angefallen ist.[137] Der BGH betrachtet die Vorschrift des § 249 II 2 als **systemwidrigen Ausnahmetatbestand,** der nicht analogiefähig ist.[138] Der Ausschluss lässt sich daher nicht auf andere Schadenspositionen wie Lohnnebenkosten oder Sozialabgaben übertragen. Dies erscheint bei einer grundsätzlichen Anerkennung der Dispositionsfreiheit des Geschädigten konsequent.

b) Körperschäden

Bei **Körperschäden** ist die Wiederherstellung tatsächlich durchzuführen. Der Geschädigte hat keine Dispositionsfreiheit. Entscheidend ist, dass es um die Beseitigung eines *Nichtvermögensschadens* geht. Nach § 253 I ist es dem Geschädigten verwehrt, aus ideellen Schäden finanzielle Vorteile zu ziehen. Diese Wertentscheidung würde unterlaufen, wenn der Geschädigte fiktive Arzt- oder Krankenhauskosten geltend machen könnte.[139]

9

> **Beispiel** (BGHZ 97, 14): Die G ist bei einem von S verschuldeten Verkehrsunfall erheblich verletzt worden. Sie verlangt vom Haftpflichtversicherer des S (H) Zahlung der Kosten für die Korrektur von Narben am Unterbauch, die infolge einer unfallbedingten Dünndarmoperation zurückgeblieben sind. Im Prozess muss G einräumen, sie habe sich wegen des ungewissen Erfolges noch nicht zu der Operation entschließen können.
> Der BGH hat einen Anspruch auf Ersatz der fiktiven Operationskosten verneint, weil dem Geschädigten bei Personenschäden grundsätzlich keine Dispositionsfreiheit zustehe. Die Klage sei daher derzeit unbegründet.

II. Der Anspruch auf Entschädigung in Geld (Wertersatz)

Der Anspruch auf Entschädigung in Geld ist in § 251 geregelt. Es geht hier nicht wie in den Fällen des § 249 II um die Kosten der Naturalrestitution, sondern um den Ersatz des **Wert- oder Summeninteresses.** Dieses ergibt sich aus der Differenz zwischen dem Wert, den das Vermögen des Geschädigten ohne das schädigende Ereignis gehabt hätte, und dem Wert, den es infolge des schädigenden Ereignisses tatsächlich hat.[140] Ist eine nicht vertretbare Sache zerstört worden, so bemisst sich der Ersatzanspruch nach dem *Wiederbeschaffungswert,* wobei auf vergleichbare Sachen abzustellen ist.[141] Bei gebrauchten Sachen, für die mangels Nachfrage kein Marktpreis ermittelt werden kann, ist der aus dem *Neupreis abzüglich einer Abschreibung* ermittelte Verkehrswert zugrunde zu legen.[142]

10

Die beiden Absätze des § 251 haben eine unterschiedliche **Schutzrichtung.** Abs. 1 regelt zwei Fälle, in denen der *Geschädigte* berechtigt ist, anstelle oder neben der Naturalrestitution Entschädigung in Geld zu verlangen. Demgegenüber geht es in Abs. 2 um die Frage, unter welchen Voraussetzungen der *Schädiger* das Recht hat, den Geschädigten statt der Naturalrestitution auf Entschädigung in Geld zu verweisen.[143]

---

137 Dazu BGHZ 158, 388 = NJW 2004, 1943 (1944 ff.); BGH NJW 2004, 2086; 2005, 2220 (2221); 2009, 3713; VersR 2013, 471 (472); MüKoBGB/*Oetker* § 249 Rn. 457 ff.
138 BGH VersR 2013, 637 (638).
139 BGHZ 97, 14 (17); OLG Köln VersR 2000, 1021 (1022); *Larenz* SchuldR I § 28 I.
140 BGH NJW 1984, 2569 (2570); 1985, 2413 (2415).
141 BGHZ 92, 85 (90); 117, 29 (31); *Medicus/Lorenz* SchuldR AT Rn. 707.
142 OLG Düsseldorf NJW-RR 1997, 181; Palandt/*Grüneberg* § 251 Rn. 10.
143 Zur Systematik des § 251 vgl. MüKoBGB/*Oetker* § 251 Rn. 1 ff.

1. Unmöglichkeit der Herstellung (§ 251 I Alt. 1)

11 Ist die Wiederherstellung des schadensfreien Zustandes nicht möglich, zB weil eine nicht vertretbare Sache völlig zerstört worden ist, so hilft das Prinzip der Naturalrestitution dem Geschädigten nicht weiter. Da die Unmöglichkeit den Schädiger aber nicht entlasten soll, schreibt § 251 Abs. 1 vor, dass er in diesen Fällen eine **Entschädigung in Geld** leisten muss.

Ersetzt wird lediglich das Summen- oder Wertinteresse des Geschädigten. **Nichtvermögensschäden** werden von § 251 I nicht erfasst. Solche Schäden können vielmehr nur in den Grenzen des § 253 geltend gemacht werden. Nicht ersatzfähig ist damit auch das *Affektionsinteresse* (→ § 44 Rn. 6). Soweit sich für Gegenstände der Liebhaberei (zB Briefmarken oder Oldtimer) ein Markt entwickelt hat, kann aber auch die in den jeweiligen Liebhaber-Kreisen bestehende Wertschätzung berücksichtigt werden.[144]

> **Beispiel:** Der Oldtimer des G ist bei einem von S verursachten Unfall derart beschädigt worden, dass eine Reparatur technisch nicht möglich ist (sog. *technischer Totalschaden*).
> G hat gegen S einen Anspruch auf Entschädigung in Geld aus § 823 I iVm § 251 I Alt. 1. Bei der Berechnung der Entschädigung kann man sich an dem auf dem Oldtimer-Markt zu erzielenden Preis orientieren.

2. Ungenügende Herstellung (§ 251 I Alt. 2)

12 Genügt die Herstellung nicht zur Entschädigung, so bestimmt § 251 I Alt. 2, dass der Schädiger den Gläubiger in Geld zu entschädigen hat. Dieser Geldersatzanspruch kann den Herstellungsanspruch ersetzen oder ergänzen. Erfasst werden hier vor allem Fälle, in denen dem Geschädigten die Reparatur wegen des Umfangs des Schadens **nicht zugemutet** werden kann, ein **technischer** oder **merkantiler Minderwert** auch nach der Reparatur verbleibt oder die Herstellung **unzumutbar lange** dauern würde.

> **Beispiel:** Der zwei Jahre alte Ferrari des G ist bei einem Unfall beschädigt worden. G lässt das Fahrzeug für 7.500 EUR instand setzen. Da der Ferrari als Unfallwagen gilt, verbleibt ein *merkantiler Minderwert* von 5.000 EUR.
> Die 7.500 EUR sind als Kosten der Naturalrestitution nach § 249 II zu ersetzen. In Anbetracht des merkantilen Minderwerts reicht die Herstellung zur Entschädigung des G aber nicht aus. G kann daher außerdem nach § 251 I Alt. 2 die Zahlung der 5.000 EUR verlangen.

Die Fälle des § 251 I Alt. 2 lassen sich oft kaum von der Unmöglichkeit der Herstellung (§ 251 I Alt. 1) **abgrenzen.** So könnte man im Ferrari-Fall auch darauf abstellen, dass die Herstellung in Bezug auf den verbleibenden Minderwert nicht möglich sei. Da beide Alternativen zu den gleichen Ergebnissen führen, kann die Abgrenzung im Zweifel aber offen gelassen werden.

3. Herstellung nur mit unverhältnismäßigem Aufwand (§ 251 II)

13 § 251 II schränkt im Interesse des Schädigers den Anspruch des Geschädigten auf Naturalrestitution nach § 249 I und II ein. Erfordert die Naturalrestitution **unverhältnismäßige Aufwendungen,** so steht es dem Schädiger ausnahmsweise frei, die Naturalrestitution zu verweigern und stattdessen Entschädigung in Geld zu leisten. Ersetzt

---

144 Palandt/*Grüneberg* § 251 Rn. 10; Staudinger/*Schiemann*, 2017, § 253 Rn. 14.

wird damit nicht das Herstellungsinteresse des Geschädigten, sondern lediglich sein Wertinteresse.

Wichtigstes Beispiel der Unverhältnismäßigkeit ist der sog. **wirtschaftliche Totalschaden.** Werden ältere Kfz bei einem Unfall stark beschädigt, so übersteigen die Reparaturkosten nicht selten den Wert des Fahrzeugs. Da der Geschädigte ein schutzwürdiges Interesse daran hat, sein altes Fahrzeug zu behalten, muss ihm zwar ein sog. *Integritätszuschlag* zugebilligt werden. Ein wirtschaftlicher Totalschaden ist aber anzunehmen, wenn die Reparaturkosten den Wert des Kfz vor dem Unfall um mehr als 30% übersteigen.[145] Der Geschädigte ist in diesem Fall auf den Ersatz der Wiederbeschaffungskosten für ein entsprechendes Fahrzeug verwiesen. Da die Rechtsprechung die Ersatzbeschaffung als Form der Naturalrestitution ansieht, kann sie § 251 II hier zwar nicht unmittelbar anwenden. Sie gelangt aber im Rahmen des § 249 II zu gleichen Ergebnissen. Dabei wird aus dem Merkmal der »Erforderlichkeit« in § 249 II 1 abgeleitet, dass der Geschädigte unter mehreren Möglichkeiten der Naturalrestitution diejenige wählen muss, die mit dem geringsten Aufwand zu verwirklichen ist.[146] 14

> **Zur Vertiefung:** Ob der Wiederbeschaffungswert bei der Feststellung des wirtschaftlichen Totalschadens um den Restwert des beschädigten Kfz zu kürzen ist, war lange umstritten. Der BGH hat dies in der Karosseriebaumeister-Entscheidung vom 29.4.2003[147] für den Fall verneint, dass der Geschädigte das Fahrzeug tatsächlich *reparieren* lässt und weiter nutzt. Maßgeblich ist die Erwägung, dass der Restwert dann einen reinen Rechnungsposten darstellt, der vom Geschädigten gerade nicht realisiert wird. Liegen die Reparaturkosten unter der 130%-Grenze, so kann der Geschädigte sie also in vollem Umfang geltend machen.[148]
> Der Geschädigte kann auch auf der Basis *fiktiver Reparaturkosten* abrechnen, ohne dass ihm der Restwert abgezogen wird. Voraussetzung ist aber, dass er das Fahrzeug mindestens sechs Monate nach dem Unfall weiter nutzt und der Schaden den Wiederbeschaffungswert nicht übersteigt.[149] Der Integritätszuschlag wird in diesem Fall also nicht gewährt. Wenn der Geschädigte den ohne das schädigende Ereignis bestehenden Zustand nicht durch die Reparatur wiederherstellt, ist es nach Ansicht der Rechtsprechung nämlich nicht gerechtfertigt, die »Opfergrenze« für den Schädiger zu erhöhen.[150]
> Führt der Geschädigte die Naturalrestitution in Form der *Ersatzbeschaffung* durch, so kann er die damit verbundenen Kosten bis zur Höhe des Wiederbeschaffungswerts des beschädigten Kfz geltend machen. Er muss sich aber den Restwert anrechnen lassen. Der Anspruch ist im Übrigen auf die Kosten der Ersatzbeschaffung begrenzt. Der Geschädigte kann in dieser Konstellation also keine höheren fiktiven Reparaturkosten verlangen.[151] Benutzt der Geschädigte sein beschädigtes, aber verkehrssicheres Kfz nach einem wirtschaftlichen Totalschaden weiter, so ist der Schaden auf der Basis der *fiktiven Wiederbeschaffungskosten* zu berechnen. Der Restwert wird auch hier in Abzug gebracht, obwohl er tatsächlich nicht realisiert wird.[152] Dahinter steht die Erwägung, dass der Geschädigte durch den Schadensfall nicht bereichert werden darf.

Besondere Probleme bereitet die Bestimmung der Unverhältnismäßigkeit bei der Verletzung von **Tieren.** Hier wird die Grenze der Verhältnismäßigkeit durch § 251 II 2 erweitert. 15

---

145 Vgl. Palandt/*Grüneberg* § 251 Rn. 6.
146 BGHZ 115, 364 (368); 163, 180 (184).
147 BGHZ 154, 395 (400) = NJW 2003, 2085.
148 BGH NJW 2007, 588 (589); MüKoBGB/*Oetker* § 251 Rn. 43.
149 BGH NJW 2006, 2179 (2180); *Wellner* NJW 2012, 7 (8).
150 Näher dazu *Wellner* NJW 2012, 7 (8).
151 Vgl. BGHZ 162, 270 (274); 163, 180 (184 ff.); *Medicus/Lorenz* SchuldR AT Rn. 709.
152 BGH NJW 2007, 1674 m. Aufsatz *C. Huber* NJW 2007, 1625 ff.; BGH NJW 2007, 2918 (2919).

> **Beispiel** (BGH VersR 2016, 60): Der nicht angeleinte Wolfshund des S hat den Mischlingsrüden des G angefallen und erheblich verletzt. G verlangt von S nach § 833 S. 1 und § 823 I Ersatz der Kosten für die tierärztliche Behandlung des Hundes iHv 4.200 EUR. S ist der Auffassung, die Behandlungskosten seien angesichts des geringen Wertes des Hundes unverhältnismäßig.

Nach § 251 II 1 hätte G keinen Anspruch auf Ersatz der Behandlungskosten, da sie im Vergleich zum Wert des Hundes unverhältnismäßig sind. Für die **Heilbehandlung verletzter Tiere** sieht § 251 II 2 aber eine Sonderregelung vor, die der besonderen Bedeutung des Tierschutzes (Art. 20a GG, § 1 TierSchG) Rechnung trägt.[153] Die mit der Behandlung verbundenen Aufwendungen können hiernach auch dann ersatzfähig sein, wenn sie den Wert des Tieres erheblich übersteigen. Das heißt nicht, dass die Behandlungskosten uneingeschränkt zu ersetzen wären. Erforderlich ist vielmehr eine Abwägung im Einzelfall, wobei insbesondere das Maß des Verschuldens des Schädigers, das individuelle Verhältnis zwischen dem Geschädigten und dem Tier sowie die Erfolgsaussichten der Behandlung und das Alter des Tieres zu berücksichtigen sind. Auch bei Tieren ohne nennenswerten Marktwert (zB Mischlingshunden, Katzen) können hiernach Behandlungskosten von mehr als 1.000 EUR verhältnismäßig sein.[154] Sind die Behandlungskosten auch nach diesen Kriterien nicht mehr verhältnismäßig, so muss der Geschädigte sich entgegen § 251 II 1 doch nicht auf Wertersatz in Geld verweisen lassen, sondern kann wenigstens Ersatz der noch als verhältnismäßig zu erachtenden Kosten verlangen.[155]

> **Beispiel:** Im Wolfshund-Fall hatte das Berufungsgericht Tierarztkosten bis 3.000 EUR als verhältnismäßig angesehen. Der BGH hat die hiergegen gerichteten Einwände des S zurückgewiesen und dem G Schadensersatz in dieser Höhe aus §§ 833 S. 1 und § 823 I iVm §§ 249 II, 251 II 2 zugebilligt.

16 Bei **Personenschäden** ist § 251 II nicht anwendbar, weil das Interesse an der Wiederherstellung der körperlichen Integrität grundsätzlich nicht mit dem Maßstab der Wirtschaftlichkeit gemessen werden kann.[156] Der Geschädigte muss sich also nicht etwa darauf verweisen lassen, dass die zur vollständigen Heilung erforderliche Operation (zB Hüftoperation) aufgrund seines Alters mit unverhältnismäßigen Aufwendungen verbunden wäre.

> **Zur Vertiefung:** Nach der Rechtsprechung kann der Geschädigte in Ausnahmefällen mit Rücksicht auf Treu und Glauben (§ 242) gehindert sein, die Beseitigung eines geringfügigen Körperschadens (Unfallnarbe) zu verlangen, wenn dazu unverhältnismäßige Aufwendungen (zB hohe Operationskosten) erforderlich wären. Dies soll jedenfalls dann gelten, wenn sich dem Interesse des Geschädigten durch ein höheres Schmerzensgeld Rechnung tragen lässt.[157] Dem ist jedoch entgegenzuhalten, dass es nach der Wertordnung des Grundgesetzes (Art. 1, 2 I GG) der individuellen Entscheidung des Geschädigten überlassen bleiben muss, ob er einen Körperschaden behandeln lassen oder sich mit Schmerzensgeld zufrieden geben will.[158] Die einschlägige Entscheidung bezieht sich allerdings auf einen Fall, in dem der Geschädigte fiktive Heilungskosten geltend gemacht hat. Hier mag eine Einschränkung

---

153 Vgl. BGH VersR 2016, 60 Rn. 12.
154 Vgl. OLG München VersR 2011, 1412; LG Essen NJW 2004, 527 (528); LG Baden-Baden NJW-RR 1999, 609; Palandt/*Grüneberg* § 251 Rn. 7.
155 BGH VersR 2016, 60 Rn. 21.
156 BGHZ 63, 295 (300); MüKoBGB/*Oetker* § 251 Rn. 49.
157 Vgl. BGHZ 63, 295 (300ff.); HK-BGB/*Schulze* § 251 Rn. 4.
158 Krit. auch *Esser/Schmidt* SchuldR I 2 § 32 II 2b.

§ 47 Art und Umfang des Schadensersatzes

über § 242 zur Verhinderung von Missbrauch gerechtfertigt gewesen sein. Nach der neueren Rechtsprechung entfällt dieses Problem, weil der Geschädigte ohnehin keine fiktiven Heilungskosten beanspruchen kann (→ § 47 Rn. 9).[159]

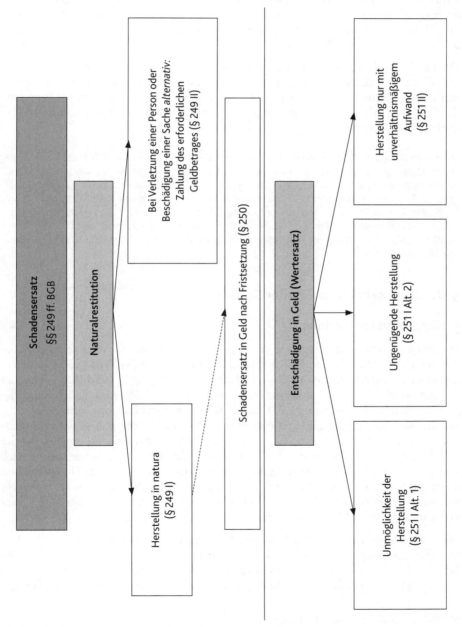

Übersicht 5: Naturalrestitution und Wertersatz

---

159 Vgl. Staudinger/*Looschelders*/*Olzen*, 2019, § 242 Rn. 589.

III. Entgangener Gewinn (§ 252)

17 § 252 S. 1 stellt klar, dass der **entgangene Gewinn** eine ersatzfähige Vermögensposition darstellt. Bei der Ermittlung des Zustandes, der ohne das schädigende Ereignis bestehen würde, ist also auch zu berücksichtigen, dass ein möglicher Vermögenszuwachs beim Geschädigten aufgrund des schädigenden Ereignisses ausgeblieben ist. Der Verlust bloßer Gewinnchancen stellt dagegen keinen ersatzfähigen Vermögensschaden dar.[160]

18 Der Nachweis des entgangenen Gewinns wird dem Geschädigten durch Satz 2 erleichtert. Der Geschädigte muss danach nur die Umstände darlegen und beweisen, aus denen sich die **Wahrscheinlichkeit** eines Gewinns ergibt.[161] Dem Schädiger obliegt dann der Nachweis, dass der Gewinn aufgrund bestimmter Umstände im konkreten Fall doch nicht eingetreten wäre.

> **Literatur:** *Coester-Waltjen*, Die Naturalrestitution im Deliktsrecht, JURA 1996, 270; *Förster*, Schadensrecht – Systematik und neueste Rechtsprechung, JA 2015, 801; *Hirsch*, Schadensersatz nach Verkehrsunfall – Reparaturkosten oder Wiederbeschaffungsaufwand?, JuS 2009, 299; *C. Huber*, Eine neue Kategorie – Totalschadensabrechnung de luxe oder verkappte Reparaturkostenabrechnung, NJW 2007, 1625; *Medicus*, Naturalrestitution und Geldersatz, JuS 1969, 449; *A. Roth*, Das Integritätsinteresse des Geschädigten und das Postulat der Wirtschaftlichkeit der Schadensbehebung, JZ 1994, 1091; *Wellner*, Typische Fallgestaltungen bei der Abrechnung von Kfz-Schäden, NJW 2012, 7. Vgl. außerdem die Nachweise zu § 43.

§ 48 Der Ersatz immaterieller Schäden

I. Historische Entwicklung

1 Das BGB ist mit der Zubilligung von Ansprüchen auf Ersatz von immateriellen Schäden in Geld traditionell sehr zurückhaltend. Nach dem Grundsatz des § 253 I kann wegen eines Nichtvermögensschadens nur dann Entschädigung in Geld (§ 251) verlangt werden, wenn dies durch das Gesetz bestimmt ist. Die wichtigste Durchbrechung dieses Grundsatzes war bis zum 31.7.2002 der **Schmerzensgeldanspruch** aus § 847 aF.[162] Danach kam Schmerzensgeld grundsätzlich nur bei der *deliktischen Verschuldenshaftung* wegen der Verletzung von Körper, Gesundheit und Freiheit in Betracht. Bei der *Gefährdungshaftung* gab es nur drei Ausnahmen, nämlich die Tierhalterhaftung nach § 833 S. 1, die Einstandspflicht für militärische Luftfahrzeuge nach § 53 II LuftVG und die Haftung für Strahlungsschäden der Kernenergie nach § 29 II AtG. Im *Vertragsrecht* war mit Ausnahme des § 651n II (§ 651f II aF; → § 49 Rn. 19 f.) überhaupt kein Ersatz von immateriellen Schäden vorgesehen.

2 Diese Rechtslage ist durch das 2. SchadRÄndG grundlegend verändert worden. Hat der Schädiger wegen der Verletzung eines bestimmten Rechtsguts (Körper, Gesundheit, Freiheit, sexuelle Selbstbestimmung) Schadensersatz zu leisten, so muss er dem Geschädigten nach § 253 II **unabhängig** von dem zugrunde liegenden **Haftungs-**

---

160 Vgl. *Brand* SchadensersatzR § 5 Rn. 43 ff.
161 BGH NJW 1964, 661 (662).
162 Die einzige weitere Ausnahmevorschrift im BGB von 1896 – der Kranzgeldanspruch aus § 1300 – ist durch Gesetz v. 4.5.1998 (BGBl. 1998 I 833) aufgehoben worden.

grund auch für den immateriellen Schaden eine billige Entschädigung in Geld zahlen. Die Sonderregel des § 847 aF wurde dementsprechend aufgehoben. Bei verbotenen Diskriminierungen sieht nun auch das *Allgemeine Gleichbehandlungsgesetz* (→ § 6 Rn. 12) Entschädigungsansprüche wegen des immateriellen Schadens vor (§§ 15 II, 21 II 1 AGG).

II. Voraussetzungen des Schmerzensgeldanspruchs nach § 253 II

1. Verwirklichung eines haftungsbegründenden Tatbestands

Aus der systematischen Stellung folgt, dass § 253 II – anders als § 847 aF – keine selbstständige Anspruchsgrundlage darstellt. Die Vorschrift setzt vielmehr voraus, dass der Schädiger aufgrund eines anderweitig geregelten **haftungsbegründenden Tatbestands** zum Schadensersatz verpflichtet ist, und erweitert diese Verpflichtung auf den Ersatz des immateriellen Schadens. Jenseits des klassischen Bereichs des Schmerzensgeldanspruchs – der deliktischen Verschuldenshaftung – hat § 253 II vor allem bei der *vertraglichen Haftung* (→ § 25 Rn. 19) sowie der *Gefährdungshaftung* Bedeutung.[163] Die Vorschrift kann aber auch bei Ansprüchen aus Geschäftsführung ohne Auftrag (§§ 677ff.) relevant werden (→ SchuldR BT § 43 Rn. 31).

3

2. Rechtsgutsverletzung

Für den Anspruch auf Schmerzensgeld genügt nicht, dass *irgendein* Rechtsgut oder Interesse des Geschädigten verletzt worden ist. Die Verletzung muss vielmehr eines der in § 253 II genannten Rechtsgüter – Körper, Gesundheit, Freiheit, sexuelle Selbstbestimmung – betreffen. Die durch die Tötung eines Tieres verursachte immaterielle Einbuße ist daher nicht ersatzfähig.[164] Die **Nichterfüllung eines Vertrages** begründet vorbehaltlich von § 651n II (→ § 49 Rn. 19f.) auch dann keinen Schmerzensgeldanspruch, wenn der Vertrag immateriellen Interessen dient.[165]

4

> **Beispiel:** M und F haben die X-Band damit beauftragt, bei ihrer Hochzeitsfeier für die musikalische Unterhaltung zu sorgen. Wenige Stunden vor der Feier sagt die Band den Auftritt ab, weil sie kurzfristig einen lukrativeren Auftrag erhalten hat. Die Feier muss daher ohne Live-Musik stattfinden.
> M und F haben gegen die X-Band einen Anspruch auf Schadensersatz statt der Leistung aus §§ 280 I, III, 283. Da keines der in § 253 II genannten Rechtsgüter verletzt worden ist, erstreckt sich dieser Anspruch aber nicht auf den immateriellen Schaden, der durch die »verdorbene« Hochzeitsfeier entstanden ist. Zu dem in solchen Fällen wichtigen Anspruch auf Ersatz nutzloser Aufwendungen (§ 284) vgl. den Kaminzimmer-Fall (→ § 30 Rn. 3).

Die Rechtsgüter Körper, Gesundheit und Freiheit haben die gleiche Bedeutung wie bei § 823 I (→ SchuldR BT § 60 Rn. 1ff.). Im Einzelnen geht es um die Verletzung der **körperlichen Integrität** durch äußere Eingriffe (Körper), die Beeinträchtigung der **inneren Funktionen** des Körpers (Gesundheit) sowie die Verletzung der Freiheit iSv körperlicher **Bewegungsfreiheit** (nicht Handlungsfreiheit). Die Verletzung dieser Rechtsgüter kann auch im *vertraglichen Bereich* einen Schmerzensgeldanspruch rechtfertigen. Dabei muss aber genau geprüft werden, ob die verletzte Vertragspflicht den Schutz des betreffenden Rechtsguts bezweckt. Dies ist bei Schutzpflichtverletzungen

5

---

163 Vgl. BAG NZA 2007, 262 (264f.); BGH NJW 2009, 3025 (3026).
164 BGHZ 193, 34 Rn. 9; MüKoBGB/*Oetker* § 251 Rn. 55.
165 Vgl. NK-BGB/*Huber* § 253 Rn. 8.

(§ 241 II) regelmäßig der Fall. Der *Schutzzweckzusammenhang* fehlt dagegen bei der Verletzung von Leistungspflichten, die allein auf die Verwirklichung von Vermögensinteressen gerichtet sind.

> **Beispiel** (BGH NJW 2009, 3025): Mandant M verlangt von seinem Rechtsanwalt R nach §§ 280 I, 253 II Ersatz des immateriellen Schadens. M stützt sich darauf, er habe aufgrund einer Falschberatung durch R mit ruinösen Schadensersatzpflichten gerechnet; dies habe bei ihm zu einer posttraumatischen Belastungsstörung geführt. Der BGH ist davon ausgegangen, dass die Pflichtverletzung des R bei M zu einer Gesundheitsbeeinträchtigung geführt hat. Der immaterielle Schaden des M werde jedoch nicht vom Schutzzweck der verletzten Beratungspflicht umfasst. Die Pflichten des R hätten sich auf die Wahrung der Vermögensinteressen des M beschränkt.
> Eine andere Beurteilung wäre etwa gerechtfertigt, wenn der Mandant im Rahmen eines Strafverfahrens aufgrund eines Fehlers des Anwalts in Untersuchungshaft genommen wird. Hier soll der Anwaltsvertrag auch die Freiheit des Mandanten schützen. Dieser kann daher wegen der Freiheitsverletzung Ersatz des immateriellen Schadens verlangen.

6 § 253 II erwähnt nicht das Rechtsgut **»Leben«**. Im Fall der Tötung steht den Angehörigen daher kein Anspruch auf Schmerzensgeld zu. Die Schockschadensfälle (→ § 45 Rn. 30 ff.) bilden in dieser Hinsicht keine wirkliche Ausnahme, weil es dort um den immateriellen Schaden der Angehörigen wegen Verletzung ihrer eigenen **Gesundheit** geht. Das Fehlen des Schmerzensgelds im Fall der Tötung lässt sich formal damit rechtfertigen, dass die Funktionen des Schmerzensgelds mit dem Tod des Betroffenen entfallen. Allerdings ist der Anspruch auf Schmerzensgeld seit der Streichung des § 847 I 2 aF im Jahre 1990 uneingeschränkt vererblich. Aus rechtspolitischer Sicht ist das Fehlen eines Angehörigenschmerzensgelds seit längerem kritisiert worden. Dabei wurde auch auf die abweichende Rechtslage in den meisten anderen europäischen Staaten hingewiesen.[166]

Zur Lösung der Problematik wurde durch das Gesetz zur Einführung eines Anspruchs auf **Hinterbliebenengeld** vom 17.7.2017[167] in den § 844 ein neuer Abs. 3 eingefügt (→ SchuldR BT § 71 Rn. 12). Der Ersatzpflichtige hat hiernach dem Hinterbliebenen, der zur Zeit der Verletzung zu dem Getöteten in einem **besonderen persönlichen Näheverhältnis** stand, für das dem Hinterbliebenen zugefügte seelische Leid eine angemessene Entschädigung in Geld zu leisten. Ein besonderes persönliches Näheverhältnis wird vermutet, wenn der Hinterbliebene der Ehegatte, der Lebenspartner, ein Elternteil oder ein Kind des Getöteten war. Die systematische Stellung im Rahmen der Ersatzansprüche Dritter bei Tötung zeigt, dass es um *kein Schmerzensgeld* im eigentlichen Sinne geht.[168] Die Entschädigung hat vielmehr den Zweck, das durch den Verlust des besonders nahestehenden Menschen verursachte seelische Leid der Hinterbliebenen zu lindern.[169] In zeitlicher Hinsicht ist § 844 III nach Art. 229 § 43 EGBGB nur auf Fälle anwendbar, in denen die zum Tode führende **Verletzung nach dem 22.7.2017** eingetreten ist. Der Anspruch auf Hinterbliebenengeld schließt einen weitergehenden Anspruch auf Ersatz des **Schockschadens** nicht aus. Das Hinterbliebe-

---

166 Zur rechtspolitischen Diskussion vgl. *Deutsch* Allg. HaftungsR Rn. 913; *C. Huber* NZV 2012, 5 ff.
167 BGBl. 2017 I 2421.
168 Zur Systematik vgl. *G. Müller* VersR 2017, 321 (322 f.).
169 Vgl. Begr. RegE BT-Drs. 18/11397, 8.

nengeld soll aber gegebenenfalls in dem Anspruch auf Schockschadensersatz aufgehen.[170]

Über die durch § 823 I geschützten Rechtsgüter hinaus nennt § 253 II die **sexuelle Selbstbestimmung**. Mögliche Anspruchsgrundlagen sind insoweit § 823 II in Verbindung mit den Sexualdelikten (§§ 174 ff. StGB) sowie die Bestimmung zu sexuellen Handlungen (§ 825).

III. Bemessung des Schmerzensgelds

1. Die Funktion des Schmerzensgeldanspruchs

Bei der Bemessung der »billigen Entschädigung in Geld« muss man sich an der **Funktion** des Schmerzensgeldanspruchs orientieren. Diese ist allerdings umstritten. In älteren Entscheidungen hat der BGH noch die Parallelen zum Ersatz des Vermögensschadens betont und den Schwerpunkt des Schmerzensgelds auf den *Ausgleich* des immateriellen Schadens gelegt.[171] In einer grundlegenden Entscheidung vom 6.7.1955 hat der Große Senat für Zivilsachen dann jedoch die Auffassung entwickelt, dass der Schmerzensgeldanspruch ein Anspruch eigener Art sei. Der wesentliche Unterschied zu einem »echten« Schadensersatzanspruch bestehe darin, dass dem Schmerzensgeld neben der **Ausgleichs-** auch eine **Genugtuungsfunktion** zukomme (sog. *Doppelfunktion* des Schmerzensgelds). Aus diesem Grund müssten bei der Bemessung des Schmerzensgelds »alle in Betracht kommenden Umstände des Falles« berücksichtigt werden. Dazu zählten auch der Grad des Verschuldens sowie die wirtschaftlichen Verhältnisse der Parteien.[172]

7

Nach einer in der Literatur verbreiteten Auffassung kommt der **Genugtuungsfunktion** nur bei *Vorsatz* oder *grober Rücksichtslosigkeit* eigenständige Bedeutung zu.[173] Dies entspricht auch weitgehend der gängigen Rechtspraxis. So spielt die Genugtuungsfunktion bei Straßenverkehrsunfällen im Allgemeinen keine Rolle, zumal diese generell über den Haftpflichtversicherer des Schädigers abgewickelt werden.[174] Bei Ansprüchen aus *Gefährdungshaftung* gibt es für die Genugtuungsfunktion ohnehin keinen sinnvollen Anknüpfungspunkt.[175] Bei schwerwiegenden Vorsatzdelikten (Körperverletzung, Sexualdelikte) erscheint die Berücksichtigung des Genugtuungsgedankens dagegen unverzichtbar.[176]

8

2. Schmerzensgeld bei vollständiger Zerstörung der Persönlichkeit

Besondere Probleme bereitet die Bemessung des Schmerzensgelds nach der Konzeption der Rechtsprechung, wenn die **Persönlichkeit** des Geschädigten durch das schädigende Ereignis **vollständig zerstört** worden ist.

9

---

170 Vgl. Begr. RegE BT-Drs. 18/11397, 12; *G. Müller* VersR 2017, 321 (324); *G. Wagner* NJW 2017, 2641 (2645).
171 BGHZ 7, 223 (226).
172 BGHZ 18, 149 (157 ff.).
173 Vgl. NK-BGB/*Huber* § 253 Rn. 30; Staudinger/*Schiemann*, 2017, § 253 Rn. 31; *Jaeger* FS E. Lorenz, 2004, 377 (379); *Erm*, Vorteilsanrechnung beim Schmerzensgeld, 2013, 141 ff.
174 Vgl. PWW/*Luckey* § 253 Rn. 13.
175 Vgl. Staudinger/*Schiemann*, 2017, § 253 Rn. 31; *Brox/Walker* SchuldR BT § 52 Rn. 14.
176 Staudinger/*Schiemann*, 2017, § 253 Rn. 32; *Jaeger/Luckey*, Schmerzensgeld, 6. Aufl. 2011, Rn. 990 ff.

> **Beispiel:** Autofahrer A hat infolge von Fahrlässigkeit den zehnjährigen Radfahrer R angefahren. Dieser trägt bei dem Unfall so schwere Gehirnverletzungen davon, dass seine Wahrnehmungs- und Empfindungsfähigkeit fast vollständig aufgehoben sind. R nimmt den A auf Zahlung eines angemessenen Schmerzensgelds iHv 25.000 EUR in Anspruch. A beruft sich darauf, dass die Voraussetzungen für die Zubilligung von Schmerzensgeld nicht vorlägen, weil R nicht unter seinen Verletzungen leide und auch keine Genugtuung über das Schmerzensgeld empfinden könne.

10 Der BGH hat dem Geschädigten in solchen Fällen zunächst nur eine *symbolische Wiedergutmachung* zugebilligt. Maßgeblich war die Erwägung, dass die Ausgleichs- und Genugtuungsfunktion des Schmerzensgelds obsolet sei, wenn der Verletzte weder unter der Beeinträchtigung leide noch eine Genugtuung über das Schmerzensgeld empfinden könne.[177] Diese Rechtsprechung hat der BGH jedoch aufgegeben. Dabei hat das Gericht sich von der Erwägung leiten lassen, dass es angesichts des hohen verfassungsrechtlichen **Wertes der Persönlichkeit** (Art. 1, 2 I GG) nicht angehen kann, »die vom Schädiger zu verantwortende weitgehende Zerstörung der Grundlagen für die Wahrnehmungs- und Empfindungsfähigkeit als Umstand anzusehen, der das Schmerzensgeld mindern muss«.[178]

3. Orientierung am Maß der objektiven Lebensbeeinträchtigung

11 Die Problematik der vollständigen Persönlichkeitszerstörung gibt Anlass, die Kriterien für die Bemessung des Schmerzensgelds grundsätzlich zu überdenken. Die Schwierigkeiten bei der Bewältigung dieser Fallgruppe beruhen letztlich darauf, dass die hM im Rahmen der Ausgleichsfunktion auf die (subjektive) *Einbuße am Wohlbefinden* abstellt.[179] In der Literatur wird demgegenüber zu Recht gefordert, dass es in erster Linie um den Ausgleich der **objektiven Lebensbeeinträchtigung** gehen muss.[180] Folgt man dieser Auffassung, so tritt die Empfindungsfähigkeit des Verletzten bei der Bemessung der »billigen Entschädigung« in den Hintergrund. Der subjektive Gefühlsschaden kann allenfalls die Erhöhung des nach dem Maß der Lebensbeeinträchtigung ermittelten Schmerzensgeldanspruchs rechtfertigen.[181] Das Gleiche gilt für das Genugtuungsinteresse des Geschädigten, sofern man dieses bei fahrlässigen Schädigungen überhaupt berücksichtigt.

IV. Entschädigung in Geld bei Persönlichkeitsverletzungen

1. Grundlagen

12 Besondere Grundsätze gelten für den Anspruch auf Ausgleich des immateriellen Schadens bei **Persönlichkeitsverletzungen.** Dieser Anspruch ergibt sich nicht aus § 253 II (§ 847 aF), sondern ist von der Rechtsprechung unmittelbar aus der Verfassung (Art. 1, 2 I GG) abgeleitet worden.[182]

---

177 BGH NJW 1976, 1147; 1982, 2123.
178 BGHZ 120, 1 (5); in gleichem Sinne BGH NJW 1993, 1531 (1532). Zur Behandlung der Problematik in anderen europäischen Rechtsordnungen vgl. *Looschelders* RabelsZ 64 (2000), 183 (192f.).
179 Vgl. etwa *Brox/Walker* SchuldR BT § 52 Rn. 9.
180 Vgl. *E. Lorenz,* Immaterieller Schaden, 56; *E. Lorenz* FS Wiese, 1998, 261ff.; *Brand* SchadensersatzR § 7 Rn. 28; *Erm,* Vorteilsanrechnung beim Schmerzensgeld, 2013, 156ff.; für stärkere Objektivierung auch *Giesen* JZ 1993, 519ff.
181 Vgl. *Looschelders* RabelsZ 64 (2000), 183 (193); zweifelnd *Teichmann* LM Nr. 90 zu § 847 BGB.
182 Zur Entwicklung vgl. *Larenz/Canaris* SchuldR II 2 § 80 I.

> **Zur Vertiefung:** Der BGB-Gesetzgeber von 1896 hat für Verletzungen der Ehre und der Persönlichkeit bewusst kein Schmerzensgeld vorgesehen. Nach Inkrafttreten des Grundgesetzes setzte sich jedoch die Ansicht durch, dass der zivilrechtliche Persönlichkeitsschutz den grundrechtlichen Ansprüchen des Verletzten auf Achtung seiner Würde (Art. 1 I GG) und freie Entfaltung seiner Persönlichkeit (Art. 2 I GG) nicht genüge. Der BGH hat deshalb in der Leserbrief-Entscheidung vom 25.5.1954[183] das *allgemeine Persönlichkeitsrecht* als sonstiges Recht iSd § 823 I anerkannt. Seit der Herrenreiter-Entscheidung vom 14.2.1958[184] wird bei Verletzung des allgemeinen Persönlichkeitsrechts auch ein Anspruch auf *Ersatz des immateriellen Schadens* gewährt. Die Durchbrechung des § 253 aF (§ 253 I nF) wird dabei mit dem Schutzauftrag der Art. 1, 2 I GG gerechtfertigt.[185] Mit Rücksicht auf diese verfassungsrechtlichen Grundlagen hat der Gesetzgeber bei der Reform des Schadensrechts davon abgesehen, das allgemeine Persönlichkeitsrecht in den Kreis der durch § 253 II geschützten Rechtsgüter aufzunehmen.[186]

Der Anspruch auf Entschädigung in Geld wird nicht bei jeder Verletzung des allgemeinen Persönlichkeitsrechts gewährt, sondern nur bei **schwerwiegenden Eingriffen**. Erforderlich ist außerdem, dass die Beeinträchtigung **nicht** in anderer Weise befriedigend **ausgeglichen** werden kann.[187]

2. Die Präventivfunktion der Entschädigung

Bei der Bemessung der Entschädigung in Geld wegen Verletzung des allgemeinen Persönlichkeitsrechts ist die Rechtsprechung wesentlich großzügiger als im Anwendungsbereich des § 253 II. Dies gilt insbesondere bei Verletzungen durch *Massenmedien*, die mit Gewinnerzielungsabsicht vorgenommen werden. Maßgeblich ist die Erwägung, dass die Geldentschädigung in solchen Fällen neben der Ausgleichs- und der Genugtuungsfunktion auch eine **Präventivfunktion** habe (→ § 43 Rn. 2).[188] Bei Persönlichkeitsverletzungen durch Presseveröffentlichungen könne dem unlauteren Gewinnstreben nur wirksam begegnet werden, wenn man das Unternehmen mit dem Risiko eines fühlbaren finanziellen Verlustes belaste.

> **Beispiel** (BGHZ 128, 1): Der Verleger S hat in der Illustrierten B ein »Psycho-Interview« mit der monegassischen Prinzessin C sowie verschiedene Fotos aus deren »Familienalbum« veröffentlicht. C verlangt von S eine Entschädigung von mindestens 50.000 EUR. Sie macht geltend, sie habe weder dem S noch sonst jemandem ein Interview gegeben. Die Fotos stammten nicht aus ihrem Familienalbum, sondern seien sog. »Paparazzi-Fotos«, die unter Verstoß gegen ihre Intimsphäre mit Teleobjektiv aufgenommen worden seien. Das Berufungsgericht hat der C lediglich 15.000 EUR zugebilligt. Der BGH hat der Revision der C stattgegeben, weil das Berufungsgericht die Präventivfunktion der Entschädigung wegen Persönlichkeitsverletzung nicht hinreichend berücksichtigt habe.

In der Literatur wird die **Ungleichbehandlung** der Entschädigung in Geld wegen Verletzung des allgemeinen Persönlichkeitsrechts gegenüber dem Anspruch auf Schmerzensgeld nach § 253 II kritisiert. Dabei wird darauf hingewiesen, dass die bei Persönlichkeitsverletzungen durch Massenmedien zugebilligten Summen oft weit über die

---
183 Vgl. BGHZ 13, 334 (338).
184 BGHZ 26, 349. Zur weiteren Entwicklung vgl. BGHZ 30, 7 – Catarina Valente; BGHZ 35, 363 – Ginseng; BVerfGE 34, 269 – Soraya.
185 Vgl. BGHZ 128, 1 (15); Palandt/*Grüneberg* § 253 Rn. 10.
186 Vgl. BT-Drs. 14/7752, 14f., 25.
187 Vgl. BGHZ 128, 1 (12) – Caroline von Monaco.
188 Vgl. BGHZ 128, 1 (15f.); BGH NJW 1996, 984 (987); krit. *Lange* VersR 1999, 274.

Beträge hinausgehen, die dem Geschädigten bei schwersten psychischen oder physischen Gesundheitsschäden zugebilligt werden.[189] Nach Ansicht des BVerfG verstößt diese Ungleichbehandlung jedoch nicht gegen Art. 3 I GG, weil zwischen beiden Fallkonstellationen sachliche Unterschiede bestehen. So würden sich bei der Bemessung der Entschädigung wegen Persönlichkeitsverletzung auch Präventionsgesichtspunkte auswirken, die in den anderen Fallkonstellationen nicht relevant seien.[190]

> **Literatur:** *Ady,* Ersatzansprüche wegen immaterieller Einbußen, 2004; *Coester-Waltjen,* Der Ersatz immaterieller Schäden im Deliktsrecht, JURA 2001, 133; *Däubler,* Sachen und Menschen im Schadensrecht, NJW 1999, 1611; *Deutsch,* Schmerzensgeld und Genugtuung, JuS 1969, 197; *Erm,* Vorteilsanrechnung beim Schmerzensgeld – ein Beitrag zur Fortentwicklung des Schadens(ersatz)rechts, 2013; *C. Huber,* Kein Angehörigenschmerzensgeld de lege lata – Deutschland auch künftig der letzte Mohikaner in Europa oder ein Befreiungsschlag aus der Isolation, NZV 2012, 5; *Jaeger,* Verlagerung der Schmerzensgeldregelung vom Deliktsrecht in das allgemeine Schuldrecht, ZGS 2002, 54; *Jaeger,* Schmerzensgeld – Die Genugtuungsfunktion hat ausgedient, FS E. Lorenz, 2004, 377; *Jaeger/Luckey,* Schmerzensgeld, 9. Aufl. 2018; *Katzenmeier,* Die Neuregelung des Anspruchs auf Schmerzensgeld, JZ 2002, 1029; *Kern,* Die Genugtuungsfunktion des Schmerzensgelds – ein pönales Element im Schadensrecht?, AcP 191 (1991), 247 ff.; *Lange,* Schutz des allgemeinen Persönlichkeitsrechts durch zivilrechtliche Prävention?, VersR 1999, 274; *Lepa,* Die Wandlungen des Schmerzensgeldanspruchs und ihre Folgen, FS G. Müller, 2009, 113; *E. Lorenz,* Immaterieller Schaden und »billige Entschädigung in Geld«, 1981; *E. Lorenz,* Schmerzensgeld für die durch eine unerlaubte Handlung wahrnehmungs- und empfindungsunfähig gewordenen Verletzten?, FS Wiese, 1998, 261; *G. Müller,* Der Anspruch auf Hinterbliebenengeld, VersR 2017, 321; *Nehlsen-von Stryk,* Schmerzensgeld ohne Genugtuung, JZ 1987, 119; *Neuner,* Das Schmerzensgeld, JuS 2013, 577; *v. Sachsen-Gessaphe,* Verbesserter Opferschutz im Straßenverkehr und beim Schmerzensgeld, JURA 2007, 481; *Schubert,* Schmerzensgeld, in E. Lorenz, Karlsruher Forum 2016: Schmerzensgeld, 2017, 3; *Thüsing,* Schadensersatz für Nichtvermögensschäden bei Vertragsbruch, VersR 2001, 285; *G. Wagner,* Prominente und Normalbürger im Recht der Persönlichkeitsverletzungen, VersR 2000, 1305; *G. Wagner,* Ersatz immaterieller Schäden: Bestandsaufnahme und europäische Perspektiven, JZ 2004, 319; *G. Wagner,* Schadensersatz in Todesfällen – Das neue Hinterbliebenengeld, NJW 2017, 2641. Vgl. außerdem die Nachweise zu § 43.

§ 49 Grenzfälle

1 Es gibt einige **spezielle Fallgruppen,** in denen die Abgrenzung von Vermögens- und Nichtvermögensschäden umstritten ist oder die Ersatzfähigkeit eines Schadens aus sonstigen Gründen zweifelhaft erscheint. Die wichtigsten Beispiele sollen nachfolgend erörtert werden.

I. Verlust von Gebrauchsvorteilen

1. Problemstellung

2 Im Fall der Beschädigung oder Zerstörung einer Sache verliert der Geschädigte für die Zeit bis zur Reparatur oder Ersatzbeschaffung die Möglichkeit der Nutzung. Ist die Sache **erwerbswirtschaftlich** eingesetzt worden, so schlägt sich der Verlust der Gebrauchsmöglichkeit regelmäßig in entgangenem Gewinn nieder, der nach § 252 ersatzfähig ist (→ Rn. 8a).

---

189 Vgl. *Däubler* NJW 1999, 1611 f.; *G. Wagner* VersR 2000, 1305 ff.
190 BVerfG NJW 2000, 2187.

Beispiel: S hat bei einem Verkehrsunfall den Lkw des Frachtunternehmers G beschädigt. Die Reparatur dauert eine Woche. Während dieser Zeit kann G mehrere Aufträge nicht durchführen. Es entgeht ihm damit ein Gewinn von 5.000 EUR.

Probleme entstehen dagegen, wenn die beschädigte Sache zu **privaten Zwecken** eingesetzt worden ist. Wichtigstes Beispiel ist der **private Pkw.** Allgemein anerkannt ist, dass der Geschädigte auch in diesem Fall einen Anspruch auf Naturalrestitution hat. Er kann für die Dauer der Reparatur also einen gleichwertigen Ersatzwagen anmieten und den Schädiger nach § 249 II 1 (iVm § 823 I) auf Kostenersatz in Anspruch nehmen.[191] Denkbar ist jedoch, dass der Geschädigte keinen Ersatzwagen anmietet, sondern sich anderweitig behilft. Hier stellt sich die Frage, ob die entgangene Gebrauchsmöglichkeit als solche einen ersatzfähigen Vermögensschaden darstellt. 3

Beispiel: S hat bei einem Verkehrsunfall den privaten Pkw des G beschädigt. Während der Reparaturzeit mietet G keinen Ersatzwagen an, sondern legt die notwendigen Wege mit dem Fahrrad zurück. Eine konkrete wirtschaftliche Einbuße lässt sich daher nicht feststellen. Nach der Rechtsprechung muss der Schädiger dem Geschädigten in solchen Fällen aber die entgangenen Gebrauchsvorteile ersetzen.[192] Zur Berechnung → § 49 Rn. 8.

Die Frage der Ersatzfähigkeit von entgangenen Gebrauchsvorteilen stellt sich nicht nur bei privaten Pkw, sondern auch bei allen **anderen** Sachen, die nicht erwerbswirtschaftlich genutzt werden. 4

Beispiel (BGHZ 98, 212; 117, 260): E ist Eigentümerin eines komfortabel ausgestatteten Wohnhauses, das sie selbst bewohnt. Unterhalb davon errichtete T auf einem steil abfallenden Hanggrundstück Reihenhäuser. Dabei wurde ein Teil des Hanges unsachgemäß abgegraben, wodurch die Standsicherheit des Anwesens der E beeinträchtigt wurde. Die zuständige Behörde untersagte der E daraufhin für die Dauer der Wiederherstellung der Standsicherheit die Nutzung des Wohnhauses. Während der Zeit der Wiederherstellung lebte E in einem Wohnwagen. Sie verlangt von T neben den Kosten der Wiederherstellung einen Ausgleich für die entgangene Gebrauchsmöglichkeit ihres Wohnhauses iHv 3.000 EUR. Zu Recht?

Gegen die Ersatzfähigkeit der entgangenen Gebrauchsvorteile lässt sich anführen, dass der Nachteil des Geschädigten letztlich in der Aufsichnahme von Unbequemlichkeiten liegt. Dies aber ist ein **immaterieller Schaden,** der nach § 253 I grundsätzlich nicht ersatzfähig ist.[193] Auf der anderen Seite wäre der Geschädigte allerdings nicht gehindert gewesen, auf Kosten des Schädigers einen Ersatzgegenstand anzumieten. Wenn er sich dennoch beholfen hat, so sollte dies nicht allein den Schädiger entlasten. Es ist vielmehr gerechtfertigt, die Sparsamkeit des Geschädigten zu belohnen.[194] 5

2. Die Unterscheidung zwischen zentralen und sonstigen Gütern

Der BGH hat zur Auflösung des Interessenkonflikts einen Mittelweg beschritten. Er bejaht die Ersatzfähigkeit von entgangenen Gebrauchsvorteilen bei privat genutzten Gegenständen. Diese Rechtsfortbildung soll aber auf Sachen beschränkt bleiben, »auf deren *ständige Verfügbarkeit* die eigenwirtschaftliche Lebenshaltung *typischerweise angewiesen* ist«.[195] Erfasst werden damit nur »Wirtschaftsgüter von allgemeiner, **zen-** 6

---
191 Ausf. dazu MüKoBGB/*Oetker* § 249 Rn. 427 ff.
192 BGHZ 40, 345; 45, 312; BGH NJW 2005, 277; VersR 2013, 515 (517); PWW/*Luckey* § 249 Rn. 41.
193 Vgl. *Larenz* SchuldR I § 29 IIc.
194 Vgl. *Medicus/Lorenz* SchuldR AT Rn. 714 f.; *Medicus* FG BGH I, 2000, 201 (213 ff.).
195 BGHZ 98, 212 (222) (Hervorhebungen durch Verf.).

traler Bedeutung** für die **Lebenshaltung**«.[196] Methodisch stützt der BGH sich auf die Erwägung, dass für den Ersatz von entgangenen Gebrauchsvorteilen bei privat genutzten Gegenständen eine Regelungslücke bestehe, die im Wege der **Rechtsfortbildung** auszufüllen sei.[197] Die Beschränkung der Rechtsfortbildung auf Sachen von zentraler Bedeutung für die eigenwirtschaftliche Lebensführung wird vom BGH damit gerechtfertigt, dass der Ersatzanspruch nicht unter Verletzung von § 253 I auf Nichtvermögensschäden ausgedehnt werden darf.[198]

Der methodische Ansatz des BGH hat zu einer reichhaltigen **Kasuistik** geführt. Zu den für die eigenwirtschaftliche Lebenshaltung zentralen Wirtschaftsgütern zählt die Rechtsprechung neben dem Pkw (→ § 49 Rn. 3) auch das Wohnhaus sowie bestimmte unverzichtbare Einrichtungsgegenstände (Kücheneinrichtung,[199] Fernseher[200]). Das Gleiche gilt für ein Motorrad, das dem Geschädigten als einziges Kfz zur Verfügung steht und nicht reinen Freizeitzwecken dient.[201] **Luxusgüter** wie das private Schwimmbad,[202] der Pelzmantel,[203] der nicht als normales Verkehrs- und Beförderungsmittel eingesetzte Oldtimer,[204] das Motorsportboot[205] oder das aus Liebhaberei gehaltene Pferd[206] bleiben dagegen außer Betracht.

Nach der Rechtsprechung gehören auch Terrasse und Garten sowie die Garage idR nicht zu den geschützten Wirtschaftsgütern.[207] Nach den allgemeinen Kriterien des BGH könnte man freilich auch die Gegenauffassung vertreten. Das zeigt, dass diese Kriterien **nicht immer klare Abgrenzungen** ermöglichen.[208] Man kann sich sogar fragen, ob die Unterscheidung zwischen eigenwirtschaftlich zentralen Wirtschaftsgütern und sonstigen Sachen überhaupt zu *rechtfertigen* ist.[209] Denn der Geschädigte ist auch bei »atypischer« Lebensführung schutzwürdig.

Der Schwerpunkt der Rechtsprechung zur abstrakten Nutzungsausfallentschädigung liegt bei der außervertraglichen Haftung. Die Grundsätze gelten jedoch auch bei der vertraglichen Haftung.[210]

---

196 BGHZ 98, 212 (223).
197 BGHZ 98, 212 (222): »Ergänzung des Gesetzes«. Für methodische Einordnung als Rechtsfortbildung auch MüKoBGB/*Oetker* § 249 Rn. 66; Staudinger/*Schiemann*, Neubearb. 2017, § 251 Rn. 85; krit. BeckOK BGB/*Flume*, 54. Ed. 1.5.2020, § 249 Rn. 164; Soergel/*Ekkenga/Kuntz* Vor § 249 Rn. 98; *Makowsky* JR 2019, 271 (275 ff.).
198 BGHZ 98, 212 (222).
199 LG Kiel NJW-RR 1996, 559.
200 AG Frankfurt a. M. NJW 1993, 137; Palandt/*Grüneberg* § 249 Rn. 49.
201 BGH NJW 2018, 1393.
202 BGHZ 76, 179; PWW/*Luckey* § 249 Rn. 47.
203 BGHZ 63, 393.
204 OLG Düsseldorf NJW-RR 2012, 545; OLG Karlsruhe NJW-RR 2012, 548.
205 BGHZ 89, 60.
206 OLG Hamburg VersR 1984, 242; LG Karlsruhe NJW-RR 1997, 468.
207 BGH NJW 1993, 1793 (1794); anders für die Garage noch BGHZ 96, 124.
208 *Schlechtriem/Schmidt-Kessel* SchuldR AT Rn. 267; Staudinger/*Schiemann*, 2017, § 251 Rn. 102.
209 Krit. Soergel/*Ekkenga/Kuntz* Vor § 249 Rn. 102; *Honsell/Harrer* JuS 1991, 441 (448); *Makowsky* JR 2019, 271 (275 ff.).
210 Palandt/*Grüneberg* § 249 Rn. 41; BeckOK BGB/*Flume,* 54. Ed. 1.5.2020, § 249 Rn. 158.

3. Fühlbarkeit der Nutzungsbeeinträchtigung

Der Anspruch auf Ersatz von entgangenen Gebrauchsvorteilen setzt nach der Rechtsprechung weiter voraus, dass die Nutzungsbeeinträchtigung für den Geschädigten **fühlbar** ist. Erforderlich sind danach *Nutzungswille* und hypothetische *Nutzungsmöglichkeit*.[211] Hätte der Eigentümer des bei einem Verkehrsunfall beschädigten Pkw das Fahrzeug während der Ausfallzeit ohnehin nicht nutzen können, zB weil er aufgrund der erlittenen Verletzungen im Krankenhaus war, so muss der Anspruch daher verneint werden.[212] Etwas anderes gilt allerdings, wenn das Fahrzeug durch einen Angehörigen benutzt worden wäre.[213] Die Fühlbarkeit ist auch dann zu verneinen, wenn dem Geschädigten der Rückgriff auf einen *Zweitwagen* möglich und zumutbar war.[214] Wird ein Motorrad als einziges verfügbares Kfz nur bei guten Witterungsverhältnissen genutzt, so muss der Geschädigte seinen Nutzungswillen im Einzelfall darlegen und beweisen.[215] Hat der Geschädigte tatsächlich Kosten für einen Mietwagen aufgewendet, obwohl die Anmietung des Ersatzfahrzeugs gegen das Wirtschaftlichkeitsgebot verstieß, so kann er hilfsweise wenigstens die pauschalierte Nutzungsausfallentschädigung geltend machen.[216]

7

4. Höhe des Anspruchs

Bei der Höhe des Anspruchs kann man sich an den durchschnittlichen **Mietkosten** für einen entsprechenden Gegenstand orientieren. Dabei ist der Gewinn des Vermieters in Abzug zu bringen.[217] Alternativ kann aber auch auf die anteiligen **Vorhaltekosten** abgestellt werden. Hier ist dann jedoch ein »maßvoller Aufschlag« gerechtfertigt, der den Ausstrahlungen des Ausfalls auf das Gesamtvermögen des Geschädigten Rechnung trägt.[218] Für den Nutzungsausfall von *Kfz* existieren umfangreiche Tabellen, die an die durchschnittlichen Mietkosten für entsprechende Fahrzeuge anknüpfen.[219] Weist das beschädigte Fahrzeug ein deutlich höheres Alter auf, so wird dem durch einen pauschalen Abschlag Rechnung getragen.[220]

8

5. Verlust von Gebrauchsvorteilen bei gewerblich genutzten Sachen

Auf den Verlust von Gebrauchsvorteilen bei gewerblich genutzten Kraftfahrzeugen oder anderen Sachen ist die Rechtsprechung zur abstrakten Nutzungsausfallentschädigung nach Ansicht des BGH jedenfalls dann nicht übertragbar, wenn sich die materiellen Auwirkungen des Nutzungsausfalls quantifizieren lassen.[221] Dies ist nach dem methodischen Ansatz des BGH konsequent. Der Verlust von Gebrauchsvorteilen führt bei gewerblich genutzten Sachen regelmäßig zum Entgang von Gewinn. Da entgangener Gewinn nach § 252 ersatzfähig ist, fehlt es an der für eine Rechtsfortbildung erforder-

8a

---

211 BGHZ 45, 212 (219); BGHZ 98, 212 = NJW 1987, 50; BGH NJW 2018, 1393 Rn. 8.
212 Vgl. BGH NJW 1968, 1778; Staudinger/*Schiemann*, 2017, § 251 Rn. 77.
213 MüKoBGB/*Oetker* § 249 Rn. 70.
214 Vgl. Palandt/*Grüneberg* § 249 Rn. 42.
215 BGH NJW 2018, 1393 Rn. 10ff.
216 BGH VersR 2013, 515 (516f.).
217 MüKoBGB/*Oetker* § 249 Rn. 79.
218 BGHZ 98, 212 (225f.).
219 Vgl. Palandt/*Grüneberg* § 249 Rn. 43f.; PWW/*Luckey* § 249 Rn. 44.
220 Vgl. BGH NJW 2005, 277 (278).
221 BGHZ 220, 270 = NJW 2019, 1064 = JR 2020, 119 mAnm *Looschelders*.

lichen Regelungslücke.[222] Ob dies auch dann gilt, wenn sich der Nutzungsausfallschaden nicht konkret beziffern lässt, ist offen. Diskutiert wird etwa der Fall, dass der Geschäftsführer eines Autohauses zu Repräsentationszwecken einen Ferrari 456 GTA nutzt.[223] Hier könnte man ebenfalls vom Vorliegen einer Regelungslücke ausgehen.[224] Allerdings würden die einschränkenden Kriterien im Hinblick auf die Art des betroffenen Wirtschaftsguts auf gewerblich genutzte Sachen nicht passen. Dies könnte zu einer unangemessenen Begünstigung von gewerblich genutzten Sachen gegenüber eigenwirtschaftlich genutzten Sachen führen. Im Ferrari-Fall wäre es daher vorzugswürdig, dem Geschädigten mit einer Schadensschätzung nach § 287 ZPO zu helfen.

II. Fehlgeschlagene Aufwendungen

9   Eng mit dem Problem des Verlusts von Gebrauchsvorteilen verbunden ist die Frage, ob der Geschädigte den Ersatz von **Aufwendungen** verlangen kann, die infolge des schädigenden Ereignisses fehlgeschlagen sind.

> **Beispiel** (BGHZ 55, 146): Der G hat für zehn Jahre ein Jagdrecht gepachtet. Kurz darauf wird er bei einem von S verschuldeten Verkehrsunfall verletzt und kann das Jagdrecht ein Jahr lang nicht ausüben. G verlangt von S Ersatz seiner Aufwendungen von 7.000 EUR, die ihm im Jahr nach dem Unfall für die Pacht entstanden sind.

10 Anders als in den oben (→ § 49 Rn. 2 ff.) behandelten Fällen beruht der Verlust der Nutzungsmöglichkeit nicht auf der Beschädigung oder Zerstörung des zu nutzenden *Gegenstands*. Es geht vielmehr um die nachteiligen Folgen von *Körperverletzungen* und *Gesundheitsbeschädigungen* auf Gebrauchsmöglichkeiten. Ein Ersatzanspruch könnte in solchen Fällen nur dann bejaht werden, wenn fehlgeschlagene Aufwendungen generell als Vermögensschaden zu qualifizieren wären. Die hM lehnt diese »**Frustrationslehre**« jedoch zu Recht ab, weil sonst eine unübersehbare Ausdehnung der Ersatzpflicht droht.[225] Dies gilt unabhängig davon, ob die frustrierten Aufwendungen sich auf ein Luxusgut (zB Jagdpacht) oder ein Wirtschaftsgut mit zentraler Bedeutung für die allgemeine Lebensführung (zB Kfz) beziehen. Selbst wenn man einen Vermögensschaden annehmen wollte, müsste der Ersatzanspruch außerdem daran scheitern, dass der Verlust von Gebrauchsmöglichkeiten bei Körperverletzungen und Gesundheitsbeschädigungen nicht im *Schutzbereich* der verletzten Norm liegt.[226]

11 Bei **vertraglichen Ersatzansprüchen** können fehlgeschlagene Aufwendungen im erwerbswirtschaftlichen Bereich unter dem Aspekt der *»Rentabilitätsvermutung«* als Schaden qualifiziert werden. Im eigenwirtschaftlichen Bereich hilft diese Vermutung nicht weiter. Hier schafft aber § 284 Abhilfe.

III. Ersatzfähigkeit von Vorsorgeaufwendungen

12 Besondere Probleme bereitet die Beurteilung der Frage, ob zum ersatzfähigen Vermögensschaden auch *Aufwendungen* gehören, die der Geschädigte *vor Eintritt des schädigenden Ereignisses* getätigt hat, um einen möglichen Schaden abzuwenden oder gering

---

222 Vgl. Palandt/*Grüneberg* § 249 Rn. 47; MüKoBGB/*Oetker* § 249 Rn. 67.
223 Vgl. *Kötz/Wagner* DeliktsR Rn. 681 mit Verweis auf OLG Düsseldorf NJW-RR 2010, 687.
224 Vgl. *Looschelders* JR 2020, 123 (125).
225 Vgl. BGHZ 55, 146 (151); *Medicus/Lorenz* SchuldR AT Rn. 712.
226 Vgl. *Esser/Schmidt* SchuldR I 1 § 31 III.

zu halten (sog. **Vorsorgeaufwendungen**). Nach allgemeinen Grundsätzen müsste die Ersatzfähigkeit solcher Aufwendungen daran scheitern, dass die entstandenen Kosten dem Schädiger nicht zugerechnet werden können, weil sie nicht durch das konkrete haftungsbegründende Ereignis veranlasst worden sind.[227] In Rechtsprechung und Literatur ist daher zu Recht anerkannt, dass die Kosten von *Sicherungsmaßnahmen* zur Vermeidung von Diebstählen (zB Alarmanlagen, Einsatz eines Wachdienstes) keinen ersatzfähigen Schaden darstellen.[228]

Eine Ausnahme gilt nach der Rechtsprechung jedoch für den Fall, dass der Geschädigte nach einem Verkehrsunfall ein **Ersatzfahrzeug** einsetzt, das er eigens für fremdverschuldete Fahrzeugausfälle in Reserve gehalten hat. Hier soll der Schädiger verpflichtet sein, dem Geschädigten die anteiligen Kosten für die vorsorgliche Bereithaltung des Ersatzfahrzeugs (sog. Vorhaltekosten) zu zahlen.[229] Der Anspruch wird aber durch den Schaden begrenzt, den der Geschädigte ohne den Einsatz des Ersatzfahrzeugs erlitten hätte.[230]

> **Beispiel** (BGHZ 32, 280): Bei einem von S verschuldeten Verkehrsunfall wird ein Straßenbahnwagen der G schwer beschädigt. Während der dreimonatigen Reparaturzeit setzt die G einen Triebwagen aus ihrem Reservebestand ein. G verlangt von S Ersatz der anteiligen Kosten für die vorsorgliche Bereithaltung des Reservefahrzeugs.

Für die Rechtsprechung lässt sich anführen, dass die Bereithaltung von Ersatzfahrzeugen zu einer Entlastung des Schädigers führt, weil der zu ersetzende Schaden sonst oft wesentlich höher wäre.[231] Auf der anderen Seite ist aber zu beachten, dass die Bereithaltung von Ersatzfahrzeugen in erster Linie dem **eigenen Interesse** des Verkehrsbetriebs dient, Betriebsausfälle möglichst zu vermeiden. Wenn die *Anfälligkeit* des Geschädigten dadurch verringert wird, so sollte dies dem Schädiger ebenso zugutekommen, wie ihn eine besonders hohe Anfälligkeit des Geschädigten (→ § 45 Rn. 20) belasten würde.[232] Der Schädiger muss deshalb nur die Kosten ersetzen, die auf den *konkreten Einsatz* des Ersatzfahrzeugs zurückzuführen sind.

IV. Verlust oder Einschränkung der Arbeitskraft

Sehr umstritten ist, ob der Verlust oder die Einschränkung der Arbeitskraft einen Vermögensschaden darstellt. Keine Probleme bestehen dabei, wenn die Beeinträchtigung der Arbeitskraft zu konkreten vermögensmäßigen Einbußen (Verlust des Einkommens, entgangener Gewinn) führt. Bei unentgeltlicher oder ehrenamtlicher Tätigkeit ist dies jedoch nicht der Fall.

> **Beispiel** (OLG Celle NJW 1988, 2618): S hat bei einem Verkehrsunfall den Ordensbruder O verletzt. O lebt in einem Kloster und ist dort mit Aufgaben innerhalb der Ordensgemeinschaft (Orgelspiel zu den Gottesdiensten, Klaviervorträge zu bestimmten Anlässen, Mitarbeit in der

---

227 Vgl. Staudinger/*Schiemann*, 2017, § 249 Rn. 117.
228 Vgl. BGHZ 75, 230 (237); MüKoBGB/*Oetker* § 249 Rn. 200. Zur Ersatzfähigkeit von Bearbeitungskosten und Fangprämien → § 38 Rn. 6.
229 Vgl. BGHZ 30, 280; BGH VersR 1986, 1125 (1127); BGHZ 220, 270 = NJW 2019, 1064 Rn. 15. Nach BGHZ 70, 199 (201) soll für den Ersatzanspruch sogar genügen, dass der Geschädigte »die Reservehaltung allg. mit Rücksicht auf fremdverschuldete Ausfälle messbar erhöht hat«.
230 Vgl. Palandt/*Grüneberg* § 249 Rn. 62.
231 So *Medicus/Lorenz* SchuldR AT Rn. 717; zust. auch *Brox/Walker* SchuldR AT § 31 Rn. 34.
232 *Lange/Schiemann* Schadensersatz § 6 VIII 4a; *Larenz* SchuldR I § 29 II f.

> Gärtnerei) betraut. Für die Tätigkeit erhält er kein Entgelt; der Orden gewährt ihm aber Unterkunft und Verpflegung. O kann aufgrund der Verletzungen seine Aufgaben in der Ordensgemeinschaft für ein Jahr nicht erfüllen. Er verlangt von S Ersatz des Verdienstausfallschadens. Zu Recht?

16 In derartigen Fällen stellt sich die Frage, ob die **Arbeitskraft als solche** Vermögenswert hat. Die hM lehnt dies mit der Erwägung ab, Arbeitskraft und Erwerbsfähigkeit seien Eigenschaften der *Person*, die nicht in Geld messbar seien.[233] Im Ordensbruder-Fall hat das OLG Celle deshalb einen Ersatzanspruch des O verneint.[234] Dagegen hat das LG Karlsruhe die Auffassung vertreten, der Ausfall von unentgeltlicher **karitativer Tätigkeit** sei ein ersatzfähiger Vermögensschaden, wenn die Tätigkeit mit einer bezahlten Arbeit vergleichbar sei und damit einen *Marktwert* habe.[235] Hierfür spricht, dass unentgeltliche, insbesondere karitative Tätigkeiten sonst diskriminiert würden. Gibt es für die betreffende Tätigkeit kein Angebot auf dem Markt (zB Missionstätigkeit), so scheidet der Ersatzanspruch aber auch nach dieser Ansicht aus.[236] Der Ersatzanspruch setzt im Übrigen voraus, dass ein *konkreter Arbeitseinsatz* vereitelt wird. Wollte der Geschädigte nicht tätig werden, so kann er auch keinen fiktiven Verdienstausfall geltend machen.[237]

> **Zur Vertiefung:** In den Bereich der unentgeltlichen Tätigkeit gehört auch die Arbeit als Hausfrau oder Hausmann. Hier bejaht der BGH einen Erwerbsausfallschaden mit der Begründung, der Ehegatte erfülle durch die Hausarbeit seine Unterhaltspflicht (→ § 46 Rn. 5). Der Ersatzanspruch soll dabei nicht davon abhängen, ob der geschädigte Ehegatte Aufwendungen für die Entlohnung einer Ersatzkraft tätigt.[238] Mit der gleichen Berechtigung könnte man im Ordensbruder-Fall argumentieren, dass O mit seiner Tätigkeit Pflichten gegenüber dem Orden erfüllt hat.[239] Er hätte daher Aufwendungen für eine Ersatzkraft tätigen können. Wenn darauf im Einvernehmen mit dem Orden verzichtet wird, darf dies den Schädiger nicht entlasten.

V. Urlaub und Freizeit

1. Problemstellung

17 In Rechtsprechung und Literatur besteht weiterhin keine Einigkeit darüber, inwieweit Beeinträchtigungen von **Urlaub** und **Freizeit** einen ersatzfähigen Vermögensschaden darstellen können.

> **Beispiel** (BGH NJW 1956, 1234): Das Ehepaar M und F hat beim Reiseveranstalter V eine zweiwöchige Schiffsreise von Rotterdam zu den Kanarischen Inseln gebucht. Durch ein Verschulden des deutschen Zollbeamten Z verzögert sich die Beförderung des Reisegepäcks, sodass es nicht rechtzeitig in Rotterdam eintrifft. M und F müssen sich daher für längere Zeit mit den Kleidungsstücken behelfen, die sie beim Antritt der Reise trugen. Sie verlangen von der Bundesrepublik Deutschland Schadensersatz wegen nutzlos aufgewendeter Urlaubszeit. Zu Recht?

---

233 BGHZ 54, 45; Palandt/*Grüneberg* § 249 Rn. 65; *Larenz* SchuldR I § 29 IIe.
234 Zust. *Gotthardt* JuS 1995, 12 ff.; krit. *Würthwein* JZ 2000, 337 (345).
235 OLG Karlsruhe NJW-RR 1996, 1239 (1241). Auf den Marktwert der Tätigkeit abstellend auch *Dunz* FS Steffen, 1995, 135 (138 ff.).
236 *C. Huber* VersR 2007, 1330 (1335).
237 BGHZ 90, 334 (336); *Medicus/Lorenz* SchuldR AT Rn. 731.
238 BGHZ 38, 55 (58 ff.); 50, 304 (306). Bei der Bemessung des Anspruchs kann man sich aber an der Höhe solcher Aufwendungen orientieren.
239 Vgl. *Würthwein* JZ 2000, 337 (345).

2. Der Kommerzialisierungsgedanke

Der BGH hat einen Schadensersatzanspruch von M und F gegen die Bundesrepublik 18
Deutschland aus Amtshaftung (§ 839 iVm Art. 34 GG) bejaht und den entgangenen
Urlaubsgenuss als ersatzfähigen Vermögensschaden qualifiziert. Maßgeblich war dabei
die Erwägung, dass der Genuss des Urlaubs in aller Regel durch entsprechende Vermögensaufwendungen erkauft werde und damit in gewisser Weise **kommerzialisiert**
sei.[240] Dem ist in der Literatur entgegengehalten worden, dass Genüsse gleich welcher
Art nicht von der Person gelöst werden könnten und daher keine Vermögensgüter
seien.[241] Es handele sich damit um einen immateriellen Schaden, der nur bei Vorliegen
einer gesetzlichen Sonderregelung ersatzfähig sei (§ 253 I).

3. Die Regelung des § 651n II (§ 651f II aF)

Das Problem der Entschädigung wegen vertanen Urlaubs stellt sich vor allem im 19
Reisevertragsrecht. Für diesen Bereich gibt es seit 1979 eine Sonderregelung, wonach
der Reisende bei Vereitelung oder erheblicher Beeinträchtigung der Reise auch wegen
der nutzlos aufgewendeten Urlaubszeit eine angemessene Entschädigung in Geld verlangen kann (§ 651f aF = § 651n II). Die dogmatische Einordnung der Vorschrift war
lange Zeit streitig. Der BGH hat den vertanen Urlaub zunächst weiter als Vermögensschaden qualifiziert.[242] Später hat das Gericht jedoch klargestellt, dass § 651f aF den
Ersatz eines *immateriellen* Schadens gewährt.[243] Diese Einordnung ist auch für § 651n
II zutreffend (→ SchuldR BT § 36 Rn. 44). Die Vorschrift durchbricht somit den
Grundsatz des § 253 I. Da § 651n II im **Deliktsrecht** nicht gilt, ist der vertane Urlaub
hier nicht ersatzfähig.

> **Beispiel** (BGHZ 86, 212): Der G ist bei einem von S verschuldeten Verkehrsunfall verletzt
> worden und kann deshalb seinen am Unfalltag angetretenen Urlaub nicht fortsetzen. Dadurch
> entgehen ihm 21 Urlaubstage. G meint, der S müsse ihm wegen des entgangenen Urlaubs Ersatz leisten. Zu Recht?
> In Betracht kommt ein Schadensersatzanspruch aus § 823 I. Der BGH hat das Vorliegen eines
> ersatzfähigen Vermögensschadens verneint. Dabei hat er darauf abgestellt, dass die im Deliktsrecht zu ersetzenden wirtschaftlichen Folgeschäden sich bei Personenverletzungen im Wesentlichen auf Nachteile für Erwerb und Fortkommen beschränken (§ 842). Der entgangene Urlaubsgenuss könne lediglich bei der Bemessung des Schmerzensgelds berücksichtigt werden.

Im **vertraglichen** Bereich ging die hM vor der Neuregelung des Reisevertragsrechts 20
davon aus, dass § 651f II auf andere Vertragstypen analog angewendet werden kann,
sofern der Genuss des Urlaubs wenigstens mittelbar zum Gegenstand der vertraglichen Leistung gemacht worden ist.[244] Wichtigstes Beispiel wäre die Vermietung von
Ferienwohnungen und Ferienhäusern. Nach geltendem Recht stellt § 651a II 1 klar,
dass eine Pauschalreise »eine Gesamtheit von mindestens zwei verschiedenen Arten
von Reiseleistungen« ist. Der Gesetzgeber hat sich bewusst entschieden, die bisherige
Rechtsprechung zur Anwendbarkeit des Reisevertragsrechts auf einzelne Reiseleistungen nicht in das neue Recht zu überführen.[245] Die hM geht daher davon aus, dass es für

---
240 BGH NJW 1956, 1234 (1235).
241 *Larenz* SchuldR I § 29 IId; ähnlich *Medicus/Petersen* BürgerlR Rn. 830.
242 BGHZ 76, 179 (185); 77, 116 (120).
243 BGH NJW 2005, 1047 (1050); vgl. auch MüKoBGB/*Oetker* § 249 Rn. 95.
244 BGHZ 86, 212 (216); Staudinger/*Schiemann*, 2017, § 251 Rn. 110; aA Erman/*Schmid* § 651f Rn. 20.
245 Vgl. Begr. RegE, BT-Drs. 18/10822, 66.

eine analoge Anwendung des § 651n II an der erforderlichen planwidrigen Regelungslücke fehlt.[246]

> **Beispiel** (BGH NJW 1985, 906): Der R hat beim Reiseveranstalter V ein Ferienhaus in Dänemark gebucht. Bei der Ankunft am Urlaubsort stellt er zahlreiche Mängel des Hauses fest und tritt deshalb die Rückreise an. Muss V dem R eine Entschädigung wegen nutzlos aufgewendeter Urlaubszeit zahlen?
> Der BGH hat in der Entscheidung die Vorschrift des § 651f II analog angewendet. Maßgeblich war die Erwägung, dass die Vermietung des Ferienhauses in gleicher Weise wie ein Reisevertrag den Zweck hatte, dem Vertragspartner den Genuss seines Urlaubs zu ermöglichen. Nach geltendem Recht kommt ein Anspruch aus § 651n II in Betracht. Da der Vertrag zwischen R und V auf keine *Gesamtheit* von mindestens zwei verschiedenen Reiseleistungen gerichtet ist, liegen die Voraussetzungen des § 651a I aber nicht vor. Nach hM scheidet auch eine analoge Anwendung des § 651n II aus, weil der Gesetzgeber den Anwendungsbereich der §§ 651a ff. bewusst auf Verträge mit einer Gesamtheit von mindestens zwei verschiedenen Reiseleistungen beschränkt hat.

4. Nutzlos vertane Freizeit

21 Aus den vorstehenden Überlegungen folgt, dass nutzlos aufgewendete **Freizeit** im *deliktischen* Bereich erst recht nicht als ersatzfähiger Schaden angesehen werden kann.[247] Diskutabel ist ein Entschädigungsanspruch nur bei *Verträgen*, die dem Geschädigten eine bestimmte Freizeitgestaltung ermöglichen sollen.

> **Beispiel** (AG Herne-Wanne NJW 1998, 3651): Die G hat beim Veranstalter V eine Sitzplatzkarte für ein Konzert der Musikgruppe »Backstreet Boys« gekauft. Das Konzert findet in einem Stadion statt. Wegen organisatorischer Schwierigkeiten kann der G kein Sitzplatz zur Verfügung gestellt werden. Da G sich aus Sorge um ihre Sicherheit nicht mit einem Stehplatz begnügen will, verlässt sie während des Auftritts der Vorgruppe das Stadion und verlangt von V Ersatz für nutzlos aufgewendete Freizeit.

22 Das AG Herne-Wanne hat den Ersatzanspruch mit der Begründung bejaht, die Freizeit habe für den einzelnen den gleichen Erholungswert wie der Urlaub. Da G für die Veranstaltung finanzielle Aufwendungen getätigt habe, handele es sich bei der entgangenen Freizeitgestaltung um keinen rein immateriellen Wert. Diese Überlegungen knüpfen an den **Kommerzialisierungsgedanken** (→ § 49 Rn. 18) an. Die Kommerzialisierung kann jedoch nicht ausreichen, um einen bestimmten Genuss als Vermögensgut zu qualifizieren. Sonst müsste man heute nämlich fast alle Genüsse des Lebens als Vermögensgüter ansehen. Die Wertentscheidung des § 253 I wäre damit obsolet. Verdorbene Freizeit ist also ein immaterieller Schaden, der grundsätzlich nicht ersatzfähig ist.[248] Da die Interessenlage bei Freizeitveranstaltungen und Urlaubsreisen unterschiedlich ist, muss auch eine analoge Anwendung des § 651n II ausscheiden.[249]

VI. Kindesunterhalt als Schaden

23 Abschließend soll auf die Frage eingegangen werden, ob der **Unterhalt für ein Kind** als ersatzfähiger Vermögensschaden angesehen werden kann. Im Unterschied zu den

---

246 BeckOK BGB/*Geib*, 54. Ed. 1.5.2020, § 651n Rn. 5; *Führich* NJW 20917, 2945 (2946); *Tonner* MDR 2018, 305 (307); *Sonnentag* VersR 2018, 967 (977); zur Kritik → Schuldrecht BT § 36 Rn. 5.
247 MüKoBGB/*Oetker* § 249 Rn. 95.
248 So auch *Larenz* SchuldR I § 29 IId; Palandt/*Grüneberg* § 249 Rn. 68, 70f.
249 Zutr. insoweit AG Herne-Wanne NJW 1998, 3651 (3652) (zu § 651f II aF).

bislang erörterten Konstellationen geht es hier nicht um die Abgrenzung von Vermögens- und Nichtvermögensschäden, sondern um die mögliche Einschränkung der Ersatzfähigkeit von *Vermögensschäden*.

1. Geburt eines ungewollten Kindes (wrongful birth)

Das Problem des Kindesunterhalts als Schaden stellt sich vor allem bei ärztlichen Beratungs- oder Behandlungsfehlern, welche die Geburt eines **ungewollten Kindes** ermöglichen. Fraglich ist, ob die Eltern den Arzt auf Ersatz des Unterhaltsaufwands für das Kind in Anspruch nehmen können. 24

> **Beispiel** (BVerfGE 88, 203; 96, 375; BGHZ 124, 128; 129, 178; BGH NJW 2000, 1782): Nach der Geburt ihres fünften Kindes wollen die Eheleute E und F weiterem Kindersegen vorbeugen. E lässt sich daher nach vorheriger Beratung von dem Urologen Dr. U sterilisieren. Dr. U vergisst, den E darauf hinzuweisen, dass die durchtrennten Samenleiter wieder zusammenwachsen können, weshalb man einige Monate nach dem Eingriff eine Kontrolluntersuchung vornehmen muss. Da diese Entwicklung tatsächlich eintritt, bleibt E trotz des Eingriffs zeugungsfähig. Ein Jahr nach dem Eingriff wird die Tochter T geboren. E und F nehmen Dr. U auf Ersatz der für den Unterhalt der T erforderlichen Aufwendungen in Anspruch. Zu Recht?

In solchen Fällen kommt ein vertraglicher Schadensersatzanspruch aus § 280 I in Betracht. Ein Behandlungsvertrag (§ 630a) zwischen E und Dr. U liegt vor. F ist zwar nicht selbst Vertragspartei. Sie ist aber in den Schutzbereich des Behandlungsvertrags einbezogen.[250] Dr. U hat auch schuldhaft eine Pflicht aus dem Behandlungsvertrag verletzt. Problematisch ist aber, ob die Eltern einen ersatzfähigen **Vermögensschaden** erlitten haben. Nach der *Differenzhypothese* kann dies nicht bezweifelt werden. Hätte der Arzt seine vertraglichen Pflichten erfüllt, wäre das Kind nicht geboren worden. Die Eltern wären damit auch nicht mit der Unterhaltspflicht aus § 1601 belastet. Fraglich ist aber, ob dieses Ergebnis aus *normativen* Gründen korrigiert werden muss. 25

In Betracht kommt ein Verstoß gegen die **Menschenwürde** (Art. 1 I GG). Ein solcher Verstoß wäre ohne Zweifel gegeben, wenn die Existenz des Kindes als solche als Schaden gewertet würde. Dies ist jedoch nicht der Fall. Der Schaden liegt allein in der Belastung mit Unterhaltsansprüchen. Zu beachten ist allerdings, dass die Unterhaltspflicht mit der Existenz des Kindes verbunden ist.[251] Der Zweite Senat des BVerfG hat deshalb die Auffassung vertreten, das Dasein eines Kindes dürfe von Verfassungs wegen (Art. 1 I GG) auch nicht als *Schadensquelle* qualifiziert werden.[252] Dem ist jedoch entgegenzuhalten, dass die mit der Unterhaltspflicht verbundene materielle Belastung eine Realität ist, die nicht nur für ungewollte Kinder gilt. Art. 1 I GG gebietet nicht, vor dieser Realität die Augen zu verschließen; entscheidend ist, dass die Existenz des Kindes nicht auf diesen Aspekt reduziert wird, sondern als *immaterieller* Wert anerkannt wird. 26

Die Qualifikation des Kindesunterhalts als Schaden verstößt im Allgemeinen auch nicht gegen das **Recht** des ungeborenen Kindes **auf Leben** (Art. 2 II GG). Denn die 27

---

250 Zum umgekehrten Fall eines auf Schwangerschaftsverhütung gerichteten Vertrags zwischen Arzt und Mutter vgl. BGH NJW 2007, 989, wonach nicht nur der Ehegatte, sondern auch ein nichtehelicher Partner in den Schutzbereich einbezogen ist; krit. *Mörsdorf-Schulte* NJW 2007, 964 ff.
251 Vgl. *Laufs* NJW 1998, 796 (797); *Picker* AcP 195 (1995), 483 (485 ff.); *Erm*, Vorteilsanrechnung beim Schmerzensgeld, 2013, 421 f.
252 BVerfGE 88, 203 (296).

Bereitschaft der Mutter, das Kind auszutragen, wird durch die Aussicht auf finanzielle Entlastung eher gestärkt als geschwächt.[253] Der BGH geht daher in ständiger Rechtsprechung davon aus, dass der Kindesunterhalt einen ersatzfähigen Vermögensschaden darstellen kann.[254] Diese Rechtsprechung ist vom Ersten Senat des BVerfG bestätigt worden.[255]

28 Bei **fehlgeschlagenem Schwangerschaftsabbruch** kommt ein Ersatz des Unterhaltsschadens nur in Betracht, wenn der Eingriff rechtmäßig gewesen wäre. Da der Vertrag bei rechtswidrigem (wenn auch straffreiem) Schwangerschaftsabbruch auf einen rechtlich missbilligten Erfolg gerichtet ist, kann es unter dem Aspekt des Art. 2 II GG nicht angehen, den Arzt über eine Schadensersatzpflicht zur Verwirklichung dieses Erfolgs anzuhalten.[256]

29 Eine weitere Ausnahme ist für den Fall zu machen, dass der Vater eines einseitig ungewollten Kindes die **Mutter** wegen Täuschung über die Verwendung empfängnisverhütender Mittel auf Ersatz des Unterhaltsaufwands in Anspruch nimmt. Hier ist die Gewährung von Ersatzansprüchen mit den Grundrechten des Kindes unvereinbar, weil die Bereitschaft der Mutter zum Austragen des Kindes dadurch gefährlich geschwächt würde. Die Unterhaltsaufwendungen des Vaters können daher aus verfassungsrechtlichen Gründen nicht als ersatzfähiger Vermögensschaden angesehen werden.[257]

> **Beispiel:** Im Pillen-Fall (→ § 38 Rn. 3) scheidet ein vertraglicher Schadensersatzanspruch des M gegen F mangels Wirksamkeit der Vereinbarung aus. In Betracht kommt aber ein Anspruch aus § 826. Fraglich ist schon, ob das Verhalten der F als vorsätzliche sittenwidrige Schädigung qualifiziert werden kann. Wird dies bejaht, so scheitert der Anspruch jedenfalls am Fehlen eines ersatzfähigen Schadens.

2. Geburt eines behinderten Kindes (wrongful life)

30 Noch schwieriger ist die Rechtslage, wenn der behandelnde Arzt es pflichtwidrig unterlässt, die Eltern auf die Gefahr einer Schädigung des ungeborenen oder noch nicht gezeugten Kindes (zB aufgrund einer Röteln-Erkrankung der Mutter oder einer Erbkrankheit) hinzuweisen. Wird dann ein *behindertes Kind* geboren, das bei pflichtgemäßer Aufklärung nicht gezeugt oder nicht ausgetragen worden wäre, so beschränkt sich der **Ersatzanspruch der Eltern** nach hM nicht auf die krankheitsbedingten Mehrkosten, sondern umfasst den vollen Unterhaltsbedarf des Kindes.[258] Voraussetzung ist aber, dass die Vermeidung der Unterhaltsaufwendungen infolge der Geburt des Kindes vom Schutzzweck des Behandlungsvertrags erfasst wird. Dies ist zB zu verneinen, wenn die Schwangere ihren Hausarzt wegen eines Hautausschlags aufsucht und dieser das Vorliegen einer Röteln-Erkrankung verkennt.[259]

---

253 BVerfGE 96, 375 (403); krit. *Stürner* JZ 1998, 317 (325).
254 BGHZ 124, 128; 129, 178; BGH NJW 2000, 1782; 2007, 989 (990); zust. *Larenz/Canaris* SchuldR II 2 § 80 II 6d; Staudinger/*Schiemann*, 2017, § 249 Rn. 204ff.; zur entsprechenden Rechtslage in Österreich OGH ZEuP 2010, 147 mAnm *Mörsdorf-Schulte*.
255 BVerfGE 96, 375.
256 Vgl. BGHZ 129, 178 (185); Palandt/*Grüneberg* § 249 Rn. 75.
257 Vgl. *Looschelders* JURA 2000, 169 (174).
258 BGHZ 89, 95 (104ff.); 124, 128 (145f.); krit. *Medicus/Lorenz* SchuldR AT Rn. 745.
259 BGH NJW 2005, 891 (892); BGHZ 89, 95 (104ff.); 124, 128 (145f.); krit. *Medicus/Lorenz* SchuldR AT Rn. 746.

Dem **Kind** wird in solchen Fällen generell **kein eigener Ersatzanspruch** zugebilligt. **31** Maßgeblich ist die Erwägung, dass ein solcher Anspruch an die Nichtverhinderung der eigenen Geburt anknüpfen müsste. Der Mensch habe aber keinen Anspruch auf Nichtexistenz, sondern müsse sein Leben so hinnehmen, wie es von der Natur gestaltet sei.[260] Diese Lösung erscheint vor dem Hintergrund des Art. 1 I GG zwingend. Unbefriedigend ist zwar, dass das Kind beim Tod der Eltern seine finanzielle Absicherung verliert, weil mit der Unterhaltspflicht der Eltern auch die Ersatzpflicht des Arztes erlischt. Hier handelt es sich jedoch um eine *sozialpolitische Problematik*, die durch das Schadensrecht nicht gelöst werden kann. Denn die Frage der finanziellen Absicherung behinderter Kinder beim Tod der Eltern stellt sich unabhängig davon, ob ein ersatzpflichtiger Dritter vorhanden ist oder nicht.

> **Zur Rechtsvergleichung:** Dass dem Kind wegen der Nichtverhinderung seiner Geburt kein eigener Schadensersatzanspruch gegen den Arzt zustehen kann, ist in den meisten europäischen Rechtsordnungen anerkannt.[261] In England regelt Sec. 1 (5) Congenital Disabilities (Civil Liability) Act 1976 ausdrücklich: »The defendant is not answerable to the child, for anything he did or omitted to do when responsible in a professional capacity for treating or advising the parent«. In Frankreich hat die Vollversammlung des obersten Zivilgerichts (Cour de Cassation) dem geschädigten Kind zunächst einen eigenen Schadensersatzanspruch gegen den Arzt zugebilligt, der die vorgeburtliche Schädigung nicht zutreffend diagnostiziert hatte.[262] Die Entscheidung ist auf lebhafte Kritik gestoßen. Der französische Gesetzgeber hat daraufhin eine Regelung erlassen, wonach niemand allein wegen seiner Geburt Schadensersatzansprüche geltend machen kann.[263]

VII. Leidensbehaftetes Weiterleben als Schaden

Eine vergleichbare Problematik kann auch am Ende des Lebens auftreten, wenn lebenserhaltende Maßnahmen wie künstliche Ernährung fortgesetzt werden, obwohl sie **medizinisch nicht mehr indiziert** sind. In solchen Fällen kommen Ansprüche des Patienten gegen den Behandelnden auf immaterielle Entschädigung aus § 280 I und § 823 I (Körper, Gesundheit), jeweils iVm § 253 II in Betracht, die gem. § 1922 auf die Erben des Patienten übergehen können. Der BGH hat aber in einer aktuellen Entscheidung klargestellt, dass es hier jedenfalls an einem **immateriellen Schaden** iSd § 253 II **fehlt**. Dahinter steht die Erwägung, dass das menschliche **Leben als höchstrangiges Rechtsgut** absolut erhaltenswert ist. Es verbiete sich daher, das Leben – auch ein leidensbehaftetes Weiterleben – als Schaden zu qualifizieren.[264] Der entscheidende Unterschied zum »Kindesunterhalt als Schaden« wird darin gesehen, dass sich das leidensbehaftete Weiterleben – anders als die Unterhaltspflicht der Eltern – vom Leben nicht trennen lässt.[265] Ob eine immaterielle Entschädigung wegen Verletzung des **allgemeinen Persönlichkeitsrechts** (→ § 48 Rn. 12 ff.) in Betracht kommt, wenn der Arzt lebenserhaltende Maßnahmen gegen den Willen des Patienten fortsetzt, hat der BGH offen gelassen, weil im konkreten Fall kein entgegenstehender Wille des Patienten feststellbar war.[266] Soweit es um den Schutz des **Selbstbestimmungsrechts** des

32

---

260 BGHZ 86, 240 (254); Palandt/*Grüneberg* Vorbem. § 249 Rn. 31.
261 Vgl. *v. Bar*, Gemeineuropäisches Deliktsrecht I, 1996, Rn. 581.
262 Abgedruckt in ZEuP 2004, 794.
263 Ausf. zum Ganzen *Arnold* VersR 2004, 309 ff.; *Rebhahn* ZEuP 2004, 794 ff.
264 BGHZ 221, 352 = NJW 2019, 1741 Rn. 14 = JuS 2019, 577 *(Omlor)*; dazu *Bach* NJW 2019, 1915 ff.
265 BGHZ 221, 352 = NJW 2019, 1741 Rn. 21.
266 BGHZ 221, 352 = NJW 2019, 1741 Rn. 23.

Patienten geht, könnte hierin in der Tat ein tauglicher Ansatzpunkt liegen.[267] Die praktische Bedeutung dieses Ansatzes wird freilich dadurch beeinträchtigt, dass Ansprüche auf Geldentschädigung wegen Verletzung des allgemeinen Persönlichkeitsrechts nach Ansicht des BGH[268] nicht vererblich sind (→ SchuldR BT § 61 Rn. 11).

> **Literatur:** *Arnold,* »Kind als Schaden« in Frankreich, VersR 2004, 309; *Bach,* Das Leben ist kein Schaden, NJW 2019, 1915; *Benecke/Pils,* Der Ersatz des Nutzungsinteresses – Nutzungsersatz für eigenwirtschaftlich genutzte Gegenstände als Schwäche der Differenzmethode, JA 2007, 241; *Dunz,* Vereitelung von Gruppen- bzw. fremdnütziger Arbeitsleistung als Deliktsschaden des Verletzten, FS Steffen, 1995, 135; *Escher-Weingart,* Nutzungsausfall als Schaden und sein Ersatz, 1993; *Flessner,* Geldersatz für Gebrauchsentgang, JZ 1987, 271; *Flessner/Kadner,* Neue Widersprüche zum Gebrauchsentgang – BGHZ 99, 182 und 101, 325, in JuS 1989, 879; *Gotthardt,* Schadensersatz bei Ausfall einer Tätigkeit außerhalb des Erwerbslebens – OLG Celle NJW 1988, 2618; LG Zweibrücken NJW 1993, 3207, in JuS 1995, 12; *Honsell,* Die misslungene Urlaubsreise – BGHZ 63, 98, in JuS 1976, 222; *C. Huber,* Verletzungsbedingte Vereitelung unbezahlter Arbeit – niemals Ersatz?, VersR 2007, 1330; *Laufs,* Schädliche Geburten und kein Ende, NJW 1998, 796; *Looschelders,* Schadensersatz bei »einseitiger« Durchkreuzung der Familienplanung durch den kinderwilligen (Ehe-)Partner?, JURA 2000, 169; *Martens,* Schadensersatz für entgangene Theaterfreuden, AcP 209 (2009), 445; *Makowsky,* Die Ersatzfähigkeit entgangener Nutzungen, JR 2019, 271; *Medicus,* Nutzungsentgang als Vermögensschaden, JURA 1987, 240; *Mörsdorf-Schulte,* Vermögensschutz beim One-Night-Stand?, NJW 2007, 964; *Picker,* Schadensersatz für das unerwünschte eigene Leben, 1995; *Picker,* Schadensersatz für das unerwünschte Kind, AcP 195 (1995), 483; *Rebhahn,* Entwicklungen zum Schadensersatz wegen »unerwünschter Geburt« in Frankreich, ZEuP 2004, 794; *A. Roth,* Unterhaltspflicht für ein Kind als Schaden?, NJW 1994, 2402; *Schiemann,* Luxusvilla auf schwankendem Grund: Der Nutzungsschaden an Wohneigentum – BGHZ (GS) 98, 212, in JuS 1988, 20; *Schulze,* Nutzungsausfallentschädigung, NJW 1997, 337; *Spickhoff,* Die Entwicklung des Arztrechts 2018/2019, NJW 2019, 1718; *Stathopoulos,* Schadensersatz und Persönlichkeitsschutz des behinderten Kindes, FS Canaris I, 2007, 1213; *Stürner,* Das Bundesverfassungsgericht und das frühe menschliche Leben – Schadensdogmatik als Ausformung humaner Rechtskultur, JZ 1998, 317; *Würthwein,* Beeinträchtigung der Arbeitskraft und Schaden, JZ 2000, 337; *Zimmermann,* »Wrongful life« und »wrongful birth«, JZ 1997, 131; *Zwirlein,* Die Rechtsprechung zur Ersatzfähigkeit des abstrakten Nutzungsausfallschadens, JuS 2013, 481. Vgl. außerdem die Nachweise zu § 43.

§ 50 Die Mitverantwortlichkeit des Geschädigten

I. Allgemeines

1. Die Grundentscheidungen des § 254

1 Bei der Rechtsanwendung tritt oft der Fall ein, dass der Geschädigte den Schaden **mitverursacht** hat. Die Frage ist dann, unter welchen *Voraussetzungen* die Mitverursachung relevant ist und welche *Rechtsfolgen* daran zu knüpfen sind. § 254 trifft hierzu zwei Grundentscheidungen.

a) Gleichbehandlungsgrundsatz

2 § 254 stellt zunächst klar, dass ein **Verschulden** des Geschädigten vorliegen muss. Die bloße Mitverursachung genügt also nicht.[269] Der Gesetzgeber hat sich damit für die

---
267 Vgl. BeckOGK/*Spindler*, 1.5.2020, BGB § 823 Rn. 1000; *Spickhoff* NJW 2019, 1718 (1719).
268 BGHZ 215, 117 = NJW 2017, 3004.
269 *Brox/Walker* SchuldR AT § 31 Rn. 37 ff.; *Deutsch* Allg. HaftungsR Rn. 563.

Gleichbehandlung von Schädiger und Geschädigtem entschieden.[270] Denn auch für die Haftung des Schädigers gilt auf der Grundlage des BGB der Verschuldensgrundsatz.

Nach Inkrafttreten des BGB sind aufseiten des Schädigers allerdings zahlreiche Tatbestände eingeführt worden, wonach der Schädiger ohne Rücksicht auf ein Verschulden für bestimmte Risiken haftet (→ § 10 Rn. 9). Eine solche **Gefährdungshaftung** findet sich zB für den Straßenverkehr (§ 7 I StVG). Rechtsprechung und hL erkennen dementsprechend auch aufseiten des Geschädigten *verschuldensunabhängige Einstandspflichten* an. In konsequenter Beachtung des Gleichbehandlungsgedankens werden die für den Schädiger maßgeblichen Gefährdungshaftungstatbestände dabei auf den Geschädigten analog angewendet.[271] So muss der geschädigte **Halter** bei Verkehrsunfällen analog § 7 StVG für die **Betriebsgefahr** seines Kfz einstehen (näher dazu → § 50 Rn. 17).[272]

b) Quotenteilungsprinzip

Auf der Rechtsfolgenseite ordnet § 254 an, dass der Schaden **quotenmäßig** nach dem Maß der jeweiligen Verantwortlichkeit zwischen den Beteiligten zu *verteilen* ist. Vor Inkrafttreten des BGB hatte dagegen der Grundsatz gegolten, dass das Mitverschulden des Geschädigten zu einem vollständigen Haftungsausschluss führt.[273] Die Verfasser des BGB haben diesem gemeinrechtlichen Alles- oder Nichts-Prinzip eine klare Absage erteilt und die Stellung des Geschädigten damit erheblich verbessert. 3

> **Zur Rechtsvergleichung:** Das Quotenteilungsprinzip galt schon vor Inkrafttreten des BGB im österreichischen, schweizerischen und französischen Recht. Heute hat es sich in allen europäischen Rechtsordnungen durchgesetzt. In England ist das Alles- oder Nichts-Prinzip durch den Law Reform (Contributory Negligence) Act (1945) abgelöst worden. Auch in den USA ist das Quotenteilungsprinzip im Vordringen; einzelne Bundesstaaten folgen aber noch dem Alles- oder Nichts-Prinzip.[274]

2. Der Grundgedanke des Mitverschuldens

Der innere Grund für die Berücksichtigung des Mitverschuldens ist umstritten. Rechtsprechung und Literatur stellen überwiegend auf den Grundsatz von **Treu und Glauben** ab.[275] Ein solches Verständnis ist jedoch gefährlich. Denn es verleitet dazu, die Anspruchskürzung auf bloße Billigkeitserwägungen zu stützen. Der Gleichbehandlungsgrundsatz gebietet indessen, die Mitverantwortlichkeit des Geschädigten mit den gleichen präzisen Zurechnungskriterien zu begründen wie die Verantwortlichkeit des Schädigers. 4

Nach richtiger Ansicht beruht die Regelung des § 254 auf dem gleichen Gedanken wie die Haftung des Schädigers: nämlich der **Verantwortlichkeit** des Einzelnen für die Folgen des eigenen Verhaltens.[276] Ebenso wie bei der Haftung für fremde Schäden

---

270 Vgl. Staudinger/*Schiemann*, 2017, § 254 Rn. 4; *Looschelders* Mitverantwortlichkeit 126 ff.
271 Vgl. Soergel/*Ekkenga/Kuntz* § 254 Rn. 25; Staudinger/*Schiemann*, 2017, § 254 Rn. 8 ff.
272 BGHZ 12, 124 (128); BGH NJW 2007, 3120 (3122).
273 Eing. dazu *Looschelders* Mitverantwortlichkeit 20 ff.
274 Zur Rechtsvergleichung vgl. *Looschelders* Mitverantwortlichkeit 65 ff.
275 Vgl. etwa BGHZ 34, 355 (363 f.); 76, 216 (217); *Brox/Walker* SchuldR AT § 31 Rn. 36; *Fikentscher/Heinemann* SchuldR Rn. 711; Palandt/*Grüneberg* § 254 Rn. 1.
276 Zum Verantwortlichkeitsprinzip als Grundlage des § 254 vgl. Staudinger/*Schiemann*, 2017, § 254 Rn. 4; *Larenz* SchuldR I § 31 Ia; *Looschelders* Mitverantwortlichkeit 116 ff.

geht es daher auch bei der Einstandspflicht für eigene Schäden um ein **Zurechnungsproblem**. Dieser Einordnung lässt sich nicht entgegenhalten, der Schaden müsse dem Geschädigten nicht zugerechnet werden, weil er ohnehin schon in dessen Vermögen eintrete.[277] Dass der Schaden in einem *tatsächlichen* Sinne beim Geschädigten eintritt, heißt nämlich nicht, dass er von diesem aus *rechtlichen* Gründen (mit-)getragen werden *soll*.

3. Bezugspunkt des Verschuldens in § 254

5   Soweit die für die Haftung des Schädigers geltenden Vorschriften ein Verschulden voraussetzen (zB §§ 280 I 2, 823 I), ist dieses Merkmal notwendig auf ein **rechtswidriges** Verhalten bezogen.[278] In der Literatur wird zum Teil die Auffassung vertreten, dass das Mitverschulden des Geschädigten ebenfalls auf ein rechtswidriges Verhalten zu beziehen sei.[279] Hiergegen spricht aber, dass selbstschädigendes Verhalten nach den Wertungen unserer Rechtsordnung grundsätzlich nicht verboten ist.[280]

6   Auf der anderen Seite ist es nicht gerechtfertigt, dem Geschädigten jeden Schaden anzulasten, den er in vorhersehbarer und vermeidbarer Weise mitverursacht hat. In diese Richtung tendiert aber die hM, wenn sie das Mitverschulden unter dem Stichwort »**Verschulden gegen sich selbst**« als Nichteinhaltung der Sorgfalt definiert, die ein »ordentlicher und verständiger Mensch zur Vermeidung eigenen Schadens anzuwenden pflegt«.[281] Da der Schaden in tatsächlicher Hinsicht immer beim Geschädigten eintritt, mögen es dessen »wohlverstandene eigenen Interessen« zwar gebieten, gegen jedes vorhersehbare schädigende Ereignis Vorkehrungen zu treffen. Ein Mitverschulden kommt jedoch nur dann in Betracht, wenn die Vermeidung des Schadens in den *Verantwortungsbereich* des Geschädigten fällt.

> **Beispiele:** (1) Der G unternimmt bei Dunkelheit einen Spaziergang in einem einsamen Park, in dem bekanntlich schon mehrere Raubüberfälle stattgefunden haben. Tatsächlich wird G von S überfallen und ausgeraubt.
> Ein verständiger Mensch hätte den Park im »wohlverstandenen eigenen Interesse« bei Dunkelheit nicht betreten. Gleichwohl kann S dem G kein Mitverschulden entgegenhalten. Denn rechtlich betrachtet war G nicht gehalten, der Gefahr auszuweichen.
> (2) G rettet das Kind K aus einem brennenden Haus und zieht sich dabei Brandwunden zu. Auch wenn die Rettungshandlung nicht nach § 323c StGB geboten war, kann der Brandstifter S dem G doch nicht nach § 254 entgegenhalten, er habe seine wohlverstandenen eigenen Interessen nicht beachtet. Da die Vornahme solcher Rettungshandlungen rechtlich erwünscht ist, fällt der Schaden in den alleinigen Verantwortungsbereich des S.

7   Die entscheidende Frage ist, wann die Vermeidung des Schadens auch in den Verantwortungsbereich des Geschädigten fällt. Hier hilft die Rechtsfigur der **Obliegenheit** weiter. Wie bereits oben (→ § 1 Rn. 26) dargelegt worden ist, haben Obliegenheiten die gleiche Struktur wie Pflichten, nur dass die Rechtsordnung dem Adressaten frei stellt,

---

277 So aber *Th. Honsell*, Die Quotenteilung im Schadensersatzrecht, 1977, 120.
278 Vgl. Soergel/*Pfeiffer* § 276 Rn. 21 ff.; Staudinger/*Caspers*, 2019, § 276 Rn. 12.
279 IdS etwa *Schwab/Löhnig*, Einführung in das Zivilrecht, 20. Aufl. 2016, Rn. 186; *Greger* NJW 1985, 1130 (1133); *Schünemann* VersR 1998, 116 ff.
280 Vgl. MüKoBGB/*Oetker* § 254 Rn. 29.
281 Vgl. BGHZ 9, 316 (318); BGH NJW 2014, 2493 (2494); *Lange/Schiemann* Schadensersatz § 10 IX 1a; Palandt/*Grüneberg* § 254 Rn. 1; RGRK/*Alff* § 254 Rn. 15; Soergel/*Ekkenga/Kuntz* § 254 Rn. 2, 27.

ob er die Verhaltensanforderung beachtet oder nicht. Nach § 254 ist es allein Sache des Geschädigten, ob er die zum Schutz seiner Rechtsgüter und Interessen erforderlichen Vorkehrungen trifft; verzichtet er darauf, muss er aber den Verlust oder die Kürzung seines Ersatzanspruchs hinnehmen. Die Obliegenheitswidrigkeit ist damit bei § 254 das Gegenstück zur Rechtswidrigkeit bei den haftungsbegründenden Tatbeständen.[282]

4. Anwendungsbereich des § 254

Neben § 254 gibt es zahlreiche Einzelvorschriften, die sich auf **spezielle** Fragen der Mitverantwortlichkeit beziehen. Einige dieser Vorschriften *verweisen* im Wesentlichen auf § 254 (zB § 9 StVG, § 4 HaftpflG, § 6 I ProdHaftG); andere enthalten eigenständige Sonderregelungen, die § 254 vorgehen. Die meisten Sonderregelungen folgen ebenfalls dem *Quotenteilungsprinzip* (vgl. § 17 I 2 StVG, § 13 I 2 HaftpflG); es gibt jedoch auch Vorschriften, die auf dem *Alles- oder Nichts-Prinzip* beruhen (zB §§ 122 II, 179 III 1, 442). 8

Soweit keine Sonderregelung eingreift, ist § 254 auf **alle** rechtsgeschäftlichen und gesetzlichen **Schadensersatzansprüche** anwendbar. Dies gilt auch dann, wenn der Schadensersatzanspruch kein Verschulden voraussetzt. Die Vorschrift kann daher auch gegenüber den Garantiehaftungen des Vermieters aus § 536a I Alt. 1 und des Gastwirts aus § 701 sowie gegenüber Ansprüchen aus Gefährdungshaftung (zB § 833 S. 1) herangezogen werden.[283] Für **Beseitigungsansprüche** aus § 1004 gilt § 254 entsprechend.[284] Ist der Eigentümer für die Störung mitverantwortlich, so sind die Kosten der Beseitigung oder Unterlassung nach dem Maß der Verantwortlichkeit zwischen Eigentümer und Störer zu verteilen. Auf **Erfüllungsansprüche** ist § 254 nicht anwendbar.[285] 9

II. Voraussetzungen der Mitverantwortlichkeit

1. Überblick

Auf der **Tatbestandsseite** des § 254 regelt Abs. 1 den Fall, dass bei der *Entstehung des Schadens* ein Verschulden des Geschädigten mitgewirkt hat. Hieran anknüpfend ordnet § 254 II 1 an, dass die in Abs. 1 vorgesehene Rechtsfolge auch dann gelten soll, wenn das Verschulden des Geschädigten sich darauf beschränkt, den Schuldner nicht auf die Gefahr eines ungewöhnlich hohen Schadens aufmerksam gemacht bzw. den Schaden nicht abgewendet oder gemindert zu haben. Systematisch betrachtet hat § 254 II 1 nur klarstellende Funktion. Die Vorschrift hebt also nur einige spezielle Anwendungsfälle des Abs. 1 hervor.[286] Die Unterlassung der Schadensabwendung oder Schadensminderung verdient gleichwohl eine gesonderte Betrachtung. Denn es geht hier um Fälle, bei denen das Mitverschulden erst in der Phase der *haftungsausfüllenden Kausalität* eintritt. Ein weiteres Sonderproblem ist die Einstandspflicht des Geschädig- 10

---

282 Eing. *R. Schmidt*, Die Obliegenheiten, 1953, 105 ff.; *Looschelders* Mitverantwortlichkeit 194 ff.; vgl. auch BGHZ 57, 137 (145); 74, 25 (36); MüKoBGB/*Oetker* § 254 Rn. 3.
283 Vgl. BGHZ 68, 281 (288) zu § 536a I Alt. 1 (§ 538 I Alt. 1 aF); BGHZ 32, 149 (150) zu § 701; RGZ 51, 275 (277) zu § 833.
284 Vgl. BGHZ 119, 313 (314ff.); BGH NJW 1997, 269; *Looschelders* Mitverantwortlichkeit 269 ff.
285 BGHZ 104, 285 (290); Soergel/*Ekkenga/Kuntz* § 254 Rn. 19; aA *Peters* JZ 1995, 754 ff.
286 BGH NJW-RR 2009, 46 (48) mAnm *Looschelders* LMK 2009, 272915; NJW-RR 2009, 175 (177); *Brox/Walker* SchuldR AT § 31 Rn. 40 f.; *Medicus/Lorenz* SchuldR AT Rn. 749.

ten für *Hilfspersonen* und *gesetzliche Vertreter*, die in § 254 II 2 durch Verweis auf § 278 geregelt ist.

2. Mitverantwortlichkeit für die Entstehung des Schadens

11 Nach dem Wortlaut des § 254 I setzt der Einwand des Mitverschuldens lediglich voraus, dass an der Entstehung des Schadens ein Verschulden des Geschädigten mitgewirkt hat. Dies ist jedoch missverständlich. Denn der Schaden kann aus logischen Gründen nicht durch ein »Verschulden« mitverursacht werden, sondern nur durch ein *schuldhaftes* **Verhalten**.[287] Nach der hier vertretenen Auffassung muss das Verhalten des Geschädigten nicht nur schuldhaft sein, sondern darüber hinaus auch gegen eine *Obliegenheit* verstoßen. Der Tatbestand des § 254 I hat damit folgende Merkmale.

a) Mitverursachung eines eigenen Schadens

12 Der Geschädigte muss einen **Schaden** erlitten haben, der von einem anderen in haftungsbegründender Weise (zB §§ 280 ff., 823 ff.) verursacht worden ist. Der Geschädigte muss des Weiteren eine Handlung vorgenommen oder unterlassen haben, die für den Eintritt des Schadens **mitursächlich** ist. Der Schaden muss dem Geschädigten schließlich objektiv **zurechenbar** sein.[288] Kausalität und Zurechenbarkeit bestimmen sich nach den gleichen Grundsätzen wie bei der Haftung des Schädigers (→ § 45 Rn. 1 ff.).

b) Obliegenheitsverletzung

13 Der Geschädigte muss durch sein Verhalten eine **Obliegenheit** verletzt haben. Welche Obliegenheiten den Geschädigten treffen, ist durch *Abwägung der Interessen* von Schädiger und Geschädigtem zu ermitteln. Dabei steht auf der einen Seite das Interesse des Schädigers an einer sachgemäßen Begrenzung seines Haftungsrisikos. Auf der anderen Seite ist der Geschädigte daran interessiert, dass seine Handlungsfreiheit durch die Aufstellung von Obliegenheiten nicht allzu sehr eingeschränkt wird. Je stärker die Handlungsfreiheit des Geschädigten betroffen ist, desto zurückhaltender muss man mit der Annahme von Obliegenheiten sein. Große praktische Bedeutung hat insoweit die Frage, ob der Schadensersatzanspruch eines **Radfahrers** wegen Mitverschuldens zu kürzen ist, wenn er bei einem Verkehrsunfall Kopfverletzungen erlitten hat, die durch das Tragen eines **Schutzhelms** gemildert worden wären.[289] Der BGH hat dies in einem neueren Urteil verneint.[290] Der Senat weist dabei zu Recht darauf hin, dass eine Anspruchskürzung nach § 254 I nicht davon abhängt, ob der Geschädigte eine Rechtspflicht verletzt habe.[291] Für den maßgeblichen Zeitraum – bis 2011 – hat der Senat aber auch kein allgemeines Verkehrsbewusstsein hinsichtlich der Notwendigkeit des Tragens von Helmen durch Radfahrer festgestellt. Die normative Relevanz des »allgemeinen Verkehrsbewusstseins« erscheint zwar auf den ersten Blick fraglich. Sie ergibt sich aber daraus, dass die an das Verhalten der Radfahrer gerichteten Erwartungen durch das »allgemeine Verkehrsbewusstsein« geprägt werden.

---

287 Vgl. RGZ 54, 407 (411).
288 Zum Erfordernis eines objektiven Zurechnungszusammenhangs bei § 254 vgl. *Lange/Schiemann* Schadensersatz § 10 VIII; *Medicus/Lorenz* SchuldR AT Rn. 752.
289 Zur Problemstellung *Morell* AcP 214 (2014), 387 ff.; *Scholten* NJW 2012, 2993 ff.
290 BGH NJW 2014, 2493 mAnm *Looschelders* LMK 2014, 362735.
291 Vgl. MüKoBGB/*Oetker* § 254 Rn. 3.

Bei der Konkretisierung der Obliegenheiten des Geschädigten muss auch darauf geachtet werden, dass die Handlungsfreiheit von **behinderten und gebrechlichen Menschen** nicht übermäßig eingeschränkt wird.[292]

> **Beispiel** (OLG Koblenz VersR 1987, 1225): Der S hat einen Verkehrsunfall verschuldet, bei dem G als Sozius auf einem Mokick verletzt worden ist. Der Heilungsprozess verzögert sich, weil G »Bluter« ist. S wendet ein, der G müsse sich ein Mitverschulden an der Entstehung des Schadens entgegenhalten lassen, weil er in Kenntnis seiner gesundheitlichen Beeinträchtigung auf dem Mokick mitgefahren sei.
> Das OLG Koblenz hat den Einwand mit der Erwägung zurückgewiesen, dass die allgemeine Handlungsfreiheit des G unzumutbar eingeschränkt würde, wenn er wegen seiner gesundheitlichen Beeinträchtigung gehindert wäre, mit einem ordnungsgemäß zugelassenen Fahrzeug am allgemeinen Straßenverkehr teilzunehmen.

c) Verschulden

Das Verhalten des Geschädigten muss schließlich auch schuldhaft gewesen sein. Das Verschulden ist nach § 276 analog zu beurteilen. Es gilt damit auch hier der **objektivierte Fahrlässigkeitsmaßstab** (→ § 23 Rn. 9ff.).[293] Zu prüfen ist damit, ob ein durchschnittlich besonnener und gewissenhafter Angehöriger des betreffenden Verkehrskreises die Entstehung des eigenen Schadens vorhergesehen und vermieden hätte. Etwaige individuelle Defizite bleiben außer Betracht. Zwar mag es unter Gerechtigkeitsgesichtspunkten mitunter problematisch sein, dem Geschädigten ein Mitverschulden anzulasten, obwohl er den drohenden Schadenseintritt nicht erkennen und vermeiden konnte. Es ist jedoch nicht gerechtfertigt, den Geschädigten in dieser Hinsicht anders als den Schädiger zu behandeln. 14

Mitverschulden setzt **Zurechnungsfähigkeit** voraus. Die §§ 827, 828 gelten entsprechend.[294] In der Literatur wird dem zwar entgegengehalten, die §§ 827, 828 sollten Kinder und andere schuldunfähige Personen nur vor der Belastung mit Schadensersatzansprüchen schützen. Im Rahmen des § 254 müssten Kinder dagegen die mit ihrem Lebensabschnitt verbundenen Nachteile ebenso tragen, wie sie die angenehmen Seiten ihres Alters genießen könnten.[295] Nach dem klaren Wortlaut des § 254 greift die Vorschrift indessen nur ein, wenn der Geschädigte den Schaden (mit-)*verschuldet* hat. Bei fehlender Zurechnungsfähigkeit kann aber von keinem Verschulden gesprochen werden. Im Übrigen wird die besondere Bedeutung verkannt, die dem Schutz von schwächeren Verkehrsteilnehmern wie insbesondere Kindern nach den Wertungen unserer Rechtsordnung zukommt.[296] 15

> **Beispiel:** Der neunjährige K läuft beim Spielen auf die Straße und wird vom Pkw des S erfasst. K verlangt von S Schadensersatz und Schmerzensgeld. S beruft sich auf Mitverschulden.
> K hat den eigenen Schaden zwar durch ein obliegenheitswidriges Verhalten mitverursacht. Nach § 828 II sind Kinder unter zehn Jahren jedoch nicht für den Schaden verantwortlich, den sie bei einem Unfall mit einem Kraftfahrzeug einem anderen zugefügt haben. Diese Privilegierung von Kindern im Straßenverkehr gilt im Rahmen des § 254 entsprechend. S kann dem K daher kein eigenes Mitverschulden entgegenhalten.

---

292 Vgl. *Looschelders* Mitverantwortlichkeit 316.
293 Vgl. Palandt/*Grüneberg* § 276 Rn. 15; aA *Henke* JuS 1988, 753 (757).
294 Vgl. BGHZ 9, 316 (317); 24, 325 (327); Staudinger/*Schiemann*, 2017, § 254 Rn. 42 f.
295 So *Rother*, Die Haftungsbeschränkung im Schadensrecht, 1965, 89.
296 So auch *Medicus/Petersen* BürgerlR Rn. 869.

d) Gefährdungshaftung des Geschädigten

16 Nach allgemeiner Ansicht ist § 254 auch dann anwendbar, wenn dem Geschädigten zwar keine schuldhafte Obliegenheitsverletzung zur Last fällt, der Schaden aber aus anderen Gründen in seinen (Mit-)Verantwortungsbereich fällt. Rechtsprechung und hL vertreten dabei die Auffassung, dass die verschuldensunabhängigen Einstandspflichten des Geschädigten in Analogie zu den für den Schädiger geltenden **Gefährdungshaftungstatbeständen** zu bestimmen sind.[297] Demgegenüber plädiert eine in der Literatur vertretene Mindermeinung dafür, die verschuldensunabhängigen Einstandspflichten im Rahmen des § 254 auf »alle besonderen Gefährdungen« auszudehnen, die der Geschädigte für seine eigenen Rechtsgüter und Interessen geschaffen hat.[298] In diesem Sinne haben das OLG Karlsruhe und das OLG Köln die Auffassung vertreten, dass die bloße Teilnahme am Skibetrieb ein Mitverschulden begründen könne.[299]

17 Geht man mit der hier vertretenen Auffassung davon aus, dass § 254 auf dem **Gleichbehandlungsgrundsatz** beruht, so ist solchen Überlegungen eine klare Absage zu erteilen. Den Geschädigten trifft nur dann eine verschuldensunabhängige Einstandspflicht, wenn er im umgekehrten Fall – bei der Schädigung eines anderen – aufgrund eines Gefährdungshaftungstatbestands für den Schaden verantwortlich wäre.

> **Beispiele:** Bei einem Verkehrsunfall muss der geschädigte *Halter* (H) sich das mitwirkende Betriebsrisiko seines Kfz auch dann nach § 9 StVG, § 254 anrechnen lassen, wenn er den Unfall nicht (mit-)verschuldet hat. Entscheidend ist, dass H im Fall einer Fremdschädigung nach § 7 StVG für den Schaden verantwortlich wäre.[300] Wird der nicht mit dem Halter identische *Fahrer* bei einem Verkehrsunfall verletzt, so kann ihm die Mitverantwortlichkeit dagegen nicht mit der Betriebsgefahr begründet werden.[301] Denn der Fahrer haftet als solcher nach § 18 StVG nur für vermutetes eigenes Verschulden (→ SchuldR BT § 74 Rn. 1). Verlangt der nicht haltende *Leasinggeber* als Eigentümer des beschädigten Leasingfahrzeugs von einem Dritten nach § 823 I Schadensersatz, so ist ihm weder die Betriebsgefahr des Fahrzeugs noch das Verschulden seines Leasingnehmers – des Halters und Fahrers – zuzurechnen.[302] Bei einem Schadensersatzanspruch aus § 833 S. 1 wegen Schädigung durch ein Tier muss der Geschädigte sich gegebenenfalls die *Tiergefahr* seines eigenen (Luxus-)Tieres entsprechend §§ 254 I, 833 S. 1 anrechnen lassen.[303] Gegenüber einer Verschuldenshaftung aus § 823 I ist die Tiergefahr eines eigenen Tieres des Geschädigten nach der Wertung des § 840 III aber nicht anspruchsmindernd zu berücksichtigen.[304]

3. Obliegenheit zur Schadensabwendung oder Schadensminderung

18 Nach § 254 II 1 Alt. 2 und 3 trifft den Geschädigten nach Eintritt des schädigenden Ereignisses die Obliegenheit, sich im Rahmen des **Zumutbaren** um die Abwendung oder Minderung des Schadens zu bemühen. Das Problem liegt darin, die Grenzen der Zu-

---

297 Vgl. BGH VersR 1961, 931 (932); NJW 1995, 1150; *Larenz* SchuldR I § 31 Ib; Soergel/*Ekkenga/Kuntz* § 254 Rn. 28 f.; Staudinger/*Schiemann*, 2017, § 254 Rn. 10.
298 So *Deutsch* Allg. HaftungsR Rn. 581; für Ausweitung der »Gefährdungshaftung« des Geschädigten auch *Esser/Schmidt* SchuldR I 2 § 35 I 4.
299 OLG Karlsruhe NJW 1959, 1589; OLG Köln NJW 1962, 1110 (1111); dagegen zutr. OLG Stuttgart NJW 1964, 1859 (1860).
300 BGHZ 12, 124 (128); BGH NJW 2007, 3120 (3122); MüKoBGB/*Oetker* § 254 Rn. 5.
301 Vgl. BGH VersR 2010, 268 (269) und 270 (271) mAnm *Looschelders* 272 ff.
302 BGH NJW 2007, 3120 (3122). Im Hinblick auf das Verschulden des Leasingnehmers ist entscheidend, dass § 278 im deliktischen Bereich nicht anwendbar ist (→ § 50 Rn. 17 ff.).
303 BGHZ 67, 129 = NJW 1976, 2130 (2131); BGH NJW 2016, 2737 Rn. 9.
304 BGH NJW 2016, 2737 Rn. 13.

mutbarkeit zu bestimmen. Allgemeine Aussagen lassen sich hier nur schwer treffen. Entscheidend ist wieder eine Interessenabwägung. Auf der einen Seite ist die Handlungsfreiheit des Geschädigten in Ansatz zu bringen. Auf der anderen Seite muss sichergestellt werden, dass der Schädiger nicht uneingeschränkt für solche Schäden haftet, die für den Geschädigten durch zumutbare Maßnahmen zu vermeiden sind.[305]

> **Beispiel** (LG Düsseldorf VersR 1966, 95): G ist bei einem von S verschuldeten Unfall leicht verletzt worden. Um die Verletzungen auszuheilen, unternimmt G auf Anraten seines Hausarztes aufwändige Kuren in Arosa und Meran. Muss S die damit verbundenen Kosten tragen? Objektiv betrachtet waren die Kuren nicht notwendig, um die von S verursachten Verletzungen auszuheilen. G hat damit seine Obliegenheit zur Geringhaltung des Schadens verletzt. Fraglich ist, ob ein Verschulden vorliegt. Das LG hat dies mit der Erwägung bejaht, G hätte bei Einhaltung der zumutbaren Sorgfalt erkennen können, dass die Kuren nicht indiziert waren.

In der Praxis stellt sich das Problem der Schadensminderung häufig im Zusammenhang mit der Frage, unter welchen Voraussetzungen der Geschädigte sich nach § 254 II 1 einer **Operation** unterziehen oder **umschulen** lassen muss, um seinen Verdienstausfall möglichst gering zu halten.

19

> **Beispiel:** Der G ist bei einem von S verschuldeten Verkehrsunfall schwer verletzt worden und kann deshalb seinen erlernten Beruf nicht mehr ausüben. Er verlangt von S Ersatz des Verdienstausfalls. S macht geltend, der G könne seine Arbeitsfähigkeit in dem erlernten Beruf durch eine Operation wiedererlangen. Jedenfalls müsse G sich für eine andere Tätigkeit umschulen lassen. Wie ist die Rechtslage?

Bei der Würdigung solcher Fälle ist zu beachten, dass die möglichen Maßnahmen zur Schadensminderung **höchstpersönliche** Belange des Geschädigten tangieren. Die Zumutbarkeit muss daher nach besonders strengen Kriterien beurteilt werden. Dabei kann man sich nicht mit einem abstrakten Maßstab begnügen, sondern muss auch die *individuellen* Verhältnisse des Geschädigten berücksichtigen. Der Geschädigte muss sich deshalb nur dann einer **Operation** unterziehen, wenn der Eingriff nach dem Stand der Wissenschaft einfach, gefahrlos und schmerzlos durchgeführt werden kann und *sichere Aussicht* auf Heilung oder wesentliche Besserung bietet. Selbst wenn diese objektiven Voraussetzungen vorliegen, kann er sich darauf berufen, dass ihm die Operation aufgrund seiner individuellen Verhältnisse nicht zumutbar ist.[306] Eine **Umschulung** soll dem Geschädigten dagegen schon dann zumutbar sein, wenn sich mit einer *gewissen Wahrscheinlichkeit* annehmen lässt, dass er in dem neuen Beruf eine Anstellung finden wird.[307]

4. Warnung vor ungewöhnlich hohem Schaden

Gemäß § 254 II 1 Alt. 1 ist der Geschädigte außerdem gehalten, den Schädiger auf die Gefahr eines ungewöhnlich hohen Schadens aufmerksam zu machen, die Letzterer weder kannte noch kennen musste. Diese sog. **Warnpflicht** wird überwiegend als besondere Ausprägung der Pflicht zur Schadensabwendung verstanden.[308] Zu beachten ist

20

---

305 Vgl. MüKoBGB/*Oetker* § 254 Rn. 76.
306 Vgl. RGZ 139, 131 (134f.); BGH VersR 1987, 408 (409); *Deutsch* Allg. HaftungsR Rn. 573; *Larenz* SchuldR I § 31 Ic.
307 Vgl. RGZ 160, 119 (122); BGHZ 10, 18 (20); Soergel/*Ekkenga/Kuntz* § 254 Rn. 94.
308 So etwa Palandt/*Grüneberg* § 254 Rn. 37; *Brand* SchadensersatzR § 9 Rn. 25.

allerdings, dass die Warnpflicht meist schon den **haftungsbegründenden Kausalverlauf** betrifft.[309] Der Gesetzgeber wollte mit der ausdrücklichen Erwähnung der Warnpflicht in § 254 II 1 deutlich machen, dass die Nichtvorhersehbarkeit des Schadens für den Schädiger nicht die Schadenszurechnung ausschließt, sondern nur unter dem Aspekt des Mitverschuldens relevant werden kann.[310]

> **Beispiel:** Bei Transportverträgen ist der Versender nach § 254 II 1 Alt. 1 verpflichtet, den Frachtführer auf einen ungewöhnlich hohen Wert des Transportgutes hinzuweisen.[311] Hat der Versender diese Obliegenheit verletzt, so geht die Rechtsprechung im Fall des Abhandenkommens des Gutes davon aus, dass der Frachtführer bei einem solchen Hinweis entweder besondere Sicherungsmaßnahmen ergriffen oder den Transportauftrag abgelehnt hätte.[312] In beiden Fällen wäre es nicht zum Verlust des Transportgutes gekommen. Dies ändert jedoch nichts daran, dass der Frachtführer sich den Verlust und den daraus folgenden Schaden zurechnen lassen muss. Der Schadensersatzanspruch des Versenders ist aber nach § 254 I herabzusetzen.

5. Verantwortlichkeit des Geschädigten für Dritte

21 Unter welchen Voraussetzungen der Geschädigte für das Verschulden von Dritten einstehen muss, ist eine der am heftigsten umstrittenen Fragen der Mitverantwortlichkeit. Der Meinungsstreit entzündet sich an dem Problem, welche Bedeutung der Verweisung des § 254 II 2 auf § 278 beizumessen ist. Besonders brisant ist insoweit die Frage, inwieweit Kinder sich das Verschulden ihrer gesetzlichen Vertreter anrechnen lassen müssen.

> **Beispiel** (nach OLG Hamm NJW 1993, 542): Der sechsjährige K fuhr mit seinem Kinderfahrrad auf dem Gehweg, seine Mutter M folgte ihm im Abstand von fünf Metern auf ihrem Fahrrad. K stieß während der Fahrt gegen eine auf dem Gehweg abgestellte Mülltonne und stürzte auf die Fahrbahn, wo er von dem Pkw des S erfasst und verletzt wurde. Im Zeitpunkt des Unfalls hatte S mit seinem Handy telefoniert und war deshalb zu spät auf die Gefahr aufmerksam geworden. K verlangt von S Schadensersatz und Schmerzensgeld. S macht geltend, der K müsse sich das Verschulden der M anrechnen lassen, die ebenfalls unaufmerksam gewesen sei.

22 In Rechtsprechung und Literatur besteht heute Einigkeit, dass § 254 II 2 sich nicht nur auf die in Abs. 2 S. 1 genannten Fälle bezieht, sondern auch für die allgemeine Mitverschuldensregelung des Abs. 1 gilt. § 254 II 2 muss damit wie ein eigenständiger **dritter Absatz** behandelt werden.[313]

23 Die entscheidende Frage ist indessen, was unter der *entsprechenden* Anwendung des § 278 zu verstehen ist. Die hM betrachtet § 254 II 2 als **Rechtsgrundverweisung** auf § 278. Die Vorschrift ist danach auch aufseiten des Geschädigten nur anwendbar, wenn zwischen den Beteiligten ein Schuldverhältnis oder eine ähnliche rechtliche Sonderverbindung besteht. Ansonsten kommt nur die entsprechende Anwendung des § 831 in Betracht.[314] Nach einer in der Literatur verbreiteten Gegenauffassung handelt es sich dagegen um eine **Rechtsfolgenverweisung**. Da § 278 nur »entsprechend« an-

---

309 *Harke* SchuldR AT Rn. 323; *Looschelders* Mitverantwortlichkeit 165.
310 Vgl. *Brand* SchadensersatzR § 9 Rn. 26; *Looschelders* Mitverantwortlichkeit 35f.
311 Zur Konkretisierung der »ungewöhnlichen Höhe« des Schadens BGH NJW-RR 2010, 909.
312 BGH NJW-RR 2009, 175.
313 Vgl. *Brox/Walker* SchuldR AT § 31 Rn. 46; Palandt/*Grüneberg* § 254 Rn. 48.
314 Vgl. RGZ 77, 211 (212f.); BGHZ 3, 46 (49ff.); 9, 316 (318ff.); 103, 388 (344); *Medicus/Lorenz* SchuldR AT Rn. 756; Soergel/*Ekkenga/Kuntz* § 254 Rn. 125; Staudinger/*Schiemann*, 2017, § 254 Rn. 99.

wendbar sei, könne auf das Vorliegen eines Schuldverhältnisses verzichtet werden.[315] Nach einer **vermittelnden Auffassung** kann § 278 im außervertraglichen Bereich nur auf die Hilfspersonen des Geschädigten entsprechend angewendet werden, nicht aber auf dessen gesetzliche Vertreter.[316]

> **Beispiel:** Im Handy-Fall (→ § 50 Rn. 21) hat im Zeitpunkt des Unfalls zwischen K und S keine Sonderverbindung bestanden. Nach hM muss K sich also nicht das Verschulden der M nach §§ 254 II 2, 278 anrechnen lassen. Die entsprechende Anwendung des § 831 scheidet aus, weil M nicht Verrichtungsgehilfin des K ist. Die vermittelnde Ansicht gelangt hier zum gleichen Ergebnis. Nach der in der Literatur vertretenen Mindermeinung ist der Schadensersatzanspruch des K gegen S dagegen nach §§ 254 II 2, 278 um den Verantwortungsanteil der M zu kürzen. Zur möglichen Kürzung des Anspruchs in solchen Fällen unter dem Aspekt des gestörten Gesamtschuldnerausgleichs (→ § 54 Rn. 33 ff.).

Bei der Auslegung hilft der **Wortlaut** des § 254 II 2 nicht weiter. Insbesondere rechtfertigt der Ausdruck »entsprechend« nicht den Schluss, dass keine schuldrechtliche Verbindung zwischen den Beteiligten vorliegen muss.[317] Da § 278 auf die Haftung des Schädigers zugeschnitten ist, kann die Vorschrift aufseiten des Geschädigten in jedem Fall nur entsprechend angewendet werden.[318] Aus **systematischer** Sicht ist zu beachten, dass der unmittelbare Anwendungsbereich des § 278 auf bestehende Schuldverhältnisse beschränkt ist. Dies schließt zwar nicht aus, die Vorschrift im Rahmen einer Verweisung auf den außervertraglichen Bereich zu erstrecken. Da die Verantwortlichkeit für das Verhalten Dritter im außervertraglichen Bereich in § 831 geregelt ist, liegt dessen entsprechende Anwendung jedoch näher. Dass eine ausdrückliche Verweisung auf § 831 fehlt, steht dem nicht entgegen. Da § 831 eine Haftung für *eigenes* Verschulden begründet, bereitet die Berücksichtigung von entsprechenden Obliegenheitsverletzungen des Geschädigten bei der Auswahl und Überwachung des Gehilfen im Rahmen des § 254 von vornherein keine Probleme.[319] Entscheidend ist indes die **teleologische** Erwägung, dass der Gesetzgeber sich in § 254 für die prinzipielle Gleichbehandlung von Schädiger und Geschädigtem entschieden hat. Es ist daher nicht gerechtfertigt, den Anwendungsbereich des § 278 für den Geschädigten *einseitig* auf den außervertraglichen Bereich auszuweiten.

24

III. Rechtsfolgen

Auf der Rechtsfolgenseite des § 254 ist der Schaden nach dem Maß der jeweiligen **Verantwortlichkeit** zwischen Schädiger und Geschädigtem zu verteilen. Das Maß der Verantwortlichkeit richtet sich nach dem Gewicht der Faktoren, die auf der Tatbestandsseite der Haftungsnormen und des § 254 die Zurechenbarkeit des Schadens zum Verantwortungsbereich der Beteiligten begründen. Im Vordergrund der Abwägung steht das *objektive* Gewicht der **Verursachungsbeiträge.** Bei der Verschuldenshaftung ist daneben aber auch der Grad des **Verschuldens** zu berücksichtigen. Bei der Gefährdungshaftung kommt es stattdessen auf das Maß der **Sach-** oder **Betriebsgefahr** an, die sich in dem schädigenden Ereignis realisiert hat. Verschuldens- und Gefährdungshaftung beruhen zwar auf unterschiedlichen Zurechnungsgründen, die schwer miteinan-

25

---

315 IdS etwa *Deutsch* Allg. HaftungsR Rn. 577.
316 So *Larenz* SchuldR I § 31 Id; iE auch *Lange/Schiemann* Schadensersatz § 10 XI 6.
317 So auch Soergel/*Ekkenga/Kuntz* § 254 Rn. 125; aA *Finger* JR 1972, 406 (408).
318 *Lange/Schiemann* Schadensersatz § 10 XI 3, 6.
319 Vgl. RGZ 77, 211 (213).

der vergleichbar sind. Bei der Abwägung ist aber von der grundsätzlichen Gleichwertigkeit beider Haftungsarten auszugehen. Es ist daher nicht gerechtfertigt, die verschuldensabhängigen Zurechnungsgründe prinzipiell stärker zu gewichten als die gefährdungshaftungsrechtlichen.[320]

Die Abwägung führt im Allgemeinen zu einer **anteiligen** Verteilung des Schadens zwischen Schädiger und Geschädigtem. Die Verantwortlichkeit eines Beteiligten kann jedoch auch so stark überwiegen, dass der Beitrag des anderen vollständig zurücktritt. Hat etwa ein Beteiligter *vorsätzlich*, der andere aber nur fahrlässig gehandelt, muss der Schaden regelmäßig allein von demjenigen getragen werden, dem Vorsatz zur Last fällt.[321]

Besonderheiten gelten für den Fall, dass der Geschädigte es entgegen § 254 II 1 unterlässt, eine **zumutbare Erwerbstätigkeit** aufzunehmen. Nach der Rechtsprechung des BGH findet hier keine quotenmäßige Kürzung des Schadensersatzanspruchs statt. Vielmehr sind dem Geschädigten die erzielbaren (fiktiven) Einkünfte anzurechnen.[322]

IV. Handeln auf eigene Gefahr

26 Der Verursachungsbeitrag des Geschädigten besteht mitunter darin, dass er sich bewusst und ohne zwingenden Grund einer Gefahr ausgesetzt hat, die vom Schädiger geschaffen worden ist und beherrscht wird. Man spricht dann von einem **Handeln auf eigene Gefahr**.[323] Zu beachten ist allerdings, dass der Begriff des Handelns auf eigene Gefahr lediglich ein *tatsächliches* Verhalten des Geschädigten beschreibt. Damit ist noch nichts darüber ausgesagt, wie dieses Verhalten in *rechtlicher* Hinsicht zu bewerten ist.[324]

1. Teilnahme an gefährlichen Fahrten

27 Ein wichtiger Anwendungsbereich des Handelns auf eigene Gefahr ist in den Fällen gegeben, in denen der Geschädigte in einem fremden Fahrzeug mitfährt, obwohl er besondere gefahrerhöhende Umstände (zB die alkoholbedingte Fahruntüchtigkeit des Fahrers) kennt oder kennen muss.

> **Beispiel:** Die Arbeitskollegen G und S haben gemeinsam eine Kneipentour unternommen. Da S sich noch fahrtüchtig fühlt, bietet er dem G an, ihn mit dem Pkw nach Hause zu bringen. G weiß, dass S erhebliche Mengen Alkohol zu sich genommen hat; da er ihn als trinkfest kennt, willigt er aber ein. Auf der Fahrt verursacht S infolge seiner Alkoholisierung einen Unfall, bei dem G verletzt wird. G verlangt von S Schadensersatz. S wendet ein, dass G auf eigene Gefahr gehandelt habe.

28 Nach welchen Grundsätzen solche Fälle zu behandeln sind, ist streitig. Die ältere Rechtsprechung hat in den **Mitfahrt-Fällen** die Auffassung vertreten, der Geschädigte habe stillschweigend mit rechtfertigender Wirkung in die aus der erkannten Gefahr

---

320 Vgl. *Larenz* SchuldR I § 31 Ie; Soergel/*Ekkenga/Kuntz* § 254 Rn. 156.
321 Vgl. RGZ 76, 313 (323); BGHZ 98, 148 (159); *Larenz* SchuldR I § 31 Ie.
322 BGH NJW 2007, 64.
323 Vgl. BGHZ 34, 355 (358); Soergel/*Ekkenga/Kuntz* § 254 Rn. 68.
324 Vgl. Jauernig/*Teichmann* § 254 Rn. 14; ferner (mit Blick auf das Handeln auf eigene Gefahr im Sport) *Looschelders* JR 2000, 265 (268).

möglicherweise folgenden Verletzungen *eingewilligt*.[325] Dies kann jedoch nicht überzeugen. Auch wenn der Geschädigte die Gefahr erkennt, wird er im Allgemeinen doch darauf vertrauen, dass sie sich nicht verwirklichen wird. Die Annahme einer stillschweigenden Einwilligung in die Verletzung ist daher eine reine Fiktion.[326] Der BGH hat diese Rechtsprechung daher zu Recht aufgegeben und behandelt die Mitfahrt-Fälle nunmehr unter dem Aspekt des *Mitverschuldens* (§ 254).[327]

2. Teilnahme an gefährlichen Sportarten

Ein weiterer wichtiger Anwendungsbereich der Lehre vom Handeln auf eigene Gefahr ist traditionell die Teilnahme an gefährlichen Sportarten (zB Fußball, Boxen). Die Rechtsprechung löst diese Fälle mithilfe des § 242. Maßgeblich ist die Erwägung, dass ein Sportler die bei regelgerechtem Verhalten der Mitspieler eintretenden Verletzungen in Kauf nehme. Er verstoße daher gegen das **Verbot widersprüchlichen Verhaltens,** wenn er den Mitspieler im Nachhinein gleichwohl auf Schadensersatz in Anspruch nehme.[328] Voraussetzung sei aber, dass die infrage stehende Sportart feste Regeln kenne, die auch dem Schutz der körperlichen Integrität der Teilnehmer dienen.[329] In der Literatur wird teilweise die **Anwendung des § 254** befürwortet.[330] Vorzugswürdig erscheint demgegenüber die Annahme, dass die Verletzung eines Mitspielers bei regelgerechtem Verhalten schon nicht den **Tatbestand des § 823 Abs. 1** verwirklicht.[331]

29

Nach der neueren Rechtsprechung des BGH greifen die Grundsätze über die Haftungseinschränkung bei Teilnahme an einer gefährlichen Sportart nicht ein, soweit **Versicherungsschutz** besteht.[332] In diesem Fall sei es nicht treuwidrig, dass der Geschädigte den durch die Versicherung gedeckten Schaden geltend mache. Darüber hinaus bestehe auch kein Grund zu der Annahme, die Teilnehmer wollten gegenseitig auf Schadensersatzansprüche verzichten. Praktische Bedeutung hat dies vor allem bei motorsportlichen Wettbewerben wegen der **obligatorischen Haftpflichtversicherung.** Bei anderen gefährlichen Sportarten (zB Fußball) kann die Existenz einer freiwilligen Haftpflichtversicherung dagegen keine Ausweitung der Haftung rechtfertigen.[333]

3. Handeln auf eigene Gefahr und Gefährdungshaftung

Besondere Relevanz hat das Handeln auf eigene Gefahr bei der Gefährdungshaftung. In diesem Bereich ist weitgehend anerkannt, dass die bewusste Aufsichnahme der Gefahr schon den haftungsbegründenden Tatbestand ausschließen kann.[334] Sehr umstritten ist aber die Frage, unter welchen Voraussetzungen die Gefährdungshaftung

30

---

325 Vgl. RGZ 141, 262 (266); BGHZ 2, 159 (162); BGH VersR 1953, 85.
326 Zur Kritik an der »Einwilligungslösung« vgl. Soergel/*Ekkenga/Kuntz* § 254 Rn. 69; Staudinger/ *Schiemann,* 2017, § 254 Rn. 66. Zu den parallelen Fragen im Strafrecht *Roxin,* Strafrecht Allgemeiner Teil, Bd. I, 4. Aufl. 2006, § 11 Rn. 105.
327 Grdl. BGHZ 34, 355 (360 ff.); vgl. auch Palandt/*Grüneberg* § 254 Rn. 34.
328 BGHZ 63, 140 (145) – Fußball; 154, 316 (323) – Autorennen; ausf. *Götz,* Die deliktische Haftung für Sportverletzungen im Wettkampfsport, 2009, 119 ff.
329 BGH NJW-RR 2006, 672 (674) – Rempeltanz.
330 So grds. MüKoBGB/*Oetker* § 254 Rn. 67.
331 Vgl. BGH VersR 2009, 1677; *Looschelders* JR 2000, 265 (269 ff.); *Götz,* Die deliktische Haftung für Sportverletzungen im Wettkampfsport, 2009, 181 ff.
332 So BGH NJW 2008, 1591 (1592).
333 Ausf. dazu *Looschelders* FS G. Müller, 2009, 129 ff.; vgl. auch BGH VersR 2009, 1677 (1678).
334 Vgl. BGH VersR 2006, 416 (417 f.); *Lange/Schiemann* Schadensersatz § 10 XIV 1.

des Pferdehalters gegenüber dem Reiter nach § 833 S. 1 ausgeschlossen ist. In der Literatur wird überwiegend die Auffassung vertreten, die Haftung nach § 833 S. 1 sei generell ausgeschlossen, wenn der Geschädigte die Herrschaft über das Pferd unentgeltlich und im eigenen Interesse übernommen habe.[335] Nach Ansicht des BGH wird der Reiter vom Schutzbereich des § 833 S. 1 erfasst. Etwas anderes soll nur gelten, wenn er bewusst besondere, über das gewöhnlich mit dem Reiten verbundene Maß hinausgehende Risiken auf sich genommen hat.[336] Als Beispiele werden das Zureiten von Pferden, das Dressurreiten und das Springreiten genannt.

31 Soweit der Tatbestand des § 833 S. 1 zu bejahen ist, kann der Schadensersatzanspruch des Reiters wegen **Mitverschuldens** nach § 254 einzuschränken oder auszuschließen sein. Erforderlich ist jedoch, dass der Geschädigte einen Reitfehler begangen hat oder ein unangemessen hohes Risiko eingegangen ist. Das Reiten eines fremden Pferdes als solches kann keineswegs ausreichen, um den Einwand des Mitverschuldens zu begründen.

> **Zur Rechtsvergleichung:** Das Handeln auf eigene Gefahr wird auch im österreichischen und schweizerischen Recht als Anwendungsfall des Mitverschuldens behandelt. In den Mitfahrt-Fällen (→ § 50 Rn. 27 f.) geht die französische Rechtsprechung gleichfalls davon aus, dass die *acceptation des risques* eine *faute de la victime* darstellt. Nach englischem und US-amerikanischem Recht schließt die *assumption of risk* den Ersatzanspruch des Geschädigten dagegen vollständig aus.[337]

> **Literatur:** *Dunz*, »Eigenes Mitverschulden« und Selbstwiderspruch, NJW 1986, 2234; *Götz*, Die deliktische Haftung für Sportverletzungen im Wettkampfsport, 2009; *Greger*, Mitverschulden und Schadensminderungspflicht – Treu und Glauben im Haftungsrecht?, NJW 1985, 1130; *Hager*, Das Mitverschulden von Hilfspersonen und gesetzlichen Vertretern des Geschädigten, NJW 1989, 1640; *Henke*, Mitverursachung und Mitverschulden – Wer den Schaden herausfordert, muss den Schädiger schonen, JuS 1988, 753; *Henke*, Die Versäumnisse Dritter und die Zurechnung als Mitverschulden des Geschädigten, JuS 1990, 30; *Henke*, Die Bewältigung des Mitverschuldens – eine anspruchsvolle juristische Technik, JuS 1991, 265; *Th. Honsell*, Die Quotenteilung im Schadensersatzrecht, 1977; *Koziol*, Die Mitverantwortlichkeit des Geschädigten: Spiegelbild- oder Differenzierungsthese?, FS Deutsch, 2009, 781; *Looschelders*, Die Mitverantwortlichkeit des Geschädigten im Privatrecht, 1999; *Looschelders*, Die haftungsrechtliche Relevanz außergesetzlicher Verhaltensregeln im Sport, JR 2000, 265; *Looschelders*, Auswirkungen der Versicherung auf die Haftung beim Sport, FS G. Müller, 2009, 129; *Medicus*, Zum Schutzzweck schadensabwehrender Pflichten oder Obliegenheiten, FS Niederländer, 1991, 329; *Peters*, Der Einwand des Mitverschuldens gegenüber Erfüllungsansprüchen, JZ 1995, 754; *Rother*, Die Haftungsbeschränkung im Schadensrecht, 1965; *Schünemann*, »Mitwirkendes Verschulden« als Haftungsgrund bei Fernwirkungsschäden, VersR 1978, 116; *Stöhr*, Ausgewählte Fragen zum Verschulden gegen sich selbst, ZfS 2010, 62; *Stoll*, Das Handeln auf eigene Gefahr, 1961; *Stoll*, Handeln des Verletzten auf eigene Gefahr als Argument gegen die Haftung, in 50 Jahre Bundesgerichtshof, FG aus der Wissenschaft, Bd. I, 2000, 223.

---

335 IdS *Deutsch* Allg. HaftungsR Rn. 593 f.; *Esser/Weyers* SchuldR II 2 § 58 III 1 d; *Larenz/Canaris* SchuldR II 2 § 84 II 1 e.
336 BGH NJW 1992, 2474; 1993, 2611; ebenso *Medicus/Petersen* BürgerlR Rn. 636. Ausf. dazu → SchuldR BT § 68 Rn. 5.
337 Vgl. *Looschelders* Mitverantwortlichkeit 73 f. (78 f., 89, 103 ff.).

9. Teil. Stellung der Beteiligten im Mehrpersonenverhältnis

§ 51 Der Vertrag zugunsten Dritter

I. Zweck

Vertragliche **Leistungspflichten** treffen grundsätzlich nur die Parteien des Vertrages. In manchen Fällen besteht jedoch ein Bedürfnis, einem nicht am Vertrag beteiligten Dritten einen unmittelbaren Leistungsanspruch zu verschaffen. Ein solches Bedürfnis ist insbesondere bei Verträgen mit *Versorgungsfunktion* gegeben.[1] Repräsentativ ist die Lebensversicherung. Bezugsberechtigt ist hier meist der überlebende Ehegatte. Weitere Beispiele sind Leibrenten- und Hofübergabeverträge. In anderen Fällen steht der *praktische Nutzen* eines eigenen Forderungsrechts für den Dritten im Vordergrund. Wenn der Dritte den Leistungsanspruch *unmittelbar* – dh ohne Durchgang durch das Vermögen des Versprechensempfängers (= Vertragsgläubigers) – erwirbt, haben dessen Gläubiger keine Zugriffsmöglichkeit.[2]

Das BGB trägt diesen Bedürfnissen mit dem **echten** Vertrag zugunsten Dritter (§§ 328 ff.) Rechnung. Entscheidendes Merkmal dieses Rechtsinstituts ist ein *eigenes Forderungsrecht* des Dritten gegenüber dem Schuldner. Davon abzugrenzen sind die Fälle, in denen es den Beteiligten lediglich um eine *Abkürzung des Leistungsweges* geht. Man spricht hier von einem **unechten** oder auch ermächtigenden Vertrag zugunsten Dritter.

1

2

> **Beispiel:** Rechtsanwalt R kauft für seinen Sohn, den Jurastudenten S, im Computerfachgeschäft des V einen PC. R und V vereinbaren, dass das Gerät unmittelbar an S ausgeliefert werden soll. In einem solchen Fall muss man sich fragen, ob S ein eigenes Recht erhalten soll, die Lieferung des PC zu verlangen, oder ob R den V nur ermächtigt hat, mit befreiender Wirkung an S zu leisten (§§ 362 II, 185 I).

II. Abgrenzung zwischen echtem und unechtem Vertrag zugunsten Dritter

Die Abgrenzung erfolgt vorrangig nach der **Parteivereinbarung.** Wenn die Parteien hierzu keine besonderen Vereinbarungen getroffen haben, muss auf den *mutmaßlichen* Parteiwillen abgestellt wurden. Dieser ist durch Auslegung zu ermitteln. Dabei ist in erster Linie auf die **Auslegungsregeln** der §§ 329, 330 zurückzugreifen. Entsprechend dem Bedürfnis nach Einbeziehung Dritter in Verträge mit Versorgungsfunktion schreibt § 330 vor, dass *Leibrentenverträge* (§§ 759 ff.; → SchuldR BT § 48 Rn. 1 ff.) im Zweifel echte Verträge zugunsten Dritter sind. Für **Lebensversicherungsverträge** ergibt sich dies seit der VVG Reform 2008 nicht mehr aus § 330, sondern aus § 159 VVG.[3]

3

Weitere Fälle, in denen ein echter Vertrag zugunsten Dritter vermutet wird, sind die *Schenkung unter Auflage* (§ 525) und die kaum noch relevante *Vermögens- oder Gutsübernahme* (§ 330). Kein echter Vertrag zugunsten Dritter liegt im Zweifel vor, wenn

---

1 Soergel/*Hadding* § 328 Rn. 5; Staudinger/*Klumpp*, 2015, Vorbem. zu §§ 328 ff. Rn. 18.
2 *Larenz* SchuldR I § 17 Ia.
3 Vgl. Palandt/*Grüneberg* § 330 Rn. 1.

sich jemand durch Vertrag mit dem Schuldner verpflichtet, dessen Verbindlichkeit gegenüber einem anderen zu erfüllen (§ 329). Sofern keine Schuldübernahme (→ § 53 Rn. 1 ff.) vorliegt, erwirbt der Gläubiger aus einer solchen **Erfüllungsübernahme** also keinen eigenen Anspruch.

4 Lässt sich die fragliche Konstellation keiner dieser Fallgruppen zuordnen, so ist auf die Umstände des Einzelfalles abzustellen. Besondere Bedeutung hat dabei der **Zweck**, den die Parteien mit dem Vertrag verfolgt haben (§ 328 II). Wollen die Parteien lediglich den Lieferweg abkürzen, so ist im Allgemeinen *nicht* davon auszugehen, dass der Dritte ein eigenes Forderungsrecht haben soll.

> **Beispiel:** Im Computerkauf-Fall (→ § 51 Rn. 2) greifen die gesetzlichen Vermutungsregeln nicht ein. Vertragliche Bestimmungen, denen ein Forderungsrecht des S zu entnehmen wäre, sind nicht ersichtlich. Auch der Zweck des Vertrages gibt dafür keine Hinweise. Die Lieferung des Computers an S stellt sich daher als bloße Verkürzung des Leistungsweges dar. Es handelt sich damit um einen unechten Vertrag zugunsten Dritter.

III. Dogmatische Einordnung

1. Kein eigener Vertragstyp

5 Der Vertrag zugunsten Dritter ist **kein eigenständiger Vertragstyp** wie Kauf-, Miet- oder Werkvertrag.[4] Es handelt sich vielmehr um eine Abrede zwischen Gläubiger und Schuldner, durch die das Schuldverhältnis dergestalt modifiziert wird, dass der Dritte ein eigenes Forderungsrecht erwirbt.

> **Zur Rechtsvergleichung:** Der Vertrag zugunsten Dritter ist in unterschiedlichen Ausformungen nahezu allen Rechtsordnungen bekannt.[5] Dies gilt neuerdings auch für das *englische Recht*. Hier scheiterte die Anerkennung des Vertrages zugunsten Dritter lange Zeit am Erfordernis einer Gegenleistung (*consideration*-Lehre) sowie am *privity of contract*-Grundsatz, wonach ein Vertrag nur Rechte und Pflichten zwischen den Parteien begründen kann. Diese Haltung wurde erst durch den Contracts (Rights of Third Parties) Act v. 11.11.1999 überwunden.[6] Auch die Principles of European Contract Law (Art. 6:110) und der Draft Common Frame of Reference (Art. II. – 9:301 DCFR) sehen das Institut des Vertrages zugunsten Dritter (*»Stipulation in Favour of a Third Party«*) vor.[7] Angesichts dieser Entwicklung ist es konsequent, dass der Vorschlag für ein Gemeinsames Europäisches Kaufrecht (→ § 2 Rn. 14) hierzu ebenfalls Regelungen enthielt (Art. 78 GEKR).[8]

2. Durchbrechung des Vertragsprinzips

6 Wie im zweiten Teil (→ 2. Teil Rn. 1 ff.) dargestellt worden ist, entstehen Schuldverhältnisse grundsätzlich nur zwischen den Parteien eines Vertrages. Dieses **Vertragsprinzip** wird durch den Vertrag zugunsten Dritter durchbrochen. Das Institut ermöglicht es, einen Dritten als Gläubiger eines Leistungsanspruchs in den Vertrag einzubeziehen, ohne dass dieser eine eigene Willenserklärung abgegeben hat. Der Dritte muss im Zeitpunkt des Vertragsschlusses nicht einmal rechtsfähig sein.[9] Es ist daher möglich, dem

---

4 Palandt/*Grüneberg* § 328 Rn. 1; MüKoBGB/*Gottwald* § 328 Rn. 4.
5 Einzeldarstellung bei Staudinger/*Klumpp*, 2015, Vorbem. zu §§ 328 ff. Rn. 111 ff.; speziell zum spanischen Recht *Christandl* ZEuP 2012, 245 ff.
6 Vgl. dazu *Graf v. Bernstorff* RIW 2000, 435 ff.
7 Vgl. *Christandl* ZEuP 2012, 245 (251 ff.).
8 Näher dazu Schmidt-Kessel/*Looschelders/Makowsky*, 227 (250 ff.).
9 Staudinger/*Klumpp*, 2015, § 328 Rn. 47.

nasciturus oder auch einem noch nicht gezeugten Nachkommen für den Fall seiner Lebendgeburt durch Vertrag zugunsten Dritter Rechte zuzuwenden.[10]

Die rechtliche Anerkennung des Vertrages zugunsten Dritter beinhaltet eine gewisse Einschränkung der durch Art. 2 I GG geschützten negativen Vertragsfreiheit des Dritten.[11] Diesem Umstand trägt die gesetzliche Regelung aber dadurch Rechnung, dass dem Dritten in § 333 ein unbeschränktes Zurückweisungsrecht gewährt wird. Im Übrigen ist eine unmittelbare Beeinträchtigung der Interessen des Dritten durch eine belastende Vereinbarung zwischen den Vertragsparteien nicht möglich. Nach allgemeiner Auffassung ist nämlich ein **Vertrag zulasten Dritter** wegen des massiven Eingriffs in die Vertrags- und Willensfreiheit des Dritten **unzulässig**.[12] 7

> **Beispiel:** Im Computer-Fall (→ § 51 Rn. 2) kauft S selbst den Computer. Er vereinbart mit V, dass sein Vater R das Gerät bezahlen soll. Es handelt sich um einen unzulässigen Vertrag zulasten Dritter. R ist daher nicht zur Kaufpreiszahlung verpflichtet.

Mit der Einräumung einer Rechtsposition gehen nicht selten *mittelbare* Belastungen einher. Solche Belastungen werden durch das Verbot von Verträgen zulasten Dritter nicht erfasst.[13] Darüber hinaus ist es auch zulässig, die Einräumung von Rechten von der Übernahme von Pflichten abhängig zu machen. In diesem Fall liegt kein Vertrag zulasten Dritter, sondern lediglich eine *Beschränkung der Zuwendung* vor.[14] Das Forderungsrecht des Dritten entsteht erst mit der – freiwilligen – Übernahme der Verpflichtung. Lehnt der Dritte die Übernahme der Verpflichtung ab, so gelangt das Recht gar nicht erst zur Entstehung. § 333 findet daher keine Anwendung. 8

IV. Die Rechtsbeziehungen der Beteiligten

Aufgrund des Vertrages zugunsten Dritter kommt es zu einem Rechtsverhältnis mit drei Seiten. Der Vertrag zwischen Gläubiger (»Versprechensempfänger«) und Schuldner (»Versprechendem«) bildet dabei das Deckungsverhältnis. Die Rechtsbeziehung zwischen Versprechensempfänger und Drittem ist das sog. Valutaverhältnis. Die Rechtsbeziehung zwischen Versprechendem und Drittem wird als Vollzugsverhältnis bezeichnet. 9

---

10 BGHZ 129, 297 (305); MüKoBGB/*Gottwald* § 328 Rn. 24.
11 Staudinger/*Klumpp*, 2015, Vorbem. zu §§ 328 ff. Rn. 14.
12 Palandt/*Grüneberg* Einf. v. § 328 Rn. 10.
13 Staudinger/*Klumpp*, 2015, Vorbem. zu §§ 328 ff. Rn. 66.
14 MüKoBGB/*Gottwald* § 328 Rn. 266.

9. Teil. Stellung der Beteiligten im Mehrpersonenverhältnis

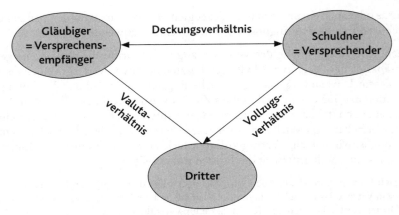

Schema: Die Rechtsbeziehungen der Beteiligten beim Vertrag zugunsten Dritter

1. Verhältnis zwischen Gläubiger und Schuldner (Deckungsverhältnis)

10 Das **Deckungsverhältnis** bildet die eigentliche Grundlage des Vertrages zugunsten Dritter. In diesem Verhältnis werden alle Rechtsbeziehungen zwischen den Beteiligten geregelt. Deshalb ist auch die Wirksamkeit des Vertrages zugunsten Dritter im Ganzen von diesem Verhältnis abhängig.

11 Die **Wirksamkeit** des Vertrages richtet sich nach den allgemeinen Regeln, wobei die zu beachtende *Form* nach dem Inhalt des Vertrages im Deckungsverhältnis zu beurteilen ist.[15] Ist der Vertrag wirksam, so kommt es auch für den **Anspruch des Dritten** gegen den Schuldner allein auf die zwischen Gläubiger und Schuldner getroffenen Vereinbarungen an.[16] Diese Vereinbarungen entscheiden darüber, ob und zu welchem Zeitpunkt der Dritte ein eigenes Forderungsrecht erhält und wie dieses ausgestaltet ist. Des Weiteren wirken sich alle Nebenabreden (zB Gerichtsstandvereinbarungen) zwischen Gläubiger und Schuldner auf das Verhältnis von Schuldner und Drittem aus. Nach § 334 ist das Deckungsverhältnis auch für die **Einwendungen** des Schuldners gegen den Anspruch des Dritten maßgeblich (→ § 51 Rn. 17). Das Deckungsverhältnis legt schließlich fest, ob der Gläubiger vom Schuldner nach § 335 Leistung an den Dritten fordern kann.

2. Das Verhältnis zwischen Gläubiger und Drittem (Valutaverhältnis)

12 Das **Valutaverhältnis** kennzeichnet die Rechtsbeziehung zwischen dem Gläubiger und dem Dritten. Es liefert den **Rechtsgrund,** weshalb der Gläubiger dem Dritten die Leistung durch den Schuldner zukommen lässt.[17] Das Valutaverhältnis kann im Einzelfall unterschiedlich ausgestaltet sein. Häufiger Rechtsgrund ist eine Schenkung des Gläubigers an den Dritten. Aber auch die Tilgung einer eigenen vertraglichen oder gesetzlichen Verpflichtung (zB Unterhalt) gegenüber dem Dritten kommt als Rechtsgrund in Betracht. Fehlt im Valutaverhältnis der Rechtsgrund, so kann der Verspre-

---

15 BGHZ 54, 145; Staudinger/*Klumpp*, 2015, § 328 Rn. 51.
16 *Larenz* SchuldR I § 17 Ib; Staudinger/*Klumpp*, 2015, § 328 Rn. 11.
17 Soergel/*Hadding* § 328 Rn. 21; ausf. *Bayer,* Der Vertrag zugunsten Dritter, 1995, 348 ff.

chensempfänger vom Dritten nach *Bereicherungsrecht* (§§ 812ff.) Abtretung des Leistungsanspruchs oder Herausgabe des Geleisteten verlangen.[18]

Dagegen wirkt sich das Fehlen eines Rechtsgrundes im Valutaverhältnis im Allgemeinen nicht auf das **Deckungsverhältnis** aus, denn beide Rechtsbeziehungen sind grundsätzlich *unabhängig* voneinander zu betrachten.[19] Etwas anderes gilt nur, wenn das Valutaverhältnis nach den Vorstellungen der Parteien die *Geschäftsgrundlage* (§ 313) für den Vertrag zugunsten Dritter bildet oder das Bestehen eines Valutaverhältnisses zur *Bedingung* (§ 158 I) für die Entstehung des Vertrags zugunsten Dritter gemacht wird.[20]

3. Verhältnis zwischen Schuldner und Drittem (Vollzugsverhältnis)

a) Dogmatische Einordnung

Die für die *Umsetzung* des Vertrages zugunsten Dritter entscheidende Seite der Rechtsbeziehungen ist das **Vollzugsverhältnis** zwischen Schuldner und Drittem. Die dogmatische Einordnung dieses Rechtsverhältnisses ist unklar. Nach hM wird zwischen Schuldner und Drittem kein eigenständiges Vertragsverhältnis begründet.[21] Der Dritte erhält also nicht die Stellung einer Vertragspartei.[22] Zumindest bei echten Verträgen zugunsten Dritter kann aber nicht in Abrede gestellt werden, dass zwischen Schuldner und Drittem eine schuldrechtliche Sonderverbindung besteht, auf die nicht nur das Forderungsrecht des Dritten, sondern auch die wechselseitigen Schutzpflichten gestützt werden.[23] Die Rechtsbeziehungen zwischen Schuldner und Drittem lassen sich daher als »*vertragsähnlich*« charakterisieren.[24]

b) Die Geltendmachung von Leistungsstörungsrechten

Die Vertragsähnlichkeit der Rechtsbeziehung zwischen Schuldner und Drittem wirft die Frage auf, ob die aus einer **Leistungsstörung** resultierenden Ansprüche und Rechte dem Dritten oder dem Gläubiger zustehen und wie diese gegebenenfalls geltend zu machen sind. Unbestritten dürfte sein, dass der Dritte Ansprüche auf Ersatz des *Integritätsinteresses* (§ 280 I) sowie des *Verzugsschadens* (§§ 280 I, II, 286) geltend machen kann, soweit und solange der Schuldner ihm gegenüber Vertragspflichten verletzt.[25]

Offen ist jedoch die Frage, ob der Dritte auch Rechte geltend machen kann, die den **Vertrag im Ganzen** berühren. Zu diesen Rechten gehören der Anspruch auf *Schadensersatz statt der Leistung* (§§ 280 I, III, 281ff.) und der *Rücktritt* vom Vertrag (§§ 323ff.). Diese Frage wird von der hM verneint. Die Geltendmachung der den Vertrag als solchen betreffenden Rechte muss danach den Vertragsparteien vorbehalten bleiben, da nur deren Leistungen miteinander synallagmatisch verknüpft sind.[26]

---

18 Vgl. MüKoBGB/*Gottwald* § 328 Rn. 28.
19 Staudinger/*Klumpp*, 2015, § 328 Rn. 18.
20 Staudinger/*Klumpp*, 2015, § 328 Rn. 19.
21 MüKoBGB/*Gottwald* § 328 Rn. 30.
22 Staudinger/*Klumpp*, 2015, § 328 Rn. 23; Soergel/*Hadding* § 328 Rn. 21.
23 *Bayer*, Der Vertrag zugunsten Dritter, 1995, 286ff.
24 BGHZ 9, 316 (318); Staudinger/*Klumpp*, 2015, § 328 Rn. 25; Palandt/*Grüneberg* Einf. v. § 328 Rn. 5 spricht von einem »vertragsähnlichen Vertrauensverhältnis«.
25 OLG Köln NJW-RR 1997, 542; *Larenz* SchuldR I § 17 Ib.
26 Palandt/*Grüneberg* § 328 Rn. 5; *Gottwald* JZ 1985, 575 (576).

> **Zur Vertiefung:** Die hM ist nicht unangreifbar: Ist das Recht des Dritten unwiderruflich, so geht auch die hM davon aus, dass der Gläubiger die den Vertrag im Ganzen betreffenden Rechte (zB Rücktritt) nur mit Zustimmung des Dritten ausüben kann, weil der Versprechensempfänger die Rechte des Dritten sonst einseitig verkürzen könnte.[27] Dies zeigt, dass die Ausübung der den Gesamtvertrag betreffenden Rechte nicht allein Sache der Vertragsparteien sein kann, sondern (zumindest auch) in die Zuständigkeit des Dritten fallen muss. Für eine Berechtigung des Dritten spricht weiter dessen *parteiähnliche* Stellung. Diese lässt sich aus § 334 ableiten, der die Beziehung zwischen Schuldner und Drittem im Hinblick auf die Einwendungen in ein *Gegenseitigkeitsverhältnis* stellt.[28]

c) Einwendungen des Schuldners aus dem Deckungsverhältnis

17 § 334 eröffnet dem Schuldner die Möglichkeit, gegenüber dem Leistungsanspruch des Dritten **Einwendungen aus dem Deckungsverhältnis** geltend zu machen.[29] Der Begriff der Einwendung ist dabei im weitesten Sinne zu verstehen.[30] Erfasst werden alle Gründe, welche die Leistungspflicht des Schuldners entfallen lassen oder aufschieben können. Dazu gehören auch bloße Einreden wie die Verjährung. Zu beachten ist allerdings, dass § 334 *dispositives* Recht enthält. Die Möglichkeit des Schuldners, sich auf Einwendungen zu berufen, kann daher im Deckungsverhältnis vertraglich ausgeschlossen werden.[31] Ein solcher Ausschluss ist auch durch konkludentes Verhalten möglich und kann im Einzelfall sogar aus dem Zweck des konkreten Vertrages und der darin vorgesehenen Drittbegünstigung abgeleitet werden.

> **Beispiel** (BGHZ 93, 271): Der R hat beim Reiseveranstalter V eine Pauschalreise in die Karibik gebucht. Zur Beförderung der Reisenden schließt V mit der Fluggesellschaft F einen Chartervertrag. Als R die Rückreise antreten will, verweigert F die Beförderung, weil V seine Zahlungspflichten aus dem Chartervertrag nicht erfüllt hat.
> Nach Ansicht des BGH stellt der Vertrag zwischen V und F einen echten Vertrag zugunsten Dritter – der Reisenden – dar.[32] R hat also einen eigenen Beförderungsanspruch gegen F. Nach § 334 könnte F zwar an sich auch dem R die gegenüber V bestehende Einrede des nicht erfüllten Vertrages (§ 320) entgegenhalten. Da R von einem einredefreien Beförderungsanspruch ausgehen durfte, sei dies jedoch ausgeschlossen.

V. Zeitpunkt des Rechtserwerbs

18 Fraglich ist, zu welchem **Zeitpunkt** der Rechtserwerb beim Dritten eintritt, dh ab wann er vom Schuldner die Leistung verlangen kann. Teilweise wird vertreten, der Rechtserwerb erfolge erst mit der *Annahme* des Vertrages durch den Dritten.[33] Diese Auffassung ist jedoch abzulehnen. Der Vertrag zugunsten Dritter setzt gerade nicht voraus, dass der Dritte am Vertragsschluss beteiligt wird. Bedeutung hat eine »Annahmeerklärung« daher allenfalls im Hinblick auf den damit verbundenen Ausschluss des Zurückweisungsrechts aus § 333.[34] Der Zeitpunkt des Rechtserwerbs muss dagegen nach § 328 II durch *Auslegung* der Vereinbarung zwischen Gläubiger und Schuldner

---

27 RGZ 101, 275 (276); *Lange* NJW 1965, 657 (661); Palandt/*Grüneberg* § 328 Rn. 6.
28 Staudinger/*Klumpp*, 2015, § 328 Rn. 25; noch weitergehend *Hadding* FS Gernhuber, 1993, 153 ff.
29 Zur dogmatischen Einordnung *Makowsky*, Einwendungen aus fremdem Schuldverhältnis, 2019, 91 ff.
30 Palandt/*Grüneberg* § 334 Rn. 3.
31 MüKoBGB/*Gottwald* § 334 Rn. 2; Jauernig/*Stadler* § 334 Rn. 1.
32 BGHZ 93, 271 (276); ausf. dazu → SchuldR BT § 36 Rn. 12 f.
33 Soergel/*Hadding* § 328 Rn. 71.
34 Staudinger/*Jagmann*, 2015, § 333 Rn. 10.

unter besonderer Berücksichtigung des Vertragszwecks ermittelt werden. Dabei ist im Zweifel davon auszugehen, dass das Recht dem Dritten **sofort** und **endgültig** zustehen soll.[35]

Eine Sonderregelung zu dieser Problematik findet sich in § 331 I. Die Vorschrift statuiert eine gesetzliche *Vermutung* für den Zeitpunkt des Rechtserwerbs durch den Dritten, falls die Leistung **nach dem Tod** des Versprechensempfängers erfolgen soll.[36] Danach erwirbt der Dritte das Recht im Zweifel erst mit dem Tod des Versprechensempfängers. Vorher steht es dem Versprechensempfänger selbst zu. Ist der Dritte beim Tod des Versprechensempfängers noch nicht gezeugt oder geboren, so lässt sich aus § 331 II eine unentziehbare *Anwartschaft* auf den Rechtserwerb ableiten, welche mit der Geburt des Dritten zum Vollrecht erstarkt.[37]

> **Zur Vertiefung:** Bei der *Lebensversicherung* unterscheidet § 159 VVG zwischen der widerruflichen und der unwiderruflichen Einsetzung eines Dritten als Bezugsberechtigten. Bei *widerruflicher* Einsetzung – nach § 159 I VVG Regelfall – erwirbt der Dritte das Recht auf die Versicherungsleistung erst mit dem Eintritt des Versicherungsfalls (§ 159 II VVG). Ist das Bezugsrecht *unwiderruflich*, so erwirbt der Dritte dieses Recht entgegen der Vermutung des § 331 sofort (§ 159 III VVG). Praktische Bedeutung gewinnt diese Unterscheidung für den Fall, dass der Versicherungsnehmer seinen Anspruch auf die Versicherungsleistung an einen Dritten abtritt. Eine solche Abtretung ist nur bei Widerruflichkeit des Bezugsrechts möglich, weil dem Versicherungsnehmer sonst die erforderliche Verfügungsbefugnis fehlt.[38]

VI. Widerrufsrecht des Gläubigers

Eng verknüpft mit dem Zeitpunkt des Rechtserwerbs ist die Frage, bis wann der Gläubiger das Recht des Dritten nach Vertragsschluss **widerrufen** oder **aufheben** kann. Ausgangspunkt sind wieder die Parteivereinbarungen sowie die Umstände des Vertrages und der Vertragszweck (§ 328 II). Die Parteien können das Recht des Dritten nur dann ohne dessen Zustimmung abändern oder widerrufen, wenn dem Vertrag, dem Vertragszweck oder den sonstigen Umständen ein entsprechender **Vorbehalt** zu entnehmen ist. Ist dem Gläubiger das Recht vorbehalten, die Person des Dritten einseitig (ohne Zustimmung des Schuldners) zu bestimmen oder auszuwechseln, so kann er dieses Recht auch durch Verfügung von Todes wegen ausüben (§ 332).

Besondere Anforderungen an den Widerruf werden durch § 331 II aufgestellt. Danach können die Erben beim Tod des Versprechensempfängers die Berechtigung eines noch **nicht geborenen** Dritten nur dann widerrufen, wenn ihnen diese Befugnis vorbehalten ist. Der nicht geborene Dritte erscheint hier besonders schutzwürdig, weil er das Recht entgegen der Vermutung des § 331 I noch nicht mit dem Tod des Versprechensempfängers erwerben kann.

> **Zur Vertiefung:** Besonders große praktische Bedeutung hat das Widerrufsrecht des Gläubigers bei der Lebensversicherung. Nach § 159 I VVG wird vermutet, dass der Versicherungsnehmer (Gläubiger) berechtigt ist, *ohne Zustimmung des Versicherers* (Schuldners) den bezugsberechtigten Dritten auszu-

---

35 MüKoBGB/*Gottwald* § 328 Rn. 34.
36 Zu den mit § 331 verbundenen Problemen → § 51 Rn. 23.
37 MüKoBGB/*Gottwald* § 331 Rn. 13.
38 BGHZ 45, 162; *Wandt*, Versicherungsrecht, 6. Aufl. 2016, Rn. 1288. Zum Sonderfall der Sicherungsabtretung BGHZ 109, 67 (69ff.); BGH VersR 2004, 93 (94); JR 2012, 152 mAnm *Looschelders*.

> wechseln. § 332 wird dabei allerdings regelmäßig durch die Allgemeinen Versicherungsbedingungen (zB § 13 IV ALB 86/2008) eingeschränkt: Danach genügt nicht die Benennung des Dritten in der Verfügung von Todes wegen, vielmehr ist auch eine *unverzügliche* Benachrichtigung des Versicherers erforderlich.[39] Hat der Versicherungsnehmer seinen »verwitweten Ehegatten« eingesetzt, so stellt sich nach einer zwischenzeitlichen Scheidung und neuen Eheschließung die Frage, ob das Bezugsrecht dem ersten (geschiedenen) Ehegatten oder dem aktuellen Ehegatten zusteht. Verwitweter Ehegatte ist an sich diejenige Person, mit welcher der Versicherungsnehmer bei seinem Tod verheiratet war. Der BGH hat in einem aktuellen Urteil gleichwohl die erste (geschiedene) Ehegattin als bezugsberechtigt angesehen. Maßgeblich ist die Erwägung, dass es für die Auslegung der Bezugsrechtseinräumung auf den Zeitpunkt der Erklärung ankommt. Bei der Einräumung des Bezugsrechts dürfte der Versicherungsnehmer aber angenommen haben, dass seine damalige Ehefrau bei Eintritt des Versicherungsfalls seine Witwe sein wird.[40]

VII. Form des Vertrags zugunsten Dritter

22 Für die Form des Vertrages zugunsten Dritter ist allein das **Deckungsverhältnis,** dh der zwischen Gläubiger und Schuldner geschlossene Vertrag maßgeblich. Ob im Valutaverhältnis Formvorschriften verletzt worden sind, ist für die Wirksamkeit des Vertrages zugunsten Dritter unerheblich.

> **Beispiel:** G will dem D ein Grundstück schenken. Er schließt daher mit S einen Grundstückskaufvertrag zugunsten des D ab. Welche Formvorschriften sind zu beachten?
> Für die Wirksamkeit des Vertrages ist eine notarielle Beurkundung erforderlich. Der Formzwang ergibt sich aus § 311b I 1. Nicht zutreffend wäre dagegen, die Notwendigkeit der notariellen Beurkundung auf § 518 zu stützen. Denn der Schenkungsvertrag betrifft nur das Valuta- und nicht das Deckungsverhältnis. Die Nichtbeachtung des § 518 im Valutaverhältnis hat aber nur das Fehlen eines Rechtsgrundes für die Zuwendung des G an D zur Folge.

23 Auch hinsichtlich der Formerfordernisse bei Verträgen zugunsten Dritter **auf den Todesfall** (vgl. § 331) wird allein auf das Deckungsverhältnis abgestellt. Dies ist insofern problematisch, als der Gläubiger mit dem Vertrag zugunsten Dritter auf den Todesfall das gleiche rechtliche Ergebnis wie mit einem *Schenkungsversprechen von Todes wegen* (§ 2301) erzielen kann, ohne die strengen erbrechtlichen Formvorschriften beachten zu müssen. Teilweise wird daher vertreten, dass diese Formvorschriften zumindest im Valutaverhältnis eingehalten werden müssen.[41] Die Rechtsprechung fasst § 331 dagegen als Sondervorschrift zu § 2301 auf und lässt den Anspruchserwerb auch ohne Beachtung der erbrechtlichen Formvorschriften zu.[42]

VIII. Abgrenzung von verwandten Rechtsfiguren

24 Neben dem Vertrag zugunsten Dritter gibt es einige andere Rechtsfiguren, die eine Beteiligung Dritter an der Entstehung oder Durchführung eines Schuldverhältnisses voraussetzen. Dies macht eine Abgrenzung erforderlich.

---

39 Vgl. BGHZ 81, 95 (98); HK-BGB/*Schulze* § 332 Rn. 1.
40 BGH VersR 2015, 1148 = r+s 2015, 455; näher dazu *Looschelders* r+s 2015, 581 (587).
41 *Medicus/Petersen* BürgerlR Rn. 396.
42 BGHZ 41, 95; 46, 198 (201); *Brox/Walker*, Erbrecht, 26. Aufl. 2014, Rn. 760 ff.

1. Anweisung

Gewisse Ähnlichkeiten bestehen zwischen dem Vertrag zugunsten Dritter und der **Anweisung** (§§ 783 ff.).[43] In beiden Fällen handelt es sich um Drei-Personen-Verhältnisse, bei denen der Leistungsaustausch im Dreieck stattfindet.[44] Die äußerlich gleiche Konstellation darf jedoch nicht über die dogmatischen Unterschiede hinwegtäuschen. Beim Vertrag zugunsten Dritter binden sich Gläubiger und Schuldner durch Willenserklärungen. Die Anweisung beinhaltet dagegen nach § 783 eine bloße *Ermächtigung* des Angewiesenen (an den Anweisungsempfänger zu leisten) sowie des Anweisungsempfängers (die Leistung anzunehmen). Es besteht demnach keine *Verpflichtung* des Angewiesenen, an den Empfänger zu leisten. Umgekehrt hat der Empfänger grundsätzlich kein eigenes Forderungsrecht gegen den Angewiesenen.[45]

2. Abtretung

Weiter ist der Vertrag zugunsten Dritter von der **Abtretung** (§ 398) abzugrenzen. Der wichtigste Unterschied zwischen beiden Rechtsfiguren besteht in der Art des Rechtserwerbs durch den Dritten. Bei der Abtretung erwirbt der neue Gläubiger *(Zessionar)* eine bereits bestehende Forderung des bisherigen Gläubigers *(Zedenten)*, wobei das Forderungsrecht des Letzteren erlischt (ausführlich → § 49 Rn. 2 ff.). Parteien der Abtretung sind der alte und der neue Gläubiger (Dritte); der Schuldner muss dagegen nicht beteiligt werden. Anders beim Vertrag zugunsten Dritter: Hier entsteht das Forderungsrecht des Dritten *direkt* aus dem Vertrag zwischen Gläubiger und Schuldner. Es handelt sich also um einen originären und nicht um einen *derivativen* (abgeleiteten) Rechtserwerb wie bei der Abtretung. Der Dritte muss an dem Vertrag nicht beteiligt werden. Der Gläubiger behält grundsätzlich ein eigenes Forderungsrecht. Er kann gem. § 335 aber nur Leistung an den Dritten verlangen.[46]

3. Stellvertretung

Ähnlichkeiten bestehen auch zwischen dem Vertrag zugunsten Dritter und der echten sowie der mittelbaren **Stellvertretung.** Wie bei der *echten* Stellvertretung hat der Vertragsschluss zwischen Gläubiger und Schuldner zur Folge, dass ein anderer einen vertraglichen Leistungsanspruch erwirbt. Anders als der Vertretene wird der Dritte aber nicht Vertragspartei.[47] Zudem gibt der Versprechensempfänger eine eigene Willenserklärung in *eigenem* Namen ab, der Stellvertreter handelt in *fremdem* Namen.[48] Die Rechtsfolgen der Erklärung treffen nicht nur den Dritten; vielmehr wird der Versprechensempfänger selbst durch die Erklärung berechtigt und verpflichtet.

> **Beispiel:** Die Eltern der 16-jährigen K schließen mit Facharzt Dr. A einen Vertrag über die Behandlung der K. Handeln die Eltern im Namen der K, so liegt ein Fall der (gesetzlichen) Vertretung vor. Die Rechte und Pflichten aus dem Vertrag treffen also allein K. Schließen die Eltern den Vertrag im eigenen Namen, so handelt es sich um einen Vertrag zugunsten Dritter. Die K hat damit zwar einen eigenen Behandlungsanspruch. Dr. A kann sich wegen seines Ver-

---

43 Zur Anweisung *Larenz/Canaris* SchuldR II 2 § 62; *Medicus/Lorenz* SchuldR II Rn. 1069 ff.
44 *Raab*, Austauschverträge mit Drittbeteiligung, 1999, 11.
45 Vgl. dazu Staudinger/*Marburger*, 2015, § 783 Rn. 32.
46 MüKoBGB/*Gottwald* § 328 Rn. 13.
47 Staudinger/*Klumpp*, 2015, Vorbem. zu §§ 328 ff. Rn. 87.
48 Soergel/*Hadding* § 328 Rn. 23.

gütungsanspruchs aber (sofern keine gesetzliche Krankenversicherung vorliegt) an die Eltern als seine Vertragspartner halten.
Nach der Interessenlage ist im Zweifel von einem Vertrag zugunsten Dritter auszugehen. Stellvertretung liegt nur vor, wenn die Eltern *nach außen erkennbar* im Namen der K gehandelt haben (vgl. § 164 II).[49]

Der Unterschied zur **mittelbaren Stellvertretung** fällt geringer aus. Wie beim Versprechensempfänger entsteht eine eigene Verpflichtung des mittelbaren Stellvertreters. Der Vertretene wird wie der Dritte nicht Vertragspartei. Allerdings erhält der Dritte ein unmittelbares Forderungsrecht gegen den Schuldner, während es aufseiten des mittelbar Vertretenen an jeder Berechtigung gegenüber dem Vertragspartner des mittelbaren Vertreters fehlt. Ansprüche des Vertretenen gegen den Vertragspartner ergeben sich erst aus einer Abtretung der Rechte durch den mittelbaren Stellvertreter.[50]

4. Vertrag mit Schutzwirkung für Dritte

27 Im Zusammenhang mit dem Vertrag zugunsten Dritter wird häufig auch der **Vertrag mit Schutzwirkung für Dritte** (→ § 9 Rn. 1 ff.) erörtert. Dies erklärt sich daraus, dass der Vertrag mit Schutzwirkung für Dritte ursprünglich auf eine Analogie zu § 328 gestützt worden ist.[51] Gegen eine solche Einordnung spricht jedoch, dass § 328 einen **eigenen Leistungsanspruch** des Dritten voraussetzt, der bei Verträgen mit Schutzwirkung für Dritte gerade nicht vorliegt; dort geht es allein um die Begründung von **Schutzpflichten.** Außerdem beruht die Einbeziehung des Dritten in den Schutzbereich eines Vertrages nicht auf dem Willen der Parteien, sondern auf dem Gesetz. Der Vertrag mit Schutzwirkung für Dritte stellt somit ein eigenständiges Rechtsinstitut dar, das klar vom Vertrag zugunsten Dritter zu unterscheiden ist.[52]

IX. Verfügungen zugunsten Dritter

28 Vom Wortlaut her betreffen die §§ 328 ff. nur Verpflichtungsverträge zugunsten Dritter. Heftig umstritten ist jedoch, ob und inwieweit diese Vorschriften analog auf **Verfügungsverträge** Anwendung finden können. Diese Frage wird vornehmlich im Hinblick auf sachenrechtliche Verfügungsgeschäfte diskutiert, ist aber auch bei schuldrechtlichen Verfügungen (Abtretung, Erlass, Verzicht) relevant.

1. Dingliche Verfügungen zugunsten Dritter

29 Da auch die **dingliche Einigung** nach §§ 873, 925, 929 ff. einen Vertrag darstellt, ist zu prüfen, ob die Parteien einem Dritten das infrage stehende dingliche Recht nach § 328 I analog unmittelbar zuwenden können. Dies wird in der Literatur teilweise (wenn auch mit Einschränkungen) bejaht.[53] Demgegenüber geht der BGH in ständiger Rechtsprechung davon aus, dass dingliche Verträge zugunsten Dritter generell unzulässig sind.[54]

---

49 Vgl. *Medicus/Lorenz* SchuldR AT Rn. 849; *Schlechtriem/Schmidt-Kessel* SchuldR AT Rn. 736.
50 Staudinger/*Klumpp*, 2015, Vorbem. zu §§ 328 ff. Rn. 89.
51 RGZ 81, 214; 87, 64.
52 Grdl. *Larenz* NJW 1960, 78 (79 f.).
53 Vgl. *Larenz* SchuldR I § 17 IV; *Bayer*, Der Vertrag zugunsten Dritter, 1995, 205.
54 BGHZ 41, 95 (96); BGH NJW 1964, 1124; 1993, 2617.

> **Beispiel:** K kauft von V ein Grundstück. K möchte das Grundstück seinem Neffen N schenken. Können K und V bei der dinglichen Einigung (Auflassung) vereinbaren, dass N unmittelbar das Eigentum an dem Grundstück erwerben soll?

Zunächst stellt sich die Frage, ob die Zulassung einer *dinglichen* Verfügung zugunsten Dritter nicht schon gegen den **Numerus clausus** der Sachenrechte verstößt.[55] Dagegen spricht jedoch, dass der Vertrag zugunsten Dritter die Rechtsinstitute des Sachenrechts nicht berührt und auch kein eigenes sachenrechtliches Institut bildet oder bilden soll.[56] Die Wirkung der dinglichen Verträge soll lediglich auf einen Dritten ausgeweitet werden. 30

Problematisch ist die entsprechende Anwendung der §§ 328 ff. jedoch im Hinblick auf das **Publizitätserfordernis**.[57] Nach den §§ 873, 929 ff. setzt die Wirksamkeit eines dinglichen Rechtsgeschäfts neben der dinglichen Einigung einen *äußeren Vollzugsakt* (Eintragung im Grundbuch, Übergabe der Sache) voraus. Dieser äußere Akt muss aus Gründen der Publizität *in der Person des Erwerbers* verwirklicht werden. Wenn aber der Dritte mit Rücksicht auf das Publizitätserfordernis ohnehin beteiligt werden muss, so ist ein Bedürfnis für die analoge Anwendung der §§ 328 ff. auf dingliche Verfügungen nicht ersichtlich. Dies gilt umso mehr, als der dingliche Rechtserwerb des Dritten deutlich einfacher mit der Rechtsfigur des vollmachtlosen Vertreters begründet werden kann.[58] 31

Bei der *Übereignung von Grundstücken* nach §§ 873, 925 ist zu beachten, dass die dingliche Einigung (Auflassung) nach § 925 II nicht unter einer **Bedingung** erklärt werden kann. Eine Verfügung zugunsten Dritter muss hier auch deshalb ausscheiden, weil die mit dem Zurückweisungsrecht des Dritten aus § 333 verbundene Schwebelage dem Zweck des § 925 II widerspräche.[59] Im Neffen-Fall (→ § 51 Rn. 29) können V und K also nicht vereinbaren, dass N unmittelbar das Eigentum an dem Grundstück erwirbt.

2. Schuldrechtliche Verfügungsgeschäfte zugunsten Dritter

Bei **schuldrechtlichen** Verfügungsgeschäften (zB Abtretung, Erlass) sind keine Publizitätserfordernisse zu beachten. Hier kommt daher eine andere Beurteilung in Betracht. 32

> **Beispiel:** G ist Inhaber einer Forderung gegen S. Er vereinbart mit S die Abtretung der Forderung zugunsten des D.

Die **Rechtsprechung** lehnt indes auch für schuldrechtliche Verfügungsgeschäfte die Anwendung der §§ 328 ff. ab und verweist auf andere Gestaltungsmöglichkeiten.[60] So soll der wirtschaftliche Erfolg einer »Abtretung zugunsten Dritter« durch eine Kombination aus Erlass und Neubegründung der Forderung zugunsten des Dritten erreicht werden.[61] Dieser Vorschlag kann jedoch nicht überzeugen. Durch Erlass und 33

---

55 So *Heilmann* NJW 1968, 1853 (1855).
56 Staudinger/*Klumpp*, 2015, Vorbem. zu §§ 328 ff. Rn. 41.
57 Staudinger/*Klumpp*, 2015, Vorbem. zu §§ 328 ff. Rn. 42.
58 Palandt/*Grüneberg* Einf. v. § 328 Rn. 9; MüKoBGB/*Gottwald* § 328 Rn. 281.
59 Vgl. MüKoBGB/*Gottwald* § 328 Rn. 280.
60 BGHZ 126, 261 (266); OLG Frankfurt a. M. VersR 1984, 755.
61 Palandt/*Grüneberg* Einf. v. § 328 Rn. 8.

Neubegründung der Forderung gehen die für die ursprüngliche Forderung bestehenden *Nebenrechte* unter, die bei einer Abtretung gem. § 401 auf den Dritten übergehen würden. Zudem drohen dem Dritten durch die spätere Neubegründung der Forderung im Fall der Zwangsvollstreckung wie auch der Insolvenz des Schuldners Nachteile.[62] Anders als bei dinglichen Verfügungen besteht daher für schuldrechtliche Verfügungsgeschäfte ein sachliches Bedürfnis nach Anwendung der §§ 328 ff.

34 Für eine Ausdehnung der §§ 328 ff. auf schuldrechtliche Verfügungsgeschäfte spricht auch der Vergleich mit der **Begründung** von schuldrechtlichen Ansprüchen Dritter. Denn es erscheint widersprüchlich, die *Begründung* einer Forderung zugunsten eines Dritten zuzulassen, die *Änderung der Zuständigkeit* für eine bestehende Forderung aber nicht anzuerkennen.[63]

35 Aus Gründen des **Schuldnerschutzes** kann eine Abtretung zugunsten Dritter allerdings nur unter *Beteiligung des Schuldners* erfolgen. Der Gläubiger kann daher nicht mit einem Dritten vereinbaren, dass ein Vierter die Forderung erwerben soll.[64]

> **Beispiel:** Im Beispiels-Fall (→ § 51 Rn. 32) erlangt D durch den Abtretungsvertrag zwischen G und S die Forderung gegen S einschließlich aller Nebenrechte und nimmt auch die Stellung des G in Zwangsvollstreckung und Insolvenz des S ein.

Literatur: *Bayer,* Der Vertrag zugunsten Dritter, 1995; *Graf v. Bernstorff,* Großbritannien: Neues Gesetz zum Vertrag zugunsten Dritter, RIW 2000, 435; *Christandl,* Der Vertrag zugunsten Dritter im Entwurf für ein neues spanisches Schuldrecht im Spiegel des europäischen Vertragsrechts, ZEuP 2012, 245; *Hadding,* Schuldverhältnis und Synallagma beim Vertrag zu Rechten Dritter, FS Gernhuber, 1993, 153; *Gottschalk,* Zum Wesen des Rechtserwerbs beim Vertrag zugunsten Dritter, VersR 1976, 797; *Heilmann,* Der Vertrag zugunsten Dritter – ein schuldrechtliches Verfügungsgeschäft, NJW 1968, 1853; *Klein,* Haftungsbeschränkungen zugunsten und zu Lasten Dritter und ihre Behandlung in der Schuldrechtsreform, JZ 1997, 390; *Lange,* Die Auswirkung von Leistungsstörungen beim echten Vertrag zugunsten Dritter im Rechtsbereich des Dritten, NJW 1965, 657; *Larenz,* Zur Schutzwirkung eines Schuldvertrags gegenüber dritten Personen, NJW 1960, 78; *Looschelders,* Der Dritte im Versicherungsvertragsrecht, r+s 2015, 581; *Makowsky,* Einwendungen aus fremdem Schuldverhältnis, 2019; *Raab,* Austauschverträge mit Drittbeteiligung, 1999.

§ 52 Der Austausch des Gläubigers

I. Überblick

1. Problemstellung

1 Im einfachsten Fall behält der Gläubiger die Forderung bis zur Fälligkeit und verlangt dann vom Schuldner Erfüllung. Es kann aber auch zu einem **Wechsel der Inhaberschaft** an der Forderung kommen, etwa dadurch, dass der Gläubiger die Forderung auf einen Dritten überträgt.

Im heutigen Wirtschaftsleben sind Forderungen als Gegenstand des Rechtsverkehrs nicht mehr wegzudenken. Insbesondere die vielfältigen Formen des **Forderungskaufs** sowie der verbreitete Einsatz von Forderungen zu **Sicherungszwecken** gehören zur

---

62 MüKoBGB/*Gottwald* § 328 Rn. 272.
63 Vgl. MüKoBGB/*Gottwald* § 328 Rn. 272.
64 MüKoBGB/*Gottwald* § 328 Rn. 273; *Bayer,* Der Vertrag zugunsten Dritter, 1995, 206 Fn. 430.

gängigen Praxis. Zugleich stellt eine Forderung für die Gläubiger des Forderungsgläubigers ein potentielles **Haftungsobjekt** dar und kann daher Gegenstand von Vollstreckungsmaßnahmen sein. Einschlägige Regelungen finden sich in den §§ 828 ff. ZPO.

2. Arten des Gläubigerwechsels

Zu einem Gläubigerwechsel kann es aus verschiedenen Gründen kommen. Häufigster Fall ist die *rechtsgeschäftliche Übertragung* einer Forderung auf einen Dritten (**Abtretung**). Dieser Fall ist in den §§ 398 ff. eingehend geregelt. Daneben ordnet das *Gesetz* an vielen Stellen selbst einen Forderungsübergang an (**gesetzlicher Forderungsübergang**). Ersetzt zB ein Schadensversicherer dem Geschädigten seinen Schaden, so geht ein etwaiger Ersatzanspruch des Geschädigten gegen den Schädiger nach § 86 I VVG auf den Versicherer über. Auf den gesetzlichen Forderungsübergang sind nach § 412 die meisten Vorschriften über die Abtretung entsprechend anwendbar. Schließlich kann ein Gläubigerwechsel ausnahmsweise auch durch **staatlichen Hoheitsakt** erfolgen. Zu denken ist vor allem an den – sehr seltenen – Fall, dass eine im Wege der Zwangsvollstreckung gepfändete Forderung dem Vollstreckungsgläubiger an Zahlungs Statt überwiesen wird (§ 835 I Alt. 2 ZPO). Nach § 835 II ZPO geht die Forderung mit der Überweisung auf den Vollstreckungsgläubiger über.

2

> **Zur Terminologie:** Als Synonym für die Abtretung einer Forderung wird häufig der Begriff der »Zession« (von lat. cedere) verwendet. Bei einem gesetzlichen Forderungsübergang spricht man dementsprechend von einer »Legalzession« oder »cessio legis«. Gleichen Ursprungs sind die Bezeichnungen des abtretenden Altgläubigers als »Zedenten« und des Neugläubigers als »Zessionar«.

3. Anwendungsbereich der §§ 398 ff.

Die §§ 398 ff. regeln unmittelbar nur die Übertragung von **Forderungen,** also von Ansprüchen des Gläubigers gegen einen konkreten Schuldner auf Leistung (§ 241 I 1). Einem Gläubiger können aber auch **andere Rechte** zustehen, etwa gewerbliche Schutzrechte, Gesellschaftsanteile etc. Auf deren Übertragung finden nach § 413 die Vorschriften über die Forderungsübertragung entsprechende Anwendung, soweit keine spezielleren Regelungen existieren. Speziellere Regelungen finden sich etwa in § 15 GmbHG, § 68 AktG, §§ 29, 31 ff. UrhG und § 15 PatG.[65] Die Übertragung des Eigentums an einer Sache ist in den §§ 873, 925, 929 ff. gesondert geregelt.

3

II. Dogmatische Grundlagen der Abtretung

1. Struktur der Abtretung

Die Abtretung erfolgt nach § 398 S. 1 durch **Vertrag** zwischen altem und neuem Gläubiger. Durch die Abtretung wird der neue Gläubiger **Inhaber** der Forderung, während der Altgläubiger seine Forderung verliert. Der Neugläubiger tritt also an die Stelle des Altgläubigers (§ 398 S. 2).

4

---

65 Vgl. Jauernig/*Stürner* § 413 Rn. 2.

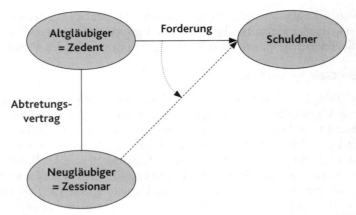

Schema: Die Struktur der Abtretung

2. Die Abtretung als Verfügungsgeschäft

5 Die Abtretung einer Forderung stellt die unmittelbare Übertragung eines Rechts und damit eine **Verfügung** dar. Der Charakter der Abtretung als Verfügungsgeschäft stellt sie in eine gewisse Nähe zur Übereignung einer Sache. In beiden Fällen wird eine vermögenswerte Position – das Eigentum an einer Sache oder die Inhaberschaft an einer Forderung – von einer Person auf eine andere übertragen. Während Sachen körperliche Gegenstände sind (§ 90), ist eine Forderung aber ein unkörperliches Recht gegenüber dem Schuldner. Systematisch fällt auf, dass die Abtretung nicht wie die meisten Verfügungen im Sachenrecht, sondern im Allgemeinen Schuldrecht geregelt ist.[66] Dies darf aber nicht darüber hinwegtäuschen, dass es sich bei der Forderungsabtretung um ein Verfügungsgeschäft handelt.

> **Zur Vertiefung:** Neben der Abtretung sind andere Verfügungsgeschäfte in Bezug auf Forderungen denkbar. So kann Dritten an Forderungen ebenso wie an Sachen ein *Pfandrecht* oder ein *Nießbrauch* eingeräumt werden. Aufgrund des engen Sachzusammenhangs werden diese Fälle im Sachenrecht bei den jeweiligen Rechtsinstituten (§§ 1279ff. bzw. §§ 1074ff.) geregelt. Im Verhältnis zum Schuldner kann der Gläubiger über seine Forderungen etwa durch *Erlass* (→ § 19 Rn. 7) verfügen.

6 Als Verfügungsgeschäft ist die Abtretung streng von dem zugrunde liegenden Verpflichtungsgeschäft, meist einem *Forderungskauf* (§ 453), zu unterscheiden.[67] Das für das BGB charakteristische **Trennungs- und Abstraktionsprinzip** gilt auch bei der Forderungsübertragung. Beide Geschäfte müssen daher nicht notwendig zusammen getätigt werden. Außerdem berührt die Unwirksamkeit des Kausalgeschäfts (zB Kauf) nicht die Wirksamkeit der Abtretung, sofern diese nicht *ausnahmsweise* am gleichen Fehler leidet wie das Kausalgeschäft (Fehleridentität[68]) oder die Parteien die Wirksamkeit des Kausalgeschäfts zur Bedingung (§§ 158ff.) für die Wirksamkeit der Abtretung gemacht haben.[69]

---

66 Krit. zur systematischen Stellung *Larenz* SchuldR I § 33 I 3.
67 *Harke* SchuldR AT Rn. 405; *Schlechtriem/Schmidt-Kessel* SchuldR AT Rn. 768.
68 Dazu *Medicus/Petersen* BGB AT Rn. 231ff.
69 So etwa in BGHZ 69, 254.

Beispiele: (1) Gläubiger G verkauft und überträgt dem Minderjährigen M für 950 EUR eine Forderung gegen den Schuldner S über 1.000 EUR. Der Kaufvertrag ist nach §§ 107, 108 schwebend unwirksam. Die Abtretung der Forderung ist dagegen – da lediglich rechtlich vorteilhaft – wirksam.

(2) Verkauft und überträgt ein Minderjähriger seine Forderung einem Dritten, so sind sowohl der Kauf- als auch der Abtretungsvertrag für ihn mit rechtlichen Nachteilen verbunden (Fehleridentität). Beide Geschäfte sind daher nach §§ 107, 108 schwebend unwirksam.

Ist die Abtretung wirksam, das Kausalgeschäft aber unwirksam, so hat der Altgläubiger gegen den Neugläubiger einen **Bereicherungsanspruch** aus § 812 I 1 Alt. 1. Denn auch der rechtsgrundlose Erwerb einer Forderung stellt eine ungerechtfertigte Bereicherung dar, welche durch Rückabtretung der Forderung wieder herauszugeben ist. 7

3. Abgrenzungen

a) Vertragsübernahme

Die Abtretung ist von der **Vertragsübernahme** zu unterscheiden. Hierbei tritt der Altgläubiger nicht nur ein isoliertes Forderungsrecht an den Neugläubiger ab, sondern überlässt diesem seine Vertragsposition insgesamt. Es kommt also zu einer vollständigen Auswechselung des Vertragspartners.[70] Der Neugläubiger übernimmt daher im Zweifel nicht nur Forderungsrechte, sondern auch Leistungspflichten des Altgläubigers, sodass neben dem Gläubiger- zugleich ein Schuldnerwechsel stattfindet.[71] Die Vertragsübernahme ist gesetzlich nicht geregelt, ihre Zulässigkeit ist jedoch anerkannt (näher → § 53 Rn. 18 ff.).[72] 8

b) Einziehungsermächtigung

Erforderlich ist schließlich eine Abgrenzung gegenüber der **Einziehungsermächtigung.** Während der Neugläubiger durch die Abtretung Inhaber der Forderung wird, ändert die Einziehungsermächtigung nichts an der Inhaberschaft. Der Gläubiger bleibt Inhaber der Forderung und ermächtigt lediglich einen Dritten, die Forderung *im eigenen Namen,* aber für seine (= des Gläubigers) Rechnung geltend zu machen.[73] Eine solche Einziehungsermächtigung kann zB sinnvoll sein, wenn der Gläubiger selbst bei der Einziehung nicht in Erscheinung treten möchte. Bestehen im Einzelfall Zweifel darüber, ob die Parteien eine bloße Einziehungsermächtigung oder eine Abtretung der Forderung vereinbart haben, so ist dies im Wege der *Auslegung* zu klären. 9

Die Zulässigkeit der Einziehungsermächtigung ist heute anerkannt.[74] Die **rechtliche Grundlage** ist aber umstritten. Die Rechtsprechung stellt auf § 185 ab.[75] Das Schrifttum geht dagegen überwiegend von einer zulässigen richterlichen Rechtsfortbildung aus.[76] Die gerichtliche Geltendmachung der Forderung durch den zur Einziehung er- 10

---

70 *Medicus/Lorenz* SchuldR AT Rn. 783, 841 ff.
71 *Schlechtriem/Schmidt-Kessel* SchuldR AT Rn. 826.
72 Vgl. BGHZ 96, 302 (307); *Harke* SchuldR AT Rn. 423 ff.; ausf. Nörr/Scheyhing/Pöggeler/*Nörr,* Sukzessionen, 1999, § 17 I.
73 *Medicus/Lorenz* SchuldR AT Rn. 807; ausf. *Gernhuber* Erfüllung § 24. Handelt der Dritte im *fremden* Namen, so liegt keine Einziehungsermächtigung, sondern Stellvertretung vor (*Schlechtriem/Schmidt-Kessel* SchuldR AT Rn. 769).
74 RGZ 73, 306 (308); BGHZ 4, 153 (164); *Larenz* SchuldR I § 34 Ic; *Schlechtriem/Schmidt-Kessel* SchuldR AT Rn. 770; Staudinger/*Busche,* 2017, Einl. zu §§ 398 ff. Rn. 118 ff.
75 RGZ 133, 234 (241); BGHZ 4, 153 (164); 82, 283 (288).
76 *Gernhuber* Erfüllung § 24 I 3; Staudinger/*Busche,* 2017, Einl. zu §§ 398 ff. Rn. 120.

mächtigten Dritten ist nur unter den Voraussetzungen einer *gewillkürten Prozessstandschaft* möglich.[77]

> **Zur Vertiefung:** Unter Prozessstandschaft versteht man die Befugnis, im eigenen Namen einen Prozess über ein fremdes Recht zu führen. Die Prozessstandschaft kann sich aus dem *Gesetz* ergeben (vgl. zB §§ 1368, 1422, 1629 III). Sie kann aber auch dadurch begründet werden, dass der Inhaber des Rechts einen Dritten durch *Rechtsgeschäft* zur Prozessführung ermächtigt. Eine solche gewillkürte Prozessstandschaft ist nach hM nur zulässig, wenn der *Ermächtigte* ein *eigenes schutzwürdiges Interesse* an der Geltendmachung des fremden Rechts hat.[78] Ob das Provisionsinteresse des Ermächtigten genügt, ist zweifelhaft.[79] Für die Zulässigkeit der Einziehungsermächtigung sollte man es daher ausreichen lassen, dass der *Ermächtigende* im Allgemeinen ein schutzwürdiges Interesse hat, die Forderung nicht selbst einziehen zu müssen.[80]

III. Voraussetzungen der Abtretung

1. Vertrag

11 Die Abtretung einer Forderung erfolgt gem. § 398 S. 1 durch (Verfügungs-)**Vertrag**. Alt- und Neugläubiger müssen sich also darüber einigen, dass die Forderung übergehen soll. Einer Mitwirkung des Schuldners bedarf es dagegen nicht. Der Schuldner muss weder zustimmen noch muss ihm die Abtretung auch nur angezeigt werden. Eine wirksame Abtretung kann daher erfolgen, ohne dass der Schuldner davon erfährt.[81] Daraus resultiert ein hohes Schutzbedürfnis des Schuldners. Die Vorschriften über den Schuldnerschutz (→ § 52 Rn. 52 ff.) sind deshalb ein wesentlicher Teil des Zessionsrechts.

> **Zur Vertiefung:** Erfolgt die Abtretung zu Sicherungszwecken, so entspricht es im Allgemeinen dem Interesse des Altgläubigers, dass der Schuldner keine Kenntnis davon erlangt. Denn der Schuldner könnte aus der Mitteilung der Abtretung nachteilige Rückschlüsse auf die geschäftliche Situation des Altgläubigers ziehen. Die Sicherungszession erfolgt deshalb oft in der Form, dass der Altgläubiger seinem Kreditgeber die Forderung abtritt und von diesem zugleich zur Einziehung ermächtigt wird (sog. »*stille Zession*«).[82] Bei Fälligkeit kann der Altgläubiger die Forderung dann im eigenen Namen einziehen. Der Schuldner erfährt damit nicht, dass ein Anderer Inhaber der Forderung ist.

Auf den Abtretungsvertrag finden die allgemeinen Vorschriften über Rechtsgeschäfte (§§ 104 ff.) Anwendung. Grundsätzlich ist die Abtretung **formlos** möglich, unabhängig davon, ob die Begründung der abzutretenden Forderung formbedürftig war oder nicht.[83] Daher kann auch die Forderung aus einem nach § 311b I 1 formpflichtigen Grundstückskaufvertrag formlos übertragen werden. Ausnahmsweise kann sich aber aus Spezialvorschriften ein Formzwang ergeben. So sind nach § 1154 I für eine *durch*

---

77 BGHZ 4, 153 (165); BGH ZIP 2000, 149; HK-BGB/*Schulze* § 398 Rn. 23.
78 Vgl. BGHZ 96, 151 (152); Palandt/*Grüneberg* § 398 Rn. 36; Soergel/*Schreiber* § 398 Rn. 16.
79 Dafür Thomas/Putzo/*Hüßtege*, ZPO, 41. Aufl. 2020, § 51 Rn. 35; Prütting/Gehrlein/*Gehrlein*, ZPO, 11. Aufl. 2019, § 50 Rn. 46; aA MüKoBGB/*Roth/Kieninger* § 398 Rn. 51; MüKoZPO/*Lindacher*, 5. Aufl. 2016, Vorbem. §§ 50 ff. Rn. 63; *Rüßmann* AcP 172 (1972), 520.
80 Vgl. MüKoZPO/*Lindacher*, 5. Aufl. 2016, Vorbem. §§ 50 ff. Rn. 63.
81 *Brox/Walker* SchuldR AT § 34 Rn. 9.
82 BGHZ 26, 185 (191 f.); Staudinger/*Busche*, 2017, Einl. zu §§ 398 ff. Rn. 28.
83 BGHZ 89, 41 (46); Schlechtriem/Schmidt-Kessel SchuldR AT Rn. 772.

Hypothek gesicherte Forderung eine schriftliche Abtretungserklärung und die Übergabe des Hypothekenbriefes erforderlich.

Verstößt die Abtretung gegen ein **Verbotsgesetz,** so ist sie nach § 134 nichtig. Dabei ist allerdings zu unterscheiden, ob das Gesetz die Übertragbarkeit der Forderung generell ausschließt (zB § 400), oder ob die Abtretung zwar möglich, aber verboten ist.[84] Nur der letzte Fall führt zur Nichtigkeit der Abtretung nach § 134. **12**

> **Beispiel** (nach BGH NJW 1991, 2955): Dr. Z betreibt eine *Zahnarztpraxis*. Um seine Praxis zu entlasten, tritt er seine Honorarforderungen gegen Privatpatienten an ein Rechenzentrum (R) ab, welches die Erstellung der Abrechnungen und die Forderungseinziehung übernimmt. Nachdem Dr. Z den Privatpatienten P behandelt hat, ist gegen diesen ein Honorar von 4.510 EUR fällig. Steht die Forderung Dr. Z oder R zu?
> Der BGH hat die Abtretung ärztlicher Honoraranforderungen an Rechenzentren mehrfach für nichtig angesehen. Mit der Abtretung sei die Weitergabe der Behandlungsdaten verbunden. Dies verstoße aber, sofern der betroffene Patient nicht eingewilligt habe, gegen die ärztliche Schweigepflicht (§ 203 I Nr. 1 StGB) und damit gegen ein Verbotsgesetz iSd § 134.[85] Die Forderung steht also Dr. Z zu.

Eine unwirksame Abtretung kann unter den Voraussetzungen des § 140 in die Erteilung einer Einziehungsermächtigung **umgedeutet** werden.[86] Diese Lösungsmöglichkeit hilft jedoch nicht weiter, wenn die Unwirksamkeitsgründe in gleicher Weise für die Einziehungsermächtigung gelten. Bei der Abtretung von ärztlichen Honorarforderungen kommt daher keine Umdeutung in eine Einziehungsermächtigung in Betracht.[87] **13**

2. Existenz der Forderung und Inhaberschaft des Zedenten

Die Abtretung einer Forderung setzt grundsätzlich voraus, dass der Zedent **Inhaber** der Forderung ist. Dies bedeutet, dass die Forderung überhaupt **wirksam bestehen** und gerade dem Altgläubiger – und nicht einem Dritten – zustehen muss. Existiert die Forderung nicht oder ist der Abtretende nicht deren Inhaber, so erwirbt der potentielle Neugläubiger im Allgemeinen keine Forderung. Anders als bei Sachen (§§ 892, 932 ff.) gibt es bei Forderungen grundsätzlich **keinen gutgläubigen Erwerb.** Denn der Erwerber kann sich hier nicht auf einen dem Besitz oder der Grundbucheintragung vergleichbaren Rechtsschein berufen, durch den der nicht berechtigte Zedent legitimiert wäre.[88] **14**

Das Gesetz kennt allerdings einige **Ausnahmefälle,** in denen eine Forderung gutgläubig erworben werden kann. Zu nennen ist insbesondere der Fall, dass die Forderung unter Vorlegung einer Schuldurkunde abgetreten wird, die der Schuldner über ein *Scheingeschäft* (§ 117) ausgestellt hat (§ 405 Alt. 1). Die Urkunde schafft hier den nötigen Rechtsschein (→ § 52 Rn. 41).[89] Das Gleiche gilt, wenn Schuldner und Gläubiger **15**

---

[84] Vgl. NK-BGB/*Looschelders* § 134 Rn. 41.
[85] Vgl. BGHZ 116, 268; BGH NJW 1993, 2371f.; Palandt/*Ellenberger* § 134 Rn. 22a; ebenso bei anwaltlichen Honorarforderungen BGHZ 122, 115 (117ff.) wegen Verstoßes gegen § 203 I Nr. 3 StGB, vgl. jetzt aber § 49b IV BRAO.
[86] *Schlechtriem/Schmidt-Kessel* SchuldR AT Rn. 770.
[87] Zur Nichtigkeit der Einziehungsermächtigung in solchen Fällen vgl. OLG Köln NJW 1993, 793; MüKoBGB/*Roth/Kieninger* § 399 Rn. 27.
[88] *Larenz* SchuldR I § 34 I; *Medicus/Lorenz* SchuldR AT Rn. 790.
[89] Zur dogmatischen Einordnung *Larenz* SchuldR I § 34 I.

ein *Abtretungsverbot* vereinbart haben, das aus der Urkunde nicht hervorgeht (§ 405 Alt. 2).

16 Ein gutgläubiger Erwerb ist auch aufgrund eines **Erbscheins** nach § 2366 oder bei Übertragung bestimmter **Wertpapiere**[90] möglich. Ist der Zedent nicht Inhaber der Forderung, kann die Abtretung zudem nach § 185 wirksam sein, wenn sie mit **Zustimmung** des Berechtigten erfolgt.[91]

17 **Künftige Forderungen** können bereits vor ihrer Entstehung abgetreten werden, soweit sie ausreichend **bestimmt** oder zumindest **bestimmbar** sind (→ § 52 Rn. 18ff.).[92] Die Abtretung wird in diesem Fall aber erst mit der Entstehung der Forderung wirksam.[93]

> **Zur Vertiefung:** Die Vorausabtretung künftiger Forderungen spielt im Zusammenhang mit dem *verlängerten Eigentumsvorbehalt* (→ SchuldR BT § 11 Rn. 13ff.) eine wichtige Rolle. Hierbei verkauft der Verkäufer eine Sache unter Eigentumsvorbehalt (§ 449), ermächtigt aber den Käufer, die Sache weiterzuveräußern. Um durch die Weiterveräußerung nicht jede Sicherheit zu verlieren, lässt sich der Verkäufer zugleich die künftigen Forderungen des Käufers aus einem Weiterverkauf abtreten. Eine solche Vorausabtretung ist grundsätzlich zulässig.

3. Bestimmbarkeit der Forderung

18 Aus Gründen der Rechtssicherheit muss sich bei jeder Abtretung feststellen lassen, welche Forderungen erfasst werden. Daher gilt auch für die Übertragung von Forderungen der Grundsatz der **Spezialität**.[94] Die abgetretenen Forderungen müssen von den Parteien so genau bezeichnet werden, dass sie individualisierbar *(bestimmbar)* sind.[95]

19 Besondere Bedeutung hat der Spezialitätsgrundsatz für die Abtretung **künftiger Forderungen** (→ § 52 Rn. 17). Hier muss spätestens bei *Entstehung* der Forderung feststehen, ob sie von der Abtretung erfasst wird.[96]

> **Beispiel:** Beim verlängerten Eigentumsvorbehalt (→ § 52 Rn. 17) wird häufig die »Abtretung der aus der Veräußerung gelieferter Waren entstehenden Forderungen« vereinbart. Dies wird zu Recht für hinreichend bestimmbar erachtet:[97] Die Abtretung erfasst alle Kaufpreisforderungen, die durch den Weiterverkauf der gelieferten Waren entstehen.

20 Auf hinreichende Bestimmbarkeit ist auch im Zusammenhang mit **Globalzessionen** zu achten. Hierbei tritt der Gläubiger ein ganzes Bündel von Forderungen – meist künftige – unter einer gemeinsamen Bezeichnung ab. Diese allgemeine Bezeichnung muss erkennen lassen, welche konkreten Forderungen erfasst werden und welche nicht.

---

90 ZB nach § 16 WG, §§ 19, 21 ScheckG.
91 MüKoBGB/*Roth/Kieninger* § 398 Rn. 28.
92 Vgl. BGH NJW-RR 2003, 1690 (1691); *Harke* SchuldR AT Rn. 408.
93 BGHZ 30, 238 (239f.); BGH NJW 1995, 1668 (1671); *Medicus/Lorenz* SchuldR AT Rn. 799.
94 *Schlechtriem/Schmidt-Kessel* SchuldR AT Rn. 774.
95 BGHZ 26, 185 (189); Staudinger/*Busche*, 2017, § 398 Rn. 53.
96 BGHZ 7, 365; BGH NJW 1985, 800 (802); Palandt/*Grüneberg* § 398 Rn. 14.
97 BGHZ 7, 365; *Medicus/Lorenz* SchuldR AT Rn. 798f.; Jauernig/*Stürner* § 398 Rn. 11.

> **Beispiel:** Hinreichend bestimmt ist etwa die Abtretung aller Forderungen aus einer bestimmten Art von Geschäften[98] oder aus einem bestimmten Zeitraum.[99] Zu unbestimmt ist dagegen die »Abtretung sämtlicher Forderungen bis zur Höhe von 225.000 EUR«, wenn die Gesamtsumme sämtlicher Forderungen 225.000 EUR übersteigt. Denn dann ist unklar, welche Forderungen konkret erfasst werden.[100]

Eine hinreichend bestimmte, aber sehr weitreichende Globalzession kann im Übrigen wegen Übersicherung oder wirtschaftlicher Knebelung **sittenwidrig** und deshalb nach § 138 I unwirksam sein (→ § 52 Rn. 68).

4. Übertragbarkeit der Forderung

a) Allgemeines

Das Gesetz geht grundsätzlich von der **Übertragbarkeit** von Forderungen aus, sieht aber zugleich Ausnahmen vor; auch kann der Übertragung ein rechtsgeschäftliches Abtretungsverbot entgegenstehen. Möglich ist auch, dass eine Forderung **teilweise** abgetreten wird. Voraussetzung ist allerdings, dass die Forderung teilbar und die Teilabtretung nicht ausgeschlossen ist.[101] 21

Ist die Forderung nicht übertragbar, so ist der Abtretungsvertrag **unwirksam**. Ein Gläubigerwechsel findet also nicht statt. Das Schicksal des Kausalgeschäfts beurteilt sich nach den allgemeinen Vorschriften. Jedenfalls bei gesetzlichem Abtretungsausschluss ist das Kausalgeschäft auf eine von Anfang an unmögliche Leistung gerichtet. Es ist also zwar wirksam (§ 311 a I); der Zedent ist aber nach § 275 I nicht zur Leistung verpflichtet.

b) Ausschluss der Abtretbarkeit kraft Gesetzes

Zunächst existiert eine Reihe von **Spezialvorschriften,** welche die Abtretbarkeit bestimmter Forderungen ausschließen. So ist nach § 613 S. 2 ein Anspruch auf persönlich zu erbringende Dienstleistungen im Zweifel nicht übertragbar. Das Gleiche gilt nach § 664 II für den Anspruch auf Ausführung eines Auftrags. Da es sich in beiden Fällen um bloße *Auslegungsregeln* handelt, sind abweichende Vereinbarungen aber möglich. 22

Gemäß § 400 sind **unpfändbare Forderungen** generell nicht abtretbar. Die Vorschrift hat den Zweck, das Existenzminimum des Gläubigers abzusichern.[102] Sie schützt aber auch die Allgemeinheit davor, dass der Gläubiger nicht aufgrund übermäßiger Abtretungen auf staatliche Unterstützung angewiesen ist. Der Gläubiger kann deshalb nicht auf den Schutz des § 400 verzichten.[103] 23

> **Zur Vertiefung:** Welche Forderungen unpfändbar sind, richtet sich nach den §§ 850 ff. ZPO. Besonders wichtig sind die sozialpolitischen Einschränkungen der Pfändung von *Arbeitseinkommen* nach §§ 850–850k ZPO. Zu den Besonderheiten bei der Abtretung von Rentenansprüchen s. BGHZ 4, 153; zur eingeschränkten Abtretbarkeit von Unterhaltsansprüchen *Larenz* SchuldR I § 34 II 2.

---

98 Staudinger/*Busche*, 2017, § 398 Rn. 60; *Esser/Schmidt* SchuldR I 2 § 37 I 2b.
99 BGH WM 1966, 13.
100 BGHZ 71, 75 (78 ff.); Staudinger/*Busche*, 2017, § 398 Rn. 65.
101 BGHZ 46, 242 (243 f.); Palandt/*Grüneberg* § 398 Rn. 10; zur teilweisen Abtretung einer künftigen Forderung BGHZ 79, 16.
102 *Larenz* SchuldR I § 34 II 4; *Esser/Schmidt* SchuldR I 2 § 37 I 2e.
103 Erman/*Westermann* § 400 Rn. 1.

24 Die Abtretbarkeit ist ferner ausgeschlossen, wenn die Übertragung der Forderung zu einer **Veränderung des Leistungsinhalts** führen würde (§ 399 Alt. 1). Dies ist etwa bei Ansprüchen auf *Befreiung von einer Verbindlichkeit* der Fall.[104]

> **Beispiel:** A beauftragt den B, für ihn in der Kunsthandlung des X ein wertvolles Gemälde zu erwerben. B schließt im eigenen Namen mit X einen Kaufvertrag ab und erhält das Bild. Der Kaufpreis soll innerhalb von drei Wochen gezahlt werden. B übergibt das Bild an A und verlangt von ihm, die Kaufpreiszahlung zu übernehmen.
> Im Außenverhältnis gegenüber X ist allein B zur Zahlung des Kaufpreises verpflichtet. B hat aber einen Anspruch gegen A aus § 670 auf Ersatz der Aufwendungen, die er zur Ausführung des Auftrags getätigt hat. Seine Aufwendungen bestehen darin, dass er sich gegenüber X zur Kaufpreiszahlung verpflichtet hat. A ist deshalb nach § 257 verpflichtet, den B von der eingegangenen Verbindlichkeit zu befreien, indem er den Kaufpreis an X zahlt. B kann den Befreiungsanspruch an keinen Dritten abtreten. Da der Dritte von keiner Verbindlichkeit gegenüber X befreit werden kann, würde die Abtretung den Inhalt des Anspruchs verändern (§ 399 Alt. 1). Möglich ist aber eine Abtretung an X, in dessen Hand sich der Befreiungs- in einen Zahlungsanspruch umwandelt.[105] Dies verändert den Inhalt des Anspruchs nicht wesentlich, da die Befreiung ohnehin in erster Linie durch Zahlung an den Gläubiger der eingegangenen Verbindlichkeit zu erfolgen hat (→ § 14 Rn. 4).

25 Ansprüche auf **zweckgebundene Leistungen** sind nur unter Beachtung der Zweckbindung abtretbar.[106] Ein Beamter kann seinen Beihilfeanspruch gegen den Dienstherrn auf Erstattung von Behandlungskosten daher nur an den jeweiligen Gläubiger (Arzt, Krankenhaus etc) abtreten.[107]

26 Schließlich kann sich aus der **Natur des Rechtsverhältnisses** ergeben, dass ein Anspruch nicht abtretbar ist. Dies ist etwa der Fall bei *höchstpersönlichen Ansprüchen*. Dazu gehören nicht nur familienrechtliche Ansprüche wie der Anspruch auf eheliche Lebensgemeinschaft aus § 1353 I 2 oder auf gegenseitigen Beistand und Rücksichtnahme zwischen Eltern und Kindern nach § 1618a, sondern auch vertragliche Ansprüche auf Vornahme unvertretbarer Handlungen (zB Durchführung einer ärztlichen Operation, Erteilung von Unterricht, anwaltliche Beratung).[108] Ob die Unabtretbarkeit aus § 399 Alt. 1[109] oder unmittelbar aus der höchstpersönlichen Natur der Forderung folgt,[110] bleibt dabei letztlich ohne Belang.

27 Problematisch ist die Abtretbarkeit von **Gestaltungsrechten**. Einigkeit besteht darüber, dass *selbstständige Gestaltungsrechte* (zB das Wiederkaufsrecht nach §§ 456ff.) grundsätzlich gesondert übertragen werden können.[111] Das Gleiche soll nach hM aber auch für *Kündigungs- und Rücktrittsrechte* bei gegenseitigen Verträgen gelten, weil sie nicht zwingend mit einer bestimmten Forderung verbunden sind.[112] Das Anfechtungs-

---

104 BGHZ 12, 136 (141); Staudinger/*Busche*, 2017, § 399 Rn. 27.
105 BGH NJW 1993, 2232 (2233); *Medicus/Lorenz* SchuldR AT Rn. 794.
106 BGH WM 1978, 553; NJW 1995, 323; *Larenz* SchuldR I § 34 II 3.
107 BAG DB 1970, 1327; Palandt/*Grüneberg* § 399 Rn. 5.
108 Vgl. Staudinger/*Busche*, 2017, § 399 Rn. 5ff.
109 So *Schlechtriem/Schmidt-Kessel* SchuldR AT Rn. 779.
110 So *Brox/Walker* SchuldR AT § 34 Rn. 14.
111 BGH NJW 2003, 1858 (1859); HK-BGB/*Schulze* § 413 Rn. 1.
112 NK-BGB/*Kreße* § 413 Rn. 4; Soergel/*Schreiber* § 413 Rn. 4. Speziell zu Rücktrittsrechten BGH NJW 1973, 1793; 1985, 2640.

recht wird dagegen häufig für unabtretbar erklärt, weil es ein höchstpersönliches Recht darstelle.[113]

c) Vertragliches Abtretungsverbot

Schließlich ist eine Forderung nicht übertragbar, wenn (Erst-)Gläubiger und Schuldner die Abtretbarkeit durch Vereinbarung ausgeschlossen haben (§ 399 Alt. 2). Ein solches **Abtretungsverbot** *(pactum de non cedendo)* hat zur Folge, dass die Forderung von Anfang an mit der Eigenschaft entsteht, nicht übertragbar zu sein. Ein dennoch erfolgter Übertragungsversuch ist *absolut*, dh gegenüber jedermann unwirksam.[114] Die Möglichkeit, ein solches Abtretungsverbot zu vereinbaren, ist übrigens keineswegs selbstverständlich. Als Grundsatz ordnet § 137 S. 1 vielmehr an, dass die Befugnis zur Verfügung über veräußerliche Rechte nicht durch rechtsgeschäftliche Vereinbarung ausgeschlossen werden kann. § 399 Alt. 2 zeigt, dass dieser Grundsatz bei Forderungen nicht gilt.[115]

28

Ein Abtretungsverbot bewahrt den Schuldner davor, jederzeit mit dem Wechsel seines Gläubigers rechnen zu müssen. Es kann ausdrücklich oder stillschweigend und grundsätzlich auch in AGB vereinbart werden.[116] Das Abtretungsverbot ist auch dann wirksam, wenn der Forderungsgläubiger im Vorfeld mit einem eigenen Gläubiger eine **Sicherungsabtretung** vereinbart hat, die an sich auch für die betroffene Forderung gelten würde. Da die Forderung aufgrund des Abtretungsverbots von Beginn an als »unabtretbar« entsteht, wird sie von der Vorausabtretung nämlich nicht erfasst.[117]

29

Zur Vertiefung: Der Vorrang des Abtretungsverbots gegenüber der Sicherungsabtretung kann beim *verlängerten Eigentumsvorbehalt* (→ § 52 Rn. 17) zu einer Störung des Sicherungsgefüges führen. Das Problem besteht darin, dass die Vorausabtretung der Kaufpreisforderungen dem Vorbehaltsverkäufer bei Weiterveräußerung der Ware durch den Käufer als Ersatzsicherheit für den Eigentumsverlust an der Ware dient. Wird die Vorausabtretung durch Vereinbarung eines Abtretungsverbots vereitelt, verliert der Verkäufer jede Sicherheit. Um dies im Verkehr unter *Kaufleuten* zu verhindern, erklärt § 354a I 1 HGB die Abtretung unter bestimmten Voraussetzungen trotz Abtretungsverbots für wirksam. Die Folgen des § 354a I 1 HGB werden allerdings durch Satz 2 gemildert, wonach der Schuldner weiter wahlweise mit befreiender Wirkung an den Altgläubiger leisten kann, ohne dass es darauf ankommt, zu welchem Zeitpunkt er von der Abtretung erfährt.[118] Der Schuldner wird so davor geschützt, sich auf wechselnde Gläubiger einstellen zu müssen. Der Altgläubiger verliert durch die Abtretung jedoch seine Rechtsinhaberschaft; § 354a I 2 HGB gibt ihm nur eine Empfangszuständigkeit. Dies hat zur Folge, dass er nach der Abtretung mit dem Schuldner keine wirksamen Rechtsgeschäfte über die Forderung (zB Erlass, Vergleich, Stundung) mehr schließen kann.[119] Ein solches Rechtsgeschäft ist nur unter den Voraussetzungen des § 407 (→ § 52 Rn. 53ff.) wirksam.

---

113 Palandt/*Grüneberg* § 413 Rn. 5; *Larenz* SchuldR I § 34 VI; aA NK-BGB/*Kreße* § 413 Rn. 4.
114 BGHZ 40, 156 (159f.); 108, 172 (176); *Larenz* SchuldR I § 34 II 1; MüKoBGB/*Roth/Kieninger* § 399 Rn. 41; aA (nur relative Unwirksamkeit zugunsten des Schuldners) *Canaris* FS Serick, 1992, 9ff.; Erman/*Westermann* § 399 Rn. 3a.
115 Erman/*Westermann* § 399 Rn. 3; *W. Lüke* JuS 1992, 114.
116 Vgl. BGHZ 77, 274 (275); 102, 293 (300); Palandt/*Grüneberg* § 399 Rn. 8, 10.
117 So die hM, vgl. nur BGHZ 30, 176 (179); BGH NJW 1980, 2245 (2246); MüKoBGB/*Roth/Kieninger* § 399 Rn. 38; Erman/*Westermann* § 399 Rn. 3.
118 BT-Drs. 12/7912, 25; BGH NJW-RR 2005, 624 (626); NJW 2009, 438 (439).
119 BGH NJW 2009, 438 (439f.); Staudinger/*Busche*, 2017, § 399 Rn. 71; *Lettl* JA 2010, 109 (111).

30 Eine nach § 399 Alt. 2 unwirksame Abtretung wird wirksam, wenn der Schuldner nachträglich seine **Zustimmung** erklärt. Ob die Zustimmung auf den Zeitpunkt der Abtretung zurückwirkt oder diese nur ex nunc wirksam macht, ist streitig. Die hM bejaht bloße Ex-nunc-Wirkung mit der Erwägung, die Zustimmung stelle sich als Aufhebung des vertraglichen Abtretungsverbots dar.[120]

IV. Rechtsfolgen der Abtretung

1. Übergang der Forderung auf den Neugläubiger

31 Die Abtretung hat nach § 398 S. 2 zur Folge, dass die Forderung auf den Zessionar übergeht. Der alte Gläubiger kann über die abgetretene Forderung nicht mehr verfügen, insbesondere sie nicht noch einmal wirksam abtreten, da ihm nunmehr die Inhaberschaft fehlt. Bei mehreren Abtretungen gilt damit das **Prioritätsprinzip:** Lediglich die erste Abtretung führt zur Übertragung der Forderung, die späteren Abtretungen gehen ins Leere.[121]

Nach erfolgter Abtretung kann der alte Gläubiger die Forderung grundsätzlich auch nicht mehr vom Schuldner **einziehen.** Etwas anderes gilt nur, wenn der Zessionar ihm ein Einziehungsrecht einräumt.

> **Zur Vertiefung:** Gemeinsam mit der Forderung gehen auch die zu ihrer Durchsetzung dienenden Befugnisse (zB Recht zur Nachfristsetzung oder zur Mängelrüge) auf den Zessionar über,[122] es sei denn, die Parteien haben etwas anderes vereinbart. *Schadensersatzansprüche,* die nach der Abtretung entstehen, gebühren dem Erwerber, zuvor entstandene nur, wenn sie mit abgetreten worden sind.[123] Wer ein nach Abtretung entstandenes *Gestaltungsrecht* geltend machen kann, ist streitig. In Bezug auf das *Rücktrittsrecht* besteht aber Einigkeit: Es verbleibt beim Zedenten, sofern es nicht ausdrücklich oder konkludent mitübertragen worden ist.[124] Die Ausübung des Rücktrittsrechts wird zum Teil allerdings an die Zustimmung des Zessionars geknüpft.[125]

2. Übergang von Sicherungs- und Vorzugsrechten

32 § 401 ordnet den Übergang bestimmter Sicherungs- und Vorzugsrechte an. Mit den Hypotheken, Pfandrechten und Bürgschaften nennt Abs. 1 verschiedene **Sicherungsrechte,** die in ihrer Existenz vom Bestehen der abgetretenen Forderung abhängig sind (sog. *Akzessorietät*).[126] Die Anordnung des Übergangs trägt dem engen Zusammenhang von Forderung und Sicherheitsrecht Rechnung, der einer Trennung entgegensteht. Eine analoge Anwendung auf andere akzessorische Sicherungsinstrumente ist möglich.[127]

---

120 So BGHZ 70, 299 (303); 108, 172 (176 f.); Soergel/*Schreiber* § 399 Rn. 9; *Larenz* SchuldR I § 34 II 1; aA (rückwirkende Heilung) *Medicus/Lorenz* SchuldR AT Rn. 797.
121 *Brox/Walker* SchuldR AT § 34 Rn. 17.
122 Vgl. BGHZ 114, 360 (365 f.); Palandt/*Grüneberg* § 401 Rn. 4.
123 Staudinger/*Busche*, 2017, § 398 Rn. 81 f.; *Larenz* SchuldR I § 34 I.
124 Vgl. BGH NJW 1985, 2640 (2641 f.); *Esser/Schmidt* SchuldR I 2 § 37 I 3 b.
125 So Erman/*Westermann* § 398 Rn. 29; *Larenz* SchuldR I § 34 I.
126 Zu Akzessorietät von Sicherungsrechten *Medicus/Petersen* BürgerlR Rn. 767 ff.
127 Vgl. zur Vormerkung (§§ 883 ff.) BGHZ 25, 16 (23); *Medicus/Lorenz* SchuldR AT Rn. 802.

> **Zur Vertiefung:** § 401 I ist *dispositiv*. Der Zedent kann also mit dem Zessionar oder dem Eigentümer der verpfändeten Sache bzw. dem Bürgen vereinbaren, dass die Sicherheiten nicht mit übergehen sollen.[128] Pfandrechte erlöschen in diesem Fall nach § 1250 II. Für Bürgschaften gilt § 1250 II analog.[129] Bei Hypotheken ordnet § 1153 II zwingend an, dass sie gemeinsam mit der Forderung übergehen.[130]

Nicht akzessorische Sicherheiten (zB *Grundschuld, Sicherungsübereignung* oder *Eigentumsvorbehalt*) werden von § 401 nicht erfasst, gehen also nicht automatisch mit über. Auch eine Analogie ist grundsätzlich ausgeschlossen, da der Zusammenhang zwischen Forderung und Sicherheit mangels Akzessorietät weniger eng ist.[131] Lediglich für die *sichernde Schuldmitübernahme* wird eine analoge Anwendung des § 401 I befürwortet.[132] Im Übrigen müssen nicht akzessorische Sicherheiten eigenständig übertragen werden. Eine entsprechende Pflicht des Zedenten kann sich im Einzelfall aus dem der Abtretung zugrunde liegenden Kausalgeschäft ergeben.[133] 33

Nach § 401 II gehen darüber hinaus auch die für den Fall der Zwangsvollstreckung oder eines Insolvenzverfahrens bestehenden **Vorzugsrechte** auf den Erwerber der Forderung über. Erfasst werden damit vor allem Vorzugsrechte, die unter § 804 II ZPO oder §§ 49 ff. InsO fallen.[134] 34

3. Pflichten des Altgläubigers

Für den **Zedenten** ist die Abtretung mit bestimmten **Verpflichtungen** verbunden. So muss er dem Zessionar gem. § 402 die zur Geltendmachung der Forderung erforderlichen Auskünfte erteilen und die in seinem Besitz befindlichen Urkunden, die zum Beweis der Forderung geeignet sind, herausgeben. An Schuldurkunden (zB Schuldscheine, Grundpfandrechtsbriefe, Sparbücher) erwirbt der Zessionar nach § 952 schon kraft Gesetzes Eigentum. Auf Verlangen des Zessionars hat der Zedent schließlich eine öffentlich beglaubigte Urkunde über die Abtretung auszustellen, wobei die Kosten allerdings vom Zessionar zu tragen sind (§ 403). 35

V. Der Schutz des Schuldners

1. Im Zeitpunkt der Abtretung begründete Einwendungen

Die Rechtsstellung des Schuldners bleibt von der Abtretung weitgehend unberührt. Denn die Forderung geht so, wie sie in der Person des Altgläubigers bestanden hat, auf den Erwerber über. Demgemäß bestimmt § 404, dass der Schuldner dem neuen Gläubiger alle Einwendungen entgegenhalten kann, die im Zeitpunkt der Abtretung gegen den Altgläubiger begründet waren. Dabei umfasst § 404 sämtliche Verteidigungsrechte des Schuldners, also nicht nur **Einwendungen** im engeren Sinne, sondern auch **Einreden**.[135] 36

---

128 Erman/*Westermann* § 401 Rn. 8.
129 BGHZ 115, 177 (181 ff.); Jauernig/*Stürner* § 401 Rn. 1.
130 Vgl. MüKoBGB/*Roth/Kieninger* § 401 Rn. 3.
131 BGHZ 42, 53 (56); 92, 374 (378); Staudinger/*Busche*, 2017, § 401 Rn. 36 ff.
132 BGH NJW 1972, 437 (439); BGH ZIP 2000, 228 f.; *Medicus/Lorenz* SchuldR AT Rn. 802.
133 Vgl. dazu BGHZ 42, 53 (56 f.); 92, 374 (378); *Larenz* SchuldR I § 34 I Fn. 5.
134 Vgl. MüKoBGB/*Roth/Kieninger* § 401 Rn. 16 mit Hinweis auf weitere Vorzugsrechte.
135 Vgl. Staudinger/*Busche*, 2017, § 404 Rn. 10; Palandt/*Grüneberg* § 404 Rn. 2.

a) Der Anwendungsbereich des § 404

37 § 404 gilt zunächst für solche Einwendungen und Einreden gegen die abgetretene Forderung, deren Voraussetzungen bereits vor der Abtretung vollständig vorlagen. Der Schuldner kann also auch dem Neugläubiger gegenüber alle *rechtshindernden Einwendungen* geltend machen (zB Unwirksamkeit der Forderung wegen Formmangels, Sittenwidrigkeit). Ebenso kann er sich dem Neugläubiger gegenüber auf die vor der Abtretung entstandenen *rechtsvernichtenden Einwendungen* berufen, etwa den Umstand, er habe bereits vollständig erfüllt oder sei wirksam zurückgetreten. Das gleiche gilt schließlich für *Einreden*, die vor der Abtretung entstanden sind (zB Stundungsabrede zwischen Altgläubiger und Schuldner, Verjährung).[136]

> **Zur Vertiefung:** War eine rechtshindernde oder -vernichtende Einwendung schon vor der Abtretung begründet, fehlt es bereits an einer abtretbaren Forderung des Zedenten (→ § 52 Rn. 14). Der Zessionar erwirbt damit schon gar keine Forderung. Es ist daher an sich selbstverständlich, dass der Schuldner sich hierauf (auch) gegenüber dem Zessionar berufen kann. In Bezug auf die vor der Abtretung begründeten Einreden lässt sich die Regelung des § 404 damit erklären, dass der Zessionar die Forderung des Zedenten als solche erwirbt. § 404 hat damit genau genommen nur deklaratorische Bedeutung.[137] In der Klausur können solche dogmatischen Fragen indes nicht erörtert werden. Daher sollte hier verkürzend mit § 404 argumentiert werden.

38 § 404 geht aber weiter. Erforderlich ist nicht, dass der Tatbestand einer Einwendung oder Einrede bereits im Zeitpunkt der Abtretung verwirklicht war, es genügt vielmehr, dass jene »begründet« war. Diese Voraussetzung liegt schon dann vor, wenn die Einwendung oder Einrede ihre **rechtliche Grundlage** in dem ursprünglichen Schuldverhältnis zwischen Schuldner und Altgläubiger hat.[138] § 404 erfasst damit auch den Fall, dass ein Gestaltungsrecht (zB Rücktritts- oder Anfechtungsrecht), das schon im Zeitpunkt der Abtretung bestanden hat, erst nach der Abtretung gegenüber dem Altgläubiger ausgeübt wird,[139] oder dass die Verjährungsfrist erst nach der Abtretung abläuft.[140]

> **Beispiel** (nach BGH NJW 1986, 919): Die G-KG hatte der S Pelze verkauft und übergeben. Eine Kaufpreiszahlung war noch nicht erfolgt. Bei Abschluss des Kaufvertrags war vereinbart worden, dass S bis Saisonende ein Rücktrittsrecht zustehen sollte. In der Folgezeit trat die G-KG ihre Kaufpreisforderung gegen S an K ab. In Kenntnis dieser Abtretung machte S vor Saisonende von ihrem Rücktrittsrecht Gebrauch. Kann K von S dennoch Zahlung des Kaufpreises verlangen?
> Durch die Abtretung hat K zunächst die Kaufpreisforderung gegen S erworben. Sein Zahlungsanspruch könnte jedoch durch den Rücktritt der S entfallen sein. Nach § 404 kann das Rücktrittsrecht auch nach erfolgter Abtretung noch ausgeübt werden, wenn es seinen Rechtsgrund bereits in dem ursprünglichen Schuldverhältnis zwischen Schuldner und Altgläubiger hat. Dies ist der Fall. Das Rücktrittsrecht leitet sich unmittelbar aus der Vereinbarung zwischen S und der G-KG her. Dass S von der Abtretung Kenntnis hatte, berührt das Rücktritts-

---

136 MüKoBGB/*Roth/Kieninger* § 404 Rn. 5.
137 Vgl. *Makowsky*, Einwendungen aus fremdem Schuldverhältnis, 2019, 195 ff.
138 StRspr, siehe nur BGHZ 25, 27 (29); 93, 71 (79); vgl. dazu statt vieler Brox/Walker SchuldR AT § 34 Rn. 20; Palandt/*Grüneberg* § 404 Rn. 4.
139 Vgl. BGH NJW 1986, 919; NJW-RR 2004, 1347 (1348); Palandt/*Grüneberg* § 404 Rn. 4; zum Rücktritts- bzw. Anfechtungsgegner PWW/*H.-F. Müller* § 404 Rn. 4; *Larenz* SchuldR I § 34 IV.
140 BGHZ 48, 181 (183); *Medicus/Lorenz* SchuldR AT Rn. 813.

recht nicht. Denn K hat die Forderung lediglich so erworben, wie sie der G-KG zustand, also »belastet« mit dem Rücktrittsrecht der S. K kann von S somit keine Zahlung verlangen.

Ob der Neugläubiger in Bezug auf die Einwendungen oder Einreden des Schuldners **gutgläubig** war, ist im Rahmen des § 404 unerheblich. Der Schuldner verliert seine Einwendungen und Einreden also auch dann nicht, wenn der Zessionar sie weder kannte noch kennen musste.[141] 39

b) Ausschluss von Einwendungen nach § 405

Eine **Ausnahme** zu § 404 enthält § 405, der dem Schuldner in zwei Fällen Einwendungen gegenüber dem Neugläubiger abschneidet. Voraussetzung ist stets, dass dem Neugläubiger bei der Abtretung eine *Schuldurkunde* vorgelegt worden ist, die der Schuldner über die Forderung *ausgestellt* hat. 40

Die erste Alternative des § 405 erfasst eine rechtshindernde Einwendung gegen die wirksame Entstehung der Forderung: War die Forderung zwischen dem Schuldner und dem Altgläubiger nur zum **Schein** begründet worden, so kann sich der Schuldner dem neuen Gläubiger gegenüber nicht darauf berufen, dass das Geschäft nach § 117 nichtig ist, sofern der Neugläubiger bei Abtretung gutgläubig war, die Nichtigkeit also weder kannte noch kennen musste (§ 405 aE). Dahinter steht der Gedanke, dass der Schuldner mit der Schuldurkunde einen Rechtsschein geschaffen hat, auf den der gutgläubige Erwerber vertrauen darf.[142] Aus diesem Gedanken folgt, dass die Urkunde nicht nur vom Schuldner *ausgestellt* worden, sondern darüber hinaus auch mit seinem Willen *in den Verkehr gelangt* sein muss. Auf abhanden gekommene Urkunden ist § 405 also nicht anwendbar.[143] 41

Die zweite Alternative von § 405 betrifft den Fall, dass zwischen Schuldner und Altgläubiger ein **Abtretungsverbot** vereinbart worden ist, das in der Schuldurkunde nicht erwähnt wird. Hier kann der Schuldner dem neuen Gläubiger nicht entgegenhalten, dass eine dennoch erfolgte Abtretung nach § 399 Alt. 2 unwirksam ist. 42

Eine **analoge** Anwendung des § 405 kommt wegen des Ausnahmecharakters der Vorschrift nur in eng begrenzten Sonderfällen in Betracht.[144] 43

> **Beispiel** (nach RGZ 90, 273): A ist Inhaber einer Forderung gegen den Schuldner S. Diese tritt er an B ab und stellt für diesen eine Abtretungsurkunde aus. A und B sind sich jedoch einig, dass B gar nicht wirklich Inhaber der Forderung werden soll. Wenig später tritt B die Forderung unter Vorlage dieser Abtretungsurkunde weiter an den gutgläubigen C ab. Ist C Inhaber der Forderung geworden?
> Da die erste Abtretung an B nach § 117 nichtig war, ist B nicht Inhaber der Forderung geworden. Grundsätzlich schließt dies auch einen Erwerb durch C aus, es sei denn, dass ausnahmsweise ein gutgläubiger Erwerb möglich ist. § 405 passt hier nicht unmittelbar, weil die Urkunde nicht über die »Schuld« – also die abgetretene Forderung –, sondern über die Abtretung selbst ausgestellt worden ist. Das RG hat jedoch aus einer Gesamtschau der §§ 172, 405, 409 abgeleitet, dass die Einwendung aus § 117 I auch dann abgeschnitten sei, wenn eine nur zum Schein abgetretene Forderung unter Vorlage der Abtretungsurkunde an einen gut-

---

141 Palandt/*Grüneberg* § 404 Rn. 1.
142 *Larenz* SchuldR I § 34 I.
143 MüKoBGB/*Roth/Kieninger* § 405 Rn. 6; PWW/*H.-F. Müller* § 405 Rn. 2.
144 Vgl. dazu MüKoBGB/*Roth/Kieninger* § 405 Rn. 14; *Medicus/Lorenz* SchuldR AT Rn. 815.

gläubigen Dritten weiter abgetreten werde.[145] Gegenüber einem gutgläubigen, auf die Abtretungsurkunde vertrauenden Zweiterwerber (C) könne sich der ursprüngliche Gläubiger (A) nicht darauf berufen, die Abtretung sei nur zum Schein erfolgt. Er selbst habe durch Ausstellung der Urkunde dem Ersterwerber (B) die Weiterabtretung ermöglicht.

2. Einwendungen aus der Abtretung

44 Neben Einwendungen gegen die abgetretene Forderung selbst kann der Schuldner dem potentiellen neuen Gläubiger auch entgegenhalten, dass die **Abtretung** (dh der *Verfügungsvertrag*) **unwirksam** sei, zB weil die Forderung nicht übertragbar ist (→ § 52 Rn. 21 ff.). Denn bei Unwirksamkeit der Abtretung ist der Zessionar gar nicht Inhaber der Forderung geworden. Mängel des der Abtretung zugrunde liegenden *Kausalgeschäfts* (zB Forderungskauf) kann der Schuldner dagegen nicht geltend machen.[146]

3. Aufrechnung gegenüber dem neuen Gläubiger

a) Problemstellung

45 Soll die Rechtsposition des Schuldners durch die Abtretung nicht verschlechtert werden, bedarf es nicht nur des Erhalts der Einwendungen (§ 404). Dem Schuldner muss vielmehr möglichst auch eine gegenüber dem Altgläubiger bestehende **Aufrechnungsmöglichkeit** erhalten bleiben. Keine Besonderheiten ergeben sich, soweit der Schuldner die Aufrechnung schon *vor der Abtretung* gegenüber dem Altgläubiger erklärt hat. Nach § 389 führt die Aufrechnung zum Erlöschen der Forderung, was dem neuen Gläubiger nach § 404 entgegengehalten werden kann. Schwieriger ist die Rechtslage jedoch, wenn die Aufrechnung nach erfolgter Abtretung erklärt wird. Nach § 387 setzt die Aufrechnung an sich voraus, dass Haupt- und Gegenforderung in einem *Gegenseitigkeitsverhältnis* stehen (→ § 18 Rn. 4). Durch die Abtretung der Hauptforderung an den neuen Gläubiger geht diese Gegenseitigkeit verloren.

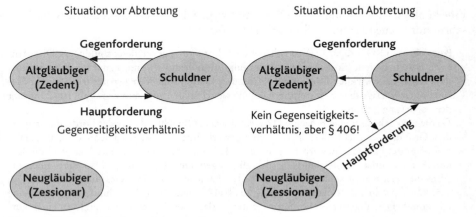

Schema: Erhalt der Aufrechnungslage nach Abtretung der Hauptforderung

---

145 Zust. Staudinger/*Busche*, 2017, § 405 Rn. 15; Soergel/*Schreiber* § 405 Rn. 1.
146 *Schlechtriem/Schmidt-Kessel* SchuldR AT Rn. 789.

In dieser Situation ermöglicht § 406 dem Schuldner, in bestimmten Konstellationen auch gegenüber dem neuen Gläubiger aufzurechnen. Die Vorschrift überwindet dabei allein die fehlende **Gegenseitigkeit** der Forderungen; die übrigen Voraussetzungen der Aufrechnung richten sich unverändert nach den §§ 387 ff. Die Aufrechnung gegenüber dem *neuen Gläubiger* setzt zudem voraus, dass der Schuldner von der Abtretung Kenntnis erlangt hat.[147] Rechnet der Schuldner in Unkenntnis der Abtretung gegenüber dem *Altgläubiger* auf, so richtet sich sein Schutz nach § 407.

Die Regelung des § 406 ist recht kompliziert. Es empfiehlt sich daher, die verschiedenen **Konstellationen** getrennt zu betrachten.

b) Entstehung der Aufrechnungslage vor der Abtretung

Hat **vor der Abtretung** der Hauptforderung eine Aufrechnungslage bestanden, so soll der Schuldner die schon gegebene Aufrechnungsmöglichkeit nicht durch die Abtretung verlieren. Für diesen Fall bestimmt § 406 daher, dass der Schuldner auch dem neuen Gläubiger gegenüber aufrechnen kann. In der Literatur wird mit Recht darauf hingewiesen, dass der Erhalt eines vor der Abtretung entstandenen Aufrechnungsrechts schon aus § 404 abgeleitet werden könnte.[148] § 406 hat insoweit also genau genommen nur klarstellende Bedeutung. 46

> **Beispiel:** Der G hat gegen S eine Kaufpreisforderung iHv 1.000 EUR. Nunmehr verkauft S an G Waren für 1.500 EUR. Beide Forderungen stehen sich iHv 1.000 EUR aufrechenbar gegenüber. Bevor ein Beteiligter die Aufrechnung erklärt, tritt G seine Forderung an D ab. Nach § 406 kann S jetzt gegenüber D die Aufrechnung erklären. Dies hat zur Folge, dass die Hauptforderung des D gegen S vollständig erlischt. S verbleibt eine Forderung gegen G iHv 500 EUR.

c) Entstehung der Aufrechnungslage nach der Abtretung

Mit Einschränkungen lässt § 406 eine Aufrechnung gegenüber dem Neugläubiger auch dann zu, wenn die Aufrechnungslage erst **nach der Abtretung** entstanden ist. Hier kann man nicht darauf abstellen, dass dem Schuldner eine einmal gegebene Aufrechnungsmöglichkeit erhalten bleiben soll. Gleichwohl ist der Schuldner schutzwürdig, wenn er auf die Möglichkeit einer Aufrechnung vertrauen durfte. § 406 Hs. 2 nennt zwei Konstellationen, in denen ein schutzwürdiges Vertrauen ausgeschlossen ist. 47

§ 406 Hs. 2 Alt. 1 betrifft den Fall, dass der Schuldner die Forderung gegen den Altgläubiger erst *nach der Abtretung erworben* hat. Hier ist der Schuldner nur dann schutzwürdig, wenn er beim Erwerb der Gegenforderung von der Abtretung **keine Kenntnis** hatte, mithin von der Entstehung einer Aufrechnungslage ausgehen konnte. Hat der Schuldner beim Erwerb der Gegenforderung gewusst, dass die Hauptforderung abgetreten worden ist, so ist eine Aufrechnung gegenüber dem Neugläubiger ausgeschlossen. 48

> **Beispiel:** G hat gegen den S eine Forderung iHv 2.000 EUR. Diese tritt er an D ab. Kurz darauf erlangt S eine sofort fällige Forderung gegen G iHv 2.500 EUR, ohne von der Abtretung Kenntnis zu haben.
> Beim Erwerb der Gegenforderung wird S annehmen, es entstünde eine Aufrechnungsmöglichkeit. In diesem Vertrauen wird er durch § 406 geschützt. S kann daher gegenüber D aufrechnen.

---

147 Vgl. auch MüKoBGB/*Roth/Kieninger* § 406 Rn. 4.
148 MüKoBGB/*Roth/Kieninger* § 406 Rn. 2.

49 § 406 Hs. 2 Alt. 2 regelt die Frage, zu welchem Zeitpunkt die **Gegenforderung** fällig sein muss. Nach § 387 kann der Schuldner erst bei Fälligkeit der Gegenforderung aufrechnen (→ § 18 Rn. 6). Hieran ändert § 406 insofern nichts, als jedenfalls im Zeitpunkt der Aufrechnung die Fälligkeit gegeben sein muss.[149] Die Vorschrift lässt aber im Grundsatz eine Aufrechnung auch dann zu, wenn die Gegenforderung erst nach der Abtretung fällig wird.

> **Beispiel:** G hat gegen S eine Forderung iHv 5.000 EUR (fällig zum 1.8.2020), S hat gegen G eine Gegenforderung in gleicher Höhe (fällig zum 1.2.2020). Da beide Forderungen nicht fällig sind, kann zunächst keine Partei aufrechnen. Im Oktober 2019 tritt G seine Forderung an D ab, wovon S alsbald Kenntnis erlangt. Nach § 406 kann S, sobald seine Forderung am 1.2.2007 fällig geworden ist, gegenüber D aufrechnen. Da die Forderung des S zuerst fällig geworden ist, durfte er vor der Abtretung auf die Entstehung einer Aufrechnungslage vertrauen. Durch die Abtretung soll er in dieser Hinsicht nicht schlechter gestellt werden.

50 Für einen Fall sieht § 406 allerdings eine Einschränkung vor: Hat der Schuldner vor Fälligkeit seiner Gegenforderung von der Abtretung Kenntnis erlangt, so ist die Aufrechnung nach Hs. 2 Alt. 2 ausgeschlossen, wenn die abgetretene Hauptforderung **vor der Gegenforderung fällig** wird. Diese Ausnahme gilt nicht nur für den Fall, dass der Schuldner die Gegenforderung nach der Abtretung erwirbt; sie kann vielmehr auch relevant werden, wenn der Schuldner die Gegenforderung vor der Abtretung erworben hat.[150]

> **Beispiel:** G hat gegen S eine Forderung von 4.000 EUR (fällig zum 15.5.2020). S hat gegen G eine Gegenforderung in gleicher Höhe (fällig zum 1.6.2020). Im Oktober 2019 tritt G die Forderung gegen S an D ab, wovon S kurz darauf erfährt. Bei Fälligkeit der abgetretenen Forderung kann D von S Erfüllung verlangen, ohne dass S aufrechnen könnte. Dies gilt nach § 406 Hs. 2 Alt. 2 auch dann, wenn die Gegenforderung des S inzwischen ebenfalls fällig ist. S ist nicht schutzwürdig, weil er auch ohne die Abtretung nicht auf das Entstehen der Aufrechnungslage vertrauen konnte.[151] Denn G hätte seine Forderung schon vor Fälligkeit der Gegenforderung geltend machen können. Denkbar ist zwar, dass G die Hauptforderung nicht sofort geltend gemacht hätte, sodass es ohne die Abtretung zu einer Aufrechnungslage gekommen wäre. Diese Chance wird von § 406 aber nicht geschützt.[152]

51 Die **Beweislast** für die in § 406 Hs. 2 genannten Ausnahmetatbeständen (zB Kenntnis des Schuldners) liegt bei dem neuen Gläubiger. Dies spiegelt die Formulierung des § 406 (»... es sei denn ...«) wider.

4. Der Schuldnerschutz nach §§ 407–410

52 Da der **Schuldner** an der Abtretung nicht beteiligt werden muss, darf ihm kein Nachteil daraus entstehen, dass er vom Wechsel des Gläubigers **keine Kenntnis** hat. Zeigt der Gläubiger dem Schuldner die Abtretung an, so muss er auf die Richtigkeit der Anzeige vertrauen können. Verlangt ein neuer Gläubiger Leistung, so muss sich dieser hinreichend legitimieren.

---

149 *Brox/Walker* SchuldR AT § 34 Rn. 29.
150 Vgl. Staudinger/*Busche*, 2017, § 406 Rn. 15.
151 Vgl. *Schlechtriem/Schmidt-Kessel* SchuldR AT Rn. 798.
152 Krit. MüKoBGB/*Roth/Kieninger* § 406 Rn. 11.

a) Rechtsgeschäfte in Unkenntnis der Abtretung

§ 407 regelt den Fall, dass der Schuldner die Leistung in **Unkenntnis der Abtretung** an den alten Gläubiger erbringt. Nach *allgemeinen Grundsätzen* handelt es sich um eine Leistung an einen nicht (mehr) zum Empfang Berechtigten, die keine Erfüllung darstellt. Der Schuldner bliebe daher weiter zur Leistung an den Neugläubiger verpflichtet und wäre im Übrigen auf bereicherungsrechtliche Ansprüche gegen den Altgläubiger (§ 812 I 1 Alt. 1) verwiesen. Er trüge damit das Risiko, doppelt leisten zu müssen. 53

Um den *gutgläubigen* Schuldner vor diesem Risiko zu bewahren, sieht § 407 I vor, dass er **befreiend an den Altgläubiger** leisten kann. Der neue Gläubiger muss diese Leistung gegen sich gelten lassen. Die abgetretene Forderung erlischt also, ohne dass der Zessionar selbst die Leistung erhalten hat. Der Schuldner hat seine Verpflichtung mit der Leistung an den Altgläubiger erfüllt. Es ist nunmehr Sache des Neugläubigers, vom Altgläubiger als nichtberechtigtem Empfänger Herausgabe des Geleisteten zu verlangen. Anspruchsgrundlage ist § 816 II (→ SchuldR BT § 55 Rn. 30 ff.). Im Einzelfall kann auch ein Anspruch wegen Verletzung des zwischen Alt- und Neugläubiger bestehenden Kausalverhältnisses oder ein Anspruch aus § 826 gegeben sein.[153] 54

Voraussetzung für die befreiende Wirkung des § 407 I ist die **Gutgläubigkeit** des Schuldners. Wie sich aus dem letzten Halbsatz der Vorschrift ergibt, schadet allein **positive Kenntnis** von der Abtretung bei Vornahme der Leistung. Solche Kenntnis kann der Schuldner insbesondere durch eine Abtretungsanzeige des Altgläubigers erlangen. Einseitige Mitteilungen durch den Neugläubiger können den Schuldner dagegen nur im Ausnahmefall bösgläubig machen.[154] Fahrlässige Unkenntnis steht der Anwendung des § 407 I nicht entgegen. Den Schuldner trifft keine eigene Nachforschungspflicht.[155] Hat er sich der Kenntnisnahme bewusst verschlossen, so kann es allerdings treuwidrig (§ 242) sein, wenn er sich dennoch auf seine Unkenntnis beruft.[156] Eine Sonderregelung enthält § 411. Danach gelten bestimmte *öffentliche Kassen*, die etwa Beamtengehälter auszahlen, als gutgläubig, bis sie von der Abtretung durch öffentliche Urkunde unterrichtet worden sind. 55

§ 407 I schützt den Schuldner nicht nur bei der Leistungserbringung an den Altgläubiger, sondern auch bei der Vornahme **sonstiger Rechtsgeschäfte** im Hinblick auf die Forderung. Dies kann eine nach der Abtretung mit dem Altgläubiger vereinbarte Stundung, aber auch ein Erlass, ein Vergleich oder eine Aufrechnung sein.[157] Da § 407 I allein dem Schutz des Schuldners dient, ist die Vorschrift nicht auf dem Schuldner ungünstige Rechtshandlungen des Altgläubigers – zB Mahnung, Kündigung, Handlungen zwecks Hemmung oder Neubeginn der Verjährung – anzuwenden.[158] 56

> **Zur Vertiefung:** Der Schuldner kann nach hM auf den durch § 407 I gewährten Schutz *verzichten*.[159] Da die Leistung dann keine befreiende Wirkung hat, bleibt er dem neuen Gläubiger zur Leistung ver-

---

153 *Brox/Walker* SchuldR AT § 34 Rn. 23; *Larenz* SchuldR I § 34 IV.
154 BGHZ 102, 68 (74); vgl. näher Staudinger/*Busche*, 2017, § 407 Rn. 33.
155 Ähnlich *Larenz* SchuldR I § 34 IV; Erman/*Westermann* § 407 Rn. 5.
156 BGH ZIP 1997, 890; *Schlechtriem/Schmidt-Kessel* SchuldR AT Rn. 790.
157 Vgl. MüKoBGB/*Roth/Kieninger* § 407 Rn. 7 mit weiteren Beispielen.
158 BGHZ 52, 150 (153 f.); *Brox/Walker* SchuldR AT § 34 Rn. 25.
159 BGHZ 52, 150 (154); 102, 68 (71); MüKoBGB/*Roth/Kieninger* § 407 Rn. 10; anders OLG Dresden MDR 1995, 559; krit. Staudinger/*Busche*, 2017, § 407 Rn. 8.

> pflichtet, hat aber einen Bereicherungsanspruch (§ 812 I 1 Alt. 1) gegen den Altgläubiger. Diesen Weg wird der Schuldner indes nur beschreiten, wenn der Konditionsanspruch gegen den Altgläubiger realisierbar erscheint und er daran interessiert ist, die Leistung an den Neugläubiger zu erbringen, zB weil er seinerseits eine Forderung gegen den Neugläubiger hat, deren Realisierung unsicher ist und die er deshalb durch *Aufrechnung* verwirklichen möchte.[160]

57 § 407 II gewährt dem Schuldner zusätzlichen Schutz für den Fall, dass er in Unkenntnis der Abtretung mit dem Altgläubiger einen **Rechtsstreit** über die Forderung führt und obsiegt. Dieses Urteil muss der neue Gläubiger gegen sich gelten lassen; er kann mit dem Schuldner also keinen erneuten Prozess über die gleiche Forderung führen. Prozessual handelt es sich um einen Fall der **Rechtskrafterstreckung.** Aufgrund seines Schutzzwecks gilt § 407 II allerdings nur für Urteile, die dem Schuldner günstig sind.[161]

> **Zur Vertiefung:** § 407 II setzt voraus, dass der Rechtsstreit *nach* der Abtretung rechtshängig (§ 261 I ZPO) wird. Erfolgt die Abtretung *während* eines zwischen Schuldner und Altgläubiger laufenden Rechtsstreits, so sind die §§ 265, 325 ZPO anwendbar.

b) Mehrfache Abtretung

58 § 408 überträgt den Schutz des Schuldners auf den Fall der **mehrfachen** Abtretung. Da der Altgläubiger nach der ersten Abtretung nicht mehr Forderungsinhaber ist, ist jede weitere Abtretung unwirksam. Forderungsinhaber bleibt also der Ersterwerber. Weiß der Schuldner nur von der zweiten Abtretung, so gewährt ihm § 408 I gegenüber dem Ersterwerber aber den gleichen Schutz wie § 407. Der Ersterwerber muss also eine Leistung des Schuldners an den vermeintlichen Zweiterwerber gegen sich gelten lassen.

> **Beispiel:** G hat eine Forderung gegen S iHv 10.000 EUR wirksam an seinen Lieferanten L abgetreten. Wenig später vereinbart er mit seiner Bank B, dass dieser sämtliche Forderungen aus bestimmten Geschäften, darunter versehentlich auch die dem L abgetretene, übertragen werden. In einer gemeinsamen Erklärung geben G und B diese Abtretung sämtlichen Schuldnern bekannt. S zahlt daraufhin die 10.000 EUR bei Fälligkeit an B. Obwohl die Leistung nicht an den Forderungsinhaber (L) erfolgt ist, hat sie für S nach §§ 408 I, 407 befreiende Wirkung. L kann allerdings von B Herausgabe des erlangten Geldes nach § 816 II verlangen.

59 Nach § 408 II Alt. 1 gilt das Gleiche, wenn die Forderung nach einer wirksamen Abtretung nicht ein zweites Mal abgetreten, sondern im Rahmen eines Vollstreckungsverfahrens gegen den Altgläubiger durch **Pfändungs- und Überweisungsbeschluss** (§§ 829, 835 ZPO) einem Dritten überwiesen wird. Da der Altgläubiger aufgrund der ersten Abtretung nicht mehr Inhaber der Forderung ist, gehen Pfändung und Überweisung an den Dritten ins Leere, sind also unwirksam. Der Schuldner, der die Abtretung nicht kennt, aber in Kenntnis der Überweisung an den Dritten zahlt, wird durch § 408 II Alt. 1 geschützt. Ähnliche Probleme ergeben sich, wenn nach einer Abtretung die Voraussetzungen für eine **Legalzession** eintreten, welche nur daran scheitert, dass der Altgläubiger nicht mehr Inhaber der Forderung ist. Hier wird der Schuldner aber nur geschützt, wenn der Altgläubiger dem Dritten gegenüber die Legalzession anerkannt hat (§ 408 II Alt. 2).[162]

---

160 Vgl. Palandt/*Grüneberg* § 407 Rn. 5; *Medicus/Lorenz* SchuldR AT Rn. 822.
161 BGHZ 52, 150 (152 ff.); MüKoBGB/*Roth/Kieninger* § 407 Rn. 24; aA Erman/*Westermann* § 407 Rn. 8.
162 Dazu BGHZ 11, 298 (302); krit. Staudinger/*Busche*, 2017, § 408 Rn. 7.

c) Abtretungsanzeige

Während die §§ 407, 408 den Schuldner schützen, wenn er von der Abtretung keine Kenntnis hat, betrifft § 409 den umgekehrten Fall, dass dem Schuldner von seinem Altgläubiger eine Abtretung **angezeigt** wird. Auch hier ist der Schuldner schutzwürdig. Da er an der Abtretung nicht beteiligt war, muss er auf die Anzeige des Gläubigers vertrauen dürfen. 60

Die **Abtretungsanzeige** muss vom ursprünglichen Gläubiger stammen. Sie ist formlos, also auch mündlich möglich und wird als rechtsgeschäftsähnliche Handlung qualifiziert.[163] § 409 I 2 stellt der Anzeige eine **Urkunde** über die Abtretung gleich, die der Neugläubiger vom Altgläubiger erhalten und sodann dem Schuldner vorgelegt hat. Die Urkunde muss die Schriftform wahren und ebenfalls vom ursprünglichen Gläubiger stammen. Eine Fälschung löst die Rechtsfolgen des § 409 also nicht aus.[164] 61

Die Anzeige hat zur Folge, dass der Schuldner **Kenntnis** von der Abtretung erlangt und sich daher nicht länger auf § 407 berufen kann. Auf der anderen Seite darf der Schuldner aber auch auf die Anzeige **vertrauen,** selbst wenn die Abtretung gar nicht erfolgt oder unwirksam ist. Leistet der Schuldner an den in der Anzeige bezeichneten Neugläubiger, so muss der Altgläubiger dies nach § 409 I gegen sich gelten lassen und ist dann gegebenenfalls auf einen Ausgleichsanspruch gegen den unberechtigten Neugläubiger verwiesen (§ 816 II).[165] 62

Die hM geht davon aus, dass es bei der Anzeige bzw. der Vorlage der Urkunde nicht auf die Gutgläubigkeit des Schuldners ankommt. Dieser kann sich also selbst dann auf § 409 I berufen, wenn er **positive Kenntnis** von der Unwirksamkeit der Abtretung hat.[166] Liegt dem Schuldner eine Abtretungsanzeige oder eine entsprechende Urkunde vor, so soll er sich auch bei Kenntnis der wahren Rechtslage auf keine Auseinandersetzungen mit dem (angeblichen) Neugläubiger einlassen müssen. Aus dem Verbot rechtsmissbräuchlichen Verhaltens (§ 242) ergeben sich aber Einschränkungen für Fälle, in denen der Schuldner kollusiv mit dem Zessionar zusammenwirkt oder in denen die wahre Rechtslage offenkundig ist.[167]

Der Altgläubiger kann die Wirkungen der Anzeige bzw. der Urkunde allein nicht wieder beseitigen. § 409 II ordnet vielmehr an, dass die Anzeige nur mit **Zustimmung** der als Neugläubiger benannten Person zurückgenommen werden kann. Allerdings steht dem Altgläubiger gegen den Neugläubiger ein Anspruch auf Zustimmung aus Vertrag oder § 812 zu.[168] 63

d) Leistungsverweigerungsrecht des Schuldners

§ 410 schützt den Schuldner im Verhältnis zum Neugläubiger durch ein **Leistungsverweigerungsrecht.**[169] Der Schuldner muss erst dann an den Neugläubiger leisten, wenn dieser ihm eine vom Altgläubiger ausgestellte *Urkunde* über die Abtretung *aushändigt* 64

---

163 Vgl. MüKoBGB/*Roth/Kieninger* § 409 Rn. 7, 9; *Larenz* SchuldR I § 34 IV.
164 BGHZ 100, 36 (46); Soergel/*Schreiber* § 409 Rn. 5.
165 Ausf. Staudinger/*Busche*, 2017, § 409 Rn. 25 ff.
166 BGHZ 29, 76 (82); 64, 117 (119); *Larenz* SchuldR I § 34 IV; aA *Brox/Walker* SchuldR AT § 34 Rn. 31; *Karollus* JZ 1992, 557.
167 MüKoBGB/*Roth/Kieninger* § 409 Rn. 12; *Medicus/Lorenz* SchuldR AT Rn. 825.
168 MüKoBGB/*Roth/Kieninger* § 409 Rn. 16.
169 Vgl. BGH NJW 1986, 977; Palandt/*Grüneberg* § 410 Rn. 1.

(§ 410 I 1) oder der Altgläubiger ihm die Abtretung *schriftlich angezeigt* hat (§ 410 II). Der Schuldner ist damit nur zur Leistung verpflichtet, wenn ihm der Schutz des § 409 zukommt, also bei einer Abtretungsanzeige oder bei Aushändigung einer Abtretungsurkunde. Zugleich soll dem Schuldner ein Beweismittel an die Hand gegeben werden. Dies erklärt, dass die Anzeige anders als im Rahmen des § 409 I *schriftlich* erfolgen muss.[170] Wird der Schuldner von Alt- und Neugläubiger gleichermaßen in Anspruch genommen, so kann er die Leistung unter Umständen nach § 372 S. 2 (→ § 17 Rn. 2) hinterlegen.

65 Ohne schriftliche Abtretungsanzeige oder Vorlegung der Urkunde kann der Schuldner eine **Kündigung** oder **Mahnung** des Neugläubigers nach § 410 I 2 zurückweisen. Das Gleiche gilt in analoger Anwendung der Vorschrift für andere Gestaltungsrechte des Neugläubigers.[171] Die Zurückweisung hat unverzüglich, also ohne schuldhaftes Zögern (§ 121) zu erfolgen.

VI. Spezifische Abtretungsmodelle

66 Obwohl die §§ 398 ff. den Vorgang der Forderungsabtretung einheitlich regeln, können die hinter einer solchen Abtretung stehenden **wirtschaftlichen Ziele** sehr unterschiedlich sein. Zunächst kommt der Forderung selbst ein wirtschaftlicher Wert zu. Sie kann daher an Interessenten verkauft werden **(Forderungskauf)**, sie kann aber auch eigenen Gläubigern gegenüber als Zahlungsmittel gebraucht werden. Letzteres geschieht etwa bei Hingabe eines Wechsels. Die Forderung hat aber auch als **Sicherungsmittel** besondere Bedeutung erlangt. Schließlich kann die Abtretung auch lediglich dazu dienen, die Forderung durch den Zessionar einziehen zu lassen. Diese Zweckrichtung ist in Form der sog. **Inkassotätigkeit,** aber auch zum Teil des **Factoring** institutionalisiert worden. Sicherungs- und Inkassozession sollen wegen ihrer großen Bedeutung nachfolgend näher dargestellt werden. Das Factoring ist dagegen im Zusammenhang mit dem Forderungskauf (→ SchuldR BT § 12 Rn. 8 ff.) zu behandeln.

1. Sicherungszession

67 Bei der **Sicherungszession** dient die abgetretene Forderung als Sicherheit. Kommt der Zedent (Sicherungsgeber) seinen Verpflichtungen gegenüber dem Zessionar (Sicherungsnehmer) nicht nach, soll sich Letzterer aus der abgetretenen Forderung befriedigen dürfen.[172] So lassen sich Kreditinstitute Darlehensforderungen häufig durch die Abtretung von Forderungen sichern. Das Gesetz enthält keine speziellen Regelungen über die Sicherungszession. Um eine Forderung zu Sicherungszwecken zu verwenden, sieht es nur die *Verpfändung* vor (§§ 1273 ff.). Anders als die Abtretung muss die Verpfändung dem Schuldner jedoch angezeigt werden (§ 1280). Eine solche Publizität will der Sicherungsgeber aber regelmäßig vermeiden.

Aufgrund der Sicherungszession wird der Sicherungsnehmer (zB die Bank) *Inhaber der Forderung.* Im Innenverhältnis von Sicherungsgeber und -nehmer werden die Rechte und Pflichten durch eine *schuldrechtliche* Vereinbarung, die sog. **Sicherungsabrede** festgelegt. Diese regelt etwa, unter welchen Voraussetzungen der Sicherungs-

---

170 MüKoBGB/*Roth*/*Kieninger* § 410 Rn. 1; Erman/*Westermann* § 410 Rn. 1.
171 Staudinger/*Busche*, 2017, § 410 Rn. 13; Palandt/*Grüneberg* § 410 Rn. 2.
172 Vgl. *Larenz* SchuldR I § 34 IVa.

nehmer von der Forderung Gebrauch machen darf. Sie kann auch festlegen, dass die Forderung nach Wegfall des Sicherungszwecks – zB vollständiger Rückzahlung des gesicherten Darlehens – automatisch an den Sicherungsgeber zurückfällt. Schweigt die Sicherungsabrede dazu, bedarf es grundsätzlich einer ausdrücklichen *Rückübertragung*.[173]

Die Sicherungsabrede ist im Übrigen das der Sicherungszession zugrunde liegende **Kausalgeschäft.** Da die Abtretung als Verfügung abstrakt ist (→ § 52 Rn. 6), haben Mängel der Sicherungsabrede keine unmittelbaren Auswirkungen auf die Wirksamkeit der Forderungsübertragung.

68

> **Zur Vertiefung:** Sicherungszessionen können aus verschiedenen Gründen *sittenwidrig* sein. Besonders problematisch sind formularmäßige Vereinbarungen über die Übertragung einer Gesamtheit von Forderungen (zB »alle Forderungen aus der Geschäftsbeziehung mit X«). Bei solchen *Globalzessionen* besteht die Gefahr der Übersicherung. Die Rechtsprechung fordert daher angemessene Deckungsgrenzen sowie ermessensunabhängige Freigabeklauseln. Entgegenstehende Vereinbarungen sind gem. § 307 bzw. § 138 unwirksam.[174] Weitere Schwierigkeiten entstehen beim Zusammentreffen einer Globalzession mit einem später vereinbarten verlängerten Eigentumsvorbehalt. Hier wird die Globalzession für sittenwidrig erachtet, wenn der Sicherungsnehmer mit einem derartigen Eigentumsvorbehalt rechnen musste, weil dieser branchenüblich ist (→ SchuldR BT § 12 Rn. 15).[175]

2. Inkassozession

Bei der **Inkassozession** wird die Forderung auf den neuen Gläubiger übertragen, damit dieser sie gegenüber dem Schuldner geltend macht und einzieht. Erwerber ist häufig ein *Inkassobüro*, das sich auf die Einziehung von Forderungen spezialisiert hat. Durch die Abtretung wird der Zessionar auch hier vollgültiger **Inhaber der Forderung.** Er kann die Forderung unmittelbar im eigenen Namen geltend machen und gerichtlich einklagen. Letzteres ist der entscheidende Vorteil gegenüber einer bloßen Einziehungsermächtigung, bei welcher der Ermächtigte gerade nicht Inhaber der Forderung wird. Prozessual kann der Ermächtigte daher lediglich ein *fremdes* Recht geltend machen, was nur unter den Voraussetzungen der Prozessstandschaft zulässig ist (→ § 52 Rn. 10).

69

VII. Die Legalzession

Forderungen können nicht nur aufgrund rechtsgeschäftlicher Abtretung den Inhaber wechseln. Der Übergang einer Forderung auf einen neuen Gläubiger wird verschiedentlich auch **gesetzlich** angeordnet. Der Wechsel der Inhaberschaft tritt hier automatisch ein, sobald die Tatbestandsvoraussetzungen vorliegen. Vielfach dient eine solche Legalzession dem **Regress:** Dem Erwerber der Forderung soll ermöglicht werden, beim Schuldner für eine an den Altgläubiger erbrachte Leistung Rückgriff zu nehmen.

70

> **Beispiele:** G hat gegen S eine Darlehensforderung, die durch eine *Bürgschaft* des B gesichert wird. Nimmt G den B in Anspruch und leistet dieser daraufhin, so soll B der Rückgriff gegen S erleichtert werden, indem die Forderung des G gegen S qua Gesetz auf ihn übergeht

---

173 Vgl. Erman/*Westermann* § 398 Rn. 32; MüKoBGB/*Roth/Kieninger* § 398 Rn. 108f.
174 Vgl. dazu BGHZ 137, 212ff. = NJW 1998, 671ff.; ausf. Darstellung bei NK-BGB/*Looschelders* § 138 Rn. 255ff.; *Baur/Stürner*, Sachenrecht, 18. Aufl. 2009, § 57 Rn. 18ff.
175 BGHZ 30, 149 (153); 55, 34 (35ff.); BGH NJW 1999, 940; NK-BGB/*Looschelders* § 138 Rn. 264ff.; Staudinger/*Busche*, 2017, Einl. §§ 398ff. Rn. 97ff.

(§ 774 I 1). Der gleiche Gedanke findet sich bei *anderen Sicherungsmitteln*. Befriedigt etwa der vom persönlichen Schuldner verschiedene Hypothekenverpflichtete den Gläubiger, so geht die gesicherte Forderung auf ihn über (§ 1143 I 1).[176] Ähnliches gilt auch im Verhältnis zwischen *Gesamtschuldnern*, wenn einer von ihnen die Leistung erbringt. Soweit der leistende Schuldner bei den übrigen Gesamtschuldnern Regress nehmen kann, geht die Forderung des Gläubigers nach § 426 II 1 auf ihn über (→ § 54 Rn. 31). Schließlich hat auch die Legalzession im Versicherungsrecht (§ 86 VVG) den Zweck, dem Versicherer den Regress gegen den Schädiger zu ermöglichen.

71 Auf die Legalzession finden gem. § 412 im Wesentlichen die Vorschriften über die **rechtsgeschäftliche Abtretung** entsprechende Anwendung. So geht die Forderung auch hier mit allen Neben- und Vorzugsrechten (§ 401) über. Wäre die Abtretung nach §§ 399, 400 ausgeschlossen, so findet auch keine Legalzession statt. Der Schuldner behält auch sämtliche Einwendungen und Aufrechnungsmöglichkeiten (§§ 404, 406) und kann sich auf die Schutzvorschriften der §§ 407 ff. berufen. Von der Verweisung des § 412 ausgenommen ist allerdings § 405. Da diese Vorschrift den guten Glauben an einen bestimmten Rechtsschein schützt, gilt sie – wie alle Rechtsscheintatbestände – nur im Rahmen des rechtsgeschäftlichen Erwerbs.[177]

Literatur: *Armbrüster/Ahcin*, Grundfälle zum Zessionsrecht, JuS 2000, 450 (549, 658, 768, 865, 965); *Backhaus*, Befreiende Leistung des »bösgläubigen« Schuldners im Fall des § 407 II BGB und verwandter Vorschriften?, JA 1983, 408; *Bülow*, Grundprobleme des Schuldnerschutzes bei der Forderungsabtretung, JA 1983, 7; *Bülow*, Zu den Vorstellungen des historischen Gesetzgebers über die absolute Wirkung rechtsgeschäftlicher Abtretungsverbote, NJW 1993, 901; *Canaris*, Die Rechtsfolgen rechtsgeschäftlicher Abtretungsverbote, FS Serick, 1992, 9; *Coester-Waltjen*, Der gesetzliche Forderungsübergang, JURA 1997, 609; *Gernhuber*, Die Erfüllung und ihre Surrogate, 2. Aufl. 1994; *Haertlein*, Die Rechtsstellung des Schuldners einer abgetretenen Forderung, JuS 2007, 1073; *Hennrichs*, Kollisionsprobleme bei der (Voraus-)Abtretung zukünftiger Forderungen, JZ 1993, 225; *Karollus*, Unbeschränkter Schuldnerschutz nach § 409 BGB?, JZ 1992, 557; *Köhler*, Forderungsabtretung und Ausübung von Gestaltungsrechten, JZ 1986, 516; *Kuhn*, Scheinvertrag und verdeckter Vertrag im Anwendungsbereich des § 405 BGB, AcP 208 (2008), 99; *Lettl*, Die Wirksamkeit der Abtretung einer Geldforderung trotz wirksamen Abtretungsverbots nach § 354a HGB, JA 2010, 109; *S. Lorenz*, Grundwissen – Zivilrecht: Abtretung, JuS 2009, 891; *Makowsky*, Einwendungen aus fremdem Schuldverhältnis, 2019; *Meyer/v. Varel*, Die Sicherungszession, JuS 2004, 192; *Nörr/Scheyhing/Pöggeler*, Sukzessionen, 2. Aufl. 1999; *Schantz*, Grenzen der Abtretbarkeit grundpfandrechtlich gesicherter Darlehensforderungen, NJW 2008, 472; *Schreiber*, Vertraglicher und gesetzlicher Forderungsübergang, JURA 1998, 470; *Schreiber*, Die Forderungsabtretung, JURA 2007, 266; *Schwarz*, Zum Schuldnerschutz bei der Aufrechnung abgetretener Forderungen, AcP 203 (2003), 241; *Thomale*, Der gutgläubige Forderungserwerb im BGB, JuS 2010, 857; *E. Wagner*, Vertragliche Abtretungsverbote im System zivilrechtlicher Verfügungshindernisse, 1994; *E. Wagner*, Absolute Wirkung vertraglicher Abtretungsverbote gleich absolute Unwirksamkeit verbotswidriger Abtretung?, JZ 1994, 227.

---

176 Entsprechendes ordnet § 1225 S. 1 für den Verpfänder an.
177 *Schlechtriem/Schmidt-Kessel* SchuldR AT Rn. 800.

§ 53 Der Austausch des Schuldners

I. Überblick

So wie der Gläubiger eines Schuldverhältnisses durch Abtretung des Anspruchs ausgetauscht werden kann (→ § 52 Rn. 31), so kann auch der **Schuldner** ausgetauscht werden. Im Vergleich mit dem Austausch des Gläubigers gestaltet sich der Austausch des Schuldners jedoch wesentlich problematischer. Zu beachten ist nämlich, dass der Wert einer Forderung maßgeblich davon abhängt, ob der Schuldner solvent ist und die geschuldete Leistung erbringen kann. Welche Person ihm als Schuldner gegenübersteht, ist für den Gläubiger also von wesentlichem Interesse. Dementsprechend bedarf es beim Schuldnerwechsel grundsätzlich der *Mitwirkung des Gläubigers*.

Bei der Schuldübernahme ist zwischen **privativer** (befreiender) und **kumulativer** Schuldübernahme (Schuldbeitritt) zu unterscheiden. Gesetzlich geregelt ist allein die befreiende Schuldübernahme.

II. Die privative Schuldübernahme

1. Voraussetzungen

Das Gesetz regelt **zwei Formen** der befreienden Schuldübernahme.

a) Vertrag zwischen Gläubiger und Übernehmer (§ 414)

Nach § 414 kann der Schuldner durch Vertrag zwischen Gläubiger und übernehmendem Dritten ausgetauscht werden. Der Vertrag hat **Verfügungscharakter,** da mit dem Austausch des Schuldners der Inhalt des Schuldverhältnisses geändert wird.[178] Daneben wird der Schuldübernahme ein verpflichtungsvertragliches Element zugeschrieben: Sie zieht die Leistungspflicht des Übernehmers nach sich.[179] Dieser *Doppelcharakter* der Schuldübernahme impliziert jedoch nicht, dass die Schuldübernahme den Rechtsgrund in sich selbst trägt. Es bedarf daher der gesonderten Feststellung eines Verpflichtungsgeschäftes.[180] Dieses kann einmal im Verhältnis zwischen Gläubiger und Neuschuldner, häufig jedoch im Verhältnis zwischen Schuldner und Übernehmer zu finden sein.

Da die **Position des Schuldners** durch die Befreiung von der Leistungspflicht lediglich verbessert wird, ist dessen *Mitwirkung* nicht erforderlich. Der Schuldübernahmevertrag ähnelt jedoch in seinen Wirkungen einem Vertrag zugunsten Dritter (§§ 328 ff.); es fragt sich daher, ob der Schuldner der Befreiung von der Schuld nach § 333 analog *widersprechen* kann. Gegen eine solche Analogie spricht jedoch, dass es der Schuldner auch sonst grundsätzlich hinnehmen muss, wenn ein Dritter die Leistung nach § 267 (→ § 12 Rn. 5) für ihn bewirkt.[181]

Der Schuldübernahmevertrag bedarf keiner besonderen **Form.** Etwas anderes gilt nur, wenn für das betreffende Schuldverhältnis spezielle Formvorschriften bestehen,[182] de-

---

[178] *Larenz* SchuldR I § 35 Ia; *Medicus/Lorenz* SchuldR AT Rn. 836.
[179] BGH NJW 1983, 678; Palandt/*Grüneberg* Überbl. v. § 414 Rn. 1; aA Erman/*Röthel* § 414 Rn. 2.
[180] Besonders deutlich hierzu *Grigoleit/Herresthal* JURA 2002, 393 (394).
[181] So auch *Medicus/Lorenz* SchuldR AT Rn. 57; *Schlechtriem/Schmidt-Kessel* SchuldR AT Rn. 808; aA Jauernig/*Stürner* §§ 414, 415 Rn. 1.
[182] BGH NJW 1991, 3095 (3098).

ren Schutzzweck die Erfassung der Schuldübernahme fordert, beispielsweise bei einer Schenkung (§ 518) oder bei einem Kaufvertrag über ein Grundstück (§ 311 b I).[183]

b) Vertrag zwischen Altschuldner und Übernehmer (§ 415)

5 Nach § 415 kann die Schuldübernahme außerdem in der Form stattfinden, dass sich der (Alt-)Schuldner und der Übernehmer über die Schuldübernahme einigen. Die dogmatische Einordnung dieser Alternative bereitet allerdings Probleme.[184] Die herrschende **Verfügungstheorie**[185] geht davon aus, dass Schuldner und Übernehmer mit ihrer Einigung über den Inhalt der Forderung disponieren und damit über die Forderung des Gläubigers als Nichtberechtigte verfügen. Um wirksam zu sein, bedarf die Verfügung daher der Zustimmung des berechtigten Gläubigers nach § 185.

6 Die früher verbreitete **Vertrags-** oder **Angebotstheorie**[186] misst der Abrede zwischen Schuldner und Drittem keine eigenständige rechtliche Bedeutung zu. Mit der von § 415 vorausgesetzten Mitteilung werde dem Gläubiger vielmehr erst der Abschluss eines Schuldübernahmevertrags iSd § 414 angetragen. Mit seiner »Genehmigung« nehme der Gläubiger dieses Angebot an. Die Angebotstheorie vermag aber bereits mit Blick auf den gesetzlichen Sprachgebrauch nicht zu überzeugen. § 415 spricht von einer Genehmigung und gerade nicht von einem Einverständnis im Sinne einer Angebotsannahme. Im Übrigen wäre § 415 unter Zugrundelegung der Angebotstheorie bedeutungslos.[187] Vorzugswürdig ist daher die Verfügungstheorie.

7 Wirkungen entfaltet die Vereinbarung zwischen Alt- und Neuschuldner nur, wenn die Schuldübernahme dem Gläubiger von einem der Beteiligten mitgeteilt wird und der Gläubiger daraufhin dem Schuldnerwechsel **zustimmt**. Die Zustimmung kann entgegen dem Gesetzeswortlaut nicht nur nachträglich in Form einer *Genehmigung* (§§ 184, 185 II) erklärt werden. Für eine wirksame Schuldübernahme reicht die vorherige Zustimmung *(Einwilligung)* des Gläubigers nach §§ 183, 185 I aus; die Mitteilung der Schuldübernahme ist in diesem Fall keine Wirksamkeitsvoraussetzung.[188]

8 Die Zustimmung kann nach § 182 II grundsätzlich **formfrei erteilt werden, selbst wenn das übernommene Rechtsgeschäft einer Form bedarf**. Sie kann ausdrücklich oder konkludent erklärt werden. Die Annahme einer stillschweigenden Zustimmung ist jedoch an strenge Voraussetzungen geknüpft. Bloßes *Schweigen* genügt grundsätzlich nicht.[189] Eine Ausnahme enthält allerdings § 416. Übernimmt der Erwerber eines Grundstücks eine *Hypothekenschuld,* so wird die Zustimmung fingiert, wenn seit dem Empfang der Mitteilung von der Übernahme sechs Monate vergangen sind, ohne dass der Gläubiger die Genehmigung verweigert hat. Dahinter steht die Überlegung, dass dem Gläubiger dinglich gesicherter Forderungen die persönliche Leistungsfähigkeit des Schuldners typischerweise weniger wichtig ist, weil er in jedem Fall über eine hinreichende Sicherheit verfügt.

---

183 Vgl. HK-BGB/*Schulze* Vorbem. §§ 414–419 Rn. 2.
184 Vgl. MüKoBGB/*Heinemeyer* § 415 Rn. 1 f.; *Brox/Walker* SchuldR AT § 35 Rn. 11 ff.; Schlechtriem/Schmidt-Kessel SchuldR AT Rn. 809.
185 RGZ 134, 185 (187); BGHZ 31, 321 (326); *Larenz* SchuldR I § 35 I Fn. 6.
186 *Heck*, Grundriss des Schuldrechts, 1929, § 73; Soergel/*R. Schmidt*, 10. Aufl. 1967, § 415 Rn. 2.
187 MüKoBGB/*Heinemeyer* § 415 Rn. 2; Soergel/*Schreiber* §§ 414, 415 Rn. 2.
188 RGZ 60, 415 (416); BGH NJW-RR 1996, 193 (194); HK-BGB/*Schulze* § 415 Rn. 3.
189 BGH NJW 1983, 678 (679); *Medicus/Lorenz* SchuldR AT Rn. 834.

Bis zur Erteilung der Genehmigung ist die Schuldübernahme schwebend unwirksam. **9** Genehmigt der Gläubiger die Schuldübernahme, so tritt der Dritte **rückwirkend** (§ 184 I) auf den Zeitpunkt des Abschlusses des Übernahmevertrags als Schuldner in das Rechtsverhältnis ein;[190] verweigert er die Genehmigung, so wird die Schuldübernahme endgültig unwirksam.

Unberührt von der Verweigerung der Genehmigung bleibt die Vereinbarung zwischen **10** Schuldner und Drittem. Im Fall der Verweigerung ist der Dritte daher zwar dem Gläubiger gegenüber nicht zur Leistung verpflichtet; da die Schuldübernahme im Zweifel auch eine **Erfüllungsübernahme** iSd § 329 (→ § 51 Rn. 3) enthält, kann der Schuldner von dem Dritten jedoch Befriedigung des Gläubigers verlangen. Der Anspruch des Schuldners entsteht mit dem Abschluss des Übernahmevertrags; er kann daher auch schon während des Schwebezustands bis zur Genehmigung oder Verweigerung der Schuldübernahme geltend gemacht werden (vgl. § 415 III).[191]

c) Ausschluss der Schuldübernahme

Grundsätzlich können **alle Forderungen,** auch künftige, im Wege der Schuldüber- **11** nahme von einem Dritten übernommen werden. Eine Ausnahme gilt für dingliche Ansprüche, die an bestimmte tatsächliche Voraussetzungen in der Person des Schuldners (zB Besitz bei § 985) gebunden sind.[192] Daneben werden Einschränkungen vereinzelt durch Gesetz angeordnet.[193]

2. Rechtsfolgen

a) Wechsel des Schuldners

Mit der Schuldübernahme tritt der übernehmende Dritte an die Stelle des ursprüng- **12** lichen Schuldners; dieser wird von seiner Verpflichtung zur Leistung frei. Die Verpflichtung geht, so wie sie besteht, auf den Dritten über.

Darüber hinaus tritt der Dritte aber nicht in die Rechtsbeziehung zwischen Schuldner und Gläubiger ein. **Vertragspartei** des Gläubigers bleibt also der alte Schuldner. Dies bedeutet für den Übernehmer, dass ihm auch bei Vorliegen eines gegenseitigen Vertrages keine Ansprüche gegen den Gläubiger erwachsen. Der Dritte kann auch keine Gestaltungsrechte (Anfechtung, Widerruf, Rücktritt, Kündigung etc) ausüben. Diese verbleiben, da sie an die jeweilige Vertragspartei gebunden sind, beim bisherigen Schuldner.[194]

b) Erlöschen von Sicherungsrechten

Da das Risiko, aus einer **Sicherheit** in Anspruch genommen zu werden, maßgeblich **13** von der Leistungsfähigkeit des Schuldners abhängt, berührt der Austausch des Schuldners auch die Interessen jener Personen, die sich für den Altschuldner verbürgt haben oder die Forderung durch ein Pfandrecht, eine Hypothek oder eine Schiffshypothek gesichert haben. Zum Schutz des Sicherungsgebers hat die Schuldübernahme deshalb grundsätzlich das Erlöschen der *akzessorischen* Sicherungsrechte zur

---

190 RGZ 120, 151 (153); 134, 185 (187); MüKoBGB/*Heinemeyer* § 415 Rn. 17.
191 Vgl. *Schlechtriem/Schmidt-Kessel* SchuldR AT Rn. 813.
192 Allg. dazu Staudinger/*Rieble*, 2017, § 414 Rn. 43 ff.
193 MüKoBGB/*Heinemeyer* § 415 Rn. 4.
194 MüKoBGB/*Heinemeyer* vor § 414 Rn. 7, § 417 Rn. 5.

Folge (§ 418 I).[195] Auf nicht akzessorische Sicherungsrechte (zB Sicherungseigentum, Sicherungsgrundschuld) ist § 418 I dem Wortlaut nach nicht anwendbar; wegen der vergleichbaren Interessenlage ist jedoch eine Analogie gerechtfertigt.[196]

§ 418 I gilt nur für »bestellte« Sicherheiten. Auf *gesetzliche Sicherheiten* (zB §§ 562, 566 II, 647) ist die Vorschrift auch nicht entsprechend anwendbar.[197]

14 Der Sicherungsgeber ist nicht schutzbedürftig, wenn er in den Wechsel des Schuldners **eingewilligt** hat. In diesem Fall bleiben die Sicherungsrechte daher bestehen (§ 418 I 3). Die *nachträgliche* Zustimmung (Genehmigung) des Sicherungsgebers kann dagegen aus Gründen der Rechtssicherheit nicht bewirken, dass die erloschenen Sicherheiten wieder aufleben.[198]

c) Einwendungen des Übernehmers

15 Der Dritte übernimmt die Schuld so, wie sie bei der Übernahme besteht. Er kann daher die **Einwendungen** bzw. **Einreden des Altschuldners** geltend machen, die im Zeitpunkt der Übernahme begründet, also dem Grunde nach angelegt waren (§ 417 I). Der Dritte kann sich also zB darauf berufen, dass die übernommene Verpflichtung nicht wirksam begründet worden oder durch Erfüllung nach § 362 I erloschen ist.[199] Dagegen kann der Neuschuldner grundsätzlich keine *Gestaltungsrechte* ausüben.

16 Bei der Frage, ob der Übernehmer dem Gläubiger darüber hinaus **eigene Einwendungen** erfolgreich entgegenhalten kann, ist danach zu unterscheiden, aus welchem Rechtsgeschäft Gegenrechte abgeleitet werden sollen.

Der neue Schuldner kann dem Gläubiger alle Mängel der Schuldübernahme, also des **Verfügungsgeschäfts,** entgegenhalten. Problematisch ist insoweit lediglich der Fall, dass der neue Schuldner die Schuldübernahme wegen **arglistiger Täuschung** durch den **Altschuldner** anfechten will. Hier muss danach unterschieden werden, auf welche Weise die Schuldübernahme erfolgt ist. Bei einer Schuldübernahme durch *Vertrag zwischen Gläubiger und Übernehmer* (§ 414) handelt es sich um einen Fall der Täuschung durch Dritte. Nach § 123 II 1 kann der neue Schuldner die Schuldübernahme daher nur dann anfechten, wenn der Gläubiger die Täuschung kannte oder kennen musste. Ist die Schuldübernahme durch *Vertrag zwischen Altschuldner und Neuschuldner* zustande gekommen (§ 415), so ist eine Anfechtung nach § 123 I dagegen uneingeschränkt möglich. Denn der täuschende Altschuldner ist in diesem Fall nicht Dritter, sondern Vertragspartner. Ein Teil der Literatur spricht sich gleichwohl dafür aus, die Anfechtung durch den Neuschuldner auch hier nur dann zuzulassen, wenn der Gläubiger die Täuschung kannte oder kennen musste.[200] Maßgeblich ist die Erwägung, dass der Schutz des Gläubigers nicht davon abhängen darf, auf welchem Weg die Schuldübernahme letztlich vollzogen worden ist. Dem ist jedoch entgegenzuhalten, dass die durch den Erklärungsgegner selbst getäuschte Partei nach der Wertung des § 123 II

---

195 Eine Ausnahme gilt für die Hypothek (§ 418 I 2). Diese geht nach § 1163 als Eigentümergrundschuld auf den Eigentümer über.
196 Erman/*Röthel* § 418 Rn. 2; Palandt/*Grüneberg* § 418 Rn. 1.
197 *Larenz* SchuldR I § 35 Ic Fn. 16; Erman/*Röthel* § 418 Rn. 3; Palandt/*Grüneberg* § 418 Rn. 1; aA *Medicus/Lorenz* SchuldR AT Rn. 839.
198 HK-BGB/*Schulze* § 418 Rn. 2; MüKoBGB/*Heinemeyer* § 418 Rn. 8; aA *Larenz* SchuldR I § 35 Ic.
199 Vgl. *Schlechtriem/Schmidt-Kessel* SchuldR AT Rn. 815.
200 So etwa *Schlechtriem/Schmidt-Kessel* SchuldR AT Rn. 818; *Flume* BGB AT II § 29 (3).

einen größeren Schutz verdient als jemand, der »nur« von einem Dritten getäuscht worden ist.²⁰¹

> **Zur Vertiefung:** Nach einer in der Literatur vertretenen Auffassung soll die nach §§ 123 I, 142 nichtige Schuldübernahme gegenüber dem gutgläubigen Gläubiger analog § 409 I als wirksam behandelt werden, wenn der vermeintliche Neuschuldner ihm die Übernahme nach § 415 I 2 mitgeteilt hat.²⁰² Hiergegen spricht jedoch, dass der Gläubiger im Fall der Schuldübernahme deutlich weniger schutzbedürftig ist als der Schuldner im Fall der Abtretung. Denn bei der Schuldübernahme nach § 415 hängt es von der Entscheidung des Gläubigers ab, ob er sich auf die Auswechselung des Schuldners einlässt oder nicht.²⁰³

Soweit es um Mängel des **Kausalgeschäfts** geht, können Einwendungen im Allgemeinen nur geltend gemacht werden, wenn das Geschäft zwischen Gläubiger und Neuschuldner geschlossen worden ist. Aus einem Grundgeschäft zwischen Schuldner und Übernehmer kann der Neuschuldner dagegen wegen der *Abstraktheit* der Schuldübernahme grundsätzlich keine Gegenrechte herleiten (§ 417 II). In Ausnahmefällen können Schuldübernahme und Verpflichtungsgeschäft allerdings als einheitliches Rechtsgeschäft iSd § 139 zu qualifizieren sein; dies hat dann zur Folge, dass Mängel des Verpflichtungsgeschäfts auf die Schuldübernahme »durchschlagen«.²⁰⁴ 17

3. Abgrenzung zur Vertragsübernahme

Während bei der Schuldübernahme lediglich die Verpflichtung des Schuldners auf einen Dritten übertragen wird, ohne dass dieser seinerseits Ansprüche aus dem Schuldverhältnis erwirbt, zeichnet sich die Vertragsübernahme durch den vollständigen Übergang der Position eines **Vertragspartners** aus. Im Zuge der Vertragsübernahme gehen mithin alle aus dem Vertrag folgenden Rechte und Pflichten, insbesondere auch die *Gestaltungsrechte,* auf den Dritten über. In ihren Wirkungen geht die Vertragsübernahme damit noch über eine Kombination von Schuldübernahme und Abtretung hinaus.²⁰⁵ 18

Eine allgemeine **gesetzliche Regelung** zur Vertragsübernahme fehlt. Bei einigen besonderen Erwerbstatbeständen sieht das Gesetz jedoch selbst den Eintritt des Erwerbers in Schuldverhältnisse vor, die in Bezug auf den Vertragsgegenstand bestehen. So tritt der Erwerber beim Verkauf von *vermietetem Wohnraum* nach §§ 566 ff. anstelle des bisherigen Vermieters in das bestehende Mietverhältnis ein (→ SchuldR BT § 23 Rn. 22 ff.). Entsprechendes gilt nach § 581 II für die Pacht. Zu nennen ist schließlich § 613a, der für den rechtsgeschäftlichen *Betriebsübergang* den Eintritt des neuen Inhabers in die bestehenden Arbeitsverhältnisse vorsieht (→ SchuldR BT § 29 Rn. 7). 19

Darüber hinaus ist man sich einig, dass auch die **rechtsgeschäftliche** Vereinbarung einer Vertragsübernahme zulässig ist. Voraussetzung für eine wirksame Vertragsübernahme ist jedoch die Beteiligung aller drei Parteien.²⁰⁶ Dem Schutzbedürfnis etwaiger 20

---

201 So BGHZ 31, 321 (328); *Larenz* SchuldR I § 35 Ib; MüKoBGB/*Heinemeyer* § 417 Rn. 15; Palandt/*Grüneberg* § 417 Rn. 3.
202 So etwa *Dörner* NJW 1986, 2916 (2920); Palandt/*Grüneberg* § 417 Rn. 3.
203 So überzeugend Staudinger/*Rieble*, 2017, § 415 Rn. 54 ff.
204 BGHZ 31, 321 (323); Palandt/*Grüneberg* § 417 Rn. 4; *Schlechtriem/Schmidt-Kessel* SchuldR AT Rn. 817; krit. *Medicus/Lorenz* SchuldR AT Rn. 837.
205 Vgl. BGHZ 96, 302 (307 f.); MüKoBGB/*Heinemeyer* vor § 414 Rn. 8: *Heinig* NJW 2012, 1722.
206 BGHZ 95, 88 (93); *Medicus/Lorenz* SchuldR AT Rn. 840.

Sicherungsgeber, die aufgrund der Vertragsübernahme mit einem Schuldnerwechsel konfrontiert sind, wird durch entsprechende Anwendung des § 418 Rechnung getragen. Scheitert eine Vertragsübernahme daran, dass der Vertragspartner der ausscheidungswilligen Partei seine Zustimmung verweigert, so ist § 415 III 2 nach Ansicht des BGH entsprechend anwendbar; der Übernehmer ist damit im Zweifel verpflichtet, den ausscheidungswilligen Vertragspartner von den Verbindlichkeiten aus dem Vertrag freizustellen.[207]

III. Der Schuldbeitritt

1. Zulässigkeit und Voraussetzungen

21 Im Gegensatz zur Schuldübernahme hat der Schuldbeitritt (kumulative Schuldübernahme, Schuldmitübernahme) keine allgemeine gesetzliche Regelung erfahren. Das Gesetz ordnet lediglich in Einzelfällen das Hinzutreten eines weiteren Schuldners an (zB §§ 546 II, 604 IV, 2382, aber auch §§ 25, 28, 130 HGB). Die Zulässigkeit des rechtsgeschäftlichen Schuldbeitritts folgt aber aus dem Grundsatz der Vertragsfreiheit (§ 311 I).

22 Der rechtsgeschäftliche Schuldbeitritt kann auf **zwei Wegen** verwirklicht werden: Zum einen durch Vertrag zwischen Beitretendem und Gläubiger entsprechend § 414, zum anderen durch Vertrag zwischen ursprünglichem Schuldner und Beitretendem. Im letzteren Fall handelt es sich um einen Vertrag zugunsten Dritter (§§ 328 ff.). Da der Schuldbeitritt die Gläubigerposition lediglich verbessert, ist eine Mitwirkung des Gläubigers in dieser Variante nicht erforderlich. Der Gläubiger kann den erworbenen Anspruch gegen den Beitretenden aber nach § 333 zurückweisen.[208]

23 Ebenso wie die Schuldübernahme (→ § 53 Rn. 1 ff.) unterliegt auch der Schuldbeitritt grundsätzlich **keinem Formzwang.** Tritt ein Verbraucher einem Kreditvertrag bei, so ist aber § 492 analog anwendbar.[209] Der Vertrag bedarf damit der *Schriftform*. Da der Schuldbeitritt ein selbstständiges Schuldverhältnis zwischen dem Beitretenden und dem Gläubiger begründet, gilt dies auch dann, wenn der Kreditnehmer selbst kein Verbraucher ist.[210]

2. Wirkungen des Schuldbeitritts

24 Mit dem Schuldbeitritt erhält der Gläubiger einen weiteren Schuldner, auf den er *zusätzlich* zurückgreifen kann. Altschuldner und Beitretender haften dem Gläubiger als **Gesamtschuldner** nach §§ 421 ff.

Da sich die Verpflichtung des Beitretenden nach dem Inhalt der mitübernommenen Schuld richtet, kann der Beitretende dem Gläubiger analog § 417 I alle **Einwendungen des Altschuldners** entgegenhalten, die im Zeitpunkt des Beitritts begründet waren. Für später entstehende Einwendungen gelten die Vorschriften über die Gesamtschuld (§§ 422–425).[211]

---

207 BGH NJW 2012, 1718 mAnm *Heinig*.
208 *Medicus/Lorenz* SchuldR AT Rn. 910; Palandt/*Grüneberg* Überbl. v. § 414 Rn. 2.
209 Palandt/*Weidenkaff* § 492 Rn. 1.
210 BGHZ 133, 71 (77); 134, 94 (97).
211 *Larenz* SchuldR I § 35 II; *Medicus/Lorenz* SchuldR AT Rn. 911.

Bei **eigenen Einwendungen** des Beitretenden aus dem *Verhältnis zum Altschuldner* ist zwischen den beiden Formen des Schuldbeitritts zu unterscheiden. Beruht der Schuldbeitritt auf einem Vertrag zwischen Gläubiger und Beitretendem, so gilt § 417 II analog: Der Beitretende kann gegenüber dem Gläubiger also keine Einwendungen aus dem der Schuldübernahme zugrunde liegenden Rechtsverhältnis mit dem Altschuldner geltend machen. Liegt dem Schuldbeitritt ein Vertrag zwischen Altschuldner und Beitretendem zugrunde, so wird § 417 II durch § 334 eingeschränkt. Der Gläubiger muss sich danach vom Beitretenden auch solche Einwendungen entgegenhalten lassen, welche aus dessen Verhältnis zum Altschuldner herrühren.[212]

3. Abgrenzung zur Bürgschaft

Durch den Schuldbeitritt erschließt sich dem Gläubiger eine zusätzliche Haftungsmasse. Bei wirtschaftlicher Betrachtung kommt der Schuldbeitritt damit der Bürgschaft (§ 765) nahe. Ob im konkreten Fall ein Schuldbeitritt oder eine Bürgschaft anzunehmen ist, kann weitreichende Konsequenzen haben: Zum einen bedarf die Bürgschaft, sofern sie für den Bürgen kein Handelsgeschäft ist (§ 350 HGB), der **Schriftform** (§ 766). Zum anderen unterscheiden sich Bürgschaft und Schuldbeitritt in den **Zugriffsmöglichkeiten** des Gläubigers auf den Dritten. Während der Bürge *akzessorisch* und grundsätzlich *nachrangig* haftet (vgl. §§ 767, 768, 770 ff.), entsteht beim Schuldbeitritt eine *selbstständige Forderung*, auf die der Gläubiger ohne Weiteres zugreifen kann. Es ist daher notwendig, Bürgschaft und Schuldbeitritt voneinander abzugrenzen. 25

Die Abgrenzung richtet sich in erster Linie nach dem **Parteiwillen.** Ob die Parteien einen Schuldbeitritt oder eine Bürgschaft vereinbaren wollten, muss im Zweifel durch Auslegung (§§ 133, 157) festgestellt werden. Da der für den Bürgen vorgesehene Schutz nicht unterlaufen werden darf, muss die Annahme eines Schuldbeitritts durch besondere Anhaltspunkte gerechtfertigt werden. Wichtigstes Indiz für den Schuldbeitritt ist das Vorliegen eines *eigenen unmittelbaren wirtschaftlichen Interesses* des Dritten an der Erfüllung der Forderung, welches den Schutz vor Übereilung nach § 766 entbehrlich erscheinen lässt.[213] Bleiben trotz eines solchen Eigeninteresses noch Zweifel bestehen, dann gebietet der Schutz des Dritten die Annahme einer Bürgschaft.[214] 26

> **Beispiel:** Ehemann E hat bei der B-Bank einen Kredit aufgenommen, um das gemeinsam mit der Familie bewohnte Einfamilienhaus zu finanzieren. Als E mit der Rückzahlung des Kredits in Schwierigkeiten kommt, erklärt Ehefrau F gegenüber der B, sie wolle für die Schuld einstehen. Da F ein eigenes unmittelbares wirtschaftliches Interesse an der Erfüllung der Forderung hat, liegt ein Schuldbeitritt vor.
> *Abwandlung:* Der Kredit dient der Finanzierung eines von E allein betriebenen Unternehmens. Da F nur ein mittelbares wirtschaftliches Interesse an der Erfüllung der Forderung hat, liegt die Annahme einer Bürgschaft nahe.[215]

---

212 *Schlechtriem/Schmidt-Kessel* SchuldR AT Rn. 822.
213 BGH NJW 1981, 47; 1968, 2332; *Medicus/Lorenz* SchuldR AT Rn. 910.
214 Vgl. BGH NJW 1986, 580; Palandt/*Grüneberg* Überbl. v. § 414 Rn. 4.
215 Einschr. MüKoBGB/*Heinemeyer* vor § 414 Rn. 22 für den Fall, dass die Unternehmenserträge wesentliche Grundlage für den Familienerwerb sind.

Literatur: *Dörner*, Anfechtung und Vertragsübernahme, NJW 1986, 2916; *Edenfeld*, Offene Fragen des Beitritts zur Dauerschuld, JZ 1997, 1034; *Grigoleit/Herresthal*, Die Schuldübernahme, JURA 2002, 393; *Klimke*, Die Vertragsübernahme (2010); *Kothe*, Die Stellung des Schuldbeitritts zwischen Bürgschaft und Schuldübernahme, JZ 1990, 997; *Nörr/Scheyhing/Pöggeler*, Sukzessionen, 2. Aufl. 1999; *Pöggeler*, Grundlagen und Probleme der Vertragsübernahme, JA 1995, 641; *Rappenglitz*, Die Formbedürftigkeit der Vertragsübernahme, JA 2000, 472; *Rimmelspacher*, Schuldübernahmetheorien und Anfechtbarkeit der befreienden Schuldübernahme, JR 1969, 201; *Wagemann*, Die gestörte Vertragsübernahme, AcP 205 (2005), 547; *E. Wagner*, Form und Beschränkung der Vertragsübernahme sowie der Einwilligung hierzu – BGH, DtZ 1996, 56, in JuS 1997, 690.

§ 54 Mehrheiten von Gläubigern und Schuldnern

1   An einem Schuldverhältnis müssen *mindestens zwei Personen* beteiligt sein der Gläubiger und der Schuldner. Sowohl auf der Gläubiger- als auch auf der Schuldnerseite können aber auch **mehrere** Personen stehen. Für diese Konstellation enthalten die §§ 420–432 allgemeine Regeln.

I. Gläubigermehrheiten

1. Überblick

2   Gläubigermehrheiten können auf unterschiedliche Weise **entstehen.** In vielen Fällen geht es darum, dass mehrere Personen mit einem anderen einen Vertrag schließen. Denkbar ist aber auch, dass der Gläubiger vor Erfüllung des Vertrages stirbt und von mehreren Personen beerbt wird.[216]

> **Beispiele:** (1) Die Nachbarn N und M möchten auf ihren Grundstücken 150 qm bzw. 170 qm Rollrasen verlegen lassen. Da Gärtner G ab 300 qm einen »Mengenrabatt« anbietet, entschließen sich N und M dazu, den Auftrag gemeinsam zu erteilen.
> (2) Die Eheleute M und F kaufen im Möbelhaus des V gemeinsam einen Wohnzimmerschrank.
> (3) Der K hat von V ein Grundstück gekauft. Bevor das Grundstück übereignet wird, stirbt K. Er wird von seiner Ehefrau F und seinem Sohn S beerbt.

3   Nach der Systematik des Gesetzes ist in solchen Fällen danach zu unterscheiden, ob die Verpflichtung des Schuldners auf eine **teilbare** oder **unteilbare** Leistung gerichtet ist. Bei teilbaren Leistungen liegt im Zweifel *Teilgläubigerschaft* vor (§ 420). Jeder Gläubiger kann damit grundsätzlich den gleichen Anteil fordern. Bei unteilbaren Leistungen kommt *Gesamtgläubigerschaft* (§ 428) oder *Mitgläubigerschaft* (§ 432) in Betracht. Im einen Fall kann der Schuldner nach Belieben an jeden Gläubiger leisten, im anderen Fall muss an alle Gläubiger gemeinsam geleistet werden.

2. Teilgläubigerschaft

a) Voraussetzungen

4   Die systematische Stellung des § 420 als Eingangsnorm über Schuldner- und Gläubigermehrheiten könnte den Eindruck erwecken, die Vorschrift behandele den Regelfall der Personenmehrheit. Dies trifft jedoch weder auf der Schuldner- noch auf der Gläu-

---

216 Vgl. *Medicus/Lorenz* SchuldR AT Rn. 876.

bigerseite zu. Zu beachten ist nämlich, dass die Rechtsprechung den Begriff der »teilbaren Leistung« in § 420 sehr **restriktiv** auslegt. Dies beruht nicht zuletzt darauf, dass die Rechtsfolge des § 420 – die anteilige Berechtigung der Gläubiger (→ § 54 Rn. 6) – den Schuldner stark belastet, weil er die interne Verteilung der Leistung zwischen den Gläubigern berücksichtigen muss.[217]

Nach allgemeinen Kriterien ist eine Leistung *unteilbar,* wenn sie nicht ohne Wertminderung zerlegt werden kann (→ § 12 Rn. 2). Im Rahmen des § 420 werden aber auch *faktisch* teilbare Leistungen als *rechtlich* unteilbar angesehen, wenn aufgrund des Innenverhältnisses zwischen den Gläubigern eine **gemeinsame Empfangszuständigkeit** besteht.[218] § 420 gilt daher nicht, wenn die Gläubiger eine *Gesamthandsgemeinschaft* bilden. Für die Erbengemeinschaft enthält § 2039 ohnehin eine Sonderregelung (→ § 54 Rn. 12). Bei der Gesellschaft bürgerlichen Rechts stellt sich nach der neueren Rechtsprechung des BGH zur Rechtsfähigkeit der Außengesellschaft[219] im Regelfall schon gar kein Problem der Gläubigermehrheit mehr, weil die Forderung nicht den einzelnen Gesellschaftern, sondern der Gesellschaft als solcher zusteht.[220] Auf Forderungen von *Bruchteilsgemeinschaften* (§§ 741 ff.) ist § 420 ebenfalls nicht anwendbar.[221] Die Teilgläubigerschaft beschränkt sich damit auf faktisch teilbare Leistungen, bei denen die Gläubiger nicht durch besondere Rechtsbeziehungen verbunden sind.[222] Auch in diesem Fall wird die Verteilung der Leistung nach gleichen Anteilen aber meist nicht passen. Haben die Parteien eine abweichende Teilungsregelung getroffen, so tritt die Auslegungsregel des § 420 zurück. 5

> **Beispiel:** Im Rollrasen-Fall (→ § 54 Rn. 2) sind N und M Teilgläubiger. Sie können daher von G die Verlegung von 150 qm bzw. 170 qm Rollrasen verlangen.

b) Rechtsfolgen

Im Fall des § 420 steht jedem Gläubiger ein **selbstständiges** Forderungsrecht gegen den Schuldner in Höhe seines jeweiligen Anteils zu. Bei Nicht- oder Schlechterfüllung der Leistungspflicht kann der jeweils betroffene Gläubiger seine Schadensersatzansprüche gegen den Schuldner aus §§ 280 ff. selbstständig geltend machen. Nach § 351 kann das Rücktrittsrecht aber nur von allen Teilgläubigern gemeinsam ausgeübt werden. Es genügt jedoch, dass der Rücktrittsgrund bei einem Teilgläubiger vorliegt.[223] Die gleichen Grundsätze gelten nach § 441 II für die Minderung im Kaufrecht. 6

3. Gesamtgläubigerschaft

a) Voraussetzungen

Liegt aus tatsächlichen oder rechtlichen Gründen eine unteilbare Leistung vor, so handelt es sich entweder um eine Gesamtgläubigerschaft (§§ 428 ff.) oder um eine Mitgläubigerschaft (§ 432). Aus Sicht des Schuldners ist die Gesamtgläubigerschaft die günstigere Alternative, weil er nach seinem Belieben an einen der Gläubiger leisten kann. Für 7

---

217 Vgl. Staudinger/*Looschelders,* 2017, Vorbem. zu §§ 420 ff. Rn. 82.
218 BGH NJW 1992, 182 (183).
219 Grdl. BGHZ 146, 341.
220 Vgl. HKK/*Meier* §§ 420–432 II Rn. 79.
221 Vgl. BGHZ 121, 22 (25); Palandt/*Grüneberg* § 432 Rn. 3.
222 *Medicus/Lorenz* SchuldR AT Rn. 877.
223 HK-BGB/*Schulze* § 351 Rn. 2.

die Gläubiger ist diese Lösung aber ungünstig. Denn sie tragen nach § 430 das Risiko der internen Verteilung.

Nach § 432 I 1 ist bei unteilbaren Leistungen **vorrangig** zu prüfen, ob Gesamtgläubigerschaft vorliegt. Denn in diesem Fall kommt Mitgläubigerschaft nicht in Betracht (»sofern sie nicht Gesamtgläubiger sind«).[224]

8 Gesamtgläubigerschaft kann sich aus Vertrag oder Gesetz ergeben. In der Praxis sind entsprechende **Vereinbarungen** nicht häufig. Ein wichtiger Anwendungsfall ist aber das Gemeinschaftskonto (insbesondere von Ehegatten) mit Einzelzeichnungsberechtigung (sog. *Oder-Konto*).[225] Auch das **Gesetz** ordnet Gesamtgläubigerschaft nur in Ausnahmefällen an.[226]

> **Zur Vertiefung:** Tätigt ein Ehegatte ein Geschäft zur *Deckung des angemessenen Lebensbedarfs der Familie*, so wird dadurch nach § 1357 auch der andere Ehegatte berechtigt (und verpflichtet). Ob die Ehegatten dabei Gesamt- oder Mitgläubiger sind, ist streitig. Wegen der engen Verbindung zwischen den Ehegatten erscheint die Anwendung des § 428 vorzugswürdig.[227] Das Gleiche muss für den Fall gelten, dass *beide* Ehegatten den Kaufvertrag abschließen (vgl. den Wohnzimmerschrank-Fall → § 54 Rn. 2).

b) Rechtsfolgen

9 Die Gesamtgläubigerschaft ist dadurch gekennzeichnet, dass jeder Gläubiger die ganze Leistung fordern kann, der Schuldner die Leistung aber nur einmal bewirken muss. Im Verhältnis zum Schuldner hat jeder Gläubiger also ein **selbstständiges** Forderungsrecht.[228] Dem Schuldner steht jedoch nach § 428 frei, an welchen Gläubiger er leistet. Dies gilt selbst dann, wenn er von einem der Gläubiger auf Leistung verklagt worden ist (§ 428 S. 2). **Befriedigt** der Schuldner einen Gläubiger, so erlöschen auch die Forderungen der anderen (§§ 429 III 1, 422 I).[229] Dieser hat aber nach § 430 einen Ausgleichsanspruch gegen den Empfänger nach Maßgabe der jeweiligen Anteile. Die Höhe der Anteile richtet sich in erster Linie nach den Parteivereinbarungen. Fehlt eine Vereinbarung, so steht jedem Gesamtgläubiger nach § 430 der gleiche Anteil zu.

10 Außer der Erfüllung wirkt auch der **Annahmeverzug** eines Gesamtgläubigers gegenüber allen Gläubigern (§ 429 I). Pflichtverletzungen des *Schuldners* haben dagegen grundsätzlich keine Gesamtwirkung (§§ 429 III, 425 II). Sie wirken also nur für den Gläubiger, gegenüber dem sie eintreten. Dies gilt insbesondere auch für den Schuldnerverzug.[230]

4. Mitgläubigerschaft

11 Den **Regelfall** der Gläubigermehrheit bildet bei unteilbaren Leistungen die Mitgläubigerschaft.[231] Der Schuldner muss hier an alle Gläubiger *gemeinschaftlich* leisten. *Jeder*

---

224 Staudinger/*Looschelders*, 2017, § 432 Rn. 4.
225 Vgl. BGHZ 95, 185 (187); MüKoBGB/*Heinemeyer* § 428 Rn. 4.
226 Vgl. etwa § 2151 III: Ausfall des Bestimmungsberechtigten beim Wahlvermächtnis.
227 Erman/*Kroll-Ludwigs* § 1357 Rn. 20.
228 *Schlechtriem/Schmidt-Kessel* SchuldR AT Rn. 871.
229 Vgl. *Larenz* SchuldR I § 36 Ic.
230 Vgl. Staudinger/*Looschelders*, 2017, § 429 Rn. 49ff.
231 Palandt/*Grüneberg* § 432 Rn. 1. Nach Ansicht von *Fikentscher/Heinemann* SchuldR Rn. 770 besteht für die Mitgläubigerschaft sogar eine gesetzliche Vermutung.

Gläubiger kann zwar die Leistung allein verlangen; er muss aber Leistung *an alle* fordern. Darüber hinaus kann die Forderung selbstverständlich auch von *allen* Gläubigern gemeinsam geltend gemacht werden.[232] Die Mitgläubigerschaft führt damit zu einem angemessenen Interessenausgleich. Der Schuldner kann die internen Verhältnisse zwischen den Gläubigern außer Acht lassen; diese erhalten den Leistungsgegenstand in ihrer Gesamtheit und laufen daher nicht Gefahr, von den anderen Gläubigern hintergangen zu werden und dann auf vielleicht schwer realisierbare interne Ausgleichsansprüche verwiesen zu sein.[233]

Gleichwohl ist auch der Anwendungsbereich des § 432 begrenzt. Ist die Leistung aus rechtlichen Gründen unteilbar, so stehen die Gläubiger nämlich notwendig in einer **besonderen Rechtsbeziehung** (→ § 54 Rn. 5), für welche meist vorrangige Sonderregeln gelten. Bei der *Erbengemeinschaft* ist dies § 2039, der inhaltlich aber § 432 entspricht. 12

> **Beispiel:** Im Grundstückskauf-Fall (→ § 54 Rn. 2) gehört der Anspruch auf Übereignung des Grundstücks zum Nachlass des K. V muss daher nach § 2039 an die Miterben F und S gemeinschaftlich leisten. Diese können nur Leistung an alle Erben fordern.

Praktisch wichtigster Anwendungsfall der Mitgläubigerschaft ist die *Bruchteilsgemeinschaft* nach §§ 741 ff. Soweit die Geltendmachung der infrage stehenden Forderung zur gemeinschaftlichen Verwaltung (§ 744) gehört, kann jeder Teilhaber nur Leistung an die Gemeinschaft verlangen.[234]

II. Schuldnermehrheiten

1. Teilschuld

§ 420 regelt zusammen mit der Teilgläubigerschaft auch die **Teilschuld.** Hier ist jeder Schuldner lediglich in Höhe seines Anteils zur Leistung verpflichtet, wobei alle Anteile im Zweifel gleich hoch sind. 13

a) Voraussetzungen

§ 420 gilt nur für **teilbare** Leistungen. Die Vorschrift ist daher unanwendbar, wenn die Leistung aus *tatsächlichen* oder *rechtlichen* Gründen unteilbar ist (→ § 54 Rn. 5). Bei teilbaren Leistungen ist die Teilschuld nach Wortlaut und systematischer Stellung des § 420 der Regelfall. Praktisch ist sie aber eher selten, weil das Gesetz für die wichtigsten Fälle der Schuldnermehrheit bei teilbaren Leistungen **Gesamtschuldnerschaft** anordnet.[235] Nach § 427 liegt eine Gesamtschuld im Zweifel vor, wenn mehrere sich durch *Vertrag* gemeinschaftlich zu einer teilbaren Leistung (zB Geldzahlung) verpflichten. Begehen mehrere eine *unerlaubte Handlung*, so haften sie für den daraus resultierenden Schaden nach § 840 als Gesamtschuldner (→ SchuldR BT § 70 Rn. 14 ff.). In beiden Fällen wäre es mit den berechtigten Interessen des Gläubigers nicht vereinbar, ihn auf die Geltendmachung von Teilforderungen gegen die einzelnen Schuldner zu verweisen. 14

---

232 Staudinger/*Looschelders*, 2017, § 432 Rn. 2.
233 Zu den Vorteilen der Mitgläubigerschaft *Medicus* JuS 1980, 697 (698).
234 Vgl. BGHZ 106, 222 (226); 121, 22 (25); *Medicus/Lorenz* SchuldR AT Rn. 885.
235 Ausf. dazu HKK/*Meier* §§ 420–432 I Rn. 32 f.

Beispiele: (1) Im Wohnzimmerschrank-Fall (→ § 54 Rn. 2) haften M und F gegenüber V für den Kaufpreisanspruch aus § 433 II nach § 427 als Gesamtschuldner. Gesamtschuld würde auch vorliegen, wenn F den Schrank allein gekauft hätte und M durch den Vertrag nach § 1357 I 2 mitverpflichtet worden wäre.[236]
(2) Die 18-jährigen Schüler A und B haben ihren Mitschüler G auf dem Schulhof gemeinsam verprügelt. Dem G entstehen Behandlungskosten iHv 2.000 EUR. Für diesen Schaden haften A und B nach §§ 823 I, 830 I 1, 840 als Gesamtschuldner.

15 Bei **gemeinsamem Vertragsschluss** ist Gesamtschuld gem. § 427 allerdings nur *im Zweifel* anzunehmen. Die Auslegung des Vertrages kann daher ergeben, dass ausnahmsweise von einer Teilschuld auszugehen ist. Die Rechtsprechung bejaht dies, wenn nach den beiderseitigen Erwartungen der Vertragspartner jeder Schuldner nur anteilig verpflichtet sein soll.[237]

Beispiele: (1) Im Rollrasen-Fall (→ § 54 Rn. 2) war dem G klar, dass N und M für das Entgelt nur in Höhe ihres jeweiligen Anteils einstehen wollen. N und M sind daher Teilschuldner.[238]
(2) Lassen Wohnungseigentümer gemeinschaftlich eine Wohnungseigentumsanlage errichten, so haften sie für die Herstellungskosten in der Regel nur anteilig. Für den Bauunternehmer ist nämlich erkennbar, dass das Risiko einer gesamtschuldnerischen Haftung weit über das den einzelnen Eigentümern zumutbare Maß hinausgeht.[239]

16 Teilschuld kann auch durch **Gesetz** angeordnet sein. So haften mehrere gleich nahe Verwandte für Unterhaltspflichten gem. § 1606 III 1 *anteilig* nach ihren jeweiligen Erwerbs- und Vermögensverhältnissen.

b) Rechtsfolgen

17 Bei der Teilschuld hat der Gläubiger gegen jeden Schuldner einen **selbstständigen** Anspruch auf die jeweilige Teilleistung. Die einzelnen Verpflichtungen sind grundsätzlich unabhängig voneinander zu beurteilen. Dies gilt insbesondere für die Erfüllung und ihre Surrogate sowie für die Wirkungen von Leistungsstörungen. Es herrscht also das Prinzip der *Einzelwirkung*. Ebenso wie bei der Teilgläubigerschaft können Rücktritts- und Minderungsrechte aber nur gemeinschaftlich ausgeübt werden (§§ 351, 441 II).

2. Gesamtschuld

18 Wichtigster Fall der Schuldnermehrheit ist die Gesamtschuld. Hier kann der Gläubiger die Leistung nach seinem **Belieben** von jedem Schuldner ganz oder teilweise fordern (§ 421). Der in Anspruch genommene Schuldner ist nach § 426 auf interne *Ausgleichsansprüche* gegen die übrigen Gesamtschuldner verwiesen. Der Gläubiger kann seinen Anspruch somit schon dann verwirklichen, wenn lediglich ein Schuldner leistungsfähig ist; das Ausfallrisiko bei den anderen trifft dann den leistenden Gesamtschuldner.

---

236 Palandt/*Brudermüller* § 1357 Rn. 22. Zur umgekehrten Konstellation – beide Ehegatten als Gläubiger → § 54 Rn. 8.
237 BGHZ 75, 26 (28).
238 Zu einem ähnlichen Beispiel vgl. *Brox/Walker* SchuldR AT § 36 Rn. 1 ff.: Gemeinsame Bestellung von Heizöl durch Nachbarn.
239 BGHZ 75, 26 (28).

> **Zur Vertiefung:** Der Gläubiger muss bei der Ausübung seines Wahlrechts nicht darauf Rücksicht nehmen, ob der in Anspruch genommene Gesamtschuldner im Innenverhältnis leistungspflichtig ist und gegebenenfalls seinen Regressanspruch durchsetzen kann. In Ausnahmefällen kann die Inanspruchnahme eines bestimmten Gesamtschuldners aber mit dem Rechtsmissbrauchsverbot (§ 242) unvereinbar sein. Hieran ist etwa zu denken, wenn der Gläubiger aus missbilligenswerten Motiven beabsichtigt, gerade diesen Schuldner zu schädigen.[240] Außerdem sind die Diskriminierungsverbote des AGG (→ § 3 Rn. 11) auch bei der Auswahlentscheidung nach § 421 zu beachten.[241]

a) Voraussetzungen

Das BGB und andere Gesetze enthalten zahlreiche Vorschriften, in denen die Haftung als Gesamtschuldner **ausdrücklich angeordnet** wird. Bei *teilbaren* Leistungen haben § 427 für vertragliche Verpflichtungen und § 840 für Verpflichtungen aus unerlaubter Handlung (→ § 54 Rn. 14) große Bedeutung. Mehrere *Bürgen* haften nach § 769 auch dann als Gesamtschuldner, wenn sie die Bürgschaft nicht gemeinsam übernommen haben (sog. Mitbürgschaft). Bei *unteilbaren* Leistungen haften die Schuldner unabhängig vom Rechtsgrund nach § 431 als Gesamtschuldner. Nach überwiegender Ansicht handelt es sich dabei um eine zwingende Regelung.[242] Dies ist insofern zutreffend, als eine Teilschuld (§ 420) bei unteilbaren Leistungen von vornherein ausscheiden muss. Auf der anderen Seite besteht aber Einigkeit, dass die Parteien stattdessen auch eine gemeinschaftliche Schuld (→ § 54 Rn. 41) vereinbaren können.[243]

19

> **Zur Vertiefung:** Weitere Fälle einer gesamtschuldnerischen Haftung kraft ausdrücklicher gesetzlicher Anordnung finden sich in den §§ 42 II 2, 53, 613a II, 1357 I 2 (→ § 54 Rn. 8) und 1664 II.[244] Nach § 128 HGB haften die Gesellschafter einer OHG für die Verbindlichkeiten der Gesellschaft als Gesamtschuldner. Kein Gesamtschuldverhältnis besteht dagegen zwischen der OHG und ihren Gesellschaftern; die Gesellschafter haften vielmehr für die Verbindlichkeiten der Gesellschaft akzessorisch.[245] Inhalt und Umfang der Gesellschafterhaftung richten sich nach §§ 128, 129 HGB ganz nach der Schuld der Gesellschaft, sodass auch für eine entsprechende Anwendung der §§ 421 ff. nur in Ausnahmefällen Raum bleibt.[246]

Auch wenn keine spezielle gesetzliche Anordnung eingreift, können mehrere Schuldner doch nach **allgemeinen Kriterien** als Gesamtschuldner zu qualifizieren sein. Die hM stellt dabei auf die Merkmale des § 421 ab. Eine Gesamtschuld kommt danach in Betracht, wenn mehrere eine Leistung in der Weise schulden, dass jeder die Leistung bewirken muss, der Gläubiger die Leistung aber nur einmal fordern kann. § 421 wird damit als *allgemeiner Entstehungstatbestand* der Gesamtschuld verstanden.[247]

20

Die Entstehung der Gesamtschuld nach § 421 setzt nicht voraus, dass die Ansprüche des Gläubigers gegen die einzelnen Schuldner auf einem einheitlichen Schuldgrund (zB demselben Vertrag) beruhen.[248] Die Ansprüche müssen auch nicht auf gleiche

21

---

240 BGH NJW-RR 2008, 176 (178); NJW 2010, 861 (863); Staudinger/*Looschelders/Olzen*, 2019, § 242 Rn. 728.
241 Vgl. *Harke* SchuldR AT Rn. 459; *Schünemann/Bethge* JZ 2009, 448 ff.
242 Vgl. HK-BGB/*Schulze* § 431 Rn. 1; Palandt/*Grüneberg* § 431 Rn. 1.
243 NK-BGB/*Völzmann-Stickelbrock* § 431 Rn. 2.
244 Vgl. Palandt/*Grüneberg* § 421 Rn. 2 mit weiteren Beispielen.
245 Vgl. Staudinger/*Looschelders*, 2017, § 421 Rn. 41; Baumbach/Hopt/*Hopt* HGB § 128 Rn. 1.
246 Zu solchen Ausnahmefällen BGHZ 104, 76 (78); Baumbach/Hopt/*Hopt* HGB § 128 Rn. 20.
247 Vgl. Staudinger/*Looschelders*, 2017, § 421 Rn. 8 ff.
248 Vgl. MüKoBGB/*Heinemeyer* § 421 Rn. 10.

Leistungen gerichtet sein. Es reicht, dass es um die Befriedigung **desselben Leistungsinteresses** geht.[249]

> **Beispiel** (BGHZ 43, 227; 51, 275): Bauherr B nimmt wegen eines Baumangels den Bauunternehmer U auf Nachbesserung (§§ 650a, 634 Nr. 1, 635) und den Architekten A auf Schadensersatz (§§ 650q II, 634 Nr. 4, 280 I) in Anspruch. Da die Verpflichtungen von U und A auf keinem gemeinschaftlichen Vertrag mit B beruhen, liegen die Voraussetzungen des § 427 nicht vor. Eine Gesamtschuld könnte jedoch nach den allgemeinen Kriterien des § 421 begründet sein. Hierzu ist festzustellen, dass das Fehlen eines *einheitlichen Schuldgrundes* der Annahme einer Gesamtschuld nicht entgegensteht. Fraglich ist, ob die Verpflichtungen von U und A auf »eine Leistung« iSd § 421 gerichtet sind. Dies ist wegen der *Identität des Leistungsinteresses* zu bejahen.

22 In Rechtsprechung und Literatur herrscht die Auffassung vor, dass § 421 nur die *Mindestvoraussetzungen* der Gesamtschuld regelt.[250] Als zusätzliches Kriterium wird meist die **Gleichstufigkeit** der Verpflichtungen genannt.[251] Entscheidend ist danach, dass es aus Sicht des Gläubigers nicht nur einen einzigen Primärleistungspflichtigen gibt.[252] Die ältere Rechtsprechung hatte dagegen noch eine *rechtliche Zweckgemeinschaft* zwischen den Schuldnern in Bezug auf die Erfüllung der Verbindlichkeit verlangt.[253] Dieses Kriterium führt jedoch nicht weiter, weil es nichts anderes als die »Identität des Leistungsinteresses« bezeichnet.[254]

23 Nach dem Kriterium der **Gleichstufigkeit** liegt keine Gesamtschuld vor, wenn einer der Schuldner nur subsidiär haftet, zB (wie etwa der **Bürge**) lediglich für die Leistungsfähigkeit eines anderen einstehen muss.[255] Dahinter steht die Erwägung, dass die Annahme einer Gesamtschuld nur dann sinnvoll erscheint, wenn zwischen den Schuldnern ein *wechselseitiger Regress* nach § 426 denkbar ist. Es darf also nicht von vornherein feststehen, dass ein Schuldner letztlich die ganze Leistung erbringen muss.[256] Der nachrangige Schuldner wird in solchen Fällen regelmäßig dadurch geschützt, dass die Forderung des Gläubigers gegen den Primärleistungspflichtigen im Wege der **Legalzession** auf ihn übergeht (vgl. etwa § 774 I, § 6 EFZG, § 86 VVG, § 116 SGB X).[257]

> **Beispiele:** (1) Im Bauherren-Fall (→ § 54 Rn. 21) beruht die Haftung beider Schuldner auf der Verantwortlichkeit für den Baumangel. Der BGH hat die Gleichstufigkeit daher bejaht. Seit dem 1.1.2018 ist die gesamtschuldnerische Haftung von Bauunternehmer und Architekt in § 650t gesetzlich anerkannt. Gleichzeitig wurde der Nacherfüllung durch den Bauunterneh-

---

249 *Larenz* SchuldR I § 37 I.
250 So etwa *Fikentscher/Heinemann* SchuldR Rn. 771 ff.; *Medicus/Lorenz* SchuldR AT Rn. 892; MüKoBGB/*Heinemeyer* § 421 Rn. 9 ff.; Palandt/*Grüneberg* § 421 Rn. 3; aA Staudinger/*Noack*, 2005, § 421 Rn. 11 ff.
251 Vgl. BGHZ 106, 313 (319); 137, 76 (82); BGH NJW 2012, 1071 (1072); Palandt/*Grüneberg* § 421 Rn. 7; MüKoBGB/*Heinemeyer* § 421 Rn. 12 ff.; Jauernig/*Stürner* § 421 Rn. 2; PWW/*H.-F. Müller* § 421 Rn. 7.
252 *Larenz* SchuldR I § 37 I; HK-BGB/*Schulze* § 421 Rn. 4.
253 Vgl. BGHZ 43, 227 (230).
254 Vgl. *Larenz* SchuldR I § 37 I.
255 MüKoBGB/*Heinemeyer* § 421 Rn. 12.
256 Vgl. Jauernig/*Stürner* § 421 Rn. 2.
257 Palandt/*Grüneberg* § 421 Rn. 9; *Medicus/Petersen* BürgerlR Rn. 906; *Medicus/Lorenz* SchuldR AT Rn. 892.

mer Vorrang eingeräumt, um das Haftungsrisiko des Architekten zu beschränken (→ SchuldR BT § 34 Rn. 43).[258]
(2) Gleichstufigkeit besteht auch zwischen Schadensersatzpflichten aus Vertrag und Delikt. Hier kann der Rechtsgedanke des § 840 herangezogen werden.
(3) Schädiger S schlägt den Arbeitnehmer A krankenhausreif. A hat gegen S einen Anspruch aus § 823 I auf Schadensersatz wegen Verdienstausfalls und einen Anspruch gegen seinen Arbeitgeber G auf Lohnfortzahlung aus § 3 EFZG. Primär verpflichtet ist S. S und G sind daher keine Gesamtschuldner.
(4) Schädiger S zerstört fahrlässig eine wertvolle Vase des E. Die Vase ist bei der V-AG versichert. Die Schadensersatzpflicht des S und die Pflicht der V-AG zur Zahlung der Versicherungssumme sind nicht gleichstufig. Ersetzt die V-AG dem E den Schaden, so steht ihr ein Regressanspruch nach § 86 VVG gegen S zu.
(5) Keine Gleichstufigkeit besteht nach hM auch zwischen den Pflichten des Hauptschuldners und des Bürgen gegenüber dem Gläubiger. Hier greift zugunsten des Bürgen § 774 I ein.

Auch das Kriterium der Gleichstufigkeit kann letztlich nicht vollständig überzeugen. Fraglich ist insbesondere, warum gerade dem subsidiär haftenden Schuldner der eigenständige Regressanspruch nach § 426 I verwehrt bleibt, obwohl er doch schutzwürdiger als ein »echter« Gesamtschuldner erscheint.[259] Im Ergebnis ist der hM dennoch weitgehend zuzustimmen. In den Fällen der **Legalzession** sieht das Gesetz einen eigenständigen Regressweg vor. Es handelt sich jeweils um Spezialregelungen, die den allgemeinen Vorschriften über die Gesamtschuld vorgehen. Ein selbstständiger Regressanspruch ist dabei aus unterschiedlichen Gründen gerade nicht vorgesehen.[260] Im Verhältnis zwischen dem Hauptschuldner und dem Bürgen kommt hinzu, dass die Haftung des Bürgen in Bestand und Umfang von der Verbindlichkeit des Hauptschuldners abhängig ist. Der Bürge haftet also **akzessorisch** (→ SchuldR BT § 50 Rn. 5, 36). Die Einzelheiten sind in den §§ 765 ff. so umfassend geregelt, dass für die Anwendung der §§ 421 ff. kein Raum bleibt.[261]

b) Wirkungen der Gesamtschuld im Außenverhältnis

Auch im Fall der Gesamtschuld bleiben die Forderungen des Gläubigers gegenüber den einzelnen Schuldnern grundsätzlich **selbstständig.** Eine Vielzahl von Tatbeständen hat aber nicht nur im Verhältnis zwischen dem Gläubiger und dem jeweils betroffenen Gesamtschuldner Bedeutung (Einzelwirkung), sondern wirkt sich auch gegenüber den anderen Gesamtschuldnern aus. Eine solche **Gesamtwirkung** kommt nach § 422 I insbesondere der *Erfüllung* und ihren *Surrogaten* (Leistung an Erfüllungs statt, Hinterlegung, Aufrechnung[262]) zu. Dies beruht darauf, dass der Gläubiger die Leistung nur einmal verlangen kann (§ 421). Wegen des engen Zusammenhangs mit der Erfüllung kommt auch der *Verzug des Gläubigers* gegenüber einem Gesamtschuldner allen zugute (§ 424).

Ob der zwischen dem Gläubiger und einem Gesamtschuldner geschlossene **Erlassvertrag** (§ 397), zB im Rahmen eines Vergleichs, auch für die übrigen Schuldner wirkt, hängt nach § 423 davon ab, ob die Beteiligten das ganze Schuldverhältnis aufheben

24

25

---

258 Zum Schutzzweck des § 650t vgl. MüKoBGB/*Busche* § 650t Rn. 1.
259 Vgl. HKK/*Meier* §§ 420–432 I Rn. 219; *Meier*, Gesamtschulden, 2010, 915f.
260 Zu den Einzelheiten Staudinger/*Looschelders*, 2017, § 421 Rn. 44 ff.
261 So auch Staudinger/*Looschelders*, 2017, § 421 Rn. 37 ff.
262 Bei der Aufrechnung ist § 422 II zu beachten. Sie kann danach nur von dem Gesamtschuldner erklärt werden, dem die Gegenforderung (Aktivforderung) zusteht.

oder nur den vertragschließenden Schuldner freistellen wollten. Diese Frage muss durch Auslegung (§§ 133, 157) beantwortet werden. Gelangt man zu dem Ergebnis, dass der Erlass **Gesamtwirkung** haben soll, so erlöschen die Ansprüche des Gläubigers auch gegenüber den anderen Schuldnern. Es handelt sich dabei um eine – nach hM nur ausnahmsweise zulässige – Verfügung zugunsten Dritter (→ § 51 Rn. 28 ff.).[263] Bei **Einzelwirkung** ist der Gläubiger lediglich gehindert, den vertragsschließenden Schuldner in Anspruch zu nehmen. Er kann sich aber in voller Höhe an die anderen Schuldner halten. Diesen stehen dann wiederum Ausgleichsansprüche aus § 426 gegen den begünstigten Schuldner zu.[264]

Die Einzelwirkung hat den Nachteil, dass der begünstigte Gesamtschuldner letztlich doch in Anspruch genommen werden kann. Dies entspricht oft nicht dem Willen der Parteien. Gläubiger und begünstigter Schuldner können den Regress der anderen Gläubiger aber nicht durch Vertrag ausschließen, weil darin ein unzulässiger Vertrag zulasten Dritter läge (→ § 51 Rn. 7). Die vollständige Entlastung des begünstigten Schuldners kann daher nur auf Kosten des Gläubigers verwirklicht werden. Der Gläubiger und der Begünstigte können zu diesem Zweck eine **beschränkte Gesamtwirkung** vereinbaren. Die anderen Schuldner werden dann gegenüber dem Gläubiger in Höhe des Anteils frei, der bei der internen Verteilung auf den Begünstigten entfiele, und können bei diesem keinen Regress nehmen.[265] Die Rechtsprechung geht davon aus, dass der Erlass im Zweifel keine Gesamtwirkung haben soll. Auch für die Annahme einer beschränkten Gesamtwirkung müssten besondere Anhaltspunkte vorliegen; dass der begünstigte Schuldner im Innenverhältnis allein hafte, reiche nicht aus.[266] Da die beschränkte Gesamtwirkung im Regelfall interessengerecht ist, dürfen an die Feststellung eines entsprechenden Parteiwillens aber keine zu hohen Anforderungen gestellt werden.[267]

26 Andere als die in den §§ 422–424 genannten Tatsachen haben nach § 425 I grundsätzlich Einzelwirkung. Als Beispiele nennt § 425 II die (Fälligkeits-)Kündigung,[268] den (Schuldner-)Verzug (§ 286), das Verschulden (§ 276), die subjektive Unmöglichkeit der Leistung (§ 275 I Alt. 1), die Verjährung einschließlich Neubeginn, Hemmung und Ablaufhemmung, die Vereinigung der Forderung mit der Schuld (Konfusion) sowie die Rechtskraft von Urteilen. Die Aufzählung beinhaltet die wichtigsten Fälle der Einzelwirkung, sie ist aber nicht abschließend.[269]

27 Die Einzelwirkung des **Verschuldens** hat zur Folge, dass *Schadensersatzansprüche* aus §§ 280 ff. grundsätzlich nur gegen den Schuldner geltend gemacht werden können, der die Pflichtverletzung zu vertreten hat.[270] Denkbar ist jedoch, dass sich aus dem Schuldverhältnis etwas anderes ergibt (vgl. § 425 I). So können die Gesamtschuldner mit dem Gläubiger vereinbaren, dass jeder Schuldner für das Verschulden der anderen einstehen

---

263 Vgl. Staudinger/*Looschelders*, 2017, § 423 Rn. 7; *Harke* SchuldR AT Rn. 460.
264 HK-BGB/*Schulze* § 423 Rn. 3.
265 BGH NJW 2000, 1942 (1943); Palandt/*Grüneberg* § 423 Rn. 4; MüKoBGB/*Heinemeyer* § 423 Rn. 3.
266 BGH NJW 2012, 1071 (1073) = JA 2012, 301 (*Looschelders*).
267 Vgl. Staudinger/*Looschelders*, 2017, § 423 Rn. 23 ff.
268 Zur Unanwendbarkeit des § 425 II auf die Kündigung von Dauerschuldverhältnissen vgl. HK-BGB/*Schulze* § 425 Rn. 2; *Larenz* SchuldR I § 37 II.
269 *Larenz* SchuldR I § 37 II.
270 Vgl. *Medicus/Lorenz* SchuldR AT Rn. 895; Palandt/*Grüneberg* § 425 Rn. 4.

soll. Eine solche (stillschweigende) Vereinbarung wird insbesondere bei Verträgen mit Anwaltssozietäten und ärztlichen Gemeinschaftspraxen angenommen.[271] Wird die Sozietät oder Gemeinschaftspraxis in Form einer Gesellschaft bürgerlichen Rechts (§ 705) betrieben, so kommt der Vertrag nach der neuen Rechtsprechung des BGH zur (Teil-)Rechtsfähigkeit der Außen-GbR[272] aber regelmäßig mit der GbR als solcher zustande. Die einzelnen Anwälte oder Ärzte haften dann analog § 128 HGB für die Verbindlichkeiten der GbR.

c) Das Innenverhältnis zwischen den Schuldnern

Nach dem Grundgedanken der Gesamtschuld (→ § 54 Rn. 18) muss der in Anspruch genommene Schuldner die Last im Innenverhältnis regelmäßig nicht allein tragen. § 426 gewährleistet den notwendigen Ausgleich durch einen eigenständigen Ausgleichsanspruch (Abs. 1) sowie den gesetzlichen Übergang der Gläubigerforderung (Abs. 2). Dem ausgleichsberechtigten Gesamtschuldner stehen damit **zwei unterschiedliche Anspruchsgrundlagen** zur Verfügung. Beide Anspruchsgrundlagen haben für ihn je eigene Vorzüge. Wichtig ist, dass dem Ausgleichsanspruch aus § 426 I keine Einwendungen aus dem Verhältnis zum Gläubiger entgegengehalten werden können.[273] Wird der Ausgleichsanspruch nach § 426 II auf die übergegangene Gläubigerforderung gestützt, so können diese Einwendungen dagegen von den anderen Schuldnern geltend gemacht werden (§§ 404, 412). Andererseits wird der Anspruchsteller im Rahmen des § 426 II dadurch begünstigt, dass die für die Gläubigerforderung bestehenden akzessorischen Sicherungsrechte nach §§ 401, 412 mit übergehen.[274] Hat sich zB ein Dritter für die Schuld verbürgt, so kann sich der ausgleichsberechtigte Gesamtschuldner damit auch an den Bürgen halten.

28

Der **selbstständige Ausgleichsanspruch** aus § 426 I entsteht nicht erst mit der Befriedigung des Gläubigers, sondern schon mit der Begründung der Gesamtschuld.[275] Er richtet sich zunächst darauf, dass die anderen Schuldner bei Fälligkeit der Gläubigerforderung ihrem internen Anteil gem. an der Erfüllung *mitwirken*.[276] Denn jeder Gesamtschuldner hat sich so zu verhalten, dass es erst gar nicht zur Notwendigkeit eines Rückgriffs kommt. Leistet ein Schuldner mehr als seinen internen Anteil, so wandelt sich sein Mitwirkungsanspruch in einen Anspruch gegen die anderen Schuldner auf *Zahlung* des entsprechenden Betrages um.[277] Der Ausgleichsanspruch besteht nur in Höhe der jeweiligen Anteile der anderen Schuldner. Diese sind also **Teilschuldner**.[278] Fällt ein Gesamtschuldner aus (zB wegen Zahlungsunfähigkeit), so erhöht sich die Quote aller anderen (einschließlich des ausgleichsberechtigten Schuldners)[279] nach § 426 I 2. Das Ausfallrisiko wird damit im Innenverhältnis verteilt.

29

Nach der Grundregel des § 426 I 1 sind die Gesamtschuldner im Innenverhältnis zu **gleichen Anteilen** verpflichtet. Diese Regel gilt aber nur, soweit nicht ein anderes be-

30

---

271 Vgl. BGHZ 56, 355; BGH JZ 1986, 899 (901); HK-BGB/*Schulze* § 425 Rn. 3.
272 Grdl. BGHZ 146, 341; zur Entwicklung MüKoBGB/*Schäfer* Vor § 705 Rn. 9 ff.
273 BGH NJW 2010, 62 (63).
274 Zu den Unterschieden zwischen § 426 I und II vgl. HK-BGB/*Schulze* § 426 Rn. 1.
275 BGHZ 35, 317 (325); 114, 117 (122); *Larenz* SchuldR I § 37 III.
276 BGH NJW 1995, 652 (654); 2010, 60 (61); Palandt/*Grüneberg* § 426 Rn. 5.
277 BGH NJW 1995, 652 (654).
278 BGHZ 55, 344 (349); *Larenz* SchuldR I § 37 III; Soergel/*Gebauer* § 426 Rn. 36; Staudinger/*Looschelders*, 2017, § 426 Rn. 38; zweifelnd MüKoBGB/*Heinemeyer* § 426 Rn. 33.
279 Palandt/*Grüneberg* § 426 Rn. 7.

stimmt ist. Eine **anderweitige Bestimmung** kann sich aus den *Vereinbarungen* der Gesamtschuldner oder dem sonstigen Inhalt des zwischen ihnen bestehenden Schuldverhältnisses ergeben. Bei *Ehen* und *nichtehelichen Lebensgemeinschaften* wird aus der »Natur der Sache« gefolgert, dass ein Ausgleichsanspruch für Kosten der gemeinsamen Lebensführung (zB Miete der gemeinsamen Wohnung) ausscheidet.[280] Im Haftungsrecht kann teilweise auf *gesetzliche Vorgaben* zurückgegriffen werden. So sind bei der deliktischen Haftung mehrerer Schädiger die Vorschriften des § 840 II, III zu beachten (→ SchuldR BT § 70 Rn. 17 ff.). Im Übrigen beurteilt sich die Höhe der Anteile bei Schadensersatzansprüchen entsprechend dem Rechtsgedanken des § 254 nach dem jeweiligen *Maß der Verantwortlichkeit*.[281] In der Praxis kommt der Regel des § 426 I 1 daher nur geringe Bedeutung zu.

31 Hat ein Gesamtschuldner den Gläubiger befriedigt, so führt dies nicht zum Erlöschen des Schuldverhältnisses nach § 362. Soweit der leistende Schuldner von den anderen Ausgleich verlangen kann, bleibt die Forderung des Gläubigers vielmehr bestehen und geht nach § 426 II 1 **kraft Gesetzes** auf den Ausgleichsberechtigten über. Der Übergang kann jedoch nicht zum Nachteil des Gläubigers geltend gemacht werden (§ 426 II 2). Diese Regelung hat vor allem im Insolvenzverfahren sowie bei nicht ausreichendem Sicherungsgut Bedeutung.[282] Hat der ausgleichsberechtigte Schuldner den Gläubiger nicht vollständig befriedigt, so geht der beim Gläubiger verbleibende Teil der Forderung dem übergegangenen Teil der Forderung vor.

32 Der **Umfang** des Forderungsübergangs ist von der Höhe des Ausgleichsanspruchs nach § 426 I abhängig.[283] Diese *Akzessorietät* erklärt sich daraus, dass die Legalzession letztlich nur den Ausgleichsanspruch des leistenden Gesamtschuldners verstärken soll. Dies hat zur Folge, dass die anderen Gesamtschuldner gegenüber dem Ausgleichsberechtigten auch im Hinblick auf den übergegangenen Anspruch nur als Teilschuldner haften.[284] Erlischt der Ausgleichsanspruch (zB durch Erfüllung oder Aufrechnung), so erlischt auch die übergegangene Forderung des Gläubigers.[285] Die übergegangene Forderung kann auch nicht isoliert abgetreten werden. Sie geht vielmehr bei Abtretung des Ausgleichsanspruchs aus § 426 I analog § 401 auf den neuen Gläubiger über.[286]

Soweit sich aus der Akzessorietät der übergegangenen Forderung keine Besonderheiten ergeben, stehen der Ausgleichsanspruch aus § 426 I und die übergegangene Forderung (§ 426 II) **selbstständig** nebeneinander.[287] Es besteht *Anspruchskonkurrenz*. Unterschiede bestehen insbesondere in Bezug auf die Relevanz von Einwendungen sowie die Verjährung.[288] In der Klausur müssen beide Ansprüche daher gesondert geprüft werden.

---

280 BGH NJW 2010, 868 = JuS 2010, 444 *(Wendehorst)*.
281 RGZ 75, 251 (256); MüKoBGB/*Wagner* § 840 Rn. 13 ff.
282 Vgl. Staudinger/*Looschelders*, 2017, § 426 Rn. 156.
283 Vgl. BGH NJW-RR 2010, 831 (832); Staudinger/*Looschelders*, 2017, § 426 Rn. 139.
284 So auch *Brox/Walker* SchuldR AT § 37 Rn. 30.
285 *Larenz* SchuldR I § 37 III.
286 Palandt/*Grüneberg* § 426 Rn. 16; Erman/*Böttcher* § 426 Rn. 53.
287 Vgl. BGH NJW 1991, 97 (98).
288 Vgl. Staudinger/*Looschelders*, 2017, § 426 Rn. 142 ff.

d) Gestörtes Gesamtschuldverhältnis

Das Gesamtschuldverhältnis kann dadurch »gestört« werden, dass ein Gesamtschuldner sich auf eine vertragliche oder gesetzliche Haftungsprivilegierung berufen kann, die den anderen Gesamtschuldnern nicht zugutekommt. Nach welchen Grundsätzen diese Problematik zu lösen ist, wird in Rechtsprechung und Literatur seit langem sehr kontrovers diskutiert.[289]

33

> **Beispiel** (BGHZ 103, 338): Der zweijährige K erlitt auf einem von der Stadt S unterhaltenen Kinderspielplatz erhebliche Kopfverletzungen, als er von dem Podest einer Rutsche zu Boden stürzte. Die Schwere der Verletzungen ist darauf zurückzuführen, dass der Boden unter der Rutsche aus Asphaltbeton bestand. Diese Gefahr hatte der Vater des K (V) infolge von leichter Fahrlässigkeit übersehen.
> Da S fahrlässig ihre Verkehrspflichten verletzt hat, ist sie dem K nach § 823 I schadensersatzpflichtig. An sich hätte K auch einen Schadensersatzanspruch gegen V aus § 823 I. V kann sich jedoch darauf berufen, dass Eltern bei der Ausübung der elterlichen Sorge nach § 1664 nur für die eigenübliche Sorgfalt einstehen müssen.

Bei unveränderter Rechtsanwendung kann der Geschädigte den nicht privilegierten Zweitschädiger (S) in solchen Fällen auf vollen Schadensersatz in Anspruch nehmen. Dem Zweitschädiger steht jedoch **kein Ausgleichsanspruch** aus § 426 I und II gegen den privilegierten Erstschädiger (V) zu. Da der Erstschädiger dem Geschädigten gegenüber aufgrund der Privilegierung nicht haftet, fehlt es nämlich an den Voraussetzungen für die Entstehung eines Gesamtschuldverhältnisses nach § 840 I. Die Privilegierung des Erstschädigers geht damit zulasten des Zweitschädigers (Lösung 1).

34

Dieses Ergebnis wird teilweise für unbillig erachtet. Abhilfe lässt sich schaffen, indem man dem Zweitschädiger gleichwohl einen **Ausgleichsanspruch** gegen den Erstschädiger zubilligt. Das Vorliegen eines Gesamtschuldverhältnisses muss dazu *fingiert* werden (Lösung 2). Eine solche Lösung hat jedoch den Nachteil, dass sie die Privilegierung des Erstschädigers entwertet. Dem lässt sich dadurch begegnen, dass man dem Erstschädiger einen Rückgriffsanspruch gegen den Geschädigten zubilligt. Es kommt dann zu einem *Regresszirkel* (Lösung 3). Stattdessen könnte man den Anspruch des Geschädigten gegen den Zweitschädiger aber auch von vornherein um den fiktiven Anteil des Erstschädigers *kürzen* (Lösung 4).

35

Die entscheidende **Wertungsfrage** ist, auf wessen Kosten der Interessenkonflikt bewältigt werden soll. Die unveränderte Rechtsanwendung (Lösung 1) benachteiligt den Zweitschädiger. Die Abhilfeversuche belasten entweder den Erstschädiger (Lösung 2) oder den Geschädigten (Lösung 3 und 4). Was sachgemäß ist, lässt sich nicht allgemein beantworten. Vielmehr ist zwischen vertraglichen und gesetzlichen Privilegierungen zu unterscheiden.

36

Beruht die Privilegierung des Erstschädigers auf einer vertraglichen Vereinbarung mit dem Geschädigten, so scheidet Lösung 1) aus. Denn die Vereinbarung würde sich sonst als unzulässiger Vertrag zulasten eines Dritten – des Zweitschädigers – darstellen. Die Rechtsprechung billigt dem Zweitschädiger in solchen Fällen einen Ausgleichsanspruch gegen den Erstschädiger aus § 426 zu (Lösung 2).[290] Die damit verbundene Entwertung der Privilegierung widerspricht jedoch dem Zweck der Vereinbarung.

37

---

[289] Vgl. *Larenz* SchuldR I § 37 III; *Medicus/Petersen* BürgerlR Rn. 928 ff.
[290] BGHZ 12, 213 (215 ff.); 58, 216 (220).

Die hL vertritt daher zu Recht die Auffassung, dass der Anspruch des Geschädigten gegen den Zweitschädiger von vornherein um den Verantwortungsanteil des Erstschädigers zu kürzen ist (Lösung 4).[291] Die daraus folgende Belastung des Geschädigten ist gerechtfertigt, weil dieser durch den Abschluss der Vereinbarung seine Rechtsstellung selbst entwertet hat.

> **Beispiel:** Die Kollegen S und G haben für den Weg zur Arbeit eine Fahrgemeinschaft gebildet. S holt G jeden Morgen mit dem Pkw zu Hause ab und bringt ihn am Abend wieder zurück. Für den Fall einer etwaigen Unfallschädigung hat G den S von jeder Haftung freigestellt. Eines Morgens kommt es infolge von Fahrlässigkeit des S und eines Dritten (D) zu einem Verkehrsunfall, bei dem G erheblich verletzt wird.
> Aufgrund der Haftungsfreistellung hat G hier keinen Schadensersatzanspruch gegen S. Nach der Lösung des BGH kann er aber den D in vollem Umfang aus § 823 I auf Schadensersatz in Anspruch nehmen. D hat dann aufgrund eines fingierten Gesamtschuldverhältnisses einen Ausgleichsanspruch gegen S aus § 426 I. Nach der hier vertretenen Lösung ist der Schadensersatzanspruch des G gegen D dagegen von vornherein um den Verantwortungsanteil des S zu kürzen.

38 Bei gesetzlichen Privilegierungen muss durch Auslegung der jeweiligen Vorschriften festgestellt werden, welche Lösung vorzugswürdig ist. Im Regelfall wird man dabei zu dem Ergebnis gelangen, dass die Ansprüche des Geschädigten gegenüber dem Zweitschädiger um den Anteil des privilegierten Erstschädigers zu kürzen sind.[292] Gesetzliche Haftungsprivilegierungen zielen im Allgemeinen nämlich allein darauf ab, einen Interessenkonflikt zwischen Geschädigtem und Erstschädiger zu regeln. Sie sollen die Lasten also nicht auf einen Dritten – den Zweitschädiger – verlagern. Auf der anderen Seite wäre es aber sinnwidrig, die Privilegierung des Erstschädigers durch Ausgleichsansprüche des Zweitschädigers aufzuheben.

39 Die Rechtsprechung befürwortet eine Kürzung der Ansprüche des Geschädigten gegenüber dem nicht privilegierten Zweitschädiger bei Arbeitsunfällen, für die der Arbeitgeber bzw. ein Arbeitskollege des Geschädigten einerseits und ein außenstehender Dritter andererseits verantwortlich sind.[293] In diesen Fällen wird das Gesamtschuldverhältnis durch die sozialversicherungsrechtliche Privilegierung des Arbeitgebers bzw. des Arbeitskollegen gegenüber dem geschädigten Arbeitnehmer nach §§ 104, 105 SGB VII (früher §§ 636, 637 RVO) »gestört«. Eine Lösung zulasten des Geschädigten ist hier schon deshalb angemessen, weil die damit verbundenen Nachteile durch sozialversicherungsrechtliche Ansprüche kompensiert werden.

> **Beispiel** (OLG Hamm VersR 1998, 328): Die H-GmbH veranstaltete in der Sporthalle der Stadt S eine Betriebsversammlung, an der G als Arbeitnehmer der H-GmbH teilnehmen wollte. Auf dem Weg zur Halle stürzte G und verletzte sich. Der Unfall war darauf zurückzuführen, dass der Zugang nicht ausreichend von Moosbewuchs gesäubert worden war. Da S ihre Verkehrspflicht verletzt hat, ist sie dem G nach § 823 I schadensersatzpflichtig. Die H-GmbH war gegenüber ihren Arbeitnehmern ebenfalls verpflichtet, für einen sicheren Zugang zur Betriebsversammlung zu sorgen. In Betracht kommen daher auch Schadensersatzansprüche des G gegen die H-GmbH aus § 280 I und § 823 I. Da ein Arbeitsunfall vorliegt, ist

---

291 *Brox/Walker* SchuldR AT § 37 Rn. 24; *Larenz* SchuldR I § 37 III; *Medicus/Petersen* BürgerlR Rn. 933/934; HK-BGB/*Schulze* § 426 Rn. 14.
292 Vgl. eingehender *Looschelders* Mitverantwortlichkeit 554 ff.
293 BGHZ 51, 37; 61, 51; BGH NJW 1996, 2023; ebenso Palandt/*Grüneberg* § 426 Rn. 23; Staudinger/*Looschelders*, 2017, § 426 Rn. 169.

die H-GmbH jedoch nach §§ 104, 105 SGB VII von der Haftung freigestellt. Diese Freistellung darf indes nicht zulasten eines Zweitschädigers gehen, der außerhalb des Sozialversicherungsverhältnisses steht. Der Anspruch des G gegen S muss daher auf den Betrag gekürzt werden, den S im Innenverhältnis zur H-GmbH tragen müsste, wenn die Schadensverteilung nicht durch die §§ 104, 105 SGB VII gestört wäre.

Im **Spielplatz-Fall** (→ § 54 Rn. 33) hat der BGH dagegen die Auffassung vertreten, die S müsse für den ganzen Schaden des K einstehen und könne auch nicht nach § 426 I bei V Regress nehmen. Die Privilegierung des § 1664 wirkt damit zulasten des Zweitschädigers.[294] Dies lässt sich nur durch die Annahme rechtfertigen, § 1664 solle die Familie als »Haftungs- und Schicksalsgemeinschaft«[295] gegenüber außenstehenden Schädigern begünstigen.[296]

3. Gemeinschaftliche Schuldnerschaft

Die Verfasser des BGB haben nicht den Fall bedacht, dass mehrere eine *unteilbare* Leistung schulden, die aus tatsächlichen oder rechtlichen Gründen nur im Zusammenwirken erbracht werden kann (**gemeinschaftliche Schuld**). Die Regelung des § 431 passt hier nicht. Denn der Verweis auf die Gesamtschuld setzt voraus, dass jeder Schuldner die ganze Leistung erbringen kann.[297] Dies ist bei der gemeinschaftlichen Schuld gerade nicht der Fall.

> **Beispiel:** B hat das Duo Linda (L) und Fred (F) verpflichtet, zu seinem Geburtstag einen Liederabend durchzuführen.
> Die Veranstaltung des Liederabends ist eine unteilbare Leistung, die aus tatsächlichen Gründen nur im Zusammenwirken von L und F erbracht werden kann. Es handelt sich also um eine gemeinschaftliche Schuld. Eine andere Beurteilung ist allerdings angebracht, wenn das Zusammenwirken von L und F in Form einer BGB-Gesellschaft (§ 705) erfolgt.[298] Nach der neueren Rechtsprechung kann die Außen-GbR als solche Träger von Rechten und Pflichten sein (→ § 54 Rn. 27).[299] Vertragspartner des B wäre damit die Gesellschaft. L und F haften für die Verbindlichkeiten der Gesellschaft analog § 128 HGB akzessorisch. Die praktische Bedeutung der gemeinschaftlichen Schuld wird dadurch weiter gemindert.

Die gemeinschaftliche Schuld ist im Gesetz nicht geregelt, wird von der hM aber als eigenständige Ausprägung der Schuldnermehrheit anerkannt.[300] Ein wesentlicher Unterschied zur Gesamtschuld ist, dass der Gläubiger sich nicht nur an einen Schuldner halten kann, sondern alle Schuldner **gemeinsam** auf Leistung in Anspruch nehmen muss.[301] Wegen des engen Zusammenhangs zwischen den einzelnen Verpflichtungen haben auch die in § 425 II genannten Tatsachen (Verzug, Verschulden, subjektive Unmöglichkeit etc) im Zweifel *Gesamtwirkung*.[302] Gegenüber den Schuldnern lässt sich

---

294 Vgl. OLG Hamm NJW 1993, 542 (543); OLG Düsseldorf NJW-RR 1999, 1042f.
295 RGRK/*Adelmann* § 1664 Rn. 2.
296 Vgl. *Hager* NJW 1989, 1640 (1647); *Medicus/Petersen* BürgerlR Rn. 932; krit. *Muscheler* JR 1994, 441 (446); *Schwab* JuS 1991, 18 (22).
297 HK-BGB/*Schulze* § 431 Rn. 3; krit. *Meier,* Gesamtschulden, 2010, 138; *Meier* AcP 211 (2011), 435 (474ff.).
298 Vgl. dazu Staudinger/*Looschelders,* 2017, Vorbem. zu §§ 420ff. Rn. 77.
299 Grdl. BGHZ 146, 341.
300 Vgl. Staudinger/*Looschelders,* 2017, Vorbem. zu §§ 420ff. Rn. 73ff.
301 Vgl. BGHZ 36, 187 (188ff.); BGH NJW 1984, 2210; *Larenz* SchuldR I § 36 IIc.
302 Staudinger/*Looschelders,* 2017, Vorbem. zu §§ 420ff. Rn. 76; *Larenz* SchuldR I § 36 IIc; aA MüKo-BGB/*Heinemeyer* § 425 Rn. 13; Soergel/*Gebauer* Vorbem. zu § 420 Rn. 14.

die Gesamtwirkung damit legitimieren, dass sie sich zur **gemeinsamen Leistungserbringung** verpflichtet haben.

> **Beispiel:** Im Liederabend-Fall (→ § 54 Rn. 41) erkrankt L am Geburtstag des B und kann deshalb nicht auftreten. Damit entfällt auch die Leistungspflicht des F nach § 275 I.

> **Literatur:** *Boecken/v. Sonntag*, Zur Gleichstufigkeit der Schuldner als Voraussetzung einer Gesamtschuld, JURA 1997, 1; *M. Brand*, § 300 Abs. 1 BGB als Anwendungsfall der gestörten Gesamtschuld, ZGS 2010, 265; *Ehmann*, Die Gesamtschuld, 1972; *Ehmann*, Gesamtschulden – Abschied von der Einheits-Gesamtschuld?, AcP 211 (2011), 491; *Hadding*, Zur Abgrenzung von Gläubigermehrheiten und Bruchteilsgemeinschaft an einer Forderung, FS Canaris I, 2007, 379; *Hager*, Das Mitverschulden von Hilfspersonen und gesetzlichen Vertretern des Geschädigten, NJW 1989, 1640; *Medicus*, Mehrheit von Gläubigern, JuS 1980, 697; *S. Meier*, Die Gesamtgläubigerschaft – ein unbekanntes, weil überflüssiges Wesen?, AcP 205 (2005), 858; *S. Meier*, Gesamtschulden, 2010; *S. Meier*, Schuldnermehrheiten im europäischen Vertragsrecht, AcP 211 (2011), 435; *Muscheler*, Die Störung der Gesamtschuld: Lösung zu Lasten des Zweitschädigers?, JR 1994, 441; *Pfeiffer*, Gesamtschuldnerausgleich und Verjährung, NJW 2010, 23; *Preißer*, Grundfälle zur Gesamtschuld im Privatrecht, JuS 1987, 208 (289, 628, 710, 797, 961); *Schmieder*, Die gestörte Gesamtschuld – ein Normenkonflikt, JZ 2009, 189; *Schreiber*, Die Gesamtschuld, JURA 1989, 353; *Schwab*, Neues zum gestörten Gesamtschuldnerausgleich – BGH, NJW 1988, 2667, in JuS 1991, 18; *Schünemann/Bethge*, »Allgemeine Gleichbehandlung« von Gesamtschuldnern, JZ 2009, 448; *Selb*, Mehrheiten von Gläubigern und Schuldnern, 1984; *Stamm*, Die Gesamtschuld auf dem Vormarsch, NJW 2003, 2940; *Wolf/Niedenführ*, Gesamtschuld und andere Schuldnermehrheiten, JA 1985, 369; *Zerres*, Die Gesamtschuld, JURA 2008, 726.

Anhang I: Das Leistungsstörungsrecht in der Fallbearbeitung

Das Leistungsstörungsrecht kann in der Fallbearbeitung erhebliche Probleme bereiten. Nachfolgend sollen hierzu einige Hinweise gegeben werden. **1**

A. Schadensersatz wegen Pflichtverletzung

I. Allgemeines

Besonders klausurrelevant sind Ansprüche auf Schadensersatz wegen Pflichtverletzung. Die Bearbeitung solcher Klausuren wird dadurch erleichtert, dass die §§ 280 ff. weitgehend einheitlich strukturiert sind. Es erscheint daher ausreichend, sich die **Grundelemente** der Haftung und die jeweils erforderlichen **Zusatzvoraussetzungen** einzuprägen. Man gelangt dann zu einem *einheitlichen* Grundschema, das sämtliche Merkmale enthält, die in *jeder* Klausur anzusprechen sind. Die vorgeschlagenen Schemata sollen eine geordnete Prüfung der gesetzlichen Merkmale erleichtern. Als Ausgangspunkt müssen aber stets die jeweiligen Merkmale der Norm herangezogen werden. **2**

Die Reihenfolge der Prüfung ergibt sich bei den §§ 280 ff. aus den Gesetzen der Logik sowie aus Zweckmäßigkeitsüberlegungen. Fest steht, dass **Schuldverhältnis** und **Pflichtverletzung** vorrangig geprüft werden müssen. Da das **Vertretenmüssen** sich auf die Pflichtverletzung bezieht, kann es nur nach dieser behandelt werden. Wegen des engen Zusammenhangs mit der Rechtsfolgenseite sollte der **Schaden** regelmäßig als letztes Tatbestandselement (nach dem Vertretenmüssen) erörtert werden (→ § 27 Rn. 23). Dies macht auch deutlich, dass das Vertretenmüssen nicht auf den Schaden bezogen ist.

In den meisten Fällen ist es im Übrigen zweckmäßig, die **zusätzlichen Voraussetzungen** im Zusammenhang mit der Pflichtverletzung oder im Anschluss hieran zu prüfen und erst danach auf das Vertretenmüssen einzugehen. Bei § 281 kann so gegebenenfalls leichter problematisiert werden, ob sich das Vertretenmüssen auf die ursprüngliche Pflichtverletzung oder die Nichterfüllung bei Fristablauf bzw. die Verletzung der Nacherfüllungspflicht bezieht (→ § 27 Rn. 22). Ähnliche Erwägungen gelten für § 286, weil sich das Vertretenmüssen hier auf den Zeitpunkt des Verzugseintritts beziehen muss (→ § 26 Rn. 8). Bei § 282 sollte die **Unzumutbarkeit** dagegen erst nach dem Vertretenmüssen geprüft werden, weil das Maß des Verschuldens ein wichtiges Kriterium für die Beurteilung der Zumutbarkeit darstellt (→ § 27 Rn. 37).

A. Grundschema Schadensersatz wegen Pflichtverletzung	
I.	Schuldverhältnis
II.	Pflichtverletzung
	Schlechtleistung, Nichtleistung (Verzögerung), Schutzpflichtverletzung, nachträgliche Unmöglichkeit

III.	Ggf. zusätzliche Voraussetzungen	
	1. bei **einfachem SE**	keine (§ 280 I)
	2. bei **Verzögerungsschaden:**	idR Mahnung (§§ 280 II, 286)
	3. bei **SE statt der Leistung** (§ 280 III)	
	a) Schlechtleistung:	idR Fristsetzung (§§ 280 III, 281)
	b) Nichtleistung (Verzögerung):	idR Fristsetzung (§§ 280 III, 281)
	c) Nachträgliche Unmöglichkeit:	keine (§§ 280 III, 283); s. auch Schema C.
IV.	**Vertretenmüssen** (§§ 276–278)	
V.	**Schaden**	
	Rechtsfolge: *Pflicht zur Leistung von Schadensersatz nach §§ 249 ff.*	

B. Schadensersatz nach §§ 280 I, III, 282	
I.	**Schuldverhältnis**
II.	**Pflichtverletzung** Schutzpflichtverletzung (§ 241 II)
III.	**Vertretenmüssen** (§§ 276–278)
IV.	**Zusätzliche Voraussetzung** Unzumutbarkeit
V.	**Schaden**
	Rechtsfolge: *Pflicht zur Leistung von Schadensersatz nach §§ 249 ff.*

II. Der Anspruch auf einfachen Schadensersatz

3 **Fall 1:** Die F will für sich und ihre 16-jährige Tochter T eine Eigentumswohnung kaufen. Zu diesem Zweck besichtigt sie eine Wohnung im Mehrfamilienhaus des E. Bei der Besichtigung des Balkons lehnt T sich an das Balkongeländer. Dieses ist vom Hausmeister des E (H) unsachgemäß angebracht worden und reißt aus der Verankerung. T stürzt vom Balkon und zieht sich eine schwere Kopfverletzung zu. Sie verlangt von E Ersatz der Behandlungskosten sowie Schmerzensgeld. E macht geltend, dass H seine Aufgaben bislang äußerst zuverlässig und fachgerecht ausgeführt habe. Wie ist die Rechtslage?

Lösungsskizze: A. T könnte einen Anspruch gegen E auf Ersatz ihrer Behandlungskosten aus §§ 280 I, 311 II, III 1, 241 II haben.
I. Dazu müsste zwischen T und E ein vorvertragliches **Schuldverhältnis** gem. §§ 311 II, III 1, 241 II zustande gekommen sein.
1. Nach § 311 II Nr. 2 kommt ein *vorvertragliches Schuldverhältnis* unter anderem durch die Anbahnung eines Vertrages zustande, bei welcher der eine Teil dem anderen Teil im Hinblick auf die in Aussicht genommene rechtsgeschäftliche Beziehung Einwirkungsmöglichkeiten auf seine Rechte, Rechtsgüter und Interessen gewährt. F und T haben die Wohnung des E im Hinblick auf einen möglichen Erwerb aufgesucht. Beide haben sich somit zur Anbahnung eines Vertrages in die Einwirkungssphäre des E begeben.
2. Da T nicht Vertragspartei werden sollte, ist das vorvertragliche Schuldverhältnis nach § 311 II Nr. 2 zunächst einmal nur zwischen E und F entstanden. Die daraus folgenden Schutzpflichten könnten sich

aber auch auf T erstrecken. Die Möglichkeit der *Einbeziehung Dritter in den Schutzbereich* eines vorvertraglichen Schuldverhältnisses ist seit langem anerkannt. Als gesetzlicher Anknüpfungspunkt kommt jetzt § 311 III 1 in Betracht. Danach kann ein Schuldverhältnis mit Pflichten nach § 241 II auch zu Personen entstehen, die nicht selbst Vertragspartei werden sollen. Der Wortlaut der Vorschrift erfasst auch die Erweiterung des Schutzbereichs eines vorvertraglichen Schuldverhältnisses auf Dritte. § 311 III 1 nennt allerdings nicht die Voraussetzungen, unter denen der Dritte in den Schutzbereich einbezogen wird. Insoweit muss weiter auf die Regeln über den *Vertrag mit Schutzwirkung für Dritte* zurückgegriffen werden, die von Rechtsprechung und Literatur vor Inkrafttreten des SchuldRModG entwickelt worden sind.

a) Danach ist ein Dritter in den Schutzbereich eines vorvertraglichen Schuldverhältnisses einbezogen, wenn er *der Gefahr von Schutzpflichtverletzungen ebenso ausgesetzt ist wie der potentielle Vertragspartner* selbst. F und T haben die Wohnung gemeinsam aufgesucht und im Hinblick auf einen späteren Kauf besichtigt. Die T war damit der Gefahr einer Schutzpflichtverletzung durch E in gleichem Maße ausgesetzt wie F.

b) Weiterhin muss der potentielle Vertragspartner ein *berechtigtes Interesse* an der Einbeziehung des Dritten in den Schutzbereich des vorvertraglichen Schuldverhältnisses haben. Die F ist als Mutter der T aufgrund eines personenrechtlichen Fürsorgeverhältnisses für deren »Wohl und Wehe« verantwortlich. Sie hat daher ein berechtigtes Interesse am Schutz der T.

c) Die objektiven Voraussetzungen für die Einbeziehung des Dritten in das vorvertragliche Schuldverhältnis müssen für den (potentiellen) Schuldner *erkennbar* gewesen sein. Die T hat ihre Mutter bei der Besichtigung der Wohnung begleitet. Für E war damit erkennbar, dass die Rechtsgüter der T in gleichem Maße wie die Rechtsgüter der F den von dem Mietobjekt ausgehenden Gefahren ausgesetzt waren. Er konnte ferner erkennen, dass F als Mutter der T ein besonderes Interesse an deren Schutz hat.

d) Der Dritte muss *schutzbedürftig* sein. Die Schutzbedürftigkeit kann ausnahmsweise fehlen, wenn der Dritte selbst (vor-)vertragliche Ansprüche hat, die denselben oder einen gleichwertigen Inhalt haben. Die T hat selbst keine (vor-)vertraglichen Ansprüche gegen E. Sie ist also schutzbedürftig.

3. Zwischen F und E ist ein vorvertragliches Schuldverhältnis zustande gekommen, in dessen Schutzbereich T einbezogen ist.

II. Der E müsste eine **Pflicht** aus dem vorvertraglichen Schuldverhältnis **verletzt** haben. In Betracht kommt die Verletzung einer *Schutzpflicht* iSd § 241 II. Welche konkreten Schutzpflichten im Stadium der Vertragsanbahnung bestehen, lässt sich dem § 241 II nicht entnehmen. Die Reichweite der Pflichten hängt vielmehr von den Umständen des Einzelfalls ab. E musste davon ausgehen, dass potentielle Käufer die gesamte Wohnung einschließlich des Balkons betreten würden, um sich ein Bild vom Kaufobjekt zu machen. Er musste daher sicherstellen, dass das Balkongeländer bei normaler Belastung nicht abbrechen konnte. Die unzureichende Befestigung des Geländers stellt somit eine vorvertragliche Schutzpflichtverletzung dar.

III. Da es um »einfachen« Schadensersatz geht, sind **keine zusätzlichen Voraussetzungen** erforderlich. In der ausformulierten Lösung kann dieser Prüfungspunkt daher auch weggelassen werden.

IV. E müsste die Pflichtverletzung zu **vertreten** haben. Was der Schuldner zu vertreten hat, richtet sich nach den §§ 276 ff. Da E das Geländer nicht selbst befestigt hat, scheidet ein *eigenes Verschulden* (§ 276) aus. Fraglich ist aber, ob E sich das *Verschulden des H zurechnen* lassen muss. Dies ist nach § 278 S. 1 der Fall, wenn H als sein Erfüllungsgehilfe tätig geworden ist.

Erfüllungsgehilfen sind Hilfspersonen, die mit dem Willen des Schuldners bei der Erfüllung einer, diesem obliegenden Verbindlichkeit tätig werden. Der Begriff der Verbindlichkeit ist in einem weiten Sinne zu verstehen. Erfasst werden nicht nur Leistungspflichten, sondern auch Schutzpflichten. E war verpflichtet, die Eigentumswohnung in einem verkehrssicheren Zustand zu erhalten, damit potentielle Käufer bei der Besichtigung nicht gefährdet oder verletzt werden. Diese Schutzpflicht hat H für E wahrgenommen. H hat also bei der Befestigung des Geländers eine Verbindlichkeit des E wahrgenommen.

H müsste *schuldhaft* gehandelt haben. H hat das Balkongeländer unsachgemäß angebracht. Er hat damit die im Verkehr erforderliche Sorgfalt außer Acht gelassen. H handelte also fahrlässig iSd § 276 II.

Zwischenergebnis: E muss sich das Verschulden des H nach § 278 S. 1 zurechnen lassen. Er hat die Pflichtverletzung damit auch zu vertreten.

V. Aufgrund der Pflichtverletzung hat T eine schwere Kopfverletzung erlitten, die eine ärztliche Behandlung erforderlich gemacht hat. Der T ist damit ein **materieller Schaden** in Gestalt der Behandlungskosten entstanden. Außerdem liegt ein **immaterieller Schaden** vor.

VI. **Inhalt und Umfang des Schadensersatzes** richten sich nach §§ 249 ff. Die Behandlungskosten sind nach § 249 II 1 ersatzfähig. Da E den Körper und die Gesundheit der T verletzt hat, kann diese nach § 253 II auch den Ersatz des immateriellen Schadens verlangen. T hat somit einen Anspruch gegen E auf Zahlung der Behandlungskosten sowie eines angemessenen Schmerzensgelds aus §§ 280 I, 311 II, III 1, 241 II, 253 II.

B. T könnte gegen E auch einen Schadensersatzanspruch aus § 831 I 1 haben. H hat als Verrichtungsgehilfe des E rechtswidrig den Körper und die Gesundheit der T verletzt. Aufgrund der Verletzung ist ein Schaden in Gestalt der Behandlungskosten eingetreten. Die Haftung des E entfällt jedoch, da E sich exkulpieren kann (§ 831 I 2).

III. Der Anspruch auf Ersatz des Verzögerungsschadens

Fall 2: Der V hat dem K am 2.8. für 5.000 EUR einen gebrauchten Pkw verkauft. Am 3.8. soll die Übereignung erfolgen. Obwohl V nach wie vor zur Übereignung in der Lage ist, erscheint er zum vereinbarten Termin aus ungeklärten Gründen nicht. Deshalb muss K sich für eine Geschäftsreise am 4.8. einen Mietwagen nehmen und dafür 120 EUR aufwenden. K verlangt von V Ersatz dieses Betrages. Zu Recht?

Lösungsskizze: Der K könnte einen Anspruch gegen V auf Ersatz des Verzögerungsschadens iHv 120 EUR aus §§ 280 I, II, 286 haben.

I. Zwischen K und V müsste ein **Schuldverhältnis** bestehen. K und V haben am 2.8. einen wirksamen Kaufvertrag über den Pkw geschlossen. Es liegt also ein Schuldverhältnis vor.

II. Dem V müsste eine **Pflichtverletzung** in Form der *Verzögerung der fälligen Leistung* zur Last fallen. Aufgrund des Kaufvertrags war V verpflichtet, den Pkw an K zu übergeben und zu übereignen (§ 433 I 1). Der Anspruch des K müsste fällig gewesen sein. Fälligkeit ist der Zeitpunkt, ab dem der Gläubiger die Leistung fordern kann und der Schuldner sie erbringen muss. Bei der Bestimmung der Fälligkeit kommt es nach § 271 vornehmlich auf die Parteivereinbarungen an. V und K haben vereinbart, dass der Pkw am 3.8. übereignet werden soll. V musste also an diesem Tag leisten. Da V zum vereinbarten Termin nicht erschienen ist, liegt eine Pflichtverletzung in Form der Verzögerung der fälligen Leistung vor.

III. Ersatz des Verzögerungsschadens kann gem. § 280 II nur unter den **zusätzlichen Voraussetzungen** des **Verzugs** (§ 286) verlangt werden. Objektive Voraussetzung für den Verzug ist die Nichtleistung trotz Fälligkeit und Mahnung. Dass V die fällige Leistung nicht erbracht hat, wurde bereits festgestellt. Zu prüfen bleibt, ob eine **Mahnung** vorliegt oder ausnahmsweise entbehrlich ist.

1. Gemäß § 286 I 1 setzt der Verzug grundsätzlich voraus, dass der Gläubiger den Schuldner nach Eintritt der Fälligkeit gemahnt hat. Die *Mahnung* ist eine ernste und dringliche Aufforderung des Gläubigers an den Schuldner, die fällige Leistung zu erbringen. Eine solche Aufforderung hat K dem V nicht zukommen lassen. Einer Mahnung steht die *Erhebung der Leistungsklage oder die Zustellung eines Mahnbescheids* gleich (§ 286 I 2). Auch diese Möglichkeiten hat K nicht wahrgenommen.

2. Die Mahnung könnte nach § 286 II Nr. 1 *entbehrlich* sein. Dies setzt voraus, dass für die Leistung eine Zeit nach dem Kalender bestimmt war. V und K haben vereinbart, dass der Pkw am 3.8. übereignet werden soll. Sie haben für die Leistung also eine Zeit nach dem Kalender festgelegt. Folglich war eine Mahnung entbehrlich.

IV. Gemäß §§ 280 I 2, 286 IV müsste V die Nichtleistung im Zeitpunkt des (möglichen) Verzugseintritts zu **vertreten** haben. Was der Schuldner zu vertreten hat, ergibt sich aus §§ 276 ff. Ob die Verzögerung der Leistung auf einem vorsätzlichen oder fahrlässigen Verhalten des V beruht, ist dem Sachverhalt nicht zu entnehmen. Aus der negativen Formulierung der §§ 280 I 2, 286 IV folgt jedoch, dass die Verantwortlichkeit des Schuldners vermutet wird. V hat keine entlastenden Umstände geltend gemacht. Es ist daher davon auszugehen, dass er die Nichtleistung zu vertreten hat.

V. Da V den Wagen nicht zum vereinbarten Zeitpunkt übereignet hat, musste K für die Geschäftsreise am 4.8. einen Mietwagen nehmen und dafür 120 EUR aufwenden. Er hat also **aufgrund der Verzögerung** einen **Schaden** erlitten.
VI. Gemäß §§ 280 I, II, 286 hat der Schuldner dem Gläubiger den durch den Verzug entstandenen Schaden zu ersetzen. Bei der **Berechnung des Schadens** sind die §§ 249 ff. zugrunde zu legen. Der Gläubiger muss also so gestellt werden, wie er bei rechtzeitiger Leistung stünde. Hätte V den Wagen am 3.8. übereignet, hätte K die Kosten für den Mietwagen nicht aufwenden müssen. K hat gegen V folglich einen Anspruch auf Zahlung der 120 EUR aus §§ 280 I, II, 286.

IV. Schadensersatz statt der Leistung

Fall 3: Der K hat am 26.8. bei V Teppichböden für seine neue Wohnung gekauft. Die Böden sollen am 5.9. geliefert und verlegt werden, da K in den darauf folgenden Tagen die Wohnung einrichten möchte. Am 5.9. wartet K vergebens auf V. Auf telefonische Nachfrage teilt V dem K mit, er habe überraschend einen größeren Auftrag bekommen und könne die Teppichböden daher in absehbarer Zeit nicht bei K verlegen. K kauft die Teppichböden deshalb in einem anderen Geschäft. Muss V dem K den Mehrpreis von 100 EUR ersetzen?

Lösungsskizze: K könnte einen Anspruch gegen V auf Ersatz der aufgewendeten Mehrkosten von 100 EUR aus §§ 280 I, III, 281 haben.
I. Zwischen K und V müsste ein **Schuldverhältnis** bestehen. K und V haben einen wirksamen Kaufvertrag über die Lieferung der Teppichböden geschlossen. Dass V auch das Verlegen der Teppichböden übernommen hat, steht einer Einordnung als Kaufvertrag nicht entgegen (vgl. § 434 II).
II. Der V müsste eine vertragliche **Pflicht verletzt** haben. Die Pflichtverletzung könnte in der *Nichterbringung der fälligen Leistung* liegen. Aufgrund des Kaufvertrags war V verpflichtet, die Teppichböden in die Wohnung des K zu bringen und dort zu verlegen. Die Leistung müsste fällig gewesen sein. Fälligkeit ist der Zeitpunkt, ab dem der Gläubiger die Leistung fordern kann und der Schuldner sie erbringen muss. V und K haben vereinbart, dass die Teppichböden am 5.9. geliefert und verlegt werden sollen. Die Leistung ist also an diesem Tag fällig geworden. V ist zum vereinbarten Termin nicht in der Wohnung des K erschienen. Es liegt damit eine Pflichtverletzung in Form der Nichterbringung der fälligen Leistung vor.
III. Zu beachten ist, dass der begehrte Schadensersatz an die Stelle der Leistung treten würde. Es geht also um Schadensersatz statt der Leistung. Dieser kann gem. § 280 III nur unter den **zusätzlichen Voraussetzungen** der §§ 281–283 verlangt werden. Da die Pflichtverletzung des V in der Nichterbringung der fälligen Leistung liegt, ist § 281 einschlägig.
1. K müsste dem V gem. § 281 I 1 eine *angemessene Frist zur Leistung* gesetzt haben. Eine solche Fristsetzung liegt indes nicht vor.
2. Die Fristsetzung könnte jedoch *entbehrlich* sein. Nach § 281 II ist dies unter anderem dann der Fall, wenn der Schuldner die Leistung ernsthaft und endgültig verweigert. V hat dem K mitgeteilt, er werde die Teppichböden in absehbarer Zeit nicht liefern und verlegen. Da darin eine ernsthafte und endgültige Erfüllungsverweigerung liegt, war die Fristsetzung entbehrlich.
IV. Gemäß § 280 I 2 müsste V die Nichtleistung bei Fälligkeit zu **vertreten** haben. Nach § 276 I 1 hat der Schuldner im Allgemeinen Vorsatz und Fahrlässigkeit zu vertreten. Auf die Anfrage des K hat V mitgeteilt, dass er einen größeren Auftrag bekommen habe und deshalb nicht leisten könne. V hat also die Leistung bei Fälligkeit wissentlich und willentlich nicht erbracht. Er hat somit vorsätzlich gehandelt und muss die Pflichtverletzung daher nach § 276 I 1 vertreten.
V. Aufgrund der Pflichtverletzung müsste K einen **Schaden** erlitten haben. Da V die Teppichböden nicht geliefert und verlegt hat, musste K sie sich anderweitig verschaffen und dafür 100 EUR mehr zahlen. K hat also einen Schaden iHv 100 EUR erlitten.
VI. Gemäß §§ 280 I, III, 281 kann der Gläubiger Schadensersatz statt der Leistung verlangen. **Inhalt und Umfang des Anspruchs** richten sich nach §§ 249 ff. Der Gläubiger muss hiernach so gestellt wer-

den, wie er stünde, wenn der Schuldner die Leistung erbracht hätte.[1] In diesem Fall hätte K für die Teppichböden keinen Mehrpreis von 100 EUR zahlen müssen. K hat folglich einen Anspruch gegen V auf Zahlung der 100 EUR aus §§ 280 I, III, 281.

V. Schadensersatz statt der ganzen Leistung

6 Verlangt der Gläubiger Schadensersatz statt der ganzen Leistung, so muss die Prüfung um einen besonderen Punkt ergänzt werden. **Zwei Fallgruppen** sind dabei zu unterscheiden:
- Bei **Teilleistungen** kann der Gläubiger nur dann Schadensersatz statt der ganzen Leistung verlangen, wenn er an der Teilleistung **kein Interesse** hat (§ 281 I 2, gegebenenfalls iVm § 283 S. 2).
- Bei **Schlechtleistungen** (insbesondere Sach- oder Rechtsmängeln) ist der Anspruch auf Schadensersatz statt der ganzen Leistung ausgeschlossen, wenn die **Pflichtverletzung unerheblich** ist (§ 281 I 3, gegebenenfalls iVm § 283 S. 2).

B. Schadensersatz wegen anfänglicher Unmöglichkeit

7 Der Anspruch auf Schadensersatz statt der Leistung wegen anfänglicher Unmöglichkeit ist **nicht** in das System der Schadensersatzansprüche wegen Pflichtverletzung (§§ 280 ff.) **integriert** worden. § 311a II enthält vielmehr eine *eigenständige Anspruchsgrundlage*. Bei der Fallbearbeitung wirkt sich die Sonderstellung der anfänglichen Unmöglichkeit indes kaum aus. Vielmehr sind im Prinzip die gleichen Punkte zu prüfen wie bei der nachträglichen Unmöglichkeit. Der wichtigste Unterschied zwischen beiden Fallgruppen besteht darin, dass das **Vertretenmüssen** bei der nachträglichen Unmöglichkeit auf die Herbeiführung des Leistungshindernisses bezogen ist, während es bei der anfänglichen Unmöglichkeit die Unkenntnis des Leistungshindernisses betrifft (→ § 35 Rn. 11). Das allgemeine Prüfungsschema (→ Anhang I Rn. 2) muss somit nur geringfügig modifiziert werden. Verlangt der Gläubiger Schadensersatz statt der ganzen Leistung, so gelten über § 311a II 3 (wie über § 283 S. 2) außerdem die besonderen Voraussetzungen des § 281 I 2 und 3 (→ Anhang I Rn. 6).

C. Schadensersatzansprüche bei Unmöglichkeit			
§§ 280 I, III, 283		§ 311a II	
→ bei nachträglicher Unmöglichkeit		→ bei anfänglicher Unmöglichkeit	
I.	Schuldverhältnis	I.	Vertrag
II.	Pflichtverletzung	II.	(keine Pflichtverletzung)
	→ Nichtleistung wegen nachträglicher Unmöglichkeit iSd § 275		→ Nichtleistung wegen anfänglicher Unmöglichkeit iSd § 275
III.	Zusätzliche Voraussetzungen	III.	Zusätzliche Voraussetzungen
	→ bei Leistungsausschluss nach § 275: keine (vgl. § 283 S. 1)		→ bei Leistungsausschluss nach § 275: keine (vgl. § 311a II 1)

---

[1] Verlangt der Gläubiger Schadensersatz statt der Leistung, so kann er den Anspruch auf die primäre Leistung gem. § 281 IV nicht mehr geltend machen. Die primäre Leistung kann daher auch nicht unter dem Aspekt der Naturalrestitution (§ 249 I) verlangt werden (→ § 45 Rn. 9).

B. Schadensersatz wegen anfänglicher Unmöglichkeit

IV. Vertretenmüssen (§ 280 I 2)	IV. Vertretenmüssen (§ 311a II 2)
→ Bezugspunkt ist der Umstand, der zur Unmöglichkeit geführt hat »ich konnte nichts dafür«	→ Bezugspunkt ist die (fehlende) Kenntnis des Leistungshindernisses »ich habe es nicht gewusst und auch nicht wissen können«
V. Schaden	V. Schaden
RF: SE statt der Leistung oder Ersatz der vergeblichen Aufwendungen nach § 284	RF: SE statt der Leistung oder Ersatz der vergeblichen Aufwendungen nach § 284

Fall 4: (nach OLG Köln VersR 1994, 1355) V bot am 9.1. in Zeitungsanzeigen Eintrittskarten für die »X«-Filmpreisverleihung an, die am Abend des 27.2. in Hollywood stattfinden sollte. K bestellte am 10.1. für sich und seine Ehefrau (F) zwei Karten zum Preis von insgesamt 3.000 EUR. Die Bestellung wurde von V schriftlich bestätigt. In dem Schreiben hieß es: »Die Tickets werden Ihnen bis zum Mittag des 27.2. ins Hotel geliefert. Dies ist garantiert.« Am 25.2. flogen K und F nach Hollywood. Im Hotel erreichte sie die Nachricht, dass die Karten nicht geliefert werden könnten, da der Veranstalter sich schon am 5.1. entschlossen habe, die Filmpreise aus Sicherheitsgründen in einem ausgewählten Kreis zu verleihen. V macht geltend, er habe dies nicht wissen können, da die Karten bislang immer frei verkauft worden seien. K und F fliegen unverrichteter Dinge nach Deutschland zurück. Dort verlangt K von V Ersatz der Flug- und Hotelkosten iHv 5.000 EUR. Zu Recht?

8

Lösungsskizze: K könnte einen Anspruch gegen V auf Ersatz der Flug- und Hotelkosten iHv 5.000 EUR aus § 311a II iVm § 284 haben.
I. Zwischen K und V müsste ein wirksames **vertragliches Schuldverhältnis** zustande gekommen sein. V und K haben einen Kaufvertrag über zwei Eintrittskarten für die »X«-Filmpreisverleihung geschlossen. Die Wirksamkeit des Vertrages wird durch eine etwaige anfängliche Unmöglichkeit der Leistung nicht infrage gestellt (§ 311a I).
II. V müsste die **Leistung aufgrund anfänglicher Unmöglichkeit nicht erbracht** haben. V hat versprochen, die Karten bis zum Mittag des 27.2. in das Hotel des K zu bringen. Dieses Versprechen hat V nicht erfüllt. Die Nichterfüllung beruht darauf, dass V keine Karten zur Verfügung standen, weil der Veranstalter sich schon vor Abschluss des Kaufvertrags entschlossen hatte, die Preise in einem ausgewählten Kreis zu verleihen. Die Lieferung der Karten war V also **bei Vertragsschluss unmöglich** (§ 275 I).
III. **Zusätzliche Voraussetzungen** (zB Fristsetzung) sind bei Schadensersatzansprüchen nach § 311a II nicht erforderlich.
IV. V hat sein Unvermögen zur Leistung bei Abschluss des Kaufvertrags mit K nicht gekannt. Der Anspruch auf Schadensersatz statt der Leistung bzw. Aufwendungsersatz wäre daher ausgeschlossen, wenn V seine Unkenntnis nicht zu **vertreten** hätte (§ 311a II 2). Das Vertretenmüssen richtet sich nach § 276. Zu prüfen ist also, ob V infolge von *Fahrlässigkeit* nicht gewusst hat, dass die Lieferung unmöglich sein würde. Nach § 311a II 2 wird die Fahrlässigkeit vermutet; V muss sich also entlasten. V macht geltend, dass die Karten bislang immer frei verkauft worden seien. Fraglich ist, ob V nicht gleichwohl zu einer Nachfrage beim Veranstalter verpflichtet gewesen wäre. Letztlich kann dies jedoch dahinstehen. Nach § 276 I 1 haftet der Schuldner nämlich unabhängig von einem Verschulden, wenn er für seine Leistungsfähigkeit eine *Garantie* gegeben hat. In der schriftlichen Bestätigung der Kartenbestellung hat V die rechtzeitige Lieferung der Karten garantiert. Er haftet folglich verschuldensunabhängig nach § 276 I 1.
V. Dem K müsste durch das Unvermögen des V zur Lieferung der Karten ein **Schaden** entstanden sein. K hat für den Flug und das Hotel 5.000 EUR aufgewendet. Da K und E nicht an der Filmpreisverleihung teilnehmen konnten, waren Flug und Hotel für sie nutzlos. Die Flug- und Hotelkosten begründen jedoch keinen Schaden iSd §§ 249 ff., da sie auch bei ordnungsgemäßer Vertragserfüllung durch V entstanden wären. Es könnte sich jedoch um ersatzfähige **Aufwendungen** iSd § 284 handeln.

495

1. *Aufwendungen* iSd § 284 sind alle freiwilligen Vermögensopfer, die der Gläubiger im Hinblick auf den Vertrag erbracht hat. Hätte K nicht die Eintrittskarten gekauft, wäre er nicht nach Hollywood geflogen. Die Flug- und Hotelkosten sind ihm also im Hinblick auf den Vertrag entstanden.
2. Die Aufwendungen sind gem. § 284 nur erstattungsfähig, wenn sie im *Vertrauen* auf den Erhalt der Leistung gemacht worden sind und billigerweise gemacht werden durften. K hätte die Aufwendungen nicht getätigt, wenn er nicht auf den Erhalt der Karten vertraut hätte. Da V dem K zugesichert hatte, er werde die Karten im Hotel erhalten, war dieses Vertrauen berechtigt. K durfte daher die Flug- und Hotelkosten auf sich nehmen, ohne zuvor die Karten erhalten zu haben.
Ergebnis: K hat einen Anspruch gegen V auf Zahlung der 5.000 EUR aus § 311a II iVm § 284.

C. Leistungs- und Gegenleistungspflicht

9   Im Rahmen einer Klausur kann auch zu prüfen sein, welche Auswirkungen eine Leistungsstörung auf Leistungs- und Gegenleistungspflicht hat.

Fall 5: Computerhändler V annonciert in einer Computerzeitschrift einen besonders leistungsstarken Computer der Marke »Step XT«, den er zu einem überaus günstigen Preis anbietet. Der Immobilienmakler K ruft daraufhin bei V an und bestellt 5 Computer. V und K vereinbaren, dass V die Computer am Anfang des nächsten Monats in die Büroräume des K liefern soll. Zum vereinbarten Termin lädt V 5 Computer der Marke »Step XT« in seinen Lieferwagen und fährt zu K. Als V dem K die Computer anbietet, muss dieser ihm mitteilen, dass er die Geräte zwar nach wie vor gerne abnehmen würde, sie in absehbarer Zeit aber leider nicht bezahlen könne, da sein Maklerbüro zwischenzeitlich in finanzielle Schwierigkeiten geraten sei. V ist nicht bereit, auf Kredit zu liefern. Er steigt deshalb in seinen Lieferwagen und macht sich auf den Rückweg. Schon an der nächsten Biegung verursacht er infolge leichter Fahrlässigkeit einen Unfall, bei dem die Computer zerstört werden. K ist inzwischen wieder zu Geld gekommen. Er verlangt von V Lieferung der bestellten Computer, hilfsweise Ersatz der Mehrkosten für den anderweitigen Erwerb solcher Computer. V weist dies zurück und verlangt Zahlung des Kaufpreises. Wie ist die Rechtslage?

Lösungsskizze: **A.** K könnte einen Anspruch gegen V auf **Lieferung der 5 Computer** aus § 433 I 1 haben.
I. Der Anspruch müsste **entstanden** sein. Dies setzt voraus, dass zwischen V und K ein *wirksamer Kaufvertrag* geschlossen worden ist. Ein Kaufvertrag besteht aus zwei korrespondierenden Willenserklärungen, Angebot und Annahme (§§ 145 ff.). Das Inserat des V ist keine Willenserklärung. Da es an dem erforderlichen Rechtsbindungswillen fehlt, handelt es sich um eine bloße Aufforderung zum Angebot (invitatio ad offerendum). Ein Angebot ist aber in der telefonischen Bestellung der Computer durch K zu sehen. Dieses Angebot hat V angenommen. Damit ist zwischen V und K ein wirksamer Kaufvertrag zustande gekommen. Der Anspruch ist also entstanden.
II. Dieser **Anspruch** könnte jedoch **untergegangen** sein.
1. Möglicherweise hat V seine Leistungspflicht nach § 362 I erfüllt. Dazu müsste er die geschuldete Leistung bewirkt, dem K also das Eigentum an den Computern verschafft haben. Eine Übereignung nach § 929 ist nicht erfolgt. Vielmehr hat V die Computer wieder mit nach Hause genommen. Der Anspruch ist somit nicht durch Erfüllung erloschen.
2. V könnte nach *§ 275 I* von seiner Lieferpflicht frei geworden sein. Das setzt voraus, dass ihm die Erfüllung seiner Leistungspflicht unmöglich geworden ist. V war laut Kaufvertrag verpflichtet, dem K 5 Computer der Marke »Step XT« zu liefern. Der Leistungsgegenstand war also nur nach generellen Merkmalen bestimmt. Es handelt sich somit um eine Gattungsschuld iSd § 243 I.
a) Bei einer Gattungsschuld trifft den Schuldner eine weitreichende *Beschaffungspflicht*. Er muss grundsätzlich solange leisten, wie die Leistung aus der Gattung möglich ist. Die Leistungspflicht des V würde sich aber auf die für K bestimmten Geräte beschränken, wenn die Gattungsschuld nach § 243 II durch Konkretisierung zur Stückschuld geworden wäre.

b) Zu prüfen ist also, ob *Konkretisierung* eingetreten ist. Die Konkretisierung setzt nach § 243 II voraus, dass der Schuldner das zur Leistung seinerseits Erforderliche getan hat. Was zur Leistung erforderlich ist, richtet sich nach der Art der Schuld. Hier kommt entweder eine Schick- oder eine Bringschuld in Betracht. Die genaue Abgrenzung ist entbehrlich. Da V die Computer bereits zum Büro des K transportiert und dort tatsächlich angeboten hatte, ist die Konkretisierung selbst bei Annahme einer Bringschuld zu bejahen. Die Leistungspflicht des V erstreckte sich also nur noch auf die 5 Computer, die dem K angeboten worden sind. Diese sind bei dem Unfall zerstört worden. Damit ist V gem. § 275 I von seiner Lieferpflicht befreit. Der Anspruch des K gegen V auf Lieferung ist folglich untergegangen.

Ergebnis: K hat keinen Anspruch gegen V auf Lieferung der 5 Computer aus § 433 I 1.

B. K könnte gegen V aber einen **Schadensersatzanspruch** wegen der Mehrkosten für den Kauf anderer Computer aus §§ 280 I, III, 283 haben.

I. Dazu müsste zwischen K und V ein **Schuldverhältnis** bestehen. V und K haben einen wirksamen Kaufvertrag über 5 Computer der Marke »Step XT« geschlossen. Ein Schuldverhältnis liegt damit vor.

II. Des Weiteren müsste dem V eine **Pflichtverletzung** zur Last fallen. In Betracht kommt eine *Nichtleistung aufgrund nachträglicher Unmöglichkeit.* Als Verkäufer schuldete V dem K die Übereignung der Computer (§ 433 I 1). Diese Leistung kann V nicht mehr erbringen, da die Computer nach Vertragsschluss zerstört worden sind. Die Leistung ist V damit nachträglich unmöglich geworden. Die Nichtleistung wegen nachträglicher Unmöglichkeit stellt nach § 283 eine Pflichtverletzung iSd § 280 I dar.

III. Der V müsste die Pflichtverletzung **zu vertreten** haben (§ 280 I 2). Nach § 276 I 1 haftet der Schuldner im Allgemeinen für Vorsatz und Fahrlässigkeit. Bezugspunkt des Vertretenmüssens ist der Eintritt des Leistungshindernisses. Die Zerstörung der Computer beruht auf einem Unfall, den V infolge von leichter Fahrlässigkeit verursacht hat. V hätte den Eintritt des Leistungshindernisses damit grundsätzlich zu vertreten.

1. Etwas anderes könnte sich ergeben, wenn K sich zum Zeitpunkt der Zerstörung der Computer gem. §§ 293 ff. im *Annahmeverzug* befunden hat. Gemäß § 300 I hat der Schuldner während des Verzugs des Gläubigers nur Vorsatz und grobe Fahrlässigkeit zu vertreten. Die Zerstörung der Computer beruhte jedoch auf leichter Fahrlässigkeit. V hat somit die Zerstörung der Computer nicht zu vertreten, wenn K sich im Annahmeverzug befunden hat.

2. Annahmeverzug ist die Nichtannahme der ordnungsgemäß angebotenen, erfüllbaren und noch möglichen Leistung durch den Gläubiger.

a) V war berechtigt, den Leistungsanspruch zu erfüllen.

b) V müsste dem K die Leistung ordnungsgemäß angeboten haben. Grundsätzlich ist ein tatsächliches Angebot erforderlich (§ 294). Die Leistung muss so, wie sie zu bewirken ist, angeboten werden. Der V hat die bestellten Computer zum Büro des K gebracht. Damit hat er dem K die Geräte gem. § 294 tatsächlich angeboten.

c) Fraglich ist, ob K die Annahme der ordnungsgemäß angebotenen Leistung abgelehnt hat. K war zwar bereit, die Computer abzunehmen, konnte aber den vereinbarten Kaufpreis nicht entrichten. Der Nichtannahme der angebotenen Leistung steht es gleich, wenn der Gläubiger die Leistung zwar annehmen will, aber eine von ihm Zug um Zug geschuldete Gegenleistung nicht anbietet (§ 298). K hat folglich die Annahme der Leistung abgelehnt.

d) Im Zeitpunkt des Unfalls war K im Annahmeverzug.

3. V hat gem. § 300 I nur grobe Fahrlässigkeit zu vertreten. Er hat die Pflichtverletzung damit nicht zu vertreten.

Ergebnis: Die Voraussetzungen der §§ 280 I, III, 283 liegen nicht vor. K hat also keinen Anspruch gegen V auf Schadensersatz statt der Leistung.

C. V könnte gegen K einen Anspruch auf **Zahlung des Kaufpreises** für die zerstörten Computer aus § 433 II haben.

I. Zwischen V und K ist ein wirksamer Kaufvertrag zustande gekommen. Der **Anspruch** des V ist damit **entstanden.**

II. Der **Anspruch** könnte jedoch gem. § 326 I 1 **untergegangen** sein.

1. Nach § 326 I 1 entfällt der Anspruch auf die Gegenleistung, wenn der Schuldner nach § 275 nicht zu leisten braucht. V ist durch Unmöglichkeit von seiner Leistungspflicht befreit worden, er braucht nach § 275 I nicht mehr zu leisten. Die Voraussetzungen des § 326 I 1 liegen also vor.
2. Die Grundregel des § 326 I 1 wird jedoch durchbrochen, wenn der Gläubiger sich bei Eintritt des Leistungshindernisses im Annahmeverzug befunden hat und der Schuldner die Unmöglichkeit nicht zu vertreten hat. In diesem Fall behält der Schuldner gem. *§ 326 II 1 Alt. 2* den Anspruch auf die Gegenleistung. K hat sich im Zeitpunkt des Unfalls im Annahmeverzug befunden. Da V nach § 300 I nur für Vorsatz und grobe Fahrlässigkeit haftet, hat er die Unmöglichkeit nicht zu vertreten. Er behält damit den Anspruch auf die Gegenleistung.
Ergebnis: V hat einen Anspruch gegen K auf Zahlung des Kaufpreises für die 5 zerstörten Computer aus § 433 II.

D. Rücktritt

10 Die **Voraussetzungen** des Rücktritts wegen Pflichtverletzung (§§ 323 ff.) entsprechen im Wesentlichen denen des Schadensersatzes statt der Leistung, wobei der Schuldner die Pflichtverletzung allerdings nicht zu vertreten haben muss. Erforderlich ist aber, dass der Rücktrittsberechtigte den Rücktritt erklärt hat (§ 349).

Die **Rechtsfolgen** des Rücktritts sind in den §§ 346 ff. geregelt. Dabei ist zu unterscheiden: Hat der Rücktrittsberechtigte seine Leistung noch nicht erbracht, so stellt der Rücktritt eine Einwendung gegenüber dem Erfüllungsanspruch der anderen Partei (zB aus § 433 II) dar. Anderenfalls ist zu prüfen, ob der Berechtigte seine Leistung nach § 346 I zurückverlangen kann. Besondere Probleme ergeben sich, wenn der vom Rücktrittsberechtigten empfangene Leistungsgegenstand beschädigt oder zerstört worden ist. Hier stellt sich die Frage nach Wert- und Schadensersatzansprüchen der anderen Partei.

11 **Fall 6:** Der K hat am 12.1. vom Autohändler V für 12.000 EUR einen gebrauchten Pkw gekauft. Wenige Tage nach Übergabe des Fahrzeugs erleidet K infolge leichter Fahrlässigkeit einen Unfall, bei dem der Pkw erheblich beschädigt wird. Bei der Untersuchung der an dem Pkw eingetretenen Schäden wird festgestellt, dass es sich um einen Unfallwagen handelt. K tritt daraufhin am 15.3. vom Kaufvertrag zurück und verlangt Rückzahlung des Kaufpreises Zug um Zug gegen Rückgabe des beschädigten Fahrzeugs. V macht geltend, der Pkw habe infolge des Unfalls einen Wertverlust von 3.000 EUR erlitten. Er ist der Auffassung, K könne nicht zurücktreten, nachdem er das Fahrzeug beschädigt habe. Zumindest müsse K für den eingetretenen Wertverlust Ersatz leisten. Wie ist die Rechtslage?

Lösungsskizze: A. K könnte einen Anspruch gegen V auf Rückzahlung des Kaufpreises von 12.000 EUR aus § 346 I iVm §§ 437 Nr. 2, 326 V haben. Dazu müsste ein **Rücktrittsgrund** vorliegen. Außerdem müsste K den **Rücktritt erklärt** haben (§ 349).
I. Der Rücktrittsgrund könnte sich aus §§ 437 Nr. 2, 326 V ergeben. Voraussetzung ist, dass der Pkw einen unbehebbaren Sachmangel aufweist. Nach § 434 I 1 liegt ein **Sachmangel** vor, wenn die Sache bei Gefahrübergang nicht die vereinbarte Beschaffenheit hat. Die Beschaffenheit charakterisiert den tatsächlichen Zustand der Sache. Die Unfallfreiheit ist ein Beschaffenheitsmerkmal eines Kfz. Vereinbart ist die Beschaffenheit, wenn das Vorliegen bestimmter Merkmale im Vertrag festgelegt ist. Die Vereinbarung kann ausdrücklich oder konkludent getroffen werden. Nach der Interessenlage ist davon auszugehen, dass die Parteien konkludent vereinbart haben, der Pkw solle unfallfrei sein. Es handelt sich jedoch um einen Unfallwagen. Der Wagen hat damit nicht die vereinbarte Beschaffenheit. Das Fehlen der vereinbarten Beschaffenheit stellt einen Sachmangel iSd § 434 I 1 dar. Dieser lag auch bereits bei Gefahrübergang (§ 446 S. 1) vor.

Die Unfallfreiheit eines Gebrauchtwagens kann weder durch Nachbesserung noch durch Nachlieferung hergestellt werden. Es handelt sich also um einen **unbehebbaren** Sachmangel, bei dem der Anspruch auf Nacherfüllung (§ 439) gem. § 275 I ausgeschlossen ist. Nach § 437 Nr. 2 iVm § 326 V kann K daher ohne Fristsetzung vom Vertrag zurücktreten. Dass K eine wesentliche Verschlechterung des Pkw verschuldet hat, ist dabei unerheblich.

II. K hat am 15.3. gem. § 349 den **Rücktritt erklärt.**

III. Im Falle des Rücktritts sind die empfangenen Leistungen gem. § 346 I **zurückzugewähren.** K hat also einen Anspruch gegen V auf Rückzahlung des gezahlten Kaufpreises von 12.000 EUR.

B. V hat seinerseits einen Anspruch gegen K auf Rückübereignung des Pkw aus § 346 I. Wegen der Beschädigung könnte er darüber hinaus einen Anspruch auf **Wertersatz** haben. Soweit sich der empfangene Gegenstand verschlechtert hat, besteht grundsätzlich eine Wertersatzpflicht aus § 346 II 1 Nr. 3. Diese Pflicht entfällt jedoch gem. § 346 III 1 Nr. 3, wenn ein Fall des gesetzlichen Rücktrittsrechts vorliegt und die Verschlechterung beim Berechtigten trotz Beachtung der eigenüblichen Sorgfalt eingetreten ist.

I. Der Rücktritt wegen eines Sachmangels nach §§ 434, 437 Nr. 2, 326 V ist ein Fall des *gesetzlichen* Rücktrittsrechts.

II. Die Beschädigung des Pkw ist aufgrund leichter Fahrlässigkeit des K eingetreten. K hat also weder vorsätzlich noch grob fahrlässig gehandelt. Mangels gegenteiliger Anhaltspunkte ist daher davon auszugehen, dass K die *eigenübliche Sorgfalt* (§ 277) eingehalten hat. Fraglich ist allerdings, ob die Privilegierung des § 346 III 1 Nr. 3 auch bei Teilnahme am allgemeinen Straßenverkehr gilt. Für andere Fälle der Haftungsbeschränkung (§§ 708, 1359) vertritt die Rechtsprechung die Auffassung, dass der Standard der eigenüblichen Sorgfalt bei Teilnahme am allgemeinen Straßenverkehr nicht passe. Diese Rechtsprechung gilt jedoch nur für das Verhältnis zwischen den Verkehrsteilnehmern (insbesondere Fahrer und Mitfahrer) und kann daher nicht auf § 346 III 1 Nr. 3 übertragen werden.

Ergebnis: V hat keinen Anspruch gegen K auf Wertersatz aus § 346 II 1 Nr. 3.

C. V könnte gegen K einen Anspruch auf **Schadensersatz** aus §§ 346 IV, 280 I haben. Im Zeitpunkt des Unfalls hatte K keine Kenntnis vom Rücktrittsgrund und musste diesen auch nicht kennen. K war daher noch nicht zu einem sorgfältigen Umgang mit dem Pkw verpflichtet. Es fehlt damit schon an einer Pflichtverletzung iSd § 280 I 1. Zumindest müsste dem K auch hier die Privilegierung des § 346 III 1 Nr. 3 zugutekommen.

Anhang II: Rückabwicklung nach Widerruf gem. § 312g I

Bei **außerhalb von Geschäftsräumen geschlossenen Verträgen** (§ 312b) und **Fernabsatzverträgen** (§ 312c) kann sich insbesondere das Problem der Rückabwicklung nach einem Widerruf gem. § 312g I stellen (→ § 42 Rn. 23ff.). Für einen strukturierten Prüfungsaufbau empfiehlt sich in solchen Fällen das nachfolgende **Schema**. Bei bestimmten Vertragsgegenständen (insb. Energielieferung, nicht verkörperte digitale Inhalte, Finanzdienstleistungen) sind darüber hinaus Sonderregelungen zu beachten (→ § 42 Rn. 46ff.). 1

A. **Anspruch des Verbrauchers auf Rückgewähr des geleisteten Entgelts aus §§ 355 III 1, 312g I**
 (insb. Rückzahlung des Kaufpreises und der Hinsendekosten)
   I. Widerrufsrecht des Verbrauchers nach § 312g I
      1. Anwendbarkeit der §§ 312b ff. (§ 312)
         a) Verbrauchervertrag (§ 310 III)
         b) Über eine entgeltliche Leistung des Unternehmers
         c) Keine Ausnahme nach § 312 II–VI
      2. Außerhalb von Geschäftsräumen geschlossener Vertrag (§ 312b I 1)
         oder Fernabsatzvertrag (§ 312c I)
      3. Keine Ausnahme nach § 312g II, III
      4. Kein Erlöschen nach § 356 IV (nur bei Dienstleistungen)
   II. Ordnungsgemäße Widerrufserklärung des Verbrauchers gegenüber dem Unternehmer (§ 355 I 2–4)
   III. Einhaltung der Widerrufsfrist (§ 355 I 1: »fristgerecht«)
      1. Fristdauer: 14 Tage (§ 355 II 1)
      2. Fristbeginn (§§ 355 II 2, 356 II, III 1)
      3. Absendung des Widerrufs vor Fristablauf (§ 355 I 5)
      4. Bei fehlendem Fristbeginn:
         keine Überschreitung der Höchstfrist von zwölf Monaten und 14 Tagen (§ 356 III 2 iVm §§ 355 I 5, II 2, 356 II)
   IV. Modalitäten der Rückgewähr (§ 357 I–V)
B. **Anspruch des Unternehmers auf Rückgewähr der erbrachten Leistung aus §§ 355 III 1, 312g I**
 (insb. Rückgabe und Rückübereignung der Kaufsache)
   I. Wirksamer Widerruf des Verbrauchers (vgl. A.)
   II. Modalitäten der Rückgewähr (§ 357 I, VI)
C. **Anspruch des Unternehmers auf Wertersatz für einen Wertverlust der Ware aus §§ 357 VII, 312g I**
   I. Wirksamer Widerruf des Verbrauchers (vgl. A.)
   II. Wertverlust der Ware
   III. Umgang mit der Ware, der zur Prüfung ihrer Beschaffenheit etc nicht notwendig war
      und Kausalität dieses Umganges für den Wertverlust (§ 357 VII Nr. 1)
   IV. Ordnungsgemäße Belehrung des Verbrauchers (§ 357 VII Nr. 2)

2 **Fall 7:** B betreibt ein Unternehmen, welches über das Internet Möbel anbietet. Am 20.6.2019 schließt A mit B per E-Mail einen Kaufvertrag über eine Vitrine zum Preis von 800 EUR. Die E-Mail des B enthält neben der ordnungsgemäßen Widerrufsbelehrung alle gesetzlich erforderlichen Hinweise, um die Rechte des B gegenüber A zu wahren. Am 15.7.2019 wird die Vitrine an A geliefert und von diesem in bar bezahlt. A baut die Vitrine zusammen und stellt sie in seinem Wohnzimmer auf. Nach drei Tagen gewinnt A den Eindruck, dass die Vitrine optisch doch nicht so gut in sein Wohnzimmer passt. A erklärt daher am 18.7.2019 gegenüber B per E-Mail den Widerruf. Daraufhin lässt B die Vitrine abholen und erstattet dem A 300 EUR. B macht geltend, er könne die Vitrine wegen der durch den Zusammenbau eingetretenen Verschlechterung nur noch »als Ausstellungsstück« verkaufen. Er meint, dass ihm deswegen ein Wertersatzanspruch gegen A in Höhe des restlichen Kaufpreises zustehe, und erklärt die Aufrechnung. A besteht auf der Rückzahlung des restlichen Kaufpreises. Zu Recht?

Lösungsskizze: A könnte gegen B einen Anspruch auf Rückzahlung des restlichen Kaufpreises iHv 500 EUR aus §§ 355 III 1, 312g haben.
I. Dazu müsste A ein **Widerrufsrecht** nach § 312g I haben.
1. Zunächst ist zu prüfen, ob § 312g I anwendbar ist.
a) Nach § 312 I finden die §§ 312b ff. und damit auch § 312g I nur auf **Verbraucherverträge** iSd § 310 III Anwendung, die eine **entgeltliche Leistung** des Unternehmers zum Gegenstand haben. Ein Verbrauchervertrag iSd § 310 III liegt vor, wenn ein Verbraucher (§ 13) und ein Unternehmer (§ 14) einen Vertrag schließen. A und B haben sich per E-Mail über den Kauf der Vitrine zum Preis von 800 EUR geeinigt. Damit ist zwischen ihnen ein wirksamer Kaufvertrag zustande gekommen. A kaufte die Vitrine zu privaten Zwecken und ist daher gem. § 13 **Verbraucher**. B verkaufte die Vitrine in Ausübung seiner gewerblichen Tätigkeit und ist somit **Unternehmer** iSd § 14. Ein Verbrauchervertrag ist mithin gegeben. Dieser Vertrag hat eine entgeltliche Leistung des Unternehmers B zum Gegenstand.
b) Eine **Ausnahme** nach § 312 II–IV besteht nicht, sodass die §§ 312b ff. Anwendung finden.
2. In Betracht kommt ein Widerrufsrecht nach § 312g I Alt. 2 wegen Vorliegen eines **Fernabsatzvertrages**. § 312c I definiert Fernabsatzverträge als Verträge, bei denen der Unternehmer und der Verbraucher für die Vertragsverhandlungen und den Vertragsschluss ausschließlich Fernkommunikationsmittel verwenden, es sei denn, dass der Vertragsschluss nicht im Rahmen eines für den Fernabsatz organisierten Vertriebs- oder Dienstleistungssystems erfolgt. Als Fernkommunikationsmittel sind dabei nach § 312c II unter anderem E-Mails zu sehen. Bei dem zwischen A und B geschlossenen Vertrag handelt es sich um einen Vertrag zwischen einem Verbraucher und einem Unternehmer. Dieser Vertrag wurde ausschließlich per E-Mail geschlossen. Ferner ist davon auszugehen, dass der Vertragsschluss im Rahmen eines für den Fernabsatz organisierten Vertriebs- oder Dienstleistungssystems des B erfolgte. Ein Fernabsatzvertrag iSd § 312g I Alt. 2 ist mithin gegeben.
3. Eine **Ausnahme** nach § 312g II, III greift nicht ein. A steht somit ein Widerrufsrecht nach § 312g I Alt. 2 zu.
II. A hat den Widerruf in seiner E-Mail v. 18.7.2019 gegenüber B **eindeutig erklärt** (§ 355 I 2, 3).
III. Nach § 355 I 1 müsste der Widerruf auch **fristgerecht** erklärt worden sein. Gemäß § 355 II 1 beträgt die Widerrufsfrist 14 Tage. Nach §§ 355 II 2, 356 II Nr. 1a, III 1 beginnt die Widerrufsfrist bei einem Verbrauchsgüterkauf (§ 474 I 1) im Allgemeinen, sobald der Verbraucher die Ware erhalten hat und ordnungsgemäß belehrt worden ist. Ein Verbrauchsgüterkauf liegt hier vor. Laut Sachverhalt wurde A von B auch ordnungsgemäß belehrt. A hat die Vitrine am 15.7.2019 erhalten. Die 14-tägige Widerrufsfrist hat damit am 16.7.2019 begonnen (vgl. § 187 I). A hat die Widerrufserklärung am 18.7.2019 an B abgesendet. Die Widerrufsfrist ist damit gewahrt (vgl. § 355 I 5).
IV. Nach §§ 355 III 1, 2, 357 I hat B dem A den gezahlten Kaufpreis unverzüglich, spätestens nach 14 Tagen ab Abgabe der Widerrufserklärung zu erstatten. Da B die Vitrine bereits abgeholt hat, steht ihm **kein Zurückbehaltungsrecht** nach § 357 IV 1 zu. Der Rückzahlungsanspruch ist mithin **fällig**.
V. Der ursprüngliche Anspruch auf Rückzahlung des Kaufpreises von 800 EUR ist infolge der teilweisen Kaufpreiserstattung nach § 362 I iHv 300 EUR durch **Erfüllung** erloschen. A hat demnach noch einen Anspruch auf Rückzahlung des restlichen Kaufpreises iHv 500 EUR.
VI. Der restliche Rückzahlungsanspruch des A könnte nach § 389 durch **Aufrechnung** erloschen sein.

1. B hat gegenüber A erklärt, er wolle mit seinem Wertersatzanspruch gegen die Kaufpreisrückzahlungsforderung aufrechnen. Eine **Aufrechnungserklärung** nach § 388 ist damit gegeben.
2. Ferner muss eine **Aufrechnungslage** gegeben sein.
a) Sofern B gegen A tatsächlich Wertersatzansprüche zustehen, sind A und B zugleich Schuldner und Gläubiger des jeweils anderen. Beide Forderungen wären auf Geld gerichtet und damit gleichartig. Entscheidend ist damit, ob der von B geltend gemachte Wertersatzanspruch tatsächlich besteht.
b) B könnte einen **Wertersatzanspruch** aus §§ 357 VII, 312g I haben. Danach muss der Verbraucher Wertersatz für einen Wertverlust der Ware leisten, wenn der Wertverlust auf einen Umgang mit der Ware zurückzuführen ist, der zur Prüfung der Beschaffenheit, der Eigenschaften und der Funktionsweise der Ware nicht notwendig war (§ 357 VII Nr. 1), und der Verbraucher vom Unternehmer insoweit ordnungsgemäß belehrt worden ist (§ 357 VII Nr. 2). Vorliegend hat die Vitrine durch den Zusammenbau einen **Wertverlust** erlitten. Laut Sachverhalt hat B den A auch ordnungsgemäß **belehrt**.
c) Anders als in einem Ladengeschäft, wo es regelmäßig ein ausgestelltes Musterstück der Ware gibt, war es dem A ohne den Zusammenbau nicht möglich, die Vitrine »auszuprobieren« und sich einen ausreichenden Eindruck von ihr zu verschaffen.[1] Der Zusammenbau der Vitrine war somit notwendig, um ihre **Beschaffenheit und Eigenschaften** zu **prüfen**. Dass B die Vitrine noch drei Tage lang genutzt hat, ist insoweit unerheblich, weil die Vitrine infolge dieser Nutzung keinen weiteren Wertverlust erlitten hat. B hat daher keinen Wertersatzanspruch gegen A aus §§ 357 VII, 312g I.
3. Mangels Aufrechnungslage ist der Anspruch des A auf Rückzahlung des restlichen Kaufpreises nicht nach § 389 erloschen.
VII. B hat die Vitrine bereits abholen lassen. Er kann dem A daher auch **kein Leistungsverweigerungsrecht** nach § 357 IV 1 entgegenhalten.
VIII. Ergebnis
A hat gegen B einen Anspruch auf Erstattung des restlichen Kaufpreises von 500 EUR aus § 355 III 1.

---

1 Dass der Verbraucher bei einem Fernabsatzvertrag die Möglichkeit haben muss, die Ware »auszuprobieren« und sich auf diese Weise einen ausreichenden Eindruck davon zu verschaffen, betont BGHZ 187, 268 (272ff.).

Paragrafenregister

§§	Rn.
\	Bürgerliches Gesetzbuch (BGB)
13	§ 3 Rn. 9; § 5 Rn. 15, 17; § 12 Rn. 23; § 16 Rn. 4; § 26 Rn. 16; § 41 Rn. 7f.; § 44 Rn. 6
14	§ 3 Rn. 9; § 5 Rn. 15, 17; § 12 Rn. 23; § 16 Rn. 4, 23; § 23 Rn. 37; § 41 Rn. 9, 22; § 42 Rn. 26
27	§ 14 Rn. 8
31	§ 8 Rn. 11; § 23 Rn. 37
42	§ 54 Rn. 19
89	§ 8 Rn. 11
90	§ 5 Rn. 17; § 13 Rn. 1; § 52 Rn. 5
91	§ 13 Rn. 5; § 18 Rn. 5
95	§ 13 Rn. 5
97	§ 11 Rn. 25
98	§ 11 Rn. 25
99	§ 14 Rn. 3
100	§ 14 Rn. 3; § 36 Rn. 20; § 40 Rn. 27
104	§ 17 Rn. 4, 10, 12, 22; § 18 Rn. 8; § 26 Rn. 6; § 36 Rn. 7; § 52 Rn. 11; § 54 Rn. 39
105a	§ 41 Rn. 16
107	§ 13 Rn. 15; § 17 Rn. 17, 20; § 26 Rn. 6; § 52 Rn. 6
117	§ 7 Rn. 14; § 52 Rn. 15, 41, 43
119	§ 8 Rn. 16; § 11 Rn. 21; § 17 Rn. 12; § 28 Rn. 4, 18; § 37 Rn. 8
121	§ 12 Rn. 23; § 17 Rn. 12; § 32 Rn. 5; § 52 Rn. 65
122	§ 8 Rn. 1; § 28 Rn. 18; § 37 Rn. 8; § 44 Rn. 11; § 50 Rn. 8
123	§ 8 Rn. 15 ff.; § 11 Rn. 21; § 42 Rn. 10; § 53 Rn. 16
124	§ 8 Rn. 15 f.
125	§ 7 Rn. 1 f.; § 39 Rn. 1
126a	§ 42 Rn. 54
126b	§ 42 Rn. 46
131	§ 13 Rn. 15
133	§ 1 Rn. 19, 26; § 4 Rn. 12, 18; § 9 Rn. 4; § 11 Rn. 3, 11; § 17 Rn. 24, 26; § 23 Rn. 16; § 53 Rn. 26; § 54 Rn. 25
134	§ 6 Rn. 2; § 11 Rn. 4, 20; § 21 Rn. 8; § 28 Rn. 4; § 40 Rn. 33; § 41 Rn. 35; § 52 Rn. 12
137	§ 52 Rn. 28
138	§ 2 Rn. 8; § 3 Rn. 10; § 4 Rn. 14; § 11 Rn. 4, 8; § 21 Rn. 3; § 23 Rn. 22; § 28 Rn. 4; § 38 Rn. 17 f.; § 41 Rn. 35; § 52 Rn. 20, 68
139	§ 7 Rn. 10; § 53 Rn. 17
141	§ 7 Rn. 16
142	§ 28 Rn. 4; § 53 Rn. 16
145 ff.	§ 5 Rn. 4
150	§ 16 Rn. 14
151	§ 5 Rn. 18
154	§ 11 Rn. 11; § 16 Rn. 14
155	§ 16 Rn. 14
156	§ 42 Rn. 26
157	§ 1 Rn. 12, 19, 26; § 4 Rn. 11 f., 18; § 9 Rn. 4; § 11 Rn. 3, 11; § 17 Rn. 24, 26; § 23 Rn. 16, 26; § 45 Rn. 18; § 53 Rn. 26; § 54 Rn. 25
158	§ 17 Rn. 23 a; § 18 Rn. 8, 9; § 37 Rn. 5; § 51 Rn. 13; § 52 Rn. 6
159	§ 17 Rn. 23 a
164	§ 4 Rn. 23; § 51 Rn. 26
166	§ 9 Rn. 25
167	§ 7 Rn. 9
172	§ 52 Rn. 43
175	§ 15 Rn. 7
179	§ 2 Rn. 4; § 8 Rn. 1; § 44 Rn. 11; § 50 Rn. 8
182	§ 53 Rn. 8
183	§ 53 Rn. 7
184	§ 53 Rn. 7, 9
185	§ 17 Rn. 4 f.; § 51 Rn. 2; § 52 Rn. 10, 16; § 53 Rn. 5, 7
187	§ 26 Rn. 15; § 27 Rn. 13
188	§ 26 Rn. 15; § 27 Rn. 13
193	§ 26 Rn. 15
194	§ 1 Rn. 8; § 4 Rn. 29; § 40 Rn. 4
195 ff.	§ 22 Rn. 18
214	§ 1 Rn. 31
215	§ 15 Rn. 5, 18; § 18 Rn. 2, 6, 16
218	§ 40 Rn. 4
226	§ 4 Rn. 14, 20
241	§ 1 Rn. 2, 6, 8, 10, 18 ff., 30; § 2 Rn. 15; § 4 Rn. 18, 20; § 5 Rn. 8 ff., 16; § 6 Rn. 12; § 7 Rn. 11; § 8 Rn. 4, 6 ff., 10 ff., 15 ff.; § 9 Rn. 1 ff., 5 f., 15, 17, 24 f.; § 10 Rn. 1; § 11 Rn. 26; § 20 Rn. 2, 12; § 22 Rn. 19; § 23 Rn. 17, 38 f.; § 24 Rn. 7; § 25 Rn. 2, 4 f., 13; § 27 Rn. 5, 18, 34, 36 f., 43; § 31 Rn. 3; § 32 Rn. 5; § 34 Rn. 1; § 36 Rn. 15; § 38 Rn. 6; § 39 Rn. 8, 12; § 40 Rn. 36, 38 f.; § 41 Rn. 17, 32; § 42 Rn. 22; § 44 Rn. 11; § 48 Rn. 5; § 52 Rn. 3
241a	§ 5 Rn. 15 ff.
242	§ 1 Rn. 12, 16, 18 f., 26; § 2 Rn. 8; § 3 Rn. 10; § 4 Rn. 1 ff., 27 f., 30; § 5 Rn. 16; § 6 Rn. 2, 6; § 11 Rn. 4, 26; § 12 Rn. 3; § 13 Rn. 13, 18, 30; § 14

§§	Rn.	§§	Rn.
	Rn. 8, 10; § 15 Rn. 1, 9; § 16 Rn. 2; § 18 Rn. 4, 11; § 21 Rn. 26, 28; § 23 Rn. 16, 22, 31; § 26 Rn. 12; § 27	271a	§ 12 Rn. 24 f.; § 26 Rn. 17
		272	§ 12 Rn. 22
		273	§ 11 Rn. 26; § 15 Rn. 1 ff., 20 f.; § 17 Rn. 10; § 18 Rn. 5; § 22 Rn. 6
242	Rn. 26; § 33 Rn. 5; § 36 Rn. 6, 12; § 37 Rn. 3; § 38 Rn. 12, 18; § 39 Rn. 6; § 41 Rn. 35 a f.; § 42 Rn. 60; § 45 Rn. 18, 34; § 47 Rn. 16; § 50 Rn. 29; § 52 Rn. 55, 62; § 54 Rn. 18	274	§ 11 Rn. 26; § 15 Rn. 2
		275	§ 1 Rn. 24; § 4 Rn. 23; § 12 Rn. 19, 21; § 13 Rn. 9, 11, 14, 16f., 26, 28, 33; § 17 Rn. 1 f.; § 20 Rn. 14, 16; § 21 Rn. 1 ff.; § 22 Rn. 17, 22; § 23 Rn. 31; § 25 Rn. 14, 18; § 26 Rn. 4; § 27 Rn. 3, 42, 44 ff.; § 28 Rn. 1, 4, 7, 10; § 31 Rn. 1, 4 ff.; Vor § 32 Rn. 2; § 35 Rn. 1 ff., 28 ff.; § 36 Rn. 4, 15 ff.; § 37 Rn. 3, 7; § 38 Rn. 9; § 40 Rn. 4; § 52 Rn. 21; § 54 Rn. 26
243	§ 4 Rn. 16; § 12 Rn. 19; § 13 Rn. 2 ff., 10, 12, 14 f., 18 f., 23; § 21 Rn. 9; § 31 Rn. 3; § 36 Rn. 16 ff.		
244	§ 13 Rn. 35		
245	§ 13 Rn. 36		
246	§ 13 Rn. 37 ff.; § 14 Rn. 3		
247	§ 13 Rn. 40; § 26 Rn. 21		
248	§ 13 Rn. 41; § 26 Rn. 23	276	§ 8 Rn. 4; § 11 Rn. 9; § 13 Rn. 10, 26; § 21 Rn. 10, 24; § 22 Rn. 1 ff.; § 23 Rn. 2 f.; § 24 Rn. 9, 11; § 26 Rn. 8; § 27 Rn. 22, 37, 45; § 28 Rn. 12 f.; § 33 Rn. 12; § 35 Rn. 8; § 36 Rn. 18; § 38 Rn. 9 f.; § 40 Rn. 21, 35; § 45 Rn. 14; § 50 Rn. 14; § 54 Rn. 26
249	§ 2 Rn. 1; § 6 Rn. 6, 12; § 8 Rn. 12, 15; § 11 Rn. 2; § 13 Rn. 28, 32; § 14 Rn. 1 f.; § 15 Rn. 11; § 24 Rn. 16; § 25 Rn. 19; § 27 Rn. 26; § 43 Rn. 1; § 44 Rn. 3 ff.; § 47 Rn. 1 ff.; § 49 Rn. 3		
250	§ 13 Rn. 32; § 47 Rn. 4		
251	§ 11 Rn. 2; § 13 Rn. 32; § 14 Rn. 7; § 44 Rn. 7; § 47 Rn. 1 f., 5, 10 ff.; § 48 Rn. 1	277	§ 23 Rn. 18, 40; § 40 Rn. 23, 28
		278	§ 1 Rn. 22; § 8 Rn. 2, 6, 11; § 9 Rn. 2, 15; § 23 Rn. 1 ff.; § 26 Rn. 8; § 27 Rn. 19, 40; § 35 Rn. 8; § 36 Rn. 15, 18; § 38 Rn. 9; § 46 Rn. 16; § 50 Rn. 10, 21 ff.
252	§ 25 Rn. 13; § 30 Rn. 9; § 40 Rn. 34; § 44 Rn. 3; § 46 Rn. 14; § 47 Rn. 17 ff.; § 49 Rn. 2		
253	§ 5 Rn. 12; § 25 Rn. 19; § 30 Rn. 4; § 43 Rn. 3; § 44 Rn. 6; § 47 Rn. 9, 11; § 48 Rn. 1 ff., 12, 14 f.; § 49 Rn. 5, 18 f., 22, 32	280	§ 1 Rn. 15, 21; § 2 Rn. 1, 11; § 5 Rn. 7 ff.; § 7 Rn. 11; § 8 Rn. 4, 6 f., 11 f., 15 f.; § 9 Rn. 2, 9, 15 ff., 22, 24; § 11 Rn. 17; § 13 Rn. 10, 26; § 20 Rn. 12 ff.; § 21 Rn. 29; § 22 Rn. 1 ff., 23; § 23 Rn. 1 ff., 39, 41; § 24 Rn. 1 ff.; § 25 Rn. 1 ff.; § 26 Rn. 8 ff.; § 27 Rn. 4 ff., 13, 34 ff., 42, 44 f.; § 28 Rn. 1, 3, 11, 14; § 30 Rn. 5; § 31 Rn. 1; Vor § 32 Rn. 3; § 35 Rn. 14; § 38 Rn. 6; § 39 Rn. 16; § 40 Rn. 34 ff.; § 41 Rn. 17, 32; § 42 Rn. 22; § 44 Rn. 11; § 46 Rn. 12, 16; § 49 Rn. 32; § 50 Rn. 5, 12; § 54 Rn. 6, 21, 27, 39
254	§ 1 Rn. 26; § 9 Rn. 16; § 14 Rn. 2; § 23 Rn. 21; § 25 Rn. 19; § 30 Rn. 6; § 32 Rn. 7; § 33 Rn. 10 f.; § 35 Rn. 13 f.; § 45 Rn. 34, 45; § 50 Rn. 1 ff.; § 54 Rn. 30		
256	§ 14 Rn. 2 f.		
257	§ 14 Rn. 4; § 52 Rn. 24		
258	§ 14 Rn. 6		
259	§ 14 Rn. 9, 11		
260	§ 14 Rn. 12, 14		
262	§ 13 Rn. 20 ff., 27		
263	§ 13 Rn. 2, 23	281	§ 1 Rn. 15, 24; § 11 Rn. 17; § 15 Rn. 2; § 18 Rn. 15; § 21 Rn. 14; § 22 Rn. 3, 9; § 25 Rn. 12; § 27 Rn. 2 ff., 35, 41, 47 ff.; § 28 Rn. 17; § 32 Rn. 1 f.; § 33 Rn. 1 ff., 8 f.; § 38 Rn. 15; § 39 Rn. 16
264	§ 13 Rn. 24 f.		
265	§ 13 Rn. 26, 28		
266	§ 12 Rn. 1 ff.		
267	§ 12 Rn. 5, 7 ff.; § 14 Rn. 4; § 17 Rn. 2 f.; § 18 Rn. 4; § 45 Rn. 44		
268	§ 12 Rn. 9, 11, 13; § 17 Rn. 2	282	§ 1 Rn. 24; § 25 Rn. 3; § 27 Rn. 3, 9, 34 ff., 41; § 34 Rn. 2; § 39 Rn. 16
269	§ 11 Rn. 25; § 12 Rn. 14, 16 ff.		
270	§ 12 Rn. 19 f.; § 13 Rn. 32	283	§ 1 Rn. 15, 24; § 5 Rn. 8; § 13 Rn. 26; § 21 Rn. 14, 29; § 22 Rn. 21 ff.; § 27 Rn. 3, 8, 42 ff.; § 28 Rn. 8, 15, 17; § 35 Rn. 13 f.; § 36 Rn. 15; § 37 Rn. 7; § 40 Rn. 34; § 48 Rn. 4
270a	§ 13 Rn. 34; § 41 Rn. 19		
271	§ 11 Rn. 25; § 12 Rn. 21 ff.; § 18 Rn. 6 f.; § 23 Rn. 10; § 26 Rn. 11; § 36 Rn. 4		

§§	Rn.	§§	Rn.
284	§ 13 Rn. 26; § 28 Rn. 6, 16; § 30 Rn. 1 ff.; § 31 Rn. 9; § 44 Rn. 8, 10; § 48 Rn. 4; § 49 Rn. 11	311a	§ 1 Rn. 24; § 20 Rn. 12, 16; § 21 Rn. 13 f., 29; § 22 Rn. 22; § 23 Rn. 1; § 24 Rn. 1; § 27 Rn. 8, 44; § 28 Rn. 1 ff.; § 30 Rn. 2; § 32 Rn. 4; § 35 Rn. 11; § 37 Rn. 7; § 44 Rn. 8; § 45 Rn. 18; § 52 Rn. 21
285	§ 1 Rn. 4, 29; § 2 Rn. 4; § 13 Rn. 26; § 28 Rn. 7, 16; § 31 Rn. 1 ff.; § 35 Rn. 23 f.; § 37 Rn. 7; § 46 Rn. 10, 12		
286	§ 2 Rn. 4; § 11 Rn. 20; § 13 Rn. 41; § 15 Rn. 2; § 18 Rn. 15; § 21 Rn. 16; § 25 Rn. 1, 15; § 26 Rn. 1 ff., 8 ff.; § 27 Rn. 7, 18; § 33 Rn. 1; § 36 Rn. 6, 9, 12, 22; § 38 Rn. 9, 15; § 54 Rn. 26	311b	§ 7 Rn. 2 ff.; § 11 Rn. 5 ff.; § 51 Rn. 22; § 52 Rn. 11; § 53 Rn. 4
		311c	§ 11 Rn. 25
		312	§ 41 Rn. 5, 10 ff.; § 42 Rn. 1 ff., 12, 14, 27
287	§ 23 Rn. 22; § 26 Rn. 19 f.; § 36 Rn. 15	312a	§ 13 Rn. 34; § 41 Rn. 2, 4, 10 f., 13 ff.
		312b	§ 41 Rn. 4; **§ 42 Rn. 3 ff.**, 16, 27
288	§ 13 Rn. 38 f.; § 18 Rn. 15; § 26 Rn. 21 ff.	312c	§ 41 Rn. 35; § 42 Rn. 6, **16 ff.**, 55, 61 f.
		312d	§ 41 Rn. 23; § 42 Rn. 1, **19 ff.**, 58
289	§ 13 Rn. 41; § 26 Rn. 23	312e	§ 42 Rn. 22, 49
291	§ 13 Rn. 38 f., 41; § 15 Rn. 2	312f	§ 42 Rn. 30, 50
292	§ 36 Rn. 20	312g	§ 41 Rn. 22, 35 f.; § 42 Rn. 1, 15, **23 ff.**, 28 f., 61
293	§ 12 Rn. 9; § 13 Rn. 15, 24; § 19 Rn. 2; § 36 Rn. 5, 15		
		312h	§ 42 Rn. 53 f.
294	§ 13 Rn. 15; § 36 Rn. 5, 15, 16	312i	§ 42 Rn. 2, 55 ff.
295	§ 13 Rn. 15; § 36 Rn. 6 f., 17	312j	§ 42 Rn. 2, 58 ff.
296	§ 13 Rn. 13; § 36 Rn. 4, 8 f.	312k	§ 42 Rn. 2, 5, 62
297	§ 36 Rn. 4	313	§ 4 Rn. 13, 30; § 21 Rn. 7, 21, 25, 26, 28; § 37 Rn. 1 ff.; § 40 Rn. 1, 24
298	§ 36 Rn. 11		
299	§ 36 Rn. 10	314	§ 4 Rn. 13, 28, 30; § 39 Rn. 6 ff., 11 ff.
300	§ 13 Rn. 3, 15, 32; § 33 Rn. 13; § 35 Rn. 16; § 36 Rn. 15 ff.	315	§ 11 Rn. 11, 13 ff.; § 26 Rn. 9
		316	§ 11 Rn. 16
301	§ 36 Rn. 20	317	§ 11 Rn. 18, 22 ff.
302	§ 36 Rn. 20	318	§ 11 Rn. 21
303	§ 36 Rn. 13, 21	319	§ 11 Rn. 19 ff.
304	§ 36 Rn. 22	320	§ 1 Rn. 11; § 15 Rn. 4, 14 ff.; § 18 Rn. 6; § 22 Rn. 6 f.; § 40 Rn. 5
305 ff.	§ 16 Rn. 2 ff.		
305	§ 16 Rn. 7 ff.	321	§ 15 Rn. 22 f.; § 37 Rn. 3, 6; § 40 Rn. 1
305a	§ 16 Rn. 12	322	§ 40 Rn. 5
305c	§ 16 Rn. 15 f.	323	§ 1 Rn. 24; § 11 Rn. 17; § 21 Rn. 14, 18; § 22 Rn. 1 ff.; § 27 Rn. 18; § 32 Rn. 1 ff.; § 33 Rn. 1 ff.; § 34 Rn. 2 f.; § 35 Rn. 3 f., 8, 15, 27 ff.; § 36 Rn. 2, 19; § 38 Rn. 11; § 39 Rn. 8, 11, 13, 18; § 40 Rn. 4, 12; § 50 Rn. 6; § 51 Rn. 16
306	§ 16 Rn. 14, 17, 25; § 21 Rn. 13; § 41 Rn. 21		
307	§ 3 Rn. 8; § 4 Rn. 13, 30; § 11 Rn. 10, 13; § 12 Rn. 3; § 16 Rn. 18 ff.; § 18 Rn. 11; § 23 Rn. 22; § 38 Rn. 11, 17; § 40 Rn. 2; § 41 Rn. 19; § 52 Rn. 68		
		324	§ 1 Rn. 24; § 8 Rn. 18; § 33 Rn. 1; § 34 Rn. 1 ff.; § 39 Rn. 8, 12, 18
308	§ 12 Rn. 3, 24; § 16 Rn. 19, 23 f.; § 40 Rn. 2	325	§ 29 Rn. 5; § 32 Rn. 6 f.; § 39 Rn. 16
		326	§ 13 Rn. 17; § 20 Rn. 17; § 21 Rn. 3, 14; § 22 Rn. 21, 24; § 29 Rn. 7; § 31 Rn. 8; § 32 Rn. 4; § 33 Rn. 1; § 35 Rn. 1 ff.; § 36 Rn. 16, 18; § 37 Rn. 7; § 40 Rn. 4
309	§ 15 Rn. 6; § 16 Rn. 19, 23 f.; § 18 Rn. 11; § 23 Rn. 15; § 26 Rn. 14; § 38 Rn. 5, 7; § 39 Rn. 3		
310	§ 16 Rn. 4, 6, 14, 24; § 38 Rn. 7; § 40 Rn. 2; § 41 Rn. 2, 7		
		328	§ 1 Rn. 30; § 9 Rn. 1, 4 ff., 17; § 43 Rn. 5; § 51 Rn. 2 ff.; § 53 Rn. 3, 22
311	§ 1 Rn. 2, 4, 7, 20, 30; § 3 Rn. 2; § 4 Rn. 5; § 5 Rn. 9 f.; § 7 Rn. 2, 11; § 8 Rn. 4 ff., 11 f., 15, 16 f.; § 9 Rn. 3, 6 f., 12, 17, 19, 21 ff.; § 11 Rn. 2, 7; § 20 Rn. 12; § 23 Rn. 38; § 24 Rn. 4; § 25 Rn. 5; § 27 Rn. 5, 36, 43; § 28 Rn. 2 ff.; § 31 Rn. 2; § 38 Rn. 6; § 39 Rn. 1; § 44 Rn. 11; § 53 Rn. 21	329	§ 53 Rn. 10
		331	§ 51 Rn. 19
		333	§ 1 Rn. 30; § 5 Rn. 3; § 51 Rn. 7 f., 18, 31; § 53 Rn. 3, 22
		334	§ 9 Rn. 15 f.; § 51 Rn. 11; § 53 Rn. 24
		336	§ 5 Rn. 21 f.; § 38 Rn. 2

§§	Rn.	§§	Rn.
337	§ 5 Rn. 22	387	§ 1 Rn. 8; § 15 Rn. 3; § 18 Rn. 1 ff.;
338	§ 5 Rn. 22		§ 29 Rn. 2
339 ff.	§ 7 Rn. 7; § 38 Rn. 2 ff.	388	§ 18 Rn. 1, 8 f.
340	§ 38 Rn. 13 ff.	389	§ 18 Rn. 5 f., 15
341	§ 38 Rn. 13 ff.	390	§ 18 Rn. 6
342	§ 38 Rn. 1	391	§ 18 Rn. 5, 10
343	§ 38 Rn. 17, 4	392	§ 18 Rn. 12
344	§ 38 Rn. 3, 4	393	§ 15 Rn. 7, 11; § 18 Rn. 13
346	§ 23 Rn. 17; § 27 Rn. 33; § 29 Rn. 5; § 31 Rn. 2; § 32 Rn. 7; § 33 Rn. 14; § 37 Rn. 5, 19; § 39 Rn. 2, 15; § 40 Rn. 5, 7 ff., 29, 31, 33 f., 36, 38; § 41 Rn. 33, 51; § 42 Rn. 42	394	§ 18 Rn. 14
		395	§ 18 Rn. 4
		396	§ 18 Rn. 16
		397	§ 14 Rn. 4; § 19 Rn. 7 f.; § 39 Rn. 1; § 54 Rn. 25
347	§ 14 Rn. 2; § 36 Rn. 20; § 40 Rn. 28 ff.	398	§ 1 Rn. 9
		399	§ 52 Rn. 24 ff., 71
348	§ 40 Rn. 5; § 42 Rn. 38	400	§ 52 Rn. 23, 71
349	Vor § 32 Rn. 1; § 33 Rn. 14; § 40 Rn. 3	401	§ 12 Rn. 13; § 52 Rn. 32 ff., 71; § 54 Rn. 28, 32
350	§ 40 Rn. 3	402	§ 1 Rn. 12, 14; § 14 Rn. 8; § 52 Rn. 35
351	§ 54 Rn. 6, 17		
353	§ 13 Rn. 38	403	§ 52 Rn. 35
355	§ 41 Rn. 4, 22, 24 ff., 42; § 42 Rn. 23, 29 f., 34 ff., 48, 52	404	§ 52 Rn. 36 ff., 71; § 54 Rn. 28
		405	§ 52 Rn. 15, 40 ff., 71
356	§ 41 Rn. 27 ff.; § 42 Rn. 23, 29 ff., 47	406	§ 18 Rn. 4; § 52 Rn. 45 ff., 71
356a	§ 41 Rn. 29	407	§ 17 Rn. 7; § 52 Rn. 45, 52 ff., 58, 71
356b	§ 41 Rn. 29, 31	408	§ 52 Rn. 58 f.
356c	§ 41 Rn. 29	409	§ 18 Rn. 4; § 52 Rn. 60 ff., 64; § 53 Rn. 16
356d	§ 41 Rn. 29, 31		
356e	§ 41 Rn. 29, 31	410	§ 52 Rn. 64 f.
357	§ 41 Rn. 24, 34 f., 42; § 42 Rn. 23 f., 33, 35 ff., 43 ff., 49 ff.	411	§ 52 Rn. 55
		412	§ 12 Rn. 13; § 52 Rn. 2, 71; § 54 Rn. 28
357a	§ 42 Rn. 23, 48 ff.		
357c	§ 41 Rn. 42	414	§ 14 Rn. 4; § 53 Rn. 2, 6, 16, 22
357d	§ 41 Rn. 33	415	§ 53 Rn. 5 ff., 10, 16
358	§ 41 Rn. 36 ff., 44 ff.	416	§ 53 Rn. 8
359	§ 41 Rn. 37, 49 f.	417	§ 53 Rn. 15, 17, 24
360	§ 41 Rn. 46 ff.	418	§ 53 Rn. 13 f., 20
361	§ 41 Rn. 28; § 42 Rn. 52	420	§ 54 Rn. 3 ff., 13 f., 19
362	§ 1 Rn. 7, 16; § 12 Rn. 10; § 13 Rn. 15; § 17 Rn. 1 ff.; § 18 Rn. 1, 6; § 19 Rn. 1; § 53 Rn. 15; § 54 Rn. 31	421	§ 12 Rn. 7; § 53 Rn. 24; § 54 Rn. 18 ff.
		422	§ 53 Rn. 24; § 54 Rn. 9, 24
		423	§ 54 Rn. 25
363	§ 17 Rn. 9	424	§ 54 Rn. 24
364	§ 12 Rn. 9; § 13 Rn. 28 f.; § 17 Rn. 21, 26	425	§ 54 Rn. 10, 26 f., 42
		426	§ 52 Rn. 70; § 54 Rn. 18, 28 ff.
365	§ 17 Rn. 27 ff.	427	§ 54 Rn. 14 f., 19
366	§ 17 Rn. 12 ff., 20; § 18 Rn. 16	428	§ 54 Rn. 3, 7 ff.
367	§ 17 Rn. 14 f.; § 18 Rn. 16	429	§ 54 Rn. 9 f.
368	§ 17 Rn. 6, 10	430	§ 54 Rn. 7, 9
369	§ 17 Rn. 10	431	§ 54 Rn. 19, 41
370	§ 17 Rn. 6, 10	432	§ 54 Rn. 3, 7, 12
371	§ 17 Rn. 10	433	§ 1 Rn. 7, 12, 28; § 5 Rn. 18; § 7 Rn. 17; § 12 Rn. 23; § 13 Rn. 1, 9, 11, 17; § 15 Rn. 14, 17; § 17 Rn. 26; § 20 Rn. 12; § 22 Rn. 10; § 23 Rn. 27, 35; § 24 Rn. 14; § 26 Rn. 18; § 27 Rn. 8; § 36 Rn. 2; § 37 Rn. 10; § 39 Rn. 4; § 40 Rn. 20
372	§ 19 Rn. 2 f.; § 36 Rn. 13; § 52 Rn. 64		
373	§ 36 Rn. 21		
376	§ 19 Rn. 4		
378	§ 19 Rn. 4		
379	§ 19 Rn. 4		
383	§ 19 Rn. 3, 5 f.; § 36 Rn. 13, 21		

§§	Rn.	§§	Rn.
434	§ 5 Rn. 17; § 8 Rn. 17; § 9 Rn. 9, 25; § 13 Rn. 8; § 17 Rn. 27; § 22 Rn. 12; § 23 Rn. 27; § 25 Rn. 11; § 27 Rn. 8, 32; § 28 Rn. 17; § 32 Rn. 6; § 33 Rn. 9; § 35 Rn. 6, 19; § 37 Rn. 6; § 40 Rn. 17, 20f., 23, 30; § 41 Rn. 50; § 46 Rn. 14	530	§ 37 Rn. 6
		535ff.	§ 13 Rn. 6
		536	§ 13 Rn. 8; § 20 Rn. 12; § 23 Rn. 25
		536a	§ 9 Rn. 2, 14; § 13 Rn. 8; § 14 Rn. 2; § 20 Rn. 12; § 23 Rn. 22; § 50 Rn. 9
		539	§ 14 Rn. 5f.
		542	§ 39 Rn. 5
435	§ 22 Rn. 13	543	§ 4 Rn. 28; § 39 Rn. 6
437	§ 9 Rn. 9, 25; § 13 Rn. 8, 31; § 20 Rn. 12; § 21 Rn. 23; § 22 Rn. 14ff.; § 23 Rn. 27; § 25 Rn. 11ff., 15f.; § 27 Rn. 8, 32, 49; § 28 Rn. 4, 17; § 32 Rn. 6; § 33 Rn. 1, 6, 9; § 35 Rn. 5, 27; § 40 Rn. 4, 17, 20f., 23; § 41 Rn. 36, 50; § 46 Rn. 14	546	§ 12 Rn. 22; § 53 Rn. 21
		548	§ 18 Rn. 6
		551	§ 18 Rn. 6
		552	§ 14 Rn. 5
		556b	§ 12 Rn. 22
		562	§ 53 Rn. 13
		566ff.	§ 53 Rn. 13, 19
439	§ 21 Rn. 23; § 22 Rn. 15; § 25 Rn. 12; § 27 Rn. 12, 20; § 40 Rn. 4; § 41 Rn. 50	566c	§ 17 Rn. 7
		566d	§ 18 Rn. 4
		567b	§ 17 Rn. 7
440	§ 27 Rn. 20, 22; § 33 Rn. 6	568ff.	§ 39 Rn. 5
441	§ 27 Rn. 30; § 33 Rn. 9; § 35 Rn. 3, 24, 27; § 40 Rn. 17; § 54 Rn. 6, 17	569	§ 39 Rn. 6
		570	§ 15 Rn. 7
442	§ 50 Rn. 8	572	§ 40 Rn. 6
444	§ 9 Rn. 25	573	§ 1 Rn. 26; § 39 Rn. 5
446	§ 22 Rn. 12; § 35 Rn. 19	581	§ 14 Rn. 5; § 53 Rn. 19
447	§ 12 Rn. 14; § 13 Rn. 17; § 22 Rn. 12; § 35 Rn. 19, 21; § 46 Rn. 12f.	593	§ 37 Rn. 6
		594e	§ 37 Rn. 6
449	§ 52 Rn. 17	599	§ 1 Rn. 24; § 5 Rn. 11ff.; § 23 Rn. 17
453	§ 13 Rn. 1, 6	601	§ 14 Rn. 5
458	§ 46 Rn. 13	604	§ 53 Rn. 21
474	§ 9 Rn. 22; § 25 Rn. 12; § 33 Rn. 6; § 41 Rn. 4; § 42 Rn. 30	608	§ 12 Rn. 22
		611ff.	§ 13 Rn. 6; § 21 Rn. 3
475	§ 12 Rn. 23; § 27 Rn. 20; § 32 Rn. 5; § 35 Rn. 19	612	§ 11 Rn. 11, 25
		613	§ 12 Rn. 5; § 52 Rn. 22
476	§ 9 Rn. 22; § 11 Rn. 9; § 23 Rn. 28; § 41 Rn. 3	613a	§ 53 Rn. 19; § 54 Rn. 19
		615	§ 35 Rn. 20; § 36 Rn. 4, 14
481ff.	§ 41 Rn. 4, 11	619a	§ 24 Rn. 10
482	§ 41 Rn. 23	620	§ 39 Rn. 5
485	§ 41 Rn. 22, 25	621ff.	§ 39 Rn. 5
488	§ 4 Rn. 24; § 12 Rn. 22; § 13 Rn. 38; § 41 Rn. 36	623	§ 4 Rn. 27; § 39 Rn. 1
		626	§ 4 Rn. 28; § 39 Rn. 6
490	§ 37 Rn. 6	630a	§ 41 Rn. 11; § 49 Rn. 25
491	§ 41 Rn. 4, 38; § 42 Rn. 25	630h	§ 45 Rn. 28
491a	§ 41 Rn. 23	631	§ 13 Rn. 6; § 35 Rn. 8; § 37 Rn. 25
492	§ 41 Rn. 23; § 53 Rn. 23	632	§ 11 Rn. 11
495	§ 41 Rn. 22, 36, 38, 40f.; § 42 Rn. 28, 50, 61	633	§ 13 Rn. 8; § 20 Rn. 12; § 22 Rn. 10; § 23 Rn. 35; § 33 Rn. 9; § 35 Rn. 6
497	§ 12 Rn. 3; § 13 Rn. 40; § 26 Rn. 21	634	§ 13 Rn. 8; § 20 Rn. 12; § 23 Rn. 35; § 27 Rn. 8; § 33 Rn. 1, 6, 9; § 35 Rn. 5, 27; § 40 Rn. 4; § 54 Rn. 21
506	§ 41 Rn. 4, 22f., 38; § 42 Rn. 50, 61		
510	§ 41 Rn. 4, 22; § 42 Rn. 25, 61		
518	§ 7 Rn. 2, 17; § 19 Rn. 7; § 51 Rn. 22; § 53 Rn. 4	635	§ 40 Rn. 4; § 41 Rn. 50; § 54 Rn. 21
		636	§ 27 Rn. 20, 22; § 33 Rn. 6
519	§ 37 Rn. 3, 6	638	§ 33 Rn. 9; § 35 Rn. 5, 27
521	§ 1 Rn. 23; § 5 Rn. 11ff.; § 23 Rn. 17	640	§ 17 Rn. 9; § 36 Rn. 2
523	§ 17 Rn. 27	643	§ 39 Rn. 5
524	§ 13 Rn. 3; § 17 Rn. 27	644	§ 12 Rn. 14; § 35 Rn. 21
527	§ 37 Rn. 6	645	§ 35 Rn. 9, 22
528	§ 37 Rn. 3, 6	647	§ 53 Rn. 13

§§	Rn.	§§	Rn.
648	§ 37 Rn. 25; § 39 Rn. 5	813	§ 41 Rn. 51
648a	§ 39 Rn. 6	816	§ 2 Rn. 4; § 10 Rn. 6; § 52 Rn. 54, 58, 62
649	§ 37 Rn. 6		
650	§ 39 Rn. 4	817	§ 41 Rn. 35
650a	§ 54 Rn. 21	818	§ 5 Rn. 19; § 40 Rn. 19, 32
650l	§ 41 Rn. 22	823	§ 1 Rn. 22, 24, 29; § 2 Rn. 1; § 5 Rn. 9ff., 13, 16, 19; § 8 Rn. 9; § 10 Rn. 2, 8; § 11 Rn. 2; § 15 Rn. 11; § 23 Rn. 10; § 24 Rn. 5; § 38 Rn. 6; § 42 Rn. 52; § 43 Rn. 1; § 44 Rn. 5, 7, 14f.; § 45 Rn. 3f., 17, 19, 21, 30f., 37ff., 45f.; § 46 Rn. 1, 7, 12, 15f.; § 47 Rn. 11, 15; § 48 Rn. 5f., 12; § 49 Rn. 3, 19, 32; § 50 Rn. 5, 12, 17, 29; § 54 Rn. 14, 23, 33, 37, 39
650q	§ 54 Rn. 21		
650t	§ 54 Rn. 23		
651a	§ 41 Rn. 11; § 49 Rn. 20		
651h	§ 37 Rn. 6; § 40 Rn. 6		
651n	§ 48 Rn. 1, 4; § 49 Rn. 19f.		
653	§ 11 Rn. 11		
656	§ 1 Rn. 27		
657	§ 5 Rn. 3; § 28 Rn. 3		
662	§ 5 Rn. 5; § 14 Rn. 2; § 23 Rn. 17		
664	§ 12 Rn. 5; § 52 Rn. 22	825	§ 48 Rn. 6
666	§ 14 Rn. 2; § 52 Rn. 24	826	§ 1 Rn. 22, 29; § 2 Rn. 8; § 4 Rn. 5f., 14, 20; § 5 Rn. 9; § 6 Rn. 6, 8, 10ff.; § 10 Rn. 8; § 23 Rn. 5; § 45 Rn. 5, 46; § 49 Rn. 29; § 52 Rn. 54
667	§ 17 Rn. 25; § 19 Rn. 6		
670	§ 5 Rn. 4; § 10 Rn. 4; § 14 Rn. 2		
675	§ 14 Rn. 8		
675e	§ 17 Rn. 23a	827	§ 23 Rn. 12ff.; § 50 Rn. 15
675j	§ 17 Rn. 23a	828	§ 23 Rn. 12ff.; § 43 Rn. 4; § 50 Rn. 15
675x	§ 17 Rn. 23a	829	§ 23 Rn. 14; § 43 Rn. 4
675f	§ 12 Rn. 20	830	§ 54 Rn. 14
677	§ 5 Rn. 5, 19; § 10 Rn. 2f.; § 12 Rn. 10; § 14 Rn. 2; § 24 Rn. 5; § 48 Rn. 3	831	§ 1 Rn. 22; § 8 Rn. 2; § 9 Rn. 2; § 10 Rn. 8; § 23 Rn. 38, 43f.; § 46 Rn. 16; § 50 Rn. 23f.
681	§ 14 Rn. 10		
683	§ 5 Rn. 5; § 10 Rn. 4; § 14 Rn. 2	833	§ 2 Rn. 6; § 5 Rn. 14; § 10 Rn. 9; § 15 Rn. 10; § 47 Rn. 15; § 48 Rn. 1; § 50 Rn. 9, 17, 30f.
687	§ 14 Rn. 10		
690	§ 1 Rn. 23; § 5 Rn. 11f.; § 23 Rn. 17; § 46 Rn. 16	839	§ 50 Rn. 18
691	§ 12 Rn. 5	840	§ 50 Rn. 17; § 54 Rn. 14, 19, 23, 30, 34
701	§ 10 Rn. 2; § 50 Rn. 9		
705ff.	§ 2 Rn. 5; § 5 Rn. 5; § 54 Rn. 27, 41	842	§ 11 Rn. 2; § 43 Rn. 1; § 46 Rn. 5; § 49 Rn. 19
708	§ 1 Rn. 23; § 5 Rn. 13; § 23 Rn. 17ff.		
713	§ 12 Rn. 5; § 14 Rn. 10	843	§ 45 Rn. 44
723	§ 37 Rn. 6; § 39 Rn. 6	844	§ 45 Rn. 23, 31; § 46 Rn. 3ff.; § 48 Rn. 6
741	§ 10 Rn. 2; § 54 Rn. 5, 12		
744	§ 54 Rn. 12	845	§ 46 Rn. 5
759ff.	§ 51 Rn. 3	846	§ 45 Rn. 34
762	§ 1 Rn. 27	848	§ 23 Rn. 22
765	§ 12 Rn. 7; § 17 Rn. 8; § 42 Rn. 11; § 53 Rn. 25; § 54 Rn. 23	850	§ 14 Rn. 2
		856	§ 36 Rn. 21
766	§ 7 Rn. 2; § 53 Rn. 25f.	873	§ 7 Rn. 5; § 24 Rn. 14; § 40 Rn. 10; § 51 Rn. 29, 31; § 52 Rn. 3
769	§ 54 Rn. 19		
774	§ 52 Rn. 70; § 54 Rn. 23	906ff.	§ 10 Rn. 10
775	§ 37 Rn. 3, 6	925	§ 7 Rn. 5; § 24 Rn. 14; § 40 Rn. 10; § 51 Rn. 29, 31; § 52 Rn. 3
779	§ 37 Rn. 3, 6		
793	§ 17 Rn. 7	925a	§ 7 Rn. 16
807	§ 17 Rn. 7	929	§ 1 Rn. 5, 28; § 10 Rn. 6; § 13 Rn. 34; § 40 Rn. 10; § 51 Rn. 29, 31; § 52 Rn. 3
808	§ 17 Rn. 7		
809	§ 10 Rn. 2		
812	§ 1 Rn. 6, 27f.; § 5 Rn. 16, 19, 22; § 7 Rn. 15; § 10 Rn. 2, 5; § 12 Rn. 8; § 17 Rn. 22; § 35 Rn. 25; § 39 Rn. 15; § 41 Rn. 21, 35; § 42 Rn. 52; § 52 Rn. 7, 53, 56, 63	930	§ 46 Rn. 15
		931	§ 21 Rn. 15
		932	§ 10 Rn. 6; § 52 Rn. 14
		935	§ 22 Rn. 13
		946	§ 14 Rn. 6

§§	Rn.
947	§ 14 Rn. 6
952	§ 52 Rn. 35
954	§ 14 Rn. 6
965 ff.	§ 2 Rn. 4; § 10 Rn. 10
970	§ 15 Rn. 10
985	§ 2 Rn. 4; § 5 Rn. 19 f.; § 15 Rn. 10 f., 13; § 22 Rn. 13; § 31 Rn. 2; § 53 Rn. 11
987	§ 2 Rn. 4; § 10 Rn. 10; § 36 Rn. 20
989	§ 31 Rn. 2
990	§ 2 Rn. 4; § 31 Rn. 2; § 36 Rn. 20
994	§ 14 Rn. 2; § 15 Rn. 13; § 40 Rn. 30
997	§ 14 Rn. 5
1000	§ 15 Rn. 11, 13
1001	§ 14 Rn. 13
1004	§ 4 Rn. 21; § 6 Rn. 6; § 50 Rn. 9
1030 ff.	§ 7 Rn. 17; § 11 Rn. 5
1068 ff.	§ 19 Rn. 10
1074	§ 17 Rn. 5
1074 ff.	§ 52 Rn. 5
1113 ff.	§ 17 Rn. 8
1143	§ 52 Rn. 70
1153	§ 52 Rn. 32
1214	§ 14 Rn. 10
1247	§ 19 Rn. 5
1250	§ 52 Rn. 32
1273 ff.	§ 19 Rn. 10; § 52 Rn. 67
1280	§ 52 Rn. 67
1282	§ 17 Rn. 5
1298 ff.	§ 40 Rn. 6
1353	§ 52 Rn. 26
1357	§ 54 Rn. 8, 14, 19
1359	§ 5 Rn. 13; § 23 Rn. 19
1360	§ 2 Rn. 4; § 46 Rn. 4
1421	§ 14 Rn. 10
1569 ff.	§ 2 Rn. 4
1601	§ 2 Rn. 4; § 46 Rn. 4; § 49 Rn. 25
1605	§ 14 Rn. 8
1606	§ 54 Rn. 16
1618a	§ 52 Rn. 26
1619	§ 46 Rn. 5
1626	§ 23 Rn. 36
1664	§ 5 Rn. 13; § 23 Rn. 17, 19; § 54 Rn. 33, 40
1681	§ 14 Rn. 10
1793 ff.	§ 23 Rn. 36
1840	§ 14 Rn. 10
1890	§ 14 Rn. 10
1902	§ 23 Rn. 36
1915	§ 23 Rn. 36
1922	§ 1 Rn. 31; § 49 Rn. 22, 32
1941	§ 4 Rn. 22; § 11 Rn. 8
1967	§ 1 Rn. 31
1968	§ 46 Rn. 3
1975	§ 1 Rn. 31
1981	§ 1 Rn. 31
2022	§ 15 Rn. 11

§§	Rn.
2039	§ 54 Rn. 5, 12
2057	§ 14 Rn. 8
2125	§ 14 Rn. 5
2147	§ 2 Rn. 4
2154	§ 13 Rn. 21
2174	§ 13 Rn. 26
2211	§ 17 Rn. 4
2218	§ 14 Rn. 10
2274 ff.	§ 4 Rn. 22; § 11 Rn. 8
2293 ff.	§ 40 Rn. 6
2346 ff.	§ 11 Rn. 8
2366	§ 52 Rn. 16
2382	§ 53 Rn. 21

Vertrag über die Arbeitsweise der Europäischen Union (AEUV)

§§	Rn.
Art. 45	§ 2 Rn. 10
Art. 49	§ 2 Rn. 10
Art. 56	§ 2 Rn. 10
Art. 267	§ 2 Rn. 9
Art. 288	§ 2 Rn. 9

Allgemeines Gleichbehandlungsgesetz (AGG)

1	§ 3 Rn. 11
15	§ 7 Rn. 12; § 48 Rn. 2
19	§ 3 Rn. 11; § 7 Rn. 12
21	§ 3 Rn. 11; § 7 Rn. 12; § 44 Rn. 9; § 48 Rn. 2

Einführungsgesetz zum Bürgerlichen Gesetzbuch (EGBGB)

Art. 40	§ 43 Rn. 5
Art. 240	§ 15 Rn. 13a, 13b; § 37 Rn. 12
Art. 246	§ 41 Rn. 15; § 41 Rn. 23
Art. 246a	§ 41 Rn. 23; § 42 Rn. 19 ff., 29, 31, 39, 43, 46, 58
Art. 246b	§ 42 Rn. 21, 32
Art. 246c	§ 42 Rn. 56

Entgeltfortzahlungsgesetz (EFZG)

6	§ 45 Rn. 43; § 46 Rn. 1; § 54 Rn. 23

Einkommensteuergesetz (EStG)

§ 35a	§ 42 Rn. 19

Grundgesetz (GG)

Art. 1	§ 2 Rn. 8; § 3 Rn. 11; § 23 Rn. 13; § 43 Rn. 2; § 47 Rn. 16; § 48 Rn. 10, 12; § 49 Rn. 26, 31
Art. 2	§ 1 Rn. 27; § 3 Rn. 2, 5; § 6 Rn. 3; § 48 Rn. 12; § 49 Rn. 27 f.; § 51 Rn. 7
Art. 3	§ 3 Rn. 11; § 6 Rn. 8, 11; § 46 Rn. 5; § 48 Rn. 15
Art. 4	§ 4 Rn. 23; § 21 Rn. 28
Art. 5	§ 6 Rn. 7
Art. 12	§ 6 Rn. 7
Art. 14	§ 5 Rn. 20

§§	Rn.
Art. 20	§ 3 Rn. 5; § 4 Rn. 2; § 6 Rn. 8
Art. 20a	§ 47 Rn. 15
Art. 34	§ 49 Rn. 18
Art. 100	§ 2 Rn. 9

Handelsgesetzbuch (HGB)

25	§ 53 Rn. 21
28	§ 53 Rn. 21
60	§ 1 Rn. 18
74	§ 1 Rn. 18
128	§ 54 Rn. 19, 27, 41
129	§ 54 Rn. 19
130	§ 53 Rn. 21
345	§ 33 Rn. 4
346	§ 4 Rn. 10
348	§ 38 Rn. 18
350	§ 53 Rn. 25
352	§ 13 Rn. 39; § 14 Rn. 3
353	§ 13 Rn. 38
354a	§ 52 Rn. 29
355	§ 13 Rn. 41
360	§ 13 Rn. 3, 7, 12
369ff.	§ 15 Rn. 12
371	§ 15 Rn. 12
373	§ 2 Rn. 5; § 19 Rn. 3, 6
375	§ 11 Rn. 17
376	§ 21 Rn. 18; § 33 Rn. 4
377	§ 1 Rn. 26
381	§ 11 Rn. 17
421	§ 46 Rn. 13
425	§ 46 Rn. 13
458	§ 46 Rn. 13

Insolvenzordnung (InsO)

49ff.	§ 52 Rn. 34
80	§ 17 Rn. 4
94	§ 18 Rn. 2
315ff.	§ 1 Rn. 31

Kündigungsschutzgesetz (KSchG)

1	§ 39 Rn. 5

Rom I-VO

Art. 3	§ 3 Rn. 3

Rom II-VO

Art. 26	§ 43 Rn. 5

SEPA-VO

Art. 1	§ 13 Rn. 34

Sozialgesetzbuch, 7. Buch (SGB VII)

104 f.	§ 54 Rn. 39

Sozialgesetzbuch, 10. Buch (SGB X)

116	§ 43 Rn. 6; § 45 Rn. 43; § 54 Rn. 23

§§	Rn.

Strafgesetzbuch (StGB)

17	§ 23 Rn. 4
174ff.	§ 48 Rn. 6
185ff.	§ 44 Rn. 5
203	§ 52 Rn. 12
229	§ 5 Rn. 12; § 45 Rn. 17
242	§ 38 Rn. 6
323c	§ 50 Rn. 6

Straßenverkehrsgesetz (StVG)

7	§ 2 Rn. 1; § 5 Rn. 12; § 45 Rn. 37; § 50 Rn. 2, 17
9	§ 2 Rn. 1; § 50 Rn. 8, 17
12	§ 45 Rn. 19
17	§ 50 Rn. 8
18	§ 5 Rn. 12; § 50 Rn. 17

Unterlassungsklagengesetz (UKlaG)

1	§ 16 Rn. 16, 26
11	§ 16 Rn. 26

Gesetz über den Versicherungsvertrag (VVG)

6	§ 41 Rn. 12
7	§ 41 Rn. 12
8	§ 41 Rn. 12
9	§ 41 Rn. 12
28	§ 1 Rn. 26
86	§ 43 Rn. 6; § 52 Rn. 2, 70; § 54 Rn. 23
159	§ 51 Rn. 3, 19, 21
193	§ 6 Rn. 5

Zivilprozessordnung (ZPO)

29	§ 12 Rn. 14
93	§ 26 Rn. 7
104	§ 13 Rn. 40
145	§ 18 Rn. 9
253	§ 26 Rn. 7
254	§ 26 Rn. 7
261	§ 52 Rn. 57
265	§ 52 Rn. 57
302	§ 18 Rn. 9
325	§ 52 Rn. 57
328	§ 43 Rn. 5
688ff.	§ 26 Rn. 7
722	§ 43 Rn. 5
772	§ 31 Rn. 2
804	§ 52 Rn. 34
828ff.	§ 52 Rn. 1
829	§ 17 Rn. 4; § 18 Rn. 9, 12; § 52 Rn. 59
835	§ 52 Rn. 2, 59
850ff.	§ 18 Rn. 14; § 52 Rn. 23
888	§ 16 Rn. 6
1029	§ 11 Rn. 24; § 15 Rn. 20

Sachverzeichnis

(Die Angaben verweisen auf die Randnummern. Die Hauptfundstellen sind durch Fettdruck gekennzeichnet.)

Abänderungsfreiheit § 11 Rn. 2
– Grenzen § 11 Rn. 4; § 11 Rn. 9
Abbruch von Vertragsverhandlungen § 8 Rn. 11 f.
Abergläubische Verträge § 21 Rn. 3; § 28 Rn. 5 ff.
Ablösungsrecht von Dritten § 12 Rn. 11 ff.
Abonnement-Verträge § 42 Rn. 25
Abschlussfreiheit
– negative § 6 Rn. 1, 3 ff.
– positive § 6 Rn. 1 ff.
Abschlussverbot § 6 Rn. 2
Abschlusszwang s. Kontrahierungszwang
Absicht § 23 Rn. 5
absolute Rechte § 1 Rn. 3, 22, 29; § 5 Rn. 10; § 25 Rn. 5
Abstraktionsprinzip § 1 Rn. 28; § 10 Rn. 5; § 52 Rn. 6
Abtretbarkeit § 52 Rn. 22 ff.
Ausschluss kraft Gesetzes § 52 Rn. 22
– vertragliches Abtretungsverbot § 52 Rn. 28
Abtretung § 51 Rn. 25; **§ 52 Rn. 1 ff.**
– und Aufrechnung § 52 Rn. 45 ff.
– mehrfache § 52 Rn. 58 f.
– Schuldnerschutz § 52 Rn. 52 ff.
– und Vertrag zugunsten Dritter § 51 Rn. 25
Abtretungsanzeige § 52 Rn. 60 ff.
Adäquanztheorie **§ 45 Rn. 13 ff.;** § 45 Rn. 32, 42
Affektionsinteresse § 44 Rn. 6 f.; § 47 Rn. 11
Akzessorietät § 17 Rn. 8; § 35 Rn. 29; § 42 Rn. 13; § 52 Rn. 32 f.; § 53 Rn. 13, 25, 84, 96; § 54 Rn. 19, 23, 28, 32, 41
– der Vertragsstrafe § 38 Rn. 3, 8
– der Zinsschuld § 13 Rn. 37
– s. auch Sicherungsrechte
Aktivforderung s. Gegenforderung
Alkoholische Getränke, Widerrufsrecht § 42 Rn. 25
Allgemeine Geschäftsbedingungen § 12 Rn. 3; **§ 16 Rn. 1 ff.**
– Begriff § 16 Rn. 7 ff.
– Einbeziehungskontrolle § 16 Rn. 10 ff.
– geltungserhaltende Reduktion § 16 Rn. 25
– geschlechtergerechte Sprache § 16 Rn. 22
– Inhaltskontrolle § 16 Rn. 18 ff.
– mehrdeutige Klauseln § 16 Rn. 16
– Transparenzgebot § 16 Rn. 21
– überraschende Klauseln § 16 Rn. 15
– Unterlassungsklagen § 16 Rn. 16, 26
Allgemeines Gleichbehandlungsgesetz **§ 3 Rn. 11;** § 48 Rn. 1; § 54 Rn. 18

Allgemeines Lebensrisiko § 14 Rn. 2; § 45 Rn. 20 f., 31 f., 38
Alternativverhalten, rechtmäßiges § 30 Rn. 8; § 45 Rn. 10, **27 f.**
Anfechtung
– der Leistungsbestimmung durch Dritte § 11 Rn. 21
– der Tilgungsbestimmung § 17 Rn. 12
– und Abtretung § 52 Rn. 27, 38
– und Schuldübernahme § 53 Rn. 12, 16
– und Störung der Geschäftsgrundlage § 37 Rn. 8
– und Verschulden bei Vertragsverhandlungen § 8 Rn. 15 ff.; § 10 Rn. 5
Annahmeverzug § 12 Rn. 4, 21; § 13 Rn. 15, 17, 24, 32; § 19 Rn. 2, 5 f.; § 33 Rn. 13; § 35 Rn. 16 f., 19 ff.; **§ 36 Rn. 1 ff.;** § 54 Rn. 10
Anspruch, verhaltener **§ 12 Rn. 21;** § 17 Rn. 10
Anspruchskonkurrenz § 1 Rn. 23; § 9 Rn. 24; § 54 Rn. 32
Antidiskriminierungsrichtlinie § 3 Rn. 11
Anweisung § 51 Rn. 24
– und Vertrag zugunsten Dritter § 51 Rn. 24
Anzahlung § 5 Rn. 22
Äquivalenzstörung s. Geschäftsgrundlage, Störung
Äquivalenztheorie § 45 Rn. 7 ff.
Arbeitsrecht
– betrieblich veranlasste Tätigkeit § 23 Rn. 20 f.
– Diskriminierungsverbote § 3 Rn. 11
– Mankohaftung des Arbeitnehmers § 24 Rn. 10
– Schutz des Arbeitnehmers § 3 Rn. 11
Arbeitsunfälle § 54 Rn. 39
Arbeitsverträge § 11 Rn. 25
– AGB-Kontrolle § 16 Rn. 6, 14; § 38 Rn. 17
– Annahmeverzug § 36 Rn. 14
– Auflösung § 39 Rn. 1, 4 f.
– persönliche Unzumutbarkeit § 21 Rn. 26
– Schutzpflichtverletzung § 24 Rn. 14; § 25 Rn. 4
Arglist § 7 Rn. 11; **§ 8 Rn. 16 f.;** § 9 Rn. 25; § 10 Rn. 5; § 11 Rn. 21; § 17 Rn. 27; § 27 Rn. 19, 30; § 53 Rn. 16
ärztliche Gemeinschaftspraxen § 54 Rn. 27
Aufhebungsfreiheit § 39 Rn. 1
Aufhebungsvertrag § 19 Rn. 7; **§ 39 Rn. 1 ff.**
Aufklärungspflichten § 8 Rn. 10 ff.; § 28 Rn. 9; § 34 Rn. 2
– und rechtmäßiges Alternativverhalten § 45 Rn. 28
Auflassung **§ 7 Rn. 5,** 11, 15 f.; § 51 Rn. 29, 31
Aufnahme von Vertragsverhandlungen § 8 Rn. 5

Aufrechnung § 18 Rn. 1 ff.
- Aufrechnungserklärung § 18 Rn. 1; Rn. 8
- Aufrechnungslage § 18 Rn. 3 ff.
- Aufrechnungsverbote § 18 Rn. 11 ff.
Aufwendungen § 10 Rn. 4; § 13 Rn. 34; **§ 14 Rn. 2 ff.**; § 44 Rn. 1
- fehlgeschlagene § 14 Rn. 2; § 28 Rn. 6, 16; **§ 30 Rn. 1 ff.**; § 31 Rn. 9; § 44 Rn. 8, 10; § 48 Rn. 4; **§ 49 Rn. 9 ff.**
- und Verwendungen § 40 Rn. 30 ff.
- unverhältnismäßige § 47 Rn. 1, 13 ff.
- vergebliche s. fehlgeschlagene
Ausgleichsanspruch
- des Gesamtgläubigers § 54 Rn. 9
- des Gesamtschuldners § 54 Rn. 18, 28 f., **34 ff.**
Ausgleichsfunktion
- des Schadensrechts § 43 Rn. 2, 4 f.
- des Schmerzensgelds § 48 Rn. 11
- von gesetzlichen Schuldverhältnissen § 1 Rn. 6; § 10 Rn. 1 ff.
Auskunftspflicht § 14 Rn. 8 ff.
Auslegung
- richtlinienkonforme **§ 2 Rn. 9**; § 26 Rn. 2; § 27 Rn. 20; § 33 Rn. 6
- verfassungskonforme § 2 Rn. 8
- von Generalklauseln § 4 Rn. 4
- von Verträgen § 4 Rn. 11 f.
Auslobung § 5 Rn. 3
Austauschtheorie s. Surrogationstheorie
Außerhalb von Geschäftsräumen geschlossene Verträge § 41 Rn. 10 ff.; § 42 Rn. 3 ff.
- Bürgschaft § 42 Rn. 11 ff.
- Informationspflichten § 42 Rn. 19 ff.
- Widerrufsrecht § 42 Rn. 23 ff.

Basiszinssatz **§ 13 Rn. 39 f.**; § 26 Rn. 21
Bauherren-Fall § 54 Rn. 21 f.
Bausachverständigen-Fall § 9 Rn. 11, 24
Beerdigungskosten § 46 Rn. 3
Befreiungsanspruch § 14 Rn. 4
- Abtretbarkeit § 52 Rn. 24
BGB-Gesellschaft s. Gesellschaft bürgerlichen Rechts
Behandlungsvertrag
- Einbeziehung Dritter in den Schutzbereich § 49 Rn. 25, 30
- Widerrufsrecht § 41 Rn. 11
Behinderte § 16 Rn. 13; § 23 Rn. 10; § 50 Rn. 13
behinderte Kinder § 49 Rn. 30
Beratungspflichten § 8 Rn. 10 ff.
Bereicherungsrecht § 1 Rn. 28; § 5 Rn. 19; **§ 10 Rn. 5 f.**
Bereicherungsverbot § 43 Rn. 5; § 45 Rn. 41; § 47 Rn. 2; 8
Berufsrisiko § 45 Rn. 38
Beschaffungsrisiko § 23 Rn. 29 ff.
- und Mängelgewährleistung § 23 Rn. 32; § 27 Rn. 22

Besondere Vertriebsformen § 41 Rn. 22; **§ 42 Rn. 1 ff.**
Bestandsverzeichnis § 14 Rn. 12 f.
Bestimmtheitsgrundsatz § 52 Rn. 18 ff.
betrieblich veranlasste Tätigkeit § 23 Rn. 20 f.
Betriebsgefahr § 50 Rn. 2, 17, 25
Betriebsrisiko des Arbeitgebers § 23 Rn. 20; § 35 Rn. 20
Beweislast § 17 Rn. 9; § 22 Rn. 23; **§ 24 Rn. 8 ff.**; § 28 Rn. 14; § 30 Rn. 8; § 41 Rn. 28; § 45 Rn. 28; § 52 Rn. 51
Bewirken der Leistung § 17 Rn. 2
Billigkeitshaftung § 23 Rn. 14
Bitcoins § 13 Rn. 34
Bluter § 45 Rn. 4; § 45 Rn. 17; § 50 Rn. 13
Bringschuld § 12 Rn. 15, 18, 20; § 13 Rn. 15; § 22 Rn. 8; § 36 Rn. 16 f.
Bruchteilsgemeinschaft § 54 Rn. 5, 12
Bürgschaft § 52 Rn. 32, 70; § 53 Rn. 25 f.
- Akzessorietät § 17 Rn. 8; § 52 Rn. 32
- als außerhalb von Geschäftsräumen geschlossener Vertrag § 42 Rn. 11 ff.
- als Haustürgeschäft § 42 Rn. 13
- Gesamtschuld § 54 Rn. 19
- Inhaltskontrolle § 3 Rn. 10
- Legalzession § 52 Rn. 70
- Mitbürgschaft § 54 Rn. 19
- und Schuldbeitritt § 53 Rn. 25 f.
Button-Lösung s. elektronischer Geschäftsverkehr

Casum sentit dominus § 10 Rn. 8
Corona-Krise
- Leistungsverweigerungsrecht § 15 Rn. 13a
- Rechtliche Unmöglichkeit § 21 Rn. 8
- Störung der Geschäftsgrundlage § 37 Rn. 12, 24
- Vorübergehende Unmöglichkeit § 21 Rn. 16
Collagen-Fall § 46 Rn. 12
Commodum, stellvertretendes **§ 31 Rn. 1 ff.**; § 35 Rn. 23 f.
Computerkauf-Fall § 51 Rn. 2, 4
Condicio sine qua non § 45 Rn. 7 ff.
Culpa in contrahendo s. Verschulden bei Vertragsverhandlungen
Culpa post contractum finitum § 22 Rn. 20; § 25 Rn. 6

Dauerschuldverhältnis
- Anbieterwechsel § 42 Rn. 53 f.
- Begriff § 39 Rn. 3 f.
- Kündigung § 4 Rn. 13; 30; § 37 Rn. 19; **§ 39 Rn. 3 ff.**
- Leistungsverweigerungsrecht § 15 Rn. 13a
- und Störung der Geschäftsgrundlage § 39 Rn. 18
Deckenplatten-Fall § 23 Rn. 27
Deckungskauf § 24 Rn. 24 f.

Deckungsverhältnis § 51 Rn. 9 ff., 22 f.
- Einwendungen § 51 Rn. 17
Dienstleistungen
- soziale § 41 Rn. 12
- Wertersatzpflicht § 42 Rn. 46, 49
Differenzhypothese **§ 44 Rn. 3 f.;** § 45 Rn. 23; § 49 Rn. 25
Differenztheorie **§ 29 Rn. 2 ff.**
digitale Inhalte § 2 Rn. 14 a f.; § 42 Rn. 30, 47, 50
Diligentia quam in suis s. eigenübliche Sorgfalt
Diskriminierung § 3 Rn. 11; § 6 Rn. 10 f.
Dispositionsfreiheit des Geschädigten § 47 Rn. 6 ff.
Dispositives Recht § 11 Rn. 3, 25 f.
dolo agit § 4 Rn. 21
dolus eventualis § 23 Rn. 5
Doppelkausalität § 45 Rn. 9
Draufgabe **§ 5 Rn. 21 f.;** § 38 Rn. 2
Dritte
- Leistung an Dritte § 17 Rn. 5 f.
- Leistung durch Dritte **§ 12 Rn. 5 ff.;** § 17 Rn. 3
- Mitverschulden Dritter § 9 Rn. 16; **§ 50 Rn. 21 ff.**
- s. auch Drittschadensliquidation, Sachwalterhaftung, Verfügung zugunsten Dritter; Vertrag mit Schutzwirkung für Dritte; Vertrag zugunsten Dritter
Dritthaftung § 9 Rn. 19 ff.
Drittschadensliquidation § 1 Rn. 30; § 9 Rn. 12; **§ 46 Rn. 8 ff.**
- Abgrenzung zum Vertrag mit Schutzwirkung für Dritte § 46 Rn. 9 f.
- Fallgruppen § 46 Rn. 11 ff.
- Funktion § 46 Rn. 9
- obligatorische Gefahrentlastung § 46 Rn. 12 f.

E-Commerce–Richtlinie § 42 Rn. 57
EU-Recht
- Grundfreiheiten § 2 Rn. 10
- Richtlinien § 2 Rn. 9
- s. auch Antidiskriminierungsrichtlinie; Haustürwiderrufsrichtlinie; Verbraucherrechte-RL; Verbrauchsgüterkaufrichtlinie
Ehegatten
- Gemeinschaftskonto § 54 Rn. 8
- Geschäfte zur Deckung des Lebensbedarfs § 54 Rn. 8, 14
Eichenlaub-Fall § 21 Rn. 24
Eigentümer-Besitzer-Verhältnis § 10 Rn. 10; § 24 Rn. 4
eigenübliche Sorgfalt **§ 23 Rn. 17 ff.;** § 40 Rn. 23 ff.; § 54 Rn. 33 ff.
Eingriffskondiktion § 10 Rn. 6
Einrede
- bei Unmöglichkeit § 21 Rn. 20, 26
- des nichterfüllten Vertrages § 15 Rn. 14 ff.; § 22 Rn. 7
- und Aufrechnung § 18 Rn. 6

- und Verzögerung der Leistung § 22 Rn. 5 ff.
- s. auch Unsicherheitseinrede; Verjährung; Zurückbehaltungsrecht
Einredetheorie § 15 Rn. 15
Einrichtung § 14 Rn. 5
Einwendung § 51 Rn. 11, 17; **§ 52 Rn. 36 ff.**
- aus dem Deckungsverhältnis § 51 Rn. 17
Einwendungsdurchgriff § 41 Rn. 49 ff.
Einzelwirkung § 54 Rn. 17, 24 ff.
Einziehungsermächtigung § 52 Rn. 9 f.
Elektive Konkurrenz § 13 Rn. 31
Elektronischer Geschäftsverkehr § 42 Rn. 55 ff.
- Button-Lösung § 42 Rn. 59
- Informationspflichten § 42 Rn. 56
- Informationspflichten gegenüber Verbrauchern § 42 Rn. 58
- Widerrufsrecht § 42 Rn. 61
Empfangszuständigkeit § 17 Rn. 4
- gemeinsame § 54 Rn. 5
entgangene Dienste § 46 Rn. 5
entgangener Gewinn § 25 Rn. 13; § 28 Rn. 12; § 44 Rn. 3, 10; § 46 Rn. 14; **§ 47 Rn. 17 f.**
- Beweiserleichterung § 47 Rn. 18
Entgelte, Grenzen der Vereinbarung § 41 Rn. 18 ff.
Entgeltforderungen § 12 Rn. 25; **§ 26 Rn. 15 ff.**
Entscheidungsfreiheit § 1 Rn. 21; § 8 Rn. 16; § 30 Rn. 7; § 38 Rn. 3
Erbengemeinschaft § 54 Rn. 5, 12
Erfolgsort § 12 Rn. 14
Erfüllbarkeit § 12 Rn. 21
Erfüllung § 17 Rn. 1 ff.; § 54 Rn. 24
- Kredit- oder EC-Karte § 17 Rn. 26
- PayPal § 17 Rn. 26a
- SEPA-Lastschriftverfahren § 17 Rn. 23a
- Surrogate § 18 Rn. 2; § 19 Rn. 4; § 54 Rn. 17, 24
- Theorie der finalen Leistungsbewirkung § 17 Rn. 18, Rn. 20
- Theorie der realen Leistungsbewirkung § 17 Rn. 19 f.
- Überweisung § 17 Rn. 23a
- Vertragstheorie § 17 Rn. 17, 20
Erfüllungsgehilfe § 23 Rn. 34 ff.
- Fahrlässigkeitsmaßstab § 23 Rn. 41
- Roboter als Erfüllungsgehilfe § 23 Rn. 42
Erfüllungsinteresse § 44 Rn. 8 ff.
- Ersatz bei Abbruch von Vertragsverhandlungen § 8 Rn. 12
- Ersatz bei anfänglicher Unmöglichkeit § 28 Rn. 9
Erfüllungsort § 12 Rn. 14
Erfüllungsübernahme § 51 Rn. 3
Erfüllungsverweigerung s. Leistungsverweigerung
Erkennbarkeit § 9 Rn. 13; **§ 23 Rn. 7 f.;** § 46 Rn. 14
Erlass **§ 19 Rn. 7;** § 51 Rn. 28, 32 f.; § 52 Rn. 5; § 54 Rn. 25
Ersatz neu für alt § 43 Rn. 5; § 47 Rn. 2
Ersatzfahrzeug § 49 Rn. 13

Ersatzherausgabe s. Commodum, stellvertretendes; Ersetzungsbefugnis § 13 Rn. 27ff.; § 17 Rn. 23
Erstschädiger § 54 Rn. 34ff.
Erwirkung § 4 Rn. 19
EUR s. Zahlungsmittel, gesetzliches
Eventualaufrechnung § 18 Rn. 9
Exkulpation § 1 Rn. 22; § 8 Rn. 2; § 9 Rn. 2; § 23 Rn. 43

Factoring § 52 Rn. 66
Fahrlässigkeit § 23 Rn. 6ff.
– grobe § 23 Rn. 18
– Maßstab § 23 Rn. 9ff.; § 50 Rn. 14
Fahrlehrer-Fall § 45 Rn. 45
Fälligkeit § 12 Rn. 21ff.; § 22 Rn. 4
Falsa demonstratio non nocet § 7 Rn. 13
Falschbezeichnung
– irrtümliche § 7 Rn. 13
– bewusste § 7 Rn. 14
Fangprämie s. Ladendiebstahl
Fehleridentität § 52 Rn. 6
Fenstersprung-Fall § 45 Rn. 35, 37
Fernabsatz § 41 Rn. 4ff., 10, 13f., 22f., 29ff.; § 42 Rn. 16ff.
– Informationspflichten § 42 Rn. 19ff.
– und Widerruf § 42 Rn. 23ff.
Feuerwehrmann-Fall § 45 Rn. 38
Finanzdienstleistungen § 41 Rn. 12, 14, 31; § 42 Rn. 21, 32, 48ff.
Finder § 2 Rn. 4; § 10 Rn. 10
Fitnessstudiovertrag, außerordentliche Kündigung § 39 Rn. 9
Fixgeschäft
– absolutes § 21 Rn. 17
– relatives § 21 Rn. 18; § 33 Rn. 4
Fixschuld s. Fixgeschäft
Folgeschaden § 45 Rn. 25f.
Forderung
– Abtretung s. dort
– Begriff § 1 Rn. 7ff.
– gutgläubiger Erwerb § 52 Rn. 14ff.
Forderungskauf § 52 Rn. 66
Forderungsrecht
– des Dritten § 51 Rn. 5, 8, 11, 26
– eigenes § 51 Rn. 1f., 25
– gemeinschaftliches § 54 Rn. 11f.
– selbstständiges § 52 Rn. 3; § 54 Rn. 6, 9, 17
Forderungsübergang, gesetzlicher § 12 Rn. 13; § 45 Rn. 43; § 52 Rn. 2, 59, 70; § 54 Rn. 23, 28
Formfreiheit § 3 Rn. 3; § 7 Rn. 1f.
Formzwang § 7 Rn. 1ff.
– bei Grundstücksgeschäften § 7 Rn. 3ff.
– gesetzlicher § 7 Rn. 1f.
– gewillkürter § 7 Rn. 1f.
– Funktionen § 7 Rn. 1
Fortuna-Reise § 11 Rn. 15
Freistellungsanspruch s. Befreiungsanspruch

Freizeit § 49 Rn. 17
Fremdwährungsschuld s. Geldschuld
Fristsetzung § 27 Rn. 10ff.; § 33 Rn. 2ff.; § 39 Rn. 11ff.; § 47 Rn. 4
– Angemessenheit der Frist § 27 Rn. 14ff.
– Entbehrlichkeit § 27 Rn. 18ff.; § 33 Rn. 3ff.; § 39 Rn. 11; § 40 Rn. 12

Galizische Eier § 23 Rn. 31
Garantie § 23 Rn. 24ff.; § 27 Rn. 22; § 28 Rn. 10f., 13
Garantiehaftung § 23 Rn. 25; § 28 Rn. 11; § 50 Rn. 9
Gattungsschuld § 13 Rn. 3ff.; § 21 Rn. 9, 24; § 23 Rn. 29ff.; § 31 Rn. 3; § 36 Rn. 16
– marktbezogene § 13 Rn. 9; § 23 Rn. 29
– s. auch Vorratsschuld
Gebrauchsvorteile § 49 Rn. 2ff.
Gefährdungshaftung § 2 Rn. 6; § 10 Rn. 9; § 45 Rn. 17; § 48 Rn. 1, 3, 8; § 50 Rn. 2, 9, 16f., 25, 30
Gefahrgeneigte Arbeit s. betrieblich veranlasste Tätigkeit
Gefälligkeitsfahrten im Straßenverkehr § 5 Rn. 12; § 23 Rn. 16
Gefälligkeitsverhältnis § 5 Rn. 5ff.
– Haftungsmilderung § 5 Rn. 11ff.; § 23 Rn. 16
Gegenforderung § 18 Rn. 4, 6; § 52 Rn. 48ff.
Gegenleistungsgefahr § 13 Rn. 17; § 35 Rn. 7ff.
Gegenleistungspflicht, Wegfall Vor § 32 Rn. 1ff.; § 35 Rn. 2ff.
Gegenseitigkeitsverhältnis § 15 Rn. 3; 14ff.; § 51 Rn. 16
gegenwärtiges Vermögen § 7 Rn. 17
Geldschuld § 13 Rn. 32ff.
– Bringschuld § 12 Rn. 20
– Fremdwährungsschuld § 13 Rn. 35
– Gefahrtragung § 12 Rn. 19f.
– Geldsortenschuld § 13 Rn. 36
– Unmöglichkeit § 21 Rn. 10
– Vertretenmüssen § 23 Rn. 33
– Verzögerung der Leistung § 22 Rn. 8
– Virtuelles Geld § 13 Rn. 34
Gemeinsamer Referenzrahmen § 2 Rn. 13f.
Gemeinsames Europäisches Kaufrecht § 2 Rn. 13f.
gemeinschaftliche Schuldnerschaft § 54 Rn. 41f.
Gemeinschaftskonto § 54 Rn. 8
Gemüseblatt-Fall § 9 Rn. 2
Genugtuungsfunktion des Schmerzensgelds § 43 Rn. 3; § 48 Rn. 7f., 10, 14
Gesamtgläubigerschaft § 54 Rn. 3, 7ff.
Gesamthandsgemeinschaft § 54 Rn. 5
Gesamtschuld § 54 Rn. 14f., 18ff.
– Einzelwirkung § 54 Rn. 24ff.
– Erlass § 54 Rn. 25
– Gesamtwirkung § 54 Rn. 24ff.
– gestörte § 50 Rn. 23; § 54 Rn. 33ff.
– Gleichstufigkeit § 54 Rn. 22f.

- Identität des Leistungsinteresses § 54 Rn. 21
- Regress § 54 Rn. 28 ff.
- Zweckgemeinschaft § 54 Rn. 22
- s. auch Ausgleichsanspruch

Geschäfte des täglichen Lebens § 17 Rn. 20; § 41 Rn. 16
Geschäftliche Kontakte, ähnliche § 8 Rn. 7
Geschäftsbesorgung § 10 Rn. 3
Geschäftsführung ohne Auftrag § 10 Rn. 3 f.; § 48 Rn. 3
- Aufwendungsersatz § 14 Rn. 2

Geschäftsgrundlage
- Äquivalenzstörung § 21 Rn. 25; § 37 Rn. 12; 21 ff.
- Begriff § 37 Rn. 9
- Corona-Krise § 37 Rn. 12, 24
- Kündigungsrecht § 37 Rn. 19; § 39 Rn. 18
- Rücktrittsrecht § 37 Rn. 19
- Störung § 4 Rn. 13, 30; **§ 37 Rn. 1 ff.;** § 40 Rn. 24
- und Unmöglichkeit § 21 Rn. 25, 28; § 37 Rn. 7
- Vertragsanpassung § 37 Rn. 17 f.
- s. auch Irrtum, gemeinschaftlicher

Gesellschaft bürgerlichen Rechts § 5 Rn. 5; § 54 Rn. 5, 27, 41
Gesetzliche Schuldverhältnisse § 10 Rn. 1 ff.
Gesetzlicher Erbteil § 7 Rn. 18; § 11 Rn. 8
Gesetzlicher Vertreter **§ 23 Rn. 34 ff.**, 44; § 50 Rn. 10, 21, 23
Gesetzmäßige Bedingung § 45 Rn. 11 f.
Gestaltungsfreiheit § 3 Rn. 3; § 11 Rn. 2, 4, 9
- Grenzen § 11 Rn. 4 ff.

Gewährleistung für Mängel **§ 22 Rn. 10 ff.;** § 25 Rn. 9 ff.; § 27 Rn. 26 ff.; § 33 Rn. 1, 6; § 35 Rn. 6
- bei Leistung an Erfüllungs statt § 17 Rn. 27 f.
- im Kaufrecht § 22 Rn. 12 ff.; § 23 Rn. 25, 33; § 27 Rn. 30
- s. auch Rechtsmangel; Sachmangel; Schlechtleistung

Gläubigermehrheiten § 54 Rn. 2 ff.
Gläubigerverzug s. Annahmeverzug
Gleichartigkeit der Forderungen § 18 Rn. 5
Gleichbehandlungsgrundsatz § 50 Rn. 2, 17
Gleichstufigkeit s. Gesamtschuld
Globalzession § 52 Rn. 20, 68
Grundrechte § 2 Rn. 8; § 4 Rn. 9, 23; § 6 Rn. 7 f.; § 11 Rn. 4; § 48 Rn. 10; 12; § 49 Rn. 29
Grundstücksgeschäfte s. Formzwang
Grünstreifenfälle § 45 Rn. 40
Gutachterhaftung § 9 Rn. 11 f., 24
- s. auch Bausachverständigen-Fall

Gute Sitten § 6 Rn. 7; § 11 Rn. 4
- s. auch Sittenwidrigkeit

Haftpflichtversicherung § 43 Rn. 2, 6
Haftung § 1 Rn. 31
Haftungsersetzung durch Versicherung § 43 Rn. 6
Haftungsgemeinschaft § 54 Rn. 40

Haftungsmilderungen § 1 Rn. 23; § 5 Rn. 11 ff.; **§ 23 Rn. 15 ff.;** § 26 Rn. 19; § 36 Rn. 15
- bei Gefälligkeitsverhältnissen § 5 Rn. 11 ff.; § 23 Rn. 16
- s. auch eigenübliche Sorgfalt; Gesamtschuld, gestörte

Haftungsprivilegierungen § 54 Rn. 33 ff.
Haftungsrecht § 2 Rn. 6
Haftungsverschärfungen § 23 Rn. 22 ff.
Halbzwingende Normen § 11 Rn. 9
Handeln auf eigene Gefahr § 50 Rn. 26 ff.
Handelskauf § 19 Rn. 6
Handlungsfreiheit § 50 Rn. 13
Handwerker
- erleichterte Informationspflichten § 42 Rn. 19
- Fahrlässigkeit § 23 Rn. 9
- Wertersatzpflicht des Verbrauchers § 42 Rn. 46

Hauptforderung § 14 Rn. 14 f.; § 18 Rn. 4, 7
Hauptleistungspflicht § 1 Rn. **11 ff.;** § 15 Rn. 14, 17; § 22 Rn. 9
- aus Treu und Glauben § 4 Rn. 19

Haustürgeschäfte § 42 Rn. 3 s. auch außerhalb von Geschäftsräumen geschlossene Verträge
Haustürgeschäfte-RL § 41 Rn. 6; § 42 Rn. 13 f.
Heilung von Formfehlern § 7 Rn. 2, 15 f.
Herausforderung
- des Geschädigten § 45 Rn. 35 ff.
- von Dritten § 45 Rn. 40

Herstellungsprinzip § 47 Rn. 1
Hinterbliebenengeld § 45 Rn. 31; § 46 Rn. 4; **§ 48 Rn. 6**
Hinterlegung **§ 19 Rn. 1 ff.;** § 36 Rn. 13; § 54 Rn. 24
Holschuld § 12 Rn. 15 f.; § 13 Rn. 13; § 36 Rn. 7
Hypothetischer Parteiwille § 11 Rn. 3

immaterieller Schaden § 30 Rn. 4; § 44 Rn. 3 ff.; **§ 48 Rn. 1 ff.;** § 49 Rn. 5
- s. auch Schmerzensgeld

Immobiliendarlehensverträge § 41 Rn. 39
Informationspflichten
- bei außerhalb von Geschäftsräumen geschlossenen Verträgen § 42 Rn. 19 ff.
- bei Fernabsatzverträgen § 42 Rn. 19 ff.
- bei Verbraucherverträgen § 41 Rn. 2, 13 ff., 23; § 42 Rn. 19 ff., 31 f., 62
- im elektronischen Geschäftsverkehr § 42 Rn. 56 ff.
- im stationären Handel § 41 Rn. 14 ff.
- Schadenersatzpflicht des Unternehmers § 41 Rn. 17; § 42 Rn. 22

Inhaltskontrolle s. Allgemeine Geschäftsbedingungen
Inkassozession § 52 Rn. 66, **69**
Integritätsinteresse § 1 Rn. 10, 19, 24; § 24 Rn. 20, 22; § 25 Rn. 9, 12; § 27 Rn. 9; § 47 Rn. 1; § 51 Rn. 15
Internet-Auktionen § 42 Rn. 26

Inzahlunggabe § 13 **Rn. 29;** § 17 Rn. 23
Irrläufer § 5 Rn. 19
Irrtum, gemeinschaftlicher § 37 Rn. 8, 10, 26
Irrtümliche Falschbezeichnung s. Falschbezeichnung

Kaffeefahrt § 42 Rn. 9
Kardinalpflichten § 16 Rn. 22
Kausalität
– haftungsausfüllende **§ 45 Rn. 2 ff.**, 12, 14
– haftungsbegründende **§ 45 Rn. 2 ff.**, 12, 14
– hypothetische § 45 Rn. 22 ff.
– konkurrierende **§ 45 Rn. 9**
– s. auch Adäquanztheorie; Äquivalenztheorie; Condicio sine qua non; Doppelkausalität; gesetzmäßige Bedingung
Kaminzimmer-Fall § 30 Rn. 3
Karnevals-Fall § 37 Rn. 25
Karosseriebaumeister-Entscheidung § 47 Rn. 14 f.
Kaufrecht, Gewährleistung § 22 Rn. 12 ff.; § 23 Rn. 25; § 27 Rn. 26, 31
Kfz-Schäden § 47 Rn. 14
Kinder
– behinderte § 49 Rn. 30 ff.
– Haftung § 23 Rn. 12 f.; § 43 Rn. 4
– Mitverschulden § 50 Rn. 15
– Schuldfähigkeit § 23 Rn. 12 ff.
– ungewollte § 49 Rn. 24 ff.
– Unterhalt als Schaden § 49 Rn. 23 ff.
Knebelungsverträge § 52 Rn. 20
Kollektive Sicherung § 43 Rn. 6
Kommerzialisierung § 49 Rn. 18
Konfusion § 19 Rn. 10
– bei Gesamtschuld § 54 Rn. 26
Konkretisierung **§ 13 Rn. 12 ff.;** § 21 Rn. 9; § 31 Rn. 3; § 36 Rn. 16 f.
Konnexität von Ansprüchen § 15 Rn. 4
Konsensprinzip § 1 Rn. 28
Kontrahierungszwang § 3 Rn. 11; § 6 Rn. 3 ff.
Konzernverrechnungsklauseln § 18 Rn. 4
Kreditverträge § 41 Rn. 1; § 53 Rn. 23
Kündigung von Dauerschuldverhältnissen
– außerordentliche § 39 Rn. 6 ff.
– ordentliche § 39 Rn. 5

Ladendiebstahl
– Bearbeitungskosten § 38 Rn. 6
– Fangprämie § 38 Rn. 6
Leben
– deliktsrechtlicher Schutz § 1 Rn. 21
– leidensbehaftetes Leben als Schaden § 49 Rn. 32
– Recht des ungeborenen Kindes § 49 Rn. 27
– Schmerzensgeld § 48 Rn. 6
– vorvertragliche Schutzpflichten § 8 Rn. 9; § 25 Rn. 5
Lebensbeeinträchtigung, objektive § 48 Rn. 11

Lebensversicherung § 51 Rn. 1, 3, 19, 21
– und Vorteilsausgleichung § 45 Rn. 43
Leibrente § 51 Rn. 3
Legalzession s. Forderungsübergang, gesetzlicher
Leistung
– an Dritte § 17 Rn. 5 ff.
– an Erfüllungs statt § 17 Rn. 21 ff., 27
– durch Dritte § 12 Rn. 5 ff.; § 17 Rn. 3
– erfüllungshalber § 17 Rn. 24 ff., 29
– gemeinschaftliche § 54 Rn. 11
– teilbare **§ 12 Rn. 2;** § 54 Rn. 3, **14**, 19
– unbestellte § 5 Rn. 15 ff.
– unteilbare § 54 Rn. 3, 5
Leistungsbestimmung
– durch Dritte § 11 Rn. 11, 18 ff.
– durch eine Partei § 11 Rn. 11 ff.
Leistungserfolg § 1 Rn. **16;** § 17 Rn. 2
Leistungsgefahr § 12 Rn. 19; **§ 13 Rn. 16,** 32; § 21 Rn. 9; § 36 Rn. 15 ff.
Leistungshandlung § 1 Rn. **16;** § 12 Rn. 14 f., 20; § 17 Rn. 2; § 22 Rn. 8; § 27 Rn. 24
Leistungshindernis s. Unmöglichkeit
Leistungskondiktion § 1 Rn. 28; § 10 Rn. 5
Leistungsnähe des Dritten § 9 Rn. 9
Leistungsort § 12 Rn. 14 ff.
Leistungspflicht § 1 Rn. 11 ff.; § 13 Rn. 1 ff.; § 40 Rn. 5
– höchstpersönliche § 17 Rn. 3
Leistungsstörungen Vor § 20 Rn. 1; § 20 Rn. 2
– beim Vertrag zugunsten Dritter § 51 Rn. 15 f.
Leistungsverweigerung § 21 Rn. 28; § 26 Rn. 12; § 27 Rn. 18; § 33 Rn. 3, 7
Leistungsverweigerungsrecht § 15 Rn. 15 ff.; § 19 Rn. 4; § 27 Rn. 20; § 52 Rn. 64
– s. auch Einrede
Leistungszeit § 4 Rn. 22; **§ 12 Rn. 21 ff.;** § 36 Rn. 10
– nach dem Kalender § 26 Rn. 9 ff.; § 36 Rn. 8
Liederabend-Fall § 54 Rn. 41 f.
Linoleumrollen-Fall § 8 Rn. 2
Lizenzspieler-Fall § 37 Rn. 26
Lötlampen-Fall § 23 Rn. 41
Lotto-Fall § 5 Rn. 7

Mahnung § 26 Rn. 3 ff.; § 27 Rn. 7; § 33 Rn. 1
Mangelfolgeschaden § 25 Rn. 9 ff.; § 27 Rn. 8
Mangelschaden § 25 Rn. 10
Mankohaftung des Arbeitnehmers § 24 Rn. 10
Menschenwürde § 48 Rn. 10; § 49 Rn. 26, 32
merkantiler Minderwert § 47 Rn. 12
Mietkosten § 49 Rn. 8
Minderjährige s. Kinder
Minderung § 13 Rn. 31; § 22 Rn. 14, 16; § 35 Rn. 3 ff., 27; § 54 Rn. 6
Minderwert, merkantiler § 47 Rn. 12
Missbrauch der Vertretungsmacht § 4 Rn. 24
Mitfahrtfälle § 50 Rn. 28
Mitgläubigerschaft § 54 Rn. 3, 7, **11 f.**

mittelbare Belastung § 51 Rn. 8
mittelbare Stellvertretung s. Stellvertretung, mittelbare
mittlere Art und Güte § 13 Rn. 7
Mitverantwortlichkeit
- des Geschädigten § 50 Rn. 1 ff.
- des Gläubigers § 33 Rn. 10 ff.; § 34 Rn. 3; § 35 Rn. 8 f.
- Schadensminderung § 32 Rn. 7; **§ 50 Rn. 18 ff.**
- und Schockschäden § 45 Rn. 34
Mitverschulden s. Mitverantwortlichkeit des Geschädigten
Modalitäten der Leistung § 12 Rn. 1 ff.

nachbarliches Gemeinschaftsverhältnis § 10 Rn. 10
Nachbesserung s. Nacherfüllung
Nacherfüllung § 21 Rn. 23; **§ 22 Rn. 14 ff.**; § 27 Rn. 12, 20
Nachfristsetzung s. Fristsetzung
Nachlass eines noch lebenden Dritten § 7 Rn. 18; § 11 Rn. 7 f.
Narben-Fall § 47 Rn. 9
Naturalobligation § 1 Rn. 27
Naturalrestitution § 44 Rn. 3 ff.; **§ 47 Rn. 1 ff.**
Nebenleistungspflichten § 1 Rn. 11 ff.; § 22 Rn. 9
Negatives Interesse s. Vertrauensinteresse
Negatives Schuldanerkenntnis § 19 Rn. f.
Nichtleistung s. Verzögerung der Leistung
Nichtleistungskondiktion § 10 Rn. 6
Nichtvermögensschaden s. immaterieller Schaden
Nieren-Fall § 45 Rn. 39
normative Zurechnungskriterien § 45 Rn. 1, 12
Normzweck s. Schutzzweck der Norm
Nothilfefälle § 45 Rn. 39
Novation § 19 Rn. 9
Nutzungen § 36 Rn. 20; § 40 Rn. 5, 27 f.; § 42 Rn. 45
Nutzungsausfall § 25 Rn. 13 ff.; § 44 Rn. 9; § 45 Rn. 26; § 49 Rn. 2 ff.

Obhut für fremde Sachen § 46 Rn. 16
Objektschaden § 45 Rn. 25 f.
Obliegenheit § 1 Rn. 26
- Mitverschulden § 50 Rn. 7, 11, 13, 16
- zur Abwendung oder Minderung des Schadens § 50 Rn. 18 ff., 24
- zur Operation § 45 Rn. 43
obligatorische Gefahrentlastung § 46 Rn. 12 f.
Oder-Konto § 54 Rn. 8
Operationskosten § 47 Rn. 9, 16
optimaler Beurteiler § 45 Rn. 14
Ordensbruder-Fall § 49 Rn. 14 ff.
Organ § 23 Rn. 37

Pacta sunt servanda § 37 Rn. 2 f.; § 41 Rn. 22
Parteivereinbarung § 11 Rn. 2 ff.; § 51 Rn. 3
Partyverkäufe § 42 Rn. 6

Passivforderung s. Hauptforderung
Patientenrechtegesetz § 45 Rn. 28
Pauschalreise-Fall § 51 Rn. 17
Pauschalreisevertrag
- Entschädigung § 49 Rn. 19 f.
- Widerrufsrecht § 41 Rn. 11
Personenmehrheit § 54 Rn. 1 ff.
Personenschäden § 45 Rn. 23; § 47 Rn. 3, 9, 16
persönliche Leistungspflicht **§ 12 Rn. 5 f.**; § 17 Rn. 3
Persönlichkeitsrecht, allgemeines § 23 Rn. 13; § 43 Rn. 2; **§ 48 Rn. 12 ff.**; § 49 Rn. 12
Pflichtteil, Verträge über § 7 Rn. 18; § 11 Rn. 7 f.
Pflichtverletzung **§ 20 Rn. 12 ff.; § 22 Rn. 1 ff.**; § 32 Rn. 4; § 54 Rn. 10
- Begriff § 22 Rn. 1
- bei nachträglicher Unmöglichkeit § 22 Rn. 21 ff.
- und anfängliche Unmöglichkeit § 20 Rn. 14; § 28 Rn. 1
- und Vertretenmüssen § 24 Rn. 9 ff.
- unerhebliche § 27 Rn. 29 f.; § 33 Rn. 9
Pillen-Fall § 38 Rn. 3 f.; § 49 Rn. 29
positive Forderungsverletzung s. positive Vertragsverletzung
positive Vertragsverletzung § 2 Rn. 15; § 20 Rn. 11; § 24 Rn. 3
positives Interesse s. Erfüllungsinteresse
Präventionsfunktion
- des Schadensrechts § 43 Rn. 2
- des Schmerzensgelds § 48 Rn. 14 f.
Preisgefahr s. Gegenleistungsgefahr
Prioritätsprinzip § 52 Rn. 31
Principles of European Contract Law **§ 2 Rn. 12**; § 18 Rn. 15; § 37 Rn. 18; § 51 Rn. 5
Privatautonomie § 2 Rn. 2; § 3 Rn. 1 ff., 11; § 18 Rn. 10; § 21 Rn. 3; § 37 Rn. 5
Prozessaufrechnung § 18 Rn. 9
Prozessstandschaft § 52 Rn. 10
Prozesszinsen § 13 Rn. 38 f.
Publizitätserfordernis § 51 Rn. 31
punitive damages § 43 Rn. 5

Quittung § 17 Rn. 6, 10
Quotenteilungsprinzip § 50 Rn. 3, 8

Rechenschaftslegung § 14 Rn. 9
Rechnung § 26 Rn. 15
Rechtsbedingung § 18 Rn. 9
Rechtsbindungswille § 5 Rn. 6 f.
Rechtsfolgenverweisung § 40 Rn. 19, 32; § 50 Rn. 23
Rechtsgeschäft, einseitiges § 5 Rn. 3
rechtsgeschäftsähnliche Schuldverhältnisse § 4 Rn. 5; § 9 Rn. 6; § 25 Rn. 5 ff.
- s. auch Verschulden bei Vertragsverhandlungen; Vertrag mit Schutzwirkung für Dritte; Sachwalterhaftung
Rechtsgrund § 1 Rn. 28; § 51 Rn. 12

Rechtsgrundverweisung § 22 Rn. 14; § 50 Rn. 23
Rechtskrafterstreckung § 52 Rn. 57
Rechtsmangel § 17 Rn. 27; **§ 22 Rn. 13;** § 27 Rn. 20
Rechtsverhältnis § 1 Rn. 29f.
Rechtswahlfreiheit § 3 Rn. 3
Rechtswidrigkeit
– Mitverschulden § 50 Rn. 5ff.
– Pflichtverletzung § 24 Rn. 7
Regress § 52 Rn. 70
– -zirkel § 54 Rn. 35
Reiten § 50 Rn. 30f.
relative Rechte § 1 Rn. 3, 29f.
Rentabilitätsvermutung § 30 Rn. 2ff., 9; § 49 Rn. 11
Reparaturkosten § 47 Rn. 14
Reparatur- und Instandhaltungsarbeiten § 42 Rn. 19, 27
– fiktive § 47 Rn. 7f.
Reserveursachen § 45 Rn. 22ff.
Rettungsfälle § 45 Rn. 39
Reuegeld § 5 Rn. 22
Rückgaberecht § 41 Rn. 27
Rückgewährschuldverhältnis § 40 Rn. 5; 10ff.
s. auch Rücktritt
Rücktritt § 20 Rn. 17f.; Vor § 32 Rn. 1ff.; § 35 Rn. 26ff.; **§ 40 Rn. 1ff.;** § 51 Rn. 16; § 54 Rn. 6
– Teilrücktritt § 33 Rn. 8
– und Schadensersatz § 32 Rn. 6f.; § 40 Rn. 34ff.
– und Wertersatz § 40 Rn. 11ff.
– und Verwendungen und Nutzungen § 40 Rn. 30
– vom ganzen Vertrag § 33 Rn. 8; § 35 Rn. 28
– Wirkungen § 40 Rn. 5

Sachmangel § 17 Rn. 27; **§ 22 Rn. 12;** § 27 Rn. 30
Sachwalterhaftung § 1 Rn. 30; § 9 Rn. 12, **19ff.;** § 25 Rn. 7
Schaden § 44 Rn. 1ff.
– s. auch immaterieller Schaden; Vermögensschaden
Schadensanlage § 45 Rn. 23
Schadensersatz § 20 Rn. 15f.; Vor § 24 Rn. 1; § 24 Rn. 2ff.
– einfacher § 25 Rn. 1ff.
– pauschalierter § 38 Rn. 5
– bei Rücktritt § 40 Rn. 34ff.
– statt der ganzen Leistung § 27 Rn. 27ff.; § 28 Rn. 17
– statt der Leistung § 25 Rn. 9ff.; § 27 Rn. 1ff.; § 44 Rn. 9; § 51 Rn. 16
– s. auch Verzögerungsschaden
Schadensminderung § 30 Rn. 6; § 32 Rn. 7; **§ 50 Rn. 10, 18ff.**
Schadensrecht § 2 Rn. 1; **§ 43 Rn. 1ff.;** § 45 Rn. 17, 41; § 46 Rn. 11; § 47 Rn. 2; § 48 Rn. 12; § 49 Rn. 31
Schadensrechtsänderungsgesetz § 47 Rn. 8; § 48 Rn. 2

Schadensverlagerung, zufällige § 9 Rn. 12; § 46 Rn. 9, 15
Scheingeschäft § 7 Rn. 14; § 52 Rn. 15
Schickschuld § 12 Rn. 15f.; § 13 Rn. 14
– qualifizierte § 12 Rn. 19f.
Schiedsgutachtenvertrag § 11 Rn. 23f.
Schiedsvereinbarung § 11 Rn. 24
Schiffsreise-Fall § 49 Rn. 17
Schikaneverbot § 4 Rn. 14
Schlechtleistung § 15 Rn. 23; § 20 Rn. 6, 9; 11; **§ 22 Rn. 9ff.;** § 24 Rn. 12, 19; § 25 Rn. 8ff.; § 27 Rn. 2ff.; § 28 Rn. 17; § 33 Rn. 1ff.; § 35 Rn. 5f.; § 40 Rn. 4
– irreparable **§ 22 Rn. 17;** § 27 Rn. 8, 47, 49; § 28 Rn. 17; § 33 Rn. 1; § 35 Rn. 5f., 23; § 35 Rn. 26f.
Schmerzensgeld § 5 Rn. 12; § 6 Rn. 11; § 25 Rn. 19; § 43 Rn. 3; § 45 Rn. 30; § 47 Rn. 16; **§ 48 Rn. 1ff.;** § 49 Rn. 19; § 50 Rn. 15, 21
– bei Persönlichkeitsrechtsverletzungen § 48 Rn. 12ff.
– bei vollständiger Zerstörung der Persönlichkeit § 48 Rn. 9ff.
Schnecken-Fall § 40 Rn. 20
Schockschäden § 45 Rn. 30ff.; § 46 Rn. 6; § 48 Rn. 6
Schuld § 1 Rn. 9, 27; § 3 Rn. 10; § 12 Rn. 7f, 10, 15, 17ff.; § 13 Rn. 2ff.; § 17 Rn. 20, 22; § 19 Rn. 10; § 21 Rn. 9; § 22 Rn. 8; § 23 Rn. 4, 29f.; § 26 Rn. 21; § 33 Rn. 4; § 36 Rn. 7, 13, 16f., 20; § 42 Rn. 13f.; § 53 Rn. 3
Schuldanerkenntnis, negatives s. negatives Schuldanerkenntnis
Schuldbeitritt § 53 Rn. 1, **21ff.**
– Form § 53 Rn. 23
– und Bürgschaft § 53 Rn. 25f.
Schuldersetzung s. Novation
Schuldfähigkeit § 23 Rn. 12ff.; § 50 Rn. 15
Schuldmitübernahme s. Schuldbeitritt
Schuldneraustausch § 53 Rn. 1ff.
Schuldnermehrheiten **§ 54 Rn. 13ff.**
Schuldnerschutz s. Abtretung
Schuldnerverzug § 2 Rn. 4; § 12 Rn. 4, 21; § 15 Rn. 2, 19; § 17 Rn. 24; **§ 26 Rn. 1ff;** § 27 Rn. 7; § 36 Rn. 3f., 6, 12; § 54 Rn. 10
– bei Entgeltforderungen § 26 Rn. 15ff.
– s. auch Mahnung
Schuldrechtsreform § 1 Rn. 4; **§ 2 Rn. 15ff.;** § 4 Rn. 18; § 5 Rn. 9; § 8 Rn. 4, 16; § 13 Rn. 3; § 16 Rn. 2; § 17 Rn. 9; § 20 Rn. 9ff., 19f.; § 22 Rn. 4; § 23 Rn. 28, 35; § 30 Rn. 4; § 35 Rn. 13; § 39 Rn. 6; § 40 Rn. 7ff.; § 41 Rn. 5; § 42 Rn. 1
Schuldschein § 17 Rn. 10; § 52 Rn. 35
Schuldübernahme
– Angebotstheorie § 53 Rn. 6
– befreiende § 53 Rn. 1
– Doppelcharakter § 53 Rn. 2
– Einwendungen § 53 Rn. 15ff.
– Form § 53 Rn. 4, 8

Sachverzeichnis

- kumulative s. Schuldbeitritt
- privative s. befreiende und Sicherungsrechte § 53 Rn. 2 ff.
- und Gestaltungsrechte § 53 Rn. 15
- und Vertragsübernahme § 53 Rn. 18 ff.
- Verfügungstheorie § 53 Rn. 5

Schuldverhältnis § 1 Rn. 1 ff.; § 11 Rn. 1 ff.
- Einbeziehung Dritter § 9 Rn. 1 ff.
- gesetzliches § 10 Rn. 1 ff.
- im engeren Sinne § 1 Rn. 7 ff.; § 17 Rn. 8
- im weiteren Sinne § 1 Rn. 7 ff.
- rechtsgeschäftsähnliches § 1 Rn. 4, 6; § 9 Rn. 6; § 20 Rn. 8
- vorvertragliches § 8 Rn. 1 ff.

Schutzpflichten § 1 Rn. 19 ff.
- bei Gefälligkeitsverhältnissen § 5 Rn. 9 f.
- bei Rücktritt § 40 Rn. 39
- Klagbarkeit § 1 Rn. 25
- vorvertragliche § 8 Rn. 1, **8 ff.**; § 44 Rn. 11

Schutzpflichtverletzung § 20 Rn. 7, 11; **§ 22 Rn. 19 f.**; § 25 Rn. 2 ff.; § 27 Rn. 34 ff.; § 34 Rn. 1 ff.; § 39 Rn. 13

Schutzwirkung für Dritte s. Vertrag mit Schutzwirkung für Dritte

Schutzzweck der Norm **§ 45 Rn. 18 ff.**; § 49 Rn. 10

Schwangerschaftsabbruch, fehlgeschlagener § 49 Rn. 28

Schwarzarbeit § 6 Rn. 2

Selbstgefährdung, bewusste § 45 Rn. 35 ff.

Selbsthilfeverkauf § 19 Rn. 1, 5 f.

sexuelle Selbstbestimmung § 48 Rn. 6

Sicherungsabrede § 52 Rn. 67 f.

Sicherungsabtretung § 52 Rn. 1, 11, 29, **67** f.

Sicherungsrechte § 52 Rn. 32
- akzessorische § 17 Rn. 8; § 52 Rn. 32; § 53 Rn. 13 f.; § 54 Rn. 28

Sicherungszession s. Sicherungsabtretung

Sittenwidrige Schädigung § 1 Rn. 22, 29; § 4 Rn. 14, 20; § 5 Rn. 9; § 6 Rn. 6 ff.; § 45 Rn. 5; § 49 Rn. 29

Sittenwidrigkeit § 6 Rn. 6 ff.; § 11 Rn. 5, 8
- der Globalzession § 52 Rn. 20, 68
- der Verweigerung des Vertragsschlusses § 6 Rn. 6 f.

Sorgfalt
- bei Rücktritt § 40 Rn. 23, 25, 28
- im Verkehr erforderliche s. Fahrlässigkeit
- in eigenen Angelegenheiten s. eigenübliche Sorgfalt

sozialethisches Minimum § 4 Rn. 14

Spezialitätsgrundsatz § 52 Rn. 18 ff.

Speziesschuld s. Stückschuld

Spezifikationskauf § 11 Rn. 17

Sphärentheorie § 35 Rn. 9

Spielplatz-Fall § 54 Rn. 33, 40

Sporthaftung § 50 Rn. 29

Stadthallen-Fall § 30 Rn. 3, 8

Stellvertretung
- mittelbare § 46 Rn. 14
- und Vertrag zugunsten Dritter § 51 Rn. 26

stille Zession § 52 Rn. 11

Surrogationstheorie § 29 Rn. 2 ff.

Synallagma § 15 Rn. 14 ff.; s. auch Gegenseitigkeitsverhältnis

Täuschung, arglistige s. Arglist

Teilgläubigerschaft § 54 Rn. 3, **4 ff.**

Teilleistung § 12 Rn. 2 ff.; § 15 Rn. 20

Teilschuld § 54 Rn. 13 ff.

Teilzeit-Wohnrechteverträge § 41 Rn. 4, 11, 22, 29 f.

Telefonische Kontaktaufnahme § 41 Rn. 13

Telemedien § 42 Rn. 55 f.

Tiere, Verletzung
- Heilungskosten § 47 Rn. 15
- Schockschaden § 45 Rn. 33

Tilgungsbestimmung § 17 Rn. 12, 18 f.

Tilgungsreihenfolge § 17 Rn. 11 ff.

Tonmeister-Fall § 8 Rn. 11 f.

Torpedoboot-Fall § 44 Rn. 7

Totalreparation **§ 43 Rn. 4 f.**; § 47 Rn. 1

Totalschaden
- technischer § 47 Rn. 11
- wirtschaftlicher § 47 Rn. 14

Tötung
- Ersatzansprüche Dritter § 46 Rn. 3 ff.
- Schmerzensgeld § 48 Rn. 6
- s. auch Schockschaden

Trennungsprinzip § 1 Rn. 28

Trennungsrecht § 14 Rn. 6
- s. auch Wegnahmerecht

Treuhandverhältnisse § 46 Rn. 15

Treu und Glauben **§ 4 Rn. 1 ff.**; § 7 Rn. 11; § 18 Rn. 4, 11; § 37 Rn. 3
- Ergänzungsfunktion § 4 Rn. 16 ff.
- Konkretisierungsfunktion § 4 Rn. 16
- Schrankenfunktion § 4 Rn. 20 ff.
- s. auch dolo agit; venire contra factum proprium; Verwirkung

Übernahmeverschulden § 23 Rn. 11

Übersicherung s. Sittenwidrigkeit der Globalzession

Überweisung § 13 Rn. 34; § 17 Rn. 23 a; § 22 Rn. 8; § 26 Rn. 4

Umdeutung § 52 Rn. 13

Umsatzsteuer § 47 Rn. 8

Umschulung § 50 Rn. 19

Unbestellte Leistungen § 5 Rn. 15 ff.

unerlaubte Handlungen § 10 Rn. 7 ff.; § 54 Rn. 14, 19

Ungerechtfertigte Bereicherung § 10 Rn. 5 f.

ungewollte Kinder s. Kinder

UNIDROIT Principles **§ 2 Rn. 12;** § 37 Rn. 18

Unionsrecht s. EU-Recht

521

UN-Kaufrecht **§ 2 Rn. 11;** § 23 Rn. 3; § 37 Rn. 18
Unmöglichkeit § 20 Rn. 2ff.; **§ 21 Rn. 1ff.;** § 27
Rn. 42ff.; § 35 Rn. 1ff.; § 40 Rn. 4, 13, 15
- anfängliche § 20 Rn. 16; § 21 Rn. 13; **§ 28 Rn. 1ff.;** § 30 Rn. 5; § 35 Rn. 1
- beiderseits zu vertretende § 35 Rn. 12ff.
- echte § 21 Rn. 1ff.
- nachträgliche § 20 Rn. 3; § 21 Rn. 13; **§ 27 Rn. 42ff.;** § 35 Rn. 1
- naturgesetzliche § 21 Rn. 3
- objektive § 21 Rn. 11
- persönliche § 21 Rn. 1, **26ff.**
- praktische § 21 Rn. 1, **20ff.**
- qualitative § 22 Rn. 17
- rechtliche § 21 Rn. 8
- subjektive § 21 Rn. 11f.
- teilweise § 21 Rn. 14f.; § 27 Rn. 48; § 35 Rn. 3f.
- vorübergehende § 21 Rn. 16; § 36 Rn. 4
- wirtschaftliche § 21 Rn. 25
Unrechtsbewusstsein § 23 Rn. 4
Unsicherheitseinrede § 15 Rn. 22f.
Unterhaltsschaden **§ 46 Rn. 4;** § 49 Rn. 23ff.
Unterlassungspflichten § 1 Rn. 18; § 38 Rn. 10
Unternehmer § 3 Rn. 9; § 5 Rn. 15, 17; § 12 Rn. 23; § 16 Rn. 4; **§ 41 Rn. 1ff.**
Unzumutbarkeit
- bei Kündigung von Dauerschuldverhältnissen § 39 Rn. 7f.
- bei persönlicher Unmöglichkeit § 21 Rn. 26f.
- bei Schutzpflichtverletzungen § 27 Rn. 35, **38ff.;** § 34 Rn. 1f.
- und Treu und Glauben § 4 Rn. 23

Valutaverhältnis § 51 Rn. 9, 12f.
Venire contra factum proprium **§ 4 Rn. 26f.;** § 7 Rn. 11; § 37 Rn. 25; § 50 Rn. 29
Verantwortungsfähigkeit s. Schuldfähigkeit
Verbraucher § 3 Rn. 9; § 5 Rn. 15, 17; § 12 Rn. 23; § 16 Rn. 4; **§ 41 Rn. 1ff.;** § 42 Rn. 1ff.
Verbraucherdarlehensverträge § 12 Rn. 3; § 26 Rn. 21; § 41 Rn. 4, 22, 29, 31, 38, 44, 48; § 42 Rn. 28, 51
Verbraucherrechte-RL § 2 Rn. 7, 9; § 41 Rn. 2ff., 8, 24ff., 30f.; § 42 Rn. 1, 12ff.
Verbraucherverträge § 41 Rn. 1ff.
- Begriff § 41 Rn. 7ff.
- Informationspflichten § 41 Rn. 13ff.
- Widerrufsrecht § 41 Rn. 22ff.
Verbrauchsgüterkaufrichtlinie § 2 Rn. 9; § 41 Rn. 3
verbundene Verträge § 41 Rn. 36ff.
- Einwendungsdurchgriff § 41 Rn. 49ff.
- Widerrufsdurchgriff § 41 Rn. 40ff.
Verfügungsgeschäft § 1 Rn. **28;** § 52 Rn. 5f.
Verfügung zugunsten Dritter § 51 Rn. 28ff.
- dingliche § 51 Rn. 29ff.
- schuldrechtliche § 51 Rn. 32ff.
Verhandlungsgehilfen, eigene Haftung § 9 Rn. 22
Verhandlungsparität § 3 Rn. 5ff.

Verjährung
- kaufrechtliche Gewährleistung § 22 Rn. 18
- und Aufrechnung § 18 Rn. 6
- und Einrede des nichterfüllten Vertrages § 15 Rn. 18
- und Rücktrittsrecht § 40 Rn. 4
- und Zurückbehaltungsrecht § 15 Rn. 5
Verkehrskreise § 23 Rn. 10; § 45 Rn. 14; § 50 Rn. 14
Verkehrspflichten § 1 Rn. 22; § 8 Rn. 9; § 45 Rn. 19
Verkehrssitte § 4 Rn. 10ff.
Verlängerter Eigentumsvorbehalt § 52 Rn. 17, 19, 29, 68
Vermögen im Ganzen
- Formzwang § 7 Rn. 17
- Schenkung § 7 Rn. 17
Vermögensschaden § 44 Rn. 3ff.
- Verlust der Arbeitskraft § 49 Rn. 15f.
- und Nichtvermögensschaden § 44 Rn. 3ff.; § 49 Rn. 5
- s. auch Aufwendungen, fehlgeschlagene; Freizeit; Gebrauchsvorteile; Urlaub; Vorsorgeaufwendungen
Verrichtungsgehilfe § 23 Rn. 43
Verschulden
- des Gläubigers § 33 Rn. 12; § 36 Rn. 12
- des Schuldners § 23 Rn. 1ff.
- s. auch Vertretenmüssen; Mitverantwortlichkeit
Verschulden bei Vertragsverhandlungen § 7 Rn. 11; **§ 8 Rn. 1ff.;** § 22 Rn. 20; § 25 Rn. 5
Verschuldensprinzip § 10 Rn. 8; § 23 Rn. 1
Versendungskauf § 13 Rn. 17; § 22 Rn. 8; § 35 Rn. 19; § 46 Rn. 13
Versicherungsverträge § 2 Rn. 5
- als Dauerschuldverhältnisse § 39 Rn. 4
- Diskriminierungsverbote § 3 Rn. 11
- Kontrahierungszwang § 6 Rn. 5
- Lebensversicherung § 51 Rn. 19, 21
- Legalzession § 52 Rn. 70
- Verbraucherschutz § 41 Rn. 12
Versprechender § 51 Rn. 9
Versprechensempfänger § 51 Rn. 9
Versteigerung § 42 Rn. 26
Vertrag mit Schutzwirkung für Dritte **§ 9 Rn. 2ff.;** § 25 Rn. 7; § 46 Rn. 9f.; § 51 Rn. 27
Vertrag zugunsten Dritter § 51 Rn. 1ff.
- auf den Todesfall § 51 Rn. 19, 23
- echter § 51 Rn. 2ff., 14
- Form § 51 Rn. 22f.
- unechter § 51 Rn. 3f.
- und Stellvertretung § 51 Rn. 26
- Zeitpunkt des Rechtserwerbs § 51 Rn. 18f.
- Zurückweisungsrecht des Dritten § 51 Rn. 7
Vertrag zulasten Dritter § 51 Rn. 7f.
Vertragsanbahnung s. Verschulden bei Vertragsverhandlungen
Vertragsauslegung § 11 Rn. 3

Vertragsfreiheit § 3 Rn. 1 ff.
- s. auch Abänderungsfreiheit; Abschlussfreiheit; Gestaltungsfreiheit; Privatautonomie
Vertragsgerechtigkeit § 3 Rn. 4
Vertragsprinzip § 5 Rn. 1
- Durchbrechung § 51 Rn. 6
Vertragsstrafe § 7 Rn. 7; **§ 38 Rn. 1 ff.**
Vertragstheorie s. Erfüllung
Vertragsübernahme § 52 Rn. 8; § 53 Rn. 18 ff.
Vertrauensinteresse § 28 Rn. 9, 18; **§ 44 Rn. 8 ff.**
- Ersatz bei Abbruch von Vertragsverhandlungen § 8 Rn. 12
Vertrauensprinzip § 8 Rn. 3
Vertretenmüssen § 23 Rn. 1 ff.; **§ 24 Rn. 9 ff.;** § 32 Rn. 5; § 33 Rn. 12; § 36 Rn. 12; § 40 Rn. 21 f.
- s. auch Verschulden
Verwendungen **§ 14 Rn. 2;** § 22 Rn. 12; § 40 Rn. 29 ff.
Verwirkung § 4 Rn. 28 f.
- des Widerrufsrechts § 41 Rn. 35b
Verzögerung der Leistung **§ 20 Rn. 4 f.;** § 22 Rn. 3 ff.; § 27 Rn. 2 ff.; § 33 Rn. 1 ff.
- teilweise § 27 Rn. 27 f.
- s. auch Schuldnerverzug
Verzögerungsschaden § 20 Rn. 5; § 24 Rn. 2; **§ 26 Rn. 1 ff.;** § 51 Rn. 15
Verzug s. Schuldnerverzug
Verzugsschaden s. Verzögerungsschaden
Verzugszinsen § 17 Rn. 15; **§ 26 Rn. 21 ff.**
Vigogne-Spinnerei-Fall § 37 Rn. 22
Vollmacht, Form § 7 Rn. 9
Vollzugsverhältnis § 51 Rn. 9, 14 ff.
Vorausabtretung § 52 Rn. 19
Vorleistungspflicht § 15 Rn. 22 f.
Vorratsschuld § 13 Rn. 11; § 23 Rn. 29
- s. auch Gattungsschuld
Vorsatz § 5 Rn. 13 f.; § 8 Rn. 17; § 13 Rn. 10; **§ 23 Rn. 4 f.;** § 24 Rn. 15; § 33 Rn. 13; § 35 Rn. 16; § 36 Rn. 16; § 45 Rn. 4; § 48 Rn. 8; § 50 Rn. 25
Vorsorgeaufwendungen § 49 Rn. 12 ff.
Vorteilsausgleichung § 43 Rn. 5; § 44 Rn. 2; **§ 45 Rn. 41 ff.**
Vorvertragliche Schuldverhältnisse § 8 Rn. 1 ff.; § 9 Rn. 5
- s. auch Verschulden bei Vertragsverhandlungen

Wahlschuld § 13 Rn. 2, 20 ff.
Warnpflicht des Geschädigten § 50 Rn. 20
Wasserbett-Entscheidung § 42 Rn. 41 ff.
Wegfall der Geschäftsgrundlage s. Geschäftsgrundlage, Störung
Wegnahmerecht § 14 Rn. 5 ff.
Weiterfressender Mangel § 25 Rn. 12
Wertersatz § 44 Rn. 7; § 47 Rn. 5, **10 ff.**
- bei Rücktritt § 40 Rn. 9 ff.
- bei Widerruf § 41 Rn. 34; § 42 Rn. 19, 24, **41 ff.,** 49
Wertinteresse § 47 Rn. 1 ff., 11, 13.

Widerrufsdurchgriff § 41 Rn. 38, 44 ff.
Widerrufsfrist **§ 41 Rn. 28 ff.;** § 42 Rn. 22, 30 ff.
Widerrufsrecht § 41 Rn. 1, 3 f., 12, 22 ff.; § 42 Rn. 23 ff.; 1311 f.
- bei außerhalb von Geschäftsräumen geschlossenen Verträgen § 42 Rn. 6, 11, 13 ff.
- bei entgeltlichen Finanzierungshilfen § 41 Rn. 4; § 42 Rn. 28; 50
- bei Fernabsatzverträgen § 42 Rn. 23 ff.
- bei Ratenlieferungsverträgen § 41 Rn. 4, 22, 29, 42; § 42 Rn. 28
- bei Verbraucherdarlehensverträgen § 41 Rn. 4, 22, 29, 38, 44, 48; § 42 Rn. 28, 51
- bei Verträgen über Finanzdienstleistungen § 41 Rn. 31; § 42 Rn. 32, 48 ff.
- bei verbundenen Verträgen § 41 Rn. 37 ff.
- im elektronischen Geschäftsverkehr § 42 Rn. 61
- Rechtsfolgen § 41 Rn. 33 ff.; § 42 Rn. 33 ff., 48 ff.
- Rechtsmissbrauch § 41 Rn. 35a
- Verwirkung § 41 Rn. 35b
- Voraussetzungen § 41 Rn. 22 ff.; § 42 Rn. 23 ff.
Widersprüchliches Verhalten **§ 4 Rn. 26 ff.;** § 7 Rn. 11; § 37 Rn. 25; § 50 Rn. 29
Wiederbeschaffungswert § 47 Rn. 5, 10
Wirtschaftliches Eigeninteresse § 9 Rn. 21
Wirtschaftlichkeitsgebot § 47 Rn. 5; § 49 Rn. 7
Wohl- und Wehe-Formel § 9 Rn. 10 f.
Wolfshund-Fall § 47 Rn. 15
Wrongful birth s. Kinder, ungewollte
Wrongful life s. Kinder, behinderte

Zahlungsfristen § 12 Rn. 24 f.
Zahlungsmittel, gesetzliches § 13 Rn. 35 f.
Zedent § 51 Rn. 25; § 52 Rn. 1, 14, 16, 21, 31 ff.
Zeitungen, Widerrufsrecht § 42 Rn. 25
Zession s. Abtretung; Forderungsübergang, gesetzlicher; stille Zession
Zessionar § 51 Rn. 25; § 52 Rn. 2, 31 f., 35, 39, 44, 54, 62, 66 f.; 69
Zinsen **§ 13 Rn. 37 ff.;** § 36 Rn. 19
- gesetzlicher Zinssatz § 13 Rn. 39
- s. auch Basiszinssatz; Prozesszinsen; Verzugszinsen
Zinseszins § 13 Rn. 41; § 26 Rn. 23
Zufall § 13 Rn. 26; § 26 Rn. 19 f.; § 35 Rn. 11; § 37 Rn. 8; § 40 Rn. 23
- s. auch casum sentit dominus
Zugangsvereitelung § 4 Rn. 25
Zug um Zug-Leistung
- bei Annahmeverzug § 36 Rn. 11
- Einrede des nichterfüllten Vertrags § 15 Rn. 15, 21; § 16 Rn. 21
Zugesicherte Eigenschaft s. Garantie
Zurechnung, objektive § 45 Rn. 1 ff.
Zurückbehaltungsrecht **§ 15 Rn. 1 ff.;** § 22 Rn. 6
- bei Verweigerung der Quittung § 17 Rn. 10
- im Eigentümer-Besitzer-Verhältnis § 15 Rn. 13
- kaufmännisches § 15 Rn. 12

zusammenhängende Verträge § 41 Rn. 46 ff.
Zuweniglieferung § 27 Rn. 32; § 33 Rn. 9; § 35 Rn. 6
Zweckerreichung § 17 Rn. 2; **§ 21 Rn. 4 ff.**; § 35 Rn. 9; § 37 Rn. 25
Zweckfortfall § 17 Rn. 2; **§ 21 Rn. 4 f.**; § 35 Rn. 9; § 37 Rn. 25
Zweckstörung § 21 Rn. 6 f.; § 37 Rn. 25
Zweckvereitelung § 37 Rn. 25
Zweitschädiger § 54 Rn. 34 ff.
Zwingende Normen § 11 Rn. 9 f.
Zwischenzinsen § 12 Rn. 22

Entscheidungsregister

(Die Reihenfolge folgt dem Gang der Darstellung. Die Angaben verweisen auf die Randnummern.)

1. Das Schuldverhältnis

EuGH NJW 2004, 3547; 2006, 2465; BGH NJW 2012, 1073	Richtlinienkonforme Auslegung und Rechtsfortbildung	§ 2 Rn. 9
EuGH NJW 2010, § 21 Rn. 13	Verwerfungskompetenz	§ 2 Rn. 9
BVerfGE 89, 214	Störung der Verhandlungsparität	§ 3 Rn. 5
BGH NJW 2005, 1045	Treu und Glauben im europäischen Recht	§ 4 Rn. 3
BGH DB 1976, 1957	Dolo agit	§ 4 Rn. 21
BGH LM § 242 [Cd] Nr. 118	Unverhältnismäßigkeit	§ 4 Rn. 22
BAG NJW 1986, 85; JZ 1990, 139	Persönliche Unzumutbarkeit	§ 4 Rn. 23
BGH NJW 1999, 2883	Unredlicher Rechtserwerb	§ 4 Rn. 24
BGHZ 137, 205	Zugangsvereitelung	§ 4 Rn. 25
BAG NJW 1998, 1659; NJW 2005, 844	Mündliche Kündigung	§ 4 Rn. 27

2. Die Entstehung von Schuldverhältnissen

BGH MDR 1992, 555	Fahrgemeinschaft	§ 5 Rn. 5
BGH NJW 2015, 2880	Gefälligkeitsfahrten zu Sportveranstaltungen	§ 5 Rn. 5
BGH NJW 1974, 1705	Lotto-Fall	§ 5 Rn. 7
BGH NJW 1966, 41; NJW 1993, 3067	Mitnahme von Anhaltern	§ 5 Rn. 13
BGH NJW-RR 2017, 272	Gefälligkeit unter Nachbarn	§ 5 Rn. 14
BGHZ 198, 141; BGH NJW 2014, 1805	Schwarzarbeit	§ 6 Rn. 2
OLG Stuttgart NJW 2012, 1085	Diskotheken-Fall	§ 6 Rn. 10
BGHZ 48, 396	Formverstoß und § 242 (Kaufmann-Fall)	§ 7 Rn. 11
BGHZ 87, 150; BGH NJW 2008, 1658	Falsa demonstratio bei Formzwang	§ 7 Rn. 13
BGH NJW 2017, 885	Schenkung des ganzen Vermögens	§ 7 Rn. 17
RGZ 78, 239	Linoleumrollen-Fall	§ 8 Rn. 2
BGH NJW-RR 1998, 1343	Bankauskunft	§ 8 Rn. 7
BAG JZ 1964, 324	Tonmeister-Fall	§ 8 Rn. 11 f.
BGH NJW 1998, 302; WM 2007, 1182; NZM 2008, 379	Rückabwicklung des Vertrages bei Aufklärungspflichtverletzung	§ 8 Rn. 14 ff.
BGHZ 180, 205	Verhältnis der c. i. c. zu §§ 434 ff.	§ 8 Rn. 17
BGHZ 66, 51	Gemüseblatt-Fall	§ 9 Rn. 2

BGH MDR 2017, 73	Vertrag mit Schutzwirkung für Dritte (Kriterien)	§ 9 Rn. 2, 4, 8 ff.
BGH NJW 2010, 3152	Einbeziehung der Arbeitnehmer des Gläubigers in Schutzbereich des Vertrages	§ 9 Rn. 9 f.
BGHZ 51, 91	Hühnerpest	§ 9 Rn. 10
BGHZ 127, 378	Bausachverständigen-Fall	§ 9 Rn. 11, 24
BGHZ 200, 188	Fehlende Schutzbedürftigkeit des Dritten (Abschleppfall)	§ 9 Rn. 14
BGH JZ 1966, 141	Doppelerben	§ 9 Rn. 17
BGHZ 63, 382; 79, 281	Vertreterhaftung	§ 9 Rn. 22

3. Bestimmung des Inhalts von Schuldverhältnissen

BGHZ 26, 320	Nachlass lebender Dritter	§ 11 Rn. 8
LG Frankfurt a. M. NJW 1985, 143	Fortuna-Reise	§ 11 Rn. 15
EuGH EuZW 2008, 277 = NJW 2008, 1935	Rechtzeitigkeit der Zahlung durch Banküberweisung	§ 12 Rn. 20
BGH NJW 2017, 1596	Risikotragung bei Banküberweisung	§ 12 Rn. 20
BGH NJW 2003, 3341	Konkretisierung	§ 13 Rn. 16
OLG Köln NJW 1995, 3128	Festplatten-Fall	§ 13 Rn. 18
BGHZ 46, 338; 89, 126; BGH NJW 2008, 2028; OLG Hamm NJW-RR 2009, 1505	Ersetzungsbefugnis bei Inzahlungnahme eines Gebrauchtwagens	§ 13 Rn. 29
BGHZ 98, 24	Bargeldlose Zahlung	§ 13 Rn. 34
BGHZ 33, 251	Ruinen-Fall	§ 14 Rn. 2
BGHZ 95, 285; 97, 188; BGH NJW-RR 2005, 1408	Auskunftsanspruch aus Treu und Glauben	§ 14 Rn. 8
BGH NJW 2010, 1272	Unsicherheitseinrede	§ 15 Rn. 22 f.
BAG NZA 2004, 727; 2006, 872; 2009, 370	AGB in Arbeitsverträgen	§ 16 Rn. 6
BGH NJW 2000, 1110; NJW 2010, 1131	Individualvereinbarungen	§ 16 Rn. 9
BGHZ 61, 282; BGH NJW 1991, 1605	Widersprechende AGB	§ 16 Rn. 14
BGH NJW 2008, 2172	»Kundenfeindlichste« Auslegung	§ 16 Rn. 16
BGH NJW 2018, 1671	Geschlechtergerechte Sprache in AGB	§ 16 Rn. 22
BGHZ 103, 316; BGH NJW-RR 2005, 1496	Kardinalpflichten	§ 16 Rn. 22
BGHZ 89, 363	Kühlhaus-Fall	§ 16 Rn. 22

4. Das Erlöschen der Leistungspflicht

BGHZ 167, 337	Nachträgliches Tilgungsbestimmungsrecht	§ 17 Rn. 12
BGHZ 186, 269	SEPA-Lastschriftverfahren	§ 17 Rn. 23a
BGH NJW 2018, 537; WM 2018, 37	PayPal	§ 17 Rn. 26a
BGHZ 94, 132	Konzernverrechnungsklauseln	§ 18 Rn. 4
BGHZ 101, 244	Aufrechnung bei Verjährung	§ 18 Rn. 6
BGH NJW 2009, 3508	Aufrechnung bei Prügelei	§ 18 Rn. 13

5. Störungen im Schuldverhältnis

BGH NJW 2011, 756	Lebensberatung durch Kartenlegen	§ 21 Rn. 3; § 28 Rn. 5ff.
BGH NJW 2010, 1282	Zweckerreichung	§ 21 Rn. 4
BGHZ 83, 197; BGH NJW 2007, 3777	Vorübergehende Unmöglichkeit	§ 21 Rn. 16
OLG Saarbrücken NJW 1998, 2912	Kaminzimmer-Fall	§ 21 Rn. 17; § 30 Rn. 3
AG Herne-Wanne NJW 1998, 3651	Konzertbesuch (Backstreet Boys)	§ 21 Rn. 17; § 49 Rn. 21f.
BGH NJW 2009, 2743	Absolute Fixschuld (Flugreise)	§ 21 Rn. 17
BGH NJW 2009, 1660; NJW-RR 2010, 315	Grobe Unverhältnismäßigkeit des Leistungsaufwands	§ 21 Rn. 20f.
BGHZ 163, 234	Dackel-Fall	§ 21 Rn. 23
RGZ 57, 116	Eichenlaub-Fall	§ 21 Rn. 24
BGH NJW 2007, 3777	Anfängliche Unmöglichkeit und Rechtsmangel	§ 21 Rn. 16; § 22 Rn. 13; § 23 Rn. 26; § 24 Rn. 14; § 28 Rn. 11, 13
BVerwG NJW 2000, 88; BAG JZ 1990, 139	Leistungsverweigerung aus Gewissensgründen	§ 21 Rn. 28
RGZ 135, 339	Eichen am Wasser	§ 22 Rn. 17
BGHZ 24, 21; BGH NJW 1994, 2232	Maßstab der Fahrlässigkeit	§ 23 Rn. 9
BGH VersR 1997, 834	Apfelsinen-Fall	§ 23 Rn. 10, 12
BGH NJW 2009, 1482; OLG Hamm NJW-RR 2000, 62	Haftungsbeschränkung bei Mitfahrt	§ 23 Rn. 16
BGH NJW 2013, 3572	Diligentia quam in suis	§ 23 Rn. 18
BGHZ 46, 313; 53, 352	Individuelle Sorgfalt im Straßenverkehr	§ 23 Rn. 19
BGHZ 170, 86	Übernahme einer Garantie	§ 23 Rn. 24ff.

BGHZ 50, 200	Deckenplatten-Fall	§ 23 Rn. 27
BGH NJW 1993, 2103; 1995, 1673	Garantie im Kunsthandel (Burra)	§ 23 Rn. 28
RGZ 99, 1	Galizische Eier	§ 23 Rn. 31
BGH NJW 1994, 515	Sportwagen ab Werk	§ 23 Rn. 32
BGH NJW 2014, 2183	Hersteller und Zulieferer sind keine Erfüllungshilfen	§ 23 Rn. 35
BGH NJW 1978, 1157	Heizungsventil-Fall	§ 23 Rn. 35
BGHZ 31, 358	Lötlampen-Fall	§ 23 Rn. 41
OLG Düsseldorf NJW-RR 1995, 1165	Schuldunfähiger Erfüllungsgehilfe	§ 23 Rn. 42
BGH NJW 2013, 2959	Deckungskauf (Biodiesel-Fall)	§ 24 Rn. 25
RGZ 66, 289	Rizinuskörner	§ 25 Rn. 11
BGH NJW 2009, 2674	Ersatz des Nutzungsausfallschadens	§ 25 Rn. 15
BGHZ 174, 290	Nutzungsausfallschaden bei Rücktritt	§ 25 Rn. 16; § 32 Rn. 7
BGH NJW 2008, 50	Verzug durch Rechnung	§ 26 Rn. 6, 9
BGH NJW 1963, 1823	Motorschiff-Reparatur	§ 26 Rn. 13
OLG Köln NJW-RR 1999, 4	Wohnsitzwechsel	§ 26 Rn. 13
BGH NJW 2009, 3153; 2015, 2564	Anforderungen an Fristsetzung	§ 27 Rn. 11
BGH NJW 1996, 1814	Zeitpunkt der Fristsetzung	§ 27 Rn. 13, 17
LG Offenburg VersR 1998, 247	Angemessenheit der Frist	§ 27 Rn. 16
BGH NJW 1974, 1080	Produktionshallen-Fall	§ 27 Rn. 18
BGH NJW 1978, 260	Carrera-Fall	§ 27 Rn. 19
BGH NJW 2007, 835; 2008, 1371; 2010, 1805	Entbehrlichkeit der Fristsetzung bei Arglist des Schuldners	§ 27 Rn. 19
BGH NJW 2006, 1960; 2008, 1517; 2009, 508; BB 2010, 1175; NJW 2014, 3229	Erheblichkeit der Pflichtverletzung	§ 27 Rn. 30
OLG Düsseldorf NJW 1953, 1553	Dies Fausti	§ 28 Rn. 5
BGHZ 132, 55; 136, 94; BGH NJW 2007, 2111	Erheblichkeit überhöhten Benzinverbrauchs	§ 28 Rn. 17
BGHZ 123, 96	Rentabilitätsvermutung	§ 30 Rn. 2
BGHZ 99, 182	Stadthallen-Fall	§ 30 Rn. 2f.
BGH NJW 2005, 2848	Nutzloses Autozubehör	§ 30 Rn. 4, 6
BGH NJW 2012, 3714	Fristsetzung und Rücktritt vor Fälligkeit	§ 33 Rn. 2, 7
BGH NJW 2010, 146	Rücktritt bei Teilleistung	§ 33 Rn. 7
Bühnenoberschiedsgericht Hamburg NJW 1995, 903	Bühnensängerin-Fall	§ 35 Rn. 8
OLG Frankfurt a. M. NJW-RR 1995, 435	Beiderseits zu vertretende Unmöglichkeit	§ 35 Rn. 12f.

RGZ 103, 328	Vigogne-Spinnerei	§ 37 Rn. 3, 22
BGHZ 191, 139; NJW 2019, 145	Verhältnis von § 313 unbd §§ 434 ff.	§ 37 Rn. 6
BGHZ 128, 230; 163, 42; BGH NJW-RR 2006, 1037	Geschäftsgrundlage (Begriff)	§ 37 Rn. 9
BGH NJW 1984, 1746	Bierlieferung in den Iran	§ 37 Rn. 12
BGH NJW-RR 1995, 1117	Weizenlagerungs-Fall	§ 37 Rn. 16
BGH NJW 2012, 373	Mitwirkung an Vertragsanpassung	§ 37 Rn. 18
BGH NJW 1960, 91	Apotheken-Konzession	§ 37 Rn. 23
BGH NJW 1969, 233	Bodenbeschaffenheit	§ 37 Rn. 24
OLG Karlsruhe NJW 1992, 3176	Golfkriegs-Fall	§ 37 Rn. 25
BGH NJW 1976, 565	Bundesliga-Skandal	§ 37 Rn. 26
AG Schöneberg NJW 1974, 1823	Vertragsstrafe bei Ladendiebstahl	§ 38 Rn. 6
BAG NZA 2009, 370	Vertragsstrafe im Arbeitsrecht	§ 38 Rn. 7, 17

6. Auflösung und Rückabwicklung von Schuldverhältnissen

BGH NJW 2016, 3718	Außerordentliche Kündigung eines Fitnessstudiovertrags	§ 39 Rn. 9
BGH NJW-RR 2007, 1520	Geschäftsführer-Fall	§ 39 Rn. 11
AG Passau NJW 1993, 1473	Konzertbesuch	§ 40 Rn. 12
BGH NJW 2009, 63	Wertersatz bei Belastung der geleisteten Sache	§ 40 Rn. 13
BGH NJW 2009, 1068	Pferd gegen Fahrstunden	§ 40 Rn. 16
AG Burgwedel NJW 1986, 2647	Schnecke im Salat	§ 40 Rn. 20
BGH NJW 1997, 3164	Beschlagnahme	§ 40 Rn. 22
OLG Karlsruhe NJW 2008, 925	Eigenübliche Sorgfalt bei gesetzlichem Rücktrittsrecht	§ 40 Rn. 23

7. Besonderheiten bei Verbraucherverträgen

BGH NJW 2009, 3780	Verbraucher	§ 41 Rn. 7 f.
BGHZ 167, 40	Unternehmer	§ 41 Rn. 9
BGHZ 169, 109; BGH NJW 2008, 1585	Schadensersatz bei fehlender Belehrung	§ 41 Rn. 32
EuGH NJW 2005, 3551	Schulte	§ 41 Rn. 32
EuGH NJW 2005, 3555	Crailsheimer-Volksbank	§ 41 Rn. 32; § 42 Rn. 10
BGH NJW 2010, 610	Radarwarngerät	§ 41 Rn. 35
BGH NJW 2016, 1951	Rechtsmissbrauch beim Widerrufsrecht	§ 41 Rn. 35a
BGHZ 211, 105; NJW 2018, 1390	Verwirkung des Widerrufsrechts	§ 41 Rn. 35b
EuGH NJW 1998, 1295; BGHZ 139, 21; 165, 363	Widerrufsrecht bei Bürgschaft	§ 42 Rn. 11 ff.

EuGH NJW 2019, 1507; BGH NJW 2019, 2842	Ausschluss des Widerrufsrechts bei versiegelten Waren (Matratze)	§ 42 Rn. 24
BGHZ 149, 129; BGH NJW 2005, 53	Widerrufsrecht bei Internet-Auktionen	§ 42 Rn. 26
EuGH NJW 2010, 1941; BGH NJW 2009, 66; NJW 2010, 2651	Kosten der Zusendung	§ 42 Rn. 36
BGHZ 187, 268	Wertersatz wegen Verschlechterung (Wasserbett)	§ 42 Rn. 41, 44
EuGH NJW 2009, 3015	Nutzungsersatz bei Widerruf (Messner)	§ 42 Rn. 42
BGH NJW 2017, 878	Wertersatz wegen Verschlechterung (Katalysator)	§ 42 Rn. 44

8. Schadensrecht

BGHZ 128, 1; BGH NJW 1996, 984	Caroline	§ 43 Rn. 2; § 48 Rn. 14
BGHZ 18, 149	Schmerzensgeld (Funktion)	§ 43 Rn. 3; § 48 Rn. 7
BGHZ 92, 85	Torpedoboot-Fall	§ 44 Rn. 7
BGH VersR 1983, 731	Fischzucht-Fall	§ 45 Rn. 8 f.
OLG Frankfurt a. M. BeckRS 2011, 14474	Entgangene Hochzeitsgeschenke	§ 45 Rn. 18
OLG Karlsruhe VersR 1966, 741	Durchblutungsstörungen	§ 45 Rn. 20
BGHZ 107, 359	Bluthochdruck	§ 45 Rn. 21
BGHZ 29, 207	Hypothetische Kausalität	§ 45 Rn. 26
BAG NJW 1981, 2430; 1984, 2846	Inseratskosten	§ 45 Rn. 27
BGHZ 90, 103	Verletzung der ärztlichen Aufklärungspflicht	§ 45 Rn. 28
BGHZ 56, 163; 172, 263; BGH VersR 1986, 240	Schockschaden	§ 45 Rn. 30 ff.
BGHZ 63, 189; BGH JZ 1996, 1178; NJW 2012, 1951	Herausforderungsfälle	§ 45 Rn. 35 ff.
BGH NJW 1993, 2234	Feuerwehrmann-Fall	§ 45 Rn. 38
BGHZ 101, 215	Nieren-Fall	§ 45 Rn. 39
BGHZ 58, 162	Bürgersteig-Fall	§ 45 Rn. 40
BGHZ 55, 329	Fahrlehrer-Fall	§ 45 Rn. 45
BGH ZIP 2020, 1179 = BeckRS 2020, 10555	Diesel-Skandal (Vorteilsausgleichung)	§ 46 Rn. 46
BGHZ 7, 30	Verletzung des Arbeitnehmers	§ 46 Rn. 1
BGH NJW 2016, 1089	Drittschadensliquidation bei vertraglicher Schadensverlagerung	§ 46 Rn. 9 ff.
OLG Köln NJW-RR 1989, 1457	Collagen-Fall	§ 46 Rn. 12
BGHZ 25, 250; 40, 91; 133, 36	Mittelbare Stellvertretung	§ 46 Rn. 14
BGH VersR 2013, 637	Reichweite des § 249 II 2	§ 47 Rn. 8
BGHZ 97, 14	Narben-Fall	§ 47 Rn. 9

BGHZ 115, 364; 154, 395; 162, 270; 163, 180; BGH NJW 2007, 2918	Abrechnung von Kfz-Schäden	§ 47 Rn. 14
BGH VersR 2016, 60	Wolfshund-Fall	§ 47 Rn. 15
BGH NJW 2009, 3025	Schmerzensgeld bei vertraglicher Haftung	§ 48 Rn. 5
BGHZ 120, 1; BGH NJW 1993, 1531	Schmerzensgeld bei schweren Hirnschäden	§ 48 Rn. 10
BVerfGE 34, 269; BGHZ 13, 334; 26, 349; 30, 7; 35, 363.	Verletzung des allgemeinen Persönlichkeitsrechts	§ 48 Rn. 12
BGHZ 98, 212	Gebrauchsvorteile (Wohnhaus)	§ 49 Rn. 4ff.
BGHZ 96, 124; BGH NJW 1993, 1793	Gebrauchsvorteile (Garage)	§ 49 Rn. 6
BGH NJW 2018, 1393	Gebrauchsvorteile (Motorrad)	§ 49 Rn. 6f.
BGHZ 45, 212	Gebrauchsvorteile (Pkw)	§ 49 Rn. 7
BGHZ 220, 270	Gebrauchsvorteile (gewerblich genutzte Sachen)	§ 49 Rn. 8a
BGHZ 55, 146	Jagdpacht	§ 49 Rn. 9f.
BGHZ 32, 280	Straßenbahnwagen	§ 49 Rn. 13
OLG Celle NJW 1988, 2618	Ordensbruder-Fall	§ 49 Rn. 15
BGH NJW 1956, 1234; 2005, 1047	Vertaner Urlaub (Reisevertrag)	§ 49 Rn. 17ff.
BGHZ 86, 212	Entgangener Urlaub (Delikt)	§ 49 Rn. 19f.
BGH NJW 1985, 906	Ferienhaus in Dänemark	§ 49 Rn. 20
BGHZ 80, 366	Klinikaufenthalt	§ 49 Rn. 20
BVerfGE 88, 203; 96, 375; BGHZ 124, 128; 129, 178; BGH NJW 2000, 1782; 2007, 989	Kindesunterhalt als Schaden	§ 49 Rn. 24ff.
BGHZ 221, 352 = NJW 2019, 1741	Leidensbehaftetes Weiterleben als Schaden	§ 49 Rn. 32
BGH NJW 2007, 3120; VersR 2010, 268 und 270	Mitwirkende Betriebsgefahr	§ 50 Rn. 2, 17
BGH NJW 2014, 2493	Radfahren ohne Helm	§ 50 Rn. 13
OLG Koblenz VersR 1987, 1225	Mokick-Fall	§ 50 Rn. 13
LG Düsseldorf VersR 1966, 95	Kur in Arosa und Meran	§ 50 Rn. 18
BGHZ 67, 129; BGH NJW 2016, 2737	Anrechnung der Tiergefahr entsprechend §§ 254 I, 833 S. 1	§ 50 Rn. 17
BGH NJW-RR 2009, 175; 2010, 909	Warnpflicht des Versenders	§ 50 Rn. 20
OLG Hamm NJW 1993, 542	Kinderunfall	§ 50 Rn. 21ff.
BGHZ 34, 355	Mitfahrt-Fall	§ 50 Rn. 28
BGHZ 63, 140; 154, 316; BGH NJW 2008, 1591; VersR 2009, 1677	Sporthaftung	§ 50 Rn. 29

9. Stellung der Beteiligten im Mehrpersonenverhältnis

BGHZ 93, 271	Charterflug-Fall	§ 51 Rn. 17
BGHZ 41, 95; BGH NJW 1964, 1124	Dingliche Verträge zugunsten Dritter	§ 51 Rn. 29
BGH NJW 1991, 2955	Abtretung ärztlicher Honorarforderungen	§ 52 Rn. 12
BGHZ 30, 238; BGH NJW 1995, 1668	Abtretung künftiger Forderungen	§ 52 Rn. 17, 19
BGH NJW 2009, 438	Wirkungen des § 354a HGB	§ 52 Rn. 29
BGH NJW 1986, 919	Pelzhandel-Fall	§ 52 Rn. 38
RGZ 90, 273	Abtretungsurkunde	§ 52 Rn. 43
BGHZ 137, 212	Globalzession	§ 52 Rn. 68
BGH NJW 2012, 1718	Gescheiterte Vertragsübernahme	§ 53 Rn. 20
BGH NJW 2010, 861	Wahlfreiheit des Gläubigers bei § 421	§ 54 Rn. 18
BGHZ 43, 227; 51, 275	Bauunternehmer und Architekt als Gesamtschuldner	§ 54 Rn. 21 f.
BGH NJW 2012, 1071	Wirkung des Erlasses bei Gesamtschuld	§ 54 Rn. 25
BGH NJW 2010, 60; 2010, 62	Gesamtschuldnerausgleich	§ 54 Rn. 28 f.
BGH NJW 2010, 868	Anderweitige Bestimmung	§ 54 Rn. 30
BGHZ 103, 338	Spielplatz-Fall	§ 52 Rn. 33
OLG Hamm VersR 1998, 328	Betriebsversammlungs-Fall	§ 54 Rn. 39